# DER LITERATUR BROCKHAUS

Band 6

# DER LITERATUR BROCKHAUS

Grundlegend überarbeitete
und erweiterte Taschenbuchausgabe
in 8 Bänden

Herausgegeben
von Werner Habicht,
Wolf-Dieter Lange und der
Brockhaus-Redaktion

Band 6: Mro – Rhy

**B.I.-Taschenbuchverlag**
Mannheim · Leipzig · Wien · Zürich

Redaktionelle Leitung: Gerhard Kwiatkowski
Redaktionelle Bearbeitung: Ariane Braunbehrens M. A.,
Heinrich Kordecki M. A., Dr. Rudolf Ohlig,
Heike Pfersdorff M. A., Cornelia Schubert M. A.,
Maria Schuster-Kraemer M. A.,
Dr. Margarete Seidenspinner, Birgit Staude M. A.,
Marianne Strzysch

Redaktionelle Leitung der Taschenbuchausgabe:
Maria Schuster-Kraemer M. A.
Redaktionelle Bearbeitung der Taschenbuchausgabe:
Vera Buller, Dipl.-Bibl. Sascha Höning,
Rainer Jakob, Birgit Staude M. A.

Die Deutsche Bibliothek – CIP-Einheitsaufnahme
Der **Literatur-Brockhaus**: in acht Bänden / hrsg. von
Werner Habicht, Wolf-Dieter Lange und der Brockhaus-Redaktion. –
Grundlegend überarb. und erw. Taschenbuchausg. –
Mannheim; Leipzig; Wien; Zürich: BI-Taschenbuchverl.
ISBN 3-411-11800-8
NE: Habicht, Werner [Hrsg.]
Grundlegend überarb. und erw. Taschenbuchausg.
Bd. 6. Mro – Rhy. – 1995
ISBN 3-411-11861-X


Satz: Bibliographisches Institut (DIACOS Siemens) und
Mannheimer Morgen Großdruckerei und Verlag GmbH
Druck: Klambt-Druck GmbH, Speyer
Bindearbeit: Augsburger Industriebuchbinderei
Printed in Germany
Gesamtwerk: ISBN 3-411-11800-8
Band 6: ISBN 3-411-11861-X

**Mrożek,** Sławomir [poln. 'mrɔʒɛk], *Borzęcin bei Krakau 26. Juni 1930, poln. Schriftsteller. – Seit 1963 im Ausland (seit 1968 in Paris); sozialkrit. Erzähler und Dramatiker mit der Tendenz zum Antiideologischen und Undogmatischen; auch Fernsehstücke; stellt in oft gespenstisch wirkenden, surrealist. Satiren unter meist polit. Terror und Totalität leidende Individuen oder Kollektive dar. Die Suche nach innerer Freiheit endet für M.s teils lächerl., teils trag. Helden meist mit dem Rückzug in den privaten Bereich oder mit sinnloser Auflehnung. Die Stücke sind denen von E. Ionesco, S. Beckett und J. Genet verwandt. M. bezieht sich aber v. a. auf S. I. Witkiewicz und W. Gombrowicz.

Sławomir Mrożek

**Werke:** Der Elefant (Satire, 1957, dt. 1960), Die Polizei (Dr., 1958, dt. 1961), Das Martyrium des Peter O'Hey (Dr., 1959, dt. 1963), Hochzeit in Atomweiler (Satire, 1959, dt. 1961), Truthahn (Dr., 1960, dt. EA 1969), Karol (Einakter, 1961, dt. 1963), Auf hoher See (Dr., UA 1961, dt. 1963), Striptease (Dr., 1961, dt. 1963), Tango (Dr., 1964, dt. 1965), Noch mal von vorn (Stück, dt. UA 1968, gedr. dt. 1970), Die Propheten (Einakter, dt. UA 1968, gedr. dt. 1970), Was uns trägt (3 En., dt. 1970), Watzlaff. Ein Spiel in 77 Szenen (dt. 1970, poln. Aufführung 1979), Rzeźnia (= Der Schlachthof, Hsp., 1973), Emigranten (Einakter, 1974, dt. 1975), Buckel (Stück, 1975, dt. 1977), Der Schneider (Stück, 1977, dt. 1978), Zu Fuß (Stück, UA 1981, dt. 1981), Der Botschafter (Stück, UA 1981, dt. 1981), Donosy (= Anzeigen, 1983), Das Leben ist schwer (Satiren, dt. 1985), Ein Vertrag (Schsp., UA 1986, dt. EA 1987), Porträt (Schsp., 1987, dt. 1989), Zabawa. Satire in lustloser Zeit (dt. Ausw., 1992), Die Geheimnisse des Jenseits (En., dt. 1993), Liebe auf der Krim (trag. Kom., 1994, dt. 1994).

**Ausgaben:** S. M. Wybór dramatów. Krakau 1987. – S. M. Wybór opowiadań. Krakau 1987.

**Literatur:** POHL, A.: Zurück zur Form. Strukturanalysen zu S. M. Bln. 1972. – KŁOSSOWICZ, J.: M. Warschau 1980.

**Mrštík,** Alois [tschech. 'mr̝ʃtjiːk], * Jimramov (Südmähr. Gebiet) 14. Okt. 1861, † Brünn 24. Febr. 1925, tschech. Schriftsteller. – Lehrer; schrieb, meist zusammen mit seinem Bruder V. ↑ Mrštík, naturalist. Erzählungen und Dramen, u. a. die Tragödie einer Gattenmörderin ›Maryša‹ (1894) und die Chronik der mähr. Slowakei ›Rok na vsi‹ (= Ein Jahr auf dem Lande, 9 Bde., 1903/04), in der die Verfasser die ersten Spuren der Dekadenz im bäuerlichen Lebensbereich darstellen.

**Mrštík,** Vilém [tschech. 'mr̝ʃtjiːk], * Jimramov (Südmähr. Gebiet) 14. Mai 1863, † Diváky 2. März 1912 (Selbstmord), tschech. Schriftsteller. – Schrieb außer den mit seinem Bruder Alois M. verfaßten Werken naturalist. Dorfgeschichten unter dem Einfluß É. Zolas und Romane aus der student. und bürgerl. Welt des alten Prag; Hauptwerk ist der lyr. Roman ›Pohádka máje‹ (= Maienmärchen, 1897); übersetzte aus dem Russischen (A. S. Puschkin, L. N. Tolstoi, I. A. Gontscharow u. a.).

**Ausgabe:** Alois a V. M. Sebrané spisy. Prag [1-3]1906–27. 14 Bde.

**Literatur:** JUSTL, V.: Bratří Mrštíkové. Prag 1963.

**Mtshali,** Oswald Joseph Mbuyiseni [engl. əm'tʃɑ:li:], * Vryheid (Natal) 17. Jan. 1940, südafrikan. Lyriker. – Seine Gedichte, die oft bitter-ironisch das Leben der Schwarzen in Südafrika dokumentieren, bilden ein Gegengewicht zur Exilliteratur der 60er Jahre, dem ›verlorenen Jahrzehnt‹ der schwarzen Literatur. Sein Gedichtband ›The sounds of a cowhide drum‹ (1971) leitet eine Phase der Selbstfindung ein, die den schwarzen Beobachter in einer von Weißen beherrschten Welt mit sich selbst konfrontiert. Diese Erfahrung führt zur Rückbesinnung auf die mag. Ausstrahlung der ep. Stammesdichtung und zu einer historisch begründeten afrikan. Identität. M.s Werk belebt die mündl. Tradition, die in den frühen 70er Jahren die schwarze Lyrik kennzeichnete.

**Weiteres Werk:** Fireflames (Ged., 1980).

**Muallakat, Al** (tl.: Al-Mu'allaqāt), Sammlung von Gedichten (Kassiden), die zu den ältesten Denkmälern der altarab. Literatur gehören. Die Bez. M. (Plural von Muallaka) kommt weniger daher, daß die Gedichte wegen ihrer Einzigartigkeit an der Kaaba in Mekka aufgehängt wurden (arab. tl.: 'allaqa = hängen), sondern von arab. tl.: 'ilq (= Kostbarkeit, an der man des Wertes wegen hängt). Über die Zahl der M., die im 8. Jh. gesammelt wurden, gehen die Ansichten auseinander; am häufigsten werden sieben Kassiden angeführt, die mit den Namen der Dichter Umru Al Kais, Tarafa, Suhair, Labid, Amr Ibn Kulthum, Antara Ibn Schaddad, Al Harith Ibn Hillisa verknüpft sind. Diese Gedichte wurden zu Unrecht als die authentischsten Denkmäler der altarab. Poesie angesehen. Sie enthalten zwar stellenweise schönere Verse als die sonstige altarab. Dichtung, aber zahlreiche Verfälschungen und weniger Spontaneität.

**Ausgabe:** Mo'allaquat. Dt. Übers. v. TH. NÖLDECKE u. S. GANDZ. In: Sitzungsber. der Akad. der Wissenschaften in Wien. Philosoph.-histor. Kl. 140 (1899); 117 B (1900); 170 (1913).

**Literatur:** BLACHÈRE, R.: Histoire de la littérature arabe des origines à la fin du XV^e^ siècle de J. C. Bd. 1. Paris 1952. – JACOBI, R.: Studien zur Poetik der altarab. Qaside. Wsb. 1971.

**Mubarak** (tl.: Mubārak), Ali, * Birinbal 1823, † Kairo 15. Dez. 1893, ägypt. Schriftsteller. – Bes. berühmt durch sein Werk ›Al-Ḫiṭaṭ at-Tawfīqiyya^h^‹ (20 Tle., 1888/89), das sich mit der Geschichte, Geographie, Topographie und Kultur Ägyptens von den Anfängen bis in seine Zeit beschäftigt.

**Literatur:** BROCKELMANN, C.: Gesch. der arab. Litteratur. Suppl. 2. Leiden 1938. S. 733.

**Mucha,** Jiří [tschech. 'muxa], * Prag 12. März 1915, † ebd. 5. April 1991, tschech. Schriftsteller. – Sohn des Malers und Graphikers Alfons M. (* 1860, † 1939), über den er als Kunsthistoriker arbeitete; auch Arzt; Emigration 1939–45; 1951–55 in Haft; verfaßte pessimistisch getönte Erzählungen und Romane, u. a. den Roman ›Pravděpodobná tvář‹ (= Das wahrscheinl. Gesicht, 1963) und die tagebuchartigen Aufzeichnungen ›Kalte Sonne‹ (1968, dt. 1969) über die Zeit im Arbeitslager.

**Muckrakers** [engl. 'mʌkˌreɪkəz = Schmutzwühler], mit diesem aus J. Bunyans ›The pilgrim's progress‹ entnommenen Namen für eine im Schmutz wühlende und damit nur materiellen Dingen zugewandte Figur bezeichnete Präsident Th. Roosevelt 1906 eine Gruppe amerikanischer Editoren, Journalisten (u. a. Charles Edward Russell [* 1860, † 1941]) und Schriftsteller (u. a. W. Churchill, E. Markham), die Anfang des 20. Jh. polit., wirtschaftl., finanzielle und soziale Mißstände kritisierten und gegen die skrupellose Ausnützung des liberalen Individualismuskonzeptes für Reformen kämpften. Das nach diesen krit. Autoren benannte **Muckraking Movement** (etwa 1902–12) war eingelagert in die polit. Bewegung des Progressivismus (etwa 1890 bis 1916) und bildet den Höhepunkt der Reformbemühungen. Es wurde mit den drei 1903 in ›McClure's Magazine‹ abgedruckten, aufrüttelnden Aufsätzen von L. Steffens (über polit. Korruption), R. S. Baker (über das Streikrecht der Arbeiter) und Ida Minerva Tarbell (* 1857, † 1944; über die skrupellosen Machenschaften der Standard Oil Company J. D. Rockefellers in Pennsylvania) zu einer nat. Bewegung, die ihren Höhepunkt mit U. Sinclairs Schilderung der unhygien. Zustände in den Schlachthäusern Chicagos ›Der Sumpf‹ (R., 1906, dt. 1906) sowie mit D. G. Phillips' Artikelserie ›The treason of the Senate‹ (1906), die Roosevelt zu seiner Muckraker-Rede veranlaßte, erreichte.

**Ausgabe:** Years of conscience. The M. Hg. v. H. Swados. New York ²1971.

**Literatur:** Chalmers, D. M.: The social and political ideas of the M. New York 1964. Nachdr. 1970. – Cook, F. J. H.: The M. Crusading journalists who changed America. Garden City (N. Y.) 1972. – Filler, L.: Appointment at Armageddon. Muckraking and progressivism in the American tradition. Westport (Conn.) 1976. – Hornung, A.: Narrative Struktur und Textsortendifferenzierung. Die Texte des Muckraking Movement (1902–1912). Stg. 1978. – Vowe, K. W.: Gesellschaftl. Funktionen fiktiver und faktograph. Prosa. Roman u. Reportage im amerikan. Muckraking Movement. Ffm. 1978.

**Mudimbe Vumbi Yoka** [frz. mudimbe vumbi jɔ'ka] (benutzt auch die frz. Vornamen Valentin Yves), * Likasi 8. Dez. 1941, zairischer Schriftsteller. – Seit 1982 Prof. für Soziologie und Geschichte am Haverford College, Pennsylvania; setzt sich in seinen Romanen mit der Zerrissenheit des afrikan. kulturellen Hintergrundes und den Schwierigkeiten des modernen Individuums mit der Tradition auseinander.

**Werke:** Déchirures (Ged., 1971), Entre les eaux (R., 1973), Entretailles (Ged., 1973), Auch wir sind schmutzige Flüsse (R., 1976, dt. 1982), Carnets d'Amérique (Reisebericht, 1976), L'écart (E., 1979), L'odeur du père (Essay, 1982), Shaba deux. Les carnets de Mère Marie-Gertrude (1989).

**Mueller,** Harald Waldemar ['mʏlər], * Memel 18. Mai 1934, dt. Schriftsteller. – Übte verschiedene Berufe aus; seit 1967 Stückeschreiber. Mitverfasser von Drehbüchern von Filmen V. Schlöndorffs. Sein Grundthema ist die Aggressivität des einzelnen, die durch die Existenz gesellschaftl. Vorurteile begründet und hervorgerufen wird.

**Werke:** Großer Wolf (Dr., 1970), Halbdeutsch (Dr., 1970), Stille Nacht (Dr., 1974), Strandgut (Dr., 1975), Winterreise (Dr., 1976), Die Trasse (Dr., 1980), Totenfloß (Dr., 1986, in: Spectaculum).

**Mügeln,** Heinrich von, mhd. Dichter, † Heinrich von Mügeln.

**Mügge,** Theodor, * Berlin 8. Nov. 1806, † ebd. 18. Febr. 1861, dt. Schriftsteller. – Studierte Geschichte, Philosophie und Naturwissenschaften, arbeitete an verschiedenen Zeitschriften mit; gründete 1848 in Berlin die nationalliberale ›Nationalzeitung‹; hatte polit. Schwierigkeiten wegen seiner freimütigen Kritik an der preuß. Zensur. Verfaßte Reisebeschreibungen und zahlreiche Unterhaltungsromane.

**Werke:** Der Vogt von Silt (R., 2 Bde., 1851), Afraja (R., 1854), Leben und Lieben in Norwegen (Nov.n, 2 Bde., 1858).

**Ausgaben:** Th. M. Ges. Novellen. Lpz. 1842–43. 6 Bde. – Th. M. Romane. Gesamtausg. Breslau ²⁻³1862–67. 33 Bde.

**Múgica Celaya,** Rafael [span. 'muxika θe'laja], Pseudonym Gabriel Celaya, auch Juan de Leceta, * Hernani (Prov. Guipúzcoa) 18. März 1911, † Madrid 18. April 1991, span. Schriftsteller. – Baske; war als Ingenieur tätig; gründete 1947 mit seiner Frau die ›Colección de poesía Norte‹. Für M. erschöpfte Dichtung sich nicht in sich selbst, sondern richtet ihr Ziel auf die Veränderung der Welt. Sein auch existentialistisch geprägtes Werk, das sich auf die Erlangung einer allgemeinen Solidarität richtet, bezieht in einer allmähl. Entwicklung zum Konkreten hin stärker den kleinen Alltag mit ein. M. C. machte sich auch als Übersetzer von W. Blake, P. Éluard, R. M. Rilke und A. Rimbaud einen Namen.

**Werke:** Marea del silencio (Ged., 1935), Tentativas (Essay, 1946), Lázaro calla (R., 1949), Avisos (Ged., 1950), Lo demás es silencio (Ged., 1952), Poesía urgente (Ged., 1960), Penúltimas tentativas (Essays, 1960), Poesía 1932–61 (Ged., 1962), Lo uno y lo otro (R., 1962), Baladas y decires vascos (Ged., 1965), Los buenos negocios (R., 1965), Los espejos transparentes (Ged., 1968), Lírica de cámara (Ged., 1969), Buenos días, buenas noches (Ged., 1976), El mundo abierto (Ged., 1986).

**Literatur:** Ugalde, S. K.: Gabriel Celaya. Boston (Mass.) 1978. – Brooks, Z. J.: La poesía de Gabriel Celaya. La metamorfosis del hombre. Madrid 1979.

**Mühlberger,** Josef, * Trautenau (heute Trutnov, Ostböhm. Gebiet) 3. April 1903, † Eislingen/Fils 2. Juli 1985, dt. Schriftsteller. – Die Themen seiner rhythm. Prosa, seiner Lyrik, Dramen und Hörspiele sind Menschen, Landschaft und Geschichte seiner sudetendt. Heimat, Reiseeindrücke und das Kriegserlebnis.

**Werke:** Aus dem Riesengebirge (En., 1929), Hus im Konzil (R., 1931), Die Knaben und der

Fluß (E., 1934), Wallenstein (Dr., 1934), Der Galgen im Weinberg (E., 1951), Verhängnis und Verheißung (R., 1952), Griech. Oktober (Reisebericht, 1960), Lavendelstraße (Ged., 1962), Das Ereignis der 3000 Jahre (Reiseaufzeichnungen, 1963), Herbstblätter. Gedanken und Gestalten (1963), Denkwürdigkeiten des aufrechten Demokraten Aloys Hasenörl (R., 1974), Konradin von Hohenstaufen (Biogr., 1982), Der Hohenstaufen. Ein Symbol dt. Geschichte (1984).

**Mühlen,** Hermynia von Zur, österr. Schriftstellerin, ↑Zur Mühlen, Hermynia von.

**Muhr,** Adelbert, * Wien 9. Nov. 1896, † ebd. 10. März 1977, österr. Schriftsteller. – Bekannt v. a. durch seine Romane, in deren Mittelpunkt er Landschaften und Menschen an großen Flüssen stellt (›Dichter der Ströme‹); auch Übersetzer.
**Werke:** Donautrilogie (Der Sohn des Stromes, R., 1945; Sie haben uns alle verlassen, R., 1956; Die letzte Fahrt, R., 1963), Theiß-Rapsodie (R., 1949), Und ruhig fließet der Rhein (Reisebuch, 1953), Reise um Wien in achtzehn Tagen. Aufzeichnungen eines Fußgehers (1974).

**Mühsam,** Erich, * Berlin 6. April 1878, † KZ Oranienburg 10. oder 11. Juli 1934, dt. Schriftsteller und Maler. – Zunächst Apotheker; seit 1901 freier Schriftsteller; 1902 Redakteur an der anarchist. Zeitschrift ›Der arme Teufel‹, 1905 am ›Weckruf‹; hatte Verbindung zum Friedrichshagener Dichterkreis, war Mitarbeiter an Münchner Kabaretts und verschiedenen Zeitschriften, u. a. am ›Simplicissimus‹, an der ›Gesellschaft‹ und der ›Aktion‹. 1911–14 und 1918/19 Hg. der Monatsschrift ›Kain. Zeitschrift für Menschlichkeit‹; 1919 Mitglied des Zentralrats der bayr. Räterepublik; nach deren Sturz zu 15 Jahren Festungshaft verurteilt, von denen er sechs Jahre verbüßte. 1926–31 Hg. der Zeitschrift ›Fanal‹. 1933 erneut verhaftet und nach grausamen Mißhandlungen ermordet. M. schrieb expressionist., von radikalanarchist. Gesinnung erfüllte Gedichte, Dramen und Essays. Sein literar. Schaffen ist mit sozialrevolutionärem Engagement verknüpft, mit einem Anarchismus, der für ein unverfälschtes Leben ohne Zwang plädierte.
**Werke:** Die Eigenen (R., 1903), Die Wüste (Ged., 1904), Die Hochstapler (Lsp., 1906), Der Krater (Ged., 1909), Die Freivermählten (Dr., 1914), Brennende Erde (Ged., 1920), Judas (Dr., 1921), Revolution (Ged., 1925), Staatsräson (Dr., 1928), Namen und Menschen (Erinnerungen, hg. 1949), Bilder und Verse für Zenzl (hg. 1975).

Erich Mühsam

**Ausgaben:** E. M. Gesamtausg. Hg. v. G. Emig. Bln. 1977–83. 4 Bde. – E. M. Ich bin verdammt zu warten in einem Bürgergarten. Hg. v. W. Haug. Darmst. 1983. 2 Bde. – E. M. In meiner Posaune muß ein Sandkorn sein. Briefe 1900–34. Hg. v. G. W. Jungblut. Vaduz 1984. 2 Bde.
**Literatur:** Hug, H.: E. M. Unterss. zu Leben u. Werk. Glashütten i. Ts. 1974. – Färbt ein weißes Blütenblatt sich rot. E. M. in Zeugnissen u. Selbstzeugnissen. Hg. v. W. Teichmann. Bln. 1978. – Kauffeldt, R.: E. M. Lit. u. Anarchie. Mchn. 1983. – Berg, H. van den: E. M. (1878–1934). Bibliogr. der Lit. zu seinem Leben u. Werk. Leiden 1992. – Shepherd, D. A.: From bohemia to barricades. E. M. and the development of a revolutionary drama. New York u. a. 1993.

**Muiderkring** [niederl. 'mœўdərkrıŋ], Freundeskreis um den niederl. Dichter und Historiker P. C. Hooft im Schloß von Muiden (Nordholland). Teilnehmer der seit 1621 jeden Sommer stattfindenden Zusammenkünfte waren u. a. C. Barlaeus und G. J. Vossius. Der M. hatte in der 1. Hälfte des 17. Jh. entscheidenden Anteil an der Entwicklung der niederl. Renaissancekultur.

**Muir,** Edwin [engl. mjʊə], * Deerness (Orkney) 15. Mai 1887, † bei Cambridge 3. Jan. 1959, schott. Schriftsteller. – Journalist, nach 1945 beim British Council; bed. Lyriker, der Alltägliches traumhaft-symbolisch gestaltete und mit dem Mythos des bedrohten Paradieses verband; schrieb auch schott. Heimatromane (u. a.

›The three brothers‹, 1931), literaturkrit. Arbeiten (u. a. ›The structure of the novel‹, 1928, Neuausg. 1957) und eine Autobiographie (›An autobiography‹, 1940, revidierte Fassung 1954). Mit seiner Frau Willa Anderson M. (* 1890, † 1970) übersetzte er u. a. F. Kafka.

**Ausgabe:** The complete poems of E. M. Hg. v. P. BUTTER. Aberdeen 1991.

**Literatur:** MUIR, W.: Belonging. A memoir. London 1968. – HUBERMAN, E.: The poetry of E. M. New York 1971. – BUTTER, P. H.: E. M. Man and poet. London 1977. – MELLOWN, E. W.: E. M. Boston (Mass.) 1979. – KNIGHT, R.: E. M. An introduction to his work. London u. a. 1980. – MACCULLOCH, M.: E. M., poet, critic and novellist. Edinburgh 1993.

**Muis,** Abdul, * Fort de Kock (heute Bukittinggi) 3. Juli 1886, † Bandung 17. Aug. 1959, indones. Schriftsteller und Journalist. – Durch seine Romane, insbes. durch das autobiograph. Werk ›Salah Asuhan‹ (= Falsche Erziehung, 1928), in dem M. am trag. Schicksal der Hauptperson die aus spannungsvollen Gegensätzen zwischen moderner westl. Ideologie und altindones. Stammestradition erwachsenen unüberbrückbaren Probleme rass. und sozialer Diskriminierung aufzeigt, verhalf er der indones. Romanliteratur der Vorkriegszeit zum Durchbruch.

**Literatur:** TEEUW, A.: Modern Indonesian literature. Den Haag 1967. S. 61.

**Mujica Laínez,** Manuel [span. mu'xika la'ines], * Buenos Aires 11. Sept. 1910, † Córdoba (Argentinien) 21. April 1984, argentin. Schriftsteller. – Sein von M. Proust beeinflußter Romanzyklus ›Los ídolos‹ (1953), ›La casa‹ (1954), ›Los viajeros‹ (1954), ›Invitados en ‚El Paraíso'‹ (1957) behandelt den Niedergang der argentin. Oligarchie. ›Bomarzo‹ (1962, dt. 1971; danach Oper von A. Ginastera, 1967), sein berühmtester Roman, spielt im Italien der Renaissance.

**Weiteres Werk:** Die Sage von der schönen Melusine, von ihr selbst erzählt (R., 1965, dt. 1986), Der Skarabäus (R., 1982, dt. 1992).

**Ausgabe:** M. M. L. Obras completas. Buenos Aires 1978–80. 3 Bde.

**Literatur:** CARSUZÁN, M. E.: M. M. L. Buenos Aires 1962. – FONT, E.: Realidad y fantasía en la narrativa de M. M. L. 1949–1962. Madrid 1976.

**Mukařovský,** Jan [tschech. 'mukarʒɔfski:], * Písek 11. Nov. 1891, † Prag 8. Febr. 1975, tschech. Literaturtheoretiker. – Prof. in Prag; bedeutender Vertreter des tschech. literaturwiss. Strukturalismus, der im Gegensatz zum russ. Formalismus das Kunstwerk nicht mehr nur als Summe der künstler. Verfahren, sondern als offenes System versteht, in dem zwar die ästhet. Funktion dominiert, außerästhet. Funktionen aber unter wahrnehmungsästhet. Aspekten korrelativ einbezogen werden.

**Werke:** Máchův Máj (= Máchas Mai, 1928), Kapitoly z české poetiky (3 Bde., 1948, dt. Teilübers. 1967 u. d. T. Kapitel aus der Poetik), Studie z estetiky (1966, dt. Teilübers. 1970 u. d. T. Kapitel aus der Ästhetik), Studien zur strukturalist. Ästhetik und Poetik (dt. 1974).

**Mularczyk,** Roman [poln. mu'lartʃɨk], poln. Schriftsteller, ↑ Bratny, Roman.

**Mulisch,** Harry [Kurt Victor], * Haarlem 29. Juli 1927, niederl. Schriftsteller. – Sohn eingewanderter deutschsprachiger Eltern (die Mutter war Jüdin). Sein Werk (Romane, Dramen, Lyrik und Essays) ist stark von den Ereignissen des Zweiten Weltkriegs geprägt und zeigt einen eth. Einschlag. In seinem Roman von der Bombardierung der Stadt Dresden, ›Das steinerne Brautbett‹ (1959, dt. 1960), stellt er in selbstkrit. Haltung das Schuldbewußtsein der ›Unschuldigen‹ dar; der Eichmann-Prozeß inspirierte ihn zu dem Werk ›Strafsache 40/61‹ (1962, dt. 1963).

**Weitere Werke:** Archibald Strohalm (R., 1952), Der Diamant (R., 1954, dt. 1961), Schwarzes Licht (R., 1956, dt. 1962), Wenken voor de jöngste dag (R., 1967), De verteller (R., 1970), Zwei Frauen (R., 1975, dt. 1980), Tegenlicht (Ged., 1975), Das Attentat (R., 1982, dt. 1986), Höchste Zeit (R., 1985, dt. 1987), Augenstern (R., 1987, dt. 1989), Die Elemente (R., 1988, dt. 1990), Vorfall (En., 1989, dt. 1993), Die Entdeckung des Himmels (R., 1992, dt. 1993).

**Literatur:** GREGOOR, N.: In gesprek met H. M. Amsterdam 1965. – MATHIJSEN, M.: H. M. Een bibliografie. Den Haag 1979.

**Müller,** Artur, Pseudonym Arnolt Brecht, * München 26. Okt. 1909, † ebd. 11. Juli 1987, dt. Schriftsteller. – Buchhändler, 1944 aktiv in der Widerstandsbewegung, in Abwesenheit zum Tode verurteilt; Dramaturg, 1953–58 Programmdirektor des Hess. Fernsehens. Verfaßte Zeitromane, Novellen, Dramen, Hör- und Fernsehspiele.

**Werke:** Das östl. Fenster (R., 1936), Am Rande einer Nacht (R., 1938), Traumherz (R., 1938), Fessel und Schwinge (Dramen, 1942), Die verlorenen Paradiese (R., 1950), Die letzte Patrouille? (Dr., 1958), Die Sonne, die nicht aufging (Trotzki-Biogr., 1959), Gespräche zur Weltgeschichte (1965), Die Deutschen (Chronik, 1972).

**Müller,** Elisabeth, * Langnau im Emmental 21. Sept. 1885, † Hilterfingen (Kanton Bern) 22. Juni 1977, schweizer. Schriftstellerin. – Lehrerin, seit 1935 freie Schriftstellerin; schrieb Jugendbücher, z. T. in Mundart, und Erzählungen, u. a. ›Vreneli‹ (1916), ›Theresli‹ (1918), ›Christeli‹ (1920), ›Die beiden B.‹ (1934), ›Heilegi Zyt‹ (En., 1934), ›Die sechs Kummerbuben‹ (1942).

**Weitere Werke:** Die Familie Förster (1913), Prinzessin Sonnenstrahl (E., 1932), Unser Hanni (E., 1932), Unsere Jüngste (E., 1944), Die Quelle (Erinnerungen, 1950), Was in der Stille wächst (Auswahl, 1962).

**Literatur:** WARTENWEILER, F.: E. M. u. ihre Welt. Zü. 1967. – GEISER, S.: E. M.: Leben u. Werk. Zü. 1978.

**Müller,** Ernst, österr. Schriftsteller, ↑ Lothar, Ernst.

**Müller,** Friedrich, genannt Maler Müller, * Bad Kreuznach 13. Jan. 1749, † Rom 23. April 1825, dt. Dichter und Maler. – Ab 1774 in Mannheim (Kontakt mit W. H. von Dalberg), wo er, von der Sturm-und-Drang-Bewegung angeregt, v. a. als Schriftsteller tätig war. 1777 kurfürstl. Kabinettsmaler, ab 1778 in Rom, wurde 1780 dort kath.; 1805 zum bayr. Hofmaler ernannt. An S. Geßners Dichtung geschult, begann er mit bibl. und antikisierenden Rokokoidyllen; Eigenständiges leistete er erst mit den kleinen volkstüml. Genrebildern, die Begebenheiten aus dem pfälz. Dorf realistisch, oft auch derb schildern: ›Die Schafschur‹ (Idylle, 1775), ›Das Nußkernen‹ (Ged., 1811). Seine in der Anlage ep. Dramen zeigen hpts. genial. Kraftgestalten.

**Weitere Werke:** Bacchidon und Milon (Idylle, 1775), Der Satyr Mopsus (Idylle, 1775), Golo und Genoveva (entst. 1775–81, gedr. 1811), Balladen (1776), Fausts Leben dramatisiert (1778), Niobe (Dr., 1778).

**Ausgaben:** F. M. Werke. Hg. v. F. BATT, J. LE PIQUE u. L. TIECK. Hdbg. 1811. Faksimile-Nachdr. Hdbg. 1982. 3 Bde. – F. M. Dichtungen. Hg. v. H. HETTNER. Lpz. 1868. Nachdr. Bern 1968. 2 Bde.

**Literatur:** SATTEL BERNARDINI, I./SCHLEGEL, W.: F. M. Landau 1986.

**Müller,** Fritz, dt. Schriftsteller, ↑ Müller-Partenkirchen, Fritz.

**Müller,** Hans, genannt H. M.-Einigen, * Brünn 25. Okt. 1882, † Einigen (zu Spiez, Schweiz) 8. März 1950, österr. Schriftsteller. – Bruder von E. Lothar; ausgedehnte Reisen; u. a. Chefdramaturg in Hollywood, lebte zuletzt in der Schweiz; schrieb Gedichte und Novellen, später Lustspiele und v. a. Dramen über aktuelle Stoffe; auch Librettist und Drehbuchautor.

**Werke:** Die Puppenschule (Dr., 1908), Träume und Schäume (Nov.n, 1911), Könige (Dr., 1916), Der Tokaier (Lsp., 1925), Im Weißen Rößl (Lsp., 1930), Eugenie (Dr., 1938), Jugend in Wien (Erinnerungen, 1945), Die Menschen sind alle gleich (En., 1946).

**Müller,** Heiner, * Eppendorf (Landkreis Flöha) 9. Jan. 1929, dt. Schriftsteller. – Zunächst journalist. Tätigkeit, 1958/59 Mitarbeiter am Maxim-Gorki-Theater in Berlin (Ost), seitdem freier Schriftsteller; 1970–76 Dramaturg am Berliner Ensemble, ab 1976 Berater an der Volksbühne Berlin; seit 1992 einer der Leiter des Berliner Ensembles. Dramatiker, auch Erzähler, Lyriker und Übersetzer. Bereits in seinen frühen Stükken zeigt sich M. als Verfechter antifaschist. und humanist. Ideen, die er im Kommunismus erfüllt sieht. Er unterstützte die von der DDR ausgegebene Parole vom Aufbau des Sozialismus, was ihn aber nicht hinderte, später auch Kritik an der sich bildenden sozialist. Gesellschaft zu üben, als er sowohl Entfremdungs- und Verdinglichungsstrukturen als auch Stagnation in der sozialist. Revolution feststellte. Verfaßte seine Gegenwartsstücke (anfangs in der Tradition Brechtscher Lehrstücke) bis 1966 z. T. zusammen mit seiner Frau Inge M. (* 1925, † 1966). Seitdem hat er oft klass. Stoffe und Shakespearesche Dramen bearbeitet; vor dem Hintergrund der Historie und des Mythos verdeutlicht er Strukturen menschl. Handlungsweisen und Eigenschaften wie Zuneigung, Stärke, Sexualität, Herrschaftswillen, die damit nachvollziehbar und angreifbar werden. M. gehört (auch im nicht-deutschsprachigen Ausland) zu den meistgespielten

Heiner Müller

dt. Gegenwartsautoren; neben vielen anderen Preisen erhielt er 1985 den Georg-Büchner-Preis, 1990 den Kleist-Preis. 1990–92 war er Präsident der Akademie der Künste (der DDR).

**Werke:** Der Lohndrücker (Dr., 1957), Die Korrektur (Dr., 1959), Die Umsiedlerin oder Das Leben auf dem Lande (Dr., UA 1961, gedr. 1975), Der Bau (Dr., 1965), Philoktet (Dr. nach Sophokles, 1965), Herakles 5 (Dr., 1966), Ödipus Tyrann (Dr. nach Sophokles/J. Ch. F. Hölderlin, 1968), Die Mauser (Dr., 1970), Zement (Dr. nach F. W. Gladkow, 1974), Der Horatier (Dr. nach Livius, 1975), Die Schlacht (Dr., 1975), Germania Tod in Berlin (Dr., 1977), Leben Gundlings Friedrich von Preußen Lessings Schlaf Traum Schrei (Dr., 1977), Hamletmaschine (Dr., 1978), Der Auftrag (Dr., 1979), Quartett (Dr., 1981), Verkommenes Ufer/Medeamaterial/Landschaft mit Argonauten (Stück, 1983), Anatomie Titus Fall of Rome. Ein Shakespeare-Kommentar (Dr., 1985), Gedichte (1992), Krieg ohne Schlacht – Leben in zwei Diktaturen (Autobiogr., 1992).

**Ausgaben:** H. M. Geschichten aus der Produktion. Bln. 1974. 2 Bde. – H. M. Theater-Arbeit. Glücksgott, Elektratext ... Bln. 1975. – H. M. Germania Tod in Berlin. Stücke, Prosa, Gedichte. Bln. 1977. – H. M. Mauser. Stücke, Materialien. Bln. 1978. – H. M. Rotwelsch. Texte, Gespräche. Bln. 1982. – H. M. Herzstück. Stücke, Materialien. Bln. 1983. – H. M. Shakespeare Factory. Stücke. Bln. 1984–85. 2 Bde.

**Literatur:** SCHULZ, G.: H. M. Stg. 1980. – SILBERMAN, M.: H. M. Amsterdam 1980. – WIEGHAUS, G.: H. M. Mchn. 1981. – Zum Drama in der DDR. H. M. u. Peter Hacks. Interpretationen. Hg. v. J. R. SCHEID. Stg. 1981. – H. M. Hg. v. H. L. ARNOLD. Text u. Kritik H. 72. Mchn. 1982. – WIEGHAUS, G.: Zw. Auftrag u. Verrat. Werk u. Ästhetik H. M.s. Ffm. 1984. – PETERSOHN, R.: H. M.s Shakespeare-Rezeption. Ffm. u. a. 1993. – SCHMIDT, INGO/VASSEN, F.: Bibliogr. H. M.: 1948–1992. Bielefeld 1993. – KELLER, A.: Drama u. Dramaturgie H. M.s zw. 1956 u. 1988. Ffm. ²1994.

**Müller,** Herta, * Nitzkydorf (rumän. Niţchidorf, Banat) 17. Aug. 1953, rumäniendeutsche Schriftstellerin. – Studierte Germanistik und Romanistik in Temesvar, arbeitet als Lehrerin und Übersetzerin. Im März 1987 verließ sie mit ihrem Mann, dem Schriftsteller Richard Wagner (* 1952) Rumänien; lebt jetzt in Berlin. Ihre Erzählungen beschreiben das dörfl. Leben in den deutschsprachigen Enklaven Rumäniens; die knappe, realist., mitunter phantastisch überhöhte Prosa entwirft das Bild einer archaischen Gesellschaft, die in ihrer Minderheitensituation von Erstarrung und Unterdrükkung in den eigenen Reihen bedroht ist. Herta M. erhielt 1990 die Roswitha-Gedenkmedaille, 1994 den Kleist-Preis.

**Werke:** Niederungen (Prosa, 1982), Drückender Tango (Prosa, 1984), Der Mensch ist ein großer Fasan auf der Welt (E., 1986), Barfüßiger Februar (Prosa, 1987), Reisende auf einem Bein (E., 1989), Der Teufel sitzt im Spiegel (dichtungstheoret. Reflexionen, 1991), Der Fuchs war damals schon der Jäger (R., 1992), Eine warme Kartoffel ist ein warmes Bett (Texte, 1992), Der Wächter nimmt seinen Kamm (Texte, 1993), Herztier (R., 1994).

**Müller,** Johann Gottwerth, genannt M. von Itzehoe, * Hamburg 17. Mai 1743, † Itzehoe 23. Juni 1828, dt. Schriftsteller. – War Buchhändler, ab 1783 Privatgelehrter in Itzehoe; schrieb satir. Werke nach dem Vorbild des engl. kom. Romans des 18. Jahrhunderts. In dem satir. Roman ›Siegfried von Lindenberg‹ (4 Tle., 1779) verspottet er Empfindsamkeit und Geniekult.

**Weitere Werke:** Gedichte (2 Tle., 1770/71), Der Ring (E., 1777), Kom. Romane (8 Bde., 1786–91), Sara Reinert (R., 4 Bde., 1796).

**Literatur:** Freier Schriftsteller in der europ. Aufklärung. J. G. M. von Itzehoe. Hg. v. A. RITTER. Heide 1986.

**Müller,** Robert, * Wien 29. Okt. 1887, † ebd. 27. Aug. 1924, österr. Schriftsteller. – War ab 1912 Mitarbeiter an expressionist. Zeitschriften; Freundschaft mit K. Hiller, bed. österr. Vertreter des ↑ Aktivismus. Als brillanter Stilist erwies er sich nicht nur in seinen Erzählungen, Romanen und Essays, sondern auch in seinen Pamphleten gegen K. Kraus (›Karl Kraus oder Dalai Lama der dunkle Priester. Eine Nervenabtötung‹, 1914). Nach dem 1. Weltkrieg war er Hg. mehrerer Zeitschriften, gründete einen Buchvertrieb und einen Verlag.

**Weitere Werke:** Irmelin Rose (E., 1914), Tropen. Der Mythos der Reise. Urkunden eines Ingenieurs (R., 1915), Das Inselmädchen (Nov., 1915), Der Barbar (R., 1920), Camera obscura (R., 1921).

**Literatur:** Expressionismus – Aktivismus – Exotismus. Studien zum literar. Werk R. M.s (1887–1924). Hg. v. H. KREUZER u. G. HELMES. Gött. 1981. – HELMES, G.: R. M. Themen u. Tendenzen seiner publizist. Schrr. Paderborn 1992.

**Müller,** Wilhelm, genannt Griechen-Müller, * Dessau 7. Okt. 1794, † ebd. 30. Sept. 1827, dt. Dichter. – Nahm als Freiwilliger an den Befreiungskriegen teil; Reisebegleiter in Italien, 1819 Lehrer an der Dessauer Gelehrtenschule, dann herzogl. Bibliothekar; bekannt mit L. Tieck, Goethe und L. Uhland; schrieb ›Gedichte aus den hinterlassenen Papieren eines reisenden Waldhornisten‹ (2 Bde., 1821–24) und ›Lieder der Griechen‹ (5 Bde., 1821–24), in denen seine Sympathie für den Freiheitskampf der Griechen gegen die Türken begeisterten Ausdruck fand, sowie ›Neugriech. Volkslieder‹ (Übers., 1825) und ›Lyr. Reisen und epigrammat. Spaziergänge‹ (1827); auch philolog. Arbeiten. Einige seiner Lieder, z. B. ›Am Brunnen vor dem Tore‹ aus dem Zyklus ›Winterreise‹, ›Ich hört ein Bächlein rauschen‹, ›Das Wandern ist des Müllers Lust‹ aus dem Zyklus ›Die schöne Müllerin‹, wurden v. a. durch die Vertonung von F. Schubert zu bekannten volkstüml. Liedern.

**Ausgaben:** W. M. Vermischte Schrr. Hg. v. G. SCHWAB. Lpz. 1830. 5 Bde. – W. M. Werke, Tageb., Briefe. Hg. v. M.-V. LEISTNER. Bln. 1994. 5 Bde. u. Reg.-Bd.

**Literatur:** LOHRE, H.: W. M. als Kritiker u. Erzähler. Lpz. 1927. – COTTRELL, A. P.: W. M.s lyr. Liederzyklen. Diss. Ohio State University Columbus 1963. – JUST, K. G.: W. M. u. seine Liederzyklen. In: JUST: Übergänge, Probleme u. Gestalten der Lit. Bern u. Mchn. 1966.

**Müller,** Wolfgang, genannt M. von Königswinter, * Königswinter 15. März 1816, † Bad Neuenahr (heute zu Bad Neuenahr-Ahrweiler) 29. Juni 1873, dt. Dichter. – Militärarzt in Düsseldorf, 1842 Aufenthalt in Paris, wo u. a. eine Beziehung zu H. Heine entstand; war dann Arzt in Düsseldorf, gehörte 1848 der Frankfurter Nationalversammlung an; verherrlichte in Epen, Liedern, Märchen und Erzählungen die rhein. Lebensart und die rhein. Landschaft; schrieb auch Dramen.

**Ausgaben:** W. M. v. Königswinter. Dichtungen eines rhein. Poeten. Lpz. 1871–76. 6 Bde. – W. M. von Königswinter. Dramat. Werke. Bln. 1872. 6 Bde.

**Müller-Einigen,** Hans, österr. Schriftsteller, ↑ Müller, Hans.

**Müller-Guttenbrunn,** Adam, Pseudonyme Ignotus, Franz Josef Gerhold, * Guttenbrunn (heute Zăbrani, Rumänien) 22. Okt. 1852, † Wien 5. Jan. 1923, österr. Schriftsteller. – Beamter in Wien; ab 1886 Kritiker und Feuilletonredakteur der ›Dt. Zeitung‹ in Wien, 1892–96 Direktor des Raimundtheaters, 1898–1903 des Stadttheaters in Wien; setzte sich in Essays und Abhandlungen für die Erneuerung des Wiener Theaters ein. 1919 Nationalrat. Schrieb Dramen, Romane, Erzählungen, Kultur- und Geschichtsbilder aus seiner donauschwäb. Heimat. Wandte sich energisch gegen eine vom ungar. Adel vorangetriebene Magyarisierung der Banater Schwaben (↑ rumäniendeutsche Literatur) und rief zur Verbrüderung der dt. Minderheiten mit dem rumän. Volk auf. Verfasser einer bed. biograph. Romantrilogie über N. Lenau: ›Sein Vaterhaus‹ (1919), ›Dämonische Jahre‹ (1920) und ›Auf der Höhe‹ (1921).

**Weitere Werke:** Frau Dornröschen (R., 1884), Dt. Kulturbilder aus Ungarn (1896), Die Dame in Weiß (R., 1907), Götzendämmerung (Prosa, 1908), Die Glocken der Heimat (R., 1910), Von Eugenius bis Josephus (R.-Trilogie: Der große Schwabenzug, 1913; Barmherziger Kaiser, 1916; Joseph der Deutsche, 1917), Meister Jakob und seine Kinder (R., 1918), Der Roman meines Lebens (Autobiogr., hg. 1927).

**Literatur:** GEEHR, R. S.: A. M.-G. and the Aryan Theater of Vienna: 1898–1903. Göppingen 1973. – A. M.-G. Sein Leben u. Werk im Bild. Hg. v. N. BERWANGER. Bukarest 1976.

**Müller-Partenkirchen,** Fritz, auch genannt Müller-Zürich, eigtl. F. Müller, * München 24. Febr. 1875, † Hundham (heute zu Fischbachau, Landkreis Miesbach) 4. Febr. 1942, dt. Schriftsteller. – War u. a. Kaufmann und Handelsschullehrer; lebte in der Schweiz und in Oberbayern. Schrieb unterhaltende Romane und Erzählungen, teilweise aus der Kaufmannswelt, humorvolle Dialektgeschichten, Skizzen und Plaudereien.

**Werke:** Alltagsgeschichten (1914), Kramer & Friemann (R., 1920), Fernsicht (En., 1922), Die Kopierpresse (En., 1926), Das verkaufte Dorf (R., 1928), Das stille Schiff (En., 1929), Cannero (E., 1930), Die Firma (R., 1935), Der Kaffeekönig (R., 1939).

**Müller-Schlösser,** Hans, * Düsseldorf 14. Juni 1884, † ebd. 21. März 1956, dt. Schriftsteller. – Leitete in Düsseldorf nach 1945 das Kleine Theater; schrieb rheinische Volkskomödien, Schnurren, Schwänke; bes. beliebt ist seine Komödie ›Schneider Wibbel‹ (1914).

**Weitere Werke:** Das schöne alte Düsseldorf (Essays, 2 Bde., 1911/12), Die Zinnkanne (Kom., 1917), Jan Krebsereuter (R., 1919, erweitert 1946), Schneider Wibbels Tod und Auferstehung (R., 1938, 1954 u. d. T. Schneider Wibbel).

**Müller-Zürich,** Fritz, dt. Schriftsteller, ↑ Müller-Partenkirchen, Fritz.

**Müllner,** Adolf [Amadeus], * Langendorf bei Weißenfels 18. Okt. 1774, † Weißenfels 11. Juni 1829, dt. Schriftsteller. – Neffe von G. A. Bürger; Rechtsanwalt; gründete 1810 in Weißenfels ein Privattheater; Leiter und Hg. mehrerer Zeitschriften; zu seiner Zeit aggressiver und bisweilen gefürchteter Theaterkritiker. In der Nachfolge von Z. Werner belebte er in Deutschland die Gattung des Schicksalsdramas, bes. mit Dramen wie ›Der 29. Februar‹ (1812) und ›Die Schuld‹ (1816). Seine Stücke, u. a. auch ›König Yngurd‹ (1817) und ›Die Albanerin‹ (1820), waren vordergründig und auf Bühnenwirksamkeit bedacht; schrieb auch Romane und Erzählungen.

**Ausgabe:** A. A. M. Dramat. Werke. Wolfenbüttel 1828. 8 Bde. u. 4 Erg.-Bde. Hg. v. D. Schütz. Meißen 1830.

**Literatur:** Koch, G.: Adolph M. als Theaterkritiker, Journalist u. literar. Organisator. Emsdetten 1939.

**Multatuli** [mʊlta'tu:li, niederl. mʏltɑ'ty:li], eigtl. Eduard Douwes Dekker, * Amsterdam 2. März 1820, † Nieder-Ingelheim (heute zu Ingelheim am Rhein) 19. Febr. 1887, niederl. Schriftsteller. – Trat frühzeitig in den niederl. Kolonialdienst ein, war ab 1851 Resident in Ambon, später in Lebak (bei Jakarta); lernte dort die Ausbeutung der einheim. Bevölkerung durch die Kolonialverwaltung kennen; kehrte 1857 in die Niederlande zurück und schrieb unter dem Decknamen M. (lat. ›multa tuli‹ = ich habe viel getragen [gelitten]) den Roman ›Max Havelaar oder Die Holländer auf Java‹ (1860, dt. 1875, 1948 u. d. T. ›Max Havelaar oder Die Kaffeeversteigerungen der Niederl. Handelsgesellschaft‹), in dem er die Mängel der niederl. Kolonialregierung schilderte und scharf kritisierte; das Buch erregte großes Aufsehen, erntete aber zunächst nur literar. Erfolg. Die sieben Bände ›Ideën‹ (1862–77) sind ein bed. Zeugnis für M.s freigeistig-humanist. Anschauungen; sie enthalten auch das bemerkenswerte autobiograph. Romanfragment ›Die Abenteuer des kleinen Walther‹ (2 Bde., dt. 1901).

**Weitere Werke:** Minnebriefe (R., 1861, dt. 1903), Duizend en eenige hoofdstukken over specialiteiten (1871), Fürstenschule (Dr., 1872, dt. 1900).

**Ausgaben:** M. Ausw. aus seinen Werken. Dt. Übers. aus dem Holländ. Eingel. durch eine Charakteristik seines Lebens, seiner Persönlichkeit u. seines Schaffens v. W. Spohr. Minden [2]1902. – M. Volledige werken. Hg. v. G. Stuiveling. Amsterdam 1950 ff. (bisher 16 Bde. erschienen).

**Literatur:** Gruyter, J. de: Het leven en de werken van Eduard Douwes-Dekker. Amsterdam 1920–21. 2 Bde. – Brom, G.: M. Utrecht 1958. – Sötemann, A. L.: De structuur van Max Havelaar. Utrecht 1966. 2 Tle. – Janssens, M.: Max Havelaar, de held van Lebak. Löwen 1970. – Oversteegen, J. J.: M. en de kritiek. Amsterdam 1970.

**Multimediaveranstaltung** (Mixed-media-Veranstaltung), Versuch seit den 1960er Jahren, die verschiedenen Kunstarten unter Einbeziehung der verschiedensten techn. (audiovisuellen) Medien (Film, Projektion, Lichtorgel, Tonband usw.) in Abfolge, aber auch simultan vorzustellen. Mit M.en experimentierten z. B. F. Kriwet (Graphik und Dichtung) und D. Schönbach (kinet. Kunst und Musikcollage). ↑ Happenings und Environments (Kunstformen, bei denen räumlich angeordnete Materialien den Betrachter zu aktiver Teilnahme anregen sollen) können M.en sein. Gegen ein traditionelles Kunstverständnis, eine traditionelle Kunstdarstellung gerichtet, stellen die M.en eine erneuerte Form des ↑ Gesamtkunstwerks dar, wobei der besondere Akzent nicht nur auf eine Aufhebung der Kunstgattungen, sondern auch auf eine Aufhebung der Diskrepanz von Leben und Kunst gelegt wird. Vorläuferstadien hat es insbes. im ↑Dadaismus und im ›Theater der Grausamkeit‹ A. Artauds gegeben. Die Unterhaltungsindustrie (Pop-Shows, Pop-Festivals u. a.) setzt auf ihren Veranstaltungen erprobte Multimedia-Effekte gezielt ein.

**Munch,** Andreas [norweg. mʉŋk], * Christiania (heute Oslo) 19. Okt. 1811, † Vedbæk bei Kopenhagen 27. Juni 1884, norweg. Dichter. – Galt mit seiner spätromant. Lyrik und Dramatik den Zeitgenosen als norweg. ›Dichterkönig‹.

**Werke:** Kong Sverres ungdom (Dr., 1837), Digte, gamle og nye (Ged., 1848), Nye digte (Ged., 1850), Lord William Russell (Dr., 1857), Eftersommer (Ged., 1867).

**Ausgabe:** A. M. Samlede skrifter. Hg. v. M. J. Monrad u. H. Lassen. Kopenhagen 1887–90. 5 Bde.

**Münch-Bellinghausen,** Eligius Franz-Joseph Freiherr von, österreichischer Schriftsteller, ↑Halm, Friedrich.

Börries Freiherr von Münchhausen

**Münchhausen,** Börries Frhr. von, Pseudonym H. Albrecht, * Hildesheim 20. März 1874, † Schloß Windischleuba bei Altenburg 16. März 1945, dt. Schriftsteller. – Studierte Rechts- und Staatswissenschaften, bereiste Italien, Dänemark, Deutschland; im 1. Weltkrieg Offizier. Hauptvertreter der neueren dt. Balladendichtung, einer Gattung, der er auch zahlreiche theoret. Abhandlungen widmete und die seiner elitären Lebensauffassung, seiner virtuosen Sprachbeherrschung und seinem starken Temperament bes. entsprach; Themen v. a. aus der mittelalterl. Ritterwelt, aus Sage und Märchen. M. bekannte sich zum Nationalsozialismus.

**Werke:** Gedichte (1897), Balladen (1900), Ritterl. Liederbuch (1903), Die Standarte (Ged., 1916), Meisterballaden. Ein Führer zur Freude (Schrift, 1923), Das Balladenbuch (1924), Idyllen und Lieder (1928), Das Liederbuch (1928), Geschichten aus der Geschichte (1934).

**Ausgabe:** B. Frhr. v. M. Das dichter. Werk. Ausg. letzter Hand. Stg. 22.–87. Tsd. 1968–69. 2 Bde.

**Münchhausen,** Karl Friedrich Hieronymus Frhr. von, genannt Lügenbaron, * Bodenwerder 11. Mai 1720, † ebd. 22. Febr. 1797, dt. Offizier. – Erzählte nach abenteuerl. Leben in fremden Ländern und Teilnahme an zwei Türkenkriegen die unglaublichsten Kriegs-, Jagd- und Reiseabenteuer (Lügengeschichten oder Münchhausiaden). 17 Schwankerzählungen, die angeblich von M. stammten, erschienen 1781–83 im ›Vademecum für lustige Leute‹ und wurden 1785 von R. E. Raspe ins Englische übersetzt und erweitert: ›Baron M.'s narrative of his marvellous travels and campaigns in Russia‹. G. A. Bürger übersetzte und vermehrte die 2. engl. Ausgabe um 13 Lügengeschichten (1786, erweitert 1789) und gab diesen ihre endgültige und typ., volkstüml. Form. Es folgten zahlreiche Bearbeitungen im Roman (K. L. Immermann), im Drama (H. Eulenberg, F. Lienhard, H. von Gumppenberg) und im Film (Drehbuch von Erich Kästner, 1943).

**Münchhausiade** (Münchhauseniade), seit der 2. Hälfte des 18. Jh. gebräuchl. Begriff für eine spezielle Form der ↑Lügendichtungen (meist Reise-, Kriegs- oder Jagderlebnisse), die sich mit der Person des ersten Erzählers dieses Typus, des Freiherrn K. F. H. von Münchhausen verbinden.

**Münchner Dichterkreis,** von König Maximilian II. von Bayern ab 1852 initiierter Kreis hpts. norddt. Schriftsteller. Dem Kreis, dessen führende Köpfe E. Geibel und P. Heyse waren, gehörten u. a. an: F. M. Bodenstedt, F. Dahn, F. Dingelstedt, M. Greif, J. Grosse, W. Hertz, H. Leuthold, H. von Lingg, W. H. Riehl, A. F. Schack, J. V. Scheffel.

Sie fanden sich in königl. ›Symposien‹ zusammen und gründeten außerdem eine literar. Vereinigung, die sog. ›Gesellschaft der Krokodile‹ (1856–63; nach einem Gedicht von Linggs). Nach dem Tod Maximilians II. (1864) und Geibels Fortgang (1868) verlor der Kreis seinen Elan, der nichtpolit., klassizist. Dichtung propagierte, die zuerst gegen das Junge Deutschland, später gegen den Realismus und Naturalismus gerichtet war. Der im Kreis geschätzte Formkult wie auch u. a. die histor. und romant. Thematik führten oft zu epigonalem Ästhetizismus, der sich v. a. in den Verserzählungen, den Epen und den undramat. Schauspielen zeigt.

**Munch-Petersen,** Gustav [dänisch 'mɔŋ'g 'pe:'dərsən], * Kopenhagen 18. Febr. 1912, ⚔ in Nordostspanien 2. April 1938, dän. Dichter. – Kämpfte als Freiwilliger im Span. Bürgerkrieg; debütierte 1932 mit der Gedichtsammlung ›Det nøgne menneske‹, in der er sich gegen Konventionen und gewohnheitsmäßiges Leben auflehnt; schrieb 1933 den autobiograph. Roman ›Simon begynder‹; schloß sich 1933–35 der surrealist. Bewegung an. Seine avantgardist., experimentierenden Gedichte hatten entscheidenden Einfluß auf die modernist. Lyrik der sechziger Jahre in Dänemark.

**Weitere Werke:** Det underste land (Ged., 1933), Mod Jerusalem (Ged., 1934), Nitten digte (Ged., 1937).

**Ausgabe:** G. M.-P. Samlede skrifter. Kopenhagen 1959. 2 Bde.

**Mundartdichtung** (Dialektdichtung), Literatur, die im Unterschied zur überregionalen hochsprachl. Literatur in einer bestimmten Mundart verfaßt ist. M. in diesem Sinne gibt es, seitdem sich eine allgemeinverbindl. Hoch- oder Schriftsprache entwickelt hat, in Deutschland etwa seit Luther. Vorher war die Dichtung durchweg mehr oder weniger mundartlich geprägt, auch wenn sich z. B. in der mhd. Blütezeit gewisse Ausgleichstendenzen abzeichnen. In der griech. Antike blieben indes die literar. Gattungen auch nach der Ausbildung einer einheitl. Schriftsprache denjenigen Mundarten verbunden, in denen sie entstanden, wie etwa die Lyrik dem äol. Dialekt. Ähnl. gattungsspezif. Zuordnungen von Sprachen finden sich im europ. MA im Zusammenhang mit dem Altprovenzalischen und Galicisch-Portugiesischen als übernat. Medien der Lyrik und in Verbindung mit dem Altfranzösischen als grenzüberschreitendes Idiom der (wiss.) Prosa; auch die Charakterisierung des Lateinischen als ›lingua sacra‹ scheint in diesem Kontext erwähnenswert.

M. umfaßt alle traditionellen Gattungen volkstüml. Erzähl- und Dichtkunst wie Märchen, Sage, Anekdote, Sprichwort, Lyrik; Grenzfälle stellen solche Dichtungen dar, in denen vor einem hochsprachl. Hintergrund mundartl. Elemente zur milieugetreuen Charakterisierung verwendet werden, v. a. in Dialogen im Roman oder Drama (L. Thoma, G. Hauptmann). – Da es für M. keine Lesertraditionen gibt, begegnet sie meist in mündlich vorzutragenden Literaturformen (Lyrik, Drama). Neben einer Fülle von in ihrem ästhet. und landschaftl. Wirkungskreis beschränkten M. gibt es aber auch M.en, die eine breitere Wirkung erzielten: Als erste literarisch bedeutsame M. gilt das ›Schertz-Spill‹ ›Die gelibte Dornrose‹ in A. Gryphius' Doppeldrama ›Verlibtes Gespenst‹ (1661). M. findet sich dann häufiger seit dem 18. Jh. (J. H. Voß, plattdt. Idyllen ›De Winteravend‹, 1776; ›De Geldhapers‹, 1777; Sebastian Sailer [* 1714, † 1777], ›Schwäb. Schöpfung‹, gedr. nach 1777; J. K. Grübel, ›Gedichte in Nürnberger Mundart‹, 1798–1812, u. a.), mit weiterreichender Wirkung z. B. im ↑Wiener Volkstheater mit seinen Hanswurstiaden (J. A. Stranitzky, J. F. von Kurz, Ph. Hafner, Gottfried Prehauser [* 1699, † 1769]) und Volksstücken (A. Bäuerle, F. Raimund, J. N. Nestroy), dann allgemein in der Romantik im Gefolge der Entdeckung und Wertschätzung vor- und unterliterar. Volksdichtung; von Rang sind die ›Alemann. Gedichte‹ (1803 und 1820) J. P. Hebels, ferner im 19. Jh. die ep. Werke F. Reuters in mecklenburg. Dialekt, ›Ut mine Festungstid‹ (1862), ›Ut mine Stromtid‹ (1862–64) u. a., und das lyr. Werk K. Groths (›Quickborn‹, 2 Bde., 1852 und 1871). Programmatisch wird der Dialekt eingesetzt im Naturalismus (G. Hauptmann, ›Die Weber‹, 1892, daneben schles. Dialektfassung ›De Waber‹, 1892; F. Stavenhagen u.a.) und wieder seit etwa 1960 in den Experimenten literar. Gruppen, die mit der akustisch-visuellen Verwendung des Dialekts neue Aussageweisen zu erschließen suchen (bes. die ↑Wiener Gruppe: H. C. Artmann, ›med ana schwoazzn dintn‹, 1958). – Ausgeprägte M. findet sich in nahezu allen Dialektgruppen, z.B. im Schwäbischen (August Lämmle [* 1876, † 1962], S. Blau [Josef ↑Eberle]), im Hessischen (E. E. Niebergall, ›Datterich‹, 1841), im Oberbayrischen (F. von Kobell, K. Stieler, L. Thoma, O. M. Graf, Max Dingler [* 1883, † 1961]), im Fränkischen (J. W. Weikert [* 1776, † 1856], Josef Kram [* 1852, † 1874]), im Thüringischen (August Rabe, eigentlich A. Ludwig [* 1867, † 1951]), im Schlesischen (A. Gryphius, D. Stoppe [* 1697, † 1747], K. von Holtei, C. und G. Hauptmann, Ernst Schenke [* 1896]), im Niederdeutschen (J. Brinckman, H. Claudius, Walter Arthur Kreye [* 1911]), im Berlinerischen (v.a. die expressionistische Ballade, z.B. von W. Mehring). In neuerer Zeit tragen [Freilicht]aufführungen mundartlicher Stücke und das Fernsehen (z.B. Hamburger Ohnsorg-Theater, Münchner Komödienstadel) sowie die Mundartstücke von M. Sperr, R. W. Fassbinder und F. X. Kroetz stark zur Verbreitung der M. bei. M. ist auch in anderen dt. Sprachgebieten verbreitet, bis etwa 1945 bes. stark in der dt. Schweiz (J. M. Usteri, Gottlieb Jacob Kuhn [* 1775, † 1845], Josef Ineichen [* 1745, † 1818], Jost Bernhard Barnabas Häfliger [* 1759, † 1837], M. Lienert, Josef Reinhart [* 1875, † 1957], R. von Tavel, Simon Gfeller [* 1868, † 1943], Paul Haller [* 1882, † 1920] u.a.), in Österreich (I. F. Castelli, J. G. Seidl, Josef Misson [* 1803, † 1875], L. Anzengruber, F. Stelzhamer, August Radnitzky [* 1810, † 1897], P. Rosegger, J. Weinheber u.a.). Im nicht-deutschsprachigen Gebiet lassen sich vergleichbare Entwicklungen feststellen. In Großbritannien, wo sich seit dem späten 14. Jh. die Sprache Londons als Literatursprache durchzusetzen begann (bes. dank der Werke G. Chaucers), wurden Traditionen bes. schott. Dichtung fortgeführt und später erneuert, in der Romantik bes. durch R. Burns, im 20. Jh. u.a. durch H. MacDiarmid. Während in Frankreich seit dem 12. Jh. v.a. das Pikardische, das Champagnische und das Anglonormannische um die Vorrangstellung kämpfen, gibt die vielfältige dialektale Gliederung Italiens, wie sie schon Dante beschreibt (›Über die Volkssprache‹, entst. um 1304, gedr. 1529, dt. 1845), Anlaß zu einer Jahrhunderte währenden Diskussion für oder gegen das Toskanische als Grundlage der literarischen Hoch- und Einheitssprache (↑Questione della lingua; z.B. P. Bembo), so daß sich das Venezianische (z.B. in den Komödien C. Goldonis), das Neapolitanische (z.B. in den Erzählungen G. Basiles), das Mailändische (bei A. Manzoni) oder das Römische (bei P. P. Pasolini) bis ins 20. Jh. durchaus selbständig behaupten können. Bes. durch die Autonomiebestrebungen romanisch- und nicht-romanischsprachiger Randgebiete innerhalb der westl. Romania seit dem 19. Jh. finden sich neue Ausdrucksformen der M. in Nord- und Südfrankreich (↑bretonische Literatur, ↑provenzalische Literatur), im Baskenland (↑baskische Literatur), in Galicien (↑galicische Literatur) und Katalonien (↑katalanische Literatur).

**Literatur:** Dt. Philologie im Aufriß. Hg. v. W. STAMMLER. Bd. 2. Bln. [2]1960. Nachdr. 1978. S. 2351 u. 2406. – M. In: Reallex. der dt. Literaturgesch. Begr. v. P. MERKER u.a. Hg v. W. KOHLSCHMIDT u.a. Bd. 2. Bln. 1964. S. 442. – HOFFMANN, FERNAND/BERLINGER, J.: Die neue dt. M. Hildesheim 1978. – Einstellungen u. Positionen zur Mundart-Lit. Hg. v. EVA-MARIA SCHMITT u.a. Ffm. 1993. – SCHMUTZER, D.: Wienerisch g'redt. Gesch. der Wiener M. Wien 1993.

**Munday,** Anthony [engl. 'mʌndɪ], * London 1560, ▭ ebd. 9. Aug. 1633, engl. Schriftsteller. – Reiste als prot. Kundschafter nach Rom, war zeitweise Schauspieler, 1592–1623 maßgeblich an den offiziellen Londoner Schaudarbietungen beteiligt. Schrieb zunächst Pamphlete über sensationelle zeitgenöss. Verbrechen sowie antikath. Polemik; verfaßte Prosaromanzen (u.a. ›Zelauto, the fountain of fame‹, 1580) und übersetzte zahlreiche weitere nach frz. Vorlagen. M. war trotz seiner Schmähschrift wider die Theater (›A second and third blast of retreat from plays and theatres‹, 1580) ein vielseitiger Autor und Mitautor von Theaterstücken, die zur Entfaltung der elisabethan. Dramatik beitrugen, darunter die phantastisch-satir. Zauberkomödie ›John a Kent and John a Cumber‹ (entst. um 1589, UA um 1594) und die Robin-Hood-Dramen ›The downfall of Robert, Earl of Huntingdon‹ (1601) und ›The death of Robert, Earl of Huntingdon‹ (1601; mit Henry Chettle [* um 1560, † um 1607]). War auch als Dichter (nicht erhaltener) Balladen berühmt.

**Literatur:** TURNER, C.: A. M. An Elizabethan man of letters. Berkeley (Calif.) 1928.

**Mündlichkeit** (mündliche Dichtung), in der vergleichenden Literaturwiss. bezeichnet der Begriff der M. (›oral poetry‹) das kulturelle Phänomen der schriftlosen Sprachkunst (als Vorstufe literar. Erzählkunst) zwischen Altertum und europ. MA. Die Theorie einer ursprünglich mündl. Epenkomposition (›oral composition‹), entwickelten die Amerikaner Milman Parry (* 1902, † 1935) und Albert Bates Lord (* 1912), wobei die Erkenntnis, daß die mündl. Darstellungsweise anderen Strukturgesetzen folgt als geschriebene Literatur, entscheidend war. Aus der Untersuchung der Struktur der homer. Epen (Parry, ›L'épithète traditionnelle dans Homère‹, 1928), die als typisch für ursprünglich mündl. Dichtung analysiert wurden, und der Darstellung der Parryschen Theorie am Beispiel der ep. Lieder der Guslaren, d. h. südslaw. Epensänger (Lord, ›Der Sänger erzählt‹, 1960, dt. 1965), postulierten sie spezif. ›Kompositionsformeln‹ (u. a. metr., rhythm. Strukturen; typ. Motive, Szenen, Handlungsskizzen) als Indizien mündl. Dichtung. Diese Untersuchungen wurden in der weiteren Forschung v. a. auch unter Berücksichtigung der unterschiedl. Traditions- und Rezeptionsbedingungen mündlicher Dichtung auch auf die ep. Dichtung der verschiedenen (u. a. auch asiat., afrikan., lateinamerikan.) Nationalliteraturen übertragen: in den german. Sprachen u. a. auf altengl. (›Beowulf‹, Handschrift um 1000) und mhd. (›König Rother‹, um 1150; ›Nibelungenlied‹, um 1200), in den roman. Sprachen auf altspan. (›Cantar de mío Cid‹, um 1140) und altfrz. (›Rolandslied‹, um 1100; ↑Chanson de geste) Epen. Die Rezeption der Oral-poetry-Forschung steht bes. in der Germanistik (u. a. F. H. Bäuml) und Romanistik (u. a. J. Rychner, P. Zumthor) unter dem Vorzeichen von kontroversen Diskussionen über das Phänomen der M. im Rahmen von Ursprungs- und Überlieferungstheorien innerhalb der Epen- und Volksliedforschung, wie sie seit dem 19. Jh. u. a. in Spanien von R. Menéndez Pidal, in Frankreich von J. Bédier und G. Paris (›Kantilenentheorie‹) und in Deutschland von Th. Frings und K. Lachmann (↑Liedertheorie) vertreten wurden. Heute ist die M. verstärkt Gegenstand einer interdisziplinären Verbindung von volkskundl., anthropolog., und folklorist. Forschung mit strukturalistisch-semiot. Literatur, Sprach- und Diskurstheorien, wobei die Dichotomie bzw. Komplementärität von M. und Schriftlichkeit im Kontext soziokultureller, linguist. und poetolog. Strukturanalysen untersucht und als Kultur- bzw. Kommunikationsphänomen vor dem Hintergrund spezif. Bedingungen der Literatur-, Sozial- und Geistesgeschichte definiert wird.

**Literatur:** BÄUML, F. H./WARD, D. J.: Zur mündl. Überlieferung des Nibelungenliedes. In: Dt. Vjschr. für Literaturwiss. u. Geistesgesch. 41 (1967). S. 351. – RYCHNER, J.: La Chanson de geste. Essai sur l'art épique des jongleurs. Genf u. Paris [2]1968. – HAYMES, E. R.: Das mündl. Epos. Eine Einf. in die ›Oral-poetry‹-Forschung. Stg. 1977. – Oral Poetry. Das Problem der M. mittelalterl. ep. Dichtung. Hg. v. N. VOORWINDEN u. M. DE HAAN. Darmst. 1979. – ONG, W. J.: Oralität u. Literalität. Die Technologisierung des Wortes. Dt. Übers. Opladen 1987. – ZUMTHOR, P.: La lettre et la voix. Paris 1987. – M. und Schriftlichkeit. Hg. v. W. RAIBLE. Tüb. 1987. – SCHENDA, R.: Von Mund zu Ohr. Bausteine zu einer Kulturgesch. volkstüml. Erzählens in Europa. Gött. 1993.

**Mundt,** Theodor, * Potsdam 19. Sept. 1808, † Berlin 30. Nov. 1861, dt. Schriftsteller. – Journalist, Redakteur, Mitarbeiter und Hg. verschiedener literar. Zeitschriften; 1848 Prof. für Literaturgeschichte in Breslau, 1850 Universitätsbibliothekar; maßgebl. Vertreter des Jungen Deutschland und unermüdl. Kämpfer gegen die preuß. Zensur, von der seine Zeitschriften wiederholt betroffen wurden. Veröffentlichte neben weniger bed. Novellen, Romanen (›Das Duett‹,

1831; ›Madonna‹, 1835; ›Thomas Münzer‹, 3 Bde., 1841) und Reiseschilderungen (›Italienische Zustände‹, 4 Tle., 1859/60) zahlreiche literarhistor., literaturtheoret. und ästhet. Schriften, z.B. ›Krit. Wälder‹ (1833), ›Die Kunst der dt. Prosa‹ (1837), ›Geschichte der Literatur der Gegenwart‹ (1842), ›Ästhetik‹ (1845), ›Dramaturgie‹ (2 Bde., 1847/48).

**Weitere Werke:** Moderne Lebenswirren (R., 1834), Charaktere und Situationen (Abhandlung, 2 Bde., 1837), Carmela oder die Wiedertaufe (R., 1844), Die Geschichte der Gesellschaft (Abhandlung, 1844), Graf Mirabeau (R., 4 Bde., 1858).

**Literatur:** DRAEGER, O.: Th. M. u. seine Beziehungen zum Jungen Deutschland. Marburg 1907. Nachdr. New York 1968. – QUADFASEL, H.: Th. M.s literar. Kritik u. die Prinzipien seiner ›Ästhetik‹. Diss. Hdbg. 1933. – ↑auch Kühne, Gustav.

**Mungard** (Mungart), Jens, *Keitum (heute zu Sylt-Ost) 9. Febr. 1885, †KZ Sachsenhausen 13. Febr. 1940, fries. Dichter. – Bedeutendster nordfries. Dichter des 20. Jh., der durch sein Werk viel zur Erhaltung der Sylter Mundart beitrug; M. war v.a. Lyriker und Balladendichter, schrieb aber auch Erzählungen und Theaterstücke.

**Ausgaben:** J. M. Dit Lewent en broket Kraans. Hg. v. J. H. BROUWER u.a. Drachten 1962. – J. M. Fuar di min hart heer slain. Hg. v. H. HOEG. Bredstedt 1985.

**Mungenast,** Ernst-Moritz ['mʊŋənast], *Metz 29. Nov. 1898, †Stuttgart 3. Sept. 1964, dt. Schriftsteller. – Journalist, dann freier Schriftsteller; war mit seinem in seiner lothring. Heimat spielenden Roman ›Der Zauberer Muzot‹ (1939) bes. erfolgreich.

**Weitere Werke:** Christoph Gardar (R., 1935), Die Halbschwester (R., 1937), Der Kavalier (R., 1938), Cölestin (R., 1949), Hoch über den Herren der Erde (R., 1950), Die ganze Stadt sucht Günther Holk (R., 1954), Tanzplatz der Winde (R., 1957).

**Munk,** Christian, Pseudonym des dt. Schriftstellers Günther ↑Weisenborn.

**Munk,** Georg, eigtl. Paula Buber, geb. Winkler, *München 14. Juni 1877, †Venedig 11. Aug. 1958, dt. Schriftstellerin. – War ⚭ mit dem jüd. Religionsphilosophen Martin Buber; von der Romantik beeinflußte Erzählerin.

**Werke:** Die unechten Kinder Adams (E., 1912), Irregang (R., 1916), Die Gäste (En., 1927), Am lebendigen Wasser (R., 1952), Muckensturm (R., 1953), Geister und Menschen. Ein Sagenbuch (hg. 1961).

**Munk,** Kaj [dän. moŋ'g], eigtl. K. Harald Leininger M., *Maribo 13. Jan. 1898, †Hørbylunde Skov 4. Jan. 1944, dän. Schriftsteller. – Pfarrer in Vedersø (Westjütland), 1944 von der Gestapo ermordet. M., in der Geisteshaltung S. Kierkegaard, formal bes. in seinem Frühwerk L. Pirandello und dem Expressionismus verpflichtet, setzte sich in seinen sehr bühnenwirksamen Dramen leidenschaftlich mit theolog., philosoph. und polit. Fragen auseinander; Gestalten der Weltgeschichte, u.a. Herodes in ›En idealist‹ (1928), Heinrich VIII. von England in ›Cant‹ (1931), bestimmen seine ersten Dramen; daneben entstanden Bühnenstücke, in denen Probleme der Liebe und des Vertrauens in die Macht des Glaubens im Mittelpunkt stehen, darunter sein Hauptwerk ›Ordet‹ (1932); später wandte er sich dem aktuellen polit. Geschehen zu, u.a. in ›Sejren‹ (1936) und ›Han sidder ved smeltediglen‹ (1938); ferner Lyrik, Predigten, Essays sowie Reisebeschreibungen.

**Weitere Werke:** I brændingen (Dr., 1929), Kærlighed (Dr., 1935), Niels Ebbesen (Dr., 1942, dt. 1944).

**Ausgabe:** K. M. Mindeudgave. Kopenhagen 1948–49. 9 Bde.

**Literatur:** NEERGAARD, E.: K. M. Dt. Übers. v. M. BACHMANN-ISLER. Zü. 1945. – NØJGAARD, N.: Ordets dyst og daad. K. M.s levnedsløb og personlighed. Kopenhagen 1946. – HENRIQUES, A.: K. M. Oslo 1947. – HOLM, S.: K. M. Den religiøse problematik i hans dramaer. Kopenhagen 1961. – HARCOURT, M.: Portraits of destiny. New York 1966. – SCHWEDE, A. O.: Verankert im Unsichtbaren. Das Leben K. M.s. Bln. 1970. – EISENBERG, CH.: Die polit. Predigt K. M.s. Ffm. u.a. 1980.

**Munkepunke,** Pseudonym des dt. Schriftstellers und Verlegers Alfred Richard ↑Meyer.

**Muñoz,** Rafael F[elipe] [span. mu'ɲɔs], *Chihuahua 1. Mai 1899, †Mexiko 6. Juli 1972, mex. Schriftsteller. – Schloß sich mit 16 Jahren dem Revolutionsgeneral Francisco Villa an; ab 1920 Journalist. Seine dramatisch-pointierten Erzählungen und die in lockerer Episodenfolge gebauten Romane gestalten v.a. das Thema der Revolution aus dem Blickwinkel eines Gefolgsmannes Villas.

**Werke:** El feroz cabecilla y otros cuentos de la revolución en el Norte (En., 1928), Vorwärts mit Pancho Villa! (R., 1931, dt. 1935), Se llevaron el cañón para Bachimba (R., 1941), Fuego en el Norte (En., 1960).

**Muñoz Molina,** Antonio [span. mu'ɲɔθ mo'lina], * Úbeda (Prov. Jaén) 1956, span. Schriftsteller. – Verfasser mehrfach prämierter Romane, in denen sich spannende Kriminalgeschichten mit der Aufarbeitung des Bürgerkriegs und der Francozeit verbinden. M. M. orientiert sich an Verfahrensweisen des modernen Romans und bezieht die Diskussion über Literatur, Kunst und Musik in seine Texte ein. Sein raffiniertes Spiel mit der Intertextualität weist ihn zudem als Kenner der literar. Tradition aus.

**Werke:** Beatus ille oder Tod und Leben eines Dichters (R., 1986, dt. 1989), Der Winter in Lissabon (R., 1987, dt. 1991), Die anderen Leben (En., 1988, dt. 1991), Deckname Beltenebros (R., 1989, dt. 1993), Die Stadt der Kalifen. Histor. Streifzüge durch Córdoba (1991, dt. 1994), Der poln. Reiter (R., 1991, dt. 1995; Premio Planeta 1991), Los misterios de Madrid (R., 1992).

**Muñoz Seca,** Pedro [span. mu'ɲɔθ 'seka], * El Puerto de Santa María (Prov. Cádiz) 20. Febr. 1881, † Paracuellos de Jarama (Prov. Madrid) 28. Nov. 1936, span. Dramatiker. – Während des Bürgerkriegs erschossen. Schrieb allein oder in Zusammenarbeit mit anderen über 200 meist außerordentlich erfolgreiche Sainetes u. a.; schuf die Groteskfarce (populär ›astracanada‹ genannt).

**Ausgabe:** P. M. S. Obras completas. Madrid [1-2]1946–55. 7 Bde.

**Literatur:** MONTERO ALONSO, J.: P. M. S. Madrid 1939.

**Munro,** Alice [engl. mən'roʊ], geb. A. Laidlaw, * Wingham (Ontario) 10. Juli 1931, kanad. Schriftstellerin. – Schrieb schon als Teenager, dann als Englischstudentin an der Univ. von Western Ontario; lebt heute in Clinton (Ontario). Ihre Bücher tendieren zum Kurzgeschichtenzyklus, einer aus miteinander verbundenen, aber auch einzeln lesbaren Erzählungen bestehenden Gattung zwischen Kurzgeschichtensammlung und Roman, die in der kanad. Erzählliteratur (mit D. C. Scott, S. Leacock, M. Laurence u. a.) bes. gut vertreten ist. M. ist eine Meisterin des realist. und suggestiven Details und erzählt fast ausschließlich aus dem Blickwinkel von Frauen, oft eines jungen, sexuell und zur Künstlerin erwachenden Mädchens. Weitere bevorzugte Themen sind Generationsunterschied, soziale Zwänge, die seel. Komplexität einfacher Leute. Provinzielle, heruntergekommene Milieus verweisen auf das südwestliche Ontario ihrer Kindheit und Jugend, aber auch auf den Einfluß von Erzählern des amerikanischen Südens (E. Welty, J. Agee). Alle diese Züge vereinigt ihr einziger als solcher bezeichenbarer Roman ›Kleine Aussichten. Ein Roman von Mädchen und Frauen‹ (1971, dt. 1983).

**Weitere Werke:** Dance of the happy shades (En., 1968), Something I've been meaning to tell you ... (En., 1974), Das Bettlermädchen. Geschichten von Flo und Rose (En., 1978, dt. 1981), Die Jupitermonde (En., 1982, dt. 1986), Der Mond über der Eisbahn. Liebesgeschichten (1986, dt. 1989), Glaubst Du, es war Liebe? (En., 1990, dt. 1991).

**Literatur:** Probable fictions. A. M.'s narrative acts. Hg. v. L. K. MACKENDRICK. Downsview (Ontario) 1983.

**Munro,** Hector Hugh [engl. mən'roʊ], engl. Schriftsteller, ↑ Saki.

**Munro,** Neil [engl. mən'roʊ], * Inveraray (Argyllshire) 3. Juni 1864, † Helensburg (Dumbartonshire) 22. Dez. 1930, schott. Schriftsteller. – Journalist, Hg. der ›Glasgow Evening News‹, dann freier Schriftsteller. M. schrieb – häufig unter dem Pseudonym Hugh Foulis – romantisch-histor. Romane und Erzählungen mit kelt. Stoffen, humorvolle Geschichten in schott. Dialekt sowie Balladen und lyr. Gedichte.

**Werke:** John Splendid (R., 1898), Gilian the dreamer (R., 1899), The vital spark (E., 1906), The new road (R., 1914), Bagpipe ballads (1917).

**Munthe,** Axel [Martin Fredrik], * Oskarshamn (Småland) 31. Okt. 1857, † Stockholm 11. Febr. 1949, schwed. Arzt und Schriftsteller. – Schrieb zunächst Schilderungen und Skizzen über Frankreich- und Italienreisen; erwarb als königlich schwed. Leibarzt den durch ihn berühmt gewordenen Besitz San Michele auf Capri. Weltbekannt wurden seine Erinnerungen ›Das Buch von San Michele‹ (engl. 1929, schwed. 1930, dt. 1931).

**Weitere Werke:** Från Napoli (Reiseber., 1885), Små skizzer (Reiseber., 1909), Ein altes Buch von Menschen und Tieren (1931, dt. 1934, 1951 u. d. T. Seltsame Freunde).

**Literatur:** MUNTHE, G./UEXKÜLL-SCHWERIN, G.: Das Buch v. A. M. Mchn. 1951.

**Muoth,** Giachen Caspar, * Breil/Brigels (Graubünden) 29. Sept. 1844, † Chur 6. Juli 1906, rätoroman. Dichter. – Gymnasiallehrer in Chur; trat als Lyriker und Historiker seiner Bündner Heimat hervor. Zu seinen bedeutendsten ep. Balladen gehören ›Il cumin d'Ursera‹, ›La vendetga dils Grischs‹ und ›La dertgira nauscha de Valendau‹.

**Ausgaben:** Ovras da G. C. M. Glion (Ilanz) 1931. – G. C. M. Ovras. Hg. v. I. CAMARTIN. Cuera 1994 ff.

**Literatur:** CAVIGELLI, P.: G. C. M., 1844–1906. In: Bed. Bündner aus fünf Jh. Hg. v. Iso MÜLLER u. a. Bd. 2. Chur 1970. S. 180.

**Murasaki Schikibu** (tl.: Murasaki Shikibu), * Kioto um 978, † ebd. (?) um 1016, jap. Schriftstellerin. – Tochter des Gouverneurs Fudschiwara no Tametoki; früh verwitwet (1001), trat sie in den Dienst der Kaiserin Akiko; Hauptwerk der M. Sch. ist das ›Genji-monogatari‹ (vermutlich zw. 1001 und 1010 verfaßt, dt. 1937 u. d. T. ›Die Abenteuer des Prinzen Genji‹), Gipfel jap. höf. Erzählkunst und wohl erster (psycholog.) Roman der Weltliteratur; sie beschreibt darin im wesentlichen Leben und Lieben des Prinzen Gendschi, der die ästhet. Ideale der klass. jap. Hofkultur verkörpert; berühmt ist auch ihr Tagebuch ›Murasaki-Shikibu-nikki‹ (um 1000, engl. 1920 u. d. T. ›The diary of Murasaki Shikibu‹); viele ihrer Gedichte wurden in offizielle Anthologien aufgenommen.

**Ausgaben:** OMORI, A. S./DOI, K.: Diaries of court ladies of old Japan. Engl. Übers. New York u. Boston (Mass.) 1920. Nachdr. New York 1970. – M. ([no] Shikibu). Die Gesch. vom Prinzen Genji. Dt. Übers. v. O. BENL. Zü. 1966. 2 Bde.

**Literatur:** MORRIS, I.: The world of the shining prince. London u. New York 1964.

**Murdoch,** Dame (seit 1987) [Jean] Iris [engl. 'mə:dɔk], * Dublin 15. Juli 1919, angloir. Schriftstellerin. – War 1948–67 Dozentin für Philosophie in Oxford und London. Verbindet in ihren atmosphärisch dichten, vom frz. Existentialismus, von S. Beckett und R. Queneau beeinflußten Romanen realist., z. T. auch grotesk-kom. und symbolhafte Gestaltungsweisen. Strukturgebendes Prinzip ihrer

Dame Iris Murdoch

Werke ist die Erkenntnis der mangelnden menschl. Entscheidungsfreiheit und die schließl. Akzeptanz der Zufälligkeit des Lebens, wobei der dargestellten Geschehensfülle jeweils ein sorgfältig arrangierter Handlungszusammenhang entgegenwirkt. Bekannt wurde M. schon durch ihren ersten, oft als neopikaresk bezeichneten und mit der Angry-young-men-Bewegung assoziierten Roman ›Unter dem Netz‹ (1954, dt. 1957). Wiederholt greift M. auch Shakespearesche Motive und Anspielungen auf, z. B. in ›Lauter feine Leute‹ (R., 1968, dt. 1968), ›A fairly honourable defeat‹ (R., 1970), ›Der schwarze Prinz‹ (R., 1973, dt. 1975) und ›Das Meer, das Meer‹ (R., 1978, dt. 1981). 1988 erhielt sie den Shakespeare-Preis der Stiftung F. V. S.

**Weitere Werke:** Flucht vor dem Zauberer (R., 1956, dt. 1964), Die Wasser der Sünde (R., 1958, dt. 1962), Maskenspiel (R., 1961, dt. 1982, dramatisiert 1964), Das italien. Mädchen (R., 1964, dt. 1982), Ein Mann unter vielen (R., 1971, dt. 1980), Uhrwerk der Liebe (R., 1974, dt. 1977), Year of birds (Ged., 1978), Nuns and soldiers (R., 1980), The philosopher's pupil (R., 1983), The good apprentice (R., 1985), The book and the brotherhood (R., 1987), The message to the planet (R., 1989), Metaphysics as a guide to morals (Abh., 1992), The green knight (R., 1993).

**Literatur:** BYATT, A. S.: Degrees of freedom. The novels of I. M. London 1965. – HERMES, L.: Formen u. Funktionen des Symbolgebrauchs in den Werken I. M.s. Wsb. u. Ffm. 1972. – GERSTENBERGER, D.: I. M. Cransbury (N. J.) 1975. – TODD, R.: I. M. London 1984. – JOHNSON, D.: I. M. Bloomington (Ind.) 1987. – CONRADI, P. J.: I. M. The saint and the artist. Basingstoke [2]1989. – RUSS, S.: I. M.s Weg zur ›ideal novel‹. Ffm. 1993.

**Murena,** Héctor Á[lvarez] [span. mu'rena], * Buenos Aires 14. Febr. 1923, † ebd. 1975, argentin. Schriftsteller. – Journalist; die in seinem ersten größeren Essay ›El pecado original de América‹ (1954) entwickelten Gedanken einer sowohl die Geschichte seit der Conquista als auch das Individuum prägenden lateinamerikan. Identitätskrise bilden das theoret. Fundament seiner Romantrilogie ›La fatalidad de los cuerpos‹ (1955), ›Gesetze der Nacht‹ (1958, dt. 1968), ›Los herederos de la promesa‹ (1965). Groteske, sprachlich barockisierende Zeitsatiren sind die Romane ›Epitalámica‹ (1969), ›Polispuercón‹ (1969), ›Caína muerte‹ (1971).

**Murfree,** Mary Noailles [engl. 'mə:frɪ], amerikan. Schriftstellerin, ↑ Craddock, Charles Egbert.

**Murger,** Henri [frz. myr'ʒɛ:r], * Paris 24. März 1822, † ebd. 28. Jan. 1861, frz. Schriftsteller. – Geistvoller Schilderer der Pariser Maler- und Literatenboheme in seinen ab 1845 in der Zeitschrift ›Corsaire‹, 1851 als Roman veröffentlichten ›Scènes de la vie de bohème‹ (1849 dramatisiert mit Théodore Barrière [* 1823, † 1877], dt. 1851 u. d. T. ›Pariser Zigeunerleben. Bilder aus dem frz. Literaten- und Künstlerleben‹, 1906 u. d. T. ›Die Bohème‹; Vorlage zu G. Puccinis Oper ›La Bohème‹, 1896).

**Weitere Werke:** Scenen aus dem Leben der Pariser Jugend (E., 1851, dt. 1852), Claude et Marianne (Dr., 1851), Die Grisette des Quartier latin (R., 1851, dt. 2 Bde., 1852), Adeline Protat (E., 1853, dt. 1854), Le roman de toutes les femmes (R., 1854).

**Literatur:** BALDICK, R.: The first bohemian. The life of H. M. London 1961.

**Murn,** Josip [slowen. 'mu:rən], Pseudonym Aleksandrov, * Ljubljana 4. März 1879, † ebd. 18. Juni 1901, slowen. Lyriker. – Mit I. Cankar, D. Kette und O. Župančič Vertreter der slowen. Moderne; bereicherte die Literatur seiner Heimat um düstere, eleg. Lyrik, in der er seiner Lebensangst und Verzweiflung Ausdruck gab; auch Balladen und Romanzen.

**Ausgabe:** J. M. Zbrano delo. Ljubljana 1954. 2 Bde.

**Murner,** Thomas, * Oberehnheim bei Straßburg 24. Dez. 1475, † ebd. vor dem 23. Aug. 1537, dt. Dichter. – Franziskanerkonventuale, 1497 Priesterweihe; umfassende Studien an den Universitäten Paris, Freiburg im Breisgau, Krakau, Prag, Straßburg und Basel; 1505 von Maximilian I. zum Dichter gekrönt; Universitätslehrer; Englandaufenthalt; in den letzten Lebensjahren Pfarrer (1525–29 in Luzern, dann in Oberehnheim). Übernahm in seinen 1512 erschienenen satir. Hauptwerken ›Narrenbeschwörung‹ und ›Schelmenzunft‹ das Narrenmotiv von S. Brant und geißelte Laster, Torheiten und Mißstände seiner Zeit scharf und witzig; in der 1519 erschienenen Satire ›Geuchmatt‹ (= Narrenwiese) verspottete er die betrogenen Ehemänner; sein allegorisch-satir. Gedicht ›Von dem großen Lutherischen Narren, wie ihn Dr. Murner beschworen hat‹ (1522) ist eine geistreiche und schonungslose Verspottung der Reformation, die er auch in den Schriften ›Eine christl. und briederl. Ermahnung‹ (1520) und ›An den großmechtigsten Adel tütscher Nation‹ (1520) bekämpft hatte. M. mußte das reformierte Straßburg verlassen, ging nach Luzern und kritisierte dort U. Zwinglis Eucharistielehre in der Schrift ›Die Gots heylige mesz‹ (1528). Humanisten wie Reformatoren feindeten M. an und unterstellten ihm unredl. Motive. Der neueren Forschung gilt er als der bedeutendste Satiriker des 16. Jh., voller Phantasie, Aggressivität und Spott, volkstümlich in der Sprache; auch Übersetzer (Vergils ›Äneis‹ in Versen).

**Ausgabe:** Th. M. Dt. Schrr. Hg. v. F. SCHULTZ u. a. Bln. 1918–31. 9 in 11 Bden.

**Literatur:** LIEBENAU, TH. VON: Der Franziskaner Dr. Th. M. Freib. 1913. – NEWALD, R.: Th. M. In: NEWALD: Probleme u. Gestalten des dt. Humanismus. Hg. v. H.-G. ROLOFF. Bln. 1963. – Th. M. Elsässischer Theologe u. Humanist (1475–1537). Ausst.-Kat. Karlsr. 1987. – RAABE, S. M.: Der Wortschatz in den dt. Schrr. Th. M.s. Bln. 1990. 2 Bde. – ↑ auch Brant, Sebastian.

**Muron,** Johannes, Pseudonym des schweizer. Verlegers und Schriftstellers Gustav ↑ Keckeis.

**Murphy,** Richard [engl. 'mə:fi], * County Galway 6. Aug. 1927, ir. Lyriker. – Kindheit in Ceylon (Sri Lanka), Studium in Oxford und Paris, Lehrtätigkeiten in Großbritannien. Seine Gedichte (›Selected poems‹, 1979; ›The price of stone and earlier poems‹, 1985, Neuausg. 1989 u.d.T. ›New selected poems‹) schöpfen aus der angloir. (W. B. Yeats) Tradition und greifen z. T. auf gäl. und ags. Formen zurück.

**Weitere Werke:** The archaeology of love (Ged., 1955), Sailing to an island (Ged., 1963), The battle of Aughrim and The God who eats corn (Ged., 1968), High island (Ged., 1974).

**Murphy,** Thomas [engl. 'mə:fi], *Tuam (County Galway) 23. Febr. 1935, ir. Dramatiker. – War Lehrer; schrieb zunächst Fernseh- und Hörspiele sowie aggressiv-realist. Bühnenstücke (›Ein Pfeifen im Wald‹, UA 1961, dt. 1991; ›Famine‹, UA 1966, gedr. 1977). Danach zeichnen sich seine oft surrealist. Dramen über meist ir. Themen durch atmosphär. Dichte und sprachl. Intensität aus, etwa ›Gigli-Konzert‹ (1984, dt. 1992), eine phantast. Variante des Faustmotivs , oder ›Bailegangaire‹ (1986) mit der Überlagerung mehrerer Zeit- und Emotionsebenen. M. verfaßte auch Bühnenadaptationen ir. Romane. Seit seinem internat. Durchbruch in den 80er Jahren gilt M. neben B. Friel als einer der stärksten ir. Gegenwartsdramatiker. Sein erster Roman, ›The seduction of morality‹, erschien 1994.

**Weitere Werke:** The orphans (Dr., UA 1968, gedr. 1974), The fooleen (Dr., 1968), The morning after optimism (Dr., 1973), The sanctuary lamp (Dr., 1976), The J. Arthur Maginnis story (Dr., UA 1976), A thief of a christmas (Dr., UA 1985), Conversations on a homecoming (Dr., 1986), Too late for logic (Dr., 1990), Plays (Dramen, 2 Bde., 1992/93).

**Murray Grieve,** Christopher [engl. 'mʌrı 'gri:v], schott. Schriftsteller, ↑MacDiarmid, Hugh.

**Murry,** John Middleton [engl. 'mʌrı], *Peckham (heute zu London) 6. Aug. 1889, †London 13. März 1957, engl. Schriftsteller. – Zunächst Journalist, dann Hg. von Zeitschriften; in 1. Ehe ⚭ mit K. Mansfield, die sein literar. Werk ebenso beeinflußte wie D. H. Lawrence. M. schrieb außer psychoanalyt. Biographien und Studien (u.a. über J. Keats, D. H. Lawrence, K. Mansfield, J. Swift) zeitkrit. Essays, in denen er einen christl. Kommunismus vertrat.

**Literatur:** LEA, F. A.: The life of J. M. M. London 1959. – GRIFFIN, E. G.: J. M. M. New York 1969.

**Musaios** (tl.: Mousaîos; Musaeus), griech. Dichter des 5./6. Jahrhunderts. – Unter seinem Namen ist ein Epyllion überliefert, das die Sage von Hero und Leander in Hexametern gestaltet. Wortschatz und Metrik zeigen den Einfluß von Nonnos; Nachwirkung u.a. bei Schiller und F. Grillparzer.

**Ausgabe:** M. Hero u. Leander. Griech. u. dt. Hg. v. H. FÄRBER. Mchn. 1961.

**Literatur:** GELZER, TH.: M. In: Museum Helveticum 24 (1967), S. 129.

**Musäus,** Johann Karl August, *Jena 29. März 1735, †Weimar 28. Okt. 1787, dt. Schriftsteller. – Nach dem Theologiestudium in Jena wirkte er als Pagenhofmeister und Gymnasiallehrer, zugleich als aufklärerisch engagierter Literaturkritiker. Er parodierte die Rührseligkeit S. Richardsons im ersten dt. satir. Roman ›Grandison der Zweite‹ (3 Bde., 1760 bis 1762, Neubearbeitung 1781/82) und die Physiognomik J. K. Lavaters in seinen anonym erschienenen ›Physiognom. Reisen‹ (4 Hefte, 1778/79). Bekannter sind seine in rationalistisch-iron. Manier bearbeiteten ›Volksmärchen der Deutschen‹ (5 Bde., 1782–86). Die von M. begonnene Novellenserie ›Straußfedern‹ (1787) wurde von J. G. Müller und L. Tieck fortgesetzt.

**Ausgaben:** J. K. A. M. Nachgelassene Schrr. Hg. v. A. VON KOTZEBUE. Lpz. 1791. – J. K. A. M. Volksmärchen der Deutschen. Hg. v. P. ZAUNERT. Jena 1912. 2 Bde.

**Literatur:** OHLMER, A.: M. als satir. Romanschriftsteller. Hildesheim 1912. – RICHLI, A.: J. K. A. M. Die Volksmärchen der Deutschen. Zü. u. Freib. 1957. – MAYR, E.: J. K. A. M. u. die engl. Lit. des 18. Jh. Diss. Innsbruck 1958.

**Muschanokodschi** (tl.: Mushanokōji), Saneatsu, *Tokio 12. Mai 1885, †ebd. 9. April 1976, jap. Schriftsteller. – Aus einer Adelsfamilie; 1910 Mitgründer der Zeitschrift ›Shirakaba‹ (= Die Birke) und führender Theoretiker der nach dieser Zeitschrift benannten antinaturalist. individualist. literar. Schule (der ›Shirakabaha‹); hing zunächst einem idealist. Humanismus an; errichtete 1918, u.a. von L. N. Tolstoi beeinflußt, ein Modelldorf (›atarashiki mura‹ = neues Dorf) in der Präfektur Mijasaki, stellte den Versuch jedoch bald ein. Schrieb Romane und Dramen, auch Lyrik und Essays. M.s literar. Stil ist gekennzeichnet durch eine für die jap. Literatur durchaus nicht typ. Klarheit und Einfachheit; auch in dem feinen, diskreten Humor, der M.s Texte durchzieht, darf man ein Spezifikum sehen, das in der modernen jap. Literatur nur wenige Parallelen hat.

**Werke:** Riokan (Nov., 1913, dt. 1948), Ein Tag aus Ikkyu's Leben (Dr., 1913, dt. 1924), Seine Schwester (Schsp., 1915, dt. 1925), Aijoku (Dr., 1926, engl. 1933 u. d. T. The passion).

**Muschg,** Adolf, * Zollikon 13. Mai 1934, schweizer. Schriftsteller und Literaturwissenschaftler. – Seit 1970 Prof. für dt. Literatur an der Eidgenöss. TH Zürich; ⚭ mit Hanna ↑Johansen. Seine vielschichtigen und glänzend konstruierten Romane und Erzählungen sind, gesellschafts- und sprachkritisch die Stellung der Intellektuellen in Frage stellend, zunehmend durch Ironie und schwarzen Humor bestimmt. Schrieb auch Dramen, Hör- und Fernsehspiele. Erhielt 1994 den Georg-Büchner-Preis.

Adolf Muschg

**Werke:** Im Sommer des Hasen (R., 1965), Gegenzauber (R., 1967), Rumpelstilz. Ein kleinbürgerl. Trauerspiel (1968), Mitgespielt (R., 1969), Liebesgeschichten (En., 1972), Albissers Grund (R., 1974), Entfernte Bekannte (En., 1976), Gottfried Keller (Biogr., 1977), Noch ein Wunsch (E., 1979), Baiyun oder die Freundschaftsgesellschaft (R., 1980), Besprechungen 1961–1979 (1980), Literatur als Therapie? (Essay, 1981), Leib und Leben (En., 1982), Übersee (Hsp.e, 1982), Das Licht und der Schlüssel. Erziehungsroman eines Vampirs (1984), Empörung durch Landschaften. Vernünftige Drohreden (1985), Goethe als Emigrant (Essays, 1986), Der Turmhahn (En., 1987), Die Schweiz am Ende – Am Ende die Schweiz. Erinnerungen an mein Land vor 1991 (1990), Der Rote Ritter. Eine Geschichte von Parzivâl (1993), Herr, was fehlt Euch? Zusprüche und Nachreden aus dem Sprechzimmer des heiligen Grals (1994).

**Literatur:** Über A. M. Hg. v. J. Ricker-Abderhalden. Ffm. 1979. – Voris, R.: A. M. Mchn. 1984.

**Muschg,** Hanna, dt. Schriftstellerin, ↑Johansen, Hanna.

**Muschler,** Reinhold Conrad, * Berlin 9. Aug. 1882, † ebd. 10. Dez. 1957, dt. Schriftsteller und Botaniker. – Schrieb neben botan. Arbeiten, Reiseskizzen und Biographien sehr erfolgreiche Novellen (›Die Unbekannte‹, 1934) und Romane (›Bianca Maria‹, 1924; ›Der Geiger‹, 1935; ›Diana Beata‹, 1938), die durch Sentimentalität und Pathos gekennzeichnet sind.

**Weitere Werke:** Die Tänzerin Jehudi (R., 1932), Das dt. Führerbuch. Sieger aus eigener Kraft (1934), Tizian-Trilogie (3 R.e: Venezian. Legende, 1952; Santa Caecilia, 1953; Fremdling der Zeit, 1953), Im Netz der Zeit (R., 1956).

**Musen,** bei den Griechen die Schutzgöttinnen der Künste und des geistigen Lebens überhaupt. Ursprünglich wohl 3, später 9 Schwestern im Gefolge des Apollon, Töchter des Zeus und der Mnemosyne, deren Wohnstatt verschieden, fast durchweg aber in Verbindung mit Bergquellen lokalisiert wurde: **Kalliope** (die ›Schönstimmige‹), Muse der ep. Dichtung (Attribut: Wachstafel und Griffel), **Melpomene** (die ›Singende‹), Muse der trag. Dichtung (Attribut: trag. Maske), **Thalia** (die ›Blühende‹), Muse der kom. Dichtung (Attribut: kom. Maske), **Euterpe** (die ›Erfreuende‹), Muse der Lyrik (Attribut: der Aulos), **Terpsichore** (die ›Reigenfrohe‹), Muse der Chorlyrik und des Tanzes (Attribut: die Lyra), **Erato** (die ›Liebevolle‹), Muse der Liebesdichtung (Attribut: ein Saiteninstrument), **Polyhymnia** (die ›Hymnenreiche‹), Muse der Hymnendichtung, **Klio** (die ›Rühmerin‹), Muse der Geschichtsschreibung (Attribut: Papyrusrolle und Griffel), **Urania** (die ›Himmlische‹), Muse der Sternkunde (Attribut: Himmelsglobus und Zeigestab). ›Muse‹ schlechthin war die Patronin des ep. Dichters. – Eine Stätte des verbreiteten M.kultes hieß **Museion** (lat. museum).

**Literatur:** Barmeyer, E.: Die M. Ein Beitr. zur Inspirationstheorie. Mchn. 1968.

**Musenalmanach,** seit Mitte des 18. bis ins 19. Jh. beliebtes belletrist. Publikationsorgan nach dem Vorbild des Pariser ›Almanach des Muses‹ (1764–1833): jährlich erscheinende Anthologie meist noch unveröffentlichter Dichtungen, vorwiegend von Lyrik und anderen poet. Kleinformen, aber auch Dramen und Epen [in Auszügen], Übersetzungen, Kompositionen, oft auch mit Kalendarium und Illustrationen. M.e wurden vom gebildeten Bürgertum rezipiert (↑auch Kalendergeschichte, ↑Almanach), sie waren meist kurzlebig und durch häufigen Wechsel der Herausgeber in Tendenz und Niveau schwankend; neben allgemeinen M.en gab es thematisch oder regional gebundene und sehr viele, die aufgrund ihres rein unterhaltenden Inhalts eher zu den anspruchsloseren Taschenbüchern zu rechnen sind. – Bedeutsam sind einige M.e, in denen sich durch Herausgeber und Beiträge literar. Strömungen manifestierten oder in denen bed. literar. Werke erstmals publiziert wurden: so der ›Göttinger M.‹ (1770–1804), als erster dt. M. begründet von H. Ch. Boie und F. W. Gotter (wichtig als Publikationsorgan des ↑Göttinger Hains), der vielfach nachgeahmt wurde, z. B. durch den Leipziger ›Almanach der dt. Musen‹ (1770–87) oder den ›Hamburger M.‹ (1776–1800; hg. von J. H. Voß), ferner die nur in einem Jahrgang erschienene und fast allein von Schiller bestrittene ›Anthologie auf das Jahr 1782‹ mit den meisten seiner Frühgedichte; als bedeutendster M. gilt der, den Schiller in den Jahren 1796–1800 unter Mitarbeit Goethes, J. G. Herders, A. W. Schlegels, L. Tiecks und J. Ch. F. Hölderlins jeweils u. d. T. ›M. für das Jahr 1797‹ (1796) bis zum ›M. für das Jahr 1801‹ (1800) herausgab und in dem u. a. die ›Xenien‹ (1796) erschienen. Weiter sind die M.e der Romantiker A. W. Schlegel und L. Tieck in Jena (1802), A. von Chamissos und K. A. Varnhagen von Enses sog. ›Grüner M.‹ (1803–05), das Organ des ↑Nordsternbundes, J. Kerners ›Poet. Almanach‹ (1812/1813), A. von Chamissos und G. Schwabs ›Dt. M.‹ (1832–39) zu nennen. Ein Wiederbelebungsversuch war der ›Cotta'sche M.‹ (1891), dem der ›Moderne M.‹ (1893/94) von O. J. Bierbaum folgte. Im 20. Jh. wurde die Tradition der M.e v. a. von Verlagen (mit Proben von Neuerscheinungen) weitergeführt.

**Ausgaben:** Musen-Almanach für das Jahr 1770–1804. Hg. v. F. W. GOTTER u. H. CH. BOIE. Gött. 1770–1804. Nachdr. Hildesheim 1979. 35 Bde. – Musen-Almanach für das Jahr 1796–1800. Hg. v. F. SCHILLER. Neustrelitz u. Tüb. 1796–1800. Nachdr. Hildesheim 1969. 5 Bde. – Musen-Almanach für das Jahr 1802. Hg. v. A. W. SCHLEGEL u. L. TIECK. Tüb. 1802. Nachdr. Hildesheim 1972.

**Literatur:** SEYFFERT, W.: Schillers M.e. Bln. 1913. – MIR, Y.-G.: Die dt. Musen-Almanache des 18. Jh. Mchn. 1987.

**Muset,** Colin [frz. my'zɛ], frz. Dichter, ↑Colin Muset.

**Mushanokōji,** Saneatsu, jap. Schriftsteller, ↑Muschanokodschi, Saneatsu.

**Musical** [engl. 'mju:zɪkl; amerikan. Kurzform für musical comedy = musikal. Komödie oder musical play = musikal. Spiel], eine musikalisch-theatral. Mischgattung aus Sprechstück, Operette, Revue und Varieté, bestehend aus Liedern, Songs, Tanz- und Unterhaltungsmusik, Jazzelementen und Ballett, die zu einer meist zweiaktigen Handlung zusammengefügt werden. Das M. entwickelte sich nach 1900 aus amerikan. und europ. Formen des leichten Unterhaltungstheaters und der Show und fand seine Heimat am New Yorker Broadway. Musikalisch zu einem eigenen Stil gelangte es bei G. Gershwin (›Lady be good‹, 1924; ›Oh Kay‹, 1926; ›Porgy and Bess‹, 1935), V. Youmans (›No, no, Nanette‹, 1925), J. Kern/O. Hammerstein (›Show boat‹, 1927), C. Porter (›Anything goes‹, 1934), R. Rodgers/L. Hart (›The boys from Syracuse‹, 1938; ›Oklahoma!‹, 1943). Die Stücke behandeln eine gegenwartsnahe, dem Alltag des Publikums entnommene Thematik in realist. Darstellung. Vielfach werden Stoffe aus der Weltliteratur aktualisiert. So geht die Handlung von C. Porters ›Kiss me, Kate‹ (1948) auf Shakespeares ›Der Widerspenstigen Zähmung‹, F. Loewes/A. J. Lerners ›My fair lady‹ (1956) auf G. B. Shaws ›Pygmalion‹ und L. Bernsteins ›West side story‹ (1957) auf Shakespeares ›Romeo und Julia‹ zurück. Als Produkt des Showbusineß neigt das M. zum Aufwendigen und Sensationellen und muß sich bei hohen Produktionskosten v. a. am Einspielgewinn ausrichten.

Die künstler. Linie wird daher mehr vom Produzenten oder Regisseur bestimmt als vom Komponisten, Buchautor, Songtexter oder Choreographen. Bes. erfolgreich waren nach dem 2. Weltkrieg die M.s von Rodgers/Hammerstein (›Carousel‹, 1945; ›South Pacific‹, 1949), I. Berlin (›Annie get your gun‹, 1946), F. Loesser (›Guys and dolls‹, 1950), J. Herman (›Hello Dolly‹, 1964) und J. Bock/J. Robbins (›Fiddler on the roof‹, 1964, dt. u. d. T. ›Anatevka‹). Zum Typ des Rock-M.s mit Elementen der Rockmusik gehören ›A Chorus Line‹ (1975) von M. Hamlisch sowie G. McDermots ›Hair‹ (1968), A. Lloyd Webbers ›Jesus Christ Superstar‹ (1971; Text von Tim Rice), ›Evita‹ (1978), ›Cats‹ (1982; nach T. S. Eliot).

**Literatur:** Encyclopaedia of the m. Hg. v. S. GREEN. London 1977. – BORDMANN, G. M.: The American m. theatre. A chronicle. New York 1978. – BEZ, H., u. a.: M. Gesch. u. Werke. Bln. [2]1981. – BARTOSCH, G.: Die ganze Welt des M.s. Wsb. 1981. – SMITH, CECIL/LITTON, G.: M. comedy in America. New York 1981. – PFLICHT, S.: M.-Führer. Mchn. Neuaufl. 1985. – AXTON, C. B./ZEHNDER, O.: Reclams M.-Führer. Stg. [3]1992.

**Mušicki,** Lukijan [serbokroat. mu,ʃitski:], * Temerin bei Novi Sad 27. Jan. 1777, † Karlovac 15. März 1837, serb. Schriftsteller. – Mönch, ab 1828 Bischof; erster Kunstdichter der neueren serb. Literatur und Hauptvertreter des Klassizismus; schulte sich an Horaz, F. G. Klopstock und an der Psalmendichtung; bevorzugte die Ode, der er patriot. und didakt. Inhalt gab; ferner panegyr. Dichtungen. M. gab die Anregung zu V. S. ↑ Karadžićs Volksliedersammlung.

**Musiktheater,** 1. Sammelbegriff für sämtl. Verbindungen von Bühnendichtung und Musik; 2. bezeichnet M. eine Vielfalt musikalisch-szen. Gestaltungsweisen des 20. Jh., die sich z. T. bewußt von der Oper distanzieren. Dabei richtet sich die Absage an die Oper zum einen gegen die weitgehende Unterwerfung der Musik unter den Zweck, den Textgehalt zu illustrieren und die dramat. Aktion verdeutlichend zu begleiten, zum anderen gegen die Verselbständigung der Musik gegenüber dem Libretto, das bisweilen nur ein dramatisch schlecht motivierter Anlaß für den Ausdruck von Emotionen und die Entfaltung von Melodien- und Klangseligkeit darstellt. Bei textgebundenen Kompositionen ist das Bedürfnis nach einer sorgfältigen Stoff- und Textwahl erkennbar, das zu häufiger Zusammenarbeit zwischen Schriftstellern und Komponisten führt und sich in der Vorliebe für Literaturdramen als Librettovorlage niederschlägt (z. B. O. Wildes ›Salome‹ bei R. Strauss; G. Büchners ›Woyzeck‹ bei A. Berg), für antike Sujets (z. B. D. Milhaud, ›Orestie‹, 1913–22; A. Honegger, ›Antigone‹, 1927) oder für Stoffe nach Art des aktuellen Zeittheaters (z. B. E. Křenek, ›Jonny spielt auf‹, 1927; P. Hindemith, ›Neues vom Tage‹, 1929; K. Weill, ›Aufstieg und Fall der Stadt Mahagonny‹, 1930, Text von B. Brecht). Im M. seit Ende des 2. Weltkriegs wird die Tradition der Vertonung von erfolgreichen literar. Dramen und von Dramatisierungen literar. Stoffe bis in die jüngste Zeit fortgesetzt; für Werke dieses Genres, die musikalisch zumeist dem sinfon. Musikdrama zugehören, hat sich der Begriff **Literaturoper** eingebürgert. Zu ihren wichtigsten Vertretern zählen G. von Einem (›Dantons Tod‹, 1947, nach G. Büchner; ›Der Prozeß‹, 1953, nach F. Kafka; ›Kabale und Liebe‹, 1976 nach Schiller), P. Dessau (›Das Verhör des Lukullus‹, 1951, ›Puntila‹, 1966, beide nach B. Brecht; ›Leonce und Lena‹, 1979, nach G. Büchner), W. Egk (›Der Revisor‹, 1957, nach N. W. Gogol; ›Die Verlobung in San Domingo‹, 1963, nach H. von Kleist), G. Klebe (›Die Räuber‹, 1957, nach Schiller), W. Fortner (›Die Bluthochzeit‹, 1957, nach F. García Lorca), B. Britten (›A midsummer night's dream‹, 1960, nach Shakespeare; ›The death in Venice‹, 1973, nach Th. Mann), H. W. Henze (›Der Prinz von Homburg‹, 1960, nach H. von Kleist), B. A. Zimmermann (›Die Soldaten‹, 1965, nach J. M. R. Lenz), K. Penderecki (›Paradise lost‹, 1978, nach J. Milton) und A. Reimann (›Lear‹, 1978, nach Shakespeare). – Der Verzicht auf einen dramat. Handlungszusammenhang ist ein Charakteristikum des avantgardist. M.s der 60er und 70er Jahre. Es hat zum einen die Idee des Gesamtkunstwerks wieder aufgegriffen und sie zum Entwurf eines ›totalen Theaters‹ oder einer Multimediakunst (↑ Multimediaveranstaltung) umgedeutet, bei dem die eingesetzten Kunstmittel nicht einem einheitl. dramat. Zweck unterstellt sind, sondern mit dem Ziel einer intensivierten sinnl. Wahrnehmung und oft unter aktiver Beteiligung des Publikums collageartig zusammengebracht werden. Stücke dieser Art schrieben u. a. J. Cage (›HPSCHD‹, 1967–69), H. Pousseur (›Votre Faust‹, 1967), P. Schat (›Het labyrinth‹, 1966) und D. Schönbach (›Geschichte eines Feuers‹, 1969). Zum anderen wurden verschiedene Konzeptionen entwickelt, deren gemeinsames Prinzip die enge Koppelung von musikalisch-akust. und aktionsmäßig-opt. Abläufen bildet. Zu diesem sog. **musikal. Theater** werden Stücke gezählt, bei denen die affektiven und gest. Momente klangl. und stimml. Artikulationen visualisiert (z. B. G. Ligeti, ›Aventures‹, 1962, ›Nouvelles aventures‹, 1962–65; D. Schnebel, ›Maulwerke‹, 1974), strukturelle Gegebenheiten der Musik auf szen. Aktionen ausgedehnt (z. B. K. Stockhausen, ›Inori‹, 1974, ›Harlekin‹, 1975; W. Rihm, ›Hamletmaschine‹, 1987, ›Ödipus‹, 1987) oder theatral. Momente des Musikmachens und -rezipierens in parodist. Intention zum Gegenstand theatral. Darbietung gemacht werden (M. Kagels instrumentales Theater: ›Match‹, 1964; ›Staatstheater‹, 1971; ›Kantrimiusik‹, 1975). Daneben sind Werke zu nennen, deren eigenwillige Musikdramaturgie in den Dienst einer von moral. oder gesellschaftskrit. Engagement geprägten Thematik gestellt wird, z. B. H. W. Henze, ›Das Floß der Medusa‹ (1968, Text von E. Schnabel, Che Guevara gewidmet); L. Nono, ›Al gran sole carico d'amore‹ (1975), M. Kagel, ›Die Erschöpfung der Welt‹ (1980). In jüngster Zeit sind gewisse Tendenzen einer Rückwendung des avantgardist. M.s zu opernähnl. Formen zu beobachten, so z. B. bei G. Ligeti (›Le grand macabre‹, 1978) und K. Stockhausen (›Donnerstag aus Licht‹, 1981).

**Literatur:** Felsenstein, W./Melchinger, S.: M. Bremen 1961. – Stuckenschmidt, H. H.: Oper in dieser Zeit. Velber 1964. – Felsenstein, W./Herz, J.: M. Lpz. [2]1976. – Koebner, Th.: Die Zeitoper in den zwanziger Jahren. In: Frankfurter Studien. Bd. 2. Hg. v. D. Rexroth. Mainz 1978. – Vogel, M.: M. Bonn 1980–85. 3 Bde. – Liebermann, R.: Und jedermann erwartet sich ein Fest. M. Ffm. 1981. – Musik, M. u. M.-Regie. Hg. v. J. Krogoll u. a. Ffm. u. a. 1994.

**Musil,** Robert [Edler von] ['mu:zɪl], * Klagenfurt 6. Nov. 1880, † Genf 15. April 1942, österr. Schriftsteller. – Sohn eines Ingenieurs in der Eisen- und Stahlindustrie und späteren Lehrstuhlinhabers für Maschinenbau, dem 1907 ein erbl. Adelstitel verliehen wurde. 1892–97 Besuch von militär. Bildungsinstituten; brach 1898 die Ausbildung auf der Techn. Militärakademie in Wien ab, um in Brünn Maschinenbau zu studieren; 1901 Ingenieurstaatsprüfung. Ab 1903 Studium der Psychologie und Philosophie in Berlin; Dissertation über den Positivisten E. Mach. Danach zog M. eine zeitlang in Erwägung, sich zu habilitieren, gab den Plan jedoch bald auf; 1911–13 Bibliothekar an der TH in Wien; bis zum Kriegsausbruch Redakteur der ›Neuen Rundschau‹ in Berlin; dort Mitarbeit u. a. an der ›Aktion‹. 1914–18 Dienst als Bataillonsadjutant in Südtirol; Offizier, zuletzt Landsturmhauptmann. Nach gelegentl. Anstellungen (1919/20 im Pressedienst des österr. Außenministeriums; 1920–22 im österr. Staatsamt für Heereswesen) lebte M. ab 1923 bis zu seinem Lebensende als freier Schriftsteller in außerordentlich prekären materiellen Verhältnissen, in der späten Zeit zum Teil von privaten Zuwendungen; Dichterkollegen wie H. von Hofmannsthal, Th. Mann, H. Broch, A. Zweig und R. Neumann traten für ihn ein. 1931–33 Aufenthalt in Berlin, 1933–38 in Wien; dort freie Mitarbeit an der ›Prager Presse‹, dem ›Tag‹ und dem ›Wiener Morgen‹. 1938 Emigration über Italien nach Zürich, Freundschaft mit dem Bildhauer F. Wotruba; 1939 Übersiedlung nach Genf, 1942 Tod durch Gehirnschlag.

Ersten Ruhm erlangte M. durch den Pubertätsroman ›Die Verwirrungen des Zöglings Törleß‹ (1906), der als antizipierende Analyse des Faschismus gilt, ohne ein Buch mit polit. Intentionen zu sein; es geht M. darum, das Ineinander von bürgerlich-›normaler‹, alltägl. und dämonisch-mystisch-irrationaler Welt zu fassen. – Seine beiden Erzählungen ›Ver-

Robert Musil

einigungen‹ (1911), die das Fin-de-siècle-Problem der Wandelbarkeit von Gefühl zum Thema haben, fanden bei der Kritik kaum ein positives Echo. M.s Hauptwerk ist der durch das offene System notwendig fragmentar. Roman ›Der Mann ohne Eigenschaften‹, von dem Buch 1 und 2, Teil 1 1930 und 1933 erschienen (Buch 2, Teil 2 hg. 1943); die endgültige Edition ist bisher noch ein Problem der Forschung. Es ist das Verdienst von A. Frisé, Werk und Autor der Vergessenheit entrissen zu haben; das Editionsverfahren (Montage von Textteilen aus verschiedenen Entstehungszeiten, Eingriffe in den Text) bleibt jedoch umstritten. Der Titel ist einmal als Formel für den ›Helden unserer Zeit‹ zu verstehen und meint die Diskontinuität seines Erlebens, zugleich aber ist er schopenhauerisch-mystisch: Wenn der Wille zum Schweigen kommt, der Eintritt in den ›anderen Zustand‹ vollzogen ist, fallen vom Menschen auch seine ›Eigenschaften‹ ab. ›Held‹ des Romans ist neben der Zeit der ›Möglichkeitsmensch‹ Ulrich, dem das Mögliche mehr bedeutet als das jeweils Wirkliche, da für ihn die in einzelne Teile zerfallende Wirklichkeit nicht mehr begreifbar ist. Das Utopische, das der Begriff des Möglichen impliziert, versteht M. nicht als ›die Wirklichkeit von morgen‹, sondern als etwas, das ›immer Utopie bleiben wird‹. In Gesprächen, Debatten, Personen und Handlungskreisen werden die gesellschaftl. Verhältnisse der Zeit des Untergangs der Donaumonarchie mit iron. Skepsis kritisch durchleuchtet und auf intellektueller Ebene die Erkenntnisse von der Befangenheit in einer beschränkten Wertewelt kompliziert analysiert. An die Stelle der Chronologie tritt als Strukturprinzip die Ironie des Erzählers: Sie bricht Verfestigungen der Wirklichkeit auf Mögliches hin auf. Der Roman ist in drei Handlungskreise gegliedert: 1. die satirisch behandelte Parallelaktion: Ulrich gehört einem Kommitee an, das im Jahr des 30jährigen Regierungsjubiläums Wilhelms II., 1918, parallel die Feierlichkeiten zum 70jährigen Regierungsjubiläum Kaiser Franz Josephs I. organisiert; 2. die utop. Agathe-Geschichte; 3. die Clarisse-Abenteuer. Alle Romanfiguren beschäftigt die Frage, wie die Welt weitergehen soll. Die krampfhafte Suche nach dem Absoluten demonstriert nur den Niedergang der k.u.k. Monarchie (= ›Kakanien‹). Sture Ideologie, Technokraten, Schwärmer und Dummköpfe verdeutlichen den allgemeinen Verlust eines Gesamtweltbildes. Dem setzt Ulrich das Postulat einer ›taghellen Mystik‹ entgegen, einer Mystik, die Kritik nicht ausschließt, sondern schöpferisch integriert. Das visionäre Erleben des ›anderen Zustands‹ entspringt einem krit. Verhältnis zur Wirklichkeit und setzt ihr zugleich etwas entgegen, das seinerseits wieder als nicht haltbar erkannt wird. Auch Zeitgenossen sind in die Darstellung einbezogen (Meingast = L. Klages; Dr. Arnheim = W. Rathenau; Dichter Feuermaul = F. Werfel). Eine allgemeine Lösung der Probleme gibt es nicht, wohl aber Einzellösungen, ›durch deren Kombination man sich der allgemeinen Lösung nähert‹. Die Kombination solcher Einzellösungen bestimmt das Aufbauprinzip des Werks. Die Sprache ist geprägt von der distanziert-beobachtenden Haltung des naturwissenschaftlichen Analytikers. Neben J. Joyce und H. Broch gilt M. als wesentlichster Anreger des modernen Romans.

**Weitere Werke:** Die Schwärmer (Schsp., 1921), Grigia (Nov., 1923), Die Portugiesin (Nov., 1923), Vinzenz und die Freundin bedeutender Männer (Posse, 1924), Drei Frauen (Nov.n, 1924), Rede zur Rilke-Feier (1927), Nachlaß zu Lebzeiten (Essays, 1936), Über die Dummheit (Rede, 1937).

**Ausgaben:** R. M. Ges. Werke in Einzelausgg. Hg. v. A. Frisé. Rbk. 1952–55. 3 Bde. – R. M. Theater. Hg. v. M.-L. Roth. Rbk. 1965. – R. M.

Briefe nach Prag. Hg. v. B. KÖPPLOVÁ u. K. KROLOP. Rbk. 1971. – R. M. Tagebücher. Hg. v. A. FRISÉ. Rbk. 1976. 2 Bde. – R. M. Ges. Werke. Hg. v. A. FRISÉ. Rbk. 1978. 9 Bde. – R. M. Briefe 1901–1942. Hg. v. A. FRISÉ. Rbk. 1980. 2 Bde.
**Literatur:** ARNTZEN, H.: Satir. Stil. Zur Satire R. M.s im ›Mann ohne Eigenschaften‹. Bonn 1960. Ergänzte Aufl. [3]1983. – BAUSINGER, W.: Studien zu einer histor.-krit. Ausgabe von R. M.s Roman ›Der Mann ohne Eigenschaften‹. Rbk. 1964. – RASCH, W.: Über R. M.s Roman ›Der Mann ohne Eigenschaften‹. Gött. 1967. – THÖMING, J. C.: R.-M.-Bibliogr. Bad Homburg v. d. H. u. a. 1968. – R. M. Studien zu seinem Werk. Hg. v. K. DINKLAGE u. a. Rbk. 1970. – ROTH, M.-L.: R. M., Ethik u. Ästhetik. Mchn. 1972. – ROSEBERRY, R. L.: R. M. Ein Forschungsbericht. Ffm. 1974. – ARNTZEN, H.: M.-Komm. sämtl. zu Lebzeiten erschienener Schrr.: außer dem Roman ›Der Mann ohne Eigenschaften‹. Mchn. 1980–82. 2 Bde. – BAUMANN, G.: M. Ein Entwurf. Mchn. u. Bern 1981. – HEYDEBRAND, R. VON: R. M. Darmst. 1982. – R. M. Hg. v. H. L. ARNOLD. Mchn. [3]1983. – REIS, G.: M.s Frage nach der Wirklichkeit. Königstein i. Ts. 1983. – HOWALD, S.: Ästhetizismus u. ästhet. Ideologiekritik. Unters. zum Romanwerk R. M.s. Mchn. 1984. – R. M. Lit., Philosophie u. Psychologie. Hg. v. JOSEF STRUTZ u. JOHANN STRUTZ. Mchn. 1984. – FRISÉ, A.: Plädoyer für R. M. Rbk. 1987. – BERGHAHN, W.: R. M. Rbk. 95–97. Tsd. 1993. – DEUTSCH, S.: Der Philosoph als Dichter. R. M.s Theorie des Erzählens. Sankt Ingbert 1993. – R. M. Dichter, Essayist, Wissenschaftler. Hg. v. H.-G. POTT. Mchn. 1993. – RZEHAK, W.: M. u. Nietzsche. Ffm. u. a. 1993. – TIEBEL, U.: Theater von außen. R. M. als Kritiker. Rheinfelden u. a. 1993.

**Muskatplüt** (Muskatbluet, Muskatblut), * um 1375(?), † nach 1438, ostfränk. Fahrender und Dichter. – Urkundlich zum letzten Mal 1441 erwähnt (eine Nennung 1458 ist nicht sicher auf den Dichter zu beziehen), als Sänger an verschiedenen Höfen 1410–38 nachweisbar. Seine 104 Lieder haben Heilsgeschichte, Marienpreis sowie bildungstheoret. (Sieben Freie Künste), didakt., moralisch-religiöse und polit. Themen zum Gegenstand, dazu kommen Minne- und Ehelehre. Deutlich ersichtlich ist die moral. Absicht des Verfassers, der die in allen Ständen herrschenden Laster scharf angreift und bes. den Niedergang des Rittertums beklagt. In polit. Sangsprüchen fordert er zum Kampf gegen die Hussiten auf. M. ist als Fahrender an Fürstenhöfen noch ein Spruchdichter im herkömml. Sinn, thematisch steht er dem frühen Meistersang nahe. Er verwendet vier Töne (den Hofton für 70 Lieder), die z. T. bei den Meistersingern fortleben.
**Ausgabe:** Die Lieder Muskatbluts. Hg. v. E. VON GROOTE. Köln 1852.
**Literatur:** KIEPE-WILMS, E.: Die Spruchdichtungen M.s. Mchn. 1976. – SCHANZE, F.: Meisterl. Liedkunst zw. Heinrich v. Mügeln u. Hans Sachs. Mchn. u. a. 1983–84. 2 Bde.

**Muspilli,** wahrscheinlich im 9. Jh. im bair. Sprachraum entstandenes, als Bruchstück (103 Zeilen, Anfang und Ende fehlen) erhaltenes geistl. Gedicht vom Weltuntergang. Es zeigt noch german. Stabreimform, doch schon einzelne Endreime; vorherrschend sind bair. Sprachformen mit fränk. Einsprengseln. Das Gedicht stellt predigtartig das Schicksal der Seele nach dem Tod, den Weltuntergang und das Jüngste Gericht auf der Grundlage bibl. und apokrypher Vorstellungen dar; überzeugend durch starke Ausdruckskraft, Phantasie und Bilderreichtum. Ursprünglich war man in der Forschung von zwei verschieden alten Teilen (Jüngstes Gericht; Weltbrand) ausgegangen; neuere Forschungen betonen jedoch die formale wie auch inhaltl. Einheit des Gedichts. Der Titel stammt von dem ersten Herausgeber, J. Schmeller; die Bedeutung des ahd. Wortes M. (Vers 57) ist nicht eindeutig geklärt; hier bedeutet es wohl ›Weltbrand‹ oder ›Jüngstes Gericht‹.
**Ausgabe:** M. In: BRAUNE, W.: Ahd. Leseb. Bearb. v. E. A. EBBINGHAUS. Tüb. [16]1979.
**Literatur:** BAESECKE, G.: M. I. In: Sb. der königl. preuß. Akad. der Wiss. (1918), Nr. 21, S. 414. – BAESECKE, G.: M. II. In: Zs. f. dt. Altertum u. dt. Lit. 82 (1948/50), S. 199. – MINIS, C.: Hs., Form u. Sprache des M. Bln. 1966. – FINGER, H.: Unterss. zum M. Göppingen 1978.

**Mussato,** Albertino, * Padua 1261, † Chioggia (Prov. Venedig) 31. Mai 1329, italien. Geschichtsschreiber und Dichter. – War in seiner Vaterstadt politisch tätig; Verfasser bed. Geschichtswerke (u. a. ›Historia Augusta Henrici VII Caesaris‹, hg. 1636), der Tragödie ›Ecerinis‹ (hg. 1636; über Ezzelino III da Romano) und vieler lyr. Gedichte in lat. Sprache; wurde 1315 als erster zum Dichter gekrönt; Vorläufer der Humanisten.
**Ausgabe:** A. M. L'Ecerinide. Italien. Übers. u. hg. v. M. T. DAZZI. Città di Castello 1914.

**Literatur:** DAZZI, M.: Il M. preumanista (1261–1329). Venedig 1964. – MÜLLER, HUBERT: Früher Humanismus in Oberitalien. A. M. ›Ecerinis‹. Ffm. u.a. 1987.

**Mussche,** Achilles [niederl. 'mʏsə], *Gent 12. Aug. 1896, †ebd. 30. Aug. 1974, fläm. Schriftsteller. – Als Lyriker war M. ein Vertreter des humanitären Expressionismus (›De twee vaderlanden‹, Ged., 1927); als Essayist beschäftigte er sich mit Literatur- und mit Sozialgeschichte (sein bedeutendstes Werk: ›Aan de voet van het Belfort‹, 1950, über soziale Zustände in Gent im 19. Jahrhundert).

**Literatur:** SCHEPENS, J.: A. M. Hoogstraten 1946. – HERREMAN, R.: A. M. Antwerpen 1966.

**Musset,** Alfred de [frz. my'sɛ], *Paris 11. Dez. 1810, †ebd. 2. Mai 1857, frz. Dichter. – Aus altem Adel; wurde mit kaum 18 Jahren Mitglied des von V. Hugo gegründeten romant. ›Cénacle‹ (bis 1831). Schon mit 20 Jahren, nach Veröffentlichung seiner ›Contes d'Espagne et d'Italie‹ (Ged., 1830), erntete er ersten literar. Ruhm; mit der 1833 erschienenen bekenntnishaften Versdichtung ›Rolla‹ (dt. 1883) stand er bereits auf dem Höhepunkt des Erfolgs. M. machte eine glänzende Karriere in den Pariser Salons, erhielt 1836 eine Pension des Herzogs von Orléans und wurde zum Bibliothekar des Innenministeriums ernannt; 1852 wurde er Mitglied der Académie française. – M., einer der bedeutendsten Vertreter der frz. Romantik, beherrschte souverän die techn. Mittel; seine Verse sind elegant und musikalisch, die Reime und Rhythmen raffiniert. Sein Wesen ist dem der Zeit eigenen Weltschmerz (›mal du siècle‹) verbunden, den er, sofern er nicht bekenntnishaft ist, ironisch zu distanzieren oder scherzhaft in der Art P. de Marivaux' zu behandeln versteht. Den melancholisch-verletzl. Grundzug seines Werks verbergen Sarkasmus und Frivolität. Neben Gedichten, Verserzählungen und Novellen schrieb M. eine Reihe teils heiterer, teils an die Grenzen der Existenz führender Theaterstücke – Komödien, Dramen und Proverbes. Markanteste Episode seines unsteten Lebens war 1833–35 die unglückl., leidenschaftl. Liebe zu G. Sand. Auf einer längeren Italienreise zerbrach die Verbindung. Schmerz und Resignation über die Untreue der Geliebten fanden ihren Niederschlag in seinen lyr. Dichtungen, die zum Spiegel einer typisch romant. Seelenlage wurden, sowie in seinem Roman ›Beichte eines Kindes seiner Zeit‹ (1836, dt. 1903). Aus seinem lyr. Werk ragen die vier Gedichte ›Die Nächte‹ (einzeln erschienen 1835–37, ges. 1840 in ›Poésies nouvelles‹, dt. 1920) heraus.

Alfred de Musset

**Weitere Werke:** Schauspiel vom Lehnsessel aus (Sammelbd., 1832, dt. 1900; enthält: La coupe et les lèvres, Schsp.; A quoi rêvent les jeunes filles, Kom.; Naouma, Vers-E.), Die launische Marianne (Kom., 1833, dt. 1925, 1874 u.d.T. Die Launen einer Frau), Andrea del Sarto (Dr., 1833, dt. 1947), Spielt nicht mit der Liebe! (Dr., 1834, dt. 1888), Fantasio (Kom., 1834, dt. 1925), Lorenzaccio (Dr., 1834, dt. 1925), Der Leuchter (Kom., 1835, dt. 1925), Der Sohn des Tizian (Nov., 1838, dt. 1948), Die Geschichte einer weißen Amsel (E., 1842, dt. 1918), Mimi Pinson (Nov., 1846, dt. 1948).

**Ausgaben:** A. de M. Correspondance (1827–1857). Hg. v. L. SÉCHÉ. Paris 1907. – A. de M. Ges. Werke. Dt. Übers. Hg. v. A. NEUMANN. Mchn. 1925. 5 Bde. – Correspondance de George Sand et d'A. de M. Paris 1930. – A. de M. Dichtungen. Frz. u. dt. Hg. v. F. SCHÄFER. Hdbg. 1960. – A. de M. Œuvres complètes. Hg. v. PH. VAN TIEGHEM. Paris 1963. – A. de M. Œuvres complètes. Vorw. v. A. DEMAZIÈRE. Genf 1975. – A. de M. Sämtl. Romane und Erzählungen. Dt. Übers. v. A. NEUMANN u.a. Mchn. 1980. – A. de M. Dramen. Dt. Übers. v. A. NEUMANN u.a. Mchn. 1981. – Sand et M. Lettres d'amour. Hg. v. F. SAGAN. Paris 1985. – A. de M. Correspondance. Bd. 1: 1826–1839. Hg. v. M. CORDROC'H u.a. Paris 1985.

**Literatur:** VAN TIEGHEM, PH.: M. Paris 1944. Neuaufl. 1969. – BAHNER, W.: A. de M.s Werk. Eine Verneinung der bürgerl. Lebensform seiner Zeit. Halle/Saale 1960. – TOESCA, M.: A. de M.; ou L'amour de la mort. Paris 1970. – LIETZ, J.: Studien zu den Novellen A. de M.s. Diss. Hamb. 1971. – GUILLEMIN, H.: La liaison M. – Sand. Paris 1972. – KRAMER, K.: A. de M.s Stellung zur Romantik. Göppingen 1973. – MASSON, B.: M. et le théâtre intérieur. Paris 1974. – FABIG, A.: Kunst und Künstler im Werk A. de M.s. Hdbg. 1976. – GAMBLE, D. R.: The evolution of the poetry of M. Diss. Oxford 1977. – CASTEX, P.-G.: Études sur le théâtre de M. Paris 1978–79. 2 Bde. – SIEGEL, P. J.: A. de M. A reference guide. Boston (Mass.) 1982.

**Mustapää,** P. [finn. 'mustɑpæ:], eigtl. Martti Haavio, *Temmes 22. Jan. 1899, †Helsinki 4. Febr. 1973, finn. Schriftsteller. – Ab 1949 Prof. an der Univ. Helsinki, Folklorist von internat. Rang (Mythologie, Kettenmärchen, kaleval. Lieder); leitete durch seine ironisch-intellektuellen Gedichte (Einfluß B. Brechts) mit eigenständiger, an E. Pound erinnernder Bildkomposition und mit rhythm. Neuheiten (zusammen mit A. A. Hellaakoski) die reimlose Moderne in der finn. Lyrik ein.

**Werke:** Jäähyväiset Arkadialle (= Leb wohl, Arkadien, Ged., 1945), Koiruoho, ruusunkukka (= Wermutskraut, Rosenblüte, Ged., 1947), Ei rantaa ole, oi Thetis (= Kein Ufer, o Thetis, Ged., 1948), Linnustaja (= Der Vogelfänger, Ged., 1952).

**Muster,** Wilhelm, Pseudonym Ulrich Haßler, *Graz 12. Okt. 1916, †ebd. 26. Jan. 1994, österr. Schriftsteller. – Lebte 1952–62 als Dozent und Übersetzer in Spanien, 1965–78 Lehrer am Dolmetscherinstitut in Graz, danach freier Schriftsteller. 1960 veröffentlichte M. – unter Pseudonym – seinen ersten Roman, ›Aller Tage Nacht‹; mit seinen Prosatexten ›Gehen Reisen Flüchten‹ (1983) kehrte er wieder in den Grenzbereich von Leben und Tod zurück, wo bereits der erste Roman angesiedelt war, und streifte dabei das Feld der phantastischen Literatur.

**Weitere Werke:** Der Tod kommt ohne Trommel (R., 1980), Die Hochzeit der Einhörner (E., 1981), Monsieur Musters Wachsfigurenkabinett (Parodien, 1984), Pulverland (R., 1986), Sieger und Besiegte (En., 1989), Mars im zwölften Haus (En., 1991), Auf den Spuren der Kuskusesser (R., 1993).

**Mutanabbi, Al** (tl.: Al-Mutanabbī), Abut Taijib Ahmad Ibn Al Husain, *Al Kufa 915, †bei Bagdad 23. Sept. 965, arab. Dichter. – Nahm an einem politisch-religiösen Aufstand teil (daher der Name Al M. [= der sich als Prophet Ausgebende]), 933 verhaftet; nach seiner Freilassung 948–957 Hofdichter des Emirs Saif Ad Daula in Aleppo; nach Verlust der Gunst des Fürsten floh er nach Kairo, später nach Persien; wurde von einer Räuberbande getötet. Al M. gehört zu den letzten bed. Vertretern der klass. arab. Literatur. Seine Preisgedichte gelten als Musterbeispiele arab. Lobesdichtung; dt. Übersetzung seines Diwans von Joseph Frhr. von Hammer-Purgstall (1824).

**Literatur:** BLACHÈRE, R.: Un poète arabe du IVe siècle de l'Hégire (Xe siècle de J.-C.). Abou'ṭ-Ṭayyib al'Moutanabbī. Paris 1935.

**Mutis,** Álvaro [span. 'mutis], *Bogotá 25. Aug. 1923, kolumbian. Schriftsteller. – Ist seit 1947 mit bildstarker, vom Surrealismus und dem frühen P. Neruda beeinflußter Lyrik hervorgetreten, dann mit einer Serie von Romanen um den fiktiven Abenteurer Maqroll.

**Werke:** Der Schnee des Admirals (R., 1986, dt. 1989), Ilona kommt mit dem Regen (R., 1988, dt. 1990), Ein schönes Sterben (R., 1989, dt. 1991), Amirbar (R., 1990), Abdul Bashur, soñador de navíos (R., 1991), Summa de Maqroll el Gaviero. Poesía 1948–1988 (Ged., 1992), Die letzte Fahrt des Tramp Steamer (R., 1992, dt. 1994).

**Literatur:** COBO BORDA, J. G.: Á. M. Bogotá 1989.

**Mutran** (tl.: Muṭrān), Chalil, *Baalbek 1872, †Kairo 28. Sept. 1949, libanes. Schriftsteller. – Emigrierte nach Ägypten; Mitarbeiter der Zeitung ›Al Ahram‹. Nimmt eine führende Stellung in der modernen arab. Literatur ein. Seine Lyrik wie seine Prosaschriften haben zum großen Teil polit. Zeitfragen, v.a. die nat. Bewegungen im damaligen Ägypten, zum Thema. M. machte sich auch als Übersetzer aus dem Französischen und Englischen (v.a. Shakespeare) und Autor histor. Werke einen Namen; sein Diwan erschien 1908.

**Literatur:** JAYYUSI, S. K.: Trends and move-ents in modern Arabic poetry. Leiden 1977. 2 Tle. S. 54. – SAADÉ, N.: Ḫalīl Muṭrān. Héritier du romantisme français et pionnier de la poésie arabe contemporaine. Beirut 1985.

**Mužáková,** Johanna [tschech. 'muʒa:kɔva:], tschech. Schriftstellerin, †Světlá, Karolina.

**Mykle,** Agnar, eigtl. A. Myklebust, * Strinda (heute zu Drontheim) 8. Aug. 1915, norweg. Schriftsteller. – Journalist, Programmdirektor des norweg. Rundfunks; heute freier Schriftsteller. Verfasser realist., oft gesellschaftskrit. Romane und Erzählungen; behandelt erot. Themen mit großem psycholog. Verständnis. Der Pornographieprozeß um seinen bekanntesten Roman, ›Das Lied vom roten Rubin‹ (1956, dt. 1957), erregte großes Aufsehen.

**Weitere Werke:** Wie ein Dieb in der Nacht (R., 1951, dt. 1962), Liebe ist eine einsame Sache (R., 1954, dt. 1957), Eine Blume im Knopfloch (En., 1958, dt. 1959), Largo (Nov.n, 1967).

**Literatur:** Saken om den røde rubin. En hvitbok. Hg. v. A. SCHJØDT. Oslo 1958.

**Mykolaitis,** Vincas [litauisch mi:ko:'la:itɪs], litauisch-sowjet. Schriftsteller, ↑ Putinas.

**Mylius,** Christlob, * Reichenbach (Landkreis Kamenz) 11. Nov. 1722, † London 7. März 1754, dt. Schriftsteller und Journalist. – Vetter G. E. Lessings; gab 1743–47 zusammen mit J. A. Cramer die ›Bemühungen zur Beförderung der Critik und des guten Geschmacks‹ (auch ›Hallische Bemühungen‹ genannt) heraus, außerdem weitere Zeitschriften, mit einigen der ersten Gedichte Lessings; schrieb zahlreiche Lustspiele.

**Werke:** Die Ärzte (Kom., 1745), Der Unerträgliche (Kom., 1746), Der Kuß (Schäferspiel, 1748), Die Schäfer-Insel (Kom., 1749).

**Mynona,** dt. Philosoph und Schriftsteller, ↑ Friedlaender, Salomo.

**Myrdal,** Jan [schwed. ˌmy:rdɑ:l], * Stockholm 19. Juli 1927, schwed. Schriftsteller und Kritiker. – Schrieb in den 50er Jahren vorwiegend politisch-satir. Romane, in den 60er Jahren Reiseberichte sowie dokumentar. Prosa, in der die Form des Interviews wichtiges Stilmittel wird. Bekannt wurde bes. sein ›Bericht aus einem chin. Dorf‹ (1963, dt. 1966), der als erster Einblicke in den Alltag des maoist. China gibt; bed. auch als gesellschaftskrit. Journalist und Essayist.

**Weitere Werke:** Hemkomst (R., 1954), Jubelvår (R., 1955), Badrumskranen (R., 1957), Kreuzweg der Kulturen (Reiseber., 1960, dt. 1964), Turkmenistan (Reiseber., 1966), Skriftställning (Essays, 13 Bde., 1968–83), Kunst und Imperialismus am Beispiel Angkor (Essay, 1968, dt. 1973), Bekenntnisse eines unmutigen Europäers (R., 1968, dt. 1970), China. Die Revolution geht weiter (Ber., 1970, dt. 1971), Karriere (R., 1975, dt. 1977), Die Seidenstraße (Reiseber., 1977, dt. 1981), Balzac und der Realismus (Essays, dt. Ausw. 1978), Indien bricht auf (Reiseber., 1980, dt. 1986), Kindheit in Schweden (autobiograph. E., 1982, dt. 1990), Eine andere Welt (autobiograph. E., 1984, dt. 1991), Wort und Absicht. Eine Auseinandersetzung (1986, dt. 1988), Das dreizehnte Jahr (autobiograph. R., 1989, dt. 1993).

**Myrivilis,** Stratis, eigtl. S. Stamatopulos, * Sykamia (Lesbos) 30. Juni 1892, † Athen 9. Juli 1969, neugriech. Erzähler. – Bed. Vertreter der Generation der dreißiger Jahre, trug zur Erneuerung der neugriech. Literatur in den zwanziger Jahren bei durch Antikriegserzählungen und den Antikriegsroman ›Das Leben im Grab‹ (1924, endgültige Fassung 1932, dt. 1986); schrieb später konservativ.

**Weitere Werke:** Kokkines historꞏies (= Rote Geschichten, En., 1915), Diegemata (= Erzählungen, 1928), Hē daskala me ta chrysa matia (= Die Lehrerin mit den goldenen Augen, R., 1933), To prassino biblio (= Das grüne Buch, En., 1935), To tragudi tēs gēs (= Das Lied der Erde, Ged., 1937), To galazio biblio (= Das blaue Buch, En., 1939), Mikres photies (= Kleine Feuer, Ged., 1943), Ho Basiles ho Arvanites (= Vassilis Arvanitis, E., 1943, dt. 1976 u. d. T. Vassilis, der Mythos des Tapferen), Ta pagana (= Die Kobolde, E., 1944), Ho Pan (= Pan, E., 1946), Hē Panagia hē gorgona (= Die Madonna mit dem Fischleib, R., 1949, dt. 1955), To kokkino biblio (= Das rote Buch, En., 1952), To byssini biblio (= Das weinrote Buch, En., 1959).

**Myśliwski,** Wiesław [poln. mɨ'ɕlifski], * Dwikozy bei Sandomierz 25. März 1932, poln. Schriftsteller. – Entwirft in (poetisch-symbolischen) Erzählwerken Porträts der Bauern.

**Werke:** Der nackte Garten (R., 1967, dt. 1974), Klucznik (= Beschließer, Stück, 1978), Stein auf Stein (R., 1984, dt. 1990), Drzewo (= Der Baum, Stück, 1989).

**Mysterienspiel** (auch Misterienspiel), ↑ geistliches Spiel des MA, das sich aus der kirchl. Liturgie entwickelte und dessen Handlung auf bibl. Erzählungen basiert (z. B. Dreikönigs- oder Osterspiele); seit dem 14. Jh. in Frankreich (frz. mystère) und England (engl. mystery play). Neben anonymen M.en finden sich in Frankreich Werke namentlich bekannter Dichter wie von A. Gréban (u. a. ›Die Passion‹, vor 1452, dt. 1919). Die auf einer Simultanbühne oder auf Bühnenwagen gespielten M.e waren teils extrem umfangreich, ihre Spieldauer betrug z. T. Tage und Wochen; aus England sind umfassende M.zyklen erhalten, z. B. der ›York cycle‹ mit 48 erhaltenen Stükken. Seit dem 19. Jh. gibt es Wiederbelebungsversuche des M.s nicht nur im Rahmen der musikal. Gattung des Oratoriums (Félicien David, ›Eden‹, 1848; Jules Massenet, ›Eve‹, 1875, u. a.), sondern auch durch Neuaufführungen der alten Werke (z. B. Grébans ›Passion‹, Inszenierung 1950 durch Gailly de Taurines und Jacques Chailley).

**Literatur:** MICHAEL, W. F.: Frühformen der dt. Bühne. Bln. 1963. – WOOLF, R.: The English mystery plays. Boston (Mass.) 1972. – REY-FLAUD, H.: Le cercle magique. Essai sur le théâtre en rond à la fin du moyen âge. Paris 1973. – TYDEMAN, W.: English medieval theatre 1400–1500. London 1986.

**Mystifizinsky,** Deutobold Symbolizetti Allegoriowitsch, Pseudonym des dt. Schriftstellers und Philosophen Friedrich Theodor ↑Vischer.

**Mystik** [zu griech. mýein = sich schließen (von Lippen und Augen gesagt)], Begriff, der den transrationalen Charakter bestimmter Denkweisen in Philosophien und Religionen (Christentum, Buddhismus, Sufismus des Islams, Kabbala, Chassidismus des Judentums, Taoismus, Zen) bezeichnet. M. ist eine Form des Irrationalismus. – Im **Christentum** begegnet M. im NT v. a. bei Paulus und Johannes als Christus-M., deren Ziel die unmittelbare Einheit mit Christus als dem göttl. Logos oder dem Menschen Jesus ist. Die Christus-M. ist (seit dem MA oft in Form der Passions-M. als Mitleiden mit Jesus Christus) in der gesamten christl. Frömmigkeitsgeschichte anzutreffen. Die von den Kirchenvätern aufgegriffene, manchmal gnostisch gefärbte M. wurde v. a. in den Klöstern weiterbetrieben, wobei sich bes. der Einfluß der Schriften des Dionysios Areopagites bemerkbar machte, der dann durch die Vermittlung von Hugo und Richard von Sankt Viktor für die Blüte der M. bis ins 14. Jh. bestimmend war. Durch Bernhard von Clairvaux kam im Anschluß an das Hohelied das Moment einer religiösen Erotik (Beziehung der Seele zu ihrem Bräutigam Christus) in die M., das mit den anderen Elementen v. a. die Frömmigkeit in den Frauenklöstern und die dt. M. des 13.–15. Jh. (David von Augsburg, Berthold von Regensburg, Meister Eckhart, J. Tauler, H. Seuse, Hildegard von Bingen, Mechthild von Magdeburg u. a.) prägte, die über die Frömmigkeitsgeschichte hinaus eine allgemein geistesgeschichtl. Bedeutung durch ihren Einfluß auf die Entwicklung der dt. Sprache gewann. Insgesamt erfuhr die dt. Sprache durch die Mystiker eine Verfeinerung der Ausdrucksmöglichkeiten. Von Thomas a Kempis, J. van Ruusbroec u. a. gingen wichtige Impulse auf die ekstat. Barocksprache in den roman. Ländern, v. a. in Spanien (Theresia von Ávila, Juan de la Cruz, Juana Inés de la Cruz), aus. Auch in Deutschland brachte die Barockzeit eine neue Blüte einer mystisch geprägten Sprache (u. a. J. Böhme, D. Czepko, Angelus Silesius). Nach dem Barock hatte die M. Einfluß auf den Pietismus.

**Ausgabe:** Anthologie de la littérature spirituelle du XVIe siècle. Paris 1959.

**Literatur:** PEERS, E. A.: Spanish mysticism. London 1924. – GROULT, P.: Les mystiques des Pays-Bas et la littérature espagnole du XVIe siècle. Löwen 1927. – PEERS, E. A.: Studies of the Spanish mystics. London 1951–60. 3 Bde. – HATZFELD, H. A.: Estudios litérarios sobre mística española. Madrid 1955. – SCHMITT-FIACK, R.: Wise u. wisheit bei Eckhart, Tauler, Seuse u. Ruusbroec. Meisenheim 1972. – WEHR, G.: Dt. M. Gestalten u. Zeugnisse religiöser Erfahrung. Von Meister Eckhart bis zur Reformationszeit. Güt. 1980. – ALLGAIER, K.: Der Einfluß Bernhards v. Clairvaux auf Gottfried v. Straßburg. Ffm. 1983. – STEIN, E.: Kreuzeswiss. Studie über Johannes a Cruce. Freib. u. a. 1983. – Abendländ. M. im MA. Hg. v. K. RUH. Stg. 1986. – HAAS, A. M.: Sermo mysticus. Studien zur Theologie u. Sprache der dt. M. Frib. [2]1989.

**Mythe** [griech.], nach A. Jolles (↑einfache Formen) archaischer Poesietypus, der im ↑Mythos wurzelt und entweder Vorzeitgeschehnisse erzählt oder die Welt und ihre Erscheinungen zu deuten versucht.

**Mythos** [griech. = Wort, Rede, Erzählung, Fabel], in der Frühzeit der Völker Erzählung vom Wirken der Götter, Dämonen, Helden als sinnenhafte Verdichtung menschl. Urerlebnisse und reli-

giöser Weltdeutung. Im M., der auf dem Boden des Polytheismus erwächst, werden die religiösen Phänomene meist anthropomorphisiert, die Beziehungen der Gottheiten zueinander werden nach Analogie menschl. Verhältnisse dargestellt (Götterfamilien, einander ablösende Göttergeschlechter).
Der M. ist meist aitiologisch und weist eine enge Beziehung zum Kult auf: zentrale myth. Themen, v. a. die Kämpfe der Mächte des Lichts und der Ordnung gegen die Gewalten der Finsternis und des Chaos, wurden an bestimmten Einschnitten des Jahres als kult. Feiern rituell nachgestaltet. Im Laufe der Zeit entwikkelten sich daraus feste Formen, die ihren eigenen Platz im kulturellen Leben eines Volkes einnahmen. Aus kult. Frühjahrsfeiern, in denen Leben und Kampf des Gottes Dionysos in Umzügen und Chören rituell nachvollzogen wurden, erwuchs das griech. Drama, das sich im Verlauf seiner Entwicklung immer neu mit dem M. auseinandersetzte. Mythen wurden schon früh auch außerhalb des dramat. Bereichs ästhetisch geformt, in Dichtung gestaltet. Im sumerisch-babylon. ›Gilgamesch-Epos‹ (Ende des 2. Jt. v. Chr., dt. 1970), in den Epen Homers (8. Jh. v. Chr.) und in der ›Theogonie‹ (um 700 v. Chr., dt. 1896) Hesiods u. a. spielte der M. eine zentrale Rolle. In der literar. Tradition der myth. Überlieferung wurden die alten Kerne immer wieder abgewandelt und kombiniert, traten neue Motiv- und Themenkreise hinzu. Ein großer Teil der alten Göttergeschichten wurde bereits in der Spätantike christlich umgedeutet und gelangte so ins europ. MA, das den Texten weitere Auslegungen beigab (z. B. Ovids ›Metamorphosen‹ naturphilosophisch als Beschreibung der Entstehung des Kosmos interpretierte). Die Antikenrezeption der Renaissance sicherte die Stellung der griech. und röm. Mythologie als Interpretament von Menschen, Zeit und Wirklichkeit. Der hierbei zu beobachtende Prozeß von Adaptation und Metaphorisierung signalisiert zugleich jenen Übergang ›vom M. zum Logos‹ (W. Nestle), dem u. a. die bes. Aufmerksamkeit M. Foucaults galt. Im 18. Jh. trat (v. a. in der dt. Literatur) neben die griech. die nord. Mythologie (↑Bardendichtung), die noch im Werk R. Wagners eine zentrale Rolle spielt. In der Weltauffassung der ↑Aufklärung hatte der M. keinen Platz, doch schon mit G. B. Vicos ›Die neue Wiss. über die gemeinschaftl. Natur der Völker‹ (1725, dt. 1822) trat der M. als eine Weise der Wahrheitsfindung gleichberechtigt neben die wissenschaftlich-theoretische. Diese Sicht bestimmte über J. G. Herder stark das M.verständnis der Romantik. Die Ästhetisierung des M. in der Klassik schlug in der Romantik in eine Mythologisierung der Ästhetik um: M. als Urdichtung und unerschöpfl. Quelle der Poesie. Für die Dichtung des 20. Jh. ist v. a. die psychoanalyt. Deutung des M. durch S. Freud und C. G. Jung von Bedeutung. Die Aktualisierung archaischer Mythen erhebt von hier aus den Anspruch, Wirklichkeit durch den M. zu deuten. Neben Jung und K. Kerényi übten bes. auch die älteren Mytheninterpretationen von J. J. Bachofen und im angelsächs. Raum von J. G. Frazer starken Einfluß auf die Literatur aus (Th. Mann, H. Broch, A. Döblin, J. Joyce, T. S. Eliot, E. Pound). Das zeitgenöss. Verständnis von M. als Medium von Erkenntnis und Strukturierung einer vorgegebenen Wirklichkeit wurde darüber hinaus wesentlich von den Untersuchungen G. Dumézils, M. Eliades, C. Lévi-Strauss' und R. Barthes' geprägt.

**Literatur:** NESTLE, W.: Vom M. zum Logos. Die Selbstentfaltung des griech. Denkens von Homer bis auf die Sophistik u. Sokrates. Stg. [2]1942. – GRASSI, E.: Kunst u. M. Rbk. 1957. – HOCHGESANG, M.: M. u. Logik im 20. Jh. Mchn. 1965. – SCHMIDT-HENKEL, G.: M. u. Dichtung. Bln. 1967. – Terror u. Spiel. Probleme der Mythenrezeption. Hg. v. M. FUHRMANN. Mchn. 1971. – Mythen der Völker. Dt. Übers. Hg. v. P. GRIMAL. Ffm. 23.–42. Tsd. 1977. 3 Bde. – WEIMANN, R.: Literaturgesch. u. Mythologie. Bln. u. Ffm. 1977. – GOCKEL, H.: M. u. Poesie. Zum M.begriff in Aufklärung u. Frühromantik. Ffm. 1981. – TROUSSON, R.: Thèmes et mythes. Brüssel 1981. – GRABSCH, R.: Identität u. Tod. Zum Verhältnis v. M., Rationalität u. Philosophie. Ffm. 1982. – BELTZ, W.: Die Mythen der Ägypter. Düss. 1982. – EIGELDINGER, M.: Lumières du mythe. Paris 1983. – Faszination des M. Hg. v. R. SCHLESIER. Ffm. 1985. – HÜBNER, K.: Die Wahrheit des M. Mchn. 1985. – DEVEREUX, G.: Frau u. M. Dt. Übers. Mchn. 1986. – Macht des M. – Ohnmacht der Vernunft? Hg. v. P. KEMPER. Ffm. 1989.

# N

**Nabigha, An** (tl.: An-Nābiġa[h]), Adh Dhubjani [a'na:biga], † 604, altarab. Dichter. – Gewandter Hofdichter, der die Rivalität zwischen den Emiraten von Hira (Anhänger der Perser) und Ghassan (Anhänger von Byzanz) für sich und die Zwecke seines Stammes auszunutzen verstand. Sein Diwan und andere ihm zugeschriebene Gedichte haben den konventionellen Themenkreis der Hofdichtung zum Inhalt.

**Literatur:** Sezgin, F.: Gesch. des arab. Schrifttums. Bd. 2. Leiden 1975. S. 110.

**Nabl,** Franz [...bəl], * Lautschin (heute Loučeň, Mittelböhm. Gebiet) 16. Juli 1883, † Graz 19. Jan. 1974, österr. Erzähler und Dramatiker. – Studierte Jura, Philosophie und Germanistik; ab 1934 in Graz. Seine frühen Dramen und Erzählungen sind H. von Hofmannsthal und A. Schnitzler verpflichtet; sein späteres Erzählwerk ist humorvoll, antiromantisch-realist. und an die Landschaft und die Menschen des österr. Voralpenlandes gebunden. Erhielt 1957 den Großen österr. Staatspreis.

**Werke:** Hans Jäckels erstes Liebesjahr (R., 1908), Ödhof (R., 2 Bde., 1911), Das Grab des Lebendigen (R., 1917; 1936 u. d. T. Die Ortliebschen Frauen), Die Galgenfrist (R., 1921), Schichtwechsel (Dr., 1929), Ein Mann von gestern (R., 1935), Steir. Lebenswanderung (autobiograph. Prosa, 1938), Johannes Krantz (En., 1948), Das Rasenstück (En., Essays, 1953), Der erloschene Stern (autobiograph. En., 1962), Die zweite Heimat (autobiograph. Prosa, 1963), Spiel mit Blättern (autobiograph. Skizzen, 1973), Vaterhaus (R., 1974).

**Ausgabe:** F. N. Ausgew. Werke. Wien 1966. 4 Bde.

**Literatur:** Rieder, J.: Das ep. Schaffen F. N.s. Diss. Wien 1949. – Über F. N. Hg. v. K. Bartsch u. a. Graz u. a. 1980.

**Nabokov,** Vladimir [engl. nə'bɔ:kəf, 'nɑ:bəkɔf], russ. Wladimir Wladimirowitsch Nabokow [russ. na'bɔkɐf], * Petersburg 22. April 1899, † Montreux 2. Juli 1977, russ.-amerikan. Schriftsteller. – Emigrierte 1919, lebte 1922–37 in Berlin, dann in Paris und wanderte 1940 in die USA aus; 1948–56 Prof. für russ. Literatur an der Cornell University (Ithaka, N. Y.); lebte dann als freier Schriftsteller in Montreux. Die erste Phase seines umfangreichen Schaffens umfaßt Gedichte, Kurzgeschichten und Romane in russ. Sprache, die er in Berlin und Paris unter dem Pseudonym V. Sirin schrieb und die von seinem Sohn ins Englische übersetzt wurden. Die zweite Phase begann in Amerika mit engl. Publikationen, von denen bes. seine stilistisch brillanten psycholog. Romane weltweite Bedeutung erlangt haben. Seine Vorliebe für das ausgeklügelte System des Schachspiels sowie für die naturwiss. Methoden der Lepidopterologie ist die Basis seines raffinierten Spiels mit der Sprache und seiner literar. Parodien. So parodiert er die Form der Biographie in seinem ersten engl. Roman ›The real life of Sebastian Knight‹ (1941), die Form der Autobiographie in dem aufsehenerregenden Roman ›Lolita‹ (1955, dt. 1959) über die Leidenschaft eines Mannes zu seiner 12jährigen Stieftochter sowie die Praxis des Literaturbetriebs bei der Edition eines Gedichts in seinem technisch am stärksten experimentell angelegten Roman ›Fahles Feuer‹ (R., 1962, dt. 1968). Gleichzeitig behandelt er seine Exilexistenz in ›Pnin‹ (R., 1957, dt. 1960) und in ›Sieh doch die Harlekins!‹ (R., 1974, dt. 1979). In ›Ada oder Das Verlangen‹ (R., 1969, dt. 1974) nimmt N. in genialer Weise die Chronik einer Inzestbeziehung als Basis, um über die existentiellen Probleme von Liebe, Raum und Zeit nachzudenken. Er übersetzte Werke aus dem Russischen ins Englische (A. S. Puschkin) und umgekehrt; wurde ab 1986 auch in der Sowjetunion gedruckt.

Vladimir Nabokov

**Weitere Werke:** König, Dame, Bube. Ein Spiel mit dem Schicksal (R., 1924, dt. 1928), Sie kommt – kommt sie? (R., 1926, dt. 1928), Lushins Verteidigung (fiktive Autobiogr., 1930 [in der Sowjetunion 1986], dt. 1961), Gelächter im Dunkel (R., 1933, engl. 1936, dt. 1960), Verzweiflung (R., 1936, dt. 1972), Einladung zur Enthauptung (R., 1938, dt. 1970), Der Zauberer (E., entst. 1939, hg. 1986, dt. 1987), Sprich, Erinnerung, sprich. Wiedersehen mit einer Autobiographie (1951, revidiert 1966, dt. 1984), Die Gabe (R., russ 1952, engl. 1963, dt. 1993), Durchsichtige Dinge (R., 1972, dt. 1980), Die Kunst des Lesens. Meisterwerke der europ. Literatur (Vorlesungen, hg. 1980, dt. 1982), Die Kunst des Lesens. Meisterwerke der russ. Literatur (Vorlesungen, hg. 1981, dt. 1984).
**Ausgaben:** V. N. Ges. Erzählungen. Dt. Übers. Hg. v. D. E. ZIMMER. Rbk. 1969. – The N.-Wilson letters. Hg. v. S. KARLINSKY. New York 1980. – V. N. The man from the U.S.S.R. and other plays. New York 1985. – V. N. Sobranie sočinenij. Ann Arbor (Mich.) 1986 ff. Auf 15 Bde. berechnet. – V. N. Ges. Werke. Dt. Übers. Rbk. 1989 ff. Auf 22 Bde. ber. (bisher 12 Bde. erschienen).
**Literatur:** N. Criticism, reminiscences, translations and tributes. Hg. v. CH. NEWMAN u. A. APPEL, JR. Evanston (Ill.) 1970. – APPEL A., JR.: N.'s dark cinema. New York 1974. – PIFER, E.: N. and the novel. Cambridge (Mass.) 1980. – N. The critical heritage. Hg. v. N. PAGE. London 1982. – MADDOX, L.: N.'s novels in English. Athens (Ga.) 1983. – HOF, R.: Das Spiel des ›Unreliable Narrator‹. Aspekte unglaubwürdigen Erzählens am Beispiel von V. N. Mchn. 1984. – MORTON, D. E.: V. N. Dt. Übers. Rbk. 1984. – BARTON JOHNSON, D.: Words in regression. New York 1985. – KARGES, J.: N.'s lepidoptera. Ann Arbor (Mich.) 1985. – ROSS, CH. S.: V. N. Life, work, and criticism. Fredericton (New Brunswick) 1985. – JULIAR, M.: V. N. A descriptive biography. New York 1986. – TOKER, L.: N. The mystery of literary structures. Ithaka (N. Y.) 1989. – BOYD, B.: V. N. Princeton (N. J.) 1990–91. 2 Bde. – HÜLLEN, CH.: Der Tod im Werk V. N.s. Mchn. 1990. – BARABTARLO, G.: Aerial view. Essays on N.'s art and metaphysics. New York 1993.

**Nachahmung** ↑ Mimesis.

**Nạchbar,** Herbert, * Greifswald 12. Febr. 1930, † Berlin (Ost) 25. Mai 1980, dt. Schriftsteller. – Journalist, Verlagslektor, ab 1955 freier Schriftsteller; Verfasser von Romanen und Erzählungen aus sozialist. Sicht, die sich durch gute Charakter- und Milieuschilderung – meist Darstellungen vom Leben der Fischer – auszeichnen. Versieht seine Werke häufig mit Elementen des Märchens; benutzt eine klare, sinnlich-phantast. Sprache.
**Werke:** Der Mond hat einen Hof (R., 1956), Die Hochzeit von Länneken (R., 1960), Haus unterm Regen (R., 1965), Die Millionen des Kurt Brümmer (En., 1971), Ein dunkler Stern (R., 1973), Pumpendings seltsame Reise (R., 1975), Der Weg nach Samoa (E., 1976), Der Junge mit den knielangen Hosen (En., hg. 1984).

**Nachdichtung,** freiere Übersetzung einer (fremdsprachigen) Dichtung als Versuch einer kongenialen Neuschöpfung (z. B. die mhd. Artusromane nach frz. Vorbildern).

**Nachdruck,**
**1.** regelmäßiger unveränderter Neudruck eines Schriftwerks durch den berechtigten Verleger, v. a. der Neudruck (Reprint) eines urheberrechtsfreien Werkes, in der Regel als Stereotyp- oder als Faksimiledruck; durch N.e dieser Art werden häufig ältere Standardwerke wieder allgemein zugänglich gemacht.
**2.** widerrechtl. Druck eines schon zuvor gedruckten Werkes (Raubdruck, Editio spuria); diese Art des N.s ist ein schon von Luther beklagtes Übel, dem erst die Urheberrechtsgesetze des 18. und 19. Jh. begegneten.

**Nachschabi** (tl.: Nah̲šabī), Sejaoddin [pers. næxʃæ'bi:], * Nachschab (Buchara), † Badaun (Indien) 1350, pers. Schriftsteller. – Wanderte in der Mongolenzeit nach Indien aus. Sein bekanntestes Werk ist das ›Ṭūṭīnāma$^{h}$‹ (= Papageienbuch), dessen Quelle die in Sanskrit abgefaßte Sammlung ›Śukasaptatī‹ ist; es war um 1330 vollendet und enthält Novellen, eingebettet in eine Rahmengeschichte. Das in glänzendem, metaphernreichem Stil geschriebene Werk hat zu Bearbeitungen in anderen Sprachen angeregt. Dt. Übersetzungen erschienen u. a. 1822 und 1858 nach türk. und pers. Bearbeitungen des 17. Jahrhunderts.

**Ausgabe:** Das Papageienbuch Schukasaptati. Dt. Übers. u. hg. v. W. MORGENROTH. Mchn. 1969.

**Nachtstück,** in der Literatur der Romantik die literar. Gestaltung einer nächtl. Szene. Der Begriff wurde um 1800 in Anlehnung an die Malerei und an die Musik gewählt. Musterbeispiele sind der pseudonym veröffentlichte Roman ›Nachtwachen. Von Bonaventura‹ (1804) und der Erzählzyklus ›N.e‹ (1817) von E. T. A. Hoffmann.

**Nachtwachen. Von Bonaventura** ↑Bonaventura.

**Nadal-Preis** ↑Premio Nadal.

**Nádas,** Péter [ungar. 'na:dɔʃ], * Budapest 14. Okt. 1942, ungar. Schriftsteller. – Bed. v. a. als Romancier. Im ›Ende eines Familienromans‹ (1977, dt. 1979) und im großangelegten Romanwerk ›Buch der Erinnerung‹ (1986, dt. 1991), in denen neben der schonungslosen Darstellung der stalinist. 50er Jahre die Sehnsucht des Individuums nach dem Metaphysischen ihren Ausdruck findet, erweist sich N. als ein wichtiger Vertreter der neueren osteurop. Literatur; schreibt auch Erzählungen und Theaterstücke. 1991 erhielt er den Österr. Staatspreis für europ. Literatur.

**Weitere Werke:** Játéktér (= Spielraum, Essays, 1988), Von der himml. und der ird. Liebe (Essay, 1991, dt. 1994), Heimkehr. Vom Schreiben am ›Buch der Erinnerung‹ (dt. 1992), Talált cetli (= Gefundene Zettel, Publizistik, 1992), Zwiesprache. Vier Tage im Jahr 1989 (dt. 1994; mit Richard Swartz).

**Nádaši,** Ladislav [slowak. 'na:daʃi], slowak. Schriftsteller, ↑Jégé.

**Nadel,** Arno, * Wilna 5. Okt. 1878, † KZ Auschwitz nach dem 12. März 1943, dt. Schriftsteller, Maler und Musiker. – Lehrer; ab 1916 Chordirigent der Berliner jüd. Gemeinde; schuf Bearbeitungen jüd. Volksmusik und des musikal. Teils der jüd. Liturgie. Die Impulse zu seiner lyr. und dramat. Dichtung empfing er aus antiker und östl. Mysterienweisheit sowie der religiösen Tradition des Ostjudentums.

**Werke:** Um dieses alles (Ged., 1914), Adam (Dr., 1917), Der Ton (Ged., 1921), Tänze und Beschwörungen des weissagenden Dionysos (Ged., 1925).

**Ausgabe:** A. N. Der weissagende Dionysos. Nachw. v. F. KEMP. Hdbg. 1959.

**Nadim,** Ahmat, türk. Dichter, ↑Nedîm, Ahmet.

**Nadler,** Karl Christian Gottfried, * Heidelberg 19. Aug. 1809, † ebd. 26. Aug. 1849, dt. Mundartdichter. – Ab 1834 Rechtsanwalt in Heidelberg; schrieb einen satir. Zeitroman gegen die Vergötterung G. W. F. Hegels sowie Gedichte in Pfälzer Mundart, u. a. ›Fröhlich Pfalz, Gott erhalt's‹ (1847).

**Nadolny,** Burkhard [...ni], * Petersburg 15. Okt. 1905, † Chieming (Landkreis Traunstein) 2. Juli 1968, dt. Schriftsteller. – War Kaufmann, dann freier Schriftsteller, zeitweise Hörfunkredakteur; war ⚭ mit Isabella N.; schrieb polit. und utop. Novellen, Romane, Reisebücher sowie Hör- und Fernsehspiele.

**Werke:** Das Gesicht im Spiegel (Nov.n, 1948), Michael Vagrant (R., 1948), Thrake (Reiseber., 1948), Konzert für Fledermäuse (R., 1952), Prinzessin Anthaja (R., 1958), Der Fall Cauvenburg (R., 1962), Louis Ferdinand (Biogr., 1967).

**Nadolny,** Isabella [...ni], geb. Peltzer, * München 26. Mai 1917, dt. Schriftstellerin. – N. ist überwiegend als Übersetzerin tätig; daneben hatte sie v. a. mit ihrem 1959 erschienenen, stark autobiographischen Roman ›Ein Baum wächst übers Dach‹ großen Erfolg.

**Weitere Werke:** Seehamer Tagebuch (1962), Vergangen wie ein Rauch (R., 1964), Allerlei Leute, auch zwei Königinnen (1967), Der schönste Tag (En., 1980), Durch fremde Fenster. Bilder und Begegnungen (1987), Province und zurück (R., 1988).

**Nadolny,** Sten [...ni], * Zehdenick (Landkreis Gransee) 29. Juli 1942, dt. Schriftsteller. – Sohn von Burkhard und Isabella N.; wurde bekannt durch seinen Roman ›Die Entdeckung der Langsamkeit‹ (1983), für den er 1980 den Ingeborg-Bachmann-Preis erhalten hatte.

**Weitere Werke:** Netzkarte (R., 1981), Selim oder die Gabe der Rede (R., 1990), Das Erzählen und die guten Absichten. Münchner Poetikvorlesungen im Sommer 1990 (1990), Ein Gott der Frechheit (R., 1994).

**Naeff,** Top [niederl. na:f], eigtl. Anthonetta van Rhijn-N., * Dordrecht

24. März 1878, † ebd. 22. April 1953, niederl. Schriftstellerin. – Schrieb anfangs Mädchenbücher (›Schoolidyllen‹, 1900), später Romane, Theaterstücke und Novellen, die sich meistens im holländ. bürgerl. Milieu abspielen; ironisierend widersetzt sie sich den Konventionen und der Borniertheit dieser Kreise (›Letje‹, R., 1926).

**Weitere Werke:** Der stumme Zeuge (R., 1907, dt. 1908), Vor dem Tore (R., 1912, dt. 1942).

**Ausgabe:** A. N. Verzameld belletristisch werk. Amsterdam 1948–49. 5 Bde.

**Naevius,** Gnaeus, * wohl 280/270, † nach 201, röm. Dramatiker und Epiker aus Kampanien. – N., ein Wegbereiter der röm. Literatur, bearbeitete wie sein Vorgänger Livius Andronicus griech. Stücke für die röm. Bühne: hauptsächlich Komödien (überliefert sind über 30 Titel) sowie einige Tragödien. Er war bahnbrechend auf dem Felde der Literarisierung von Stoffen aus der röm. Geschichte: Er schrieb als erster Prätexten († Praetexta) und ein histor. Epos, das ›Bellum Poenicum‹ (über den 1. Punischen Krieg, an dem er selbst teilgenommen hatte; in Saturniern). Von seinem Werk sind nur Fragmente erhalten.

**Ausgabe:** N. poeta. Hg. v. E. MARMORALE. Florenz 1950.

**Literatur:** RICHTER, W.: Das Epos des G. N. In: Nachr. der Akad. der Wissenschaften in Göttingen. Philolog.-Histor. Kl. (1960), H. 3. – MARIOTTI, S.: Il Bellum Poenicum e l'arte di Nevio. Rom [2]1966.

**Nagai,** Kafu, eigtl. Nagai Sokitschi, * Tokio 3. Dez. 1879, † Tschiba 30. April 1959, jap. Schriftsteller. – Studium der klass. jap. Kultur und der chin. Sprache. Studienaufenthalt in Amerika und Frankreich; Prof. für Literatur; Verfasser von Essays, Kritiken, realist. Beschreibungen seiner Reisen im Ausland und Autor nostalgisch-rückblickender Romane und Erzählungen, in denen die Atmosphäre der – durch den Einbruch westl. Kultur – dem Untergang geweihten traditionellen Freudenviertel in Tokio meisterhaft geschildert ist. Seine Werke sind eine Art Chronik des Verschwindens, des schleichenden Verlusts wesentl. Züge der traditionellen jap. Kultur, stilistisch konzis, aber zugleich – ihrem Sujet gemäß – geprägt durch ein spätzeitlich-dekadentes Flair, das N. nicht zuletzt auch von den frz. Symbolisten übernommen hat; seine 1913 herausgegebene Anthologie von Übersetzungen frz. Gedichte (›Zangoshū‹ = Korallensammlung) gilt noch heute als maßgeblich und unübertroffen. Ins Deutsche übersetzt wurden ›Ihr Geliebter‹ (E., 1912, dt. 1943) und ›Geliebtes Gesicht‹ (E., 1938, dt. 1942).

**Nāgārjuna** [na'ga:rdʒuna], buddhist. Philosoph des 3. Jahrhunderts (?). – Über N.s Lebenszeit und Heimat (Berar?) liegen widersprüchl. Nachrichten vor. Seine Werke, mit denen N. die Mādhyamika-Schule (= Lehre vom Mittelweg zwischen Behauptung und Verneinung) begründete, sind nur teilweise in Sanskrit, in tibet. oder auch chin. Übersetzung erhalten. N. gab als erster in den ›Mādhyamika-Kārikās‹ eine systemat. Darlegung in Sanskrit von der Lehre von der Leere (›śūnyatā‹) des Seins, die eine der Grundlagen des Mahāyāna-Buddhismus ist.

**Ausgabe:** Siddha N. Le traité de la grande vertu de sagesse. Frz. Übers. mit Anmerkungen v. E. LAMOTTE. Löwen 1944–70. 3 Bde.

**Literatur:** RAMANAN, K. V.: N.s philosophy as presented in the Mahāprajñāpāramitāśastra. Rutland (Vt.) 1966. Nachdr. Neu Delhi 1975. – RUEGG, D. S.: The literature of the Madhyamaka school of philosophy in India. Wsb. 1981.

**Nag Hammadi** (tl.: Naǧ Ḥammādī), der heutige Ort (bei den Griechen Schenoboskion, bei den Ägyptern Scheneset genannt) liegt am nördl. Ausgang der oberägypt. Nilschleife in der Nähe des alten Diospolis Parva. Berühmt wurde er 1945/46 durch den Fund einer koptisch-gnost. Bibliothek, die deshalb so bed. ist, weil durch die Vernichtungskampagne der alten Kirche nur wenige gnostizist. Originalschriften erhalten geblieben sind und die Forschung bis dahin weitgehend auf die Berichte der Ketzerbekämpfer angewiesen war. Die Bibliothek besteht aus 13 Bänden mit 52 Werken. Darunter finden sich solche eines betont christl. Gnostizismus, daneben solche, die als außerchristlich angesehen werden müssen (darunter auch hermet. Schriften), und solche, in denen der Christianisierungsprozeß durch Kompilation und Interpolation greifbar ist. Die Literaturformen sind Evangelien (z. B. Thomas-,

Philippusevangelium), apokryphe Gespräche Jesu mit den Jüngern, Apokalypsen (z. B. des Jakobus, des Adam), Briefe (z. B. Rheginus-, Eugnostosbrief), eth. Traktate (z. B. Lehren des Silvanus, Sextussprüche), Traktate zur Seelenlehre (z. B. Exegese der Seele), Traktate zur Kosmologie und Soteriologie sowie liturg. Texte. Bis auf einige Schriften, die im assiut. Dialekt verfaßt sind, ist die Sprache der Texte ein noch nicht normiertes Sahidisch, dessen Durchsetzung mit Eigenheiten anderer Dialekte mehr oder weniger hervortritt. Durch fragmentar. Überlieferung ist auch die Möglichkeit von Übersetzungen aus dem Assiutischen ins Sahidische bezeugt. Die Texte sind ursprünglich aus dem Griechischen übersetzt, wovon Beispiele für Parallelübersetzungen in der Bibliothek vorhanden sind. Die erhaltenen Einbände weisen durch die als Makulatur verarbeiteten Briefe auf eine Herstellung in der 2. Hälfte des 4. Jh. hin, während das zugrundeliegende Material z. T. auf Inhalte des 2. Jh. zurückgeht. – Noch nicht abgeschlossene Editionsreihen geben heraus: Institute for Antiquity and Christianity in Claremont (›The coptic gnostic library‹, Leiden, seit 1975) und Laboratoire d'Histoire religieuse, Université Laval in Quebec (›Bibliotèque copte de N. H.‹, seit 1977).

**Ausgaben:** The facsimile edition of the Codices. Leiden 1972–81. – The Library in English. Übers. v. Institute for Antiquity and Christianity. Hg. v. J. M. ROBINSON. Leiden 1977.

**Literatur:** SCHOLER, D. M.: N. H. bibliography, 1948–69. Leiden 1971. Wird laufend fortgesetzt in: Novum Testamentum 13 (1971) ff.

**Nagibin,** Juri Markowitsch, * Moskau 3. April 1920, † Moskau 17. Juni 1994, russ.-sowjet. Schriftsteller. – Schrieb Erzählungen und Drehbücher. In dt. Übersetzung liegen die Erzählungsbände ›Junge Jahre‹ (1953, dt. 1955), ›Die Tabakspfeife‹ (dt. 1955), ›Schwer erkämpftes Glück‹ (1956, dt. 1958) und ›Ein Prophet wird verbrannt‹ (dt. Ausw. 1979) vor.

**Weitere Werke:** Chazarskij ornament (= Das chasar. Ornament, E., 1956), Zabrošennaja doroga (= Der verwilderte Weg, Prosa, 1979), Steh auf und wandle (E., 1989, dt. 1989).

**Ausgabe:** J. M. N. Sobranie sočinenij. Moskau 1980–81. 4 Bde.

**Literatur:** COCHRUM, E. J.: J. N.'s short stories. Diss. Michigan State University East Lansing 1977.

**Nagy,** Lajos [ungar. nɔdj], * Apostag 5. Febr. 1883, † Budapest 28. Okt. 1954, ungar. Schriftsteller. – Geprägt durch den eigenen entbehrungsreichen Lebensweg schilderte der kompromißlose Gesellschaftskritiker in Romanen und v. a. in Novellen im wortkargen, der ›Neuen Sachlichkeit‹ verwandten Stil das Ungarn zwischen den Weltkriegen. Mit dem neuartigen Werk ›Kiskunhalom‹ (1934), einem Querschnitt des Dorflebens, Vorläufer der soziograph. Literatur seiner Heimat.

**Weitere Werke:** Der Schüler (R., 1945, dt. 1973), Der ägypt. Schreiber (En., dt. Ausw. 1969).

**Ausgabe:** N. L. Művei. Hg. v. E. GORDON u. a. Budapest 1955–85. 12 Bde.

**Literatur:** KÓNYA, J.: N. L. Budapest 1980. – TARJÁN, T.: N. L. Budapest 1980.

**Nahapẹt Kutschạk,** † 1592, armen. Lyriker. – Über sein Leben ist nichts Näheres bekannt; seine überschwengl. Liebeslieder sind von pers. Vorbildern beeinflußt; das Leid des Heimatlosen wird in zahlreichen Gesängen sichtbar; verfaßte auch didaktische Lieder.

**Ausgaben:** Poèmes arméniens, anciens et modernes. Frz. Übers. v. A. TSCHOBANIAN. Paris 1902. – Nahabed K. Die armen. Nachtigall (Lieder). Dt. Übers. v. H. BETHGE. Bln. 1924.

**Literatur:** INGLISIAN, V.: Die armen. Lit. In: Hdb. der Orientalistik, Abt. 1, Bd. 7. Leiden 1963. S. 214.

**Naharro,** Bartolomé de Torres, span. Dramatiker, ↑ Torres Naharro, Bartolomé de.

**Naḫšabi,** pers. Schriftsteller, ↑ Nachschabi, Seijaoddin.

**Naipaul,** Sir (seit 1990), V[idiadhar] S[urajprasad] [engl. naɪˈpɔl], * Trinidad 17. Aug. 1932, westind. Schriftsteller ind. Abstammung. – Lebt seit 1950 in Großbritannien; Journalist. Behandelt in seinen psychologisch einfühlsamen Romanen und Erzählungen v. a. Rassenprobleme und Beispiele der polit. Unterdrückung sowie die Entwurzelung des Individuums in der modernen Gesellschaft. Schauplatz seiner frühen Werke ist Trinidad (›Der myst. Masseur‹, R., 1957, dt. 1984; ›Wahlkampf auf Karibisch‹, R., 1958, dt. 1975; ›Blaue Karren im Calypsoland‹, En., 1959, dt. 1966;

Sir V. S. Naipaul

›Ein Haus für Mr. Biswas‹, R., 1961, dt. 1981). Seine späteren, deutlicher polit., meist pessimist. Werke spielen teils in der Karibik (›Herr und Sklave‹, R., 1967, dt. 1974; ›Guerillas‹, R., 1975, dt. 1976), teils in Afrika (›An der Biegung des großen Flusses‹, R., 1979, dt. 1980) oder verfolgen das Schicksal kulturell Entwurzelter in anderen Kontinenten (›Sag mir, wer mein Feind ist‹, 3 Nov.n, 1971, dt. 1973). Die Karibik und Indien sind auch Thema seiner politisch-journalist. Arbeiten (›Indien, eine verwundete Kultur‹, 1977, dt. 1978; ›Eine islam. Reise. Unter den Gläubigen‹, 1981, dt. 1982; ›Indien. Ein Land in Aufruhr‹, 1990, dt. 1992).

**Weitere Werke:** Mr. Stone and the knight's companion (R., 1963), Meine Tante Goldzahn (En., dt. Ausw. 1981), Finding the center (En., 1984), Prolog zu einer Autobiographie (E., 1984, dt. 1984), Das Rätsel der Ankunft (R., 1987, dt. 1993), In den alten Sklavenstaaten (Reisebericht, 1989, dt. 1990), A way in the world (R., 1994).

**Literatur:** WHITE, L.: V. S. N. A critical introduction. London u. New York 1975. – KELLY, R.: V. S. N. New York 1989. – WEISS, T. F.: On the margins. The art of exile in V. S. N. Amherst (Mass.) 1992. – NIXON, R.: London calling: V. S. N., postcolonial mandarin. Oxford u. a. 1992.

**naiv und sentimentalisch,** typolog. Begriffspaar, von Schiller in der Abhandlung ›Über naive und sentimental. Dichtung‹ (erschienen in der Zeitschrift ›Die Horen‹, 1795/96) für zwei aufeinander bezogene schöpfer. Grundhaltungen aus der Gegenüberstellung seiner Dichtungsauffassung mit der Goethes entwickelt. Der naive Dichter steht im Einklang mit der Natur, er sucht eine anschaul. Nachahmung des Wirklichen (↑ Mimesis). Als repräsentativ für diese Dichtung gelten Homer, Shakespeare, Goethe. Der sentimental. Dichter schafft aus einem Zwiespalt zwischen sich und der Natur heraus und sucht diesen Zwiespalt spekulativ, in der Idee durch die Darstellung des Ideals zu überwinden. Hierzu zählte Schiller sich selbst und die neueren Dichter.

**Najara** (tl.: Naǧarạ̄), Israel Ben Mosche, * 1555 (?), † 1625 (?), hebr. Dichter. – Lebte in Damaskus und Gasa als Rabbiner. Berühmt sind neben seinen weltl. Liedern v. a. seine geistl. Dichtungen (↑ Pijut), von denen viele in die Liturgien der oriental. jüd. Gemeinden aufgenommen wurden.

**Ausgabe:** HELLER, S.: Die echten hebr. Melodien. Hg. v. D. KAUFMANN. Trier 1893.

**Literatur:** WAXMAN, M.: A history of Jewish literature. Bd. 2. New York 1960. S. 93.

**Najdenov,** Sergej Aleksandrovič, russ. Schriftsteller, ↑ Naidjonow, Sergei Alexandrowitsch.

**Nakkasch, An** (tl.: An-Naqqāš), Marun, * Saida 9. Febr. 1817, † Tarsus 1. Juni 1855, libanes. Schriftsteller. – Kam auf Geschäftsreisen im Ausland, u. a. in Italien, mit dem Theater in Berührung. 1847 wurde sein erstes übersetztes Theaterstück aufgeführt (›Al-Bahīl‹ [= Der Geizige], nach Molière), 1849 sein erstes eigenes Stück (›Abū'l-Ḥasan Al-Muǧaffal aw Hārūn Ar-Rašīd‹ [= Der leicht zu betrügende Abu Al Hasan oder Harun Ar Raschid], nach ›Tausendundeiner Nacht‹). Er gilt als Begründer des arab. Theaters.

**Literatur:** LANDAU, J. M.: Studies in the Arab theatre and cinema. Philadelphia (Pa.) 1958.

**Nala und Damayantī** [sanskr.], eine der bekanntesten Episoden aus dem ›Mahābhārata‹, die als Schalterzählung Dramatik und Handlungsablauf des Rahmens vorwegnimmt. König Nala verliert, vom Würfeldämon besessen, sein Reich im Spiel und zieht mit seiner Gattin Damayantī in den Wald. Dort treibt der Dämon ihn dazu, die treue Damayantī zu verlassen. Erst nach langer Trennung finden die beiden wieder zueinander. Die in schlichter, ansprechender Sprache erzählte Geschichte hat ind. Dichter zur Nachahmung angeregt. Sie wurde früh in verschiedene europ. Sprachen übertragen (u.a. lat. 1819 von F. Bopp, dt. 1828 von F. Rückert).

**Ausgaben:** Sāvitrī en N., twee episoden uit het Mahābhārata. Hg. v. W. CALAND. Utrecht 1916. Nachdr. 1982. – N. u. Damajantī. Dt. Übers. v. A. WEZLER. Stg. 1965.

**Nalbandjan,** Mikael, * Nor-Nachitschewan bei Rostow am Don 14. Nov. 1829, † Kamyschin 12. April 1866, armen. Schriftsteller. – Mit R. Patkanjan und S. I. Nasarjan Begründer der neuostarmen. Schriftsprache; setzte sich insbes. für die verelendeten Bauern ein. Übersetzer und Verfasser von Romanen; v.a. bekannt durch Gedichte unter dem Decknamen Koms Emanuel, die ihn als nat. Freiheitssänger ausweisen; wurde 1862 verhaftet, 1865 verbannt.

**Literatur:** INGLISIAN, V.: Die armen. Lit. In: Hbd. der Orientalistik, Abt. 1, Bd. 7. Leiden 1963. S. 242.

**Nałkowska,** Zofia [poln. nau̯'kɔfska], * Warschau 10. Nov. 1884, † ebd. 17. Dez. 1954, poln. Schriftstellerin. – Ab 1952 Abgeordnete des Sejm. Sie begann mit Gedichten, wandte sich aber bald der erzählenden Prosa zu; ihre Romane und Novellen, die vielfach sozialkrit. Tendenz haben, verbinden realist. Erzählkunst mit Elementen des psycholog. Romans; auch Dramen.

**Werke:** Der Prinz (R., 1907, dt. 1929), Romans Teresy Hennert (= Die Liebschaft der Teresa Hennert, R., 1924), Verhängnisvolle Liebe (R., 1928, dt. 1937), Die Schranke (R., 1935, dt. 1958), Medaillons (En., 1946, dt. 1956), Węzły życia (= Knoten des Lebens, R., 1948), Dzienniki czasu wojny (= Tagebücher aus der Kriegszeit, hg. 1970; weitere drei Bde. der Tagebücher [1899–1905, 1909–20] erschienen 1975–80).

**Ausgabe:** Z. N. Pisma wybrane. Warschau ²1956. 2 Bde.

**Literatur:** ROGATKO, B.: Z. N. Warschau 1980.

**Nam Cao** [vietnames. nam kau̯], eigtl. Trân-Hu'u-Tri, * Đai-Hoàng (Prov. Hà-Nam) 29. Okt. 1917, ⚔ 30. Nov. 1951, vietnames. Schriftsteller. – Kämpfte als engagierter Kommunist im Indochinakrieg; sein autobiograph. Züge tragendes, von Lebenspessimismus erfülltes Erzählwerk beschreibt schonungslos-realistisch und mit beißendem Sarkasmus die unerträgl. Situation der unter dem Kolonialfeudalismus der Vorkriegszeit leidenden unteren Volksschichten, v.a. der verarmten Intellektuellen.

**Werke:** Đôi lú'a xú'ng đôi (= Das gut zueinander passende Paar, R., 1941), Chuyên biên-gió'i (= En. von der Grenze, 1951), Dôi mät (= Augen, En., hg. 1956), Truyên tâp chuyên ngăn N. C. (= Ausgew. Kurzgeschichten von N. C., hg. 1960), Chi Pheo and other stories (engl. Ausw. 1961).

**Namık Kemal,** Mehmet [türk. nɑ:'mɨk kɛ'mɑl], genannt Kemal Bey, * Tekirdağ 21. Dez. 1840, † auf Chios 2. Dez. 1888, türk. Schriftsteller und Publizist. – Flüchtete 1867 nach London und Paris, wo er die liberale Zeitung ›Hürriyet‹ (= Freiheit) gründete; nach der Rückkehr 1870 weiterhin journalistisch tätig. Die Aufführung des patriot. Dramas ›Heimat oder Silistria‹ (1873, dt. 1887) brachte ihm 38 Monate Gefängnis ein. Seiner Begnadigung folgte die Verbannung nach Mitilini, wo er Statthalter war; dann auf Rhodos, zuletzt wieder auf Chios. Vorläufer und Wegbereiter der jungtürk. Bewegung und der Revolution Kemal Atatürks; seine Dramen und Gedichte sind von romant. Elementen bestimmt, während ›İntibah‹ (= Das Erwachen, 1876) als einer der ersten modernen türk. Romane gilt.

**Namora,** Fernando [portugies. nɐ'mɔrɐ], * Condeixa (Distrikt Coimbra) 15. April 1919, † Lissabon 31. Jan. 1989, portugies. Schriftsteller. – War zunächst Landarzt, ließ sich dann in Lissabon nieder; trat mit erfolgreichen, psychologisch vertieften realist. Romanen und Erzählungen hervor: ›As sete partidas do mundo‹ (R., 1938; über das Universitätsmilieu von Coimbra), ›Gold aus schwarzen Steinen‹ (R., 1946, dt. 1966), ›Landarzt in Portugal‹ (En., 1949, dt. 1958), ›Spreu und Weizen‹ (R., 1954, dt. 1963), ›Sonntagnachmittag‹ (R., 1961, dt. 1962), ›Im Verborgenen‹ (R., 1972, dt. 1979), ›Der traurige Fluß‹ (R., 1982, dt. 1985) u.a.; auch Lyriker.

**Namsarajew** (tl.: Namsaraev), Choza Namsarajewitsch [russ. nɐmsa'rajɪf], * Kischintscha (Burjatien) 9. Mai 1889, † Ulan-Ude 28. Juli 1959, burjat.-sowjet. Dichter. – Begründer der burjat. Literatur und Literatursprache; schrieb patriotisch-sozialist. Theaterstücke, Erzählungen sowie Gedichte mit Motiven aus der Volksdichtung und satir. Novellen.

**Nänie** [zu lat. ›nenia‹, auch ›naenia‹, vielleicht griech. Ursprungs], ursprünglich die nicht literarisch fixierte, primitive Totenklage, die von Verwandten des Toten oder von bezahlten Klageweibern beim Leichenbegängnis zur Flöte gesungen wurde. Später Bez. für die an ihre Stelle tretende förml. Laudatio funebris (Grabrede), von Horaz auch mit den kunstgemäßen Trauerliedern (↑Threnos) von Simonides von Keos und Pindar gleichgesetzt. In dieser Tradition steht z. B. auch Schillers Gedicht ›Nänie‹.

**Nansen,** Peter [dän. 'nan'sən], * Kopenhagen 20. Jan. 1861, † Mariager 31. Juli 1918, dän. Schriftsteller. – Erregte mit seinen freizügigen Romanen großes Aufsehen in Dänemark und Deutschland; hatte als Leiter des Verlags Gyldendal (1896–1916) bed. Einfluß auf die zeitgenöss. dän. Literatur.

**Werke:** Julies Tagebuch (R., 1893, dt. 1895), Maria (R., 1894, dt. 1896).

**Ausgabe:** P. N. Samlede skrifter. Kopenhagen 1908–09. 3 Bde.

**Literatur:** FRØLAND, A.: P. N. Kopenhagen 1962.

**Naogeorgus** (Naogeorg), Thomas, eigtl. Th. Kirchmair (Kirchmeyer), * Hubelschmeiß bei Straubing 1511, † Wiesloch 29. Dez. 1563, nlat. Dramatiker. – Studierte Rechtswissenschaft und Theologie, war luth. Pfarrer in Sulza und Kahla, später Prediger u. a. in Zürich, Bern, Basel; Superintendent in Esslingen am Neckar. Schrieb lat. Tendenzstücke voller Begeisterung für Luther, leidenschaftlich in der Anklage gegen das Papsttum; sein Werk stellt einen der Höhepunkte des nlat. Reformationsdramas dar; sein erstes Drama, ›Pammachius‹ (1538, dt. 1538), zeigt symbolisch Verfall und Entartung in der alten Kirche. Nach seinem Bruch mit den Lutheranern schrieb er v. a. Bibeldramen.

**Weitere Werke:** Mercator (Dr., 1540, dt. 1545), Hamanus (Dr., 1543, dt. 1546), Hieremias (Dr., 1551, dt. 1603), Judas Iscariotes (Dr., 1552), Regnum papisticum (Epos, 1553, dt. 1563), Satyrarum libri quinque priores (Satiren, 1555).

**Ausgabe:** Th. Naogeorg. Sämtl. Werke. Hg. v. H.-G. ROLOFF. Bln. u. a. 1975 ff. Auf 9 Bde. berechnet (bisher 5 Bde. erschienen).

**Literatur:** THEOBALD, L.: Das Leben u. Wirken des Tendenzdramatikers der Reformationszeit Th. N. seit seiner Flucht aus Sachsen. Lpz. 1908.

**Napierski** [poln. na'pjɛrski], Pseudonym des poln. Schriftstellers Antoni ↑Lange.

**Nápravník,** Milan [tschech. 'na:pravnji:k], * Havlíčkův Brod (Ostböhm. Gebiet) 28. Mai 1931, tschech. Schriftsteller. – Lebt seit 1968 in der BR Deutschland; schreibt lyr. Prosa und absurde, paradox-humorvolle Verse.

**Werke:** Básně, návěští a pohyby (= Gedichte, Signale und Bewegungen, Ged., 1966), Kassiber (Prosa und Ged., dt. 1969), Beobachtungen des stehenden Läufers (Prosa und Ged., dt. 1970), Der Wille zur Nacht (dt. 1980).

**Naram-Sin-Dichtungen,** mehrere Werke der späteren babylon. Literaturtradition (seit altbabylon. Zeit, etwa 19./18. Jh.) über Naram-Sin (Naram-Suen), den Herrscher von Akkad (nach 2200 v. Chr.) und seine Taten: Bruchstücke eines altbabylon. Epos berichten von Naram-Sins Kampf gegen die Stadt Apischal, ein anderer altbabylon. Text von der Revolte babylon. Städte gegen ihn. Besser, aber uneinheitlich überliefert, ist eine fiktive histor. Dichtung in Ich-Form (sog. Kutha-Legende) über seinen offenbar erfolglosen Kampf gegen siebzehn feindl. Könige, die bis ins 7. Jh. v. Chr. bezeugt ist und auch den Hethitern des 14./13. Jh. in akkad. Fassung und hethit. Bearbeitung bekannt war. – ↑auch Fluch über Akkade.

**Literatur:** HIRSCH, H.: Die Inschriften der Könige von Agade. Archiv f. Orientforsch. 20 (1963), S. 1.

**Naranjo,** Carmen [span. na'ranxo], * Cartago 1931, costarican. Schriftstellerin. – 1972 Botschafterin ihres Landes in Israel; 1974–76 Kulturministerin; seit 1982 Direktorin des costarican. Kunstmuseums. Sie begann als Lyrikerin, hat sich jedoch bald mit experimentellen Romanen profiliert, deren zumeist männl. Protagonisten ein umfassendes Bild der costarican. Gesellschaft darstellen.

**Werke:** Los perros no ladraron (R., 1966), Camino al mediodía (R., 1968), Responso por el niño Juan Manuel (R., 1971), Diario de una multitud (R., 1974), Memorias de un hombre palabra (R., 1976), Mi guerrilla (Ged., 1977), Ondina (En., 1983), Sobrepunto (R., 1985), Mujer y cultura (Essay, 1989).

**Literatur:** MARTÍNEZ SANTIAGO, L. I.: C. N. y la narrativa femenina en Costa Rica. San José 1987.

**Narayan,** Rasipuram Krishnaswami [engl. nɑ:ˈrɑ:jən], * Madras 10. Okt. 1906, ind. Schriftsteller. – Thema von N.s in engl. Sprache verfaßten Romanen, die in der fiktiven südind. Kleinstadt Malgudi spielen, sind die zwischenmenschl. Beziehungen in Familie und Gesellschaft. Die frühen Werke zeigen autobiograph. Züge.

**Werke:** Swami and friends (R., 1935), The dark room (R., 1938), Unter dem Banyan Baum (En., 1947, dt. 1948), Gold vom Himmel (R., 1952, dt. 1953), Der Fremdenführer (R., 1958, dt. 1960), Der Menschenfresser von Malgudi (R., 1961, dt. 1967), The vendor of sweets (R., 1967), Der Schildermaler (R., 1977, dt. 1979).

**Literatur:** SARMA, R.: Die Romane R. K. N.s. Die Thematik u. ihre Darst. Diss. Marburg 1972. – WALSH, W.: R. K. N. A critical appreciation. London 1982. – NAIK, M. K.: The ironic vision. A study of the fiction of R. K. N. Neu Delhi 1983.

**Narcejac,** Thomas [frz. narsəˈʒak], frz. Schriftsteller, ↑ Boileau, Pierre Louis.

**Nareschny** (tl.: Nareżnyj), Wassili Trofimowitsch [russ. naˈrjɛʒnɨj], * Ustiwiza (Gebiet Poltawa) 1780, † Petersburg 3. Juli 1825, russ. Schriftsteller ukrain. Herkunft. – Erfolgreich mit satir. Erzählungen und Romanen, von denen u. a. der in Anlehnung an A. R. Lesage geschriebene Roman ›Der russ. Gil Blas‹ (3 Tle., 1814, Tle. 4–6 [verboten] hg. 1938, dt. 1972) und ›Dva Ivana ...‹ (= Die beiden Iwane, R., 1825) auf N. W. Gogol Einfluß hatten.

**Weiteres Werk:** Bursak (= Der Scholar, R., 1824).

**Ausgabe:** V. T. Nareżnyj. Izbrannye sočinenija. Moskau 1956. 2 Bde.

**Literatur:** TREML, L.: V. T. Nareżnyjs satir. Romane. Mchn. 1979.

**Narr,** Spaßmacher, Possenreißer, u. a. als Theaterfigur. – Im MA lebte das Narrentum in vielfältigen Formen. Ob es als Erbe der Antike (röm. Saturnalien) oder der altgerman., vorchristl. Zeit angesehen werden kann, ist fraglich. Frühmittelalterl. Narrenfeste parodierten kirchl. Riten, Lustigmacher unterhielten das Volk auf den Jahrmärkten, der Hofnarr diente auch als krit. Berater an Fürstenhöfen. Der N. begegnet im Volksschauspiel und auf der Bühne als Hanswurst, als Harlekin oder Pickelhering war er eine stehende Figur, auch in der Tragödie. Volkstüml. Narrenfiguren waren Till Eulenspiegel (↑ Nasreddin Hoca in der Türkei) und die einfältigen Schildbürger (↑ Lalebuch). – ↑ auch Narrenliteratur.

**Narrativik** (Narratologie) [von lat. narrare = erzählen], Erzähltextanalyse. Die N. als moderne allgemeine Erzählforschung im Bereich verschiedener Kulturwissenschaften (Literaturwiss., Linguistik, Anthropologie, Soziologie, Theologie, Geschichtswiss. u. a.) analysiert ›narrative Strukturen‹ bzw. die ›Grammatik‹ von ›Erzähltexten‹ (als solche sind neben dem literar. Erzählen alle zeichenhaften [semiot.] Sprach- und Handlungsprozesse des Menschen definiert) zum Zwecke einer Funktionsbestimmung zugrundeliegender handlungskonstitutiver Elemente des narrativen Diskurses. – Ausgehend von W. J. Propps Funktionsanalyse (›Aktantentheorie‹) typischer Grundstrukturen russ. Märchen (›Morphologie des Märchens‹, 1928, dt. 1972) und der strukturalist. Anthropologie C. Lévi-Strauss' entwickelte die linguist. Textsemiotik und strukturale Poetik der Pariser semiot. Schule (T. Todorov, A. J. Greimas, C. Bremond, R. Barthes u. a.) Theorien der N., die in Verbindung mit linguist. Axiomen der generativen Transformationsgrammatik und kommunikations- bzw. handlungstheoret. Prämissen z. B. der Textlinguistik, Pragmatik und des [Post]strukturalismus in der modernen semiot. Textwiss. und Kultursemiotik bes. in Frankreich, Deutschland (J. Ihwe, E. Gülich, W. Raible, S. J. Schmidt u. a.) und Italien (C. Segre, D'Arco S. Avalle, U. Eco u. a.) zur Entwicklung spezieller Erzähltextmodelle führte.

**Literatur:** Aspekte objektiver Literaturwiss. Die italien. Literaturwiss. zw. Formalismus, Strukturalismus u. Semiotik. Hg. v. V. KAPP. Hdbg. 1973. – Frz. Literaturkritik der Gegenwart in Einzeldarstt. Hg. v. W.-D. LANGE. Stg. 1975. – Erzählforsch. Hg. v. W. HAUBRICHS. Gött. 1976–77. 3 Bde. (mit Bibliogr.). – GÜLICH, E./RAIBLE, W.: Linguist. Textmodelle. Mchn. 1977. – SPARMACHER, A.: N. u. Semiotik. Überlegungen zur zeitgenöss. frz. Erzähltheorie. Ffm. u. Bern 1981. – Erzählforsch. Hg. v. E. LÄMMERT. Stg. 1982. – STURGESS, PH. J. M.: Narrativity. Theory and practice. Oxford 1992. – Tales and ›their telling difference‹. Zur Theorie u. Gesch. der N. Hg. v. H. FOLTINEK u. a. Hdbg. 1993.

**Narrator** [von lat. narrare = erzählen], heute in Teilen der Literaturwiss. wieder üblich gewordene Bez. für ↑Erzähler.

**Narrenliteratur,** Sammelbegriff für satir. Literatur, in der Narrenfiguren Träger von Zeit- und Moralkritik sind. Typisch für N. ist die Darstellung des Widersinnigen als des Normalen mit den Stilmitteln der Polemik und Karikatur. In diesem Sinne findet sich N. in den verschiedensten Epochen internat. verbreitet. Bes. im späten MA wird der ↑Narr zu einer beliebten Figur moralisch-didakt. Dichtung (↑Fastnachtsspiel, ↑Schwank). S. Brants ›Narrenschiff‹ (1494 in Basel erschienen) gilt als Ausgangspunkt und zugleich wesentlichstes Werk der N. des späten 15. Jh. und 16. Jh.; weitere bed. Verfasser von N. waren im 16. Jh. Erasmus von Rotterdam (›Lob der Torheit‹, 1511, dt. 1534), Th. Murner, P. Gengenbach, H. Sachs. Im 17. und 18. Jh. zeigt sich das Fortleben der N. u. a. bei Ch. Weise, J. Beer oder Abraham a Sancta Clara.

**Literatur:** KÖNNEKER, B.: Wesen u. Wandlung der Narrenidee im Zeitalter des Humanismus. Brant – Murner – Erasmus. Wsb. 1966. – HESS, G.: Dt.-lat. Narrenzunft. Mchn. 1971. – Narren, Schellen u. Marotten. Hg. v. W. METGER. Ausst.-Kat. Remscheid 1984. – Schelme u. Narren in den Literaturen des MA. Greifswald 1994.

**Narses** (syr. Narsai, tl. Narsay), * Ain Dulba 399, † Nisibis 503, syr. Kirchenschriftsteller. – 457 wurde er als Nestorianer aus seiner Stellung als Leiter der Schule von Edessa vertrieben und begründete die Schule von Nisibis; als Dichter verfaßte er zahlreiche Sermone und Hymnen.

**Ausgaben:** MARTIN, F.: Homélie de Narsès sur les trois docteurs nestoriens. In: Journal asiatique. Serie 9 (1899) H. 14. – Narsai doctoris syri homiliae et carmina. Hg. v. A. MINGANA. Mossul 1905. 2 Bde.

**Literatur:** VÖÖBUS, A.: History of the School of Nisibis. In: Corpus scriptorum christianorum orientalium Bd. 266. Löwen 1965. S. 57.

**Narten,** im nördl. Kaukasus bei den iran. Osseten, den westkaukas. Tscherkessen, Abchasen und Ubychen, den ostkaukas. Tschetschenen und Inguschen sowie den turksprachigen Karatschaiern und Balkaren weit verbreitete Heldensagen, deren Ausgangspunkt bei den Osseten liegt. Die Herleitung des osset. Namens ›Nartae‹, ›Nart‹ von iran. ›nar-‹ (= Mann, Held) ist nicht unumstritten. Zentrale Figuren der in verschiedenen Zyklen angeordneten N.epik sind die Greise Uryzmäg und Chämyc, deren Schwester Satana, der aus einem Rückengeschwür seines Vaters Chämyc entstandene Batradz sowie bes. der aus einem Stein geborene Held Soslan (Sosryko), in dem man die Verkörperung eines alten Lichtgottes gesucht hat.

**Literatur:** Narty. Ėpos osetinskogo naroda. Hg. v. V. I. ABAEV u. a. Moskau 1957. – Narty. Hg. v. K. N. KEREFOV u. a. Moskau ²1957. – DALGAT, U. B.: Geroičeskij ėpos čečencev i ingušej. Moskau 1972.

**Naruszewicz,** Adam Stanisław [poln. naru'ʃɛvitʃ], * bei Pińsk 20. Okt. 1733, † Janów Podlaski (Woiwodschaft Lublin) 6. Juli 1796, poln. Dichter und Historiker. – Ab 1748 bis zur Auflösung des Ordens Jesuit; Prof. für Poetik in Warschau; Hofdichter und Historiograph von Stanislaus II. August; 1788 Bischof von Smolensk, 1790 von Luzk. Seine Dichtung, von Horaz und Anakreon, die er übersetzte, beeinflußt und im Geist der Aufklärung geschrieben, umfaßt klassizist. Oden, Idyllen (u. a. nach dem Muster S. Geßners) und zeitkrit. Fabeln in Anlehnung an J. de La Fontaine. Sein Hauptwerk, eine Geschichte Polens bis 1386, gilt wegen N.s Bemühungen um krit. Deutung des histor. Geschehens als Beginn der modernen poln. Historiographie.

**Literatur:** ALEKSANDROWICZ, A.: Twórczość satyryczna A. N.a. Breslau 1964.

**Nasarjan** (tl.: Nazarjan), Stepan Issajewitsch, * Tiflis 27. Mai 1812, † Moskau 9. Mai 1879, armen. Schriftsteller. – Mit R. Patkanjan und M. Nalbandjan war N. Begründer der neuostarmenischen Schriftsprache, mit Nalbandjan Begründer der Zeitschrift ›Jusisapajl‹ (= Nordlicht), deren Zweck die Pflege der neuen Schriftsprache und der Ausbau kultureller Beziehungen zu Europa war. Ziel war die nationale Erziehung der Ostarmenier.

**Literatur:** THOROSSIAN, H.: Histoire de la littérature arménienne, des origines jusqu'à nos jours. Paris 1951. S. 329.

**Nascimento,** Francisco Manuel do [portugies. nɐʃsi'mentu], * Lissabon 21. Dez. 1734, † Paris 25. Febr. 1819, portugies. Dichter. – Ordenspriester; mußte wegen seiner aufklärer. Haltung vor der Inquisition nach Frankreich fliehen; Lyriker zwischen Klassizismus und Romantik, letzter bed. Vertreter des Arkadismus; schrieb unter dem arkad. Namen Filinto Elísio Oden, Episteln, Satiren u. a.; er übersetzte u. a. J. de La Fontaines Fabeln, Ch. M. Wielands ›Oberon‹, F. R. de Chateaubriands ›Die Märtyrer‹ und verfaßte in Versen eine Poetik in Briefform (›Da arte poética portuguesa‹, entst. 1790, hg. 1826), in der er die konventionelle neoklassizist. Ästhetik vertrat.

**Ausgaben:** F. M. do N. Obras de Filinto Elysio. Hg. v. S. Constâncio. Lissabon Neuaufl. 1836–40. 22 Bde. – F. M. do N. Poesias. Hg. v. J. Pereira Tavares. Lissabon 1941.

**Literatur:** Pereira da Silva, J. M.: Filinto Elysio e a sua época. Rio de Janeiro 1891. – Braga, Th.: Filinto Elysio e os dissidentes da Arcadia. Porto 1901.

**Naser e Chosrou** (tl.: Nāṣir-i H̱usraw), Abu Moin [pers. nɑ'serexos'rou̯], * bei Balkh (heute Wazirabad, Afghanistan) 1004, † Yamgan (Badakhshan) zwischen 1072 und 1077, pers. Dichter. – Anhänger der ismailit. Lehre, die er in seiner Heimat verbreiten wollte; wurde von Sunniten verfolgt und floh in die Berge von Badakhshan, wo er seine bedeutendsten Werke schrieb. Von den 30 000 Versen seines Diwans sind etwa 11 000 erhalten (hg. 1863/64); gilt mit seinen philosophisch-theolog. Prosaschriften in Form von polem. Traktaten als ältester Klassiker der pers. Lehrdichtung; bed. sein ›Safarnāmaʰ‹ (entst. 1052), die Darstellung seiner Reise nach Ägypten.

**Ausgabe:** Sefer nameh. Relation du voyage de Nassiri Khosrau en Syrie, en Paléstine ... Frz. Übers. u. hg. v. Ch. Schefer. Paris 1881.

**Literatur:** Ivanov, V. A.: Problems in Nasir-i Khusraw's biography. Bombay Neuausg. 1956. – Bertel's, A. E.: Nasir-i Chosrov i ismailizm. Moskau 1959.

**Nash,** N. Richard [engl. næʃ], eigtl. Nathaniel R. Nusbaum, * Philadelphia 7. Juni 1913, amerikan. Dramatiker. – Hatte weltweiten Erfolg mit seiner romant. Komödie ›Der Regenmacher‹ (1955, dt. 1956).

**Weitere Werke:** Girls of summer (Kom., 1956), Wildcat (Musical, 1960), 110 in the shade (Kom., 1964), Ostwind und Regen (R., 1977, dt. 1978), Behold the man (R., 1986).

**Nash,** [Frederic] Ogden [engl. næʃ], * Rye (N.Y.) 19. Aug. 1902, † Baltimore (Md.) 19. Mai 1971, amerikan. Schriftsteller. – Redakteur der Zeitschrift ›The New Yorker‹; wurde durch seine witzige, manchmal satir. und sozialkrit., manchmal parodist. Lyrik bekannt; pflegte die Nonsensdichtung; schrieb auch Dramen und Kinderbücher.

**Werke:** Ich bin leider hier auch fremd (1938, engl. u. dt. 1969), The face is familiar (1940), Good intentions (1942, engl. und dt. Teilausg. 1965 u. d. T. Gute Vorsätze), Family reunion (1950), Parents keep out (1951), You can't get there from here (1957), Everyone but thee and me (1962), Der Kuckuck führt ein Lotterleben. Purzelreime (dt. Ausw. 1977), A penny is saved (hg. 1981).

**Nashe** (Nash), Thomas [engl. næʃ], ≈ Lowestoft (Suffolk) Nov. 1567, † London 1601, engl. Schriftsteller. – Nahm in streitbaren Pamphleten zu aktuellen Kontroversen um den Puritanismus und zu literar. Fragen Stellung; in phantast. Prosasatiren wie ›Pierce Pennilesse his supplication to the devell‹ (1592) und ›Christs teares over Jerusalem‹ (1593) geißelte er die Sitten seiner Zeit. Literaturgeschichtl. Bedeutung hat die Erzählung ›Der unglückl. Reisende oder Die Abenteuer des Jack Wilton‹ (1594, dt. 1970), mit der N. den pikaresken Roman in England einführte. N. schrieb auch das Maskenspiel ›A pleasant comedy, called summers last will and testament‹ (1600).

**Ausgabe:** Th. N. Works. Hg. v. R. B. McKerrow und F. P. Wilson. New York 1966. 5 Bde.

**Literatur:** Hibbard, G. R.: Th. N. London u. Cambridge (Mass.) 1962. – Nicholl, C.: A cup of news. The life of Th. N. London 1984. – Hilliard, S. S.: The singularity of Th. N. Lincoln (Nebr.) 1986. – Hutson, L.: Th. N. in context. Oxford 1989.

**Nasimi** (tl.: Nasīmī; Nessimi), Imad Ad Din, * um 1370, † Aleppo 1417, aserbaidschan. Dichter. – Vertreter einer religiös-myst., sektierer. Bewegung; verfaßte philosoph. Ghasele, in denen er das Landleben, die Liebe und den Menschen verherrlichte; wandte sich gegen die Dogmatik der islam. Geistlichkeit, bekämpfte die soziale Ungerechtigkeit;

setzte sich für den Gebrauch der aserbaidschan. Sprache statt der pers. ein.

**Nāṣir-i Ḫusraw,** Abū Mu'īn, persischer Dichter, ↑Naser e Chosrou, Abu Moin.

**Naso,** Eckart von, * Darmstadt 2. Juni 1888, † Frankfurt am Main 13. Nov. 1976, dt. Schriftsteller. – War 1918–45 am Berliner Staatl. Schauspielhaus Dramaturg, Regisseur, zuletzt unter Gustaf Gründgens Chefdramaturg; 1953/54 Chefdramaturg in Frankfurt am Main, bis 1957 in Stuttgart, seitdem freier Schriftsteller. N. begann mit Dramen, wurde aber v. a. bekannt durch Romane und Novellen um histor. Gestalten und Begebenheiten, bes. aus dem alten Preußen.

**Werke:** Seydlitz (R., 1932), Die Begegnung (Nov., 1936), Moltke (Biogr., 1937), Preuß. Legende (E., 1939), Der Rittmeister (Nov., 1942), Die große Liebende (R., 1950), Ich liebe das Leben (Erinnerungen, 1953), Liebe war sein Schicksal (R., 1958), Flügel des Eros (R., 1960), Glückes genug (Autobiogr., 1963).

**Nasreddin Hoca** (N. Hodscha) [türk. nasrɛd'din 'hɔdʒa], sprichwörtl. Held der türk. Volksliteratur, der als Schulmeister und Geistlicher im 13. oder auch erst im 14. Jh. gelebt haben und in Akşehir gestorben sein soll; um diese Gestalt rankte sich eine Anzahl mündlich tradierter Anekdoten, die, vom Volk erweitert, eine große Sammlung (heute über 500 Anekdoten bekannt) von z. T. derben Schwänken und Schnurren (zu vergleichen mit dem dt. ›Eulenspiegel‹) ergaben, hinter deren spött. Lächeln sich oft bittere Satire und scharfe Kritik an den Mißständen der Zeit verbergen (erste Handschrift 1571, erster Druck 1837).

**Ausgaben:** Der Hodscha N. Türk., arab., berber., maltes., sizilian., kalabr., kroat., serb. u. griech. Märlein u. Schwänke. Dt. Übers. Ges. u. hg. v. A. WESSELSKI. Weimar 1911. 2 Bde. – Ein türk. Eulenspiegel. N. H. Eine Ausw. seiner Schwänke. Hg. v. J. P. GARNIER. Zü. 1984.

**Nassyri̦** (tl.: Nasyri), Kajum, * Werchnije Schirdany (Tatarien) 14. Febr. 1825, † Kasan 2. Sept. 1902, tatar. Schriftsteller. – Verfaßte u. a. Lesebücher, Wörterbücher und eine Grammatik, die für die Entwicklung der tatar. Sprache bed. waren; forderte Anlehnung an die russ. Kultur; schrieb ferner Werke zur Kultur- und Sprachgeschichte der Tataren.

**Nathan,** Robert [Gruntal] [engl. 'neɪθən], * New York 2. Jan. 1894, † Los Angeles (Calif.) 25. Mai 1985, amerikan. Schriftsteller. – Studierte 1912–15 an der Harvard University, war 1924/25 Dozent für Journalistik an der New York University, 1940–42 Präsident des PEN-Clubs; trat auch als Drehbuchautor, Komponist und Illustrator hervor. In seinem von hebräischen Propheten, Skeptikern und Mystikern beeinflußten Werk propagiert er den Glauben an Gott als Hoffnung für die Existenz des modernen Menschen; er schrieb vorwiegend iron. Romane, häufig in lyr. Prosa und mit einem Hang für das Phantastische; daneben auch Dramen und Gedichte.

**Werke:** Flußfahrt mit Herrn Mortimer (R., 1949, dt. 1953), Wer warst du, Clementine? (R., 1950, dt. 1952), Wenn Liebe wiederkehrt (R., 1958, dt. 1961), Miranda (R., 1961, dt. 1969), The devil with love (R., 1963), The fair (R., 1964), Stonecliff (R., 1967), Mia (R., 1970), The elixir (R., 1971), Heaven and hell and the megas factor (R., 1975).

**Literatur:** SANDELIN, C. K.: R. N. New York 1968.

**Nathansen,** Henri [dän. 'na:tan'sən], * Hjørring 16. Juli 1868, † Lund (Schweden) 16. Febr. 1944, dän. Schriftsteller. – Aus jüd. Familie, floh N. vor der dt. Besetzung nach Schweden. N., der als Theaterkritiker und Dramaturg wirkte, stellte in realist. Schauspielen und Romanen das Leben jüd. und dän. Menschen in ihrem Mit- und Gegeneinander dar.

**Werke:** Sommernat (R., 1899), Floden (R., 1902), Daniel Hertz (Dr., 1908), Hinter Mauern (Dr., 1912, dt. 1913), Dr. Wahl (Dr., 1915), Af Hugo Davids liv (R., 4 Bde., 1917), Jude oder Europäer (Biogr. G. Brandes', 1929, dt. 1931), Mendel Philipsen og søn (R., 1932), Memento (Ged., hg. 1951).

**Nationalbibliographie** ↑Bibliographie.

**Nationalbibliothek,** Bibliothek, deren zentrale Aufgabe es ist, das in einer Nationalsprache im In- und Ausland erschienene Schrifttum zu sammeln und bibliographisch zu erfassen. Daneben sammelt sie auch das wichtigste ausländ. Schrifttum. N.en sind zumeist aus älteren Fürstenbibliotheken hervorgegangen, z. B. die Bibliothèque Nationale in Paris (heutiger Name seit 1792), deren Grundstock die Bibliothek Ludwigs XII. war, oder die Österr. Nationalbibliothek (heutiger Name seit 1920), die 1526 von Kaiser Ferdinand I. als ›Hofbibliothek‹ gegründet wurde. Eine dt. N. bildete sich infolge der föderalist. Struktur des Dt. Reiches nicht heraus. In der BR Deutschland übernimmt die ↑Deutsche Bibliothek (Frankfurt am Main und Leipzig) die Funktion einer Nationalbibliothek.

**National Book Awards, The** [engl. ðə 'næʃənəl 'bʊk ə'wɔ:dz] ↑American Book Awards, The.

**Nationale Forschungs- und Gedenkstätten der klassischen deutschen Literatur in Weimar,** Abk. NFG, 1953 vom Ministerrat der DDR gegründete Institution zur zentralen Verwaltung, Pflege und wiss. Organisation der in und um Weimar gelegenen histor. Erinnerungsstätten und Archive der Epoche 1750–1850. In den NFG sind zusammengefaßt: 1. das Goethe- und Schiller-Archiv, u.a. mit einem Bestand von 100 Nachlässen von Schriftstellern, Künstlern und Wissenschaftlern sowie ca. 4300 Einzelautographen, 2. das Goethe-Nationalmuseum mit 24 weiteren Gedenkstätten, Museen und Parkanlagen der klass. Epoche 1750–1850, 3. das 1954 gegründete Institut für dt. Literatur (Forschungszentrum zur Literaturgeschichte der dt. Aufklärung, Klassik und Romantik), 4. die Zentralbibliothek der dt. Klassik, 1969 aus der Fusion der Landesbibliothek Weimar mit der Bibliothek der NFG entstanden; insbes. Fachliteratur zur dt. Klassik. – Trägerin der in den NFG zusammengefaßten Einrichtungen ist seit 1991 die ›Stiftung Weimarer Klassik‹, eine Stiftung öffentl. Rechts (Träger: Bundesregierung, Land Thüringen und Stadt Weimar).

**Literatur:** Die Goethe-Institute f. dt. Lit. Denkschr. über Arbeit u. Aufgaben der NFG der klass. Dt. Lit. in Weimar. Zusammengestellt v. K.-H. HAHN u.a. Weimar 1959.

**Nationalepos,** [Helden]epos, das im Bewußtsein oder im Bildungskanon einer Nation eine bes. Rolle einnimmt, entweder weil die darin aufgenommenen Mythen für die nat. Frühgeschichte als bestimmend angesehen werden, oder weil man dem Stoff bzw. Werk für das histor. Selbstverständnis einen bes. Stellenwert zuspricht oder weil in ihm die nat. Eigenart am reinsten ausgeprägt zu sein scheint. Als Nationalepen gelten u.a. das ›Gilgamesch-Epos‹ (Ende des 2. Jt. v. Chr.) für Sumer, Babylonien und Assyrien, ›Ilias‹ und ›Odyssee‹ (beide 8. Jh. v. Chr., dt. 1793 bzw. 1781) für Griechenland, die ›Aeneis‹ (30–19 v. Chr., dt. 1515) für Rom, das ›Rolandslied‹ (um 1075–1100, dt. 1839/40) für Frankreich, ›Beowulf‹ (1. schriftl. Fassung um 1000, dt. 1840) für England, ›Das Gedicht vom Cid‹ (um 1140, dt. 1850) für Spanien und das ›Nibelungenlied‹ (um 1200) für Deutschland.

**Nationalliteratur,** das in einer bestimmten Nationalsprache verfaßte Schrifttum. Der Begriff begegnet in Deutschland erstmals 1780 bei dem dt. Literarhistoriker Leonhard Meister ([*1741, †1811] ›Beiträge zur Geschichte der dt. Sprache und N.‹) und wurde zunächst im Rahmen der bürgerl. Selbstbesinnung auf die eigene nat. Vergangenheit gegen die geistige Vorherrschaft v.a. der frz. Kultur verwendet, insbes. dann mit Bezug auf die als typisch angesehenen Wesenszüge der mutterspracht. Literatur (19. Jh.), weiter auch nur im Unterschied zu einer die nat. Grenzen überschreitenden ↑Weltliteratur.

**Nationaltheater,** Theater, das für ein Land repräsentativ ist, z. B. die ↑Comédie-Française in Paris oder das ↑National Theatre in London. – In Deutschland wurde die Idee eines N.s im 18. Jh. entwickelt. G. E. Lessing versuchte 1767, in Zusammenarbeit mit J. F. Löwen in Hamburg ein (privat finanziertes) N. zu verwirklichen (gescheitert 1769). In der Folge wurden einige Hoftheater in N. umbenannt, so in Wien (1776), Mannheim (1779), Berlin (1786), ohne daß in ihnen die N.idee nachhaltig verwirklicht worden wäre, während andere Bühnen zeitweilig repräsentative Bedeutung erlangten, z.B. das Hoftheater Weimar (1791–1817 durch Goethe, 1857–67 durch F. Dingelstedt) oder die ↑Meininger (1870–90). Bes. im 19. Jh. verstärkten sich die Bemühungen um ein N., z.B. auch in Skandinavien, auf der Iber. Halbinsel, in Osteuropa und in der

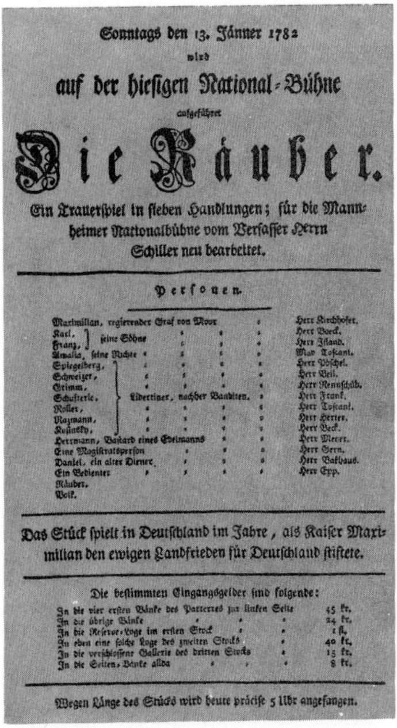
Sonntags den 13. Jänner 1782
wird
auf der hiesigen National-Bühne
aufgeführet
Die Räuber.
Ein Trauerspiel in sieben Handlungen; für die Mannheimer Nationalbühne vom Verfasser Herrn Schiller neu bearbeitet.

Personen.

| | |
|---|---|
| Maximilian, regierender Graf von Moor | Herr Kirchhöfer. |
| Karl, } seine Söhne | Herr Böck. |
| Franz, } seine Söhne | Herr Iffland. |
| Amalia, seine Nichte | Mad. Toscani. |
| Spiegelberg, } Libertiner, nachher Banditen. | Herr Pöschel. |
| Schweizer, | Herr Beil. |
| Grimm, | Herr Rennschüb. |
| Schufterle, | Herr Frank. |
| Roller, | Herr Toscani. |
| Razmann, | Herr Herter. |
| Kosinsky, | Herr Beck. |
| Herrmann, Bastard eines Edelmanns | Herr Meyer. |
| Eine Magistratsperson | Herr Gern. |
| Daniel, ein alter Diener | Herr Backhaus. |
| Ein Bedienter | Herr Epp. |
| Räuber. | |
| Volk. | |

Das Stück spielt in Deutschland im Jahre, als Kaiser Maximilian den ewigen Landfrieden für Deutschland stiftete.

Die bestimmten Eingangsgelder sind folgende:

| | |
|---|---|
| In die vier ersten Bänke des Parterres zur linken Seite | 45 kr. |
| In die übrige Bänke | 24 kr. |
| In die Reserve-Loge im ersten Stock | 1 fl. |
| In eben eine solche Loge des zweiten Stocks | 40 kr. |
| In die verschlossene Gallerie des dritten Stocks | 15 kr. |
| In die Seiten-Bänke allda | 8 kr. |

Wegen Länge des Stücks wird heute präcise 5 Uhr angefangen.

Nationaltheater. Theaterzettel zur Uraufführung von Schillers Drama ›Die Räuber‹ am 13. Januar 1782 am Nationaltheater in Mannheim

Schweiz. Für die Idee des N.s traten u.a. Eduard Devrient (* 1801, † 1877), R. Wagner und G. Keller ein. Das 1919 in Weimar eingerichtete ›Dt. N.‹ blieb der vorläufig letzte Versuch in Deutschland.

**Literatur:** FEUSTEL, W.: N. u. Musterbühne v. Lessing bis Laube. Diss. Greifswald 1954 [Masch.]. – Das Ende des Stegreifspiels – Die Geburt des N.s. Ein Wendepunkt in der Gesch. des europ. Dramas. Hg. v. R. BAUER u. J. WERTHEIMER. Mchn. 1983.

**National Theatre** [engl. 'næʃənəl 'θɪətə], 1962 von Sir Laurence Olivier (* 1907, † 1989) in London gegründete Theatergruppe; repräsentiert (neben der ↑ Royal Shakespeare Company) das engl. Nationaltheater; spielte rund 14 Jahre im ↑ Old Vic Theatre, 1976 Umzug in das neuerbaute N. Th. an der Themse, das insgesamt drei Bühnen umfaßt.

**Literatur:** ELSOM, J./TOMALIN, N.: The history of the N. Th. London 1978.

**Natonek,** Hans, * Prag 28. Okt. 1892, † Tucson (Ariz.) 23. Okt. 1963, Schriftsteller. – Studierte in Wien und Berlin, war Mitarbeiter expressionist. und pazifist. Zeitschriften, ab 1919 Feuilletonredakteur in Leipzig; emigrierte 1933, wurde 1936 tschechoslowak. Staatsbürger, floh 1939/40 über Frankreich in die USA (1946 amerikan. Staatsbürger). Schrieb stilistisch glänzende, geistreiche und witzige Feuilletons, Kritiken, Glossen, Essays und Gedichte sowie zeitkrit. Romane.

**Werke:** Schminke und Alltag. Bunte Prosa (1927), Der Mann, der nie genug hat (R., 1929), Geld regiert die Welt oder Die Abenteuer des Gewissens (R., 1930), Kinder einer Stadt (R., 1932), Der Schlemihl. Ein Roman vom Leben des A. Chamisso (1936, 1958 u. d. T. Der Mann ohne Schatten), In search of myself (Autobiogr., engl. 1943).

**Ausgabe:** H. N. Die Straße des Verrats. Publizistik, Briefe u. ein Roman. Hg. v. W. U. SCHÜTTE. Bln. 1982.

**Natsume,** Soseki, eigtl. N. Kinnosuke, * Tokio 5. Jan. 1867, † ebd. 9. Dez. 1916, jap. Schriftsteller. – Antinaturalist und neben Mori Ogai einer der Klassiker der jap. Moderne; wegen der Weite seines literar. Spektrums läßt sich N. schwer einer Schule zuordnen; wurde berühmt mit dem Roman ›Wagahai wa neko de aru‹ (= Ich bin eine Katze, 1905/06, engl. 1906–09 u. d. T. ›I am a cat‹), in dem er die Welt humorvoll-kritisch aus dem Blickwinkel einer Katze betrachtet. Auch seine Erzählungen zeichnen sich durch scharfe psycholog. Beobachtungen aus. Der sarkastisch-analyt. Tendenz in N.s Werk wirkt allerdings auch ein Zug ins Mystische, Transzendente entgegen, wie er sich in ›Kusamakura‹ (= Graskissen, 1906, engl. 1974 u. d. T. ›Grass pillow‹) ausdrückt; schrieb ferner Haikus sowie literatur- und kulturkrit. Essays.

**Weitere Werke:** Ein reiner Tor (E., 1906, dt. 1925), Kokoro (R., 1914, dt. 1976), Garasudononaka (= Zwischen den Glastüren, Essays, 1915, engl. 1928 u. d. T. Within my glass doors).

**Naturalismus,** literar. Richtung, etwa 1870–1900; charakteristisch für den N. war das antibürgerl., sozialrevolutionäre Engagement: durch genaue Detailbeschreibungen, Faktensammlung o. ä. wurde v. a. die moral. und soziale Situation der sozial schwächsten, verelendeten

Schichten dargestellt, und dabei wurden v.a. auch tabuisierte Themen wie Prostitution und Alkohol zum Gegenstand literar. Darstellung gemacht. Grundlagen des N. sind die Erkenntnisse der Naturwissenschaft, die darauf fußende Philosophie des Positivismus (A. Comte), die Physiologie Claude Bernards, die Evolutionstheorie Ch. R. Darwins, insbes. aber der Determinismus H. Taines, der den Menschen als ein von ›race‹ (im Sinne von Erbanlagen), ›moment‹ (im Sinne eines spezifischen histor. Augenblicks) und ›milieu‹ (als geophysikal. und politisch-histor. Umfeld) bestimmtes Wesen ansieht. Außerdem hatten die Arbeiten von K. Marx und F. Engels der literar. Auseinandersetzung mit der sog. sozialen Frage den Boden bereitet. Konsequenzen aus diesen Lehren für eine literar. Theorie zogen erstmals die Brüder E. und J. de Goncourt (↑auch Document humain). Unumstrittener Wortführer des europ. N. wurde É. Zola; in seiner naturalist. Ästhetik wird Kunst als literar. Experiment mit naturwiss. Methoden begriffen, das lückenlos die ursächlichen Zusammenhänge des determinierten menschl. Daseins beweisen müsse: ›Un œuvre d'art est un coin de la nature vu à travers un tempérament‹ (= Kunst ist ein Stück Natur, gesehen durch die spezifisch persönl. Veranlagung). Dieses Programm wurde etwa seit 1870 im sog. Kreis von ↑Médan erarbeitet und 1880 in der Novellensammlung ›Les soirées de Medan‹ herausgegeben. Verwirklicht wurde es mit einer der Literatur nicht überall förderl. Akribie in Zolas 20bändigem Romanwerk ›Die Rougon-Macquart‹ (1871–93, dt. 1892–99) mit dem bezeichnenden Untertitel ›Histoire naturelle et sociale d'une famille sous le Second Empire‹. Eine Zusammenfassung seiner naturalist. Theorie hat Zola, dessen gesellschaftskrit. Ausrichtung von entscheidender Wirkung auf die weitere Entwicklung des Romans in Europa und v.a. auch in Lateinamerika war, in seiner Abhandlung ›Der Experimentalroman‹ (1880, dt. 1904) gegeben. Neben Zola sind v.a. noch G. de Maupassant (Novellen) und H. F. Becque (Dramen) zu nennen. Zolas literar. Programm wurde durch E. Pardo Bazán (›La cuestión palpitante‹, 1883) in Spanien und durch J. M. Eça de Queirós in Portugal wirksam; der italien. Verismo ist dagegen nur teilweise vom N. inspiriert. – Eine ähnl. Entwicklung vollzog sich gleichzeitig in Skandinavien seit etwa 1870. Im Anschluß an die Forderungen G. Brandes' nach unparteiischer, exakter Analyse der Zeittendenzen in der Literatur entstanden die gesellschaftskrit. Dramen H. Ibsens und die ep. und dramat. Werke A. Strindbergs der 80er Jahre. Ähnlich starke Impulse gingen in Rußland von den Werken F. M. Dostojewskis und bes. L. N. Tolstois aus; exemplarisch war v.a. dessen Bauerndrama ›Die Macht der Finsternis‹ (1886, dt. 1890). Der dt. N. stand zunächst ganz unter dem Einfluß Zolas, seit etwa 1887 auch unter dem Ibsens, Tolstois und Dostojewskis. Seine 1. Phase (etwa 1880–86) war bestimmt von programmat. Diskussionen mit den Zentren München (M. G. Conrad, K. Alberti, K. Bleibtreu, D. von Liliencron, O. E. Hartleben) und Berlin, wo im ↑Friedrichshagener Dichterkreis und in zahlreichen Zirkeln um die Brüder H. und J. Hart in zahlreichen Programmen und Manifesten ein eigenes Selbstverständnis erarbeitet wurde. Charakteristisch für den dt. N. sind die Verbindung einer seit Ende der 70er Jahre geforderten literar. Neubesinnung mit der Forderung nach polit. und nat. Erneuerung sowie die Ablehnung der Literatur der Gründerzeit. Wichtige Zeitschriften waren die ›Krit. Waffengänge‹ (1882–84) der Brüder Hart und ›Die Gesellschaft‹ (1885 ff.) von M. G. Conrad in München. Wichtige Programmschriften entstanden im Berliner Verein ↑Durch, u.a. von W. Bölsche, ›Die naturwissenschaftl. Grundlagen der Poesie‹ (1887), und von A. Holz, ›Die Kunst; ihr Wesen und ihre Gesetze‹ (1891/92); Holz entwickelte darin erstmals eine neue naturalist. Stil- und Darstellungstechnik (das photographisch getreue Abschildern eines Geschehens in zeitlich genauem Ablauf, den sog. ↑Sekundenstil). Er formulierte diesen von Zola sich unterscheidenden **›konsequenten Naturalismus‹:** ›Die Kunst hat die Tendenz, wieder die Natur zu sein. Sie wird sie nach Maßgabe ihrer jedweiligen Reproduktionsbedingungen und deren Handhabung‹, abgekürzt: ›Kunst = Natur – x‹. – Die Hauptphase des N. (etwa 1886–95) ist bestimmt durch das dramat. Werk G. Hauptmanns, der die Einflüsse Zolas (Milieuschilderung, Bloßlegung der sozialen und psych. Mechanismen), A. Holz' (minutiöse Beschreibungstechnik) und Ibsens (analyt. Dramenstruktur, offener Schluß, genaueste Bühnenanweisungen) zu sozialen Dramen verarbeitete, wie v. a. ›Vor Sonnenaufgang‹ (1889), ›Die Weber‹ (1892), ›Der Biberpelz‹ (1893). Daneben sind als Dramatiker zu nennen: A. Holz/J. Schlaf (›Die Familie Selicke‹, 1890; Programmdrama des N.), J. Schlaf (›Meister Oelze‹, 1892), M. Halbe (›Freie Liebe‹, 1890; ›Jugend‹, 1893), G. Hirschfeld (›Die Mütter‹, 1896), O. E. Hartleben (›Rosenmontag‹, 1900) und H. Sudermann (›Die Ehre‹, 1890). – Die einen Skandal entfesselnde Aufführung der ›Gespenster‹ von Ibsen 1887 führte 1889 zur Gründung des Theatervereins ↑Freie Bühne. Weitere Theatervereine und -clubs, Literatur- und Theaterkritik hatten wesentl. Anteil an der unmittelbar zeitgenöss. Wirkung der neuen Stücke, die wiederum direkten Einfluß auf das expressionist. Stationendrama (G. Kaiser, E. Toller) sowie auch auf E. Piscator und B. Brecht hatten.

Während das dt. naturalist. Drama europ. Rang erreichte, blieb die naturalist. Prosa hinter derjenigen Frankreichs und Rußlands zurück. Stilgeschichtlich bed. sind noch die Prosaskizzen und -studien von J. Schlaf/A. Holz oder G. Hauptmanns ›Bahnwärter Thiel‹ (1892). Dasselbe gilt für die naturalist. Lyrik, die mit nat. und sozialkrit. Pathos neue Stoffe in traditionellen Formen artikulierte, z. B. in der Anthologie ›Moderne Dichtercharaktere‹ (1885, hg. von Wilhelm Arent); eine formale Erneuerung versuchte nur A. Holz in seinen ›Phantasus‹-Heften (2 Tle., 1898/99). Um 1895 verlor die Bewegung an Stoßkraft, einige Vertreter schlossen sich neuen literar. Richtungen an, wie ↑Neuromantik und ↑Heimatkunst, ferner ↑Impressionismus, ↑Dekadenzdichtung, ↑Symbolismus. – Der N. wirkte nachhaltig auf die gesamte nachfolgende literar. Entwicklung, u. a. durch die Erschließung neuer Stoffbereiche, sowie Verwendung von Umgangssprache und Dialekt im literar. Text. – Naturalistische, von Zola u. a. beeinflußte Phasen kennzeichnen auch noch weitere europ. (in England A. Bennett, G. Moore u. a.) und [latein]amerikan. (R. Delgado, C. Reyles u. a.; S. Crane, F. Norris, Th. Dreiser, später auch noch J. T. Farrell und J. Steinbeck) Literaturen.

**Literatur:** COWEN, R. C.: Der N. Komm. zu einer Epoche. Mchn. 1973. – BRAUNECK, M.: Lit. u. Öffentlichkeit im ausgehenden 19. Jh. Stg. 1974. – N. Hg. v. H. SCHEUER. Stg. 1974. – BÖLSCHE, W.: Die naturwiss. Grundll. der Poesie. Neuausg. Tüb. 1976. – DAUS, R.: Zola u. der frz. N. Stg. 1976. – SUWALA, H.: Naissance d'une doctrine. Formation des idées littéraires et esthétiques de Zola, 1859–1865. Warschau 1976. – SCHUTTE, J.: Lyrik des dt. N. (1885–1893). Stg. 1976. – BOGDAL, K.-M.: Schaurige Bilder. Der Arbeiter im Blick des Bürgers am Beispiel des N. Ffm. 1978. – NEUSCHÄFER, H.-J.: Der N. in der Romania. Wsb. 1978. – N.-Ästhetizismus. Hg. v. CH. BÜRGER u. a. Ffm. 1979. – MÖBIUS, H.: Der Positivismus in der Lit. des N. Mchn. 1980. – MAHAL, G.: N. Mchn. u. Stg. ²1982. Nachdr. Mchn. 1990. – MÖBIUS, H.: Der N. Stg. u. Wsb. 1982. – POENICKE, K.: Der amerikan. N.: Crane, Norris, Dreiser. Darmst. 1982. – MOE, V. I.: Dt. N. u. ausländ. Lit. Zur Rezeption der Werke v. Zola, Ibsen u. Dostojewski durch die dt. naturalist. Bewegung (1880–1895). Ffm. 1983. – HOEFERT, S.: Das Drama des N. Stg. ⁴1993. – KEIL, G.: Kritik der N. Bln. u. a. 1993.

**Natureingang,** in der Troubadour- und Trouvèrelyrik und im Minnesang sowie in der (z. T. daran anknüpfenden) Volksliedtradition gängige Naturdarstellung im Einleitungsteil eines Liebesgedichts. Der N. ist eine toposhafte Aufreihung der wichtigsten Requisiten der Frühlings- oder Winterlandschaft; entscheidend ist der parallele oder gegenläufige Bezug der Naturdarstellung zur Minnethematik des Gedichts. Im 12. Jh. bereits in Nord- und Südfrankreich verbreitet, in der mhd. Dichtung dagegen noch selten, wird er im Minnesang des 13. Jh. bes. beliebt (z. B. Neidharts ›Sommer- und Winterlieder‹).

**Naturformen der Dichtung,** in den ›Noten und Abhandlungen zu besserem Verständnis des West-östl. Divans‹ (1816) unterscheidet Goethe zwischen ›Dichtarten‹ und ›N. d. D.‹; als ›Dichtarten‹ bezeichnet er dabei die formalstilist., historisch fixierbaren Werktypen wie Elegie, Epigramm, Fabel usw., die im Mittelpunkt der bis ins 18. Jh. dominierenden normativen Gattungspoetik standen. Ihnen stellt er ›Epos, Lyrik und Drama‹ als ›N. d. D.‹ gegenüber, die er als zeitlich nicht fixierbare Manifestationen menschl. Grundhaltungen deutet und als ›klar erzählend‹, ›enthusiast. aufgeregt‹ und ›persönlich handelnd‹ charakterisiert. Sie können in jedem individuellen Gedicht zusammenwirken, z. B. in der ↑ Ballade und, als Großform, in der att. Tragödie, aber auch in reiner Form auftreten, z. B. im homer. Epos. Goethes Begriff der N. d. D. berührt sich hier mit dem modernen Gattungsbegriff E. Staigers.

**natürliche Schule** (russ. naturalnaja schkola [tl.: natural'naja škola]), von Faddei Wenediktowitsch Bulgarin (* 1789, † 1859) im Jahre 1846 geprägte und von W. G. Belinski aufgegriffene Bez. für die russ. Erzählliteratur der 40er Jahre des 19. Jh.; kennzeichnend sind das Groteske der dargestellten Wirklichkeit, paradoxe Hyperbeln, Zugehörigkeit der oft karikierten Helden zur unteren Schicht der kleinen Beamten und Kaufleute. Bedeutendste Vertreter: der junge I. Turgenjew, D. W. Grigorowitsch, N. A. Nekrassow, der frühe F. M. Dostojewski. Die n. Sch. gilt mit ihren ›physiolog. Skizzen‹, Novellen und Romanen als späte Stufe der Romantik, die zum Realismus der 50er und 60er Jahre des 19. Jh. führt.

**Naturnachahmung** ↑ Mimesis.

**Naturvölkermärchen,** das Erzählgut schriftloser Kulturen; es fand früh Beachtung bei Missionaren und völkerkundlich interessierten Reisenden, doch waren ihre Aufzeichnungen aufgrund mangelnder Kenntnis von Sprachen und Denkweisen der Naturvölker nicht unbedingt verläßlich. Systematisch gesammeltes, nun auch authent. Material aus aller Welt liefern seit dem späteren 19. Jh. die Ethnologen. N. unterscheiden sich formal und inhaltlich von den ↑ Märchen der Kulturvölker. Sie sind einfacher und weniger fest gefügt in ihrer Struktur, oft sind es nur ausgeschmückte Berichte von tatsächl. Ereignissen aus Ahnen-, Stammes- und Lokalgeschichte oder von heroischen Abenteuern. Beherrschende Themen sind außerdem Schöpfungsmythen und umweltbezogene Ätiologien, denen mehr Wahrheitsgehalt beigemessen wird als im europ. Bereich. Wunderbare Verwandlungen von Gegenständen, Pflanzen und Tieren, Ehen zwischen Mensch und Tier, die Wiederbelebung von Toten, Reisen zu den Gestirnen oder ins Jenseits und Zauber aller Art werden als glaubwürdig angesehen. Dämonengestalten sind in der Glaubenswelt und im Erzählgut weitgehend identisch. Totemist. Vorstellungen bei Jäger- und Hirtenvölkern spiegeln sich in zahllosen Tiergeschichten, wonach die Tiere in gottähnl. Funktion, als gleichwertige, hilfreiche Partner oder als trickreiche Gegenspieler des Menschen auftreten. Im Unterschied zum europ. Märchen enden N. vielfach tragisch. Aus der starken Bindung an Mythos und Religion ergaben sich mitunter Vorstellungen von einer mag. Wirkung des Erzählens, etwa auf das Gedeihen der Saat oder auf den Verlauf eines Unwetters.

**Literatur:** LEYEN, F. VON DER: Die Welt der Märchen. Bd. 1. Düss. 1953. – JENSEN, A. E.: Mythos u. Kult bei Naturvölkern. Wsb. [2]1960. – RÖHRICH, L.: Märchen u. Wirklichkeit. Wsb. [4]1979. S. 159.

**Nāṭyaśāstra** [natja'ʃastra = Lehre von der Schauspielkunst], das dem Bharata, über dessen Leben nichts bekannt ist, zugeschriebene N. ist in Sanskritversen verfaßt und liegt in mehreren Rezensionen vor. Das verarbeitete Material stammt aus einigen Jahrhunderten, die ältesten Teile vermutlich aus dem 1. Jh. n. Chr.; sie vertreten eine andere Tradition als alle erhaltenen Schauspiele, die von den Vorschriften des N. nur wenig beeinflußt sind. Neben den Anweisungen für die Durchführung eines Schauspiels und für die Schauspieler bilden der Bau des Theaters, die Sprache der Stücke, Hinweise für den Dichter und Abhandlungen über Musik den Inhalt der 36 Bücher.

**Ausgaben:** The Nāṭyaśāstra. Engl. Übers. Hg. v. M. GHOSH. Kalkutta 1961–67. 2 Bde. – N. with the commentary Abhinavabhāratī by Abhinavagupta. Hg. v. K. L. JOSHI. Delhi 1981–84. 4 Bde.

**Literatur:** RANGACHARYA, A.: Introduction to Bharata's N. Bombay 1966. – FEISTEL, H.-O.:

Das Vorspiel auf dem Theater. Ein Beitr. zur Frühgesch. des klass. ind. Schauspiels. Diss. Tüb. 1969. – SRINIVASAN, S. A.: On the composition of the N. Rbk. 1980.

**Naumachie** [griech. zu naũs = Schiff und máchē = Schlacht], theatral. Darstellung einer Seeschlacht. 46 v. Chr. im antiken Rom erstmals von Caesar in einem unter Wasser gesetzten Amphitheater (später auf dem Tiber) veranstaltet. Vom höf. Theater des Barock wieder aufgenommen.

**Navoi,** Nizamaddin Ališer, usbek. Schriftsteller, ↑Nawoi, Nisamaddin Alischer.

**Nawade** (Nawadegyi), auch Taungthinhmu und Salinletya genannt, * 1545 (?), † 1600 (?), birman. Dichter. – Diente unter mehreren birman. Königen als Heerführer; unübertroffener Meister der ›yadu‹-Lyrik (Natur- und Liebesdichtung), die er durch Einführung neuer Stilformen und eine weitgespannte, viele Aspekte seiner Lebenserfahrung behandelnde Thematik zur beliebtesten literar. Gattung des 16. und 17. Jh. machte. Hinterließ neben einigen histor. Balladen (›egyin‹) und Lehrgedichten (›pyo‹) über 300 ›yadu‹; Einfluß auf Natshinnaung.

**Literatur:** LUCE, G. H./MAUNG BA KYA: A dictionary of Burmese authors. In: Journal of the Burma Research Society 10 (1920), S. 142.

**Nawoi** (tl.: Navoi), Nisamaddin Alischer [russ. nɐva'i], * Herat 9. Febr. 1441, † ebd. 3. Jan. 1501, usbek. Schriftsteller. – Ab 1472 Großwesir; bed. Kunstmäzen; in seinen philosoph. Traktaten kämpfte er gegen die mittelalterl. Scholastik. N. schrieb Liebeslyrik und philosoph. Gedichte, Poeme und Aphorismen, auch eine Abhandlung über die usbek. Sprache; er hatte großen Einfluß auf die gesamte Literatur Zentralasiens.

**Naylor,** Gloria [engl. 'neɪlər], * New York 25. Jan. 1950, amerikan. Schriftstellerin. – Studierte u. a. an der Yale University. Ihr 1983 mit dem American Book Award ausgezeichneter Erstlingsroman ›Die Frauen von Brewster Place‹ (1982, dt. 1984, 1985 verfilmt) schildert die Komplexität afroamerikan. Lebens aus der den sieben Geschichten des Romans zugeordneten jeweiligen Perspektive einer Frau. Die allen gemeinsame Erfahrung der Unterdrückung soll durch die aus gemeinschaftl. Handeln gewonnene geistige Stärke kompensiert werden. Schreibt seit 1986 für die ›New York Times‹ und hat verschiedene Gastdozenturen, u. a. an der New York University, wahrgenommen.

**Weitere Werke:** Linden Hills (R., 1985), Mama Day (R., 1988).

**Nâzım Hikmet Ran** [türk. nɑ:'zɨm hik'mɛt 'rɑn], türk. Schriftsteller, ↑Hikmet, Nazim.

**Nazor,** Vladimir [serbokroat. ˌna:zɔr], * Postire (Brač) 30. Mai 1876, † Zagreb 19. Juni 1949, kroat. Schriftsteller. – Mittelschul- und Gymnasiallehrer, im 2. Weltkrieg Partisan, nach der Befreiung Jugoslawiens in hohen polit. Stellungen. Im Mittelpunkt seines Schaffens (Mythen, Legenden, Lyrik und erzählende Prosa) stehen Landschaft und Geschichte seiner Heimat; Übersetzer.

**Werke:** Veli Jože (= Der große Jože, E., 1908), Medvjed Brundo (= Der Bär Brundo, Tierepos, 1915), Der Hirte Loda (R., 2 Tle., 1938/39, dt. 1949).

**Ausgabe:** V. N. Sabrana djela. Zagreb 1977. 21 Bde.

**Literatur:** NEUMAYR, E.: Das Prosaschaffen des kroat. Dichters V. N. Diss. Wien 1954. – VUČETIĆ, S.: V. N. Zagreb 1976. – ALBERT, H.: Zur Metaphorik in den Epen ›Živana‹, ›Medvjed Brundo‹, ›Utva‹ u. ›Ahasver‹ des kroat. Dichters V. N. Mchn. 1977.

**Ndao,** Cheik Aliou, * Bignona (Provinz Casamance) 3. Aug. 1933, senegales. Schriftsteller. – In seiner künstler. Motivation und seiner ästhet. Verantwortung der Gesellschaft gegenüber ähnelt N. den ›griots‹, den traditionellen Sängern; er versucht mit Hilfe histor. Stoffe Mut und Ehrgefühl in seinen Landsleuten zu wekken.

**Werke:** Kaïrée (Ged., 1962), L'exil d'Albouri. Suivi de La décision (Dr., 1967), Mogariennes (Ged., 1970), Buur Tileen, roi de la Médina (R., 1972), Le fils de l'Almami. Suivi de La case de l'homme (Dr., 1973), L'île de Bahila (Dr., 1975), Le marabout de la sécheresse (E., 1979), Excellence, vos épouses! (R., 1983).

**Literatur:** BOBB, D. F.: The plays and fiction of Ch. A. N. Diss. University of Texas Austin 1982.

**Neal,** John [engl. ni:l], * Portland (Maine) 25. Aug. 1793, † ebd. 20. Juni 1876, amerikan. Schriftsteller. – Autodidakt; entstammte einer Quäkerfamilie, war Händler und Kaufmann, studierte dann Jura und wurde Anwalt; lebte

1823–27 in England, wo er durch entstellende, vorurteilsreiche und oft sachlich falsche Artikel über amerikan. Autoren bekannt wurde (1937 hg. u. d. T. ›American writers‹), die als früher Versuch amerikan. Literaturgeschichtsschreibung gelten. Seine kunstlosen, aber wirkungsvollen Romane über Neuengland und das revolutionäre Amerika, die er im Wettstreit mit J. F. Cooper schrieb, sind heute vergessen. N. förderte früh das literar. Talent E. A. Poes und hatte einigen Einfluß auf W. Whitman.

**Weitere Werke:** Logan (R., 1822), Adams (R., 1823), Seventy-six (R., 1823), Randolph (R., 1823), Rachel Dyer (R., 1828), The Down-Easters (R., 1833), Wandering recollections of a somewhat busy life (Autobiogr., 1869).

**Neander,** Joachim, * Bremen 1650, † ebd. 31. Mai 1680, dt. Kirchenliederdichter. – Studierte Theologie in Heidelberg, 1674 Rektor in Düsseldorf, 1679 Prediger in Bremen; von seinen von der Lehre J. Calvins und vom Pietismus beeinflußten ev. Kirchenliedern, die er z. T. selbst vertonte, ist am bekanntesten ›Lobe den Herren, den mächtigen König der Ehren‹.

**Werk:** Joachimi Neandri Glaub- und Liebes-Übung (1680).

**Nebel,** Gerhard, * Dessau 26. Sept. 1903, † Stuttgart 23. Sept. 1974, dt. Schriftsteller und Essayist. – Studierte Philosophie und klass. Philologie, war bis 1933 Studienrat (Entlassung). Aufenthalte in Ägypten und Ostafrika, mehrere Griechenlandreisen; nach dem 2. Weltkrieg Rückkehr in den Schuldienst (bis 1955), dann freier Schriftsteller. N.s philosoph., essayist. und kulturkrit. Werk, zunächst von E. Jünger beeinflußt, zeigt seine Entwicklung vom nihilist. Ästheten zum Verfechter der christlich-prot. Lehre. Seine dokumentar. Kriegstagebücher ›Bei den nördl. Hesperiden‹ (1948), ›Auf auson. Erde‹ (1949) und ›Unter Partisanen und Kreuzfahrern‹ (1950) sind eine schonungslose Abrechnung mit dem Militarismus aller Schattierungen. Schrieb sprachlich hervorragende Reisebeschreibungen.

**Weitere Werke:** Feuer und Wasser (Essays, 1939, erweitert 1955), Tyrannis und Freiheit (Essays, 1947), Griech. Ursprung (Studien, 1948), Ernst Jünger (1949), Weltangst und Götterzorn (1951), Die Reise nach Tuggurt (1952), Das Ereignis des Schönen (1953), Phäak. Inseln (Reiseber., 1954), Homer (1959), Pindar und die Delphik (1961), Orte und Feste (Essays, 1962), Zeit und Zeiten (1965), Die Geburt der Philosophie (1967), Meergeborenes Land (Reiseber., 1968), Sokrates (Monogr., 1969), Sprung von des Tigers Rücken (1970), Hamann (Monogr., 1973).

**Nebel,** Otto, * Berlin 25. Dez. 1892, † Bern 12. Sept. 1973, dt. Maler und Schriftsteller. – War Bauarbeiter, dann Schauspieler. Nach dem 1. Weltkrieg Maler und Schriftsteller in Berlin; Freundschaft mit H. Walden, Mitarbeiter an der Zeitschrift ›Der Sturm‹. Lebte ab 1933 in der Schweiz. Mit seinen Sprachcollagen und ›Runenfugen‹, u. a. ›Zuginsfeld‹ (1919–21, in: ›Der Sturm‹, überarbeitete Neuausgabe 1974) und ›Unfeig‹ (1924–26, in: ›Der Sturm‹, überarbeitete Neuausgabe 1960), gilt er als wichtiger Vorbereiter der konkreten Poesie.

**Weitere Werke:** Das Wesentliche. Eine Reinschrift (1924), Die Rüste-Wüste. Eine Keilschrift (1926), Das Rad der Titanen. 1926–55 (1957).

**Ausgabe:** O. N. Das dichter. Werk. Hg. v. R. Radrizzani. Mchn. 1979. 3 Bde.

**Literatur:** O. N. Als Festgabe zu seinem 80. Geburtstag. Sturm u. Vollendung. Ein Lebensbild v. O. N. Zü. 1972.

**Necatigil,** Behcet [türk. nɛdʒati'gil], * Istanbul 16. April 1916, † ebd. 13. Dez. 1979, türk. Lyriker. – Veröffentlichte seit 1935 Gedichte in verschiedenen Zeitschriften, bis zu seinem Tode etwa ein Dutzend Lyrikbände. Seine Gedichte zeichnet eine für die Reize und Gefährdungen des alltägl. Lebens empfängl. Sensibilität aus; schrieb auch Hörspiele und gab das türk. Literaturlexikon ›Edebiyatımızda isimler sözlüğü‹ (= Autorenlexikon unserer Literatur, 1960) heraus.

**Ausgabe:** B. N. Bütün eserleri. Istanbul 1982 ff. 6 Bde.

**Nedîm,** Ahmet [türk. nɛ'dim], * Konstantinopel (heute Istanbul) 1681, † ebd. 1730, türk. Dichter. – Sohn eines Kadi; war Lehrer an einer Medrese und Bibliothekar; fand bei einem Janitscharenaufstand den Tod. Sein bedeutender Diwan zeigt pers. Einflüsse und erinnert an die Dichtung Mahmut Abdülbakis und Ö. Nefîs.

**Nedreaas,** Torborg Aud [norweg. ˌne:drəo:s], * Bergen 13. Nov. 1906, † Oslo 30. Juni 1987, norweg. Schriftstellerin. – Erzählte in traditionell realist. Weise bes. von Frauen und jungen Mädchen, die von ihren männl. Partnern und der Gesellschaft unterdrückt werden. Der Roman ›De varme hendene‹ (1952) spiegelt die Stimmung des kalten Krieges in Norwegen wider.

**Weitere Werke:** Bak skapet står øksen (Nov.n, 1945), Im Mondschein wächst nichts (R., 1947, dt. 1972), Trylleglasset (Nov.n, 1950), Stoppested (Nov.n, 1953), Musik aus einem blauen Brunnen (R., 1960, dt. 1964), Den siste polka (Nov.n, 1965), Ved neste nymåne (R., 1971).

**Ausgabe:** T. N. Samlede verker. Oslo 1982. 7 Bde.

**Neera,** eigtl. Anna Radius, geb. Zuccari, * Mailand 7. Mai 1846, † ebd. 19. Juli 1918, italien. Schriftstellerin. – Journalistin; eine der produktivsten italien. Romanautorinnen der 2. Hälfte des 19. Jh., behandelte v. a. Frauenschicksale. Ihr Hauptwerk ist der Roman ›Theresa‹ (1886, dt. 1898). Verfaßte auch Novellen, Gedichte, Essays und eine Komödie.

**Weitere Werke:** Vecchie catene (R., 1878), Die Strafe (E., 1881, dt. 1895), Il marito dell'amica (R., 1885), L'indomani (R., 1890), Nel sogno (R., 1893), L'amor platonico (Essay, 1897), Das schweigende Haus (R., 1900, dt. 1907), Haus Crevalcore (R., 1907, dt. 1908).

**Ausgabe:** N. Opere. Hg. v. B. Croce. Mailand $^{2}$1943.

**Literatur:** Serao, M.: Ricordando ›N.‹. Mailand 1920. – Romagnoli Robuschi, P.: N. In: Vita e Pensiero 40 (1957).

**Neff,** Vladimír, * Prag 13. Juni 1909, † ebd. 2. Juli 1983, tschech. Schriftsteller. – Schrieb zunächst Parodien und Grotesken; bed. durch analyt. Gesellschaftsromane und histor. Romane. Hauptwerk ist eine Pentalogie aus der Geschichte zweier Prager Bürgerfamilien: ›Vernunftehen‹ (1957, dt. 1963), ›Kaiserveilchen‹ (1958, dt. 1963), ›Böses Blut‹ (1959, dt. 1964), ›Die lustige Witwe‹ (1961, dt. 1964), ›Der Rosselenker‹ (1963, dt. 1965); Verfasser der Geschichtstrilogie ›Königinnen haben keine Beine‹ (1973, dt. 1976), ›Der Ring der Borgias‹ (1975, dt. 1979), ›Die schöne Zauberin‹ (1980, dt. 1982); auch Dramatiker, Filmautor und Übersetzer.

**Weiteres Werk:** Die Wetterfahne: Beichte eines braven Mannes (R., 1967, dt. 1972).

**Nef'î,** Ömer [türk. nɛf'i], * Hasankale bei Erzurum 1572(?), † Konstantinopel (heute Istanbul) 1635, türk. Dichter. – Zeitweilig am Hof Sultan Murads IV. geehrt, fiel er in Ungnade und wurde hingerichtet. N. schrieb Gedichte (auch in pers. Sprache) und das satir. Werk ›Sihamı kaza‹ (= Schicksalspfeile), das bislang noch nicht herausgegeben wurde.

**negativer Held,** Hauptfigur eines ep. oder dramat. Werkes, die aus der Perspektive der bestehenden Gesellschaft versagt. Im wesentlichen ist der Begriff identisch mit dem des ›passiven Helden‹. Dieser scheitert zumeist in selbstzerstörer. Weise an den Normen der Gesellschaft, weil er nicht zur Anpassung bereit (H. Böll, ›Ansichten eines Clowns‹, 1963) oder auch nicht zu aktiver Gegenwehr in der Lage ist (G. Büchner, ›Woyzeck‹, entst. 1836, hg. 1879).

**Negri,** Ada, * Lodi 3. Febr. 1870, † Mailand 11. Jan. 1945, italien. Dichterin. – Wurde 1940 als erste Frau in die Italien. Akademie aufgenommen. In ihrer von sozialem Mitleid bestimmten Lyrik wie in ihren leidenschaftl. Liebesgedichten gestaltete sie eigenes Erleben in pathet. Sprache; im Alter löste sie sich vom Sozialismus und wandte sich, in Annäherung an die kath. Kirche, einer religiös-myst. Dichtung zu.

**Werke:** Schicksal (Ged., 1892, dt. 1900), Stürme (Ged., 1894, dt. 1902), Mutterschaft (Ged., 1904, dt. 1905), Dal profondo (Ged., 1910), Le solitarie (Nov.n, 1917), Il libro di Mara (Ged., 1918), Frühdämmerung (autobiograph. R., 1921, dt. 1938), I canti dell'isola (Ged., 1924), Vespertina (Ged., 1931), Il dono (Ged., 1936), Fons amoris (Ged., 1945).

Ada Negri

**Ausgabe:** A. N. Tutte le opere. Hg. v. B. SCALPI u. E. BIANCHETTI. Mailand [2]1966. 2 Bde.
**Literatur:** PEA, M.: A. N. Bergamo 1960. – COMES, S.: A. N. da un tempo all'altro. Mailand 1970.

**Négritude** [frz. negri'tyd], kulturphilosoph. und literar. Bewegung in Afrika, die Mitte der 30er Jahre von A. Césaire, L.-G. Damas und L. S. Senghor (als Studenten) in Paris initiiert wurde und v. a. mit der Forderung nach kultureller und polit. Eigenständigkeit bes. der französischsprachigen Länder Afrikas verbunden war. – ↑auch afrikanische Literatur.
**Literatur:** ADOTEVI, S.: N. et négrologues. Paris 1972. – NANTET, J.: Panorama de la littérature noire d'expression française. Paris 1972. – WAUTHIER, C.: L'Afrique des Africains. Inventaire de la n. Paris [2]1977. – DEPESTRE, R.: Bonjour et adieu à la n. Paris 1980. – YABA, A.: N. Eine kulturelle Emanzipationsbewegung in der Sackgasse? Gött. 1982. – HAUSSER, M.: Pour une poétique de la négritude. Paris 1988. Bd. 1. – BETI, M.: Dictionnaire de la négritude. Paris 1989.

**Negro Spiritual** [engl. 'ni:groʊ 'spɪrɪtjʊəl, ...tʃwəl; engl.-amerikan.], geistl. Gesang der Afroamerikaner. Der Begriff Spiritual wurde seit dem 18. Jh. von angloamerikan. Siedlern als Bez. für Hymnengesänge und geistl. Lieder verwendet und von den als Sklaven in die USA verschleppten Afrikanern im Zuge ihrer Christianisierung übernommen. Musikalisch bedeutet das N. S. eine Überlagerung abendländ. Gestaltungsprinzipien durch die emotionalen Charakteristika und Ausdrucksmittel der afroamerikan. Musik. Während seine formale und harmon. Struktur deutl. Bezüge zur europ. geistl. und Volksmusik aufweist, ist sein Rhythmus sowie sein melod. Duktus durch spezif. afroamerikan. Elemente geprägt. Die Texte der N. S.s enthalten häufig Anspielungen auf die soziale Situation der schwarzen Sklaven im 18. und 19. Jh., wobei z. B. das ›gelobte Land‹ der Bibel als Codewort für den Freiheit verheißenden Norden der USA fungierte. Wurde das N. S. ursprünglich überwiegend einstimmig mit rhythmisch ekstat. Akzentuierung durch Fußstampfen und Händeklatschen dargeboten, so entwickelte sich im Laufe des 19. Jh. ein stark europäisierter, mehrstimmiger Typus, der mit Klavierbegleitung und z. T. durch große Chöre aufgeführt wurde (z. B. die ›Fisk Jubilee Singers‹ und die ›Hampton Singers‹). Zu den bekanntesten Interpreten von N. S.s im 20. Jh. gehören das Golden Gate Quartet, Sister Rosetta Tharpe und Mahalia Jackson.
**Literatur:** LEHMANN, THEO: N. S.s. Gesch. u. Theologie. Witten u. Bln. 1965. – The social implications of early Negro music in the United States. Hg. v. B. KATZ. New York 1969.

**Negruzzi,** Costache, *Trifeşti (Judeţ Jassy) 1808, †Jassy 24. Aug. 1868, rumän. Schriftsteller. – War 1840 Leiter des Nationaltheaters in Jassy, hatte später hohe polit. Ämter inne. N., im wesentl. in der frz. Bildungstradition aufgewachsen, wurde mit histor. und sozialen Novellen zu einem der klass. Erzähler der rumän. Literatur und zum Begründer der Kunstprosa in Rumänien; schrieb auch Theaterstücke und war als Übersetzer von Bedeutung.
**Werk:** Alexandru Lăpuşneanu (Nov., 1840, dt. 1933).
**Literatur:** PIRU, A.: C. N. Bukarest 1966.

**Neidhart** (Herr N., N. von Reuental), mhd. Minnesänger aus der 1. Hälfte des 13. Jahrhunderts. – Herkunft und Stand sind unbekannt; in den Handschriften und bei anderen Dichtern (Wolfram von Eschenbach, Wernher der Gartenaere) wird er nur N. genannt. Den wohl symbol. Beinamen ›von Riuwental‹ (= Kummertal) trägt nur das lyr. Ich seiner Lieder. Lebte bis etwa 1230 in Bayern, dann am Hofe Herzog Friedrichs II. des Streitbaren von Österreich; aus seinen Kreuzliedern ist seine Teilnahme am Kreuzzug 1228 ff. anzunehmen. N. ist der Begründer der höf. Dorfpoesie (↑dörperliche Poesie). In seinen meist mit ↑Natureingang beginnenden Sommer- und Winterliedern transponiert er das literar. Minnesang-Modell (das in den Winterliedern explizit zitiert wird) in eine bäuerl. Umgebung und variiert es damit: der Sänger erscheint in den Sommerliedern als der von Bauernmädchen Begehrte, in den Winterliedern als der den bäuerl. Rivalen Unterlegene. In diese Typen integrierte er Zeit- und Ständesatire, in seine Alterslieder auch Weltklage. Er wurde zum Schöpfer eines neuen Liedtyps, den die Handschriften ›Ein N.‹ nennen und fand zahlreiche, meist anonyme Nachahmer.

Von den unter seinem Namen überlieferten Strophen wurden nur die aus den Handschriften des frühen 14. Jh. als echt anerkannt. Zu den (echten und unechten) Liedern sind 56 Melodien, meist aus dem 15. Jh., überliefert. Seine Lieder wirkten bis ins 16. Jh. weiter, v. a. in den ↑Neidhartspielen und im ↑Neidhart Fuchs.

**Ausgaben:** N.s Sangweisen. Hg. v. E. ROHLOFF. Bln. 1962. 2 Bde. – N. v. Reuental. Lieder. Mhd. Text u. mhd. Prosaübers. Hg. v. S. BEYSCHLAG. Darmst. 1975. – Die Berliner N.-Hss. (mgt 779). Hg. v. I. BENNEWITZ. Göppingen 1981. – Die Lieder N.s. Hg. v. E. WIESSNER. Tüb. 41984.

**Literatur:** WIESSNER, E.: Komm. zu N.s Liedern. Lpz. 1954. – SIMON, E.: N. v. Reuental. Gesch. der Forsch. u. Bibliogr. Den Haag u. Paris 1968. – SCHNEIDER, JÜRGEN: Studien zur Thematik u. Struktur der Lieder N.s. Göppingen 1976. 2 Bde. – N. von Reuental, Aspekte einer Neubewertung. Hg. v. H. BIRKHAN. Wien 1983. – KÜHN, D.: N. aus dem Reuental. Neuausg. Ffm. 1992.

**Neidhart Fuchs,** spätmittelalterl. Schwanksammlung, kompiliert aus 36 meist derb-obszönen Neidhartschwänken neben drei Liedern Oswalds von Wolkenstein und Hans Hesellohers (2. Hälfte des 15. Jh.), mit einem ep. Schlußabschnitt (insgesamt 4000 Verse). Der Held, Neidhart, wird durch den ›Veilchenschwank‹ (↑Neidhartspiele) zum Bauernfeind, der sich in immer neuen Streichen an seinen Widersachern rächt. – Der Kompilator ist nicht bezeugt, seine Technik erinnert an die Ph. Frankfurters; überliefert ist N. F. zuerst in drei Drucken: Ende des 15. Jh. (München), 1537 (Nürnberg), 1566 (Frankfurt am Main).

**Ausgabe:** Narrenbuch. Hg. v. F. BOBERTAG. Bln. u. Stg. 1884. Nachdr. Darmst. 1964.

**Neidhartspiele,** ältester greifbarer Typus des weltl. Dramas in dt. Sprache, bereits in der Mitte des 14. Jh. nachweisbar; die N. stehen in enger Beziehung zu den Schwankerzählungen um den Dichter Neidhart. Neidhart erscheint als ritterl. ›Bauernfeind‹; im Mittelpunkt steht der sog. ›Veilchenschwank‹: Neidhart findet im Frühling das erste Veilchen und will es der Herzogin von Österreich zeigen; in seiner Abwesenheit ersetzen die Bauern das Veilchen durch ihre Exkremente; Neidhart rächt sich an den Bauern für den Streich. Überliefert sind: 1. das St. Pauler Neidhartspiel (um 1350; Hs. des Benediktinerstiftes St. Paul in Kärnten; 58 Verse); 2. das Sterzinger Szenar eines Neidhartspiels (15. Jh.) und das dazugehörige Sterzinger Neidhartspiel (15. Jh.; 796 Verse); 3. das Große Neidhartspiel (15. Jh.; Wolfenbütteler Sammel-Hs.; 2268 Verse); 4. das Kleine Neidhartspiel (Ende des 15. Jh.; Wolfenbütteler Sammel-Hs.; 207 Verse; formale Nähe zum Nürnberger ↑Fastnachtsspiel). Unabhängig von der Tradition der spätmittelalterl. N. ist das Fastnachtsspiel von H. Sachs, ›Der Neidhart mit dem feyhel‹ (1557).

**Ausgaben:** SCHÖNBACH, A. E.: Ein altes Neidhartspiel (St. Pauler Neidhartspiel). In: Zs. f. dt. Alterthum 40 (1896). – DÖRRER, A.: Sterzinger Neidhartspiel aus dem 15. Jh. In: Schlern 25 (1951), S. 103. – Sterzinger Scenar eines Neidhartspiels. In: Sterzinger Spiele. Nach Originalhss. v. V. RABER. Nach der Ausg. O. ZINGERLES, 1886. Hg. v. WERNER M. BAUER. Wien 1982.

**Neifen,** Gottfried von, schwäb. Minnesänger, ↑Gottfried von Neifen.

**Neilson,** John Shaw [engl. ni:lsn], * Penola (Südaustralien) 20. Febr. 1872, † Melbourne 12. Mai 1942, austral. Lyriker. – Stammte aus einer Farmerfamilie schott. Herkunft; nach dreijährigem Schulbesuch Bauernknecht und Buscharbeiter, 1928 Bürobote einer Regierungsbehörde in Melbourne. Begann mit 14 Jahren zu dichten, 1896 erste Veröffentlichungen im ›Bulletin‹. Formender Einfluß seines späteren Verlegers Alfred George Stephens (* 1865, † 1933). Schrieb mystisch-enthusiast. Naturgedichte (›The orange tree‹), daneben balladeske, z. T. sentimentale bis enigmatisch-idealisierende Gedichte über Kinder oder unglückl. Menschen, meistens Frauen (›The moon was seven days down‹, ›The ballad of remembrance‹). Eine dritte Gruppe von Gedichten ist geprägt durch humorvolle bis bittere Satire. Als Vorbild von J. Wright und J. McAuley ist seine sensible, unprätentiöse Art zu dichten noch in der Gegenwartsliteratur lebendig.

**Werke:** Heart of spring (Ged., 1919), Ballads and lyrical poems (Ged., 1923), New poems (Ged., 1927), Collected poems (Ged., 1934), Beauty imposes (Ged., 1938), Unpublished

poems (Ged., hg. 1947), Witnesses of spring (Ged., hg. 1970).
**Ausgabe:** The poems of Sh. N. Hg. v. A. R. CHISHOLM. Sydney [2]1973.
**Literatur:** ANDERSON, H./BLAKE, L. J.: J. Sh. N. Adelaide 1972.

**Nekrassow** (tl.: Nekrasov), Nikolai Alexejewitsch [russ. nɪ'krasɐf], * Nemirow (Gebiet Winniza) 10. Dez. 1821, † Petersburg 8. Jan. 1878, russ. Dichter. – Gilt mit seiner volksliedhaften Lyrik, die im Dienste sozialer Ideen steht, seinen satirisch-gesellschaftskrit. Verserzählungen (›Frost Rotnase‹, 1863, dt. 1888; ›Russ. Frauen‹, 1872/73, dt. 1965) und seinem unvollendeten Epos ›Wer lebt glücklich in Rußland?‹ (1866–81 in einzelnen Teilen, dt. 1888) als einer der bedeutendsten Vertreter der radikal-tendenziösen russ. Dichtung, der den Realismus in der russ. Literatur durchsetzte; Hauptvertreter der ↑natürlichen Schule, Hg. des Prosasammelbandes ›Fiziologija Peterburga‹ (= Die Physiologie Petersburgs, 2 Tle., 1845); Wirkung auf die russ. Symbolisten.
**Weiteres Werk:** Korobejniki (= Die Wanderkaufleute, Vers-E., 1861).
**Ausgaben:** N. A. N. Sämmtl. Werke. Dt. Übers. Lpz. 1885–88. 2 Bde. – N. A. N. Gedichte u. Poeme. Dt. Übers. Bln. u. Weimar 1965. 2 Bde. – N. A. Nekrasov. Polnoe sobranie sočinenij i pisem. Leningrad 1981 ff. (bis 1985 10 Bde. erschienen).
**Literatur:** ČUKOVSKIJ, K. I.: Masterstvo Nekrasova. Moskau [4]1962. – BIRKENMAYER, S. S.: N. Nekrasov. Den Haag 1968. – ŽDANOV, V.: Žizn' Nekrasova. Moskau 1981.

**Nekrassow** (tl.: Nekrasov), Wiktor Platonowitsch [russ. nɪ'krasɐf], * Kiew 17. Juni 1911, † Paris 3. Sept. 1987, russ. Schriftsteller. – N., der realist., vorurteilsfreie Romane, Erzählungen, Skizzen und Reiseberichte schrieb, wurde bes. durch seine Erzählung ›Ein Mann kehrt zurück‹ (1954, dt. 1957) bekannt, die zu den bedeutendsten Erzählwerken der Tauwetterperiode nach Stalins Tod gehört; auch Dramen. N. lebte ab 1974 in Paris, 1979 Aberkennung der sowjet. Staatsbürgerschaft.
**Weitere Werke:** In den Schützengräben von Stalingrad (R., 1946, dt. 1948), Kyra Georgijewna (R., 1961, dt. 1962), Auf beiden Seiten des Ozeans (Reisenotizen, 1962, dt. 1964), Vorfall auf dem Mamai-Hügel (E., 1965, dt. 1967), Ansichten und etwas mehr (Prosa, 1976/77, dt. 1980), Zu beiden Seiten der Mauer (Prosa, dt. 1980), Stalingrad (Prosa-Ausw., 1981), Drei Musketiere aus Leningrad (R., 1986, dt. 1993).

Wiktor Platonowitsch Nekrassow

**Nekrolog** [griech. nekrós = tot und lógos = Wort; Rede], biograph. Nachruf auf einen Verstorbenen, auch die Sammlung solcher Nachrufe.

**Nelissen-Haken,** Bruno, * Hamburg 5. Nov. 1901, † ebd. 16. Mai 1975, dt. Schriftsteller. – In seinen frühen sozialkrit. Romanen behandelte er das Problem der Arbeitslosigkeit, später schrieb er Unterhaltungsromane, Hörspiele und Drehbücher, v. a. aber vergnügl. Tiergeschichten wie die Trilogie um den Dackel Haidjer (›Herrn Schmidt sein Dackel Haidjer‹, 1935; ›Der freche Dackel Haidjer aus der Stierstraße‹, 1936, 1968 u. d. T. ›Neues vom Dackel Haidjer‹; ›Das große Hundespiel‹, 1938).
**Weitere Werke:** Der Fall Bundhund (R., 1930), Angeklagter Schleppegrell (R., 1932), Die höhere Instanz (R., 1950), Die heidn. Insel (E., 1956), Alle Häuser meines Lebens (R., 1958), Ein Dackel namens Fidibus (Anekdoten u. Sachartikel, 1963).

**Nelligan,** Émile [frz. nɛli'gã], * Montreal 24. Dez. 1879, † ebd. 18. Nov. 1941, kanad. Lyriker. – Väterlicherseits ir. Abstammung; unregelmäßiger Schulbesuch bis 1897; sein lyr. Talent reifte früh (erste Publikationen in frz. Sprache 1896) unter dem Einfluß des frz. Parnasse und Symbolismus, v. a. Ch. Baudelaires und P. Verlaines. Seine Lyrik ist geprägt durch Melancholie sowie Musikalität und Ausdruck seiner Unfähigkeit, das Leben zu meistern. 1897 stieß er zur modernistisch ausgerichteten École littéraire de Montréal. Ab 1899 verbrachte er sein Leben in Heilanstalten; von da an ist seine Lyrik fragmentarisch und repetitiv.

**Ausgaben:** É. N. Poésies complètes. Hg. v. L. LACOURCIÈRE. Montreal [5]1967. – É. N. Poèmes choisis. Hg. v. R. CHAMBERLAND. Montreal 1980.

**Literatur:** WYCZYNSKI, P.: É. N. Montreal 1968. – WYCZYNSKI, P.: Bibliographie descriptive et critique d'É. N. Ottawa 1973. – Crémazie et N. Hg. v. R. ROBIDOUX u. P. WYCZYNSKI. Montreal 1981. – É. N. Dossier de presse 1918 bis 1980. Sherbrooke 1981. – LAROSE, J.: Le mythe de N. Montreal 1981. – COURTEAU, B.: Pour un plaisir du verbe. Montreal 1982. – MICHON, J.: É. N. Montreal 1983.

**Nematollah Wali,** ›Schah‹ (tl.: Šāh Ni'matu 'llāh Walī), * Aleppo 1330, † Mahan bei Kerman (Zentralasien) 1431, pers. myst. Führer und Dichter. – Nach mehrjährigem Aufenthalt in Mekka im Dienst eines Sufi-Scheichs ließ sich N. W. in Mahan (Iran) nieder und gründete einen um 1400 sehr beliebten, auch politisch einflußreichen myst. Sufi-Orden, auf den sich einige noch heute in Iran bestehende, nunmehr schiit. Derwisch-Orden zurückführen lassen. Sein Grab ist bis in die Gegenwart eine in Iran sehr populäre Wallfahrtsstätte. Er verfaßte einige theologisch-philosoph. Abhandlungen und eine Gedichtsammlung (Diwan) myst. Inhalts. Seine Verse zählen bis heute zum kult. Bestand pers. Sufis.

**Ausgabe:** Diwan-e Schah N. W. Hg. v. M. A. KERMĀNI. Teheran 1948.

**Nemčić,** Antun [serbokroat. 'nɛ:mtʃitɕ], * Edde (Ungarn) 14. Jan. 1813, † Križevci 5. Sept. 1849, kroat. Schriftsteller. – Jurist und Politiker; Dichter des Illyrismus; schrieb romant. Lyrik, humorvolle Gelegenheitsdichtungen, stilistisch von L. Sterne und H. Heine beeinflußte Reiseberichte (›Putositnice‹ [= Reiseminiaturen], 1845); seine [Gesellschafts]dramen und Romane stehen stilistisch bereits dem Realismus nahe.

**Němcová,** Božena [tschech. 'njɛmtsɔva:], geb. Barbora Panklová, * Wien 4. Febr. 1820, † Prag 21. Jan. 1862, tschech. Schriftstellerin. – Gilt mit ihren außerordentlich populären Romanen und Erzählungen, die in der Anlage zwar noch der Romantik zuzuordnen sind, deren typisierte Hauptgestalten aber schon realist. Züge tragen, als Begründerin des tschech. Realismus; verdienstvoll ihre Sammlungen tschech. und slowak. Märchen und Sagen.

**Werke:** Národní báchorky a pověsti (= Volksmärchen und -sagen, 7 Bde., 1845/46, 14 Bde., 1854/55, dt. Ausw. 1965 u. d. T. Der goldene Vogel), Großmutter (R., 1855, dt. 1885), Karla (E., 1855, dt. 1910), Aus einer kleinen Stadt (R., 1856, dt. 1960), Slovenské pohádky (= Slowak. Märchen, 10 Bde., 1857/58, dt. Ausw. 1967 u. d. T. Das goldene Spinnrad u. a. tschech. und slowak. Märchen), Der Herr Lehrer (E., 1859, dt. 1962).

**Ausgabe:** B. N. Spisy. Prag 1950–61. 15 Bde.

**Literatur:** MUKAŘOVSKÝ, J.: B. N. Brünn 1950. – NOVOTNÝ, M.: Život B. Němcové. Prag 1951–59. 5 Bde. – LAISKE, M.: Bibliografie B. Němcové. Prag 1962. – FUČÍK, J.: B. N., die Kämpferin. In: B. N. Die Großmutter. Dt. Übers. Lpz. [5]1969.

**Nemerov,** Howard [engl. 'nɛmɪrɔf], * New York 1. März 1920, † Saint Louis (Mo.) 5. Juli 1991, amerikan. Schriftsteller. – War Pilot im zweiten Weltkrieg; lehrte 1946–66 an den Colleges in Hamilton und Bennington sowie an der Brandeis University in Waltham (Mass.) und war ab 1969 Prof. für engl. Sprache und Literatur an der Washington University in Saint Louis (Mo.); 1946–51 Mit-Hg. der Zeitschrift ›Furioso‹. N. ist v. a. als Verfasser von verstechnisch hochklassigen Gedichten, oft im Blankvers, bekannt geworden, in denen er sich um eine von vorgefaßten Meinungen freie Darstellung der Realität bemüht. Der als chaotisch und primitiv empfundenen Realität stellt er eine künstler., wenn auch nur zeitl. Ordnung gegenüber. Neben Gedichten und Versdramen (›Endor‹ und ›Cain‹, 1962) schrieb N. auch Kurzgeschichten (›Stories, fables, and other diversions‹, 1971) und Romane, in denen die themat. Bandbreite von religiös-philosoph. Fragen (›The melodramatists‹, 1949) über das Doppelgängermotiv (›Federigo; or, the power of love‹, 1954) bis zu Alltagsproblemen in Schule und Sport reicht (›The homecoming game‹, 1957). N. veröffentlichte auch bed. literaturkrit. Essays.

**Weitere Werke:** The image and the law (Ged., 1947), Guide to the ruins (Ged., 1950), The salt garden (Ged., 1955), Journal of the fictive life (Essays, 1965), The blue swallows (Ged., 1967),

Gnomes and occasions (Ged., 1972), Reflexions on poetry and poetics (Essays, 1972), Collected poems (Ged., 1977), Figures of thought. Speculations on the meaning of poetry and other essays (1978), Inside the onion (Ged., 1984), New and selected essays (1985), Trying conclusions. New and selected poems, 1961–1991 (Ged., 1991).

**Literatur:** The critical reception of H. N. A selection of essays and a bibliography. Hg. v. B. DUNCAN. Metuchen (N.J.) 1971. – BARTHOLOMAY, J. A.: The shield of Perseus. The vision and imagination of H. N. Gainesville (Fla.) 1972. – MILLS, W.: The stillness in moving things. The world of H. N. Memphis (Tenn.) 1975. – LABRIE, R.: H. N. Boston (Mass.) 1980.

**Nemésio,** Vitorino Mendes Pinheiro da Silva [portugies. nəˈmɛziu], * Praia da Vitória (auf Terceira, Azoren) 19. Dez. 1901, † Lissabon 20. Febr. 1978, portugies. Schriftsteller. – Wurde 1939 Prof. für Romanistik in Lissabon; trat mit realist. Romanen, v. a. mit Themen aus seiner Heimat, den Azoren, Erzählungen (›O mistério do paço do milhafre‹, 1949), lyr. Gedichten in portugies. und frz. Sprache (›La voyelle promise‹, 1935; ›O bicho harmonioso‹, 1938; ›Festa redonda‹, 1950; ›Canto de véspera‹, 1966; ›Sapateia açoriana‹, 1976), Essays und literaturkrit. Arbeiten hervor; sein Hauptwerk ist der psycholog. Gesellschaftsroman ›Mau tempo no Canal‹ (1944).

**Ausgabe:** V. N. Obras completas. Lissabon 1978 ff. Auf mehrere Bde. berechnet.

**Literatur:** MARTINS GARCIA, J.: V. N. A obra e o homem. Lissabon 1978. – MARTINS GARCIA, J.: Temas nemesianos. Angra Do Heroismo 1981.

**Nemesis** [ˈne:mezis, ˈnɛm...; von griech. némesis, eigtl. = das (rechte) Zuteilen], in der griech. Mythologie die vergöttlichte Personifikation des sittl. Rechtsgefühls und der gerechten Vergeltung, die die Hybris, die Selbstüberschätzung im Glück, bestraft. Der Begriff N. spielte in der Tragödie, u. a. in den Dramen Schillers (›Die Verschwörung des Fiesco zu Genua‹, 1783; ›Wallenstein‹, 1800) eine bed. Rolle.

**Németh,** László [ungar. ˈne:mɛt], * Nagybánya (heute Baia Mare [Rumänien]) 18. April 1901, † Budapest 3. März 1975, ungar. Schriftsteller und Kulturpolitiker. – War ursprünglich Schularzt; schloß sich zunächst dem Kreis der Populisten an, gab später (1932–35) die fast allein von ihm geschriebene Zeitschrift ›A Tanú‹ (= Der Zeuge) heraus. Er schrieb außer zahlreichen Essays (ges. in 15 Bden.) v. a. autobiograph. und Entwicklungsromane, großangelegte und strenggebaute Familien- und Gesellschaftsromane in psychologisch vertieftem Realismus. Seine Geschichtsdramen verfolgen den problemat. Weg histor. Persönlichkeiten (u. a. G. Galilei, J. Hus, Kaiser Joseph II.) und zeigen sie in der Auseinandersetzung mit den gesellschafts- und geschichtsformenden Kräften.

László Németh

**Werke:** Trauer (R., 1935, dt. 1968, 1970 u. d. T. Maske der Trauer), Die Sünde (R., 1936, dt. 1965), Die Revolution der Qualität (Essays, 4 Bde., 1940, dt. Ausw. 1962), Wie der Stein fällt (R., 1947, dt. 1961), Galilei (Dr., 1953, dt. 1965), Esther Égető (R., 2 Bde., 1956, dt. 1963), Die Kraft des Erbarmens (R., 1965, dt. 1968).

**Ausgaben:** N. L. Levelek Magdához. Tatabánya 1988. – N. L. élete levelekben. 1914–1948. Budapest 1993.

**Literatur:** VEKERDI, L.: N. L. alkotásai és vallomásai tükrében. Budapest 1970.

**Némirovsky,** Irène [frz. nemirɔfˈski], * Kiew 24. Febr. 1903, † KZ Auschwitz 19. Aug. 1942, frz. Schriftstellerin russ. Herkunft. – Tochter eines Bankiers, 1917 aus Rußland emigriert. Ihr Romanwerk steht im Zeichen des jüd. Schicksals: ›David Golder‹ (1929, dt. 1930), ›Le vin de solitude‹ (1935), ›Jézabel‹ (1936), ›La proie‹ (1938), ›Les feux de l'automne‹ (hg. 1957).

**Nemirow** (tl.: Nemirov), Dobri [bulgar. nɛˈmirof], eigtl. D. Charalambiew Schafarow, * Russe 3. Febr. 1882, † Sofia 30. Sept. 1945, bulgar. Schriftsteller. – Schrieb Romane, z. T. mit histor. Stoffen,

Novellen, Erzählungen und Dramen, in denen er realistisch das bulgar. Volksleben darstellte; sein Hauptwerk ist die Romantrilogie ›Bratja‹ (= Brüder, 1927), ›Părvi brazdi‹ (= Erste Furchen, 1929) und ›Prez ogănja‹ (= Durch das Feuer, 1931). Dt. liegt vor: ›Der arme Luka‹ (Nov., 1923, dt. 1948).

**Nemirowitsch-Dantschenko** (tl.: Nemirovič-Dančenko), Wassili Iwanowitsch [russ. nɪmi'rɔvitʃ'dantʃɪnkɐ], * Tiflis 5. Jan. 1849, † Prag 18. Sept. 1936, russ. Schriftsteller. – Bruder von Wladimir Iwanowitsch N.-D.; vielgelesener Reiseschriftsteller und Kriegsberichterstatter; seine Romane, Erzählungen und Skizzen waren ihrer lebendigen und spannenden Handlungsführung wegen beliebt; N.-D. emigrierte 1921.

**Werke:** Die Fürsten der Börse (R., 1886, dt. 1892), Hinter den Kulissen (R., 1886, dt. 1891), Irrlichter (R., 1890, dt. 1901).

**Nemirowitsch-Dantschenko** (tl.: Nemirovič-Dančenko), Wladimir Iwanowitsch [russ. nɪmi'rɔvitʃ'dantʃɪnkɐ], * Osurgety (heute Macharadse, Georgien) 23. Dez. 1858, † Moskau 25. April 1943, russ.-sowjet. Schriftsteller und Regisseur. – Mitbegründer sowie organisator. und dramaturg. Leiter des Moskauer Künstlertheaters, dessen Direktor er nach K. S. Stanislawskis Tod (1938) wurde; setzte sich für das russ. Musiktheater ein; schrieb beliebte Dramen und schilderte in erzählenden Werken bes. die russ. Intelligenz.

**Ausgabe:** V. I. Nemirovič-Dančenko. Povesti i p'esy. Moskau 1958.

**Literatur:** Solov'eva, I. N.: Nemirovič-Dančenko. Moskau 1979.

**Nenadović,** Ljubomir [serbokroat. nɛ,na:dɔvitɕ], * Brankovina bei Valjevo 14. Sept. 1826, † Valjevo 21. Jan. 1895, serb. Schriftsteller. – Studien u.a. in Prag, Berlin und Heidelberg; Gymnasiallehrer; Diplomat; Hg. (1850–57) der wichtigen literar. Zeitschrift ›Šumadinka‹; unternahm weite Reisen in Süd- und Westeuropa; in Italien Begegnung mit Petar II Petrović † Njegoš. Seine gelungensten Werke sind humorvolle Reisebriefe, in denen er seine Beobachtungen und Eindrücke im Ausland lebendig darstellte (›Pisma iz Nemačke‹ [= Briefe aus Deutschland], 1871).

**Weiteres Werk:** Über die Montenegriner (1878/79, dt. 1901).

**Nennius** (Nemnius, Nynniaw), walis. Geschichtsschreiber des 8./9. Jahrhunderts. – Lebte in Mercia, bearbeitete um 826 die ›Historia Britonum‹ nach einem 672 entstandenen Original. Das in mehreren Versionen vorhandene Werk ist eine Sammlung geograph., histor. und genealog. Fakten, die, obwohl von geringem histor. Wert, wegen der Darstellung des Königs Artus († Artusdichtung) sagengeschichtlich bed. ist. Geoffrey of Monmouth benutzte das Werk als Quelle.

**Ausgabe:** N. Hg. v. Th. Mommsen. In: Germaniae historia auctorum antiquissimorum 13 (1898).

**Literatur:** N. et l'Historia Brittonum. Hg. v. F. Lot. Paris 1934 (mit Kommentar).

**neoafrikanische Literatur** † afrikanische Literatur.

**Neologismus,** neugebildetes Wort oder neue Bedeutung eines Wortes, das bzw. die in den allgemeinen Sprachgebrauch übergegangen ist.

**Neorealismus** (Neorealismo, Neoverismo), realist. oder naturalist. Darstellungsweise der italien. Prosaliteratur v.a. um die Mitte des 20. Jh.; zu den bekanntesten und profiliertesten Neorealisten sind E. Vittorini und C. Pavese zu zählen, weitere wichtige Vertreter sind: V. Pratolini, C. Levi, F. Jovine, I. Calvino, B. Fenoglio. Wann der ›neue‹ Realismus begann, ist nicht genau auszumachen; Werke mit neorealist. Tendenzen, Einflüssen, Intentionen hat es seit dem † Verismus gegeben, und sie sind bis heute zu finden (A. Moravia, C. Bernari, C. E. Gadda, I. Silone, P. P. Pasolini). Charakteristisch für den N. ist die Konzentration auf die Ereignisse der 40er Jahre (Faschismus, Krieg, Widerstand, Partisanenkampf), charakteristisch ist auch der einfache Sprachstil unter Einbeziehung der alltägl. Umgangssprache und der Dialekte, wobei die als wirklichkeitsgetreu verstandene Darstellung der bäuerl. und sozial schwachen Schichten und der entsprechenden Denk- und Verhaltensstrukturen ebenso dem Verismus eigen sind; als ›neu‹ könnte man das erklärt sozialistisch und marxistisch orientierte Engagement, das auf Erneuerung von

Kultur und Gesellschaft zielte, bezeichnen. – Über Italien hinausgehende internat. Resonanz fand der N. durch die italien. Filmproduktionen v. a. der 40er und 50er Jahre, bes. die Filme von Roberto Rossellini (›Rom – offene Stadt‹, 1945; ›Paisà‹, 1946), Vittorio De Sica (›Fahrraddiebe‹, 1948), Luchino Visconti (›Die Erde bebt‹, 1948; Verfilmung von G. Vergas ›Die Malavoglia‹; ›Das Wunder von Mailand‹, 1950; beide Drehbücher von dem neorealist. Schriftsteller C. Zavattini), Pietro Germi (›Im Namen des Gesetzes‹, 1949) und später v. a. die Filme Pasolinis (u. a. ›Accattone‹, 1961; ›Mamma Roma‹, 1962).

**Literatur:** GIANFRANCESCHI, F.: Il neo-realismo. Rom 1955. – RONDI, B.: Il neorealismo italiano. Parma 1956 (zum Film). – MARIANI, G.: La giovane narrativa italiana. Tra documento e poesia. Florenz 1962. – SCHLUMBOHM, D.: Der italien. N. Zu Begriff u. Entstehung. In: Roman. Forschungen 80 (1968), S. 521. – BONIFAZI, N.: L'alibi del neorealismo. Florenz 1972. – Italienischer N. Hg. v. H. L. ARNOLD. Mchn. 1979. – MUSCETTA, C.: Realismo, neorealismo, controrealismo. Rom 1990.

**Neoteriker** [griech.-lat. = die Neueren, die ›Modernen‹], sog. jungröm. Dichterkreis (1. Hälfte/Mitte des 1. Jh. v. Chr.), dessen formales Vorbild die alexandrin. Kunst aus dem Umkreis des Kallimachos war. Kennzeichnend sind eine artist. Kunstauffassung mit einer gelehrt-anspielungsreichen, nuancierten, ausgefeilten Schreibweise, die Ablehnung der Großformen Epos und Tragödie, die Vorliebe für Kleinformen wie Epyllion, Epigramm, Elegie, polymetr. Lyrik. Im Unterschied zu den Alexandrinern erfassen die N. in der kunstvollen Form die persönlich unmittelbare Empfindung; Liebe, Haß, Freundschaft und Dichtung sind Hauptmotive. Als Vermittler der hellenist. Vorbilder und Kunstprinzipien gelten die Griechen Parthenios und Euphorion von Chalkis. Die führenden Köpfe waren Publius Valerius Cato (* um 95 v. Chr.), Marcus Furius Bibaculus († 103 v. Chr.), Gaius Licinius Macer Calvus (* 82, † 47), Gaius Helvius Cinna († 44 v. Chr.) und v. a. Catull.

**Literatur:** GRANAROLO, J.: L'époque néotérique ou la poésie romaine d'avant-garde au dernier siècle de la République. In: Aufstieg u. Niedergang der röm. Welt. Hg. v. H. TEMPORINI u. W. HAASE. Bd. 3. Bln. 1973. S. 278. – LYNE, R. O. A. M.: The neoteric poets. In: Classical Quarterly 28 (1978), S. 167.

**Neoverismo** [italien.] ↑ Neorealismus.

**Nepos,** Cornelius, * um 100, † um 25, röm. Geschichtsschreiber. – Aus Oberitalien; mit Catull, Atticus und Cicero befreundet, schrieb u. a. einen chronolog. Abriß der Weltgeschichte und 16 Bücher Lebensbeschreibungen berühmter Männer (›De viris illustribus‹), in denen er Griechen und Römer einander gegenüberstellte. Erhalten sind 20 Biographien griech. Feldherren, ferner einige Einzelbiographien (u. a. Cato d. Ä., Atticus).

**Ausgaben:** C. N. Kurzbiographien u. Fragmente. Lat. u. dt. Hg. v. H. FÄRBER. Mchn. 1952. – C. N. Hg. v. K. NIPPERDEY u. K. WITTE (mit Komm.). Zü. [13]1967.

**Literatur:** FLEISCHER, U.: Zu C. N. In: Festschr. Bruno Snell. Mchn. 1956. – JENKINSON, E.: N. An introduction to Latin biography. In: Latin biography. Hg. v. T. A. DOREY. London 1967. – GEIGER, J.: C. N. and ancient political biography. Wsb. 1985.

**Nepveu,** André [frz. nəˈvø], frz. Schriftsteller, ↑ Durtain, Luc.

**Nergal und Ereschkigal,** babylon. Mythos von der Herrschaftsübernahme in der Unterwelt durch den Gott Nergal, überliefert in einer mittelbabylon. Fassung (14. Jh. v. Chr.) aus dem ägypt. Amarna und einer späteren erweiterten Fassung des 7. Jh. v. Chr. von etwa 440 Zeilen: Die Unterweltsgöttin Ereschkigal sendet ihren Boten, um ihren Anteil an einem Festmahl bei den himml. Göttern abholen zu lassen. Diesen kränkt der Gott Nergal und muß vor Ereschkigal in der Unterwelt erscheinen. Trotz aller Warnungen werden N. u. E. ein Liebespaar. Nachdem Nergal nach sieben Tagen die Unterwelt verlassen hat, erzwingt Ereschkigal seine Rückkehr und macht ihn zu ihrem Gatten und zum Herrn der Unterwelt. Der Mythos, wichtig auch für die Schilderung diplomatisch-höf. Zeremoniells, übernimmt in der jüngeren Fassung Einzelmotive (u. a. die Schilderung des schwierigen Zugangs zur Unterwelt durch sieben Tore) vom Mythos von ↑ Ischtars Höllenfahrt.

**Literatur:** GURNEY, O. R.: The myth of Nergal and Ereškigal. In: Anatolian Studies 10 (1960),

S. 105. – WEIHER, E. VON: Der babylon. Gott Nergal. Kevelaer u. Neukirchen-Vluyn 1971. S. 48.

**Nėris,** Salomėja [litauisch ne:'rɪs], eigtl. S. Bačinskaitė-Bučienė, * Kirsai 17. Nov. 1904, † Moskau 7. Juli 1945, litauische Schriftstellerin. – Veröffentlichte seit 1923 Gedichte, in denen die reiche Gefühlswelt einer starken Persönlichkeit und zunehmend ihr soziales Engagement in melodiösen, formal vollendeten Versen mit Anklängen an die Volksdichtung ihren Ausdruck fanden; erhielt postume Ehrungen der litauischen Sowjetregierung.

**Werke:** Pėdos smėly (= Spuren im Sand, Ged., 1931), Diemedžiu žydėsiu (= Ich werde als Eberraute blühen, Ged., 1938), Lakštingala negali nečiulbėti (= Die Nachtigall muß singen, Ged., 1945).

**Nẹrlich,** Marcel, österr. Schriftsteller, ↑ Rys, Jan.

**Nerman,** Ture [schwed. 'ne:rman], * Norrköping 18. Mai 1886, † Stockholm 7. Okt. 1969, schwed. Schriftsteller. – Schrieb vom sozialist. Standpunkt aus polit. Gedichte und Liebeslyrik; bed. auch seine kulturhistor. Werke; beeinflußt von H. Heine, den er übersetzte.

**Werke:** Nidvisor och solsalmer (Ged., 1909), Massornas dag (Ged., 1918), Kärleksdikter och andra vers i våren (Ged., 1946), Kampdikter (Ged., 1947), Allt var ungt (Memoiren, 1948), Allt var rött (Memoiren, 1950), Trots allt! Minne och redovisning (Memoiren, 1954).

**Nersẹs von Lambrọn** (tl.: Nersēs), * bei Tarsus 1153/1154, † Tarsus 4. Juli 1198, armen. Theologe und Schriftsteller. – Wurde mit 22 Jahren armen. Erzbischof von Tarsus; bed. Kirchenpolitiker; hinterließ 33 theolog. Schriften, so Kommentare zu den Psalmen, den Sprüchen, dem Buch Prediger u. a., daneben eine Erklärung der Messe, Homilien, Hymnen sowie eine Synodalrede. Seine Briefe sind von Interesse für die Zeitgeschichte. War als guter Kenner des Griechischen, Syrischen und Lateinischen auch als Übersetzer tätig.

**Ausgaben:** N. v. Lampron. Tesonthoun arakac Solomoni. Erklärung der Sprüchwörter Salomo's. Armen. u. dt. Hg. v. Prinz MAX, Hzg. zu Sachsen. Lpz. 1919–26. 2 Tle. – N. v. Lampron, Erzbischof v. Tarsus. Erklärung des ›Versammlers‹. Übers. u. hg. v. Prinz MAX, Hzg. zu Sachsen. Lpz. 1929.

**Literatur:** INGLISIAN, V.: Die armen. Lit. In: Hdb. der Orientalistik. Abt. 1, Bd. 7. Leiden 1963. S. 195.

**Nersẹs Schnorhalị** (tl.: Nersēs Šnorhali), genannt ›der Anmutige‹, * in Kilikien 1102, † ebd. 14. Aug. 1173, armen. Theologe und Schriftsteller. – Bemühte sich um eine Union mit der byzantin. Kirche. Er verfaßte u. a. theolog. Kommentare zu neutestamentl. Schriften; berühmt ist seine Elegie auf die Einnahme Edessas durch die Muslime; als seine beste Dichtung gilt ›Jesus der Sohn‹ (hg. 1565), in der die Heilsgeschichte in der Form eines Gebets dargeboten wird.

**Ausgabe:** Nerses IV. Sancti Nersetis Clajensis Armeniorum catholici opera. Lat. Übers. Hg. v. D. J. CAPPELLETTI. Venedig 1833. 2 Bde.

**Literatur:** INGLISIAN, V.: Die armen. Lit. In: Hdb. der Orientalistik. Abt. 1, Bd. 7. Leiden 1963. S. 192.

**Nẹruda,** Jan, * Prag 9. Juli 1834, † ebd. 22. Aug. 1891, tschech. Schriftsteller. – Journalist; mit seinen 2 260 Feuilletons, die er 1860–91 schrieb, Begründer der tschech. Feuilletonistik; in Novellen, die für die Entwicklung der tschech. realist. Prosa von größter Bedeutung waren, zeichnete er, meisterhaft charakterisierend, humorvolle, aber auch nachdenkl. Skizzen des Prager Milieus; schrieb außerdem volkstüml. Lyrik, Dramen und Reiseberichte.

**Werke:** Genrebilder (1864, dt. 1883/84), Kleinseitner Geschichten (1878, dt. 1885), Freitagsgesänge (Ged., hg. 1896, dt. 1913).

**Ausgaben:** J. N. Werke. Dt. Übers. Prag 1926–27. 2 Bde. – J. N. Sebrané spisy. Prag 1950 ff. 41 Bde.

**Literatur:** NOVÁK, A.: J. N. Prag ³1921. – BUDÍN, S.: J. N. a jeho doba. Prag 1960. – ŠIK, H./LAISKE, M.: Literatura o J. Nerudovi. Prag 1976.

**Neruda,** Pablo [span. ne'ruða], eigtl. Neftalí Ricardo Reyes Basoalto, * Parral 12. Juli 1904, † Santiago de Chile 23. Sept. 1973, chilen. Lyriker. – Im diplomat. Dienst u. a. in Birma, Spanien und Mexiko; trat 1945 offiziell der chilen. KP bei; nach deren Verbot (1948) Flucht aus Chile; 1952 Rückkehr; 1970 Präsidentschaftskandidat der chilen. KP; 1971–73 Botschafter in Paris. In seinem gewaltigen lyr. Werk, das als eine der bedeutendsten Leistungen der Weltliteratur gilt, verschmelzen in einzigartiger Weise Sprachvirtuosität und bildhafte Vorstel-

Pablo Neruda

lungskraft, die bereits seinem spätmodernist. Frühwerk (bis ›Zwanzig Liebesgedichte und ein Lied der Verzweiflung‹, 1924, dt. 1958) ein unverkennbar persönl. Gepräge verleihen. In der anschließenden ›surrealist.‹ Phase (›Aufenthalt auf Erden‹, 3 Bde., 1933–47, dt. 1960, vollständige dt. Ausg. 1973) steigert sich die Wahrnehmung der Welt zu grellen chaot. Visionen. Die durch den Span. Bürgerkrieg ausgelöste Hinwendung zum polit. Engagement gipfelt in der episch-hymn. Vielschichtigkeit von ›Der große Gesang. Canto general‹ (1950, dt. 1953). Zu direkter, fast umgangssprachl. Diktion gelangt er in ›Elementare Oden‹ (3 Tle., 1954–57, dt. 1957–61). Das umfangreiche Spätwerk ist z. T. vertiefte poet. Rückschau (u. a. ›Memorial von Isla Negra‹, 1964, dt. 1976), z. T. scharfe polit. Stellungnahme zu aktuellen Konflikten (u. a. ›Incitación al Nixónicidio y alabanza de la revolución chilena‹, 1973). 1971 erhielt N. den Nobelpreis für Literatur.

**Weitere Werke:** Die Trauben und der Wind (Ged., 1954, dt. 1955), Extravaganzenbrevier (Ged., 1958, dt. 1967), Glanz und Tod des Joaquín Murieta (Dr., UA 1967, dt. 1972), Ich bekenne, ich habe gelebt (Autobiogr., hg. 1974, dt. 1974), Letzte Gedichte (span. und dt. Ausw., hg. 1975), Um geboren zu werden. Prosaschriften (hg. 1978, dt. 1980), Der gemordete Albatros. Essays und Reden (dt. Ausw. 1982).

**Ausgaben:** P. N. Obras completas. Hg. v. H. Loyola u. a. Buenos Aires [4]1973. 3 Bde. – P. N. Das lyr. Werk. Hg. v. K. Garscha. Nw. u. Darmst. 1984–86. 3 Bde.

**Literatur:** Alonso, A.: Poesía y estilo de P. N. Buenos Aires [2]1951. – Siefer, E.: Ep. Stilelemente im ›Canto General‹ v. P. N. Mchn. 1970. – Rodríguez Monegal, E.: N., le voyageur immobile. Frz. Übers. Paris 1973. – Couste, A.: Conocer N. y su obra. Barcelona 1979. – De Costa, R.: The poetry of P. N. Cambridge (Mass.) 1979. Tb.-Ausg. 1982. – Solá, M. M.: Poesía y política en P. N. Rio Piedras 1980. – Der Dichter ist kein verlorener Stein. Über P. N. Hg. v. K. Garscha. Nw. u. Darmst. 1983. – Garscha, K.: P. N. In: Krit. Lex. der roman. Gegenwartsliteraturen. Hg. v. W.-D. Lange. Losebl. Tüb. 1984 ff. – Teitelboim, V.: P. N. Ein Lebensweg. Dt. v. W. Plackmeyer. Düss. 1987. – Woodbridge, H. C./Zubatsky, D. S.: P. N. An annotated bibliography of biographical and critical studies. New York 1988.

**Nerval,** Gérard de [frz. nɛr'val], eigtl. Gérard Labrunie, * Paris 22. (?) Mai 1808, † ebd. 25. oder 26. Jan. 1855, frz. Dichter. – Führte ein unstetes Wanderleben, das ihn auf Reisen u. a. auch nach Deutschland und in den Orient führte; erhängte sich in einem Anfall geistiger Umnachtung. N.s düstere, myst. Traumvisionen, die er in seiner geheimnisvoll-dunklen, schwer zu deutenden Lyrik gestaltet, zeigen ihn als Vertreter der ›Nachtseiten der Romantik‹; unter dt. Einfluß entstanden seine Prosaerzählungen, von denen die berühmtesten ›Sylvia‹ (1853, dt. 1947) und ›Aurelia oder Der Traum und das Leben‹ (1855, dt. 1910) sind. Mit seinen Sonetten ›Les chimères‹ (1854) ist N. ein Vorläufer Ch. Baudelaires, S. Mallarmés und des Surrealismus; er übersetzte auch Lyrik von F. G. Klopstock, H. Heine und Goethe, bed. ist seine Übertragung des ›Faust‹ (Tl. I 1828, Tl. II 1840).

**Weitere Werke:** Léo Burckart (Dr., 1839), Reisen im Orient (Reiseb., 2 Bde., 1850, dt. 1953), Les filles du feu (Nov.n, 1854, dt. Ausw. 1953 u. d. T. Töchter der Flamme).

**Ausgaben:** G. de N. Erzählungen. Dt. Übers. Bearb. v. A. Wolfenstein. Mchn. 1921. 3 Bde. – G. de N. Œuvres complémentaires. Hg. v. J. Richer. Genf u. Paris 1959–81. 8 Bde. – G. de N. Œuvres. Hg. v. A. Béguin u. J. Richer. Paris 1974–84. 2 Bde. – G. de N. Chimären u. a. Gedichte. Frz. u. dt. Sankt Michael 1981. – G. de N. Œuvres complètes. Hg. v. J. Guillaume u. C. Pichois. Neuaufl. Paris 1984. – G. de N. Werke. Hg. v. N. Miller u. F. Kemp. Dt. Übers. Mchn. 1986–89. 3 Bde.

**Literatur:** Marie, A.: G. de N., le poète et l'homme. Paris 1914. Neuaufl. 1955. – Dédéyan, Ch.: G. de N. et l'Allemagne. Paris 1957–59. 3 Tle. – Krüger, M.: G. de N. Darst. u. Deutung des Todes. Stg. 1966. – Villas, J.: G. de N. A critical bibliography, 1900 to 1967. Columbia (Mo.) 1968. – Sénelier, J.: Bibliogr.

nervalienne (1960–1967), et compléments antérieurs. Paris 1968. – HUMPHREY, G. R.: L'esthétique de la poésie de G. de N. Paris 1969. – N. par les témoins de sa vie. Textausw. v. J. RICHER. Paris 1970. – CONSTANS, F.: G. de N. devant le destin. Études nervaliennes. Paris 1979. – G. de N. Hg. v. J. RICHER. Cahiers de l'Herne 37 (1980). – LEUBE, E.: G. de N. In: Frz. Lit. des 19. Jh. Hg. v. W.-D. LANGE. Hdbg. 1980. Bd. 2. S. 192. – RICHER, J.: L'ésotérisme de N. Paris 1983. – SÉNELIER, J.: Au pays des ›Chimères‹. Paris 1985.

**Nervo,** Amado [span. 'nɛrβo], eigtl. Juan Crisóstomo Ruiz de N., * Tepic (Nayarit) 27. Aug. 1870, † Montevideo 24. Mai 1919, mex. Schriftsteller. – Journalist; 1900–03 in Paris, wo er mit R. Darío, J. Moréas u. a. verkehrte; zuletzt Diplomat in Madrid und Südamerika (1918 Botschafter in Argentinien und Uruguay). Zu seiner Zeit vielbewunderter modernist. Lyriker, schrieb formal vollendete lyr. Gedichte, bes. Liebeslyrik, nach 1905 zunehmend mit starkem Zug zum Mystisch-Religiösen; daneben u. a. Novellen, Romane und Essays.

**Werke:** El bachiller (R., 1895), Perlas negras (Ged., 1898), Los jardines interiores (Ged., 1905), En voz baja (Ged., 1909), Juana de Asbaje (Essay, 1910), Erfüllung (Prosa, 1918, dt. 1922), La amada inmóvil (Ged., hg. 1922).

**Ausgabe:** A. N. Obras completas. Hg. v. F. GONZÁLEZ GUERRERO u. A. MÉNDEZ PLANCARTE. Madrid ²1955–56. 2 Bde.

**Literatur:** DURÁN, M.: Genio y figura de A. N. Buenos Aires 1968.

**Nesami** (tl.: Niẓāmī; Nezami), eigtl. Nesamoddin Eljas Ebn Jusof, * Gandscha (im Kaukasus) 1141, † ebd. 12. März 1209, pers. Dichter. – Einer der universalsten und gebildetsten Dichter der pers. Literatur, dessen romantisch-lyr. Epen in lebendiger Sprache, persönl. Gestaltung und psycholog. Motivierung das Ritterepos ablösten; schrieb außer einem Diwan von 20 000 Distichen (nur einige Ghasele und Kassiden sind erhalten; hg. 1939) fünf voneinander unabhängige ep. Dichtungen, so das philosophisch-eth. Gedicht mit myst. Einschlag ›Maḫzanu'l-asrār‹ (entst. 1174, engl. 1945; krit. Ausg. 1960), die ergreifende Liebesgeschichte ›Ḫusraw u Šīrīn‹ (= Schatzkammer der Geheimnisse, entst. 1180/81, dt. 1809 u. d. T. ›Schirin‹ von J. von Hammer-Purgstall; krit. Ausg. 1960), den einen altarab. Stoff behandelnden Liebesroman in Versen ›Leila und Madschnun‹ (entst. 1188, krit. Ausg. ²1954, dt. 1963), das romantisch-phantast. Epos ›Haft Paykar‹ (entst. 1197, Neuausg. 1956, dt. 1959 u. d. T. ›Die sieben Geschichten der sieben Prinzessinnen‹) und das Epos um Alexander den Großen ›Iskandarnāmaʰ‹ (Neuausg. 1947, dt. Ausw. 1934 u. d. T. ›Iskenders Warägerfeldzug‹), das Alexander als Krieger und Philosophen darstellt.

**Literatur:** RITTER, H.: Über die Bildersprache Nizāmīs. Bln. 1927. – BERTEL'S, E. Ė.: Nizami. Moskau 1956.

**Nesbit,** Edith [engl. 'nɛzbɪt], * London 15. Aug. 1858, † New Romney (Kent) 4. Mai 1924, engl. Schriftstellerin. – Schrieb neben Gedichten (›Sweet lavender‹, 1892) und Romanen (›The prophet's mantle‹, 1885) erfolgreiche, phantasievolle Kinderbücher, u. a. ›Die Schatzsucher‹ (1899, dt. 1948), ›The new treasure seekers‹ (1904), ›Die Eisenbahnkinder‹ (1906, dt. 1959), ›Das verzauberte Schloß‹ (1907, dt. 1958), ›Die Kinder von Arden‹ (1908, dt. 1959), ›Der Traum von Arden‹ (1909, dt. 1960) und ›Der Wundergarten‹ (1911, dt. 1964).

**Literatur:** BELL, A.: E. N. London 1960. Neuaufl. New York 1964.

**Nesin,** Aziz [türk. nɛ'sin], eigtl. Mehmet Nusret, * Istanbul 20. Dez. 1915, türk. Schriftsteller. – Zunächst Offizier, nach 1944 Hg. verschiedener satir. Zeitschriften, Verfasser von zeitkrit. satir. Erzählungen, Romanen und Theaterstücken, wegen deren gesellschaftskrit. Inhalte er wiederholt inhaftiert wurde; gilt derzeit – trotz offizieller, staatl. Negierung – als der einflußreichste Schriftsteller in der Türkei; steht unter der Todesdrohung der Fundamentalisten (überlebte zwei Attentate). Zu den bedeutendsten seiner über 100 Werke zählen seine autobiograph. Schriften ›... so geht's nicht weiter. Der Weg beginnt‹ (2 Bde., 1966–76, dt. 1986–89). Weitere Bücher wurden ins Deutsche übersetzt, u. a. ›Die skandalösen Geschichten vom türk. Erzgauner Zübük‹ (R., 1961, dt. 1965), ›Der unheilige Hodscha‹ (Satiren, dt. Auswahl 1962), ›Surnâme – Man bittet zum Galgen‹ (R., 1976, dt. 1988), ›Wie bereitet man einen Umsturz vor?‹ (polit. Satiren

Aziz Nesin

und ein Stück, dt. Auswahl 1978), ›Der einzige Weg‹ (R., 1978, dt. 1981), ›Wir leben im 20. Jahrhundert‹ (Satiren, dt. Auswahl 1983), ›Wie Elefanten-Hamdi verhaftet wurde‹ (En., dt. Auswahl 1984), ›Heimatfilm‹ (En., dt. Auswahl 1987).

**Weiteres Werk:** Seviye on ölüme beş kala (= Zehn Minuten vor der Liebe und fünf Minuten vor dem Tod, Ged., 1987).

**Nesle,** Blondel de [frz. nɛl], altfrz. Dichter, ↑Blondel de Nesle.

**Nesluchoŭski,** Iwan Ljuzyjanawitsch [weißruss. nɛsluˈxɔu̯ski], weißruss. Dichter, ↑Lutschyna, Janka.

**Nessimi,** Seid Imadeddin, aserbaidschan. Dichter, ↑Nasimi, Imad Ad Din.

**Nestor** [russ. ˈnjɛstɐr], * 1056 (?), † um 1114, Mönch des Kiewer Höhlenklosters. – Gilt als der bedeutendste russ. Chronist seiner Zeit; beschrieb in zwei Heiligenviten das Leben des Feodossi, der ab 1057 Abt des Kiewer Höhlenklosters war, und der Märtyrer-Brüder Boris und Gleb; vermutlich einer der Verfasser der sog. ↑Nestorchronik.

**Nestorchronik** (russ. tl.: Povest' vremennych let = Geschichte der vergangenen Jahre), anonyme russ. Chronik, die die Geschichte des Kiewer Reiches und Nowgorods von der slaw. Frühzeit bis zum Anfang des 12. Jh. umfaßt; vielfältige annalist. Berichte wechseln mit literar. Erzählungen ab; vorwiegend in russisch-kirchenslaw. Sprache geschrieben. Die N. wurde vermutlich in den Jahren 1073, um 1093–95, um 1113 (durch ↑Nestor) und um 1116/1118 redigiert; erhalten ist sie in den späteren Handschriften ↑Laurentiuschronik und ↑Hypatiuschronik.

**Ausgaben:** Die altruss. N. Dt. Übers. u. hg. v. R. Trautmann. Lpz. 1931. – Povest' vremennych let. Hg. v. D. S. Lichačev. Moskau u. Leningrad 1950. 2 Tle. – Hdb. zur N. Hg. v. Ludolf Müller. Mchn. 1977–84. 3 Bde.

**Nestorius,** * Antiochia um 381, † Achmim (Oberägypten) 451, Patriarch von Konstantinopel (428 bis 431). – Entsprechend seiner Christologie (Nestorianismus) wandte sich N. 428/429 in drei Predigten gegen die seit etwa 360 verbreitete Bez. ›Gottesgebärerin‹ für Maria; er setzte dafür ›Christusgebärerin‹. Dieses Vorgehen führte zu einem heftigen Briefwechsel mit Cyrill von Alexandria; der um Schlichtung gebetene Papst Cölestin I. entschied für Cyrill. Auf dem Konzil von Ephesus (431) wurde N. auf Betreiben Cyrills verdammt; er kehrte in sein Kloster zurück und wurde 435 von Kaiser Theodosius II. nach Oberägypten verbannt. Seine ›Tragoedia‹, eine Verteidigungsschrift, ist fragmentarisch, der ›Liber Heraclidis‹, kurz vor seinem Tod abgeschlossen, vollständig erhalten.

**Literatur:** Abramowski, R.: Zur Tragödie des N. In: Zs. f. Kirchengesch. 46 (1928), S. 305. – Abramowski, L.: Unterss. zum Liber Heraclidis des N. In: CSCO 242. Löwen 1963. – Altaner, B./Stuiber, A.: Patrologie. Freib. [9]1981.

**Nestroy,** Johann [Nepomuk] [ˈnɛstrɔy], * Wien 7. Dez. 1801, † Graz 25. Mai 1862, österr. Schriftsteller und Schauspieler. – Sohn eines Rechtsanwalts; begann 1817 ein Philosophie-, 1820 ein Jurastudium, brach es aber nach zwei Semestern ab, um zur Bühne zu gehen; zunächst an Liebhaberbühnen mit Gesangs- und Sprechrollen, dann als Opernsänger in Wien unter Vertrag; 1823 in Amsterdam, wo er auch kom. Sprechrollen übernahm; 1825 Engagement in Brünn, dort erstmals wegen ›ehrenrührigen Extemporierens‹ von der Polizei verfolgt; 1827 in Graz Debüt als Lokalpossendichter mit dem ›Zettelträger Papp‹, worin er selbst die Titelrolle übernahm. Von Opernrollen wechselte er mehr und mehr zu Sprechrollen über und spielte meist in eigenen Stücken. 1831 ließ N. sich endgültig in Wien nieder: er schloß einen Vertrag mit Karl Carl (Theater an der Wien) als Komiker und Bühnenautor. 1836 verbüßte er eine fünftägige

Johann Nestroy

Arreststrafe wegen seines ›Extemporierens‹. Ab 1839 spielte N. unter Carl auch am Leopoldstädter Theater, dem späteren Carltheater, das er selbst 1854–60 leitete. Zahlreiche Gastspiele, u. a. in Prag, Hamburg, Frankfurt am Main, Mainz und Wiesbaden. Die letzten Jahre verbrachte N. in Graz und seiner Villa in Bad Ischl; 1862 Tod nach Schlaganfall. Nach F. Raimund ist N. ein neuer Höhepunkt und zugleich der letzte Vertreter der Altwiener Volkskomödie; er markiert den Übergang vom Volksstück der Vorstadtbühnen, von den Feenmärchen und Raimunds Phantasiekomödien zum realistisch-satirischen sozialen Tendenzstück L. Anzengrubers. K. Kraus hat, v. a. in seinem Vortrag ›N. und die Nachwelt‹ (1912), den ›Wiener Aristophanes‹ als einen dt. Satiriker und keinen bloßen österr. Lokalpossendichter erkannt und dargestellt und damit einen wesentl. Beitrag zu seiner literarhistor. Aufwertung geleistet. N.s Possen spielen im nüchternen Alltag des vormärzlich-biedermeierl. Wien; scharfer Witz, zersetzender Spott, skept. Gebrochenheit und beißende Satire sind verbunden mit urwüchsiger Komik und Humor. Unter der volkstümlich-lebensbejahenden Fassade schimmert eine tief abgründige, problemat. Welt hindurch; eine Sicht von solchem Pessimismus, daß man N. nicht zu Unrecht den ›Schopenhauer der Posse‹ genannt hat. Expressionist., ja absurde Züge sind unverkennbar. In seine Sprache sind türk., jidd., kroat., poln. und vulgär-frz. Elemente eingemischt, wobei jedoch das Dialektale mehr angedeutet als ausgeführt bleibt. Bes. mit seinen brillanten Wortspielen machte N. die Sprache selbst wieder zum Gegenstand der Dichtung und erreichte, daß in seinen Komödien das Spiel der Sprache neben das Spiel auf der Bühne tritt. Die permanent vorhandene Sprachbewußtheit wurde zum charakterist. Qualitätsmerkmal von N.s Komödienstil.

Der Vertrag als Bühnenautor übte einen Produktionszwang aus, so daß N. ein sehr umfangreiches und stark improvisiertes Werk hinterließ: über 80 Stücke, darunter Volksstücke, Possen, zahlreiche Parodien, u. a. auf Werke von F. Grillparzer, G. Meyerbeer (›Robert der Teufel‹, 1833), F. Hebbel (›Judith und Holofernes‹, 1849) und R. Wagner (›Tannhäuser‹, 1852), sowie Zeit- und Sittenstücke mit Gesangseinlagen in Dialekt und Hochsprache. Als erstes Stück von N. wurde 1901 ›Der böse Geist Lumpazivagabundus ...‹ (1835) im Wiener Hofburgtheater gespielt.

**Weitere Possen und Stücke:** Der konfuse Zauberer (1832), Eulenspiegel (1835), Weder Lorbeerbaum noch Bettelstab (1835), Die beiden Nachtwandler (1836), Das Haus der Temperamente (1837), Zu ebener Erde und erster Stock ... (1838), Glück, Mißbrauch und Rückkehr oder das Geheimnis des grauen Hauses (1838), Die verhängnisvolle Faschingsnacht (1841), Der Talisman (1843), Liebesgeschichten und Heiratssachen (1843), Einen Jux will er sich machen (1844), Der Zerrissene (1845), Das Mädel aus der Vorstadt ... (1845), Die schlimmen Buben in der Schule (1847), Der Unbedeutende (1849), Der alte Mann mit der jungen Frau (entst. 1849, gedr. 1890), Freiheit in Krähwinkel (1849), Kampl ... (1852).

**Ausgaben:** J. N. Sämtl. Werke. Histor.-krit. Gesamtausg. Hg. v. F. Brukner u. O. Rommel. Wien 1924–30. 15 Bde. (mit Biogr.). – J. N. Ges. Werke. Hg. v. O. Rommel. Wien 1948–49. 6 Bde. Nachdr. 1962. – J. N. Komödien. Hg. v. F. H. Mautner. Ffm. 1970. 3 Bde. – J. N. Sämtl. Werke. Histor.-krit. Ausg. Hg. v. J. Hein u. a. Wien 1977 ff. Auf 41 Bde. berechnet (bisher 19 Bde. erschienen).

**Literatur:** Hein, J.: Spiel u. Satire in der Komödie J. N.s. Bad Homburg v. d. H. u. a. 1970. – Yates, W. E.: N. Satire and parody in Viennese popular comedy. Cambridge 1972. – Urbach, R.: Die Wiener Komödie u. ihr Publikum. Stranitzky u. die Folgen. Wien u. Mchn. 1973. – May, E. J.: Wiener Volkskomödie u. Vormärz. Bln. 1975. – Basil, O.: J. N. Rbk. 19.–21. Tsd. 1977. – Hannemann, B.: J. N. Nihilist. Welttheater u. verflixter Kerl. Bonn 1977. – Hein, J.:

Das Wiener Volkstheater. Raimund u. N. Darmst. 1978. – MAUTNER, F. H.: N. Ffm. 1978. – CONRAD, G.: J. N. N. 1801–1862. Bibliogr. zur N.forschung u. -rezeption. Bln. 1980. – AHRENS, H.: Bis zum Lorbeer versteig' ich mich nicht. J. N. Ein Leben. Ffm. 1982. – HEIN, J.: J. N. Stg. 1990. – CERSOWSKY, P.: J. N. Mchn. 1992. – ↑auch Kraus, Karl.

**Nesvadba,** Josef [tschech. 'nɛsvadba], * Prag 19. Juni 1926, tschech. Schriftsteller. – Psychiater; schrieb Dramen, v. a. aber wissenschaftlich-phantast. Erzählwerke; u. a. ›Einsteinův mozek‹ (= Einsteins Gehirn, En., 1960), ›Die Erfindung gegen sich selbst‹ (En., dt. Ausw. 1962), ›Vinh Linh oder Die Entdeckung des Dr. Dong‹ (E., 1964, dt. 1965), ›Jak předstírat smrt‹ (= Wie den Tod vortäuschen, Nov., 1971), ›Minehava podruhé‹ (= M. zum zweitenmal, Prosa, 1981).

**Neto,** Henrique Maximiano da Fonseca Coelho, brasilian. Schriftsteller, ↑Coelho Neto, Henrique Maximiano da Fonseca.

**Neuauflage,** Wiederauflage eines Buches, das in der Regel inhaltlich und/oder ausstattungsmäßig verändert wurde.

**Neuber,** Friederike Caroline, geb. Weißenborn, genannt ›die Neuberin‹, * Reichenbach/Vogtl. 9. März 1697, † Laubegast (heute zu Dresden) 30. Nov. 1760, dt. Schauspielerin und Leiterin einer Theatertruppe. – Tochter eines Advokaten, floh 1717 mit dem Studenten Johann N., den sie 1718 heiratete, aus ihrem Elternhaus, wurde Schauspielerin bei verschiedenen Wanderbühnen, seit 1725 Prinzipalin einer eigenen Truppe, mit der sie v. a. in Leipzig erfolgreich spielte. Auf die Ideen J. Ch. Gottscheds eingehend, half sie ihm, das ›regelrechte‹ Drama nach frz. Vorbild auf der dt. Bühne einzuführen und das Theater von den vorherrschenden volkstüml. Elementen (Extemporieren, Obszönitäten) zu befreien. 1737 allegor. Verbannung des Hanswursts von der Bühne. Gastspielreisen durch den gesamten dt. Sprachraum und (1740) bis nach Petersburg. Zerwürfnis mit Gottsched 1741. Danach Niedergang und Auflösung (1750) der Truppe; der Versuch einer Neugründung scheiterte. Starb in großer Armut. Sie schrieb selbst zahlreiche Gelegenheitsgedichte und programmat. Vorspiele zu ihren Aufführungen, u. a. ›Ein dt. Vorspiel‹ (1734), ›Vorspiel, die Verbannung des Harlekin vom Theater behandelnd‹ (1737) sowie ›Der allerkostbarste Schatz‹ (1741), ein Spiel, in dem sie Gottsched verspottete.

Literatur: REDEN-ESBECK, F. J. VON: C. N. u. ihre Zeitgenossen. Lpz. 1881. Nachdr. ebd. 1985. – OELKER, P.: ›Nichts als eine Komödiantin‹. Die Lebensgesch. der F. C. N. Whm. 1993.

**Neudruck,** im Unterschied zum unveränderten ↑Nachdruck eines Werkes meist Bez. für einen z. T. mit Textbesserungen und mit einer der neueren Forschungslage Rechnung tragenden oder allgemein einführenden Einleitung versehenen photomechan. Abdruck eines älteren Werkes, z. B. ›Dt. Neudrucke‹. – ↑auch Neuauflage.

**Neue Bücherschau, Die,** 1919–29 zweimonatlich erschienene linksgerichtete Literaturzeitschrift, die hpts. zeitkrit. Artikel über aktuelle literar. Themen veröffentlichte (u. a. von G. Kaiser, Klabund, W. Mehring, S. Zweig, K. Edschmid, R. Huch, G. Benn, B. Brecht).

**Neue Deutsche Biographie** ↑Allgemeine Deutsche Biographie.

**Neue Merkur, Der,** 1914–16 und 1919–25 erschienene, von Ephraim Frisch (* 1872, † 1942) hg. Kulturzeitschrift, die neben literarischen Originalbeiträgen (u. a. K. Edschmid, P. Claudel, M. Dauthendey, A. Döblin, F. Wedekind, R. Musil, L. Pirandello, H. und Th. Mann) v. a. auch Artikel über aktuelle Themen (auch Kunst, Musik, Politik) veröffentlichte. H. von Hofmannsthal erklärte 1924, D. N. M. sei ›die einzige im geistigen Sinne existente Zeitschrift‹ in dt. Sprache.

**Neue Philosophen** (frz. ›nouveaux philosophes‹), lockere Gruppierung frz. Intellektueller, die ihre negativen polit. Erfahrungen als Marxisten (u. a. teilweise zunächst KPF, Pariser Maiunruhen 1968, teilweise Zugehörigkeit zur ›Gauche Prolétarienne‹) zu einer vehementen Marxismus-, Totalitarismus- und Utopiekritik verarbeiteten. Als Exponenten der N. Ph., die seit 1977 an die Öffentlichkeit traten, gelten M. Clavel (›Nous l'avons tous tué ou 'Ce juif de Socrate ...!‹, 1977) und André Glucksmann (* 1937; ›Köchin und Menschenfresser‹, 1974, dt. 1976; ›Die Meisterdenker‹, 1977, dt. 1978; ›Philosophie der Abschreckung‹, 1984, dt. 1984; ›Die Macht der Dummheit‹, 1985, dt. 1985; ›Descartes – c'est la France‹, 1987). Weitere Vertreter sind: Bernard-Henri Lévy (* 1948; ›Die Barbarei mit menschl. Gesicht‹, 1971, dt. 1978; ›L'idéologie française‹, 1981), Jean-Marie Benoist (* 1942, † 1990; ›Marx est mort‹, 1970; ›La révolution structurale‹, 1975; ›Pavane pour une Europe défunte‹, 1976), Guy Lardreau (* 1947), Christian Jambert (* 1948), Jean-Paul Dollé (* 1939; ›Voie d'accès au plaisir. La métaphysique‹, 1974; ›Haine de la pensée‹, 1976; ›L'odeur de la France‹, 1977); Philippe Némo (* 1949; ›L'homme structurale‹, 1975); Michel Guérin (* 1946; ›Nietzsche, Socrate héroique‹, 1975), Gilles Susong (* 1949; ›La politique d'Orphée‹, 1975). Die Kritik hat v. a. in der BR Deutschland z. T. sehr negativ und polemisch auf die N. Ph. reagiert und ihnen Irrationalismus, Wissenschaftsfeindlichkeit, vereinfachtes dualist. Denken, unangemessene Verallgemeinerungen vorgeworfen oder die N. Ph. gar als ›Neue Rechte‹ bezeichnet. Heute existiert die Gruppe praktisch nicht mehr. In der Frage des aktiven polit. Engagements zerstritten (Benoist kandidierte 1978 für den Parti Républicain), haben sich die N. Ph. weitgehend in die journalist. Kulturkritik (Glucksmann ist u. a. seit 1982 Mitarbeiter bei der Zeitschrift ›Libération‹) zurückgezogen. Literar. Werke schrieben Dollé (›Le myope‹, R., 1975), Lardreau (›La mort de Joseph Staline‹, Dr., 1978) und Lévy (›Le diable en tête‹, R., 1984).

**Literatur:** THOMAS, J.: Engel und Leviathan. N. Ph. in Frankreich als nachmarxist. Politik und Kulturkritik. Mchn. u. Wien 1979. – SCHIWY, G.: Poststrukturalismus und ›Neue Philosophen‹. Rbk. 1985.

**Neue Rundschau, Die,** aus der 1890 von O. Brahm und S. Fischer in Berlin gegründeten Wochenzeitschrift des Naturalismus ›Freie Bühne für modernes Leben‹ hervorgegangene Kulturzeitschrift, die ab 1894 als Monatsschrift u. d. T. ›Neue dt. Rundschau‹, ab 1904 u. d. T. ›Die N. R.‹, 1945–49 als Vierteljahresschrift in Stockholm herausgegeben wurde und seit 1950 in Frankfurt am Main erscheint. Die Zeitschrift brachte 1945–50 im wesentlichen dt. Autoren, die zur Zeit des Nationalsozialismus in den USA im Exil waren, sowie ausländ. Autoren, die als die führenden Vertreter der damaligen Gegenwartsliteratur eingeschätzt wurden (u. a. J.-P. Sartre, A. Camus, J. Cocteau, T. S. Eliot, V. Woolf, Ch. Fry, T. Williams, Th. Wilder); seit Ende der 50er Jahre wurden neben den rein literar. Beiträgen zunehmend v. a. auch wissenschaftlich-essayistische Beiträge vorgestellt (u. a. Th. W. Adorno, W. Benjamin, R. Alewyn, Karl Jaspers [* 1883, † 1969], Ludwig Marcuse [* 1894, † 1971], Ephraim Kogon [* 1872, † 1942], M. Buber, F. Torberg, Walter Killy [* 1917], Peter Szondi [* 1929, † 1971]). Hg. waren u. a. J. Hart, O. J. Bierbaum, Peter Suhrkamp (* 1891, † 1951), R. Friedenthal, J. Maass, Gottfried Bermann Fischer (* 1897), Golo Mann (* 1909, † 1994), Rudolf Hartung (* 1914), H. Heckmann.

**Literatur:** WEBER, W.: 70 Jahre ›D. N. R.‹. In: Almanach S. Fischer Verlag 73 (1959), S. 21. – GROTHE, W.: D. N. R. des Verlages S. Fischer. Diss. FU Bln. 1960.

**Neue Sachlichkeit,** von Gustav Friedrich Hartlaub (* 1884, † 1963) 1925 geprägter Begriff für eine seit etwa 1920 spürbare Gegenbewegung zum † Expressionismus. Im Gegensatz zum Pathos und der utopisch-idealisierenden Geisteshaltung des [Spät]expressionismus suchten die Vertreter der N. S. die Auseinandersetzung mit der alltägl. Wirklichkeit. Die literar. Darstellung sozialer und wirtschaftl. Probleme waren bevorzugtes Thema, wobei tatsachenorientierte Darstellungsformen im Vordergrund standen: das dokumentar. Theater (Erwin Piscator [* 1893, † 1966]), spezielle Formen des Rundfunks (Hörbericht, Hörfolge), die Reportage (E. E. Kisch), die Biographie, der desillusionierende Geschichtsroman (L. Feuchtwanger). Im Drama dominierte das Zeit- und Lehrstück (B. Brecht, F. Bruckner) und das Volksstück (C. Zuckmayer, Ö. von Horváth), im ep. Bereich wurde eine bes. Form des Gegenwartsromans gepflegt (A. Döblin, H. Fallada, Erich Kästner,

L. Renn, A. Seghers). Es entstand auch eine neusachl. Gebrauchslyrik, deren wichtigste Vertreter B. Brecht, Erich Kästner, W. Mehring und J. Ringelnatz waren.

**Literatur:** DENKLER, H.: Sache u. Stil. Die Theorie der N. S. In: Wirkendes Wort 18 (1968), S. 167. – LETHEN, H.: N. S. 1924–1932. Studien zur Lit. des ›Weißen Sozialismus‹. Stg. [2]1975. – MODICK, K.: L. Feuchtwanger im Kontext der zwanziger Jahre. Ffm. 1981.

**neugriechische Literatur,** die an die byzantin. Literatur anschließende Epoche der griech. Literatur. Die **Anfänge** der n. L. setzt man bereits um die Jahrtausendwende mit der Entstehung des Epos ›Digenis Akritas‹ (11./12. Jh.), des Lehrgedichtes ›Spaneas‹ (12. Jh.), des Kerkergedichtes des Michael Glykas (12. Jh.), der Bettelgedichte des Theodoros Prodromos (12. Jh.) u. a. an. Zur gleichen Zeit und noch früher entstanden auch die Akritenlieder, Beginn und Vorbild einer bis in die Gegenwart reichenden Gattung der Volksdichtung. Nach der Eroberung von Konstantinopel durch die Türken (1453) war über Jahrhunderte hinweg (bis etwa 1800) diese Volksdichtung (Klephtenlieder, histor. Volksgesänge, Klagelieder, Disticha u. a.) das stärkste literarische Zeugnis im griech. Sprachraum. Ihre Bedeutung wurde in Westeuropa früh erkannt: 1824/25 erschien in Paris C. Fauriels bekannte Sammlung neugriech. Volkslieder, die 1825 von Wilhelm Müller ins Dt. übersetzt wurde. Auf dem von den Türken nicht besetzten Kreta entstanden im **17. Jahrhundert** das bed. kret. Theater (›Erōphilē‹, 1637) von J. Chortatzis und episch-lyr. Werke, wie das Romanepos ›Erōtokritos‹ (hg. 1713) von V. Kornaros. Erst in der zweiten Hälfte des **18. Jahrhunderts** erwachte an den griech. Höfen der Donaufürstentümer und an den griech. Hochschulen in Bukarest und Jassy eine neue Bildungsbewegung im Lichte der Aufklärung. Die dort wirkenden griech. Gelehrten sowie u. a. A. Korais in Frankreich bildeten mit ihren Arbeiten die geistige Grundlage für das Entstehen der ersten Versuche einer bewußten n. Literatur.

**19./20. Jahrhundert:** Noch während des Befreiungskampfes Griechenlands wies D. Solomos den Weg für eine vorbildl. neugriech. Lyrik. Jedoch war das nach der Befreiung Griechenlands und der Gründung des griech. Staates (1830) durch bestimmte Gelehrtenkreise dem jungen Staat aufgezwungene Bildungsprogramm nicht vom liberalen Geist des auf den Ionischen Inseln beheimateten Solomos geprägt. Mit der Einführung der antikisierenden purist. Sprache (Katharevussa) als offizieller Sprache des Staates auch für die Literatur wurde die letztere in eine Sackgasse gedrängt, die sie erst nach gut 50 Jahren unfruchtbarer Irrwege verlassen sollte. Mit dem Erscheinen des in der bisher verschmähten – von Solomos schon erfolgreich erprobten – lebendigen griech. Volkssprache verfaßten Buches des Erzählers J. Psycharis ›To taxidi mu‹ (= Meine Reise, 1888) brach die neue Ära der n. L. an, die die Verbindung zu der Dichtung von Solomos und zum neugriech. Volkslied wieder aufnahm. Die unkrit. Abhängigkeit von westl. Vorbildern, wie sie 50 Jahre lang bestanden hatte, wurde vom Streben nach einer eigenständigen Literatur abgelöst, in der die Verbindung zu westl. Vorbildern eine schöpferische sein sollte. Um die starke Persönlichkeit des K. Palamas scharte sich eine vorwärtsstrebende Dichtergeneration, die der n. L. ein neues Gesicht aufprägen und die neugriech. Sprache zu einem reichen und dynam. Ausdrucksmittel gestalten sollte. Es waren die Lyriker und Erzähler: Alexandros Pallis (* 1852, † 1935), A. Ephtaliotis, L. Mavilis, Miltiadis Malakassis (* 1869, † 1943), Angelos Simiriotis (* 1870, † 1944), Zacharias Papantoniu (* 1877, † 1940), I. N. Gryparis, Petros Vlastos (* 1879, † 1941), Lambros Porphyras (* 1879, † 1932), N. Kasantzakis, Apostolos Melachrinos (* 1883, † 1952), A. Sikelianos, K. Varnalis, K. Uranis, Napoleon Lapathiotis (* 1893, † 1943), K. Karyotakis, T. Agras, Maria Polyduri (* 1902, † 1930) und die Erzähler Georgios Visyinos (* 1849, † 1896; er schrieb auch Lyrik), A. Karkavitsas, Jannis Vlachojannis (* 1867, † 1945), G. Xenopulos, Antonis Travlantonis (* 1867, † 1943), Konstantinos Christomanos (* 1863, † 1911), Pavlos Nirvanas (* 1866, † 1937), Dimosthenis Vutyras (* 1872, † 1956),

Dionyssios Kokkinos (* 1884, † 1967), Nikos Nikolaidis (* 1884, † 1956), Galatia Kasantzaki (* 1886, † 1962), E. Alexiu und andere. Eine bes. Stellung hatte der Nestor der neugriech. Erzählung, A. Papadiamantis, inne. Er pflegte die Sittenschilderung in klarer, antikisierender Sprache. Auch E. Roidis, der ähnlich schrieb, beteiligte sich maßgeblich an der Konsolidierung eines krit. Bewußtseins für Literaturnormen.

Nach dem verlorenen Krieg von 1897 sahen die Autoren wie K. Palamas ihre Aufgabe darin, den Griechen mit ihren Werken (z. B. ›Ho dōdekalogos tu gyphtu‹ [= Zwölf Gesänge des Zigeuners], 1907) neue Wege zur Selbstbesinnung und zum Selbstvertrauen zu weisen. Die neuen philosoph. Ideen der Zeit sowie die Anfänge der Soziologie interessierten mehrere Dichter (Palamas u. a.); der Sozialismus des Westens – v. a. der dt. – gewann Anhänger (K. Chatzopulos, Konstantinos Theotokis [* 1872, † 1923], Kostas Paroritis [* 1878, † 1931]), deren Werk er z. T. beeinflußte; die literar. Strömungen Westeuropas (Parnassiens, Symbolismus) waren in Griechenland durch renommierte, sogar führende Dichter vertreten. Bes. ragte die Persönlichkeit des A. Sikelianos mit seiner sprachdynam. Lyrik heraus.

Der **Erste Weltkrieg** und der verlorene **Griech.-Türk. Krieg** (1919–22) bedingten das Entstehen einer Antikriegsliteratur: z. B. S. Myrivilis' ›Das Leben im Grabe‹ (R., 1924, endgültige Fassung 1932, dt. 1986), vergleichbar mit E. M. Remarques Roman ›Im Westen nichts Neues‹.

Die **Erzähler** der sogenannten Generation der 30er Jahre warteten mit zunächst vielversprechenden Werken einer inneren Problematik auf, in denen auch die sozialen Konflikte einen breiten Raum einnahmen. Die Sittenschilderung wurde von der Psychographie, das ländl. Milieu vom städt. abgelöst. Es entstand der urbane Roman (u. a. E. Venesis, S. Myrivilis, I. M. Panajotopulos, Th. Petsalis, G. Theotokas, M. Karagatsis, Kosmas Politis [* 1888, † 1974], Ph. Kontoglu, A. Tersakis, Themos Kornaros [* 1907, † 1970], P. Charis, P. Prevelakis, Kosmas Sukas [* 1901, † 1981], Petros Pikros [* 1900, † 1956]). Nach dem Vorbild von K. P. Kavafis fand auch die **Lyrik** in den 30er Jahren zu der schlichteren Form der Moderne. Sowohl die Generation von Palamas mit ihrem gewaltigen Sprachschatz wie auch der melodisch schwingende Symbolismus hatten sich erschöpft. Vereinfachung und Entrümpelung der ad absurdum geführten Schönrednerei waren notwendig. Die Lyrik der Moderne gewann seitdem festen Boden und behauptet sich bis heute. Ihre Begründer sind G. Seferis (Nobelpreis 1963), O. Elytis (Nobelpreis 1979), die Surrealisten A. Embirikos, N. Engonopulos und die sozialpolitisch engagierten Dichter J. Ritsos und N. Vrettakos. Der Generation der 30er Jahre gehörten u. a. auch Takis Papatzonis (* 1895, † 1976) und die Lyrikerin Melissanthi (eigtl. Iwi Skandalaki [* 1910, † 1990]) mit ihrer von religiösem Empfinden gestimmten Lyrik an.

Während des **Zweiten Weltkrieges** und danach entstand eine Literatur des Widerstandes, die sich nach Ende des Krieges und während des anschließenden Bürgerkrieges in zwei Lager teilte. Auch während dieser Zeit erschienen viele Werke der Generation der 30er Jahre, die ihren anfängl. Kurs z. T. aufgab. Sie hatte es als etablierte Gruppe über Jahrzehnte verstanden, den Aufstieg aller nachkommenden Autoren zu verhindern, um selbst die Zügel nicht aus der Hand zu geben. So heißen weiterhin alle nachrückenden Autoren die ›Jungen Autoren‹, auch wenn sie schon in den 50er und sogar in den 40er Jahren aufgetreten sind. Als Einzelgänger muß N. Kasantzakis angeführt werden, der seine bekanntesten Romane nach dem Zweiten Weltkrieg schrieb. Zur Generation der **40er und 50er Jahre** gehören u. a. die Erzähler Stratis Tsirkas (* 1911, † 1980), M. Lundemis, Michail Peranthis (* 1917, † 1984), Jannis Manglis (* 1909), T. Athanassiadis, Alkis Angeloglu (* 1915, † 1990), Asteris Kovatzis (* 1916, † 1983), Kostas Makistos (* 1895, † 1984), Spyros Plaskovitis (* 1917), Kostas Sterjopulos (* 1926), Galatia Saranti (* 1920), Sotiris Patatzis (* 1914, † 1991), Tatiana Milliex (* 1920), Eva Vlami (* 1910, † 1974), Nikos Athanassiadis (* 1904, † 1990), Alexandros Kotzias (* 1926, † 1992), Tilemachos Alaveras (* 1926), Nestoras Matsas (* 1935), zur Generation der **60er Jahre** Gerassimos Grigoris (* 1907, † 1985), Kostas Kotzias (* 1921, † 1979), Kostula Mitropulu (* 1940), Petros Abatzoglu (* 1931). Die Ereignisse der Kriegs-, Besatzungs- und Bürgerkriegszeit werden aus zwei verschiedenen ideolog. Perspektiven dargestellt (u. a. Lukis Akritas [* 1909, † 1965], Jannis Beratis [* 1905, † 1968], Stelios Xefludas [* 1902, † 1984], G. Theotokas, R. Apostolidis, Rodis Rufos [* 1924, † 1972], Theophilos D. Frangopulos [* 1923], Nikos Kasdaglis [* 1928] und auf der anderen Seite Th. Kornaros, M. Lundemis, D. Hadzis, Dimitris Jakos [* 1914], S. Patatzis, Andreas Frangias [* 1923], K. Kotzias, Mitsos Alexandropulos [* 1924], Dimitris Ravanis-Rentis [* 1925]). Eindrucksvoll und eindringlich die Prosa der Erzählerinnen Maria Iordanidu (* 1897, † 1989), Iphigenia Chrysochou (* 1913), Dido Sotiriu (* 1914), die wie auch Tatiana Stavru (* 1899, † 1990) ihrem Leben in Konstantinopel oder Ionien und seinem bitteren Ende nachtrauern.

Unter den **Erzählern der Nachkriegszeit** treten bes. hervor A. Samarakis, V. Vassilikos, Kostas Tachtsis (* 1927, † 1988), Dimitris Christodulu (* 1927, † 1991), Marios Chakkas (* 1930, † 1972), Iwi Meleagru (* 1928) und unter den jüngeren Erzählern Menis Kumantareas (* 1933), Thanassis Valtinos (* 1932), Jorgos Chimonas (* 1936), Lia Megalu Seferiadu (* 1945), Katerina Plassara, Ersi Lange (* 1945), Maro Duka (* 1947) u. a.

Seit dem Zweiten Weltkrieg sind zahlreiche Werke der bekannten **Lyriker** J. Ritsos, O. Elytis und N. Vrettakos erschienen. Weitere Vertreter der modernen Lyrik in Griechenland bieten einen breiten Fächer aller bekannten Richtungen, u. a. Giorgos Sarantaris (* 1900, † 1941), Giorgos Themelis (* 1900, † 1976), Takis Sinopulos (* 1917, † 1981), Kostas Thrakiotis (* 1909), Aris Diktäos (* 1919, † 1982), Minas Dimakis (* 1917, † 1983), Takis Varvitsiotis (* 1916), Soi Karelli (* 1901), Giorgis Kotsiras (* 1921), K. Sterjopulos, Sarantos Pavleas (* 1917), Miltos Sachturis (* 1913), D. P. Papaditsas (* 1924, † 1987), Kriton Athanassulis (* 1916, † 1979), Georgios Th. Vaphopulos (* 1904), Nikos Karusos (* 1926, † 1990), Tassos Korphis (* 1921), Kypros Chrysanthis (* 1915), Phoebos Delphis (* 1909, † 1988), Kostas Montis (* 1914), Margarita Dalmati (* 1921), Maria Lambadaridu-Pothu (* 1933), Alexis Zakynthinos (* 1934, † 1992), Nana Issaia (* 1935), Pitsa Galasi (* 1940), Andreas Christophidis (* 1937), Stelios Geranis (* 1920, † 1993). Unter dem Aspekt des sozialpolit. Engagements steht die ausdrucksstarke Lyrik u. a. von Manolis Anagnostakis (* 1925), Rita Bumi-Papa (* 1905, † 1984), Nikos Papas (* 1906), Tassos Livaditis (* 1921, † 1988), Giorgis Sarantis (* 1920, † 1978), Titos Patrikios (* 1928), Michalis Katsaros (* 1913), Andreas Lentakis (* 1935).

In der **postsurrealistischen Bewegung** zeichneten sich bisher aus: Manto Aravantinu, Hektor Kaknavatos (* 1920), Nanos Valaoritis (* 1921), Aris Alexandru (* 1922, † 1984) und die jüngeren Jannis Kontos (* 1943), Lefteris Pulios (* 1944), Thanassis Niarchos (* 1945), Antonis Phostieris (* 1953) und andere. Den inneren Monolog pflegt mit Vorliebe die Thessaloniker-Schule, darunter Nikos Gabriel Pentzikis (* 1908, † 1993), S. Xefludas, Giorgos Delios (* 1897, † 1980) u. a. Weitere Vertreter moderner Prosa zwischen Realismus und mag. Suggestion: Alkiviadis Jannopulos (* 1896, † 1981), Jannis Skarimbas (* 1897, † 1984) u. a. Bes. erwähnenswert außerdem der literar. Beitrag der polit. Flüchtlinge aus der Zeit des Bürgerkrieges, die z. T. jahrzehntelang in den Volksrepubliken des Ostblocks gelebt haben. Auch eine Arbeiterliteratur ist in den letzten Jahren entstanden; Vertreter u. a.: Photis Angules (* 1911, † 1964), Spyros Milas (* 1917), Prokopis Pantasis (* 1923, † 1985).

Das neugriech. **Theater** begründete neben G. Xenopulos S. Melas mit seinen sozialkrit. Schauspielen. Dimitris Bogris (* 1890, † 1964) schrieb Sittenschilderungen, A. Tersakis Tragödien und Schauspiele, N. Kasantzakis und A. Sikelianos Tragödien mit griechisch-byzantin. Themen; mehrere Erzähler wie G. Theotokas, E. Venesis, Th. Petsalis, P. Prevelakis, Galatia Kasantzaki u. a. schreiben ebenfalls Theaterstücke. Als bekannte

Theaterautoren erlebten erfolgreiche Aufführungen ihrer Werke: Alekos Lidorikis (* 1907, † 1988), Dimitris Ioannopulos (* 1904), Nikos Zakopulos (* 1917; auch als Erzähler bekannt). Jüngeren Theaterautoren wie Vangelis Katsanis (* 1935), Vassilis Ziogas (* 1935), Iakovos Kambanellis (* 1922), Margarita Lymberaki (* 1918), Giorgos Skurtis (* 1941), Kostas Murselas, Dimitris Kechaidis (* 1933), D. Christodulu, Giorgos Maniotis (* 1951), Lula Anagnostaki, Petros Markaris gelang es, neue Wege zu beschreiten. Ihr modernes Theater mit seiner vielfältigen und tiefgründigen Problematik gewinnt internat. Anerkennung. Dinos Taxiarchis (* 1919) schreibt absurdes Theater.

Die **Literaturkritik** und den **literaturkrit. Essay** pflegen viele neugriech. Erzähler und Lyriker. Bekannteste Literaturkritiker waren Jannis Apostolakis (* 1885, † 1937), Aimilios Churmusios (* 1904, † 1973), K. Th. Dimaras (* 1904, † 1992), Kleon Paraschos (* 1894, † 1964), Alkis Thrylos (* 1896, † 1970), Petros Spandonidis (* 1890, † 1964), I. M. Panajotopulos, Jannis Chatzinis (* 1900, † 1975), Andreas Karantonis (* 1910, † 1985), Kostas Thrakiotis, A. Diktäos, Solon Makris (* 1911), Nora Anagnostaki; Literatur- und Kulturforscher sind u. a. Kostas Varnalis, Panajotis Kanellopulos (* 1902, † 1986), K. Tsatsos (* 1901, † 1987), Linos Politis (* 1906, † 1982), G. P. Savvidis (* 1929), Emmanuil Kriaras (* 1906), Jannis Kordatos (* 1911, † 1961), Apostolos Sachinis (* 1919), K. Sterjopulos und Kostas Georgussopulos.

**Ausgaben:** Neugriech. Lyriker. Dt. Übers. Hg. v. K. DIETERICH. Hamb. ²1931. – Neugriech. Erzähler. Dt. Übers. Hg. v. I. ROSENTHAL-KAMARINEA. Olten u. Freib. 1958. – Antigone lebt. Neugriech. Erzählungen. Dt. Übers. Hg. v. M. AXIOTI u. D. HADZIS. Bln. ²1961. – Griechenland erzählt. Dt. Übers. Hg. v. I. ROSENTHAL-KAMARINEA. Ffm. u. Hamb. 1965. – Die kleinen Menschen und die großen Tage. Neugriech. Erzählungen. Hg. u. Übers. v. I. ROSENTHAL-KAMARINEA. Mchn. 1981. – Die Sünde meiner Mutter. Neugriech. Erzählungen. Hg. u. Übers. v. I. ROSENTHAL-KAMARINEA. Mchn. 1985. – Der Engel mit den Jasminblüten. Neugriech. Erzählungen. Hg. u. Übers. v. I. ROSENTHAL-KAMARINEA. Mchn. 1986.

**Literatur:** KAMBANIS, A.: Historia tēs neas hellēnikēs logotechnias. Athen 1948. – MIRAMBEL, A.: La littérature grecque moderne. Paris 1953. – VITTI, M.: Orientamento della Grecia nel suo risorgimento letterario. Rom 1954. – SIDERĒS, G.: The modern Greek theatre. Engl. Übers. Athen 1957. – KANELLOPOULOS, P.: Hyperion u. der neugriech. Geist. Frankenau 1959. – VALSA, M.: Le théâtre grec moderne de 1453 à 1900. Bln. 1960. – KNÖS, B.: L'histoire de la littérature néogrecque. La période jusqu'en 1821. Stockholm 1962. – KORDATOS, J. K.: Historia tēs neohellēnikēs logotechnias. Athen 1962. 2 Bde. – VALETAS, G.: Epitomē historia tēs neohellēnikēs logotechnias. Athen 1966. – LAVAGNINI, B.: La letteratura neoellenica. Florenz u. Mailand Neuaufl. 1969. – VITTI, M.: Einf. in die Gesch. der n. L. Dt. Übers. Mchn. 1972. – POLITIS, L.: Gesch. der n. L. Dt. Übers. Köln 1984.

**Neukirch,** Benjamin, * Reinke (Schles.) 27. März 1665, † Ansbach 15. Aug. 1729, dt. Dichter, Übersetzer und Herausgeber. – 1687 Advokat in Breslau; hielt Vorlesungen über Poesie und Beredsamkeit in Frankfurt/Oder und Halle, war ab 1703 Prof. an der Berliner Ritterakademie, danach Erzieher des Erbprinzen in Ansbach und Hofrat. Nach der schwülstigen Dichtung seiner Frühzeit (in der Art von D. C. von Lohenstein und Ch. Hofmann von Hofmannswaldau) schrieb er unter dem Einfluß v. a. von F. R. L. von Canitz und des Historikers J. B. Mencke Satiren nach frz. Vorbild. Übersetzte Fénelons ›Télémaque‹ ins Deutsche (1727–39). Bed. ist v. a. seine ›Anthologie. Herrn von Hoffmannswaldau u. a. Deutschen auserlesene und bißher ungedruckte Gedichte‹ (7 Tle., 1697–1727; Nachdr. 1961 ff.), von der bes. die beiden ersten Teile ein Zugeständnis an den Geschmack seiner Zeit sind.

**Weitere Werke:** Galante Briefe und Gedichte (1695), Academ. Anfangs-Gründe zur teutschen Wohlredenheit, Brief-Verfassung und Poesie (1729), Satyren und poet. Briefe (hg. 1732).

**Neuklassizismus** (Neuklassik), literar. Richtung in Deutschland um 1900, die als Reaktion sowohl auf den ↑ Naturalismus als auch auf die sog. ↑ Dekadenzdichtung ein Neuanknüpfen an die klass. Kunsttradition forderte, bes. klass. Formstrenge, Rückbesinnung auf die Gattungsgesetze und Rückkehr zu den klass. Idealen (das Wahre, Schöne, Gute). Der N. wurde von P. Ernst theoretisch begründet (›Der Weg zur Form‹,

1906; zahlreiche Dramen und Novellen), ferner von S. Lublinski (›Bilanz der Moderne‹, 1904; zahlreiche Tragödien), zeitweilig auch von W. von Scholz; dem N. zugerechnet werden u.a. auch I. Kurz und R. G. Binding. Die Werke des N. sind für die Literaturgeschichte von geringer Bedeutung.

**neulateinische Literatur,** kennzeichnend für die n. L., die die ↑mittellateinische Literatur ablöste und sich bis zur Gegenwart erstreckt, ist ihre am klass. Latein orientierte Sprachform. Sie entstand im 14./15. Jh. in Italien, wo sich die Humanisten bewußt vom scholast. Latein des MA absetzten und im Rückgriff auf die Sprache der antiken Autoren eine sprachl. und geistige Erneuerung anstrebten; noch im 15. Jh. verbreitete sie sich über andere Länder und hatte um die Mitte des 16. Jh. alle europ. Länder von Kroatien bis Skandinavien, von Spanien bis Schottland und von Frankreich bis Polen erobert. Bis um 1800 war die literar. Kultur Europas zweisprachig. Bücher und andere Schriften wurden sowohl in Latein als auch in den Landessprachen teilweise von denselben Autoren publiziert. Mannigfache Einflüsse wirkten von der n. L. auf die volkssprachl. Literaturen und umgekehrt. Die n. L. wandte sich an ein internat. gelehrtes Publikum von Professoren, Studenten und Mitgliedern akadem. Berufe. Einfachere und kleinere Texte waren auch den zahlreicheren Lateinschulabsolventen verständlich. Bis ins 18. Jh. war Latein Unterrichtssprache, und die Zahl der in Latein publizierten Bücher war größer als die der gleichzeitigen Publikationen in der Landessprache. Die Produktion der nlat. Dichtungen, die im 15. und 16. Jh. zahlenmäßig ihren Höhepunkt erreichte, nahm zwar nach 1600 stark ab und der Anteil der wiss. n. L., der bis zum 17. Jh. dominierend gewesen war, sank während des 18. Jh., aber bis zu dessen Ende blieben die bildungsmäßigen Voraussetzungen für eine literar. Kommunikation in der lat. Sprache, fanden die sozusagen ›klassischen‹ nlat. Dichtungen des 16. Jh. in neuen Auflagen ein Publikum und wurden lat. Schriften noch in allen wiss. Disziplinen selbstverständlich rezipiert. Die Orientierung der lat. Sprache an den klass. Vorbildern und die Abstoßung des mittelalterl. Lateins durch die Humanisten haben das Latein nicht zu einer erstarrten ›toten‹ Sprache gemacht, sondern die Voraussetzung dafür geschaffen, daß eine internat. Kommunikation in der lateinkundigen Schicht stattfinden konnte und daß man auch in der Lage war, auf jederzeit verständl. Literatur aus früheren Jahrhunderten zurückzugreifen, während sich die Volkssprachen in der gleichen Zeit oft erheblich veränderten. Die n. L. verlor diese Funktion aus mehreren Gründen. Der überlieferte lat. Wortschatz wurde, obwohl man teilweise die Bedeutung der Wörter weiterentwickelte und gemäß den klass. Sprachstrukturen neue Wortprägungen einführte, zu eng, um allen Bedürfnissen der Wissenschaftssprache gerecht zu werden. Gleichzeitig standen entwickelte Nationalsprachen zur Verfügung, deren Anteil an der Literatur in den vergangenen zwei Jahrhunderten gewachsen war und auf deren ausschließl. Benützung Nationalismus und Romantik hinwirkten. Um 1800 liegt deshalb die wichtigste Epochenscheide innerhalb der n. L.: Sie existiert im 19. und 20. Jh. nur noch für einige spezielle Rezipientenkreise; die wiss. n. L. verengte sich auf kleine Bereiche der altertumswiss. Literatur. In der kath. Kirche blieb die lat. Sprache das Medium offizieller Verlautbarungen (nach der eingeschränkten Wiederzulassung im Okt. 1984 z. T. auch der Liturgie), auch wenn sie seit dem 2. Vatikanischen Konzil (1965) geringe liturg. Bedeutung hat. Auch heute noch werden v. a. in Europa und Amerika lat. Gedichte verfaßt und einige Zeitschriften in lat. Sprache veröffentlicht.

Die seit etwa 1800 veränderte kulturelle Situation hat bewirkt, daß die n. L. nicht in dem Maße erforscht wurde wie die nationalsprachl. und antiken Literaturen. Eigentlich zuständig fühlte sich keine Philologie. So kommt es, daß es heute noch keine Gesamtdarstellung der Geschichte der n. L. in Buchform gibt, ja daß der riesige Umfang der n. L., der den der antiken und mittelalterl. lat. Literatur um ein Vielfaches übertrifft, noch nicht einmal durch ein Autoren- und Werkregister erschlossen ist. Seit den 1960er

Jahren hat jedoch ein verstärktes Interesse an der n. L. in den verschiedensten Wissenschaftszweigen und Ländern eingesetzt, das die Forschung seither stark vorangetrieben hat.

Die **Hauptepoche** der n. L. (1300–1800) läßt sich in die Anfänge (1300–1450), die Blütezeit (1450–1600) und die letzten beiden Jahrhunderte gliedern. F. Petrarca, der in den Paduanern Lovato Lovati († 1309) und A. Mussato Vorläufer hatte, markierte mit seinem folgenschweren dreiteiligen Geschichtsbild (Glanz des Altertums, 1000 Jahre Finsternis seit 337, Rückkehr zum alten Glanz in geistiger und polit. Erneuerung), seiner Liebe zu Cicero und Vergil und seinem Versuch, sich stilistisch auf sie auszurichten, sowie seiner Dichterkrönung auf dem röm. Kapitol (1341) den Beginn der n. Literatur. Sie wurde im 15. Jh. ermöglicht, produziert und verbreitet durch die Humanisten, die als Lehrer der Grammatik, Rhetorik, Poesie, Geschichtsschreibung und Moralphilosophie oder als Sekretäre und Kanzler von Fürsten und Städten tätig waren. Die Sprache wurde durch C. Salutati und L. Bruni bis zu L. Valla (›Elegantiarum latinae linguae libri VI‹, entst. 1435–44, hg. 1471) immer mehr von mittelalterl. Formen, Wörtern und Strukturen entfernt. Um die Wende zum 16. Jh. wollte man sich in der Prosa teilweise ausschließlich an Cicero orientieren (P. Bembo), wogegen sich weniger purist. Autoren (Erasmus von Rotterdam) aussprachen, die eine freie, dem Autor gemäße Wahl und Gestaltung der antiken Ausdrucksmittel befürworteten. Beide Richtungen setzten sich bis ins 17. Jh. fort. In der Dichtung wandte man sich im allgemeinen von den Rhythmen und Reimen des MA ab und komponierte in den quantitierenden Versmaßen der Antike, zuerst im Hexameter und im eleg. Distichon, die weiterhin die häufigsten Metren blieben, von der Mitte des 15. Jh. an aber auch in den lyr. Maßen des Catull und Horaz, später auch in den dramat. des Terenz. Alle Dichtungsgattungen der Antike wurden aufgegriffen. Die Imitation der Alten schloß den Bezug auf die eigene Zeit nicht aus, vielmehr boten die klass. Vorbilder Möglichkeiten zum stilisierten Ausdruck eigener Gedanken und Empfindungen. Da Dichtung als weitgehend erlernbar betrachtet wurde, entstand auch vieles Schulmäßige und zugleich eine reiche poetolog. Literatur (J. C. Scaliger, ›Poetices libri VII‹, hg. 1561), die auch das volkssprachl. Dichten beeinflußte.

Das hexametr. **Epos** war die anspruchsvollste Gattung der n. L. seit Petrarcas ›Africa‹ (entst. 1338–42, gedr. 1496, einer allegorisch zu interpretierenden Darstellung Scipios d. Ä. im 2. Punischen Krieg). Vergils ›Aeneis‹ galt immer als das wichtigste Vorbild. Historisch-panegyr. Epen, die die Taten zeitgenöss. Fürsten verherrlichen und ihre Geschlechter auf myth. Anfänge zurückführen, waren zahlreich, von der ›Borsias‹ T. V. Strozzis über Herzog Borso d'Este und sein Haus (entst. 1460–1504) bis zur ›Viennis‹ (1717) des Polen Joannes Damascenus Kalinsky (* 1663, † 1726) über die türk. Belagerung Wiens. Häufiger gelesen und aufgelegt wurden die Bibelepen; als die besten anerkannt waren I. Sannazaros ›De partu virginis‹ (1526) und G. Vidas ›Christias‹ (1535), die auf J. Milton und F. G. Klopstock wirkte. Sehr beliebt waren **Lehrepen,** gestaltet in Anlehnung an klass. Muster zu vielen neuen Themen: G. Fracastoros ›Syphilis sive de morbo gallico‹ (1530) – die Geschlechtskrankheit erhielt von diesem Werk ihren Namen – galt zeitweise als die beste lat. Dichtung nach Vergil. Der von der kath. Kirche indizierte ›Zodiacus vitae‹ des M. Palingenius Stellatus (1535/36), eine umfassende Lebenslehre, wurde in prot. Ländern zum Schulbuch. R. Rapins ›Hortorum libri IV‹ (1665) beschreiben die frz. Gartenkunst zur Zeit Ludwigs XIV. Der Niederländer Hieronymus van Bosch (* 1740, † 1811) publizierte noch 1808 ein Lehrgedicht über die Gleichheit der Menschen (›Carmen de aequalitate hominum‹). Vidas ›Scacchia ludus‹ (1527), in dem Lehren des Schachspiels mit einer scherzhaften myth. Erzählung vermischt sind, wurde ins Englische, Französische, Italienische und Deutsche übersetzt und erfuhr bis heute 80 Auflagen. Parodist. Lehrgedichte knüpften an Ovids ›Ars amandi‹ an (Vincentius Obsopoeus [† 1539], ›Ars bibendi‹, 1536; F. Dedekind, ›Grobianus‹, 1549). Auch die nlat.

**Bukolik** setzte mit Petrarca ein, der sich jedoch von bukol. Versepisteln Dantes (1320) anregen ließ und seine Eklogen (›Bucolicum carmen‹, entst. 1346/47) so sehr allegorisch verschlüsselte, daß ihre Esoterik einer produktiven Rezeption eher im Wege stand. Erst um 1460 (T. V. Strozzi in Ferrara) begann die bis ins 17. Jh. nicht mehr abreißende Reihe der nlat. Eklogen, die auch zum Entstehen der volkssprachl. Hirtendichtung beitrugen. Sannazaro verlegte ihr Milieu von den Hirten zu den Fischern (›Eclogae piscatoriae‹, 1526). Der Karmeliter B. Mantuanus (G. B. Spagnoli) verfaßte ›Aeglogae‹ mit christl. Allegorik (1498), die als Schulbuch sogar dem vergilischen Vorbild Konkurrenz machten. H. E. Hessus, der unter den dt. lat. Dichtern in der Generation nach K. Celtis das größte Ansehen hatte, wurde durch eine Sammlung von Eklogen bekannt (›Bucolicon‹, 1509), die seinen humanist. Freundeskreis bukolisch verfremdeten. **Satiren** finden sich in der Form der horazisch-juvenal. Verssatire (F. Filelfo, George Buchanan [* 1506, † 1582]); satir. Inhalte kommen jedoch auch in zahlreichen anderen poet. und prosaischen Formen zum Ausdruck.

**Elegie** und **Lyrik** sind die umfangreichsten Gattungen der nlat. Dichtung. Sie wurden oft gemischt und auch zusammen mit **Epigrammen** publiziert. Unter dem Einfluß der röm. Elegiker entstanden viele Zyklen von Liebeselegien, u. a. von G. Pontano, dem vielseitigsten und bedeutendsten italien. lat. Dichter des 15. Jh., von Celtis (›Quatuor libri amorum‹, 1502), der die humanist. Dichtung nach Deutschland brachte, und dem durch seine ›Kußgedichte‹ (›Basia‹, 1539) bekannten Niederländer Johannes Secundus. Autobiograph. Erfahrungen aus Krieg und Studium gestaltete P. Lotichius Secundus (›Elegiarum liber ...‹, 1551), der als bester dt. Dichter des 16. Jh. galt. Martial war das Vorbild der seit dem 16. Jh. häufigen Epigrammsammlungen (u. a. von dem Waliser J. Owen, ›Epigrammatum ... libri III‹, 1606). Als Anlässe zu zahllosen Gelegenheitsgedichten nahm man die verschiedensten Ereignisse des menschl. Lebens. Die poet. Reflexion und die dichter. Praxis pflegten viele gegenständlich bestimmte Gedichttypen: Genethliaca (Gedichte zur Geburt), Epithalamia (zur Hochzeit), Epicedia (auf Tote), Epitaphia (Grabgedichte; oft inschriftlich überliefert), Propemptica und Apobateria (Gedichte beim Abschied), Hodoeporica (Reisegedichte), Paideuteria (Danksagungen an akadem. Lehrer), Enkomia (Lobgedichte auf Fürsten, Städte und Bücher), Liebesgedichte, Gedichte bei Trinkgelagen, Rätselgedichte, Emblemgedichte und viele andere. Formale Besonderheiten waren der ↑Cento, die ↑Parodie, das anagrammat. Gedicht, das Chronostichon (↑Chronogramm), das ↑Akrostichon und andere Gedichttypen, die mit kunstreichen Wortspielen beeindruckten. Zahlreich waren seit den Hymnen Pontanos auch immer – auf kath. wie ev. Seite – die ›sacra poemata‹, z. B. die beliebten poet. Psalmenparaphrasen (berühmt für sie der Schotte G. Buchanan) und die horazische Formen aufnehmende Lyrik der Jesuiten des 17. Jh. (J. Balde, M. K. Sarbiewski).

Das nlat. **Drama** (Anfänge bei Mussato und Petrarca) kam erst zur Entwicklung, als etwa ab 1470 in italien. Städten Plautus- und Terenzkomödien erstmals seit der Antike wieder aufgeführt wurden. Humanist. Komödien verwendeten deren Personentypen und Handlungsmotive und versetzten sie in neuer Mischung in die zeitgenöss. Wirklichkeit (Ioannes Harmonius Marsus [* um 1477, † nach 1552], ›Stephanium‹, 1500); an sie knüpfte die italien. Commedia erudita an. Nördlich der Alpen entstand in der Reformationszeit in den Schulen als prakt. Sprachübung und zur moral. Erziehung das Bibeldrama in terenzischer Form (z. B. G. Gnaphaeus' Drama über den verlorenen Sohn, ›Acolastus‹, 1529). G. Macropedius verarbeitete im ›Hecastus‹ (1539) den Jedermann-Stoff. Antipapistisch und satirisch schrieb Th. Naogeorgius; N. Frischlin, Übersetzer des Aristophanes, ließ im ›Iulius redivivus‹ (1585) Caesar und Cicero das zeitgenöss. Deutschland besichtigen. Eine stärkere Rezeption von Seneca d. J. und Euripides erfolgte erst im 16. Jh.; nlat. Tragödien – mytholog. und histor. – blieben an Zahl und Wirkung geringer. Das ↑Jesuitendrama, von etwa 1575 bis weit ins 18. Jh. in Deutschland, Ungarn und Polen verbreitet, benützte ein leicht verständl. Latein, starke theatral. Effekte und häufig histor. Tragödienstoffe für die Glaubenspropagierung (J. Bidermann, ›Cenodoxus‹, UA 1602, hg. 1666; Franciscus Neumayr [* 1697, † 1775], ›Theatrum politicum‹, 1760).

Unter den **prosaischen Textformen** gibt der stilisierte **Brief** den besten Einblick in die Lebenswelt der Humanisten. Nachdem Petrarca im Blick auf Cicero seine eigenen Briefe gesammelt und revidiert veröffentlicht hatte (u. a. ›Epistulene familiares‹, ›Epistulae seniles‹), taten ihm dies viele nach. Ihre Briefcorpora bestehen aus Kunstbriefen, die persönl. Erlebnisse, Neuigkeiten, philosoph. Reflexionen und gelehrte Diskussionen aller Art enthalten. In den ↑›Epistulae obscurorum virorum‹ (1515–17) wurde der fiktive Brief zur satir. Waffe. Der **Dialog** in seiner platonisch-ciceron. Form diente zuerst in Italien zur Diskussion philosoph., polit. und poet. Fragen (L. Valla, ›De voluptate‹, entst. 1431; Th. More, ›Utopia‹, 1516). Der satir. Dialog nach dem Vorbild Lukians nahm in der Reformationszeit polit. und religiöse Polemik in sich auf (Ulrich von Hutten) und diente Erasmus in den ›Colloquia familiaria‹ (1518; 1533) zu einer amüsanten Sittenschilderung. Die Kunst der **Rede** war in der Diplomatie, im höf. Zeremoniell und bei vielen akadem. Anlässen gefragt. G. Pico della Mirandolas Rede ›De dignitate hominis‹ (hg. 1496) gilt als Manifest humanist. Philosophie. Musterhafte Reden sammelte man wie Briefe (Marcus Antonius Muretus [* 1526, † 1585], ›Orationes XXIII‹, 1575). Legitimiert durch Cicero war auch die humanist. Invektive (Schmährede), in der schon Petrarca seine Gegner kunstreich beschimpfte; er wurde von G. F. Poggio Bracciolini noch übertroffen. Zur Gattung der überraschenden Lobreden gehört die ironisch-satir. Declamatio ›Encomium Moriae‹ (›Lob der Torheit‹, 1511), die unter den vielen Schriften des Erasmus das spielerischste Produkt war und durch ihre Mischung von Scherz und Ernst immer wieder faszinierte. Nur unterhalten wollen die Schwänke und Anekdoten – im ›Liber facetiarum‹ (entst. 1438–51) Poggio Bracciolinis, kurze, oft obszöne Witzgeschichten, die die Schwaben H. Bebel und N. Frischlin durch eigene Sammlungen bereicherten. Aus der nicht häufigen fiktiven **erzählenden Prosa** sind am bekanntesten ›De Euryalo et Lucretia‹ (entst. 1444), eine psycholog. Liebesnovelle, die E. S. Piccolomini verfaßte, bevor er Papst (Pius II.) wurde, die ›Argenis‹ (1621), ein handlungsreicher politisch-satir. Roman des Schotten J. Barclay, und das ›Nicolai Klimii iter subterraneum‹ (1741), eine utop. Reisebeschreibung in Form einer menippeischen, d. h. Prosa und Vers mischenden Satire des Dänen L. von Holberg.

Im weiteren Sinne gehört zur n. L. auch die **wiss. Prosa** in lat. Sprache, die mit ihren vielfältigen Erscheinungsformen in den Bereichen Geschichtsschreibung, Philologie, Philosophie, Naturwissenschaften, Theologie, Medizin und Jurisprudenz einen nicht unbedeutenden Teil der n. L. darstellt.

**Anthologien:** SCHNUR, H. C.: Lat. Gedichte dt. Humanisten (mit dt. Übers.). Stg. 1967. – Musae reduces. Anthologie de la poésie latine dans l'Europe de la Renaissance. Textausw. v. P. LAURENS u. C. BALAVOINE. Leiden 1975 (mit frz. Übers.). – An anthology of Neo-Latin poetry. Hg. v. F. J. NICHOLS. New Haven (Conn.) u. London 1979 (mit engl. Übers.). – Renaissance Latin verse. Hg. v. A. PEROSA u. J. SPARROW. London 1979.

**Literatur:** BUCK, A.: Die humanist. Tradition in der Romania. Wsb. 1968. – Classical influences on European culture A. D. 500–1700. Hg. v. R. R. BOLGAR. Cambridge 1971–76. 2 Bde. – KRISTELLER, P. O.: Humanismus u. Renaissance. Dt. Übers. Mchn. 1972–76. 2 Bde. – Acta Conventus Neo-Latini Lovaniensis. Proceedings of the First international congress of Neo-Latin studies. Hg. v. J. IJSEWIJN u. E. KESSLER. Löwen u. Mchn. 1973. – IJSEWIJN, J.: Companion to Neo-Latin studies. Amsterdam 1977. – GIUSTINIANI, V. R.: Nlat. Dichtung in Italien 1850–1950. Tüb. 1979. – Acta Conventus Neo-Latini Amstelodamensis. Proceedings of the Second international congress of Neo-Latin studies. Hg. v. P. TUYNMAN u. a. Mchn. 1979.

**Neumann,** Alfred, * Lautenburg 15. Okt. 1895, † Lugano 3. Okt. 1952, dt. Schriftsteller. – Studierte in München, war Verlagslektor, 1918–20 Dramaturg; emigrierte 1933 nach Italien, Frankreich, 1941 in die USA; 1949 Rückkehr nach

Florenz. N. gestaltete in seinen psychologisch analysierenden Romanen an histor. Stoffen das aktuelle Problem der Macht, ihrer Versuchung und ihres Mißbrauchs, z. B. in seiner Napoleontrilogie ›Neuer Caesar‹ (R., 1934), ›Kaiserreich‹ (R., 1936) und ›Das Kind von Paris‹ (R., 1952); für den Roman ›Der Teufel‹ (1926) erhielt er 1926 den Kleist-Preis; stilistisch steht N. der realist. Erzähltradition des 19. Jh. nahe. Auch Dramatiker, Lyriker und Übersetzer.

**Weitere Werke:** Die Lieder vom Lächeln und der Not (Ged., 1917), Der Patriot (E., 1925; Dr., 1926), König Haber (E., 1926), Rebellen (R., 1927), Königsmaske (Dr., 1928), Frauenschuh (Tragikomödie, 1929), Guerra (R., 1929), Der Held (R., 1930), Narrenspiegel (R., 1932), Die Goldquelle (R., 1937), Es waren ihrer sechs (R., 1944), Der Pakt (R., 1949), Viele heißen Kain (E., 1950).

**Ausgabe:** A. N. Eine Ausw. aus seinem Werk. Hg. v. G. STERN. Wsb. 1979.

**Neumann,** Robert, * Wien 22. Mai 1897, † München 3. Jan. 1975, österr. Schriftsteller. – Studierte Medizin und Germanistik; wechselvolles Berufsleben; 1934 Emigration nach Großbritannien, brit. Staatsbürger; schrieb z. T. in engl. Sprache; lebte später v. a. im Tessin; war zeitweise Vizepräsident des Internat. PEN-Clubs. Scharf, aggressiv, phantasievoll, stilistisch gewandt und vielseitig, schrieb N. u. a. fesselnde zeit- und gesellschaftskrit. Romane, Lyrik und brillante Erzählungen. Bekannt sind v. a. seine meisterhaften Parodien (›Mit fremden Federn‹, 1927, erweitert 2 Bde., 1955; ›Unter falscher Flagge‹, 1932), mit denen er die Parodie als krit. Gattung im literar. Leben der Weimarer Republik etablierte.

**Weitere Werke:** Gedichte (1919), Die Pest von Lianora (Nov.n, 1927), Sintflut (R., 1929), Hochstaplernovelle (1930), Die Macht (R., 1932), An den Wassern von Babylon (R., engl. 1939, dt. 1945), The inquest (R., 1944, dt. 1950 u. d. T. Bibiana Santis. Der Weg einer Frau), Die Kinder von Wien (R., engl. 1946, dt. 1948), Die dunkle Seite des Mondes (R., 1959), Olympia (R., 1961), Ein leichtes Leben (Autobiogr., 1963), Der Tatbestand oder Der gute Glaube der Deutschen (R., 1965), Vielleicht das Heitere (Tageb., 1968), Oktoberreise mit einer Geliebten (R., 1970), Ein unmögl. Sohn (R., 1972), 2 × 2 = 5 (Parodien, 1974).

**Ausgaben:** R. N. Ges. Werke in Einzelausgg. Mchn. u. a. 1959–72. 15 Bde. – R. N.s Parodien. Rbk. 1976 ff.

Robert Neumann

**Literatur:** R. N. Stimmen der Freunde. Der Romancier u. sein Werk. Mchn. u. a. 1957.

**Neumann,** Stanislav Kostka [tschech. 'nɔjman], * Prag 5. Juni 1875, † ebd. 28. Juni 1947, tschech. Lyriker. – Aus wohlhabender Familie; entwickelte nach einer frühen, vom Geist des Fin de siècle geprägten Phase Neigung zum radikalen Sozialismus; zeitweilig Anarchist, ab 1921 als Politiker und Publizist propagandistisch für den Kommunismus tätig. Seine Werke spiegeln seine jeweiligen Anschauungen; schrieb auch ein lyr. Kriegstagebuch und übersetzte aus dem Französischen (Ch. Baudelaire, É. Verhaeren), Russischen und Deutschen (H. Heine, J. R. Becher).

**Werke:** Kniha lesů, vod a strání (= Buch der Wälder, Gewässer und Berghänge, Ged., 1914), Nové zpěvy (= Neue Gesänge, Ged., 1918), Rudé zpěvy (= Rote Gesänge, Ged., 1923).

**Ausgabe:** S. K. N. Sebrané spisy. Prag 1947–56. 23 Bde.

**Literatur:** KAUTMAN, F.: S. K. N. Prag [2]1975. – GROCHTMANN, F. U.: Anarchosyndikalismus, Bolschewismus u. Proletkult in der Tschechoslowakei (1918–1924). Mchn. 1979.

**Neumark,** Georg, * Langensalza (heute Bad Langensalza) 16. (6.?) März 1621, † Weimar 8. Juli 1681, dt. Dichter. – Studierte Jura in Königsberg (Pr), wo er mit S. Dach bekannt wurde; ab 1651 Bibliothekar und Registrator in Weimar. Mitglied der ↑ ›Fruchtbringenden Gesellschaft‹ als ›Der Sprossende‹, deren Geschichte er im ›Neu sprossenden Teutschen Palmbaum‹ (1668) schrieb. Seine Dichtungen sind meist von durchschnittl. Wert, seinen Ruf verdankt er einigen empfindsamen geistl. Liedern (u. a. ›Wer nur den lieben Gott läßt walten‹). Auch Romane.

**Weitere Werke:** Poetisch- und Musikalisches Lustwäldchen (Ged., 1652), Fortgepflanzter Musikalisch-Poetischer Lustwald (Ged., 1657), Poetischer und historischer Lustgarten (En., 1666).

**Neumarkt,** Johannes von, dt. Humanist, †Johannes von Neumarkt.

**neupersische Literatur** †persische Literatur.

**Neuromantik,** Ende des 19. Jh. geprägter Begriff für eine literar. Strömung, die als Reaktion auf den †Naturalismus im Rahmen einer Auseinandersetzung mit der dt. †Romantik um 1890 entstand. Neben wiss. Beschäftigung mit der Romantik (R. Huch, ›Blütezeit der Romantik‹, 1899, ›Ausbreitung und Verfall der Romantik‹, 1902) und der Edition von Neuausgaben und Anthologien spielt auch die literar. Gestaltung von Themen und Motiven der Romantik eine wichtige Rolle. Entscheidender als die stoffl. Rückgriffe auf die Romantik wurden jedoch die kunsttheoret. und ästhet. Einflüsse und Anregungen aus frz. Literaturströmungen, wie †Impressionismus, †Dekadenzdichtung (†L'art pour l'art) und bes. †Symbolismus. Nach Art und Grad der Umsetzung entstanden verschiedene heterogene Richtungen (z. B. †George-Kreis). Da diese Differenzierungen mit der Bez. N. nicht erfaßt werden, wird heute meist von ›Symbolismus‹, ›Stilkunst um 1900‹ (J. Hermand) oder ›literar. Jugendstil‹ (D. Jost) gesprochen.

**Literatur:** HAMANN, R./HERMAND, J.: Dt. Kunst u. Kultur v. der Gründerzeit bis zum Expressionismus. Bd. 4: Stilkunst um 1900. Bln. 1967. – Neues Hdb. der Literaturwiss. Bde. 18–19: Jahrhundertende – Jahrhundertwende. Hg. v. H. HINTERHÄUSER u. H. KREUZER. Wsb. 1976. 2 Bde. – JOST, D.: Literar. Jugendstil. Stg. [2]1980.

**neuseeländische Literatur,**

**Maori-Literatur bis 1800:** Zwischen dem 14. Jh. und etwa 1800 gab es in Neuseeland die ausschließlich mündlich tradierte Liedkultur und Stammesmythen der aus Polynesien nach Neuseeland gekommenen Maoris, die George Grey (* 1812, † 1898) mit seinen Sammlungen ›Poems, traditions and chaunts of the Maoris‹ (1853) und ›Proverbial and popular sayings of the ancestors of the New Zealand race‹ (1857) erstmals den Europäern bekanntmachte.

**Die koloniale Epoche** (1800–1890): Diese Periode entwickelte neben frühen Tagebüchern und Reiseberichten über das Leben fernab vom ›Mutterland‹ England (Ernest Dieffenbach [* 1811, † 1855], ›Travels in New Zealand‹, 1843) hauptsächlich realistisch-authent. *Prosa* mit idealisierend-fiktiver Note, stark geprägt vom engl. Viktorianismus. Drei Themen standen im Mittelpunkt der Prosa dieser Zeit:

1. Das Leben der Siedler im Busch, als Kolonisten und Farmer (Mary Anna Barker [* 1831, † 1911], ›Station life in New Zealand‹, 1870; Charlotte Evans [* 1842, † 1882], ›Over the hills and far away‹, 1874; Dugald Ferguson [* 1833, † 1920], ›Bushlife‹, 1893). 2. Die zwischen 1843 und 1869 wütenden Maori-Kriege (B. Stoney, ›Taranaki. A tale of the war‹, 1861; J[ohn] E. Gorst [* 1835, † 1916], ›The Maori king‹, 1864; George Wilson [* 1833, † 1905], ›Ena, or the ancient Maori‹, 1874; John White [* 1826, † 1891], ›Te Rou, or the Maori at home‹, 1874). 3. Der nach 1861 einsetzende Goldrausch auf der Südinsel (Benjamin L. Farjeon [* 1838, † 1907], ›Shadows on the snow‹, 1865; Vincent Pyke [* 1827, † 1894], ›Wild Will Enderby‹, 1873). Bemerkenswerte Erzählungen stammen von Henry Lapham (* 1852 ?, † 1887; ›We four‹, 1880), William Davidson (* 1847, † 1912; ›Stories of life‹, 1889). Die *Lyrik* war im 19. Jh. zunächst hauptsächlich Gelegenheitsdichtung, wirklichkeitsfremd und imitativ (William Golder [* 1810, † 1876], ›The New Zealand minstrelsy‹, 1851; John Barr [* 1809, † 1889], ›Poems and songs, descriptive and satirical‹, 1861; Thomas Bracken [* 1843, † 1898], ›Musings in Maoriland‹, 1890). Schöne Landschaftsgedichte schrieb dagegen Alfred Domett (* 1811, † 1887; ›Ranolf and Amohia. A South Sea day dream‹, 1872) sowie der Politiker und Historiker William Pember Reeves (* 1857, † 1932; ›A colonist in his garden. Colonial couplets‹, 1889; mit G. P. Williams [* 1847, † 1909]).

**Die nationale Epoche** (1890–1945): Der wirtschaftl. Aufschwung nach der Depression von 1878, die rasche Bevölkerungszunahme (1901 bereits über 800000 Einwohner) sowie florierender Export führten zu wachsendem Nationalstolz, der die Literatur über fast 50 Jahre nachhaltig bestimmte. Selbst in der *Lyrik* kam der Stolz auf die eigenen Leistungen zum Ausdruck (William P. Reeves, ›New Zealand‹, 1898). Die bedeutendsten Lyriker veröffentlichten ihre Werke zunächst in dem richtungweisenden ›New Zealand Illustrated Magazine‹ (gegr. 1899), ab 1932 auch in der von R. A. K. Mason gegründeten kurzlebigen Zeitschrift ›Phoenix‹ (Blanche E. Baughan [* 1870, † 1958], Eileen Duggan [* 1884, † 1972], A. R. D. Fairburn [* 1904, † 1957], Allen Curnow [* 1911], J. R. Hervey [* 1889, † 1958], Denis Glover [* 1912, † 1980]). In der *Prosa* wurde durch die Verwendung neuseeländ. Idiome auch sprachlich der Stolz auf die nat. Eigenständigkeit ausgedrückt. Die *Kurzgeschichte* erlebte ihre erste anhaltende Blütezeit mit K. Mansfields richtungweisenden Anthologien ›In a German pension‹ (1911), ›Prelude‹ (1918), ›Für 6 Pence Erziehung u. a. Geschichten‹ (1920, dt. 1937, 1952 u. d. T. ›Seligkeit u. a. Erzählungen‹), ›Das Gartenfest‹ (1922, dt. 1938), ›The dove's nest ...‹ (1923) u. a. Thematisch steht in den Kurzgeschichten das Farmer- und Siedlerleben im Vordergrund bei F. Sargeson, Frank S. Anthony (* 1891, † 1925), Amelia E. Batistich (* 1915), Phillip Wilson (* 1912) und J. Frame, Episoden und Figuren des kolonialen Bürgertums, z. T. mit ironisch-satirisch überzeichneter Sozialkritik, findet man in den Erzählungen von James F. Courage (* 1903, † 1963), Helen Shaw (* 1913, † 1985) und David Ballantyne (* 1924, † 1986). Kinder und Jugenderlebnisse sowie die Probleme der Heranwachsenden gestalten mit Vorliebe Dan[iel] M. Davin (* 1913, † 1990), Maurice N. Duggan (* 1922, † 1974) und O. E. Middleton. Weitere bed. Erzähler: Roderick Finlayson (* 1904), D. Stewart, A. P. Gaskell (* 1913) und John Reece Cole (* 1916, † 1989). Auf dem Gebiet des *Romans* waren Edith Searle Grossman (* 1863, † 1931), William Satchell (* 1860, † 1942), Jane Mander (* 1877, † 1949), William Herbert Guthrie-Smith (* 1861, † 1940) und Alfred A. Grace (* 1867, † 1942) führend.

**Die Moderne** (seit 1945): Sie wurde literarästhetisch nachhaltig durch das Kultur- und Literaturmagazin ›Landfall‹ (gegr. 1947) geprägt. Formen- und Themenvielfalt nehmen bes. seit den 70er Jahren deutlich zu und konkurrieren mit modernen Einflüssen aus Europa, Amerika und Australien. Während Siedler- und Farmerthematik in den Hintergrund tritt, rücken das Leben in der Stadt in das Interesse der Autoren sowie die Lebensbedingungen der modernen neuseeländ. Gesellschaft mit ihren Problemen der Isolation, Anonymität und Kommunikationsunfähigkeit. Seit den späten 60er Jahren bestimmt skeptisch-illusionsloses Eintreten für Menschlichkeit und Toleranz das Werk der Autoren unter gleichzeitigem Verzicht auf typisch neuseeländ. Erfahrungen und auf Abgrenzung gegenüber anderen engl. Literaturen. Von den in der vorhergehenden Epoche genannten Autoren sind weiterhin produktiv D. Ballantyne, J. R. Cole, M. N. Duggan, J. F. Courage, A. P. Gaskell, D. M. Davin, H. Shaw, J. Frame sowie C. K. Stead, M. Shadbolt, Witi Ihimaera (* 1944), Lynda Scarth (* 1943), Barry Crump (* 1935), Michael Beveridge (* 1946), Howard Press (* 1949), Bill Pearson (* 1922), Jennifer Compton und Alistair Campbell (* 1925). Bed. moderne Lyriker sind R. A. K. Mason, Louis Johnson (* 1924), James K. Baxter (* 1926, † 1972), Ruth Dallas (* 1919) und V. O'Sullivan, ferner Lauris Edmond (* 1924) und H. Tuwhare.

**Literatur:** McCormick, E. H.: New Zealand literature. A survey. London 1959. – Wilkes, G. A./Reid, J. C.: The literatures of Australia and New Zealand. University Park u. London 1971. – McNaughton, H. D.: New Zealand drama. Boston (Mass.) 1981. – Burns, J. A. S.: New Zealand novels and novelists, 1861–1979. An annotated bibliography. Auckland 1981. – The Oxford history of New Zealand literature in English. Hg. v. T. Sturm. Auckland 1991.

**Neustadt,** Heinrich von, mhd. Dichter, ↑ Heinrich von Neustadt.

**Neutsch,** Erik, * Schönebeck/Elbe 21. Juni 1931, dt. Schriftsteller. – War ab 1953 Journalist in Halle/Saale, seit 1960 freier Schriftsteller. Verfasser von realist. Erzählungen, Romanen und Dramen aus der Arbeitswelt, in denen er sich auch mit ökonom. und gesellschaftl. Mißständen in der sozialist. Gesellschaft auseinandersetzt; v.a. Darstellung von Individuen, die Wege der Selbstfindung und Selbstverwirklichung suchen. Auch Hörspielautor.

**Werke:** Die Regengeschichte (E., 1960), Bitterfelder Geschichten (En., 1961), Spur der Steine (R., 1964), Auf der Suche nach Gatt (R., 1973), Der Friede im Osten (R.zyklus: Am Fluß, 1974; Frühling mit Gewalt, 1978; Wenn Feuer verlöschen, 1985; Nahe der Grenze, 1987, wegen falscher Darstellungen 1990 zurückgezogen), Heldenberichte (En., 1976), Der Hirt (E., 1978), Zwei leere Stühle (E., 1979), Fast die Wahrheit. Ansichten zu Kunst und Literatur (1980), Forster in Paris (E., 1981), Da sah ich den Menschen (Dramen, Ged., 1983), Claus und Claudia (Prosa, 1989), Totschlag (R., 1994).

**Neuwert-Nowaczyński,** Adolf, polnischer Schriftsteller, ↑Nowaczyński, Adolf.

**Neverov,** Aleksandr Sergeevič, russ. Schriftsteller, ↑Newerow, Alexandr Sergejewitsch.

**Newby,** P[ercy] H[oward] [engl. 'nju:bɪ], * Crowborough (Sussex) 25. Juni 1918, engl. Schriftsteller. – Dozent in Kairo (1942–46); Journalist; seit 1949 im Rundfunk-, seit 1978 im Theaterwesen tätig; Verfasser farcenhafter Romane über die Berührung gegensätzl. Kulturen (›The picnic at Sakkara‹, 1955; ›Revolution and roses‹, 1957; ›Something to answer for‹, 1968) sowie über Gegensätze innerhalb der brit. Gesellschaft (›A season in England‹, 1951; ›The barbary light‹, 1962; ›One of the founders‹, 1965).

**Weitere Werke:** A journey to the interior (R., 1945), The young may moon (R., 1950), A guest and his going (R., 1959), A lot to ask (R., 1973), Kith (R., 1977), Leaning in the wind (R., 1987), Coming in with the tide (R., 1991).

**Literatur:** MATHEWS, F. X.: The fiction of P. H. N. Madison (Wis.) 1964. – BUFKIN, E. C.: P. H. N. Boston (Mass.) 1975.

**New criticism** [engl. 'nju: 'krɪtɪsɪzm = neue Kritik], angloamerikan., bes. zwischen 1930 und 1960 wirksame Richtung der Literaturwiss., die als Gegenbewegung gegen positivistisch-faktenbezogene, geisteswissenschaftl. und soziolog. Literaturwiss. entstand, angeregt bes. von T. S. Eliot, E. Pound, I. A. Richards und W. Empson, beeinflußt auch von B. Croce. Der N. c. konzentrierte sich ganz auf das literar. Kunstwerk als organ. Einheit und suchte, unter Hintanstellung histor., biograph. und gattungsgeschichtl. Kontexte, durch intensive objektive Analyse der sprachl., metaphor. und strukturellen Konstituenten der literar. Texte sowie ihrer Interrelationen und Ambiguitäten den spezif. kulturellen und moral. Aussagewert von Dichtung auszuloten. Zu den amerikan. Hauptvertretern zählen (bei im einzelnen unterschiedl. Standpunkten) J. C. Ransom, dessen Schrift ›The n. c.‹ (1941) der Bewegung den Namen gab, A. Tate, R. P. Blackmur, R. P. Warren, C. Brooks, W. K. Wimsatt, Y. Winters; in England standen u. a. auch Th. E. Hulme und F. R. Leavis dem N. c. nahe. Zwar wurde der N. c. auch zum ›contextual criticism‹ erweitert (M. Krieger u. a.), doch wird ihm heute v. a. die Vernachlässigung formaler Konzepte sowie anthropolog. und sozialer Dimensionen der Literatur vorgehalten.

**Literatur:** HALFMANN, U.: Der amerikan. ›N. C.‹. Ffm. 1971. – WEIMANN, R.: N. C. u. die Entwicklung bürgerl. Literaturwiss. Mchn. [2]1974. – LÜTHE, R.: N. C. u. idealist. Kunstphilosophie. Philosoph. Unterss. zu den literar. Theorien J. C. Ransoms u. A. Tates. Bonn 1975. – LENTRICCHIA, F.: After the n. c. Chicago 1980.

**New English Drama** [engl. 'nju: 'ɪŋglɪʃ 'drɑ:mə] (New British Drama), Sammelbez. für die Neuorientierung der engl. Dramatik, die Ende der 1950er Jahre einsetzte und alsbald zu breiter Produktivität und internat. Beachtung gelangte. Sie ging, eingeleitet von J. Osbornes Stück ›Blick zurück im Zorn‹ (1957, dt. 1958), zunächst aus der Protesthaltung der ↑Angry young men hervor, wurde aber auch durch die Rezeption des ep. Theaters B. Brechts, des absurden Theaters (S. Beckett) und des Theaters der Grausamkeit (A. Artaud) nachhaltig beeinflußt und durch experimentierfreudige Regisseure (Joan Maud Littlewood [* 1914], Peter Brook [* 1925]) und engagierte Kritiker (Kenneth Tynan [* 1927, † 1980]) sowie durch eine bis dahin in Großbritannien unbekannte Subventionspolitik unterstützt. Daraus gingen politisch engagierte, realist. und parabol. Stücke (J. Osborne, A. Wesker, J. Arden, E. Bond) ebenso hervor wie Weiterentwicklungen der absurden Dramatik (H. Pinter, N. F. Simpson) und nicht zuletzt die Erneuerung und Funktionalisierung der Farce (J. Orton, H. Livings, A. Ayckbourn). Seit Mitte der 60er Jahre wurden diese Tendenzen durch ein noch breiteres Spektrum der Stilrichtungen und durch deren oft spieler. und parodist. Verbindung abgelöst (T. Stoppard, H. Brenton u. a.); dabei kamen bes. nach der Aufhebung der staatl. Theaterzensur (1968) auch ein aggressiv realist. Theater (P. Barnes, H. Williams u. a.) sowie psychologisierende Problemdramatik (P. Shaffer, D. Mercer u. a.) zur Geltung. – ↑auch englische Literatur.

**Literatur:** TAYLOR, J. R.: Anger and after. London 1962. Nachdr. 1977. – TAYLOR, J. R.: The second wave. British drama for the seventies. London 1971. – ELSOM, J.: Post-war British theatre. London u. a. 1976. – KERENSKY, O.: The new British drama. London 1977. – HAYMAN, R.: British theatre since 1955. A reassessment. Oxford u. a. 1979. – THOMSON, CH. W.: Das engl. Theater der Gegenwart. Düss. 1980. – Engl. Drama von Beckett bis Bond. Hg. v. H. F. PLETT. Mchn. 1982. – Das engl. Drama nach 1945. Hg. v. K. P. STEIGER. Darmst. 1983.

**Newerow** (tl.: Neverov), Alexandr Sergejewitsch [russ. nɪ'vjɛrɐf], eigtl. A. S. Skobelew, * Nowikowka (Gebiet Simbirsk) 24. Dez. 1886, † Moskau 24. Dez. 1923, russ. Schriftsteller. – N.s dem Genre der Dorfgeschichte nahestehende Erzählwerke, die im Geist der ›Volkstümler‹ (Narodniki) geschrieben sind, behandeln meist soziale Probleme; Hauptwerk ist der Roman ›Taschkent, die brotreiche Stadt‹ (1923, dt. 1925).

**Ausgaben:** A. S. Neverov. Polnoe sobranie sočinenij. Moskau u. Leningrad 1926. 7 Bde. – A. S. Neverov. Izbrannoe. Moskau 1977.

**Literatur:** SKOBELEV, V. P.: A. Neverov. Moskau 1964.

**Newman,** John Henry [engl. 'nju:mən], * London 21. Febr. 1801, † Edgbaston bei Birmingham 11. Aug. 1890, engl. Theologe und Schriftsteller. – Anglikan. Geistlicher, führend in der Oxfordbewegung; wurde 1847 nach seiner Konversion zum Katholizismus (1845) zum Priester geweiht, 1879 zum Kardinal ernannt und war das geistige Haupt der römisch-kath. Kirche in Großbritannien. Literarisch bed. sind neben seinen Schriften die Kirchenlieder, das autobiograph. Bekenntnisbuch ›Geschichte meiner religiösen Meinungen‹ (1864, dt. 1865), der dramat. Monolog ›Der Traum des Gerontius‹ (1865, dt. 1885), in dem die Erlebnisse der Seele nach dem Tod geschildert werden, und der Roman ›Kallista, eine Erzählung aus dem 3. Jh.‹ (1856, dt. 1856).

**Ausgaben:** The works of Cardinal N. London 1901–03. 40 Bde. – J. H. N. Ausgew. Werke. Dt. Übers. Hg. v. M. LAROS u. a. Mainz 1-2 1951–75. 9 Bde.

**Literatur:** WARD, W. P.: The life of J. H. Cardinal N. London u. New York 1927. Neuaufl. 1937. 2 Bde. – TARDIVEL, F.: La personnalité littéraire de N. Paris 1937. – FRIES, H.: Die Religionsphilosophie N.s. Stg. 1948. – DESSAIN, C. S.: J. H. N. London 1966. – GRAEF, H.: Gott u. mein Ich. Die Spiritualität J. H. N.s. Ffm. 1967. – GRIFFIN, J. R.: N., a bibliography of secondary studies. Front Royal (Va.) 1980. – CHADWICK, O.: N. Oxford 1983. – KER, I.: J. H. N., a biography. Oxford 1988.

**New Yorker, The** [engl. ðə nju: 'jɔ:kə], 1925 von Harold Ross (* 1892, † 1951) gegründete und herausgegebene amerikan. Wochenzeitschrift (seit 1951 Hg. William Shawn [* 1906]), die neben Kulturnachrichten für New York City originelle Kurzgeschichten, Gedichte, Rezensionen von Theater, Film, Musik und Kunst sowie witzige Zeichnungen und Karikaturen enthält. Bed. Beiträger: E. B. White, O. Nash, J. Hersey, Edmund Wilson, J. Updike, J. D. Salinger, S. J. Perelman, T. Capote, J. O'Hara, J. Ashbery, J. Cheever, D. Barthelme. J. Thurber und Brendan Gill (* 1914) haben ihre Zeit beim ›N. Y.‹ in ›The years with Ross‹ (1959) bzw. ›Here at The New Yorker‹ (1975) dargestellt.

**New York Review of Books, The** [ðə 'nju:jɔ:k rɪ'vju: əv 'bʊks], 1963 während eines Druckerstreiks gegründete, vierzehntägig (im Juli und August monatlich) erscheinende, liberale amerikan. Literaturzeitschrift, die primär Neuerscheinungen der Literatur und der Kulturwissenschaften in ausführl. Rezensionen vorstellt, aber auch Gedichte und längere Essays über aktuelle Ereignisse abdruckt. Künstlerkarikaturen von David Levine (* 1926).

**Nẹxø,** Martin Andersen, dän. Schriftsteller, ↑Andersen-Nexø, Martin.

**Nezami,** pers. Dichter, ↑Nesami.

**Nezval,** Vítězslav [tschech. 'nɛzval], * Biskupovice bei Trebitsch 26. Mai 1900, † Prag 6. April 1958, tschech. Dichter. –

Begann als Vertreter der Poésie pure, die er als Mitautor eines Manifests des Poetismus der Devětsil-Gruppe verteidigte; v. a. A. Bretons Einfluß bewirkte N.s zunehmende Neigung zum Surrealismus. Während einer erzwungenen Pause im 2. Weltkrieg und nach Kriegsende verstärkte sich die Tendenz zu patriot. Dichtung. Außer Lyrik (u. a. ›Pantomima‹ [= Pantomime], 1924; ›Sbohem a šáteček‹ [= Ein Lebewohl und ein Winken], 1934; ›Absolutní hrobař‹ [= Der absolute Totengräber], 1937) umfaßt N.s Werk Kinderbücher, Übersetzungen frz. und engl. Werke sowie Dramen und Prosa; dt. erschienen u. a. ›Ich singe den Frieden‹ (Ged., 1951), ›Ausgewählte Gedichte‹ (1967) und ›Auf Trapezen‹ (Ged., 1978).

**Weiteres Werk:** Der Prager Spaziergänger (E., 1938, dt. 1984).

**Ausgabe:** V. N. Dílo. Prag 1951–70. 31 Bde.

**Literatur:** HANSEN-LÖVE, CH.: Die Wurzeln des tschech. Surrealismus. V. N. In: Wiener Slavist. Almanach 4 (1979), S. 313. – BLAHYNKA, M.: V. N. Prag 1981.

**Ngugi wa Thiong'o,** eigtl. James Th. N., * Limuru bei Nairobi 5. Jan. 1938, kenian. Schriftsteller. – Ging 1982 ins Exil nach London, lebt seit 1989 in den USA. In seinen Romanen, Erzählungen und Theaterstücken setzt er sich v. a. mit der jüngsten Vergangenheit und der heutigen Situation Kenias auseinander, z. B. mit der Landfrage und der Ausbeutung von Arbeitern und Bauern durch ausländ. und einheim. Geschäftsleute. Ein weiteres Anliegen von ihm ist die histor. Neueinschätzung der Mau-Mau-Freiheitskämpfe. Seinem polit. Engagement entspricht seit 1977 eine verstärkte Hinwendung zum Action-Theater und zu seiner Muttersprache Kikuyu, um die afrikan. Literatur aus ihrer kolonialen Abhängigkeit zu befreien.

**Werke:** Abschied von der Nacht (R., 1964, dt. 1969), Der Fluß dazwischen (R., 1965, dt. 1970), Preis der Wahrheit (R., 1967, dt. 1971, 1979 u. d. T. Freiheit mit gesenktem Kopf), Verborgene Schicksale (Kurzgeschichten, 1975, dt. 1977), The trial of Dedan Kimathi (Dr., 1976; mit Micere Mugo), Land der flammenden Blüten (R., 1977, dt. 1980, 1981 u. d. T. Verbrannte Blüten), Der gekreuzigte Teufel (R., 1980, dt. 1988), Detained, a writer's prison diary (1981), Ngaahika ndeenda (Dr., 1982; mit Ngugi wa Mirii; engl. 1980 u. d. T. I will marry when I want), Barrel of a pen. Resistance to repression in neo-colonial Kenya (Essay, 1983), Matigari (R., 1989, dt. 1991), Moving the centre: the struggle for cultural freedoms (Essays, 1993).

**Literatur:** COOK, D./OKENIMPKE, M.: N. wa Th., an exploration of his writings. London 1983.

Ngugi wa Thiong'o

**Nguyên-Dính-Chiêu** [vietnames. ŋu̯iə̯n zɪɲ tʃiə̯u̯], * Tân-Khanh (Prov. Gia-Đinh) 1822, † 3. Juli 1888, vietnames. Schriftsteller. – Der frühzeitig erblindete und noch vor Beendung des Staatsexamens in Huê in seine Heimat zurückgekehrte Gelehrte widmete sich der Jugenderziehung und der Schriftstellerei. Als glühender Patriot und loyaler Untertan seines Königs lehnte er jegl. Kollaboration mit der frz. Kolonialmacht ab und unterstützte die Widerstandsbewegung. Im Mittelpunkt seines literar. Schaffens steht der thematisch auf eine Vorlage des chin. Autors Chang-Tsai (* 1020, † 1076) zurückzuführende und mehrere tausend Verse umfassende Volksroman ›Luc-Vân-Tiên‹. In zahlreichen spannungsvollen Szenen hat der Autor das ereignisvolle Leben des gleichnamigen Helden im Sinne seiner konfuzianischen Ideale gestaltet.

**Ausgaben:** Luc-Vân-Tiên. Frz. Übers. v. A. DES MICHELS. Paris 1883. – Histoire du grand lettré Louc Vian Té-ian. Frz. Übers. v. E. BAJOT. Paris 1887. – Luc-vân-tiên. Hanoi 1959.

**Literatur:** DUONG KINH KHUE: Les chefs d'œuvre de la littérature vietnamienne. Saigon 1966. S. 284.

**Nguyên-Du** [vietnames. ŋu̯iə̯n zu] (auch Tô-Nhu'), * Tiên-Điên (Prov. Ha-Tinh) 23. Nov. 1767 (oder 1. März 1766), † Huê 16. Sept. 1820, vietnames. Dichter. – Quittierte während der Usurpation der Tây-So'n-Rebellen als loyaler Untertan der rechtmäßigen Lê-Dynastie (1427–1788) seine Staatsstellung und diente nur widerwillig unter Kaiser Gia-Long (1802–20) der neuen Nguyên-Dynastie; starb bei den Vorbereitungen zu einer Gesandtschaftsreise nach China. N.-Du ist unbestritten der bedeutendste Dichter Vietnams; sein Versroman ›Truyên Thuy-Kiêu‹ (= Die Geschichte von Thuy-Kiêu; auch bekannt u. d. T. ›Kim-Vân-Kiêu‹), die leidvolle Lebensgeschichte der Mandarintochter Thuy-Kiêu, gilt als unerreichtes Meisterwerk der klass. Nationalliteratur.

**Ausgaben:** Kiêu. Frz. Übers. v. NGUYÊN VĂN VINH. Hanoi 1951. – Kim-vân-Kiêu. Engl. Übers. v. LÊ-XUÂN-THUY. Saigon 1963. – Tale of Kiêu. Engl. u. vietnames. Übers. v. H. S. THÔNG. New Haven (Conn.) 1983.

**Literatur:** DUONG KINH KHUE: Les chefs d'œuvre de la littérature vietnamienne. Saigon 1966. S. 199.

**Nguyên-Gia-Thiêu** [vietnames. ŋuiən ʒa θiəu], * Liêu-Ngan (Prov. Băc-Ninh) 1741, † 1798, vietnames. Dichter. – Sein 356 Verse umfassendes, im ›Elegiestil‹ (›ngâm‹) abgefaßtes Meisterwerk ›Cung-oán ngâm-khúc‹ (= Klage der Palastdame) schildert lyrisch-zart und psychologisch einfühlsam das trag. Schicksal der von ihrem Geliebten, dem König, verlassenen Haremsfrau, ein in der chin. Literatur wiederholt behandelter Topos. Manche Züge seines an Wechselfällen reichen Lebens in einer widrigen, von Hofintrigen und Machtkämpfen erfüllten Zeit, die er unverkennbar sozialkritisch beleuchtet, hat der Dichter in sein Werk eingehen lassen.

**Ausgaben:** Cung oán ngâm khúc. Poème annamite. Frz. Übers. v. G. CORDIER. In: Études Asiatiques 1 (1925), S. 169. Sonderdruck Hanoi 1930. – Cung-oán ngâm-khúc chú giai. Hanoi 1950. – Ôn-Nhu'-Hâu. Cung-oán ngâm-khúc (Plaintes du harem ou la désenchantée). Frz. Übers. Hg. v. PHAM-GIA-KÍNH. Saigon 1950. – Ôn-Nhu'-Hâu. Cung Oan Ngam Khuc. Das Klagelied der Odaliske u. Kim van Kieu. Auszüge aus dem Roman von Nguyên Du. Dt. Übers. v. H. HOHL. Saigon 1967. – Ôn-Nhu'-Hâu. Cung-oán ngâm-khúc (Les plaintes d'une odalisque). Frz. Übers. Hg. v. HUỲNH KHẮC DUNG. Saigon [3]1970.

**Nguyên-Thi-Hinh** [vietnames. ŋuiən θi hiɲ], vietnames. Dichterin, ↑ Ba Huyên Thanh-Quan.

**Nhan-Khanh** [vietnames. ɲan xaiɲ], vietnames. Dichterin, ↑ Ba Huyên Thanh-Quan.

**N. H. F.,** Pseudonym des alban. Dichters Naim ↑ Frashëri.

**Nibelungenlied,** mhd. Heldenepos eines namentlich nicht bekannten Dichters um 1200 im Donaugebiet (Passau?), das in 39 ›Aventiuren‹ in der Form der ↑ Nibelungenstrophe von Siegfrieds Werbung um die Königstochter Kriemhild und seiner Vermählung mit ihr, von seiner Ermordung durch Hagen und von Kriemhilds furchtbarer Rache berichtet. Die Komposition des Werkes ist nicht einheitlich; germanisch-heroisches Ethos der Völkerwanderungszeit wird konfrontiert mit höf. Formen der Stauferzeit. Von der Beliebtheit des Werkes zeugen 35 Handschriften[fragmente] aus dem 13. bis 16. Jh.; die Haupthandschriften stellen jeweils eigene Redaktionen dar: A, die Hohenems-Münchner Handschrift (2316 Strophen), eine jüngere, kürzende Ableitung der B-Redaktion; B, die Sankt Galler Handschrift (2376 Strophen); C, die Hohenems-Laßbergische oder Donaueschinger Handschrift (2442 Strophen), eine erweiternde, bes. stark höfisch gestaltete Überarbeitung. In allen vollständigen Handschriften schließt sich ›Die ↑ Klage‹ an. – Das N. (Handschrift C) wurde 1755 von dem Lindauer Arzt J. H. Obereit wiederentdeckt, zwei Jahre später von J. J. Bodmer teilweise und 1782 durch Ch. H. Müller vollständig publiziert. Neben einer stoffgeschichtlich orientierten Forschung mit langer Tradition steht die direkte Deutung des N.es als eigenständige hochmittelalterl. Dichtung in Beziehung zu ihrer Zeit und Gesellschaft. Der Geschichtspessimismus des N.es, nur ansatzweise christlich eingekleidet, steht als Gegenbild gegen den idealist. Optimismus des höf. Romans. Die Diskrepanz von höf. Glanz und Untergang in Ohnmacht war der Erfahrung der Zuhörerschaft vermutlich näher, ist aber nicht als Kritik an der Adelsgesellschaft zu verstehen, weder die höf. Werte noch die alten heroischen Tugenden werden ausdrücklich in Frage gestellt; ob eine implizite Lehre herauszulesen ist, bleibt umstritten. Schon kurz

nach seiner Wiederentdeckung als mögl. ›teutsche Ilias‹ apostrophiert, wurde das N. am Ende des 18. Jh. als ›Denkmal einer Nationalpoesie‹ zum zentralen Gegenstand der beginnenden germanistisch-altdt. Studien. Während es zunächst im Kontext der liberal-republikan. dt. Einigungsbestrebungen rezipiert wurde, benutzte man es nach 1848 immer mehr als Instrument konservativer national-pädagog. Bestrebungen mit der einseitigen Herausstellung der ›Nibelungentreue‹ (von Bülow, 1909) bis zur nationalsozialist. Verherrlichung blinden Gefolgschaftsgeistes.
Die ältesten Fassungen der Nibelungensage bewahrt die nord. Überlieferung: 14 Lieder der ›älteren Edda‹, v.a. das Sigurdlied und das alte Atlilied; sie setzen Kenntnis der Sage voraus. Histor. Ereignisse als Hintergrund sind bes. für die Schilderung des Untergangs der Burgunden deutlich: die Niederlagen der Burgunden gegen den röm. Heerführer Aetius und hunnische Hilfstruppen 435 und 437. Für den Siegfried-Teil denkt man an Ereignisse aus der Merowinger-Geschichte des 6. Jahrhunderts. Die histor. Ereignisse werden mit märchenhaft-myth. Motiven interpretiert und in einer langen Stofftradition, deren Geschichte weitgehend hypothetisch bleibt, umgestaltet. Noch der mittelalterl. Sänger verstand sich als anonymer Träger einer heidn. Historie im Unterschied zum frz. Roman. Die gesungene Strophe markiert die Eigenständigkeit der Gattung schon im Vortrag. – Die Nachwirkung des N.es in der Neuzeit ist die bedeutendste eines mittelalterl. Textes: Abgesehen vom ›Lied vom Hürnen Seyfried‹ (15. Jh.) und vom ›Volksbuch vom gehörnten Siegfried‹ (1726) gab es seit der Wiederentdeckung des Stoffes zahlreiche Bearbeitungen; die bekanntesten sind: F. de la Motte Fouqué, ›Der Held des Nordens‹ (Dramentrilogie, 1808–10); E. Raupach, ›Der Nibelungenhort‹ (Trag., 1834); E. Geibel, ›Brunhild‹ (Trag., 1857); F. Hebbel, ›Die Nibelungen‹ (Dramentrilogie, 2 Bde., 1862); P. Ernst, ›Brunhild‹ (Dr., 1909); M. Mell, ›Der Nibelunge Not‹ (Dr., 1951); J. Fernau, ›Disteln für Hagen‹ (1966); R. Wagners Tetralogie ›Der Ring des Nibelungen‹ (›Das Rheingold‹, ›Die Walküre‹, ›Siegfried‹, ›Die Götterdämmerung‹, Texte 1848–52). Über Einzelszenen gibt es eine Vielzahl von Gedichten und Balladen.

**Ausgaben:** Der Nibelunge Noth u. die Klage. Hg. v. K. Lachmann. Bln. $^{6}$1960. – Das N. u. die Klage. Bearb. v. H. Engels. Stg. 1968. 2 Bde. – Das N. Paralleldruck der Hss. A, B u. C ... Hg. v. M. S. Batts. Tüb. 1971. – Das N. Nach der Ausg. v. K. Bartsch neu hg. v. H. de Boor. Wsb. $^{20}$1972. – Das N. Kritisch hg. u. übertragen v. U. Pretzel. Stg. 1973. – Das N. Mhd. Text u. Übertragung. Hg. v. H. Brackert. Ffm. Bd. 1 $^{13}$1986, Bd. 2 $^{11}$1986.
**Literatur:** Panzer, F.: Das N. Entstehung u. Gestalt. Stg. u. Köln 1955. – Heusler, A.: Nibelungensage u. N. Do. $^{6}$1965. Nachdr. Darmst. 1982. – Krogmann, W./Pretzel, U.: Bibliogr. zum N. u. zur Klage. Bln. $^{4}$1966. – Ihlenburg, K. H.: Das N. Problem u. Gehalt. Bln. 1969. – Falk, W.: Das N. in seiner Epoche. Hdbg. 1974. – Müller, Jan-Dirk: Sivrit: künecmaneigenholt. Zur sozialen Problematik des N.es. In: Amsterdamer Beitrr. zur Älteren Germanistik 7 (1974), S. 85. – Ehrismann, O.: Das N. in Deutschland. Mchn. 1975. – Hoffmann, W.: Das Siegfriedbild in der Forsch. Darmst. 1979. – Schulte-Wülwer, U.: Das N. in der dt. Kunst des 19. u. 20. Jh. Gießen 1980. – Hohenemser Studien zum N. Hg. v. A. Masser. Dornbirn 1981. – Hoffmann, W.: N. Stg. $^{5}$1982; überarbeitete Aufl. v. G. Weber u. W. Hoffmann. – Mackensen, L.: Die Nibelungen. Stg. 1984. – Schulze, Ursula: Nibelungen u. Kudrun. In: Epische Stoffe des MA. Hg. v. V. Mertens u. Ulrich Müller. Stg. 1984. – Reichert, H.: N. u. Nibelungensage. Wien u. Köln 1985. – Stech, J.: Das N. Appellstrukturen u. Mythosthematik in der mhd. Dichtung. Ffm. u.a. 1993. – Hansen, W.: Die Spur des Sängers. Das N. u. sein Dichter. Bergisch-Gladbach 1994. – Heinzle, J.: Das N. Eine Einf. Neuausg. Ffm. 1994.

**Nibelungenstrophe,** Hauptstrophenform des dt. Heldenepos, benannt nach der Strophenform des mhd. ›Nibelungenliedes‹ (um 1200). Sie besteht aus vier paarweise reimenden ↑Langzeilen; die Anverse haben meist klingende, selten volle Kadenz; die ersten drei Abverse bestehen aus drei Hebungen, der letzte Abvers aus vier. – Schema:
Vers 1–3: (x)/x́x/x́x/–́/x// (x)/x́x/x́x/x́/
(uns ist in alten maeren wunders vil geseit)
Vers 4: (x)/x́x/x́x/–́/x́//(x)/x́x/–́/x̀x/x́
(darumbe muosen degene vil verliesen den lîp).
Auftakt und Versfüllung sind relativ frei; neben zweisilbiger Senkungsfüllung be-

gegnet v. a. Senkungsausfall (einsilbiger Takt oder ↑beschwerte Hebung), in der Regel im zweiten Takt des vierten Abverses. Kadenzwechsel findet sich relativ selten, die Syntax überspielt die Gliederung der Reimordnung (2 + 2) oder die rhythm. Gliederung (3 + 1) durch häufige Verwendung von Enjambements (Zeilensprung, Bogen- oder Hakenstil), auch über die Strophengrenze hinaus (Strophenenjambement, Strophensprung). – N.n begegnen auch in der Lyrik des von Kürenberg (Kürenbergstrophe), in der Elegie Walthers von der Vogelweide und in etwa 6% der Strophen der ›Kudrun‹ (13. Jh.). Verwandte Strophen sind u. a. ↑Kudrunstrophe, ↑Morolfstrophe, ↑Tirolstrophe, ↑Titurelstrophe, der ↑Berner Ton. Abwandlungen in den jüngeren Heldenepen führten zum ↑Hildebrandston. Auch das Kirchenlied (P. Gerhardt) weist Einflüsse der N. auf. Die jüngere, meist im 19. Jh. gepflegte N. besteht aus vier gleichgebauten, paarweise reimenden Langzeilen; die Schlußbeschwerung des vierten Verses fehlt. Beliebt war die N. in der Romantik (L. Tieck, ›Kaiser Octavianus‹, 1804), v. a. in der Balladendichtung (L. Uhland, ›Des Sängers Fluch‹; A. von Chamisso, ›Das Riesenspielzeug‹).

**Literatur:** DRAEGER, F.: Die Bindungs- u. Gliederungsverhältnisse der Strophen des Nibelungenliedes ... Bln. 1923. Nachdr. Nendeln 1967. – HEUSLER, A.: Dt. Versgesch. Bd. 2. Bln. ²1956. – WAKEFIELD, R. M.: The prosody of the N. A formalist approach. Diss. Indiana University Bloomington (Ind.) 1972.

**Nicander** ↑Nikandros.

**Nicander,** Karl August [schwed. ni'kandər], * Strängnäs (Södermanland) 20. März 1799, † Stockholm 7. Febr. 1839, schwed. Dichter. – Studierte in Uppsala, nach dem Magisterexamen Beamter; formbegabter, aber meist epigonenhafter romant. Lyriker und Dramatiker; in seinem Prosawerk selbständiger. Seine unter dem Eindruck eines Italienaufenthalts (1827–29) entstandenen ›Hesperider‹ (Ged. und Nov.n, 1835) bilden den Beginn der schwed. Italienromantik.

**Weitere Werke:** Fjärilar från Pinden (Ged., 1822), Runen (Ged., 1824, dt. 1829), Minnen från södern (Reisebericht, 2 Bde., 1831–39).

**Niccodemi,** Dario, * Livorno 27. Jan. 1874, † Rom 24. Sept. 1934, italien. Dramatiker. – Jugend in Buenos Aires; Journalist und Theaterkritiker, schrieb Theaterstücke in span. Sprache; wurde 1900 Dramaturg in Paris, während dieser Zeit entstanden Dramen in frz. Sprache (›La flamme‹, 1910; ›L'aigrette‹, 1912); nach Italien zurückgekehrt, ließ er in seiner Muttersprache sehr bühnenwirksame, bürgerlich-realist. Dramen folgen; größten Erfolg hatte ›Scampolo‹ (1915, dt. 1929). Gründete 1921 eine bed. italien. Theatertruppe.

**Weitere Werke:** Der Schatten (Dr., 1915, dt. 1942), La morte in maschera (R., 1920), Tageszeiten der Liebe (Dr., 1921, dt. 1940), Teatrino (Einakter, 3 Bde., 1922), La Madonna (Dr., 1927), Il principe (Dr., 1929).

**Literatur:** BARATTI, P.: D. N. Livorno 1936.

**Niccolini,** Giovanni Battista, * San Giuliano Terme (Prov. Pisa) 19. Nov. 1782, † Florenz 20. Okt. 1861, italien. Dramatiker. – 1807 Prof. für Geschichte und Mythologie an der Accademia delle belle arti in Florenz; 1812 Mitglied der Accademia della Crusca; 1848 Mitglied des toskan. Senats. Befreundet mit A. Manzoni. Verfasser historisch-patriot. Dramen zwischen Klassizismus und Romantik, u. a. ›Nabucco‹ (1819; gegen den geistl. und weltl. Despotismus), ›Antonio Foscarini‹ (1827), ›Arnaldo von Brescia‹ (1838, dt. 1845; sein bekanntestes Werk); daneben weniger bed. patriot. Lyrik, außerdem theoret. Abhandlungen über das Drama (›Dell'imitazione dell'arte drammatica‹, 1828).

**Ausgabe:** G. B. N. Opere edite ed inedite. Hg. v. C. GARGIOLLI. Mailand ¹⁻²1873–80. 8 Bde.

**Literatur:** GUASTALLA, R.: La vita e le opere di G. B. N. Livorno 1917. – PIROMALLI, A.: Giambattista N. In: Letteratura italiana. I minori. Bd. 3. Mailand 1962. S. 2327.

**Niccolò da Correggio** [italien. nikko'lɔddakor'reddʒo], * Ferrara 1450, † ebd. 1. Febr. 1508, italien. Dichter. – Stand im diplomat. Dienst der Este, 1490–98 von Herzog Ludwig von Mailand. Verfaßte petrarkist. Gedichte, eine Ekloge in Oktaven (›Psiche‹, entst. 1491, gedr. 1510) und die dramat. Dichtung ›Fabula de Caephalo‹ (UA in Ferrara 1487, gedr. 1510) in Oktaven, Terzinen und Kanzonen, eingeteilt in fünf Akte, ein erster Versuch, ein Theaterstück unter Berücksichtigung der aristotel. drei Einheiten zu schaffen.

**Ausgabe:** N. da C. Opere. Cefalo. Psiche. Silva. Rime. Hg. v. A. TISSONI BENVENUTI. Bari 1969.
**Literatur:** ARATA, A.: N. da C. nella vita letteraria e politica del tempo suo (1450–1508). Bologna 1934.

**Nichol,** bp [engl. nɪkl], eigtl. Barrie Phillip N., * Vancouver 30. Sept. 1944, † Toronto 25. Sept. 1988, kanad. Schriftsteller. – Studierte an der University of British Columbia; war dann Lehrer, schließlich Therapeut und Verwalter in der Therapie-Gruppe Therafields. Machte zuerst in den 60er Jahren durch konkrete Poesie auf sich aufmerksam, die sich 1965–68 in 29 teilweise in England und den USA publizierten Büchern und ›pamphlets‹ findet: ›Cycles etc.‹ (1965), verschiedene unregelmäßige Folgen von ›Scraptures‹ (beginnend mit ›2nd sequence‹, 1965). ›bp‹ (1967) enthält traditionelle ›free verse‹-Gedichte (›Journeying and the returns‹), eine Schallplatte mit ›sound poems‹ (›Borders‹) und ›concrete poems objects‹ (›Letters home‹). Sehr bekannt wurde auch ›Monotones‹ (1971). In der Tradition des kanad. Langgedichts steht ›The martyrology‹ (5 Bücher, 1972–83). N. war auch Prosaist (›Two novels‹, 1969; ›Craft dinner‹, Prosa, 1978; ›Journal‹, R., 1978). Preisgekrönt wurde ›Still water‹ (1970) zus. mit ›The true eventual story of Billy the Kid‹ (1970) und ›Beach head‹ (1970) sowie der Anthologie konkreter Poesie ›The cosmic chef‹ (1970). N.s Ausrichtung ist sprachanalytisch; er steht auch in der Tradition von J. Joyce, G. Stein sowie der Jugend- und Nonsensliteratur.
**Literatur:** SCOBIE, S.: Two authors in search of a charactere. In: Canadian Literature 51 (Herbst 1972).

**Nichols,** [John] Beverley [engl. nɪklz], * Bristol 9. Sept. 1898, † in Surrey 15. Sept. 1983, engl. Schriftsteller und Journalist. – Einer der hervorragendsten engl. Journalisten, schrieb außer Reiseberichten, Gartenbüchern, Essays und Skizzen erfolgreiche Dramen und Kriminalromane.
**Werke:** The star-spangled manner (Skizzen, 1928), Große Liebe zu kleinen Gärten (1932, dt. 1933), A thatched roof (Essays, 1933), Mesmer (Dr., 1935), Shadow of the vine (Dr., 1949), In ein Haus verliebt (R., 1951, dt. 1952), Kein Vogel singt in Moll (R., 1953, dt. 1954), Sonne überm Rasen (R., 1956, dt. 1958), Verhängnisvolle Musik (R., 1956, dt. 1958), Der rätselhafte Engel (R., 1957, dt. 1959), Die böseste Hexe der Welt (R., 1971, dt. 1973), Father figure (Autobiogr., 1972), Down the kitchen sink (Autobiogr., 1974).

**Nichols,** Peter [engl. nɪklz], * Bristol 31. Juli 1927, engl. Dramatiker. – War Schauspieler und Lehrer; schildert in seinen Dramen und Fernsehspielen das Alltagsleben im Mittelklassemilieu auf kom. Weise, teilweise in Verbindung mit ernsten Themen, z. B. in dem Stück über eine Familie und deren spastisch gelähmtes Kind (›A day in the death of Joe Egg‹, 1967) oder in der Gegenüberstellung von realem Krankenhausbetrieb und dessen Präsentation als Fernsehserie (›The national health, or nurse Norton's affair‹, Dr., 1969).
**Weitere Werke:** Forget-me-not lane (Dr., 1967), Chez nous (Dr., 1974), The freeway (Dr., 1975), Privates on parade (Dr., 1977), Born in the gardens (Dr., 1980), Passion play (Dr., 1981), Poppy (Dr., 1982), A piece of mind (Dr., 1987).
**Ausgabe:** P. N. Plays. Neuausg. London 1991. 2 Bde.
**Literatur:** SCHMIDT, J.: Elemente populärer Genres in den Dramen von P. N. Bern u. a. 1990.

**Nicholson,** Norman Cornthwaite [engl. nɪklsn], * Millom (Cumberland) 8. Jan. 1914, † 30. Mai 1987, engl. Schriftsteller. – In religiös geprägten Gedichten und Romanen sowie in Essays beschwört N. oft die Landschaft des Lake District; seine bibl. Versdramen trugen Mitte des 20. Jh. im Gefolge von T. S. Eliot und Ch. Fry zur Erneuerung des poet. Theaters bei.
**Werke:** Five rivers (Ged., 1944), The old man of the mountains (Dr., 1946), The green shore (R., 1947), A match for the devil (Dr., 1955), Portrait of the lakes (Essays, 1963), Selected poems (Ged., 1966), A local habitation (Ged., 1972), Wednesday early closing (Autobiogr., 1975), Sea to the west (Ged., 1981), Selected poems 1940–1982 (Ged., 1982).
**Literatur:** GARDNER, P.: N. N. New York 1973.

**Nick,** Dagmar, * Breslau 30. Mai 1926, dt. Schriftstellerin. – Tochter des Komponisten Edmund N.; lebte längere Zeit in Israel. Schreibt Gedichte, Reiseessays und Hörspiele.
**Werke:** Märtyrer (Ged., 1947), Das Buch Holofernes (Ged., 1955), In den Ellipsen des Mondes (Ged., 1959), Einladung nach Israel (Ged. und Prosa, 1963), Rhodos (Prosa, 1967), Zeugnis und Zeichen (Ged., 1969), Sizilien (Prosa, 1976),

Fluchtlinien (Ged., 1978), Götterinseln der Ägäis (Prosa, 1981), Gezählte Tage (Ged., 1986), Medea, ein Monolog (1988), Im Stillstand der Stunden (Ged., 1991), Lilith, eine Metamorphose (E., 1992).

Friedrich Nicolai (um 1780)

**Nicolai,** [Christoph] Friedrich [niko'laɪ, 'nɪkolaɪ], * Berlin 18. März 1733, † ebd. 8. Jan. 1811, dt. Schriftsteller und Verlagsbuchhändler. – Ab 1749 Buchhandelslehre in Frankfurt/Oder, 1752 Eintritt in Verlag und Buchhandlung des Vaters, ab 1758 deren Leiter. Ab 1784 Mitglied der Akad. der Wiss. München und ab 1799 Berlin. Seine ›Briefe über den itzigen Zustand der schönen Wissenschaften in Deutschland‹ (1755) brachten ihn in Verbindung mit G. E. Lessing und M. Mendelssohn, mit denen er einen ›Briefwechsel über das Trauerspiel‹ (›Lessings Briefwechsel mit Mendelssohn und N. über das Trauerspiel‹, hg. 1910) unterhielt; mit ihnen gründete er die Zeitschriften ›Bibliothek der schönen Wissenschaften und der freyen Künste‹ (4 Bde., 1757–60) und ›Briefe, die neueste Litteratur betreffend‹ (24 Tle., 1759 bis 1765). Rezensionen aus dem gesamten dt. Sprachbereich enthielt die von ihm herausgegebene ›Allgemeine Deutsche Bibliothek‹ (1765–92), das wichtigste krit. Organ der Zeit in Deutschland. N. war ein Vermittler im gelehrten und literar. Leben der Spätaufklärung und eine der führenden Persönlichkeiten des dt. Buchhandels. Seine Kritik an I. Kant und J. G. Fichte, den Sturm-und-Drang-Autoren, J. G. Herder, F. H. Jacobi, J. K. Lavater, G. A. Bürger, dem frühen Goethe ging von einem aufklärer. Verständnis von Literatur und Philosophie aus, das stärker deren Bildungs- und gesellschaftl. Nützlichkeitsfunktion betonte; N.s Parodien, u. a. ›Freuden des jungen Werthers ...‹ (1775), und seine Satiren auf die Ausdrucksästhetik Herders und des Sturm und Drang ›Eyn feyner kleyner Almanach ...‹ (2 Bde., 1777/78) lösten eine heftige Literaturfehde u. a. mit den Brüdern F. und A. W. Schlegel, Fichte, F. W. J. von Schelling, Goethe und Schiller aus. Satir. Tendenzen gegen pietist. Strömungen, Schwärmerei und Mystizismus prägten auch N.s Romane, u. a. ›Das Leben und die Meinungen des Herrn Magisters Sebaldus Nothanker‹ (3 Bde., 1773–76) oder die ›Geschichte eines dikken Mannes ...‹ (2 Bde., 1794). Die ›Beschreibung einer Reise durch Deutschland und die Schweiz, im Jahre 1781 ...‹ (12 Bde., 1783–96) bezieht ihre Legitimation aus der Gemeinnützigkeit ihrer Darlegung von Fakten, Daten, Topographie und Statistik.

**Weitere Werke:** Beschreibung der Königl. Residenzstädte Berlin und Potsdam ... (1769), Anhang zu Friedrich Schiller's Musen-Almanach für das Jahr 1797 (1797), Vertraute Briefe von Adelheid B** an ihre Freundinn Julie S** (1799), Philosoph. Abhandlungen (2 Bde., 1808).

**Ausgaben:** F. N. Ges. Werke. Hg. v. B. Fabian u. M.-L. Spieckermann. Bln. u. Stettin 1777–79. Nachdr. Hildesheim 1985. 11 Bde. – J. G. von Herder. Briefwechsel mit N. Hg. v. O. Hoffmann. Bln. 1887. – Die beiden N. Briefwechsel ... Hg. v. H. Ischreyt. Lüneburg 1989.

**Literatur:** Göckingk, L. F. G. von: F. N.s Leben u. literar. Nachlaß. Bln. 1820. – Sommerfeld, M.: F. N. u. der Sturm u. Drang. Halle/Saale 1921. – Sichelschmidt, G.: F. N. Herford 1971. – Möller, Horst: Aufklärung in Preußen. Der Verleger, Publizist u. Geschichtsschreiber F. N. Bln. 1974. – Mollenhauer, P. K.: F. N.s Satiren. Amsterdam 1977. – F. N. 1733–1811. Die Verlagswerke eines preuß. Buchhändlers der Aufklärung 1759–1811. Bearb. v. P. Raabe. Whm. 1986.

**Nicolas,** Sébastien Roch [frz. nikɔ'lɑ], frz. Schriftsteller, ↑ Chamfort.

**Nicolson,** Sir (seit 1953) Harold George [engl. nɪklsn], * Teheran 21. Nov. 1886, † Sissinghurst Castle (Kent) 1. Mai 1968, engl. Diplomat und Schriftsteller. – War 1909–29 im auswärtigen Dienst tätig und gehörte 1919 der brit. Delegation bei der Versailler Friedenskonferenz an; ab 1913 ⚭ mit V. Sackville-West; trat 1930 in die Redaktion des ›Evening Standard‹ ein und veröffentlichte in verschiedenen Zeitschriften geistreich-plaudernd u.a. literaturkrit. Artikel und Skizzen; aus seinem übrigen literar. Schaffen sind geschichtl. Darstellungen, Biographien (›Byron‹, 1924; ›Benjamin Constant‹, 1949) und Abhandlungen zur Geschichte der Diplomatie (›The congress of Vienna‹, 1946) von Bedeutung.

**Weitere Werke:** Die Herren der Welt privat (R., 1932, dt. 1933), Nachkriegsdiplomatie (Studie, 1934, dt. 1934), Kleine Geschichte der Diplomatie (1954, dt. 1955), Die Kunst der Biographie u.a. Essays (1956, dt. 1958).

**Ausgabe:** H. G. N. Tagebücher u. Briefe: 1930–62. Teil-Slg. Hg. v. N. NICOLSON. Dt. Übers. Ffm. 1969–71. 2 Bde.

**Literatur:** LEES-MILNE, J.: H. N. A biography. London 1980.

**Niebelschütz,** Wolf [Friedrich Magnus] von, * Berlin 24. Jan. 1913, † Düsseldorf 22. Juli 1960, dt. Schriftsteller. – Studium der Geschichte und Kunstgeschichte, bis 1940 Literatur-, Theater- und Kunstkritiker. Seine Lyrik, in der Form eher der Barockzeit (Sonett, Terzine) als den zeitgenöss. literar. Richtungen verpflichtet, ist z.T. durch das Kriegserlebnis bestimmt; in seinem erzähler. Hauptwerk, dem Roman ›Der blaue Kammerherr‹ (2 Bde., 1949), schildert N. graziös-frivole Abenteuer und Staatsaffären in einem utop. Fürstentum; er schrieb auch Lustspiele.

**Weitere Werke:** Preis der Gnaden (Ged., 1939), Die Musik macht Gott allein (Ged., 1942), Sternen-Musik (Ged., 1951), Auswärtige Angelegenheiten (Lsp., 1956), Die Kinder der Finsternis (R., 1959), Freies Spiel des Geistes (Reden und Essays, hg. 1961), Gedichte und Dramen (hg. 1962).

**Literatur:** SCHWEIZER, M.: W. v. N. Das Frühwerk. Mchn. 1994.

**Niebergall,** Ernst Elias, Pseudonym E. Streff, * Darmstadt 13. Jan. 1815, † ebd. 19. April 1843, dt. Mundartdichter. – Während seines Theologiestudiums mit G. Büchner befreundet; Privatlehrer in Dieburg und Darmstadt. Von seinen in Darmstädter Mundart mit meisterhaftem Zeit- und Ortskolorit geschriebenen Lokalpossen hatte ›Datterich‹ (1841), die Tragikomödie eines Aufschneiders, den größten Erfolg.

**Weiteres Werk:** Des Burschen Heimkehr oder Der tolle Hund (Lsp., 1838).

**Ausgaben:** E. E. N. Ges. Erzählungen. Hg. v. F. HARRES. Darmst. 1896. – E. E. N. Erzählende Werke. Hg. v. K. ESSELBORN. Darmst. 1925. 3 Bde. – E. E. N. Dramat. Werke. Hg. v. K. ESSELBORN. Darmst. 1925.

**Literatur:** ESSELBORN, K.: E. E. N. Darmst. 1923. – HENSEL, G.: Der Datterich u. die Darmstädterei. Rede auf N. Darmst. 1965.

**niederdeutsche Literatur,** die in der Sprache oder vielmehr einer der Mundarten des niederdt. Sprachgebiets geschriebene Regionalliteratur. Aufgrund der zeitl., räuml. und strukturellen Unterschiede der niederdt. Sprache und ihrer mundartl. Formen lassen sich für die n. L. eine alt- (altsächs.), mittel- und neuniederdt. Epoche abheben. In diesen Zeiträumen hatte das niederdt. Sprachgebiet, generell charakterisiert durch den Ausschluß von der hochdt. Lautverschiebung, eine unterschiedl. Ausdehnung. In der altniederdt., durch den sächs. Stammesverbund bestimmten Epoche (800–1050) – daher auch altsächsisch genannt –, bildeten Elbe und Saale die Ostgrenze. In der mittelniederdt. Epoche (1200–1650) kam nach 200jähriger Unterbrechung der literar. Überlieferung im Zusammenhang mit der mittelalterl. Ostsiedlung das große Gebiet des Ostniederdeutschen (Mecklenburg, Pommern, Brandenburg, Niederpreußen) hinzu. In der neuniederdt. Epoche (ab 1650) setzte sich im ostfries. Sprachraum die niederdt. Mundart durch, in der Folge des 2. Weltkriegs wurde das niederdt. Sprachgebiet um Ostpommern, Niederpreußen und Teile Mittelpommerns reduziert.

**Altniederdeutsche (altsächsische) Literatur (800–1050):** Der Beginn einer schriftl. niederdt. Kultur ist eng mit der Christianisierung verbunden. Bei weitem der Hauptteil der erhaltenen Literatur gilt der christl. Mission (z.B. Beichte, Glaubensbekenntnis, Psalmenkommentar); darunter nimmt die etwa 6000 Stabreimverse umfassende altsächs. Bibeldichtung ›Heliand‹ (um 830) einen bes. Rang ein. Von Ludwig dem Frommen angeregt, bemühte sich der unbekannte Verfasser in Form und Inhalt, die christl. Lehre in engem Zusammenhang mit der sächs. Landschaft zu verdeutlichen, z.B. Christus und seine Jünger in Gestalt von Gefolgsherr und Gefolgsmannen. Zur gleichen Zeit entstand die altsächs. ›Genesis‹, die, in den Formungsprinzipien vergleichbar, nur bruchstückhaft überliefert ist. Auf eine einheim. Spruchdichtung weisen überkommene Reste von Zaubersprüchen hin.

**Mittelniederdeutsche Literatur (1200 bis 1650):** Nach einer Unterbrechung von etwa 200 Jahren setzte die literar. Überlieferung im 13. Jh. wieder ein. Die Literatur dieses Zeitraums ist zu einem guten Teil Zeugnis für die Notwendigkeit, mittels Sprache zu organisieren und zu registrieren. Anlaß dazu boten nicht nur die Ostsiedlung, sondern v. a. die Erfordernisse der aufblühenden Städte und des hans. Handelsbundes. Eine sprachlich genuine Umsetzung der höfisch-ritterl. Kultur ist für Norddeutschland nicht festzustellen. Die Wirksamkeit der Muttersprache als Rechtssprache war das Motiv für Eike von Repgow, in seinem ›Sachsenspiegel‹ (um 1224–31) Land- und Lehnsrecht darzustellen. Das Werk wurde Maßstab der Rechtsprechung über den ostfäl. Raum hinaus und wirkte anregend für die Konzeption süddt. Rechtsbücher (›Deutschenspiegel‹ und ›Schwabenspiegel‹). Die gleichfalls manchmal Eike zugeschriebene ›Sächs. Weltchronik‹ (nach 1225) steht für die Bemühungen zeitgenöss. Geschichtsschreibung um eine Standortbestimmung in der Muttersprache; ihr folgte eine Vielzahl von Welt-, Territorial- und Stadtchroniken (z. B. von Bremen und Lübeck) bis ins ausgehende Mittelalter. Die Entwicklung der städt. Autonomie wird sichtbar in der zunehmenden Zahl niederdt. Stadtrechte; nachdem Braunschweig ein solches bereits 1227 erhalten hatte, wurde im 14. Jh. ein derart manifestierter Rechtsstatus für die meisten norddt. Handelsstädte verbindlich, wobei dem lüb. Recht eine dominierende Rolle zufiel. Die Hanse brachte aber nicht nur ›Organisationsliteratur‹. Aufgrund des engen Kontaktes mit West-, Nord- und Osteuropa lagen Übernahme und Vermittlung von Erzählstoffen nahe, wie das Repertoire von Sammelhandschriften zeigt; dabei kam Flandern mit dem Hansekontor in Brügge bes. Bedeutung zu, das wiederum als Vermittler frz. Stoffe fungierte. Beispiele ep. Dichtungen dieses Einflusses sind ›Flos unde Blankeflos‹ (um 1350), ›Valentin unde Namelos‹ (um 1450) und ›De Deif van Brugghe‹ (um 1450). Als hervorragendes Beispiel gelungener Übernahme eines ursprünglich höf. Stoffes in einen bürgerlich-didakt. Bezugsrahmen hat der 1498 in Lübeck erschienene ›Reynke de Vos‹ (↑ Reinaert) zu gelten; nach Zwischenstufen im Flämischen nutzte der unbekannte Verfasser den Stoff in einer Neugestaltung, einschließlich des Mittels der Glossierung, zur Satire der mittelalterl. Gesellschaftsordnung. Gleicher Absicht diente die am gleichen Ort 1497 erschienene niederdt. Übersetzung von S. Brants ›Narrenschiff‹ (1494). Die geistl. Didaktik, bezogen auf Laien und Klosterinsassen, manifestiert sich in einer Vielzahl von Textgattungen; hierzu zählen die Spiegel-Literatur (Christen-, Sünden-, Laienspiegel) in enger Verbindung zu den Niederlanden und die weit verbreiteten Totentänze. Der Braunschweiger Zollschreiber H. ↑ Bote rechnet zu den profilierten Autoren der Epoche; in seinen Werken ›Dat Boek van veleme Rade‹ (entst. 1490–93), ›De Köker‹ (entst. gegen 1520) und ›Dat Schichtbok‹ (entst. um 1510–13) übte er Kritik am Gemeinwesen der Hansestädte und zeigte zu Beginn des 16. Jh. die Gründe auf, die letzten Endes zu deren Verfall führten.

Gegenüber der ›Organisationsliteratur‹ und der didaktisch-satir. Dichtung tritt das Schauspiel zurück. Eine Ausnahme bildet das ›Redentiner Osterspiel‹ aus der 2. Hälfte des 15. Jh., das, in Redentin bei Wismar aufgeführt, Figuren des städt. Lebens mit dem Osterereignis verbindet. Gesellschaftskritisch (gegen den Adel) ausgerichtet ist das Jedermann-Drama ›De Düdesche Schlömer‹ (1584). Der Zerfall der Hanse, die Aufwertung des Hochdeutschen als Verkehrs- und Kultursprache führten zum Rückgang der mittelniederdt. Literatur. Die besonderen Anstrengungen theolog. Kreise im Gefolge der Reformation (1534 erschien auf Betreiben des Lutherfreundes Johannes Bugenhagen [* 1485, † 1558] die niedersächsisch gehaltene Bugenhagen-Bibel) zeigen, daß das Niederdeutsche als Volkssprache durchaus vorherrschend, in seiner Funktion als Literatursprache neu zu bestimmen war.

**Neuniederdeutsche Literatur (ab 1650):** Nach einer 200jährigen Zwischenperiode der Gelegenheitsdichtungen (z. B. Hochzeitsgedichte) und schwankhaftderber Einschübe im zeitgenöss. Schauspiel zeigen die 1777/78 veröffentlichten ›Vierländer Idyllen‹ von J. H. Voß die Rückkehr des Niederdeutschen in die Literatur an. Dabei ist fortan mit einer Vielzahl von Ausgangsmundarten zu rechnen, die der jeweilige Autor je nach Standort zum Bezug seiner Sprachgestaltung nehmen muß. Biedermeier und romant. Realismus waren im 19. Jh. wesentl. Impulse. Hier wurde ein Kanon von Themen und Formen etabliert, dessen Tradition sich bis in die Gegenwart erstreckt. Heimatkunstbewegung und die damit eng verknüpfte niederdt. Bewegung wirkten dabei verstärkend und konservierend. Einer solchen Tradition stehen diejenigen Autoren gegenüber, die in einer geänderten Region (Industrialisierung, Verstädterung, Kriege) den Themen-, Formen- und Sprachbestand erweitern und aktualisieren, oft im regionalen Anschluß an übergreifende literar. Strömungen (z. B. Naturalismus, Expressionismus). Mit seinem 1852 erschienenen ›Quickborn‹, einer seiner Heimat Dithmarschen gewidmeten Gedichtsammlung, eröffnete K. Groth den eigentl. Neubeginn. In seinen autobiograph. Werken ›Ut de Franzosentid‹ (1860), ›Ut mine Festungstid‹ (1862) und ›Ut mine Stromtid‹ (3 Bde., 1862–64) kam der Mecklenburger F. Reuter unter dem Einfluß von Ch. Dickens zur Romanform. Der Rostocker J. Brinckman erweist sich in seinen Erzählungen ›Kasper-Ohm un ick‹ (1855) und ›Peter Lurenz bi Abukir‹ (1869) als Meister der Sprachkunst, ebenso in seinem Lyrikband ›Vagel Grip‹ (1859). Der Roman entwickelte ein breites Spektrum, von dem psycholog. Dorfroman ›Maren‹ (1907) des Holsteiners J. H. Fehrs, dem sozialkrit. Roman ›Rugge Wiäge‹ (1882) des Westfalen Ferdinand Krüger (* 1843, † 1915), dem Entwicklungsroman ›Ottjen Alldag‹ (3 Bde., 1913–16) des Bremers G. Droste, dem Seefahrtsroman ›Seefahrt ist not!‹ (1913) von Gorch Fock bis zu den Romanen der Ostfriesen Fritz Gerhard Lottmann (* 1830, † 1918; ›Dat Hus sünner Lücht‹, hg. 1919) und W. Siefkes ›Keerlke‹ (1940), dem bedeutendsten sozialkrit. Roman seit F. Reuter. Den Wandel einer dörfl. Gemeinschaft schildert F. E. Peters in seinem posthum veröffentlichten Roman ›Baasdörper Krönk‹ (hg. 1975). Neue Wege romanhafter Gestaltung zeigen Johann Dietrich Bellmann (* 1930) mit ›Lüttjepütt‹ (1983) und N. Johannimloh mit der gesellschaftskrit. Ich-Erzählung ›Appelbaumchaussee‹ (1983; mit niederdt. Einfügungen).

Auch die kleinere ep. Form, die Erzählung, gewann zunehmend an Geltung; als Repräsentanten sind für die Zeit vor dem 1. Weltkrieg die Holsteiner Joachim Mähl (* 1827, † 1909) und Paul Trede (* 1812, † 1881) sowie der Westfale A. Wibbelt zu nennen, für die Nachfolgezeit M. Jahn, Wilhelm Plog (* 1884, † 1946), H. Heitmann, H. Schmidt-Barrien, Hans Henning Holm (* 1908, † 1977) und H. Kruse. – Die Gegenwartssatire wird v. a. durch Wolfgang Sieg (* 1936) mit ›Wahnungen‹ (En., 1974), ›... un hol dat Muul von Politik‹ (En., 1982), ›Sigi Sünnschien sien Stories‹ (1985) vertreten. – Zu den Höhepunkten der Lyrik zählt die großstadtbezogene Sammlung ›Mank Muern‹ (1912) des Hamburgers H. Claudius; die Balladenform wurde durch Albert Mähl (* 1893, † 1970) geprägt. Nach dem 2. Weltkrieg belebten Oswald Andrae (* 1926), J. D. Bellmann, N. Johannimloh, Siegfried Kessemeier (* 1930), H. Kruse und G. Schoon die Lyrik in Motiv- und Formwahl neu. Eine eindrucksvolle Darstellung jüd. Leidens in der münsterländisch-niederländ. Grenzregion während der Zeit des Nationalsozialismus ist Aloys Terbilles (* 1936) Gedichtsammlung ›Spoor van Lieden allevedan‹ (1984). Hinzu kommen als Lyrikerinnen die feinfühlig selbst- und zeitkrit. Erna Taege-Röhnisch (* 1909) aus der Uckermark (›Tieden un Lüd‹, 1986), die bild- und perspektivreiche Holsteinerin Waltrud Bruhn (* 1936; ›Windlast‹, 1987) und die in gebändigter Emotion intensive Ostfalin Renate Molle (* 1942; ›Deißelnsaot‹, 1987).

Nicht zuletzt die große Zahl niederdt. Bühnen ist stützender Rahmen für die

vielen Schauspiele. Vor dem Hintergrund des Naturalismus eröffnete der Hamburger F. Stavenhagen diese Tradition mit seinem Drama ›Mudder Mews‹ (1904). Während sich der Westfale K. Wagenfeld dem religiösen Drama verschrieb (›Luzifer‹, 1920), stellte sich H. Boßdorf mit ›Bahnmeester Dod‹ (1919) in die unmittelbare Nachfolge Stavenhagens. Als erfolgreiche Bühnenautoren erwiesen sich K. Bunje, Hans Ehrke (* 1898, † 1975), A. Hinrichs und P. Schurek. – Als zukunftsträchtige Literaturform des Niederdeutschen gilt das Hörspiel, Fritz Arend (* 1925), Konrad Hansen (* 1933), Walter Arthur Kreye (* 1911) und F. H. Schaefer zählen neben Bellmann, Johannimloh, Kruse und H. Schmidt-Barrien zu den führenden Autoren. In den Nordbezirken der DDR hatte sich nach 1945 ebenfalls eine neue niederdt. Regionalliteratur mit dem Mittelpunkt Rostock entwickelt; stellvertretend seien Berthold Brügge (* 1909, † 1979) mit seinen Erzählungen ›Mit Oll Topp bie Kap Huurn un anner Geschichten‹ (1977), Karl Dunkelmann (* 1906, † 1983) mit ›De letzte un de ierste Tiet‹ (En., 1982), ›All nich so eenfach dat Leben‹ (En., 1984) und Fritz Meyer-Scharffenberg (* 1912, † 1975) mit seinen ›Dörpgeschichten‹ (1959) genannt.
Der erfolgreichste niederdt. Schriftsteller der Gegenwart war, gemessen an der Auflagenhöhe, R. Kinau; seine Werke, wie ›Sternkiekers‹ (Skizzen, 1917), ›Blinkfüer‹ (Skizzen, 1918), ›Dörte Jessen‹ (R., 1925), ›Mien Wihnachtsbook‹ (En., 1958), finden ihre Motive in der Lebenswelt der Elbinsel Finkenwerder. – Der ständige Bedarf der Bühnen und des Hörfunks an niederdt. Texten hat zu einer Vielzahl von niederdt. Übersetzungen und Bearbeitungen geführt; hervorzuheben sind hier W. A. Kreye (›De Fall Hansen. Een Kriminalspeel‹, 1956, nach G. von der Vring; ›De Heiratsandrag‹, 1975, nach A. P. Tschechow; ›Swieg still, Jung‹, 1977, nach Fitzgerald Kusz [* 1944]) und F. H. Schaefer (›De Holsteensche Faust‹, 1974; ›F. Villon, Balladen un Leeder‹, 1977; ›Dat Speel vun Dokter Faust‹, 1983). – Die Lebendigkeit der niederdt. Gegenwartsliteratur, zu der letztlich auch die weitverbreitete Zeitungs- und Funkglosse rechnet, zeigt sich in der großen Zahl tätiger Autoren, die insgesamt auf 300 geschätzt wird.

**Literatur:** STAMMLER, W.: Gesch. der n. L. v. den ältesten Zeiten bis auf die Gegenwart. Lpz. 1920. Neudr. Darmst. 1968. – BORCHLING, C./QUISTORF, H.: Tausend Jahre Plattdeutsch. Glückstadt 1927–29. 2 Bde. – QUISTORF, H./SASS, J.: Niederdt. Autorenb. Hamb. 1959. – CORDES, G.: Alt- u. mittelniederdt. Lit. In: Dt. Philologie im Aufriß. Hg. v. W. STAMMLER. Bd. 2. Bln. ²1966. – Plattdt. Erzähler u. plattdt. Erzählungen der Gegenwart. Hg. v. J. D. BELLMANN u. W. LINDOW. Neumünster 1968. – Lex. niederdt. Autoren. Hg. v. C. SCHUPPENHAUER. Leer 1975 ff. Losebl. – Hdb. zur niederdt. Sprach- u. Literaturwiss. Hg. v. G. CORDES u. D. MÖHN. Bln. u. a. 1983. – Niederdt. Hörspielbuch. Hg. v. J. SCHÜTT. Hamb. 1985. – BÖGER, J.: Die n. L. in Ostfriesland von 1600 bis 1870. Ffm. u. a. 1991. – LÜBBE, R.: N. L. in der Landesbibliothek Oldenburg. Old. ⁵1994.

**niederländische Komödianten** (holländische Komödianten), in Wandertruppen organisierte Berufsschauspieler, in Deutschland von der Mitte des 17. Jh. bis ins 18. Jh. nachweisbar. Vorbild waren die ↑englischen Komödianten, deren Bedeutung und Einfluß die n. K. jedoch nicht erreichten. Wirkungsgebiete waren v. a. Niederdeutschland und Skandinavien.

**Literatur:** JUNKERS, H.: Niederl. Schauspieler u. niederl. Schauspiel im 17. und 18. Jh. in Deutschland. Den Haag 1936.

**niederländische Literatur,** die Literatur in niederl. Sprache, d. h. die volkssprachl. Literatur in den Niederlanden und in Flandern (fläm. Literatur).
**Altniederländisch:** Aus altniederl. Zeit sind als literar. Zeugnisse lediglich Abschriften aus dem 16./17. Jh. einer interlinearen Übersetzung der Psalmen 18 und 53–57 (›Wachtendoncksche Psalmen‹, 9./10. Jh.) aus der Gegend zwischen Maas und Niederrhein sowie ein westfläm. und ein limburg. Verspaar (beides um 1100) erhalten. Einige andere östlich gefärbte kleine Denkmäler werden zur altsächs. Literatur gerechnet.
**Mittelniederländisch:** Für die älteste mittelniederl. Literatur stellt sich wie für die altniederl. die Frage, ob die volkssprachl. Überlieferungen aus der Zeit vor etwa 1250 als ›niederl.‹ betrachtet werden können: Die aus dem 13. Jh. erhaltenen Handschriften und Fragmente, die in der

Regel auf ältere Vorlagen zurückgehen, stammen fast alle aus dem Bereich beiderseits der Grenze zwischen dem heutigen dt.-niederl. Sprachgebiet südl. des Rheindeltas, der offenbar im ausgehenden 12. und beginnenden 13. Jh. eine eigene Literaturprovinz gebildet hat (wichtigster Vertreter: Heinrich von Veldeke). Ob im Westen (Flandern und Holland) im 12. Jh. eine volkssprachl. n. L. bestanden hat, ist angesichts des handschriftl. Befundes fraglich. In Flandern, dessen Adel französiert war, hat zu dieser Zeit gewiß eine frz. Literatur bestanden (Chrétien de Troyes dichtete seinen ›Perceval‹ am Hof Philipps von Flandern). Mit Sicherheit ist hier eine niederländischsprachige Literatur seit dem 13. Jh. anzunehmen. – Aus der Zeit zwischen dem 13. und 15. Jh. ist eine ziemlich reiche geistl. Epik überliefert mit Nacherzählungen der Evangelien, Heiligenleben, eschatolog. Erzählungen und Legenden (z. B. ›Beatrijs‹); außerdem Ritterepik mit karoling. Erzählungen (›Karel ende Elegast‹), antiken Romanen, Artusromanen (›Walewein‹) und oriental. Geschichten. Ihren Höhepunkt erreicht die Erzähldichtung in der Tierepik (›Reinaert‹), weniger reich ist die Lyrik; auf das myst. Verhältnis übertragene Minnelieder schrieb die Lyrikerin Hadewijch. Das älteste ernsthafte weltl. Theater ist in den ↑Abele spelen des 14. Jh., dramatisierten Rittergeschichten, zu finden. Sehr reich ist die didakt. Literatur, zu der neben den myst. Traktaten des J. van Ruusbroec auch zahlreiche weltl. belehrende Dichtungen gehören, z. B. die J. van Maerlants.

Das 15. und 16. Jh. kennt die Erscheinung der Rederijkers, städtisch-bürgerl. Kunstvereine, die sich der Lyrik (gegliedert in ernsthafte Gedichte, Minnelyrik und scherzhafte Gedichte), hpts. in der Form des Refrains, und dem Theater widmeten; die ernsthaften Stücke sind meist allegor. Spiele, in denen eine Maxime, ein ›Sinn‹ (Sinnespelen), ausgearbeitet wird; daneben gab es seit dem 14. Jh. schon kurze kom. Stücke. Bekannteste Refraindichterin war A. Bijns; bed. Dramen sind ›Mariken van Nieumeghen‹ und ›Elckerlijc‹ (↑Dorlandus, Petrus). – Die Reformation fand im 16. Jh. ihren Niederschlag in verschiedenen Literaturgattungen. In der Lyrik verherrlichten die ›Geusenlieder‹ den Aufstand gegen Spanien; ›Wilhelmus‹, die heutige niederl. Nationalhymne, ist eines dieser Lieder. In der Prosa ist die Pamphletliteratur wichtig, dazu gehört die Satire des Ph. von Marnix gegen die kath. Kirche.

**Renaissance, Barock, Klassizismus:** Die Frührenaissance (2. Hälfte des 16. Jh.) stand unter dem Einfluß der frz. Pléiade (Lyrik des J. B. van der Noot). Der Krieg gegen Spanien führte nach dem Fall von Antwerpen (1585) zur Spaltung in die nördl. und südl. Niederlande. Der größere Teil der kulturellen Oberschicht im Süden wanderte aus, meistens nach Holland, wo die Renaissanceliteratur in den ersten Jahrzehnten des 17. Jh. einen Höhepunkt erreichte (›Goldenes Jh.‹). Bekannteste Dichter: P. C. Hooft, der die schönsten Sonette der niederl. Sprache (›Emblemata amatoria‹, 1611), Dramen und histor. Prosa schrieb; G. A. Bredero, Lustspieldichter und Lyriker; J. van den Vondel, der das niederl. Barockdrama zu einem Höhepunkt führte und ein umfangreiches lyr. Werk schuf. Stark didaktisch geprägt ist das Werk von J. Cats und C. Huygens. – Seit der 2. Hälfte des 17. Jh. wurde der frz. Klassizismus immer mehr zum Vorbild: Dramen von L. Rotgans, Komödien von P. Langendijk, Lyrik von H. K. Poot. Aufklärerische Auffassungen wurden seit etwa 1720 in moral. Wochenschriften nach engl. Modell (›spectatoriale geschriften‹) verbreitet. Hauptvertreter war J. van Effen mit ›De Hollandsche Spectator‹ (1731–35). – In den südl. Niederlanden gab es im 17. und v. a. im 18. Jh. wenig Literatur von Bedeutung; der beste Lyriker war Justus de Harduyn (* 1582, † 1636); A. Poirters verfaßte populäre gegenreformator. Werke erzieher. Inhalts.

Ansätze einer **romant. Literatur** gab es seit etwa 1770, unter frz., engl. und dt. Einfluß. Wichtigster Vertreter der Empfindsamkeit war Rh. Feith; überzogen romant. Auffassungen in klassizist. Gewand finden sich bei W. Bilderdijk. Der nat. Zug in der Romantik war im Norden zwischen 1800 und 1820 in der Dichtkunst stark vertreten; im Süden führte er zu einer Neubelebung der volkssprachl.

Literatur, u.a. durch J. F. Willems und H. Conscience, der den histor. Roman in den Dienst der Flämischen Bewegung stellte. Auch im Norden behandelt der histor. Roman Szenen aus der nat. Vergangenheit (J. van Lennep, A. L. G. Bosboom-Toussaint). Der Dichter A. Ch. W. Staring bildete in der Zeit der hochgeschraubten Romantik einen nüchternen Kontrast. Eine rationalistisch gemäßigte Romantik findet man in den Schriften E. J. Potgieters, des bedeutendsten Literaturkritikers seiner Zeit. Ein etwas kleinbürgerl. humorist. **Realismus** findet sich in den Erzählungen von N. Beets, darüber hinaus brachte der Realismus keine bleibenden Werke hervor. – Die beiden wichtigsten Autoren des 19. Jh. bewegten sich ziemlich frei von den Strömungen ihrer Zeit: der Niederländer E. Douwes Dekker (Pseudonym Multatuli) und der fläm. Priester G. P. Gezelle, in dessen Lyrik sich eine vorher nie erreichte sprachl. Virtuosität niederschlug.

Die **Tachtigers:** Eine gründl. Erneuerung vollzog sich im Werk einer Generation, die sich um 1880 (›tachtig‹ = 80) zu Wort meldete, sich scharf gegen die Hausbakkenheit der Literatur wandte und erneut Anschluß an das Ausland suchte (Zeitschrift: ›De Nieuwe Gids‹, gegr. 1885), an die engl. Romantik und den frz. Naturalismus und Impressionismus. Hauptvertreter waren: W. J. Th. Kloos, H. Gorter, A. Verwey, F. W. van Eeden. Ein Zeitgenosse war L. Couperus, dessen naturalist. Romane ohne soziales Engagement den Geist des Fin de siècle repräsentieren. Naturalist. Dramen schrieb H. Heijermans. Parallel zur Tachtiger-Bewegung entstand in Flandern die Bewegung ›Van Nu en Straks‹. In der Zeitschrift mit diesem Titel, gegr. 1893 von A. Vermeylen, veröffentlichten auch der symbolist. Dichter K. van de Woestijne und die Romanautoren C. Buysse und S. Streuvels.

**Das 20. Jahrhundert:** Die erste Hälfte dieses Jh. bot eine Fülle von Strömungen. Vertreter einer neuen Romantik in der Poesie, mit stilist. Raffinement, waren P. N. van Eyck, A. Roland Holst, J. C. Bloem, M. Nijhoff. Neuromant. Romane schrieb A. van Schendel. Der Heimatroman war v.a. in Flandern stark vertreten (F. Timmermans, E. A. J. Claes). Iron. Realismus fand sich in W. Elsschots Erzählungen. – Um den Ersten Weltkrieg setzte sich der Expressionismus durch. Hauptvertreter in der Lyrik war P. A. van Ostaijen. Der ekstat. Feier des Lebens im Bewußtsein des Todes galt die Dichtung H. Marsmans. Der wichtigste expressionist. Romanautor war F. Bordewijk. In den 30er und 40er Jahren wurde der Roman auf verschiedene Weise erneuert: Vertiefung der Dorfgeschichte (G. Walschap), autobiograph., intellektualist., psychologisch-analysierende Erzählungen (S. Vestdijk, M. Gijsen), mag. Realismus (J. Daisne), Neonaturalismus (L. P. A. Boon). Die literar. Kritik erreichte ein hohes Niveau bei J. Greshoff, Ch. E. Du Perron und M. ter Braak. – Um 1950 debütierte eine neue Generation, die sich gegen die Erstarrung im Konventionellen wandte und um die Darstellung der Totalität des Lebens bemüht war. Sie nannte sich ›atonal‹, verwarf den Begriff Inhalt in der Poesie, wollte keine poet. Sprache, baute ihre Gedichte aus reinen Assoziationen auf und verneinte alle formalen Prinzipien, indem sie bestimmte Auffassungen aus der Zeit des Expressionismus konsequent fortführte. Hauptvertreter: L. J. Swaanswijk (Pseudonym Lucebert), H. M. J. Claus. Die erzählende Prosa setzte, ebenso wie das Drama, Tendenzen des Neonaturalismus fort, wobei eine Vorliebe für das ebenso schockierende wie enthüllende Detail festzustellen ist (H. M. J. Claus, G. K. van het Reve [* 1923], W. F. Hermans, H. Mulisch). In den 1970er Jahren folgte eine neoromant. und neodekadente Bewegung, u.a. Judith Herzberg (* 1934), Rutger Kopland (* 1934), Leonard Nolens (* 1947), G. Komrij, Geerten Meijsing (* 1950) und Herman Portocarero (* 1952). Zu den Vertretern einer betont experimentellen n. L. zählten schon früh I. Michiels, Sybren Polet (* 1924) sowie Daniel Robberechts (* 1936). Daneben gehören zu den wichtigsten Autoren der jüngeren und jüngsten n. L. v.a. Hella S. Haasse, A. K. Kossmann, C. J. J. Nooteboom, D. A. Kooiman (* 1946), N. Matsier, Frans Kellendonk (* 1951, † 1990), Doeschka Meijsing (* 1947) sowie Maarten 't Hart (* 1944), Walter van den Broeck (* 1941) und Monika van Paemel (* 1945).

**Literatur:** BRINK, J. TEN: Geschiedenis der Noord-Nederlandsche letteren in de 19de eeuw. Rotterdam Neuaufl. 1902–04. 3 Tle. – KALFF, G.: Studien over Nederlandsche dichters der zeventiende eeuw. Haarlem [2]1915. – WINKEL, J. TE: De ontwikkelingsgang der Nederlandsche letterkunde. Haarlem [2]1922–27. 7 Bde. Nachdr. Leeuwarden u. Utrecht 1973. – Geschiedenis van de letterkunde der Nederlanden. Hg. v. FRANK BAUR u. a. Herzogenbusch [1-2]1939–44. Auf 10 Bde. berechnet (bisher 8 Bde. erschienen). – Panorama der Nederlandse letteren. Hg. v. J. HAANTJES u. W. A. P. SMIT. Amsterdam 1948. – MIERLO, J. J. F. VAN: De letterkunde van de middeleeuwen. Herzogenbusch [2]1950. 2 Bde. – FORSTER, L. W.: Die Niederlande u. die Anfänge der Barocklyrik in Deutschland. Groningen 1967. – KNUVELDER, G. P. M.: Handboek tot de geschiedenis der Nederlandse letterkunde. Herzogenbusch [5]1970. – LISSENS, R. R.: Fläm. Literaturgesch. des 19. u. 20. Jh. Köln 1970. – MEIJER, R. P.: Literature of the Low Countries. Assen 1971. – GOOSSENS, J.: Oudnederlandse en vroegmiddelnederlandse letterkunde. In: Tijdschrift voor Nederlandse taal- en letterkunde 98 (1982), S. 241. – Die niederl. u. fläm. Lit. der Gegenwart. Hg. v. F. LIGTVOET u. M. VAN NIEUWENBORGH. Mchn. 1993. – VAN UFFELEN, H.: Moderne n. L. im dt. Sprachraum 1830–1990. Münster 1993. – VAN UFFELEN, H.: Bibliogr. der modernen n. L. in dt. Übers. 1830–1990. Münster 1993.

**Nielsen,** Hans-Jørgen [dän. 'nelsən], * Herlufmagle 23. Juni 1941, † Kopenhagen 15. April 1991, dän. Schriftsteller. – Debütierte 1963 mit einer Nachdichtung jap. Haikugedichte. Danach folgten mehrere sprachexperimentierende Gedichtsammlungen, u. a. ›At det at‹ (1965). Nach einer längeren Pause in den siebziger Jahren erschien 1979 der Roman ›Jeder Engel ist schrecklich. Aufzeichnungen für meinen Sohn‹ (dt. 1986), eine krit. Auseinandersetzung mit der dän. Linken; behandelte gesellschaftl. und polit. Themen und schrieb über zeittyp. Erscheinungen.

**Weitere Werke:** Output (Ged., 1967), Nielsen og den hvide verden (Essays, 1968), En mand der kalder sig Alvard (R., 1970), Hælen (Ged., 1981), Efter den fjerde whisky trak han pistolen (Essays, 1982).

**Nielsen,** Morten [dän. 'nelsən], * Ålborg 3. Jan. 1922, † Kopenhagen 30. Aug. 1944, dän. Lyriker. – Teilnahme am dän. Widerstand gegen die dt. Besatzung; kam unter ungeklärten Umständen ums Leben; sein Werk umfaßt außer nachgelassenen Gedichten die Sammlung ›Krigere uden våben‹ (1943). Aus dem Nachlaß erschienen 1945 ›Efterladte digte‹ und 1962 ›Breve til en ven‹.

**Ausgabe:** M. N. Digte. Kopenhagen 1954.

**Niembsch,** Nikolaus Franz, Edler von Strehlenau, österr. Schriftsteller, † Lenau, Nikolaus.

**Niemcewicz,** Julian Ursyn [poln. njɛm'tsɛvitʃ], * Skoki 16. Febr. 1758 oder 1757, † Paris 21. Mai 1841, poln. Dichter und Publizist. – Nahm an den Aufständen von 1794 und 1831 teil, nach deren Mißlingen er jeweils emigrierte; ab 1833 in Paris. Vieles in seinem poet. Werk verrät sein polit. Engagement. N. war sowohl dem Rationalismus wie der Romantik verpflichtet; er schrieb histor. Romane nach dem Vorbild W. Scotts, Dramen und als erster Pole histor. Balladen; auch Übersetzungen aus dem Englischen; als Historiker in der Nachfolge von A. S. Naruszewicz.

**Werke:** Die Rückkehr des Landboten vom letzten Warschauer Reichstage (Lsp., 1790, dt. 1792), Geschichtl. Gesänge der Polen (Ged., 1816, dt. 1833), Levi und Sara (R., 1821, dt. 1825), Johann von Tenczyn (R., 3 Bde., 1825, dt. 1828).

**Ausgabe:** J. U. N. Dzieła poetyczne wierszem i prozą. Lpz. 1838–43. 12 Bde.

**Literatur:** KUNERT, I.: J. U. N. Śpiewy historyczne. Mchn. 1968. – WITKOWSKI, M.: W kręgu ›Śpiewów historycznych‹ N.a. Posen 1979. – † auch Rylejew, Kondrati Fjodorowitsch.

**Nietzsche,** Friedrich [Wilhelm], * Röcken bei Lützen 15. Okt. 1844, † Weimar 25. Aug. 1900, dt. Philosoph und klass. Philologe. – Sohn eines pietist. Pfarrers, studierte Theologie in Bonn und Leipzig; erhielt 1869 eine Professur in Basel für griech. Literatur, die er 1879 aus gesundheitl. Gründen aufgab. Seine letzten Lebensjahre (nach 1889) verbrachte er unter der Vormundschaft seiner Mutter und Schwester. Die geistige Umnachtung, die hierfür der Grund war, ist bis heute umstritten. – In seiner frühen Schaffensphase (bis 1867) war N. stark von R. Wagner beeinflußt, dessen Idee des Gesamtkunstwerks er übernahm. Das vollendete Kunstwerk vereinigt das Rational-Beherrschte (das Apollinische) mit dem Emotional-Impulsiven (dem Dionysischen). Es vermittelt damit zwischen diesen – isoliert lebensbedrohl. – Tendenzen. Neben der att. Tragödie findet man eine derartige Vollendung nur noch in Wagners Musikdramen (›Die Geburt der Tragödie aus dem Geiste der Musik‹, 1871). Später wurde der Einfluß Schopenhauers deutlicher. Wie dieser macht N. den Begriff des Willens – als ›Willen zur Macht‹ –, und nicht die Vernunft (wie die philosoph. Tradition) zur zentralen Kategorie menschl. Daseins. Der ›Übermensch‹, der alle Verlogenheit und allen Selbstbetrug hinter sich läßt, muß das Ziel des Lebens sein (›Also sprach Zarathustra. Ein Buch für alle und keine‹, 4 Bde., 1883–85). Eine bes. schlimme Form der Verlogenheit ist das Christentum, das den Menschen seine Sklavenmoral aufzwingt. Bekannt geworden ist N.s Feststellung ›Gott ist tot‹. Das Spätwerk N.s wurde als ›Der Wille zur Macht. Versuch der Umwertung aller Werte‹ (1901 und 1906) von seiner Schwester veröffentlicht. In der Forschung wurden ihr viele Fälschungen nachgewiesen und die editor. Unhaltbarkeit und sachl. Ungemäßheit dieser Veröffentlichung (einer willkürl. Kompilation aus den nachgelassenen Fragmenten mit vielen Auslassungen) aufgedeckt. – N. wurde einerseits von extrem konservativen bis nationalist. Denkern beansprucht, andererseits hat er aber auch die Existenzphilosophie (A. Camus, J.-P. Sartre, A. Malraux) stark beeinflußt. Schriftsteller, die von N. beeinflußt wurden, sind u. a. E. Jünger, Th. Mann, G. Benn und A. Gide. N. hat ausgezeichnete Aphorismen sowie Gedichte geschrieben.

**Weitere Werke:** Menschliches, Allzumenschliches (2 Bde., 1878/79), Der Antichrist (1895), Ecce homo (hg. 1908).

**Ausgaben:** F. N. Briefwechsel. Hg. v. G. Colli u. M. Montinari. Bln. u. New York 1975 ff. Auf 20 Bde. berechnet (bisher 15 Bde. in 16 Tlen. erschienen). – F. N. Werke. Hg. v. K. Schlechta. Mchn. [4–9]1982–86. 3 Bde. u. 1 Reg.-Bd. – F. N. Sämtl. Werke. Krit. Studienausg. Hg. v. G. Colli u. a. Mchn. [2]1988. 15 Bde.

**Literatur:** Schlechta, K.: Der Fall N. Mchn. [2]1959. – Löwith, K.: N.s Philosophie der ewigen Wiederkehr des Gleichen. Wsb. [3]1978. – Fink, E.: N.s Philosophie. Stg. [4]1979. – Heidegger, M.: N. Pfullingen [4]1982. 2 Bde. – Penzo, G.: Der Mythos vom Übermenschen. N. u. der Nationalsozialismus. Ffm. 1992. – Althaus, H.: F. N. Neuausg. Ffm. 1993. – Brose, K.: N. Geschichtsphilosoph, Politiker u. Soziologe. Essen 1994.

**Nievo,** Ippolito [italien. 'niɛ:vo], * Padua 30. Nov. 1831, † auf See 4. oder 5. März 1861, italien. Schriftsteller. – Studierte Jura; beteiligte sich am italien. Freiheitskampf und begleitete 1860 G. Garibaldi auf dessen Zug nach Sizilien; kam auf der Rückfahrt bei einem Schiffbruch ums Leben. Berühmt wurde er durch den histor. Roman ›Erinnerungen eines Achtzigjährigen‹ (hg. 1867, dt. 1877, 1957 u. d. T. ›Pisana‹), in dem er in autobiograph. Form ein lebendiges Bild der Zeit des Risorgimento am Vorabend der nat. Einigung zeichnet. N. verfaßte neben weiteren Romanen (›Angelo di bontà‹, 1856; ›Il conte pecoraio‹, 1857) Novellen, Dramen, polit. Schriften und Gedichte.

**Ausgaben:** I. N. Opere. Hg. v. S. Romagnoli. Mailand 1952. – I. N. Scritti politici e storici. Hg. v. G. Scalia. Bologna 1965. – I. N. Tutte le opere narrative. Hg. v. F. Portinari. Mailand 1967. 2 Bde. – I. N. Tutte le opere. Hg. v. M. Gorra. Mailand 1970–81. 6 Bde.

**Literatur:** Mollia, F.: I. N. Florenz 1968. – Portinari, F.: I. N. Stile e ideologia. Mailand 1969. – Mirmina, E.: La poetica sociale del N. Ravenna 1972. – Katz, G. S.: The uses of myth in I. N. Ravenna 1981. – Cappello, G.: Invito alla lettura di I. N. Mailand 1988.

**Nigellus de Longchamp[s]** (Nigel de L.) [frz. lõ'ʃã; engl. 'lɔ̃:ʃɑ̃:(s)] (N. de Longo Campo, N. Wireker, N. Witeker), * um 1130, † um 1200, engl. mlat. Schriftsteller. – War Mönch in Canterbury; scheint mehrere Reisen (u. a. nach Frankreich) unternommen zu haben. Seine Beinamen, die ihm erst später (frühestens 1557) zugelegt wurden, beziehen sich entweder auf die vermuteten Geburtsorte Longchamps (Normandie) bzw. Whitacre (Grafschaft Kent) oder auf den Namen seines Beschützers, des Bischofs von Ely, Wilhelm von Longchamp († 1197). Sein bedeutendstes Werk, das ›Speculum stultorum‹ (= Spiegel der Dummköpfe), entstand wohl vor 1180; es besteht aus 1931 eleg. Distichen und ist Wilhelm von Longchamp gewidmet. In dieser allegor. Satire versinnbildlicht ein Esel, der einen längeren Schwanz haben möchte, einen Mönch, der mit seiner ihm von Gott auferlegten Last unzufrieden ist. Das Werk läßt umfangreiche Rückschlüsse auf die damalige Zeit zu und ist somit von kulturgeschichtl. Bedeutung.

**Weiteres Werk:** Tractatus contra curiales et officiales clericos (um 1193).

**Ausgaben:** MANITIUS, M.: Mären u. Satiren aus dem Lat. Stg. 1905. S. 114. – N. Wireker. Speculum stultorum. Hg. v. J. H. MOZLEY u. R. R. RAYMO. Berkeley (Calif.) 1960.

**Literatur:** The Anglo-Latin satirical poets and epigrammatists of the twelfth century. Hg. v. TH. WRIGHT. London 1872. 2 Bde.

**Nijasi** (tl.: Nijazi) [russ. nijı'zi], usbek.-sowjet. Schriftsteller, ↑Chamsa, Chakimsade.

**Nijhoff,** Martinus [niederl. 'nɛihɔf], * Den Haag 20. April 1894, † ebd. 26. Jan. 1953, niederl. Schriftsteller und Kritiker. – Journalist; begann mit romantisch-dekadenter Lyrik (›De wandelaar‹, 1916), in der er dem Gefühl der Einsamkeit und Lebensangst Ausdruck gab; hervorragender Stilist, in dessen späteren Werken v.a. religiöse Motive vorherrschen; schrieb auch geistl. Spiele (›Het heilige hout‹, 1950); bed. Übersetzer (u.a. Euripides, Shakespeare, T. S. Eliot, A. Gide). Nach N. wurde der seit 1953 jährlich vergebene Übersetzerpreis benannt (Martinus-Nijhoff-Prijs).

**Weitere Werke:** Pierrot aan de lantaren (Ged., 1919), Vormen (Ged., 1924), Nieuwe gedichten (1934), Die Stunde X (Ged., niederl. u. dt. Auswahl 1989).

**Ausgabe:** M. N. Verzameld werk. Hg. v. G. KAMPHUIS. Den Haag u. Amsterdam 1954–61. 3 Bde.

**Literatur:** POORTERE, J. DE: M. N. Brügge 1960.

**Nikandros** (tl.: Níkandros; Nikander, Nicander), griech. Dichter, Grammatiker und Arzt wahrscheinlich des 2. Jh. v. Chr. – Priester im Apollontempel in Klaros bei Kolophon. Erhalten sind zwei hexametr. Lehrgedichte: ›Thēriaká‹ (= Mittel gegen den Biß giftiger Tiere; 958 Verse) und ›Alexiphármaka‹ (= Gegengifte; über Gifte verschiedener Art und deren Gegenmittel; 630 Verse). Von den verlorenen Werken waren bes. die fünf Bücher ›Heteroioúmena‹ (= Metamorphosen) und das Lehrgedicht ›Geōrgiká‹ (= Über den Ackerbau), aus dem durch Athenaios zahlreiche Fragmente erhalten sind, wegen der Nachwirkung bei Ovid und Vergil von Bedeutung.

**Ausgabe:** Nicander. The poems and poetical fragments. Hg. mit Übers. u. Anmerkungen v. A. S. F. GOW u. A. F. SCHOLFIELD. Engl. u. griech. Cambridge 1953.

**Nikitin,** Iwan Sawwitsch, * Woronesch 3. Okt. 1824, † ebd. 28. Okt. 1861, russ. Dichter. – Schrieb, an M. J. Lermontow geschult, schwermütige, meist pessimist. Lyrik, deren Hauptthema die Not der unterdrückten, sozial benachteiligten unteren Schichten ist; Verfasser der Verserzählung ›Kulak‹ (= Der Großbauer, 1858); in Naturgedichten meisterhafte Landschaftsdarstellungen; 1896 erschien eine dt. Übersetzung ausgewählter Gedichte.

**Ausgabe:** I. S. N. Sočinenija. Moskau 1980.

**Literatur:** KORABLINOV, V. A.: Žizn' N.a. Moskau 1982.

**Niklas von Wyle** ['vi:lə], schweizer. Humanist, ↑Wyle, Niklas von.

**Nikolajewa** (tl.: Nikolaeva), Galina Jewgenjewna [russ. nika'lajıvɐ], eigtl. G. J. Woljanskaja, * Usmanka (Gebiet Kemerowo) 18. Febr. 1911, † Moskau 18. Okt. 1963, russ.-sowjet. Schriftstellerin. – Im 2. Weltkrieg Ärztin; schrieb Romane nach den Prinzipien des sozialist. Realismus; ihr Hauptwerk, der Roman ›Ernte‹ (1950, dt. 1952), verherrlicht die Helden der Arbeit.

**Weitere Werke:** Schlacht unterwegs (R., 1957, dt. 1958), Wassilissa und die Wunder (En., 1962, dt. 1963).

**Ausgabe:** G. E. Nikolaeva. Sobranie sočinenij. Moskau 1972–73. 3 Bde.

**Literatur:** ABDULLAEVA, G. Š.: Tvorčeskij put' G. Nikolaevoj. Taschkent 1975.

**Nikolaos von Damaskus,** * Damaskus um 64 v. Chr., † wohl Rom nach 4 v. Chr., griech. Schriftsteller. – Lehrer der Kinder Kleopatras VII. und des Marcus Antonius; dann Ratgeber Herodes' I., für den er sich (wohl 8/7 v. Chr.) bei Kaiser Augustus ebenso einsetzte wie 4 v. Chr. für die Thronfolge des Herodessohnes Archelaos. N. verfaßte eine Weltgeschichte (144 Bücher) bis auf seine Zeit, eine Sammlung ethn. Kuriositäten, eine Augustusbiographie, eine Autobiographie und Schriften zur Aristotelischen Philosophie.

**Ausgaben:** N. v. Damaskos. In: JACOBY, F.: Die Fragmente der griech. Historiker. Teil 2: Zeitgeschichte. A: Universalgesch. der Hellenika. Fragment 90. Bln. 1926. Nachdr. Leiden 1961. – Nicolao di Damasco. Vita di Augusto. Einf., Übers. u. Komm. v. B. SCARDIGLI. Florenz 1983.

**Literatur:** WACHOLDER, B. Z.: Nicolaus of Damascus. Berkeley (Calif.) 1962.

**Nikolaus von Jeroschin** ['ni:k..., 'nɪk...], preuß. Chronist der 1. Hälfte des 14. Jahrhunderts. – Deutschordensgeistlicher, der auf Veranlassung der Hochmeister Luder von Braunschweig und Dietrich von Altenburg die lat. Geschichte des Dt. Ordens von Peter von Dusburg (›Chronicon terrae Prussiae‹, 1326) u. d. T. ›Kronike von Prûzinlant‹ um 1340 ins Ostmitteldeutsche übertrug (hg. 1861 von E. Strehlke). Die Chronik, die lebendig geschrieben ist und Frömmigkeit und Humor miteinander verbindet, stellt einen Höhepunkt der Deutschordensdichtung dar. N. v. J. übersetzte auch die ›Vita Sancti Adalberti‹ (um 1328, nach Johannes Canaparius), von der nur Teile erhalten sind.

**Literatur:** N. v. J. Die Deutschordenschronik. Ein Beitr. zur Gesch. der mitteldt. Sprache u. Lit. Hg. v. F. PFEIFFER. Stg. 1854. – JOHANSSON, E.: Die Deutschordenschronik des N. v. J. Diss. Lund 1964.

**Niland,** D'Arcy [engl. 'naɪlənd], * Glen Innes (Neusüdwales) 20. Okt. 1919, † Sydney 29. März 1967, austral. Schriftsteller. – ⚭ mit R. Park; Verfasser populärer Romane und Erzählungen mit starker lokalpatriotisch-austral. Note und deutlich autobiograph. Einflüssen aus seiner Zeit als Buscharbeiter und Journalist.

**Werke:** Shiralee (R., 1955, dt. 1957), Ruf mich, wenn das Kreuz sich wendet (R., 1957, dt. 1959), Schwarz ist die Siegespalme (R., hg. 1969, dt. 1971).

**Nilin,** Pawel Filippowitsch, * Irkutsk 16. Jan. 1908, † Moskau 2. Okt. 1981, russ.-sowjet. Schriftsteller. – N., der im 2. Weltkrieg Berichterstatter war, schrieb außer Dramen und Drehbüchern v. a. psycholog. Romane und Erzählungen, in denen er in knappem, präzisem Stil auch nicht genehme Probleme des sowjet. Lebens darstellte.

**Werke:** Hart auf hart (R., 1956, dt. 1958, auch unter den Titeln: Ohne Erbarmen; Genosse Wenka), Über den Friedhof (R., 1962, dt. 1963), Znakomstvo s Tišovym (= Bekanntschaft mit Tischow, Prosa, 1981).

**Literatur:** KOLOBAEVA, L. A.: P. N. Moskau 1969.

**Nil Sorski** (tl.: Sorskij), eigtl. Nikolai Maikow, * um 1433, † 1508, russ. Mönch, Kirchenpolitiker und -schriftsteller. – Gründete nach einer Orientreise, auf der er den Hesychasmus kennenlernte, an dem Fluß Sora (daher sein Beiname) eine Einsiedelei. Die Armut und die Verwirklichung des Reiches Gottes in den Herzen der Menschen wurden zum prägenden Ideal. Mit seiner spiritualisierenden Auffassung vom Wesen der Kirche geriet er in Auseinandersetzung mit Joseph von Wolokolamsk, der für weltl. Besitz der Klöster eintrat. Diese Auffassung setzte sich 1503 durch, wodurch die Weichen für eine weitere Verflechtung von Kirche und Staat gestellt wurden. N. S.s Schriften (v. a. die Unterweisung seiner Schüler) sind literarisch bedeutend.

**Ausgabe:** N. Sorskij. Predanie i Ustav. Hg. v. M. BOROVKOVA-MAJKOVA. Petersburg 1912.

**Literatur:** LILIENFELD, F.: N. Sorskij u. seine Schrr. Bln. 1963. – MALONEY, G. A.: Russian hesychasm. The spirituality of N. S. Den Haag 1973.

**Nilsson,** Nils Fritiof [Adam], Pseudonym F. Nilsson Piraten, * Vollsjö (Schonen) 4. Dez. 1895, † Malmö 31. Jan. 1972, schwed. Erzähler. – Rechtsanwalt; Fabulierkunst und Kenntnis der südschwed. Mentalität kennzeichnen v. a. seine komisch-burlesken Schilderungen des Volkslebens. N.s spätere Werke haben eher trag. Ereignisse und Schicksale zum Gegenstand. Sie verweisen auf die Tradition H. Bergmans.

**Werke:** Bombi Bitt und ich (R., 1932, dt. 1939), Bock i örtagård (E., 1933), Småländsk tragedi (Nov.n, 1936), Bokhandlaren som slutade bada (R., 1937), Flickan med bibelspråken (Nov.n, 1959), Millionären (Nov.n, 1965), Historier från Österlen (Nov.n, 1972), Medaljerna (Nov.n, 1973).

**Literatur:** LINDSKOG, C.: Från F. N. Piratens värld. Örebro 1972.

**Nima Juschidsch,** pers. Lyriker, † Juschidsch, Nima.

**Nimier,** Roger [frz. ni'mje], eigtl. R. Nimier de La Perrière, * Paris 31. Okt. 1925, † bei Paris 28. Sept. 1962 (Autounfall), frz. Schriftsteller. – Journalist und Chefredakteur, gefürchteter Kritiker. Wandte sich in seinen elegant geschriebenen, oft provozierend-zyn. Romanen und Essays gegen bürgerl. Konvention und Konformismus: ›Les épées‹ (R., 1949), ›Der blaue Husar‹ (R., 1950, dt. 1960), ›Le grand d'Espagne‹ (Essay,

1950), ›Les enfants tristes‹ (R., 1951), ›Amour et néant‹ (Essay, 1951), ›Histoire d'un amour‹ (R., 1953), ›Journées de lecture‹ (Essays, hg. 1965), ›L'étrangère‹ (R., hg. 1968), ›L'élève d'Aristote‹ (Artikel, hg. 1982). Schrieb auch Drehbücher.

**Literatur:** DAMBRE, M.: R. N. Étude de bibliographie critique. Diss. Paris 1976. – VANDROMME, P.: R. N. Brüssel 1977. – MÄRTZ, K.: Sexualität u. Macht. Zwischenmenschl. Beziehungen im Romanwerk v. R. N. Ffm. 1985. – DAMBRE, M.: R. N.: hussard du demi-siècle. Paris 1989. – FRÉBOURG, O.: R. N., trafiquant d'insolence. Paris 1989.

**Nin,** Anaïs, * Neuilly-sur-Seine 21. Febr. 1903, † Los Angeles 14. Jan. 1977, amerikan. Schriftstellerin. – Tochter eines span. Komponisten und einer französisch-dän. Sängerin; lebte ab 1914 in New York (später naturalisiert), 1923–40 in Europa, meist in Paris als Modell und Tänzerin; war später, nach Ausbildung durch O. Rank, auch als Psychoanalytikerin tätig; schloß sich Künstlerkreisen an und setzte sich u. a. für den seit 1931 mit ihr eng befreundeten H. Miller ein. Ihre schon in der Jugend deutl. Neigung, Erfahrungen und Eindrücke in Tagebüchern festzuhalten (›Das Kindertagebuch, 1919–1920‹, 2 Bde., frz. 1979, dt. 1981; ›Tagebücher 1920–1921‹, hg. 1982, dt. 1987), wurde ab 1931 zur literar. Betätigung. Die insgesamt 11 Bände (›Die Tagebücher der Anaïs Nin‹, 1966–85, dt. bisher 7 Bde., 1968–82), die die Zeit von 1931 bis zu ihrem Tod umfassen, enthalten neben lyr. Reflexionen und poet. Impressionen auch intime erot. Erzählungen; gleichzeitig bilden sie die wichtigste Quelle für ihre Romane, Kurzgeschichten und Essays. N. stellt die Welt emotional unverantwortl. Männer der von verführerischen, sensiblen Frauen gegenüber. Themen der Romane sind u. a. Inzestprobleme (›Das Haus des Inzests‹, 1936, dt. 1984), die Suche der Frau nach ihrer weibl. Identität (›Leitern ins Feuer‹, R., 1946, dt. 1980), Liebeskonflikte (›Djuna oder das Herz mit den vier Kammern‹, R., 1950, dt. 1983; ›Sabina‹, R., 1954, dt. 1960, 1970 u. d. T. ›Ein Spion im Haus der Liebe‹; beide Romane wurden 1974 mit anderen Erzählungen u. d. T. ›Cities of the interior‹ zu einem Gesamtroman zusammengefaßt). Das in Tagebuch und Fiktion deutl. Bemühen um eine eigenständige, feminine Sensibilität und Schreibhaltung ist auch der Gegenstand ihrer krit. Abhandlungen (›Sanftmut des Zorns. Was es heißt, Frau zu sein‹, 1975, dt. 1979; ›Die neue Empfindsamkeit‹, 1976, dt. 1980).

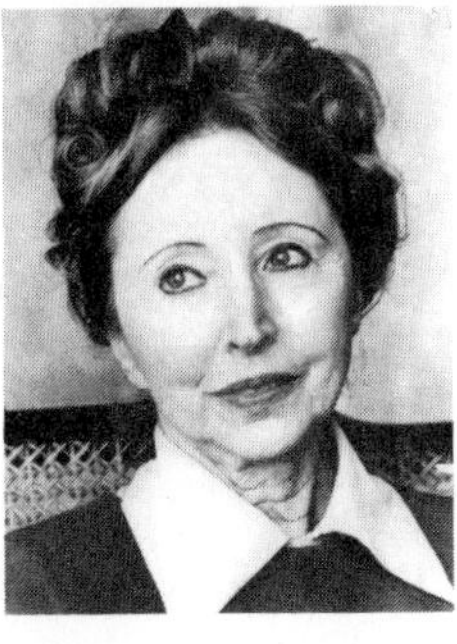

Anaïs Nin

**Weitere Werke:** D. H. Lawrence. An unprofessional study (Literaturkritik, 1932), Unter einer Glasglocke (En., 1944, dt. 1979), Realism and reality (Literaturkritik, 1946), Kinder des Albatros (E., 1947, dt. 1982), On writing (Literaturkritik, 1947), Labyrinth des Minotaurus (R., 1961, dt. 1985), Wien war die Stadt der Statuen (R., 1964, dt. 1993), Collages (R., 1966), The novel of the future (Literaturkritik, 1968), Das Delta der Venus (erot. Kurzgeschichten, 1977, dt. 1978), Ein gefährl. Parfum. Die frühen Erzählungen (1977, dt. 1993), Die verborgenen Früchte (hg. 1979, dt. 1979), Henry, June und ich. Intimes Tagebuch (hg. 1986, dt. 1987).

**Literatur:** EVANS, O. W.: A. N. Carbondale (Ill.) 1968. – MILLER, H.: Briefe an A. N. Hg. v. G. STUHLMANN. Dt. Übers. Rbk. 1968. – A casebook on A. N. Hg. v. R. ZALLER. New York 1974. – The world of A. N. Critical and cultural perspectives. Hg. v. E. J. HINZ. Winnipeg 1978. – FRANKLIN, B./SCHNEIDER, D.: A. N. An introduction. Athens (Ohio) 1979. – SPENCER, SH.: Collage of dreams. The writings of A. N. New York [2]1981. – SCHOLAR, N.: A. N. Boston (Mass.) 1984. – BARILLÉ, E.: Maskierte Venus. Das Leben der A. N. Dt. Übers. Mchn. 1992. – GRONAU, D.: A. N. Erotik u. Poesie. Mchn. 1993.

**Ninoschwili** (tl.: Ninošvili), Egnate Fomitsch, eigtl. E. F. Ingorokwa, * Kela (Georgien) 17. Febr. 1859, † Tschirtschweti 12. Mai 1894, georg. Schriftsteller. – Aus armer Bauernfamilie; 1886/87 Aufenthalt in Frankreich; Mitglied der 1892 gegründeten marxist. Mesame dasi

(= Die dritte Gruppe). N., der erste proletar. Schriftsteller und polit. Publizist Georgiens, gilt als Vertreter des krit. Realismus in der georg. Literatur. Außer dem histor. Roman ›Žanq̇i guriaši‹ (= Aufstand in Gurien, entst. 1888/89, hg. 1902) schrieb er sozialkrit. Novellen und Erzählungen.

**Ninurta-Mythen,** zwei myth. Dichtungen um den sumer. Gott Ninurta, Sohn Enlils, in sumer. Sprache mit späterer akkad. Übersetzung gut überliefert seit altbabylonischer Zeit, benannt nach den jeweiligen Anfangsworten. *An-gim dim-ma* (aus Nippur) berichtet in 290 Zeilen mit längeren hymn. Passagen von der triumphalen Rückkehr Ninurtas vom Sieg über aufständ. Bergländer und seinem Einzug in Enlils Heiligtum Ekur in Nippur; *Lugal-e,* wohl innerhalb des Kults der Gudea-Zeit (um 2070 v. Chr.) in Lagasch/Girsu entstanden, schildert in insgesamt 728 Verszeilen den Kampf Ninurtas (bzw. Ningirsus) mit dem Dämon Asakku, der Sumer bedroht, um die Neuschöpfung der Zivilisation nach der Flut; wurde in einem Teil der Motive wohl zum Vorbild für ↑Enuma elisch. – ↑auch Ansu-Mythos.

**Literatur:** COOPER, J. S.: The return of Ninurta to Nippur. An-gim dím-ma. Rom 1978 (Analecta Orientalia 52). – DIJK, J. J. A. VAN: LUGAL UD ME-LÁM-bi NIR-GÁL. Le récit épique et didactique des Travaux de Ninurta, du déluge et de la nouvelle création. Leiden 1983. 2 Bde.

**Nirālā,** Sūryakānt Tripāṭhī [ni'ra:la], * Midnapur 21. Febr. 1898, † Allahabad 15. Okt. 1961, ind. Lyriker und Romancier. – Neben Premcand und J. Prasād wichtigster Hindīdichter der 20er und 30er Jahre; pflegte zuerst eine neoromant. Naturlyrik (u. a. ›Juhī kī kalī‹ [= Die Naturblüte], 1916), prangerte später in seinen Romanen wie ›Kullī Bhāṭ‹ (= Kulli, der Schmeichler, 1939) das Elend der unteren Bevölkerungsschichten an. Formal ging er mit dem freien Vers in Indien als erster neue Wege.

**Nisser,** Peter [William Arthur Georg], * Alster (Prov. Värmland) 7. Dez. 1919, schwed. Schriftsteller. – In seinen frühen Romanen, die stilistisch von E. Hemingway und W. Faulkner beeinflußt sind, schildert N. in realist. Manier die finnisch-russ. Kriege, an denen er als Freiwilliger teilnahm. Diese Werke sind von tiefem Pessimismus und Hoffnungslosigkeit geprägt. Später wandte er sich mehr seiner värmländ. Heimat zu; verfaßte u. a. eine histor. Romantrilogie: ›Der rote Marder‹ (1954, dt. 1954), ›Geburt des Zorns‹ (1955, dt. 1959), ›Die Schlacht‹ (1957, dt. 1960).

**Weitere Werke:** Blut und Schnee. Winterkrieg in Finnland (R., 1941, dt. 1943), Böj knä i solupgången (R., 1943).

**Nister** (Der N.) [hebr. = der Zurückgezogene], eigtl. Pinchas Kahanowitsch, * Berditschew (Ukraine) 1884, † 4. Juni 1950 (in Haft), jidd. Schriftsteller. – Gehört zu den wichtigsten Vertretern des Kiewer Zentrums der jiddisch-sowjet. Literatur. Zu Beginn der 30er Jahre wegen Symbolismus, Mystizismus, Romantizismus scharf kritisiert, begann er in der ›realist.‹ Form der Familiensaga eine breite Darstellung der osteurop. Judenheit von 1870 bis nach der Oktoberrevolution (›Die Brüder Maschber‹, Teil 1: Moskau 1939, Teil 2: New York 1948, dt. 1990; unvollendet); Ende 1948 wurde er verhaftet. Nach 1960 wurden mehrere Werke von ihm in der Sowjetunion postum veröffentlicht.

**Weiteres Werk:** Unterm Zaun. Jidd. Erzählungen (dt. Ausw. 1988).

**Nithard,** * 790, † 844, fränk. Geschichtsschreiber. – Enkel Karls des Großen; Abt von Centula; Diplomat und Staatsmann im Dienst Ludwigs des Frommen; überlieferte in seinem Geschichtswerk, das die Kämpfe zwischen den Söhnen Ludwigs des Frommen (bis 843) beschreibt, den Text der ›Straßburger Eide‹ (des Bündnisschwurs Karls des Kahlen und Ludwigs [II.] des Deutschen gegen Lothar I. [14. Febr. 842]) in ahd. und roman. Sprache, deren Formeln er wahrscheinlich selbst abgefaßt hat.

**Ausgabe:** Nithardi Historiarum libri IV. Hg. v. ERNST MÜLLER. Hann. [3]1965.

**Literatur:** MEYER VON KNONAU, G.: Über N.s vier Bücher Geschichten. Der Bruderkrieg der Söhne Ludwigs des Frommen u. seine Geschichtsschreiber. Lpz. 1866. – LÖWE, H.: N. In: Dt. Archiv für Erforschung des MA 9 (1952).

**Nithart von Reuenthal,** mhd. Minnesänger, ↑Neidhart.

**Nivardus,** genannt Magister von Gent, fläm. Dichter des 12. Jh. aus

Gent. – Schrieb um 1148 nach mündlich überlieferten Erzählungen in lat. Sprache das Tierepos ›Ysengrimus‹, in dem in zwölf Haupt- und mehreren Nebenfabeln mit insgesamt 6574 Versen (meist in Dialogform) die Abenteuer des dummen und gierigen Wolfes Ysengrimus v. a. mit dem Fuchs Reinardus dargestellt werden; das Werk ist v. a. eine Satire auf den Mönchsstand; es fand weite Verbreitung und gilt als Vorläufer des frz. ›Roman de Renart‹ und des niederl. ↑›Reinaert‹.

**Ausgaben:** Ysengrimus. Hg. v. E. VOIGT. Halle/Saale 1884. – Isengrimus. Das fläm. Tierepos aus dem Lat. verdeutscht v. A. SCHÖNFELDER. Münster u. Köln 1955.

**Literatur:** MIERLO, J. VAN: Het vroegste dierenepos in de letterkunde der Nederlanden: Isengrimus van magister N. Antwerpen 1943. – JAUSS, H. R.: Unterss. zur mittelalterl. Tierdichtung. Tüb. 1959.

**Nivelle de La Chaussée,** Pierre Claude [frz. nivɛldəlaʃo'se], frz. Dramatiker, ↑La Chaussée, Pierre Claude Nivelle de.

**Niẓāmī,** pers. Dichter, ↑Nesami.

**Nizan,** Paul [frz. ni'zã], * Tours 7. Febr. 1905, ⚔ in der Schlacht von Dünkirchen im Dep. Pas-de-Calais 23. Mai 1940, frz. Schriftsteller. – Überzeugter Kommunist, brach jedoch 1939 mit der Partei; befreundet mit J.-P. Sartre; lastete in seinem Essay ›Aden‹ (1932, dt. 1969) Frankreich Vergehen gegen die Menschenrechte an, rechnete in seinen Romanen mit dem Bürgertum ab und prangerte das polit. Leben in Frankreich an (›Das Leben des Antoine B.‹, 1933, dt. 1974; ›Das Trojan. Pferd‹, 1935, dt. 1979; ›Die Verschwörung‹, 1938, dt. 1975).

**Weitere Werke:** Die Wachhunde (Essay, 1932, dt. 1969), Chronique de septembre (Essay, 1939).

**Ausgaben:** N., intellectuel communiste. Articles et correspondance inédite. Hg. v. J. J. BROCHIER. Paris 1967. – P. N. Für eine neue Kultur. Aufsätze zu Lit. u. Politik in Frankreich. Dt. Übers. Rbk. 1973.

**Literatur:** KING, A.: P. N. écrivain. Paris 1976. – ISHAGHPOUR, Y.: N. Une figure mythique de son temps. Paris 1980. – ORY, P.: N. Destin d'un révolté. 1905–1940. Paris 1980. – ISHAGHPOUR, Y.: P. N., l'intellectuel et le politique entre les deux guerres. Paris 1990.

**Nizon,** Paul [frz. ni'zõ], * Bern 19. Dez. 1929, schweizer. Schriftsteller. – Lebt seit 1977 als freier Schriftsteller in Paris. Verfaßt kunsthistor. Abhandlungen und Essays, autobiographisch gefärbte Kurzprosa und Romane mit gesellschaftskrit. Tendenz. Setzt sich in seinen bildhaften und subtilen Prosaarbeiten häufig mit der Entwicklung eines Menschen zur inneren Freiheit und zur Selbstfindung auseinander.

**Werke:** Die gleitenden Plätze (Kurzprosa, 1959), Canto (R., 1963), Diskurs in der Enge (Essays, 1970), Im Hause enden die Geschichten (Prosa, 1971), Swiss made (Essays, 1971), Untertauchen (E., 1972), Stolz (R., 1975), Das Jahr der Liebe (R., 1981), Aber wo ist das Leben. Ein Lesebuch (1983), Am Schreiben gehen. Frankfurter Vorlesungen (1985), Im Bauch des Wals. Caprichos (1989), Das Auge des Kuriers (Notate, 1994).

**Njáls saga** ['nja:ls], Ende des 13. Jh. entstandenes großes Prosawerk der Gattung der Isländersagas mit reicher handschriftl. Überlieferung. Schauplatz der Handlung, die von etwa 900 bis 1015 reicht, ist im wesentlichen das südl. Island. Im Mittelpunkt der beiden ersten Sequenzen stehen jeweils hervorragende Vertreter ihrer gesellschaftl. Schicht, Gunnar und Njál, die trotz ihrer Friedensliebe, Tapferkeit und Rechtskenntnis an den sich auftürmenden Schwierigkeiten scheitern. Die dritte Sequenz bringt die Rache und die endgültige Versöhnung der gegnerischen Lager.

**Ausgaben:** Brennu-Njáls saga. Hg. v. E. O. SVEINSSON. Reykjavík 1954. – Die Gesch. vom weisen Njal. Übers. v. A. HEUSLER. Düss. u. a. [2]1963.

**Literatur:** LONNROTH, L.: N. S. A critical approach. Berkeley (Calif.) 1976.

**Njegoš,** Petar II Petrović [serbokroat. 'njɛgɔʃ], * Njeguši bei Cetinje 1. Nov. 1813, † Cetinje 19. Okt. 1851, serb. Dichter. – Aus hochgestellter montenegrin. Familie; erwarb sich als Fürstbischof (Vladika) von Montenegro (seit 1830) Verdienste um die polit. Stellung seines Landes. Sein literar. Werk (Lyrik, Epik, Dramatik) wurde vom Klassizismus, aber auch von der Volksdichtung beeinflußt; in seinem Hauptwerk ›Der Bergkranz‹ (Epos, 1847, dt. 1886) stellte er den Befreiungskampf der Montenegriner gegen die osman. Herrschaft dar; N. gehört zu den bedeutendsten Dichtern seines Landes.

**Weitere Werke:** Luča mikrokozma (= Die Fackel des Mikrokosmos, philosophisch-religiöses Epos, 1845), Lažni car Šćepan Mali (= Der falsche Zar Stephan der Kleine, Dr., 1851).

**Ausgabe:** P. II P. N. Cjelokupna djela. Belgrad 1967. 8 Bde.

**Literatur:** Djilas, M.: N. oder Dichter zw. Kirche u. Staat. Dt. Übers. Wien u. a. 1968. – Milović, J. M.: P. II P. N. u svom vremenu. Titograd 1984.

**Nkosi,** Lewis, * Durban 5. Dez. 1936, südafrikan. Schriftsteller. – War ab 1955 als Journalist für schwarze Zeitungen tätig; verlor aufgrund staatl. Zwangsauflösungen seine Arbeit, 1961 seine Staatsbürgerschaft. Studierte u. a. in Harvard und London; ab 1962 freier Mitarbeiter für den engl. Rundfunk; Prof. für Literatur an der Univ. von Sambia; bekannt wurden v. a. seine z. T. autobiograph. Schriften über die südafrikan. Literatur; auch Hörspielautor.

**Werke:** The rhythm of violence (Dr., 1964), Home and exile (Essays, 1965), We can't all be Martin Luther King (Hsp., Erstsendung 1971), The transplanted heart. Essays on South Africa (1975), Tasks and masks. Themes and styles of African literature (Essays, 1981), Weiße Schatten (R., 1983, dt. 1987).

**Noack,** Barbara, * Berlin 28. Sept. 1924, dt. Schriftstellerin. – Verfasserin heiterer, teils autobiograph. Unterhaltungsromane und Erzählungen. Schreibt lebendig und humorvoll über kleine Alltagserlebnisse, amüsante Liebesgeschichten sowie über Erlebnisse mit Kindern.

**Werke:** Die Zürcher Verlobung (R., 1955), ... und flogen achtkantig aus dem Paradies (R., 1968), Der Bastian (R., 1974), Auf einmal sind sie keine Kinder mehr ... (E., 1978), Eine Handvoll Glück (R., 1982), Drei sind einer zuviel (R., 1982), Ein Stück vom Leben (R., 1984), Ein Platz an der Sonne (Kindergeschichten, 1985), Ihr Zwillingsbruder (R., 1988), Brombeerzeit (R., 1992).

**Noack,** Hans-Georg, * Burg b. Magdeburg 12. Febr. 1926, dt. Jugendbuchautor. – Nach verschiedenen Berufen seit 1960 Schriftsteller, Lektor und Übersetzer; 1980–91 Verlagsleiter in Würzburg. In seinen erzählenden Jugendbüchern greift er Themen wie Rassenhaß (›Hautfarbe Nebensache‹, 1960; ›Der gewaltlose Widerstand‹, 1965), Jugendkriminalität (›Rolltreppe abwärts‹, 1970) und Gastarbeiterprobleme (›Benvenuto heißt willkommen‹, 1973) auf.

**Weitere Werke:** Stern über der Mauer (1962), Trip (1971), Suche Lehrstelle, biete ... (1976), Niko, mein Freund (1981).

**Noailles,** Anna [Élisabeth] de Brancovan, Gräfin Mathieu de [frz. nɔˈɑːj], * Paris 15. Nov. 1876, † ebd. 30. April 1933, frz. Lyrikerin rumän. Herkunft. – Tochter des rumän. Prinzen Bibesco de Brancovan und einer Kreterin, französisch erzogen, heiratete 1897 Graf Mathieu de Noailles. Schrieb leidenschaftl., von dionys. Sinnenfreude und pantheist. Naturverehrung bestimmte Gedichte (vorwiegend in Alexandrinern), die, v. a. in den späteren Werken, auch Schmerz und Trauer ausdrücken, außerdem [z. T. unvollendete] Romane, Novellen und die Autobiographie ›Le livre de ma vie‹ (1932).

**Weitere Werke:** Le cœur innombrable (Ged., 1901), Sehnsucht (Ged., 1902, dt. 1906), La nouvelle espérance (R., 1903), Le visage émerveillé (R., 1904), Les éblouissements (Ged., 1907), Die Unschuldigen (En., 1923, dt. 1926), Le poème de l'amour (Ged., 1924), L'honneur de souffrir (Ged., 1927), Poèmes d'enfance (Ged., 1928), Derniers vers (Ged., postum 1934).

**Ausgabe:** A. de N. Choix de poésies. Hg. v. J. Rostand. Paris 1976.

**Literatur:** Perche, L.: A. de N. Paris 1964. – Allard, jr., H. G.: La Comtesse Mathieu de N., nun of passion. A study of the novels of A. de N. Diss. Yale University New Haven (Conn.) 1973. – La Rochefoucauld, E. de: A. de N. Paris 1976. – Mignot-Ogliastri, C.: A. de N., une amie de la princesse Edmond de Polignac. Paris 1986. – Broche, F.: A. de N. Un mystère en pleine lumière. Paris 1989.

**Nobelpreis für Literatur,** auf die Stiftung des schwed. Chemikers und Industriellen A. Nobel zurückgehende, seit 1901 verliehene internat. Auszeichnung für bes. Leistungen auf dem Gebiet der Literatur. Nach der Verfügung Nobels soll die Schwed. Akademie (der schönen Künste) in Stockholm jährlich die Preisträger ermitteln. Der Preis wird am Todestag Nobels (10. Dezember) durch den schwed. König überreicht. Die Höhe des (ungeteilten) Preises (1901: 150 800 schwed. Kronen) betrug 1993: 6,7 Millionen Kronen. Bisherige Preisträger: Sully Prudhomme (1901), Th. Mommsen (1902), B. Bjørnson (1903), F. Mistral und J. Echegaray y Eizaguirre (1904), H. Sienkiewicz (1905), G. Carducci (1906), R. Kipling (1907), R. Eucken (1908),

S. Lagerlöf (1909), P. von Heyse (1910), M. Maeterlinck (1911), G. Hauptmann (1912), R. Tagore (1913), 1914 nicht vergeben, R. Rolland (1915), V. von Heidenstam (1916), K. A. Gjellerup und H. Pontoppidan (1917), 1918 nicht vergeben, C. Spitteler (1919), K. Hamsun (1920), A. France (1921), J. Benavente (1922), W. B. Yeats (1923), W. S. Reymont (1924), G. B. Shaw (1925), G. Deledda (1926), H. Bergson (1927), S. Undset (1928), Th. Mann (1929), S. Lewis (1930), E. A. Karlfeldt (1931), J. Galsworthy (1932), I. A. Bunin (1933), L. Pirandello (1934), 1935 nicht vergeben, E. O'Neill (1936), R. Martin du Gard (1937), P. S. Buck (1938), F. E. Sillanpää (1939), 1940–1943 nicht vergeben, J. V. Jensen (1944), G. Mistral (1945), H. Hesse (1946), A. Gide (1947), T. S. Eliot (1948), W. Faulkner (1949), B. Earl Russell (1950), P. F. Lagerkvist (1951), F. Mauriac (1952), Sir W. Churchill (1953), E. Hemingway (1954), H. K. Laxness (1955), J. R. Jiménez (1956), A. Camus (1957), B. L. Pasternak (1958, mußte den Preis ablehnen), S. Quasimodo (1959), Saint-John Perse (1960), I. Andrić (1961), J. Steinbeck (1962), J. Seferis (1963), J.-P. Sartre (1964, nahm den Preis nicht an), M. A. Scholochow (1965), S. J. Agnon und N. Sachs (1966), M. Á. Asturias (1967), J. Kawabata (1968), S. Beckett (1969), A. I. Solschenizyn (1970), P. Neruda (1971), H. Böll (1972), P. White (1973), H. Martinson und E. Johnson (1974), E. Montale (1975), S. Bellow (1976), V. Aleixandre (1977), I. B. Singer (1978), O. Elytis (1979), C. Miłosz (1980), E. Canetti (1981), G. García Márquez (1982), W. G. Golding (1983), J. Seifert (1984), C. Simon (1985), W. Soyinka (1986), I. A. Brodski (1987), N. Mahfus (1988), C. J. Cela Trulock (1989), O. Paz (1990), N. Gordimer (1991), D. Walcott (1992), T. Morrison (1993), K. Oe (1994).

**Nobre,** António [portugies. 'nɔbrə], * Porto 16. Aug. 1867, † ebd. 18. März 1900, portugies. Dichter. – Außerordentlich sensibler, vom frz. Symbolismus und von der Neuromantik A. M. de Guerra Junqueiros beeinflußter Lyriker mit starker Ausstrahlung auf die zeitgenöss. portugies. Dichtung; sein Hauptwerk ist die Sammlung ›Só‹ (Ged., 1892); postum erschienen noch ›Despedidas‹ (Ged., 1902) und ›Primeiros versos‹ (Ged., 1921).

**Literatur:** VIEIRA DE LEMOS, A.: Anto, o poeta da saudade; a vida e a obra de A. N. Porto 1947. – SIMÕES, J. G.: A. N. Precursor da poesia moderna. Lissabon ²1959. – CASTILHO, G. DE: A. N. Lissabon ²1977. – SIMÕES, J. G.: A. N. Lissabon 1984.

**Nodier,** Charles [frz. nɔ'dje], * Besançon 29. April 1780, † Paris 27. Jan. 1844, frz. Schriftsteller. – Ab 1823 Leiter der Arsenalbibliothek in Paris; maßgebender Gründer des ersten romant. ↑Cénacle (1824), wirkte bes. auf V. Hugo, Ch. A. Sainte-Beuve, A. de Vigny, A. de Lamartine und A. de Musset; 1833 Mitglied der Académie française. Eine der bedeutendsten Gestalten aus den Anfängen der frz. Romantik, Vorläufer G. de Nervals und des Surrealismus, wies mit ›Les pensées de Shakespeare, extraites de ses œuvres‹ (1801) auf Shakespeare hin, schrieb den wertherischen Roman ›Le peintre de Salzbourg ou journal des émotions d'un cœur souffrant‹ (1803) sowie eine Reihe romantisch-phantast. Novellen, u. a. ›Hans Sbogar‹ (1818, dt. 1835), ›Smarra‹ (1821), ›Trilby ou le lutrin d'Argail‹ (1822), ›Die Krümchen-Fee‹ (1832, dt. 1835), außerdem ›Jugenderinnerungen‹ (1832, dt. um 1875) und Essays.

**Ausgaben:** Jean Emmanuel Ch. N. Œuvres complètes. Paris 1832–41. 12 Bde. – Ch. N. Contes. Avec des textes et des documents inédits. Hg. v. P.-G. CASTEX. Paris 1979.

**Literatur:** BELL, S. F.: Ch. N. His life and works. A critical bibliography 1923–1967. Chapel Hill (N. C.) 1971. – NELSON, H.: Ch. N. New York 1972. – LEUBE, CH.: Ch. N. In: Frz. Lit. des 19. Jh. Bd. 2. Hg. v. W.-D. LANGE. Hdbg. 1980. S. 176. – AMBLARD, M.-C.: Sources et structures du fantastique dans les contes de N. Diss. Montpellier 1983. – ROGERS, B.: N. et la tentation de la folie. Genf 1985.

**Noël,** Marie [frz. nɔ'ɛl], eigtl. M. Rouget, * Auxerre 16. Febr. 1883, † ebd. 23. Dez. 1967, frz. Schriftstellerin. – Schrieb v. a. christlich inspirierte Gedichte in klass. Form, auch Erzählungen und ab 1920 das Tagebuch ›Notes intimes‹ (1959, dt. Ausw. 1961 u. d. T. ›Erfahrungen mit Gott‹).

**Weitere Werke:** Les chansons et les heures (Ged., 1922), Le rosaire des joies (Ged., 1930), Contes (En., 1942), Chants et psaumes d'automne (Ged., 1947), Le jugement de Don Juan

(Dr., 1955), Chants des quatre-temps (Ged., hg. 1972).

**Ausgabe:** M. N. Œuvres en prose. Paris 1977.

**Literatur:** MANOLL, M.: M. N. Paris 1962. – TRUNO, B.: L'œuvre en prose de M. N. Diss. Toulouse 1974. – COSTELLO, M. K.: Le message poétique de M. N. Diss. Bordeaux 1975. – LOBET, B.: Mon Dieu, je ne vous aime pas. Foi et spiritualité chez M. N. Paris 1994.

**Noël** [frz. nɔ'ɛl; von lat. natalis (dies) = Geburtstag], seit dem 16. Jh. schriftlich bezeugtes Weihnachtslied, das sich teilweise an ältere Volksliedtraditionen anschloß. – ↑auch Carol.

**Noigandres** [brasilian. noi̯'gɐndris, nach E. Pound, ›Cantos XX‹, übernommen aus einem Text des Provenzalen Arnaut Daniel], 1952 von Augusto (* 1931) und H. de Campos und von Décio Pignatari (* 1927) in São Paulo gegründete Dichtergruppe; Vertreter der 2. Phase des brasilian. Modernismo. 1955 benutzte A. de Campos zum ersten Mal die Bez. ›konkrete Poesie‹ für die experimentellen ideograph. Arbeiten der Gruppe; ihr stimmte E. Gomringer im Zusammenhang mit einer geplanten Anthologie am 30. Aug. 1956 zu. Das literar. Programm ist in dem 1958 von den drei Autoren unterzeichneten ›Plano-pilôto para poesia concreta‹ festgelegt, der in viele Sprachen übersetzt wurde und – neben den literar. Arbeiten der N. und ihren internat. Kontakten – großen Einfluß auf die Entwicklung der konkreten Dichtung ausgeübt hat. Die wichtigsten Arbeiten und theoret. Essays erschienen in der Zeitschrift ›Noigandres‹ (Nummern 1–4, 1952–58); nach der Ausweitung der Gruppe – zu ihr stießen in der zweiten Hälfte der 50er Jahre u. a. Ronaldo Azeredo (* 1937), José Lino Grünewald (* 1931), Pedro Xisto (* 1901, † 1987), Mário da Silva Brito, L. C. Vinholes (der als brasilian. Botschafter in Japan die jap. Konkretisten stark beeinflußte), Wlademir Dias Pino, Edgard Braga (* 1898) und Luiz Ângelo Pinto (* 1941) – wurde ab 1960 die Zeitschrift ›Invenção‹ das zentrale Publikumsorgan der brasilian. Konkretisten.

**Literatur:** BENSE, M.: Brasilian. Intelligenz. Wsb. 1965. – KESSLER, D.: Unterss. zur konkreten Dichtung. Meisenheim 1976.

**Noir,** Jean [frz. nwa:r], Pseudonym des frz. Schriftstellers Jean ↑Cassou.

**Nọli,** Fan S., * İbriktepe (alban. Qyteza; Thrakien, Türkei) 6. Jan. 1882, † Fort Lauderdale (Fla.) 13. März 1965, alban. Schriftsteller. – Sohn eines Dorfgeistlichen; studierte in Athen; lebte ab 1906 in den USA, wo er als orthodoxer Priester für die alban. Einwanderer wirkte; nach seiner Rückkehr von Juni bis Dez. 1924 Ministerpräsident und von Juni 1924 bis Jan. 1925 auch Staatspräsident; ging nach seinem Sturz ins Exil in die USA; gilt als Begründer der alban. Dramatik (›Israelitë e filistinë‹ [= Israeliten und Philister], 1907); auch patriot. Gedichte, Übersetzungen ins Albanische (Shakespeare, H. Ibsen, M. de Cervantes Saavedra, Omar Chaijam, Molière, H. W. Longfellow).

**Weitere Werke:** Historia e Skënderbeut (= Die Geschichte Skanderbegs, R., 1908), Albumi (= Das Album, Ged., 1947), Beethoven and the French Revolution (1947).

**Nọll,** Dieter, * Riesa 31. Dez. 1927, dt. Schriftsteller. – Lebt als freier Schriftsteller in Berlin; schrieb nach unterhaltsamen Reportagen den autobiograph. Roman ›Die Abenteuer des Werner Holt‹ (Bd. 1: ›Roman einer Jugend‹, 1960, verfilmt 1965; Bd. 2: ›Roman einer Heimkehr‹, 1963), der in eindrucksvollem Stil das Kriegs- und Nachkriegserlebnis seiner Generation zum Thema hat.

**Weitere Werke:** Neues vom lieben närr. Nest (Reportage, 1952), Die Dame Perlon und andere Reportagen (1953), Mutter der Tauben (E., 1955), Kippenberg (R., 1979), In Liebe leben. Gedichte 1962–82 (1985).

**Nomạ,** Hiroschi, * Kobe 23. Febr. 1915, jap. Schriftsteller. – Beeinflußt von den Symbolisten, der frz. und russ. Literatur, u. a. von L. N. Tolstoi, M. Proust und A. Gide, verfaßte er gesellschaftskrit. Romane, Novellen, Drehbücher, Hörspiele und Gedichte, in denen sich auch seine profunde Auseinandersetzung v. a. mit der modernen jap. Philosophie (K. Nischida, H. Tanabe) niederschlug; schrieb u. a. ›Kurai-e‹ (= Dunkle Bildnisse, E., 2 Tle., 1946–70), ›Ein roter Mond in ihrem Gesicht‹ (R., 1947, dt. 1975), ›Seinen no wa‹ (= Der Zyklus der Jugend, R., in Teilen publiziert 1947–50, vollendet 1961), ›Shinku chitai‹ (= Zone der Leere, R., 1952, engl. 1956 u. d. T. ›Zone of emptiness‹), ›Waga to wa soko ni tatsu‹ (= Mein Turm steht dort, R., 1962).

**Nomos** [griech.], in der griech. Musik und Literatur Name altehrwürdiger poetisch-musikal. Weisen für den Apollonkult. Wegen des göttl. Ursprungs blieben sie unangetastet, wobei man in schriftloser Zeit jedoch nur am Gerüst unverändert festhielt und die Tonfolgen bei der Ausführung ›variierte‹. Daher gilt N. heute als eine Art Melodietyp (Maqam, Raga). Nach solchem Vorbild geschaffene Weisen wurden zu Kithara oder Aulos gesungen (kitharod., aulod. N.) oder allein auf dem Aulos gespielt (aulet. Nomos).

**Nonarime** [italien. = Neunreim], um eine Zeile erweiterte ↑Stanze mit der Reimfolge a b a b a b c c b.

**Nonnenmann,** Klaus, * Pforzheim 9. Aug. 1922, † ebd. 11. Dez. 1993, dt. Schriftsteller. – Philologiestudium, danach freier Schriftsteller. Wurde bekannt durch seinen melanchol. Kurzroman ›Die sieben Briefe des Doktor Wambach‹ (1959), dem er den humorvollen, sozialkrit. Erzählungsband ›Vertraul. Geschäftsbericht‹ (1961) und den Roman ›Teddy Flesh oder Die Belagerung von Sagunt‹ (1964) folgen ließ; schrieb auch Essays und Hörspiele.

**Weitere Werke:** Schriftsteller der Gegenwart (Essays, 1963; Hg.), Herbst (En., 1977), Kongreß der Zauberer (En., 1992).

**Nonnos** (tl.: Nónnos), griech. Dichter des 5. Jh. n. Chr. aus Panopolis (Ägypten). – Schildert in seinem großangelegten Epos ›Dionysiaká‹ in 48 Büchern die Geschichte des Gottes Dionysos, bes. dessen Zug nach Indien. N. gilt außerdem als Verfasser einer Paraphrase des Johannesevangeliums in Hexametern.

**Ausgaben:** N. Dionysiaka. Dt. Übers. Bearb. v. TH. VON SCHEFFER. Bremen ²1955. – Nonni Panopolitani Dionysiaca. Hg. v. R. KEYDELL. Bln. 1959. 2 Bde. – N. Werke in 2 Bden. Dt. Übers. v. D. EBENER. Bln. u. Weimar 1985.

**Literatur:** D'IPPOLITO, G.: Studi nonniani. Palermo 1964 (mit Bibliogr.).

**Nonsensverse** ['nɔnzɛns; engl. 'nɔnsəns], Genre des kom., witzigen Gedichts, auch Unsinnspoesie genannt, das mit paradoxen, absurden Wort- und Klangspielen die Vieldeutigkeit von Wahrnehmung und Wirklichkeit darstellt. N. finden sich schon in alten Kinderreimen oder in den Reden von Narrenfiguren im elisabethan. Drama und bei Shakespeare. Erst seit der Mitte des 19. Jh. kann man von eigtl. N.n sprechen, die v. a. ein Phänomen der engl. Literatur sind, z. B. in ›Edward Lear's Nonsense Verse‹ (1846, dt. 1964), woher der Begriff stammt, und L. Carrolls ›Alice im Wunderland‹ (1865, dt. 1963, erstmals dt. 1869). Dazu gehören auch die bis in die Gegenwart gepflegten ↑Limericks. Vertreter in Deutschland waren v. a. Ch. Morgenstern, J. Ringelnatz und P. Scheerbart; in jüngerer Zeit ist J. Krüss zu nennen. Verbindungslinien bestehen auch zu neueren Kunstrichtungen wie ↑Dadaismus und ↑Surrealismus sowie zu neueren Tendenzen der ↑experimentellen Dichtung.

**Literatur:** LIEDE, A.: Dichtung als Spiel. Studien zur Unsinnspoesie an den Grenzen der Sprache. Bln. 1963. 2 Bde. – REICHERT, K.: L. Carroll. Studien zum literar. Unsinn. Mchn. 1974. – LANG, P. CH.: Literar. Unsinn im späten 19. Jh. u. frühen 20. Jh. Ffm. u. a. 1982. – KRETSCHMER, E.: Die Welt der Galgenlieder Ch. Morgensterns u. der viktorian. Nonsense. Bln. 1983. – TIGGES, W.: An anatomy of literary nonsense. Amsterdam 1988. – LECERCLE, J.-J.: Philosophy of nonsense. The intuitions of Victorian nonsense literature. London 1994.

**Noot,** Jan Baptista van der, genannt Jonker Jan, * Brecht bei Antwerpen um 1540, † Antwerpen um 1595, fläm. Dichter. – Patrizier, hoher Beamter, mußte als Teilnehmer an der Geusenbewegung nach England fliehen, ging dann ins Rheinland, kehrte 1578 nach Antwerpen zurück. Erster bed. Renaissancedichter niederl. Sprache, beeinflußt von den frz. Dichtern der Zeit (bes. von P. de Ronsard) und von Petrarca. N. schrieb Oden und Sonette; seine Sammlung ›Het bosken‹ (1570[?]) enthält religiöse, Liebes- und Preisgedichte. Mit seinem Versepos ›Cort begrijp der XII boecken Olympiados‹ (1579), das eine Zusammenfassung von dem bereits 1576 in dt. Übersetzung erschienenen ›Buch Extasis‹ ist, schuf er das erste große Epos in niederl. Sprache, das er jedoch nicht vollendete.

**Weiteres Werk:** Het theatre oft tonneel (1568).

**Ausgabe:** De poeticsche werken van Jonker J. v. d. N. Hg. v. W. WATERSCHOOT. Gent 1975. 3 Bde.

**Literatur:** ZAALBERG, C. A.: Das Buch Extasis van J. v. d. N. Assen 1954. – BRACHIN, P.: Un disciple de Ronsard, J. v. d. N., patrice d'Anvers. Paris 1959. – SCHUTTER, F. DE: Het vers van Jonker J. v. d. N. Gent 1967.

**Nooteboom,** Cees, * Den Haag 31. Juli 1933, niederl. Schriftsteller. – Zunächst Autor mehrerer Gedichtbände, in denen konventionelle Gemütslyrik allmählich von einer hermet. Behandlung existentieller Fragen abgelöst wird, wurde N. in den 80er Jahren v. a. durch seine Romane weltweit bekannt, in denen er mit großer sprachlich-erzähler. Suggestivität das Chaos der Existenz in Ritualen von Ordnungen, Reisen und Begegnungen zwischen Zeit und Raum metamorphotisch aufzufangen versucht. Schrieb auch ebenso sensible wie gelehrte Reiseberichte.

**Werke:** Das Paradies ist nebenan (R., 1955, dt. 1958), De doden zoeken een huis (Ged., 1956), De ridder is gestorven (R., 1963), Gemaakte gedichten (1970), Rituale (R., 1980, dt. 1985), Ein Lied von Schein und Sein (Nov., 1981, dt. 1989), Voorbije passages (Reisebericht, 1981), Mokusei! Eine Liebesgeschichte (1982, dt. 1990), In den niederl. Bergen (R., 1984, dt. 1987), Der Buddha hinter dem Bretterzaun (E., 1985, dt. 1993), Das Gesicht des Auges (Ged., 1989, dt. 1991), Berliner Notizen (1990, dt. 1991), Die folgende Geschichte (Nov., 1991, dt. 1991), Gedichte (dt. Ausw. 1992), Der Umweg nach Santiago (Prosa, 1992, dt. 1992), Wie wird man Europäer? (Essay, dt. 1993), Im Frühling der Tau. Östl. Reisen (1995, dt. 1995).

**Literatur:** Over C. N. Beschouwingen en interviews. Hg. v. D. CARSTENS. Den Haag 1984.

**Nor,** A. C., eigtl. Josef Kaván, * Kylešovice bei Opava 19. Sept. 1903, tschech. Schriftsteller und Journalist. – Verfaßte Romane aus der Welt des schles. Dorfes (›Bürkental‹, 1925; ›Rozvrat rodiny Kýrů‹ [= Der Zerfall der Familie Kýr], 1925; ›Raimund chalupník‹ [= Raimund der Häusler], 1927).

**Literatur:** RUSINSKÝ, M.: A. C. N. Ostrau 1968.

**Nora,** Eugenio García González de, * Zacos (Prov. León) 13. Nov. 1923, span. Lyriker. – Prof. für span. Literatur an der Univ. Bern; Lyriker unter dem Einfluß der älteren span. Modernisten, veröffentlichte die Gedichtbände ›Cantos al destino‹ (1945), ›Amor prometido‹ (1946), ›Contemplación del tiempo‹ (1948), ›Siempre‹ (1953), ›España, pasión de vida‹ (1954), ›Poesía (1939–1965)‹ (1975) sowie Untersuchungen über den span. Gegenwartsroman (›La novela española contemporánea [1898–1960]‹, 3 Bde., 1958–62).

**Nordal,** Sigurður Jóhannesson, * Eyjólfsstaðir (Húnavatnssýsla) 14. Sept. 1886, † Reykjavík 21. Sept. 1974, isländ. Literarhistoriker und Schriftsteller. – Ab 1918 Prof. der isländ. Literatur und Sprache in Reykjavík. Von bes. Bedeutung sind N.s Beiträge zur Kenntnis der altisländ. Literatur, die zur Entstehung der isländ. Neuromantik beitrugen. N. war auch mit Novellen und Dramen erfolgreich. Seine These, wonach die Isländer ihr Überleben als Nation der ungebrochenen Tradition ihrer Sprache und Literatur verdanken, übt einen wichtigen Einfluß auf die isländ. Kulturgeschichte aus.

**Werke:** Hel (Ged., 1919), Fórnar ástir (= Alte Liebe, En. und Fragmente, 1919), Íslenzk menning (= Isländ. Kultur, Abh., 1923), Samhengið í íslenzkum bókmentum (= Der Zusammenhang in der isländ. Literatur, Essay, 1924), Skottið á skuggánum (= Der Schuß im Schatten, Ged., 1950).

**Literatur:** S. N. áttraður. Festschr. zum 80. Geburtstag. Reykjavík 1966. – JONSSON, H. J./SIGMUNDSSON, S.: Prentuð rit S. N., 1909–66. Reykjavík 1966.

**nordamerikanische Literatur** ↑ kanadische Literatur, ↑ USA-Literatur.

**Nordau,** Max, eigtl. M. Simon Südfeld, * Budapest 29. Juli 1849, † Paris 22. Jan. 1923, Schriftsteller. – War Arzt in Österreich, ging 1880 nach Paris; war mit Th. Herzl einer der Begründer des Zionismus. Er verfaßte kultur- und zeitkrit. Studien auf rationalistisch-materialist. Basis, Reiseschilderungen, Dramen, auch Romane.

**Werke:** Aus dem wahren Milliardenlande (Studie, 2 Bde., 1878), Vom Kreml zur Alhambra (Studie, 2 Bde., 1880), Der Krieg der Millionen (Trag., 1881), Die Krankheit des Jh. (R., 2 Bde., 1888), Entartung (R., 2 Bde., 1892/93), Das Recht zu lieben (Dr., 1894), Doktor Kohn (Trag., 1898).

**Nordhoff,** Charles Bernard [engl. 'nɔ:dhɔf], * London 1. Febr. 1887, † Santa Barbara (Calif.) 11. April 1947, amerikan. Schriftsteller dt. Herkunft. – Enkel des aus Preußen stammenden Charles Nordhoff (* 1830, † 1901); verfaßte, meist zus. mit J. N. ↑ Hall, See- und Abenteuerromane; auch sozialgeschichtl. Schriften.

**Nordistik** ↑ Skandinavistik.

**Nordsternbund,** Berliner Dichterkreis der Romantik im 1. Jahrzehnt des 19. Jh., angeregt durch Theorie und Dichtung A. W. Schlegels und L. Tiecks. Publikationsorgan war der sog. ›Grüne Musenalmanach‹ (1804–06); Mitglieder: A. von Chamisso, F. de la Motte Fouqué, J. E. Hitzig, D. F. Koreff, F. W. Neumann und K. A. Varnhagen von Ense.

**Nordström,** Ludvig [schwed. ˌnu:rdstrœm], *Härnösand (Ångermanland) 25. Febr. 1882, †Stockholm 15. April 1942, schwed. Schriftsteller. – Studierte Philosophie und Literatur, wurde Journalist; ab 1908 freier Schriftsteller, der weite Reisen unternahm; in 1. Ehe ⚭ mit der Schriftstellerin M. Stiernstedt. Schrieb neben ausgezeichneten Reiseberichten lebendige, kraftvolle, oft drast. Erzählungen, Novellen sowie Romane über das Problem der Industrialisierung in Nordschweden. In ihnen wie auch in theoret. Schriften setzte N. sich für den von ihm im Anschluß an H. G. Wells entwickelten ›Totalismus‹ ein, eine Weltvereinigung in Frieden und Glück, bedingt durch die vereinende Kraft des techn. Fortschritts; daneben auch Reportagen und sozialwiss. Studien zur nordschwed. Industrie.

**Werke:** Fiskare (Nov.n, 1907), Bürger (Nov.n, 1909, dt. 1912), Landsorts-bohème (R., 1911), Tomas Lack (Nov., 1912), Öbacka-bor (Nov.n, 1921), Petter Svensks historia (R., 4 Bde., 1923–27), På hemsväg till öbacka (Nov.n, 1934), Planeten Markattan (R., 1937).

**Norén,** Lars [schwed. nu're:n], *Stockholm 9. April 1944, schwed. Schriftsteller. – Schrieb zunächst Lyrik und Prosatexte, oft mit Tendenz zur konkreten Dichtung. Radikale Verknappung der Sprache kennzeichnet seine Lyrik der 70er Jahre. Internat. Anerkennung fand N. jedoch erst mit seinen Bühnenstücken, in denen ihm eine Neuorientierung des psycholog. Familiendramas gelang.

**Werke:** Syréner, snö (Ged., 1963), De verbala resterna av en bildprakt som förgår (Ged., 1964), Die Bienenväter (R., 1970, dt. 1973), Viltspeglar (Ged., 1972), Solitära dikter (Ged., 1972), Kung Mej och andra dikter (Ged., 1973), Dagliga och nattliga dikter (Ged., 1974), Nattarbete (Ged., 1976), Orestes (Dr., 1980), Nacht, Mutter des Tages (Dr., 1983, dt. EA 1986), Kaos är granne med Gud (Dr., 1983), Dämonen (Dr., 1983, dt. 1984), Nachtwache (Dr., 1985, dt. 1985), Eintagswesen (1988, dt. 1989), Hebriana (Dr., 1989), Blätterschatten (Dr., UA Bonn 1994).

**Norman,** [Jean] Birger [Isak] [schwed. 'nu:rman], *Svanö (Ångermanland) 30. Juli 1914, schwed. Schriftsteller. – Engagierter Sozialist und scharfer Gesellschaftskritiker; Hauptthemen in Lyrik und Prosa sind soziale und polit. Probleme, wobei Einzelschicksale oft im Vordergrund stehen; schreibt auch stimmungsvolle Naturlyrik.

**Werke:** Sånger vid floden (Ged., 1951), Vandringsutställning (Ged., 1953), Medan mandarinerna mognar (Essays, 1957), Ådalen (Reportage, 1960; zus. mit S. Gillsäter), Repliker i kulturdebatten (Essays, 1963), Ådalen 31 (E., 1968), Vinterfiske (Ged., 1970), Sonne, was willst du von mir? (Dr., 1970, dt. 1971), Löken (Nov.n, 1972), Utanför Eden (Ged. und Prosa, 1974), Utanikring (Ged., 1976), Sista natten på Nordstjernan (R., 1978), Medan som maren ännu är sommar (Ged., 1979), Speleka (Ged., 1980), Samvetets landsflykt (Ged., 1983).

**Norris,** Frank [engl. 'nɔrɪs], eigtl. Benjamin Franklin N., *Chicago 5. März 1870, †San Francisco 25. Okt. 1902, amerikan. Schriftsteller. – Kunststudium 1887 bis 1889 in Paris; während seines Literaturstudiums an der University of California und an der Harvard University erste schriftsteller. Versuche unter dem Einfluß von É. Zolas Naturalismus; 1895 als Journalist für den ›San Francisco Chronicle‹ in Südafrika (Burenkrieg) und 1898 für ›McClure's Magazine‹ in Kuba (Spanisch-Amerikan. Krieg); Verlagsarbeit in New York (1899). In seinem von sozialkrit. Anliegen und romant. Idealismus geprägten Werk, das eine eigenständige amerikan. Variante des europ. Naturalismus darstellt, schildert er den verzweifelten Kampf der Menschen gegen die dämon. Einflüsse von Maschine und Technik. In seinem bedeutendsten Werk, der unvollendeten Romantrilogie ›Das Epos des Weizens‹ (Bd. 1: ›Der Oktopus‹, 1901, dt. 1907, 1939 u. d. T. ›Die goldene Fracht‹; Bd. 2: ›Die Getreidebörse‹, hg. 1903, dt. 1912, 1935 u. d. T. ›Kampf um Millionen‹), wird die Kraft der sich zyklisch erneuernden Natur (des Weizens), der wirtschaftl. Macht des Eisenbahnkonzerns (Bd. 1) und der finanziellen Macht der Börse in Chicago (Bd. 2) gegenübergestellt; geplant war, die Auswirkung auf die in Europa hungernde Bevölkerung zu zeigen. Neben bed. Kurzgeschichten (›A deal in wheat‹, hg. 1903; ›The third circle‹, hg. 1909) verfaßte er auch vielbeachtete literaturkrit. Essays (›The responsibilities of the novelist‹, hg. 1903).

**Weitere Werke:** Gier nach Gold (R., 1899, dt. 1937, 1965 u. d. T. Heilloses Glück), Vandover and the brute (R., entst. 1894/95, hg. 1914).

**Ausgaben:** F. N. The complete edition. Garden City (N. Y.) 1928. 10 Bde. – F. N. Literary criticism. Hg. v. D. PIZER. Austin 1964.

**Literatur:** WALKER, F. D.: F. N. A biography. Garden City (N. Y.) 1932. Neudr. New York 1963. – MARCHAND, E.: F. N. A study. New York Neuausg. 1964. – PIZER, D.: The novels of F. N. Bloomington (Ind.) 1966. Neudr. New York 1973. – GRAHAM, D.: The fiction of F. N. The aesthetic context. Columbia (Miss.) 1978. – Critical essays on F. N. Hg. v. D. GRAHAM. Boston (Mass.) 1980. – BOYD, J.: F. N. Spatial form and narrative time. Ffm. u. a. 1993.

**North,** Sir Thomas [engl. nɔ:θ], * London 28. Mai 1535, † 1603 oder wenig später, engl. Übersetzer. – Jurist; erfolgreiche militär. und öffentl. Laufbahn, widmete sich jedoch vorzugsweise der Literatur. Sein Hauptwerk ›The lives of the noble Grecians and Romans‹ (1579), die Übersetzung der Biographien Plutarchs aus dem Französischen nach der Vorlage von Jacques Amyot (* 1513, † 1593), ist ein Meisterwerk früher engl. Prosa; es wurde zu einer wichtigen Quelle für Shakespeares Dramen nach antiken Stoffen.

**Norway,** Nevil Shute [engl. 'nɔ:wɛɪ], engl. Schriftsteller, ↑ Shute, Nevil.

**norwegische Literatur,** die n. L. läßt sich nicht in allen Epochen eindeutig von den benachbarten Literaturen abgrenzen; im MA bestand ein intensives kulturell-literar. Rezeptionsverhältnis mit Island; während der jahrhundertelangen dän. Oberhoheit (1380–1814) gingen die bescheidenen Ansätze zu einer eigenständigen n. L. in der gemeinsamen dänisch-norweg. sprachlich-kulturellen Einheit (›dansk-norsk fælleslitteratur‹) auf. Erst im Gefolge der nat. Unabhängigkeitsbestrebungen des 19. Jh. entwickelte sich eine selbständige n. L., die bereits in der zweiten Hälfte des 19. Jh. einen vielbeachteten Beitrag zur Weltliteratur lieferte.

**Mittelalter:** Die altnorweg. Literatur bildete mit der altisländ. Literatur die ↑ altnordische Literatur und deren Hauptgattungen aus: die eddische Dichtung, die Skaldendichtung und die Sagaliteratur, wobei der norweg. Anteil an diesen Gattungen recht unterschiedlich und bis heute nicht vollständig geklärt ist, da die Handschriften zum großen Teil isländ. Ursprungs sind. Ein Teil der Eddalieder ist vermutlich in Norwegen entstanden; die skald. Dichtung wurde fast ausschließlich an norweg. Fürstenhöfen gepflegt; der direkte Anteil Norwegens an der Sagaliteratur bestand v. a. in der Ausbildung einer höf. Übersetzungsliteratur im 13. Jahrhundert. Indirekt war Norwegen Gegenstand der Königssagas, bes. der monumentalen Geschichtsschreibung Snorri Sturlusons. Zentrum der schriftlich kulturellen Tradition war ab 1152/53 der Sitz des Erzbischofs von Nidaros (heute Drontheim). Lat. Geschichtswerken (›Historia Norwegiae‹ [Verfasser unbekannt]; ›Historia de antiquitate regum Norvagiensium‹ des Theodricus Monachus [12. Jh.]) folgte eine umfangreiche Literatur in der Landessprache, so etwa um 1250 der bed. ›Königsspiegel‹ (›Konungs skuggsjá – Speculum regale‹) und die in Bergen geschriebene ›Þidreks saga‹, ein wichtiges Kompilationswerk nach Quellen der dt. Heldensage. In diese Zeit fallen vermutlich auch die Anfänge der erst viel später aufgezeichneten Volksballaden (↑ Folkevise) und Volksmärchen, die einheim. und fremde Stoffe verarbeiteten.

**Reformation, Barock, Aufklärung:** Die polit. Union mit Dänemark leitete den kulturellen Niedergang Norwegens ein, der u. a. auch durch die Reformation beschleunigt wurde: Die dän. Schriftsprache verdrängte mit den Bibelübersetzungen und der dän. Verwaltungssprache das Norwegische aus den Städten in abgelegene Landbezirke, wo es in den Dialekten bis ins 19. Jh. mündlich weiterlebte und dann in die Schriftsprache des ›Landsmål‹ einfloß. Norweg. Verfasser wurden in die dän. Literatur integriert, so daß nur bei einigen wenigen Autoren eine spezifisch norweg. Komponente erkennbar ist, z. B. in einem volkstüml. Epos des Pfarrers P. Dass, teilweise auch in den gefühlvollen religiösen Dichtungen der D. Engelbretsdatter. Norweg. und dän. Dichter zugleich war der in Bergen geborene L. Baron von Holberg, der nicht nur die Epoche der Frühaufklärung einleitete, sondern auch eine spezifisch norweg. Sonderbewegung innerhalb der dän. Literatur begründete, an die um 1775 die klassizist. Dichter einer neugegründeten ›Norweg. Gesellschaft‹ in Kopenhagen anknüpften und damit bereits in Ansätzen die Neubegründung einer norweg. Nationalliteratur in die Wege leiteten: der hochbegabte Parodist J. H. Wessel, die Dramatiker N. K. Bredal und J. N. Brun, die Lyriker Peter Harboe Frimann (* 1752, † 1839) und Jens Zetlitz (* 1761, † 1821) sowie der Kritiker C. Fasting. Beeinflußt von den Ideen der Frz. Revolution, forderten v. a. die jüngeren Mitglieder des Kreises ein kulturell selbständiges Norwegen auf der Grundlage der alten nat. Bauernkultur. Das neue Nationalgefühl, u. a. durch Interesse am altnord. Schrifttum hervorgerufen, wurde maßgeblich von dem Historiker Gerard Schøning (* 1722, † 1780) gefördert und kulminierte in der Gründung einer norweg. Gesellschaft der Wissenschaften in Drontheim (1760) sowie in der Errichtung einer den Dänen abgetrotzten eigenen Univ. (1811) in Christiania (heute Oslo).

**19. Jahrhundert:** Die ›nat. Wiedergeburt‹ war gleichzeitig der Neuanfang der n. L., und die liberale Verfassung von Eidsvoll (1814) war der Maßstab für die kulturellen Tendenzen der neuen Dichtung. In einer großangelegten Nachholbewegung wurden die Epochen der Aufklärung, Empfindsamkeit, Romantik und des Biedermeier gegen 1830 mit einer neuen republikanisch-liberalen Gesinnung erfüllt und zu einem eigentüml., sich jeder Epochenbezeichnung entziehenden Stil verschmolzen, dessen Hauptvertreter H. A. Wergeland sich im sog. norweg. Kulturstreit gegenüber seinem dänisch gesinnten Rivalen J. S. Welhaven auf die Eigenständigkeit der n. L. berief. Diese Bestrebungen wurden nach 1845 von der wiss. Entdeckung und der nat. Förderung der alten Volksliteratur (Märchen, Sagen, Balladen) durch P. Ch. Asbjørnsen, J. I. Moe und M. B. Landstad, der alten, dialektgebundenen Volkssprache durch I. Aasen und einer nat. Geschichtsschreibung durch Peter Andreas Munch (* 1810, † 1863) gefördert. In der Literatur wurde diese Rückbesinnung auf die eigene kulturelle Vergangenheit als Nationalromantik v. a. durch die Verwendung von Stoffen aus dem nord. MA reflektiert. Dichter der älteren Generation, bes. Welhaven und Munch, riefen diese Bewegung ins Leben. Sie wirkte stilbildend weiter bei dem in Landsmål schreibenden Å. O. Vinje und in den Frühwerken der beiden bedeutendsten norweg. Dichter des 19. Jh., H. Ibsen und B. Bjørnson. Es ist kennzeichnend für die stürm. literar. Entwicklung dieser Epoche, daß sich bereits frühzeitig verschiedenartige literar. Strömungen nebeneinander behaupten konnten: Neben nationalromant. und idealist. Tendenzen (Ibsens ›Brand‹, 1866, dt. 1872, und ›Peer Gynt‹, 1867, dt. 1881) setzte sich eine realist., gesellschaftsbezogene Richtung durch. Startsignal für die neue ›Tendenzliteratur‹ war 1855 J. C. Colletts Roman ›Die Amtmanns-Töchter‹ (1855, dt. 1864). An dieses Werk anknüpfend, schufen Bjørnson mit dem Drama ›Ein Fallissement‹ (1874, dt. 1875) und Ibsen mit den ›Stützen der Gesellschaft‹ (1877, dt. 1878) eine moderne, gegenwartsbezogene Dramatik, die sich geistesgeschichtlich u. a. von den durch G. Brandes ab 1870 vermittelten Ideen des Positivismus und Sozialdarwinismus herleitet. Während Ibsen mit seinen Gesellschaftsstücken an den dt. Bühnen als zeitweilig meistgespielter Autor große Erfolge erzielte und den dt. Naturalismus nachhaltig beeinflußte, war Bjørnson die Leitfigur in den polit., moral. und kulturellen Fragen der Nation, u. a. in der panskand. Bewegung, der ausufernden Sittlichkeitsdebatte und dem Unionsstreit mit Schweden. Bjørnson hatte bereits mit ›Synnöve Solbakken‹ (1857, dt. 1859) den Typus der zwischen Idealismus und Realismus schwankenden und bis weit ins 20. Jh. stilbildend wirkenden Bauernerzählung geschaffen, deren Stil die großen realist. Erzähler J. Lie und A. L. Kielland ins bürgerl. Milieu überführten, während der Landsmåldichter A. Garborg diese Thematik mit dem Roman

›Bauernstudenten‹ (1883, dt. 1902) dem Naturalismus erschloß. Die Sittlichkeitsdebatte der 80er Jahre, ausgelöst durch naturalist. Romane von B. A. Skram und durch die sog. Christiania-Boheme (Ch. Krohg und H. Jæger), leitete, obwohl voll dem Naturalismus verpflichtet, thematisch die Seelendichtung der 90er Jahre ein, die mit den Stilmitteln des Impressionismus, Symbolismus und der Neuromantik eine radikale Absage an den Naturalismus mit einer Hinwendung zum psycholog. Individualismus verband. Anteil an diesem Stilwandel hatten neben dem jungen K. Hamsun mit seinen Romanen ›Hunger‹ (1890, dt. 1891) und ›Mysterien‹ (1892, dt. 1894) und seinen polem. Literaturvorträgen die von ihm kritisierten Dichter der älteren Generation: Garborg, Lie und bes. Ibsen mit seinen die symbolist., tiefenpsycholog. Erkenntnisse S. Freuds vorwegnehmenden Spätwerken, außerdem der Dramatiker G. E. R. Heiberg, die Lyriker V. Krag und N. C. Vogt sowie der bed. Symbolist S. Obstfelder.

**20. Jahrhundert:** Die vielfach heterogenen, exakter Klassifizierung sich häufig entziehenden kulturellen und literar. Strömungen des 19. Jh. entwickelten sich im 20. Jh. weiter auseinander, wobei die Kontraste vielfach auch in den einzelnen Dichterpersönlichkeiten aufscheinen. Bei Hamsun, dem bedeutendsten Epiker, wirkte ein von F. Nietzsche beeinflußter Vitalismus mit antizivilisator. und antidemokrat. Tendenz weiter, der später in eine fatale Neigung zum Faschismus einmündete und den Dichter dem Volk entfremdete. Aus der Erzähltradition des 19. Jh. führten mehrere Autoren ein Hauptthema der n. L. weiter, den Antagonismus zwischen alter Bauernkultur und moderner bürgerl. Zivilisation: H. E. Kinck in psychologisch nuancierter Darstellungskunst, S. Undset in der histor. Distanz ihrer im MA spielenden Romane, O. Duun in der Überführung eines nat. Mikrokosmos ins Allgemeinmenschliche, K. O. Uppdal, J. P. Falkberget und O. Braaten schließlich – geprägt von ihrer proletar. Herkunft – mit humanist. Engagement an die sozialkrit. Tradition der n. L. anknüpfend. Gemeinsam ist allen die Neigung zur ep. Großform: Vielbändige Romanzyklen demonstrieren die Kontinuität histor. und gesellschaftl. Vorgänge auch in der Überführung ins Individuell-Menschliche. Neben dem Roman hatte nur die Lyrik größere Bedeutung. Sie stand ebenfalls in der kulturellen Tradition des 19. Jh. und griff dessen heterogenes Themen- und Formenarsenal wieder auf, wobei eine Dominanz der in Nynorsk (Landsmål) schreibenden Autoren den nat. Bezug verdeutlichte. Die Lyrik von H. Wildenvey, O. Bull, Alf Larsen (* 1885, † 1967), O. Aukrust, O. Nygard, T. Jonsson, A. Øverland u. a. hatte einen unvergleichlich höheren Stellenwert im kulturellen Leben der Nation als in anderen Ländern und wurde von allen sozialen Schichten rezipiert. Themen und Techniken der ›modernist.‹ europ. Literatur, die Einsichten Freuds und die formalen Neuerungen von M. Proust und J. Joyce fanden erst in den 30er und 40er Jahren zaghafte Reaktionen: in den Romanen von S. Hoel, begleitet von der Sozialdebatte und der Faschismuskritik, die zeitweilig die unterschiedl. gesellschaftspolit. Standpunkte verschiedener Dichter vereinigte und ihnen im Widerstand gegen die dt. Besatzung ein gemeinsames Ziel gab; bei den prot. Ethikern R. Fangen und S. W. Christiansen, der Katholikin S. Undset, den Sozialisten N. Grieg, A. Sandemose und A. Øverland, der in seinem programmat., illegal weitverbreiteten Gedicht ›Vi overlever alt‹ (= Wir überleben alles, hg. 1945) bereits 1940 das literar. Motto für die Nachkriegszeit angab. Denn das Erlebnis der dt. Besatzung wurde nach 1945 für Jahre zum Zentralthema der n. L.; als nat. Trauma wurde die dt. Besatzung im Prozeß gegen Hamsun und in dessen Erinnerungsbuch ›Auf überwachsenen Pfaden‹ (1949, dt. 1950) ebenso schmerzlich deutlich wie in Romanen von S. Hoel, S. Evensmo, K. Holt und v. a. T. Vesaas, in dessen bed. Werk nicht nur die allmähl. Bewältigung der Okkupationszeit deutlich wird, sondern auch in eindrucksvollen symbolist. und surrealist. Sequenzen die Anbindung an moderne europ. Traditionen erfolgte, die auch von A. Sandemose und J. Borgen übernommen wurden, während A. Hauge und T. Stigen eine traditionellere Erzählkunst

pflegten. Die von T. Ørjasæter sensibilisierte Lyrik verharrte dagegen längere Zeit in der Innerlichkeit des ›verborgenen Norwegens‹, v.a. Olav Sletto (* 1886, † 1963) und I. Krokann, und in nat., religiösen, naturschwärmer. oder sozialkrit. Traditionen, bis sie verspätet in den 60er Jahren durch P. Brekke, S. Mehren und J. E. Vold den Anschluß an experimentelle europ. Tendenzen fand, den zuvor schon A. Mykle, J. Bjørneboe, G. B. Gundersen, A. Jensen und F. Alnæs in ihren Romanen hergestellt hatten.
Nach dem epochemachenden ›Aufruhr‹ der modernist. Profil-Gruppe Ende der 60er Jahre begann ab etwa 1970 eine starke Politisierung der Literatur, an der viele ehemalige Profil-Autoren, u.a. D. Solstad und T. Obrestad, maßgeblich beteiligt waren. Die Diskussion um den Sozialrealismus, Auseinandersetzungen um den EG-Beitritt Norwegens, Themen wie Frauenbefreiung und Umweltschutz wurden in gesellschaftskrit., oft marxistisch orientierten ›parteiischen‹ Romanen von E. Haavardsholm, D. Solstad, K. Askildsen, E. Hoem, K. Fløgstad u.a. thematisiert. In der Lyrik sollte nach modernist. und konkreten Experimenten aus den Anfängen der Profil-Gruppe mit der ›Dezentralisierung‹ eine Öffnung zum Publikum durch funktionale, metaphernarme, politisch akzentuierte Gedichte von E. A. Økland, P.-H. Haugen, Arild Nyquist (* 1937), J. E. Vold u.a. erfolgen. Die vorwiegend antikapitalist. Kritik führte auch zu neuen kollektivist. Theaterformen, u.a. zum Betriebs- und Straßentheater, Formen, die bis in die traditionelle Theaterlandschaft sowie auf das Hör- und Fernsehspiel einwirkten. Seit dem Beginn der 80er Jahre tritt das Interesse für das Politische in den Hintergrund zugunsten einer ›innerl.‹ (Økland, Haugen) bzw. imaginativen (Tor Åge Bringsværd [* 1939], Mari Osmundsen [* 1951]) und psychologisch (K. Faldbakken, C. Løveid) orientierten Richtung. Daneben steht in den 80er Jahren der formal eher traditionelle, poet. Erzählstil wie bei Jan Kjærstad (* 1953), Fløgstad und im Werk H. Wassmos, in dem sich psycholog. Elemente, feminist. Perspektiven und Rückgriffe auf die norweg. Erzähltradition verbinden.

**Literatur: Gesamtdarstellungen:** Beyer, H.: N. L. Breslau 1927. – Borelius, H.: Die nord. Literaturen. Potsdam 1931–32. 5 Lfgg. – Schneider, H.: Gesch. der norweg. u. isländ. Lit. Bonn 1948. – Bredsdorff, E., u.a.: An introduction to Scandinavian literature from the earliest time to our day. Kopenhagen 1951. – Lescoffier, J.: Histoire de la littérature norvégienne. Paris 1952. – Christiansen, H.: Norweg. Literaturgesch. Bln. 1954. – Norsk litteraturhistorie. Hg. v. F. Bull u.a. Neuausg. Oslo 1957–63. 6 Bde. – Gabrieli, M.: Le letterature della Scandinavia: danese, norvegese, svedese, islandese. Florenz u. Mailand Neuaufl. 1969. – Beyer, H./Beyer, E.: Norsk litteraturhistorie. Oslo [3]1970. – Norges litteraturhistorie. Hg. v. E. Beyer. Oslo 1974–75. 6 Bde. – Grundzüge der neueren skand. Literaturen. Hg. v. F. Paul. Darmst. 1982. – Nord. Literaturgesch. Bearb. v. M. Brøndsted u.a. Dt. Übers. v. Hans-K. Mueller. Mchn. 1982–84. 2 Bde. – **Einzelgebiete:** Dale, J. A.: Nynorsk dramatikk i hundre år. Oslo 1964. – Runnquist, Å.: Moderna nordiska författare. Stockholm 1966. – Friese, W.: Nord. Barockdichtung. Mchn. 1968. – Gravier, M.: D'Ibsen à Sigrid Undset: le féminisme et l'amour dans la littérature norvégienne, 1850–1950. Paris 1968. – Dahl, W.: Stil og struktur. Utviklingslinjer i norsk prosa gjennom 150 år. Oslo [2]1969. – Friese, W.: Nord. Literaturen im 20. Jh. Stg. 1971. – Rossel, S. H.: Skand. Lit. 1870–1970. Stg. 1973. – Norge 1965–1975. Linjer i norsk prosa. Hg. v. H. Rønning. Oslo 1977. – Aspekte der skand. Gegenwartslit. Hg. v. D. Brennecke. Hdbg. 1978. – **Bibliographische Hilfsmittel:** Halvorsen, J. B.: Norsk forfatterlexikon 1814–1880. Christiania 1885–1908. 6 Bde. – Pettersen, H.: Bibliotheca Norvegica. Christiania 1899–1924. 3 Bde. – Ehrencron-Müller, H.: Forfatterlexicon omfattende Danmark, Norge og Island indtil 1814. Kopenhagen 1924–39. 12 Bde., 2 Suppl.-Bde. – Øksnevad, R.: Norsk litteraturhistorisk bibliografi. 1900–1955. Oslo 1951–58. 2 Bde. – Dahl, W.: Nytt norsk forfatterleksikon. Oslo 1971 (i.e. 1972).

**Norwid,** Cyprian Kamil [poln. 'nɔrvit], * Laskowo Głuchy bei Warschau 24. Sept. 1821, † Paris 23. Mai 1883, poln. Dichter. – Ging 1842 zu Studien nach Florenz, übersiedelte 1849 nach Paris, wo er J. Słowacki und F. Chopin kennenlernte; von einem Aufenthalt in den USA (1852–54) kehrte er enttäuscht zurück; zu Lebzeiten verkannt, starb er in einem Armenhaus. N., der unter den poln. Romantikern eine Sonderstellung einnimmt, gilt mit seiner formal eigenwilligen Gedankenlyrik (bed. sein Gedichtzyklus ›Vade-mecum‹, entst. 1865/66, hg.

1947, dt. 1981), seinen Dramen und ästhet. Schriften als Vorläufer des Symbolismus, der spät zu bed. Einfluß kam; übersetzte u.a. Horaz; auch Maler und Graphiker.

**Weiteres Werk:** Promethidion (Poem, 1851).

**Ausgaben:** C. N., eine Ausw. aus seinen Werken. Dt. Übers. Minden 1907. – C. K. N. Pisma wszystkie. Warschau 1971–76. 11 Bde.

**Literatur:** GOMULICKI, J. W.: C. N. Warschau 1976.

**No-Spiel** (tl.: Nō) [jap.; dt.], Gattung des klass. jap. Theaters; seine Ursprünge liegen in den ›sarugaku‹ genannten frühen jap. Volksschaukünsten, aus denen es sich in jahrhundertelangem Entwicklungsprozeß zu dem lyr. Tanzdrama No entwickelte. Maßgebl. Anteil an der künstler. Vervollkommnung hatten Kanami Kijotsugu (*1333, †1384) und sein Sohn Seami Motokijo. Den Dramen und theoret. Schriften v.a. des letzteren verdankt das No-S. seine bis heute tradierte Gestalt als ›Einheit von Wort, Tanz, Musik, Darstellung und myst. Erfahrung‹. Die starre Standardisierung auf der Bühne (auf drei Seiten in den Zuschauerraum vorspringend, hinten links in einen Auftrittsteg auslaufend, mit dem Bild einer Kiefer auf der Rückwand und einer Bambusdarstellung auf der rechten Seitenwand), des Orchesters (No-Querflöte und verschiedene Trommeln), des Chores (8–12 Personen), der Maskentypen und der stilisierten Requisiten reicht jedoch nur bis ins 16. Jh. zurück. Die ebenfalls im 16. Jh. üblich gewordene Zusammenstellung von fünf in sich abgeschlossenen No-S.en zu einem Programm folgt Seamis Regeln für den Aufbau des einzelnen No-Spiels. Die Entstehung verschiedener Schulen begann beim No-S., dessen typisierte und auch im Rang festgelegte, traditionell nur von Männern gespielte Tänzerrollen ursprünglich in den einzelnen zur Gruppe gehörigen Familien erblich waren, schon im 13. Jh.; am berühmtesten waren die *Kanse-* und die *Komparu-Schule.* Heute gibt es außer diesen beiden Schulen noch vier weitere selbständige Schulen: Kongo, Hoscho, Kita und Umewaka. Eng mit dem No verbunden sind die kom. Zwischenspiele (›kiogen‹). Sie sind so alt wie das No-S. selbst und werden als reines Worttheater dargeboten. Die Kiogen-Texte, deren früheste aus dem 16. Jh. stammen und die Umgangssprache ihrer Zeit spiegeln, sind im Gegensatz zu denen des No-S.s vorwiegend anonym überliefert. Auch die Kiogen-Tradition kennt Schulen, von denen heute noch die *Okura-* und die *Isumi-Schule* existieren. – ↑auch japanische Literatur, ↑japanisches Theater und japanischer Tanz.

**Literatur:** BOHNER, H.: Nô. Tokio u.a. 1959. – O'NEILL, P. G.: Early Nô drama. Its background, character and development 1300–1450. London 1959. – BARTH, J.: Japans Schaukunst im Wandel der Zeiten. Wsb. 1973. – KEENE, D.: Nō, the classical theater of Japan. Tokio u. New York [2]1973.

**Nossack,** Hans Erich, *Hamburg 30. Jan. 1901, †ebd. 2. Nov. 1977, dt. Schriftsteller. – Übte verschiedene Berufe aus; trat 1933 (Publikationsverbot) in die Kaffeeimportfirma des Vaters ein; 1943 Verlust aller Manuskripte; ab 1956 nach Auflösung der Firma freier Schriftsteller; 1967 Gastdozent für Poetik in Frankfurt am Main. Schrieb Gedichte, Dramen, Erzählungen, Novellen, Kurzgeschichten, Romane, Essays. Themen sind die Situation des Untergangs, das Überleben nach der Katastrophe des Kriegs, die Konfrontation mit dem Unbegreiflichen, Nichterklärbaren, die Erfahrungen Angst, Vereinzelung, Entfremdung in einer ›Trümmerwelt‹. Die dem Existentialismus nahestehenden Werke wenden sich gegen Gewöhnlichkeit, falsche Gefühle und die Funktionalisierung des Menschen. Skeptisch gegenüber der Gesellschaft, bediente sich N. in zeitsymbol. Handlungen der Methode der Vergegenwärtigung. Fesselnde Berichte, Analysen, phantastisch-surrealist. Visionen und Realismus bedingen sich. In seinen Dramen strebte N. eine Erneuerung der Dramatik an; auch als Übersetzer tätig. Erhielt 1961 den Georg-Büchner-Preis.

**Werke:** Gedichte (1947), Nekyia (E., 1947), Interview mit dem Tode (Bericht, 1948; 1950 u.d.T. Dorothea), Der Untergang (Bericht, 1948), Die Rotte Kain (Dr., 1949), Der Neugierige (E., 1955), Spätestens im November (R., 1955), Die Hauptprobe (Dr., 1956), Spirale (Prosa, 1956), Begegnung im Vorraum (En., 1958), Der jüngere Bruder (R., 1958), Nach dem letzten Aufstand. Ein Bericht (1961), Ein Sonderfall (Dr., 1963), Das Mal u.a. Erzählungen

(1965), Die schwache Position der Literatur. Reden und Aufsätze (1966), Der Fall d'Arthez (R., 1968), Dem unbekannten Sieger (R., 1969), Die gestohlene Melodie (R., 1972), Bereitschaftsdienst (Bericht, 1973), Ein glückl. Mensch (R., 1975), Dieser Andere (Briefe, Ged., Prosa, 1976), Vier Etüden (hg. 1979).
**Literatur:** Über H. E. N. Hg. v. CH. SCHMID. Ffm. 1970. – KRAUS, J.: H. E. N. Mchn. 1981. – BUHR, W. M.: H. E. N. Die Grenzsituation als Schlüssel zum Verständnis seines Werkes. Ffm. u. a. 1994.

**Nosseirier** ↑ Nusairier.

**Nöstlinger,** Christine, * Wien 13. Okt. 1936, österr. Jugendschriftstellerin. – Schreibt phantasievolle, jedoch am realen Milieu orientierte Kinder- und Jugendbücher mit oft sozialkritischer Tendenz. Sie erhielt für das Kinderbuch ›Wir pfeifen auf den Gurkenkönig‹ (1972) den Deutschen Jugendbuchpreis 1973 sowie für ihr Gesamtwerk 1984 den Hans-Christian-Andersen-Preis.
**Weitere Werke:** Die feuerrote Friederike (1970), Die Kinder aus dem Kinderkeller (1971), Maikäfer, flieg! (1973), Ilse Janda, 14 (1974), Konrad oder Das Kind aus der Konservenbüchse (1975), Lillipop (1977), Die unteren sieben Achtel des Eisbergs (R., 1978), Gretchen Sackmeier (1981), Das Austauschkind (1982), Gretchen hat Hänschen-Kummer (1983), Anatol und die Wurschtelfrau (1983), Hugo, das Kind in den besten Jahren (1983), Neues vom Franz (1985), Oh, du Hölle. Julias Tagebuch (1986), Man nennt mich Ameisenbär (1986), Der Hund kommt (R., 1987), Gretchen mein Mädchen (1988), Der Zwerg im Kopf (E., 1989), Einen Löffel für den Papa, einen Löffel für die Mama (1989), Der gefrorene Prinz (R., 1990), Rosa Riedl, Schutzgespenst (1991), Management by Mama (Prosa, 1994).
**Literatur:** DILEWSKY, K. J.: Ch. N. als Kinder- u. Jugendbuchautorin. Ffm. 1993.

**Noth,** Ernst Erich, eigtl. Paul Krantz, * Berlin 25. Febr. 1909, † Lindenfels 15. Jan. 1983, dt. Schriftsteller und Literaturwissenschaftler. – Studium in Frankfurt am Main, Mitarbeiter der ›Frankfurter Zeitung‹. 1933 Emigration nach Frankreich, dort Mitarbeiter zahlreicher literar. Zeitschriften; 1941 Flucht in die USA; ab 1949 Prof. für vergleichende Literaturwiss. an der University of Oklahoma; ab 1959 wieder in Europa (Frankreich, Gastprofessur in Frankfurt); lebte zuletzt im Odenwald. Der autobiographisch gefärbte Roman ›Die Mietskaserne‹ (1931), der ihn bekannt machte, spielt im proletar. Milieu Berlins. Später schrieb er Romane, Essays und literaturwiss. Abhandlungen auch in frz. und engl. Sprache.
**Weitere Werke:** La tragédie de la jeunesse allemande (Essay, 1934), Der Einzelgänger (R., 1936), La voie bareé (R., 1937, dt. 1982 u. d. T. Weg ohne Rückkehr), Le désert (R., 1939), La guerre pourrie (Abh., 1942), The contemporary German novel (Abh., 1961), Le passé nu (R., 1964), Erinnerungen eines Deutschen (Autobiogr., 1971).

**Notker Balbulus** (N. der Stammler), * Jonschwil (Kanton Sankt Gallen) um 840, † Sankt Gallen 6. April 912, mlat. Dichter. – Stammte aus adliger Familie, war Benediktinermönch, Lehrer und Bibliothekar in Sankt Gallen; zählt zu den bedeutendsten Dichtern und Gelehrten seiner Zeit; seine lat. Dichtung, v. a. seine etwa 40 Sequenzen (z. T. mit eigenen Melodien), hatte großen Einfluß auf die Sequenzendichtung und die mittelalterl. dt. Dichtung; N. B. verfaßte auch die ›Gesta Karoli Magni‹ (Anekdotenerzählungen über Karl den Großen), vier Hymnen auf Stephanus, ein Martyrologium sowie theolog. und didakt. Schriften.
**Ausgaben:** N. B. Sequenzen. Hg. v. P. VON WINTERFELD. In: Monumenta Germaniae historica. Poetae latini medii aevi 4. Bln. 1899–1923. Nachdr. Mchn. 1978. – N. B. Hg. v. C. BLUME. In: Analecta hymnica medii aevi 51–55. Lpz. 1908–22. Nachdr. Ffm. u. New York 1961.
**Literatur:** WERNER, J.: N.s Sequenzen. Aarau 1901. – STEINEN, W. VAN DEN: N., der Dichter u. seine geistige Welt. Bern 1948. 2 Bde. – SIEGRIST, TH.: Herrscherbild u. Weltsicht bei N. B. Unterss. zu den Gesta Karoli. Zü. 1963.

**Notker (III.) Labeo** (N. der Großlippige; N. Teutonicus, N. der Deutsche), * um 950, † Sankt Gallen 29. Juni 1022, frühscholast. Theologe. – Benediktinermönch und Schulleiter in Sankt Gallen; hervorragender Gelehrter; seine kommentierten Übersetzungen lat. Schultexte, u. a. von Boethius, Martianus Capella (›De nuptiis Mercurii et Philologiae‹) und Aristoteles, sowie des Psalters und des Hiob-Kommentars Gregors des Großen (verloren) sind im Zusammenhang mit dem klösterl. Unterricht entstanden und geben ein plast. Bild der Lehrmethode: N. gibt satzweise den lat. Text, dann die dt. Übersetzung und eine oft in ›Mischsprache‹ gehaltene Kommentierung. Seine perfekte Kenntnis des

Lateinischen und Deutschen ermöglichte ihm eine im Wortschatz hochdifferenzierte Übersetzung, die allerdings in der Syntax dem Lateinischen noch nahe bleibt. Sein Werk bildet am Ende der ahd. Periode einen Höhepunkt in der Aneignung des philosophisch-theolog. Lateins, hatte jedoch (mit Ausnahme des Psalters) nur geringe Nachwirkung.

**Ausgaben:** Schrr. N.s u. seiner Schule. Hg. v. P. PIPER. Freib. 1883. 3 Bde. – N.s des Deutschen Werke. Hg. v. E. H. SEHRT u. T. STARCK. Halle/Saale [1-2]1952–66. 3 Bde. in 7 Tlen., fortges. v. J. C. KING u. P. W. TAX. Tüb. 1973 ff.

**Literatur:** DOLCH, A. K.: N.-Studien. New York 1950–53. 3 in 2 Tlen. – SCHRÖBLER, I.: N. III. von St. Gallen als Übersetzer u. Kommentator von Boethius' ›De consolatione philosophiae‹. Tüb. 1953. – SEHRT, E. H.: N.-Glossar. Tüb. 1962. – JAEHRLING, J.: Die philosoph. Terminologie N.s des Deutschen in seiner Übers. der Aristotelischen ›Kategorien‹. Bln. 1969. – BAKKES, H.: Die Hochzeit Merkurs u. der Philologie. Sigmaringen 1982. – N. Latinus zum Martianus Capella. Hg. v. J. C. KING. Tüb. 1986. – STEEP, J. M.: Stabreimende Wortpaare bei N. L. Gött. 1987.

**Nourissier,** François [frz. nuri'sje], * Paris 18. Mai 1927, frz. Schriftsteller. – Mitarbeiter verschiedener Zeitschriften; seit 1977 Mitglied und seit 1983 Generalsekretär der Académie Goncourt. Bevorzugtes Thema seiner Romane ist die Desillusionierung des Menschen; autobiographisch bestimmt ist die Trilogie ›Bleu comme la nuit‹ (1958), ›Un petit bourgeois‹ (1964), ›Im Schatten verlorener Gärten‹ (1966, dt. 1971; Grand Prix du roman de l'Académie française 1966); auch Essays (›Lorca dramaturge‹, 1955; ›Die Franzosen‹, 1968, dt. 1969; ›Vive la France‹, 1970).

**Weitere Werke:** L'eau grise (R., 1951), Les orphelins d'Auteuil (R., 1956), Der Hausherr (R., 1968, dt. 1968), La crève (R., 1970; Prix Femina 1970), Allemande (R., 1973), Lettre à mon chien (Prosa, 1975), Le musée de l'homme (Prosa, 1978), L'empire des nuages (R., 1981), La fête des pères (R., 1986), En avant, calme et droit (R., 1987), Autos Graphie (Essay, 1990), Bratislava (R., 1990), Le gardien des ruines (R., 1992).

**Nouveau roman** [frz. nuvorɔ'mã = neuer Roman], Form des experimentellen Romans in Frankreich (auch Dingroman, gegenstandsloser Roman oder Antiroman). Als erster N. r. gelten im allgemeinen N. Sarrautes ›Tropismen‹ (1939, dt. 1959); der Begriff wurde 1955 während der Auseinandersetzungen um A. Robbe-Grillets Roman ›Der Augenzeuge‹ (1955, dt. 1957) geprägt. Zu den Autoren des N. r. zählen neben Sarraute und Robbe-Grillet in Frankreich C. Simon, M. Butor, R. Pinget, M. Blanchot, C. Mauriac und M. Duras. Der N. r., der u. a. an G. Flaubert, M. Proust, A. Gide, W. Faulkner und J. Joyce anknüpfte, löst die Kategorien von Raum, Zeit und Kausalität auf, die Erzählfolge wird aufgehoben und die Möglichkeit des Schreibens thematisiert und zur Debatte gestellt. Dominierende Erzähltechnik ist der ↑innere Monolog; auf den ↑Erzähler wird weitgehend verzichtet. Wenn N. Sarraute so z. B. das Motiv vom Buch im Buch aufgreift, versucht sie, die ›Schattenbereiche‹ der Wörter freizulegen, um die Sprache für die Darstellung der feinsten Regungen ihrer Figuren zu läutern. In dem Roman ›Die Jalousie oder die Eifersucht‹ (1957, dt. 1959) von Robbe-Grillet wird das Geschehen (vermutete Beziehungen der Frau zu einem anderen Mann) aus der Perspektive des Ehemanns dargestellt, der selbst nie in Erscheinung tritt. Seine Beobachtungen sind Beobachtungen, die von den emotionalen Wirklichkeiten der Eifersucht, jenseits chronolog. Wirklichkeiten, bestimmt sind. – In der deutschsprachigen Literatur sind u. a. die Werke von U. Johnson, Th. Bernhard, J. Becker, D. Wellershof und P. Handke vom N. r. beeinflußt, in der englischsprachigen Literatur die Vertreter des postmodernen experimentellen Romans (J. Barth, J. Fowles u. a.).

**Literatur:** ZELTNER-NEUKOMM, G.: Die eigenmächtige Sprache. Zur Poetik des N. R. Olten u. Freib. 1965. – WILHELM, K.: Der N. R. Bln. 1969. – RICARDOU, J.: Pour une théorie du n. r. Paris 1971. – ARNANDIÈS, A.: Le n. r. Paris 1974. 2 Bde. – ZELTNER, G.: Im Augenblick der Gegenwart. Moderne Formen des frz. Romans. Ffm. 1974. – HAMMERMANN, I.: Formen des Erzählens in der Prosa der Gegenwart. Stg. 1979. – N. r. Hg. v. W. WEHLE. Darmst. 1980. – MERKES, CH.: Wahrnehmungsstrukturen in Werken des Neuen Realismus. Theorie u. Praxis des Neuen Realismus u. des N. r. Ffm. u. Bern 1982. – SCHMID-BORTENSCHLAGER, S.: Konstruktive Lit. Bonn 1985. – RICARDOU, J.: Le N. r. Paris 1990. – BRITTON, C.: The n. r. Fiction, theory and politics. New York 1992.

**Nouvelle Revue Française, La** [frz. lanuvɛlrəvyfrɑ̃'sɛ:z], Abk. N. R. F., frz. Literaturzeitschrift, die seit Febr. 1909 im Verlag Gallimard erscheint und unter der Leitung von J. Rivière (1910–14 und 1919–25) das einflußreichste literar. Organ Frankreichs der Zeit vor und nach dem 1. Weltkrieg wurde. 1925–40 leitete J. Paulhan die N. R. F., 1940–43 P. Drieu La Rochelle, im Juni 1943 wurde das Erscheinen eingestellt; seit 1953 erscheint die N. R. F. wieder (bis 1959 als ›Nouvelle N. R. F.‹) unter der Leitung (bis 1968 zus. mit J. Paulhan) von M. Arland (bis 1977), dann von G. Lambrichs (* 1917; bis 1988), seitdem von J. Réda (* 1929).

**Ausgabe:** L'esprit NRF. 1908–1940. Hg. v. P. Hebey. Paris 1990.

**Literatur:** Hebey, P.: La NRF des années sombres 1940–1941. Paris 1992.

**Novak,** Helga M[aria], * Berlin 8. Sept. 1935, dt. Schriftstellerin. – Studierte in Leipzig, war 1961–67 in Island; lebt heute als freie Schriftstellerin in Berlin. Schreibt sozialkrit. Lyrik und Prosa, in der sie in einprägsamer, teils knapper Sprache – oft ironisch – erlebte Wirklichkeit, z. B. als Arbeiterin in Island, wiedergibt. Wurde 1989 mit der Roswitha-Gedenkmedaille ausgezeichnet.

**Werke:** Ballade von der reisenden Anna (Ged., 1965), Colloquium mit vier Häuten (Ged., 1967), Geselliges Beisammensein (Prosa, 1968), Wohnhaft in Westend (Bericht, 1970), Die Landnahme von Torre Bela (Prosa, 1976), Margarete mit dem Schrank (Ged., 1978), Die Eisheiligen (autobiograph. R., 1979), Palisaden (En., 1980), Vogel federlos (autobiograph. Prosa, 1982), Grünheide Grünheide (Ged., 1983), Legende Transsib (Ged., 1985), Märk. Feemorgana (Ged., 1989).

**Novak,** Slobodan [serbokroat. 'nɔvak], * Split 3. Nov. 1924, kroat. Schriftsteller. – Journalist; zunächst (ab 1950) Lyrik; bed. Erzähler bes. der 60er Jahre (›Izgubljeni zavičaj‹ [= Verlorene Heimat], E., 1955; ›Tvrdi grad‹ [= Die feste Stadt], Nov.n, 1961). Seine Prosa ist vom analysierenden Intellekt bestimmt.

**Novak,** Vjenceslav [serbokroat. 'nɔvak], * Senj 17. Sept. 1859, † Zagreb 20. Sept. 1905, kroat. Schriftsteller. – Zunächst Volksschullehrer, später Musiklehrer an der Lehrerbildungsanstalt in Zagreb. N.s Romane (›Paul Šegota‹, 1888, dt. 1902; ›Posljednji Stipančići‹ [= Die letzten Stipančićs], 1899) und Novellen, die zu den besten Werken des kroat. Realismus gehören, haben meist sozialkrit. Tendenz; N. stellte v. a. die Probleme der Bauern dar; verfaßte auch musikwiss. Werke.

**Ausgabe:** V. N. Djela. Zagreb 1951–52. 3 Bde.

**Novák,** Karel [tschech. 'nɔva:k], tschech. Schriftsteller und Journalist, † Nový, Karel.

**Nováková,** Tereza [tschech. 'nɔva:kɔva:], geb. Lanhausová, * Prag 31. Juli 1853, † ebd. 13. Nov. 1912, tschech. Schriftstellerin. – Vertrat, von K. Světlás Beispiel angeregt, die Frauenemanzipation, die sie als Herausgeberin der Zeitschrift ›Ženský svět‹ forderte; stellte in Romanen und Erzählungen Landschaft und Volkstum Ostböhmens dar, bes. das Leben der religiösen Sektierer (›Drašar‹, R., 1910) und der politisch-sozialen Kämpfer; ferner volkskundl. Werke, Reisebeschreibungen, Märchen, Kinderbücher.

**Ausgabe:** T. N. Vybrané spisy. Prag 1956–61. 6 Bde.

**Literatur:** Nejedlý, Z.: T. N. Prag 1958.

**Novalis,** eigtl. Georg Philipp Friedrich Frhr. von Hardenberg, * Oberwiederstedt (heute zu Wiederstedt, Landkreis Hettstedt) 2. Mai 1772, † Weißenfels 25. März 1801, dt. Dichter. – Aus alter adliger Familie, sein Vater war Gutsbesitzer und Salinendirektor; wurde streng pietistisch erzogen. 1790–94 Studium der Jurisprudenz, Mathematik und Philosophie in Jena, Leipzig und Wittenberg, u. a. bei Schiller und K. L. Reinhold, der ihn in die Philosophie J. G. Fichtes einführte; freundschaftl. Verhältnis zu Schiller, Freundschaft mit F. Schlegel, später auch mit A. W. Schlegel sowie mit F. W. J. von Schelling und L. Tieck. Intensive Fichte-Studien v. a. ab 1795. Entscheidend beeinflußt durch den dt. Idealismus, J. K. Lavater und J. G. Herder. 1795 Verlobung mit der 13jährigen Sophie von Kühn, die zwei Jahre später starb; dieser frühe Verlust eines geliebten Menschen verstärkte N.' myst. Neigungen. Intensives Studium der Mystiker F. von Baader, J. Böhme und F. Hemsterhuis. 1797 besuchte er die Bergakademie in Freiberg. 1798 Verlobung mit Julie von Charpentier; Begegnungen mit Goethe, Jean Paul und Herder. 1799 Salinenassessor; Ernennung zum Berghauptmann; ab Aug. 1800 lungenkrank. – In wenigen Jahren drängt sich das Schaffen des bedeutendsten Jenaer Frühromantikers zusammen. N. erstrebte eine ›progressive Universalpoesie‹, eine Einung aller Wissens- und Erkenntnisbereiche und die Fixierung aller Erkenntnisstufen in der Dichtung. Allein diese war nach N. imstande, die Analogien zwischen naturwiss., polit., geschichtl., religiösen Phänomenen aufzuzeigen und so eine Einheit zu stiften (›mag. Idealismus‹), die Dinge mit dem ›Zauberstab der Analogie‹ zu berühren. Er bevorzugte typ. romant. Gattungen. Seine ›Geistl. Lieder‹ (1802; u.a. ›Wenn alle untreu werden‹, ›Wenn ich ihn nur habe‹) gehörten bald zum Bestand der luther. Gesangbücher, obgleich sie Zeugnis eines ganz persönl. Christentums sind. Der Zyklus der ›Hymnen an die Nacht‹ (1800) besteht aus sechs sich steigernden Gedichten, in denen der Eros ins Mystisch-Religiöse erhöht, die Nacht als Reich der Poesie verherrlicht und subjektive Todesüberwindung mit der Auferstehung Christi in Parallele gesetzt wird. Der von F. D. E. Schleiermachers Schrift ›Über die Religion‹ (1799) angeregte Essay ›Die Christenheit oder Europa‹ (entst. 1799, gedr. 1826) entwirft das Bild eines geeinten christl. Europa, vorgeprägt durch den mittelalterlich-christl. Universalismus. Die aphorist. ›Fragmente‹ (ein Teil u.d.T. ›Blütenstaub‹ 1798 in der Zeitschrift ›Athenäum‹) sind Zeugnis von N.' ›mag. Idealismus‹, der im Gegensatz zu Fichte das Ich nicht als Vernunft, sondern als Gemüt versteht, in dem Endlichkeit und Unendlichkeit als Einheit gefaßt werden, und zwar in absoluter Poetisierung der Welt. Auch das lebendige Verständnis der Natur sei nur möglich in der Poesie (Romanfragment ›Die Lehrlinge zu Sais‹, 1802). Nur der Dichter, dessen Werden im fragmentar. Bildungsroman ›Heinrich von Ofterdingen‹ (1802) dargestellt wird, ist fähig, das Universum in stufenweiser Erkenntnis zu durchdringen. Er gewinnt die ↑blaue Blume, die für ihren Schöpfer N. Sinnbild der Einheit von Endlichkeit und Unendlichkeit, Traum und Wirklichkeit war und zum Symbol der Romantik schlechthin werden sollte. ›Heinrich von Ofterdingen‹, N.' Hauptwerk, steht als romant. Gegenstück neben Goethes ›Wilhelm Meister‹, dem Bildungsroman der Klassik.

Novalis (Stahlstich von Eduard Eichens aus dem Jahr 1845 nach einer zeitgenössischen Vorlage)

**Ausgaben:** N. Schrr. Hg. v. P. Kluckhohn u. R. Samuel. Lpz. 1929. 4 Bde. – N. Der handschriftl. Nachlaß des Dichters. Hg. v. R. Samuel. Bln. 1930. Nachdr. Hildesheim 1973. – N. Ges. Werke. Hg. v. C. Seelig. Herrliberg 1945–46. 5 Bde. – N. Werke, Briefe, Dokumente. Hg. v. E. Wasmuth. Hdbg. 1953–57. 4 Bde. – N. Schrr. v. R. Samuel u.a. Stg. u. Darmst. 1960–75. 4 Bde. – N. Werke. Hg. u. erl. v. Gerhard Schulz. Mchn. $^{3}$1987.

**Literatur:** Haering, Th.: N. als Philosoph. Stg. 1954. – Vordtriede, W.: N. u. die frz. Symbolisten. Stg. 1963. – Mähl, H. J.: Die Idee des goldenen Zeitalters im Werk des N. Hdbg. 1965. – Ritter, H.: Der unbekannte N. Friedrich von Hardenberg im Spiegel seiner Dichtung. Ffm. 1967. – Heftrich, E.: N. Vom Logos der Poesie. Freib. u.a. 1969. – N. Beitrr. zu Werk u. Persönlichkeit Friedrich von Hardenbergs. Hg. v. Gerhard Schulz. Darmst. 1970. – Link, H.: Abstraktion u. Poesie im Werk des N. Stg. u.a. 1971. – Neubauer, J.: Bifocal vision. N.' philosophy of nature and disease. Chapel Hill (N. C.) 1971. – Ruder, K.: Zur Symboltheorie des N. Marburg 1974. – Hegener, J.: Die Poetisierung der Wiss. bei N. Bonn 1975. – Schmid, Martin Erich: N. Dichter an der Grenze zum Absoluten. Hdbg. 1976. – Mahoney, D. F.: Die Poetisierung der Natur bei N. Bonn 1980. – Haslinger, J.: Die Ästhetik des N. Königstein i. Ts. 1981. – Roder, F.: N. ... Leben u. Werk Friedrich von Hardenbergs. Stg. 1992. – Schulz, Gerhard: N. Rbk. 51.–53. Tsd. 1993. – Kasperowski, I.: Mittelalterrezeption im Werk des N. Tüb. 1994.

**Novaro,** Angiolo Silvio, *Diano Marina (Prov. Imperia) 12. Nov. 1866,

† Imperia 10. März 1938, italien. Schriftsteller. – Vorwiegend Lyriker, schrieb sensible Gedichte (darunter berühmte Kindergedichte: ›Il cestello‹, 1910), Novellen und Romane, ferner lyr. Prosa in harmon. Sprache, u.a. ›Il fabbro armonioso‹ (1919), Ausdruck der Trauer um seinen im 1. Weltkrieg gefallenen Sohn, und ›Dio è qui‹ (1926).

**Weitere Werke:** Sul mare (En., 1889), Giovanni Ruta (R., 1891), La casa del Signore (Ged., 1905), La fisarmonica (Nov.n, 1924).

**Literatur:** VIVIANI, A.: A. S. N. Rom 1930. – SAPORI, F.: Il poeta A. S. N. Rom 1939.

**Novás Calvo,** Lino [span. no'βas 'kalβo], * Grañas del Sor (Prov. La Coruña) 22. Sept. 1905, † New York im April 1983, span.-kuban. Schriftsteller. – Kam mit 14 Jahren nach Kuba; während des Span. Bürgerkriegs Verbindungsoffizier und Frontberichterstatter auf republikan. Seite; lebte ab 1960 in den USA. Verfaßte von W. Faulkner beeinflußte Romane und Erzählungen, u.a. aus dem Milieu kubanischer Armenviertel und aus der Zeit des Spanischen Bürgerkriegs.

**Werke:** El negrero (R., 1933), Un experimento en el barrio chino (R., 1936), El pathos cubano (Essays, 1936), La luna nona y otros cuentos (En., 1942), No sé quién soy (R., 1945), En los traspatios (R., 1946), El otro cajo (R., 1959), Cuentos completos (En., 1961), Maneras de contar (En., 1970).

**Literatur:** ROSES, L. E.: Voices of the storyteller: Cuba's L. N. C. New York 1986.

**Novẹlle** [italien. novella, eigtl. = (kleine) Neuigkeit, gedrängte Erzählung einer neuen Begebenheit (zu lat. novus = neu)], Erzählung in Prosa (selten in Versform). Inhaltlich wird meist ein real vorstellbares Ereignis oder eine Folge von Ereignissen, die aufeinander bezogen sind, gestaltet. Die Ereignisfolge beruht auf einem zentralen Konflikt. Formal ist die straffe, meist einsträngige Handlungsführung wesentlich sowie das pointierte Hervortreten eines Höhe- und Wendepunktes. Dementsprechend treten ausführl. Schilderungen von äußeren Umständen oder psych. Zuständen zurück. Dieser strenge Aufbau mit geraffter Exposition und klar herausgearbeitetem Wendepunkt zum Unerwarteten rückt die N. in die Nähe des Dramas (nach Th. Storm ist sie die ›ep. Schwester des Dramas‹). Weitere typ. Merkmale sind bestimmte Vorausdeutungstechniken wie ↑ Leitmotive und ↑ Dingsymbole. Von der jüngeren ↑ Kurzgeschichte unterscheidet sich die N. v.a. durch ihre geschlossene Form, von ↑ Legende, ↑ Fabel und ↑ Märchen durch ihren Realitätsbezug, von ↑ Anekdote, ↑ Schwank und ↑ Kalendergeschichte durch bewußt kunstvollen Aufbau, vom ↑ Roman durch die Konzentration auf ein Ereignis und den Einzelkonflikt. Häufig sind N.n zu einem Zyklus vereint (N.nkranz), der oft nicht nur den äußeren Rahmen für die Erzählsituationen, sondern auch den gesellschaftl. und geschichtl. Bezugsrahmen für die Einzeltexte abgeben kann (↑ Rahmenerzählung).

**Geschichte:** Formen, die mit der abendländ. N. vergleichbar sind, finden sich in der Antike bei Historikern und Erzählern (z.B. Aristides von Milet, ›Milesische Geschichten‹, um 100 v.Chr.) und in pers., ind. und arab. Sammelwerken (wie ↑ ›Tausendundeine Nacht‹), zuletzt in den kürzeren Verserzählungen des MA wie ↑ Fabliaux oder ↑ Lais. Die eigtl. abendländ. N. entstand im 13. Jh. in der Toskana als Kunstform einer Gesellschaftsschicht, die die pointierte, gedrängte Erzählform besonders schätzte. Die älteste volkssprachl. anonyme N.nsammlung, ›Il novellino‹, entstand Ende des 13. Jh. (1. Fassung hg. 1525, 2. Fassung hg. 1572, dt. Ausw. 1851, vollständig 1905) im Umkreis von Florenz, ihr folgte G. Boccaccio mit seinem N.nzyklus ›Das Dekameron‹ (entst. 1348–53, gedr. 1470, dt. 1830, erstmals dt. 1472/73), der die Zyklenform für lange Zeit verbindlich machte. Boccaccios Werk wurde Vorbild: in England für G. Chaucer (›Canterburysche Erzählungen‹, entst. 1387–1400, gedr. um 1478, dt. 1827), in Frankreich für ›Die hundert neuen Novellen‹ (anonym; entst. um 1462, gedr. 1486, dt. 1862) und das ›Heptameron‹ (1559, dt. 1791) der Margarete von Navarra. – In Italien (M. Bandello) und in Spanien (M. de Cervantes Saavedra, ›Exemplar. Novellen‹, 1613, dt. 1779) wurde, unter Verzicht auf die Rahmenform, eine eigenständige Variante der N. entwickelt. Von Boccaccio bis Cervantes haben sich so in den roman.

Literaturen die Hauptarten der europ. N. herausgebildet. Sie wurden weiterentwickelt und vielfach übernommen. In Deutschland stehen gegen Ende des 18. Jh. u. a. neben Übertragungen aus den roman. Sprachen Nachbildungen wie Ch. M. Wielands Zyklus ›Das Hexameron von Rosenhain‹ (1805) und mit Goethes ›Unterhaltungen dt. Ausgewanderten‹ (1795) auch zeitgenössisch-aktuelle Novellen. Im Übergang von der früh- zur hochbürgerl. Zeit entstand eine spezifisch dt. Sonderform der Novelle. Teils wird sie weiter zyklisch dargeboten (E. T. A. Hoffmann, ›Die Serapionsbrüder‹, 1819–21; G. Keller, ›Das Sinngedicht‹, 1882), teils in Romane eingebaut (Goethe, ›Die Wahlverwandtschaften‹, 1809) oder als Einzeltext konzipiert (E. T. A. Hoffmann, ›Nachtstücke‹, 1817; A. Stifter, ›Bunte Steine‹, 1853; G. Keller, ›Züricher Novellen‹, 1878). Vorherrschend wurde die Einzel-N. schon bei H. von Kleist und in der Romantik (A. von Arnim, C. Brentano, L. Tieck, J. von Eichendorff), auch bei Goethe (›Novelle‹, 1828), dann bei E. Mörike, G. Büchner, A. von Droste-Hülshoff, P. von Heyse, W. Raabe, Th. Fontane u. a. Parallel zu dieser dt. Sonderentwicklung und relativ unabhängig von ihr bildete sich die N. auch sonst in Romantik und Realismus fort, so bei P. Mérimée und G. de Maupassant in Frankreich, bei A. S. Puschkin, N. W. Gogol, F. M. Dostojewski, I. Turgenjew und A. P. Tschechow in Rußland, bei R. L. Stevenson, E. A. Poe, N. Hawthorne, H. Melville, H. James in Großbritannien und den USA. Im 20. Jh. verstärkt sich die Formenvielfalt der N. und auch die Tendenz zur Annäherung an andere Erzählarten, insbes. an Kurzgeschichte, Anekdote und Roman. Daneben kommt es v. a. in Deutschland zur Wiederbelebung der überlieferten Art, sei es in restaurativem Sinn (P. Ernst, W. Bergengruen, E. Wiechert u. a.), sei es mit eigenständigen Ergebnissen (Th. Mann, A. Döblin, F. Kafka, R. Musil, G. Grass u. a.).

**Literatur:** PABST, W.: N.ntheorie u. N.ndichtung. Hdbg. ²1967. – Theorie u. Kritik der dt. N. von Wieland bis Musil. Hg. v. K. K. POLHEIM. Tüb. 1970. – AUERBACH, E.: Zur Technik der Frührenaissance-N. in Italien u. Frankreich. Hdbg. ²1971. – N. Hg. v. J. KUNZ. Darmst. ²1973. – Die frz. N. Hg. v. W. KRÖMER. Düss. 1976. – KUNZ, J.: Die dt. N. im 20. Jh. Bln. 1977. – Die roman. N. Hg. v. W. EITEL. Darmst. 1977. – KUNZ, J.: Die dt. N. im 19. Jh. Bln. ²1978. – PAINE, J. H.: Theory and criticism of the novella. Bonn 1979. – WIESE, B. VON: N. Stg. ⁸1982. – BLÜHER, K. A.: Die frz. N. Tüb. 1985. – KUNZ, J.: Die dt. N. zw. Klassik u. Romantik. Bln. ³1992. – SCHLAFFER, H.: Poetik der N. Stg. u. a. 1993. – AUST, H.: N. Stg. u. a. ²1994. – DEGERING, TH.: Kurze Gesch. der N. Mchn. 1994.

**novellino, Il** [italien. il novel'li:no] (Le cento novelle antiche), Sammlung italien. Novellen, entstanden um 1300, in zwei Fassungen überliefert, von denen eine 100, die andere 156 Novellen enthält; der [florentin.] Verfasser des Werkes, dessen kürzere Fassung erstmals 1525 und dessen längere Fassung zuerst 1572 u. d. T. ›Libro di novelle e di bel parlar gentile‹ gedruckt wurde, ist unbekannt; die Stoffe stammen aus der Bibel, aus antiken Vorlagen, oriental. Erzählungen, der Artussage; die oft sehr kurz gefaßten Novellen sind reich an drast. Zügen realist. Lebensbeobachtung; das Buch diente vielen Novellisten und Dramatikern (z. B. G. Chaucer, Shakespeare) der Renaissance als Vorlage; wichtig als Quelle für die Motivgeschichte von Märchen (erstmals: ›Der dankbare Tote‹) und Schwänken.

**Ausgaben:** Il N. Krit. Ausg. Hg. v. G. FAVATI. Genua 1970. – Il N. Das Buch der hundert alten Novellen. Hg. v. J. RIESZ. Italien. u. dt. Stg. 1988.

**Literatur:** SANSONE, M.: Il ›n.‹. Bari 1948.

**Novikov** ↑Nowikow.

**Novikov-Priboj,** Aleksej Silyč, russ.-sowjet. Schriftsteller, ↑Nowikow-Priboi, Alexei Silytsch.

**Novomeský,** Laco (Ladislav) [slowak. 'nɔvɔmɛski:], * Budapest 27. Dez. 1904, † Preßburg 4. Sept. 1976, slowak. Lyriker und Publizist. – Redakteur; 1929 Mitglied der KP; polit. Tätigkeit; 1951–55 in Haft, 1963 rehabilitiert; schrieb symbolist. Gedichte, wandte sich dann der proletar. Dichtung zu, kehrte später zur ›reinen‹ Lyrik zurück.

**Werke:** Nedel'a (= Sonntag, Ged., 1927), Otvorené okná (= Geöffnete Fenster, Ged., 1935), Vila Tereza (= Villa Tereza, Ged., 1963), Abgezählt an den Fingern der Türme (Ged., dt. Ausw. 1971), Erwägungen. Aufsätze zur Literatur (dt. Ausw. 1977).

**Ausgabe:** L. N. Básnické dielo. Preßburg 1971. 2 Bde.
**Literatur:** HOLOTÍKOVÁ, Z.: L. N. Preßburg 1981. – BREZINA, J.: Básnické dielo L. Novomeského. Preßburg 1982.

**Nový,** Karel [tschech. 'nɔviː], eigtl. K. Novák, * Benešov bei Prag 8. Dez. 1890, † Prag 23. Nov. 1980, tschech. Schriftsteller und Journalist. – Schrieb außer histor. Dramen und Jugendbüchern v. a. soziale Romane mit realist. Darstellung, bes. aus dem Milieu der Arbeiterklasse.
**Werke:** Železný kruh (= Der eiserne Kreis, R.-Trilogie, 1927–32), Das Attentat (R., 1935, dt. 1964), Plamen a vítr (= Flamme und Wind, R., 1959).
**Ausgabe:** K. N. Spisy. Prag 1953–59. 21 Bde.
**Literatur:** JUNGMANN, M.: K. N. Prag 1960.

**Nowaczyński,** Adolf [poln. nɔva'tʃɨ̃iski], Pseudonym Neuwert, * Podgórze bei Krakau 9. Jan. 1876, † Warschau 3. Juli 1944, poln. Schriftsteller. – Verfeindete sich durch antibürgerl. Satiren mit seiner adligen, kath. Familie; ideologisch anpassungsfähiger Satiriker von scharfer Aggressivität; stand dem Jungen Polen nahe; zunehmende, zuletzt ausgeprägte Neigung zu einem Konservatismus nat. Prägung; N.s kulturhistorisch genaue Dramen sind eher zur Lektüre als zur Aufführung geeignet. Dt. erschienene Satiren: ›Affenspiegel‹ (1902, dt. 1903), ›Poln. Eulenspiegeleien‹ (dt. Ausw. 1962; leicht veränderte Neuausg. 1972 u. d. T. ›Der schwarze Kauz. Eulen-Spiegel-Glas-Splitter‹).
**Literatur:** DEDECIUS, K.: Von Polens Poeten. Ffm. 1988.

**Nowak,** Ernst, * Wien 13. März 1944, österr. Schriftsteller. – Studierte Germanistik und Geschichte sowie Bühnen- und Kostümgestaltung in Wien; sucht mit Hilfe des Zeichenhaften in den Gestalten, Gesichtern und Dingen seiner Umgebung nach erzählbaren Zusammenhängen; seine Sprache ist konkret-bildhaft; psycholog. Erforschung von Innenräumen und Leidenschaften.
**Werke:** hoeren spielen (Hsp., 1972), Kopflicht (En., 1974), Die Unterkunft (R., 1975), Entzifferung der Bilderschrift (Ged., 1977), Das Versteck (R., 1978), Addio, Kafka (1987).

**Nowak,** Tadeusz, * Sikorzyce bei Dąbrowa Tarnowska 11. Nov. 1930, poln. Schriftsteller. – Lyriker und Prosaist, der Stoff und Thema aus dem Bereich des Dorfes nimmt; stützt sich auf die mündl. Erzähltradition; benutzt die Sprache der Bibel.
**Werke:** Und wenn du König, und wenn du Henker bist (R., 1968, dt. 1980; dt. Bühnenbearbeitung 1975), Psalmy wszystkie (= Alle Psalmen, 1980), Wniebogłosy (= Lauthals, R., 1982), Pacierze i paciorki (= Gebete und Gebetchen, Ged., 1988).

**Nowakowski,** Marek [poln. nɔva'kɔfski], * Warschau 2. März 1935, poln. Schriftsteller. – März bis Juni 1984 in Haft; gestaltet in Erzählungen und Romanen das Warschauer Vorstadtmilieu; sichtbar wird die gesellschaftskrit. Intention des Autors, der in (vermeintl.) Randerscheinungen über grundsätzl. Probleme der poln. Gegenwart reflektiert.
**Werke:** Kopf u. a. Erzählungen (dt. Ausw. 1967), Die schrägen Fürsten. Ganovengeschichten (dt. Ausw. 1967), Karpfen für die Miliz. Satiren und Nachrichten (2 Bde., Paris 1982–83, dt. 1983), Grisza, ja tiebie skażu ... (= Grisza, ich sage dir, En., Paris 1986), Karnawał i post (= Karneval und Fasten, En., 1988), Skandal im Städtchen (E., dt. 1992).

**Nowakowski,** Tadeusz [poln. nɔva'kɔfski], * Allenstein 8. Nov. 1920, poln. Schriftsteller. – 1940–45 im KZ; ab 1947 in London, ab 1953 in den USA; auch in der BR Deutschland, gehörte zur Gruppe 47; schrieb in poln., niederl., engl. und dt. Sprache neben Essays v. a. realist. Romane und Erzählungen mit gelegentlich satirisch-iron. Zügen, oft über das Schicksal poln. Emigranten. Dt. liegen u. a. vor: ›Polonaise Allerheiligen‹ (R., 1957, dt. 1959), ›Picknick der Freiheit‹ (En., dt. 1962), ›Die Radziwills. Die Geschichte einer großen europ. Familie‹ (dt. 1966), ›Ich fürchte mich nicht. Die Reisen des Papstes‹ (1980, dt. 1981).
**Weiteres Werk:** Na skrzydłach nadziei (= Auf den Flügeln der Hoffnung, En., 1984).

**Nowikow** (tl.: Novikov), Iwan Alexejewitsch [russ. 'nɔvikɐf], * Ilkowo (Gouv. Orel) 13. Jan. 1877, † Moskau 10. Jan. 1959, russ.-sowjet. Schriftsteller. – Sohn eines Gutsbesitzers; konnte sich trotz der sowjet. Kritik an den ›antirealist.‹ Einflüssen seines vorrevolutionären Werks nach der Revolution behaupten; schrieb Romane, Novellen und Gedichte, die von der sowjet. Kritik der Gutsbesitzer- und Adelsliteratur zugerechnet werden;

v.a. durch die biograph. Romane um A. S. Puschkin (1936 und 1943, dt. 1949) bekannt, die 1947 u. d. T. ›Puškin v izgnanii‹ (›Puschkin in der Verbannung‹) erschienen; auch Dramatiker und Übersetzer des ›Igorliedes‹.

**Ausgabe:** I. A. Novikov. Sobranie sočinenij. Moskau 1966–67. 4 Bde.

**Nowikow** (tl.: Novikov), Nikolai Iwanowitsch [russ. nɐvi'kɔf], * Tichwinskoje bei Moskau 8. Mai 1744, † ebd. 12. Aug. 1818, russ. Publizist und Schriftsteller. – Hg. satir. Zeitschriften, in denen er in eigenen scharfen Satiren (›Pis'ma k Falaleju‹ [= Briefe an Falalei], 1772) die polit. und sozialen Verhältnisse unter Katharina II. angriff; 1792–96 als Freimaurer im Gefängnis; förderte durch die Gründung von Druckereien (Verlagen) und Buchhandlungen (auch Eröffnung einer Bibliothek in Moskau) das Vordringen der Aufklärung; Verfasser philosoph., pädagog. und ökonom. Schriften; Hg. altruss. Literatur und eines russ. Schriftstellerlexikons.

**Ausgabe:** N. I. Novikov. Izbrannye sočinenija. Moskau u. Leningrad 1951.

**Literatur:** WEINBAUM, A. T.: N. I. Novikov (1744–1818). Diss. Columbia University New York 1975.

**Nowikow-Priboi** (tl.: Novikov-Priboj), Alexei Silytsch [russ. 'nɔvikɐfpri'bɔj], Pseudonym A. Satjorty, * Matwejewskoje (Gebiet Rjasan) 24. März 1877, † Moskau 29. April 1944, russ.-sowjet. Schriftsteller. – Sohn eines Bauern; diente 1899–1906 als Matrose, wurde nach seiner Verhaftung wegen revolutionärer Umtriebe (1903) zur Pazifikflotte versetzt; erlebte die Seeschlacht von Tsuschima, die er in dem Roman ›Tsushima‹ (2 Tle., 1932–35, dt. 1954) darstellte; 1907–13 in der Emigration; nach der Revolution vielgelesener Autor von Seeromanen, einer Gattung, die er in die russ. Literatur einführte.

**Weitere Werke:** Die salzige Taufe (R., 1929, dt. 1933), Zwei Seegeschichten (dt. 1952).

**Ausgabe:** A. S. Novikov-Priboj. Sobranie sočinenij. Moskau 1963. 5 Bde.

**Literatur:** KRASIL'NIKOV, V. A.: A. S. Novikov-Priboj. Moskau 1966.

**Nọwy Mịr** (tl.: Novyj Mir) [russ. = Neue Welt], monatlich erscheinende russ. Literaturzeitschrift, 1947–90 Organ des Schriftstellerverbandes der UdSSR; erscheint seit Jan. 1925, zuerst von A. W. Lunatscharski (1925), später u. a. von K. M. Simonow (1946–50, 1954–58), A. T. Twardowski (1950–54, 1958–70) und Sergei Sergejewitsch Narowtschatow ([* 1919, † 1981]; 1974–81), seit 1986 von S. P. Salygin geleitet.

**Noyes,** Alfred [engl. nɔız], * Wolverhampton 16. Sept. 1880, † Ryde (Wight) 28. Juni 1958, engl. Schriftsteller. – War 1914–23 Prof. für moderne engl. Literatur an der Princeton University (N. J.); konvertierte 1930 zum Katholizismus. Begann mit Dichtungen, die in der Nachfolge A. Tennysons stehen; zum Besten seines Werks gehören volkstüml. Epen und Gedichte von großem sprachmelod. Reiz; schrieb auch Dramen und Essays.

**Werke:** Drake (Epos, 2 Bde., 1906–08), Tales of the Mermaid Tavern (Ged., 1913), The torch bearers (Epos, 3 Bde., 1922–30), Robin Hood (Dr., 1926), Two worlds for memory (Autobiogr., 1953).

**Ausgabe:** A. N. Collected poems. London 1950.

**Nuaima** (tl.: Nu'aymah), Michail, * Biskinta 17. Okt. 1889, † bei Beirut 29. Febr. 1988, libanes. Schriftsteller. – Lebte 1911–32 in den USA; gründete 1920 in New York zusammen mit Ch. D. Dschubran u. a. die literar. Gesellschaft Ar-Rābiṭah Al-Qalamiyyah (= Bund der Feder). In seiner Gedankenwelt, die stark von russ. Schriftstellern beeinflußt ist, versucht er, die Nüchternheit des westl. Rationalismus mit einem Symbolismus zu vereinen, der von oriental. Visionen durchdrungen ist; schrieb u. a. ›Al-Abnā' wa-l-banūn‹ (= Väter und Söhne, Dr., 1917), ›Al-Ġirbāl‹ (= Das Sieb, Abh., 1923), ›Ǧibrān H. Ǧibrān‹ (Biogr., 1934, engl. 1950), ›Kān mā kān‹ (= Es war einmal, Nov.n, 1937), ›Das Buch von Mirdad‹ (R., 1948, dt. 1977), ›Sab'ūn‹ (= Siebzig, Autobiogr., 3 Bde., 1959/60).

**Literatur:** BROCKELMANN, C.: Gesch. der arab. Litteratur. Suppl.-Bd. 3. Leiden 1942. S. 472. – NAIMY, N. N.: Mikhail Naimy. An introduction. Beirut 1967. – NIJLAND, C.: Mīkhā'īl Nu'aymah. Promoter of the Arabic literary revival. Leiden 1975. – DABBAGH, H.: Mikhail Naimy. Some aspects of his thought as revealed in his writings. Durham 1983.

**Nụchtern,** Hans, * Wien 25. Dez. 1896, † ebd. 9. Jan. 1962, österr. Schriftsteller. – Verlagssekretär, Redakteur,

Dramaturg, 1924 Prof. in Wien, ab 1946 Leiter der literar. Abteilung des Österr. Rundfunks. Schrieb Gedichte, Versepen, lyr. Zyklen, Romane, dramat. Novellen, Hörspiele; auch Übersetzer. Nach neuromant. Anfängen fand er über expressionist. Formen zu einer realist. Darstellung mit sicherer, anschaul. Charakterisierung.

**Werke:** Wie mir's tönt von ungefähr (Ged., 1918), Der Haß gegen die Stadt (R., 1921), Der große Friede (Nov., 1922), Roman einer Nacht (1924), Gesang vom See (Ged., 1932), Nur ein Schauspieler (Nov., 1935), Die Apostel (Ged.-Zyklus, 1946), Passion der Stille (Ged., 1946), Die ewige Melodie (R., 1947, 1955 u. d. T. Die goldene Orgel), Verwirrung um Inge (Nov., 1947), Das Wunder von Mundisheim (R., 1952).

**Nugelli,** Carlo [italien. nu'dʒɛlli], Pseudonym des italien. Schriftstellers Vittorio ↑Bersezio.

**Numerus** [lat. = Zahl, Anzahl], in der antiken Rhetorik und Poetik die geregelte Abfolge langer und kurzer Silben. Die grundlegende rhythm. Einheit des poet. N. sind die Versfüße, die zu festen, durch Zäsuren gegliederten Versen zusammengebunden werden. Die Prosa kennt an sich keinen festgelegten Numerus. Die Kultivierung der Periode als kunstvolles syntakt. Gebilde brachte es aber mit sich, daß an ihrem Beginn und ihrem Ende (↑Klausel) gewisse Regeln in der Lautfolge beachtet wurden.

**Nummi,** Lassi, * Helsinki 9. Okt. 1928, finn. Lyriker. – In seiner Lyrik bilden die klassisch klare Form und die Gedankenwelt eines Gelehrten mit tief erlebtem Gefühl eine seltene Synthese; Leitmotive seines Werkes sind Liebe und Tod; einige Gedichte sind u. a. in ›Panorama moderner Lyrik‹ (1960) ins Deutsche übersetzt worden.

**Werke:** Intohimo olemassaoloon (= Leidenschaft für die Existenz, Ged., 1949), Tahdon sinun kuulevan (= Ich will, daß du mich anhörst, Ged., 1954), Kuusimittaa (= Hexameter, Ged., 1963), Kaksoiskuva (= Doppelbild, Ged., 1982), Matkalla niityn yli (= Unterwegs über die Wiese, Ged., 1986), Welt, noch immer (Ged., finn. u. dt. 1992).

**Núñez de Arce,** Gaspar [span. 'nuɲεð ðe 'arθe], * Valladolid 4. Aug. 1834, † Madrid 9. Juni 1903, span. Dichter und Politiker. – War u. a. Abgeordneter der Cortes, 1883 Kolonialminister; 1874 Mitglied der Span. Akademie. Obwohl er in seinen politisch-sozialen Gedichten als Gegner des Absolutismus die Freiheit besingt, ist seine Dichtung, besonders die Lyrik, stark von Pessimismus bestimmt; sein Drama ›El haz de leña‹ (1872) ist eine Neubearbeitung des Don-Carlos-Stoffes.

**Weitere Werke:** Gritos del combate (Ged., 1875), Raimundo Lulio (Ged., 1875), La última lamentación de Lord Byron (Ged., 1879), La selva oscura (Ged., 1879), Un idilio (Ged., 1879), La pesca (Ged., 1884), Maruja (Ged., 1886), Miserere (Ged., 1895).

**Ausgaben:** G. N. de A. Obras dramáticas. Madrid 1879. – G. N. de A. Obras escogidas. Madrid 1911.

**Literatur:** Romo Arregui, J.: Vida, poesía y estilo de Don G. N. de A. Madrid 1946.

**Nürnberger Dichterkreis,** literar. Gesellschaft des 17. Jh. in Nürnberg; ursprüngl. Name ›Löbl. Hirten- und Blumen-Orden an der Pegnitz‹, auch ›Pegnes. Blumenorden‹, ›Pegnitzer Hirtengesellschaft‹, ›Gesellschaft der Blumenschäfer‹ oder ›Gekrönter Blumenorden‹ u. a.; gegr. 1644 von G. Ph. Harsdörffer und J. Klaj; Mitglieder waren u. a. S. von Birken, M. D. Omeis, J. Rist, J. G. Schottel, J. M. Moscherosch. Sinnbild des Ordens war die siebenfache Panpfeife, seit 1669 die Passionsblume. Anders als bei vergleichbaren zeitgenöss. Sprachgesellschaften war das Hauptanliegen des N. D.es nicht die Sprachpflege, sondern Ästhetik und virtuose Dichtung, die eine für das vornehme Bürgertum bestimmte, von Harsdörffer in seinen ›Frauenzimmer-Gesprechspielen ...‹ (8 Bde., 1641 bis 1649) betonte Verbindung von Dichtung und Malerei anstrebte (↑ut pictura poesis). Im Mittelpunkt standen Natur- und Liebesgedichte sowie heitere Schäferspiele (↑arkadische Poesie) und allegor. Festspiele.

**Ausgabe:** Die Pegnitz-Schäfer. Nürnberger Barockdichtung. Hg. v. E. Mannack. Stg. 1968.

**Literatur:** Reallex. der dt. Literaturgesch. Begr. v. P. Merker u. W. Stammler. Hg. v. W. Kohlschmidt u. W. Mohr. Bd. 2. Bln. [2]1965. S. 705. – Otto, K. F.: Die Sprachgesellschaften des 17. Jh. Stg. 1972. – Stoll, Ch.: Sprachgesellschaften des 17. Jh. Mchn. 1973.

**Nurowska,** Maria, * Okółek 3. März 1944, poln. Schriftstellerin. – Gehört zu den wichtigsten Autoren der poln. Gegenwartsliteratur.

**Werke:** Postscriptum für Anna und Miriam (R., 1989, dt. 1991), Span. Augen (R., 1990, dt. 1993), Briefe der Liebe (R., 1991, dt. 1992), Ein anderes Leben gibt es nicht (Prosa, dt. 1994).

**Nusbaum,** Nathaniel R. [engl. 'nʌsbɔ:m], amerikan. Dramatiker, ↑Nash, N. Richard.

**Nušić,** Branislav [serbokroat. 'nuʃitɕ], Pseudonym Ben Akiba, *Smederevo 8. Okt. 1864, †Belgrad 19. Jan. 1938, serb. Schriftsteller. – War u. a. Journalist, Dramaturg und Theaterleiter; wurde durch humorist. Feuilletons und Romane, v. a. aber durch bühnenwirksame Gesellschaftskomödien zu einem der beliebtesten serb. Schriftsteller; später zunehmende sozialkrit. Tendenz. Zu seinen erfolgreichsten Werken gehören: ›Um hohen Preis‹ (Dr., 1900, dt. 1904), ›Der Gespan von Semberia‹ (Dr., 1900, dt. 1903), ›Opštinsko dete‹ (= Das Gemeindekind, R., 1902, dt. Übers. und Bearbeitung 1927 von Roda Roda u. d. T. ›Der Knabe mit den 13 Vätern‹), ›Pokojnik‹ (= Der Verstorbene, Dr., 1937).

**Weitere Werke:** Der Abgeordnete (Schsp., UA 1896, gedr. 1924, dt. 1956), Sumnjivo lice (= Eine verdächtige Person, Kom., 1924), Der tollwütige Teofilo (En., dt. Ausw. 1985).

**Ausgabe:** B. N. Sabrana dela. Belgrad 1966. 25 Bde.

**Nuwas,** Abu, arab. Dichter, ↑Abu Nuwas.

**Nye,** Robert [engl. naɪ], *London 15. März 1939, engl. Schriftsteller. – Literaturkritiker; zunächst als Lyriker bekannt (›Divisions on a ground‹, Ged., 1976); erfolgreich wurden auch seine Romane ›Falstaff‹ (1976), ›Merlin‹ (1978), ›Faust‹ (1980, dt. 1985) und ›The voyage of the Destiny‹ (1982), in denen Mythos, Geschichte und Realität spielerisch miteinander verschmelzen. N. schrieb auch Kinderbücher (›Harry pay the pirate‹, 1981; ›Beowulf‹, 1983), Kurzgeschichten (›Tales I told my mother‹, 1970) und Dramen.

**Weitere Werke:** The memoirs of Lord Byron (R., 1989), A collection of poems, 1955–1988 (Ged., 1989), The life and death of my Lord Gilles de Rais (R., 1990), Mrs. Shakespeare (R., 1993).

**Nygard,** Olav [norweg. 'ny:ga:r], *1884, †1924, norweg. Lyriker. – Gibt in seinen Gedichten das ekstatische Erleben von Natur und Dasein in klassizistischer Form wieder.

**Werke:** Flodmaal (Ged., 1913), Runemaal (Ged., 1914), Kvæde (Ged., 1915), Ved vebande (Ged., 1923.

**Ausgabe:** O. N. Dikt i utval. Oslo 1958.

**Literatur:** Dale, J. A.: O. N. Oslo 1957. – Greiff, T.: O. N., dikter og mystiker. Oslo 1959.

**Nyírő,** József [ungar. 'nji:rø:], *Székelyzsombor (heute Jimbor, bei Kronstadt) 18. Juli 1889, †Madrid 16. Okt. 1953, ungar. Schriftsteller. – Ab 1912 kath. Priester, trat 1919 aus der Kirche aus; dann Journalist, Müller und Landwirt; ging 1944 ins Exil. Die schlichten Romane N.s wurzeln in seiner siebenbürg. Heimat, sie enthalten kraftvolle Schilderungen der abgelegenen Karpatenlandschaft.

**Werke:** In Gottes Joch (R., 1930, dt. 1930), Der Uz (R., 1933, dt. 1937), Die Totenpfähle (Prosa, 1934, dt. 1941), Denn keiner trägt das Leben allein (R., 1936, dt. 1941).

**Nylandgruppe** (Nylandkreis), eigentlich ›Bund der Werkleute auf Haus Nyland‹, 1912 in Bonn von J. Winckler, W. Vershofen und J. Kneip begründeter rhein. Dichterkreis, dessen Mitglieder (neben den Gründern u. a. H. Lersch, G. Engelke, M. Barthel, A. Petzold) der techn. Entwicklung aufgeschlossen gegenüberstanden und sich sprachlich dem Expressionismus annäherten; die N. gab die Zeitschrift ›Nyland‹ (ursprünglich ›Quadriga‹) heraus.

**Nynniaw** [engl. 'nɪnɪaʊ], walis. Geschichtsschreiber, ↑Nennius.

# O

**Oates,** Joyce Carol [engl. oʊts], *Lockport (N. Y.) 16. Juni 1938, amerikan. Schriftstellerin. – Seit 1978 Prof. an der Princeton University. In zahlreichen Romanen und Kurzgeschichten behandelt O. zentrale Themen der amerikan. Wirklichkeit, wie die Isolation des Menschen, die Zerstörung des Glaubens an den Erfolgsmythos des ›American dream‹ durch sozioökonom. Verhältnisse und Formen brutaler Gewalt sowie die Unterdrückung durch polit. Machtstrukturen. Das Geschehen spielt teils in der an die ländl. Umgebung ihrer Kindheit erinnernden ›Eden County‹ (›With shuddering fall‹, R., 1964; ›Ein Garten irdischer Freuden‹, R., 1967, dt. 1970), teils in reichen Vorstädten (›Expensive people‹, R., 1968) und im Großstadtmilieu (›Jene‹, R., 1969, dt. 1975; National Book Award 1969). Ihre Erzählform entwickelte sie von naturalist. Milieustudien über psychologisch-realist. Bewußtseinsdarstellungen (›The assassins‹, R., 1975) zur durch die Gegenwart gebrochenen Rückschau auf die Kindheit (›Im Dickicht der Kindheit‹, R., 1976, dt. 1983) und auf den akadem. Literaturbetrieb (›Unheilige Liebe‹, R., 1979, dt. 1984). Neuerdings erhält diese Rückschau eine histor. Dimension, wie in der anspruchsvollen, die amerikan. Geschichte spiegelnden Familienchronik ›Bellefleur‹ (R., 1980, dt. 1982), der parodist. Romanze ›Die Schwestern von Bloodsmoor‹ (R., 1982, dt. 1987) und der biograph. Erzählung ›Marya. Ein Leben‹ (1986, dt. 1991). Schreibt auch unter dem Pseudonym Rosamond Smith.

**Weitere Werke:** By the North Gate (En., 1963), Wonderland (R., 1971), Lieben, Verlieren, Lieben (En., 1972, dt. 1980), Miracle play (Dr., 1974), Where are you going, where have you been? (En., 1974), Grenzüberschreitungen (En., 1976, dt. 1978), Son of the morning (R., 1978), Cybele (R., 1979), A sentimental education (En., 1980), Engel des Lichts (R., 1981, dt. 1984), Contraries (Essays, 1981), Invisible woman. New and selected poems 1970–82 (Ged., 1982), The profane art (Essays, 1983), Letzte Tage (En., 1984, dt. 1986), Im Zeichen der Sonnenwende (R., 1985, dt. 1990), Marya. Ein Leben (E., 1986, dt. 1991), Über Boxen (Essay, 1987, dt. 1988), Die unsichtbaren Narben (R., 1987, dt. 1992), Das Rendezvous (En., 1988, dt. 1992), Amerikan. Begierden (R., 1989, dt. 1993), Bitterkeit des Herzens (R., 1990, dt. 1994), I lock my door upon myself (R., 1990), Schwarzes Wasser (R., 1992, dt. 1993), Foxfire (R., 1993).

**Literatur:** GRANT, M. K.: The tragic vision of J. C. O. Durham (N. C.) 1978. – CREIGHTON, J. V.: J. C. O. Boston (Mass.) 1979. – Critical essays on J. C. O. Hg. v. L. W. WAGNER. Boston (Mass.) 1979. – WALLER, G. F.: Dreaming America. Obsession and transcendence in the fiction of J. C. O. Baton Rouge (La.) 1979. – FRIEDMAN, E. G.: J. C. O. New York 1980. – BASTIAN, K.: J. C. O.'s short stories between tradition and innovation. Ffm. und Bern 1983. – J. C. O. Hg. v. H. BLOOM. New York 1987.

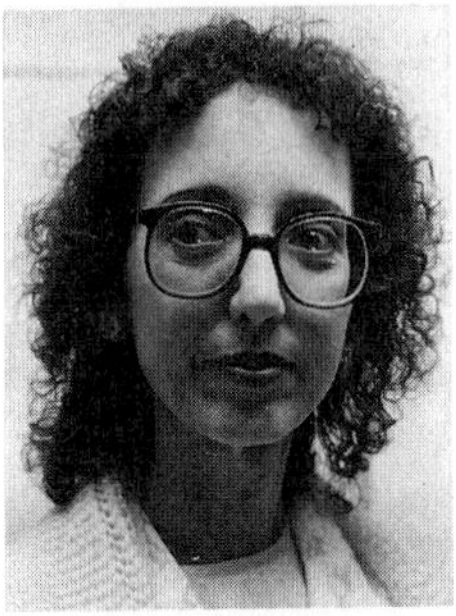

Joyce Carol Oates

**Obaldia,** René de [frz. ɔbal'dja], *Hongkong 22. Okt. 1918, frz. Schriftsteller. – Sohn eines Panamesen und einer Französin; war u. a. Verlagsleiter und beim frz. Fernsehen tätig; verfaßte zunächst Prosagedichte, dann Romane und Erzählungen, in denen er realist. mit surrealistisch-visionären Szenen konfrontiert; seit 1960 schreibt er v. a. absurdgroteske Theaterstücke, auch Hör- und Fernsehspiele.

**Werke:** Midi (Ged., 1949), Les richesses naturelles (Prosa-Ged., 1952, dt. Ausw. 1968 u. d. T. Blauer Dunst), Tamerlan des Herzens (R., 1955, dt. 1964), Flucht nach Waterloo. Graf Zeppelin oder Emiles Leiden (En., 1956, dt. 1968), Der Hundertjährige (R., 1959, dt. 1966), Genousie (Dr., 1960, dt. 1962), Sieben Einakter (1961, dt. 1963), Der Satyr aus der Vorstadt (Stück, 1963, dt. 1963), Wind in den Zweigen des Sassafras (Stück, 1966, dt. 1966), Komödien zum Nachdenken (dt. Ausw. 1968), Papa, Mama und der Esel. Unschuldsgedichte für groß und klein (1969, dt. 1978), Les bons bourgeois (Vers-Kom., 1980), Exobiographie (Memoiren, 1993).

**Ausgabe:** R. de O. Théâtre. Paris 1966–1981. 7 Bde.

**Literatur:** ZEIN, K.: Le théâtre de O. Diss. Stanford University (Calif.) 1980. – FARCY, G.-D.: Encyclobaldia. Petite encyclopédie portative du théâtre de O. Paris 1981.

**O'Beachain,** Breandan [engl. oʊ'bɪən], ir. Schriftsteller, ↑Behan, Brendan.

**Oberammergauer Passionsspiel,** bayr. ↑Passionsspiel mit Chorgesängen und alttestamentl. Präfigurationen; wird seit 1634 nach einem im Pestjahr 1633 abgelegten Gelübde alle zehn Jahre von den Bewohnern von Oberammergau aufgeführt. Der ältesten erhaltenen Fassung von 1662 liegen das Augsburger Passionsspiel (etwa 1460) sowie ein Spiel des Augsburger Meistersingers S. Wild (1566) zugrunde. Nach der Revision von 1750 entsprach das O. P. dem barocken, allegor. Drama. Eine weitere Reform 1810 reduzierte das Geschehen im wesentlichen auf den Bibeltext. Die heutige Fassung geht auf einen Text von 1860 zurück; 1970 wurden verschiedene antisemit. Passagen gestrichen. 1984 fand das 350jährige Jubiläum statt.

**Oberg** (Oberge), Eilhart von, mhd. Dichter, ↑Eilhart von Oberg[e].

**Obermayer,** österr. Schriftsteller, ↑Blumauer, Aloys.

**Obermayer,** Rosa, österr. Schriftstellerin und Frauenrechtlerin, ↑Mayreder, Rosa.

**Obey,** André [frz. ɔ'bɛ], * Douai 8. Mai 1892, † Montsoreau (Maine-et-Loire) 11. April 1975, frz. Dramatiker. – Verfasser erfolgreicher Dramen von poet. Inspiration, bes. von P. Claudel und der griech. Tragödie beeinflußt; Zusammenarbeit mit D. ↑Amiel; daneben auch Romane (›Le joueur de triangle‹, 1953).

**Weitere Werke:** Le viol de Lucrèce (Dr., 1931), Noé (Dr., 1931), La bataille de la Marne (Dr., 1932), Revenu de l'étoile (Dr., 1939), Ein Mädchenleben für Wind (Dr., 1953, dt. 1954), Um Mitternacht (Dr., 1958, dt. 1960), La fenêtre (Dr., 1961).

**Literatur:** ENGLISH, H. M. M.: The theatre of A. O. Diss. University of Sussex Brighton 1971–72. – CLÜVER, C.: Thornton Wilder u. A. O. Unterss. zum modernen ep. Theater. Bonn 1978.

**Obligado,** Rafael [span. oβli'ɣaðo], * Buenos Aires 27. Jan. 1851, † Mendoza 8. März 1920, argentin. Dichter. – Entstammte einer Großgrundbesitzerfamilie; Spätromantiker; behandelt in seinen sorgsam ausgefeilten Gedichten (›Poesías‹, 1885, erweiterte 2. Aufl. 1906) Stoffe und Legenden aus der argentin. Geschichte, u. a. über den myth. Sänger Santos Vega; schrieb auch Naturlyrik.

**Ausgabe:** R. O. Poesías completas. Buenos Aires ²1957.

**Literatur:** QUESADA, E.: R. O., el poeta, el hombre. Buenos Aires 1920.

**Obradović,** Dositej [serbokroat. ɔ,bra:dɔvitɕ], eigtl. Dimitrije O., * Ciacova (Banat) um 1739(?), † Belgrad 28. März 1811, serb. Schriftsteller. – Ursprünglich Mönch; studierte in Leipzig, lebte danach lange in Wien; erster Kultusminister des neuen Serbien (1811). O., Hauptvertreter der serb. Aufklärung, vertrat in moralphilosoph. und didakt. Schriften den aufgeklärten Absolutismus Wiens; verwandte u. a. in seinem Hauptwerk, der Autobiographie ›Život i priključenija‹ (= Leben und Schicksale, 1783, dt. Teilübers. 1857), als erster die serb. Volkssprache anstelle des Kirchenslaw.; verfaßte an Lessing orientierte Fabeln (1788). O. gilt als Begründer der modernen serb. Literatur.

**Ausgabe:** D. O. Sabrana dela. Belgrad 1961. 3 Bde.

**Literatur:** SCHMAUS, A.: D. O.s Autobiogr. In: Die Welt der Slaven 7 (1962), S. 395. – PALANČANIN, S.: Data Dositeana. In: Zbornik Matice srpske za književnost i jezik 28 (1980), H. 2, S. 289.

**Obrestad,** Tor [norweg. ,o:brəsta], * Nærbo 12. Febr. 1938, norweg. Schriftsteller. – Mitbegründer und Zentralfigur der modernist. Profil-Gruppe (↑norwegische Literatur) und repräsentativer Vertreter der sozialrealist. Literatur der 70er Jahre.

**Werke:** Kollisjon (Ged., 1966), Vårt daglige brød (Ged., 1968), Marionettar (R., 1969), Den Norske løve (Ged., 1970), Sauda! Streik! (R., 1972), Stå saman (Ged., 1974), Tolken (En., 1975), Ein gong må du seie adjø (R., 1981), Sjå Jæren, gamle Jæren (Nov.n, 1982).

**O'Brien,** Edna [engl. oʊ'braɪən], * Tuamgraney (Gft. Clare) 15. Dez. 1932, ir. Schriftstellerin. – Studierte Pharmazie in Dublin. Schildert in ihren Romanen und Erzählungen, meist aus weibl. Sicht, ohne Rücksicht auf Tabus soziale, emotionale und sexuelle Rollenzwänge, z. B. in ihrer z. T. autobiograph. Romantrilogie über zwei junge Frauen, deren Werdegang sie von der Klosterschule über Dublin bis nach London verfolgt (›Die Fünfzehnjährigen‹, 1960, dt. 1961; ›Das Mädchen mit den grünen Augen‹, 1962, dt. 1972; ›Mädchen im Eheglück‹, 1964, dt. 1969). Schreibt auch für Bühne (›Virginia‹, Dr., 1981, dt. 1982; nach V. Woolfs Tagebuch) und Fernsehen, ferner Essays (›Mein Irland‹, 1976, dt. 1985) und Gedichte.

**Weitere Werke:** Der lasterhafte Monat (R., 1965, dt. 1967), Plötzlich im schönsten Frieden (R., 1966, dt. 1974), Das Liebesobjekt (En., 1968, dt. 1975), A pagan place (R., 1970; Dr., 1973), A scandalous woman and other stories (1974), Ich kannte ihn kaum (R., 1977, dt. 1978, 1980 u. d. T. Johnny, ich kannte dich kaum), Mrs. Reinhardt träumt von No. 10 (En., 1978, dt. 1979), Eine Rose im Herzen (En., 1978, dt. 1983), Returning (En., 1982), Das Haus meiner Träume (En., 1984, dt. 1987), The high road (R., 1988), Lantern slides (En., 1990), Zeit und Gezeiten (R., 1992, dt. 1994).

**Literatur:** ECKLEY, G.: E. O'B. Lewisburg (Pa.) 1974.

**O'Brien,** Flann [engl. oʊ'braɪən], eigtl. Brian O'Nolan oder O'Nuallain, * Strabane (Gft. Tyrone) 5. Okt. 1911, † Dublin 1. April 1966, ir. Schriftsteller. – War unter dem Pseudonym Myles na Gopaleen 1940–66 Verfasser einer satir. wöchentl. Kolumne der ›Irish Times‹ (›Trost und Rat‹, hg. 1968, dt. 1985; ›Myles away from Dublin‹, hg. 1985). Seine Romane, v. a. ›Zwei Vögel beim Schwimmen‹ (1939, dt. 1966, 1989 u. d. T. ›In Schwimmen-Zwei-Vögel oder Sweeny auf den Bäumen‹), stehen durch ihre Verbindung von Realismus und Phantastik sowie durch die Vorliebe für Wortspiele, parodist. und satir. Elemente in der Nachfolge von J. Joyce. Schrieb auch Dramen und Kurzgeschichten (›Stories and plays‹, hg. 1973).

**Weitere Werke:** Der dritte Polizist (R., entst. 1940, hg. 1967, dt. 1975), Das Barmen (R., 1941, dt. 1977), Das harte Leben (R., 1961, dt. 1966), Aus Dalkeys Archiven (R., 1964, dt. 1982, 1965 dramatisiert u. d. T. When the saints go cycling in).

**Literatur:** Myles. Hg. v. T. O'KEEFFE. London 1973. – CLISSMANN, A.: F.O'B. A critical introduction to his writings. Dublin und New York 1975. – SHEA, TH. F.: F. O'B.'s exorbitant novels. London 1993.

**O'Brien,** Kate [engl. oʊ'braɪən], * Limerick 3. Dez. 1897, † Faversham (Kent) 13. Aug. 1974, ir. Schriftstellerin. – Lebte in Irland, Spanien (1922/23) und England. Wurde in den 30er Jahren mit vorwiegend in Irland, z. T. auch in Spanien spielenden Romanen bekannt, in denen sie den Konflikt meist weibl. Hauptfiguren zwischen sozialen und religiösen Zwängen und individueller Selbstverwirklichung schildert. Schrieb auch Dramen, z. T. auf der Grundlage ihrer Romane, sowie Reiseliteratur (›Farewell Spain‹, 1937; ›My Ireland‹, 1962).

**Weitere Werke:** Das Haus am Fluß (R., 1931, dt. 1946), An der Schwelle der Ewigkeit (R., 1934, dt. 1952), Mary Lavelle (R., 1936, dt. 1948), Der gläserne Turm (R., 1941, dt. 1950), Die letzten Sommertage (R., 1943, dt. 1954), Fürstin Eboli (R., 1945, dt. 1956, 1949 u. d. T. Jene Dame), Therese von Avila (R., 1951, dt. 1954), Die Blume im Mai (R., 1953, dt. 1955), As music and splendour (R., 1958), Presentation parlour (Autobiogr., 1963).

**Literatur:** REYNOLDS, L.: The lark in the clear air. A literary study of K. O'B.'s novels. Gerrard's Cross 1986. – REYNOLDS, L.: K. O'B. A literary portrait. Gerrard's Cross 1987.

**Obstfelder,** Sigbjørn [norweg. 'ɔpstfɛldər], * Stavanger 21. Nov. 1866, † Kopenhagen 29. Juli 1900, norweg. Schriftsteller. – Studierte Philologie, dann Maschinenbau in Oslo, war 1890/91 als Techniker in den USA; Hauptvertreter des Symbolismus in Norwegen; Aufsehen erregten seine 1893 erschienenen ›Gedichte‹ (dt. 1914), reimlose, im Stil M. Maeterlincks ganz auf die Sprachmusik ausgerichtete Lyrik. Von neuromant. Mystik getragen sind seine Novellen und Dramen um Lebensangst und Lebenssehnsucht.

**Weitere Werke:** Novellen (1895, dt. 1900), Das Kreuz (Nov., 1896, dt. 1909), Tagebuch eines Priesters (Aphorismen, 1900, dt. 1901), Pilgerfahrten (Dr., hg. 1903, dt. 1905).

**Ausgabe:** S. O. Samlade skrifter. Oslo 1950. 3 Bde.

**Literatur:** CLAUSSEN, C.: S. O. i hans digtning og breve. Christiania 1924. – HANNEVIK, A.: O. og mystikken. En studie i S. O.s forfatterskap. Oslo 1960.

**obszöne Literatur,** als Terminus umstritten; allgemein versteht man unter ›o. L.‹ (wie ›obszöner Kunst‹) Literaturwerke (und Kunstwerke), die als unanständig, als schamlos empfunden werden, ›Sitte und Anstand verletzen‹. Dabei wird zw. o. L. und Pornographie (↑pornographische Literatur) häufig nicht unterschieden. Unbestritten kann das Obszöne legitimes Element z. B. der Satire sein. Verwischt sich einerseits die Grenze zwischen Pornographie und o. L., so verwischt sich andererseits die Grenze zwischen dem ›Obszönen als legitimem Element des Kunstwerks‹ (E. Mertner, H. Mainusch) und einer ↑erotischen Literatur bzw. erotischen Kunst.

**Literatur:** MERTNER, E./MAINUSCH, H.: Pornotopia. Das Obszöne u. die Pornographie in der literar. Landschaft. Ffm. u. Bonn ²1971. – Wollüstige Phantasie. Sexualästhetik der Lit. Hg. v. H. A. GLASER. Mchn. 1974. – GORSEN, P.: Sexualästhetik. Zur bürgerl. Rezeption von Obszönität u. Pornographie. Rbk. ⁴1977. – MARCUSE, L.: Obszön. Gesch. einer Entrüstung. Neuausg. Zü. 1984.

**Ó Cadhain,** Máirtín, * Cois Fharraige (Gft. Galway) 18. Febr. 1907, † Dublin 15. Okt. 1970, irisch-gäl. Schriftsteller. – Studium in Dublin, 1926–36 Lehrer (entlassen wegen Mitgliedschaft in der IRA); nach dem Krieg Übersetzer, Prof. am Trinity College Dublin; schrieb Kurzgeschichten und Romane.

**Werke:** Idir shúgradh is dáiríre (= Halb im Scherz, halb im Ernst, Kurzgeschichten, 1939), An braon broghach (= Der schmutzige Tropfen, R., 1948), Cré na cille (= Die Friedhofserde, R., 1949), An t-sraith ar lár (= Das Heu auf der Erde, Kurzgeschichten, 1967), An t-sraith dá tógáil (= Das Heu zum Aufnehmen, R., 1970).

**Ocampo,** Victoria, * Buenos Aires 1891 (?), † ebd. 27. Jan. 1979, argentin. Schriftstellerin. – Gründete 1931 die bed. argentin. Kulturzeitschrift ›Sur‹ und den gleichnamigen Verlag; veröffentlichte zahlreiche Essays, u. a. über E. von Keyserling (1951), V. Woolf (1954), J. S. Bach (1964); ihr Hauptwerk ist die autobiograph. Essayserie ›Testimonios‹ (10 Bde., 1935–77); schrieb auch Theaterstücke (›Es spricht der Algarrobo‹, 1960, dt. 1962).

**Literatur:** VICTORIA, M.: Un coloquio sobre V. O. Buenos Aires ²1963. – MEYER, DORIS: V. O., gegen den Wind u. die Zeit. Eine Biographie. Mit 15 ausgew. Essays v. V. O. Dt. Übers. Ffm. 1982. – AYERZA, L./FELGINE, O.: V. O. Buenos Aires 1990.

**O'Casey,** Sean [engl. oʊˈkeɪsɪ], eigtl. John Casey, * Dublin 30. März 1880, † Torquay 18. Sept. 1964, ir. Dramatiker. – Entstammt einer Dubliner Arbeiterfamilie, schlug sich nach nur dreijährigem Schulbesuch als ungelernter Arbeiter durch, engagierte sich gewerkschaftlich. O'C.s erste, am Dubliner Abbey Theatre aufgeführte realistisch-tragikom. Dramen, die seine bekanntesten geblieben sind – ›Der Rebell, der keiner war‹ (1925, dt. 1960, 1969 u. d. T. ›Der Schatten eines Rebellen‹), ›Juno und der Pfau‹ (1925, dt. 1949) und ›Der Pflug und die Sterne‹ (1926, dt. 1948) –, stellen die ir. Unruhen bzw. den Dubliner Osteraufstand von 1916 aus der Warte des Lebens der Slumbewohner dar. Anläßlich des Antikriegsstücks ›Der Preispokal‹ (1928, dt. 1952), das realist. mit expressionist. Elementen verbindet, kam es zum Zerwürfnis mit W. B. Yeats und dem Abbey Theatre und zur Emigration O'C.s nach England. Die nachfolgenden Dramen sind teils an kommunist. Ideologie orientierte Kampfstücke, so ›Der Stern wird rot‹ (1940, dt. 1969), ›Rote Rosen für mich‹ (1942, dt. 1948) und ›Eichenlaub und Lavendel‹ (1946, dt. 1978), teils skurril-phantast. Satiren auf die Unterdrükkung von Vitalität durch Institutionen, bes. die Kirche, in Irland, so ›Purpurstaub‹ (1940, dt. 1968), ›Kikeriki‹ (1949, dt. 1968), ›Des Bischofs Freudenfeuer‹ (1955, dt. 1956), ›The drums of Father Ned‹ (1960), ›Behind the green curtains‹ (1961) und ›Figaro in the night‹ (1961). O'C. veröffentlichte auch Essaybände, Erzählungen (u. a. ›The flying wasp‹, 1937) und Autobiographien: ›Ich klopfe

Sean O'Casey

an‹ (1939, dt. 1957), ›Bilder in der Vorhalle‹ (1942, dt. 1959), ›Ir. Trommeln‹ (1945, dt. 1961), ›Irland, leb wohl!‹ (1949, dt. 1968), ›Rose und Krone‹ (1952, dt. 1963), ›Dämmerung und Abendstern‹ (1954, dt. 1969).

**Ausgaben:** S. O'C. Blasts and benedictions. Articles and stories. Hg. v. R. AYLING. London u. a. 1967. – The letters of S. O'C. Hg. v. D. KRAUSE. 1975–89. 3 Bde. – S. O'C. Autobiographie. Dt. Übers. Zü. 1978–80. 6 Bde. – S. O'C. The complete plays. London 1984. 5 Bde.

**Literatur:** HOGAN, R. G.: The experiments of O'C. New York 1960. – KOSOK, H.: S. O'C. Das dramat. Werk. Bln. 1972. – KRAUSE, D.: S. O'C. The man and his work. New York [2]1975. – BENSTOCK, B.: Paycocks and others. S. O'C.'s world. Dublin u. New York 1976. – S. O'C. A bibliography. Hg. v. R. AYLING u. M. J. DURKAN. London 1978. – STAPELBERG, P.: S. O'C. und das deutschsprachige Theater (1948–1974). Ffm. u. a. 1979. – HUNT, H.: S. O'C. Dublin 1980. – O'RIORDAN, J.: A guide to O'C.'s plays. London 1984. – O'CONNOR, G.: S. O'C., a life. London u. a. 1988. – The years of O'C., 1921–1926. A documentary history. Newark (Del.) 1992.

**Occleve,** Thomas [engl. 'ɔkli:v] (Th. Hoccleve), * London (?) wahrscheinlich 1368 oder 1369, † 1450 (?), engl. Dichter. – Anhänger G. Chaucers; schrieb zahlreiche kürzere Dichtungen mit vielen autobiograph. Bezügen; sein Hauptwerk, der Fürstenspiegel ›The regiment of princes‹ (entst. 1411/12), ist eine an den Prinzen von Wales, den späteren Heinrich V., gerichtete Nachahmung des lat. Traktats ›De regimine principum‹ von Aegidius Romanus (* um 1245, † 1316), einem Schüler von Thomas von Aquin; die lehrhafte, in Versen abgefaßte Abhandlung O.s ist durch Erzählungen und andere Einschübe aufgelokkert.

**Ausgabe:** Hoccleve. Works. Hg. v. F. J. FURNIVALL u. I. GOLLANCZ. London 1892–1925. 3 Bde. Nachdr. 1970–73. 3 Bde.

**O'Connor,** Flannery [engl. oʊ'kɔnə], * Savannah (Ga.) 25. März 1925, † Milledgeville (Ga.) 3. Aug. 1964, amerikan. Schriftstellerin. – Studierte u. a. an der University of Iowa. Die ländl. Bevölkerung des Südens, bes. Georgias, die kath. Erziehung in einer fundamentalistisch-prot. Umgebung sowie das Leiden an einer tödl. Krankheit bestimmen die groteske Welt von O'C.s bed., für die amerikan. Gegenwartsliteratur äußerst einflußreichen Erzählungen. Die häufig behandelte, in eindrucksvollen Symbolen dargestellte paradoxe Konfrontation von Leben und Tod, von fanat. Glauben und rationalen Überzeugungen sowie von kindl. Unschuld und der Allgegenwart des Bösen bringt O'C.s Glaube an die göttl. Gnade und Erlösung zum Ausdruck. Am bedeutendsten sind: ›A good man is hard to find‹ (En., 1955, dt. Ausw. 1961 u. d. T. ›Ein Kreis im Feuer‹) und ›Das brennende Wort‹ (R., 1960, dt. 1962, 1972 u. d. T. ›Ein Herz aus Feuer‹).

**Weitere Werke:** Die berstende Sonne (R., 1952, dt. 1963, hg. 1982 u. d. T. Die Weisheit des Blutes), Everything that rises must converge (En., hg. 1965).

**Ausgaben:** F. O'C. The complete stories. New York 1971. Neudr. 1991. – F. O'C. The habit of being. Letters. Hg. v. S. FITZGERALD. New York [3]1979. – F. O'C. Mystery and manners. Occasional prose. Hg. v. S. u. R. FITZGERALD. New York [9]1980. – The presence of grace and other book reviews by F. O'C. Hg. v. L. J. ZUBER u. W. C. MARTIN. Athens (Ga.) 1983.

**Literatur:** The added dimension. The art and mind of F. O'C. Hg. v. M. J. FRIEDMAN u. L. A. LAWSON. New York 1966. – ORVELL, M.: Invisible parade. The fiction of F. O'C. Philadelphia 1972. – STEPHENS, M.: The question of F. O'C. Baton Rouge 1973. – BROWNING, P. M., JR.: F. O'C. Carbondale (Ill.) [2]1976. – MAY, J. R.: The pruning word. The parables of F. O'C. London 1976. – MCKENZIE, B.: F. O'C.'s Georgia. Athens (Ga.) 1980. – ASALS, F.: F. O'C. The imagination of extremity. Athens (Ga.) 1982. – KINNEY, A. F.: F. O'C.'s library. Athens (Ga.) 1985. – KESSLER, E.: F. O'C. and the langugage of apocalypse. Princeton (N. J.) 1986. – Conversations with F. O'C. Hg. v. R. M. MAGEE. Jackson (Miss.) 1987.

**O'Connor,** Frank [engl. oʊ'kɔnə], eigtl. Michael O'Donovan, * Cork

17. Sept. 1903, † Dublin 10. März 1966, ir. Schriftsteller. – Bibliothekar; war wegen seines polit. Kampfes für die Republikaner während des Bürgerkriegs inhaftiert; 1935–39 an der Leitung des Abbey Theatre beteiligt; lehrte in den 50er Jahren in den USA. Veröffentlichte Beiträge in den Zeitschriften ›The Irish Statesman‹ (hg. von G. W. Russell) und ›The Bell‹ (hg. von S. O'Faoláin). Wurde v. a. durch seine stilistisch zurückhaltenden, an A. P. Tschechow erinnernden Kurzgeschichten über Einsamkeit und Beschränkung durch verfestigte soziale Strukturen bekannt. Schrieb auch Romane, Dramen, Gedichte, Reiseliteratur sowie literaturwiss. Werke und verfaßte Versübersetzungen aus dem Irischen ins Englische.

**Werke:** Die Reise nach Dublin (R., 1932, dt. 1961), Three old brothers (Ged., 1936), In the train (Dr., 1937), Dutch interior (R., 1940), Er hat die Hosen an (En., dt. Ausw. 1957), Und freitags Fisch (En., dt. Ausw. 1958), Die lange Straße nach Ummera (dt. Ausw. 1959), Einziges Kind (Autobiogr., 1961, dt. 1964), Bitterer Whiskey (En., dt. Ausw. 1962), The lonely voice. A study of the short story (Studie, 1962), Meines Vaters Sohn (Autobiogr., hg. 1968, dt. 1970), Ausgewählte Erzählungen (dt. 1971), Gesammelte Erzählungen (6 Bde., dt. Ausw. 1975/76).

**Literatur:** MATTHEWS, J. H.: F. O'C. Lewisburg (Pa.) 1976. – WOHLGELERNTER, M.: F. O'C. An introduction. New York 1977. – TOMORY, W. M.: F. O'C. Boston (Mass.) 1980. – MATTHEWS, J.: Voices. A life of F. O'C. Dublin 1983. – STEINMANN, M.: F. O'C. at work. London 1990.

**Ó Crohan,** Tomás [engl. oʊ'kroʊən] (ir. Tomás Ó Criomtháin), * Great Blasket Island (Gft. Kerry) 1856, † ebd. 1937, irisch-gäl. Erzähler. – Schildert in seiner Autobiographie ›An t-oileánach‹ (1929, engl. Übers. 1934 u. d. T. ›The islandman‹) das harte Leben und die alten Sitten im äußersten Südwesten Irlands; dt. Übers. u. d. T. ›Die Boote fahren nicht mehr aus‹ (1983) von A. und H. Böll.

**Weiteres Werk:** Island cross-talk (Tagebuchnotizen, 1928).

**Literatur:** FLOWER, R.: The western island; or The Great Blasket. Oxford ²1946.

**Odd,** Orvar, Pseudonym des schwed. Schriftstellers Oscar Patrik ↑ Sturzen-Becker.

**Ode** [von griech. ōdḗ oder aoidḗ = der Gesang, das Lied], in der griech. Antike Sammelbegriff für alle zu Musik vorgetragene stroph. Dichtung, so die Chorlieder in der Tragödie und die Chorlyrik, v. a. Pindars. In der Chorlyrik gibt es keine festen Strophenformen, dagegen entwickeln sich im lyr. Einzelgesang (↑ Monodie) des Alkaios, der Sappho u. a. feste ↑ Odenmaße. Von der griech. Literatur wird die O. in der nachklass. Zeit in die röm. Literatur übernommen, v. a. von Horaz. Für das nlat. gesungene Kunstlied führte K. Celtis den Begriff der O. in die neuere Literatur ein. Sie wird v. a. in der nlat. Dichtung gepflegt. In Frankreich verfaßt P. de Ronsard ein frz. O.nwerk in fünf Büchern (1550–52). In Deutschland schreiben O.n: G. R. Weckherlin, M. Opitz, P. Fleming und A. Gryphius. Den entscheidenden Schritt in der Assimilation der antiken O.nmaße ging F. G. Klopstock, der die Rhythmisierung des dt. Verses nach dem Wortakzent mit der des antiken Verses nach Quantitäten in Einklang zu bringen suchte. Darüber hinaus schuf er aus dem antiken Versmaterial neue Strophenformen bis hin zu den in ↑ freien Rhythmen gehaltenen O.nformen (›Die Frühlingsfeier‹, ›Der Zürchersee‹). Der heutige Begriff der O. als eines pathet., feierl. Gedichts ist stark durch Klopstock geprägt. In seiner Nachfolge stehen u. a. die O.n des ↑ Göttinger Hains und die Lyrik des jungen Goethe in freien Rhythmen. Für den Sturm und Drang ist Pindar Vorbild. Einen zweiten Höhepunkt erreicht die dt. O. bei J. Ch. F. Hölderlin (›An die Parzen‹, ›Abendphantasie‹). Im 19. Jh. gestalten der ↑ Münchner Dichterkreis und v. a. A. von Platen die Horazischen O.nformen nach. R. A. Schröder, R. Borchardt, F. G. Jünger und J. Weinheber bemühen sich im 20. Jh. um eine Neubelebung. Als europ. Bewegung findet sich die O.ndichtung v. a. in der Renaissance und im Barock. In England erneuerte Th. Gray die pindar. O., während A. Cowley eine freiere Form einführte; diese wurde namentlich in der Romantik (u. a. W. Wordsworth), ebenso wie auch die horaz. O. (u. a. J. Keats), zum Medium lyr. Meditation. Die russ. O. ist im 18. Jh. durch G. R. Derschawin vertreten, an der dann u. a. A. A. Delwig, W. K. Kjuchelbeker und J. A. Baratynski anknüpften.

O.ndichter in Italien waren T. Tasso, L. Alamanni, G. Chiabrera und in Spanien Fray Luis de León.

**Literatur:** STEMPLINGER, E.: Das Fortleben der Horazischen Lyrik seit der Renaissance. Lpz. 1906. Neudr. Hildesheim 1976. – VIETOR, C.: Gesch. der dt. O. Mchn. 1923. Nachdr. Hildesheim 1961. – MADDISON, C.: Apollo and the nine. A history of the ode. Baltimore (Md.) 1960. – SCHLÜTER, K.: Die engl. O. Bonn 1964. – Reallex. der dt. Literaturgesch. Begr. v. P. MERKER u. W. STAMMLER. Hg. v. W. KOHLSCHMIDT u. W. MOHR. Bd. 2. Bln. u. New York [2]1965. S. 709. – JANIK, D.: Gesch. der O. u. der ›Stances‹ von Ronsard bis Boileau. Diss. Tüb. 1967. – SCHENK, D.: Studien zur anakreont. O. in der russ. Lit. des Klassizismus u. der Empfindsamkeit. Ffm. 1972. – JUMP, J. D.: The ode. London 1974. – ESSER, D.: Unterss. zu den O.nschlüssen bei Horaz. Meisenheim 1976. – HARTMANN, K. G.: Die humanist. O.nkomposition in Deutschland. Erlangen 1976. – SEIFERT, A.: Unterss. zu Hölderlins Pindar-Rezeption. Mchn. 1982.

**Odenmaße,** die Strophenformen der monod. griech. Lyrik; zwei- und vierzeilige Strophen der im 7./6. Jh. lebenden Lyriker Alkaios, Alkman, Archilochos, Asklepiades, Hipponax und Sappho. In der Nachwirkung (v. a. bei Horaz) waren am lebendigsten: 1. die vierzeilige ↑alkäische Strophe, die aus zwei alkäischen Elfsilblern, einem Neunsilbler und einem Zehnsilbler besteht (↑alkäische Verse); 2. die vierzeilige ↑asklepiadeische Strophe, die in der häufigsten ihrer fünf Varianten aus drei ↑Asklepiadeen und einem ↑Glykoneus gebaut ist; 3. die vierzeilige ↑sapphische Strophe, die sich aus drei sapphischen Elfsilblern und einem ↑Adoneus zusammensetzt.

**Oden Salomos,** Sammlung von 42 christlich-gnost. Hymnen, zunächst nur aus indirekter Bezeugung bekannt, bis R. Harris 1909 und F. C. Burkitt 1912 zwei syr. Handschriften von ihnen fanden. Ursprache war wahrscheinlich Griechisch, der Entstehungsort ist ungeklärt. Ihrem Inhalt nach sind sie als Hymnenbuch des christl. Gnostizismus des 2. Jh. anzusehen, in dem der Weg des Gläubigen zu Gott und seine Verbindung mit ihm durch die Erkenntnis der Wahrheit gepriesen wird.

**Ausgabe:** Neutestamentl. Apokryphen. In dt. Übers. Begr. v. E. HENNECKE. Hg. v. W. SCHNEEMELCHER. Bd. 2. Tüb. [4]1971. S. 576.

**Literatur:** LATTKE, M.: Die O. S. in ihrer Bedeutung für NT u. Gnosis. Gött. 1979–80. 2 Tle.

**Odensten,** Per [schwed. ˌuːdənsteːn], * Karlskrona 1938, schwed. Schriftsteller. – Hatte 1981 ein aufsehenerregendes Debüt mit dem Roman ›Gheel. Die Stadt der Besessenen‹ (dt. 1984), der in visionärer Form von dem Versuch religiöser Sektierer erzählt, eine utop. Gesellschaft zu errichten. Dabei strebt O. nach einer Synthese von Dokumentarismus bzw. Realismus und Mythos, die bisweilen an südamerikan. Erzähltraditionen erinnert; schreibt auch Novellen und Gedichte (›Václav Havel och tystnaden‹, 1983).

**Odets,** Clifford [engl. oʊˈdɛts], * Philadelphia 18. Juli 1906, † Los Angeles 15. Aug. 1963, amerikan. Dramatiker. – Mitbegründer (1931) des ›Group Theatre‹, einer der führenden Theatergruppen New Yorks, die seine Dramen nach der Stanislawski-Methode und z. T. mit marxist. Einstellung inszenierte; pflegte, u. a. von A. P. Tschechow beeinflußt, das anklagende ›proletar. Drama‹ in der Art des politisch engagierten Theaters des dt. Expressionismus.

**Werke:** Waiting for Lefty (Dr., 1935), Die das Leben ehren (Dr., 1935, dt. 1947), Paradise lost (Dr., 1935), Goldene Hände (Dr., 1937, dt. 1950; als Musical 1964 u. d. T. Golden Boy, Musik von Ch. Strouse), Rocket to the moon (Dr., 1938), Clash by night (Dr., 1941), Das große Messer (Dr., 1949, dt. 1950), The flowering peach (Dr., 1954).

**Ausgabe:** Six plays of C. O. New York 1939. Nachdr. 1979.

**Literatur:** SHUMAN, R. B.: C. O. New York 1962. – MURRAY, G.: C. O. The thirties and after. New York 1968. – MENDELSOHN, M. J.: C. O. Humane dramatist. Deland (Fla.) 1969. – WEALES, G.: C. O. Playwright. New York 1971. – CANTOR, H.: C. O. Playwright – poet. Metuchen (N. J.) 1978. – BRENMAN-GIBSON, M.: C. O. American playwright. The years from 1906 to 1940. New York 1981. – MILLER, GABRIEL: C. O. New York 1989.

**Odobescu,** Alexandru, * Bukarest 23. Juni 1834, † ebd. 10. Nov. 1895, rumän. Schriftsteller. – 1863 Minister, 1874 Prof. für Archäologie, 1874/75 Direktor des Bukarester Nationaltheaters. Schrieb außer archäologischen und volkskundlichen Studien, Gedichten und historische Erzählungen, darunter ›Fürst Mihnea der Böse‹ (1857, dt. 1953), v. a. ›Pseudokineghetikos‹ (E., 1874), sein Hauptwerk, dessen Thema die Jagd ist.

**Ausgaben:** A. Ion O. Ausgew. Schrr. Dt. Übers. u. hg. v. C. WERNER u. A. KITTNER. Bukarest 1960. – A. O. Opere. Hg. v. G. PIENESCU. Bukarest 1970–76. 4 Bde.

**Literatur:** MANOLESCU, N.: Introducere în opera lui A. O. Bukarest 1976. – CURTICAPEANU, D.: O. sau lectura formelor simbolice. Bukarest 1982.

**Odoevceva,** Irina Vladimirovna, russ. Dichterin, ↑Odojewzewa, Irina Wladimirowna.

**Odojewski** (tl.: Odoevskij), Alexandr Iwanowitsch Fürst [russ. a'dɔjɪfskij], * Petersburg 8. Dez. 1802, † Psesuape (heute zu Sotschi) 27. Aug. 1839, russ. Lyriker. – Nahm 1825 am Dekabristenaufstand teil, wurde zu Zwangsarbeit in Sibirien verurteilt, später unter Vorbehalt begnadigt; diente von 1837 an als Soldat im Kaukasus, wo er M. J. Lermontow kennenlernte; gilt als bedeutendster Dichter der Dekabristen neben seinem Freund K. F. Rylejew; schrieb schwermütige, eleg. Gedichte mit philosoph., oft patriot. Motiven.

**Ausgabe:** A. I. Odoevskij. Polnoe sobranie stichotvorenij i pisem. Moskau u. Leningrad 1934. Nachdr. Den Haag 1967.

**Literatur:** JAGUNIN, V.: A. Odoevskij. Moskau 1980.

**Odojewski** (tl.: Odoevskij), Wladimir Fjodorowitsch Fürst [russ. a'dɔjɪfskij], * Moskau 13. Aug. 1803, † ebd. 11. März 1869, russ. Schriftsteller. – Führendes Mitglied des Kreises der Ljubomudry (= Freunde der Weisheit); in hohen öffentl. Ämtern. O., umfassend gebildet, auch ein hervorragender Musikkritiker, vertrat am konsequentesten die philosoph. Romantik Rußlands; bes. nachhaltig war er von F. W. J. von Schelling beeinflußt; seine kleinen Erzählungen sind durch Phantastik geprägt; in vielen Elementen, u. a. in der Betonung des Musikalischen, steht er E. T. A. Hoffmann nahe. Dt. erschienen ›Russ. Nächte‹ (philosoph. Nov.n und Gespräche, 1844, dt. 1970) und ›Mag. Novellen‹ (dt. Ausw. 1924).

**Ausgabe:** V. F. Odoevskij. Sočinenija. Moskau 1981. 2 Bde.

**Literatur:** NANNEY, J. S.: Prince V. F. Odoevskij. Diss. Vanderbilt University Nashville (Tenn.) 1975. – BAUMANN, W.: Die Zukunftsperspektiven des Fürsten V. F. Odoevskij. Bern u. a. 1980.

**Odojewski,** Włodzimierz [poln. ɔdɔ'jɛfski], * Posen 14. Juni 1930, poln. Schriftsteller. – Journalist, 1960 Funkredakteur in Warschau, seit 1969 im Ausland; schrieb neben dramat. Werken und Hörspielen v. a. Erzählungen und Romane, deren Themen die Kriegszeit und die in die Wirren dieser Zeit verwickelten Menschen sind. Dt. liegen vor: ›Zwischenreich‹ (R., 1959, dt. 1962), ›Adieu an die Geborgenheit‹ (R., 1964, dt. 1966) und ›Katharina oder alles verwehen wird der Schnee‹ (R., 1974, dt. 1977).

**Weiteres Werk:** Zabezpieczanie śladów (= Sicherung der Spuren, En., 1984).

**Odojewzewa** (tl.: Odoevceva), Irina Wladimirowna [russ. a'dɔjɪftsəvɐ], * Riga 23. Nov. (?) 1901, † Leningrad (heute Petersburg) im Dez. 1990, russ. Dichterin. – Heiratete 1922 G. W. Iwanow, im selben Jahr Emigration über Berlin nach Paris; kehrte 1987 in die UdSSR zurück; schrieb, von den Akmeisten, bes. von N. S. Gumiljow, beeinflußt, zart lyr., traumhafte Gedichte und von den gleichen Stilelementen geprägte leichte Romane aus der Welt des frz. Großbürgertums; auch Erinnerungen (2 Bde., 1967–83).

**O'Donnell,** Peadar [engl. oʊ'dɔnl], * Meenmore (Gft. Donegal) 22. Febr. 1893, † Dublin 13. Mai 1986, ir. Schriftsteller. – War als aktives Mitglied der republikan. Bewegung Irlands während des Bürgerkriegs inhaftiert; Hg. der literar. und sozialkrit. Zeitschrift ›The Bell‹ in Dublin; beschrieb in realist. Romanen, mit z. T. sozialist. Tendenz, das Leben ir. Bauern und Fischer.

**Werke:** Storm (R., 1925), Die Inselleute von Inniscara (R., 1928, dt. 1964), On the edge of the stream (R., 1934), Die großen Fenster (R., 1955, dt. 1966), There will be another day (R., 1963), Proud island (R., 1975).

**Literatur:** FREYER, G.: P. O'D. Lewisburg (Pa.) 1973. – MCINERNEY, M.: P. O'D. Irish social rebel. Dublin 1976.

**O'Donovan,** Michael [engl. oʊ'dɔnəvən], ir. Schriftsteller, ↑O'Connor, Frank.

**O'Dowd,** Bernard Patrick [engl. oʊ'daʊd], * Beaufort (Victoria) 11. April 1866, † Northcote bei Melbourne 2. Sept. 1953, austral. Lyriker. – Studierte Geisteswiss. und Recht in Melbourne, wo er zunächst an der Bibliothek des Obersten

Gerichts, dann am Parlament angestellt war. Veröffentlichte in den Magazinen ›The Bulletin‹ und ›Tocsin‹, einer radikalen, von ihm mitbegründeten Wochenschrift. In seinen intellektuellen idealist. Gedichten verwirklichte er 1899–1909 die auch in seiner dichtungstheoret. Schrift ›Poetry militant‹ (1909) vertretene Auffassung, daß Dichtung eine ›kämpfer. Note‹ haben müsse, und gestaltete in optimist. Visionen die austral. Demokratie der Zukunft, bes. wirkungsvoll und literarästhetisch gelungen in seinem großen Epos ›The bush‹ (1912).

**Weitere Werke:** Dawnward? (Ged., 1903), The silent land and other verses (Ged., 1906), Dominions of the boundary (Ged., 1907), Alma Venus! and other verses (Ged., 1921), The poems (Ged., 1941), Fantasies (Essays, 1942).

**Ausgabe:** B. O'D. Selection and introduction. Hg. v. A. A. PHILLIPS. Sydney 1963.

**Literatur:** ANDERSON, H.: The poet militant. B. O'D. Melbourne 1969.

**Odyniec,** Antoni Edward [poln. ɔ'dinjɛts], * Gut Giejstuny bei Wilna 25. Jan. 1804, † Warschau 15. Jan. 1885, poln. Dichter. – An der dt. Dichtung orientierter romant. Lyriker aus dem Freundeskreis von A. Mickiewicz, mit dem er u. a. Deutschland bereiste; schrieb v. a. Balladen und Dramen; wertvoll sind seine Übersetzungen aus dem Englischen, Russischen und Deutschen. Dt. erschienen 1949 seine Reisebriefe (polnische Gesamt-Ausg. in 4 Bden., 1875–78) u. d. T. ›Besuch in Weimar‹.

**Oe,** Kensaburo, * Osu (Präfektur Ehime) 31. Jan. 1935, jap. Schriftsteller. – Beeinflußt vom frz. Existentialismus, behandelt er die von der Massengesellschaft frustrierte Jugend in ihrer Nüchternheit gegenüber überlieferten Werten. Mit hoher Imaginationskraft (und geprägt von einem tief verwurzelten Moralismus) zeichnet er die Überlebensstrategien eines verletzten Ichs in einer letztlich feindl. Welt nach. Veröffentlichte u. a.: ›Der Stolz der Toten‹ (E., 1957, dt. 1969 in: ›Japan erzählt‹, selbständig 1994), ›Der Fang‹ (E., 1958, dt. 1969 in: ›Eine Glocke in Fukagawa‹), ›Und plötzlich stumm‹ (E., 1958, dt. in: ›Träume aus zehn Nächten‹, 1975), ›Greisenwoche‹ (E., 1963, dt. in: ›Bochumer Jahrbuch zur Ostasienforschung‹, 1982), ›Eine persönl. Erfahrung‹ (R., 1964, dt. 1972), ›Die Brüder Nedokoro‹ (R., 1967, dt. 1980, auch u. d. T. ›Der stumme Schrei‹), ›Briefe an die verlorenen Jahre‹ (1987, dt. Tl.-Übers. 1994), ›Saigo-no-shōsetsu‹ (= Der letzte Roman, Essays, 1988), ›Der kluge Regenbaum. Der Sündenbock‹ (En., dt. Ausw. 1989), ›Verwandte des Lebens. Parientes de la vida‹ (R., 1989, dt. 1994). Erhielt 1994 den Nobelpreis für Literatur.

**Oehlenschläger** (Öhlenschläger), Adam Gottlob ['øːlənʃlɛːgər, dän. 'øː'lənslɛː'ɣər], * Vesterbro (heute zu Kopenhagen) 14. Nov. 1779, † Kopenhagen 20. Jan. 1850, dän. Dichter dt. Abstammung. – Hauptvertreter der dän. Romantik; studierte Jura, skand. Geschichte und Mythologie, war einige Zeit Schauspieler und freier Schriftsteller; ab 1809 Prof. für Ästhetik in Kopenhagen. Entscheidend für sein Schaffen war die Begegnung mit H. Steffens, der ihn 1802/03 mit der dt. Universalromantik bekannt machte und ihn zu dem Programmgedicht ›Guldhornene‹ (1802) anregte, mit dem O. die dän. Romantik begründete. Auf Reisen nach Deutschland, Italien und Frankreich lernte er u. a. Goethe, J. G. Fichte, F. D. E. Schleiermacher, A. W. Schlegel, E. T. A. Hoffmann und Madame de Staël kennen; 1829 Dichterkrönung in Lund. In seinen Gedichten, Epen, Erzählungen sowie in seinen Dramen, die stilistisch und formal zunächst von der dt. Romantik, ab 1806 aber vom dt. und frz. klass. Drama bestimmt sind und ab 1820 biedermeierl. Züge tragen, wandte er sich bes. altnord. Stoffen zu.

Adam Gottlob Oehlenschläger (Holzstich von Adolf Neumann nach einem Ölgemälde von Johann Riepenhausen, um 1810)

O. bemühte sich um die Vermittlung der dt. Literatur, der er selbst mit dt. Originalwerken (z. B. mit der Tragödie ›Correggio‹, dt. 1809, 1811 ins Dänische übersetzt) und Übersetzungen seiner Schriften angehören wollte. Bekannt wurde auch seine langjährige ästhet. Fehde mit J. I. Baggesen und J. L. Heiberg.

**Weitere Werke:** Digte (Ged., 1803), Aladdin oder Die Wunderlampe (Märchenspiel, 1805, dt. 1808), Baldur hin gode (Trag., 1807), Hakon Jarl (Trag., 1807, dt. 1809), Helge. Ein Gedicht (1814, dt. 1839), Die Götter Nordens (Epos, 1819, dt. 1829), Dina (Trag., 1842).

**Ausgaben:** A. O. Werke. Dt. Übers. Breslau $^{2}$1839. 21 Bde. – A. G. O. Samlede værker. Hg. v. J. LEVIN u. F. L. LIEBENBERG. Kopenhagen 1848–54. 40 Bde. – A. G. O. Poetiske skrifter. Hg. v. F. L. LIEBENBERG. Kopenhagen 1857–62. 32 Bde.

**Literatur:** SERGEL, A.: O. in seinen persönl. Beziehungen zu Goethe, Tieck u. Hebbel. Rostock 1907 (mit Bibliogr.). – JØRGENSEN, A.: O.-litteraturen 1850–1966. En bibliografi. Kopenhagen 1966. – JØRGENSEN, A.: Dt. Beitrr. zum O.-Studium. Eine Bibliogr. In: Arch. f. das Studium der neueren Sprachen u. Literaturen 203 (1967), S. 53. – INGERSLEV-JENSEN, P.: Den unge O. Kopenhagen 1972. – JØRGENSEN, A.: O.-litteraturen 1967–79. En bibliografi. Mårslet 1979.

**Oelfken,** Tami ['œl...], eigtl. Marie Wilhelmine O., * Blumenthal (heute zu Bremen) 25. Juni 1888, † München 7. April 1957, dt. Schriftstellerin. – Suchte früh Anschluß an den Worpsweder Künstlerkreis. Leitete bis zu ihrer Emigration 1933 eine private pädagog. Versuchsschule in Berlin; schrieb Kinder- und Jugendbücher sowie Gedichte, Novellen und Romane.

**Werke:** Nickelmann erlebt Berlin (Kinder-R., 1930), Peter kann zaubern (Kinderb., 1932), Tine (R., 1940, 1947 u. d. T. Maddo Clüver), Die Persianermütze (R., 1942), Zauber der Artemis (Ged., 1947), Die Kuckucksspucke (R., 1948), Traum am Morgen (R., 1950), Der wilde Engel (R., 1951).

**Oesterreich,** Axel Eugen von, dt. Schriftsteller, ↑ Ambesser, Axel von.

**Oever,** Karel van den [niederl. 'uvər], * Antwerpen 19. Nov. 1879, † ebd. 6. Okt. 1926, fläm. Schriftsteller. – Zeitweise Redaktionssekretär bei der ›Vlaamsche Arbeid‹. Schrieb anfangs schlichte, später kunstvoll-archaische, schließlich expressionist. Lyrik; ferner Erzählungen, histor. Novellen und religiöse Abhandlungen; auch Kritiken.

**Werke:** Het open luik (Ged., 1922), Het inwendig leven van Paul (R., 1923), Paviljoen (Ged., hg. 1927).

**Literatur:** VERACHTERT, F.: K. v. d. O. Brügge 1940. – GORIS, J. A. (d. i. M. GIJSEN): K. v. d. O., 1879–1926. Brüssel 1958.

**O'Faolain,** Julia [engl. oʊ'fæløn], * London 6. Juni 1932, ir. Schriftstellerin. – Tochter von Seán O'F.; studierte in Dublin, Rom und Paris; lebt in den USA und in England. O'F. beschreibt in ihren an internat. Schauplätzen spielenden Kurzgeschichten und Romanen meist mit Mitteln der Komik, Satire und des schwarzen Humors die Auswirkungen v. a. weibl. Rollenzwänge.

**Werke:** We might see sights! (En., 1968), Godded and codded (R., 1970), Man in the cellar (En., 1974), Women in the wall (R., 1975), Melancholy baby and other stories (En., 1978), No country for young men (R., 1980), The obedient wife (R., 1982), The Irish signorina (R., 1985), The Judas cloth (R., 1992).

**O'Faolain,** Seán [engl. oʊ'fæløn], * Cork 22. Febr. 1900, † Dublin 20. April 1991, ir. Schriftsteller. – War zunächst Universitätsdozent; 1940–46 Hg. der Zeitschrift ›The Bell‹. Seine Teilnahme am Bürgerkrieg fand literar. Niederschlag in der Kurzgeschichtensammlung ›Sonnwend-Tollheit‹ (1932, dt. 1932). Seine frühen Romane spiegeln die Zwänge der ir. Sozialstruktur gegenüber dem rebellierenden Individuum. Später wird eine mildere, humorvoll ambivalente Sicht bestimmend. Ist auch Verfasser von Biographien über Politiker (u. a. über Daniel O'Connell, 1938, und Eaman de Valera, 1939), histor. Persönlichkeiten (u. a. über Hugh O'Neill, 1942) und kirchl. Würdenträger (u. a. über J. H. Kardinal Newman, 1952) sowie von Reiseberichten und literaturkrit. Arbeiten.

**Weitere Werke:** Ein Nest voll kleiner Leute (R., 1934, dt. 1966), Der Einzelgänger (R., 1936, dt. 1963), Erste und letzte Liebe (R., 1940, dt. 1951, 1964 u. d. T. Komm heim nach Irland), South to Sicily (Reiseb., 1953), Der erste Kuß (En., dt. Ausw. 1958), Sünder und Sänger (En., dt. Ausw. 1960), Vive moi (Autobiogr., 1964), The talking trees (Kurzgeschichten, 1971), Foreign affairs (Kurzgeschichten, 1976), And again? (R., 1979), The collected stories (En., 2 Bde., 1981).

**Literatur:** HARMON, M.: S. O'F. A critical introduction. South Bend (Ind.) u. London 1966. – DOYLE, P. A.: S. O'F. New York 1968. – RIPPIER, J. S.: The short stories of S. O'F. A study in descriptive techniques. New York 1976.

Seán O'Faolain

**Off-Broadway** [engl. 'ɔf'brɔːdwɛɪ], Ende der 40er Jahre in Opposition zum ↑Broadway zunächst als ›Non-Profit-Theater‹ entstandene Theatergruppen, die, 1949 zu der ›League of O.-B. Theaters and Producers‹ zusammengeschlossen, in New York auf kleineren Bühnen spielten, u. a. ›Cherry Lane Theatre‹, ›Circle in the Square‹, ›New York Shakespeare Festival‹, ›Provincetown Playhouse‹, ›Artists' Theatre‹, ›Phoenix Theatre‹.
Die O.-B.-Bühnen machten nach der Wiederentdeckung der Theaterstücke E. O'Neills im wesentlichen Werke des neuen amerikan. Dramas bekannt (u. a. S. Shepard, E. Bullins, John Guare [* 1938], D. Rabe, D. Mamet); auch klass. und zeitgenöss. Werke europ. Dramatiker, die in den USA in Vergessenheit geraten oder weitgehend unbekannt waren, standen bevorzugt auf dem Programm (u. a. Shakespeare, Molière, H. Ibsen, A. P. Tschechow, S. Beckett, M. Frisch, P. Handke, D. Fo, S. I. Witkiewicz, J. Orton und C. Churchill, deren Stücke beispielsweise erst durch das O.-B. internat. bekannt wurden). – Das O.-B.-Theater schuf (u. a. durch Workshops und Lesungen) auch die Bedingungen für die Entfaltung des zeitgenöss. experimentellen Theaters. – Heute werden Dramen, die durch das O.-B. zu Erfolgsstücken wurden, zunehmend von den Bühnen des Broadway übernommen. – ↑auch Off-Off-Broadway.

**Literatur:** ROOSE-EVANS, J.: Experimental theatre from Stanislavsky to today. London 1970. – Now. Theater der Erfahrung. Hg. v. J. HEILMEYER u. P. FRÖHLICH. Köln 1971. – FRÖHLICH, P.: Das nicht-kommerzielle amerikan. Theater. Lampertheim ²1981.

**offene Form,** Begriff der Ästhetik, dann übertragen in der Poetik für literar. Werke. Die Unterscheidung zwischen o. F. **(Atektonik)** und ↑geschlossener Form bezieht ihren Sinn aus literar. Epochen, in denen die Normen einer ↑Poetik, die sich als ›Ars poetica‹, als ›Lehre von der Dichtkunst‹ verstand, verbindlich waren. Für Werke, die sich dem System poetolog. Regeln entzogen (z. B. bei Shakespeare, im Sturm und Drang) fand sich der Begriff der o. Form. Seit dem Ausgang des 18. Jh. gibt es für die literar. Gattungen keine verbindl. Normen mehr. In den modernen Ästhetiken dominiert die Vorstellung vom Kunstwerk als einer mehrschichtigen, vieldeutigen, offenen Struktur.

**Literatur** ↑geschlossene Form.

**öffentliche Bücherei** (öffentl. Bibliothek, Bücherhalle, Volksbücherei), eine jedermann zugängl., gemeinnützige Bibliothek für die allgemeine Literatur- und Informationsversorgung.
**Geschichte:** Nach Anregungen z. Z. der Reformation (M. Luther), der Aufklärung (seit 1762 ›cabinet de lecture‹ in Frankreich; H. Stephani) und des Neuhumanismus (Karl Preusker) entstanden im 19. Jh. die ersten ö. B.en: Persönl. Initiative führte zu den ersten kommunalen (1828 in Großenhain durch Karl Preusker, 1850 in Berlin durch Friedrich von Raumer), christl. Seelsorge zu den ersten kirchl. (kath. Borromäusverein seit 1844; ev. Büchereiverein, gegr. 1845, u. a.), liberale und sozialist. Bildungsarbeit zu den ersten Bildungsvereins-Büchereien (Gesellschaft für Verbreitung von Volksbildung, gegr. 1871; Arbeiterbildungsvereine u. a.). Nach dem Vorbild der etwa gleichzeitig entstandenen angelsächs. ›public libraries‹ (erste Büchereigesetze in den USA 1847, in Großbritannien 1850) kam es in den 1890er Jahren im Zuge der pädagog. Reformbewegung zur Konzeption der ›Bücherhallen‹ (Constantin Nörrenberg) mit kommunalen Neugründungen von Büchereien v. a. in Städten (Charlottenburg, Hamburg, Essen, Jena u. a.), aber auch auf dem Lande mit Hilfe staatl. Beratungsstellen (zuerst 1910 für den Regierungsbezirk Düssel-

dorf). Ein 1913 entbrannter literaturpädagog. Richtungsstreit zwischen der ›Leipziger Schule‹ (Walter Hofmann) und der ›Stettiner Schule‹ (Erwin Ackerknecht), der auch eine verschärfte Selbstabgrenzung der Volksbüchereien und der Volksbibliothekare von den wiss. Bibliotheken und deren Bibliothekaren brachte, wurde 1933 zwangsweise beendet.

Die Zeit von 1933 bis 1945 ist gekennzeichnet durch die nationalsozialistisch gelenkte Ausbreitung von Buchbeständen mit propagandist. Zielsetzung sowie durch die Zerstörung vieler Büchereien am Ende des Krieges. Der Wiederaufbau nach 1945 ging bald weit über den Vorkriegsstand hinaus. Vorbild für die ö. B.en in der BR Deutschland war das Büchereiwesen der angelsächs. und skand. Länder. Dies bedeutete den Abschied von allen unmittelbar pädagog. oder ideolog. Zielsetzungen für das ›Volk‹ im Sinne der untergebildeten Schichten, den Übergang von der Volksbücherei zur ö. B. bzw. zur öffentl. Bibliothek.

**Aufgabe:** Die ö. B. versteht sich heute als ein Kommunikationszentrum für alle Schichten und Gruppierungen der Gesellschaft. Sie stellt deshalb alle Arten von bibliotheksgeeigneten Medien zur Verfügung, die die Orientierung und Meinungsbildung fördern, Bildung unterstützen, Information und Beratung bieten und zur Freizeitgestaltung anregen. Für Kinder, alte Menschen, Blinde, ausländ. Arbeitnehmer und Menschen in bes. Situationen (z. B. in Krankenhäusern, Altersheimen, Strafanstalten) werden Kinder-, Blinden-, Krankenhausbüchereien und ähnl. Sonderabteilungen eingerichtet. Die eingesetzten Medien beschränken sich nicht mehr nur auf Bücher, Zeitschriften, Zeitungen und sonstige Druckschriften, sondern umfassen zunehmend auch audiovisuelle Materialien und Geräte (Musikbücherei, Mediothek), Kunstwerke (Artothek) und Spiele (Lusothek), in neuester Zeit auch computergestützte Produkte wie CD-ROM und Disketten.

**Organisation:** Aus der Aufgabenstellung der ö. B.en ergibt sich, daß ihr Gegensatz nicht mehr die wiss., sondern die institutsbezogene Bibliothek ist. Die ö. B.en gliedern sich nach den zu versorgenden Gebieten in Gemeinde-, Kreis-, Stadt-, Landes- und Staatsbibliotheken; die entsprechenden Gebietskörperschaften sind die Hauptträger der ö. B.en, in erster Linie die Gemeinden und Städte. Aber auch die Büchereien freier Träger (bes. der Kirchen) zählen zu den ö. B.en.

Die Länder der BR Deutschland unterstützen durch Unterhaltung staatl. Büchereistellen (Beratungs-, Fachstellen) vornehmlich die zurückgebliebene Entwicklung auf dem Lande, wo in vielen Gemeinden stationäre Büchereien noch ganz fehlen oder zu klein sind und Fahrbüchereien noch nicht genügend zum Einsatz kommen. Demgegenüber bestehen in den Städten fast überall ö. B.en, in Großstädten meist als System von Hauptbücherei (Zentralbücherei) und Zweigbüchereien (Stadtteil-, Bezirksbüchereien). Ziel ist es, alle Bibliotheken kooperativ miteinander zu verbinden. Einige der Verbundmaßnahmen sind z. T. schon seit längerem verwirklicht, z. B. der auswärtige Leih- und Informationsverkehr.

In den letzten Jahren ist die Entwicklung durch Ansätze zu gesetzl. Regelungen auf Länderebene und verstärkte lokale und überlokale Kooperation (u. a. neugeordneter Leihverkehr der Bibliotheken untereinander, Einführung neuer einheitl. Katalogisierungsregeln) gekennzeichnet.

**Literatur:** BOESE, E.: Das öffentl. Bibliothekswesen im Dritten Reich. Bad Honnef 1987. – THAUER, W./VODOSEK, P.: Gesch. der ö. B. in Deutschland. Wsb. $^{2}$1990. – Bibliotheken '93. Strukturen, Aufgaben, Positionen. Hg. v. der Bundesvereinigung Dt. Bibliotheksverbände. Bln. u. a. 1994.

**Offer von Spretten,** Paul, dt. luther. Theologe und Kirchenliederdichter, ↑ Speratus, Paulus.

**Off-Off-Broadway** [engl. 'ɔf'ɔf'brɔ:dwɛɪ], experimentierende, im wesentlichen mit Amateuren arbeitende Theatergruppen in New York, die sich im Unterschied zum ↑ Off-Broadway u. a. als Underground-Theater verstanden; als erstes O.-O.-B.-Theater gilt das ›Caffé Cino‹ (1958–67); von den zahlreichen weiteren O.-O.-B.-Theatern sind v. a. das ›Café La Mama‹ (›La Mama Experimental Club‹; von Ellen Stewart 1962 gegr.) sowie das ›Open Theatre‹ (1963–73; gegr. von Joseph Chaikin [* 1935]) zu nennen; neben wöchentl. Erstaufführungen unbekannter Autoren im ›Café La Mama‹ konzentrierte sich das ›Open Theatre‹, das als das bedeutendste Theater des O.-O.-B. bezeichnet werden kann, v. a. auch auf die Entwicklung von Improvisationstechniken und Werkstattmethoden, die vom ›La Mama Experimental Club‹ unter Leitung von E. Stewart durch internat. Tourneen und Workshops auch in Europa bekannt wurden und heute zum Ausbildungsprogramm der offiziellen Schauspiel chulen in den USA gehören. Auch das ↑ Living Theatre gehörte teilweise zum O.-O.-Broadway.

**Literatur:** The new underground theatre. Hg. v. R. J. SCHROEDER. New York 1968. – The best of O.-O.-B. Hg. v. M. SMITH. New York 1969.

**O'Flaherty,** Liam [engl. oʊ'flɛətɪ], * Inishmore (Aran Islands) 28. Aug. 1896, † Dublin 7. Sept. 1984, ir. Schriftsteller. – Wollte ursprünglich Priester werden; nach dem 1. Weltkrieg Gelegenheitsarbeiter; kämpfte für die ir. Republikaner. Beschreibt meist vor dem Hintergrund der jüngeren ir. Geschichte unsentimental den elementaren Lebenskampf von Mensch und Natur. Im Mittelpunkt v. a. seiner Romane stehen von äußeren Zwängen oder inneren Neurosen bedrängte Charaktere. Den eigenen ruhelosen Lebensweg zeichnete er in mehreren Autobiographien nach.

**Werke:** Die dunkle Seele (R., 1924, dt. 1928), Die Nacht nach dem Verrat (R., 1925, dt. 1928, 1984 u. d. T. Der Denunziant), Der Herr Gilhooley (R., 1926, dt. 1931), Der Mörder (R., 1928, dt. 1929), Die Bestie erwacht (R., 1929, dt. 1930), Two years (Autobiogr., 1930), Ich ging nach Rußland (autobiograph. Reise-ber., 1931, dt. 1971), Skerrett (R., 1932, dt. 1933), Shame the devil (Autobiogr., 1934), Hungersnot (R., 1937, dt. 1965, 1987 u. d. T. Zornige grüne Insel, erstmals dt. 1952 u. d. T. Das schwarze Tal), The wounded cormorant and other stories (En., 1956), Der Silbervogel (En., dt. Ausw. 1961), Irish portraits (En., 1970), Der Stromer (En., dt. Ausw. 1975), The pedlar's revenge and other stories (En., 1976).

**Literatur:** DOYLE, P. A.: L. O'F. New York 1971. – DOYLE, P. A.: L. O'F. An annotated bibliography. Troy (N. Y.) 1972. – KELLY, A. A.: L. O'F. The storyteller. London 1976.

**Ofterdingen,** Heinrich von, dt. Minnesänger, ↑ Heinrich von Ofterdingen.

**Ogarjow** (tl.: Ogarev), Nikolai Platonowitsch [russ. aga'rjɔf], * Petersburg 6. Dez. 1813, † Greenwich (heute zu London) 12. Juni 1877, russ. Lyriker und Publizist. – Früh mit A. I. Herzen befreundet, mit dem er, nach zweimaliger Haft (1834 und 1850) und Verbannung ab 1856 als Emigrant in London lebend, in den Zeitschriften ›Poljarnaja zvezda‹ (= Polarstern) und ›Kolokol‹ (= Die Glocke) zusammenarbeitete; u. a. von Michail Alexandrowitsch Bakunins (* 1814, † 1876) Anarchismus beeinflußt. O. schrieb außer politisch-rhetor. Lyrik mit propagandist. Tendenz auch sprachmelod. Gedankenlyrik.

**Ausgabe:** N. P. Ogarev. Izbrannye proizvedenija. Moskau 1956. 2 Bde.

**Literatur:** KONKIN, S.: N. Ogarev. Saransk 1975. – VORONINA, N. I.: Ogarev i muzyka. Saransk 1981.

**Ognjow** (tl.: Ognev), N[ikolai] [russ. ag'njɔf], eigtl. Michail Grigorjewitsch Rosanow, * Moskau 26. Juni 1888, † ebd. 22. Juni 1938, russ.-sowjet. Schriftsteller. – Lehrer. O., der anfangs von L. N. Andrejew und F. Sologub beeinflußt war, wurde bekannt durch seine dokumentarisch wertvolle Darstellung des nachrevolutionären Schulwesens, ›Das Tagebuch des Schülers Kostja Rjabzew‹ (R., 2 Tle., 1926–28, dt. 1927–29).

**O'Grady,** Standish James [engl. oʊ'grɛɪdɪ], * Castletown (Gft. Cork) 18. Sept. 1846, † Shanklin (Isle of Wight) 18. Mai 1928, ir. Schriftsteller. – War 1900–06 Hg. der literar. Zeitschrift ›All Ireland Review‹; hatte großen Einfluß auf W. B. Yeats und die Bewegung der kelt. Renaissance, der er durch Nacherzählungen alter ir. Sagen und mytholog. Erzählungen wertvolles Material lieferte; auch polit. Publizist.

**Werke:** History of Ireland (2 Bde., 1878–80), Early bardic literature. Ireland (1879), The bog of stars (E., 1893), The coming of Cuculain (E., 1894), The triumph and passing of Cuculain (E., 1920).

**O'Hara,** Frank [engl. oʊ'hɑːrə], * Baltimore 27. Juni 1926, † Fire Island (N. Y.) 25. Juli 1966 (Unfall), amerikan. Lyriker. – Beeinflußt von Musik und moderner Kunst, schrieb O'H. Gedichte im Stil surrealist. und abstrakter Malerei; als einer der Mitbegründer der Beat-Lyrik (↑Beat generation) und einer der bed. Vertreter der New York school of poets (neben J. Ashbery, K. Koch und J. Schuyler) übte er großen Einfluß auf die jüngere amerikan. Dichtergeneration aus; schrieb auch kunstkrit. Essays (›Standing still and walking in New York‹, hg. 1975) und Dramen.

**Weitere Werke:** A city winter and other poems (Ged., 1952), Meditations in an emergency (Ged., 1956), Odes (1960), Lunch poems und andere Gedichte (1964, dt. 1969), Love poems (Ged., 1965), Selected plays (Dramen, hg. 1978).

**Ausgaben:** The collected poems of F. O'H. Hg. v. D. ALLEN. New York 1971. – F. O'H. Poems retrieved, 1951–1966. Hg. v. D. ALLEN. Bolinas (Calif.) 1977. – F. O'H. Early writing. Hg. v. D. ALLEN. Bolinas (Calif.) 1977.

**Literatur:** PERLOFF, M.: F. O'H. Poet among painters. Austin (Tex.) 1979. – SMITH, A., JR.: F. O'H. A comprehensive bibliography. New York 1980.

**O'Hara,** John [Henry] [engl. oʊ'hɑ:rə], * Pottsville (Pa.) 31. Jan. 1905, † Princeton 11. April 1970, amerikan. Schriftsteller. – Schrieb naturalist., gesellschaftskrit. Romane mit stark satir. Neigung. Auch in seinen hpts. für die Zeitschrift ›The New Yorker‹ geschriebenen iron. Skizzen stellt er oft die Schwächen der gesellschaftlich einflußreichen Schichten Amerikas dar. Insgesamt liefern seine Schriften ein Panorama der amerikan. Wirklichkeit vom 1. Weltkrieg bis zum Vietnamkrieg. Schrieb auch Dramen und Erzählungen.

**Werke:** Treffpunkt in Samara (R., 1934, dt. 1950), Butterfield 8 (R., 1935, dt. 1966), Eine leidenschaftl. Frau (R., 1949, dt. 1965), Stolz und Leid (R., 1955, dt. 1956), Träume auf der Terrasse (R., 1958, dt. 1970), Elizabeth Appleton (R., 1963, dt. 1964), Die Lockwoods (R., 1965, dt. 1967), Danke für gar nichts (R., 1967, dt. 1969), Diese zärtl. wilden Jahre (R., 1969, dt. 1972), All diese ungelebten Stunden (R., hg. 1972, dt. 1973).

**Ausgabe:** J. O'H. Selected letters. Hg. v. M. J. BRUCCOLI. New York 1978.

**Literatur:** BRUCCOLI, M. J.: The O'H. concern. A biography. New York 1975. – An artist is his own fault. J. O'H. on writers and writing. Hg. v. M. J. BRUCCOLI. Carbondale (Ill.) 1977. – MACSHANE, F.: The life of J. O'H. New York 1980. – LONG, R. E.: J. O'H. New York 1983.

**O. Henry** [engl. oʊ'hɛnrɪ], amerikan. Schriftsteller, ↑Henry, O.

**Öhlenschläger,** Adam Gottlob, dän. Dichter dt. Abstammung, ↑Oehlenschläger, Adam Gottlob.

**oirotische Literatur** ↑altaische Literatur.

**Ojeda,** Diego de [span. ɔ'xeða], span. Dichter, ↑Hojeda, Fray Diego de.

**Ojetti,** Ugo, Pseudonym Tantalo, * Rom 15. Juli 1871, † Florenz 1. Jan. 1946, italien. Schriftsteller und Journalist. – Mitarbeiter zahlreicher Zeitschriften, u. a. zeitweilig (1926/27) Leiter des ›Corriere della Sera‹, Begründer von Kunst- und Kulturzeitschriften (›Dedalo‹, 1920; ›Pegaso‹, 1929; ›Pan‹, 1933). Bekannt v. a. durch kunst- und literarhistor. Werke; schrieb daneben Novellen und Romane, darunter ›Mein Sohn, der Herr Parteisekretär‹ (R., 1922, dt. 1924), ein satir. Zeitbild aus dem Italien nach dem 1. Weltkrieg.

**Weitere Werke:** Alla scoperta dei letterati (Essays, 1895), Il vecchio (R., 1898), Cose viste (Essays, 7 Bde., 1923–39, dt. Ausw. 1944 u. d. T. Gestalten und Bilder).

**Ausgabe:** U. O. Vita vissuta. Mailand 1942.

**Okagami** (tl.: Ōkagami) [jap. o':ka,gami = Großer Spiegel], zu den histor. Erzählungen (›rekischi-monogatari‹) gehörende jap. Chronik (Berichtszeitraum 850–1025) der privaten Geschichtsschreibung, die in drei Texten von drei, sechs bzw. acht Büchern überliefert ist; ihr Verfasser ist nicht bekannt, als Entstehungszeit wird im allgemeinen das Jahr 1025 angenommen.

**Ausgabe:** The O. A Japanese historical tale. Engl. Übers. u. hg. v. J. K. YAMAGIWA. London 1967.

**Okara,** Gabriel Imomotimi Gbaingbain [engl. oʊ'kɑ:rɑ:], * Bumodi 24. April 1921, nigerian. Schriftsteller. – Schreibt Gedichte in engl. Sprache, deren Bilder aus den Mythen des Nigerdeltas schöpfen. Sein einziger Roman, ›Die Stimme‹ (1964, dt. 1975), überträgt sprachl. Strukturen seiner Muttersprache Ijo ins Englische, um die oktroyierte Sprache den eigenen Denkstrukturen gefügig zu machen.

**Weiteres Werk:** The fisherman's invocation (Ged., 1978).

**O'Keeffe,** John [engl. oʊ'ki:f], * Dublin 24. Juni 1747, † Southampton 4. Febr. 1833, ir. Dramatiker. – Schauspieler;

schrieb für Londoner Bühnen zahlreiche farcenhafte Komödien, z. T. mit Gesangseinlagen. Sein Stück ›Wild oats‹ (1791) wird noch in neuester Zeit erfolgreich aufgeführt.

**Weitere Werke:** The castle of Andalusia (Kom., 1782), The poor soldier (Kom., 1783), The young Quaker (Kom., 1784), Lie of the day (Kom., UA 1789, hg. 1798), The world in a village (Kom., 1793), Life's vagaries (Kom., 1795).
**Ausgabe:** J. O'K. The dramatic works. London 1798. 4 Bde.

**Økland,** Einar Andreas [norweg. ˌø:klan], * Valevåg 17. Jan. 1940, norweg. Schriftsteller. – Forderte als maßgebl. Vertreter der modernist. Profil-Gruppe (↑ norwegische Literatur) die ›Dezentralisierung‹ der Lyrik durch soziale Nivellierung und ›Demokratisierung‹ aller schriftsteller. Tätigkeiten.

**Werke:** Mandragora (Ged., 1966), Vandreduene (Ged., 1968), Galskap (R., 1971), Gull-alder (Texte, 1972), Du er så rår (Kinderb., 1973), Stille stunder (En., 1974), Bronsehesten (Ged., 1975), Skrivefrukter (Abh., 1979), Snøstein (En., 1983), Blaue Rosen (Ged., 1983, dt. 1988), Mellom himmel og jord (Ged., 1986).

**Okopẹnko,** Andreas, * Kosice 15. März 1930, österr. Schriftsteller. – Lebt seit 1939 in Wien; Chemiestudium; seit 1968 freier Schriftsteller. Zunächst vorwiegend Lyriker mit teils satir., teils auch surrealist. Tendenz; wählt seine Themen aus dem Alltäglichen, der Natur; nicht weniger wichtig sind daneben die vielfachen Erkundungen anderer literar. Bereiche wie Hörspiel, Fernsehstück, Liedertext, Essay, Erzählung, Roman. Ähnlich den Gattungen wechseln Stil, Perspektive, Thematik; Parodie und vergnügl. Nonsens (›Lexikon einer sentimentalen Reise zum Exporteurtreffen in Druden‹, 1970) gehen einher mit Reflexionen über Einsamkeit (›Vier Aufsätze‹, 1979) und der wirklichkeitsnahen Darstellung eigener Kindheitserlebnisse in den Jahren 1939–45 (›Kindernazi‹, 1984).

**Weitere Werke:** Grüner November (Ged., 1957), Warum sind die Latrinen so traurig? (Ged., 1969), Orte wechselnden Unbehagens (Ged., 1971), Der Akazienfresser. Parodien, Hommagen, Wellenritte (1973), Warnung vor Ypsilon. Thrill-Geschichten (1974), Meteoriten (R., 1976), Graben Sie nicht eigenmächtig (Hsp.e, 1980), Gesammelte Lyrik (1980), Lockergedichte (1983).

**Oktạstichon** [griech.], Strophe oder Textabschnitt aus acht Versen oder Zeilen.

**Oktav** [zu lat. octavus = der achte] ↑ Buchformat.

**Oktạve** [mlat. octava (vox)] ↑ Stanze.

**Oktẹtt** [lat.-italien.], Strophe aus acht Zeilen; auch die Zusammenfassung der beiden Quartette des ↑ Sonetts.

**Oktọbergruppe** ↑ Vorpostler.

**Oktonar** [lat. octonarius = aus acht bestehend], aus acht Versfüßen zusammengesetzter Vers.

**Okudschawa** (tl.: Okudžava), Bulat Schalwowitsch [russ. akud'ʒavɐ], * Moskau 9. Mai 1924, russ. Schriftsteller. – V. a. populär als Verfasser satir., unpathet. Gedichte und Chansons über Liebe, Gesellschaft und Krieg, die er, Kritik und Melancholie verbindend, zur Gitarre vorträgt (›Ausgewählte Gedichte‹, russ. und dt. 1965; ›Gedichte und Chansons‹, russ. und dt. 1969; ›Der fröhl. Trommler. Lieder, Chansons, Balladen‹, dt. Ausw. 1969); auch Erzählungen und Romane (›mach's gut‹, E., 1961, dt. 1963; ›Der arme Awrosimow‹, R., 1969, dt. 1970).

**Weitere Werke:** Die Erlebnisse des Polizeiagenten Schipow bei der Verfolgung des Schriftstellers Tolstoj (Schelmen-R., 1971, dt. 1974), Die Reise der Dilettanten (R., 1976, dt. 1978), Die Flucht (R., 1978, dt. 1979), Romanze vom Arbat (Lieder, Ged., russ. und dt. 1985), Begegnung mit Bonaparte (R., 1985, dt. 1986), Posvjaščaetsja vam (= Es wird euch gewidmet, Ged., 1988), Frau meiner Träume. Wahre Geschichten (1988, dt. 1991).
**Ausgaben:** B. Š. Okudžava. Izbrannaja proza. Moskau 1979. – B. Š. Okudžava. Stichotvorenija. Moskau 1985. – B. Š. Okudžava. Izbrannye proizvedenija. Moskau 1989. 2 Bde.
**Literatur:** ACKERN, K.-D. VAN: B. Okudžava u. die krit. Lit. über den Krieg. Mchn. 1976. – HEIDER, H.: Der Hoffnung kleines Orchester – B. Okudžava – Lieder u. Lyrik. Ffm. 1983. – BOSS, D.: Das sowjetruss. Autorenlied. Mchn. 1985.

**okzitanische Literatur** ↑ provenzalische Literatur.

**Olafs sagas,** Lebensbeschreibungen der norweg. Könige Olaf I. Tryggvesson und Olaf II. Haraldsson. Von der ursprünglich gegen Ende des 12. Jh. in lat. Sprache verfaßten Saga um Olaf I. sind nur noch Bearbeitungen und Übersetzungen erhalten: eine isländ. Übersetzung von etwa 1200 und Snorri Sturlusons Darstellung in der ›Heimskringla‹ (wohl um 1230). Die älteste volkssprachl. Saga von Olaf II. reicht in die 2. Hälfte des 12. Jh. zurück, etwas jünger ist die sog. ›Legendarische Olafs saga‹. Die vollendetste Darstellung bietet Snorri Sturlusons ›Óláfs saga helga‹ (später in die ›Heimskringla‹ aufgenommen).

**Ausgaben:** Den store saga om Olav den hellige. Hg. v. O. A. JOHNSEN u. J. HELGASON. Oslo 1941. 2 Bde. – Óláfs saga Tryggvasonar en mesta. Hg. v. O. HALLDÓRSSON. Kopenhagen 1958–61. 2 Bde. – O. saga hins helga. Die ›Legendar. Saga‹ über Olaf den Heiligen. Hg. u. Übers. v. A. HEINRICHS u. a. Hdbg. 1982.

**Ólafsson,** Stefán [isländ. 'ɔu̯lafsɔn], * Kirkjubær um 1619, † Vallanes 29. Aug. 1688, isländ. Gelehrter und Dichter. – War Pfarrer in Vallanes. Übersetzte die Snorra-Edda (↑ Snorri Sturluson) und die ›Völuspá‹, das Einleitungsgedicht der ↑ ›Edda‹, ins Lateinische; schrieb, wohl von F. Rabelais beeinflußt, Satiren und Grotesken sowie sprachlich und formal hochstehende, kraftvolle und lebensfreudige Lyrik.

**Literatur:** POESTION, J. C.: Isländ. Dichter der Neuzeit. Lpz. 1897. S. 223.

**Olbracht,** Ivan, eigtl. Kamil Zeman, * Semily (Ostböhm. Gebiet) 6. Jan. 1882, † Prag 30. Dez. 1952, tschech. Schriftsteller. – Sohn von A. Stašek; Redakteur und Publizist für sozialist. und kommunist. Presseorgane; nach 1945 Mitglied des ZK der KPČ und Abgeordneter. O. fand nach anfangs v. a. psycholog. Romanen in sozialkrit. Romanen und Erzählungen Ausdrucksmöglichkeiten seines Engagements für die sozial Schwächeren; auch Reportagen und Jugendbücher; Übersetzer u. a. von J. Wassermann, A. Zweig, L. Feuchtwanger, Th. Mann.

**Werke:** Im dunkelsten Kerker (R., 1916, dt. 1923), Anna. Der Roman einer Arbeiterin (1928, dt. 1929), Der Räuber Nikola Schuhaj (R., 1933, dt. 1934), Golet v údolí (= Galuth [das Exil der Juden] im Tal, Nov.n, 1937).

**Ausgaben:** I. O. Spisy. Prag 1947–61. 15 Bde. – I. O. Ges. Werke in Einzelausgg. Dt. Übers. Bln. 1952–53. 3 Bde.

**Literatur:** PÍŠA, A. M.: I. O. Prag 1949. – NOSEK, M./LAISKE, M.: Bibliografie I. O.a. Semily 1974.

**Oldenbourg,** Zoé [frz. ɔldɛ̃'bu:r], * Petersburg 31. März 1916, frz. Schriftstellerin russ. Herkunft. – Seit 1925 in Frankreich; Verfasserin von histor. Romanen (u. a. mit Stoffen aus dem MA), Biographien und Autobiographien, histor. und polit. Essays.

**Werke:** Denn das Herz wird niemals Ruhe finden (R., 1946, dt. 1954), Auf diesen Felsen (R., 1953, dt. 1955), Le bûcher de Montségur (R., 1959), Die Kreuzzüge (Essay, 1963, dt. 1967), Katharina von Rußland (Biogr., 1965, dt. 1969), La joie des pauvres (R., 1970), Que vous a donc fait Israel? (Essay, 1974), Visages d'un autoportrait (Autobiogr., 1977), La joie-souffrance (R., 1980), Le procès du rêve (Autobiogr., 1982), L'évêque et la vieille dame ou La belle-mère de Peytavi Borsier (Dr., 1983), Que nous est Hécube? ou un plaidoyer pour l'humain (Essay, 1984), Les amours égarées (R., 1987), Déguisements (Nov.n, 1989), Aliénor (Stück, 1992).

**Old Vic Theatre** [engl. 'oʊld 'vɪk 'θɪətə], Londoner Theater; 1818 als Unterhaltungsetablissement (›Coburg Theatre‹, ab 1833 ›Victoria Theatre‹) gegründet; 1880 umgewandelt in ein Bildungszentrum mit Vorträgen, Konzerten, Volkshochschulkursen, Theateraufführungen. Von Lilian Baylis (* 1874, † 1937) ab 1914 als Theater und Opernhaus, ab 1931 ausschließlich als Schauspielbühne für Klassikeraufführungen geführt. Das O. V. Th. war 1963–76 Sitz des ↑ National Theatre; 1981–83 wegen Umbaus geschlossen, hat das O. V. Th. heute, im Schatten des neuerbauten National Theatre keinen durchgängigen Spielplan mehr.

**Literatur:** ROWELL, G.: The O. V. Th. Cambridge 1993.

**Olearius,** Adam, eigtl. A. Ölschläger (Oelschläger), * Aschersleben wahrscheinlich 9. Sept. 1599, ≈ 12. Sept. 1599, † Schloß Gottorf (heute zu Schleswig) 22. Febr. 1671, dt. Schriftsteller. – Studierte Jura in Leipzig; 1630–33 Konrektor am Nicolai-Gymnasium ebd.; stand im Dienst Herzogs Friedrichs III. von Holstein-Gottorf, dessen Gesandtschaften nach Rußland (1633–35) und Persien (1635–39) er als Dolmetscher begleitete; ab 1651 Mitglied der ↑ Fruchtbringenden Gesellschaft (›Der Vielbemühte‹); mit der kulturgeschichtlich wertvollen Darstellung seiner Reisen nach Rußland und Persien (›Offt begehrte Beschreibung der Newen Orientał. Reise‹, 1647) gilt er als Begründer der wiss. Reisebeschreibung;

bed. sind seine Übersetzungen pers. Literatur (u.a. 1654 A. A. Sadis ›Gulistān‹ u.d.T. ›Persianischer Rosenthal ...‹) sowie sein ›Kurtzer Begriff einer Holstein. Chronic ...‹ (1663).

**Ausgabe:** A. O. Vermehrte newe Beschreibung der muskowit. u. pers. Reyse. Schleswig 1656. Nachdr., hg. v. D. LOHMEIER. Tüb. 1971.

**Literatur:** GROSSE, E.: A. O.' Leben u. Schrr. Programmschrift. Aschersleben 1867. – BEHZAD, F.: A. O. ›Persianischer Rosenthal‹. Gött. 1970. – STRACK, TH.: Exot. Erfahrung u. Intersubjektivität. Reiseberichte im 17. u. 18. Jh. Unters. zu A. O. – Hans Egede – Georg Forster. Paderborn 1994.

**Oles** (tl.: Oles'), Olexandr [ukrain. ɔ'lɛsj], eigtl. Olexandr Iwanowytsch Kandyba, *Kandybino (Gebiet Sumy) 5. Dez. 1878, †Prag 22. Juli 1944, ukrain. Dichter. – Vater von O. Olschytsch; schrieb romantisch-populäre, melod. Gedichte, die z.T. vertont wurden, später pathetisch-revolutionäre und in der Emigration (ab 1919) pessimist. Gedichte; übersetzte H. W. Longfellow und W. Hauff.

**Olescha** (tl.: Oleša), Juri Karlowitsch [russ. a'ljɛʃɐ], Pseudonym Subilo (= Meißel), *Jelisawetgrad (Kirowograd) 3. März 1899, †Moskau 10. Mai 1960, russ.-sowjet. Schriftsteller. – Journalist; stieß bei der sowjet. Kritik zunehmend auf Ablehnung, seit Ende der 30er Jahre keine Veröffentlichungen, seit 1956 Neuauflagen. In seinem Hauptwerk ›Neid‹ (R., 1927, dt. 1960), das er auch dramatisierte, stellte O. den Konflikt alter und neuer gesellschaftl. Bedingungen dar, wobei er bes. die Schwierigkeiten der Einfügung in die Welt des neuen Systems herausstellte. Dt. liegt auch der Kinderroman ›Die drei Dicken‹ (1924, dt. 1961) vor.

**Oliphant,** Margaret [engl. 'ɔlɪfənt], geb. Wilson, *Wallyford (Midlothian) 4. April 1828, †Wimbledon (heute zu London) 25. Juni 1897, schott. Schriftstellerin. – Schrieb zahlreiche Romane, Kurzgeschichten und Biographien; ihre Werke haben als kulturgeschichtl. Darstellungen des viktorian. Bürgertums und schott. Lebens dokumentar. Wert.

**Werke:** Passages in the life of Mrs. Margaret Maitland (R., 3 Bde., 1849), Chronicles of Carlingford (R.-Serie: Salem Chapel, 2 Bde., 1863; The rector, 3 Bde., 1863; The perpetual curate, 3 Bde., 1864; Miss Marjoribanks, 3 Bde., 1866; Phoebe, junior, 3 Bde., 1876, u.a.), Autobiography (hg. 1899).

**Oliveira,** [Antônio Mariano] Alberto de [brasilian. oli'vei̯ra], *Palmital (Bundesstaat Rio de Janeiro) 28. April 1857, †Niterói 19. Jan. 1937, brasilian. Lyriker. – Pantheist. Naturverehrung ist der Grundzug seiner Lyrik, die sich stilistisch von der Romantik (›Canções românticas‹, 1878) zum parnass. Formkult (›Meridionais‹, 1884; ›Sonetos e poemas‹, 1885) und danach zum philosoph. Symbolismus (›Alma livre‹, 1905) entwickelte.

**Ausgabe:** A. de O. Poesias. Rio de Janeiro $^{1-2}$1900–28. 4 Serien.

**Literatur:** SERPA, PH.: A. de O., 1857–1937. Rio de Janeiro 1957.

**Oliveira,** António Correia de [portugies. oli'vɐi̯rɐ], *São Pedro do Sul (Distrikt Viseu) 30. Juli 1879, †Belinho (heute zu Esposende, Distrikt Braga) 20. Febr. 1960, portugies. Dichter. – Schrieb volksliedhafte Lyrik von rhetor. Schwung mit religiöser, z.T. pädagogisch-moral. Thematik; auch seine Dramen zeigen lyr. Grundstimmung.

**Werke:** Auto do fim do dia (Dr., 1900), Tentações de São Frei Gil (Ged., 1907), A criação (Ged., 1913), A minha terra (Ged., 10 Bde., 1915–17), Verbo ser e verbo amar (Ged., 1926), Cartas em verso (Ged., 1929), Azinheira em flor (Dr., 1954).

**Ausgabe:** A. C. de O. Antologia. Porto $^{2}$1959. 2 Bde.

**Literatur:** SALGADO, B.: A poesia mariana de A. C. de O. Braga 1956. – SIMÕES, M.: A. C. d'O., poeta religioso. In: Brotéria 111 (1980), H. 6, S. 505.

**Oliveira,** Francisco Xavier de [portugies. oli'vɐi̯rɐ], genannt Cavaleiro de O., *Lissabon 21. Mai 1702, †Hackney (heute zu London) 18. Okt. 1783, portugies. Schriftsteller. – Ab 1734 in diplomat. Diensten in Wien, flüchtete 1740 in die Niederlande und 1744 nach England, wo er zur anglikan. Kirche übertrat; als Gegner der Inquisition 1761 in Portugal in effigie verbrannt. Einer der hervorragendsten Anhänger der Aufklärung in der portugies. Literatur des 18. Jh.; Verfasser von Essays, Memoiren, Reisebeschreibungen (›Memórias das viagens‹, 1741) und v.a. von zeitgeschichtlich bed., zunächst italienisch und französisch abgefaßten Briefen (›Cartas familiares, históricas, políticas e críticas‹, 3 Bde., 1741/42).

**Literatur:** Gonçalves Rodrigues, A.: O protestante lusitano. Biográfico e crítico sobre o Cavaleiro de O., 1702–1783. Coimbra 1950. – Portela, A.: Cavaleiro de O., aventureiro do século XVIII. Lissabon 1982.

**Oljelund,** Lars Ivan [schwed. ˌɔljəlʊnd], * Sala (Västmanland) 30. April 1892, † Stockholm 25. Juli 1978, schwed. Schriftsteller. – Schrieb als Jungsozialist politisch engagierte Prosa, vertrat später, nach seiner Zeit als polit. Gefangener und einer religiösen Krise, einen gemäßigt konservativen, religiös-humanist. Standpunkt.

**Werke:** Skärseld (E., 1915), Åska (Ged., 1919), I ny jord (R., 1920), Med stort G (R., 1921), Doctor Biblicus (Dr., 1923), Gröna riddare (R., 1926), Det hände på Kungsholmen (autobiograph. R., 1951), Stockholmsbarn (autobiograph. R., 1952), Avfällingen (autobiograph. R., 1958), Sanningsvattnet (R., 1962), Möten och människor (Essays, 1972).

**Ollántay** [span. oˈjantai̯], in Quechua (der Sprache des Inkareiches) abgefaßtes Theaterstück aus Peru, nach der ältesten Abschrift des Justo Apu Sahuaraura auch ›Apu O.‹ genannt; wurde wahrscheinlich in der 2. Hälfte des 16. Jh. von einem Mestizen diktiert. Ob es inhaltlich aus der Inkazeit stammt, ist umstritten. Thematisch wäre es, bis auf den Schluß, möglich. Inhalt: Der aus niedrigen Verhältnissen zum Regenten eines Teilreiches aufgestiegene O. verliebt sich in Prinzessin Kusi Coyllur. Seine Bewerbung wird wegen seiner Herkunft jedoch vom Inka Pachacuti abgelehnt. O. rebelliert, wird nach langem Widerstand durch Verrat gefangen, aber von dem nun herrschenden Inka Topa Yupanqui entgegen Tradition und Gesetz begnadigt, in seine Ämter wieder eingesetzt und mit der Prinzessin und ihrer gemeinsamen Tochter Ima Sumac vereinigt (erste dt. Übersetzung 1875 u. d. T. ›Ollanta‹).

**Literatur:** Tauro, A.: Das Drama O. In: Peru durch die Jahrtausende (Ausstellungskat.). Hg. v. F. Anders u. a. Recklinghausen 1984. S. 182.

**Oller i Moragues,** Narcís [katalan. uˈʎer i muˈraɣəs], * Valls (Tarragona) 10. Aug. 1846, † Barcelona 26. Juli 1930, katalan. Schriftsteller. – Jurist; bed. naturalist. Romancier (Einfluß É. Zolas) der neueren katalan. Literatur; zeichnete in seinen Werken – oft mit Humor – v. a. das Leben der unteren Gesellschaftsschichten; schrieb span. und katalan.; auch Übersetzer aus dem Russischen.

**Werke:** La papallona (R., 1882), Der Vampyr (R., 1884, dt. 1920), La febre d'or (R., 3 Bde., 1890), La bogería (R., 1899), Pilar Prim (R., 1906).

**Literatur:** Costas Jové, F. de A.: El novelista Narciso O. Tarragona 1946.

**Ollier,** Claude [frz. ɔˈlje], * Paris 17. Dez. 1922, frz. Schriftsteller. – Studierte Jura, war dann im Versicherungs- und Bankwesen, 1950–55 in der frz. Verwaltung in Marokko tätig; Journalist, Filmkritiker. Bringt mathematisch-konstruktivist. Verfahrensweisen in seine in unmittelbarer Nähe des Nouveau roman angesiedelten Texte ein, die z. T. kriminalist. und auch utop. Elemente ins Wort setzen. Schrieb auch Hörspiele und Drehbücher.

**Werke:** Le jeu d'enfant (R.-Folge, 8 Bde.: La mise en scène, 1958; Le maintien de l'ordre, 1961; Été indien, 1963; L'échec de Nolan, 1967; La vie sur Epsilon, 1972; Énigma, 1973; Our, ou vingt ans après, 1974; Fuzzy sets, 1975), Der neue Zyklus. Das Ohr an der Wand. Ein Buckel im Schnee (3 Hsp.e, 1971, dt. 1975), Marrakch Medine (Prosa, 1979), Souvenirs écran (Filmkritiken, 1981), Mon double à Malacca (R., 1982), Cahiers d'écolier 1950–1960 (Tageb., 1984), Fables sous rêve. 1960–1970 (Tageb., 1985), Bildstörung (R., 1988, dt. 1991), Les liens d'espace. 1970–1980 (Tageb., 1989), Feuilleton (Prosa, 1990).

**Literatur:** Knee, R.: C. O.'s ›Le jeu d'enfant‹. An intertextual reading. Diss. University of Pennsylvania. Philadelphia 1983. – Mies, G.: C. O. In: Krit. Lex. der roman. Gegenwartsliteraturen. Hg. v. W.-D. Lange. Losebl. Tüb. 1984 ff. – Recherches sur l'œuvre de C. O. Hg. v. S. Houppermans. Groningen 1985. – Pfeiffer, D. G.: C. O. Eine Einf. Tüb. 1991.

**Olmedo,** José Joaquín [span. ɔlˈmeðo], * Guayaquil 20. März 1780, † ebd. 19. Febr. 1847, ecuadorian. Dichter. – Nahm an den Unabhängigkeitskriegen teil; Mitarbeiter S. Bolívars; langjähriger Europaaufenthalt als Abgeordneter und Diplomat; zuletzt u. a. Präsidentschaftskandidat in Ecuador. Erster bed. Dichter seines Landes, schrieb die klassizist. Oden ›La victoria de Junín. Canto a Bolívar‹ (1825) und ›Al general Flores, vencedor de Miñarica‹ (1835); die letzte

Phase seines literar. Schaffens ist stärker durch die Integration romant. Elemente geprägt.

**Ausgabe:** Poesías completas de J. J. O. Hg. v. A. ESPINOSA PÓLIT. Mexiko 1947.

**Literatur:** GUEVARA, D.: O., actor y cantor de la gran epopeya libertadora de América. Quito 1958.

**Olschytsch** (tl.: Ol'žyč), Oleh [ukrain. 'ɔljʒetʃ], eigtl. O. Olexandrowytsch Kandyba, * Schitomir 8. Juli 1907, † KZ Sachsenhausen im Juni 1944, ukrain. Dichter und Archäologe. – Sohn von O. Oles; verherrlichte Macht und Heldentum in patriot., visionären Gedichten. Mit seinen Gedichtsammlungen, zu denen der Band ›Veži‹ (= Türme, 1940) gehört, übte O. starken Einfluß auf seine literar. Zeitgenossen aus.

**Olsen,** Tillie [engl. 'oʊlsən], * Omaha (Nebr.) 14. Jan. 1913, amerikan. Schriftstellerin. – O.s Erzählungen und Essays sind von ihrer Rolle als Mutter von vier Töchtern, als Arbeiterin, engagierte Arbeiterführerin und Feministin bestimmt. Die Titelgeschichte der bed. Kurzgeschichtensammlung ›Erzähl' mir ein Rätsel‹ (1962, dt. 1980) zeigt den frustrierenden Rückblick einer Arbeitermutter auf die durch die Hausarbeit zerstörten Ideale ihrer Jugend. ›Silences‹ (Essays, 1978) ist ein Dokument ihrer literar. und feminist. Auffassungen.

**Weitere Werke:** Yonnondio (R., 1975, dt. 1982), Silences (Essays, 1978).

**Literatur:** MARTIN, A.: T. O. Boise (Id.) 1984. – ORR, E. N.: T. O. and a feminist spiritual vision. Jackson (Miss.) 1986. – PEARLMAN, M./WERLOCK, A. H. P.: T. O. Boston (Mass.) 1991.

**Olson,** Charles [engl. 'oʊlsən], * Worcester (Mass.) 27. Dez. 1910, † Gloucester (Mass.) 10. Jan. 1970, amerikan. Lyriker und Kritiker. – War bes. in formaler Hinsicht für die amerikan. Nachkriegsdichtung einflußreich. In dem programmat. Aufsatz ›Projective verse‹ (1950) lehnte er feste metr. Schemata ab und forderte eine von Atem- und Sprechrhythmen des Dichters bestimmte dynam. Prosodie sowie offene Dichtungsformen. Diese formalen Neuerungen gründen auf einer als ›objectism‹ bezeichneten Form der Erfahrung, nach der der Dichter sich als eines der Objekte der Phänomenwelt begreift. Neben den diese Theorie umsetzenden Gedichten ›In cold hell, in thicket‹ (1953) ist O. bes. durch den ep. Gedichtzyklus der ›Maximus poems‹ (1953–75) bekannt geworden, der von E. Pounds ›Cantos‹ und W. C. Williams' ›Paterson‹ beeinflußt ist und der die auf myst. und mytholog. Quellen zurückgreifende, an O.s Heimatstadt Gloucester gezeigte Geschichte Amerikas darstellt, in der das Gemeinschaftsethos der Vergangenheit dem Kommerzdenken der Gegenwart gegenübergestellt wird.

**Weitere Werke:** Corrado Cagli (Ged., 1947), Nennt mich Ismael. Eine Studie über Herman Melville (1947, dt. 1979), Gedichte (dt. Auswahl 1965), Selected writings (hg. 1967), West (Ged., 1966, engl. u. dt. 1969), Poetry and truth. The Beloit lectures and poems (hg. 1971), The fiery hunt and other plays (Dr., hg. 1977).

**Ausgaben:** Ch. O. Archeologist of morning. London 1970. – Ch. O. Muthologos. The collected lectures and interviews. Hg. v. G. F. BUTTERICK. Bolinas (Calif.) 1978–79. 2 Bde. – Ch. O. and Robert Creeley. The complete correspondence. Hg. v. G. F. BUTTERICK. Santa Barbara (Calif.) 1980–85. 6 Bde. – Ch. O. The Maximus poems. Hg. v. G. F. BUTTERICK. Berkeley (Calif.) u. a. 1983.

**Literatur:** BUTTERICK, G. F.: A guide to the Maximus poems of Ch. O. Berkeley (Calif.) u. a. 1978. – MERRILL, TH. F.: The poetry of Ch. O. A primer. London u. a. 1982. – MCPHERON, W.: Ch. O. The critical reception, 1941–1983. A bibliographic guide. New York 1986. – CLARK, T.: Ch. O. The allegory of a poet's life. New York 1991.

**Olson,** Elder [James] [engl. 'oʊlsən], * Chicago 9. März 1909, † Albuquerque (New Mexico) 25. Juli 1992, amerikan. Literarhistoriker und Schriftsteller. – Ab 1954 Prof. an der University of Chicago; schrieb rationale, streng formale ›absolute‹ Lyrik, ferner Einakter, die in Parabeln Konfliktsituationen des modernen Menschen darstellen.

**Werke:** The scarecrow Christ (Ged., 1954), The poetry of Dylan Thomas (Studie, 1954), Plays and poems 1948–58 (Stücke und Ged., 1958), Tragedy and the theory of drama (Studie, 1961), Collected poems (Ged., 1963), Aristotle's ›Poetics‹ and English literature (1965; Hg.), The theory of comedy (Studie, 1968), O.'s penny arcade (Ged., 1975), On value in the arts and other essays (1976), Last poems (Ged., 1984).

**Literatur:** OPPEL, H.: E. O. als Dramatiker. In: Die neueren Sprachen N. F. 9 (1959), H. 4, S. 153. – LUCAS, T. E.: E. O. New York 1972.

**Olsson,** Hagar [schwed. 'ulsɔn], * Kustavi (Finnland) 16. Sept. 1893, † Helsinki

21. Febr. 1978, schwedischsprachige finn. Schriftstellerin. – Zählt zusammen mit E. I. Södergran (deren Freundin und literar. Nachlaßverwalterin sie war), E. R. Diktonius, R. Enckell und G. O. Björling zu den führenden Vertretern des dem Expressionismus nahestehenden finnlandschwed. Modernismus. Bed. ist, neben ihren Romanen und Dramen, v. a. ihre Literaturkritik, in der dem Programm des Modernismus pointiert Ausdruck verliehen wird.

**Werke:** Lars Thorman och döden (R., 1916), Ny generation (Essays, 1925), S. O. S. (Dr., 1928), Sturm bricht an (R., 1930, dt. 1931), Chitambo (R., 1933), Der Holzschnitzer und der Tod (Essays, 1940, dt. 1942, 1957 u. d. T. Wie schön ist dein Gesicht), Rövaren och jungfrun (Dr., 1944), Kärlekens död (Dr., 1952), Tidiga fanfarer och annan dagskritik (Essays, 1953), Drömmar (Nov.n, 1966), Ridturen (Nov.n, 1968).

**Literatur:** ENCKELL, O.: Den unga H. O. Studier i finlandssvensk modernism (II). Helsinki 1949. – FRIDELL, L.: H. O. och den nya teatern. Teatersynen speglad i teaterkritiken 1918–1929 och i Hjärtats pantomim. Göteborg 1973.

**Oltmans,** Jan Frederik, Pseudonym J. van den Hage, * Den Haag 1. Sept. 1806, † Steenderen (Geldern) 29. Jan. 1854, niederl. Schriftsteller. – War einige Jahre Redakteur der Monatsschrift ›De Gids‹. Führte in der Nachfolge von W. Scott den auf eigenen Quellenstudien beruhenden histor. Roman in die niederl. Literatur ein.

**Werke:** Het slot Loevestein in 1570 (2 Bde., 1833), De schaapherder (4 Bde., 1838).

**Olujić,** Grozdana [serbokroat. 'ɔlujitɕ], * Erdevik in Sirmien 30. Aug. 1934, serb. Schriftstellerin. – Verfaßte vielgelesene Romane mit aktueller Thematik.

**Werke:** Ein Ausflug in den Himmel (R., 1958, dt. 1961), Liebe ist wie ein frischer Apfel (R., 1963, dt. 1966), Die Mondblume und andere Märchen (dt. 1984).

**Ol'žyč,** Oleh, ukrain. Dichter und Archäologe, ↑ Olschytsch, Oleh.

**Omar Chaijam** (tl.: 'Umar Ḫayyām) [pers. o'mær xei̯'i̯ɑːm], eigtl. Ghejasoddin Abol Fath, * Nischapur um 1021 (?), † ebd. wahrscheinlich 1122, pers. Gelehrter und Dichter. – Vater wahrscheinlich Zeltmacher; 1074 an die Spitze einer Kommission zur Kalenderreform berufen; nach Gelingen dieser Arbeit (1079) berühmt, Lehrtätigkeit am Hof, Verleumdung durch neid. Widersacher, religiöse Streitigkeiten, Unterbrechung der Lehrtätigkeit, Pilgerfahrt zu den Stätten des Propheten. Bedeutendster Mathematiker, Physiker und Astronom seiner Zeit, daneben Beschäftigung mit Philosophie; erhalten sind wiss. Arbeiten in arab. Sprache, pers. Übersetzungen des Avicenna; seine Vierzeiler (›Robaijat‹), die durch die meisterhaften Übersetzungen ins Englische von E. FitzGerald (1859) im Abendland einen Begeisterungssturm auslösten, stecken voller Widersprüche; philosoph., hedonist., pessimist., skeptizist. und myst. Gedanken stehen nebeneinander; durch die Vielzahl späterer Einschübe ist die Echtheitsfrage kaum zu lösen, zeitweise wurde – jedoch zu Unrecht – die Dichtung O. Ch.s, ja sogar die Person, angezweifelt. Die Epigramme wurden auch ins Deutsche übersetzt (zuerst 1878 u. d. T. ›Strophen des Omar Chijam‹ von A. F. von Schack).

**Ausgabe:** O. Ch. Rubaijat. Dt. u. engl. Engl. Übers. v. E. FITZGERALD. Dt. Übers. u. eingel. v. H. W. NORDMEYER. Bern [2]1969.

**Literatur:** REMPIS, CH.: Beitrr. zur Ḫayyām-Forschung. Lpz. 1937. Nachdr. Nendeln 1966.

**Omeis,** Magnus Daniel, * Nürnberg 6. Sept. 1646, † Altdorf bei Nürnberg 22. Nov. 1708, dt. Schriftsteller. – 1667 Mitglied (als ›Norischer Damon‹), ab 1697 Oberhirte des Pegnes. Blumenordens (↑ Nürnberger Dichterkreis). 1674 Prof. der Poesie, Beredsamkeit und Moral in Altdorf. Er verfaßte eine Barockpoetik, die bes. die poet. Auffassung der Nürnberger Schule wiedergibt.

**Werke:** Gründl. Anleitung zur Teutschen accuraten Reim- und Dicht-Kunst, durch richtige Lehr-Art, deutl. Reguln und ... (2 Tle., 1704), Geistl. Gedicht- und Liederblumen (1706).

**Literatur:** BLAKE, L. S.: The archives of the ›Pegnes. Blumenorden‹. Berkeley (Calif.) 1960.

**Ömer Seyfeddin** [türk. œ'mɛr sɛi̯fɛd'din], * Göner 28. Febr. 1884, † Konstantinopel (heute Istanbul) 6. März 1920, türk. Schriftsteller. – Engagierter Verfechter der Vereinfachung und Reinigung der türk. Literatursprache zu Beginn des 20. Jh. und in seinen Erzählungen und Romanen Befürworter von realist. Stoffen, die z. T. auch der volkstüml. Überlieferung entstammen. Seine Themen waren daneben auch die kleinbürgerl. und bäuerl. türk. Lebenswelt, die er oft in didakt. Form für sein bürgerl. Publikum aufbereitete. Wesentl. Wegbereiter für die republikan. Sprachreform in der Türkei.

**Ausgabe:** Ö. S. Bütün eserleri. Ankara 1970–71. 8 Bde.

**Ompteda,** Georg Freiherr von, Pseudonym Georg Egestorff, * Hannover 29. März 1863, † München 10. Dez. 1931, dt. Schriftsteller. – War sächs. Offizier und Kammerherr, danach freier Schriftsteller. Unter dem Einfluß des frz. Naturalismus schrieb O. Romane und Novellen; hervorzuheben ist die Romantrilogie ›Dt. Adel‹ (›Sylvester von Geyer‹, 2 Bde., 1897; ›Eysen‹, 2 Bde., 1899; ›Cäcilie von Sarryn‹, 2 Bde., 1902), die Verfall und Verarmung des Adels darstellt. Schrieb auch Liebes- und Naturromane sowie Novellen, Übersetzungen.

**Omre,** Arthur, eigtl. Ole A. Antonisen, * Horten 17. Dez. 1887, † Porsgrunn 16. Aug. 1967, norweg. Schriftsteller. – Führte als Seemann, später als Journalist ein unstetes Leben in Amerika, Europa und Asien; ab 1932 wieder in Norwegen. Schilderte in spannungsreichen Novellen und Romanen mit psycholog. Geschick die inneren Konflikte von Menschen in Versuchung und von Verbrechern; u. a. von E. Hemingway beeinflußt; auch Autor von Komödien.

**Werke:** Die Schmuggler (R., 1935, dt. 1953), Die Flucht (R., 1936, dt. 1953), Die Männer im Fuchsbau (R., 1938, dt. 1953), Intermezzo (R., 1939, dt. 1940), Line dansere (Dr., 1945).

**Ausgabe:** A. O. Utvalgte noveller. Oslo 1962.

**Ondaatje,** [Philip] Michael [engl. ɔn'dɑ:tjə], * Colombo (Sri Lanka) 12. Sept. 1943, kanad. Schriftsteller. – Kam 1962 nach Kanada, lehrt seit 1971 an der York University, Toronto. Seine literar. Produktion umfaßt u. a. vier Lyrikbände: ›The dainty monsters‹ (1967), ›The man with seven toes‹ (1969), ›Rat jelly› (1973), ›There's a trick with a knife I'm learning to do. Poems 1973–1978‹ (1979), zwei Chapbooks: ›Elimination dance‹ (1980) und ›Tin roof‹ (1982), die aufsehenerregende Collage ›The collected works of Billy the Kid‹ (1970), einen Roman über den Jazzmusiker Charles ›Buddy‹ Bolden, ›Buddy Boldens Blues‹ (1976, dt. 1995), und eine Art Autobiographie, ›Es liegt in der Familie‹ (1982, dt. 1992).

**Weitere Werke:** In der Haut eines Löwen (R., 1987, dt. 1990), The cinnamon peeler (Ged., 1989), Der engl. Patient (R., 1992, dt. 1993; Booker-Preis 1992 [mit B. Unsworth]).

**Literatur:** LEE, D. B.: Savage fields. Westport (Conn.) 1977.

Eugene O'Neill

**O'Neill,** Eugene [Gladstone] [engl. oʊ'ni:l], * New York 16. Okt. 1888, † Kap Cod bei Boston (Mass.) 27. Nov. 1953, amerikan. Dramatiker. – Sohn eines aus Irland eingewanderten Schauspielers, der eine eigene Theatertruppe unterhielt; unruhiges Wanderleben in der Kindheit; nach dem Besuch kath. Schulen studierte er 1906/07 an der Princeton University (N. J.), ging dann verschiedenen Beschäftigungen nach (u. a. stellvertretender Direktor der Schauspielertruppe seines Vaters, Seemann, Schauspieler, Reporter); 1912/13 durch schwere Lungenerkrankung bedingter Sanatoriumsaufenthalt, danach Studium der Dramaturgie an der Harvard University; trat 1916 in Verbindung zu den ›Provincetown Players‹, später zur ›Theatre Guild‹; diese Bühnen führten experimentelle europ. Dramen sowie O'N.s Einakter und frühe Stücke auf; lebte trotz großer Erfolge zurückgezogen, in den letzten Jahren seines Lebens schwer krank. 1936 erhielt er den Nobelpreis für Literatur. Beeindruckt von A. Strindberg und F. M. Dostojewski schrieb O'N. seine ersten Stücke, ohne jedoch der Selbstentblößung des einen oder der Religiosität des anderen zu folgen. In seinem Bemühen, zu den menschl. Urkonflikten vorzustoßen, mit Blick auf die antiken Tragödiendichter (bes. in seinem bedeutendsten Werk, der Dramentrilogie in 13 Akten ›Trauer muß Elektra tragen‹, 1931, dt. 1947), gestaltete O'N. pessimistisch und illusionslos den in seiner Schuld hilflos unterlegenen Menschen, für den zwar eine Hoffnung aufleuchtet, die sich jedoch, wenn überhaupt, nur für kurze Zeit realisieren läßt. In O'N.s dramat. Werk mischen sich naturalist., expressionist. und symbolist. Stilformen, philosoph. und psycholog. Tiefenschau und das Wissen um die Erkenntnisse der Naturwissenschaften, bes. der Biologie, zu einer ›trag. Biographie‹ der Zeit. O'N. schrieb auch theatergeschichtlich und dramentheoretisch bed. Aufsätze.

**Weitere Werke:** Unterm karib. Mond (Dr., 1919, dt. 1924), Jenseits vom Horizont (Dr., 1920, dt. 1952), Kaiser Jones (Dr., 1920, dt. 1923), Anna Christie (Dr., 1920, dt. 1923), Der haarige Affe (Dr., 1922, dt. 1924), Alle Kinder Gottes haben Flügel (Dr., 1924, dt. 1932), Gier unter Ulmen (Dr., 1924, dt. 1925), Der große Gott Brown (Dr., 1926, dt. 1928), Marco Polos Millionen (Dr., 1927, dt. 1956), Seltsames Zwischenspiel (Dr., 1928, dt. 1929), O Wildnis (Kom., 1933, dt. 1949), Days without end (Dr., 1934), Der Eismann kommt (Dr., 1946, dt. 1949), Ein Mond für die Beladenen (Dr., UA 1947, gedr. 1952, dt. 1954), Eines langen Tages Reise in die Nacht (Dr., hg. 1955, dt. 1956), Fast ein Poet (Dr., hg. 1957, dt. 1959), Hughie (Dr., hg. 1958, dt. 1960), Alle Reichtümer der Welt (Dr., hg. 1964, dt. 1965).

**Ausgaben:** E. O'N. The plays. New York 1934–35. 12 Bde. – E. O'N. Meisterdramen. Dt. Übers. Ffm. 1.–25. Tsd. 1963–66. 2 Bde. – The plays of E. O'N. New York 1964. 3 Bde. – E. O'N. Ten ›lost‹ plays. New York 1964. – E. O'N. Children of the sea, and three other unpublished plays. Hg. v. J. M. ATKINSON. Washington (D. C.) 1972.

**Literatur:** O'N. and his plays. Four decades of criticism. Hg. v. O. CARGILL u. a. New York 1961. – BRAEM, H. M.: E. O'N. Velber 1965. – RALEIGH, J. H.: The plays of E. O'N. Carbondale (Ill.) 1965. – LINK, F. H.: E. O'N. u. die Wiedergeburt der Tragödie aus dem Unterbewußten. Ffm. u. Bonn 1967. – SHEAFFER, L.: O'N. Son and playwright; son and artist. Boston (Mass.) 1968–73. 2 Bde. – TÖRNQUIST, P. E.: A drama of souls. Studies in O'N.s supernaturalistic technique. Uppsala 1968 u. New Haven (Conn.) 1969. – BOGARD, T.: Contour in time. The plays of E. O'N. New York 1972. – ATKINSON, J. M.: E. O'N. A descriptive bibliography. Pittsburgh (Pa.) 1974. – GELB, A./GELB, B.: O'N. New York Neuaufl. 1974. – AHRENDS, G.: Traumwelt und Wirklichkeit im Spätwerk E. O'N.s. Hdbg. 1978. – CHOTHIA, J.: Forging a language. A study of the plays of E. O'N. Cambridge u. a. 1979. – E. O'N. at work. Newly released ideas for plays. Hg. v. V. FLOYD. New York 1981. – BERLIN, N.: E. O'N. New York 1982. – Critical essays on E. O'N. Hg. v. J. J. MARTINE. Boston (Mass.) 1984. – LEWIS, W. B.: E. O'N. The German reception of America's first dramatist. New York 1984. – E. O'N. 1988. Hg. v. U. HALFMANN. Tüb. 1990.

**Onetti,** Juan Carlos, * Montevideo 1. Juli 1909, † Madrid 30. Mai 1994, uruguayischer Schriftsteller. – Journalist; lebte ab 1975 in Madrid. Wurde erst spät als einer der bed. Prosaautoren Lateinamerikas entdeckt. Ähnlich wie bei W. Faulkner, auf den er sich u. a. bezieht, ist der Schauplatz der meisten seiner Werke eine imaginäre Provinzstadt ›Santa María‹, deren Bevölkerung aus Neurotikern, Gescheiterten, Heuchlern, Zuhältern, Träumern usw. besteht. Die in subtiler, gelegentlich ambivalenter Sprache dargestellten Verhaltensweisen zeigen einen universellen Pessimismus. 1980 erhielt O. den Premio Miguel de Cervantes.

**Werke:** Tierra de nadie (R., 1941), Das kurze Leben (R., 1950, dt. 1978), Für ein namenloses Grab (R., 1959, dt. 1982, 1987 u. d. T. Grab einer Namenlosen), Die Werft (R., 1961, dt. 1976), El infierno tan temido (En., 1962), Leichenkuppler (R., 1964, dt. 1986, 1988 u. d. T. Leichensammler), Der Tod und das Mädchen (R., 1973, dt. 1993), Lassen wir den Wind sprechen (R., 1979, dt. 1986), So traurig wie sie (2 Kurzromane und 8 En., dt. 1981), Magda (R., 1987, dt. 1989), Cuando ya no importe (R., 1993).

**Ausgabe:** J. C. O. Obras completas. Vorwort v. E. RODRÍGUEZ MONEGAL. Mexiko ²1979.

**Literatur:** NETZLAFF-MONTEIL, M.-TH.: J.-C. O. In: Lateinamerikan. Lit. der Gegenwart. Hg. v. W. EITEL. Stg. 1978. S. 494. – CURIEL, F.: O. Obra y calculado infortunio. Mexiko 1980. – CHAO, R.: J. C. O. Frz. Übers. Paris 1990. – MATTALIA, S.: La figura en el tapiz. Teoría y práctica narrativa en J. C. O. London 1990.

**Ongaro,** Francesco Dall', italien. Schriftsteller, ↑ Dall'Ongaro, Francesco.

**Onofri,** Arturo, * Rom 15. Sept. 1885, † ebd. 25. Dez. 1928, italien. Schriftsteller. – Gründer und Mit-Hg. der Zeitschrift ›Lirica‹ (1912/13), 1915/16 auch Mitarbeiter der Zeitschrift ›La Voce‹. Stand zuerst unter dem Einfluß G. Pascolis und G. D'Annunzios sowie der Crepuscolari (›Liriche‹, 1907; ›Arioso‹, 1921); unter dem Einfluß S. Mallarmés schloß er sich der fragmentar. und hermet. Dichtung in seinen Lyrikbänden ›Le trombe d'argento‹ (1923) und ›Simili a melodie rapprese in mondo‹ (1929) an. Schließlich wandte er sich der Philosophie Rudolf Steiners zu, dem er die Studie ›Nuovo rinascimento come arte dell'Io‹ (1925) widmete. Von der Anthroposophie beeinflußt sind seine Gedichtbände ›Terrestrità del sole‹ (1927) und ›Vincere il drago!‹ (1928). O. vermittelte der italien. Dichtung den Anschluß an die europ. Tendenzen des Symbolismus und des Hermetismus.

**Ausgaben:** A. O. Poesie. Hg. v. A. BOCELLI u. G. COMI. Rom 1949. – A. O. Poesie edite e inedite, 1900–1914. Hg. v. A. DOLFI. Ravenna 1982.

**Literatur:** BOCELLI, A.: A. O. In: Letteratura italiana. I contemporanei. Bd. 1. Mailand 1965 (mit Bibliogr.). – SALUCCI, S.: A. O. Florenz 1972. – DOLFI, A.: O. Florenz 1976.

**onomatopoetische Dichtung** (onomatopöetische Dichtung) [zu griech. onomatopoiía, eigtl. = das Namenmachen], Texte, deren Ziel es ist, durch Onomatopöie (↑Lautmalerei) die akustisch-sinnl. Eindrücke, die das Bezeichnete in der Realität besitzt oder auslöst, nachzubilden, sei es durch herkömml. oder in der Kunstpoesie seit der Antike immer wieder neu erfundene onomatopoet. Wörter oder durch eine besondere rhythmisch-metr. Zusammenstellung ursprünglich nicht schallimitierender Wörter. In der Antike u. a. bei Homer, Vergil und Ovid. – Das auch in den volkssprachl. Literaturen des MA und in der ↑makkaronischen Dichtung anzutreffende Verfahren wurde in der dt. manierist. Lyrik des Barocks namentlich vom ↑Nürnberger Dichterkreis gepflegt. Während in der Klassik, etwa in G. A. Bürgers Ballade ›Lenore‹ (1774) oder Schillers ›Lied von der Glocke‹ (1799), die Onomatopöie als Mittel klangl. Veranschaulichung des Dargestellten eingesetzt wurde, nahm sie in der Romantik mehr den Charakter einer Lautsymbolik an. Im 20. Jh. findet sich o. D. v. a. in den dadaist. ↑Lautgedichten; heute v. a. vertreten durch E. Jandl.

**Literatur:** GAIER, U.: Form u. Information. Funktionen sprachl. Klangmittel. Konstanz 1971. – HILL, A. A.: Sound-symbolism in lexicon and literature. In: Studies in linguistics 27 (1972), S. 142.

**Onomatopöie** (Onomatopoesie) [griech.] ↑Lautmalerei. – ↑auch onomatopoetische Dichtung.

**Onsori** (tl.: 'Unṣūrī), Abolghasem Hasan [pers. onsu'ri:], *wahrscheinlich Balkh (Afghanistan), †Ghasni (Afghanistan) 1039/40, pers. Dichter. – Führender Dichter am Ghasnawidenhof; Verfasser mehrerer verlorengegangener Epen und eines umfangreichen Diwans (angeblich 30 000 Distichen); erhalten sind davon etwa 2 500 Doppelverse. Die meisten Gedichte sind Kassiden. O. gilt noch heute als rhetor. Meister origineller und komplizierter Metaphern und Wortspiele.

**Ausgabe:** Diwan. Hg. v. Y. GHARIB. Teheran 1944.

**Literatur:** Iran. Literaturgesch. Hg. v. J. RYPKA u. a. Dt. Übers. Lpz. 1959. S. 172.

**Ooka** (tl.: Ōoka), Schohei, *Tokio 6. März 1909, †ebd. 25. Dez. 1988, jap. Schriftsteller. – Studierte in Tokio frz. Literatur; beschäftigte sich v. a. mit dem Werk Stendhals (Übersetzungen); war als Soldat und dann als Gefangener der Amerikaner auf den Philippinen. In scharfer, psychologisch klar entwickelter Darstellung entwarf er v. a. in seinen beiden preisgekrönten, aus eigenem Erleben entstandenen Werken ›Furyoki‹ (= Aufzeichnungen aus der Kriegsgefangenschaft, R., 1948) und ›Nobi‹ (R., 1952, dt. 1959 u. d. T. ›Feuer im Grasland‹) ein realist. Bild des Krieges. Seine Begabung für das Genre der ›reinen‹ Literatur stellte er mit der 1962 erschienen Erzählung ›Kaei‹ (= Blumenschatten) unter Beweis, in der Intellektualität und spezifisch ›japanische‹ Sensibilität ein Höchstmaß an Ausgewogenheit erreichen.

**Opaliński,** Krzysztof [poln. ɔpa'liĩski], *Sieraków (Woiwodschaft Poznań) 1609, †Włoszakowice 7. Dez. 1655, poln. Satiriker. – Aus politisch mächtiger Familie; Ausbildung z. T. im Ausland; Schulreformer unter dem Einfluß von J. A. Comenius; ab 1637 Woiwode von Posen, in hohen Hofämtern; lieferte 1655 den Schweden Großpolen durch Kapitulation aus. O. schrieb 52 Blankverssatiren nach klass. lat. Vorbildern, bes. nach Juvenal, die er 1650 anonym publizierte; sie sind der erste poln. Versuch in dieser Gattung.

**Ausgabe:** K. O. Satyry. Breslau 1953.

**Literatur:** SAJKOWSKI, A.: K. O., wojewoda poznański. Posen 1960.

**Opaliński,** Łukasz [poln. ɔpa'liĩski], * 1612, † 15. Juni 1662, poln. Schriftsteller. – Bruder von Krzysztof O.; verfaßte den moral. Traktat ›Rozmowa plebana z ziemianinem ...‹ (= Gespräch des Pfarrers mit dem Edelmann ..., 1641), eine polit. Abhandlung, und die erste poln. Poetik ›Poeta nowy‹ (= Der neue Poet, entst. um 1661, hg. 1783–85); verfaßte auch Satiren.
**Ausgabe:** Ł. O. Wybór pism. Breslau 1959.

**Opatoschu,** Joseph, eigtl. J. Meir Opatowski, * Mława bei Warschau 1. Jan. 1886, † New York 7. Okt. 1954, jidd. Romancier und Novellist. – Lebte seit 1907 in USA, 1914–54 Mitarbeiter der New Yorker jidd. Tageszeitung ›Der tog‹; bedeutendster Epiker der Impressionistengruppe ›di junge‹. Nach dem antiromant. Gegenwartsroman ›A roman fun a ferd ganef‹ (= Pferdedieb, 1912) und der literar. Auseinandersetzung mit der kulturellen Entwurzelung vieler Juden in Amerika wandte er sich später histor. Themen zu.
**Ausgabe:** J. O. Gezamlte verk. Wilna 1926–36. 14 Bde.
**Literatur:** MEISEL, N.: J. O. Warschau 1937. – FREILICH, CH. A.: J. O.s schafungswerk. Toronto 1951.

**Opitz,** Martin, latin. Martinus Opitius, * Bunzlau 23. Dez. 1597, † Danzig 20. Aug. 1639, dt. und nlat. Dichter. – Sohn eines Metzgers und Ratsherrn, besuchte die Lateinschule in Bunzlau und Breslau und das Gymnasium in Breslau und Beuthen. Studierte in Frankfurt/Oder (1618) und Heidelberg (1619) Philosophie und Jura. Bekanntschaft mit dem Heidelberger Humanistenkreis (J. W. Zincgref, C. von Barth). Begleitete 1620 einen dän. Adeligen als dessen Hofmeister nach Holland und Jütland. 1622 Lehrer in Weißenburg (heute Alba Iulia/Siebenbürgen). 1625 von Kaiser Ferdinand II. in Wien zum Dichter gekrönt, nachdem er ein Jahr zuvor sein Hauptwerk, das ›Buch von der Deutschen Poeterey‹ vorgelegt hatte. 1627 geadelt (O. von Boberfeld). Ab 1626 war er bei Karl Hannibal Burggraf von Dohna als polit. Ratgeber und Gesandter angestellt, ab 1633 im Dienst der schles. Piastenherzöge. Unternahm viele polit. Reisen, u. a. 1630 nach Paris (Begegnung mit Hugo

Martin Opitz (nach einem Kupferstich von Jacob van der Heyden, 1631)

Grotius [* 1583, † 1645]). 1629 Mitglied der ↑ Fruchtbringenden Gesellschaft als ›Der Gekrönte‹. Ab 1636 Diplomat des poln. Königs Wladislaw IV.; lebte als dessen Historiograph in Danzig, wo er 1639 an der Pest starb.
Seine literaturgeschichtl. Bedeutung beruht auf der wirksamen Durchführung seiner metr. Reform, die Wort- und Versakzent in Einklang bringt. Zeit seines Lebens dt. wie nlat., geistl. wie weltl. Dichter, forderte O. grundsätzlich eine der westeurop. Renaissance gleichrangige deutschsprachige Kunstdichtung. Dazu verknüpfte er die Theorien der Italiener, Franzosen und Niederländer und entwickelte seine Anschauungen im Hinblick auf die großen Vorbilder der Antike und der Neuzeit. Seine Schrift ›Aristarchus ...‹ (1617, dt. 1624) wie das ›Buch von der Dt. Poeterey‹ (1624) stehen unter dem Einfluß von Aristoteles, Horaz, Quintilian, Petrarca, J. C. Scaliger, D. Heinsius, P. de Ronsard u. a.; seine Dichtungen haben den Zweck, beispielhaft seine Bestrebungen zu veranschaulichen. Sie enthalten vielfältige Übersetzungen und Anregungen aus der westeurop. Literatur, die mit ihren Formen die Literatur in Deutschland beleben und erneuern sollten. Bed. sind u. a. das Kunstdrama (Sophokles' ›Antigone‹, Übers., 1636), die Schäferdichtung (›Schäfferey von der Nimfen Hercinie‹, 1630), der höfisch-polit. Roman (J. Barclays ›Argenis‹, Übers., 2 Bde., 1626–31), das erste dt. Opernlibretto (›Dafne‹, 1627; nach O. Rinuccini, vertont von H. Schütz). Das Beispiel von O. machte in Deutschland die Kleinformen Sonett,

Ode, Epigramm u.a. heimisch. Im Barockzeitalter bleibt O. in seiner Bedeutung als ›Vater der dt. Poesie‹ unbestritten. Seine Werke werden regelmäßig neu im Druck vorgelegt (Gesamtausgabe 1744/45 [2 Tle., m. n. e.] von J. J. Bodmer und J. J. Breitinger begonnen, jedoch 1746 [4 Bde.] durch den schneller verfahrenden Gottsched-Schüler Daniel Wilhelm Triller [* 1695, † 1782] zunichte gemacht). Mit der im 19. Jh. einsetzenden germanist. Beschäftigung mit dt. Barockliteratur beginnt eine neu begründete Bewertung seiner Leistung.

**Weitere Werke:** Zlatna, Oder von der Rhue des Gemütes (Ged., 1623), Vesuvius (Ged., 1633), Trost Gedichte In Widerwertigkeit Desz Krieges (1633).

**Ausgaben:** Teutsche Poemata u. Aristarchus wider die Verachtung teutscher Sprach ... Straßburg 1624. Nachdr. Hildesheim 1975. – M. O. Geistl. Poemata. Nachdr. der Ausg. v. 1638. Hg. v. E. TRUNZ. Tüb. 1966. – M. O. Weltl. Poemata. Nachdr. der Ausg. v. 1644. Hg. v. E. TRUNZ u.a. Tüb. 1967–75. 2 Tle. – M. O. Ges. Werke. Hg. v. G. SCHULZ-BEHREND. Stg. 1968 ff. Auf 7 Bde. berechnet. – M. O. Jugendschrr. vor 1619. Faksimile-Ausg. Hg. v. J.-U. FECHNER. Stg. 1970.

**Literatur:** GUNDOLF, F.: M. O. Mchn. 1923. – ULMER, B.: M. O. New York 1971. – WAGENKNECHT, CH. J.: Weckherlin u. Opitz. Zur Metrik der dt. Renaissancepoesie. Mchn. 1971. – GELLINEK, J. L.: Die weltl. Lyrik des M. O. Bern u. Mchn. 1973. – SZYROCKI, M.: M. O. Mchn. 1974. – DRUX, R.: M. O. u. sein poet. Regelsystem. Bonn 1976. – GARBER, K.: M. O. Der Vater der dt. Dichtung. Stg. 1976. – SZYROCKI, M.: Die dt. Lit. des Barock. Neuausg. Stg. 1979. Nachdr. ebd. 1994. – M. O. Studien zu Werk u. Person. Hg. v. B. BECKER-CANTARINO. Amsterdam 1982. – GARBER, K.: M. O. In: Dt. Dichter des 17. Jh. Hg. v. H. STEINHAGEN. Bln. 1984. S. 116.

**Opojas** (tl.: Opojaz) [russ. apa'jas], Abk. für russ.: **O**bschtschestwo isutschenija **po**etitscheskowo **jas**yka (= Gesellschaft zur Erforschung der poet. Sprache), eine 1916–23 in Petersburg existierende Vereinigung der russ. literar. Formalisten; wichtigste Mitglieder waren: Jewgeni D. Poliwanow (* 1891, † 1938), Lew P. Jakubinski (* 1892, † 1945), O. M. Brik (* 1888, † 1945), W. B. Schklowski, B. M. Eichenbaum, J. N. Tynjanow.

**Literatur** ↑ Formalismus.

**Oppeln-Bronikowski,** Friedrich Freiherr von, * Kassel 7. April 1883, † Berlin 9. Okt. 1936, dt. Schriftsteller. – Zunächst Offizier, dann Studium und diplomat. Dienst; schrieb Novellen und Romane aus dem Militärleben und der preuß. Geschichte, verfaßte kulturgeschichtl. und biograph. Studien; umfangreiche Übersetzer- und Herausgebertätigkeit.

**Werke:** Aus dem Sattel geplaudert und Anderes (En., 1898), Militaria (Nov.n, 1905), Abenteurer am preuß. Hof 1700 bis 1800 (1927), Der Baumeister des preuß. Staates (Biogr., 1934), Der große König als erster Diener seines Staates (Biogr., 1934), Der alte Dessauer (Biogr., 1936).

**Opperman,** Dirk (Diederik) Johannes [afrikaans 'ɔpərman], * Dannhauser (Distrikt Dundee [Natal]) 29. Sept. 1914, † Stellenbosch 22. Sept. 1985, afrikaanser Schriftsteller. – Ab 1960 Prof. für niederl. und afrikaanse Literatur in Stellenbosch; v.a. Lyriker, von T. S. Eliot beeinflußt. Die Themen seiner Dichtung, unter denen das Existenzproblem im Mittelpunkt steht, behandelt er in einer nüchternen, stark komprimierten Sprache und in unpersönl. Darstellung.

**Werke:** Heilige beeste (Ged., 1945), Joernaal van Jorik (Versepos, 1949), Engel uit die Klip (Ged., 1950), Periandros van Korinthe (Dr., 1954), Vergelegen (Ged., 1956), Dolosse (Ged., 1963), Voëlvry (Dr., 1968), Komas uit 'n bamboesstok (Ged., 1979).

**Literatur:** GROVÉ, A. P.: D. J. O. Kapstadt 1965.

**Oppianos** (tl.: Oppianós; Oppian), griech. Schriftsteller des 2. Jh. n. Chr. aus Korykos (Kilikien). – Sein hexametr. Lehrgedicht ›Halieutiká‹ über den Fischfang (5 Bücher) ist Kaiser Mark Aurel gewidmet. Der Autor ist nicht identisch mit dem gleichnamigen, aus Apameia am Orontes stammenden Verfasser des Jagdgedichtes ›Kynēgetiká‹ (Anfang des 3. Jh. n. Chr.).

**Ausgabe:** Oppian, Colluthus, Tryphiodor. Engl. Übers. v. A. W. MAIR. Griech. u. engl. London 1928. Nachdr. London u. Cambridge (Mass.) 1958.

**Opposition** [lat. = das Entgegensetzen], stilist. Figur der ↑ Amplifikation: Kombination gegensätzl. Wörter oder Aussagen, z. B. mhd. ›al weinde, sunder lachen‹; beliebt in der Bibel, in antiker und mittelalterl. Literatur.

**Opus** [lat. = Werk], das künstler., bes. das musikal. oder literar. Werk.

**orale Tradition** ↑ Mündlichkeit.

**Oratio obliqua,** gleichbed. mit ↑ indirekte Rede.

**Oratio recta,** gleichbed. mit ↑direkte Rede.

**Orbeliąni,** Grigol, * Tiflis 14. Okt. 1804, † ebd. 2. April 1883, georg. Dichter. – 1832–38 wegen Teilnahme an einer Verschwörung georg. Adliger inhaftiert; hatte ab 1857 höhere Verwaltungsämter inne; romantisch-rhetor. Lyriker mit realist. Stilzügen; Sänger der Liebe, der Schönheit und der Heimat; im reiferen Werk zunehmend melancholisch und pessimistisch; übersetzte u. a. A. S. Puschkin und M. J. Lermontow ins Georgische.

**Orbeliąni,** Sulchan-Saba Fürst, * Tandsia 3. Nov. 1658, † Moskau 6. Febr. 1725, georg. Schriftsteller und Gelehrter. – Ratgeber und hoher Diplomat am Hof König Wachtangs VI.; war u. a. an der Kurie und am Hof Ludwigs XIV. akkreditiert; emigrierte 1724 nach Rußland. O., der die Ideen des aufgeklärten Absolutismus vertrat, schuf mit seinem für die Erziehung des Thronfolgers bestimmten populären Hauptwerk ›Die Weisheit der Lüge‹ (1695, russ. 1878, dt. 1933), einer Sammlung von Fabeln, Märchen, Parabeln u. a., einen wichtigen Beitrag zur neugeorg. Literatursprache; grundlegende wiss. Bedeutung hat sein georg. Wörterbuch (1716).

**Orchestra** [ɔr'çɛstra; griech. = Tanzplatz], ursprünglich der kult. Tanzplatz vor dem Tempel des Dionysos mit dem Altar des Gottes als Mittelpunkt (↑Chor). Der Übergang von der chor. zur dramat. Aufführung bedingte zunächst die Verlegung des Altars an den Rand der O., später die Trennung der O. von Tempel und Altar. In klass. Zeit war die O. die zwischen Bühnenhaus (Skene) und der aufsteigenden Zuschauertribüne (griech. théatron) gelegene ovale Spielfläche, die ihre Funktion infolge der zunehmenden Bedeutungslosigkeit des Chores an das ↑Proskenion abgab. Die O. wurde in der Folge auf den Halbkreis reduziert und nahm im röm. Theater in der Regel die Magistratssitze auf, in den Nachbildungen der Renaissance (A. Palladio, Teatro Olimpico [1580 ff.], Vicenza) zunächst die Hofgesellschaft. Mit der Entwicklung der perspektiv. Spielraumbühne wurden die Instrumentalisten aus dem hinteren Bühnenraum in den Halbkreis zwischen Bühne und Zuschauer, in die ehem. O., verlegt; der Begriff bezeichnete dann die Instrumentalisten.

**Orczy,** Emmuska Baroness [engl. 'ɔ:tsɪ, 'ɔ:ksɪ, ungar. 'ortsi], * Tarnaörs (Ungarn) 23. Sept. 1865, † London 12. Nov. 1947, engl. Schriftstellerin ungar. Herkunft. – Schrieb zunächst Kurzgeschichten für Zeitschriften, dann, nach dem Erfolg des histor. Abenteuerromans ›Die scharlachrote Blume‹ (1905, dt. 1935, 1906 u. d. T. ›Das rote Pimpernell‹), dem mehrere Fortsetzungen folgten, Romane des gleichen Genres sowie sentimentale Liebes- und Kriminalromane.

**Ören,** Aras [türk. œ'rɛn], * Istanbul 1939, türk. Schriftsteller. – Zunächst Schauspieler und Dramaturg; lebt seit 1969 als Schriftsteller in Berlin. Während das Werk Ö.s in der Türkei kaum Beachtung fand, machte er sich in der BR Deutschland v. a. mit den Poemen ›Was will Niyazi in der Naunynstraße‹ (1973), ›Privatexil‹ (1977), ›Deutschland, ein türk. Märchen‹ (1978) und ›Mitten in der Odyssee‹ (1980) einen Namen.

**Weitere Werke:** Der kurze Traum aus Kogithane. Ein Poem (1974), Die Fremde ist auch ein Haus. Berlin-Poem (1980), Alte Märchen neu erzählt (dt. und türk. 1981), Bitte nix Polizei (Kriminal-E., dt. 1981, türk. 1985), Der Gastkonsument (En., dt. und türk. 1982), Manege (E., dt. 1983, türk. 1985), Das Wrack, Secondhand-Bilder (Ged., türk. 1984, dt. 1987), Eine verspätete Abrechnung oder der Aufstieg der Gündoğdus (R., türk. 1985, dt. 1988), Paradies kaputt (En., 1986), Dazwischen (Ged., türk. 1987, dt. 1987), Verlorene Zärtlichkeit (En., türk. 1987, dt. 1988).

**Orendel,** mittelfränk. Spielmannsepos, entstanden im letzten Jahrzehnt des 12. Jh. (etwa 3 900 Verse), in dem einheim. Märchenstoff mit der Legende vom Heiligen Rock (der 1196 im Hauptaltar des Trierer Doms niedergelegt wurde) und antiken Romanmotiven verschmolzen ist. Der unbekannte Verfasser erzählt, wie der Trierer Königssohn O. eine Brautfahrt nach Jerusalem unternimmt, Schiffbruch erleidet, nach seiner Rettung bei einem Fischer arbeitet und einen Wal fängt, in dessen Magen sich der ›graue Rock‹ befindet. Er zieht diesen Rock an und von da an gelingen ihm auf wunderbare Weise alle seine Unternehmungen. Die Sprache des Epos ist volkstümlich und derb, mit vielen formelhaften Wendungen; Versbau und Reimtechnik zeigen noch große Freiheiten. Der O. ist in einer Handschrift des 15. Jh. (1870 verbrannt) und zwei Drucken (einer in Prosa) von 1512, dem Jahr der ersten feierl. Ausstellung des Rockes, überliefert.

**Ausgaben:** O. Hg. v. H. STEINGER. Halle/Saale 1935. – O. (der graue Rock). Faksimileausg. der Vers- u. der Prosafassung nach den Drucken v. 1512. Hg. v. L. DENECKE. Stg. 1972.

**Literatur:** TEUBER, E.: Zur Datierung des mhd. O.epos. Diss. Gött. 1954. – JUNGANDREAS, W.: O. u. der Heilige Rock. In: Kurtrier. Jb. 8 (1968). – MEVES, U.: Studien zu König Rother, Herzog Ernst u. Grauer Rock (O.). Ffm. 1976.

**Orfelin,** Zaharija Stefanović, * Vukovar (Kroatien) 1726, † Novi Sad 19. Jan. 1785, serb. Schriftsteller. – Gründete die erste südslaw. Zeitschrift ›Slaveno-serbskij magazin‹ (Venedig 1768), verfaßte v. a. Werke über literarisch-histor. Themen aus der serb. Vergangenheit (›Plač Serbiji‹ [= Klage Serbiens], Versdichtung, 1763[?]; 1761 in russisch-kirchenslaw. Fassung), schrieb die erste serb. histor. Monographie: über Peter den Großen (2 Bde., 1772); auch Theologe, Lexikograph, Kartograph und bekannter Kupferstecher.

**Literatur:** MARINKOVIĆ, B.: Bibliographia orpheliniana. In: Jb. (Godišnjak) der Philosoph. Fakultät Novi Sad 18 (1975).

**Orfi** (tl.: 'Urfī), Mohammad, * Schiras (Iran) 1556, † Lahore (Pakistan) 1591, pers. Dichter. – Dichter am Hofe des ind. Mogulherrschers Akbar; angesehener Panegyriker, der sich als Meister des sog. ind. Stils in der pers. Literatur erwies.

**Literatur:** Iran. Literaturgesch. Hg. v. J. RYPKA u. a. Dt. Übers. Lpz. 1959. S. 289.

**Orgambide,** Pedro [span. ɔrɣam'biðe], * Buenos Aires 9. Aug. 1929, argentin. Schriftsteller. – Lebte 1975–84 im Exil in Mexiko. Verbindet in seinen Romanen und Erzählungen krit. Gesellschaftsanalyse mit ironisch verfremdender Darstellung. Sein z. T. humorist. Antityrannenroman ›Aventuras de Edmund Ziller en tierras del nuevo mundo‹ (1977) behandelt in kompliziertem Perspektivenwechsel die Geschichte Lateinamerikas unter dem Aspekt gescheiterter Volkserhebungen.

**Weitere Werke:** Las hermanas (R., 1959), Memorias de un hombre de bien (R., 1964), El páramo (R., 1965), Yo, argentino (Essay, 1968), Historias con tangos y corridos (En., 1976), El arrabal del mundo (R., 1982), Hacer la América (R., 1984), Pura memoria (R., 1985), La convaleciente (R., 1987).

**Orhan Kemal** [türk. ɔr'han kɛ'mal], eigtl. Mehmet Raşit Ögütçü, * Ceyhan (Südostanatolien) 15. Sept. 1914, † Sofia 2. Juni 1970, türk. Schriftsteller. – Wegen verbotener polit. Tätigkeit 1939 zu 5 Jahren Haft verurteilt; während der Gefängniszeit Bekanntschaft mit N. Hikmet; veröffentlichte ab 1940 zahlreiche realist. Erzählungen und Romane, in denen er als einer der ersten türk. Schriftsteller die Problematik des sich im Lande entwikkelnden Industrieproletariats sowie von Landflucht und Verstädterung thematisierte.

**Werke:** Ekmek kavgası (= Der Kampf ums Brot, En., 1949), Murtaza oder das Pflichtbewußtsein des kleinen Mannes (R., 1952, dt. 1980), Bereketli topraklar üzerinde (= Auf fruchtbare Erde, R., 1954), Gurbet kuşları (= Zugvögel, R., 1962).

**Oriani,** Alfredo, * Faenza 22. Aug. 1852, † Casola Valsenio (Prov. Ravenna) 18. Okt. 1909, italien. Schriftsteller. – Nahm zu den polit. Tagesfragen im Sinne einer italien. Großmachtpolitik Stellung, was ihm postum die Anerkennung durch die italien. Faschisten einbrachte. Verfasser meist autobiographisch inspirierter, verist. Romane und Novellen, auch von Dramen und lyr. Gedichten sowie unter dem Einfluß G. W. F. Hegels von zahlreichen politisch-histor. Schriften (›Die Empörung des Ideals‹, 1908, dt. 1930).

**Weitere Werke:** La lotta politica in Italia (Abh., 1892), Gelosia (R., 1894), La disfatta (R., 1896), La bicicletta (Nov.n, 1902).

**Ausgaben:** A. O. Opera omnia. Hg. v. B. MUSSOLINI. Bologna 1923–33. 30 Bde. – A. O. I racconti. Hg. v. E. RAGNI. Rom 1977. 2 Bde.

**Literatur:** ZAMA, P.: A. O. In: Letteratura italiana. I minori. Bd. 4. Mailand 1962. S. 3199 (mit Bibliogr.). – BIANCHI, G. B.: A. O. La vita. Urbino 1965 (mit Bibliogr.). – BAIONI, M.: Il fascismo e A. O. Il mito del precursore. Ravenna 1988.

**orientalisierende Dichtung,** literar. Werke, die oriental. Themen, Stoffe und Dichtformen (z. B. ↑ Ghasel) aufgreifen und auch die Philosophien und Kulturen des Orients zu erfassen suchen. Auf die Bereitschaft zur Adaption der kulturellen Hervorbringungen des Orients stößt man in den Literaturen Europas seit dem MA mit unterschiedl., auch national differenzierter Intensität (↑mittellateinische Literatur, ↑novellino, Il, ↑spanische Literatur). In neuerer Zeit belegen A. Gallands Übersetzung von ›Tausendundeine Nacht‹ (1704–17) dieses Interesse ebenso wie Montesquieus ›Persische Briefe‹ (1721) oder in Deutschland J. G. Herders Sammlung ›Volkslieder‹ (1778/1779, 1807 u. d. T. ›Stimmen der Völker in Liedern‹) und F. Schlegels Schrift ›Über die Sprache und Weisheit der Indier‹ (1808). Wesentl. Impulse erhielt die o. D. von Goethes Gedichtsammlung ›West-östl. Divan‹ (1819). Weitere deutschsprachige Autoren waren F. Rückert (›Oestl. Rosen‹, Ged., 1822; ›Sieben Bücher morgenländ. Sagen und Geschichten‹, 1837), A. von Platen (›Ghaselen‹, 1821), später u. a. M. Dauthendey (›Die acht Gesichter am Biwasee‹, Nov.n, 1911) und H. Hesse (›Siddharta. Eine ind. Dichtung‹, 1922).

**Orie̢nte,** Fernão Álvares do, *Goa um 1540, †Lissabon um 1595, portugies. Dichter. – Diente als Soldat in portugies. Diensten in Indien; Verfasser der ›Lusitânia transformada‹ (gedr. 1607), eines aus Prosa und Poesie in italien. Manier (I. Sannazaro) gemischten Schäferromans mit Elegien, Sonetten und Idyllen.

**Literatur:** F. Á. do O. O homem e a obra. Hg. v. A. CIRURGIÃO. Paris 1976.

**Ori̲genes** (tl.: Ōrigénēs), genannt Adamantios, *wahrscheinlich Alexandria um 185, †wahrscheinlich Tyrus 253/254, griech. Kirchenschriftsteller. – O., dessen Stil von der klass. Prosa beeinflußt ist, schrieb Kommentare, Homilien, Scholien zu den Büchern des AT und NT, dogmat. und apologet. Schriften, die – wie sein Hauptwerk ›De principiis‹ (nur in der Übersetzung des Rufinus von Aquileia erhalten), das das erste theolog. Lehrsystem bietet – für die Theologie der frühen christl. Jahrhunderte von großer Bedeutung waren, obwohl ein Teil davon später als häretisch verworfen wurde. Bedeutend ist seine textkrit. Bibelausgabe ›Hexapla‹, in der er die Septuaginta mit dem hebr. Urtext und griech. Übersetzungen vergleicht. Obwohl O. 230 exkommuniziert wurde, da er sich aufgrund einer Fehlinterpretation von Matth. 19, 12 selbst kastriert hatte, war er lange der einflußreichste Kirchenschriftsteller.

**Literatur:** KETTLER, F. H.: Der urspr. Sinn der Dogmatik des O. Bln. 1966. – SCHÄR, M.: Das Nachleben des O. im Zeitalter des Humanismus. Basel u. Stg. 1979.

**Origina̲lausgabe,** erste, vom Autor selbst betreute Ausgabe eines Werkes, wobei von einem Werk mehrere O.n (Fassungen) existieren können; die zuerst erschienene Fassung heißt Urausgabe.

**O̲riyā-Literatur** ↑indische Literaturen.

**Ørjasæter,** Tore [norweg. 'œrjase:tər], *Nordberg (Ottadal) 8. März 1886, †Lillehammer 29. Febr. 1968, norweg. Schriftsteller. – Vermittler zwischen lyr. Traditionalismus und Modernismus. Beschrieb in seinem Gedichtzyklus ›Gudbrand Langleite‹ (3 Bde., 1913–27) die Spannung zwischen Heimatliebe und Sehnsucht nach der Ferne und ihre Lösung im Religiösen; schrieb auch Dramen und Erzählungen.

**Weitere Werke:** I dalom (Ged., 1910), Jo Gjende (Dr., 1917), Eldringer (Ged., 1924), Uppheimen på Sandness (E., 1933), Christophoros (Dr., 1948), Den lange bryllupsreisa (Dr., 1949).

**O̢rkan,** Władysław, eigtl. Franciszek Smaciarz-Smreczyński, *Poręba Wielka bei Nowy Targ 27. Nov. 1875, †Krakau 14. Mai 1930, poln. Schriftsteller. – Von S. Żeromski beeinflußt, wurde O. einer der hervorragendsten Dichter des poln. Bauerntums neben W. S. Reymont, verwendete aber nicht Stilisierungen wie jener. Er stellt in realist. Romanen die harten Lebensbedingungen der Bauern der Tatra dar, benutzte dabei den Goralendialekt und schuf so der poln. Literatursprache neue Ausdrucksmöglichkeiten; schrieb auch schwermütige Lyrik.

**Werk:** Drzewiej (= Ehemals, R., 1912).

**Ausgabe:** W. O. Dzieła. Krakau 1960–72. 14 Bde.

**Literatur:** DUŻYK, J.: W. O. Warschau $^{2}$1980.

**Örkény,** István [ungar. 'ørke:nj], *Budapest 5. April 1912, †ebd. 24. Juni 1979, ungar. Erzähler und Dramatiker. – Ironie, Hang zum Grotesken und die Mischung surrealist. und realist. Momente machen Ö.s Werke unverwechselbar.

Eine neue Gattung schuf er mit den ›Minutennovellen‹ (1968, dt. Auswahl u. d. T. ›Gedanken im Keller‹, 1976). Das Drama ›Familie Tót‹ (1967, dt. 1975), eine absurde Tragikomödie mit schwarzem Humor, ist das im Ausland meistgespielte ungar. Stück.

**Weitere Werke:** Katzenspiel (R., 1974, dt. 1977), Interview mit einem Toten (R., 1977, dt. 1982).

**Orm** (Orrm, Ormin) [engl. ɔ:m], engl. Dichter des 13. Jahrhunderts. – Augustinermönch, lebte vermutlich im Nordosten Englands. Sein ›Or(r)mulum‹ (frühes 13. Jh.), eine homilet. Evangelienparaphrase in etwa 10 000 reimlosen Septenarversen, ist eines der frühesten Zeugnisse mittelengl. Literatur; O.s Versuch einer systemat. orthograph. Wiedergabe der Aussprache hat sprachgeschichtl. Bedeutung.

**Ausgabe:** Ormulum. Hg. v. R. M. White, revidiert v. R. Holt. Oxford 1878. 2 Bde. Nachdr. New York 1974.

**Literatur:** Lehnert, M.: Sprachform und Sprachfunktion im ›Orrmulum‹. Bln. 1953.

**Ormesson,** Jean [Bruno Wladimir] Lefèvre Graf d' [frz. ɔrmɛ'sõ], * Paris 16. Juni 1925, frz. Schriftsteller. – Hatte verschiedene Posten in Ministerkabinetten und bei der UNESCO inne, war u. a. 1952–71 stellvertretender Chefredakteur der UNESCO-Zeitschrift ›Diogène‹, 1974–76 Präsident des Direktoriums und Chefredakteur von ›Le Figaro‹; veröffentlichte z. T. autobiographisch inspirierte Romane, Essays und eine Biographie F. R. de Chateaubriands (›Mon dernier rêve sera pour vous‹, 1982). Seit 1974 Mitglied der Académie française.

**Weitere Werke:** L'amour est un plaisir (R., 1956), Au revoir et merci (Essays, 1966), Der Glanz des Reiches (R., 1971, dt. 1979; Grand Prix du roman de l'Académie française 1971), Wie es Gott gefällt (R., 1974, dt. 1976), Le vagabond qui passe sous une ombrelle trouée (R., 1978), Dieu, sa vie, son œuvre (R., 1981), Le vent du soir (R., 1985), Tous les hommes en sont fous (R., 1986), Le bonheur à San Miniato (R., 1987), Die Legende vom ewigen Juden (R., 1991, dt. 1992), La douane de mer (R., 1994).

**Ormin** [engl. 'ɔ:mɪn], engl. Dichter des 13. Jh., ↑Orm.

**Orosius** (Paulus O.), * wohl Bracara (heute Braga, Portugal), † nach 418, lat. Kirchenschriftsteller und Geschichtsschreiber. – Presbyter, übergab 414 auf der Flucht vor den Vandalen Augustinus in Hippo Regius sein ›Commonitorium de errore Priscillianistarum et Origenistarum‹ (= Denkschrift über den Irrtum der Anhänger des Priscillianismus und des Origenismus); trat in Jerusalem 415 als Ankläger gegen den engl. Mönch und Kirchenschriftsteller Pelagius (* vor 384, † nach 418 oder 422) auf und verfaßte den ›Liber apologeticus contra Pelagianos‹ (= Verteidigung gegen die Pelagianer). Nach Afrika zurückgekehrt, entstanden auf Veranlassung des Augustinus als Ergänzung zu dessen ›De civitate Dei‹ sieben Bücher ›Historiae adversus paganos‹ (= Geschichten wider die Heiden), eine Weltgeschichte (von Adam bis zum Jahre 417), in der er den heidn. Vorwurf zurückweist, an der Not der Zeit sei das Christentum schuld. Das Werk, im Mittelalter Lehrbuch, hat die Periodisierung der Geschichte bis ins 18. Jh. beeinflußt.

**Ausgaben:** O. In: Patrologiae cursus completus. Series Latina. Bd. 31. Hg. v. J.-P. Migne. Paris 1846. S. 663. – O. Die antike Weltgesch. in christl. Sicht. Dt. Übers. v. A. Lippold. Einl. v. C. Andresen. Zü. u. Mchn. 1985–86. 2 Bde.

**Literatur:** Goetz, H. W.: Die Geschichtstheologie des O. Darmst. 1980.

**Orpas** (tl.: Orpaz), Jizchak, * in der UdSSR 1923, israel. Schriftsteller. – Emigrierte 1938 mit einer Kindergruppe nach Palästina; war u. a. Kibbuzmitglied, Berufsoffizier, Student, Matrose, Diamantenschleifer und Lehrer; seine Romane und Novellen spiegeln seine pessimistische Vision einer im Zerfall begriffenen Welt, symbolisiert z. B. durch die grausame methodische Ausrottung der Ameisen im Kurzroman ›Nemālīm‹ (= Die Ameisen, 1968).

**Literatur:** Enc. Jud., Decennial book, 1972, S. 499.

**orphische Dichtungen,** die angeblich auf Orpheus zurückgehenden heiligen Schriften der orph. Sekten. Vollständig erhalten sind: 1. eine Sammlung von 87 orph. Hymnen – vermutlich das Kultbuch einer kleinasiat. orph. Gemeinde –, die zum größten Teil wohl erst aus dem 2. Jh. v. Chr. stammen; 2. die orph. ›Argonautiká‹, eine dem Orpheus in den Mund gelegte Darstellung des Argonautenzuges (wohl ebenfalls erst aus dem 2. Jh. v. Chr.); 3. die orph. ›Lithiká‹, ein dem Orpheus erst seit Ioannes Tzetzes (12. Jh.) zugeschriebenes Gedicht, das die wundertätigen Kräfte der Steine besingt. Hinzu kommen 363 Fragmente (größtenteils aus der röm. Kaiserzeit), die v. a. auf zwei größere Werke zurückgehen: auf die 24 Bücher der orph. ›Hieroì lógoi‹ (= Heilige Reden), deren Kern wohl noch im 6. Jh. v. Chr. entstanden ist (ihre Themen sind v. a. Theogonie, Kosmogonie, Göttergenealogie), und auf die Katabasis [= Abstieg] des Orpheus in den Hades, in der Orpheus von seiner Fahrt in die Unterwelt berichtet (sie war wohl im wesentlichen die Quelle für die Jenseits- und Seelenwanderungslehre der Orphiker). Zum orph. Schrifttum gehören auch die orph. Totenbücher, Texte auf Goldblättchen, die den Toten beim Begräbnis beigegeben wurden.

**Orsini,** Giulio, Pseudonym des italien. Historikers und Schriftstellers Domenico ↑Gnoli.

**Ors i Rovira,** Eugeni d' [katalan. 'orz i rru'βirə] (span. Eugenio d'O. y R.), Pseudonym Xenius, * Barcelona 28. Sept. 1882, † Villanueva y Geltrú 25. Sept. 1954, span. Philosoph und Schriftsteller. – Studierte in Barcelona und Paris, lebte längere Zeit im Ausland, meist in Frankreich. O. i R. schrieb in katalan., span. und frz. Sprache, v. a. bedeutende philosophische und kunstkritische Essays (Barockstudien); bevorzugte für seine zeitgeschichtlichen Betrachtungen die Form der Glosse; sein einflußreiches Werk ist stark didaktisch geprägt.

**Werke:** Glosari (9 Bde., 1907–15), La ben plantada (R., 1912), Glosas (1920), Nuevo glosario (7 Bde., 1921–23), Cézanne (Biogr., 1924), Guillermo Tell (Dr., 1926), Vida de Goya (Biogr., 1926), Pablo Picasso (Biogr., 1930), Novísimo glosario (1946), El segredo de la filosofia (Essay, 1947).

**Ausgabe:** E. d'O. i R. Obra catalana completa. Barcelona 1950 ff.

**Literatur:** SUELTO DE SÁENZ, P. G.: E. d'O. Su mundo de valores estéticos. Madrid 1969. – AMORÓS, A.: E. d'O., crítico literario. Madrid 1971. – ROTHERT, H.: E. d'O. Gestalt u. Werk. Köln 1978. – ARANGUREN, J. L. L.: La filosofía de E. d'O. Neuausg. Madrid 1981.

**Országh,** Pavol [ungar. 'orsa:g], slowak. Dichter, ↑Hviezdoslav.

**Ortega y Gasset,** José [span. ɔr'teɣa i ɣa'sɛt], * Madrid 9. Mai 1883, † ebd. 18. Okt. 1955, span. Kulturphilosoph, Soziologe und Schriftsteller. – Besuch eines Jesuitenkollegs; 1898–1902 Studium der Philosophie und Literatur in Madrid, 1906–10 an den Universitäten Leipzig, Berlin und Marburg, 1911–36 und 1949–53 Prof. für Literatur und Metaphysik an der Univ. Madrid; gründete 1923 die bed. literarisch-kulturelle Zeitschrift ›Revista de Occidente‹; 1923–30 Leiter einer Oppositionsgruppe republikan. Intellektueller (gegen M. Primo de Rivera y Orbaneja); 1936–46 in der Emigration (u. a. in Frankreich, Portugal, Argentinien, Deutschland); gründete 1948 mit Julián Marías (* 1914) das ›Instituto de Humanidades‹. Obwohl O. y G.s Haupttätigkeit auf philosoph. Gebiet lag, nimmt er mit seinen Essays, u. a. ›Meditationen über „Don Quijote"‹ (1914, dt. 1959), ›Die Aufgabe unserer Zeit‹ (1923, dt. 1928), ›La deshumanización del arte‹ (1925, dt. 1934 in: ›Buch des Betrachters‹), ›Der Aufstand der Massen‹ (1929, dt. 1931), ›Um einen Goethe von innen bittend‹ (1932, dt. 1934), ›Über die Liebe‹ (1941, dt. 1933), ›Geschichte als System‹ (1941, dt. 1943), ›Das Wesen geschichtl. Krisen‹ (1942, dt. 1947), ›Vom Menschen als utop. Wesen‹ (1951, dt. 1951), einen festen Platz in der span. Literatur ein; im zeitgenöss. Kontext interessant sind auch seine Urteile über span. Schriftsteller des 20. Jahrhunderts.

**Ausgaben:** J. O. y G. Polit. Schrr. Dt. Übers. v. K. A. HORST. Stg. 1971. – J. O. y G. Ges. Werke. Dt. Übers. Stg. 1978. 6 Bde. – Obras de J. O. y G. Hg. v. P. GARAGORRI. Madrid 1981. 24 Bde.

**Literatur:** NIEDERMAYER, F.: O. y G. Bln. 1959. – FERRATER MORA, J.: O. y G. An outline of his philosophy. New Haven (Conn.) [3]1963. – GARAGORRI, P.: Introducción a O. y G. Madrid 1970. – RALEY, H. C.: O. y G., philosopher of European unity. Alabama 1971. – LALCONA, J. F.: El idealismo político de O. y G. Madrid 1974. – MARÍAS, J.: O. Madrid 1983. 2 Bde. – GRAY, R.: The imperative of modernity. An intellectual biography of J. O. y G. Berkeley (Calif.) 1989.

**Ortese,** Anna Maria, * Rom 1914, italien. Schriftstellerin. – Journalistin; lebte lange in Neapel; begann mit phantastisch-surrealist. Erzählungen teils autobiograph. Inhalts (›Angelici dolori‹,

1937), schrieb dann neorealist., psychologisch vertiefte Erzählungen (›Neapel, Stadt ohne Gnade‹, 1953, dt. 1955, Premio Viareggio 1953; ›Silenzio a Milano‹, 1958) und Romane, die Wirklichkeitsschilderung mit Märchenhaftem verbinden (›Iguana. Ein romant. Märchen‹, R., 1965, dt. 1988; ›Poveri e semplici‹, R., 1967, Premio Strega 1967).

**Weitere Werke:** La luna sul muro (R., 1968), L'alone grigio (En., 1969), Il porto di Toledo (R., 1975), Il cappello piumato (R., 1979), In sonno e in veglia (En., 1987), Il cardillo addolorato (R., 1993).

**Literatur:** SICILIANO, E.: A. O. In: Siciliano: Racconti italiani del Novecento. Mailand 1983. S. 997.

**Ortheil,** Hanns-Josef, * Köln 5. Nov. 1951, dt. Literaturwissenschaftler und Schriftsteller. – Studierte Musikwiss., Literaturwiss. und Philosophie, ab 1976 wiss. Mitarbeiter, 1982–91 Hochschulassistent in Mainz. 1979 erschien O.s erster Roman ›Fermer‹, der ein Zeitbild der dt. Jugend Anfang der 80er Jahre entwirft. Schreibt auch Erzählungen, Essays, Opernlibretti und Drehbücher.

**Weitere Werke:** Wilhelm Klemm. Monogr. über einen Lyriker der Menschheitsdämmerung (1979), Der poet. Widerstand im Roman (1980), Mozart. Im Innern seiner Sprachen (1982), Hecke (E., 1983), Jean Paul (Monogr., 1984), Köder, Beute und Schatten. Suchbewegungen (1985), Schwerenöter (R., 1987), Schauprozesse. Beiträge zur Kultur der 80er Jahre (1990), Abschied von den Kriegsteilnehmern (R., 1992), Das Element des Elephanten (Autobiogr., 1994).

**Ortiz,** Adalberto [span. ɔr'tis], * Esmeraldas 9. Febr. 1914, ecuadorian. Schriftsteller. – Zunächst Lehrer, dann Diplomat, Journalist; 1969 Sekretär der polytechn. Hochschule von Guayaquil. Schrieb als einer der ersten ecuadorian. Autoren Gedichte, die auf die Folklore der Schwarzen und Mulatten zurückgreifen. Sein Hauptwerk ist der lyrisch verdichtete Roman ›Juyungo‹ (1943, dt. 1957).

**Weitere Werke:** Tierra, son y tambor (Ged., 1945), Camino y puerto de la angustia (Ged., 1946), La mala espalda (En., 1952), El animal herido (Ged., 1959), El espejo y la ventana (R., 1967), La entundada (En., 1971).

**Ortiz,** Juan L[aurentino] [span. ɔr'tis], * Gualeguay (Prov. Entre Rios) 11. Juli 1896, † Paraná 2. Sept. 1978, argentin. Lyriker. – Seit dem Gedichtband ›El agua y la noche‹ (1933) behandelt er in metaphysisch-transzendierenden Bildern und Assoziationen die Naturlandschaft seiner engeren Heimat am Paraná; wurde erst in jüngster Vergangenheit als einer der sprachlich subtilsten und originellsten Dichter Argentiniens anerkannt.

**Ausgabe:** J. L. O. En el aura del sauce. Rosario 1970–71. 3 Bde.

**Ortiz,** Simon [engl. 'ɔ:tɪz], * Albuquerque (N. Mex.) 27. Mai 1941, amerikan. Schriftsteller. – Wuchs in der Indianerreservation des Acoma Pueblo in New Mexiko auf; Studium an der University of New Mexico und Schriftstellerausbildung. O., der als einer der bedeutendsten indian. Dichter in den USA gilt, tritt in seinem Werk (Lyrik, auch Kurzgeschichten) für die Rechte der Indianer ein.

**Werke:** Naked in the wind (Ged., 1970), Going for the rain (Ged., 1976), Dunkle Wolken am Horizont (En., 1978, dt. 1985, 1991 u. d. T. Willkommen, Indianer), Fight back. For the sake of the people, for the sake of the land (Ged., 1980), From Sand Creek (Ged., 1981), Fightin'. New and collected stories (En., 1983).

**Literatur:** Coyote was here. Essays on contemporary native American literary and political mobilization. Hg. v. B. SCHÖLER. Aarhus 1984.

**Ortner,** Hermann Hein, * Bad Kreuzen (Oberösterreich) 14. Nov. 1895, † Salzburg 18. Aug. 1956, österr. Dramatiker. – War u. a. Dramaturg in Wien; unternahm als freier Schriftsteller zahlreiche Reisen. Schrieb wirkungsvolle Bühnenwerke (Verwendung mittelalterl., barocker und surrealist. Gestaltungselemente).

**Werke:** Päpstin Johanna (Dr., 1926), Sebastianlegende (Dr., 1929), Tobias Wunderlich (Dr., 1929; vertont von J. Haas), Wer will unter die Soldaten (Dr., 1930), Schuster Anton Hitt (Schsp., 1932), Stefan Fadinger (Schsp., 1933), Himml. Hochzeit (dramat. Dichtung, 1936), Das Paradiesgärtlein (Kom., 1940).

**Ortnit** [...ni:t], in der ersten Hälfte des 13. Jh. von einem ostfränk. Dichter im Hildebrandston abgefaßtes Epos, das von abenteuerl. und märchenhaften Zügen bestimmt ist. O., Sohn des Zwerges Alberich und König der Langobarden, unternimmt eine Brautfahrt zum Syrerkönig Machorel, der alle Freier seiner Tochter Sidrat tötet; es kommt zum Kampf zwischen Christen und Heiden und zum Raub von Sidrat, wobei O. von Alberich unterstützt wird. Um sich zu rächen, schickt Machorel zwei Dracheneier, aus denen zwei Drachen schlüpfen, die das Land verwüsten und O. töten; sein Rächer und Nachfolger auf dem Thron ist Wolfdietrich; zum gleichnamigen Epos ist der O. als Vorgeschichte konzipiert.

**Ausgaben:** Dt. Heldenb. Bd. 3 u. 4.: O. u. die Wolfdietriche. Hg. v. A. AMELUNG u. O. JÄNECKE. Bln. 1871–73. Neudr. Dublin u. Zü. 1968.

**Literatur:** DINKELACKER, W.: O.-Studien. Bln. 1972. – HEINZLE, J.: Mhd. Dietrichepik. Mchn. 1978. – RUPP, H.: Der O. – Heldendichtung oder? In: Dt. Heldenepik in Tirol. Hg. v. E. KÜHEBACHER. Bozen 1979. S. 231.

**Orton,** Joe [engl. ɔ:tn], eigtl. John Kingsley O., * Leicester 1. Jan. 1933, † London 9. Aug. 1967 (von seinem Freund Kenneth Halliwell ermordet), engl. Dramatiker. – Behandelt in seinen Dramen mit den Mitteln von Farce, Satire und schwarzem Humor tabuisierte Themen um Sexualität und Verbrechen im Sinn einer radikalen Gesellschaftskritik und der Propagierung eines anarch. Individualismus.

**Werke:** Der Rowdy auf der Treppe (Hsp., Erstsendung 1964; Dr., 1967, dt. 1967), Seid nett zu Mr. Sloane (Dr., 1964, dt. 1967), Beute (Dr., 1967, dt. 1967), Ferien bei Erpingham (Dr., 1967, dt. 1967), Was der Butler sah (Dr., 1969, dt. 1969), Funeral games (Fsp., Erstsendung 1970).

**Ausgaben:** J. O. The complete works. London 1976. – The O. diaries. Hg. v. J. LAHR. New York 1986.

**Literatur:** BIGSBY, CH. W.: J. O. London u. a. 1982. – CHARNEY, M.: J. O. London 1984. – LAHR, J.: Halt die Ohren steif. Die J.-O.-Biogr. Dt. Übers. Hamb. 1987.

**Ørum,** Poul [dän. 'ø:rom], * Nykøbing Mors 23. Dez. 1919, dän. Schriftsteller. – Beschäftigte sich in seinen Romanen mit offener und latenter Kriminalität. Die Frage nach Schicksal und Schuld des einzelnen, seine Konfrontation mit einer verständnislosen Gesellschaft steht im Zentrum seiner Werke, die vom Verständnis für das Irrationale im Menschen zeugen und in denen er für das Recht schwacher, benachteiligter Menschen kämpft.

**Werke:** Der Schatten neben dir (R., 1959, dt. 1983), Einer soll geopfert werden (R., 1972, dt. 1980), Was ist Wahrheit (R., 1974, dt. 1981), Wissen ist Mord (R., 1975, dt. 1981), Stumme Zeugen (R., 1976, dt. 1981), Am kritischen Punkt (R., 1978, dt. 1983), Dagens lys (R., 1989), Af hjertens grund (R., 1992).

**Orwell,** George [engl. 'ɔ:wəl], eigtl. Eric Arthur Blair, * Motihari (Bihar) 25. Juni 1903, † London 21. Jan. 1950, engl. Schriftsteller. – Stipendiat in Eton; war ab 1922 Beamter bei der brit. Polizeitruppe in Indien, von der er 1927 als Gegner imperialist. Methoden seinen Abschied nahm; seine Erfahrungen verarbeitete er zu dem Erinnerungsbuch ›Tage in Burma‹ (1934, dt. 1982). Er lebte mehrere Jahre in Paris und London von Gelegenheitsarbeiten (›Erledigt in Paris und London‹, autobiograph. Sozialreportage, 1933, dt. 1978); 1936 kämpfte er auf republikan. Seite im Span. Bürgerkrieg, über den er in ›Mein Katalonien‹ (1938, dt. 1964) berichtet; nach einer Verwundung kehrte er nach Großbritannien zurück, wo er als Journalist sozialkritisch engagiert (später Mitglied der Labour Party) tätig war. Erfolgreich waren v. a. die gegen die Diktatur gerichtete Satire ›Farm der Tiere‹ (1945, dt. 1946) und der Roman ›1984‹ (1949, dt. 1950), in dem er mit dem Schreckensbild eines totalitären Staates vor Entwicklungen warnt, die zur totalen Überwachung, Verwaltung und Beherrschung des Individuums führen können. ›1984‹ ist neben A. Huxleys ›Schöne neue Welt‹ die bekannteste Anti-Utopie des 20. Jahrhunderts.

**Weitere Werke:** Eine Pfarrerstochter (R., 1935, dt. 1983), Der Weg nach Wigan Pier (Sozialreportage, 1937, dt. 1982), Auftauchen, um Luft zu holen (R., 1939, dt. 1981, erstmals dt. 1953),

George Orwell

Shooting an elephant (Essays, 1950), Such, such were the joys/Die Freuden der Kindheit (Autobiogr., hg. 1953, dt. 1989), Im Innern des Wals (Essays, dt. Ausw. 1975), Rache ist sauer (Essays, dt. Ausw. 1975), Von Pearl Harbor bis Stalingrad. Die Kommentare zum Krieg (hg. 1985, dt. 1993).

**Ausgaben:** Collected essays, journalism and letters of G. O. Hg. v. S. ORWELL u. I. ANGUS. New York 1968. 4 Bde. – G. O. Werkausg. in 11 Bden. Zü. 1982–83. – G. O. Nineteen-Eighty-Four. Hg. v. B. CRICK. Neuausg. Oxford 1984.

**Literatur:** STANSKY, P./ABRAHAMS, W.: The unknown O. New York [2]1981. – LEWIS, P.: G. O. Biogr. Dt. Übers. Bln. u. a. 1982. – LANG, H.-J.: G. O. Mchn. 1983. – PLANK, R.: O.s ›1984‹. Eine psycholog. Studie. Dt. Übers. Ffm. 1983. – CRICK, B.: G. O. Ein Leben. Dt. Übers. Ffm. 1984. – SHELDEN, M.: G. O. Eine Biogr. Dt. Übers. Zü. 1993.

**Orzechowski,** Stanisław [poln. ɔʒɛ'xɔfski], latinisiert Orichovius, * Przemyśl 11. Nov. 1513, † Ende 1566, poln. Schriftsteller. – Studierte u. a. in Wittenberg, Bekanntschaft mit den Reformatoren; weitere Studien in Italien; nach seiner Rückkehr gegen seinen Willen zum Priester geweiht; stand zeitweise der orthodoxen Kirche nahe, zuletzt fanat. Gegenreformator. Beherrschte meisterhaft die lat. und poln. rhetor. Prosa; bedeutendster poln. Publizist des 16. Jh. mit adelsfreundl. Tendenz. Zu seinen Hauptwerken gehören zwei lat. Schriften, in denen er zum Kreuzzug gegen die Türken aufrief (1543 und 1544), sowie der Dialog ›Quincunx, to jest wzór Korony Polskiej ...‹ (= Quincunx, das ist ein Vorbild für die Poln. Krone, 1564), in dem er für die kirchl. Vormacht gegenüber der weltl. eintrat.

**Ausgabe:** S. O. Wybór pism. Breslau 1972.

**Orzeszkowa,** Eliza [poln. ɔʒɛʃ'kɔva], geb. Pawłowska, * Milkowschtschisna bei Grodno 6. Juni 1841, † Grodno 18. Mai 1910, poln. Schriftstellerin. – Vertrat einen gemäßigten Positivismus und verfocht in realist. Romanen, in denen sie u. a. die Welt der polnisch-litauischen Bauern und der jüd. Bevölkerung Polens darstellte, soziale und patriot. Ideen; setzte sich für die Rechte der Frau ein; ihr Werk hat humanitären Charakter.

**Werke:** Eli Makower (R., 1875, dt. 1888), Meier Ezofowicz (R., 1878, dt. 1885), Die Hexe (R., 1888, dt. 1954), Nad Niemnem (= Am Njemen, R., 3 Bde., 1888), Der Njemenfischer (R., 1888, dt. 1953), Die Hochwohlgeborenen (R., 1891, dt. 1965), Argonauci (= Die Argonauten, R., 1900), Blumenhochzeit (Märchen, 1901, dt. 1988).

**Ausgabe:** E. O. Pisma zebrane. Warschau 1947–53. 52 Bde.

**Literatur:** MROSIK, J.: Das poln. Bauerntum im Werk E. O.s. Mchn. 1963. – BARCZYŃSKI, J.: Narracja i tendencja. O powieściach tendencyjnych E. Orzeszkowej. Breslau 1976. – POLLACK, M.: Die jüd. Frage bei E. O. Diss. Wien 1976 [Masch.]. – JANKOWSKI, E.: E. O. Warschau [4]1980.

**Osborne,** John [James] [engl. 'ɔzbən], * London 12. Dez. 1929, † Shrewsbury (Shropshire) 24. Dez. 1994, engl. Dramatiker. – War Journalist, Schauspieler, Regieassistent; wurde bekannt mit dem Theaterstück ›Blick zurück im Zorn‹ (UA 1956, gedr. 1957, dt. 1958), in dem er mit Zynismus und beißendem Spott gegen die Gesellschaft und ihre Konventionen protestiert; führender Vertreter der ↑ Angry young men. Auch seine weiteren Werke behandeln das Problem der Isolation des einzelnen sowie Fragen der Kommunikation, der Selbststilisierung und der Konfrontation mit der Vergangenheit anhand unterschiedlichster Stoffe. So spielt ›Der Entertainer‹ (Dr., 1957, dt. 1958) im Music-hall-Milieu; ›Luther‹ (Dr., 1961, dt. 1963) und das Stück um den österr. Obersten Alfred Redl, ›Ein Patriot für mich‹ (Dr., 1966, dt. 1966), greifen histor. Personen auf. O. war auch Verfasser von Fernsehspielen sowie der Autobiographien ›A better class of person‹ (1981) und ›Almost a gentleman‹ (1991).

**Weitere Werke:** Hier ruht George Dillon (Dr., 1958, dt. 1963), Die Welt des Paul Slickey (Dr., 1959, dt. 1959), Richter in eigener Sache (Dr., 1965, dt. 1968), Zeit in der Gegenwart (Dr., 1968, dt. 1970), Das Hotel in Amsterdam (Dr., 1968, dt. 1970), Very like a whale (Fsp., 1971), Westlich von Suez (Dr., 1971, dt. 1974), A sense of detachment (Dr., 1973), Mein alter Zigarrenstummel (Dr., 1975, dt. 1977), Watch it come down (Dr., 1975), Meyer or Fontane. German literature after the Franco-Prussian war 1870/1871 (Abh., 1983), God rot Tunbridge Wells (Dr., 1985), Déjàvu (Dr., 1991), Damn you, England. Collected prose (Prosa, 1994).

**Literatur:** J. O. Look back in anger. A casebook. Hg. v. J. R. TAYLOR. London 1968. – TRUSSLER, S.: The plays of J. O. An assessment. London 1969. – CARTER, A.: J. O. Edinburgh [2]1973. – FERRAR, H.: J. O. New York 1973. – HAYMAN,

John Osborne

R.: J. O. London [3]1976. – GOLDSTONE, H.: Coping with vulnerability. The achievement of J. O. Washington (D. C.) 1982. – HINCHLIFFE, A. P.: J. O. Boston (Mass.) 1984.

**O'Shaughnessy,** Arthur William Edgar [engl. oʊ'ʃɔ:nɪsɪ], * London 14. März 1844, † ebd. 30. Jan. 1881, ir. Dichter. – O'Sh., der Verbindung zu den bedeutendsten frz. Dichtern seiner Zeit hatte und mit den Präraffaeliten, bes. mit D. G. Rossetti, befreundet war, schrieb formal v. a. an A. Ch. Swinburne geschulte Gedichte.

**Werke:** An epic of women (Ged., 1870), Lays of France (Ged., 1872), Music and moonlight (Ged., 1874).

**Ausgabe:** A. W. E. O'Sh. Poems. Hg. v. W. A. PERCY. New Haven (Conn.) 1923.

**Literatur:** A. O'Sh. His life and his work with selections from his poems. Hg. v. L. CH. MOULTON. London 1894. – BRÖNNER, O.: Das Leben A. O'Sh.s. Hdbg. 1933.

**Osorio,** Miguel Ángel, Pseudonym Porfirio Barba Jacob u. a., * Santa Rosa de Osos (Dep. Antioquia) 29. Juli 1883, † Mexiko 14. Jan. 1942, kolumbian. Lyriker. – War als Journalist u. a. in Mexiko, Guatemala und in Lima tätig; trotz stilist. und themat. Rückgriffe auf Romantik und Modernismo gilt seine Dichtung als authent. Ausdruck seines Lebensgefühls; schrieb ›Canciones y elegías‹ (Ged., 1932), ›Rosas negras‹ (Ged., 1933), ›La canción de la vida profunda‹ (Ged., 1937), ›El corazón iluminado‹ (Ged., 1942) u. a.

**Ausgabe:** Porfirio Barba Jacob. Obras completas. Medellín 1962.

**Literatur:** JARAMILLO MEZA, J. B.: Vida de Porfirio Barba-Jacob. Bogotá [2]1956.

**Ossendowski,** Ferdynand Antoni, * Witebsk 8. Juni 1878, † Grodzisk Mazowiecki 3. Jan. 1945, poln. Schriftsteller. – Chemiker und Geograph; Publizist; verfaßte populäre Berichte von seinen Reisen in den Fernen Osten (›Tiere, Menschen und Götter‹, 1923, dt. 1924) und nach Afrika; auch Reiseerzählungen und -romane; Erzählwerke aus der Geschichte Polens; Jugendbücher; Autor des krit. biograph. Romans ›Lenin‹ (1930, dt. 1930); schrieb auch russisch und englisch.

**Osservatore veneto, L'** [italien. losserva'to:re 'vɛ:neto = der venezian. Beobachter], im Febr. 1761 in Venedig von G. Gozzi nach dem Vorbild von J. Addisons ›Spectator‹ gegründete und herausgegebene moral. Zeitschrift, die alle zwei Wochen erschien. Obwohl ›L'O. v.‹ bereits im Jan. 1762 eingestellt wurde, gilt er als eine der bedeutendsten Zeitschriften des 18. Jh. in Italien.

**Literatur:** Giornalismo letterario del Settecento. Hg. v. L. PICCIONI. Turin 1949.

**ossetische Literatur,** die Literatur der iran. Osseten in Zentralkaukasien, die sich im Laufe des 19. Jh. auf der Grundlage des östl. Iron-Dialekts herausgebildet hat, v. a. infolge des Wirkens von K. L. Chetagurow (K. Chetägkaty). Vorausgegangen waren nur religiöse Schriften, darunter als erstes gedrucktes Buch der aus dem Kirchenslawischen übersetzte Katechismus von 1798. Die uralten, mündlich tradierten Erzählungen, u. a. die Sagen über die Narten, sind bis heute erhalten geblieben und bilden oft auch die Themen der heimatverbundenen neueren Dichtung. Daneben nahm als Stoff der o. L. zunächst der Freiheitskampf des Volkes einen bes. Platz ein, später die Begeisterung für die Oktoberrevolution und überhaupt für all die Ideen, die auch sonst in der sowjet. Literatur verfochten wurden.

**ossianische Dichtung** ↑Macpherson, James.

**Ossiannilsson,** Karl Gustav [schwed. ɔsia'nilsɔn], * Lund 30. Juli 1875, † Lindhem 14. März 1970, schwed. Schriftsteller. – Schrieb Lyrik in der Tradition Th. Carlyles, G. Frödings und der englischen Balladendichtung, außerdem eine große Zahl historischer Romane und Familienromane, die sehr beliebt waren.

**Werke:** Hedningar (Ged., 1901), Orkester (Ged., 1907), Der Barbarenwald (R., 1908, dt. 1911), Kung Karl den unge hjälte 1–2 (R., 1914), Gustavus Adolphus Magnus (R., 1916), Fädernas arv (R., 1925), En gång skall förbannelsen vika (R., 1942), Riddarekedjan (R., 1959), ... en pojke med flax (R., 1965), Segernamnet (R., 1968).

**Ossietzky,** Carl von [ɔsi'ɛtski], * Hamburg 3. Okt. 1889, † Berlin 4. Mai 1938, dt. Publizist. – Aus dem linksliberalen bürgerl. Lager kommend, entwickelte sich O. im 1. Weltkrieg zum überzeugten Pazifisten. War 1920–22 Redakteur an der ›Berliner Volkszeitung‹, 1924–26 an der Zeitschrift ›Das Tagebuch‹; nach dem Tod S. Jacobsohns wurde er Chefredakteur und Hg. der Zeitschrift ›Die Weltbühne‹. Als Mitverantwortlicher für einen die geheime Aufrüstung der Reichswehr enthüllenden Artikel wurde O. 1931 wegen Verrates militär. Geheimnisse zu 18 Monaten Gefängnis verurteilt, 1932 amnestiert. Nach dem Reichstagsbrand 1933 in Gestapo-Haft, u. a. im KZ Papenburg-Esterwegen. 1935 erhielt O. den Friedensnobelpreis, für Hitler der Anlaß, ein Verbot der Annahme von Nobelpreisen durch Reichsdeutsche auszusprechen. O. starb an den Haftfolgen.

**Literatur:** C. v. O. 227 Tage im Gefängnis. Hg. v. S. Berkholz. Darmst. 1988. – C. v. O. Hg. v. R. von Soldenhoff. Whm. 1988. – Suhr, E.: C. v. O. Köln 1988. – C. v. O. u. die polit. Kultur der Weimarer Republik. Hg. v. G. Kraiker u. a. Old. 1991. – Kraiker, G./Suhr, E.: C. v. O. Rbk. 1994.

**Ossoliński,** Józef Maksymilian Graf [poln. ɔsɔ'li͂ski], * Wola Mielecka 1748, † Wien 17. März 1826, poln. Kultur- und Literarhistoriker. – Lebte lange Zeit in Wien; verfaßte die ersten Monographien zur poln. Literaturgeschichte (›Wiadomości historyczno-krytyczne do dziejów literatury polskiej‹ [= Historisch-krit. Mitteilungen zur Geschichte der poln. Literatur], 4 Bde., 1819–51); sammelte poln. Altertümer und stiftete 1817 das **Ossolineum** (Bibliothek und Verlag) in Lemberg, seit 1947 in Breslau.

**Ossorgin** (tl.: Osorgin), Michail Andrejewitsch [russ. asar'gin], eigtl. M. A. Iljin, * Perm 19. Sept. 1878, † Chabris (Frankreich) 27. Nov. 1942, russ. Schriftsteller. – War in Rußland und nach seiner Ausweisung 1922 in Paris journalistisch tätig. In seinen Romanen stellte O., der Kreisen der liberalen Intelligenz nahestand, realistisch die Revolutionen von 1905 und 1917 dar. Bes. erfolgreich war sein Roman ›Der Wolf kreist‹ (1928, dt. 1929). O.s humanitäre Romane sind stilistisch an A. P. Tschechow und I. S. Turgenjew geschult; auch moderne, z. T. der Filmtechnik entlehnte Stilelemente; Neigung zu Humor und Ironie; bed. autobiograph. Werke: ›Vešči čeloveka‹ (= Die Dinge des Menschen, 1929), ›Vremena‹ (= Zeiten, hg. 1955).

**Ossọwski,** Leonie, geb. Jolanthe von Brandenstein, * Röhrsdorf (Niederschlesien) 15. Aug. 1925, dt. Schriftstellerin. – Lebt als freie Schriftstellerin in Berlin. Sozialpolitisch engagierte Autorin, die authent. Material mit erfundenen Handlungselementen verbindet, u. a. in dem im Obdachlosenmilieu spielenden Jugendroman ›Die große Flatter‹ (1977). In dem Roman ›Weichselkirschen‹ (1976), einem Bericht über die damaligen und jetzigen Bewohner ihres Geburtsortes, thematisiert sie das dt.-poln. Verhältnis; auch autobiograph. Erzählungen, Drehbücher und Hörspiele.

**Weitere Werke:** Stern ohne Himmel (Jugend-R., 1958, überarbeitet 1978), Wer fürchtet sich vorm schwarzen Mann (R., 1968), Blumen für Magritte (E., 1978), Liebe ist kein Argument (R., 1981), Wilhelm Meisters Abschied (Jugend-R., 1982), Neben der Zärtlichkeit (R., 1984), Voll auf der Rolle (Stück, 1984), Wolfsbeeren (R., 1987), Holunderzeit (R., 1991), Die Maklerin (R., 1994).

**Ostaijen,** Paul André van [niederl. ɔs'ta:i̯ə], * Antwerpen 22. Febr. 1896, † Anthée (Prov. Namur) 17. März 1928, fläm. Dichter. – Schrieb nach frühen Gedichten expressionist. Lyrik mit pazifist., national-fläm. und humanist. Grundhaltung; experimentierte dann mit Mitteln des Dadaismus und verfaßte Gedichte von ungewöhnl. Musikalität. In theoret. Schriften begründete er den Begriff der reinen Poesie. Von bed. Einfluß auf die jungen fläm. Dichter.

**Werke:** Music-hall (Ged., 1916), Het sienjaal (Ged., 1918), Besetzte Stadt (Ged., 1921, fläm. u.

dt. 1991), Gedichten (1928), Krities proza (Essays, 2 Bde., hg. 1929–31), Self-defense (Kurzgeschichten, hg. 1933), Grotesken (Ged., hg. 1954, dt. 1967), Poesie (Ged.-Ausw., dt. u. fläm., hg. 1966).

**Ausgaben:** P. A. v. O. Verzameld werk. Neuausg. Den Haag 1979. 4 Bde. – P. A. v. O. Verzamelde gedichten. Amsterdam [2]1982.

**Literatur:** BELLEMANS, A. T. W.: Poëtiek van P. v. Ostayen. Antwerpen 1939. – BURSSENS, G.: P. v. O. Brüssel [2]1962. – VREE, P. DE/JESPERS, H. F.: P. v. O. Brügge u. Antwerpen 1967. – BORGERS, G.: P. v. O. Een documentatie. Den Haag 1971. 2 Bde.

**Ostenso,** Martha [engl. ˈɔstənsoʊ, norweg. ˈɔstɛnsu], * Haukeland bei Bergen 17. Sept. 1900, † Seattle (Wash.) 25. Nov. 1963, amerikan. Schriftstellerin norweg. Herkunft. – Studierte an der University of Manitoba und an der Columbia University (New York). O. schildert in ihren realist. Romanen das Leben eingewanderter norweg. Bauern in den USA und Kanada.

**Werke:** Der Ruf der Wildgänse (R., 1925, dt. 1926), Erwachen im Dunkel (R., 1926, dt. 1927), Die tollen Carews (R., 1927, dt. 1928), Der junge Maimond (R., 1929, dt. 1929), Die Wasser unter der Erde (R., 1930, dt. 1931), Das weiße Riff (R., 1934, dt. 1936), Schicksale am Fluß (R., 1943, dt. 1950), The sunset tree (R., 1949), A man had tall sons (R., 1958).

**Östergren,** Klas, * Stockholm 20. Febr. 1955, schwed. Schriftsteller. – Schildert in humorvoll-satir. Romanen Probleme und Lebensweisen junger Intellektueller in den 60er und 70er Jahren. Ö. gilt als einer der besten Erzähler der jüngsten Generation in Schweden.

**Werke:** Attila (R., 1975), Ismael (R., 1977), Fantomerna (R., 1978), Gentlemen (R., 1980, dt. 1985), Pflaster (R., 1986, dt. 1988), Anker (R., 1988, dt. 1990), Handelsleute und Partisanen (R., 1991, dt. 1993).

**Osterle,** Gordon [engl. ˈɔstəlɪ], engl. Schriftsteller, ↑ Gordon, Richard.

**Osterlied,** liturg. (lat.) Gesang bzw. (volkssprachl.) Gemeindelied zur Osterfeier. Am Anfang steht die lat. Sequenz ›Victimae paschali laudes‹ (um 1040) des Wipo von Burgund. Die in ihr enthaltene Zeile ›Surrexit Christus spes mea‹ regte das um etwa 100 Jahre jüngere erste dt. O. ›Christ ist erstanden‹ an. Dieser knappe, in die Anrufung ›Kyrieleis‹ mündende ↑ Leis wurde um ein abschließendes ›Alleluja‹, später auch textlich erweitert, wobei ein Zeilen- und Strophenaustausch mit anderen O.ern (›Erstanden ist der heilige Christ‹ u. a.) stattfand. Die Nähe von O. und ↑ Osterspiel verdeutlicht bes. das variantenreiche Lied vom Gang der drei Marien zum Grab: ›Es gingen drei Fräulein also früh‹. Beliebtheit und Verbreitung der dt. O.er werden bezeugt durch deren Aufnahme in die an sich lat. Liturgie schon in vorreformator. Zeit. Im 16. Jh. fanden sie Eingang in die prot. und kath. Gesangbücher. Sie inspirierten auch Luthers O. ›Christ lag in Todes Banden‹, das erste O. eines namentlich bekannten Autors. Spätere Dichter von O.ern sind u. a. Nicolaus Herman (* um 1480, † 1561) und Ch. Knorr von Rosenroth im 16. Jh., P. Gerhardt, J. Rist, Angelus Silesius im 17. Jh., Ch. F. Gellert und F. G. Klopstock im 18. Jahrhundert. Damit wurde das O. zum Gesangbuchlied.

**Literatur:** SIUTS, H.: Die Ansingelieder zu den Kalenderfesten. Gött. 1969. S. 54.

**Österling,** Anders [Johann], * Hälsingborg 13. April 1884, † Stockholm 13. Dez. 1981, schwed. Schriftsteller und Literaturkritiker. – Seit 1919 Mitglied der Schwed. Akademie, 1941–64 deren ständiger Sekretär, seit 1947 Vorsitzender des Nobelkomitees. In seinen formal vollendeten, eleganten Gedichten zeichnet er idyll. Bilder der schonischen Landschaft, oft unter Verwendung von Motiven aus dem schwed. Volksleben. Der Ton seiner späteren Lyrik ist oft sachlich und realistisch, bisweilen auch visionär; auch bed. Übersetzer (W. Wordsworth, P. B. Shelley, H. von Hofmannsthal, Goethe, E. O'Neill, H. Hesse, Th. Mann, S. Quasimodo).

**Werke:** Preludier (Ged., 1904), Offerkranser (Ged., 1905), Årets visor (Ged., 1907), Bäckahästen (Dr., 1909), Facklor i stormen (Ged., 1913), Sånger i krig (Ged., 1917), De sju strängarna (Ged., 1922), Tonen från havet (Ged., 1933), Livets värde (Ged., 1940), Årens flykt (Ged., 1947), Vårens löv och höstens (Ged., 1955), Dikten och livet (Essay, 1961), Gedichte (dt. Ausw. 1962), Sent i livet (Ged., 1970).

**Literatur:** COLLIANDER, S.: A. Ö.s under åren 1902–38 utgivna skrifter. Bibliografi. Lund 1939. – COLLIANDER, S.: A. Ö.s under åren 1939–43 utgivna skrifter. Bibliografi. Lund 1944. – TOTTIE, TH.: A. Ö.s skrifter, 1944–63. Bibliografi. Stockholm 1964.

**österreichische Literatur,** ob es eine eigenständige, in wesentl. Punkten von der übrigen deutschsprachigen Literatur unterschiedene ö. L. gibt, ist umstritten; ob etwa alle im Vielvölkerstaat Österreich-Ungarn geborenen Dichter und Schriftsteller (also auch N. Lenau, R. M. Rilke, F. Kafka, P. Celan) unter den Begriff ö. L. fallen oder nur jene, die sich durch ihren Sprachgebrauch festlegen lassen (z. B. J. N. Nestroy, P. Rosegger) oder in eindeutigem themat. Bezug zur Habsburger Monarchie oder den beiden Republiken stehen (A. Schnitzler, H. von Hofmannsthal, H. von Doderer). Gewiß sind die Bemühungen um kulturelle Eigenständigkeit verknüpft mit mancherlei Abhängigkeiten vom Ausland. Viele Schriftsteller haben Österreich ganz oder zumindest zeitweise verlassen; viele Bücher österr. Autoren erscheinen heute in Verlagen der BR Deutschland und finden dort auch den Großteil ihrer Käufer. Bemerkenswert überdies, daß in den letzten Jahren zahlreiche Versuche der Bestimmung der ö. L. und Kultur aus dem Ausland kommen (bes. Italien, USA, Kanada), meist allerdings beschränkt auf Wien und die Jahrhundertwende. – Die Frage, seit wann es eine ö. L. gibt, ist noch umstrittener. Unter Berücksichtigung der histor. Entwicklung kann festgehalten werden, daß der Beginn zur Selbstreflexion und krit. Besinnung auf eine eigenständige Entwicklung im 18. Jh. unter Kaiserin Maria Theresia einsetzte, als die Auseinandersetzungen zwischen Preußen und Österreich immer härter wurden. Diese Ansicht wird von der österr. Literaturgeschichtsschreibung mehr oder weniger bestätigt. So sucht man hier z. B. vergebens nach den für die dt. Literaturgeschichte charakterist. Epochenbezeichnungen ›Sturm und Drang‹, ›Klassik‹ oder ›Romantik‹ und stellt fest, daß es, von Ausnahmen abgesehen, eine polit. Literatur des Vormärz in Österreich ebensowenig gegeben hat wie eine ausgeprägte naturalist. oder expressionist. Bewegung. Dennoch gibt es auch im 19. und 20. Jh. keine von der übrigen deutschsprachigen Literatur unabhängige ö. L.; beide Entwicklungen sind vielmehr aufeinander bezogen und voneinander abhängig.

Die Geschichte der ö. L. **zwischen 1740 und 1800** (das Zeitalter des Josephinismus) hat nur wenige herausragende Namen aufzuweisen, u. a. M. Denis, A. Blumauer, der in seiner Travestie der ›Äneis‹, ›Die Abentheuer des frommen Helden Aeneas ...‹ (1782), mit beißendem Spott den Ursprung der röm. Kirche und ihre Auseinandersetzung mit dem Kaisertum behandelte, und Ph. Hafner, häufig als ›Vater des österr. Volksstückes‹ bezeichnet, nicht zuletzt wegen seiner gegen J. Sonnenfels und die Wiener Dt. Gesellschaft gerichteten Schrift ›Verteidigung der Wiener. Schaubühne‹ (1761). Um so beeindruckender erscheint das plötzl., beinahe gleichzeitige Auftreten einer ganzen Anzahl bed. Dichterpersönlichkeiten bald **nach 1800:** F. Raimund, F. Grillparzer, J. N. Nestroy, N. Lenau und A. Stifter. Mit Ausnahme Lenaus, der einen Großteil seines Lebens in Deutschland verbrachte, unterscheiden sich bereits die Werke dieser Autoren in charakterist. Weise von den gleichzeitigen literar. Bewegungen und Tendenzen im übrigen deutschsprachigen Raum. Dies gilt sowohl im Hinblick auf die Wahl des Stoffes, etwa aus der österr. Geschichte (Grillparzer, ›König Ottokar's Glück und Ende‹, 1825, und ›Ein Bruderzwist in Habsburg‹, gedr. 1872; Stifter, ›Witiko‹, 3 Bde., 1865–67), aus den Volkssagen und -märchen (Raimund), aus dem aktuellen tagespolit. Geschehen (Nestroy), als auch im Hinblick auf die Wahl der Gattung (Tradition des Wiener Volksstückes) sowie auf die spezif. Bildlichkeit der Sprache (barocke Schauspielmetaphorik bei Raimund, Grillparzer und Nestroy). – Die zweite Hälfte des 19. Jh. wird v. a. von der Erzählerin M. von Ebner-Eschenbach, dem Erzähler und Lyriker F. von Saar und dem, abgesehen vom später lebenden Ö. von Horváth, letzten bed. Vertreter des Wiener Volksstücks, L. Anzengruber, bestimmt. Ihre Werke behandeln fast ausschließlich ›österr.‹ Stoffe; so bildet die mähr. Heimat den Hintergrund der meisten Novellen und Romane M. von Ebner-Eschenbachs, während die sehr häufig pessimist. Erzählungen und Gedichte F. von Saars bevorzugt die Wiener Gesellschaft des ausgehenden 19. Jh. schildern; auf heim. Boden spielen auch die Dorfkomödien und Bauerntragödien Anzengrubers, die in stilisiertem Dialekt abgefaßt sind.

Die Generationen der in den **60er, 70er und 80er Jahren des 19. Jahrhunderts** Geborenen umfassen den an namhaften Autoren bisher reichsten Abschnitt der österr. Literaturgeschichte. Die Vielzahl der Begriffe, mit Hilfe derer man versucht hat, einen gemeinschaftl. Nenner für diese Epoche zu finden (Symbolismus, Neuromantik, Wiener Expressionismus, Dekadenz), spiegelt die verwirrende Vielfalt ihrer Vertreter, deren Selbstverständnis und Zielsetzungen anschaulich wider. Auch den Kreis des sog. ›Jungen Wien‹ mit A. Schnitzler, R. Beer-Hofmann, L. von Andrian-Werburg, H. von Hofmannsthal und dem Theoretiker der Gruppe, H. Bahr, verband kein eigentliches Programm; gemeinsam war ihnen lediglich das Wissen um das nur noch hinausgeschobene, unabwendbare Ende des Habsburgerreiches und ein gleichzeitiges Interesse an dem ›Inneren‹ des Menschen. Ausdruck dieser Gemeinsamkeit ist eine bei vielen Autoren ähnl. Motivik, v.a. das Todesmotiv, eine teils zustimmend, teils kritisch beurteilte Distanz gegenüber der Lebenswirklichkeit, bis hin zu einer vollkommenen Verwechslung von Realität und Traum, und eine immer skeptischere Beurteilung der Sprache und deren Möglichkeiten, essayistisch behandelt in Hofmannsthals sog. ›Chandos-Brief‹ (1902) und thematisiert in seiner Komödie ›Der Schwierige‹ (1921) sowie in vielen Bühnenstücken Schnitzlers. Für K. Kraus war die Kritik der Sprache des Journalismus das eigentliche Movens der von ihm herausgegebenen Zeitschrift ›Die Fackel‹. Sein gesellschafts- und sprachkrit. Impuls wirkte stark auf die Autoren der Zeitschrift ›Der Brenner‹. – Eine weitere Gruppe innerhalb dieser Generation bilden die deutschsprachigen Dichter Prags: F. Kafka, M. Brod, der Erzähler und Dramatiker E. Weiß, F. Werfel und R. M. Rilke. Obwohl alle diese Autoren, mit Ausnahme von Rilke, jüd. Abstammung waren und derselben sozialen Oberschicht angehörten, obwohl alle miteinander befreundet waren, kann man von einem eigentlichen Kreis kaum sprechen. Eine ähnlich konkrete, stoffl. und themat. Bezogenheit auf die eigene gesellschaftl. Situation wie im Kreis ›Junges Wien‹ läßt sich für M. Brod nachweisen. Eine vergleichbare, von Angst und Entsetzen gekennzeichnete Weltsicht verbindet lediglich Kafka und Weiß, wobei Weiß seine Stoffe in der Wirklichkeit ansiedelte, während Kafkas Erzählungen eine traumhaft-visionäre Atmosphäre evozieren und in einem zeitlosen Raum zu spielen scheinen. Letzteres gilt auch für den ebenfalls aus Böhmen stammenden A. Kubin, der in dem Roman ›Die andere Seite‹ (1909) den Untergang eines unheimlich-phantast. Traumreichs schildert. – Ebenfalls noch der Generation der vor 1900 Geborenen gehören die großen Romanciers R. Musil, H. Broch, A. P. Gütersloh, J. Roth und H. von Doderer an. Während Roths Romane ›Radetzkymarsch‹ (1932) und ›Die Kapuzinergruft‹ (1938) den Zerfall der österr. Monarchie und die Zwischenkriegszeit bis 1938, wenn auch nicht ohne Ironie, aus einer wehmutsvollen, elegischen rückwärtsgewandten Perspektive beschreiben, ging es Musil in seinem (unvollendet gebliebenen) Roman ›Der Mann ohne Eigenschaften‹ (1930–43) um eine Analyse der geistigen Situation ›Kakaniens‹ vor dem 1. Weltkrieg. Doderers Romane ›Die Strudlhofstiege oder ...‹ (1951) und ›Die Dämonen‹ (1956) behandeln die Zeit von 1923 bis zum Brand des Justizpalastes im Juli 1927. Der Roman ›Sonne und Mond‹ (1962) von A. P. Gütersloh schließlich schildert in Form einer ›Geschichtsallegorie‹ die Jahre zwischen 1913 und 1938, während H. Broch die besonderen österr. Ereignisse der Zeit bis zum Ende des 1. Weltkriegs und ihre kulturelle und polit. Vorgeschichte in dem umfangreichen Essay ›Hofmannsthal und seine Zeit‹ (hg. 1964) erörterte. Gemeinsam ist allen diesen Autoren der Verzicht auf eine ideologisch dezidierte Aussage, trotz des direkten Bezuges auf die unmittelbare histor. Vergangenheit, wodurch sie sich von vielen dt. Schriftstellern der gleichen Zeit unterscheiden. – Im Bereich der Lyrik sind v.a. drei Namen zu nennen: G. Trakl, P. Celan und I. Bachmann.

Trotz der Verschiedenheit der Thematik ist eine Tendenz zu immer stärkerer Verknappung der Sprache allen drei Dichtern gemeinsam: bei Trakl und Celan als Ausdruck einer tief pessimist. Weltsicht, vor der die Worte zur beziehungslosen, mag. Metaphorik zu erstarren drohen, bei I. Bachmann als Konsequenz der Überzeugung, daß nur die Genauigkeit des sprachl. Ausdrucks in der Lage ist, in den chaot. Weltzustand ordnend einzugreifen.

Die literar. Szene der **Zeit nach 1945 bis in die Gegenwart** wird hauptsächlich von den Zentren Wien, Graz und Salzburg bestimmt, in den letzten Jahren tritt auch Klagenfurt mehr in den Vordergrund. In Wien erschien 1948 I. Aichingers Roman ›Die größere Hoffnung‹, auch I. Bachmann begann hier. 1952–55 schlossen sich F. Achleitner, H. C. Artmann, K. Bayer, G. Rühm und O. Wiener zur Wiener Gruppe zusammen; sie widmeten sich den vielfachen Möglichkeiten der Sprache, des Dialekts, Gedichten sowie der konkreten Poesie. In eine ähnl. Richtung zielen auch die Texte F. Mayröckers und E. Jandls, der verstärkt phonet. Komponenten in seinen Gedichten verwendet und außer den sprachl. zusätzlich politisch-gesellschaftl. Vorgänge bewußt macht. – 1958 konstituierte sich in Graz das Forum Stadtpark, dessen Publikationsorgan ›manuskripte‹ neben der in Salzburg erscheinenden Zeitschrift ›Literatur und Kritik‹ (seit 1960) das wichtigste Organ der modernen ö. L. ist. Im Februar 1973 wurde in Graz die sog. *Grazer Autorenversammlung* gegründet, in demonstrativer Abkehr vom offiziellen österr. PEN-Club; ihr trat nahezu die gesamte Avantgarde der Gegenwartsliteratur Österreichs bei.

Anders als in den übrigen deutschsprachigen Ländern ist die Literatur der ersten drei Nachkriegsjahrzehnte in Österreich in hohem Maße von der Tradition der Sprachskepsis und des sprachl. Experiments geprägt gewesen; es gab Einflüsse des Surrealismus auf die Autoren der Wiener Gruppe, L. Wittgensteins auf die der jüngeren Generation: P. Handke, G. F. Jonke, E. Nowak, P. Rosei, J. Schutting. Das änderte sich um die Mitte der 70er Jahre. Durchaus im Widerspruch zur bisherigen Entwicklung traten Autoren auf den Plan, deren Arbeiten dem damals vieldiskutierten Realismusbegriff zuzuordnen sind und eindeutig sozialkrit. Tendenzen zeigen, v. a. F. Innerhofer (›Schöne Tage‹, R.-Trilogie, 1974), M. Scharang (›Charly Traktor‹, R., 1973) und G. Wolfgruber (›Herrenjahre‹, R., 1976), aber auch G. Ernst, W. Kappacher, W. Kofler und H. Zenker. Darüber hinaus ist auch bei bereits etablierten Autoren ein direkterer Realitätsbezug zu beobachten, der z. T. mit konventionelleren Erzählmustern einhergeht, so bei den Zivilisationsschelten A. Brandstetters oder bei der Suche nach verbindl. Lebensformen in B. Frischmuths Romanen. – Erwähnenswert sind in diesem Zusammenhang auch die literarisch-musikal. Formen des Kabaretts und Chansons, von G. Kreisler bis hin zu den zahlreichen Vertretern der Liedermacherszene; polit. Mißstände, gesellschaftl. Zwänge, Nöte, Sehnsüchte und auch Glückserfahrungen des einzelnen werden in unterschiedlichster Weise zum Ausdruck gebracht; Witz, Ironie und Satire haben dabei ihren bes. Stellenwert.

Neben E. Jandl ist A. Kolleritsch mit seinen philosophisch-existentiellen Gedichten zum wichtigsten Lyriker des Landes geworden, während das Drama nach wie vor von Wolfgang Bauer und dem neben Handke herausragendsten Autor der österr. Gegenwartsliteratur, Th. Bernhard, dominiert wird. Ihren vielleicht spezifischsten Beitrag im deutschsprachigen Rahmen leistet die zeitgenöss. ö. L. wohl mit jener Literatur, die die reale Erfahrung des einzelnen und die freie Einbildungskraft des Erzählers zu häufig sehr kunstvollen und immer eigenständigen Erzählgebilden verschmilzt und damit ebenso neue Lebenshaltungen wie literar. Möglichkeiten ausprobiert. Dazu zählen v. a. Handkes Werkgruppe ›Langsame Heimkehr‹ (1979–81), die Angst und Heimatsuche thematisierenden Romane von G. Roth (›Der stille Ozean‹, R., 1980), die auch sprachlich äußerst phantasievolle Prosa von G. F. Jonke (›Der ferne Klang‹, R., 1979), die subtil komponierten Texte von Ernst Nowak ([* 1944]; ›Das Versteck‹, R., 1978), die melancholisch-aggressiven Romane von P. Rosei (›Die Milchstraße‹, R., 1981), die essayist. Dialogromane von H. Eisendle (›Die Frau an der Grenze‹, R., 1984), die hochstilisierten Desillusionierungen von E. Jelinek (›Die Klavierspielerin‹, R., 1983) und die hintersinnigen ›Bieresch‹-Romane (2 Bde., 1979–83) von K. Hoffer. Individuelle Literatur dieser Art scheint am ehesten vorbildhaft für die Autoren der jungen Generation geworden zu sein, wie etwa Erwin Einzinger (* 1953), M. Fritz, I. Puganigg, Franz Weinzettl (* 1955) und J. Winkler.

**Literatur:** NADLER, J.: Literaturgesch. Österreichs. Linz 1948. – SCHMIDT, ADALBERT: Dichtung u. Dichter Österreichs im 19. u. 20. Jh. Salzburg u. Stg. 1964. 2 Bde. – ADEL, K.: Geist u. Wirklichkeit. Vom Werden der österr. Dichtung. Wien 1967. – Die zeitgenöss. Lit. Österreichs. Hg. v. H. SPIEL. Zü. u. Mchn. 1976. – Glückl. Österreich. Literar. Besichtigung eines Vaterlandes. Hg. v. J. JUNG. Salzburg 1978. – MAGRIS, C.: Der unauffindbare Sinn. Zur ö. L. des 20. Jh. Dt. Übers. Klagenfurt 1978. – Lit. u. Literaturgesch. in Österreich Hg. v. I. T. ERDÉLYI. Budapest u. Wien 1979. – Die ö. L. Eine Dokumentation ihrer literarhistor. Entwicklung. Hg. v. H. ZEMAN. Graz 1979–82. 3 Bde. – Die Feder, ein Schwert? Lit. u. Politik in Österreich. Hg. v. H. SEUTER. Graz 1981. – VOGELSANG, H.: Österr. Dramatik des 20. Jh. Wien [2]1981. – Studien zur Lit. des 19. u. 20. Jh. in Österreich. Hg. v. J. HOLZNER u. a. Innsb. 1981. – Lit. aus Österreich – ö. L. Ein Bonner Symposion. Hg. v. K. K. POLHEIM. Bonn 1981. – ADEL, K.: Aufbruch u. Tradition: Einf. in die ö. L. seit 1945. Wien 1982. – Für u. wider eine ö. L. Hg. v. K. BARTSCH u. a. Königstein i. Ts. 1982. – MÁDL, A.: Auf Lenaus Spuren. Beitr. zur ö. L. Wien 1982. – SEIDLER, H.: Österr. Vormärz u. Goethezeit. Wien 1982. – Die Wiener Moderne. Hg. v. G. WUNBERG. Stg. 1982. – Lit. der Nachkriegszeit u. der fünfziger Jahre in Österreich. Hg. v. F. ASPETSBERGER u. a. Wien 1984. – Ö. L. der Dreißiger Jahre. Hg. v. K. AMANN. Köln u. Wien 1985. – GIEBISCH, H./GUGITZ, G.: Biobibliograph. Literaturlex. Österreichs. Wien [2]1985. – INNERHOFER, R.: Die Grazer Autorenversammlung (1973–1983). Köln u. Wien 1985. – KRAFT, W.: Österr. Lyriker. Von Trakl zu Lubomierski. Eisenstadt u. Wien 1985. – PATSCH, S. M.: Österr. Exillit. in Großbritannien. Wien 1985. – PATSCH, S. M.: Österr. Schriftsteller im Exil. Wien 1986. – RIECKMANN, J.: Aufbruch in die Moderne. Die Anfänge des Jungen Wien. Ö. L. u. Kritik im Fin de Siècle. Königstein i. Ts. [2]1986. – RUISS, G./VYORAL, A.: Literar. Leben in Österreich. Hb. Wien 1991. – MIDDELL, E.: Lit. zweier Kaiserreiche. Dt. u. ö. L. der Jahrhundertwende. Bln. 1993. – Neue Bärte für die Dichter? Studien zur österr. Gegenwartslit. Hg. v. F. ASPETSBERGER. Wien 1993. – Österr. Dichterinnen. Hg. v. E. REICHART. Salzburg u. a. 1993. – Die einen rein – die anderen raus. Kanon u. Lit. Vorüberlegungen zu einer Literaturgesch. Österreichs. Hg. v. W. SCHMIDT-DENGLER u. a. Bln. 1994. – Gesch. der Lit. in Österreich von den Anfängen bis zur Gegenwart. Hg. v. H. ZEMAN. Graz 1994 ff. Auf 7 Bde. ber. – SEBALD, W. G.: Die Beschreibung des Unglücks. Zur ö. L. von Stifter bis Handke. Neuausg. Ffm. 1994. – STRELKA, J. P.: Zw. Wirklichkeit u. Traum. Das Wesen des Österreichischen in der Lit. Tüb. u. Basel 1994. – VAJDA, G. M.: Wien u. die Literaturen in der Donaumonarchie. Dt. Übers. Wien u. a. 1994.

**Österreichische Nationalbibliothek** (Wien), die Anfänge der Ö. N. sind verbunden mit dem Bücherbesitz der österr. Linie der Habsburger. 1526 gründete Kaiser Ferdinand I. die eigtl. **Hofbibliothek.** Zwischen 1726 und 1734 wurde der vermutlich nach Plänen J. B. Fischer von Erlachs geschaffene barocke Neubau bezogen; 1920 wurde die Bibliothek in Nationalbibliothek, 1946 in Ö. N. umbenannt. Bestand Ende 1993: 2,582 Mill. Druckschriften, 11 600 Zeitschriften, 49 200 Handschriften, 7 928 Inkunabeln, 305 000 Autographen, 106 000 Musikdruckschriften, 220 000 Papyri, Pergamente usw.; ferner Kartenmaterialien (525 000), Porträt- und Fotoarchiv (zus. 1,64 Mill.), Theatersammlung sowie ein internat. Esperantomuseum.

**österreichischer Staatspreis, Großer,** seit 1950 auf Vorschlag des österr. Kunstsenates vergebener, mit 250 000 Schilling dotierter Kunstpreis, der jedes Jahr für eine andere Kunstsparte (in unregelmäßiger Reihenfolge) an einen Künstler mit österr. Staatsbürgerschaft verliehen wird. Preisträger für Literatur seit 1972: F. Heer (1972), H. C. Artmann (1974), M. Sperber (1977), F. Torberg (1979), F. Mayröcker (1982), E. Jandl (1984), P. Handke (1987), O. Wiener (1989), G. Rühm (1991).

**Österreichischer Staatspreis für europäische Literatur,** seit 1965 auf Vorschlag vom österr. Bundesminister für Unterricht und Kunst vergebener, heute mit 300 000 Schilling dotierter, jährlich verliehener Literaturpreis. Preisträger seit 1970: E. Ionesco (1970), P. Huchel (1971), S. Mrożek (1972), H. Pinter (1973), S. Weöres (1974), M. Krleža

(1975), I. Calvino (1976), P. Kohout (1977), S. de Beauvoir (1978), F. Tomizza (1979), S. Kirsch (1980), D. Lessing (1981), T. Różewicz (1982), F. Dürrenmatt (1983), Ch. Wolf (1984), S. Lem (1985), G. Manganelli (1986), M. Kundera (1987), A. Szczypiorski (1988), M. Duras (1989), H. Heißenbüttel (1990), P. Nadas (1991), S. Rushdie (1992), T. Aitmatow (1993), I. Christensen (1994).

**Osterspiel,** ältester und für die Entwicklungsgeschichte des ↑geistlichen Spiels bedeutendster Typus des mittelalterl. Dramas, der das österl. Heilsgeschehen in dramat. Gestaltung vorführt. Am Anfang steht der *Ostertropus,* der den Gang der drei Marien zum Grabe gestaltet (sog. Visitatio; älteste Texte aus Limoges und Sankt Gallen, 10. Jh.). Der kurze Text des Ostertropus ist dialogisch strukturiert; auf die Frage der Engel ›Quem queritis in sepulchro, o Christicolae?‹ und die Antwort der Marien folgen die Verkündigung der Auferstehung und der Auftrag an die Frauen; eine in mehreren abweichenden Textfassungen überlieferte Antiphon der Marien bildet den Abschluß. – Ursprünglich ein Teil des Introitus der Ostermesse, wurde der Ostertropus noch im 10. Jh. in das Offizium der österl. Matutin (nächtl. Stundengebet) übernommen. In diesem Rahmen entstand als Vorstufe des eigentl. O.s, die lat. *Osterfeier,* bei der der Text des Tropus zur Grundlage einer dramat. Gestaltung gemacht wurde. Die ältesten Fassungen der v. a. seit dem 11. Jh. zahlreich dokumentierten Osterfeier hielten sich an den Rahmen des Tropus, doch kam es bald zu Erweiterungen des Textes, deren wichtigste die Aufnahme der Ostersequenz ›Victimae paschali laudes‹ (um 1040) von Wipo von Burgund darstellt. Noch im 12. Jh. wurde die Osterfeier um den Wettlauf der Apostel Johannes und Petrus zum Grabe erweitert. Eine letzte Entwicklungsstufe war mit der Aufnahme der Szene Christus als Gärtner und Maria Magdalena erreicht, die mit der Erscheinung des auferstandenen Christus den liturg. Rahmen sprengte. Damit ist der Übergang von der kirchl. Liturgie zum dramat. O. markiert, in dem zahlreiche weitere Szenen, wie z. B. Christi Höllenfahrt, dargestellt werden. Das *lat. O.* zeichnet sich gegenüber der älteren Osterfeier einmal durch Szenen aus, die nicht unmittelbar liturg. oder biblisch-kanon. Tradition entstammen, wie z. B. die Salbenkrämer-Szene, zum anderen durch längere metrisch-rhythmisch gegliederte Textabschnitte. Zu den ältesten vollständig erhaltenen lat. O.en (13. Jh.) gehören die von Origny-Sainte-Benoîte, Klosterneuburg und Ripoll. – *Dt. O.e,* neben ihnen auch zweisprachige *lat.-dt. O.e,* sind seit dem 13. Jh. zahlreich überliefert. Sie stammen aus den verschiedensten dt. Sprachlandschaften und repräsentieren eine Vielzahl von Spieltypen. Bereits das älteste dt. O., das ↑›Osterspiel von Muri‹ (Mitte des 13. Jh.), nimmt deutlich eine Sonderstellung ein; es zeigt den Einfluß höfisch-ritterl. Dichtung. Das lat.-dt. ›O. von Trier‹ (14./15. Jh.) und das ›O. von Regensburg‹ (16. Jh.) beschränken sich auf die Szenen der Osterfeier. Im ›O. von Innsbruck‹ (Mitte des 14. Jh.) nimmt Derb-Komisches, Groteskes und Obszönes einen breiten Raum ein. Als einziges dt. O. überliefert das nur fragmentarisch erhaltene ›O. von Breslau‹ (Ende des 14. Jh.) Melodien. Dem ↑›Redentiner Osterspiel‹ (1465 zuerst aufgeführt) fehlt die Visitatio-Szene, dafür ist die Höllenfahrtsszene bes. breit gestaltet. – Im 16. Jh. bricht die Tradition der O.e ab. Mehrere Versuche einer Wiederbelebung im 20. Jh. waren erfolglos; eine Ausnahme bildet C. Orffs ›Comoedia de resurrectione Christi‹ (1956).

**Literatur:** Boor, H. de: Die Textgesch. der lat. Osterfeiern. Tüb. 1967. – Thoran, B.: Studien zu den österl. Spielen des dt. MA. Diss. Bochum 1969. – Steinbach, R.: Die dt. Oster- u. Passionsspiele des MA. Versuch einer Darst. u. Wesensbestimmung nebst einer Bibliogr. zum dt. geistl. Spiel. Köln 1970. – Wimmer, R.: Dt. u. Latein im O. Unterss. zu den volkssprachl. Entsprechungstexten der lat. Strophenlieder. Mchn. 1974. – Klein, W.: Poet. Struktur. Versuch einer method. Verknüpfung von philosoph. u. literaturwiss. Reflexion am Beispiel des mittelalterl. geistl. Spiels. Mchn. 1982. – O. Texte u. Musik [Symposium]. Innsb. 1994.

**Osterspiel von Muri,** um 1250 im schweizer. Aargau entstandenes, ältestes durchgehend deutschsprachiges (alemann.) geistl. Spiel; nur in Fragmenten erhalten; 1840 im Kloster Muri aufgefunden; Einfluß des höf. Epos in Metrik und Vorstellungswelt. Zu den aus der Liturgie erwachsenen Darstellungen des Osterevangeliums traten weltl., z.T. burleske Szenen.

**Ausgaben:** Das O. v. M. Hg. v. F. RANKE. Aarau 1944. – Das Innsbrucker Osterspiel. Das O. v. M. Hg. u. übers. v. RUDOLF MEIER. Stg. 1962. – Das O. v. M. Faksimile-Druck ... Mhd. u. nhd. Hg. v. N. HALDER. Basel 1967. 2 Tle.

**Literatur:** DANNE, W.: Die Beziehungen des O.s v. M. zu den lat. Osterfeiern u. -spielen u. zu den übrigen deutschsprachigen Osterspielen. Diss. FU Bln. 1955 [Masch.].

**ostkaukasische Literaturen,** Teil der ↑kaukasischen Literaturen; sie umfassen sowohl die – lange Zeit nur mündlich tradierte – Volksdichtung als auch die relativ jungen künstler. und gelehrten Werke namentlich bekannt gewordener Autoren, soweit sie in einer der ostkaukas. Sprachen abgefaßt sind. Enge strukturelle Beziehungen bestehen zu den ↑westkaukasischen Literaturen, die die gleichen Probleme (Alphabet, dialektale Zuordnung, Wortschatz) bei ihrer Entwicklung hatten, und zu den Literaturen in den indogerman. Sprachen und Turksprachen Kaukasiens. Beispiel für ein verbreitetes Sujet ist die Nartenepik (↑Narten). Unter den ostkaukas. Völkern des Berglandes der Dagestan. Republik verfügen bes. die Awaren, Lesgier, Tabassaraner, Lakken und Darginer über reiche anonyme Volksepik, in der von histor. Kämpfen mit Persern und Russen berichtet wird.

Verbreitet sind die Gesänge über Heldentaten und Untergang des Chotschbar, über den lesg. Helden Scharveli oder über den Lakken Murtusali. Die Lieder und Tänze der Lesgier sind von der aserbaidschan. Musik beeinflußt. Bei Darginern und Lakken ist die Lyrik stark entwickelt. Drama und Bühnenkunst finden sich bes. bei Lesgiern und Lakken. 1933 wurde in Derbent das lesg. Nationaltheater gegründet, 1960 in Chiw ein tabassaran. Volkstheater. In den Sprachen Dagestans sind etwa 1000 verschiedene Märchenstoffe aufgezeichnet. Vor der russ. Eroberung Dagestans war orientalisch-islam. Einfluß vorherrschend, danach verbreitete sich die russ., später die sowjet. Kultur. Namentlich bekannt gewordene Dichter sind der awar. Lyriker Machmud (* um 1870, † 1919) aus dem Dorf Kachabroso und der lakk. Panislamist Jussuf Murkelinski (* 1860, † 1918). Jetim Emin (* 1838, † 1884), der ›Vater der lesgischen Poesie‹, verarbeitete pers. Stoffe. Von der sowjet. Literatur beeinflußt sind der Begründer der sozialist. awar. Dichtung, G. Zadassa, der Lesgier S. Stalski und der Lakke E. M. Kapijew. In den Schriftsprachen unter den ostkaukas. Sprachen erscheinen auch Zeitungen, z.B. ›Maarulav‹ (= Der Bergbewohner, awarisch), ›Ciji dünja‹ (= Die neue Welt, lesgisch), ›Serlō‹ (= Das Licht, tschetschenisch), und viele Übersetzungen.

**Literatur:** SCHMIDT, KARL HORST: Die west- und o. L. In: Die Literaturen der Welt. Hg. v. W. VON EINSIEDEL. Neuausg. Darmst. 1965. – Istorija dagestanskoj sovetskoj literatury. Hg. v. A. F. NAZAREVIČ u. R. F. JUSUFOV. Machatschkala 1967. 2 Bde. – DALGAT, U. B.: Geroičeskij ėpos čečencev i ingušej. Moskau 1972 (mit dt. Zusammenfassung).

**Ostrowski** (tl.: Ostrovskij), Alexandr Nikolajewitsch [russ. as'trɔfskij], * Moskau 12. April 1823, † Schtschelykowo (Gebiet Kostroma) 14. Juni 1886, russ. Dramatiker. – Studierte Jura; 1843–51 Tätigkeit an Moskauer Gerichten. O. schrieb mehr als 45 Dramen und Komödien und gilt als einer der bedeutendsten russ. Dramatiker. Bevorzugt schilderte er – oft satirisch-tragisch – die Welt des vielschichtigen Kaufmannsstandes oder auch des Theaters in gesellschaftskrit. Stücken, deren Stärke weniger in der dramat. Handlung als in der Charakterisierung der Personen und der Darstellung des Milieus liegt. Weniger bed. sind seine histor. Dramen.

**Werke:** Es bleibt ja in der Familie (Kom., 1849, dt. 1951, erstmals dt. 1937), Bednaja nevesta (= Braut ohne Mitgift, Kom., 1851), Armut ist kein Laster (Kom., 1853, dt. 1951), Eine einträgl. Stelle (Kom., 1856, dt. 1946), Das Gewitter (Dr., 1859, dt. 1893), Dmitrij Samozvanec i Vasilij Šujskij (= Der falsche Dmitri und Wassili Schuiski, dramat. Chronik, 1866), Vasilisa Melent'eva (Dr., 1867), Eine Dummheit begeht auch der Gescheiteste (Kom., 1868, dt. 1951), Tolles Geld (Kom., 1869, dt. 1951), Der Wald (Dr., 1870, dt. 1929), Schneeflöckchen (Dr., 1873, dt. 1922), Wölfe und Schafe (Kom., 1875, dt. 1895), Die schuldlos Schuldigen (Kom., 1883, dt. 1951).

**Ausgaben:** A. N. Ostrowskij. Dramat. Werke. Dt. Übers. Bln. 1951. 4 Bde. – A. Ostrowskij.

Ausgew. Theaterstücke. Dt. Übers. Mchn. 1966. 2 Bde. – A. N. Ostrovskij. Polnoe sobranie sočinenij. Moskau 1973–80. 12 Bde.
**Literatur:** LOTMAN, L. M.: A. N. Ostrovskij ... Leningrad 1961. – STELTNER, U.: Die künstler. Funktionen der Sprache in den Dramen v. A. N. Ostrovskij. Gießen 1978. – Zugänge zu Ostrovskij. Hg. v. A. G. F. VAN HOLK. Bremen 1979. – ŽURAVLEVA, A. I.: A. N. Ostrovskij – komediograf. Moskau 1981.

**Ostrowski** (tl.: Ostrovskij), Nikolai Alexejewitsch [russ. as'trɔfskij], * Wilija (Gebiet Rowno) 29. Sept. 1904, † Moskau 22. Dez. 1936, russ.-sowjet. Schriftsteller. – Sohn eines Arbeiters, ging nach Ausschluß von der Schule verschiedenen Beschäftigungen nach; 1919 Soldat in der Roten Armee, 1920 schwer verwundet; seit 1927 gelähmt, seit 1928 erblindet; vom Krankenbett aus diktierte er den autobiograph. Roman ›Wie der Stahl gehärtet wurde‹ (2 Tle., 1932–34, dt. 1947), der kommunist. Ideen verherrlicht und die wesentl. Prinzipien des sozialist. Realismus beachtet. Von seinem zweiten (dreiteilig geplanten) Roman ›Die Sturmgeborenen‹ (1936, dt. 1947, 1938 u. d. T. ›Die im Sturm Geborenen‹) ist nach seinem Tod nur der erste Teil erschienen.
**Ausgabe:** N. A. Ostrovskij. Sobranie sočinenij. Moskau 1974–75. 3 Bde.
**Literatur:** TREGUB, S. A.: Žizn' i tvorčestvo N. Ostrovskogo. Moskau ²1975.

**O'Sullivan,** Vincent [Gerard] [engl. oʊ'sʌlɪvən], * Auckland 28. Sept. 1937, neuseeländ. Schriftsteller. – Literaturstudium an der University of Auckland und am Lincoln College, Oxford, danach Dozent an verschiedenen neuseeländ. Universitäten. In seinen in zahlreichen Zeitschriften veröffentlichten Gedichten wie in seinen Anthologien besticht die komplexe, einfallsreiche Bedeutungsfülle seiner eindringlich-anschaul. Bilder. Die spannungsvolle Verbindung von umgangssprachl. Idiom mit eleganter Diktion beeindruckt bes. in seinen Landschaftsimpressionen von Griechenland und Irland (›Our burning time‹, 1965). Schreibt auch Kurzgeschichten (›The boy, the bridge, the river‹, 1978).
**Weitere Werke:** Revenants (Ged., 1969), Bearings (Ged., 1973), From the Indian funeral (Ged., 1976), Butcher and Co. (Ged., 1977), Brother Jonathan, Brother Kafka (Ged., 1980), The Butcher papers (Ged., 1982), The Pilate tapes (Ged., 1986).

**Oswald von Wolkenstein,** * Schloß Schöneck im Pustertal (?) um 1377, † Meran 2. Aug. 1445, spätmhd. Liederdichter und -komponist. – Entstammte dem Zweig der Tiroler Adelsfamilie der Vilanders, die sich nach Burg Wolkenstein im Grödnertal nannte. Verließ mit 10 Jahren das Elternhaus und führte ein abenteuerl. Wanderleben, das ihn bis in den Orient brachte; um 1400 kehrte er nach Tirol zurück. 1415 trat er in die Dienste König Sigismunds, der ihn in seinen Auseinandersetzungen mit Herzog Friedrich IV. von Österreich als Verbindungsmann zum Tiroler Adel einsetzte; 1421–23 war O. in der Haft Friedrichs, bis 1432 blieb er in der Umgebung König Sigismunds. – O.s Werk ist nach Umfang und Bedeutung eines der wichtigsten literar. und musikal. Werke zwischen MA und Renaissance. Seine etwa 130 vorwiegend weltl. Lieder mit Melodien sind hpts. in drei Sammelhandschriften erhalten. Biographisches spielt in Reiseabenteuern, Politischem und Persönlichem wie Gefangenschaft, Erlebnissen um Geld und Frauen, Essen und Trinken eine bed., oft bizarre Rolle; die stark betonte Erotik nimmt die Tradition spätmittelalterl. Liebesdichtung auf und führt sie zu einem Höhepunkt an Sinnlichkeit. Die einstimmigen Lieder sind das bedeutendste Œuvre weltl. dt. mittelalterl. Musik. Moderner sind die 34 mehrstimmigen Lieder: Adaptationen aus der frz. und italien. Ars nova (um 1320). Seine Werke waren in ihrem stark

Oswald von Wolkenstein (Bildnis in einer illuminierten Handschrift des 15. Jahrhunderts)

persönlich gefärbten Erlebnishorizont und Vortragsstil für einen engeren Hörerkreis bestimmt, fanden wenig Nachwirkung, jedoch in Einzelfällen weite Verbreitung.

**Ausgaben:** O. v. W. Lieder. Mhd. u. nhd. Hg., übers. u. erl. v. B. WACHINGER. Stg. 1967. Nachdr. ebd. 1992. – Die Lieder O.s v. W. Hg. v. K. K. KLEIN. Tüb. [3]1987. – O. v. W. Sämtl. Lieder u. Gedichte. Übers. v. W. HOFMEISTER. Göppingen 1989.

**Literatur:** SCHATZ, J.: Sprache u. Wortschatz der Gedichte O.s v. W. Wien 1930. – MAYR, N.: Die Reiselieder u. Reisen O.s v. W. Innsb. 1961. – MÜLLER, ULRICH: Dichtung u. Wahrheit in den Liedern O.s v. W. Göppingen 1968. – TIMM, E.: Die Überlieferung der Lieder O.s v. W. Lübeck u. Hamb. 1972. – O. v. W. Hg. v. E. KÜHEBACHER. Innsb. 1974. – SCHWOB, A.: Histor. Realität u. literar. Umsetzung. Beobachtungen zur Stilisierung der Gefangenschaft in den Liedern O.s v. W. Innsb. 1979. – SCHWOB, A.: O. v. W. Eine Biogr. Bozen [3]1979. Nachdr. ebd. 1989. – O. v. W. Hg. v. ULRICH MÜLLER. Darmst. 1980. – RÖLL, W.: O. v. W. Darmst. 1981. – BAASCH, K./NÜRNBERGER, H.: O. v. W. Rbk. 1986. – KÜHN, D.: Ich W. Ffm. [9]1993. – SPICKER, J.: Literar. Stilisierung u. artist. Kompetenz bei O. v. W. Stg. 1993.

**Oswald, Sankt,** spielmänn. Epos, †Sankt Oswald.

**Otčenášek,** Jan [tschech. 'ɔtʃɛnaːʃɛk], * Prag 19. Nov. 1924, † ebd. 24. Febr. 1979, tschech. Schriftsteller. – Übte starken Einfluß auf die Entwicklung der modernen tschech. Prosa aus; verfaßte Romane und Novellen mit polit. Thematik. Bekannt wurde v. a. sein ergreifender Roman ›Romeo und Julia und die Finsternis‹ (1958, dt. 1960), der in der Zeit der dt. Besetzung spielt.

**Weitere Werke:** Auch dieser Ton muß klingen (R., 1952, dt. 1956), Zeit der Entscheidung (R., 1955, dt. 1959), Der hinkende Orpheus (R., 1964, dt. 1968), Als es im Paradies regnete (R., 1972, dt. 1975).

**Otero,** Blas de, * Bilbao 15. März 1916, † Majadahonda bei Madrid 29. Juni 1979, span. Lyriker. – Knüpfte in seiner frühen Lyrik thematisch und sprachlich an die asketisch-myst. Tradition der span. Lyrik des 16. Jh. eines Fray Luis de León und San Juan de la Cruz an, nach dessen ›Cántico espiritual‹ er sein erstes Buch betitelte (1942). Die Gedichtsammlungen ›Angel fieramente humano‹ (1950) und ›Redoble de conciencia‹ (1951) faßte er in ›Ancía‹ (1958) unter Einbeziehung einiger neuer Gedichte zusammen und beschloß damit seine erste Schaffensphase, in der er die Suche nach Gott und nach Möglichkeiten der Neuorientierung für die entwurzelte Nachkriegsgeneration behandelt. Mit ›Pido la paz y la palabra‹ (1955), ›En castellano‹ (1959) und ›Que trata de España‹ (1964, vollständig 1977) begann seine zweite Schaffensphase, in der er Dichten als soziale Tätigkeit auffaßt und sich den polit. Problemen seines Landes zuwendet. Sein letztes Buch ›Todos mis sonetos‹ (1977) behandelt die Einsamkeit des einzelnen.

**Weitere Werke:** Hacia la inmensa mayoría (Ged., 1962), Esto no es un libro (Ged., 1963), Mientras (Ged., 1970), País (Ged., 1971), Verso y prosa (Ged. und Prosa, 1974).

**Literatur:** SEMPRÚN DONAHUE, M. DE: B. de O. en su poesía. Chapel Hill (N. C.) 1977.

**Otero Silva,** Miguel, * Barcelona (Anzoátegui) 26. Okt. 1908, † Caracas 28. Aug. 1985, venezolan. Schriftsteller. – Nahm 1928 als Student am Aufstand gegen die Diktatur von J. V. Gómez teil; lebte mehrere Jahre im Exil; Journalist; veröffentlichte neben Gedichtbänden und humorist. Prosa mehrere Romane, die die polit. und sozioökonom. Verhältnisse Venezuelas in symbolhafter Verdichtung darstellen. ›Fieber‹ (1939, dt. 1960) und ›La muerte de Honorio‹ (1963) behandeln den Freiheitskampf gegen Gómez und die diktatoriale Repression, ›Casas muertas‹ (1955) das allmähl. Sterben einer Savannenstadt, ›Oficina No. 1‹ (1961) die Arbeitskonflikte auf den Erdölfeldern, ›Ich weine nicht‹ (1970, dt. 1975) mit ironisch-grotesken Passagen die soziale Gegenwart von Caracas.

**Weitere Werke:** Agua y cauce (Ged., 1937), Elegía coral a Andrés Eloy Blanco (Ged., 1958), Umbral (Ged., 1966), Obra humorística completa (humorist. Prosa, 1976), Lope de Aguirre, Fürst der Freiheit (R., 1979, dt. 1981), La piedra que era Cristo (R., 1984).

**Otfrid von Weißenburg** (Otfried), ahd. Dichter des 9. Jahrhunderts. – War Mönch und Lehrer im elsäss. Kloster Weißenburg. Bezeichnete sich selbst als Schüler des Hrabanus Maurus. Verfaßte in südrheinfränk. Mundart in vierhebigen Reimpaarversen eine nach den fünf Sinnen in fünf Bücher eingeteilte Evangelienharmonie, vollendet zwischen 863 und 871, wie aus den vier Widmungen (u.a. an König Ludwig den Deutschen und den Mainzer Erzbischof Liutbert) geschlossen werden kann. Leben und Leiden Christi werden jeweils dogmatisch, allegorisch oder moralisch ausgedeutet. Dieses Werk ist die erste umfangreichere dt. Reimdichtung; es enthält außerdem die erste dt. Sprach- und Literaturreflexion (Zuschrift an Liutbert und Kap. I, 1). Es bildet ein geistes- und literaturgeschichtlich kennzeichnendes Gegenstück zu dem etwa eine Generation älteren altsächs. ↑›Heliand‹, der von der Germanenmission geprägt ist, im Unterschied zu O.s für Kloster- und Königshof bestimmter gelehrt-erbaul. Dichtung, die in der Praxis der geistlichen Tischlektüre gründet.

**Ausgaben:** Evangelienbuch. Hg. v. P. PIPER. Freib. u. Tüb. 1884. Nachdr. Hildesheim 1982. 2 Bde. in 1 Bd. – Otfried v. W. Evangelienharmonie. Einf. v. H. BUTZMANN. Graz 1972. – O.s Evangelienb. Hg. v. O. ERDMANN. Bearb. v. L. WOLFF. Tüb. [6]1973.

**Literatur:** SCHWEIKLE, G.: Die Herkunft des ahd. Reimes. Zu Otfrieds v. W. formgeschichtl. Stellung. In: Zs. f. dt. Altertum u. dt. Lit. 96 (1967), S. 165. – KLEIBER, W.: O. v. W. Unterss. zur handschriftl. Überlieferung u. Studien zum Aufbau des Evangelienbuchs. Bern u. Mchn. 1971. – SOETEMAN, C.: Otfried-Forsch. seit 1935. In: Neophilologus 58 (1974), S. 248. – BELKIN, J./MEIER, JÜRGEN: Bibliogr. zu Otfried v. W. u. zur altsächs. Bibeldichtung. Bln. 1975. – VOLLMANN-PROFE, G.: Komm. zu O.s Evangelienbuch. Tl. 1. Bonn 1976. – O. v. W. Hg. v. W. KLEIBER. Darmst. 1978. – HAUBRICHS, W.: Nekrolog. Notizen zu O. v. W. In: Adelsherrschaft u. Lit. Hg. v. H. WENZEL. Bern u.a. 1980. S. 7. – HELLGARDT, E.: Die exeget. Quellen v. O.s Evangelienbuch. Tüb. 1981. – ↑auch Heliand.

**Othon,** Manuel José, *San Luis de Potosí 14. Juni 1858, †ebd. 28. Nov. 1906, mex. Dichter. – Lyriker von tiefem Naturgefühl; gilt als einer der Wegbereiter des Modernismo; schrieb ›Poesías‹ (1880), ›Poemas rústicos‹ (1902), ›Idilio salvaje‹ (Ged., 1906), ›Noche rústica de Valpurgis‹ (Ged., hg. 1907), ›El himno de los bosques‹ (Ged., hg. 1908) sowie Dramen und Erzählungen.

**Ausgabe:** M. J. O. Obras completas. Poesía, prosa, teatro. Hg. v. J. ZAVALA. Mexiko 1945.

**Literatur:** ZAVALA, J.: M. J. O., el hombre y el poeta. Mexiko 1952.

**Otloh von Sankt Emmeram** (Othloh, Otloch), *bei Tegernsee um 1010, †Regensburg nach 1070, dt. Benediktiner. – Ab 1032 Mönch und Lehrer in Sankt Emmeram in Regensburg; 1062–66 in Fulda und Amorbach; bed. Kalligraph; schrieb in lat. Sprache Hymnen und Heiligenlegenden (u.a. Bonifatius-Vita), die durch reiche Quellenbenutzung von histor. Wert sind. Seine theolog. Werke zeugen von einer Vorliebe für Zahlenmystik. Erste Anfänge einer Autobiographie sind sein ›Liber visionum‹ mit vier Visionen über seine seel. Entwicklung und sein ›Liber de temptationibus‹; die dt. Fassung seines ›Gebets‹ (nach 1067) ist das älteste persönliche Gedicht in dt. Sprache.

**Ausgaben:** O. Opera omnia. In: Patrologiae cursus completus. Series Latina. Bd. 122 u. Bd. 146. Hg. v. J.-P. MIGNE. Paris 1853. – Otlohi Libellus proverbiarum. Hg. v. G. C. KARFMACHER. Chicago (Ill.) 1936.

**Literatur:** MISCH, G.: Gesch. der Autobiogr. Bd. 3,1 Ffm. 1959; Bd. 3,2 Ffm. 1962. – SCHAUWEKKER, H.: O. v. S. E. Mchn. 1965. – RÖCKELEIN, H.: O., Gottschalk, Tnugdal. Individuelle u. kollektive Visionsmuster des Hochmittelalters. Ffm. 1987.

**Otscherk** [russ. tl.: očerk = Skizze], in der russ. Literatur und Publizistik bes. literar. Genre der realist. Erzählliteratur, das durch das Zusammenwirken ›wissenschaftlich-publizist. und belletrist. Prinzipien‹ (M. Gorki) bes. Wirklichkeitsnähe und Lebensunmittelbarkeit bewirkt und zwischen wiss. Abhandlung (›issledovanie‹) und den Gattungen ›povest'‹ (= Novelle), ›rasskaz‹ (= Erzählung) und ›roman‹ (= Roman) steht. Als *ethnograph. O.* (Beschreibung von Volksstämmen und -sitten) seit der Romantik bekannt, insbes. in den 40er Jahren des 19. Jh. in der ↑natürlichen Schule als *physiolog. O.* (Milieuskizze).

**Literatur:** GLUŠKOV, N. I.: Očerk v russkoj literature. Rostow am Don 1966. – PETERS, J.-U.: Turgenevs ›Zapiski ochotnika‹ innerhalb der očerk-Tradition der 40er Jahre. Zur Entwicklung des realist. Erzählens in Rußland. Wsb. 1972.

**Ott,** Arnold, *Vevey 5. Dez. 1840, †Luzern 30. Sept. 1910, schweizer. Dramatiker. – Arzt in Schaffhausen und Luzern; schrieb ›Gedichte‹ (1902) und für Festspiele schwungvoll-pathet. Historiendramen, von denen bes. das Volksschauspiel ›Karl der Kühne und die Eidgenossen‹ (1897) in der Schweiz erfolgreich war. Auch Theaterkritiker und Essayist.

**Weitere Werke:** Agnes Bernauer (Schsp., 1889), Die Frangipani (Trag., 1897).

**Ausgabe:** A. O. Dichtungen. Hg. v. Karl Emil Hoffmann. Bern-Bümpliz 1945–49. 6 Bde.

**Literatur:** Brütsch, Ch.: A. O. als Tagesschriftsteller. Diss. Frib. 1949.

**Ottaverime** [italien.] ↑ Stanze.

**Otte,** Selbstbez. des Verfassers eines mhd., vorhöf. Epos über das Leben des oström. Kaisers Eraclius (Herakleios), das Anfang des 13. Jh. im mitteldt. Sprachgebiet verfaßt wurde. O.s Quelle ist der Roman ›Éracle‹ von Gautier d'Arras. Im ersten Teil steigt Eraclius mit göttl. Hilfe vom Sklaven zum ersten Ratgeber des Kaisers auf und wird nach dessen Tod sein Nachfolger. In der ausführlich dargestellten Liebesgeschichte zwischen der Kaiserin Athenais und Parides bewegt er den Kaiser zu einer Scheidung und zur Vereinigung des Paares; im zweiten, heroischen Teil erobert Eraclius das Heilige Kreuz aus dem Besitz des Heiden Cosdroas zurück und bringt es nach Jerusalem.

**Ausgabe:** Eraclius. Hg. v. H. Graef. Straßburg 1883.

**Literatur:** Pratt, K.: Meister O.'s Eraclius as an adaption of Eracle by Gautier d'Arras. Göppingen 1987.

**Otten,** Karl, * Oberkrüchten (heute zu Niederkrüchten, Kreis Viersen) 29. Juli 1889, † Muralto (Tessin) 20. März 1963, dt. Schriftsteller. – Studierte Soziologie und Kunstgeschichte; Pazifist; Redakteur und freier Schriftsteller. Emigrierte 1933 über Spanien nach Großbritannien; ab 1944 erblindet; lebte zuletzt in der Schweiz. Begann als revolutionär engagierter expressionist. Lyriker und Erzähler; Mitarbeit an F. Pfemferts Zeitschrift ›Die Aktion‹; war u. a. befreundet mit J. R. Becher, F. Blei, H. Mann und E. Mühsam; wandte sich später formstrenger Gedankenlyrik zu; auch Dramatiker und Hg. von Anthologien expressionist. Dichtung. Im Exil setzte er sich kritisch mit dem Faschismus auseinander (›A combine of aggression. Masses, elite, and dictatorship in Germany‹, engl. Übers., 1942).

**Weitere Werke:** Die Thronerhebung des Herzens (Ged., 1918), Lona (R., 1920), Prüfung zur Reife (R., 1928), Der unbekannte Zivilist (E., 1932/33, in: Berliner Tageblatt), Torquemadas Schatten (R., 1938), Die Botschaft (R., 1957), Herbstgesang (Ged., 1961), Wurzeln (autobiograph. R., 1963).

**Literatur:** K. O. Werk u. Leben. Hg. v. B. Zeller u. E. Otten. Mainz 1982.

**Ottlik,** Géza [ungar. 'otlik], * Budapest 9. Mai 1912, † ebd. 9. Okt. 1990, ungar. Schriftsteller. – Äußerste Präzision des Ausdrucks und suggestiver Wahrheitsgehalt kennzeichnen sein verhältnismäßig schmales Œuvre, das zum Besten der modernen ungar. Prosa gehört. Das leitende Thema des Autors, die Selbstbehauptung des Individuums in der kollektiven Gesellschaft, wird im bekanntesten Roman ›Die Schule an der Grenze‹ (1959, dt. 1963) am Beispiel einer Kadettenanstalt (mit R. Musils ›Törless‹ nur im Handlungsort vergleichbar) meisterhaft entwickelt: er entlarvt die verborgenen Mechanismen eines vielschichtigen Unterdrückungssystems.

**Weitere Werke:** A Valencia-rejtély ... (= Das Rätsel Valencia, Prosa, Hsp., 1989), Buda (R., hg. 1993).

**Otto von Botenlauben,** Graf von Henneberg, * wahrscheinlich um 1177, † zwischen Juli 1244 und dem 7. Febr. 1245, mhd. Minnesänger. – Sohn Graf Poppos VI. von Henneberg, nannte sich nach seinem Burgsitz Botenlauben (bei Bad Kissingen). 1197 im kaiserl. Gefolge in Sizilien bezeugt, im selben Jahr Teilnahme am Kreuzzug nach Palästina, wo er Beatrix, die Tochter des frz. Seneschalls von Jerusalem, heiratete. 1220 wird er wieder in fränk. Urkunden erwähnt. 1231 gründete er das Zisterzienserkloster Frauenrode (heute Frauenroth, bei Bad Kissingen). Gehört mit einstrophigen Liedern in der Form des frühen Minnesangs, drei Tageliedern, einem Wechsel und einem Leich zum höf. Minnesang .

**Ausgabe:** O. v. B. In: Dt. Liederdichter des 13. Jh. Hg. v. C. von Kraus. Tüb. ²1978. 2 Bde.

**Literatur:** Drummer, G.: O. v. B. In: Bayer. Literaturgesch. Hg. v. E. Dünninger u. D. Kiesselbach. Bd. 1. Mchn. 1965. S. 234. – Kuhn, H.: Minnesangs Wende. Tüb. 1967. – Jaehrling, K. D.: Die Lieder O.s v. Bodenlouben. Diss. Hamb. 1970.

**Otto von Freising,** * um 1111/1114, † Kloster Morimond (Haute-Marne) 22. Sept. 1158, dt. Geschichtsschreiber. –

Sohn Markgraf Leopolds III., des Heiligen, von Österreich; trat 1132 (oder 1133) in das Zisterzienserkloster Morimond ein (um 1137 Abt). 1138 zum Bischof von Freising erhoben; Teilnahme am 2. Kreuzzug 1147–49. Seine ›Chronica sive historia de duabus civitatibus‹ (= Chronik oder Geschichte der zwei Reiche; acht Bücher; 1143–46 abgefaßt, seinem Neffen Friedrich I. Barbarossa gewidmet) deutet in augustin. Sicht die Geschichte als das Ringen zwischen dem Gottesstaat (Civitas Dei), der vor seiner Vollendung im Jenseits auf Erden als Civitas permixta, gemischt aus Guten und Bösen, erscheint, und dem durch Gewalt und Unglauben geprägten Weltstaat (Civitas terrena). Die pessimist. Grundstimmung wird in den ›Gesta Friderici imperatoris‹ überwunden; die beiden ersten Bücher, bis 1156 reichend, sind 1157 abgefaßt; Rahewin schrieb eine Fortsetzung bis 1160.

**Ausgaben:** O. v. F. u. Rahewin. Die Taten Friedrichs oder richtiger Cronica. Lat. u. dt. Hg. v. F.-J. SCHMALE. Bln. 1965. Nachdr. Darmst. 1974. – O. v. F. Chronik oder Die Gesch. der zwei Staaten. Lat. u. dt. Hg. v. W. LAMMERS. Darmst. ⁴1980.

**Literatur:** HASHAGEN, J.: O. v. F. als Geschichtsphilosoph u. Kirchenpolitiker. Dresden 1900. – O. v. F. Gedenkgabe zu seinem 800. Todesjahr. Hg. v. JOSEPH A. FISCHER. Freising 1958.

**Otto von Sankt Blasien,** † Kloster Sankt Blasien 23. Juli 1223, dt. Geschichtsschreiber. – Mönch, ab 1222 Abt des Klosters Sankt Blasien; gilt als Verfasser einer Fortsetzung (1146–1209) der Chronik Ottos von Freising (abgefaßt um 1209/10). Stilistisch an antiken Vorbildern geschult, mit der zeitgenöss. Literatur vertraut, verhehlt O. bei allem Willen zur Objektivität nicht seine Sympathien für das stauf. Kaisertum (Parteinahme für Philipp von Schwaben im staufisch-welf. Thronstreit).

**Ausgabe:** Ottonis de S. Blasio Chronica. Hg. v. A. HOFMEISTER. Hann. 1912.

**Otto,** Herbert, * Breslau 15. März 1925, dt. Schriftsteller. – Lebt als freier Schriftsteller in Klein Machnow bei Berlin. Verfasser von Romanen, Erzählungen und Reportagen. Bekannt durch seine poetisch erzählte Liebesgeschichte ›Zeit der Störche‹ (R., 1966), die u. a. den Alltag in der DDR beschreibt.

**Weitere Werke:** Die Lüge (R., 1956), Zum Beispiel Josef (R., 1970), Die Sache mit Maria (R., 1976), Der Traum vom Elch (R., 1983).

**Ottokar von Steiermark,** eigtl. Ottacher ouz der Geul, irrtümlich O. von Horneck genannt, * in der Steiermark um 1265, † zwischen 1319 und 1321, steir. Geschichtsschreiber. – Ministeriale Ottos II. von Liechtenstein, vorübergehend Fahrender; schrieb neben einer verlorengegangenen Weltchronik eine gereimte österr. Landeschronik in etwa 100 000 Versen, in der er mit Stil- und Darstellungsmitteln des höf. Epos die Geschichte der österr. Länder von 1246 bis 1309 und die des Hl. Röm. Reiches von 1250 an erzählt.

**Ausgabe:** Ottokars Österr. Reimchronik. Hg. v. J. SEEMÜLLER. In: Monumenta Germaniae Historica Bd. 5, Tl. 1 u. 2. Hann. 1890–93. Nachdr. Mchn. 1980.

**Literatur:** KRANZMAYER, E.: Die steirische Reimchronik O.s u. ihre Sprache. Wien 1950.

**Otto-Peters,** Louise, geb. Otto, Pseudonym Otto Stern, * Meißen 26. März 1819, † Leipzig 13. März 1895, dt. Schriftstellerin und Journalistin. – Seit 1858 ⚭ mit dem Schriftsteller und polit. Publizisten August Peters, mit dem sie 1861 die ›Mitteldt. Volkszeitung‹ gründete. Hauptvertreterin der Frauenbewegung in Deutschland; propagierte im Vormärz in Gedichten (›Lieder eines dt. Mädchens‹, 1847) und Romanen (›Ludwig der Kellner‹, 1843; ›Schloß und Fabrik‹, 3 Bde., 1846; ›Drei verhängnißvolle Jahre‹, 2 Bde., 1867) die demokrat. und sozialen Forderungen der Revolution von 1848; gründete 1865 in Leipzig den ›Allgemeinen Dt. Frauenverein‹ und war seit 1866 Mit-Hg. der Zeitschrift ›Neue Bahnen‹. Bed. sind ihre sozialpolit. Schriften (›Das Recht der Frauen auf Erwerb‹, 1866).

**Literatur:** SCHMIDT, AUGUSTE/RÖSCH, H.: L. O.-P. Lpz. 1898. – SEMMIG, J. B.: L. O.-P. Lebensbild einer dt. Kämpferin. Bln. 1957. – BOETCHER-JOERES, R.-E.: Die Anfänge der dt. Frauenbewegung. L. O.-P. Ffm. 1982.

**Otway,** Thomas [engl. 'ɔtwɛɪ], * Trotton (Sussex) 3. März 1652, ▭ London 16. April 1685, engl. Dramatiker. – Brach sein Studium in Oxford ab, wurde Schauspieler in London, zeitweilig in der Armee, lebte zumeist in Armut. Als Dramatiker begann O. mit heroischen Dramen in Reimpaaren nach dem Geschmack der Restaurationszeit (›Alcibiades‹, 1675; ›Don Carlos, Prince of Spain‹, 1676) sowie zynisch-witzigen Komödien. Stärker jedoch waren seine späteren, formal an der elisabethan. Dramatik orientierten, leidenschaftl. und fatalist. Blankverstragödien, von denen ›Das gerettete Venedig‹ (1682, dt. 1767) und ›Die Wayse, oder die unglückl. Heyrath‹ (1680, dt. 1767, 1822 u. d. T. ›Monimia‹) nachhaltigen Erfolg hatten.

**Weitere Werke:** The cheats of Scapin (Kom., 1677; nach Molière), The history and fall of Caius Marius (Trag., 1680), The soldier's fortune (Kom., 1681), The atheist (Kom., 1684).

**Ausgabe:** Th. O. Works. Hg. v. J. C. GHOSH. Oxford 1932. 2 Bde. Neudr. 1968.

**Literatur:** HAM, R. G.: O. and Lee. Biography from a baroque age. New Haven (Conn.) 1931. Nachdr. New York 1969. – TAYLOR, A. M.: Next to Shakespeare. Durham (N.C.) 1950. – KLINGLER, H.: Die künstler. Entwicklung in den Tragödien Th. O.s. Wien u. Stg. 1971. – WARNER, K. P.: Th. O. Boston (Mass.) 1982.

**Oudshoorn,** Jan van [niederl. 'ɔu̯tsho:rn], eigtl. Jan Koos Feylbrief, * Den Haag 20. Dez. 1876, † ebd. 31. Juli 1951, niederl. Schriftsteller. – Regierungsbeamter; Vertreter des Naturalismus. Seine frühen, tief pessimist., autobiograph. Romane drücken erot. Spannung, Einsamkeit und Angst aus; bed. sein Roman ›Willem Mertens' levensspiegel‹ (1914); im Spätwerk humorist. Züge.

**Weitere Werke:** Tobias en de dood (R., 1925), De fantast (R., 1948).

**Ouida** [engl. 'wi:də], eigtl. Marie Louise de la Ramée, * Bury Saint Edmunds 1. Jan. 1839, † Viareggio (Italien) 25. Jan. 1908, engl. Schriftstellerin. – Schrieb über vierzig zunächst vielgelesene Gesellschaftsromane, die sich gegen die Prüderie der viktorian. Gesellschaft richten; als beste Werke gelten ihre Tierbücher (›Puck‹, 3 Bde., 1870) und ›Bimbi‹ (1882), eine Sammlung von Geschichten für Kinder.

**Weitere Werke:** Held in bondage (R., 3 Bde., 1863), Strathmore (R., 3 Bde., 1865, dt. 4 Bde., 1872), A dog of Flanders (R., 1872), Ariadne (R., 3 Bde., 1877, dt. 1879), Motten (R., 3 Bde., 1880, dt. 1881).

**Literatur:** STIRLING, M.: The fine and the wicked. The life and time of O. London 1957.

**Ousmane,** Sembène [frz. us'man], * Ziguinchor (Provinz Casamance) 8. Jan. 1923, senegales. Schriftsteller und Filmemacher. – In seinen gesellschaftskrit. Romanen und Filmen kämpft er gegen jegl. polit., religiöse und soziale Unterdrückung. Als Marxist beschäftigt er sich mit der Ausbeutung von Bevölkerungsgruppen im heutigen Senegal. Seinem polit. Engagement entspricht eine zunehmende Hinwendung zum Film.

**Werke:** Le docker noir (R., 1956), Meines Volkes schöne Heimat (R., 1957, dt. 1958, 1970 u. d. T. Stromauf nach Santhiaba), Gottes Holzstücke (R., 1960, dt. 1988), Der Voltaer (En., 1962, dt. 1991), L'harmattan I: Référendum (R., 1964), Weiße Genesis (R., 1966, dt. 1983), Chala (R., 1973, dt. 1979), Le dernier de l'empire (R., 2 Bde., 1981), Gott des Donners (Film, 1981), Das Camp der Verlorenen (Film, 1987).

**Literatur:** BESTMAN, M. T.: S. O. et l'esthétique du roman négro-africain. Sherbrooke 1981. – GARSCHA, K.: S. O. In: Krit. Lex. der roman. Gegenwartsliteraturen. Hg. v. W.-D. LANGE. Losebl. Tüb. 1984 ff. – PFAFF, F.: The cinema of O. S. A pioneer of African film. Westport (Conn.) 1984.

**Ou-yang Hsiu** (Ouyang Xiu) [chin. ɔu̯iaŋɕi̯ɔu̯], * Luling (heute Kian, Kiangsi) 1007, † 1072, chin. Staatsmann und Literat. – Im amtl. Leben wie Su Shih ein Gegner der Reformpolitik des Wang Anshih, war er privat Freund zahlreicher zeitgenöss. Literaten. Sein Werk reicht von Liebesgedichten über moralisierende histor. Werke bis zu philosoph. Abhandlungen über die Staatskunst. Er erscheint als Prototyp des universal interessierten chin. Literaten-Beamten.

**Literatur:** OLBRICHT, P.: Von der Einstellung des Herrschers zu seinen Beratern. Lpz. 1939. – Ou-yang Hsiu: An eleventh-century Neo-Confucianist. Hg. v. J. T. C. LIU. Stanford (Calif.) 1967. – EGAN, R. C.: The literary works of Ou-yang Hsiu. Cambridge 1984.

**Ovenus,** nlat. walis. Dichter, ↑ Owen, John.

**Overbeck,** Christian Adolf ['o:vər...], * Lübeck 21. Aug. 1755, † ebd. 9. März 1821, dt. Dichter. – Vater des Malers Friedrich O.; 1800 Senator, ab 1814 Bürgermeister von Lübeck. Schrieb volkstüml., von J. A. P. Schulz und W. A. Mozart vertonte Liedtexte (z. B. ›Komm lieber Mai und mache ...‹).

**Werke:** Fritzchens Lieder (1781), Lieder und Gesänge (1781), Vermischte Gedichte (1794).

**Overbury,** Sir (seit 1610) Thomas [engl. 'oʊvəbərɪ], ≈ Compton-Scorpion (Warwickshire) 18. Juni 1581, † London 15. Sept. 1613 (ermordet), engl. Schriftsteller. – Jurastudium in Oxford und London; mit B. Jonson befreundet; wurde als Mentor von Robert Carr, Earl of Somerset, Opfer einer Hofintrige und im Tower vergiftet. Neben dem Gedicht ›A wife ...‹ (hg. 1614) fanden seine satirisch-prägnanten Beiträge zur Charakterliteratur nach dem Vorbild Theophrasts breites Echo (›Characters‹, hg. 1614).

**Ausgabe:** The Overburian characters. Hg. v. W. J. PAYLOR. Oxford 1936. Nachdr. New York 1977.

**Literatur:** DEFORD, M. A.: The O. affair. Philadelphia (Pa.) 1960.

**Øverland,** Arnulf [norweg. ˌøːvərlan], * Kristiansund 27. April 1889, † Oslo 25. März 1968, norweg. Schriftsteller. – Wandte sich unter dem Eindruck des 1. Weltkrieges dem Sozialismus zu. Während der dt. Besatzung mitbestimmend im Widerstandskampf; 1941–45 im KZ (Grini und Sachsenhausen); ab 1946 norweg. Nationaldichter mit staatl. Ehrengehalt. Begann mit neuromantisch-myst. Lyrik, bekämpfte später mit seiner politisch engagierten Lyrik Faschismus, Kirche (der berühmte Vortrag ›Das Christentum, die 10. Landplage‹, 1933, brachte ihm einen Blasphemieprozeß ein, von dem er jedoch freigesprochen wurde) und das heuchler. Bürgertum. Seine Gedichte zeigen meisterhafte Form und schlichte Sprache. Während der Besatzungszeit verfaßte er patriot. Kampflieder. Schrieb auch Dramen, Essays und Erzählungen; im Sprachenstreit trat er für das Riksmål ein. Nach dem 2. Weltkrieg kämpfte er erbittert gegen den lyr. Modernismus und bereiste mit antisowjet. Vorträgen das Land.

**Weitere Werke:** Brød og vin (Ged., 1919), Hustavler (Ged., 1929), Vi overlever alt (Ged., 1945), Tilbake til livet (Ged., 1946), På Nebo bjerg (Ged., 1962), I tjeneste hos ordene (Essays, 1963).

**Ausgabe:** A. Ø. Samlede dikt. Oslo 1947–61. 4 Bde.

**Literatur:** Festskrift til A. Ø. på syttiårsdagen. Hg. v. S. HOEL. Oslo 1959. – BJERKE, A.: A. Ø., vårt sprogskonservator og fornyer. Oslo 1965. – HAAKONSEN, D.: A. Ø. og den etiske realisme 1904–1940. Oslo 1966. – HAMBRO, C.: A. Ø. Oslo 1984.

**Ovid** (Publius Ovidius Naso), * Sulmo (heute Sulmona) 20. März 43 v. Chr., † Tomis (heute Konstanza) 17 oder 18 n. Chr., röm. Dichter. – War als Sohn eines wohlhabenden Ritters für die öffentl. Laufbahn bestimmt; er studierte in Rom Rhetorik und bekleidete öffentl. Ämter. Die Anregungen, die er im Kreis des Dichterförderers Messalla Corvinus empfing, veranlaßten ihn, sich ganz der Poesie zu widmen. Sein Erstlingswerk, die Liebeselegien ›Amores‹ (ab 20 v. Chr.), hatte sofort großen Erfolg; nach dem Tod des Horaz war O. der gefeiertste Dichter Roms. Von Augustus wurde er 8 n. Chr. in das entlegene Tomis (an der Westküste des Schwarzen Meeres) verbannt; im Gegensatz zu Cicero und Seneca d. J. durfte er trotz seiner Bitten nicht zurückkehren. Was den Zorn des Kaisers erregt hatte, ist unklar. O. selbst nennt einerseits das frivole Lehrgedicht über die Liebeskunst, ›Ars amatoria‹, dessen Veröffentlichung jedoch schon einige Zeit zurücklag, andererseits einen ›Irrtum‹; wahrscheinlich war er in eine Affäre der Iulia, der lasterhaften Enkelin des Augustus, verwickelt.

O.s umfängl. literar. Werk ist nahezu vollständig erhalten. Die Stoffe entstammen dem griech. Mythos und der eigenen Erlebniswelt. Er begann als erot. Dichter, verfaßte zwei große Sagenzyklen, die ›Metamorphosen‹ in ep. und die ›Fasti‹, eine poet. Bearbeitung des röm. Festkalenders, in eleg. Form, und wandte sich dann als Verbannter seinem eigenen Schicksal zu. In den brillanten ›Amores‹ tritt nicht mehr – wie bei Properz oder Tibull – ein in Leidenschaft verstrickter, oft unglückl. Liebhaber auf, sondern ein witziger, genießender, triumphierender Liebhaber. Den ›Amores‹ folgte eine Reihe meisterhafter psycholog. Studien: die ›Heroides‹, Liebesbriefe myth. Frauengestalten. Dann feierte O. in der ›Ars amatoria‹ die Liebe als ein gesellschaftl. Phänomen der Weltstadt Rom, als galantes Spiel, das erlernbaren Regeln gehorcht; er fügte noch die Heilmittel gegen die Liebe, die ›Remedia amoris‹, hinzu, Anweisungen, sich von einer unbequemen Leidenschaft zu befreien. Die ›Metamorphosen‹, nach der Bibel die wichtigste literar. Quelle für die bildenden Künste Europas, stellen in 15 Büchern etwa 250 an- und ineinandergefügte Mythen dar, die sich, durch das Verwandlungsmotiv zusammengehalten, von der Weltentstehung bis zur Vergöttlichung Caesars erstrecken. Das gewaltige Werk beruht auf der Grundspannung von pseudonaturalistisch dargestellten, unglaubhaften Situationen und glaubhaften, Sympathie erweckenden psych. Antrieben und Reaktionen der Figuren. Die ›Fasti‹ blieben unvollendet. Der verbannte, auf Rückkehr hoffende O. stellte sein eigenes Schicksal in den Mittelpunkt seiner Spätwerke, der Klagelieder ›Tristia‹ und der Briefe vom Schwarzen Meer, der ›Epistulae ex Ponto‹. – O. ist nicht – wie die anderen augusteischen Dichter, z. B. Vergil oder Horaz – in der Schreckenszeit der Bürgerkriege aufgewachsen; er ist ein Kind des Augustus-Friedens, des gesicherten Wohlstandes, der verfeinerten Lebenskultur. Sein Werk steht zwischen den Epochen; es ist einerseits den Dichtern der Augusteischen Zeit verpflichtet, nimmt andererseits manche der Züge vorweg, die sich in der Dichtung der Nachklassik entfalten sollten. O.s nie unterbrochene Wirkung erreichte im 11. Jh. einen ersten, in Renaissance und Barock einen zweiten Höhepunkt. – ↑auch Pseudo-Ovid.

**Ausgaben:** Publius Ovidius Naso. Opera. Nach R. MERKEL hg. v. R. EHWALD u. a. Lpz. 1910–32. 3 in 4 Bden. – Publius Ovidius Naso. Fasti. Festkalender Roms. Lat. u. dt. Hg. v. W. GERLACH. Mchn. 1960. – Ovide. Héroïdes. Lat. u. frz. Hg. v. H. BORNECQUE u. M. PRÉVOST. Paris ²1961. – Publius Ovidius Naso. Briefe aus der Verbannung. Lat. u. dt. Hg. v. W. WILLIGE u. G. LUCK. Zü. 1963. – Publius Ovidius Naso. Metamorphosen. Lat. u. dt. Hg. v. H. BREITENBACH. Zü. ²1964. – P. Ovidius Naso. Metamorphosen. Komm. v. F. BÖMER. Hdbg. 1969 ff. (bisher 15 Bde. erschienen). – O. Heilmittel gegen die Liebe. Die Pflege des weibl. Gesichtes. Lat. u. dt. Hg. v. F. W. LENZ. Bln. ²1969. – O. Werke in 2 Bden. Dt. Übers. Einl. u. Anm. v. L. HUCHTHAUSEN. Bln. u. Weimar ²1973. – O. Liebesgedichte. Amores. Lat. u. dt. Hg. v. W. MARG u. R. HARDER. Mchn. ⁶1984. – O. Liebeskunst. Lat. u. dt. Hg. v. N. HOLZBERG. Mchn. 1985.

**Literatur:** SCHEVILL, R.: O. and the renascence in Spain. Berkeley (Calif.) 1913. Nachdr. Hildesheim u. New York 1971. – ELIA, S. D': Ovidio. Neapel 1959. – MUNARI, F.: O. im MA. Zü. u. Stg. 1960. – WILKINSON, L. P.: O. surveyed. Cambridge 1962. – OTIS, B.: O. as an epic poet. London 1966. – VIARRE, S.: La survie d'Ovide dans la littérature scientifique du XIIᵉ et XIIIᵉ siècles. Poitiers 1966. – O. Hg. v. M. VON ALBRECHT u. E. ZINN. Darmst. 1968. – FRÄNKEL, H.: O. Ein Dichter zw. zwei Welten. Dt. Übers. Darmst. 1970. – SYME, R.: History in O. Oxford 1978. – BINROTH-BANK, CH.: Medea in den Metamorphosen O.s. Unterss. zur ovid. Erzähl- u. Darstellungsweise. Ffm. u. a. 1994. – GIEBEL, M.: O. Rbk. 9.–11. Tsd. 1994.

**Owen,** Alun Davies [engl. 'oʊɪn], * Liverpool 24. Nov. 1926, engl. Dramatiker. – Schauspieler und Regisseur (1942–59). Verfasser von Dramen um kulturelle, religiöse und altersbedingte Konflikte, z. B. im engl. Arbeitermilieu (›Progress to the park‹, 1962; ›Maggie May‹, Musical, 1964) oder vor histor. Hintergrund (›The rough and ready lot‹, 1960); Drehbuchautor des Beatles-Films ›A hard day's night‹ (1964); schreibt seit den 70er Jahren v. a. für das Fernsehen.

**Weitere Werke:** A little winter love (Dr., 1964), Shelter (Dr., 1968), George's room (Dr., 1968), Doreen (Dr., 1971).

**Owen,** Daniel [engl. 'oʊɪn], * Mold (Flintshire) 20. Okt. 1836, † ebd. 22. Okt. 1895, walis. Romancier. – Zeichnet mit Humor und Ironie ein anschaul., krit. Bild des viktorian. Wales im 19. Jahrhundert.

**Werke:** Hunangofiant Rhys Lewis (= Autobiographie von Rhys Lewis, R., 1885, engl. Übers. 1888 u. d. T. Rhys Lewis, Minister of Bethel), Y dreflan, ei phobl a'i phethau (= Das Städtchen, seine Leute und seine Angelegenheiten, R., 1891), Profedigaethau Enoc Huws (= Die Sorgen des Enoc Huws, R., 1891), Gwen Tomos (R., 1894).

**Owen,** John [engl. 'oʊɪn], latin. Audoenus, Ovenus, * Llanarmon bei Pwllheli 1563 oder 1564, † London 1622, nlat. walis. Dichter. – Studierte in Winchester und Oxford, war dann Lehrer. Schrieb zahlreiche nlat. Epigramme, die er in mehreren Bänden herausgab. Beeinflußte nachhaltig die Epigrammdichtung auf dem Kontinent, bes. in Deutschland; die Wirkung seiner Werke, die v. a. menschl. Schwächen und Laster zum Thema haben, reichte bis ins 18. Jh.; eine dt. Auswahl wurde 1863 herausgegeben.

**Ausgaben:** Joannis Audoeni Epigrammata ... Bearb. u. hg. v. A. A. RENOUARD. Paris 1794. 2 Bde. – J. O. Works. Hg. v. W. H. GOOLD. London 1850–55. 24 Bde.

**Literatur:** URBAN, E.: Owenus u. die dt. Epigrammatiker des 17. Jh. Bln. 1900.

**Owen,** Wilfred [Edward Salter] [engl. 'oʊɪn], * Oswestry (Salop) 18. März 1893, ⚔ bei Landrecies (Nord) 4. Nov. 1918, englischer Lyriker. – Kriegsfreiwilliger; wandte sich in seiner Lyrik gegen das Elend des modernen Krieges, den er als mitleidgebietende Tragödie darstellte, oft mit resignierendem Unterton. O.s Gedichte, anfangs von J. Keats beeinflußt und von seinem Freund S. L. Sassoon (der einen Teil 1920 postum herausgab) angeregt, nahmen mit ihrer suggestivlautmaler. Diktion und der Verwendung von Assonanzen neben Endreimen modernere Verstechniken vorweg.

**Ausgabe:** W. O. The complete poems and fragments. Hg. v. J. STALLWORTHY. New York 1983. 2 Bde.

**Literatur:** OWEN, H.: Journey from obscurity. W. O. 1893–1918. Memoirs of the O. family. London 1963–65. 3 Bde. – WELLAND, D. S. R.: W. O. A critical study. London [3]1969. – MACILROY, J. F.: W. O.'s poetry. A study guide. London 1974. – HIBBERD, D.: O. the poet. Athens (Ga.) 1986.

**Owlglaß, Dr.** ['aʊlgla:s], eigtl. Hans Erich Blaich, * Leutkirch 19. Jan. 1873, † Fürstenfeldbruck 29. Okt. 1945, dt. Schriftsteller. – Studierte Medizin, war Lungenfacharzt in Stuttgart und Fürstenfeldbruck; Mitarbeiter und (1919–24 und 1933–35) Schriftleiter des ›Simplicissimus‹; schrieb satir. Erzählungen und heiter-nachdenkl. Lyrik; übersetzte u. a. Aristophanes, F. Rabelais, Ch. De Coster; war auch Herausgeber.

**Werke:** Der saure Apfel (Ged., 1904), Gottes Blasebalg (Ged., 1910), Von Lichtmeß bis Dreikönig (Ged., 1912), Hinter den sieben Schwaben her (E., 1926), Lichter und Gelichter (En., 1931), Kleine Nachtmusik (Ged., 1936), Damals (En., 1941), Seitensprünge (Ged., 1942), Tempi passati (Ged., hg. 1947).

**Ausgabe:** Dr. O. Ausgew. Werke des ›Simplicissimus‹-Dichters H. E. Blaich. Hg. v. V. HOFFMANN. Kirchheim/Teck 1981.

**Oxenstierna,** Johan Gabriel Graf [schwed. ˌuksənʃæ:rna], * Gut Skenäs (Södermanland) 19. Juli 1750, † Stockholm 29. Juli 1818, schwed. Dichter. – Studierte in Uppsala; Mitglied der Schwed. Akademie; schwed. Hofpoet. Sein literar. Werk steht am Übergang vom gustavianischen Klassizismus zur Vorromantik; schrieb naturschwärmerische Gedichtzyklen (›Dagens stunder‹, entst. 1784, hg. 1805), geistreiche Epigramme, zahlreiche Gelegenheitsgedichte. In neuerer Zeit finden v. a. seine Tagebücher, in denen das literarische Milieu der ›Bellmanzeit‹ in Schweden geschildert wird, Beachtung.

**Weitere Werke:** Ljuva ungdomstid (Tagebuch, frz. 1766/68, schwed. 1965), Skördarne (Ged., 1796), Dagboksanteckningar åren 1769–71 (Tagebücher, hg. 1881).

**Ausgabe:** J. G. greve O. Arbeten. Stockholm 1805–26. 5 Bde.

**Literatur:** LAMM, M.: J. G. O. Stockholm 1911. – FRYKENSTEDT, H.: J. G. O.s skördarne. Stockholm 1961.

**Oxymoron** [griech. = scharfsinnig/dumm; auch scharf/fade], als rhetor. Figur die pointierte Verbindung zweier sich dem Wortsinn nach widersprechender oder gegenseitig ausschließender Begriffe oder Aussagen (›bittersüß‹, ›traurigfroh‹, ›Riesenzwerge‹, ›kalte Glut‹; ›Der General schläft gerade nebenan und wacht‹, Jean Paul, ›Flegeljahre‹, 1804/05). Das O. ist seit der Antike verbreitet als Ausdruck des Bestrebens, Komplexes auszudrücken oder Gegensätzliches zu vereinen. – ↑ auch Contradictio in adjecto, ↑ Paradoxon, ↑ Katachrese.

**Oyono,** Ferdinand [frz. ɔjɔ'no], * Ngulemakong (Dep. Ntem) 14. Sept. 1929, kamerun. Schriftsteller. – 1960–85 im diplomat. Dienst, u. a. Botschafter in Algier, Paris und London, Generaldirektor der UNICEF in New York; seit 1986 Regierungsbeamter in Jaunde; schrieb in frz. Sprache antikolonialist. Romane.

**Werke:** Flüchtige Spur Tundi Ondua (R., 1956, dt. 1958), Der alte Neger und die Medaille (R., 1956, dt. 1957, 1972 u. d. T. Der alte Mann und die Medaille), Chemin d'Europe (R., 1960).

**Literatur:** CHEVRIER, J.: Une vie de boy, O. Paris 1977. – MINYONO-NKODO, M.-F.: ›Le vieux nègre et la médaille‹ de F. O. Issy-les-Moulineaux 1978. – KLÜPPELHOLZ, H.: F. O. In.: Krit. Lex. der roman. Gegenwartsliteraturen. Hg. v. W.-D. LANGE. Losebl. Tüb. 1984 ff.

**Oz** (tl.: 'Oz), Amos [hebr. ɔz], eigtl. (bis 1954) A. Klausner, * Jerusalem 4. Mai 1939, israel. Schriftsteller. – Lebte in einem Kibbuz und war dort als Lehrer tätig, zog dann mit seiner Familie nach Arad; beschreibt in seinen Romanen vor dem Hintergrund der aktuellen israel. Situation die Schicksale einzelner, deren

Lebensweg mit der Entwicklung der Gesamtgesellschaft korrespondiert. Bes. wichtig ist hierbei die Behandlung des Verhältnisses zu den Arabern sowie der Holocaust-Thematik. Mitbegründer der ›Frieden jetzt‹-Bewegung; Oz erhielt 1992 den Friedenspreis des Börsenvereins des Dt. Buchhandels.

**Werke:** Keiner bleibt allein (R., 1966, dt. 1976), Mein Michael (R., 1968, dt. 1979), Der Berg des bösen Rates (En., 1976, dt. 1993), Sumchi (Jugendb., 1978, dt. 1993), Der perfekte Frieden (R., 1982, dt. 1987), Im Lande Israel (1983, dt. 1984), Black box (R., 1987, dt. 1989), Eine Frau erkennen (R., 1989, dt. 1991), Der dritte Zustand (R., 1991, dt. 1992), Polit. Essays (dt. 1993), Sehnsucht (En., dt. 1994).

**Literatur:** Enc. Jud., Decennial Book 1973–82, 1982, S. 500.

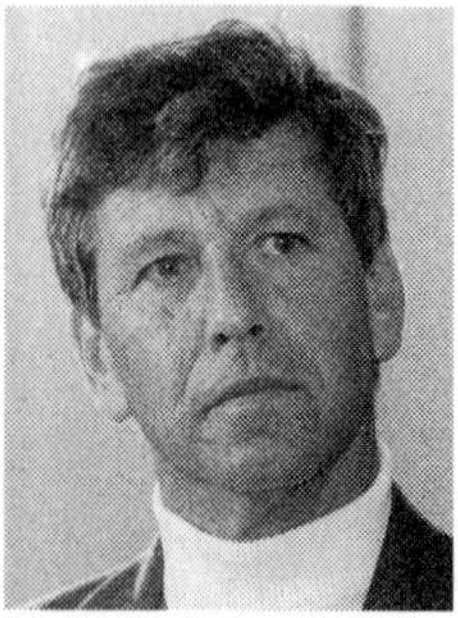

Amos Oz

**Öz,** Erdal [türk. œz], * Yıldızeli (Anatolien) 1935, türk. Erzähler. – Veröffentlichte seit 1952 v.a. Erzählungen und Kritiken in mehreren literar. Zeitschriften; wurde nach dem Militärputsch 1971 wegen polit. Tätigkeit und Veröffentlichungen verfolgt und verhaftet. Seine Romane und Erzählungen haben häufig diese Erfahrungen zum Thema.

**Werke:** Kanayan (= Blutend, En., 1973), Du bist verwundet (R., 1974, dt. 1982).

**Özakın,** Aysel [türk. œzɑ'kɨn], * Urfa 1942, türk. Schriftstellerin. – Lebt seit 1980 in der BR Deutschland. Ihre Erzählungen und Romane (inzwischen auch in dt. Sprache) kreisen meist um Emanzipationsprobleme der Frau.

**Werke:** Der fliegende Teppich. Auf der Spur meines Vaters (R., 1975, dt. 1987), Die Preisvergabe (R., 1980, dt. 1982), Soll ich hier alt werden? (En., 1982), Die Leidenschaft der anderen (R., 1983), Das Lächeln des Bewußtseins (En., 1985), Du bist willkommen (Ged., dt. 1985), Zart erhob sie sich, bis sie flog (Ged., dt. 1986), Die blaue Maske (R., 1988, dt. 1989), Glaube, Liebe, Aircondition. Eine türk. Kindheit (dt. 1991), Deine Stimme gehört dir (En., dt. 1992), Die Zunge der Berge (R., dt. 1994).

**Özer,** Kemal [türk. œ'zɛr], * Istanbul 1935, türk. Lyriker. – Maßgebl. Vertreter der sog. Zweiten Neuen, die sich, im Gegensatz zu den Ersten Neuen um Orhan Veli, einer neuen poet. Esoterik verpflichtet fühlen.

**Werke:** Ölü bir yaz (= Ein toter Sommer, Ged., 1960), Yaşadığımız günlerin şiirleri (= Gedichte unserer gelebten Tage, 1974), Sen de katılmalısın yaşamı savunmaya (= Auch du sollst teilnehmen an der Verteidigung des Lebens, Ged., 1976 und 1982).

**Ozick,** Cynthia [engl. 'oʊzɪk], * New York 17. April 1928, amerikan. Schriftstellerin. – Versucht in ihren symbolist., an die lyr. Prosa H. James' erinnernden Erzählungen orthodox-jüd. Traditionen und Formen der hebräischen Kultur für das Leben in einer dem Juden feindl., christl. Welt fruchtbar zu machen. ›Trust‹ (R., 1966) beschreibt die Suche einer Tochter nach ihrem biolog. und geistigen Vater; ›The pagan rabbi and other stories‹ (En., 1971), die Kurzerzählungen ›Bloodshed and three novellas‹ (1976) sowie ›Levitation. Five fictions‹ (1981) zeigen unter Verwendung phantast. Elemente die Identitätssuche jüd. Charaktere zwischen weltl. und orthodoxer Einstellung zur jüd. Religion.

**Weitere Werke:** Die Kannibalengalaxis (R., 1983, dt. 1985), Art and ardor (Essays, 1983), Der Messias von Stockholm (R., 1987, dt. 1990), Puttermesser und ihr Golem (En., dt. Ausw. 1987), The shawl (En., 1989), Metaphor and memory (Prosa, 1989).

**Literatur:** LOWIN, J.: C. O. Boston (Mass.) 1988. – RZADTKI, B.: Jüd. Tradition in der amerikan. Diaspora. Das Erzählwerk C. O.s. Ffm. 1991.

**Özlü,** Demir [türk. œz'ly], * Istanbul 9. Sept. 1935, türk. Erzähler. – In seinem Erzählwerk werden die Probleme einer intellektuellen türk. Mittelschicht nach dem 2. Weltkrieg im Sinne eines für die Hoffnungslosigkeit und Einsamkeit des Individuums stehenden Existentialismus nachgezeichnet.

**Werke:** Soluma (= Außer Atem, En., 1964), Bir küçük burjuvanın gençlik yılları (= Jugendjahre eines Kleinbürgers, R., 1979).

# P

**Päan** (Paian) [griech. = Helfer, Heiler, Retter, Arzt] (Mrz. Päane), griech. Form der Hymne, insbes. chor. Bitt-, Dank- oder Sühnelied, z. B. im kult. Bereich, vor der Schlacht, anläßlich des Sieges. Ursprünglich an Apollon gerichtet und wohl aus kult. Chorrufen seines Beinamens Paián entstanden, wird der P. auch anderen Göttern (bes. Artemis, Asklepios), seit um 400 v. Chr. auch herausragenden Menschen gewidmet. Inhaltlich und formal ist der P. nicht festgelegt, kennzeichnend ist aber der oft als Refrain auftretende Anruf ›iȇ [= oh] paián!‹.

**Paarreim** ↑ Reim.

**Pacheco,** José Emilio [span. pa'tʃeko], * Mexiko 30. Juni 1939, mex. Schriftsteller. – Journalist; Prof. für Literatur an verschiedenen Universitäten in den USA; außerordentlich vielseitiger und origineller Lyriker und Autor von Erzählungen und Romanen, in denen eine umfassende literar. Bildung gelegentlich parodistisch zum Ausdruck kommt; wichtigste themat. Konstante ist die Dialektik der Zeit als Beginn und Zerstörung.

**Werke:** La sangre de Medusa (En., 1959), Los elementos de la noche (Ged., 1963), Der Tod in der Ferne (R., 1967, dt. 1992), No me preguntes cómo pasa el tiempo (Ged., 1969), El principio del placer (En., 1972), Irás y no volverás (Ged., 1973), Ayer es nunca jamás (Ged., 1978), Desde entonces (Ged., 1980), Alta traición (Ged., 1985), Ciudad de la memoria (Ged., 1989), Kämpfe in der Wüste (En., dt. Ausw. 1995).

**Literatur:** TORRES, D.: J. E. P. Poesía y poetica del prosaísmo. Madrid 1990.

**Pa Chin** (Ba Jin) [chin. badzın], eigtl. Li Fei-kan, * Tschengtu (Szetschuan) 25. Dez. 1904, chin. Schriftsteller. – Sein Hauptwerk ist der Romanzyklus ›Chia‹ (= Familie, 1936, dt. 1980 u. d. T. ›Die Familie‹), ›Ch'un‹ (= Frühling, 1938) und ›Ch'iu‹ (= Herbst, 1940). Stark autobiographisch gefärbt, schildert es die Spannungen in einer chin. Großfamilie im 20. Jh. und spiegelt gesellschaftl. Entwicklungen wider; seit Gründung der VR China, mit Ausnahme der Zeit der Kulturrevolution, Kulturfunktionär. Seine jetzt entstehenden Werke zu tagespolit. Themen blieben blaß; in dt. Übersetzung liegen außerdem u. a. vor ›Sha ding‹ (Nov., 1937, dt. 1981), ›Garten der Ruhe‹ (R., 1944, dt. 1954), ›Kalte Nächte‹ (R., 1946, dt. 1981, 1985 u. d. T. ›Nacht über der Stadt‹), ›Gedanken unter der Zeit‹ (R., 1979, dt. 1985).

**Pacuvius,** Marcus, * Brundisium (heute Brindisi) 220, † Tarent um 130, röm. Dichter. – War Neffe und Schüler des Ennius; von seinen Werken sind nur Fragmente (etwa 450 Verse) erhalten. Er verfaßte außer einer Praetexta (›Paulus‹) mindestens 13 Tragödien (davon handeln acht über Sagenstoffe des Trojanischen Krieges), freie Bearbeitungen griech. Stücke.

**Padilla,** Fray Juan de [span. pa'ðiʎa], genannt ›el Cartujano‹, * Sevilla 1468, † ebd. 1522 (?), span. Dichter. – Kartäuser; schrieb religiös-allegor. Gedichte, darunter ›Los doce triunfos de los doce apóstoles‹ (1521), in danteskem Stil.

**Padmasambhava** [sanskr. = der aus einem Lotus Geborene], ind. Tantriker (religiös-myst. Schriftsteller) und Magier aus dem nordwestind. Swat-Tal (Udyāna). – Wurde von König Khri-srong lde-bcan (755–797) nach Tibet gerufen, um den Buddhismus gegen die einheim. Bon-Religion durchzusetzen. Er wirkte an der Gründung des Kloster bSam-yas mit und förderte die Übersetzungen aus dem Indischen. Viele spätere Texte wurden ihm als ›gTer-ma‹ (= Schatzwerke) zugeschrieben, die er angeblich versteckt hatte. Sein synkretist. Lehrgebäude wird als Padmaismus bezeichnet. Auf ihn beruft sich die Sekte der rNying-mapas (= die Alten), die ihn als zweiten Buddha verehrt.

**Literatur:** TOUSSAINT, G.-C.: Le dict de Padma. Paris 1933 (Übers. seiner Biographie).

**Paemel,** Monika van [niederl. 'pa:məl], * Poesele 4. Mai 1945, fläm. Schriftstellerin. – Schrieb engagierte Romane, in denen Erzählung und Betrachtung ineinander verfließen; setzt sich literarisch für die Rechte der Frau in einer Männergesellschaft ein.

**Werke:** Amazone met het blauwe voorhoofd (R., 1971), De confrontatie (R., 1974), Marguerite (R., 1976), Verfluchte Väter (R., 1985, dt. 1993), De eerste steen (R., 1992).

**Page,** Louise [engl. pɛɪdʒ], * London 7. März 1955, engl. Dramatikerin. – Ihre Theaterstücke thematisieren oft weibl. Erfahrungen unter dem Druck von Erwartungen und Vorurteilen. Schreibt auch für Funk und Fernsehen.

**Werke:** Glasshouse (Dr., 1977), Tissue (Dr., UA 1978, gedr. 1982), Salonika (Dr., 1983), Golden girls (Dr., 1985), Real estate (Dr., 1985), Beauty and the beast (Dr., 1986), Diplomatic wives (Dr., 1989), Adam was a gardener (Dr., 1991), Like to live (Dr., 1992), Hawks and doves (Dr., 1992).

**Page,** Thomas Nelson [engl. pɛɪdʒ], * Oakland Plantation (Hanover County, Va.) 23. April 1853, † ebd. 1. Nov. 1922, amerikan. Schriftsteller. – P., der der ›local color school‹ nahestand, vermittelte v. a. in seinem Hauptwerk, der Erzählungssammlung ›In ole Virgina‹ (1887), ein Bild der Südstaaten, bes. Virginias, vor dem Bürgerkrieg, wobei er v. a. die romant. Aspekte hervorhob; verwandte z. T. den Dialekt der Schwarzen. In seinen Romanen behandelte er die Zeit des Bürgerkrieges und der Reconstruction; schrieb auch Essays, Sozialstudien (›The old South‹, 1892) und Biographien über bed. Männer des Südens wie Robert E. Lee (1911) und Thomas Jefferson (1918).

**Ausgabe:** Th. N. P. The novels, stories, sketches, and poems. New York 1906–12. 18 Bde.

**Literatur:** GROSS, T. L.: Th. N. P. New York 1967.

**Pagnol,** Marcel [frz. pa'ɲɔl], * Aubagne 28. Febr. 1895, † Paris 18. April 1974, frz. Schriftsteller. – Zuerst Englischlehrer an höheren Schulen Südfrankreichs, ab 1922 in Paris; wandte sich bald ganz dem Bühnen- und Filmschaffen zu und gründete u. a. 1931 die ›Cahiers du Film‹. Seine bühnenwirksamen Lustspiele sind humorvoll-satir. Sittenschilderungen mit treffenden Charakterdarstellungen, bes. aus der Welt der Kleinbürger, u. a. ›Das große ABC‹ (Dr., 1928, dt. 1928) und die im Marseiller Hafenmilieu spielende Marius-Trilogie (›Marius‹, 1929, dt. 1929, auch u. d. T. ›Zum goldenen Anker‹; ›Fanny‹, 1931, dt. 1932; ›César‹, 1931, dt. 1937). P. gründete auch zwei Filmgesellschaften und inszenierte zahlreiche Filme (u. a. ›Die Frau des Bäckers‹, Film 1938, Dr. 1946, dt. 1948, auch u. d. T. ›Madame Aurélie‹). 1946 wurde er Mitglied der Académie française.

Marcel Pagnol

**Weitere Werke:** Catulle (Dr., 1922), Jazz (Dr., 1927), Die Tochter des Brunnenmachers (Dr., 1941, dt. 1955), Judas (Dr., 1955), La gloire de mon père (Autobiogr., 1957), Le château de ma mère (Autobiogr., 1958, beide zus. dt. 1961 u. d. T. Marcel. Eine Kindheit in der Provence), Marcel und Isabelle (Autobiogr., 1961, dt. 1963), Die Wasser der Hügel (R., 2 Bde., 1963, dt. 1964), Die eiserne Maske (Biogr., 1965, dt. 1966).

**Ausgaben:** M. P. Dramen. Dt. Übers. Rbk. 1964. – M. P. Œuvres complètes. Paris 1977–78. 12 Bde.

**Literatur:** Avant-Scène/Cinéma (1967). Sonder-H. M. P. – LEPROHON, P.: P. Paris 1976. – CALDICOTT, C. E.: M. P. Boston (Mass.) 1977. – BERNI, G.: P., sa vie, son œuvre. Aubagne 1980. – BERNI, G.: Merveilleux P. L'histoire de ses œuvres à travers celle de sa carrière. Monte Carlo 1981. – KLINE, P. G.: Le théâtre de P. Personnages et thèmes dans les œuvres de jeunesse. Diss. University of North Carolina Chapel Hill 1982. – BENS, J.: P. Paris 1994.

**Pailleron,** Édouard [frz. paj'rõ], * Paris 17. Sept. 1834, † ebd. 20. April 1899, frz. Schriftsteller. – Schrieb Vers- und Prosakomödien (oft Einakter); als sein erfolgreichstes Werk gilt ›Die Welt, in der man sich langweilt‹ (Kom., 1881, dt. 1894), eine Satire auf die sog. gebildete Gesellschaft. Wurde 1882 Mitglied der Académie française.

**Weitere Werke:** Le parasite (Kom., 1860), Le dernier quartier (Kom., 1864), Le monde où l'on s'amuse (Kom., 1868), Les cabotins (Kom., 1894).

**Ausgabe:** É. P. Théâtre complet. Paris 1909–12. 4 Bde.

**Literatur:** LALIA-PATERNOSTRO, A.: É. P. (1834 bis 1899). Paris 1931.

**Paịssi Chilendarski** (tl.: Paisij) [bulgar. xilɛn'darski], * Bansko 1722, † Samokow 3. Juli 1798 (?), bulgar. Mönch und Schriftsteller. – Trat in das Kloster Moni Chilandar des Athos ein, wo er mit griech., russ. und serb. Mönchen in Berührung kam; vollendete 1762 eine slawobulgar. Geschichte in bulgarisch-kirchenslaw. Sprache (hg. 1844), die den Beginn der neubulgar. Literatur bedeutet; sie ist in zahlreichen Abschriften erhalten. P. gilt als Erwecker des bulgar. Sprach- und Nationalbewußtseins.

**pakistanische Literaturen,** Pakistan besitzt ein reiches literar. Erbe in zahlreichen Sprachen, beginnend mit der seit der Eroberung des Industales 711 bestehenden arab. religiösen Tradition. Nach dem Jahr 1000 wurde die pers. Hof- und Literatursprache eingeführt, die in Annalistik, höf. und myst. Poesie bei Anwendung aller in Iran entwickelten Formen gepflegt wurde. Wichtig war der Anteil der Landessprachen Belutschi, Paschtu (↑ Paschtuliteratur), Pañjābi, Sindhī, in denen sich krieger. und romant. Balladen, Prophetenloblieder, Liebeslieder, Rätsel usw. finden.
Poesie in **Belutschi** wird erst neuerdings schriftlich aufgezeichnet. Die klass. **Paschtuliteratur** erreichte ihren Gipfel in den kraftvoll-farbigen Versen des als ›Vater des Paschtu‹ bezeichneten Kriegerführers H̲ušḥal H̲ān (* 1613, † 1689). In **Pañjābi** wie in Sindhī wurde die Volksdichtung spätestens seit dem 16. Jh. von Mystikern zur Grundlage sangbarer Poesie gemacht. Sultan Bāhū († 1692), Bulha Šāh († 1752) und Wāris̱ Šāh (* 1735, † 1784), der die Sage von Hīr Rānjha mystisch ausgestaltete, sind in Pañjābi zu nennen. In **Sindhī** ist Šāh 'Abd al-Laṭīf Bitā'ī (* 1689, † 1752) Höhepunkt einer langen myst. Tradition; seine Gedichtsammlung ›Shāha jō risālō‹ ist noch heute überaus beliebt. Sein Landsmann Saẖal Sarmast (* 1739, † 1826) sang ekstat. Hymnen. Nach 1853 entstand in Sindhī neben der weiter blühenden Poesie eine vielseitige Prosaliteratur, während Pañjābi von den Muslimen selten als Literatursprache verwendet wurde; die meisten bedienten sich des im 18. Jh. in Nord-Indien literarisch entwickelten **Urdu,** in dem heute neben wiss. Prosa alle literar. Gattungen vom Drama bis zur Kurzgeschichte gut vertreten sind: Ǧuš Malīḥabādī (* 1894, † 1983), Faiż (* 1911, † 1984) und Aḥmad Faraz (* 1928) sind die führenden pakistan. Urdu-Dichter der letzten Jahrzehnte. Die überragende Gestalt der p. L. ist der europ. gebildete Sir M. Iqbāl, der in zahlreichen Urdu- und pers. Gedichten die Muslime zu neuem Selbstbewußtsein aufrief und dessen mitreißende Verse in Urdu und Persisch, darunter seine Antwort auf Goethes ›West-östl. Divan‹, in viele Sprachen übersetzt sind.

**Literatur:** RAMA KRISHNA, L.: Panjabī Sūfī poets. London u. a. 1938. Nachdr. Delhi 1974. – SORLEY, H. T.: Shāh Abdul Latīf of Bhit. London 1940. Neudr. Lahore u. London 1966. – BAUSANI, A.: Storia delle letterature del Pakistan. Mailand 1958. – SCHIMMEL, A.: Sindhi literature. Wsb. 1974. – SCHIMMEL, A.: Classical Urdu literature from the beginning to Iqbāl. Wsb. 1975. – SCHIMMEL, A.: Pain and grace. Leiden 1976. – SADIQ, M.: A history of Urdu literature. Delhi [2]1984.

**Pạkkala,** Teuvo, eigtl. Theodor Oskar Frosterus, * Oulu 9. April 1862, † Kuopio 7. Mai 1925, finn. Schriftsteller. – Lehrer, Zeitungsredakteur, freier Schriftsteller. Schrieb psychologisch motivierte Erzählungen und Romane sowie klassisch gewordene Kindergeschichten. Erfolgreich war er auch mit seinen launigen Singspielen für das finn. Nationaltheater.

**Werke:** Oulua soutamassa (= Oulua der Ruderer, E., 1885), Vaaralla (= In Vaara, R., 1891), Elsa (R., 1894), Tukkijoella (= Die Holzflößer, Dr., 1899), Pieni elämänterina (= Kleine Lebensgeschichte, E., 1902), Pikku ihmisiä (= Kleine Leute, E., 1913).

**Palacios,** Pedro Bonifacio [span. pa'lasiɔs], Pseudonym Almafuerte, * San Justo 13. Mai 1854, † La Plata 28. Febr. 1917, argentin. Lyriker. – Vertritt in seinen bekenntnishaften Gedichten humanitäre Ideen auf der Grundlage einer undogmat. Religiosität.

**Werke:** Lamentaciones (Ged., 1906), Evangélicas (Prosa, 1915).

**Ausgabe:** Almafuerte. Obras completas. Hg. v. L. A. RUIZ. Buenos Aires ⁴1970.

**Literatur:** ALARI, J. G. DE: Almafuerte. Su vida y su obra. Buenos Aires 1965.

**Palacio Valdés,** Armando [span. pa'laθio βal'des], * Entralgo (Asturien) 4. Okt. 1853, † Madrid 3. Febr. 1938, span. Schriftsteller. – Volkstüml. Erzähler; seine realist., vielfach biograph. Romane in der Tradition von Ch. Dickens schildern schlicht das Alltagsleben seiner Heimat. Am erfolgreichsten war sein Liebesroman ›Die Andalusierin‹ (2 Bde., 1889, dt. 1955). 1905 Mitglied der Span. Akademie.

**Weitere Werke:** Marta und Maria (R., 1883, dt. 1930), La fe (R., 1892), Kapitän Ribots Freude (R., 1899, dt. 1944), La aldea perdida (R., 1903), Tristán o el pesimismo (R., 1906), Tiempos felices (Nov.n, 1933).

**Ausgaben:** A. P. V. Obras completas. Edición definitiva. Madrid 1946–51. 30 Bde. – A. P. V. Obras completas. Madrid ⁸1968. 2 Bde.

**Literatur:** CRUZ RUEDA, A.: A. P. V., su vida y su obra. Madrid ²1949. – ROMANO COLANGELI, M. A.: A. P. V., romanziere. Lecce 1957. – PASCUAL RODRÍGUEZ, M.: A. P. V. Teoría y práctica novelística. Madrid 1976.

**Palamas,** Kostis, * Patras 8. Jan. 1859, † Athen 27. Febr. 1943, neugriech. Schriftsteller. – Führende Dichterpersönlichkeit der neugriech. Literatur, deren Entwicklung er förderte und stark beeinflußte. Mitstreiter in der Bewegung für die Einführung der Volkssprache in die neugriech. Literatur. Universaler Geist, der sich in seinem Werk (Lyrik, Prosa, Theater, Kritik) mit den zeitgenöss. griech. Problemen auseinandersetzte und eine Verbindung zu literar. und philosoph. Strömungen Westeuropas herzustellen bemüht war.

**Werke:** Tragudia tēs patridos mu (= Lieder meiner Heimat, Ged., 1886), Hymnos eis tēn Athēna (= Hymne an Athena, Ged., 1889), Ta matia tēs psychēs mu (= Die Augen meiner Seele, Ged., 1892), Iamboi kai anapaistoi (= Jamben und Anapäste, Ged., 1897), Ho taphos (= Das Grab, Ged., 1898), Ho thanatos tu pallēkariu (= Der Tod des jungen Helden, E., 1901), Triseugenē (= Trissevjeni, Dr., 1903), Ho dōdekalogos tu gyphtu (= Die zwölf Gesänge des Zigeuners, Ged., 1907), Hē phlogera tu basilia (= Die Rohrflöte des Kaisers, Ged., 1910), Hē politeia kai hē monaxia (= Die Stadt und die Einsamkeit, Ged., 1912), Hoi kaymoi tēs limnothalassas (= Die Sehnsüchte des Sees, Ged., 1912), Ta satyrika gymnasmata (= Satir. Übungen, Ged., 1912), Ta parakaira (= Unzeitgemäßes, Ged., 1919), Ta dekatetrasticha (= Die Vierzehnzeiler, Ged., 1919), Ta pathētika kryphomilēmata (= Leidenschaftl. Heimlichkeiten, Ged., 1925), Hoi pentasyllaboi (= Die Fünfzeiler, Ged., 1925), Hoi lykoi (= Die Wölfe, Ged., 1925), Deiloi kai sklēroi stichoi (= Schüchterne und harte Verse, Ged., 1928), Ho kyklos tōn tetrastichōn (= Der Kreis der Vierzeiler, Ged., 1929), Pezoi dromoi (= Wege der Prosa, Essays, 3 Bde., 1929–32), Perasmata kai chairetismoi (= Vorübergehen und Begrüßungen, Ged., 1931), Hoi nychtes tu Phēmiu (= Die Nächte des Phemios, Ged., 1935), Bradynē phōtia (= Abendl. Feuer, Ged., 1940).

**Ausgabe:** K. P. Hapanta. Athen 1960–84. 17 Bde.

**Literatur:** JENKINS, R. J. H.: P. London 1947. – TSATSOS, K.: P. Athen ²1949. – EMRICH, G.: Antike Metaphern u. Vergleiche im lyr. Werk des K. P. Amsterdam 1974. – POLITU-MARMARINU, E.: Ho P. kai ho gallikos Parnassismos. Athen 1976. – FLETCHER, R.: K. P. A great modern Greek poet, 1859–1943. Athen 1984.

**Palatina** (Bibliotheca P.), die um 1560 in Heidelberg eingerichtete Bibliothek der Pfalzgrafen; sie umfaßte zunächst die Sammlungen des Kurfürsten Ottheinrich und die des Stifts zum Hl. Geist; mit mehr als 3 500 Handschriften und etwa 5 000 Drucken reichste und berühmteste Bibliothek Europas. 1622 mußte Maximilian I. von Bayern die Bestände der P. dem Papst als Entschädigung für Kriegskostenbeiträge überlassen. 1797 überführte Napoleon I. einen Teil der P. nach Paris. Der Hauptbestand befindet sich noch heute im Vatikan; rund 900 Handschriften gelangten 1815/16 bzw. 1888 (›Große Heidelberger Liederhandschrift‹) nach Heidelberg (Univ.-Bibliothek) zurück. Ein Teil des Vatikanbestands wurde 1986 anläßlich der 600-Jahr-Feier der Univ. Heidelberg vom 2. Juli bis 30. November als Leihgabe zur Ausstellung in der Heiliggeistkirche Heidelberg zur Verfügung gestellt.

**Literatur:** Bibliotheca P. Ausst.-Kat. Hg. v. E. MITTLER. Hdbg. ⁴1986. 2 Bde.

**Palazzeschi,** Aldo [italien. palat'tseski], eigtl. A. Giurlani, *Florenz 2. Febr. 1885, †Rom 17. Aug. 1974, italien. Schriftsteller. – Hatte früh Kontakt zu futurist. Kreisen; mehrfacher Aufenthalt in Paris (bekannt mit A. Modigliani u. a.); begann mit Gedichten im Zeichen der Futuristen (›I cavalli bianchi‹, 1905; ›Lanterna‹, 1907) und Crepuscolari (›L'incendiario‹, 1910), schrieb später jedoch v. a. psychologisch fundierte, iron., z. T. auch phantastisch-groteske Romane und Novellen.

**Weitere Werke:** Il codice di Perelà (R., 1911, Neubearbeitung 1954 u. d. T. Perelà, uomo di fumo), Am Fenster. Florentiner Veduten um 1900 (Skizzen, 1932, dt. 1962), Die Schwestern Materassi (R., 1934, dt. 1948), Die Brüder Cuccoli (R., 1948, dt. 1967), Roma (R., 1953), Viaggio sentimentale (Ged., 1955), Der Doge (R., 1967, dt. 1968), Stefanino (R., 1969), Ungleiche Freunde (R., 1971, dt. 1973), Die Befragung der Contessa Maria (R., hg. 1988, dt. 1990).

**Ausgaben:** A. P. Tutte le opere. Mailand $^{1-2}$1958–69. 3 Bde. – A. P. Die Mechanik der Liebe. Erzählungen. Dt. Übers. Zü. u. Köln 1970.

**Literatur:** PULLINI, G.: A. P. Mailand $^{2}$1972. – MARIA, L. DE: P. e l'avanguardia. Mailand 1976. – MEMMO, F. P.: Invito alla lettura di P. Mailand 1976. – GUGLIELMI, G.: L'udienza del poeta. Saggi su P. e il futurismo. Turin 1979. – LIVI, F.: Tra crepuscolarismo e futurismo. Govoni e P. Mailand 1980. – SACCONE, A.: L'occhio narrante. Tre studi sul primo P. Neapel $^{9}$1990. – HÜLSEN, A.: Der Weg der Lyrik A. P.s von I cavalli bianchi bis Nove sinfonie. Münster 1990.

**Palés Matos,** Luis [span. pa'lez 'matɔs], *Guayama 20. März 1898, †Santurce 23. Febr. 1959, puertorican. Lyriker. – Schrieb zunächst unter dem Einfluß des Modernismo; propagierte 1921 mit José I. de Diego Padró (*1896, †1974) den *Diepalismo,* eine v. a. von lautmaler. Effekten bestimmte Lyrik; auch afroantillan. Gedichte.

**Werke:** Azaleas (Ged., 1915), Tuntún de pasa y grifería (Ged., 1937), Poesía 1915–1956 (Ged., 1957).

**Paley,** Grace [engl. 'peɪlɪ], *New York 11. Dez. 1922, amerikan. Schriftstellerin. – Studium am Hunter College und an der New York University, u. a. bei W. H. Auden; anarchist. Pazifistin und Feministin, aktiv in der Anti-Vietnam-Bewegung; lebt in Greenwich Village in New York und lehrt am Sarah Lawrence College. Schreibt aus feminist. Perspektive iron. Kurzgeschichten über die Themen des Alltagslebens, wie Liebe, Tod, Verlust, Scheidung, Versagen. Die u. a. in ›The New Yorker‹ und ›The Atlantic Monthly‹ abgedruckten Texte sind in ›The little disturbances of man (1956), ›Ungeheure Veränderungen in letzter Minute‹ (1974, dt. 1985) und ›Later the same day‹ (1985) gesammelt.

**Weitere Werke:** Long walks and intimate talks (Prosa und Ged., 1991), New and collected poems (1992).

**Literatur:** ISAACS, N. D.: G. P. A study of the short fiction. Boston (Mass.) 1990. – TAYLOR, J.: G. P. Illuminating the dark lives. Austin (Tex.) 1990.

**Palgrave,** Francis Turner [engl. 'pɔːlgreɪv, 'pælgreɪv], *Great Yarmouth 28. Sept. 1824, †London 24. Okt. 1897, engl. Dichter und Kritiker. – Sohn des Historikers Sir Francis P. (*1788, †1861); Freund A. Tennysons; 1885–95 Prof. für Poetik in Oxford. Schrieb lyr. Gedichte und literaturkrit. Arbeiten (›Essays on art‹, 1866). P.s Anthologie engl. Dichtung ›The golden treasury of English songs and lyrics‹ (1861, 1897 erweitert und revidiert) gilt wegen der vorbildl. Auswahl als klass. Werk dieser Gattung.

**Weitere Werke:** Idyls and songs (Ged., 1854), Hymns (1867), The visions of England (Ged., 2 Tle., 1880/81), Amenophis (Ged., 1892), Landscape in poetry from Homer to Tennyson (Studie, 1897).

**Ausgabe:** F. T. P. His journals and memoirs of his life. Hg. v. G. F. PALGRAVE. London 1899. Nachdr. New York 1971.

**Palimpsẹst** [griech.; eigtl. = wiederabgeschabt], ein Schriftstück, von dem der ursprüngl. Text abgewaschen (bei Papyrushandschriften) oder abgeschabt (bei Pergamenthandschriften) wurde und das danach neu beschrieben worden ist. Die Technik des P.s existierte seit der Antike. Papyrushandschriften wurden seltener als P. verwendet, da sie meist mit einer nur schwer abwaschbaren Ruß-Gummi-Tinte beschrieben waren. Von dem widerstandsfähigeren Pergament konnte die ursprüngl. Schrift (Metalltinte) leichter abgeschabt werden. Die Mehrzahl der P.e sind Stücke des 4.–7. Jh., die im 8./9. Jh. überschrieben wurden, meist von Mönchen. Bei diesen P.en sind die getilgten Texte teils Werke der heidn. Antike (z. B. Ciceros ›De re publica‹), teils christl., bes. wenn sie mehrfach vorhanden waren oder als unwichtig erschienen (Ulfilas-Bibel). Mittel, um überschriebene Texte wieder lesbar zu machen, waren zuerst chem. Reagenzien, die jedoch das Material stark angriffen. Seit 1920 wird eine mit ultravioletten Strahlen arbeitende photograph. Methode angewandt.

**Literatur:** WATTENBACH, W.: Das Schriftwesen im MA. Graz [4]1958. – BISCHOFF, B.: Paläographie des röm. Altertums u. des abendländ. MA. Bln. [2]1986.

**Palindrom** [griech. = rückläufig], sinnvolle Folge von Buchstaben, Wörtern oder Versen, die rückwärts gelesen denselben oder einen anderen Sinn ergibt. Das P. war zunächst wohl ein Mittel ritueller Sprachmagie, galt aber seit der Antike als sprachartist. Spiel. Folgende Arten lassen sich unterscheiden: Wort-P.e (Anna, Reliefpfeiler); Satz-P.e (Ein Neger mit Gazelle zagt im Regen nie); Sinnspiel-P.e, bei denen die Umkehrung ein anderes, aber einen Bedeutungszusammenhang ermöglichendes Wort ergibt (Eva-Ave; Roma-Amor); Vers-P.e, bei denen nach der Strophenmitte die einzelnen Teile des ersten Teils spiegelverkehrt wiederholt werden.

**Palingenius Stellatus,** Marcellus, eigtl. Pier Angelo Manzoli, * wahrscheinlich Stellata bei Ferrara um 1500, † zwischen 1538 und 1547, nlat. Schriftsteller. – War vermutlich Arzt in Ferrara; seine Gebeine wurden zwischen 1545 und 1547 nach einem Prozeß wegen Häresie exhumiert und verbrannt. Sein Werk ›Zodiacus vitae‹ (= Tierkreis des Lebens), seit 1558 auf dem Index der kath. Kirche, wurde nach dem Erstdruck in Venedig (1535/36) außerhalb Italiens bis 1832 über 50mal aufgelegt und ins Deutsche, Englische und Französische übersetzt. Es ist ein didakt. Epos, das eine an der Frage nach dem Lebensziel orientierte Gesamtschau des menschl. Lebens und der Welt, einschließlich der in ihr hausenden Geister und des transzendenten Gottes gibt.

**Literatur:** ROELLENBLECK, G.: Das ep. Lehrgedicht Italiens im 15. u. 16. Jh. Mchn. 1975. – LUDWIG, W.: Julius Caesar Scaligers Kanon neulat. Dichter. In: Antike u. Abendland 25 (1979), S. 20.

**Palinodie** [griech.], eine vom selben Verfasser stammende Gegendichtung zu einem eigenen Werk, in der die früheren Behauptungen mit denselben formalen Mitteln (Gleichheit des Metrums, Reims, Strophenbaus) widerrufen werden. Nach der von Platon mitgeteilten Legende verfaßte der Lyriker Stesichoros (6. Jh. v. Chr.) die erste P., in der er seine frühere Helena-Schmähung zurücknahm und dafür das ihm wegen dieses Tadels geraubte Sehvermögen wiedererlangte. In mittelalterl. Streitgeschichten ebenso wie in der Poesie des 16. und 17. Jh. wurde die P. wieder aufgegriffen; hier galt sie als Spiel der gelehrten Dichtung, in dem die Unaufhebbarkeit der inhaltl. Gegensätze (›antithet. Weltgefühl‹) auch bei ident. formalen Mitteln vorgeführt wurde. In allgemeinerer Bedeutung wird der Begriff P. auch für jeden dichter. Widerruf der Weltfreude und Gegenwartshörigkeit verwandt, bes. für die mittelalterl. ›Frau-Welt‹-Gedichte und für die Weltabsage-Poesie des Barock.

**Literatur:** HOFFMANN, FRIEDRICH WILHELM: Die P. als Gedichtform in der weltl. Lyrik des 17. Jh. Diss. Gött. 1956.

**Palladas** (tl.: Palladãs), griech. Dichter des 4./5. Jh. aus Alexandreia. – Heide; Verfasser vielgelesener Epigramme (etwa 160 in der Anthologia Palatina erhalten), deren Pessimismus und Angriffslust von seiner persönl. Situation geprägt sind.

**Palladios von Helenopolis** (tl.: Palládios), * in Galatien (?) um 364, † vor 431, griech. Mönch und Bischof. – Mönch in Ägypten und Palästina, 400 Bischof von Helenopolis (Bithynien); wegen Irrlehren angeklagt, mußte er einige Zeit in der Verbannung leben; vor 420 Bischof von Aspona in Galatien. P. schrieb die für die Geschichte des alten Mönchtums wichtige ›Historia Lausiaca‹, eine nach dem Adressaten, dem kaiserl. Kammerherrn Lausos, benannte Sammlung von Lebensbildern asket. Heiliger. Von historischem Interesse ist der Dialog über das Leben des hl. Ioannes Chrysostomos.

**Pallavicino,** Ferrante [italien. pallavi'tʃi:no] (Pallavicini), * Piacenza 1616, † Avignon 5. März 1644, italien. Schriftsteller. – Verfaßte zwischen 1635 und

1640 in Venedig zahlreiche spanienfeindl. und obszöne Novellen sowie Romane mit bibl. und profaner Thematik (u. a. ›Sansone‹, ›Susanna‹) und Erbauungsbücher. Ging 1640 nach Deutschland und trat zum Kalvinismus über; nach Venedig zurückgekehrt, schrieb er unter dem Pseudonym Sinifacio Spironcini 1641 ›Il corriere svaligiato‹, eine Schmähschrift gegen die Kirche und die Spanier, 1643 die in prot. Ländern vielgelesene Satire ›Il divorzio celeste‹ sowie andere Pamphlete gegen die Barberini. Wurde von diesen nach Avignon gelockt, gefangengesetzt und enthauptet.

**Literatur:** LUCAS DUBRETON, J.: F. P. ou l'Arétin manqué. Paris 1923. – SPINI, G.: Ricerca dei libertini. Rom 1950. – COCI, L.: Bibliografia di F. P. In: Studi Secenteschi 24 (1983), S. 221.

**Palliata** (Fabula palliata) [lat.], bedeutendste Gattung der röm. ↑Komödie, schloß sich eng dem griech. Vorbild der neuen att. Komödie (Menander) an; sie übernahm im Ggs. zur ↑Togata das Kostüm (Pallium), den Stoff und das Milieu der griech. Originalstücke. Hauptvertreter der Gattung waren Naevius, Plautus, Caecilius Statius und Terenz. – ↑auch Fabula.

**Palm,** Göran, * Uppsala 3. Febr. 1931, schwed. Schriftsteller und Literaturkritiker. – Anfänge als Literaturkritiker und Lyriker; schrieb später auch Industriereportagen und kulturkrit. Essays sowie Textbücher (›Debattierbücher‹) zu aktuellen Fragestellungen der Industrieländer und der Arbeitswelt. P.s zentrales Anliegen ist es, Verbindungen zwischen Literatur und gesellschaftl. Realität aufzuzeigen.

**Werke:** Hundens besök (Ged., 1961), Världen ser dig (Ged., 1964), Vad kan man göra (Textbuch, 1969), Ett år på LM (Industriereportagen, 1972), Bokslut från LM (Industriereportagen, 1974), Kritik av kulturen (Essay, 1978), Sverige, en vintersaga (Ged., 2 Bde., 1984–89), Fosterlandet i bitar (Ged., 1988).

**Palma,** Ricardo, * Lima 7. Febr. 1833, † ebd. 6. Okt. 1919, peruan. Schriftsteller. – Mußte als Liberaler 1860 ins polit. Exil nach Chile gehen; zeitweilig in Europa (Großbritannien, Frankreich, Italien); später Staatssekretär, 1883 Direktor der peruan. Staatsbibliothek, 1887 Gründer der Peruan. Akademie. Sein monumentales Hauptwerk sind die ›Tradiciones peruanas‹, elf zwischen 1872 und 1910 erschienene Folgen romantisch gefärbter Erzählungen, Sagen und Episoden aus der Geschichte seines Landes (dt. Ausw. 1928); daneben Dramen, lyr. Gedichte und Übersetzungen.

**Ausgabe:** R. P. Tradiciones peruanas completas. Hg. v. E. PALMA. Madrid [6]1968.

**Literatur:** MIRÓ, C.: Don R. P. El patriarca de las ›Tradiciones‹. Buenos Aires 1953. – MARTINENGO, A.: Lo stile di R. P. Padua 1962. – OVIEDO, J. M.: Genio y figura de R. P. Buenos Aires 1965. – COMPTON, M. D.: R. P. Boston (Mass.) 1982.

**Palmblad,** Vilhelm Fredrik [schwed. ˌpalmblɑːd], * Skönberga bei Söderköping (Östergötland) 16. Dez. 1788, † Uppsala 2. Sept. 1852, schwed. Schriftsteller. – War Mitglied des Auroraförbundet und Hg. mehrerer literar. Zeitschriften, in denen v. a. die Ideen der Romantik dargestellt wurden. P. schrieb romant. Novellen und histor. Romane, übersetzte Aischylos, Sophokles und L. Tieck; Mit-Hg. des schwed. biograph. Lexikons. Sein wiss. Werk umfaßt zahlreiche Handbücher und Studien zur Gräzistik und Archäologie.

**Werke:** Noveller (4 Bde., 1840–51), Grekisk fornkunskap (wiss. Hdb., 2 Bde., 1843–45), Die Familie Falkenswärd (R., 2 Bde., 1844/45, dt. 1846), Aurora Königsmark u. ihre Verwandten (R., 4 Bde., 1846–49, dt. 1848–52).

**Palmenorden** ↑Fruchtbringende Gesellschaft.

**Pálsson,** Gestur [isländ. 'pau̯lsɔn], * Miðhús (Reykhólasveit) 25. Sept. 1852, † Winnipeg 19. Aug. 1891, isländ.-kanad. Schriftsteller. – Bauernsohn; ging 1890 nach Kanada; angeregt durch G. Brandes wandte er sich dem Realismus zu und wurde dessen wichtigster Repräsentant auf Island. Seine gesellschaftskrit. Erzählungen sind stark beeinflußt von I. Turgenjew, A. Kielland sowie H. Ibsen und begründeten die moderne isländ. Novellistik.

**Werke:** Das Liebesheim (E., 1882, dt. 1891), Hans Vöggur (E., 1883, dt. 1884), Drei Novellen vom Polarkreis (1888, dt. 1896).

**Ausgabe:** G. P. Ritsafn. Hg. v. E. H. KVARAN. Reykjavík [2]1952. 2 Bde.

**Literatur:** ÞORSTEINSSON, S. J. In: Nord. Literaturgesch. Dt. Übers. Bd. 2. Mchn. 1984. S. 153.

**Paludan,** [Stig Henning] Jacob [Puggaard] [dän. 'pal'udan], * Kopenhagen 7. Febr. 1896, † Brauneck 25. Sept. 1975,

Jacob Paludan

dän. Schriftsteller. – Reiste 1920 nach Ecuador und in die USA, war ab 1921 freier Schriftsteller. Während seines Amerikaaufenthaltes wurde er bald zum erklärten Gegner aller Auswüchse des techn. Fortschritts und zum scharfen Kritiker der Amerikanisierung des europ. Lebens. Diese Haltung brachte ihm oft den Vorwurf ein, ein Reaktionär zu sein; erst in jüngerer Zeit sieht man in ihm in dieser Hinsicht eher den Vorläufer und Verkünder der Protestbewegungen von Jugendlichen in den 60er Jahren. Neben Romanen und Novellen schrieb er Gedichte und Essays.

**Werke:** Die neue Welt (R., 1922, dt. 1923), Im Lichtkegel (R., 1923, dt. 1944), Vögel ums Feuer (R., 1925, dt. 1926), Die Felder reifen (R., 1927, dt. 1927), Jørgen Stein og hans kreds (R., 2 Bde., 1932/33; Bd. 1 dt. 1940 u. d. T. Gewitter von Süd; Bd. 2 dt. 1956 u. d. T. Unter dem Regenbogen), Landveje og tankeveje (Essays, 3 Bde., 1963), I høstens månefase (Erinnerungen, 1973), Sløret sandhed (Erinnerungen, 1974), Vink fra en fjern virkelighed (Erinnerungen, 1975), Lasens klik (Erinnerungen, 1976).

**Literatur:** Beyschlag, S.: J. P. Ein dän. Dichter der Zwischenkriegszeit. In: Euphorion 45 (1950), S. 419. – Frederiksen, E.: J. P. Kopenhagen 1966. – Jessen, J.: Die Zeitkritik in den Romanen J. P.s. Diss. Kiel 1975. – Benthien, B.: J. P. En bibliografi. Kopenhagen 1980.

**Paludan-Müller,** Frederik [dän. 'pal'udan'møl'ər], * Kerteminde 7. Febr. 1809, † Kopenhagen 28. Dez. 1876, dän. Dichter. – Studierte Jura. P.-M. steht zwischen Romantik und Realismus; sein Frühwerk zeigt eine ästhet., lebensbejahende Tendenz, während sich ab 1840 eine christlich-asketisch-moralist. stärker ausprägte. Er fand seine Stoffe in der Bibel und in der griech. Mythologie. In dem Epos ›Adam Homo‹ (3 Bde., 1841–48, dt. 2 Bde., 1883), einem der bedeutendsten Werke der dän. Literatur, oft als dän. ›Faust‹ bezeichnet, schuf er ein iron. Zeitbild mit autobiograph. Zügen.

**Weitere Werke:** Die Tänzerin (Ged., 1833, dt. 1835), Amor und Psyche (Dr., 1834, dt. 1848), Abels død (Ged., 1844), Ahasverus (Ged., 1854).

**Ausgaben:** F. P.-M. Poetiske skrifter. Kopenhagen 1878–79. 8 Bde. – F. P.-M. Breve til broderen Caspar og vennen P. E. Lind. Kopenhagen 1928.

**Literatur:** Wentzel, K.: Fortolkning og skæbne. Kopenhagen 1970. S. 65.

**Pamphilus de amore** (Pamphilus seu de amore), Titel eines mlat. Liebesgedichts (›comoedia elegiaca‹) eines unbekannten Verfassers aus dem 12. Jh., bestehend aus 391 Distichen, die in 63 Einzelreden gegliedert sind. Pamphilus gewinnt mit Hilfe der Venus und einer Kupplerin seine Geliebte Galatea. Zahlreiche Handschriften sind erhalten.

**Literatur:** Becker, Franz G.: P. Prolegomena zum P. (de a.) u. krit. Textausg. Ratingen u. a. 1972.

**Pamphlet** [engl.-frz.], Streit- oder Schmähschrift; Bez. nach der im MA weitverbreiteten Dichtung ›Pamphilus de amore‹ aus dem 12. Jh.; das P. trägt seine meist auf Einzelereignisse des polit., gesellschaftl. oder literar. Lebens bezogene Polemik vorzugsweise persönlich attackierend, weniger sachbezogen argumentierend vor. Es war zunächst eine Einzelschrift geringen Umfangs (in England seit dem 14. Jh.), dann eine gedruckte Flugschrift, v. a. in den Niederlanden im 16. und 17. Jh. (›pamfletten‹). Über Frankreich gelangten Wort und Sache um 1760 nach Deutschland. Im 19. Jh. bezeichnete frz. ›pamphlétaire‹ einen engagierten publizist. Schriftsteller, der seine P.e weitgehend außerhalb der institutionalisierten Medien verbreitete, dagegen verwendet der heutige Sprachgebrauch das Wort P. v. a. zur Kennzeichnung jeder für unbegründet erachteten essayist. Polemik in allen Publikationsorganen.

**Pan,** Kunst- und Literaturzeitschrift, die von einer 1895–1900 bestehenden Genossenschaft m. b. H. ›Pan‹ getragen wurde. Erscheinungsort Berlin, Redaktion Jahrgang 1, Heft 1–3: O. J. Bierbaum (Literatur) und J. Meier-Graefe (Kunst), ab Heft 4 des 1. bis zum Ende des 5. Jahrgangs hg. von C. Flaischlen und R. Graul. In der exklusiven Zeitschrift wurden neue literar. Arbeiten aller Gattungen und Richtungen (v. a. von R. Dehmel, A. Holz, C. Flaischlen und J. Schlaf) sowie kunst- und literaturkrit. Beiträge veröffentlicht und bes. Wert auf Buchschmuck (Jugendstil) und ganzseitige Kunstblätter gelegt, u. a. Beilage von (insgesamt) 100 Originalgraphiken.

**Pan,** kulturelle und polit. Zeitschrift, 1910–15, hg. in Berlin von W. Herzog und Paul Cassirer (* 1871, † 1926), im 2. Jahrgang (Jan. 1912) von P. Cassirer und W. Fred (eigtl. Alfred Wechsler, * 1879, † 1922), ab April 1912 von A. Kerr, zunehmend mit eigenen Beiträgen.

**Panajew** (tl.: Panaev), Iwan Iwanowitsch [russ. pa'najıf], * Petersburg 27. März 1812, † ebd. 2. März 1862, russ. Schriftsteller und Journalist. – Ab 1847 mit N. A. Nekrassow Hg. der Zeitschrift ›Sovremennik‹ (= Der Zeitgenosse); schrieb anfangs romant. Erzählungen, wandte sich ab 1839 unter dem Einfluß von W. G. Belinski der ›natürl. Schule‹ zu (›Onagr‹ [= Der Wildesel], E., 1841); auch literar. Memoiren (1861).

**Ausgabe:** I. I. Panaev. Izbrannye proizvedenija. Moskau 1962.

**Panajotopulos** (tl.: Panagiōtopoulos), I[oannis] M., * Etoliko 23. Jan. 1901, † Athen 17. April 1982, neugriech. Schriftsteller und Kritiker. – Maßgebl. Mitgestalter des literar. Lebens in Griechenland. Schrieb empfindsame Lyrik, Romane und Erzählungen in lyr. Prosa, Reise-Essays und Reisebücher; geschätzt wegen des sicheren Urteils seiner Literaturkritik.

**Werke:** Ta prosōpa kai ta keimena (= Personen und Texte, Essays, 6 Bde., 1943–56), Cheirographa tēs monaxias (= Manuskripte der Einsamkeit, lyr. Prosa, 1943), Chamozōē (= Bescheidenes Leben, Chronik, 1945, ³1973), K. P. Kavafis (Essay, 1946), Alkyōn (Ged., 1950), Aichmalōtoi (= Gefangene, R., 1951), Ta hephta koimismena paidia (= Die Siebenschläfer, R., 1956, dt. 1962), Hē siōpē kai ho logos (= Das Schweigen und das Reden, Essay, 1975).

**Literatur:** PAPAKONSTANTINU, D. K.: I. M. P. Athen 1960.

**panamaische Literatur** ↑ mittelamerikanische Literatur.

**Pañcatantra** [pantʃa...; sanskr. = Buch in fünf Abschnitten], vor 500 n. Chr. vom Brahmanen Viṣṇuśarman verfaßte Fabelsammlung in fünf Rahmenerzählungen, die die Grundfragen der ind. Politik behandelt: 1. das Intrigieren gegen alliierte Widersacher, 2. Solidarität vieler Schwacher gegen einen übermächtigen Feind, 3. Zersetzung des gegner. Staatsgefüges, 4. den Einfluß der Frauen auf den Realitätssinn, 5. Realitätsverlust durch Geldgier und andere Affekte. Schon im 6. Jh. entstand eine Übersetzung ins Pehlewi, die ihrerseits u. a. in altsyr. und arab. Fassungen weiterwirkte. 1483 wurde auf Geheiß des württemberg. Grafen Eberhard im Barte von Antonius von Pforr die erste dt. Übersetzung nach einer lat. Version erstellt. In Indien wurde der Text früh neu bearbeitet, zumeist in einfacherer Sprache, der auch literar. Anspielungen und Wortwitz zum Opfer fielen (↑ ›Hitopadeśa‹). Der älteste Text ist zum großen Teil im – in Kaschmir wiederentdeckten – ›Tantrākhyāyika‹ erhalten, der trotz seiner humorvollen Diktion eine eher resignierende Grundhaltung zeigt. Das Leben am Hofe wird schonungslos als von Intriganten und skrupellosen Machtmenschen geprägt dargestellt. Prosa wie Lyrik gehören über weite Strecken zum Geistvollsten, was die frühe ind. säkulare Literatur zu bieten hat. Die frz. Übers. einer neupers. Version ›Anwār-e Sohailī‹ von D. Sahid erschien in der 2. Aufl. nach 1644 in Paris u. d. T. ›Les fables de Pilpay‹. In engl., dt., schwed. u. a. Übersetzungen verbreiteten sich die ›Fabeln des Bidpai/Pilpay‹ im Europa der Aufklärung und beeinflußten. – ↑ auch Kalila und Dimna.

**Ausgaben:** Das Südl. P. Hg. v. J. HERTEL. Lpz. 1906. – Tantrākhyāyika. Übers. u. eingel. v. J. HERTEL. Lpz. 1909. Nachdr. Darmst. 1970. – The P. Engl. Übers. v. A. W. RYDER. Chicago (Ill.) ¹⁰1967. – P. Übers. v. TH. BENFEY. Bearb. v. K. FITZENREITER. Bln. ²1982. – P. Die fünf Bücher ind. Lebensweisheit. Hg. v. A. GREITHER. Mchn. 1986.

**Literatur:** RUBEN, W.: Das P. u. seine Morallehre. Bln. 1959. – GEIB, R.: Zur Frage nach der Urfassung des P. Wsb. 1969. – FALK, H.: Quellen des P. Wsb. 1978.

**Pancrazi,** Pietro, * Cortona 19. Febr. 1893, † Florenz 26. Dez. 1952, italien. Literaturkritiker und Schriftsteller. – Mitarbeiter am ›Corriere della Sera‹, 1929–33 Redakteur der einflußreichen literar. Zeitschrift ›Pegaso‹; seine sich über 30 Jahre erstreckenden Besprechungen der Neuerscheinungen ergeben ein lebendiges Bild der literar. Entwicklung in Italien der Jahre 1920 bis 1950; erfolgreich war er v. a. mit dem humorvollen Roman ›Donne e buoi de' paesi tuoi‹ (1934).

**Weitere Werke:** Poeti d'oggi, 1900–1920 (1920, ²1925; Hg., mit G. Papini), Studi sul D'Annunzio (1939), Scrittori d'oggi (6 Bde., 1942–53).

**Literatur:** DI PINO, G./BRANCA, V.: P. P. In: Letteratura italiana. I critici. Bd. 3. Mailand 1969. – CALDARONE, N.: P. P. Cortona 1983.

**Panduro,** Leif, * Kopenhagen 18. April 1923, † Liseleje bei Fredriksborg 16. Jan. 1977, dän. Schriftsteller. – Zahnarzt; stellt in seinen von der Psychoanalyse beeinflußten Romanen, Theaterstücken und Hörspielen mittels skurrilbizarrer Handlungsführung den Widersinn des alltägl. Lebens bloß und beschreibt die ›Normalität‹ abnormer Charaktere und Zustände.

**Werke:** Echsentage (R., 1961, dt. 1964), Fern aus Dänemark (R., 1963, dt. 1972), Die verrückte Welt des Daniel Balck (R., 1970, dt. 1975, 1974 u. d. T. Daniels andere Welt), Die Fenster (R., 1971, dt. 1973), Amatørerne (R., 1972), Heuschnupfen (R., 1975, dt. 1978).

**Literatur:** JØRGENSEN, J. CH.: L. P. Radio. Film. Theater. TV. Kopenhagen 1973. – P.s verden. Hg. v. P. HAMMERICH. Kopenhagen 1977. – TIEMROTH, J. E.: P. og tredivernes drøm. Kopenhagen 1977. – WAMBERG, B.: Den gale kærlighed. Motiver i L. P.s forfatterskab. Kopenhagen 1978.

**Pandurović,** Sima [serbokroat. pan,du:rɔvitɕ], * Belgrad 14. April 1883, † ebd. 27. Aug. 1960, serb. Schriftsteller. – Gab Zeitschriften heraus; verfaßte Literaturkritiken und Studien (u. a. über B. Popović, 1931). Seine bed., in der Tradition Ch. Baudelaires und E. A. Poes stehende Lyrik zeichnet sich durch subtile Ironie, Resignation und Pessimismus aus. Die wichtigsten Gedichtsammlungen sind: ›Posmrtne počasti‹ (= Postume Ehren, 1908), ›Dani i noći‹ (= Tage und Nächte, 1912), ›Okovani slogovi‹ (= Beschlagene Silben, 1918), ›Stihovi‹ (= Gedichte, 1921).

**Panegyrikus** [griech. = zur (Fest)versammlung gehörig], feierlich lobendes, später auch ruhmredig prahlendes Werk der Dichtung oder Redekunst, in dem bed. Taten, Institutionen oder Persönlichkeiten gepriesen werden. In der Antike war der P. zunächst eine Gattung der Rhetorik: die öffentlich gehaltene Festrede. Insbes. seit der Kaiserzeit wurde der P. eine bes. Form poet. Huldigung, v. a. an die Herrscher († Hofdichtung); nach einer Blüte in der Spätantike lebte die panegyr. Dichtung wieder auf in der Renaissance- und Barockliteratur.

**Panero,** Leopoldo, * Astorga 19. Okt. 1909, † ebd. 27. Aug. 1962, span. Lyriker. – Leiter von Kulturinstituten, u. a. in London; bed., der Dichtkunst Garcilaso de la Vegas nahestehender Lyriker, schrieb ›La estancia vacía‹ (Ged., 1944), ›Rimas del Guadarrama‹ (1945), ›Escrito a cada instante‹ (Ged., 1949), ›Canto personal‹ (Ged., 1953); übersetzte J. Keats und P. B. Shelley.

**Ausgabe:** L. P. Obras completas. Hg. v. J. L. PANERO. Madrid 1973. 2 Bde.

**Literatur:** GARCÍA NIETO, J.: La poesía de L. P. Madrid 1963. – CONNOLLY, E. M.: L. P. Madrid 1969. – PARRA HIGUERA, A.: Investigaciones sobre la obra poética de L. P. Bern u. Ffm. 1971. – ALLER, C.: La poesía personal de L. P. Pamplona 1976.

**Panfjorow** (tl.: Panferov), Fjodor Iwanowitsch [russ. pan'fjɔrɐf], * Pawlowka (Gebiet Simbirsk) 2. Okt. 1896, † Moskau 10. Sept. 1960, russ.-sowjet. Schriftsteller. – Hatte mit dem Roman ›Wolgabauern‹ (4 Bücher, 1928–37, dt. 2 Bde., 1953, erstmals dt. 1928 u. d. T. ›Die Genossenschaft der Habenichtse‹) großen Erfolg; wurde später im Rahmen der Sprachreinigungsbestrebungen von M. Gorki wegen vulgärer Wendungen und Dialektausdrücken getadelt; auch Dramen.

**Weiteres Werk:** Volga-matuška reka (= Mütterchen Wolga, R.-Trilogie mit den Tlen.: Udar [= Schlag], 1953; Razdum'e [= Besinnung], 1958; Vo imja molodogo [= Im Namen des Neuen], 1960).

**Ausgabe:** F. I. Panferov. Sobranie sočinenij. Moskau 1958–59. 6 Bde.

**Literatur:** SURGANOV, V. A.: F. Panferov. Moskau 1967.

**pangrammatisch,** sprachl. Werke, bei denen alle oder möglichst viele Wörter mit demselben Buchstaben beginnen, werden p. genannt (↑auch Alliteration, ↑Stabreim, ↑leipogrammatisch); als einer der ältesten Manierismen seit dem 3. Jh. v. Chr. bekannt (Ennius); findet sich wieder in Spätantike und MA (z. B. bei dem flandr. Mönch und Musiktheoretiker Hucbald [* um 840, † 930], in altprovenzal. und altfrz. Minnelyrik) und den späteren europ. manierist. Strömungen, z. B. im 15./16. Jh. in Frankreich, im 17. Jh. in Spanien und Deutschland und dann im Symbolismus, bei den russ. Imaginisten, im italien. Hermetismus oder auch in der experimentellen Dichtung.

**Pāṇini** ['pa:nini], aus dem Nordwesten Indiens stammender ind. Grammatiker des 6./5. Jahrhunderts. – Verfasser der ›Aṣṭādhyāyī‹ (= Abhandlung in 8 Büchern), die in 8 Büchern zu je 4 Kapiteln unter starker Betonung der Semantik Wortbildung und Flexion behandelt. Geistesgeschichtlich bedeutsam ist die virtuose Verwendung einer Metasprache. Zur Grammatik gehören eine Sammlung der Verbalwurzeln (›dhātupāṭha‹) und Wortgruppen (›gaṇapāṭha‹). Ergänzendes und Kritik erscheint schon früh (3. Jh. v. Chr.?) in den ›Vārttikas‹ von Kātyāyana, die ihrerseits ausführlich im ›Mahābhāṣya‹ von Patañjali besprochen werden.

**Ausgaben:** P.s Grammatik. Hg. v. O. BÖHTLINGK. Lpz. 1887. Nachdr. Hildesheim 1971. – The Aṣṭādhyāyī of P. Hg. u. engl. Übers. v. S. C. VASU. Allahabad 1891. Nachdr. Delhi 1977. 2 Bde.

**Literatur:** CARDONA, G.: P. A survey of research. Den Haag 1976. – THIEME, P.: Meaning and form of the ›grammar‹ of P. In: Studien zur Indologie u. Iranistik 8/9 (1982). S. 1.

**Panizza,** Oskar, * Bad Kissingen 12. Nov. 1853, † Bayreuth 30. Sept. 1921, dt. Schriftsteller. – War Nervenarzt in München, hatte kurze Zeit Verbindungen zur naturalist. Bewegung (M. G. Conrad). Griff in rücksichtslosen und provozierenden Satiren die herrschenden staatl. und kirchl. Institutionen an: die Amtskirchen als bürokratisierte Verwalterinnen von Religion, den Staat, der brutale Gewalt ausübt unter dem Vorwand, Sitte und Moral zu verteidigen, die hilfsbereite und ergebene Richterschaft, die die Normalität normierende Psychiatrie. Sein Drama ›Das Liebeskonzil‹ (1894) war der Anlaß zu einem Prozeß wegen Gotteslästerung (1 Jahr Gefängnis); danach Emigration in die Schweiz; 1901 wurde er wegen Majestätsbeleidigung in der satir. Studie ›Psichopatia criminalis‹ (1898) und in dem Gedichtband ›Parisjana‹ (1900) angeklagt. P. wurde auch durch an E. A. Poe erinnernde phantastisch-groteske Erzählungen und an H. Heine geschulte Lyrik bekannt. Ab 1904 befand er sich in einer psychiatr. Anstalt bei München.

**Weitere Werke:** Düstre Lieder (Ged., 1886), Dämmerungsstücke (En., 1890), Aus dem Tagebuch eines Hundes (Humoreske, 1892), Abschied von München. Ein Handschlag (1897), Dialoge im Geiste Huttens (1897), Nero (Trag., 1899).

**Literatur:** BROWN, P. D. G.: O. P. His life and works. Bern u. Ffm. 1983. – O. P. Hg. v. MICHAEL BAUER. Mchn. 1984. – STRZOLKA, R.: O. P. Bln. 1993.

**Pañjābī-Literatur** [pan'dʒa:bi] ↑indische Literaturen.

**Pan Ku** (Ban Gu) [chin. bangu], * Anling (Schensi) 32 n. Chr., † 92, chin. Historiograph. – Sein Hauptwerk, das ›Han-shu‹ (= Buch der Han), stellt im Unterschied zum ›Shih-chi‹ des Ssu-ma Ch'ien die Geschichte einer gerade abgelösten Herrscherdynastie dar. Es markiert so den Anfang der sog. ›Dynastiegeschichten‹ und der amtl. chin. Geschichtsschreibung. In der äußeren Form dem ›Shih-chi‹ ähnlich, wurde es seinerseits Vorbild für spätere Historiographen. Teile des Werkes gehen auf Pan Piao, den Vater, und Pan Chao, die Schwester des Pan Ku, zurück.

**Ausgaben:** The history of the former Han dynasty by Pan Ku. Engl. Teilübers. v. H. H. DUBS. Baltimore (Md.) 1938–55. 3 Bde. – Pan Ku. Die Monogr. über Wang Mang. Dt. Teilübers. v. H. O. H. STANGE. Lpz. 1939.

**Literatur:** SWANN, N. L.: Pan Chao. Foremost woman scholar of China, first century A. D. New York u. London 1932.

**Pannwitz,** Rudolf, * Crossen (Oder) 27. Mai 1881, † Astano bei Lugano 23. März 1969, dt. Schriftsteller und Kulturphilosoph. – Nach dem Studium der Philosophie, klass. Philologie, Germanistik und des Sanskrit als Erzieher tätig; gründete 1904 mit O. zur Linde die literar. Vereinigung und Zeitschrift ›Charon‹ (↑Charonkreis); enge Beziehungen zu Th. Däubler, H. von Hofmannsthal, A. Verwey und K. Wolfskehl. Seit 1921 lebte P. vorwiegend in Jugoslawien, seit 1948 in der Schweiz. Sein dunkles und geheimnisträchtiges Werk ist von F. Nietzsche und S. George beeinflußt. Themen seiner Kulturphilosophie und -kritik: Überwindung des Verfalls der Kultur, Synthese von Geist und Leben, Neubestimmung des Verhältnisses von Kultur und Natur, von Mensch und Kosmos. Ziel der Kultur sei der in Überwindung seiner selbst sich und den Kosmos vollendende Mensch; nur in der Zentrierung der Kultur auf den Menschen könne der Abbau der Kulturwerte verhindert werden, und zwar unter Rekurs auf die allgemeinmenschl. Überlieferung unter bes. Berücksichtigung der Lehren von Buddha, Konfuzius, Laotse. Setzte sich publizistisch für ein geeintes humanist. Abendland ein. Schrieb auch Dramen, ein Epos (›Mythen‹, 10 Bde., 1919–21) und Lyrik.

Rudolf Pannwitz

**Weitere Werke:** Dionys. Tragödien (1913), Die Krisis der europ. Kultur (1917), Baldurs Tod (Festspiel, 1919), Die dt. Lehre (Dichtung, 1919), Kosmos atheos (2 Bde., 1926), Logos, Eidos, Bios (1931), Nietzsche und die Verwandlung des Menschen (1943), Der Nihilismus und die werdende Welt (1951), Der Aufbau der Natur (1961), Albert Verwey und Stefan George (1965), Das Werk des Menschen (1969).

**Literatur:** WOLFFHEIM, H.: R. P. Einl. in sein dichter. Werk. Mainz u. Wsb. 1961. – RUKSER, U.: Über den Denker R. P. Meisenheim 1970 (mit Bibliogr.).

**Panowa** (tl.: Panova), Wera Fjodorowna [russ. pa'nɔvɐ], * Rostow am Don 20. März 1905, † Leningrad (heute Petersburg) 3. März 1973, russ.-sowjet. Schriftstellerin. – In den 20er und 30er Jahren Zeitungskorrespondentin; begann als Dramatikerin, ging dann aber zur erzählenden Prosa über; stellte den sowjet. Alltag, Kriegserlebnisse und das Leben der Parteifunktionäre dar und betonte die menschl. Züge ihrer Romancharaktere.

**Werke:** Weggenossen (R., 1946, dt. 1947, 1948 u. d. T. Weggefährten), Menschen aus Krushilicha (R., 1947, dt. 1949), Helles Ufer (R., 1949, dt. 1951), Verhängnisvolle Wege (R., 1953, dt. 1957), Serjoscha (R., 1955, dt. 1957, 1956 u. d. T. Kleiner Mann in großer Welt), Sentimentaler Roman (1958, dt. 1960, auch u. d. T. Mit 17 ist man jung), Abschied von den hellen Nächten (Dr., 1961, dt. 1962).

**Ausgabe:** V. F. Panova. Izbrannye proizvedenija. Leningrad 1980. 2 Bde.

**Literatur:** NINOV, A.: V. Panova. Leningrad 1980.

**Pantalone** [italien. panta'lo:ne], eine der vier typ. kom. Figuren der ↑Commedia dell'arte: der alte, geizig-geschäftige und liebeverblendete venezian. Kaufmann, der als Gegenspieler des Liebespaares von diesem gefoppt wird; tritt auf in Halbmaske mit langer, dünner Hakennase, Spitzbart, Brille, schwarzer Kappe und rotem (später schwarzem) Mantel, in langen, nach ihm benannten roten Hosen, mit roten Strümpfen und gelben türk. Schnabelschuhen.

**Panter,** Peter, Pseudonym des dt. Schriftstellers Kurt ↑Tucholsky.

**Pantomime** [frz., von griech. pantómimos = der alles Nachahmende], Sonderform der darstellenden Kunst, bei der Handlung und/oder Charaktere ohne Gebrauch der Wortsprache ausschließlich durch Mimik (Mienenspiel), Gestik bzw. Gebärden sowie tänzer. Bewegung ausgedrückt werden. Maske, Kostüm, sparsame Requisiten sowie musikal. Begleitung sind möglich. P. heißt auch der Ausübende dieser Kunst. – Die P., wie andere Künste ursprünglich ein integraler Bestandteil urtüml. Zeremonien und Riten, ist als selbständige Kunstform seit 400 v. Chr. in Griechenland nachweisbar, in hellenist. Zeit auch in Kleinasien und Ägypten. Sie entwickelte sich einerseits aus kult. und gymnast. Tanz, andererseits aus dem Drama. Zu Chor- und Instrumentalbegleitung agierte – meist solistisch – ein Schauspieler mit Masken, oft eine Frau; daß der Darsteller weder sprach noch selbst musizierte, unterscheidet die P. vom ↑ Mimus. In Rom war die P. als Tragödien- oder Komödien-P. von etwa 20 v. Chr. bis 500 n. Chr. eine sehr beliebte Kunstgattung. Danach konnte sie sich dann zunächst nicht als selbständige Kunst halten. Sie überlebte aber als Bestandteil bes. der Vorführungen von Fahrenden (Akrobaten, Jongleure) sowie von volkstüml. Theaterformen: so im mittelalterl. Mysterienspiel, in der italien. Commedia dell'arte (seit dem 16. Jh.), im frz. Jahrmarktstheater (↑ Vaudeville) oder in der Altwiener Volkskomödie. Hier ersetzte das stumme Spiel, oft in Verbindung mit Musik, das häufig von Zensurmaßnahmen verbotene Wort; zudem ist die optisch wahrnehmbare, drast. P. bei Freiluftveranstaltungen effektiver.

Ein zweiter Entwicklungsstrang ist die Verwendung von musikbegleiteter P. (meist mit allegor. Themen) als Bestandteil der vom Italien der Renaissance ausgehenden Trionfi (festl. Umzüge) sowie der Intermedien (Zwischenaktunterhaltung) bei höf. Festen und im weltl. und geistl. Theater. In England und Frankreich entwickelte sich eine eigenständige, oft sozialkrit. Form der P., meist mit Harlekin bzw. Pierrot im Mittelpunkt. Sie erreichte mit Jean-Baptiste Deburau (* 1796, † 1846) im 19. Jh. eine letzte Blüte. Elemente der Harlekin-P. überleben in Zirkus (P.clown) und Varieté, ferner im Stummfilm (Ch. Chaplin) und Musikfilm (F. Astaire, G. Kelly). Die moderne, von Étienne Decroux (* 1898, † 1991) und seinen Schülern Jean-Louis Barrault (* 1910, † 1994), Marcel Marceau (* 1923), Samy Molcho (* 1936) geprägte P. entwickelte eine Systematik der körperl. Ausdrucksmöglichkeiten und eine Technik des reinen Gebärdenspiels, die das moderne Ballett (u. a. M. Béjart) nachhaltig beeinflußten. Die Solo-P., auf ein größeres Ensemble übertragen, zeigen die P.ntheater von Ladislav Fialka (* 1931, † 1991) in Prag, Henryk Tomaszewski (* 1924) in Breslau und Milan Sládek (* 1938) in Köln. – In der neueren Musik erscheint P. als Titel eines Satzes (z. B. in M. Ravels ›Daphnis et Chloé‹, 1912, oder A. Honeggers ›Suite archaique‹, 1951), als Opernszene (in P. Hindemiths ›Cardillac‹, 1926, Neufassung 1952) oder als ganzes Werk (F. Schreker, ›Der Geburtstag der Infantin‹, 1908).

**Literatur:** SIMON, K. G.: P. Ursprung, Wesen, Möglichkeiten. Mchn. 1960. – DORCY, J./JACOT, M.: P. Dt. Übers. Lausanne 1963. – MARCEAU, M.: Die Weltkunst der P. Neuausg. Zü. 1972. – WILSON, A. E.: The story of p. Wakefield u. Totowa (N. J.) 1974. – SOUBEYRAN, J.: Die wortlose Sprache. Lehrb. der P. Dt. Übers. Zü. [2]1984. – ZWIEFKA, H. J.: P., Ausdruck, Bewegung. Moers 1990.

**Pantoun** ['pantʊn], svw. ↑ Pantun.

**Pantragismus** [griech.], die Vorstellung von der trag. Grundverfassung der Welt und des Menschlichen, v. a. ausgeprägt bei F. Hebbel. In seinen Dramen geht es nicht um Schuld oder Unschuld des Menschen, das Geschehen vollzieht sich vielmehr zwangsläufig in einem unüberwindbaren trag. Konflikt zwischen Welt (Weltgeist) und Individuum, z. B. Staat – Individuum in ›Agnes Bernauer‹ (1852), Gesellschaft – Individuum in ›Maria Magdalene‹ (1844).

**Pantun** (Pantoun) [malai.], malaiische Gedichtform, die aus vier Verszeilen mit je vier zweisilbigen Wörtern und wechselndem Endreim besteht, wobei jeder Vers in zwei nahezu gleiche, eine syntakt. Einheit bildende Teile gegliedert ist. Die beiden ersten, meist symbolhaft verschleierten Verse, die auf mag. Beschwörungen zurückgehen, leiten zu den Schlußversen über, in denen das eigentl. Thema behandelt wird.

**Panuluh,** Mpu, altjavan. Dichter des 12. Jahrhunderts. – Autor der ep. Langgedichte (›kakawin‹) ›Hariwangśa‹ und ›Ghaṭotkacāśraya‹, Vollender des ↑ ›Bhāratayuddha‹. Nur in diesen Werken der altjavan. Literatur tritt, abgesehen vom späteren ›Nāgara-Kĕrtāgama‹ des Prapañca (14. Jh.), die Dichterpersönlichkeit aus der Anonymität hervor; M. P. schildert in den Epilogen seinen dichter. Werdegang, seine Inspiration durch die Natur, seine Sonderstellung als ›Dichterfürst‹ und sein persönl. Verhältnis zum Herrscher.

**Literatur:** ZOETMULDER, P. J.: Kalangwan. A survey of old Javanese literature. Den Haag 1974. S. 164, 271, 288, 297.

**Panyassis** von Halikarnassos (tl.: Panýassis), griech. Epiker der 1. Hälfte des 5. Jh. v. Chr. – Onkel Herodots; fiel im Kampf gegen den Tyrannen Lygdamis. Von seinem Epos ›Hērákleia‹ (14 Bücher, 9000 Verse) sind nur einige Verse erhalten, die verschiedene Taten des Herakles schildern. Wahrscheinlich Verfasser der ›Iōniká‹, eines geschichtl. Epos in Distichen über die Gründung ion. Kolonien. P. wurde mit Homer, Hesiod, Peisandros und Antimachos von Kolophon im Kanon der fünf Klassiker des Epos aufgeführt.

**Ausgabe:** Epicorum graecorum fragmenta. Ges. u. krit. hg. v. G. Kinkel. Bd. 1. Lpz. 1877.
**Literatur:** Huxley, G. L.: Greek epic poetry from Eumelos to P. Cambridge (Mass.) 1969.

**Panzacchi,** Enrico [italien. pan'tsakki], *Ozzano dell'Emilia 16. Dez. 1840, †Bologna 5. Okt. 1904, italien. Schriftsteller. – Prof. für Kunstgeschichte, später auch Direktor der Kunstakademie in Bologna; Essayist und Kunstkritiker (›Saggi critici‹, 1896), Erzähler (›I miei racconti‹, 1889) und Lyriker, anfangs unter dem Einfluß seines Freundes G. Carducci, dann Wegbereiter G. Pascolis; Gegner des Verismus; Wagnerianer (›Riccardo Wagner, ricordi e studi‹, 1883; ›Nel mondo della musica; impressioni e ricordi‹, 1895).

**Ausgaben:** E. P. Prose. Hg. v. G. Lipparini. Bologna 1913. – E. P. Poesie. Hg. v. G. Pascoli. Bologna $^{3}$1924.
**Literatur:** Alessandri, A.: Il mondo poetico ed umano de E. P. Mailand 1955.

**Panzini,** Alfredo, *Senigallia 31. Dez. 1863, †Rom 10. April 1939, italien. Schriftsteller. – Schüler G. Carduccis; bis 1928 Gymnasiallehrer; 1929 Mitglied der Italien. Akademie. Verfasser liebenswürdig-iron., stilistisch an A. France erinnernder Romane (›La lanterna di Diogene‹, 1907; ›Sokrates und Xanthippe‹, 1914, dt. 1938; ›Viaggio di un povero letterato‹, 1919) und Novellen (›Il libro dei morti‹, 1893; ›Trionfi di donna‹, 1903; ›Le fiabe della virtù‹, 1911); veröffentlichte auch Kinderbücher und ein Wörterbuch des neuesten italien. Sprachschatzes (›Dizionario moderno‹, 1905, $^{8}$1942, bearb. von A. Schiaffini und B. Migliorini, $^{10}$1963). Autobiographie: ›La mia storia, il mio mondo‹ (hg. 1951).

**Ausgaben:** A. P. Romanzi d'ambo i sessi. Mailand $^{4}$1954. – A. P. Sei romanzi fra due secoli. Mailand $^{8}$1954. – A. P. Scritti scelti. Mailand u. Verona 1958. – A. P. Opere scelte. Hg. v. G. Bellonci. Mailand 1970.
**Literatur:** Pedicini, R.: A. P. Rom 1956. – Bocelli, A.: A. P. In: Letteratura italiana. I contemporanei. Bd. 1. Mailand 1963. S. 27 (mit Bibliogr.). – De Rienzo, G.: A. P. Mailand 1968. – A. P. nella cultura letteraria italiana fra '800 e '900. Hg. v. E. Grassi. Rimini 1985.

**Paoli,** Betty, eigtl. Babette (Barbara) Elisabeth Glück, *Wien 30. Dez. 1814, †Baden bei Wien 5. Juli 1894, österr. Schriftstellerin. – War Erzieherin in Rußland und Polen, ab 1835 in Wien Mitarbeiterin verschiedener Zeitschriften, u. a. als Theaterkritikerin. Ab 1843 unternahm sie als Gesellschafterin von Marianne Fürstin zu Schwarzenberg viele Reisen. Schrieb freimütige und empfindungsstarke Lyrik und war eine glänzende Essayistin; schrieb auch Novellen, übersetzte u. a. A. S. Puschkin.

**Werke:** Gedichte (1841), Nach dem Gewitter (Ged., 1843), Die Welt und mein Auge (Nov.n, 3 Bde., 1844), Romancero (ep. Ged., 1845), Neue Gedichte (1850), Lyrisches und Episches (1856), Neueste Gedichte (1869), Grillparzer und seine Werke (1875).
**Ausgabe:** B. P. Die schwarzgelbe Hyäne. Ausgew. u. eingel. v. J. Halper. Graz u. Wien 1958.
**Literatur:** Missbach, R.: B. P. als Lyrikerin in ihrer Stellung zu Grillparzers u. Lenaus Lyrik u. zu Feuchtersleben. Diss. Mchn. 1923. – Adamec, F.: B. P. u. ihr Freundeskreis. Diss. Wien 1951.

**Päon** (Paion) [griech.], antiker Versfuß, benannt nach der Verwendung im †Päan, bestehend aus drei Kürzen und einer Länge. Je nach der Stellung der Länge unterscheidet man vier Formen: 1. P. (–◡◡◡), 2. P. (◡–◡◡), 3. P. (◡◡–◡) und 4. P. (◡◡◡–).

**Papa,** Katina, *auf Korfu 6. Okt. 1903, †Athen Okt. 1959, neugriech. Schriftstellerin. – Studierte Philosophie in Athen, Wien und Deutschland. Verfaßte Erzählungen und Romane, die sich durch humanes und soziales Engagement auszeichnen.

**Werke:** Stē sykamia apo katō (= Unter dem Maulbeerbaum, E., 1934, dt. 1959), An allazan hola (= Wenn sich alles ändern würde, En., 1950), S' hena gymnasio thēleōn (= In einem Mädchengymnasium, R., 1. Teil 1951, 2. Teil 1958, beide Tle. in 1 Bd. 1959), Poiēmata (= Gedichte, 1963).

**Papadat-Bengescu,** Hortensia [rumän. papa'dadben'dʒesku], * Iveşti (Kreis Galatz) 8. Dez. 1876, † Bukarest 5. März 1955, rumän. Schriftstellerin. – Begann mit lyr. und dramat. Werken, gehört mit ihren späteren, von M. Proust beeinflußten meisterhaften Erzählwerken, in denen eine schonungslose Darstellung vorherrscht, zu den Erneuerern des rumän. Romans.

**Werke:** Das Bachkonzert (R., 1927, dt. 1967), Drumul ascuns (= Geheimer Weg, R., 1933), Rădăcini (= Wurzeln, R., 2 Bde., 1938).
**Ausgabe:** H. P.-B. Opere. Hg. v. E. TUDOR. Bukarest 1972–88. 5 Bde.
**Literatur:** CIOBANU, V.: H. P.-B. Bukarest 1965. – VANCEA, V.: H. P.-B. Bukarest 1976. – VANCEA, V.: H. P.-B. Universul citadin, repere şi interpretări. Bukarest 1980.

**Papadiamạntis** (tl.: Papadiamantēs), Alexandros, * Skiathos 3. März 1851, † ebd. 3. Jan. 1911, neugriech. Schriftsteller. – Er schrieb ›Sittenschilderungen‹, Erzählungen von den Menschen seiner Heimatinsel, die als wichtige Beiträge zur neugriech. Literatur gelten.

**Werke:** Phonissa (= Die Mörderin, R., 1912), Erzählungen (7 Bde., 1912–14), Rhodina akrogialia (= Rosafarbene Küsten, R., 1913).
**Ausgabe:** A. P. Ta hapanta. Hg. v. G. VALETAS. Athen 1954–60. 6 Bde.

**Papadiamantọpulos** (Papadiamantópoulos), Ioannis, frz. Dichter griech. Herkunft, ↑ Moréas, Jean.

**Papagẹienbuch,** ind. Erzählwerk, ↑ Śukasaptatī.

**Papeles de Son Armadans** [span. pa'pelez ðe 'son arma'ðans], span. Literaturzeitschrift, gegr. und hg. von C. J. Cela Trulock, monatlich erschienen von April 1956 bis März 1979 in Palma de Mallorca; enthielt neben zahlreichen poetolog. Beiträgen auch monograph. Nummern über einzelne Autoren.

**Papịni,** Giovanni, Pseudonym Gian Falco, * Florenz 9. Jan. 1881, † ebd. 8. Juli 1956, italien. Schriftsteller. – Gründete u. a. 1903 mit G. Prezzolini die Zeitschrift ›Leonardo‹, gehörte 1908–12 zum Mitarbeiterkreis von ›La Voce‹; zeitweilig Futurist (1913 Gründung der programmat. Zeitschrift ›Lacerba‹); wandte sich 1919 dem Katholizismus zu; 1935 Prof. in Bologna, 1937 Direktor des italien. Renaissanceforschungszentrums, 1938–44 Hg. der Zeitschrift ›Rinascita‹ (1950 ff. u. d. T. ›Rinascimento‹); 1939 Mitglied der Italien. Akademie. Eine der einflußreichsten, aber auch umstrittensten Gestalten des italien. Geisteslebens der 1. Hälfte des 20. Jh. Trat v. a. mit Essays, Biographien und autobiograph. Schriften hervor: ›Ein fertiger Mensch‹ (autobiograph. R., 1912, dt. 1925, 1962 u. d. T. ›Ein erledigter Mensch‹), ›Lebensgeschichte Christi‹ (1921, dt. 1924), ›Dante‹ (1932, dt. 1936), ›Storia della letteratura italiana‹ (1937, dt. Teil 1 ²1940 u. d. T. ›Ewiges Italien‹), ›Aus meiner Werkstatt‹ (Tageb., 1941, dt. 1944), ›Das Wesen der Renaissance‹ (1942, dt. 1946), ›Coelestin VI., Briefe an die Menschen‹ (1947, dt, 1948), ›Michelangiolo und sein Lebenskreis‹ (1949, dt. 1952), ›Der Teufel‹ (1953, dt. 1955), ›Weltgericht‹ (hg. 1957, dt. 1959), ›Die zweite Geburt‹ (autobiograph. R., hg. 1958, dt. 1960), ›Prose morali‹ (hg. 1959), ›Diario‹ (Tagebücher, hg. 1962).

**Ausgabe:** G. P. Tutte le opere. Hg. v. P. BARGELLINI. Mailand 1958–66. 10 Bde. in 11 Bden.
**Literatur:** RIDOLFI, R.: Vita di G. P. Mailand 1957. – DI FRANCA, M.: G. P. Panorama biografico e critico. Modena 1958. – GAYE, V. M.: G. P. In: Letteratura italiana. I contemporanei. Bd. 1. Mailand 1963. S. 309 (mit Bibliogr.). – VETTORI, V.: G. P. Turin 1967. – LOVREGLIO, J.: G. P. (1881–1956). Une odyssée intellectuelle entre Dieu et Satan. Paris 1973–81. 4 Bde. – ISNENGHI, M.: P. Florenz 1976. – FANTINO, G.: Saggio su P. Mailand 1981. – G. P., l'uomo impossibile. Hg. v. P. BAGNOLI. Florenz 1982.

**Papịnius,** Publius P. Statius, röm. Dichter, ↑ Statius, Publius Papinius.

**Paprocki,** Bartłomiej (Bartosz) [poln. pa'prɔtski], * Paprocka Wola um 1543, † Lemberg 27. Dez. 1614, poln. Schriftsteller. – Adliger, im Dienst verschiedener Höfe; unternahm viele Reisen, beteiligt an Kriegszügen; zeitweilig im Exil; schrieb u. a. satir. und allegor. Werke, scherzhafte Gedichte in der Art J. Kochanowskis; seine polnisch geschriebenen herald. Werke in Vers und Prosa gelten als Höhepunkt seines Schaffens (›Herby rycerstwa polskiego‹ [= Die Wappen der poln. Ritterschaft], 1584); Begründer der poln. Wappenkunde; verfaßte in tschech. Sprache historisch-genealog. Werke.

**Paquet,** Alfons [frz. pa'kɛ], * Wiesbaden 26. Jan. 1881, † Frankfurt am Main

8. Febr. 1944, dt. Schriftsteller. – War Kaufmann, Redakteur, unternahm ausgedehnte Reisen. Autor zahlreicher Reisebücher sowie von Erzählungen und Essays. Sein lyrisches und dramatisches Schaffen zeigt Aufgeschlossenheit für soziale Probleme und sein Interesse an progressiven politischen Bewegungen.

**Werke:** Lieder und Gesänge (1902), Auf Erden (Ged., 1906), Kamerad Fleming (R., 2 Bde., 1911–26), Held Namenlos (Ged., 1912), Erzählungen an Bord (En., 1913), Der Geist der russ. Revolution (Bericht, 1919), Im kommunist. Rußland. Briefe aus Moskau (Reiseber., 1919), Die Prophezeiungen (R., 1922), Rom und Moskau (Essays, 1923), Weltreise eines Deutschen (Reiseber., 1934), Fluggast über Europa (R., 1935), Die Frankfurterin (E., hg. 1947).

**Parabase** [griech. = Abschweifung], Bauelement der att. ↑Komödie. Unterbrechung der Komödienhandlung (meist in der Mitte). Chor und Chorführer wenden sich unmittelbar an das Publikum, um zu aktuellen polit., sozialen oder auch kulturellen Ereignissen und Problemen Stellung zu beziehen oder die Absichten des Dichters zu interpretieren. Die meisten P.n bestehen aus sieben Teilen; zunächst drei astrophische, gesprochene Teile: das **Kommation** (eine kurze Überleitung), die **eigentl. P.** (zumeist aus anapäst. Tetrametern) und das **Makron** (auch **Pnigos** genannt, ein langes Kolon aus sieben bis 30 anapäst. Metren); danach vier, abwechselnd gesungene und gesprochene, strophische Teile: die **Ode** (auch **Strophe,** meist eine Anrufung der Götter), das ↑Epirrhema und, diesen beiden respondierend, **Antode** (**Antistrophe**) und **Antepirrhem.** – Mit dem Übergang zur neuen att. Komödie und der damit verbundenen Entpolitisierung entfiel die P. als Bestandteil der Komödie.

**Literatur:** AGTHE, C.: Die P. u. die Zwischenakte der altatt. Komödie. Altona 1866–68. 2 Bde. – FRÄNKEL, E.: Beobachtungen zu Aristophanes. Rom 1962.

**Parabel** [griech. = das Nebeneinanderwerfen, Gleichnis], [als Teil der sog. ↑Lehrdichtung] literar. Form des ↑Vergleichs; im Unterschied zum ↑Gleichnis ist die P. (oft als Teil eines umfassenderen Werkes) eine in sich abgeschlossene Erzählung; während das Gleichnis die Bezugspunkte des Vergleichs nennt und so den Vergleich veranschaulicht, abstrahiert die P. von dem Bezugspunkt, sie stellt die bildhafte Seite, die Bilderebene des Vergleichs dar.
In der antiken Rhetorik (Aristoteles, ›Rhetorik‹) wird die P., wie die ↑Fabel, zu den erdichteten Paradigmen (↑Exempel) gezählt, die als eingefügte Geschichten die Argumentation einer Rede plastisch verdeutlichen sollten. Ein Beispiel ist die Geschichte des Agrippa Menenius Lanatus (5./4. Jh.) vom Magen und den Gliedern. – Die P. zielt, auch wenn sie aus ihrem unmittelbaren Kontext herausgelöst ist, auf die Vermittlung einer allgemeinen Erkenntnis, wobei die Grenze zur Fabel fließend ist. Hierzu gehören die in G. E. Lessings Fabelbücher eingestreuten P.n (›Der Besitzer des Bogens‹) oder G. Boccaccios Ring-P. (›Das Dekameron‹, entst. 1348–53, dt. 1830, erstmals dt. 1472/73), die Lessing in ›Nathan der Weise‹ (1779) ausgebaut und in einen neuen Zusammenhang gestellt hat. Goethes ›Buch der P.n‹ in seinem Gedichtzyklus ›West-östl. Divan‹ (1819) weist auf eine zweite Tradition der P.dichtung aus dem Orient, bes. aus Buddhismus und Judentum (AT). Die neutestamentl. Forschung unterscheidet z. T. das Gleichnis, das den allgemeingültigen Regelfall darstelle, und die P., die einen prägnanten, von der Norm auch abweichenden Einzelfall vorführe und dadurch die Möglichkeit besitze, neue Erfahrungen hervorzurufen, Paradoxes (↑Paradoxon) auszudrücken, die Wirklichkeit zu transzendieren.
Auch in der Literatur des 20. Jh. spielt die P. eine bed. Rolle. Die meisten Erzählungen F. Kafkas z. B. sind P.n (›Die Verwandlung‹, 1915). Seine Romane (›Der Prozeß‹, entst. 1914, gedr. 1925) können gleichfalls als ausgeweitete P.n verstanden werden. Für B. Brecht war das P.stück die dramat. Form, in der er die Funktionen Unterhaltung und Belehrung verschmelzen wollte. M. Frisch schuf mit ›Biedermann und die Brandstifter‹ (1958) und ›Andorra‹ (1961), J. Arden mit ›Der Tanz des Sergeanten Musgrave‹ (1960, dt. 1961) dramat. P.stücke, als weitere Autoren dramat. P.n sind u. a. S. Mrożek (›Striptease‹, 1961, dt. 1963), P. Kohout (›August August, August‹, 1968, dt. 1969; ›Maria kämpft mit den

Engeln‹, dt. 1981, tschech. 1982), P. Handke (›Die Unvernünftigen sterben aus‹, 1973) zu nennen. Häufig werden auch die Stücke des absurden Theaters den P.n zugerechnet.

**Literatur:** BRETTSCHNEIDER, W.: Die moderne dt. P. Entwicklung u. Bedeutung. Bln. ²1980. – Texte u. Theorie der Fabeln, P.n u. Gleichnisse. Hg. v. R. DITHMAR. Mchn. 1981. – ELM, TH.: Die moderne P. P. u. Parabolik in Theorie u. Gesch. Mchn. ²1991.

**Paradiesspiel** (Paradeisspiel), Spätform des mittelalterl. ↑geistlichen Spiels, das sich allerdings erst im 16. Jh. zu einer selbständigen Form ausbildete. Thema war die Erschaffung des Menschen, Sündenfall und Vertreibung aus dem Paradies (z. B. H. Sachs, ›Tragedia von schepfung, fal vnd austreibung Ade aus dem paradeyss‹, 1548).

**Paradigma** [griech. = Beispiel], in der antiken Rhetorik eine als positiver oder negativer Beleg für eine Argumentation angeführte typ. Begebenheit (↑auch Exempel). Zu den Paradigmen zählen u. a. ↑Fabel und ↑Parabel.

**Paradoxon** [griech.; zu parádoxos = wider Erwarten, wider die (gewöhnl.) Meinung], Aussage, v. a. in Form von Aphorismen und Sentenzen, die das Denken auf etwas nicht unmittelbar Faßbares, Einsichtiges, vom jeweiligen Autor aber als bestimmte Wahrheit Erkanntes lenken soll. Das P. ist seit der Antike (Plutarch, Herakleitos von Ephesos, Kallimachos, Stoa) bis heute eine bevorzugte Denkfigur, die die Mehr- und Vieldeutigkeit von Wahrheiten und Wirklichkeiten ausdrückt (›meine Hand verbrennt sich an Eisigem‹, F. Nietzsche; ›Wer will/daß die Welt so bleibt/wie sie ist/der will nicht/daß sie bleibt‹, E. Fried).

**Paragramm** [griech. = Danebengeschriebenes], meist scherzhaft-iron. Änderung von Buchstaben in einem Namen oder Wort. Berühmt ist Suetons Verunstaltung des Namens von Kaiser Claudius Tiberius Nero in Caldius Biberius Mero (›der vom Wein glühende Trunkenbold‹).

**paraguayische Literatur,** vom Zeitpunkt der Entdeckung bis zur Gegenwart prägten negative Faktoren – geograph. Isolation, geringe Bevölkerungsdichte, unterentwickelte Sozialstruktur, Zweisprachigkeit – und eine von Kriegen und Diktaturen gezeichnete Geschichte das kulturelle Leben Paraguays. Das einzige literarisch interessante Werk der **Kolonialzeit** ist die von Sagen und Legenden durchsetzte Chronik ›La Argentina manuscrita‹ (entst. um 1612) des mestiz. Konquistadors Ruiz Díaz de Guzmán (* 1554 [?], † 1629). Von patriot. Gelegenheitsdichtung und den Werken einiger Historiker abgesehen, gibt es im **19. Jahrhundert** so gut wie keine p. Literatur. Erst mit dem – im übrigen Lateinamerika fast schon überwundenen – **Modernismo** kam es zu breiterer literar. Aktivität. Als Vorläufer dieser Bewegung gelten noch die Dichter Francisco Luis Barreiro (* 1872, † 1929), Alejandro Guanes (* 1872, † 1925) und Eloy Fariña Núñez (* 1885, † 1925). Den eigentl. Modernismo repräsentieren die Lyriker um die Zeitschriften ›Crónica‹ (1913–15) und ›Juventud‹ (1923–25): Guillermo Molinas Rolón (* 1889, † 1945), Manuel Ortiz Guerrero (* 1897, † 1933), Heriberto Fernández (* 1903, † 1927) u. a. Hervorzuheben ist Natalicio González (* 1897, † 1966), der als Lyriker und Prosaautor Elemente der Guaraní-Folklore verwendete. Abgesehen von Juan Stefanichs (* 1889, † 1976) Roman ›Aurora‹ (1920), der die polit. Auseinandersetzungen in der Landeshauptstadt behandelte, beherrschte der Kostumbrismus (Sittenschilderung) die erzählende Prosa der Modernisten. Durch den Chacokrieg (1932–35) wurde der Prozeß einer geistigen Neuorientierung eingeleitet, der sich zunächst in der Lyrik manifestierte. Wegbereiter **avantgardist. Tendenzen** war die Lyrikerin und Essayistin Josefina Pla (* 1909). Unter surrealist. Einfluß stand die nostalg., aber auch sozial engagierte Lyrik von Herib Campos Cervera (* 1908, † 1953). Der erste Roman, in dem eine krit. Analyse der nat. Wirklichkeit vorgenommen wurde, ist ›La babosa‹ (1952) von G. Casaccia. Die Entwicklung der erzählenden Prosa führte danach zum ›mag. Realismus‹ von A. Roa Bastos, dessen großer Roman ›Menschensohn‹ (1960, dt. 1962) das nat. Schicksal zum Symbol einer leidenden Menschheit erhebt. Die Lyrik der **50er und 60er Jahre** stand z. T. im Dienst des direkten Protests gegen ein Gewaltregime, z. T. war sie Ausdruck einer existentialphilosoph. Ergründung des Daseins. Bed., zumeist auch als Essayisten hervorgetretene Lyriker sind Elvio Romero (* 1926), Ramiro Domínguez (* 1929), Rubén Bareiro Saguier (*1930), Miguel Ángel Fernández (* 1938) und Roque Vallejos (* 1943). Namhaftester jüngerer Prosaautor ist der (wie fast alle paraguay. Schriftsteller) im Exil lebende L. Silva.

**Literatur:** CENTURIÓN, C. R.: Historia de las letras paraguayas. Buenos Aires 1947–51. 3 Bde. – WEY, W.: La poesía paraguaya. Historia de una incógnita. Span. Übers. Montevideo 1951. – VELÁZQUEZ, R. E.: Breve historia de la cultura en el Paraguay. Asunción 1966. – PLA, J.: El teatro en el Paraguay. Asunción [2]1967. – PÉREZ MARICEVICH, F.: La poesía y la narrativa en el Paraguay. Asunción 1969. – RODRÍGUEZ ALCALÁ, H.: Historia de la literatura paraguaya. Mexiko 1970. – PLA, J.: Literatura paraguaya en el siglo XX. Asunción [3]1976. – AMARAL, R.: Escritores paraguayos. Introducción a la cultura nacional. Asunción 1984. – El trino soterrado. Paraguay, aproximación al itinerario de su poesía social. Hg. v. L. M. MARTÍNEZ. Asunción 1985. – MÉNDEZ-FAITH, T.: Paraguay: novela y exilio. Sommerville (N. J.) 1985.

**Páral,** Vladimír [tschech. 'pa:ral], * Prag 10. Aug. 1932, tschech. Schriftsteller. – Veröffentlichte Erzählungen, in denen er die menschl. Probleme des sozialist. Alltags kritisch bis sarkastisch beschreibt, u. a. ›Die Messe der erfüllten Wünsche‹ (1965, dt. 1966), ›Privates Gewitter‹ (1966, dt. 1971), ›Freude bis zum Morgen‹ (R., 1975, dt. 1979); Verfasser der Science-fiction-Bücher ›Pokušení A–ZZ‹ (= Versuchung A–ZZ, 1982) und ›Válka s mnoho zvířetem (= Der Krieg mit der Hydra, R., 1983).

**Paralipomena** [griech. = Übergangenes, Ausgelassenes], Textvarianten, Ergänzungen u. a., die bei der endgültigen Fassung eines Werkes nicht berücksichtigt oder für die Veröffentlichung (zunächst) ausgeschieden wurden, oder Nachträge, die im Zusammenhang mit einem Hauptwerk entstanden, jedoch erst später veröffentlicht worden sind. Die beiden Bücher der Chronik im AT als Ergänzung der Bücher Samuel und der Könige werden z. B. als P. bezeichnet; bekanntestes Beispiel aus der neueren Zeit sind A. Schopenhauers ›Parerga und P.‹ (1851).

**Paralipse** [griech. = Unterlassung] (Präteritio, Präterition), rhetor. Figur: Hervorhebung eines Themas oder Gegenstandes durch die nachdrückl. Erklärung, daß darauf aus bestimmten Gründen nicht näher eingegangen werden könne.

**Parallelismus** [griech.], im engeren Sinn eine rhetor. Figur. In syntakt. Hinsicht Wiederholung derselben Wortreihenfolge bzw. übereinstimmende Konstruktion in zwei oder mehreren aufeinanderfolgenden Sätzen, Satzgliedern oder Versen, meist zwei- oder dreigliedrig (↑Trikolon): ›Als ich noch ein Kind war, redete ich wie ein Kind, dachte ich wie ein Kind, urteilte ich wie ein Kind‹ (1. Kor. 13, 11). Bes. eindringlich wirkt diese Figur in Verbindung mit anderen Stilmitteln wie ↑Antithese, ↑Klimax, v. a. ↑Anapher, da der parallele Bau durch die Wiederholung syntaktisch beherrschender Wörter unterstrichen wird. In bezug auf den Bedeutungsgehalt meint P. die Wiederholung und Umschreibung desselben Gedankens durch Spaltung in mehrere Aussageeinheiten gleichen oder auch gegensätzl. Inhalts. Bes. ausgeprägt ist der P. in den Sakralsprachen der Antike – in ausgesprochenen Hör-, nicht Lesekulturen –, v. a. in den Psalmen der hebr. Literatur.

›Dringen Frevler auf mich ein,
  um mich zu verschlingen,
meine Bedränger und Feinde,
  sie müssen straucheln und fallen.
Mag ein Heer mich belagern:
  Mein Herz wird nicht verzagen.
Mag Krieg gegen mich toben:
  Ich bleibe dennoch voll Zuversicht.‹

Eine große Rolle spielt der P. auch in der antiken Rhetorik, in den volkssprachl. Dichtungen des MA, in der Literatur der Renaissance und des Barock (etwa in der manierist. Prosa des ↑Euphuismus), aber auch im Volkslied. – In einem weiteren Sinn bildet der P. ein bedeutsames literar. Kompositionselement: die Wiederholung gleichrangiger Teile im Aufbau der Fabel eines literar. Werkes. Typisch dafür sind das dreimalige Wiederholen von Wünschen, Aufgaben, Begegnungen im Märchen oder die parallel strukturierten Abenteuer im Abenteuerroman. P. ist auch die Wiederholung bestimmter Personengruppierungen auf anderer Ebene im Roman oder im klass. Drama.

**Parandowski,** Jan [poln. paran'dɔfski], * Lemberg 11. Mai 1895, † Warschau 26. Sept. 1978, poln. Schriftsteller. – Ab 1933 Präsident des poln. PEN-Clubs; 1945–48 Prof. in Lublin; erfolgreicher Erzähler und Essayist, v. a. von der Antike angeregt und formal an klass. Vorbildern geschult; Vorliebe für histor. Stoffe. P. übersetzte Homer, schrieb u. a. Romane über O. Wilde und F. Petrarca und verfaßte literaturkrit. Studien, u. a. über A. Mickiewicz.

**Werke:** Der olymp. Diskus (R., 1933, dt. 1958), Himmel in Flammen (R., 1936, dt. 1957), Drei Tierkreiszeichen (En., 1938, dt. 1962), Mittelmeerstunde (En., 1949, dt. 1960), Die Sonnenuhr (En., 1953, dt. 1965), Wrześniowa noc (= Septembernacht, Memoiren, 1962), Luźne kartki (= Lose Blätter, Tageb., 1965), Akacja (= Akazie, En., 1967).

**Literatur:** HARJAN, G.: J. P. New York 1971. – STUDENCKI, W.: Alchemik słowa. Rzecz o J. P.m. Oppeln 1972–74. 2 Bde. – KOZIKOWSKI, E.: P. Engl. Übers. Warschau Neuaufl. 1977.

**Paränese** (Parainese) [griech. = Ermahnung, Ermunterung, Warnung, Rat], Mahnrede oder Mahnschrift; ermahnender oder ermunternder Teil einer Predigt oder eines Briefes.

**Paraphrase** [griech.-lat.], Umschreibung eines sprachl. Ausdrucks mit anderen sprachl. Mitteln. In der Lexikographie dienen P.n zur Bedeutungsbeschreibung, z. B. Schimmel = weißes Pferd. Im weiteren Sinn bedeutet P. eine freie, nur sinngemäße Übertragung in eine andere Sprache oder auch die erweiternde und erläuternde Umschreibung eines Textes, z. B. einer Versvorlage in Prosa.

**Parataxe** [griech.], Begriff der Grammatik für die syntakt. Beiordnung von Satzgliedern oder Sätzen, im Gegensatz zur syntakt. Unterordnung († Hypotaxe).

**Pardo Bazán,** Emilia Gräfin von [span. 'parðo βa'θan], * La Coruña 15. Sept. 1851, † Madrid 12. Mai 1921, span. Schriftstellerin. – Trat 1883 mit dem Essay ›La cuestión palpitante‹ für einen dem span. Wesen gemäßen Naturalismus ein; ab 1916 Prof. für roman. Literatur an der Universität Madrid; wurde v. a. berühmt durch ihre vor dem Hintergrund ihrer galic. Heimat spielenden naturalist. Romane: ›Das Gut Ulloa‹ (1886, dt. 1946), ›La madre naturaleza‹ (1887), ›Insolación‹ (1889), ›Morriña‹ (1889); schrieb ferner Novellen (›Novelas ejemplares‹, 1906), Reisebücher, Lyrik, literaturkrit. (›La literatura francesa moderna‹, 3 Bde., 1910–14) und biograph. Studien.

**Ausgabe:** E. P. B. Obras completas. Novelas y cuentos. Hg. v. F. C. SÁINZ DE ROBLES. Madrid [2]1956. 2 Bde. Nachdr. 1973.

**Literatur:** BAQUERO GOYANES, M.: E. P. B. Madrid 1971. – BARROSO, F. J.: El naturalismo en la P. B. Madrid 1973. – VARELA JÁCOME, B.: Estructuras novelísticas de E. P. B. Santiago de Compostela 1973. – HEMINGWAY, M.: E. P. B. The making of a novelist. Cambridge 1983.

**Parechese** [griech. = Lautnachahmung], Zusammenstellung lautlich gleicher oder ähnl. Wörter von verschiedener Herkunft; Art der † Paronomasie.

**Pareja Díezcanseco,** Alfredo [span. pa'rɛxa ði̯eskan'seko], * Guayaquil 12. Okt. 1908, † Quito 3. Mai 1993, ecuadorian. Schriftsteller. – Gehörte neben J. de la Cuadra und E. Gil Gilbert u. a. zur sozial engagierten Gruppe von Guayaquil. Behandelte in seinen Romanen v. a. die Randgruppen und sozialen Konflikte der städt. Gesellschaft. Die polit. Entwicklung des Landes ist Thema des Romanzyklus ›Los nuevos años‹ (›Offiziere und Señoras‹, 1956, dt. 1968; ›El aire y los recuerdos‹, 1959; ›Los poderes omnímodos‹, 1964; ›Las pequeñas estaturas‹, 1970).

**Weitere Werke:** El muelle (R., 1933), Baldomera, Dirne und Mutter (R., 1938, dt. 1954), La manticora (R., 1974), Baldomera (R., 1991).

**Parenthese** [griech.], grammatisch selbständiger, mehr oder weniger umfangreicher Einschub in einen Satz, der dessen Zusammenhang unterbricht, ohne jedoch dessen syntakt. Ordnung zu verändern. Die P. enthält meist eine Interjektion. Von stilist. Wichtigkeit ist die Stelle des Einschubs: nach Abschluß oder vor Beendigung, mitunter auch vor Beginn des Hauptgedankens im umgebenden Satz. Der visuellen Kenntlichmachung dienen Gedankenstriche, Klammern, Kommata: ›Meister, sagte sie – noch niemals als diesen Abend hatte sie ihm diesen Namen gegeben; denn anfangs pflegte sie ihn Herr und nachher

Vater zu nennen – Meister! wir sind einer großen Gefahr entronnen‹ (Goethe, ›Wilhelm Meisters Lehrjahre‹, 1795/96).

**Parerga** [griech. = Nebenwerke], Nebenwerke, auch gesammelte kleinere Schriften zu einem Hauptwerk, u.a. A. Schopenhauers ›P. und Paralipomena‹ (1851).

**Paretti,** Sandra, eigtl. Irmgard Schneeberger, * Regensburg 5. Febr. 1935, † Meilen (Kt. Zürich) 12. März 1994 (Selbstmord), dt. Schriftstellerin. – War zunächst Journalistin, lebte in der Schweiz; Verfasserin spannender personen- und detailreicher Romane, die ein breites Publikum ansprechen; bevorzugte Themenkreise: Frauen- und Familienschicksale mit Bezug zum jeweiligen gesellschaftl. und histor. Hintergrund.

**Werke:** Rose und Schwert (R., 1967), Purpur und Diamant (R., 1971), Der Winter, der ein Sommer war (R., 1972), Die Pächter der Erde (R., 1973), Der Wunschbaum (R., 1975), Das Zauberschiff (R., 1977), Maria Canossa (R., 1979), Das Echo deiner Stimme (R., 1980), Der Paradiesmann (R., 1983), Südseefieber (R., 1986), Tara Calese (R., 1988).

**Parini,** Giuseppe, * Bosisio (heute Bosisio-Parini, Prov. Como) 23. Mai 1729, † Mailand 15. Aug. 1799, italien. Dichter. – Wurde 1754 Geistlicher, war ab 1769 Prof. für italien. Literatur in Mailand; bed. Vertreter des Klassizismus und der Aufklärung in Italien. Seinen Ruhm begründete er mit den ersten beiden Teilen der satirisch-didakt. Dichtung ›Il giorno‹ (›Il mattino‹, 1763, und ›Il mezzogiorno‹, 1765; die unvollendeten Teile ›Il vespro‹ und ›La notte‹ wurden 1803 veröffentlicht); diese durch Witz und Ironie, Phantasie, kraftvollen Stil und meisterhafte Verskunst ausgezeichneten Gedichte, die das müßige und frivole Leben des Adels geißeln, erschienen dt. 1889 u.d.T. ›Der Tag‹; schrieb auch klassizist. Oden.

**Ausgaben:** G. P. Opere. Hg. v. F. Reina. Mailand 1801–04. 6 Bde. – G. P. Opere. Hg. v. G. Petronio. Mailand 1957. – G. P. Le odi. Edizione critica. Hg. v. D. Isella. Mailand u. Neapel 1975.

**Literatur:** Accame Bobbio, A.: P. Brescia 1954. – Piromalli, A.: G. P. Florenz 1966. – Petronio, G.: P. Palermo 41973 (mit Bibliogr.). – Antonielli, S.: G. P. Florenz 1973. – Savoca, G.: P. e la letteratura arcadica. Rom 1974. – Bonora, E.: P. e altro Settecento. Tra classicismo e illuminismo. Mailand 1982. – Tommaso, P. de: Il ›Giorno‹ e l'ideologia agraria del P. Rom 1983.

**Parise,** Goffredo [italien. pa'ri:ze], * Vicenza 8. Dez. 1929, † Treviso 31. Aug. 1986, italien. Schriftsteller. – Wandte sich nach seinem ersten Roman ›Der tote Knabe und die Kometen‹ (1951, dt. 1990), einer ins Märchenhafte entfremdeten Schilderung der italien. Nachkriegszeit, dem Neorealismus zu; gegen Spießertum und provinziellen Konformismus richtet sich die Satire in ›La grande vacanza‹ (R., 1953) und in dem Erfolgsroman ›Der schöne Priester‹ (1954, dt. 1955, 1959 u.d.T. ›Die Gassenjungen von Vicenza‹).

**Weitere Werke:** Die Verlobung (R., 1956, dt. 1959), Der Chef (R., 1965, dt. 1969, 1988 auch u.d.T. Der Padrone), Il crematorio di Vienna (R., 1969), Sillabario n. 1 (Kurzgeschichten, 1972), Sillabario n. 2 (Kurzgeschichten, 1982, Premio Strega 1982; mit Sillabario n. 1 zus. dt. 1988 u.d.T. Fibel der Gefühle), L'assoluto naturale (Dialog, 1982), Gli americani a Vicenza e altri racconti 1952–1965 (En., hg. 1987).

**Ausgabe:** G. P. Opere. Hg. v. B. Callegher u.a. Mailand 1987–89. 2 Bde.

**Literatur:** Altarocca, C.: P. Florenz 1972. – Petroni, P.: Invito alla lettura di G. P. Mailand 1975. – Quesado, M.: G. P. Uno scrittore europeo. Rom 1989.

**Park,** Ruth [engl. pa:k], * Auckland (Neuseeland) 24. Aug. 1921, austral. Schriftstellerin. – Die mit dem Schriftsteller D'A. Niland verheiratete frühere Journalistin schrieb populäre humorvoll-iron. Unterhaltungsromane sowie Kinder- und Jugendbücher, Hör- und Fernsehspiele. In ihren Romanen thematisiert sie realistisch ihre Erfahrungen in einem Elendsviertel in Sydney und das Leben einfacher Leute in den Randgruppen austral. Städte.

**Werke:** Glück – gezahlt in kleiner Münze (R., 1948, dt. 1953), Blutorangen – zweite Wahl (R., 1949, dt. 1953), Der Hexendorn (R., 1951, dt. 1957), Meine strahlenden Tanten (R., 1955, dt. 1960), The drums go bang! (Autobiogr., 1956; mit D'A. Niland), The good-looking women (R., 1961), Sturm auf Paroa (Jugendb., 1962, dt. 1973), Kleiner dummer Wombi (Kinderb., 1965, dt. 1974), Swords and crowns and rings (R., 1977), Playing Beatie Bow (R., 1980, dt. 1988 u.d.T. Abigails Zeitreise), When the wind changed (Jugendb., 1981), Missus (R., 1985), Callie's family (R., 1988), Things in corners (Jugendb., 1989).

Dorothy Parker

**Parker,** Dorothy [engl. 'pɑ:kə], geb. Rothschild, * West End (N. J.) 22. Aug. 1893, † New York 7. Juni 1967, amerikan. Schriftstellerin und Journalistin. – Schrieb Theater- und Literaturkritiken u. a. für ›Vogue‹ (1916/17), ›Vanity Fair‹ (1917–20) und den ›New Yorker‹ (1925–27), Berichte aus dem Span. Bürgerkrieg, Drehbücher für Hollywood (1933–63), z. T. mit dem Schauspieler Alan Campbell, ihrem zweiten Mann, und G. S. Kaufman. Als Schriftstellerin trat sie bes. durch ihre satir. Gedichte (›Enough rope‹, 1926; ›Sunset gun‹, 1928; ›Death and taxes‹, 1931) sowie durch ihre sarkastisch-zyn. Kurzgeschichten (›Laments for living‹, 1930; ›After such pleasures‹, 1933) hervor, in denen sie das Leben der Frauen der Oberschicht im Manhattan der 20er und 30er Jahre beschreibt. P. verfaßte auch Dramen sowie den Text für das Musical ›Candide‹ (Musik L. Bernstein, UA 1956).

**Weitere Werke:** Close harmony (Dr., 1929; mit E. L. Rice), Ladies of the corridor (Dr., 1953; mit Arnaud d'Usseau), Die Geschlechter. New Yorker Geschichten (dt. Ausw. 1985), Eine starke Blondine. New Yorker Geschichten (dt. Ausw. 1985).

**Ausgaben:** The portable D. P. Hg. v. L. HELLMAN. London 1944. Neuaufl. mit einer Einf. v. B. GILL 1973. – D. P. Kurzgeschichten. Dt. Übers. v. E. ROEDER. Zü. 1947.

**Literatur:** KEATS, J.: You might as well live. The life and times of D. P. New York 1970. – MEADE, M.: D. P. What fresh hell is this? London 1988.

**Parland,** Henry Georg William, * Viipuri (heute Wyborg, Rußland) 29. Juli 1908, † Kaunas (Litauen) 10. Nov. 1930, schwedischsprachiger finn. Schriftsteller russ.-balt. Herkunft. – In seiner von W. W. Majakowski und S. A. Jessenin beeinflußten Lyrik zeigt er sich als Nachfolger der finnland-schwed. Modernisten der ersten Stunde (E. I. Södergran, E. R. Diktonius, H. Olsson); kennzeichnend für seine scharfsinnig-intellektuellen, von einer skeptizist. und desillusionierten Weltauffassung geprägten Gedichte sind die oftmals kühnen Anthropomorphisierungen alltäglichster Gegenstände (Fahrräder, Busse, Mineralwasser usw.). P. hatte erhebl. Einfluß auf die Weiterentwicklung des schwedischsprachigen Modernismus.

**Werke:** Idealrealisation (Ged., 1929), Återsken (Ged., Essays, Romanfragment Sönder, hg. 1932), Hamlet sade det vackrare. Samlade dikter (Ged., hg. 1964), Den stora dagen efter (Prosa, hg. 1966), Säginteannat (Prosa, hg. 1970), (z. B. schreiben wir gerade jetzt). Gedichte (schwed. u. dt., 1984).

**Parmenides** (tl.: Parmenídēs), griech. Philosoph aus Elea (um 500 v. Chr.) aus dem Kreis der Vorsokratiker. – Im Unterschied zu eher dichterisch orientierten Philosophen wie Xenophanes und den Pythagoreern entwickelte er ein stärker begrifflich ausgerichtetes Denken. Sein Ausgangspunkt ist die Position des Xenophanes, nach der die Gottheit (d. h. die Welt) ewig und unveränderlich sei. In Weiterführung dieser Anschauung lehrte P. die Einheit, Ewigkeit und Unveränderlichkeit der ›Substanz‹, des Seienden überhaupt. Entstehung und Vergänglichkeit der Natur, die sich dem Menschen in Sinnes- und Alltagserfahrung zeigen, sind bloß subjektive Erkenntnis (Schein), gehören mithin in den Bereich der ›doxa‹, der trüg. Meinung. Nur das Denken enthüllt das wahre Sein. Vom Werk des P. (Bruchstücke seines Lehrgedichts ›Über die Natur‹ sind erhalten) gingen fruchtbare Impulse auf die Philosophie der Folgezeit aus: für Anaxagoras und die Atomisten als große, Widerspruch fordernde Provokation, für Platon als beziehungsreicher Anknüpfungspunkt seiner Ideenlehre.

**Ausgabe:** P. A text with translation, commentary and critical essays by L. TARÁN. Princeton (N. J.) 1965.

**Parnassiens** [frz. parna'sjɛ̃] (Parnasse, École parnassienne), frz. Dichterkreis in der 2. Hälfte des 19. Jh.; Name nach der Anthologie ›Le parnasse contemporain‹ (ersch. in 3 Lieferungen 1866, 1871, 1876), in der die Gedichte der Mitglieder gesammelt wurden. – Bestimmt von der Ästhetik des ↑L'art pour l'art (Th. Gautier) und dem Vorbild der virtuosen Formkunst Th. de Banvilles propagierten die P. Dichtungen von formaler Strenge, insbes. von vers- und reimtechn. Perfektion sowie gegenstandsbezogener, unpersönl. Darstellung. Bed. Vertreter waren u. a. Ch. M. Leconte de Lisle, J.-M. de Heredia, C. Mendès, L. Dierx, F. Coppée u. a.; Ch. Baudelaire, P. Verlaine und S. Mallarmé hatten mit dem Kreis nur kurzen Kontakt (einzelne Beiträge in der Anthologie).

**Literatur:** SOURIAU, M. A.: Histoire du Parnasse. Paris 1929. – MARTINO, P.: Parnasse et symbolisme, 1850–1900. Paris [11]1964. – RICARD, L. X. DE: Petits mémoires d'un Parnassien. Mit einer Abh. v. A. RACOT: Les P. Paris 1967.

**Parnell,** Thomas [engl. pɑ:'nɛl, pɑ:nl], * Dublin 1679, ▭ Chester 24. Okt. 1718, ir. Dichter. – Geistlicher; Mitarbeiter am ›Spectator‹; befreundet mit J. Swift und A. Pope, zu dessen ›Ilias‹-Übersetzung er ›An essay on the life of Homer‹ beitrug. Vertreter des Klassizismus und der beschreibenden Dichtung. Seine Ode ›A nightpiece on death‹ gilt als Vorläuferin von Th. Grays ›Elegie auf einem Dorfkirchhof‹. P.s bestes Werk ist das Gedicht ›The hermit‹; 1722 gab Pope P.s Gedichte heraus (›Poems on several occasions‹).

**Ausgabe:** Collected poems of Th. P. Hg. v. C. RAWSON u. F. P. LOCK. Newark (Del.) 1989.

**Parnicki,** Teodor [poln. par'nitski], * Berlin 5. März 1908, † Warschau 5. Dez. 1988, poln. Schriftsteller. – 1911–17 in Rußland, 1918–28 in der Mandschurei; Rückkehr nach Polen; im 2. Weltkrieg in der UdSSR, dann im poln. diplomat. Dienst, ab 1967 wieder in Warschau. P. gilt als Schöpfer einer neuen Gattung des histor. Romans, der – Elemente des Kriminalromans enthaltend – histor. Fakten mit Reflexionen über diese verbindet.

**Werke:** Aetius, der letzte Römer (R., 1937, dt. 1989), Srebrne orły (= Silberne Adler, R., 1944), Koniec ›Zgody Narodów‹ (= Das Ende der ›Völkereintracht‹, R., 1955), Słowo i ciało (= Wort und Leib, R., 1959), Tylko Beatrycze (= Nur Beatrice, R., 1962), Nowa baśń (= Neue Sage, R., 6 Tle., 1962–70), Tożsamość (= Identität, R., 1970), Szkice literackie (= Literar. Skizzen, 1978), Sekret trzeciego Izajasza (= Das Geheimnis des dritten Jesaja, R., 1984).

**Literatur:** CZERMIŃSKA, M.: T. P. Warschau 1974. – CHOJNACKI, A.: P. w labiryncie historii. Warschau 1975.

**Parny,** Évariste Désiré de Forges, Vicomte de [frz. par'ni], * Saint-Paul (Réunion) 6. Febr. 1753, † Paris 5. Dez. 1814, frz. Dichter. – Kreole, kam schon als Kind nach Frankreich. Hatte großen Erfolg mit den anmutig-elegischen ›Poésies érotiques‹ (1778, 1781 u. d. T. ›Élégies‹), die von der Liebe zu einer schönen Kreolin seiner Heimat inspiriert sind, und dem freigeistigen epischen Gedicht ›La guerre des dieux anciens et modernes‹ (1799). 1803 wurde er Mitglied der Académie française.

**Ausgabe:** É. P. Œuvres. Neu hg. v. A.-J. PONS. Paris [2]1862.

**Literatur:** BARQUISSEAU, R.: Les poètes créoles du XVIIIe siècle: P., Bertin, Léonard. Paris 1949.

**Parodie** [frz. von griech. parōdía, eigtl. = Parallel- oder Nebengesang, dann auch Gegengesang], literar. Werk, das ähnlich der ↑Travestie eine bei seinen Adressaten als bekannt vorausgesetzte Vorlage (die ein Werk, das Œuvre eines Autors, ein Epochenstil oder ein Genre sein kann) imitiert, wobei es einige kennzeichnende Stilmittel und Strukturen der Vorlage zitierend beibehält, andere jedoch in satirisch-krit. oder auch nur erheiternd-unterhaltender Absicht verändert. Da die P. nicht allein ihre literar. Vorlagen, sondern auch Rezeptionshaltungen und Bildungskonventionen, für die die Vorlagen repräsentativ wurden, kritisiert, kann sie über die innerliterar. Auseinandersetzung hinausgreifend zu einer Form literar. Zeitkritik werden. Die **Geschichte** der P. beginnt nach antiker Auffassung mit Hegemon von Thasos (›Gigantomachia‹, 2. Hälfte des 5. Jh. v. Chr.). Die Antike kennt P.n des Epos (›Batrachomyomachia‹ [3. oder 6./5. Jh. v. Chr.] als P. der ›Ilias‹; ›Margites‹ [wohl 6. Jh. v. Chr.] als P. der ›Odyssee‹), deren Tradition von Hegemon bis zu Petronius (›Satyricon‹, Entstehungszeit unbekannt) verfolgt werden kann, P.n der Tragödie (Aristophanes' Komödien als P.n der Tragödien des Euripides) sowie

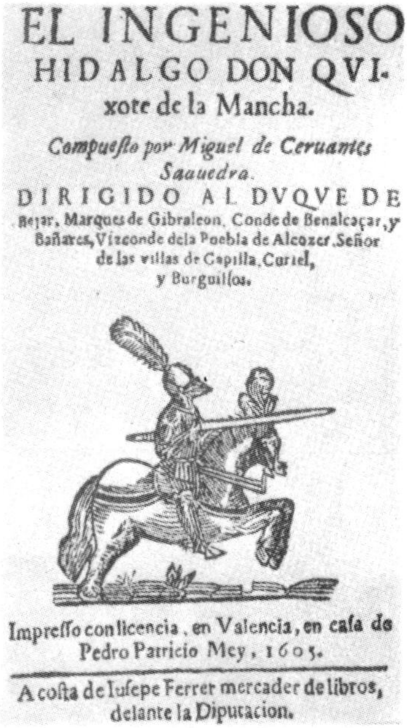
EL INGENIOSO
HIDALGO DON QVI-
xote de la Mancha.
Compuesto por Miguel de Ceruantes
Saauedra.
DIRIGIDO AL DVQVE DE
Bejar, Marques de Gibraleon, Conde de Benalcaçar, y
Bañares, Vizconde dela Puebla de Alcozer, Señor
de las villas de Capilla, Curiel,
y Burguillos.
Impresso con licencia, en Valencia, en casa de
Pedro Patricio Mey, 1605.
A costa de Iusepe Ferrer mercader de libros,
delante la Diputacion.

Parodie. Titelblatt der Erstausgabe von Miguel de Cervantes Saavedras Roman ›El ingenioso hidalgo Don Quixote de la Mancha‹ (1605)

Mythen-P.n. Das MA brachte zwar zahlreiche parodist. Texte hervor, die poetolog. Reflexion der P. setzte jedoch erst in der Renaissance wieder ein. Bestimmend für das P.-Verständnis der Folgezeit wurden J. C. Scaligers ›Poetices libri septem‹ (hg. 1561), wo P. als kom. Nachahmung einer ernsten Vorlage definiert wird, was die Einschätzung der P. als eines eher nebensächl. und tendenziell minderwertigen Genres begünstigte, welches nach Goethe (Brief an den Komponisten Carl Friedrich Zelter vom 26. 6. 1824) ›das Hohe, Große, Edle, Gute, Zarte herunterzieht und ins Gemeine verschleppt‹. Trotz hervorragender Gegenbeispiele (M. de Cervantes Saavedras ›Don Quijote‹ [1605–15, dt. 1621]; L. Sternes ›Tristram Shandy‹ [1759–67, dt. 1774]) bleibt diese negative Bewertung der P. bis ans Ende des 19. Jh. dominant. Mit Beginn der Moderne aber rückt die P. – ein bei A. Rimbaud (›Vénus Anadyomène‹, 1870), F. Nietzsche (›Jenseits von Gut und Böse‹, 1886) und O. Wilde (›The critic as artist‹, 1891) modellhaft vollzogener Schritt – ins Zentrum der Bemühung, über die Erschöpfung aller Möglichkeiten künstler. Innovation hinaus doch noch zu authent. Schöpfung zu gelangen: auf dem Wege einer parodist. Spiegelung vorhandener Werke und Stilmuster. In dieser Funktion begegnet P. in zahlreichen Schlüsselwerken der Moderne (und Postmoderne): in J. Joyces ›Ulysses‹ (1922, dt. 1927), T. S. Eliots ›Das wüste Land‹ (1922, dt. 1927), den Dramen und Prosatexten S. Becketts, den Romanen V. Nabokovs, den Erzählungen J. L. Borges' wie auch im Werk Th. Manns. Bis heute existiert P. daneben auch in der traditionellen Form eines launig-krit. ›Neben‹- oder ›Gegengesangs‹ zur ernsten, ›hohen‹ Literatur, was u. a. die P.n R. Neumanns, Erich Kästners, F. Torbergs und P. Rühmkorfs belegen.

**Literatur:** ROTERMUND, E.: Die P. in der modernen dt. Lyrik. Mchn. 1963. – STACKELBERG, J. VON: Literar. Rezeptionsformen. Übersetzung, Supplement, P. Ffm. 1972. – KARRER, W.: P., Travestie, Pastiche. Mchn. 1977. – VERWEYEN, TH./WITTING, G.: Die P. in der neueren dt. Lit. Darmst. 1979. – FREUND, W.: Die literar. P. Stg. 1981. – HÖFELE, A.: P. u. literar. Wandel. Hdbg. 1986. – RIHA, K.: Kritik, Satire, P. Opladen 1992. – Literatur-P. in Antike u. MA. Hg. v. W. Ax u. a. Trier 1993. – MÜLLER, BEATE: Kom. Intertextualität. Die literar. P. Trier 1994.

**Pa̲rodos** [griech. = Einmarsch], **1.** im griech.-röm. Drama das Einzugslied des Chors beim Betreten der Orchestra; auch als Wechselgesang (bzw. -rede) zwischen Chor und Schauspielern. **2.** Zugang ins antike Theater.

**Paroimiakọs** (Parömiakus) [griech. = Sprichwortvers; zu griech. paroimía = Sprichwort, Gleichnis], altgriech. Vers der Form ⏖–⏖–⏑⏑–⏓; Bez. nach seiner Verwendung im metrisch gebauten Sprichwort.

**Paroimiographi̲e̲** (Parömiographie) [griech.], in der Antike die wiss. Beschäftigung mit Sprichwörtern.

**Paronjạn** (tl.: Baronjan), Hagop, * Adrianopel (heute Edirne) 19. Nov. 1843, † Konstantinopel (heute Istanbul)

27. Mai 1891, armen. Schriftsteller. – Hg. von Zeitschriften; Begründer der modernen satir. Dichtung der Armenier, der noch heute gelesen wird; wandte sich bes. der Gesellschaftskritik zu. Von seinen Komödien und Novellen erschienen in engl. Übersetzung ›Uncle Balthazar‹ (Kom., 1886/87, engl. 1933) und ›Gentleman beggars‹ (E., hg. 1895, engl. 1930).

**Literatur:** Inglisian, V.: Die armen. Lit. In: Hdb. der Orientalistik, Abt. 1, Bd. 7. Leiden 1963. S. 237.

**Paronomasie** [griech.], rhetor. Figur: Wortspiel durch Zusammenstellen von Wörtern desselben Stammes (›wer sich auf den verläßt, der ist verlassen‹), Sonderform der ↑Figura etymologica, oder von Wörtern ähnl. Klanges. – ↑auch Parechese.

**Parra,** Nicanor, * San Fabián bei Chillán 5. Sept. 1914, chilen. Lyriker. – Verbindet in seiner Lyrik volksliedhafte, traditionelle Formen, die jedoch durch eine direkte, prosaische Sprache verfremdet werden, mit iron., oft sarkast. Kritik an Wertvorstellungen und Lebensnormen der kapitalist. Gesellschaft.

**Werke:** Cancionero sin nombre (Ged., 1937), Poemas y antipoemas (Ged., 1954, dt. Ausw. 1975 u. d. T. Und Chile ist eine Wüste. Poesie und Antipoesie), Versos de salón (Ged., 1960), Canciones rusas (Ged., 1967), La camisa de fuerza (Ged., 1968), Sermones y prédicas del Cristo de Elqui (Ged., 1977), Poesía política (Ged., 1983), Hojas de Parra (Ged., 1985).

**Ausgabe:** N. P. Obra gruesa. Santiago de Chile [3]1973.

**Literatur:** Rein, M.: N. P. y la antipoesía. Montevideo 1971. – Jofre, A. S.: Para una lectura de N. P. Sevilla 1975.

**Parra,** Teresa de la, * Paris 5. Okt. 1890, † Madrid 23. April 1936, venezolan. Schriftstellerin. – Unter dem Einfluß M. Prousts entstanden ihre Romane ›Ifigenia. Diario de una señorita que escribió porque se fastidiaba‹ (1924) und ›Las memorias de Mamá Blanca‹ (1929), in denen sie in metaphernreicher, subtiler, auch iron. Sprache Kindheits- und Jugenderfahrungen in der höheren Gesellschaft Venezuelas gestaltet.

**Ausgabe:** T. de la P. Obras completas. Hg. v. C. García Prada. Caracas 1965.

**Literatur:** Díaz Sánchez, R.: T. de la P. Clave para una interpretación. Caracas 1954.

**Parry,** Robert Williams [engl. 'pærı], * Tal-y-sarn (Caernarvon) 1884, † 4. Jan. 1956, walis. Dichter. – Meister romant. Naturdichtung, später auch gesellschaftskrit. Thematik. Die Schöpfung ›Yr haf‹ (= Der Sommer, 1910) gehört zu den berühmtesten Gedichten, die auf einer ↑Eisteddfod vorgetragen wurden. Sein erster Gedichtband enthält auch Sonette, Lyrik und Stanzen, in denen er den Tod seiner Freunde im Ersten Weltkrieg beklagt.

**Weitere Werke:** Yr haf a cherddi eraill (= Der Sommer und andere Gedichte, 1924), Cerddi'r gaeaf (= Wintergedichte, 1952).

**Pars pro toto** [lat. = ein Teil für das Ganze], rhetor. Figur, bei der ein Teil einer Sache das Ganze bezeichnet, z. B. ›Dach‹ für ›Haus‹; eng gefaßte Form der ↑Synekdoche. – ↑auch Metonymie.

**Parthenios** (tl.: Parthénios), griech. Dichter des 1. Jh. v. Chr. aus Nizäa. – Freigelassener, der 73 als Kriegsgefangener nach Rom gekommen war; später in Neapel; berühmter Elegiendichter, von großem Einfluß auf die ↑Neoteriker; außer kleineren Fragmenten ist die für seinen Gönner Gaius Cornelius Gallus geschriebene Prosasammlung ›Erōtikà pathḗmata‹ (= Leidvolle Liebesgeschichten) erhalten, die, auf hellenist. erot. Poesie beruhend, Stoff für ep. und eleg. Werke bieten sollte.

**parthische Literatur,** die in Parthisch geschriebene Literatur, von der nur relativ geringe Reste erhalten sind; am bedeutsamsten sind die wohl von dem manichäischen Missionar Mar Ammo (2. Hälfte des 3. Jh. n. Chr.) stammenden, in alter iran. literar. Tradition (der awest. Jaschts) wurzelnden sog. ›Glied-Hymnen‹ (›hymn-cycles‹), die zu den schönsten literar. Schöpfungen der mitteliran. Epoche gehören. Es handelt sich um längere Texte, die in Abschnitte geteilt sind, die *›handām‹* (= Glied) genannt werden; nach ihren Anfängen heißen die beiden Hauptwerke (neben denen ein dritter Text in Prosa steht) ›Huwīdagmān‹ und ›Angad Rōšnān‹. Daneben finden sich kleinere Hymnen aus späterer Zeit und auch parth. Übersetzungen verschiedener Werke Manis (* 216, † 277), des Begründers des Manichäismus. Der einzige poet. Text der mittelpers. Bücher (↑mittelpersische Literatur), ›Draxt-ī asūrik u buz‹, ein Rangstreitgedicht zwischen Dattelpalme und Ziege, ist ursprünglich parth., erhalten allerdings nur in einer jüngeren (mittelpers.-sassanid.) Redaktion.

**Literatur:** BOYCE, M.: The Manichaean hymncycles in Parthian. London u. New York 1954.

**Partimẹn** [zu provenzal. partir (un joc) = zur Wahl stellen], provenzal. ↑Streitgedicht, das im allgemeinen von zwei Dichtern gemeinsam verfaßt ist. Ein bestimmtes Thema, v. a. aus dem Bereich der höf. Liebe, wird zu Beginn, meist in Form eines Dilemmas mit einer entsprechenden Anzahl von Lösungsmöglichkeiten festgelegt, dann in gesungenem Wettstreit durchdiskutiert, in der Regel ohne abschließende Entscheidung. Das P., auch ›Joc partit‹ genannt und im altfrz. ↑Jeu parti nachgeahmt, wurde bes. zwischen 1180 und dem Ende des 13. Jh. gepflegt.

**Literatur:** NEUMEISTER, S.: Das Spiel mit der höf. Liebe. Das altprovenzal. P. Mchn. 1969.

**Partisan Review, The** [engl. ðə 'pɑ:tɪzæn rɪ'vju:], 1934 gegründete, von Philip Rahv (* 1908, † 1973) und William Phillips (seit 1970 in alleiniger Verantwortung) herausgegebene amerikan. Literaturzeitschrift, die zunächst einen radikal marxist. Standpunkt vertrat, jedoch die avantgardist. Literatur der Moderne förderte. Zu den Mitarbeitern und Beiträgern dieser bed. Vierteljahrszeitschrift gehören: M. McCarthy, D. Schwartz, W. H. Auden, T. S. Eliot, A. Tate, V. Nabokov, R. P. Warren, L. Trilling, N. Mailer, S. Sontag.

**Parun,** Vesna [serbokroat. ˌparu:n], * Zlarin 10. April 1922, kroat. Lyrikerin. – Schrieb v. a. gefühlsbetonte Lyrik mit mediterraner Thematik; auch Kindergedichte, Dramen und Drehbücher.

**Werke:** Zore i vihori (= Morgengrauen und Stürme, Ged., 1947), Crna maslina (= Schwarze Olive, Ged., 1955), Otvorena vrata (= Die offene Tür, Ged., 1968), Apokaliptičke basne (= Apokalypt. Fabeln, Ged., 1976), Grad na Durmitoru (= Stadt auf dem Durmitor, Ged., 1988).

**Parwin,** pers. Lyrikerin, ↑Etesami, Parwin.

**Pascal,** Blaise [frz. pas'kal], * Clermont-Ferrand 19. Juni 1623, † Paris 19. Aug. 1662, frz. Philosoph, Mathematiker, Physiker und Schriftsteller. – Kam 1631 mit seinem Vater, einem mathematisch gebildeten Beamten, nach Paris, widmete sich zunächst mathemat. und physikal. Studien, konstruierte ab 1642 eine Rechenmaschine, entdeckte die Verwendbarkeit des Barometers zu Höhenmessungen und das Gesetz der kommunizierenden Röhren, erfand die Wahrscheinlichkeitsrechnung; 1646 Begegnung mit dem Jansenismus; 1656 brach er plötzlich (nach einem Unfall) mit seinem bisherigen Leben in der aristokrat. Pariser Gesellschaft, zog sich in die Nähe von Port-Royal zurück und wandte sich in enger Verbindung mit den Jansenisten religiös-philosoph. Studien und strenger Askese zu; in den Kampf der Jansenisten gegen die Jesuiten griff er mit dem polem. Briefwerk ›Provinzialbriefe über die Sittenlehre der Jesuiten‹ (1656/57, dt. 3 Tle., 1773–75) ein, in dem er die Moralauffassung der Jesuiten aufs schärfste angriff; auch für die von Antoine Arnauld (* 1612, † 1694) und Pierre Nicole (* 1625, † 1695) herausgegebene Logik von Port-Royal lieferte er Beiträge; er hielt zwar an der Mathematik als Erkenntnisquelle wiss. Wahrheiten fest, zeigte aber die Grenzen des Rationalismus und wies bes. auf die Intuition hin, die metaphys. Wahrheiten unmittelbar erfahren lasse; in seinem Hauptwerk, dem umfassenden Entwurf zu einer philosoph. Apologie der christl. Religion, der 1670 [in unzuverlässiger Form] von Freunden u. d. T. ›Pensées sur la religion‹ (1904 neu hg. in der bis heute maßgebenden Ordnung, dt. 1710 u. d. T. ›Gedanken über die Religion‹) herausgegeben wurde, betonte er die kaum zu überbrückende Distanz zwischen Gott und Mensch und zeigte die schicksalhafte Rolle der göttl. Gnade auf, die der Mensch nicht erzwingen, sondern nur erwarten könne; der außerordentl. Einfluß seines Denkens hat sich bis in die Gegenwart erhalten (S. Kierkegaard, F. Nietzsche sowie die frz. Existentialisten).

**Ausgaben:** B. P. Œuvres. Hg. v. L. BRUNSCHVICQ u. a. Paris 1904–14. 14 Bde. Nachdr. Nendeln (Liechtenstein) 1966. – B. P. Über die Religion u. über einige andere Gegenstände (Pensées). Dt. Übers. Hg. v. E. WASMUTH. Hdbg. [6]1963. –

B. P. Œuvres complètes. Bearb. v. J. MESNARD. Brüssel u. Paris 1964–91. 3 Bde. – P. Œuvres complètes. Hg. v. L. LAFUMA. Paris 1972. – B. P. Werke. Hdbg. 1981. 4 Bde.
**Literatur:** BRUNSCHVICQ, L.: B. P. Paris ²1953. – WASMUTH, E.: Der unbekannte P. Versuch einer Deutung seines Lebens u. seiner Lehre. Regensburg 1962. – HEESS, M.: B. P. Wiss. Denken u. christl. Glaube. Mchn. 1977. – RICH, A.: B. P. Frib. u. Hamb. 1979. – SCHMITZ DU MOULIN, H. F.: B. P., une biographie spirituelle. Assen 1982. – CALVET, J.: Dans la lumière de Port-Royal. P. et Racine. Paris 1983. – CRUICKSHANK, I.: P., ›Pensées‹. London 1984. – GOBRY, I.: P. ou la simplicité. Paris 1985. – GOUHIER, H.: B. P. Conversion et apologétique. Paris 1985. – BÉGUIN, A.: B. P. Dt. Übers. Rbk. 52.–54. Tsd. 1992.

**Pascarella,** Cesare, * Rom 27. April 1858, † ebd. 8. Mai 1940, italien. Dichter. – Zunächst Maler; seine ersten Gedichte erschienen Anfang der 1880er Jahre; einer der bedeutendsten italien. Dialektdichter, schrieb in röm. Mundart und bediente sich mit Vorliebe der traditionellen Kunstform des Sonetts: ›Villa Gloria‹ (25 Sonette, 1886), ›La scoperta de l'America‹ (50 Sonette, 1893), ›Storia nostra‹ (267 Sonette, entst. seit 1911, hg. 1941); auch humorvolle Erzählungen in der Literatursprache. Wurde 1930 Mitglied der Italien. Akademie.
**Ausgabe:** C. P. Opere. Hg. v. der Accademia dei Lincei. Mailand ⁸1978.
**Literatur:** SARAZANI, F.: Vita di C. P. Rom 1957.

**Paschtuliteratur** (afghanische Literatur), die in Paschtu, einer ostiran. Sprache (seit 1936 neben Persisch Staatssprache in Afghanistan) abgefaßte Literatur der Paschtunen, die bis ins 17. Jh. zurückreicht (ältere Dichtungen, die bis ins 11. oder gar 8. Jh. n. Chr. zurückgehen sollen, sind in ihrer Authentizität und Datierung umstritten). Reich ausgebildet ist in der P. die meist schlichte, aber um so reichhaltigere und sehr ansprechende Volksdichtung verschiedenster Form (lyr. Gesänge, histor. romant. Balladen usw.); theolog. und histor. Werke sind im 17./18. Jh. meist von pers. Vorbildern abhängig; die bekannteste Gestalt der älteren P. ist Ḫušḥal Ḫan (* 1613, † 1689). Seit ihrer Gründung (1931) bemüht sich die Paschtuakademie (Paschto Tolena) in Kabul um die Pflege der P., ebenso deren pakistan. Gegenstück, die Pakhto Akedemi in Peshawar.
**Literatur:** DARMESTETER, J.: Chants populaires des Afghans. Paris 1888–90. 3 Tle.

**Pascoli,** Giovanni, * San Mauro di Romagna (heute San Mauro Pascoli) 31. Dez. 1855, † Bologna 6. April 1912, italien. Dichter. – Zunächst Lehrer für klass. Sprachen, 1897 Prof. für lat. Literatur in Messina, 1903 in Pisa, ab 1905 als Nachfolger G. Carduccis Prof. für italien. Literatur an der Univ. Bologna. Gehört neben seinem Lehrer Carducci und G. D'Annunzio zu den bedeutendsten Vertretern der neueren italien. Lyrik. Er knüpfte an die lat. Klassik an und schrieb auch zahlreiche Gedichte in lat. Sprache. Verherrlicht werden die einfache Natur und die Welt des Kindes. Entsprechend wendet er sich vom rhetor. Stil D'Annunzios und Carduccis ab; die Sprache seiner Lyrik ist schlicht, mit Alltags- und klangmalenden Wörtern durchsetzt. Zu seinen Hauptwerken gehören ›Myricae‹ (1892), ›Primi poemetti‹ (1897), ›Canti di Castelvecchio‹ (1903), ›Poemi conviviali‹ (1904), ›Odi i inni‹ (1906), ›Nuovi poemetti‹ (1909), ›Le canzoni di re Enzio‹ (1908), ›Poemi italici‹ (1911) u. a. Lyriksammlungen; schrieb auch Essays sowie Dante-Kommentare und war als Übersetzer (u. a. ›Ilias‹ und ›Odyssee‹) tätig.
**Ausgaben:** G. P. Ausgew. Gedichte. Dt. Übers. Hg. v. B. GEIGER. Florenz ³1957. – G. P. Tutte le opere. Hg. v. A. VICINELLI u. a. Mailand Neuausg. 1958. 5 Bde. – G. P. Opere. Hg. v. M. PERUGI. Mailand u. Neapel 1980–81. 2 Bde. – G. P. L'opera poetica. Hg. v. P. TREVES u. C. SISI. Florenz 1980. 2 Bde. – G. P. Saggi di critica e di estetica. Hg. v. P. L. CERISOLA. Mailand 1980.
**Literatur:** PETRINI, E.: G. P. Brescia ³1958. – FLORA, F.: La poesia di G. P. Bologna 1959. – Convegno di studi pascolani, Bologna 1958. Bologna 1962–63. 3 Bde. – NAVA, G.: Introduzione alla poesia del P. Rom 1971. – GIANNANGELI, O.: Svolgimento della poetica e della poesia pascoliana. Pescara 1972. – BRAGANTINI, R.: Il mondo poetico del P. latino. Rom 1973. – DEL SERRA, M.: G. P. Florenz 1976. – FELCINI, F.: Bibliografia della critica pascoliana (1879–1979), degli scritti dispersi e delle lettere del poeta. Neuausg. Ravenna 1982. – COLICCHI, G.: G. P. Florenz ²1982. – BARILLI, R.: G. P. Florenz 1986. – GIRARDI, A. M.: Interpretazioni pascoliane. Neapel 1990.

**Pasek,** Jan Chryzostom [poln. 'pasɛk], * Węgrzynowice um 1636, † um 1701, poln. Schriftsteller. – Nahm an den Kämpfen gegen Schweden, Ungarn und die Dänen teil, kämpfte gegen die Russen, im Lubomirski-Aufstand auf der Seite der Königstreuen. Die Erinnerungen seines abenteuerl. Lebens ›Pamiętniki‹ (aus den Jahren 1656–88), spontane, lebhafte Schilderungen, wurden erst im 19. Jh. durch Druck bekannt (hg. 1836, dt. 1838 u. d. T. ›Denkwürdigkeiten des Polen Passek‹, 1967 in Ausw. u. d. T. ›Die goldene Freiheit der Polen‹). Sie geben ein anschaul. Bild des poln. Lebens im 17. Jahrhundert.

**Literatur:** Rytel, J.: ›Pamiętniki‹ Paska na tle pamiętnikarstwa staropolskiego. Breslau 1962.

**Paso,** Fernando del, * Mexiko 1. April 1935, mex. Schriftsteller. – Maler und Werbegraphiker, im diplomat. Dienst; trat als Autor u. a. mit den umfangreichen Romanen ›José Trigo‹ (1966) und ›Palinurus von Mexiko‹ (1977, dt. 1992) hervor, in denen er ein monumentales Panorama der Geschichte und Gesellschaft Mexikos entwirft; auch Lyriker (›Sonetos de lo diario‹, 1958). Der Roman ›Noticias del Imperio‹ (1987) behandelt die frz. Intervention und die Herrschaft des Kaisers Maximilian in Mexiko (1864–67).

**Paso** [span.; eigtl. = Schritt], kurze, schwankhafte, heitere Dialogszene im span. Drama des 16. Jh., von Lope de Rueda als Zwischen- und Nachspiele für dramat. Aufführungen geschaffen. P.s gelten als unmittelbare Vorläufer der Entremeses.

**Pasolini,** Pier Paolo, * Bologna 5. März 1922, † Rom-Ostia 1. Nov. 1975 (ermordet), italien. Schriftsteller und Regisseur. – Studium der Literatur und Kunstgeschichte in Bologna, 1947–49 Lehrer in Bologna, 1949 wegen Homosexualität Entlassung aus dem Schuldienst und Ausschluß aus der KP, dann Journalist in Rom; ab 1953 freier Schriftsteller. Einer der provozierendsten und meistdiskutierten italien. Schriftsteller und Regisseure der Nachkriegszeit. Veröffentlichte ab 1942 [z. T. in friaul. Dialekt] Gedichte (›Poesie a Casarsa‹, 1942; ›Gramsci's Asche‹, 1957, dt. 1980; ›La religione del mio tempo‹, 1961), neorealist. Romane (›Ragazzi di vita‹, 1955, dt. 1991; ›Vita violenta‹, 1959, dt. 1963; ›Der Traum von einer Sache‹, 1962, dt. 1968), krit. Essays, Tagebücher und Theaterstücke; daneben arbeitete er als Drehbuchautor u. a. für F. Fellini. 1961 drehte er seinen ersten eigenen Film ›Accattone‹, dem u. a. ›Mamma Roma‹ (1962), ›Das erste Evangelium Matthäus‹ (1964), ›Große Vögel, kleine Vögel‹ (1966), ›Edipo re – Bett der Gewalt‹ (1967), ›Teorema – Geometrie der Liebe‹ (1968), ›Schweinestall‹ (1969), ›Medea‹ (1969), ›Decamerone‹ (1970), ›Die 120 Tage von Sodom‹ (1975) folgten. P.s Filme, die häufig christl., marxist. und psychoanalyt. Elemente zu metaphys. Parabeln vereinigen, sind überwiegend in den Slums der italien. Städteperipherien oder in der Welt der archaischen Antike angesiedelt.

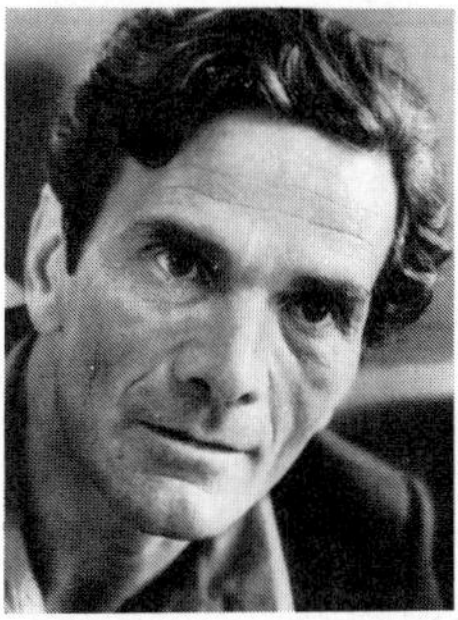

Pier Paolo Pasolini

**Weitere Werke:** Die Nachtigall der kath. Kirche (Ged., 1958, dt. 1989), Passione e ideologia (Essays, 1960), Der Atem Indiens. Reisebericht (1962, dt. 1986), Alí mit den blauen Augen (En., Ged., Fragmente, 1965, dt. 1990), Ketzererfahrungen. Schriften zu Sprache, Literatur und Film (1972, dt. 1979), Calderón (Dr., 1973, dt. 1985), Scritti corsari (1975, dt. Teilausg. 1978 u. d. T. Freibeuterschriften. Aufsätze und Polemiken über die Zerstörung des Einzelnen durch die Konsumgesellschaft), Barbar. Erinnerungen (1975, dt. 1983), Poesie (Ged., 1975), Lutherbriefe (1976, dt. 1983), Amado mio. Zwei Romane über die Freundschaft (hg. 1982, dt. 1984), Literatur und Leidenschaft. Über Bücher und Autoren (Essays, dt. Ausw. 1989), ›Ich bin eine Kraft des Vergangenen ... Briefe 1940–1975‹ (dt. Ausw. 1991), Petrolio (R.-Fragment, entst. 1972–75, hg. 1992, dt. 1994).

**Ausgaben:** P. P. P. Orgie – Der Schweinstall. Dt. Übers. Ffm. 1984. – P. P. P. Affabulazione oder der Königsmord – Pylades. Dt. Übers. Ffm. 1984. – P. P. P. Das Herz der Vernunft. Gedichte, Geschichten, Polemiken, Bilder. Dt. Übers. Bln. 1986.

**Literatur:** LINDER, J.: P. als Dramatiker. Ffm. u. Bern 1981. – SICILIANO, E.: P. Leben u. Werk. Dt. Übers. Whm. ²1981. – RINALDI, R.: P. P. P. Mailand 1982 (mit Bibliogr.). – P. P. P. Hg. v. P. W. JANSEN u. W. SCHÜTTE. Mchn. ²1983. – P. P. P. Hg. v. H. H. WETZEL. Mhm. 1984. – ZIGAINA, G.: P. u. der Tod. Dt. Übers. Mchn. 1989. – NALDINI, N.: P. P. P. Eine Biogr. Bln. 1991. – SCHWEITZER, O.: P. P. P. Rbk. 14.–16. Tsd. 1991. – BLUME, TH.: P.-P.-P.-Bibliogr. 1963–1994. Essen 1994.

**Pasquill** [italien. = Schmähschrift], anonyme oder pseudonyme, gegen eine bestimmte Persönlichkeit gerichtete Schmähschrift. Die Bez. geht zurück auf einen durch seinen Witz und Geist bekannten röm. Schuster oder Schneider Pasquino aus der 2. Hälfte des 15. Jahrhunderts. Nach seinem Tod wurde in der Nähe seiner Werkstatt der Torso einer röm. Kopie der hellenist. Darstellung des Menelaos mit der Leiche des Patroklos gefunden und 1501 vor dem Palazzo Braschi aufgestellt. An dieser, vom Volksmund ›Pasquino‹ genannten Skulptur wurden bis zum Ende der weltl. Herrschaft der Päpste (1870) Schmähschriften (Satiren und Epigramme, *Pasquinate* genannt) angeheftet; die Erwiderungen brachte man an der gegenüberstehenden Figur des Marforio (Mars fori, einer auf dem Forum gefundenen Statue des Mars) an, so daß sich oft ein satirisch-epigrammat. Dialog entwickelte, an dem u. a. als berühmtester Pasquillant Pietro Aretino beteiligt war.

**Passavanti,** Iacopo, * Florenz um 1302, † ebd. 15. Juni 1357, italien. Schriftsteller. – Dominikaner; war u. a. 1350–53 Generalvikar der Diözese Florenz. Bekannt v. a. als Verfasser des ›Specchio di vera penitenza‹ (zwei Fassungen: eine verlorene lat. und eine in toskan. Volkssprache; hg. 1495), einer Sammlung von Bußpredigten, durchsetzt mit zahlreichen Beispielen und Anekdoten.

**Passeroni,** Gian Carlo, * Condamine bei Lantosque (Alpes-Maritimes) 8. März 1713, † Mailand 26. Dez. 1803, italien. Dichter. – Geistlicher; lebte zuletzt zurückgezogen in Mailand von bescheidenen Pensionen und Apanagen (u. a. Maria Theresias); Verfasser des zeitsatir. Epos ›Il Cicerone‹ (6 Bde., 1755–74; mit über 88 000 Versen eines der umfangreichsten Epen der Weltliteratur); daneben ›Favole esopiane‹ (Fabeln, 7 Bde., 1779–88); Übersetzer griech. Epigramme.

**Literatur:** PAGGI, S.: G. C. P. Città di Castello 1914.

**Passional,** mittelalterl. Sammelwerk, entstanden um 1300 vermutlich im Kreis des Dt. Ordens; Quelle war u. a. die ↑ Legenda aurea. Das in zahlreichen Handschriften (keine enthält jedoch alle drei Bücher) erhaltene, bislang noch nicht in einer krit. Gesamtausgabe edierte Werk umfaßt nahezu 110 000 Reimverse in drei Büchern, von denen das erste wunderbare Ereignisse aus dem Leben Jesu sowie Marienlegenden und -mirakel, das zweite Leben, Werk und Wunder der Apostel, Johannes des Täufers und eine Erzählung über den Erzengel Michael, das dritte 75 Märtyrerbiographien nach der Ordnung des Kirchenkalenders enthält. Dem Verfasser des P. wird auch das ›Väterbuch‹ zugeschrieben, das das Leben der ersten christl. Mönche und Einsiedler schildert. Angestrebt ist ein heilsgeschichtl. Panorama von den Evangelien bis zur Gegenwart (Dominicus; Elisabethlegende).

**Ausgabe:** Marienlegenden aus dem Alten P. Hg. v. H. G. RICHERT. Tüb. 1965.

**Literatur:** TIEDEMANN, E.: P. u. Legenda aurea. Bln. 1909. – HELM, K./ZIESEMER, W.: Die Lit. des Dt. Ritterordens. Gießen 1951. – RICHERT, H. G.: Wege u. Formen der P.überlieferung. Tüb. 1978.

**Passionsspiel** (Passion), Leiden und Sterben Jesu Christi in dramat. Gestaltung; neben dem ↑ Osterspiel bedeutendster Typus des mittelalterl. ↑ geistlichen Spiels. Die Tradition des P.s läßt sich, im Unterschied zum Osterspiel, nicht über das 13. Jh. zurückführen; seine Blütezeit fällt ins 15. und 16. Jahrhundert. – Das P. hat sich im Gegensatz zum älteren Osterspiel nicht im liturg. Rahmen herausgebildet. Meist wird seine Entstehung mit der Tendenz erklärt, das vorösterl. Geschehen in das Osterspiel einzubeziehen. – Die meisten P.e beschränken sich nicht auf eine Darstellung des eigentl. Passionsgeschehens, sondern beziehen in ihre Handlung die ganze christl. Heilsgeschichte des AT und NT ein; sie münden fast immer in ein Osterspiel. Die Aufführung dieser umfangreichen Spiele erstreckte sich, v. a. seit dem 15. Jh., oft über zwei oder drei Tage, häufig mit Tausenden von Mitwirkenden. – Neben wenigen lat. P.en gibt es zahlreiche dt. P.e, die sich zu drei großen Spielkreisen ordnen: 1. Der *westmitteldt. (Frankfurter) Spielkreis* weist eine bes. lange Tradition auf (13.–16. Jh.). Älteste Belege sind die ↑ Frankfurter Dirigierrolle (um 1350) und das P. aus Sankt Gallen (frühes 14. Jh.). Die weiteren westmitteldt. P.e zeigen im ganzen Übereinstimmungen mit diesen beiden, weichen jedoch in Einzelheiten stark voneinander ab, so die P.e aus Frankfurt am Main (1493), Alsfeld (frühes 16. Jh.), Fritzlar und Heidelberg (1514). – 2. Eine bes. reiche und zugleich geschlossene Spieltradition zeigt der *Tiroler Spielkreis.* Gespielt wurde außer in Bozen, Brixen, Sterzing und Meran auch nördlich des Brenners in Hall in Tirol und Schwaz und im italien. Sprachgebiet. In den weiteren Umkreis des Tiroler P.s gehört noch das P. aus Augsburg (Ende des 15. Jh.), das seinerseits die Vorlage für den ältesten P.text aus Oberammergau (1634; ↑ Oberammergauer Passionsspiel) bildete. – 3. Vertreter eines *alemann. Spielkreises* sind die P.e aus Donaueschingen (aus Villingen stammend, 2. Hälfte des 15. Jh., zweitägiges Spiel) und Luzern (Text von 1616, Tradition bis in die Mitte des 15. Jh. zurückreichend). Für Straßburg und Colmar sind P.e bezeugt, jedoch nicht erhalten. – Der Rückgang der P.tradition seit dem 16. Jh. fällt mit der Ausbreitung des Protestantismus zusammen. Nur in kath. Gebieten blieb das P. teilweise über das 16. Jh. hinaus lebendig (Oberammergau, Erl). – Zur frz. Tradition ↑ Mysterienspiel.

**Literatur:** STEINBACH, R.: Die dt. Oster- u. P.e des MA. Versuch einer Darst. u. Wesensbestimmung nebst einer Bibliogr. zum dt. geistl. Spiel des MA. Köln 1970. – BERGMANN, R.: Studien zu Entstehung u. Gesch. der dt. P.e des 13. u. 14. Jh. Mchn. 1972. – Hört, sehet, weint u. liebt. P.e im alpenländ. Raum. Hg. v. M. HENKER u. a. Ausst.-Kat. Mchn. 1990.

**Passos,** John Dos, amerikan. Schriftsteller, ↑ Dos Passos, John [Roderigo].

**Passuth,** László [ungar. 'pɔʃʃut], * Budapest 15. Juli 1900, † Balatonfüred 19. Juni 1979, ungar. Schriftsteller. – Schrieb v. a. histor. Romane, die sich durch geschickte Kompositionstechnik und fesselnde Erzählkunst auszeichnen. Dt. liegen u. a. vor: ›Der Regengott weint über Mexiko‹ (R., 1939, dt. 1950), ›In Purpur geboren‹ (R., 1943, dt. 1962), ›In schwarzem Samt‹ (R., 1947, dt. 1960), ›Monteverdi‹ (R., 1957, dt. 1959), ›Liebe und Tod in den Lagunen‹ (R., 1958, dt. 1961), ›Gastmahl für Imperia‹ (R., 1962, dt. 1968), ›In Ravenna wurde Rom begraben‹ (R., 1963, dt. 1971), ›Madrigal‹ (R., 1968, dt. 1972).

Boris Leonidowitsch Pasternak

**Pasternak,** Boris Leonidowitsch [russ. pɐstɪr'nak], * Moskau 10. Febr. 1890, † Peredelkino bei Moskau 30. Mai 1960, russ.-sowjet. Schriftsteller. – Wuchs in bürgerlich-liberalen Kreisen auf; nach anfängl. Interesse für Musik Studium der Philosophie in Moskau und Marburg (1912); lebte fast ausschließlich in oder bei Moskau. P., bes. als Lyriker bed., wandte sich, anfänglich von den Symbolisten (v. a. A. A. Blok) angeregt, zeitweise der futurist. Dichtung zu und war kurze Zeit Mitglied der Dichtergruppe ↑ LEF; maßgebl. Einfluß auf sein Werk hatten ferner R. M. Rilke und É. Verhaeren, im lyr. Spätwerk auch A. S. Puschkin, M. J. Lermontow und insbes. F. I. Tjuttschew. P. pflegte im bewußten Gegensatz zu W. W. Majakowski eine offiziell oft als unpolitisch und antipropagandistisch kritisierte, auf gesuchte Effekte weitgehend verzichtende Lyrik, die durch Sprachmusikalität und komplizierte Bildassoziationen gekennzeichnet ist; bes. im Frühwerk Neigung zu kühnen Bildern und Metaphern. Zwei der Hauptthemen P.s, Liebe und künstler.

Existenz, behandelt auch der Roman ›Doktor Schiwago‹ (italien. 1957, dt. 1958, russ. Ann Arbor 1959; 1988 in der Zeitschrift ›Nowy Mir‹ gedruckt, Moskau 1989 als Buch), der dem Dichter den Nobelpreis für Literatur (1958) eintrug, den er zunächst annahm, dann jedoch unter polit. Druck zurückwies (Ausschluß aus dem Schriftstellerverband, postume Wiederaufnahme 1987). Das Werk, z. T. Selbstdarstellung des Autors, zeugt von der humanistischen, toleranten und wenig politischen Grundhaltung P.s, der sich ab Anfang der 30er Jahre einer umfassenden Übersetzertätigkeit widmete; zu den hervorragenden Leistungen P.s auf diesem Gebiet gehören seine Übertragungen von Werken Shakespeares, Goethes (›Faust‹), H. von Kleists, Rilkes, S. Petőfis u. a.

**Weitere Werke:** Sestra moja – žizn' (= Meine Schwester, das Leben, Ged., 1922, dt. Ausw. 1961 in: Ausgew. Gedichte), Lüvers Kindheit (E., 1922, dt. 1960), Briefe aus Tula (E., 1922, dt. 1927), Devjat'sot pjatyj god (= Das Jahr 1905, Poem, 1926), Lejtenant Šmidt (Poem, 1926/27), Spektorskij (unvollendeter Vers-R., 1931), Geleitbrief (Erinnerungen, 1931, dt. 1958), Über mich selbst (Autobiogr., dt. 1959), Briefe nach Georgien (dt. 1968), Die blinde Schönheit (Dramenfragment, dt. 1969), Initialen der Leidenschaft (Ged., russ. und dt. Ausw. 1969), Die Geschichte einer Kontra-Oktave (dt. 1975).

**Ausgaben:** B. L. P. Sočinenija. Ann Arbor (Mich.) 1961. 3 Bde. – Briefwechsel. R. M. Rilke, M. Zwetajewa, B. P. Hg. v. J. Pasternak u. a. Dt. Übers. Ffm. 1983. – B. L. P. Izbrannoe. Moskau 1985. 2 Bde. – B. P./O. Freudenberg. Briefwechsel 1910–1954. Dt. Übers. Ffm. 1986. – B. L. P. Sobranie sočinenij. Moskau 1989–92. 5 Bde. – B. P. Luftwege. Ausgew. Prosa. Dt. Übers. Lpz. ³1991.

**Literatur:** Aucouturier, M.: B. P. Dt. Übers. Rbk. 1965. – Hughes, O. R.: The poetic world of B. P. Princeton (N. J.) 1974. – Borowsky, K.: Kunst u. Leben. Die Ästhetik B. P.s. Hildesheim 1976. – Iwinskaja, O.: Lara. Meine Jahre mit P. Dt. Übers. Hamb. 1978. – De Mallac, G.: B. P. Norman (Okla.) 1981. – Flejšman, L.: B. P. v dvadcatye gody. Mchn. 1981. – Gifford, H.: P. Cambridge 1981. – Hingley, R.: P. London 1983. – Flejšman, L.: B. P. v tridcatye gody. Mchn. 1984. – Orlowa, R./Kopelew, L.: B. P. Stg. 1986. – Beitrr. zum Internat. P.-Kongreß 1991 in Marburg. Hg. v. S. Dorzweiler u. a. Mchn. 1993. – Erinnerungen an B. P. Hg. v. F. Thun. Dt. Übers. Bln. 1994.

**Pasticcio** [pas'tɪtʃo; italien. = Pastete, Mischmasch], eine im 18. und im beginnenden 19. Jh. beliebte Zusammenstellung von Teilen aus verschiedenen Opern eines oder mehrerer Komponisten zu einem ›neuen‹ Werk mit eigenem Titel und Libretto. Daneben ist P. auch Bez. für ein Bühnenwerk, das aus mehreren selbständigen Werken zusammengestellt ist, sowie für ein neu komponiertes, jedoch in seinen Teilen von verschiedenen Komponisten geschaffenes Bühnen- und Instrumentalwerk (z. B. ›Il Muzio Scevola‹, 1721, mit je einem Akt von F. Mattei, G. Bononcini und G. F. Händel).

**Pastiche** [pas'ti:ʃ; frz. von italien. pasticcio = Pastete], karikierende, parodierende Imitation eines bestimmten Autors oder Epochenstils. Der kunst- und musikwiss. Begriff wurde Anfang des 18. Jh. in Frankreich auf den literar. Bereich übertragen, dabei wird P. in zwei Bedeutungen verwendet: 1. synonym mit literar. Fälschung; 2. (häufiger) für eine namentlich gekennzeichnete Stilimitation.

**Literatur:** Karrer, W.: Parodie, Travestie, P. Mchn. 1977.

**Pastior,** Oskar, * Hermannstadt 20. Okt. 1927, dt. Schriftsteller. – Kam 1968 aus Rumänien in die BR Deutschland; seit 1969 freier Schriftsteller, lebt in Berlin. Verfasser von Prosastücken, experimenteller Lyrik, Hörspielen. Kennzeichnend für seine Lyrik ist v. a. die Lust an Sprachverzerrungen und Wortspielen, die den Leser zur Reflexion anregen sollen; auch Übersetzer.

**Werke:** Gedichtgedichte (1973), Höricht (Ged., 1975), Fleischeslust (Ged., 1976), Wechselbalg (Ged., 1980), Francesco Petrarca – 33 Gedichte (1983), Sonetburger (Ged., 1983), Anagrammgedichte (1985), Lesungen mit Tinnitus. Gedichte 1980–85 (1986), Jalusien aufgemacht. Ein Lesebuch (1987), Kopfnuß Januskopf. Gedichte in Palindromen (1990), Eine kleine Kunstmaschine. 34 Sestinen (1994).

**Pastonchi,** Francesco [italien. pas'toŋki], * Riva Ligure (Prov. Imperia) 31. Aug. 1877, † Turin 29. Dez. 1953, italien. Schriftsteller. – Ab 1935 Prof. für italien. Literatur in Turin; veröffentlichte zunächst Gedichte im Stil G. D'Annunzios, dann vaterländ. Poesie und Erlebnisdichtung, auch Romane, Novellen und Kinderbücher sowie Theaterstücke. Beifall fand v. a. seine Übersetzung des ersten Buches der Oden von Horaz (1939).

**Weitere Werke:** Saffiche (Ged., 1892), Italiche (Ged., 1903), Il randagio (Ged., 1921), Italiche. Nuove poesie (Ged., 1923), Simma (Dr., 1935), Endecasillabi (Ged., 1949).

**Pastorẹlle** (Pastourelle, Pastoreta) [lat.-roman. = Schäferlied, Hirtengedicht], in der europ. Literatur des MA weitverbreitete lyr. Gedichtform. Bauelemente sind 1. der ↑Natureingang (↑Locus amoenus), 2. das Minnegespräch, meist zwischen einem Ritter und einer Schäferin, in Dialogform, 3. (sofern der Ritter Gehör findet) die ›Pastorellenumarmung‹. Dieses Grundthema wird vielfach variiert. Ausgebildet wird die P. nach antikem Vorbild (Theokrit, Vergil, Ovid) in der mittellat. Dichtung (›Carmina Cantabrigiensia‹, Walther von Châtillon u.a.); sie stellt das ritterlich-feudale Pendant zur antiken Bukolik und zur neuzeitl. Schäferdichtung dar. Die älteste datierbare P. stammt von Marcabru (um 1140). Die Blütezeit der provenzal., altfrz. und mhd. P.n fällt ins 13. Jh., Hauptvertreter sind in Frankreich u.a. Jean Bodel und Thibaut de Champagne, in der dt. Literatur Gottfried von Neifen und der Tannhäuser, später Oswald von Wolkenstein. In der französischen Dichtung wird die P. gelegentlich zum Singspiel ausgebaut (Adam de la Halle, ›Le jeu de Robin et de Marion‹, 1283). Vom Ende des 13. Jh. an finden sich auch Beispiele der P. auf der Iber. Halbinsel.

**Literatur:** ZINK, M.: La pastourelle. Poésie et folklore au moyen âge. Paris 1972. – BRINKMANN, S. CH.: Die deutschsprachige Pastourelle. 13. bis 16. Jh. Diss. Bonn 1976.

**Pataphysịk** (frz. pataphysique), von dem frz. Dichter A. Jarry geprägte scherzhafte Wortform (in ›Heldentaten und Ansichten des Dr. Faustroll, Pataphysiker‹, R., hg. 1911, dt. 1969) zur Bez. einer Metaphysik des Absurden. Im Sinne von Jarrys geistigem Anarchismus wurde 1926 von A. Artaud und Ch. Vildrac in Paris ein ›Théâtre A. Jarry‹, 1948 ein ›Collège de Pataphysique‹ gegründet.

**Literatur:** SCHEERER, TH. M.: Phantasielösungen. Kleines Lehrbuch der Pataphysik. Rheinbach-Merzbach 1982.

**Patchen,** Kenneth [engl. 'pætʃɪn], * Niles (Ohio) 13. Dez. 1911, † Palo Alto (Calif.) 8. Jan. 1972, amerikan. Schriftsteller. – Seine zahlreichen Gedichte erinnern zum einen durch religiöse Symbolik und bizarre Stilfiguren an die Metaphysical poets, zum anderen durch ihre freien Assoziationen an die amerikan. Lyriktradition W. Whitmans, W. C. Williams' und der Black-Mountain-Dichter; auch Romane und Dramen.

**Werke:** Before the brave (Ged., 1936), First will and testament (Ged., 1939), The journal of Albion moonlight (R., 1941), Erinnerungen eines schüchternen Pornographen (R., 1945, dt. 1964), Schläfer erwacht (Nov.n, 1946, dt. 1983), See you in the morning (R., 1948), The famous boating party (Prosa-Ged., 1954), Hallelujah anyway (Ged., 1966), But even so (Ged., 1968), Wonderings (Ged., 1971).

**Ausgaben:** The collected poems of K. P. New York 1968. – K. P. Lost plays. Hg. v. R. MORGAN. Santa Barbara (Calif.) 1977. – K. P. A collection of essays. Hg. v. R. MORGAN. New York 1980.

**Literatur:** MILLER, H.: P. Man of anger and light. New York 1947. – SMITH, L. R.: K. P. Boston (Mass.) 1978. – NELSON, R.: K. P. and American mysticism. Chapel Hill (N. C.) 1984.

**Pater,** Walter Horatio [engl. 'pɛɪtə], * Shadwell (heute zu London) 4. Aug. 1839, † Oxford 30. Juli 1894, engl. Schriftsteller und Kritiker. – Studierte in Oxford und war dort 1864–80 Dozent; hatte in London mit den Präraffaeliten Kontakt. P., u.a. von J. Ruskin beeinflußt, wurde zum gedanklich bedeutendsten Vertreter des Prinzips des ↑L'art pour l'art; seine humanist. Bildung ist bes. durch Platons Ideenlehre geprägt; er fand Anregungen durch Studien des Hellenismus und der Renaissance und beschäftigte sich mit J. J. Winckelmann und Goethe. P.s Ästhetizismus, der bes. O. Wilde beeinflußte, wurde v.a. in seinem Roman ›Marius der Epikureer‹ (2 Bde., 1885, dt. 1908) deutlich.

**Weitere Werke:** Essay on Winckelmann (1867), Die Renaissance. Studien in Kunst und Poesie (1873, dt. 1902), Das Kind in dem Hause (Autobiogr., 1878, dt. 1903), Imaginäre Porträts (1887, dt. 1903), Plato und der Platonismus (1893, dt. 1904), Griech. Studien (hg. 1895, dt. 1904).

**Ausgabe:** W. H. P. Works. Hg. v. C. S. SHADWELL. London 1910. 10 Bde. Nachdr. Oxford 1967.

**Literatur:** ISER, W.: W. P. Die Autonomie des Ästhetischen. Tüb. 1960. – HANGEST, G. D': W. P. L'homme et l'œuvre. Paris 1961. 2 Bde. – MONSMAN, G. C.: P.'s portraits. Mythic pattern in the fiction of W. P. New York 1967. – CRINKLEY, R.: W. P. Humanist. Lexington (Ky.) 1970. – MONSMAN, G. C.: W. P. Boston (Mass.)

1977. – COURTH, F. E.: W. P. An annotated bibliography of writings about him. Dekalb (Ill.) 1980. – MCGRATH, F. C.: The sensible spirit. W. P. and the modernist paradigm. Tampa (Fla.) 1986. – WILLIAMS, C.: Transfigured world. W. P.'s aesthetic historicism. Ithaka (N. Y.) 1989.

**Paterson,** Andrew Barton [engl. 'pætəsn], * Narrambla (Neusüdwales) 17. Febr. 1864, † Sydney 5. Febr. 1941, austral. Lyriker. – Schrieb neben einigen Romanen hauptsächlich Buschballaden und Gedichte, zunächst für die Zeitschrift ›The Bulletin‹ unter dem Pseudonym ›The Banjo‹, zusammengefaßt in seiner Bestseller-Anthologie ›The man from Snowy River‹ (1895). Sammelte auch Volksballaden (›The old bush songs‹, 1905). Mit seiner verklärenden Darstellung des erd- und naturverhafteten Lebens im Busch gilt er als repräsentativer Dichter der nat. Epoche.

**Weitere Werke:** Rio Grande's last race (Ged., 1902), An outback marriage (R., 1906), Saltbush Bill, J. P. (Ged., 1917), Three elephant power and other stories (En., 1917), The animals Noah forgot (Kinderb., 1933), Happy dispatches (Erinnerungen, 1934), The shearer's colt (En., 1936).

**Pathelin, Maistre** [frz. mɛtrəpa'tlɛ̃], frz. Farce, ↑ Maistre Pierre Pathelin.

**Pathos** [griech. = Leid], in der ›Poetik‹ des Aristoteles notwendiger Bestandteil der Tragödie, der im Zuschauer die Affekte ›éleos‹ und ›phóbos‹ (Jammer und Schaudern) erzeugt (↑ Katharsis); in der antiken Rhetorik dem Genus grande (↑ Genera dicendi) zugeordneter Affekt momentaner Erschütterung; auch allgemeine griech. Bez. für Affekt überhaupt. In der neuzeitl. Ästhetik bezeichnet P. v. a. im klass. Drama in Frankreich (J. Racine, P. Corneille) die Darstellung von heftigen Leidenschaften und Erregungen in gehobenem Sprachstil. – In der dt. Dichtung ist P. kennzeichnend für den Stil Schillers, der P. in der Abhandlung ›Ueber das Pathetische‹ (1793) theoretisch begründet. In der Romantik ironisiert, geriet es in Deutschland bes. durch den ›Wilhelminismus‹ als ›hohles P.‹ in Mißkredit. Im 20. Jh. v. a. in Kunst und Literatur totalitärer Staaten.

**Literatur:** STAIGER, E.: Vom P. In: Trivium 2 (1944). – ROMILLY, J. DE: L'évolution du pathétique d'Eschyle à Euripide. Paris 1961. – HEGELE, W.: Zum Problem des pathet. Stils in der Dichtung des 20. Jh. In: Deutschunterricht 15 (1963), S. 83.

**Patkanjan,** Rafael, Pseudonym Gamar-Katipa, * Nor-Nachitschewan 20. Nov. 1830, † ebd. 3. Sept. 1892, armen. Dichter. – Mit M. Nalbandjan und S. I. Nasarjan Begründer der neuostarmen. Schriftsprache, Schöpfer der neuarmen. Dichtung in der ostarmen. Literatur; bezog seine Anregungen anfangs aus der Literatur der dt. Romantik (studierte in Dorpat); unter dem Eindruck der türk. Unterdrückung und der Not seines Volkes kam in seine patriot. Dichtung zunehmend ein satir. und lehrhafter Ton; 1886 erschienen drei Erzählungen in dt. Übersetzung.

**Literatur:** INGLISIAN, V.: Die armen. Lit. In: Hdb. der Orientalistik, Abt. 1, Bd. 7. Leiden 1963. S. 241.

**Patmore,** Coventry [Kersey Dighton] [engl. 'pætmɔ:], * Woodford (heute zu London) 23. Juli 1823, † Lymington (Hampshire) 26. Nov. 1896, engl. Lyriker. – Konvertierte 1864 (nach dem Tod seiner ersten Frau) zum Katholizismus; Verbindung zu den Präraffaeliten; wurde bes. bekannt durch seine Dichtung ›The angel in the house‹ (1862), eine Sammlung von vier zwischen 1854 und 1862 entstandenen Gesängen zum Lob der Ehe; später zunehmende Neigung zur Mystik und zur Symbolsprache.

**Weitere Werke:** The unknown Eros and other odes (Ged., 1877), Principle in art (Essays, 1889).

**Ausgaben:** C. P. Poems. Hg. v. F. PAGE. Oxford 1949. – C. P. Gedichte in Ausw. Dt. Übers. Düss. 1951.

**Literatur:** GOSSE, E. W.: C. P. Saint Clair Shores (Mich.) 1905. Nachdr. New York 1969. – REID, J. C.: The mind and art of C. P. London 1957.

**Patocchi,** Pericle [italien. pa'tɔkki], * Lugano 9. März 1911, † Leukerbad 13. April 1968, schweizer. Lyriker. – Schrieb in frz. und italien. Sprache; seine Themen sind das Mysterium des Weltalls, die Wirklichkeit des Traumes, das ahnungsvolle Gefühl für das Unvergängliche, Absolute und Heilige.

**Werke:** La fin des songes (Ged., 1936), Les solitudes de la matière (Ged., 1939), Vingt poèmes (Ged., 1948), L'ennui du bonheur (Ged., 1952), Gris beau gris (Ged., 1954), Pure perte (Ged., 1959), Horizon vertical (Ged., 1968).

**Paton,** Alan [Stewart] [engl. pɛɪtn], * Pietermaritzburg (Natal) 11. Jan. 1903, † Hillcrest (Natal) 12. April 1988, südafrikan. Schriftsteller. – 1935–48 Leiter der Schule für schwererziehbare Jugendliche in Diepkloof (Soweto). Sein Werk ist weitgehend autobiographisch und vermischt zeitgeschichtliche mit fiktiven und religiös-ideolog. Aspekten; er trat aus christlich-humanist. Überzeugung gegen die Folgen der Apartheidpolitik ein; war Vorsitzender (1954) und Präsident (1958) der Liberalen Partei Südafrikas, die 1968 für ungesetzlich erklärt wurde.

**Werke:** Denn sie sollen getröstet werden (R., 1948, dt. 1949, auch Dr.), Aber das Wort sagte ich nicht (R., 1953, dt. 1954), Und deinen Nächsten wie dich selbst (En., dt. 1960, engl. 1961), Hofmeyr. A South African tragedy (Biogr., 1965), Werkzeug deines Friedens (Essay, 1968, dt. 1969), Knocking on the door (Ged. und En., 1975), Towards the mountain (Autobiogr., 1980), Ah, but your land is beautiful (R., 1981).

**Patriarchade** [griech.], ep. Dichtung über bibl. Ereignisse, v. a. aus dem AT. P.n entstanden im 18. Jh., angeregt durch J. Miltons ›Das verlorene Paradies‹ (1667, dt. 1855, erstmals dt. 1682), die ↑moralischen Wochenschriften und v. a. F. G. Klopstocks ›Messias‹ (1748–73). Die P. blieb hpts. auf den Kreis prot. Geistlichkeit beschränkt. Vertreter: J. J. Bodmer (›Jacob und Joseph‹, 1751; ›Der Noah‹, 1752; ›Die Synd-Flut‹, 1753), Ch. M. Wieland (›Der gepryfte Abraham‹, 1753), J. F. W. Zachariae (›Die Schöpfung der Hölle‹, 1760), J. K. Lavater (›Adam‹, 1779), Maler Müller (›Adams erstes Erwachen‹, 1778), F. K. Moser und andere. Bodmer versuchte auch die Verbindung von AT und Antike (›Menelaus und David‹, 1782); in seinem Werk ›Die Colombona‹ (1753) wird die Entdeckung Amerikas als P. abgewandelt. Mit ›Joseph‹ (1754) übertrug Bodmer die P. ins Dramatische, die Bez. ›P.‹ ist hier jedoch umstritten. S. Geßners ›Der Tod Abels‹ (1758) vereint P. mit Prosa und Idylle.

**Patristik** (Patrologie) [zu lat. pater = Vater], wiss. Disziplin, die sich mit dem Studium der Kirchenväter befaßt (gelegentlich auch für die Zeit der Kirchenväter). Entstanden aus dem Bedürfnis, bestimmte Lehren der Kirche unter Rückgriff auf die Tradition zu begründen, wurde P. als Begriff in der luth. Theologie des 17. Jh. geprägt; sie wird heute als Geschichte der *altchristl. (frühchristl.) Literaturen* aufgefaßt und betrieben. In ihrem Mittelpunkt steht heute die Erarbeitung und Edition der großen Textreihen, z. B. für die lat. Autoren das ›Corpus Scriptorum Ecclesiasticorum Latinorum‹ (Abk. CSEL; 1866 ff.) der Wiener Akademie, für die griech. Autoren die ›Griech. Christl. Schriftsteller‹ (Abk. GCS; 1897 ff.) der Berliner Akademie, für die oriental. Autoren das ›Corpus Scriptorum Christianorum Orientalium‹ (Abk. CSCO, hg. von der kath. Univ. Löwen; 1903 ff.) und die ›Patrologia Orientalis‹ (Abk. PO, hg. von R. Graffin; 1903 ff.). Das ›Corpus Christianorum‹ (Abk. CC, hg. von der Abtei Steenbrügge, Belgien; 1953 ff.) soll die umfangreiche, allerdings mit vielen Mängeln behaftete Nachdruckausgabe der ›Patrologia Latina‹ und der ›Patrologia Graeca‹ von Jacques-Paul Migne (* 1800, † 1875) ersetzen.

**Patten,** Brian [engl. 'pætn], * Liverpool 7. Febr. 1946, engl. Lyriker. – Ging aus der Gruppe der ↑Liverpool poets hervor. Seine zahlreichen subversiven Gedichtbände haben oft iron. Affinitäten zu romant. Themen. Schreibt auch Kinderbücher und -dramen.

**Werke:** Walking out: The early poems of B. P. (Ged., 1971), Grave gossip (Ged., 1979), Love poems (Ged., 1981), Storm damage (Ged., 1988), Grinning Jack. Selected poems (1990).

**Paul,** Elliot [Harold] [engl. pɔ:l], * Malden (Mass.) 13. Febr. 1891, † New York 7. April 1958, amerikan. Schriftsteller. – Lebte nach Kriegsteilnahme als Expatriot in Europa; 1927 mit Eugène Jolas (* 1894, † 1952) Begründer und Hg. der avantgardist. Zeitschrift ›transition‹; lebte ab 1931 auf Ibiza und kehrte erst während des Span. Bürgerkrieges in die USA zurück. P. hinterließ ein vielseitiges Werk, darunter Filmdrehbücher, Kriminalparodien und Romane sowie nur z. T. autobiograph. Memoiren, von denen der Band ›The life and death of a Spanish town‹ (1937) am bekanntesten wurde.

**Weitere Werke:** Indelible (R., 1922), Die kleine Gasse (Autobiogr., 1942, dt. 1944), Springtime in Paris (Autobiogr., 1950).

**Paul,** Jean, dt. Schriftsteller, ↑Jean Paul.

**Paulding,** James Kirke [engl. 'pɔ:ldɪŋ], * Putnam County (N. Y.) 22. Aug. 1778, † Hyde Park (N. Y.) 6. April 1860, amerikan. Schriftsteller. – Erfolgreicher Politiker, 1838–41 Marineminister. Begann seine literar. Laufbahn mit der satir. Essay- und Gedichtserie ›Salmagundi‹ (1807/08, dt. 1827), an deren Abfassung sein Freund und Schwager William Irving (* 1766, † 1821) und dessen Bruder Washington beteiligt waren. 1819/20 ließ P. allein eine Fortsetzung der Serie folgen; sein aus realist. und romant. Romanen, satir. Erzählungen, geschichtl. Abhandlungen und Biographien bestehendes Werk ist von antibrit. Gefühlen und vom amerikan. Nationalbewußtsein geprägt.

**Weitere Werke:** The backwoodsman (Ged., 1818), Koningsmarke, oder: Alte Zeiten in der neuen Welt (R., 2 Bde., 1823, dt. 1840), John Bull in America (E., 1825), The lion of the West (Dr., UA 1830, gedr. 1954), Des Holländers Herd (R., 1831, dt. 1838), Wohlauf, nach Westen! (R., 1832, dt. 1837).

**Ausgabe:** J. K. P. Works (unter Mitarbeit v. W. Irving). Ann Arbor (Mich.) Neuaufl. 1978.

**Literatur:** HEROLD, A. L.: J. K. P. Versatile American. New York 1926. Nachdr. New York 1966. – REYNOLDS, L. J.: J. K. P. Boston (Mass.) 1984.

**Paulhan,** Jean [frz. po'lã], * Nîmes 2. Dez. 1884, † Boissise-la-Bertrand (Seine-et-Marne) 9. Okt. 1968, frz. Schriftsteller. – War 1925–40 Chefredakteur der ›Nouvelle Revue Française‹ und ab 1953 der ›Nouvelle Nouvelle Revue Française‹ (mit M. Arland); 1941 Mitbegründer der damals im Untergrund erschienenen Zeitschrift ›Les Lettres françaises‹; als Essayist, Literatur- und v. a. Sprachkritiker eine der einflußreichen Gestalten der frz. Literatur seiner Zeit; auch Erzähler. Wurde 1963 Mitglied der Académie française.

**Werke:** Les fleurs de Tarbes (Essay, 1941), Schlüssel der Poesie (Essay, 1944, dt. 1969), Unterhaltungen über vermischte Nachrichten (Essay, 1945, dt. 1962), Les causes célèbres (En., 1950), Progrès en amour assez lents (En., 1968).

**Ausgabe:** J. P. Œuvres complètes. Hg. v. R. JUDRIN u. a. Paris 1966–70. 4 Bde.

**Literatur:** JUDRIN, R.: La vocation transparente de J. P. Paris 1961. – J. P. et la Nouvelle Revue Française. Paris 1969. – Cahier du centenaire 1884–1984. Cahiers J. P. no. 3. Où en sommes-nous avec P.? Témoignages, études. Hg. v. Y. BELAVAL. Paris 1984. – DHÔTEL, A.: J. P. Lyon 1986.

**Pauli,** Johannes, * Pfeddersheim (heute zu Worms) nach 1450, † Thann (Oberelsaß) zwischen 1530 und 1533, dt. Schriftsteller und Volksprediger. – Franziskanerkonventuale; beliebter Prediger im Elsaß; Verfasser der bis ins 17. Jh. weitverbreiteten, drastisch-bildhaften Schwanksammlung ›Schimpf (= Scherz) und Ernst ...‹ (1522) und Herausgeber von Predigten J. Geilers von Kaysersberg, dessen Reden über S. Brants ›Narrenschiff‹ er aus dem Lateinischen ins Deutsche rückübersetzte.

**Ausgaben:** J. P. Schimpf u. Ernst. Hg. v. H. ÖSTERLEY. Stg. 1866. Nachdr. Amsterdam 1967. – J. P. Predigten. Hg. v. R. G. WARNOCK. Mchn. 1970.

**Paulinus von Nola,** hl., eigtl. Pontius Meropius Anicius P., * Burdigala (heute Bordeaux) um 353/354, † Nola 22. Juni 431, Bischof von Nola und lat. Dichter. – Stammte aus röm. Senatorenfamilie, studierte bei Ausonius in Burdigala und wurde Staatsbeamter. Um 390 getauft und um 393 mit seiner Frau Theresia zum asket. Leben bekehrt, zog er 395 nach Nola, zum Grab des hl. Felix, und gründete eine klösterl. Gemeinschaft. Um 410 wurde P. Bischof von Nola. Seine meist in Hexametern abgefaßten Gedichte (33 erhalten) verbinden christl. Gedankengut und klassisch strenge Form; von hohem kulturgeschichtl. Interesse sind seine Briefe (49 erhalten), u. a. an Ausonius, Augustinus, Sulpicius Severus und Martin von Tours.

**Ausgaben:** Paulini Nolani opera. Hg. mit krit. Komm. v. W. VON HARTEL. Wien u. a. 1894. – P. v. N. Das eine Notwendige. Aus den Briefen ausgew., ins Dt. übertragen u. eingel. v. G. BÜRKE. Eins. 1961.

**Paulus Diaconus,** * in Friaul zwischen 720 und 724, † Montecassino 13. April 799 (?), langobard. Geschichtsschreiber. – Aus langobard. Adel, lebte am Hof des Herzogs von Benevent, 774 Mönch in Montecassino; 782–786 am Hof Karls des Großen. Sein Hauptwerk ist die ›Historia Langobardorum‹ (nach 787), in einfacher lat. Sprache geschrieben, bed. wegen der aus mündl. Überlieferung übernommenen Langobardengeschichte und -sagen. Auf Veranlassung der Herzogin Adelperga von Benevent setzte P. D. die von Eutropius begonnene ›Historia Romana‹ bis zum Goteneinfall in Italien fort. Für Karl den Großen schrieb er die Metzer Bistumsgeschichte (›Gesta episcoporum Mettensium‹) und eine Homiliensammlung. Auch eine Vita Gregors des Großen stammt von ihm, ferner Gedichte, Epigramme, Rätsel, Briefe.

**Ausgaben:** NEFF, K. Die Gedichte des P. D. Mchn. 1908 (krit. Ausg. u. Komm.). – P. D. Storia dei Langobardi. Hg. v. F. RONCORONI. Mailand 1974. – P. D. History of the Lombards. Hg. v. W. D. FOULKE. Philadelphia (Pa.) 1974.

**Literatur:** Observations sur le vocabulaire de P. D. Nimwegen 1961. – LANGOSCH, K.: Profile des lat. MA. Darmst. 1965. – SAENGER, S. M. J.: Vocabularium bruxellense. A study of its sources with particular reference to P. D.' epitomé of Festus. Diss. University of Illinois Chicago 1977. – CERVANI, R.: L'epitomé di Paolo del ›de verborum significatu‹ di Pompeio Festo. Stuttura e metodo. Rom 1978.

**Pausanias** (tl.: Pausanías), * wohl Magnesia am Sipylos um 115, † um 180, griech. Schriftsteller. – P. verfaßte (etwa ab 155 bis um 180) eine ›Periḗgēsis tē̃s Helládos‹ (= Führer durch Griechenland) in zehn Büchern, das einzige vollständig erhaltene Werk perieget. Literatur, als Bericht eigener Reisen. Das Werk ist ein wichtiges Zeugnis u. a. für verlorene Kunstwerke (z. B. Beschreibung der Zeusstatue des Phidias in Olympia) und für Ansichten seiner Zeit; es wird ergänzt durch histor. Reflexionen sowie bes. durch geograph., mytholog. und kunsthistor. Exkurse.

**Ausgaben:** P. Beschreibung Griechenlands. Dt. Übers. v. E. MEYER. Zü. u. Mchn. [2]1967. – Pausaniae Graeciae Descriptio. Hg. v. M. H. ROCHA-PEREIRA. Lpz. 1973–81. 3 Bde.

**Literatur:** HABICHT, CH.: P. u. seine ›Beschreibung Griechenlands‹. Mchn. 1985.

**Pause** [durch roman. Vermittlung aus lat. pausa, zu griech. paúein = aufhören machen, beenden], nach A. Heusler eine vom metr. Schema geforderte Takteinheit, die sprachlich nicht ausgefüllt ist; solche P.n (metr. Zeichen ∧) begegnen im Versinnern und v. a. am Versende bes. bei gesungener oder rezitativisch vorgetragener Dichtung wie Heldenepik oder Minne- und Meistersang.

**Literatur:** Dt. Versgesch. Hg. v. A. HEUSLER. Bln. [2]1968. 5 Tle.

**Pausewang,** Gudrun, * Wichstadtl (heute Mladkov, Ostböhm. Gebiet) 3. März 1928, dt. Schriftstellerin. – Lehrerin, arbeitete viele Jahre an deutschen Schulen in Chile, Venezuela und Kolumbien. In ihren Romanen und Erzählungen verarbeitete sie ihre Eindrücke aus Lateinamerika, z. B. ›Rio Amargo‹ (R., 1959), ›Plaza Fortuna‹ (R., 1966), ›Die Entführung der Doña Agata‹ (R., 1971). Seit den 70er Jahren schreibt sie v. a. für Kinder und Jugendliche; mehrere ihrer Jugendbücher haben die dritte Welt zum Thema (›Die Not der Familie Caldera‹, 1977; ›Ich habe Hunger, ich habe Durst‹, 1981). Mit ›Und dann kommt Emilio‹ (1974) wendet sie sich dem Problem der Außenseiter zu; ›Auf einem langen Weg ...‹ (1978), ›Die letzten Kinder von Schewenborn ...‹ (1983) und ›Die Wolke‹ (1987) behandeln die Nachkriegszeit und die Gefahr eines atomaren Holocausts.

**Weitere Werke:** Der Weg nach Tongay (E., 1965), Bolivan. Hochzeit (R., 1968), Guadalupe (R., 1970), Aufstieg und Untergang der Insel Delfina (R., 1973), Karneval und Karfreitag (R., 1976), Wie gewaltig kommt der Fluß daher (R., 1978), Der Streik der Dienstmädchen (Kinderb., 1979), Die Freiheit des Ramon Acosta (R., 1981), Frieden kommt nicht von allein. Geschichten um Frieden und Freundschaft (Kinderb., 1982), Kinderbesuch (R., 1984), Friedensgeschichten (Kinderb., 1985), Pepe Amado (R., 1986), Fern von der Rosinkawiese. Die Geschichte einer Flucht (1989), Reise im August (1992), Die Rotwengel-Saga (R., 1993), Der Schlund (1993).

**Paustowski** (tl.: Paustovskij), Konstantin Georgijewitsch [russ. pɐus'tɔfskij], * Moskau 31. Mai 1892, † ebd. 14. Juli 1968, russ.-sowjet. Schriftsteller. – Stellte anfangs in romant., zum Exotischen neigenden Romanen und Erzählungen das Leben auf See und in Hafenstädten, später mit zunehmend realist. Stilmitteln auch aktuelle Probleme des sowjet. Lebens dar. Wichtiges Thema bleibt der Künstler und das Problem der Sprache und Literatur. P. schrieb auch Dramen, biograph. Künstlerromane und eine wertvolle sechsbändige Autobiographie (›Aus ferner Jugend‹, 1945, dt. 1947, 1955 u. d. T. ›Ferne Jahre‹; ›Unruhige Jugend‹, 1955, dt. 1962; ›Beginn eines un-

Konstantin Georgijewitsch Paustowski

bekannten Zeitalters‹, 1957, dt. 1962; ›Die Zeit der großen Erwartungen‹, 1959, dt. 1963; ›Sprung nach dem Süden‹, 1960, dt. 1966; ›Buch der Wanderungen‹, 1963, dt. 1967), zusammengefaßt u.d.T. ›Povest' o žizni‹ (= Erzählung vom Leben).

**Weitere Werke:** Kara-Bugaz (R., 1932, dt. 1934), Die Kolchis (Nov., 1934, dt. 1946), Romantiki (= Romantiker, R., 1935), Nord. Novelle (1938, dt. 1949), Segen der Wälder (R., 1948, dt. 1952, 1955 u.d.T. Eine Geschichte vom Walde), Die goldene Rose. Gedanken über die Arbeit des Schriftstellers (1955, dt. 1958).

**Ausgaben:** K. P. Ausgew. Erzählungen. Dt. Übers. Zü. 1979. 2 Bde. – K. G. Paustovskij. Sobranie sočinenij. Moskau 1981–84. 9 Bde.

**Literatur:** REISCHLE, I.: K. Paustovskijs Auffassung vom dichter. Schaffen. Diss. Tüb. 1970. – KASACK, W.: Der Stil K. G. Paustovskijs. Köln u. Wien 1971. – LUMPKINS, D. W.: K. Paustovskij's chronicle novels. Diss. Vanderbilt University Nashville (Tenn.) 1974. – TREFILOVA, G.: K. Paustovskij, master prozy. Moskau 1983.

**Pavel,** Ota [tschech. 'pavɛl], eigtl. Otto Popper, * Prag 2. Juli 1930, † ebd. 31. März 1973, tschech. Schriftsteller. – Sportredakteur, Reporter; Autor autobiograph. Erzählungen, u.a. ›Smrt krásných srnců‹ (= Der Tod der schönen Rehböcke, 1971).

**Pavese,** Cesare, * Santo Stefano Belbo (Prov. Cuneo) 9. Sept. 1908, † Turin 27. Aug. 1950 (Selbstmord), italien. Schriftsteller. – Lebte meist in Turin, wo er nach dem Studium als Kritiker, Hg. einer Zeitschrift und als Verlagslektor tätig war. 1935/36 als Antifaschist nach Kalabrien verbannt; 1945 wurde er Mitglied der KP. Seine grundsätzlich eher apolit. Orientierung belegen erst im Aug. 1990 veröffentlichte Aufzeichnungen von 1942 bis 1944. Einer der bedeutendsten Erzähler und Lyriker der neueren italien. Literatur. Trat nach ersten lyr., bes. von G. Gozzano beeinflußten Versuchen zunächst als Übersetzer engl. und amerikan. Schriftsteller (u.a. H. Melville, J. Joyce, W. Faulkner, J. Steinbeck) hervor, was auch auf den Stil seines eigenen Schaffens einwirkte. Schauplatz seiner [neorealist.] [Kurz]romane und Erzählungen ist meist seine piemontes. Heimat. Er schrieb mit großer Sensibilität und behandelte bevorzugt das Versagen zwischenmenschl. Beziehungen und die Vereinsamung des Menschen. Von tiefem Pessimismus und Resignation geprägt ist auch sein Tagebuch ›Das Handwerk des Lebens‹ (hg. 1952, dt. 1954).

**Weitere Werke:** Lavorare stanca (Ged., 1936), Unter Bauern (R., 1941, dt. 1970), Am Strand (R., 1942, dt. 1970), Der Genosse (R., 1947, dt. 1970), Gespräche mit Leuko (1947, dt. 1958), Der schöne Sommer (R.-Trilogie, 1949: Die einsamen Frauen, dt. 1960, Der Teufel auf den Hügeln, dt. 1963, Der schöne Sommer, dt. 1964; Premio Strega 1950), Da er noch redete, krähte der Hahn (1949, dt. 1965, vereint 2 Romane: Die Verbannung, Das Haus auf der Höhe), Schriften zur Literatur (Essays, 1949, dt. 1967), Junger Mond (R., 1950, dt. 1954), Andere Tage, andere Spiele (Episodenroman, entst. 1932, hg. 1968, dt. 1975).

**Ausgaben:** C. P. Gedichte. Dt. Übers. Hg. v. U. OBERLIN. Hamb. 1962. – C. P. Sämtl. Erzählungen. Dt. Übers. Düss. 1977. – C. P. Opere. Turin 41982. 16 Bde. – C. P. Die Turiner Romane. Dt. Übers. v. CH. BIRNBAUM u. C. GELPKE. Düss. 1984. – C. P. Sämtl. Ged. Dt. Übers. Düss. 1988.

**Literatur:** MOLLIA, F.: C. P. Saggio su tutte le opere. Florenz 1963. – HÖSLE, J.: C. P. Bln. 21964. – GUIDUCCI, A.: Il mito P. Florenz 1967. – HINTERHÄUSER, H.: Der Weg des Lyrikers C. P. Krefeld 1969. – KANDUTH, E.: C. P. im Rahmen der pessimist. italien. Lit. Wien 1971. – CILLO, G.: La distruzione dei miti. Saggio sulla poetica di C. P. Florenz 1972. – RENARD, PH.: P. Prison de l'imaginaire, lieu de l'écriture. Paris 1972. – CATALANO, E.: C. P. fra politica e ideologia. Bari 1976. – PIROUÉ, G.: C. P. Paris 1976. – SCHLUMBOHM, D.: Die Welt als Konstruktion. Unterss. zum Prosawerk C. P.s. Mchn. 1978. – PAUTASSO, S.: Guida a P. Mailand 1980. – THOMPSON, D.: C. P. London 1982. – LENZEN, V.: C. P. Tödlichkeit in Dasein u. Dichtung. Ein Porträt. Mchn. 1989. – TONDO, M.: Invito alla lettura di C. P. Mailand 41990. – DURAND, R./DELPIERRE, L.: C. P. Paris 1994.

Cesare Pavese

**Pavić,** Milorad [serbokroat. 'pavitɕ], * Belgrad 15. Okt. 1929, serb. Schriftsteller und Literarhistoriker. – Prof. in Belgrad; arbeitet v.a. über die serb. Barockliteratur. Bekannt wurde er v.a. durch ›Das chasar. Wörterbuch‹ (1984, dt. 1988), einen phantastisch-skurrilen ›Lexikonroman‹ über das Volk der Chasaren.

**Weitere Werke:** Landschaft in Tee gemalt (R., 1988, dt. 1991), Izvrnuta rukavica (= Der umgestülpte Handschuh, E., 1989).

**Literatur:** LEITNER, A.: M. P.s Roman ›Das chasar. Wörterbuch‹. Eine poetische Signatur gegenwärtiger Bewußtseinsformen. Klagenfurt 1991.

**Pavlenko,** Petr Andreevič, russ.-sowjet. Schriftsteller, ↑ Pawlenko, Pjotr Andrejewitsch.

**Pavlov,** Nikolaj Filippovič, russ. Schriftsteller, ↑ Pawlowa, Karolina Karlowna.

**Pavlova,** Karolina Karlovna, russ. Dichterin, ↑ Pawlowa, Karolina Karlowna.

**Pavlović,** Miodrag [serbokroat. 'paːvlɔvitɕ], * Novi Sad 28. Nov. 1928, serb. Schriftsteller. – Zunächst Arzt; schrieb Theaterstücke, Essays, Erzählungen und v.a. Gedichte, die sich durch einfache, klare Sprache und plast. Bilder auszeichnen. Mit V. Popa auch internat. anerkannter serb. Lyriker der Avantgarde (›Poezija‹ [= Dichtung], 1986). Dt. erschienen 1968 ›Gedichte‹, darin Teile aus den ›87 pesama‹ (= 87 Gedichte, 1952) und Essays (›Opfer und Tempel. Betrachtungen über Formen und Riten‹, dt. 1993).

**Pawlenko** (tl.: Pavlenko), Pjotr Andrejewitsch [russ. pav'ljɛnkɐ], * Petersburg 11. Juli 1899, † Moskau 16. Juni 1951, russ.-sowjet. Schriftsteller. – Wurde v.a. bekannt mit seinem Roman ›Na Vostoke‹ (= Im Osten, 2 Tle., 1936/1937), in dem er die Probleme im Fernen Osten darstellte; sein Roman ›Das Glück‹ (1947, dt. 1949), in dem er im Sinne des sozialist. Realismus die KP verherrlicht, fand große Anerkennung bei der offiziellen sowjet. Kritik; verfaßte mit S. M. Eisenstein das Drehbuch zum Film ›Alexander Newski‹ (1938).

**Weitere Werke:** Barrikaden (R., 1932, dt. 1948), Steppensonne (Nov., 1949, dt. 1950), Sturm über dem Kaukasus (R., hg. 1957, dt. 1961).

**Ausgabe:** P. A. Pavlenko. Sobranie sočinenij. Moskau. 1953–55. 6 Bde.

**Literatur:** CHMELJUK, N. D.: Chudožestvennaja proza P. A. Pavlenko. Kiew 1976.

**Pawlikowska-Jasnorzewska,** Maria [poln. pavli'kɔfskajasnɔ'ʒɛfska], * Krakau 24. Nov. 1891, † Manchester 9. Juli 1945, poln. Schriftstellerin. – Stammte aus der Malerfamilie Kossak; gehörte der Gruppe um die Zeitschrift ›Skamander‹ an; griff in ihrem lyr. Schaffen u.a. auf poet. Formen des 16. und 17. Jh. zurück; vielseitige Einflüsse literar. Richtungen der Moderne; auch heitere lyr. Dramen.

**Ausgabe:** M. P.-J. Poezje. Warschau ²1974. 2 Bde.

**Literatur:** FAAS, M.: Das janusköpfige Denken der poln. Dichterin M. P.-J. In: Colloquium Slavicum Basiliense. Gedenkschr. für Hildegard Schröder. Hg. v. H. RIGGENBACH. Ffm. u.a. 1981.

**Pawlowa** (tl.: Pavlova), Karolina Karlowna [russ. 'pavlɐvɐ], geb. Janisch (Jänisch), * Jaroslawl 22. Juli 1807, † Dresden 14. Dez. 1893, russ. Dichterin. – Tochter eines Prof. dt. Abstammung; mit A. S. Puschkin und A. Mickiewicz befreundet; Frau von Nikolai Filippowitsch Pawlow (* 1803, † 1864), eines sozialkrit. russ. Schriftstellers; schrieb von der Romantik geprägte dt. und frz. sowie russ. Gedichte, meist in eleg. Ton; übersetzte insbes. russ. literar. Werke ins Deutsche wie auch dt. Werke ins Russische (u.a. Schillers ›Wallensteins Tod‹, 1868).

**Ausgabe:** K. Pavlova. Polnoe sobranie stichotvorenij. Moskau u. Leningrad 1964.

**Literatur:** SENDICH, M.: The life and works of K. Pavlova. Diss. New York 1969. – LETTMANN-SADONY, B.: K. K. Pavlova, eine Dichterin russ.-dt. Wechselseitigkeit. Mchn. 1971.

**Payne,** John Howard [engl. pɛɪn], * New York 9. Juni 1791, † Tunis 9. April 1852, amerikan. Dramatiker. – War u. a. 1805/06 Hg. einer der ersten amerikan. Theaterzeitschriften, des ›Thespian Mirror‹; wurde als einer der ersten amerikan. Literaten in Europa bekannt; er schrieb (oft zus. mit W. Irving) leichte Komödien, melodramat. Werke und Blankverstragödien (insgesamt über 50 Stücke), darunter sein Hauptwerk ›Brutus; or, The fall of Tarquin‹ (1818). ›Clari; or, The maid of Milan‹ (Dr., 1823) enthält die Liedeinlage ›Home, sweet home‹.

**Ausgaben:** J. H. P. Hg. v. C. HISLOP u. W. R. RICHARDSON. In: America's lost plays. Bd. 5 u. 6. Princeton (N. J.) 1940. – J. H. P. Trial without jury and other plays. Hg. v. C. HISLOP u. W. R. RICHARDSON. Bloomington (Ind.) ²1964.

**Payró,** Roberto Jorge [span. pai̯'ro], * Mercedes (Prov. Buenos Aires) 19. April 1867, † Buenos Aires 5. April 1928, argentin. Schriftsteller. – Früh journalistisch tätig; Mitglied der sozialist. Partei Argentiniens; 1907–22 Auslandskorrespondent in Europa; schrieb gesellschaftskrit., humorist. Romane und Erzählungen, die an die Tradition der span. Novela picaresca anknüpfen, sowie Reisebeschreibungen, Essays und Dramen.

**Werke:** El casamiento de Laucha (R., 1906), Pago Chico (En., 1908), Divertidas aventuras del nieto de Juan Moreira (R., 1910), Nuevos cuentos de Pago Chico (En., 1928).

**Literatur:** LARRA, R.: P., el novelista de la democracia. Buenos Aires ³1960. – GARCÍA, G.: R. J. P. Buenos Aires 1961. – GONZÁLEZ LANUZA, E.: Genio y figura de R. J. P. Buenos Aires 1965.

**Paz,** Octavio [span. pas], * Mixcoac (heute zu Mexiko) 31. März 1914, mex. Schriftsteller. – War 1946–68 im diplomat. Dienst, u. a. in Frankreich, Japan und Indien; dann Lehrtätigkeit an verschiedenen Universitäten, u. a. in Cambridge und an der Harvard University; lebt in Mexiko. Einer der bedeutendsten mex. Lyriker und Essayisten der Gegenwart, der in seinen Anfängen bes. von P. Neruda, A. Breton und D. H. Lawrence beeinflußt wurde. Schwerpunkte seines außerordentlich breiten Themenspektrums sind u. a. die mex. Gesellschaft, die oriental. Kulturen, die moderne Kunst, das Verhältnis von Mythos und Geschichte. Auch Dramatiker. P. erhielt u. a. 1977 den Jerusalem-Preis, 1981 den Premio Miguel de Cervantes, 1984 den Friedenspreis des Börsenvereins des deutschen Buchhandels. 1990 wurde er mit dem Nobelpreis für Literatur ausgezeichnet.

Octavio Paz

**Werke:** Raíz del hombre (Ged., 1937), A la orilla del mundo (Ged., 1942), Freiheit, die sich erfindet (Ged., 1949, dt. Ausw. 1971), Das Labyrinth der Einsamkeit (Essay, 1950, dt. 1970), Adler oder Sonne? (Prosa, 1951, dt. Ausw. 1991), Der Bogen und die Leier. Poetolog. Essays (1956, dt. 1983), La hija de Rappaccini (Dr., 1956), Piedra de sol (Ged., 1957), Salamandra (Ged., 1962), Ladera este (Ged., 1969), Posdata (Essays, 1970), Die andere Zeit der Dichtung. Von der Romantik zur Avantgarde (Essay, 1974, dt. 1989), Der sprachgelehrte Affe (Prosa, 1974, dt. 1982), Vuelta (Ged., 1976), Essays (dt. Ausw. in 2 Bden. 1979/80), Der menschenfreundliche Menschenfresser. Geschichte und Politik 1971–1980 (Essays, 1979, dt. erweitert 1981), Suche nach einer Mitte. Die großen Gedichte (dt. und span. Ausw. 1980), Sor Juana Inés de la Cruz oder Die Fallstricke des Glaubens (Essay, 1982, dt. 1991), Tiempo nublado (Zeitungsartikel, 1983), Zwiesprache. Essays zu Kunst und Literatur (dt. Ausw. 1984), Pasión crítica (Essays, 1985), In mir der Baum (Ged., 1987, dt. 1990), Die andere Stimme (Ged., 1990, dt. 1994).

**Literatur:** LEMAÎTRE, M.: O. P. Poesía y poética. Mexiko 1976. – MAGIS, C. H.: La poesía hermética de O. P. Mexiko 1978. – O. P. Hg. v. A. ROGGIANO. Madrid 1979. – GIMFERRER, P.: Lecturas de O. P. Barcelona 1980. – WILSON, J.: O. P. Boston (Mass.) 1986. – CHILES, F.: O. P. The mythic dimension. New York u. a. 1987. – RUY SÁNCHEZ, A.: O. P. Leben und Werk. Dt. Übers. Ffm. 1991. – SCHÄRER, M.: O. P. Metaphern der Freiheit. Hamb. 1991. – UNDERWOOD, L. I.: O. P. and the language of poetry. New York u. a. 1992.

**Pázmány,** Péter [ungar. 'pa:zma:nj], * Großwardein 4. Okt. 1570, † Preßburg 19. März 1637, ungar. Kardinal. – Aus vornehmer kalvinist. Familie, konvertierte 1582 zum Katholizismus, trat in Klausenburg in das Jesuitenkolleg ein, studierte in Wien und Rom; wurde 1597 Prof. für Philosophie, später für Theologie in Graz; von 1608 an ständig in Ungarn. P. war der größte Vorkämpfer der kath. Restauration; er wurde 1616 Erzbischof von Gran und Primas von Ungarn, 1629 Kardinal. P. gründete u. a. die Univ. in Tyrnau (spätere Budapester Univ.). Mit der im Stil klaren, leichtverständl., im Aufbau hervorragenden rhetor. Prosa seiner Streitschriften, Predigten und Gebetbücher wurde er zum Förderer der ungar. Literatursprache. Seine Übertragung der ›Nachfolge Christi‹ des Thomas a Kempis gehört zu den besten ungar. Übersetzungen. Ins Deutsche wurden seine ›Predigten auf die Sonn- und Festtage‹ (1636, dt. 1874) übersetzt.

**Ausgabe:** P. P.Művei. Hg. v. M. TARNÓC. Budapest 1983.

**Literatur:** SCHWICKER, J. H.: P. P., Cardinal-Erzbischof u. Primas v. Ungarn, u. seine Zeit. Köln 1888. – SÍK, S.: P. Budapest 1939.

**p'Bitek,** Okot [engl. pə'bi:tɛk], * Gulu (Distrikt Acholi) 1931, † Kampala 19. Juli 1982, ugand. Dichter. – War Direktor des ugand. Nationaltheaters und des National Cultural Centre in Kampala; lehrte ab 1971 Literatur und Soziologie in Nairobi; kehrte wenige Monate vor seinem Tod nach Makerere (Uganda) zurück; sammelte mündl. Literatur und befaßte sich mit traditioneller afrikan. Religion. In seinen Liedern setzt er sich mit der Rolle der Tradition in einer sich wandelnden Welt auseinander.

**Werke:** Lawinos Lied (Ged., 1966, dt. 1972), Otschols Lied (Ged., 1970, dt. 1976, zus. mit Lawinos Lied), Two songs. Song of a prisoner, Song of Malaya (1971), Religion of the Central Luo (1971), Africa's cultural revolution (Sachb., 1973), Horn of my love (traditionelle Ged., 1974), Hare and hornbill (E., 1978).

**Literatur:** HERON, G.: The poetry of O. p'B. London 1976.

**Pea,** Enrico, * Seravezza (Prov. Lucca) 29. Okt. 1881, † Forte dei Marmi (Prov. Lucca) 11. Aug. 1958, italien. Schriftsteller. – Früh Waise, ging mit 15 Jahren nach Ägypten; kehrte am Ende des 1. Weltkrieges nach Italien (Viareggio) zurück, wo er eine Theatergruppe leitete; schrieb neben Lyrik und Dramen v. a. Romane und Erzählungen aus seiner toskan. Heimat, meist mit autobiograph. Hintergrund. Die zwischen 1946 und 1956 verfaßten Romane schildern die zerstörenden Auswirkungen des Krieges auf die menschl. Gesellschaft.

**Werke:** Lo spaventacchio (Ged., 1914), Giuda (Dr., 1918), Prime piogge d'ottobre (Dr., 1919), Moscardino (E., 1922), La passione di Cristo (Dr., 1923), Il volto santo (E., 1924), Il servitore del diavolo (E., 1931), La Maremmana (R., 1938), Lisetta (R., 1946), Malaria di guerra (R., 1947), Peccati in piazza (R., 1956), Villa Beatrice (R., hg. 1959).

**Peacock,** Thomas Love [engl. 'pi:kɔk], * Weymouth (Dorset) 18. Okt. 1785, † Lower Halliford (Surrey) 23. Jan. 1866, engl. Schriftsteller. – Vervollständigte seine Schulbildung autodidaktisch; bed. Humanist und Gelehrter; 1819–56 im Dienst der Ostind. Kompanie, ab 1837 in leitender Position. P., der u. a. mit P. B. Shelley befreundet war, schrieb Gedichte, Essays und v. a. humorist., satir. und parodist. Romane, für die die Form des Gesprächs bezeichnend ist; in ihnen verspottete er v. a. die Schwächen der Romantiker und der romant. Dichtung.

**Werke:** Headlong Hall (R., 1816), Melincourt (R., 1817), Rhododaphne (Ged., 1818), Nachtmahr-Abtei (R., 1818, dt. 1989), Maid Marian (R., 1822), The misfortunes of Elphin (R., 1829), Crotchet Castle (R., 1831), Gryll Grange (R., 1861).

**Ausgaben:** Th. L. P. Works. Hg. v. H. F. B. BRETT-SMITH u. C. E. JONES. London 1924–34. 10 Bde. – Th. L. P. The novels. Hg. v. D. GARNETT. London [2]1963. 2 Bde.

**Literatur:** CAMPBELL, O. W.: Th. L. P. London 1953. – MILLS, H.: P. His circle and his age. London 1968. – PRIESTLEY, J. B.: Th. L. P. Saint Clair Shores (Mich.) [2]1970. – BUTLER, M.: P. displayed. Boston (Mass.) 1979. – BURNS, B.: The novels of Th. L. P. London 1985. – MCKAY, M.: P.'s progress. Stockholm 1992.

**Peake,** Mervyn [engl. pi:k], * Kuling (China) 9. Juli 1911, † Burcut (Berkshire) 17. Nov. 1968, engl. Schriftsteller. – Ausbildung als Maler; illustrierte Werke von S. T. Coleridge, R. L. Stevenson und L. Carroll. Verfasser der phantast. Romantrilogie um den 77. Grafen von Gormenghast und die grotesken Bewohner seines verfallenen Schlosses (›Der junge Titus‹, 1946, dt. 1982; ›Im Schloß‹, 1950, dt. 1983; ›Der letzte Lord Groan‹, 1959, dt. 1983). P. schrieb auch Gedichte und Dramen sowie Kinderbücher (›Captain Slaughterboard drops anchor‹, 1939), die er selbst illustrierte.

**Weitere Werke:** Letters from a lost uncle from Polar regions (Kinderb., 1948), The glassblowers (Ged., 1950), Mr. Pye (R., 1953), The rhyme of the flying bomb (Ballade, 1962), A reverie of bone (Ged., 1967), A book of nonsense (Ged., hg. 1972).

**Literatur:** GILMORE, M.: A world away. A memoir of M. P. London 1970. – BATCHELOR, J.: M. P. A biographical and critical exploration. London 1974. – M. P. review 1 (1975) ff. – WATNEY, J.: M. P. London u. New York 1976.

**Pearse,** Patrick (Padraic) Henry [engl. pɪəs], * Dublin 10. Nov. 1879, † ebd. 3. Mai 1916, ir. Dichter. – Ir. Nationalist; Mitglied der ›Gäl. Liga‹ und Hg. ihrer Zeitschrift; Kommandant der republikan. Armee beim ir. Aufstand 1916; wurde nach der Kapitulation erschossen. P. hinterließ außer polit. und pädagog. Schriften Dramen, Gedichte und Erzählungen in ir. und engl. Sprache, in denen er Existenzprobleme irischer Menschen darstellte; eine dt. Auswahl aus seinem Werk erschien 1922 in ›Die Seele Irlands‹.

**Peckham** (Pecham), John [engl. 'pɛkəm], * Peckham (heute zu London) um 1220, † Mortlake (heute zu London) 8. Dez. 1292, engl. Theologe und mlat. Dichter. – Studierte in Oxford und bei Bonaventura in Paris, wo er auch zeitweilig lehrte; hohe Stellung im Franziskanerorden; Lehraufträge auch in Rom und Oxford; ab 1279 Erzbischof von Canterbury. Bedeutendster engl. Lyriker seiner Zeit; seine religiöse Hymnendichtung ist von franziskan. Frömmigkeit und Demut erfüllt; Hauptwerk ist das zarte und sprachlich schöne Nachtigallengedicht auf die Leidensgeschichte ›Philomena praevia‹.

**Literatur:** DOUIE, D. L.: Archbishop Pecham. Oxford 1952.

**pedantẹske Dichtung** (Poesia pedantesca), satirisch-burleske oder selbstiron. Parodie auf Haltung, Sprache und Poesie der humanist. Gelehrten im 16. und 17. Jh.; volkssprachlich angelegt, aber mit lat. Fremdwörtern oder Fachausdrücken durchsetzt und daher ergänzendes Gegenstück zur ↑ makkaronischen Dichtung. Nach dem Pseudonym ›Fidenzio Glottocrisio‹ ihres ersten Hauptvertreters in Italien, Camillo Scrofa aus Vicenza (* um 1526, † 1565), auch *Poesia fidenziana* genannt.

**Literatur:** PAOLI, V. E.: Il latino maccheronico. Florenz 1959.

**Pedersen,** Christiern [dän. 'pe:'ðərsən], * Helsingør um 1480, † ebd. 16. Jan. 1554, dän. Humanist. – 1505 als Kanonikus in Lund nachweisbar; seit 1532 Buchdrucker in Malmö; P. hat sich um die Erhaltung des letzten Saxo-Grammaticus-Manuskriptes verdient gemacht; Hg. eines lat.-dän. Wörterbuchs und der ersten Schul- und Gebetbücher in dän. Sprache. Mit seinen Werken legte P. das Fundament für die Entwicklung der dän. Schriftsprache (Basis ist die seeländ. Mundart); Hauptwerk ist die 1543 vollendete Übersetzung der ganzen Bibel.

**Pẹdersen,** Knut, norweg. Schriftsteller, ↑ Hamsun, Knut.

**Pedrẹtti,** Erica, * Šternberk bei Olmütz 25. Febr. 1930, schweizer. Schriftstellerin. – Verbrachte ihre Jugend in Mähren; kam 1945 in die Schweiz; lebte 1950–52 in den USA. Schreibt Kurzprosa und Romane, die von ihrem persönl. Flüchtlingsschicksal, von ihrer Erinnerung an Vergangenes geprägt sind. Mit ihren surreal-traumhaften Romanen und Erzählungen will sie normierte Denkmuster bei sich und ihren Lesern aufbrechen; auch Hörspiele und Kinderbücher. 1984 erhielt sie den Ingeborg-Bachmann-Preis.

**Werke:** Harmloses, bitte (Prosa, 1970), Heiliger Sebastian (R., 1973), Veränderung (R., 1977), Sonnenaufgänge, Sonnenuntergänge (En., 1984), Mal laut und falsch singen (Kinderb., 1986), Valerie oder Das unerzogene Auge (Prosa, 1986), Engste Heimat (R., 1995).

**Pedro Alfonso** [span. 'peðro al'fɔnso], lat. Dichter, ↑ Petrus Alfonsi.

**Peele,** George [engl. pi:l], * London 1556, ▭ ebd. 9. Nov. 1596, engl. Dramatiker. – Studierte in Oxford, lebte dann als Schriftsteller in London. Sein frühestes erhaltenes Drama, ›The arraignment of Paris‹ (1584), ist ein höf. pastorales Huldigungsspiel für Elisabeth I.; schrieb auch Texte für Schaudarbietungen (›pageants‹) und Gelegenheitsgedichte. In seinen Stücken für öffentl. Bühnen experimentierte P. mit unterschiedl. Stilarten, u. a. in dem Geschichtsdrama ›King Edward the first‹ (1593), den Tragödien ›The battle of Alcazar‹ (UA um 1589, hg. 1594) und ›The love of King David and fair Bethsabe‹ (UA um 1594, hg. 1599) sowie in dem phantast. Märchenspiel ›The old wives' tale‹ (entst. um 1591, hg. 1595), einer der dramaturgisch originellsten engl. Komödien vor Shakespeare.

**Ausgabe:** G. P. Life and works. Hg. v. C. T. PROUTY. New Haven (Conn.) u. London 1952–70. 3 Bde.

**Literatur:** BRAUNMULLER, A. R.: G. P. Boston (Mass.) 1983.

**Peer,** Andri, * Sent (Graubünden) 19. Dez. 1921, † Winterthur 2. Juni 1985, rätoroman. Schriftsteller. – Gymnasiallehrer; einer der Hauptvertreter der neueren rätoroman. Literatur, die er durch Elemente der zeitgenöss. frz., engl. und span. Literatur (P. Éluard, T. S. Eliot, F. García Lorca u. a.) zu erweitern suchte; schrieb Lyrik, Essays, Erzählungen, Hörspiele.

**Werke:** Battüdas d'ala (Ged., 1955), Sgrafits (Ged., 1959; mit dt. Übers.), Sout l'insaina dal'archèr (Ged., 1960), Da nossas varts (En., 1961), Clerais (Ged., 1963), Da cler bel di (Ged., 1969), Il chomp sulvadi (Ged., 1975), Refügi (Ged., 1980; mit dt. Übers.).

**Literatur:** ORELLI, G.: A. P., poesia ladina. In: Quaderni Grigionitaliani 42 (1973), S. 308. – KÖHLER, G.: A. P. als Prosaist. Ffm. 1985.

**Pegnitzschäfer,** Bez. für den ↑ Nürnberger Dichterkreis, der sich selbst als Pegnitzer Hirtengesellschaft oder Pegnesischer Blumenorden bezeichnete.

**Péguy,** Charles Pierre [frz. pe'gi], * Orléans 7. Jan. 1873, ⚔ Le Plessis-l'Évêque bei Villeroy (Seine-et-Marne) 5. Sept. 1914, frz. Schriftsteller. – Sohn eines mittellosen Handwerkers; höhere Schulbildung mit Hilfe von Stipendien in Orléans und Paris, dann École normale supérieure ohne Abschluß; Schüler H. Bergsons; gründete 1898 eine Verlagsbuchhandlung, deren wichtigste Publikation die von P. selbst 1900–14 redigierten ↑ ›Cahiers de la Quinzaine‹ waren, die trotz geringer Auflage einen erhebl. Einfluß auf das geistige Frankreich vor dem 1. Weltkrieg ausübten. P. war einer der bedeutendsten Vorkämpfer des ›Renouveau catholique‹ in Frankreich. Seit der Jahrhundertwende entfernte er sich zunehmend vom Sozialismus, den er als universale Menschheitsreligion aufgefaßt hatte, und von den polit. Anschauungen der Dreyfusisten und entwickelte sich zum kompromißlosen Verfechter eines kath.-myst. Traditionalismus (1908 Rückkehr zum Katholizismus) und Nationalismus. Er schrieb umfangreiche ep. Versdichtungen, deren Strukturen er mit ›Tapisserien‹ verglich und die v. a. durch rhythm., litaneiartige Wiederholungen gekennzeichnet sind, u. a. ›Das Mysterium der Erbarmung‹ (1910, dt. 1954), ›Das Tor zum Geheimnis der Hoffnung‹ (1911, dt. 1943), ›Das Mysterium der unschuldigen Kinder‹ (1912, dt. 1958), ›La tapisserie de Sainte Geneviève et de Jeanne d'Arc‹ (1912), ›La tapisserie de Notre-Dame‹ (1913) und ›Ève‹ (1914); daneben das frühe Drama ›Jeanne d'Arc‹ (1897), Gedichte und zahlreiche Prosaschriften (›Notre patrie‹, 1905; ›Notre jeunesse‹, 1910; ›Victor-Marie, comte Hugo‹, 1910; ›Clio‹, hg. 1917).

**Ausgaben:** Ch. P. Œuvres complètes. Paris 1916–55. 20 Bde. – Ch. P. Œuvres en prose. Paris Neuaufl. 1965–68. 2 Bde. – Ch. P. Les œuvres posthumes. Hg. v. J. VIARD. Paris 1969. – Ch. P. Œuvres poétiques complètes. Hg. v. M. PÉGUY mit einer Einf. v. F. PORCHÉ. Paris Neuaufl. 1975. – Ch. P. Œuvres en prose complètes. Hg. v. R. BURAC. Paris 1987 ff. Auf 3 Bde. berechnet.

**Literatur:** Cahiers de l'Amitié Ch. P. Paris 1 (1947) ff. – ROLLAND, R.: Ch. P. Dt. Übers. Tüb. u. Stg. 1951. – DUPLOYÉ, P.: La religion de P. Paris 1965. – GREGOR, P.: Ch. P. u. die christl. Revolution. Eins. 1969. – Les critiques de notre temps et P. Hg. v. S. FRAISSE. Paris 1973. – GUYON, B.: P. Paris Neuaufl. 1973. – FRAISSE, S.: P. Paris 1979. – GUILLEMIN, H.: Ch. P. Paris 1981. – VERGINE, P. I.: Studi su Ch. P. Bibliografia critica ed analitica (1893–1978). Lecce 1982. 2 Bde. – P. et son temps. (Ausstellungskat.) Hg. v. G. LEROY u. J. SABIANI. Orléans 1983. – BAUMANN-WEILAND, B.: Ch. P. In: Frz. Lit. des 20. Jh. Gestalten und Tendenzen. Hg. v. W.-D. LANGE. Bonn 1986. S. 185. – BURAC, R.: Ch. P., la révolution et la grâce. Paris 1994.

**Peiper,** Tadeusz [poln. 'pɛjpɛr], * Krakau 3. Mai 1891, † Warschau 10. Nov. 1969, poln. Lyriker. – Erster und hervorragendster Theoretiker der poln. Avantgarde, deren Programm er publizistisch verfocht; seine gedanklich übersteigerte, Verfremdungstechniken verwertende Lyrik ist konstruktivistisch und schwer zugänglich; bemühte sich v.a. um eine originale, von Vorbildern wenig belastete, futurist. Lyrik; auch poetolog. Essays (›Nowe usta‹ [= Neuer Mund], 1925; ›Tędy‹ [= Dahin], 1930).

**Ausgabe:** T. P. Pisma wybrane. Breslau 1979.
**Literatur:** JAWORSKI, S.: U podstaw awangardy. T. P., pisarz teoretyk. Krakau [2]1979.

**Peire Cardenal,** * Puy-en-Velay um 1180 (?), † um 1280 (?), provenzal. Troubadour. – Aus angesehener Familie, lebte an verschiedenen Fürstenhöfen Südfrankreichs und v.a. am Hof Jakobs I. von Aragonien; Meister der moralisch-satir. Dichtung; seine etwa 100 erhaltenen Gedichte (Cansos, Tensos, Sirventes, Planhs, Descorts, Coblas, Sermos, Cridas, Faulas) sind gegen Klerus und Adel gerichtet.

**Ausgabe:** Poésies complètes du troubadour P. C. (1180–1278). Frz. u. provenzal. Hg. v. R. LAVAUD. Toulouse 1957.
**Literatur:** CAMPROUX, C.: La mentalité spirituelle chez P. C. Toulouse 1975. – CAMPROUX, C.: Écrits sur les troubadours et la civilisation occitane du moyen âge. Castelnau-le-Lez 1984–85. 2 Bde.

**Peire d'Alvernha** [...nja] (Pierre d'Auvergne), provenzal. Troubadour der 2. Hälfte des 12. Jahrhunderts. – War zwischen 1150 und 1170 an den Fürstenhöfen der Provence und Kataloniens tätig; versuchte die Thematik des Minnesangs zu erneuern; bei seinem höf. Publikum beliebt wegen der Künstlichkeit seines von Marcabru beeinflußten ›dunklen Stils‹. Etwa 20 Lieder sind erhalten.

**Ausgaben:** Peire's v. Auvergne Lieder. Dt. Übers. Hg. v. R. ZENKER. Erlangen 1900. – P. d'A. Liriche. Hg. v. A. DEL MONTE. Turin 1955.
**Literatur:** KÖHLER, E.: Zum ‚trobar clus' der Trobadors. In: KÖHLER: Trobadorlyrik u. höf. Roman. Bln. 1962.

**Peire Vidal,** * Toulouse um 1175, † um 1210, provenzal. Troubadour. – Bürgerl. Herkunft; bewegtes Leben als fahrender Sänger zwischen Frankreich, Spanien, Italien und dem Vorderen Orient; Teilnehmer des 3. Kreuzzuges; phantasievoller, bes. auch durch seine Sirventes ausgezeichneter Troubadour, von dessen 49 überlieferten Liedern 16 mit reich verzierten und originellen Melodien erhalten sind.

**Ausgabe:** Les poésies de P. V. Hg. v. J. ANGLADE. Paris [2]1966.
**Literatur:** SESINI, U.: P. V. e la sua opera musicale. Florenz 1943. – HOEPFFNER, E.: Le troubadour P. V. Sa vie et son œuvre. Paris 1961.

**Peisandros** (tl.: Peísandros; Peisander), griech. Epiker wohl des 6. Jh. v. Chr. aus Kameiros auf Rhodos. – Dichtete mit seiner ›Hērákleia‹ (2 Bücher) wohl das erste Herakles-Epos; nur fragmentarisch erhalten. – ↑ auch Panyassis von Halikarnassos.

**Pei Tao** (Bei Dao) [chin. bɛi̯dau̯], auch Shih Mo, eigtl. Chao Chen-k'ai, * Peking 2. Aug. 1949, chin. Dichter. – Hauptvertreter der sog. ›obskuren Lyrik‹ in der VR China, deren symbolgeladene, ›zerrissene‹ Sprache dem Welterleben der chin. Jugend Ausdruck verleihen will; war Redakteur einer Esperanto-Zeitschrift in Peking; schreibt auch Prosatexte; lebt seit 1989 in Deutschland. Einzelne Gedichte erschienen in dt. Übersetzung in ›Hundert Blumen‹ (1980), in ›Nachrichten von der Hauptstadt der Sonne‹ (1985) und in ›Das Gespenst des Humanismus‹ (1987). ›Gezeiten. Ein Roman über Chinas verlorene Generation‹ (entstanden 1974, Hongkong 1985) kam 1990 in dt. Sprache heraus.

**Peixoto,** Júlio Afrânio [brasilian. pei̯'ʃotu], * Lençóis (Bahia) 17. Dez. 1876, † Rio de Janeiro 12. Jan. 1947, brasilian. Schriftsteller. – War Prof. der Medizin, befaßte sich jedoch auch mit Literatur und Sprache, Pädagogik und Soziologie; bed. Arbeiten über die brasilian. und portugies. Literatur (u.a. ›Dicionário de ‚Os Lusíadas'‹, 1924); als Romancier Regionalist des brasilian. Nordostens (Bahia); auch Lyriker.

**Weitere Werke:** Rosa mística (Ged., 1900), Maria Bonita (R., 1914), Fruta do Mato (R., 1920), Bugrinha (R., 1922), Sinhãzinha (R., 1929).
**Ausgaben:** J. A. P. Obras. Rio de Janeiro 1944. 25 Bde. – A. P. Romances completos. Rio de Janeiro 1962.
**Literatur:** RIBEIRO, L.: A. P. Rio de Janeiro 1950.

**Pekingoper** ↑ chinesisches Theater.

**Pekkanen,** Toivo, * Kotka 10. Sept. 1902, † Kopenhagen 30. Mai 1957, finn. Schriftsteller. – Fabrikarbeiter, dann Schriftsteller, 1955 Mitglied der Finn.

Akademie. In seinen Romanen und Novellen schildert er in knapper, realist. Form das Schicksal des Arbeiters in Hafen und Fabrik, ohne klassenkämpfer. Elemente zu verwenden; schrieb auch Dramen und Lyrik.

**Werke:** Tehtaan varjossa (= Im Schatten der Fabrik, R., 1932), Menschen im Frühling (E., 1935, dt. 1949), Musta hurmio (= Schwarzer Rausch, R., 1939), Aamuhämärä (= Morgendämmerung, R., 1948), Toverukset (= Kameraden, R., 1948), Mies ja punapartaiset herrat (= Der Mann und die rotbärtigen Herren, Nov.n, 1950), Voittajat ja voitetut (= Sieger und Besiegte, R., 1952), Lapsuuteni (= Meine Kindheit, Autobiogr., 1953).

**Péladan,** Joséphin [frz. pela'dã], eigtl. Joseph P., *Lyon 28. März 1859, †Neuilly-sur-Seine 27. Jan. 1918, frz. Schriftsteller. – Jesuitenschüler; trat mit J. A. Barbey d'Aurevilly dem Naturalismus entgegen; leitete als Großmeister (›Sâr‹) eine von ihm 1888 gegründete Rosenkreuzerbewegung (›Ordre du Temple de la Rose-Croix‹) mit Tendenz gegen Judentum und Freimaurerei. Behandelte in seinem Hauptwerk, der Romanserie ›La décadence latine‹ (21 Bde., 1884–1925), die Frage nach der Zukunft der ›lat. Rasse‹; schrieb daneben zahlreiche religions- und kunsttheoret. Abhandlungen, in denen er u. a. für die Ästhetik R. Wagners eintrat (Übersetzer des dramat. Gesamtwerkes Wagners, 1895); auch Dramatiker (›Sémiramis‹, 1897).

**Ausgaben:** Josephin Peladan. Werke. Dramen. Dt. Übers. v. E. SCHERING. Mchn. 1914–18. 2 Bde. – Josephin Peladan. Werke. Romane. Dt. Übers. v. E. SCHERING. Mchn. $^{1-2}$1914–27. 12 Bde.

**Literatur:** DANTINNE, E.: L'œuvre et la pensée de P. Brüssel 1948 (mit Bibliogr.). – BERTHOLET, E.: La pensée et les secrets du Sâr J. P. Neuchâtel 1952–58. 4 Bde. – BEAUFILS, CH.: Le Sâr P. 1858–1918. Biographie critique. Paris 1986.

**Pèlerinage de Charlemagne à Jérusalem et à Constantinople** [frz. pɛlrinaʒdəʃarləmaɲaʒeryzalɛmeakõstãti'nɔpl], Chanson de geste vom Anfang des 12. Jh.; behandelt in Zwölfsilblern (870 Verse) eine fiktive Pilgerfahrt Karls des Großen und seiner Paladine nach Jerusalem und die Weiterreise zu Kaiser Hugon nach Konstantinopel; bemerkenswert sind v. a. die Szenen, in denen die Verhaltensweisen der ep. Helden satirisch überzeichnet und karikiert werden.

**Ausgaben:** Karls des Großen Reise nach Jerusalem u. Constantinopel. Dt. Übers. Hg. v. E. KOSCHWITZ. Lpz. $^{5}$1913. 6. Nachdr. der 5. Aufl. Wsb. 1968. – P. de Ch. à J. et à C. Mit engl. Glossar v. A. J. COOPER. Paris 1925. – Le voyage de Ch. à J. et à C. Hg. v. P. AEBISCHER. Genf 1965. – Le voyage de Ch. à J. et à C. Hg. v. M. TYSSENS. Gent 1978.

**Literatur:** RIQUER, I. DE: Le p. de Ch. Barcelona 1981 (mit Neuausg. des Textes u. Bibliogr.). – PANVINI, B.: Il ›P. de Ch.‹. Catania 1983.

**Pellicer,** Carlos [span. peji'sɛr], *Villahermosa 4. Nov. 1899, †Mexiko 16. Febr. 1977, mex. Lyriker. – Bereiste Amerika und Europa; wurde in den 40er Jahren Generalbeauftragter für die bildenden Künste in Mexiko; gehörte zur Dichtergruppe um die avantgardist. Zeitschrift ›Contemporáneos‹ (1929–31); einer der populärsten modernen Lyriker Mexikos, dessen Werk durch Bildhaftigkeit, Vitalität und farbenfrohe Verherrlichung der Tropen gekennzeichnet ist.

**Werke:** Colores en el mar (Ged., 1921), Seis, siete poemas (Ged., 1924), Hora y veinte (Ged., 1927), Camino (Ged., 1929), Hora de junio (Ged., 1937), Práctica de vuelo (Ged., 1956), Con palabras y fuego (Ged., 1962), Simón Bolívar (biograph. Essay, 1965), Reincidencias (Ged., hg. 1978).

**Ausgabe:** C. P. Material poético (1918–1961). Mexiko $^{2}$1962.

**Literatur:** MULLEN, E. J.: La poesía de C. P. Mexiko 1979.

**Pellico,** Silvio, *Saluzza 25. Juni 1789, †Turin 31. Jan. 1854, italien. Dichter. – Ab 1810 in Mailand, wo er sich mit V. Monti und U. Foscolo befreundete; gab ab 1818 mit mehreren Patrioten die Zeitschrift ›Il Conciliatore‹ heraus, die die Einigung Italiens vorbereiten und die Romantik in Italien verbreiten sollte, von den Österreichern jedoch bald unterdrückt wurde; 1820 wurde P. als Mitglied der Karbonari verhaftet, 1821 zum Tode, dann jedoch zu 15jähriger verschärfter Kerkerhaft auf der Festung Spielberg (Brünn) verurteilt und erst 1830 freigelassen; er lebte dann zurückgezogen als Bibliothekar in Turin. ›Meine Gefängnisse‹ (1832, dt. 1833), eines der meistgelesenen Bücher des italien. Risorgimento, schildert die Zeit seiner Haft. Als Lyriker und Tragödiendichter steht P. zwischen Klassizismus und Romantik (großer Erfolg mit der Tragödie ›Franziska von Rimini‹, 1815, dt. 1834).

**Ausgabe:** S. P. Scritti scelti. Hg. v. A. ROMANÒ. Turin 1960.
**Literatur:** SAVIO, C. F.: S. P. liberale e credente. Bologna 1972.

**Pellinen,** Jyrki, *Helsinki 16. Mai 1940, finn. Schriftsteller. – Eine dunkle, oft schwerverständl. Sprache kennzeichnet seine umfangreiche Lyrik; einige seiner Gedichte sind in dt. Anthologien in Übersetzung erschienen, u. a. in ›Kriegerische Sätze‹ (1970), ›Finnische Lyrik aus hundert Jahren‹ (1973).
**Werke:** Niin päinvastoin kuin kukaan (= So konträr wie irgendeiner, Ged., 1965), Tässä yhteiskunnassa on paha nukkua (= In dieser Gesellschaft schläft sich's schlecht, Ged., 1966), Avaan oven ja olen kotona (= Ich öffne die Tür und bin zu Hause, R., 1979), Kun sinussa on joku (= Wenn in dir einer ist, Ged., 1983), Huulilla kylmä tuuli (= Ein kalter Wind auf den Lippen, Ged., 1990).

**Pels,** Andries, *Amsterdam 19. Okt. 1631, †ebd. 6. Juli 1681, niederl. Dichter und Literaturtheoretiker. – Mitbegründer der Dichtergesellschaft Nil Volentibus Arduum (1669), die die Ideale der frz. Klassik in der niederl. Literatur zu realisieren versuchte; schrieb eine Poetik, ›Horatius' dichtkunst op onze tijden en zeden gepast‹ (1677); übersetzte Molière und spielte eine zentrale Rolle im Amsterdamer Theaterleben seiner Zeit.

**Peltonen,** Johannes Vihtori [finn. 'pɛltɔnɛn], finn. Schriftsteller, ↑Linnankoski, Johannes.

**Pemán y Pemartín,** José María [span. pe'man i pemar'tin], *Cádiz 8. Mai 1897, †ebd. 19. Juli 1981, span. Schriftsteller. – Journalist; 1938–46 Präsident der Span. Akademie. Begann mit klassisch und neuromantisch orientierter Lyrik (›De la vida sencilla‹, 1923; ›A la rueda, rueda‹, 1929), wandte sich dann jedoch v. a. dem Theater zu; bed. Vertreter des neueren poet. Versdramas; behandelt vorzugsweise historisch-patriot. und religiöse Stoffe: ›Der Stürmer Gottes‹ (Dr., 1933, dt. 1951), ›Cisneros‹ (Dr., 1934); auch Bearbeiter antiker Dramen (›Antígona‹, 1954); ferner Romancier und Novellist (›El horizonte y la esperanza‹, R., 1970).
**Ausgabe:** J. M. P. y P. Obras completas. Madrid 1947–64. 7 Bde.
**Literatur:** CIRIZA, M. L.: Biografía de P. Madrid 1974. – CALVO-SOTELO, J.: J. M. P. (1897–1981). In: Boletín de la Real Academia Española 61 (1981), S. 351.

**P. E. N.** (PEN, PEN-Club) [pɛn; in Anlehnung an engl. pen = Schreibfeder], Abk. für engl.: **p**oets (= Lyriker), **p**laywrights (= Dramatiker), **e**ssayists (= Essayisten), **e**ditors (= Herausgeber), **n**ovelists (= Romanschriftsteller), internat. Schriftstellervereinigung (Sekretariat in London, Charterhouse Buildings), gegr. 1921 von der engl. Schriftstellerin Catherine Amy Dawson-Scott; tritt für weltweite Verbreitung aller Literatur, für ungehinderten Gedankenaustausch auch in Krisen- und Kriegszeiten ein; die Mitglieder verpflichten sich zur Bekämpfung von Rassen-, Klassen- und Völkerhaß und zum aktiven Eintreten für Pressefreiheit und Meinungsvielfalt; Mitglieder können ›qualifizierte Schriftsteller, Herausgeber und Übersetzer‹ nach Wahl durch die Zentren ihrer Heimatländer und Unterschrift unter die PEN-Charta werden. 1993 gab es 112 Zentren mit über 20000 Mitgliedern in über 75 Staaten; Kongresse finden jährlich auf internat. und nat. Ebene statt. Bes. Verdienste erwarb sich der P. E. N. bei der Vermittlung der Nationalliteratur junger und kleiner Staaten, u. a. durch das seit 1950 in Zusammenarbeit mit der UNESCO herausgegebene ›PEN Bulletin of selected books‹. Erster internat. Präsident war J. Galsworthy. Unter der Präsidentschaft von H. Böll (1971–74) verstärkter Einsatz für politisch verfolgte Schriftsteller; Präsidenten waren seitdem u. a. M. Vargas Llosa (1976–79) und P. Wästberg (1979 bis 1986), 1990 wurde G. Konrád gewählt. – Das dt. Zentrum, das 1937 wegen Verstoßes gegen die Satzungen aus dem internat. Verband ausgeschlossen worden war (ab 1934 bestand in London ein durch dt. Emigranten gebildeter ›PEN-Klub dt. Autoren‹), wurde 1949 in Göttingen als ›Dt. P. E. N.-Zentrum‹ neu gegründet; aufgrund ideolog. Gegensätze spaltete es sich 1951 in ein ›Dt. P. E. N.-Zentrum der Bundesrepublik‹ (1952 anerkannt) mit Sitz in Darmstadt (seit 1972 ›P. E. N.-Zentrum Bundesrepublik Deutschland‹; bisherige Präsidenten: Erich Kästner, D. Sternberger, H. Böll, H. Kesten, W. Jens, M. Gregor-Dellin, C. Amery, seit 1991 G. Heidenreich) und ein ›Dt. P. E. N.-Zentrum Ost und West‹ (seit 1967 ›P. E. N.-Zentrum Dt. Demokrat. Republik‹; Sitz in Berlin [Ost]; ab 1990 ›Dt. P. E. N.-Zentrum [Ost]‹, Präsident: D. Schlenstedt [seit 1991]). Ein österr. PEN-Club wurde 1922 in Wien gegründet. Schweizer. PEN-Clubs befinden sich in Basel, Genf und Winterthur. Ein Romani-PEN-Club wurde 1989 gegründet (Präsident: A. B. Bengsch). Seit 1989 gab es zahlreiche Wieder- und Neugründungen in den osteurop. Staaten; das erste sowjet., jetzt russ. P. E. N.-Zentrum wurde 1989 gegründet (Präsident: A. Bitow); seit 1992 gibt es ein alban. und ein palästinens. PEN-Zentrum.

**Literatur:** Federlese. Ein Almanach des Dt. PEN-Zentrums der Bundesrepublik. Hg. v. B. Reifenberg u. W. Weyrauch. Mchn. 1967. – P. E. N. International. Hg. v. G. E. Hoffmann. Mchn. 1986. – Autorenlex. PEN-Zentrum Bundesrepublik Deutschland. Bearb. v. B. Fischer. Gött. 1993.

**Pennanen,** Eila, * Tampere 8. Febr. 1916, finn. Schriftstellerin. – Schildert in ihrem umfangreichen Erzählwerk v. a. Frauen- und Kindergestalten in einer von Männern beherrschten Welt; auch Übersetzungen (u. a. von J. Austen, A. Christie, G. Orwell und V. Nabokov).

**Werke:** Ennen sotaa oli nuoruus (= Vor dem Krieg war die Jugend, R., 1942), Pyhä Birgitta (= Die heilige Birgitta, R., 1954), Valon lapset (= Die Kinder des Lichts, R., 1958), Mutta (= Aber, R., 1963).

**Pentameter** [griech.], ein aus fünf Metren bestehender Vers; speziell der daktyl. P.: −⏕|−⏕|−||−⏑⏑|−⏑⏑|−. Die Bez. P. (griech. pénte = fünf) rührt daher, daß der P. als Verdopplung des ersten Hexameterteils (−⏕|−⏕|−; ↑Hexameter), d. h. als zwei ↑Hemiepes, aufgefaßt wurde, wobei die beiden einsilbigen Metren als unvollständige aufgefaßt und zusammen als fünftes Metrum zu den vier vollständigen gezählt wurden. – Der P. tritt fast immer in Verbindung mit dem Hexameter im sog. eleg. ↑Distichon auf.

**Penthemimeres** [griech.], in der griech.-röm. Metrik die Zäsurstelle nach dem fünften halben Fuß eines Verses; wichtigste Zäsurstelle des jamb. Trimeters und v. a. des daktyl. ↑Hexameters (↑auch leoninischer Hexameter).

Ernst Penzoldt

**Penzoldt,** Ernst, * Erlangen 14. Juni 1892, † München 27. Jan. 1955, dt. Schriftsteller. – Lebte nach Kunststudium als Maler (meist unter dem Pseudonym Fritz Fliege), Bildhauer und freier Schriftsteller in München; verfaßte Romane, Erzählungen, Novellen, Essays und Dramen. Literar. Hauptwerk ist der moderne Schelmenroman ›Die Powenzbande‹ (1930) aus dem Landstreicher- und Kleinstadtmilieu. Humanitäre Absichten verbinden sich mit anekdot. Ironie und Skepsis gegenüber spießbürgerl. Wirklichkeit. P.s Vorliebe für kauzige Typen und idyll. Situationen erklärt sich aus der Diskrepanz von idealischer Gesinnung und bürgerlich-gesellschaftl. Realität. Sein christl. Humanismus umreißt zugleich die Grenzen seines gesellschaftl. Engagements.

**Weitere Werke:** Dichtungen (3 Bde., 1922–24), Der arme Chatterton (R., 1928), Der Zwerg (R., 1928, 1938 u. d. T. Die Leute aus der Mohrenapotheke), Die portugales. Schlacht (Nov., 1930; Dr., 1931), So war Herr Brummel (Dr., 1933), Korporal Mombour (E., 1941), Der Kartoffel-Roman. Eine Powenziade (1948), Squirrel (E., 1954).

**Ausgaben:** E. P. Ges. Schrr. in Einzelbden. Ffm. 1.–34. Tsd. 1952–62. 4 Bde. – E. P. Die schönsten Erzählungen. Ffm. 1981. 5 Bde. – Jubiläumsausg. zum 100. Geburtstag von E. P. Hg. v. U. Penzoldt u. a. Ffm. 1992. 7 Bde.

**Literatur:** Leben u. Werk v. E. P. Ein Brevier. Zusammengestellt v. U. Lentz-Penzoldt. Ffm. 1962.

**Pepys,** Samuel [engl. pi:ps], * London 23. Febr. 1633, † ebd. 26. Mai 1703, engl. Schriftsteller. – Erhielt nach Studien in Cambridge durch Gönner hohe Verwaltungsposten, u. a. in der Admiralität;

zeitweilig aus polit. Gründen in Haft. P.' Hauptwerk, ein z. T. in selbsterfundener Geheimschrift geschriebenes, nicht zur Veröffentlichung bestimmtes Tagebuch der Jahre 1660–69, das erst 1825 nach seiner Entzifferung auszugsweise gedruckt wurde (1. Ausgabe 10 Bde., 1893–99, dt. Ausw. 1931), hat als Autobiographie sowie als Zeitbild hohen dokumentar. Wert.

**Ausgaben:** The diary of S. P. Hg. v. R. LATHAM u. W. MATTHEWS. Berkeley (Calif.) 1970–83. 11 Bde. – S. P. Tagebuch aus dem London des 17. Jh. Ausgewählt, übersetzt u. hg. v. H. WINTER. Stg. 1980.

**Literatur:** EMDEN, C. S.: P. himself. London 1963. – BRYANT, A.: S. P. London [2]1967. 3 Bde. – OLLARD, R.: S. P. London 1974. – TAYLOR, I. E.: S. P. Neuausg. Boston (Mass.) 1989.

**Peralta Barnuevo,** Pedro de [span. pe'ralta βar'nu̯eβo], * Lima 26. Nov. 1664, † ebd. 30. April 1743, peruan. Gelehrter und Dichter. – Prof. für Jura und Mathematik an der Univ. in Lima; galt als einer der größten Gelehrten seiner Zeit; verfaßte eine Vielzahl umfangreicher Werke über die verschiedensten Materien, u. a. Theologie, Geschichte, Medizin, militär. und zivile Ingenieurkunst. Sein literar. Werk, das teils vom Gongorismus, teils von der frz. Klassik beeinflußt ist, umfaßt mehrere große Epen, u. a. ›Lima fundada o conquista del Perú‹ (1732), sowie höf. Gelegenheitsdichtung; trat außerdem mit Theaterstücken und als Übersetzer P. Corneilles hervor.

**Literatur:** SÁNCHEZ, L. A.: El doctor Océano. Estudios sobre don P. de P. B. Lima 1967.

**Percival,** James Gates [engl. 'pə:sɪvəl], * Kensington (Conn.) 15. Sept. 1795, † Hazel Green (Wis.) 2. Mai 1856, amerikan. Lyriker. – Vielseitig begabt, war P. als Arzt, Dozent für Chemie, Geologe und Journalist tätig. Wegen seiner Neigung zu paranoiden Anfällen stand er zeitweilig freiwillig unter ärztl. Aufsicht. P. gilt mit seinen intellektbetonten romant. Gedichten als bedeutendster amerikan. Lyriker vor W. C. Bryant.

**Werke:** Poems (Ged., 1821, enthält das mit Lord Byrons ›Childe Harold‹ verglichene Lang-Ged. ›Prometheus‹ in der Spenserstanze), Clio (Ged., 3 Bde., 1822–27), The dream of a day (Ged., 1843).

**Percy,** Thomas [engl. 'pə:sɪ], * Bridgnorth (Salop) 13. April 1729, † Dromore (Nordirland) 30. Sept. 1811, engl. Schriftsteller. – Anglikan. Geistlicher, ab 1782 Bischof von Dromore. P.s vielseitiges literar. Schaffen, das u. a. Übertragungen portugies. Übersetzungen aus der chin. Literatur und isländ. Runenverse umfaßt, fand seinen Höhepunkt in der Herausgabe einer Sammlung von 45 altschott. und altengl. Balladen (↑ Chevy-Chase-Strophe) und Liedern (sowie einiger Renaissancegedichte und zeitgenöss. Kunstballaden), die 1765 u. d. T. ›Reliques of ancient English poetry‹ erschien und mehrfach (1767, 1775 und 1794) neu aufgelegt und erweitert wurde; die Sammlung, der P. eine Handschrift des 17. Jh. (sog. ›P. Folio‹) zugrunde legte, wirkte anregend auf die engl. und dt. Literatur, u. a. auf W. Scott, J. G. Herder, Goethe, G. A. Bürger; dt. Übersetzung u. a. von J. J. Bodmer (1780/81).

**Ausgaben:** Bishop P.'s folio manuscript ballads and romances. Hg. v. J. W. HALES u. F. J. FURNIVALL. London 1867–68. 4 Tle. in 3 Bden. Nachdr. Detroit (Mich.) 1968. – Th. P. Reliques of ancient English poetry. Hg. v. H. B. WHEATLEY. London 1886–87. 3 Bde. Nachdr. New York 1966. – Th. P. Reliques of ancient English poetry. Hg. v. M. M. A. SCHRÖER. Heilbronn 1889–93. 2 Tle. – The P. letters. Hg. v. D. N. SMITH, C. BROOKS u. a. Louisiana 1944–88. 9 Bde.

**Literatur:** WILLINSKÝ, M.: Bischof P.'s Bearbeitung der Volksballaden u. Kunstgedichte seines Folio-Manuskripts. Lpz. 1932. Nachdr. New York 1968. – DAVIS, B. H.: Th. P. A scholar-cleric in the age of Johnson. University Park (Pa.) 1989.

**Percy,** Walker [engl. 'pə:sɪ], * Birmingham (Ala.) 28. Mai 1916, † Covington (La.) 10. Mai 1990, amerikan. Schriftsteller. – Neben A. Tate, R. P. Warren und W. Faulkner einer der Südstaatenautoren, die die traditionellen Werte der Gesellschaft gegen den Verfall der Moral verteidigten. Mit beißender Ironie und Komik schildert er in seinen Romanen die aus der Verwechslung von Liebe und Sexualität sowie die aus Mangel an emotionaler Verantwortung entstehenden Konflikte seiner Charaktere (›Der Kinogeher‹, 1961, dt. 1980; ›Der Idiot des Südens‹, 1966, dt. 1985, Fortsetzung ›Die Wiederkehr‹, 1980, dt. 1989), die Abkehr von der mechanist., verderbten Kultur und die Rückkehr zum einfachen, von der kath. Religion bestimmten Leben (›Liebe in Ruinen‹, 1971, dt. 1974, Fortsetzung ›Das Thanatos-Syndrom‹, 1987, dt. 1989) sowie die innere Einkehr nach dem Mord an der Frau und deren Liebhaber (›Lancelot‹, 1977, dt. 1978). P. schrieb auch zeit-, sprach- und literarkrit. Essays (›The message in the bottle‹, 1975).

**Literatur:** COLES, R.: W. P. An American search. Boston (Mass.) 1978. – THARPE, J. L.: W. P. Art and ethics. Jackson (Miss.) 1980. – THARPE, J. L.: W. P. Boston (Mass.) 1983. – ALLEN, R. W.: W. P. A Southern wayfarer. Jackson (Miss.) u. London 1986. – HOBSON, L. W.: Understanding W. P. Columbia (S. C.) [2]1990.

**Perec,** Georges [frz. pe'rɛk], * Paris 7. März 1936, † ebd. 4. März 1982, frz. Schriftsteller. – Studium der Soziologie; Erzähler, Dramatiker, experimenteller Lyriker, Drehbuchautor und Übersetzer. Entwirft in seinen Texten labyrinthisch und verschränkt Glücks- und Leidensmöglichkeiten des modernen Individuums, die dessen Zerstörbarkeit nur scheinbar hinter Sprachspiel, Ironie, Satire und chronist. Nüchternheit verbergen. Seine auf die Verbindung von Phantasie, Traum und Wirklichkeit im Prozeß des Schreibens zielende Sprachreflexion stellt ihn in die Nähe R. Roussels und R. Queneaus, seine sozialpsycholog. Präzision in die G. Flauberts.

**Werke:** Die Dinge (R., 1965, dt. 1967), Was für ein kleines Moped mit verchromter Lenkstange steht dort im Hof? (R., 1966, dt. 1967), Ein Mann, der schläft (E., 1967, dt. 1988), Anton Voyls Fortgang (R., 1969, dt. 1986), Die Maschine (Hsp., dt. 1972), Les revenantes (R., 1972), La boutique obscure. 124 rêves (R., 1973), Träume von Räumen (R., 1974, dt. 1990), W oder die Erinnerung an die Kindheit (1975, dt. 1978), Les lieux d'une fugue (Film, 1976), Trompe l'œil (Ged., 1978), Das Leben. Gebrauchsanweisung (R., 1978, dt. 1982), Ein Kunstkabinett (R., 1979, dt. 1989), La clôture et autres poèmes (Ged., 1980), Théâtre (Dramen, 1981), Sur les pas fauves de vivre (hg. 1983), 53 Tage (R., hg. 1989, dt. 1992), Geboren 1936 (Texte, hg. 1990, dt. 1993).

**Literatur:** MOTTE JR., W. F.: The poetics of experiment. A study of the work of G. P. Lexington 1984. – G. P. Colloque de Cerisy, juillet 1984. In: Cahiers G. P. 1 (1985). – PEDERSON, J.: P. ou les textes croisés. Kopenhagen 1985. – LEJEUNE, P.: La mémoire et l'oblique. G. P. autobiographe. Paris 1991. – RITTE, J.: Das Sprachspiel der Moderne. Eine Studie zur Literarästhetik G. P.s. Köln 1992. – BELLOS, D.: G. P. A life in words. A biography. Boston (Mass.) 1993.

**Pereda y Sánchez de Porrúa,** José María de [span. pe'reða i 'santʃɛð ðe pɔ'rrua], * Polanco (Prov. Santander) 6. Febr. 1833, † ebd. 1. März 1906, span. Schriftsteller. – Regionalist kath.-traditionalist. Prägung, entwarf in Romanen und Erzählungen realist. Sittenbilder aus dem Leben seiner Heimat und aus Madrid. Schrieb auch Tendenzromane (›Don Gonzalo González de la Gonzalera‹, 1879; gegen den Liberalismus).

**Weitere Werke:** Escenas montañesas (En., 1864), Tipos y paisajes (En., 1871), Sotileza. Das Fischermädchen von Santander (R., 1884, dt. 1914), La Montálvez (R., 1888), Peñas arriba (R., 1895).

**Ausgabe:** J. M. de Pereda. Obras completas. Madrid 1922–36. 17 Bde.

**Literatur:** CAMP, J.: J. M. de Pereda. Sa vie, son œuvre et son temps (1833–1906). Paris 1937. – CLARKE, A. H.: Pereda, paisajista. Santander 1969.

**Pereira Teixeira de Vasconcelos,** Joaquim [portugies. pə'rɐirɐ tɐi'ʃɐirɐ ðə vɐʃkõ'sɛluʃ], portugies. Schriftsteller, ↑Teixeira de Pascoaes.

**Perelman,** S[idney] J[oseph] [engl. 'pɛrəlmən], * New York 1. Febr. 1904, † ebd. 17. Okt. 1979, amerikan. Schriftsteller. – Wurde mit humorist. Essays und Karikaturen für die Zeitschrift ›Judge‹ (1925–29) bekannt, die die Basis für seine erste Buchpublikation ›Dawn Ginsbergh's revenge‹ (1929) bildeten; ab 1931 für ›The New Yorker‹ tätig. P. mokierte sich in seinen kurzen satir. Beiträgen über die surreale Welt der Werbung sowie über die Klischees und Fiktionen in der amerikan. Gesellschaft und Sprache; ›The most of S. J. P.‹ (1958) ist eine seiner mehr als 20 Essaysammlungen. Daneben schrieb er erfolgreiche Drehbücher und humorist. Dramen, u. a. zus. mit seiner Frau Laura, der Schwester N. Wests, und mit O. Nash (›One touch of Venus‹, UA 1943, Musik von K. Weill) sowie Reisebücher (›Westward Ha! or around the world in eighty clichés‹, 1948; ›Eastward Ha!‹, 1977); unvollendete Autobiographie (›The last laugh‹, hg. 1981).

**Literatur:** FOWLER, D.: S. J. P. Boston (Mass.) 1983.

**Péret,** Benjamin [frz. pe'rɛ], * Rézé (Loire-Atlantique) 14. Juli 1899, † Paris

7. Sept. 1959, frz. Schriftsteller. – Mit A. Breton Begründer und einer der fruchtbarsten Dichter des Surrealismus; kämpfte im Span. Bürgerkrieg auf republikan. Seite, 1941–48 im Exil in Mexiko. Schrieb antikonformist., provokative Dichtungen (u. a. gegen den Heldentod), die er als ›actions‹ bezeichnete. Seine lyr. Sensibilität drückt sich v. a. in der Wahl erlesener Bilder und Bildreihen aus, die dem Leser Realität und Traumwelt ununterscheidbar machen.

**Werke:** Passager du transatlantique (Ged., 1921), Dormir, dormir dans les pierres (Ged., 1927), Le grand jeu (Ged., 1928), Die Schande der Dichter (Prosa, Lyrik, Briefe, 1945, dt. 1985), Das galante Milchschaf (Ged., 1949, dt. 1985), Mort aux vaches et au champ d'honneur (Prosa, 1953), Le gigot, sa vie et son œuvre (Ged., 1957), Histoire naturelle. Naturgeschichte (hg. 1976, dt. und frz. 1976).

**Ausgabe:** B. P. Œuvres complètes. Paris 1969 ff. (bisher 6 Bde. erschienen).

**Literatur:** COSTICH, J. F.: The poetry of change. A study of the surrealist works of P. Chapel Hill (N. C.) 1979. – GOUTIER, J.-M.: B. P. Paris 1982.

**Perewal** (tl.: Pereval) [russ. pɪrɪ'val; = Gebirgspaß], russ. Schriftstellerkreis, entstanden in Moskau Ende 1923 um die Zeitschrift ›Krasnaja nov'‹ (= Rotes Neuland), 1932 verboten. Der führende Theoretiker des P. war Alexander K. Woronski (* 1884, † 1943), der sich mit der Betonung künstler. Unmittelbarkeit und Aufrichtigkeit in Gegensatz zur marxist. Richtung der Sowjetliteratur setzte (seit 1928 des Trotzkismus beschuldigt). Der P.-Gruppe gehörten u. a. die Schriftsteller M. M. Prischwin, Iwan I. Katajew (* 1902, † 1939), A. P. Platonow und E. G. Bagrizki an.

**Perez,** Jizchok Lejb ['pe:rɛts], * Zamość 18. Mai 1852, † Warschau 3. April 1915, jidd. Schriftsteller. – Nach literar. Anfängen in Hebräisch und Polnisch wandte sich P. unter dem Eindruck schwerer Pogrome 1881 dem Jiddischen als der Sprache der Betroffenen zu und wurde als Autor von Gedichten, Dramen, Essays, Reiseskizzen, Literaturkritiken und v. a. Kurzgeschichten durch seine formale und stilist. Vielseitigkeit neben Mendele Moicher Sforim und Scholem Aleichem zur hervorragendsten Gestalt der neueren jidd. Literaturgeschichte, mit bed. Einfluß auf deren weitere Entwicklung wie auch die der hebr. Literatur. Er verband aufklärer. und sozialist. Zukunftsorientierung mit Verständnis für jüd. Tradition und chassid. Frömmigkeit (Erzählungen ›Chasidisch‹, 1908; ›Folkstimleche geschichtn‹, 1909) und entwickelte aus realist. wie symbolist. Elementen (Versdrama ›Bajnacht ojfn altn mark‹, 1909, Szenenfolge aus dem polnisch-jüd. Leben und Bewußtsein) vielschichtige Ausdrucksformen. Bei der Sprachkonferenz in Tschernowzy 1908, die Jiddisch zur maßgebl. Judensprache erklären wollte, spielte P. eine wichtige Rolle, ohne sich allerdings gegen das Hebräische zu entscheiden.

Jizchok Lejb Perez (Zeichnung von Joseph Budko)

**Ausgaben:** J. L. P. Werk. Wilna 1925–29. 18 Bde. – J. L. P. Ale werk. New York 1947–48. 11 Bde. in 8 Bden. – J. L. P. Der Prozeß mit dem Wind. Jidd. Geschichten u. Skizzen. Dt. Ausw. Hg. v. A. EIDHERR. Ffm. 1987. – I. L. P. Leben sollst du. Ostjüd. Erzählungen. Dt. Übers. Freib. 1993.

**Literatur:** ROBACK, A.: Jischok Leib Peretz, psychologist of literature. Cambridge (Mass.) 1935. – MEISEL, N.: Ytzchok Leibush P. un sajn dor schrajber. New York 1951.

**Pérez Bonalde,** Juan Antonio [span. 'perez βo'nalde], * Caracas 30. Jan. 1846, † La Guaira 4. Okt. 1892, venezolan. Dichter. – Mußte 1870 emigrieren; bereiste als Handelsvertreter Europa, Afrika und Asien; 1890 Rückkehr nach Caracas. Gilt als bedeutendster spätromant. Lyriker seines Landes; beeinflußt von E. A. Poe und H. Heine, deren Werke er ins Spanische übersetzte.

**Werke:** Estrofas (Ged., 1877), Ritmos (Ged., 1880).

**Ausgabe:** J. A. P. B. Hg. v. P. P. PAREDES. Caracas 1964. 2 Bde.

**Pérez de Ayala,** Ramón [span. 'perɛð ðe a'jala], * Oviedo 9. Aug. 1881, † Madrid 5. Aug. 1962, span. Schriftsteller. – Jesuitenschüler, studierte Jura, war 1931–36 Botschafter in London, emigrierte 1936 nach Argentinien, ab 1954 wieder in Spanien. Sein Romane, Essays, Novellen und Lyrik umfassendes bed. dichter. Werk wurde stark von der Generation von 98 beeinflußt; berühmt wurde er durch den krit. Roman ›A. M. D. G.‹ (1910, dt. 1912) über das Leben in einem Jesuiteninternat. Humor und Pessimismus verbinden sich in der psychologisch vertieften, auch satir. Darstellung seiner Romanfiguren. Seine dem Modernismo nahestehende intellektuelle Lyrik fasziniert durch ihre strenge Symbolik.

**Weitere Werke:** La paz del sendero (Ged., 1904), Troteras y danzaderas (R., 1912), El sendero innumerable (Ged., 1916), Las máscaras (Essays, 2 Bde., 1917–19), Belarmino und Apolonio (R., 1921, dt. 1958), El sendero andante (Ged., 1921), Tiger Juan (R., 2 Tle., 1926, dt. 1941, enthält auch El curandero de su honra, R., 1926).

**Ausgabe:** R. P. de A. Obras completas. Hg. v. J. García Mercadal. Madrid [1-2]1964–73. 4 Bde.

**Literatur:** Curtius, E. R.: R. P. de A. In: Curtius: Krit. Essays zur europ. Lit. Bern [3]1963. – Derndarsky, R.: R. P. de A. Zur Thematik u. Kunstgestalt seiner Romane. Ffm. 1970. – Rand, M. C.: R. P. de A. New York 1971. – Amorós, A.: La novela intelectual de R. P. de A. Madrid 1972. – Fernández, P. H.: Estudios sobre R. P. de A. Oviedo 1978. – R. P. de A. An annotated bibliography of criticism. Hg. v. M. Best. London 1981. – Stock, M. P.: Dualism and polarity in the novels of R. P. de A. London 1988.

**Pérez de Guzmán,** Fernán [span. 'perɛð ðe ɣuð'man], * zwischen 1376 und 1379, † Batres (?) um 1460, span. Schriftsteller. – Soldat und Politiker; hervorragendster span. Geschichtsschreiber des ausgehenden MA, aus dessen Werk v. a. die Sammlung zeitgenöss. Biographien ›Generaciones y semblanzas‹ (hg. 1512, 3. Tl. des Geschichtswerkes ›Mar de historias‹) großen Quellenwert besitzt; als Lyriker vorwiegend Moralist, auch Panegyriker.

**Ausgabe:** F. P. de G. Generaciones y semblanzas. Krit. Ausg. Hg. v. R. B. Tate. London 1965.

**Pérez de Hita,** Ginés [span. 'perɛð ðe 'ita], * Mula (Prov. Murcia) um 1544, † nach 1619, span. Schriftsteller. – Nahm am Feldzug gegen die Morisken (1568–71) teil. Seine Erlebnisse verwertete er v. a. im 2. Teil seines großen histor. Romans ›Die Geschichte der Bürgerkriege von Granada‹ (2 Tle., 1595–1619, dt. 1913), in dem er, gestützt auf eine arab. Vorlage, ein Zeugnis über die Blüte der maurisch-arab. Kultur ablegte. Mit seinen Kriegsbeschreibungen, romant. Liebesszenen und eingestreuten Romanzen gehört er zu den bedeutendsten Vertretern der literar. Maurophilie des Siglo de oro.

**Ausgaben:** G. P. de H. Guerras civiles de Granada. Hg. v. P. Blanchard-Demouge. Madrid 1913–15. 2 Bde. – G. P. de H. Guerras civiles de Granada. Primera parte. Hg. v. S. M. Bryant. Newark (Del.) 1982.

**Literatur:** Wiegman, N. A.: G. P. de H. y la novela romántica. Madrid 1971. – Carrasco-Urgoiti, M. S.: The moorish novel. El Abencerraje and P. de H. Boston (Mass.) 1976.

**Pérez de Montalbán,** Juan [span. 'perɛð ðe mɔntal'βan], * Madrid 1602, † ebd. 25. Juni 1638, span. Dramatiker. – Studierte in Alcalá de Henares; trat 1625 in den geistl. Stand; befreundet mit Lope F. de Vega Carpio; schrieb etwa 60 Dramen, meist mit histor. und religiösen Stoffen, sowie eine Reihe von Novellen.

**Ausgaben:** J. P. de M. In: Biblioteca de autores españoles. Hg. v. B. C. Aribau. Bd. 45: Dramáticos contemporáneos a Lope de Vega. Madrid 1858. Neuausg. Madrid 1951. – J. P. de Montalván. Novelas ejemplares. Hg. v. F. Gutiérrez. Barcelona 1957.

**Literatur:** Profeti, M. G.: M. Un commediografo dell'età di Lope. Pisa 1970. – Parker, J. H.: J. P. de M. Boston (Mass.) 1975. – Per una bibliografia di J. P. de M. Hg. v. M. G. Profeti. Verona 1976.

**Pérez Galdós,** Benito [span. 'perɛð ɣal'dɔs], * in der Prov. Las Palmas 10. Mai 1843, † Madrid 4. Jan. 1920, span. Schriftsteller. – Studierte Rechtswiss., lebte ab 1863, von zahlreichen Reisen durch Europa abgesehen, in Madrid; wiederholt Abgeordneter der Cortes. Vertreter des span. Liberalismus. Bedeutendster span. Romanschriftsteller an der Wende vom 19. zum 20. Jh., der sich in seinem umfangreichen Werk mit den polit., sozialen und ideolog. Problemen seines Landes auseinandersetzt. Sein Hauptwerk sind die realist. ›Episodios nacionales‹ (1873–1912), eine Folge von 46 vielfach mit H. de Balzacs ›Comédie humaine‹ verglichenen Romanen in fünf Serien aus der Geschichte Spaniens im 19. Jahrhundert. Die 32 ›Novelas contemporáneas‹ behandeln aktuelle und religiöse Fragen und geben psychologisch meisterhafte Menschen- und Milieuschilderungen v.a. aus dem Bürgertum, so ›Doña Perfecta‹ (R., 1876, dt. 1886), ›Gloria‹ (R., 1877, dt. 1880), ›Fortunata und Jacinta‹ (R., 4 Bde., 1887, dt. 1961), ›Miau‹ (R., 1888, dt. 1960), ›Ángel Guerra‹ (R., 1891), ›Nazarín‹ (R., 1895). Von P. G.' Dramen (oft Bearbeitungen seiner Romane) erregte v.a. ›Electra‹ (1901, dt. 1901) großes Aufsehen. Schrieb auch Reiseberichte und Erinnerungen.

**Ausgabe:** B. P. G. Obras completas. Hg. v. F. C. SÁINZ DE ROBLES. Madrid 1971–73. 8 Bde.

**Literatur:** HINTERHÄUSER, H.: Die ›Episodios nacionales‹ v. B. P. G. Hamb. 1961 (mit Bibliogr.). – NIMETZ, M.: Humor in Galdós. A study of the ›Novelas contemporáneas‹. New Haven (Conn.) 1968. – G. studies. Hg. v. E. VAREY. London 1970–74. 2 Bde. – RODRÍGUEZ, A.: Estudios sobre la novela de G. Madrid 1978. – SHOEMAKER, W. H.: La crítica literária de G. Madrid 1979. – BEYRIE, J.: G. et son mythe. Paris 1980. 3 Bde. – SHOEMAKER, W. H.: The novelistic art of G. Valencia 1980–82. 3 Bde. – FINKENTHAL, S.: El teatro de G. Madrid 1980. – ELIZALDE, I.: P. G. y su novelística. Bilbao 1981.

**Perfahl,** Irmgard B., geb. Beidl, * Birkfeld (Steiermark) 19. Nov. 1921, österr. Schriftstellerin. – Versucht in ihren Erzählungen Freiräume der Liebe und Freiheit zu finden, indem sie ihre Figuren in die Kindheit oder in die unmittelbare Zeit nach dem Tod versetzt.

**Werke:** Fahren, aber niemals ankommen (Ged., Aphorismen, 1977), Fortbewegungen (Ged., 1978), Anscheinend unverletzt (En., 1980), Guten Tag Freiheit (En., poet. Prosa, 1981), Schwarzes Lächeln Senegal (Reisebericht, 1984), Mosaik. Roman in 83 Teilstücken (1994).

**Performance** [engl. pə'fɔ:məns = Aufführung; zu lat. performare = völlig bilden], die P. ist als Form der Aktionskunst v.a. der 70er Jahre ein Versuch einer Grenzerweiterung zwischen bildender und darstellender Kunst. Ihren Ausgang nahm sie in New York und verbreitete sich rasch international. Überschneidungen ergeben sich mit Body-art und Concept-art sowie der Videokunst, denn meist werden die Abläufe als Film bzw. in Videotechnik aufgezeichnet; ihr Feedback wird z.T. unmittelbar einbezogen in den Gang der Handlung, außerdem sind die P.s damit reproduzierbar, andere P.s sind auch von vornherein als Videotapes angelegt. Wichtige Künstler sind u.a. Laurie Anderson (* 1947), Ben D'Armagnac (* 1940), Gina Pane (* 1939), Stuart Brisley (* 1939), Helmut Schober (* 1947), Bruce McLean (* 1942), Antoni Miralda (* 1942), Valie Export (eigtl. Waltraud Höllinger, * 1940), Rebecca Horn (* 1944), Colette (* 1947), Vito Acconci (* 1940), Franz E. Walther (* 1939), Jürgen Klauke (* 1943), Tina Girouard (* 1946), Robert Kushner (* 1949), ULAY (eigtl. Uwe F. Laysiepen, * 1943), Marina Abramovic (* 1946), Peter Weibel (* 1944) und Friederike Pezold (* 1943).

**Literatur:** P., eine andere Dimension. Dt.-engl. Hg. v. K. MARTINS. Bln. 1983. – SCHECHNER, R.: P. theory. Neuausg. London 1988.

**Pergaud,** Louis [frz. pɛr'go], * Belmont (Doubs) 21. Jan. 1882, ⚔ Marchéville-en-Woëvre bei Verdun 8. April 1915, frz. Schriftsteller. – Volksschullehrer, ab 1907 in Paris; verfaßte v.a. Tiergeschichten (›Mart und Margot‹, 1910, dt. 1927, 1935 u.d.T. ›Mart der Marder‹, Prix Goncourt 1910; ›La revanche du corbeau‹, 1911; ›Le roman de Miraut, chien de chasse‹, 1914; ›La vie des bêtes‹, hg. 1924); autobiographisch ist der Roman ›Der Krieg der Knöpfe‹ (1911, dt. 1964); die Bauern seiner Heimat schildert er in ›Les rustiques‹ (En., hg. 1921).

**Ausgabe:** L. P. Œuvres complètes. Paris 1970.

**Literatur:** FROSSARD, H.: L. P. Bordeaux 1982.

**Periakt** [griech.; eigtl. = das Herumgedrehte], drehbares Dekorationselement im antiken griech. Theater. Drei mit verschiedenen Dekorationsschauplätzen bemalte Holztafeln wurden in Form eines drehbaren Prismas zusammengesetzt. Die Prismen waren rechts und links der Bühne angebracht, ihre Drehung veranschaulichte Szenenwechsel oder den Beginn eines neuen Stücks. In der Renaissance wurden die P.en als Grundelement der Telaribühne (↑Bühne) wiederentdeckt.

**Periegeten** (Perihegeten) [griech. = Herumführer], in der Antike Verfasser der seit dem Hellenismus gepflegten Literaturgattung der *Periegesis,* einer Beschreibung von Ländern, Städten und Sehenswürdigkeiten im Sinne räuml.

Durchwanderns. Die bedeutendsten P. sind Polemon von Ilion (3./2. Jh. v. Chr.) und Pausanias (2. Jh. n. Chr.). Auch Verfasser der Gattung des ↑Periplus zählen zu den Periegeten.

**Perikope** [griech. = Abschnitt],
**1.** in der antiken Lyrik ein System von mehreren in geregelter Abfolge aufeinanderfolgenden Strophen, z. B. das System von Strophe, Antistrophe und Epode in der Chorlyrik (↑auch Ode).
**2.** bibl. Textabschnitte, die zu Lesungen im Gottesdienst oder als Textgrundlage für die Predigt verwendet werden.

**Perinet,** Joachim [...nɛt], *Wien 20. Okt. 1763, †ebd. 9. Febr. 1816, österr. Theaterdichter. – Spielte zuerst an verschiedenen Wiener Dilettantenbühnen, ab 1785 Berufsschauspieler (meist am Leopoldstädter Theater); schrieb vielgespielte bühnenwirksame Ritterdramen, Lustspiele, Zauberpossen, Parodien und Travestien.
**Werke:** Der Page (Lsp., 1792), Das Neusonntagskind (Singspiel, 1794), Die Schwestern von Prag (Singspiel, 1794), Hamlet (Travestie, 1807), Vittoria Ravelli, der weibl. Rinaldo ... (Schsp., 1808), Der Feldtrompeter ... (Singspiel, 1808).

**Periode** [griech. = Umlauf, Kreislauf],
**1.** seit der antiken Rhetorik ein Satz, in dem sich Anfang, Verlauf und Abschluß zu einem seinem Sinn nach Ganzen abrunden. Er besteht deshalb in der Regel aus verschiedenen Teilen (Sätze, Satzteile), von denen größere als Kola (↑Kolon), kleinere als Kommata (Komma) bezeichnet werden. Die P. kann auch ein einfacher Satz (ohne Nebensätze) sein, wenn er seinen Sinn umfassend genug entwickelt.
**2.** in der antiken Metrik die grundlegende selbständige Einheit, die einen ↑Vers oder mehr umfaßt. Ihre Grenzen sind durch obligator. Wortende (||) gekennzeichnet. Eine P. ist ein Klangkontinuum, dessen Einteilung nach Silben sich nur abhängig von der Aufeinanderfolge von Vokalen und Konsonanten (↑Synaphie) ergibt, nicht abhängig von der Unterteilung in Wörter oder syntakt. Einheiten. Das letzte Element einer P. ist ein elementum anceps (↑anceps). – In der mhd. Dichtung bilden mehrere durch eine bestimmte Reimstellung (z. B. abba) zusammengefaßte Verse eine Periode. – ↑auch Epoche.

**Peripetie** [griech. = Wendung, plötzl. Umschwung], Begriff aus der Tragödientheorie des Aristoteles (›Poetik‹); ein entscheidendes Strukturelement der ↑Tragödie; bezeichnet den (meist jäh eintretenden) Umschlag der dramat. Handlung in das Gegenteil des bisherigen Handlungsverlaufs und damit die Wende der Situation des Helden zum Schlechten oder Guten. Bes. wirkungsvoll ist die P., wenn sie mit einer ↑Anagnorisis verbunden ist. – Im streng gebauten fünfaktigen Drama (G. Freytag) tritt die P. am Ende des 3. oder zu Beginn des 4. Aktes ein, im dreiaktigen Drama am Ende des 2. oder zu Beginn des 3. Aktes.

**Periphrase** [griech. = Umschreibung] (lat. circumlocutio), rhetor. Stilmittel (↑Trope); Umschreibung einer Person, einer Sache oder eines Begriffs durch kennzeichnende Tätigkeiten, Eigenschaften oder Wirkungen, z. B. ›der Allmächtige‹ für Gott; Form der ↑Amplifikation; dient u. a. der poet. und rhetor. Ausschmückung eines Textes, der Abwechslung im Ausdruck (↑Antonomasie), der verhüllenden Nennung eines gewöhnl. oder tabuisierten Wortes (↑Euphemismus) oder der ↑Anspielung; bes. häufig in manierist. Stilhaltungen; in Dantes ›Die Göttl. Komödie‹ (gedr. 1472, dt. 1814–21, erstmals dt. 1767–69) wird die P. zu einem herausragenden Stilmittel (u. a. Apollo und Diana als Sonne und Mond); die P. kann oft auch aus einer längeren Wendung bestehen, Goethe z. B. umschreibt Venedig mit den Worten: ›Jene neptun. Stadt, allwo man geflügelte Löwen Göttlich verehrt ...‹ (›Venetian. Epigramme‹, 1795).

**Periplus** [griech. = Umschiffung] (Mrz. Periploi), antike geograph. Literaturgattung seit dem 6. Jh. v. Chr. Teils Küsten- und Hafenbeschreibung zu naut. und wirtschaftl. Zwecken, teils eine beliebte Form für Reise- und Forschungsberichte (u. a. Avienus, Hanno [Seefahrer, 5. Jh. v. Chr.], Nearchos [⚔ 312 v. Chr.], Patrokles [* um 345, † um 280], Pomponius Mela, Pytheas [2. Hälfte des 4. Jh. v. Chr.], Skylax von Karyanda

[† nach 480 v. Chr.]). Die Ausweitung der Periploi durch Exkurse bewirkte eine Verwandtschaft zur Literatur der ↑ Periegeten.

**Literatur:** GÜNGERICH, R.: Die Küstenbeschreibung in der griech. Lit. Münster ²1975.

**Peri Rossi,** Cristina [span. 'peri 'rosi], * Montevideo 5. Okt. 1941, uruguay. Schriftstellerin. – Lebt seit 1972 in Spanien. Veröffentlichte Erzählungen, Lyrik und Romane, in denen ein erfindungsreicher, spieler. oder auch persiflierender Umgang mit den sprachl. Konventionen vorherrscht. Ihre Thematik des Fremdseins und der Grenzsituationen der Erkenntnis verweist auf den Existentialismus.

**Werke:** Los museos abandonados (En., 1969), Der Abend des Dinosauriers (En., 1976, dt. 1982), El museo de los esfuerzos inútiles (1983), Iks (R., 1984, dt. 1988), Mona Lisa und ihr Maler. Prosa und Lyrik (dt. Ausw. 1985), Einsiedler der Liebe (R., 1988, dt. 1989), Fantasias eroticas (Essays, 1991, dt. 1993).

**Perk,** Jacques Fabrice Herman, * Dordrecht 10. Juni 1859, † Amsterdam 1. Nov. 1881, niederl. Dichter. – Pfarrerssohn, studierte Jura, war zeitweilig (bis zum Bruch 1880) mit W. J. Th. ↑ Kloos befreundet, der nach P.s Tod dessen ›Gedichten‹ (1882) herausgab. P. war v. a. Lyriker. Sein bedeutendstes Werk ist der Sonettenzyklus ›Mathilde‹ (entst. ab 1880); seine Ausdrucksweise und sein Stil brachten einen neuen Ton in die niederl. Dichtung. Er gilt als Vorläufer der Tachtigers (↑ niederländische Literatur), da sich die für diese Gruppe typ. Elemente ›Individualismus‹ und ›Schönheitsverherrlichung‹ bereits in seinem Werk finden.

**Ausgaben:** J. F. H. P. Mathilde-Krans. Hg. v. G. STUIVELING. Amsterdam 1941. 3 Bde. – J. P. Leven en werken. Hg. v. G. STUIVELING. Amsterdam 1957–59. 4 Bde.

**Literatur:** PERK, B.: J. F. H. P., geschetst voor 'tjonge Nederland der 20ᵉ eeuw. Amsterdam 1902. – STUIVELING, G.: Het korte leven van J. P. Amsterdam 1957.

**Perkens,** Duco [niederl. 'pɛrkəns], Pseudonym des niederl. Schriftstellers Charles Edgar du ↑ Perron.

**Perkonig,** Josef Friedrich ['pɛrkonɪk, pɛr'ko:nɪk], * Ferlach (Kärnten) 3. Aug. 1890, † Klagenfurt 8. Febr. 1959, österr. Schriftsteller. – Lehrer; ab 1922 Prof. an der Lehrerbildungsanstalt in Klagenfurt. In zahlreichen anschaul. und realist. Novellen und Romanen gestaltete er v. a. Probleme seiner kärntner. Heimat. Schrieb auch Dramen, Essays, Hörspiele und Filmdrehbücher, übersetzte slowen. Dichtungen.

**Werke:** Die stillen Königreiche (R., 1917), Heimat in Not (R., 1921), Dorf am Acker (Nov.n, 1926), Bergsegen (R., 1928, 1935 u. d. T. Auf dem Berge leben), Mensch wie du und ich (R., 1932), Der Guslaspieler (E., 1935), Nikolaus Tschinderle, Räuberhauptmann (R., 1936), Lopud, Insel der Helden (R., 1938, 1955 u. d. T. Liebeslied am Meer), Im Morgenlicht (Erinnerungen, 1948), Patrioten (R., 1950), Ein Laib Brot, ein Krug Milch (Nov.n, hg. 1960).

**Ausgabe:** J. F. P. Ausgew. Werke. Hg. v. E. NUSSBAUMER. Klagenfurt 1965–68. 8 Bde.

**Literatur:** P. wie wir ihn kannten. Erinnerungen seiner Freunde. Bearb. v. E. NUSSBAUMER. Klagenfurt 1980.

**Permutation** [lat. = Vertauschung], in der Literatur das strenge, aber auch unsystemat. Durchspielen der mögl. Kombinationen einzelner Glieder eines Verses, Satzes oder Wortes; in verschiedenartigsten Funktionen eingesetzt in der Kabbalistik, der Sprachmystik, der barocken Dichtung, der experimentellen, speziell ↑ konkreten Poesie, auch in Nonsensversen.

**Pernath,** Hugues, eigtl. H. Wouters, * Antwerpen 15. Aug. 1931, † ebd. 4. Juni 1975, fläm. Dichter. – Gehört zur experimentierenden Gruppe der Vijftigers; in seinen späteren Gedichten thematisiert er in zugänglicherer Weise Aspekte der Zeitproblematik.

**Werke:** Soldatenbrieven (1961; mit P. Snoek), Instrumentarium voor een winter (Ged., 1963), Mijn gegeven woord (Ged., 1966), Mijn tegenstem. Gedichten 1966–1973 (1973), Nagelaten gedichten (hg. 1976).

**Ausgabe:** H. P. Verzameld werk. Hg. v. H. F. JESPERS. Antwerpen 1980.

**Pérochon,** Ernest [frz. perɔ'ʃõ], * Vouillé (Deux-Sèvres) 24. Febr. 1885, † Niort 10. Febr. 1942, frz. Schriftsteller. – Sohn eines Bauern, Volksschullehrer; Verfasser von Bauernromanen aus der Vendée und dem Poitou, u. a. ›Magdalene‹ (1920, dt. 1937; Prix Goncourt 1920), ›Das letzte Gebot‹ (1922, dt. 1938), ›Milon‹ (1936), ›Babette et ses deux frères‹ (1939), Le chanteur de villanelles (R., hg. 1943).

**Perrault,** Charles [frz. pɛ'ro], * Paris 12. Jan. 1628, † ebd. 16. Mai 1703, frz. Schriftsteller. – 1671 Mitglied der Académie française. Löste mit seinem 1687 in der Académie française vorgetragenen ›Poème sur le siècle de Louis le grand‹, in dem er die These von der Überlegenheit seiner Zeit über die Antike vertrat, die ↑ Querelle des anciens et des modernes aus; wandte sich auch in den fünf Dialogen der ›Parallèle des anciens et des modernes ...‹ (4 Bde., 1688–97) gegen die blinde Nachahmung der antiken Literatur und geriet damit in Gegensatz zu N. Boileau-Despréaux. Literarisch am bedeutsamsten ist seine berühmte Märchensammlung ›Contes de ma mère l'oye‹ (1697, dt. 1822 u. d. T. ›Feenmärchen für die Jugend‹), die Anlaß für eine Reihe weiterer Märchensammlungen wurde.

**Weitere Werke:** Saint Paulin (Epos, 1687), Griseldis (E., 1691), Peau d'âne (E., 1694), Mémoires de ma vie (Erinnerungen, hg. 1755).

**Ausgaben:** Ch. P. Contes de fées. Die Märchen. Dt.-frz. Ausg. Dt. Übers. v. W. WIDMANN. Mchn. 1975. – Ch. P. Contes de fées. Histoires ou contes du temps passé. Hg. v. N. BECKER u. W. TH. ELWERT. Ffm. u. a. 1984. – Ch. P. Märchen. Dt. Übers. v. F. APEL u. B. DIETERLE. Mchn. 1985.

**Literatur:** ELWERT, W. TH.: Ch. P. u. seine Märchen. In: ELWERT: Aufss. zur provenzal., frz. u. nlat. Dichtung. Wsb. 1971. – KRÜGER, H.: Die Märchen v. Ch. P. u. ihre Leser. Diss. Kiel 1971. – SORIANO, M.: Le dossier P. Paris 1972. – SORIANO, M.: Les contes de P. Culture savante et traditions populaires. Paris ²1977. – BARCHILON, J./FLINDERS, P.: Ch. P. Boston (Mass.) 1981. – MALARTE, C.-L.: Du folklore à la littérature enfantine. La fortune des ›Contes‹ de P. Paris 1984. – MORGAN, J.: P. Morals for moderns. New York u. a. 1985. – ↑ auch Boileau-Despréaux, Nicolas.

**Perret,** Jacques [frz. pɛ'rɛ], * Trappes 8. Sept. 1901, † Issy-les-Moulineaux (Hauts-de-Seine) 10. Dez. 1992, frz. Schriftsteller. – Geriet 1940 in dt. Kriegsgefangenschaft, arbeitete nach der Flucht 1942 in der Widerstandsbewegung. Schrieb iron., grotesk-kom. Romane und Erzählungen, auch Essays und Hörspiele. Originell seine Erinnerungen an die Kriegsgefangenschaft ›Le caporal épinglé‹ (1947).

**Weitere Werke:** Ernest le rebelle (R., 1937), Histoires sous le vent (En., 1944), Bande à part (R., 1951), Salades de saison (Essays, 1957), Les biffins de Gonesse (R., 1961), Souvenirs (Erinnerungen, 2 Bde., 1975/76), Tirelires (Nov.n, 1981), Belle Lurette (R., 1983).

**Literatur:** BOUTS, B.: L'art et la pensée chez J. P. In: Itinéraires 228 (Dez. 1978), S. 103. – GREENSPAN, J. R.: Occupied France in six post-war novels (1945–1952). Diss. Indiana University Bloomington (Ind.) 1984.

**Perron,** Charles Edgar du, Pseudonym Duco Perkens, * Meestercornelis bei Jakarta 2. Nov. 1899, † Bergen (Niederlande) 14. Mai 1940, niederl. Schriftsteller. – Kam 1921 nach Europa (Belgien, Holland, Paris), lebte später wieder in Indonesien, bevor er sich endgültig in Europa niederließ. P. bemühte sich um eine Erneuerung der niederl. Literatur; vor dem 2. Weltkrieg hatte er großen Einfluß auf die junge Schriftstellergeneration; schrieb oft aggressive Essays, gefürchtete Kritiken, stark autobiograph. Erzählungen und Lyrik.

**Werke:** Parlando (Ged., 1930), Het land van herkomst (Autobiogr., 1935), Blocnote klein formaat (Kritiken, 1936), De man van Lebak (Multatuli-Biogr., 1937).

**Literatur:** DEPREZ, A.: E. du P. Brüssel 1960.

**Perse,** Saint-John, frz. Lyriker, ↑ Saint-John Perse.

**Persiflage** [...'fla:ʒə; frz.; zu siffler = pfeifen], Form der literar. Polemik, die darauf abzielt (vielfach durch nachahmende Übertreibung bestimmter Stilmanieren), den Gegenstand oder die Person ihres Angriffs lächerlich zu machen.

**persische Literatur,** die in Neupersisch geschriebene **neupersische Literatur,** Teil der **iranischen Literatur** (mitunter auch Bez. für den Gesamtkomplex des Schrifttums der Perser seit dem Altertum). Vorläufer sind die altiran. Sakraltexte (↑ Awesta) und altpers. Königsinschriften der Achämeniden (↑ altpersische Literatur) sowie die ↑ mittelpersische Literatur, deren Werke in engem Verhältnis zur Religiosität des Zoroastrismus stehen, auch das verlorengegangene ›Hʷatai Nāmag‹ (= Königsbuch, ein Vorgänger des ›Šāhnāmaʰ‹ von Ferdousi) und das ›Kārnāmag ī Artašir‹, die Geschichte Ardaschirs I.

**Anfänge:** Die Eroberung Irans durch die muslim. Araber im **7. Jahrhundert** führte zur Verdrängung des Mittelpersischen, der Hochsprache des Sassanidenreiches.

Zunächst trat das Arabische in weiten Bereichen des öffentl. Lebens an seine Stelle, aber schon für das späte **8. Jahrhundert** sind Zeugen neupers. Dichtung belegt. Schon zuvor waren Werke vorislam. p. L. ins Arabische übersetzt worden. Das darauf folgende Erstarken neupers. literar. Schaffens (bes. unter den Samaniden und anderen ostiran. Dynastien) erwies sich u. a. in den Werken der höf. Dichter Rudaki und Daghighi, v. a. aber im ›Šāhnāmaʰ‹ (= Buch der Könige) von Ferdousi, der ep. Darstellung der Geschichte Irans. Intensive Förderung fanden die Literaten fortan v. a. an den Höfen türkischer Herrscher in Iran (Ghasnawiden, Seldschuken, Chwarism-Schahs).

**Lyrik:** Neben zahlreichen Heldenepen, die jedoch kaum Ferdousis Vorbild nahekommen, traten im höf. Bereich auch lyr., oft panegyr. Werke auf, meist in der aus der arab. Poesie entlehnten Gedichtform der Kasside, die zunächst lobpreisenden oder eleg., manchmal auch spött. Inhalts war. Unter dem Einfluß des höf. Milieus entwickelte sich eine Vorliebe für sprachliche Künsteleien, und alsbald zeichnete sich die Kassidendichtung durch komplizierte Rhetorik, sprachl. Opulenz und Prunk mit arab. Stilelementen aus (Manutschehri [† um 1041], Anwari, Chaghani [† um 1199]). Die Kasside blieb nicht auf Panegyrik beschränkt: sie behandelte später auch religiöse und philosoph. Themen (z. B. Naser e Chosrou). Andere lyr. Formen sind das Ghasel, die ›qiṭʻaʰ‹ (= Bruchstück; für Sinnsprüche bes. geeignet) und das volkstüml. ›rubāʻī‹ (= Vierzeiler), dem als einzigem von allen Gedichtformen ein nicht aus der arab. Poesie entlehntes Metrum zugrunde liegt (Omar Chaijam). Im 13. und 14. Jh. erreichte die Ghaseldichtung durch Sadi und Hafes ihren absoluten Höhepunkt. Das Ghasel wurde zum Liebesgedicht schlechthin, seiner bedienten sich Mystiker wie auch Verherrlicher der ird. Liebe. Unter ersteren ist v. a. Dschalal od-Din Rumi zu nennen, dessen ›Dīwān-e kabīr‹ (dt. Ausw. 1838) eine sonst unerreichte Tiefe myst. Verzückung aufweist.

**Das romant. Liebesepos:** Indessen wurde die ep. Form, das Masnawi (= erzählendes Gedicht in gereimten Doppelversen; z. B. das ›Šāhnāmaʰ‹), keineswegs vernachlässigt: von höf. Geschmack, myst. Liebesempfinden und volkstüml. Romantik gleichermaßen bestimmt, griffen Dichter von Liebesgeschichten gern auf den Sagen- und Historienschatz des alten Iran, aber auch der Araber zurück (z. B. Gorgani mit ›Wīs u Rāmīn‹ [= Wis und Ramin]; Dschami mit dem biblisch-koran. ›Yūsuf u Zalīḫā‹ [= Joseph und Suleicha]). Den Höhepunkt in dieser Gattung erreichte jedoch Nesami, dessen Epen ›Lailī u Mağnūn‹ (= Leila und Madschnun), ›Ḫusraw u Šīrīn‹ (dt. 1809 u. d. T. ›Schirin‹) und ›Haft Paykar‹ (dt. 1959 u. d. T. ›Die sieben Geschichten der sieben Prinzessinnen‹) alsbald eine weite Verbreitung fanden. Seine Themen wurden später wiederholt von namhaften Dichtern aufgegriffen (so von Amīr Ḫusraw Dihlawī, Dschami, aber auch von dem Türken Fużûlî).

**Das myst. Lehrgedicht:** Auch zur myst. erbaul. Unterrichtung wurde die Gedichtform des Masnawi seit früher Zeit herangezogen. Hier ist zunächst Sanais Werk zu nennen: ›Ḥadīqat al-ḥaqīqa wa-šarīʻat aṭ-ṭarīqa‹ (= Der Garten der Wahrheit und das Gesetz des Weges, verschiedene lose aneinandergereihte myst. Betrachtungen) und ›Sair al-ʻibād ilā'l-maʻād‹ (= Die Reise der Gottesknechte an den Ort der Rückkehr, eine in sich geschlossene Erzählung, die den myst. Weg beschreibt). Dieser liegt auch Attars Lehrgedicht ›Manṭeq oṭ-ṭeyr‹ (= Die Sprache der Vögel) zugrunde, während das vielleicht berühmteste suf. Lehrgedicht, das ›Masnawī-i maʻnawī‹ (= Das dem inneren Sinn aller Dinge zugekehrte Masnawi) von Dschalal od-Din Rumi, aus einer Vielzahl von Geschichten besteht. Weniger myst. als allgemein moralisierende Grundzüge prägen Sadis belehrendes Masnawi ›Būstān‹ (= Duftgarten).

**Spätere Entwicklung der Poesie:** Vielfach wird die Zeit **nach dem 14. Jahrhundert,** bes. nach dem Tod Dschamis (1492), als eine Zeit des poet. Niedergangs empfunden; dieses Urteil wird jedoch heute von verschiedenen Seiten abgeschwächt. Übertriebene Bildersprache und komplizierte Wortspiele kennzeichnen den damals im islam. Indien entstandenen ›ind. Stil‹ (↑Sa'eb-e Tabrisi), der bis ins 19. Jh. den literar. Geschmack in Persien bestimmte. Lyriker wie Saba und Ghaani markierten die für das **19. Jahrhundert** typ. Richtung der ›Rückkehr‹ (›bāzgašt‹) zur einfachen, schlichten Dichtweise früherer Poeten. Diese wurde um die **Wende zum 20. Jahrhundert** von westl. Einfluß überlagert, dem sich viele moderne Dichter nicht entzogen (Abolghasem Aref [* 1882 ?, † 1934], Mohammad Eschghi [* 1893, † 1924], später Nima Juschidsch). Andere (M. T. Bahar, P. Etesami) bekannten sich weiterhin zu den Grundlagen klass. Dichtung.

**Prosa:** Trotz des jahrhundertelangen Vorranges, der dem Arabischen als der Sprache der Gelehrsamkeit eingeräumt wurde, sind pers. Prosawerke aus früher Zeit überliefert (Abu Mansurs Vorrede zum ›Šāhnāma[h]‹; Balamis [† 996?] Kurzfassung von Tabaris [* 839, † 923] arab. Chronik; später Baihaghis [† 1077 oder 1078] Geschichte der Ghasnawiden). Seit dem **12. Jahrhundert** traten Prosawerke unterhaltenden, didakt. und myst. Charakters auf, darunter Staatshandbücher und Fürstenspiegel, aber auch philosoph. (Naseroddin Tusi [* 1201, † 1274]) und myst. Abhandlungen sowie Erbauungsliteratur (das unterhaltsame Buch ›Samak-i 'Ayyār‹ [= Samak der Freischärler], 12. Jh.; Abolmaalis Prosafassung der Fabelsammlung ›Kalīla[h] wa Dimna[h]‹ [= Kalila und Dimna], Naser e Chosrous Reisebuch ›Safarnāma[h]‹ [= Reisebuch). An späteren Werken sind Sadis ›Gulistān‹ und Dschamis ›Bahāristān‹ zu dieser Kategorie zu zählen. Das **13. Jahrhundert** leitete eine glanzvolle Periode pers. Geschichtsschreibung ein; im Anschluß daran ist auch die biograph. und die sog. ›Inšā‹-Literatur (Briefe und Formularsammlungen) zu nennen. Wie in der Poesie verbreitete sich auch unter den Prosaschriftstellern seit dem **14. Jahrhundert** eine Vorliebe für schwülstigen Stil, der v. a. in den Kanzleien gepflegt wurde. Eine Änderung erfolgte erst im **19. Jahrhundert** durch aufklärer. Schriftsteller (z. B. Ghaem-Magham [* 1797, † 1835], Malkom Chan [* 1833 oder 1834, † 1909]) und den um 1900 einsetzenden Journalismus. Die **moderne Kunstprosa** ist ebenfalls durch europ. Einfluß gekennzeichnet. V. a. die Kurzgeschichte erfreut sich einer beachtl. Popularität (S. M. A. Dschamalsade, S. Hedajat, Dschalal Al-e Ahmad, S. Tschubak, B. Alavi. Dschamalsade, Ali Daschti (* 1895, † 1981 oder 1982) und Alavi werden auch ihrer Romane wegen sehr geschätzt. In den 70er Jahren gingen in Lyrik und Prosa verstärkt sozialkrit. und polit. Themen ein, die sich gegen das Pahlawiregime wendeten. Religiöse und kulturkrit. Tendenzen nahmen mehr und mehr oppositionellen polit. Charakter an. Die islam. Revolution 1979 bewirkte die Konzentration auf politisch-islam. Themen. Eine breite Produktion von massenwirksamer Revolutionsliteratur (Hymnen, Liedtexte, Slogans) setzte ein, meistens islamisch-ideologisch geprägt. Das Interesse an erzählender Literatur nahm deutlich ab, ethisch-didakt. Traditionen, erfüllt mit islam. Themen, lebten auf. Eine Reihe von Literaten (z. B. Gholam-Ali Sa'edi) gingen nach der Revolution ins westl. Ausland. In jüngster Zeit scheint sich eine allgemeine Liberalisierung auch in der Literatur bemerkbar zu machen; das Interesse am (psycholog.) Roman nimmt wieder zu.

Als eine bes. Form der modernen neupers. Literatur ist das literar. Schaffen in Tadschikistan zu sehen: das Tadschikische ist eine in kyrill. Lettern geschriebene Variante der neupers. Sprache, bed. Vertreter ist Aini.

**Literatur:** Grundr. der iran. Philologie. Hg. v. W. GEIGER u. E. KUHN. Straßburg 1895–1904. 2 in 3 Bden. Nachdr. Bln. 1974. – ARBERRY, A. J.: Classical Persian literature. London 1958. Nachdr. Richmond 1994. – Iran. Literaturgesch. Hg. v. J. RYPKA u. a. Dt. Übers. Lpz. 1959. – GELPKE, R.: Die iran. Prosalit. im 20. Jh. Bd. 1. Wsb. 1962 (m. n. e.). – ALAVI, B.: Gesch. u. Entwicklung der modernen p. L. Bln. (Ost) 1964. – MACHALSKI, F.: Littérature de l'Iran contemporain. Breslau 1965–80. 3 Bde. – LEVY, R.: An introduction to Persian literature. New York 1969. – Storia della letteratura persiana. Hg. v. A. M. PIEMONTESE. Mailand 1970. 2 Bde. – ARYANPUR, M./KASHANI, A. A.: History of Persian literature. Teheran 1973. – Critical perspectives on modern Persian literature. Hg. v. TH. M. RICKS. Washington 1984. – Persian literature. Hg. v. E. YARSHATER. Albany 1988.

**Persius Flaccus,** Aulus, * Volaterrae (heute Volterra) 4. Dez. 34, † bei Rom

24. Nov. 62, röm. Satirendichter. – Aus etrusk. Ritterfamilie; sorgfältig ausgebildet. Seine sechs Satiren in Hexametern (Vorbilder: Gaius Lucilius und Horaz) enthalten weniger Zeitkritik als Moralphilosophie stoischer Prägung; sie sind in überaus dunkler, preziöser Sprache abgefaßt und wurden in der Antike und im Mittelalter viel gelesen.

**Ausgabe:** A. P. F. Die Satiren. Lat. u. dt. Hg. v. O. SEEL. Mchn. 1950.

**Literatur:** BRAMBLE, J. C.: Persius and the programmatic satire. Cambridge 1974.

**Personalbibliographie,**
**1.** eine Zusammenstellung der Werke (Primärliteratur) eines Autors und der dazu erschienenen Sekundärliteratur (↑ auch Biobibliographie).
**2.** eine nach Verfassernamen geordnete ↑ Bibliographie.

**personale Erzählsituation** ↑ Erzählsituation.

**Personifikation** [lat.], häufige rhetor. Figur; die Vermenschlichung (Personifizierung) von Naturerscheinungen (›Gelassen stieg die Nacht ans Land‹, E. Mörike, Gedicht ›Um Mitternacht‹), von Gegenständen (im Märchen handeln Bohne, Strohhalm usw. wie Personen) oder abstrakten Begriffen (›Mutter Natur‹). – ↑ auch Allegorie.

**Perspektive** [zu spätlat. perspectivus = durchblickend], Standpunkt, Blickwinkel, von dem aus ein Geschehen dargestellt wird. Darstellungsform v. a. der erzählenden Prosa, aber auch der Lyrik. Hierbei unterscheidet z. B. F. K. Stanzel eine P. der allwissenden Überschau (auktorial), eine in eine Person der Handlung verlegte P. des beschränkten Blickwinkels (personal) und die Ich-Erzählsituation, bei der der Erzähler mit zur dargestellten Welt gehört. L. Doležel teilt ein in Sprechertexte und sprecherlose Texte. P. Lubbock unterscheidet zwischen ›external view point‹ und ›internal view point‹, J. Pouillon zwischen ›vision par derrière‹ (aus der Überschau) und ›vision avec‹ (aus der Mitschau), von T. Todorov genauer bestimmt als Sicht von oben (der Erzähler weiß mehr als die Figuren bzw. alles), Sicht mit den Figuren (der Erzähler weiß genau so viel wie die Figuren) und Sicht von außen (der Erzähler weiß weniger als die Figuren).

**peruanische Literatur,** im Anschluß an die Eroberung Perus durch die Spanier entstand eine Vielzahl von Chroniken. Den in Spanien geborenen Chronisten – Alonso Henríquez de Guzmán (* 1500, † nach 1544), Pedro Cieza de León (* 1520/22, † 1554), Agustín de Zárate († nach 1560), Pedro Sarmiento de Gamboa (* 1530, † 1592) u. a. – folgten bald Autoren indian. oder mestiz. Abkunft; u. a. Felipe Guzmán Poma de Ayala (* um 1535, † nach 1615), Blas Valera (* um 1538, † 1598) und Garcilaso de la Vega, dessen stilistisch hervorragende ›Geschichte der Incas, Könige von Peru‹ (1609–17, dt. [Auszüge] 1787/88) als erstes großes Werk der hispanoamerikan. Literatur gilt. Die folgende breite literar. Aktivität blieb fast völlig von span. Vorbildern – v. a. L. de Góngora y Argote, F. Gómez de Quevedo y Villegas, P. Calderón de la Barca – abhängig. Zu den originellsten Schriftstellern des **17. Jahrhunderts** zählte Juan de Espinosa Medrano (* 1632, † 1688), Autor von Theaterstücken in Quechua und Spanisch und eines apologet. Traktats über den Gongorismus. Die überragende Gestalt des **Spätbarock** war der Universalgelehrte P. de Peralta Barnuevo. Ein Werk der Aufklärung ist der teils satir., teils realistisch deskriptive Reisebericht ›El Lazarillo de ciegos caminantes‹ (um 1775), den der Spanier Alonso Carrió de la Vandera (* um 1715, † nach 1778) unter dem Pseudonym ›Concolorcorvo‹ in Lima publizierte. Die **Romantik** kündigte sich in den volksliedhaften Gedichten von Mariano Melgar (* 1791, † 1815) an, eine starke romant. Strömung setzte jedoch erst um die Mitte des 19. Jh. ein. Sie fand ihren Höhepunkt in der Lyrik und Prosa, besonders in den histor. Erzählungen ›Tradiciones peruanas‹ (1872–1910) von R. Palma. Bereits auf den **Modernismo** verwies die formale Virtuosität der Lyrik von M. González Prada, der durch seine Essays starken Einfluß auf das kulturelle und sozialpolit. Leben Perus ausübte. Seine Gedanken setzten sich fort bei Víctor Raúl Haya de la Torre (* 1895, † 1981), dem Gründer der APRA (Alianza Popular Revolucionaria Americana), sowie bei dem Marxisten J. C. Mariátegui, und sie bildeten den theoret.

Hintergrund der sozialkrit. indigenist. Romantradition, die mit dem Roman ›Aves sin nido‹ (1889) von Clorinda Matto de Turner (* 1854, † 1909) einsetzte. Die Hauptvertreter der modernist. Lyrik waren J. S. Chocano und J. M. Eguren. Ein neuer Abschnitt der peruan. Lyrik begann mit César Vallejo, dessen sprachlich und formal avantgardist. Dichtungen persönl. Verzweiflung wie humanitäres und polit. Engagement zum Ausdruck bringen. Europ. Strömungen, v. a. **Futurismus** und **Surrealismus,** wurden von Ricardo Peña Barrenechea (* 1893, † 1949), Alberto Guillén (* 1897, † 1935) u. a. aufgegriffen. Xavier Abril (* 1903), R. de la Fuente Benavides (Pseudonym M. Adán), Emilio Adolfo Westphalen (* 1911) setzen diese Tendenzen fort. Soziale Themen behandeln u. a. Alejandro Peralta (* 1899) und Luis Nieto (* 1910). Bei den meisten Dichtern, die **nach dem 2. Weltkrieg** hervortraten – Gustavo Valcárcel (* 1921), Javier Sologuren (* 1922), Alejandro Romualdo (* 1926), Carlos Germán Belli (* 1927), Alberto Escobar (* 1929) – läßt sich, nach der Frühphase eines oft hermet. Ästhetizismus, ein jäher Umschlag zu einer Poesie des engagierten Protests feststellen. Die nachgerückte Lyrikergeneration, von denen der als Guerrillero erschossene Javier Heraud (* 1942, † 1963), Antonio Cisneros (* 1942) und der auch als Essayist und Dramatiker hervorgetretene Julio Ortega (* 1942) herausragen, knüpft z. T., vor dem Hintergrund der strukturalist. Linguistik, an die Sprachexperimente Vallejos in ›Trilce‹ (1922) an oder sie formuliert ihren Protest – wie etwa die Lyriker um die in den 1970er Jahren gegründeten Zeitschriften ›Hora Zero‹, ›Estaciones Reunidas‹, ›Grupo Alfa‹ u. a. – mit aggressiver Ironie. In der peruan. Prosaliteratur des 20. Jh. herrscht die Auseinandersetzung mit der nat. Wirklichkeit vor. Die namhaftesten Vertreter modernist. Prosa waren V. García Calderón und A. Valdelomar. Nachhaltigeren Einfluß auf die literar. Entwicklung übten die realist. Erzählungen von E. López Albújar aus. Die indigenist. Thematik mit sozialkrit. Akzent fand in C. Alegría und J. M. Arguedas zwei ihrer für ganz Lateinamerika repräsentativen Autoren; ihre Linie wurde v. a. von M. Scorza mit dem Romanzyklus seiner ›Baladas‹ bzw. ›Cantares‹ fortgesetzt. Vorwiegend Probleme und Konflikte der verschiedenen Schichten der städt. Gesellschaft behandeln José Díez Canseco (* 1904, † 1949), Carlos E. Zavaleta (* 1928), J. R. Ribeyro, Enrique Congrains Martín (* 1932), Mario Castro Arenas (* 1932), Osvaldo Reynoso (* 1932), M. Vargas Llosa, der überragende Romancier seiner Generation, und Alfredo Bryce Echenique (* 1939). Das Theater verdankt bes. S. Salazar Bondy einen relativ beachtl. Aufschwung.

**Literatur:** PORRAS BARRENECHEA, R.: Los cronistas del Perú, 1528–1650. Lima 1962. – ROMERO DE VALLE, E.: Diccionario manual de literatura peruana y materias afines. Lima 1966. – ÁNGELES CABALLERO, C. A.: Literatura peruana. Lima 1967. – TORD, L. E.: El indio en los ensayistas peruanos: 1848–1948. Lima 1978. – GARSCHA, K./KLEIN, H. G.: Einführung in die Lateinamerikastudien am Beispiel Peru. Tüb. 1979. – CORNEJO POLAR, A.: Literatura y sociedad en el Peru. La novela indigenista. Lima 1980. – DELGADO, W.: Historia de la literatura republicana. Nuevo carácter de la literatura en el Perú independiente. Lima 1980. – SÁNCHEZ, L. A.: La literatura peruana. Lima [5]1981. 5 Bde. – NATELLA, JR., A. A.: The new theatre of Peru. New York 1982. – ARRIOLA GRANDE, M.: Diccionario literario del Perú. Nomenclatura por autores. Lima [2]1983, 2 Bde. – HIGGINS, J.: A history of peruvian literature. Liverpool 1987. – CORNEJO POLAR, A.: La novela peruana. Lima [2]1989. – TORO MONTALVO, C.: Historia de la literatura peruana. Lima 1991. – TAMAYO VARGAS, A.: Literatura peruana. Lima 1993. 3 Bde.

**Perutz,** Leo, * Prag 2. Nov. 1882 (nicht 1884), † Bad Ischl 25. Aug. 1957, österr. Schriftsteller. – Emigrierte 1938 nach Tel Aviv. P. war Dramatiker und erfolgreicher Verfasser von spannenden und unterhaltenden Romanen und Novellen mit phantast. und histor. Themen.

**Werke:** Die dritte Kugel (R., 1915), Zwischen neun und neun (R., 1918), Der Marques de Bolibar (R., 1920), Das Gasthaus zur Kartätsche (R., 1920), Der Meister des jüngsten Tages (R., 1923), Turlupin (R., 1924), Wohin rollst du, Äpfelchen (R., 1928), Herr, erbarme dich meiner! (Nov.n, 1930), St. Petri-Schnee (R., 1934), Der schwed. Reiter (R., 1936), Nachts unter der steinernen Brücke (R., 1953), Der Judas des Leonardo (R., hg. 1959).

**Literatur:** MURAYAMA, M.: L. P. Die histor. Romane. Diss. Wien 1979. – NEUHAUS, D.: Erinnerung u. Schrecken. Die Einheit v. Gesch., Phantastik u. Mathematik im Werk L. P.s. Ffm. u. a. 1984. – MÜLLER, HANS-HARALD: L. P. Mchn. 1992.

**Pervigilium Veneris** [lat. = Nachtfeier der Venus], anonymes lat. Gedicht in trochäischen Tetrametern, wohl im 3. oder 4. Jh. n. Chr. entstanden. Aufforderung zu einer Frühlingsfeier der Venus; das Gedicht schildert den Vorabend eines dreitägigen Venusfestes im Frühling.
**Ausgabe:** Catullus, Tibullus and P. V. Lat. u. engl. Hg. v. F. W. CORNISH u. a. Cambridge (Mass.) 1962.

**Perwenzew** (tl.: Pervencev), Arkadi Alexejewitsch [russ. 'pjervıntsəf], * Nagut (Region Stawropol) 26. Jan. 1905, † Moskau 2. Nov. 1981, russ.-sowjet. Schriftsteller. – Schrieb erzählende und dramat. Werke im Sinne der offiziellen Parteidoktrin mit Themen aus dem Bürgerkrieg und dem 2. Weltkrieg; z. T. Verarbeitung eigener Erlebnisse im Kubangebiet.
**Werke:** Kotschubej (R., 2 Tle., 1937, dt. 1962), Čest' smolodu (= Ehre von Jugend auf, R., 1948, dt. Ausschnitt 1949 u. d. T. Aus der Kindheit des Helden), Černaja burja (= Schwarzer Sturm, R., 1974).
**Ausgabe:** A. A. Pervencev. Sobranie sočinenij. Moskau 1977–80. 6 Bde.

**Perwomaisky** (tl.: Pervomajs'kyj), Leonid Solomonowytsch [ukrain. pɛrvɔ'majsjkej], eigtl. Illja Schljomowytsch Hurewytsch, * Konstantinograd (Krasnograd, Gebiet Charkow) 17. Mai 1908, † Kiew 9. Dez. 1973, ukrain.-sowjet. Schriftsteller. – Journalist; bed. Übersetzer; Lyriker, Dramatiker und Erzähler (›Dykyj med‹ [= Wilder Honig], R., 1963).
**Ausgabe:** L. S. Pervomajs'kyj. Tvory. Kiew 1968–70. 7 Bde.

**Perzyński,** Włodzimierz [poln. pɛ'ʒiɲski], * Opoczno bei Radom 6. Juli 1877, † Warschau 21. Okt. 1930, poln. Schriftsteller. – Wandte sich nach Anfängen mit empfindsamer Lyrik v. a. der erzählenden (Novellen, Erzählungen, Romane) und dramat. Dichtung zu; beschrieb mit zunehmender Neigung zum Realismus meist ironisch die Welt poln. Kleinbürger.
**Ausgaben:** W. P. Nowele. Warschau 1956. – W. P. Wybór komedii. Breslau 1980.

**Peschitta** [syr. = die allgemeine, die einfache], syr. Bibelübersetzung, in ihrer standardisierten Form im 4./5. Jh. entstanden. Als Textgrundlage für das AT wurde ein altpalästinens. ↑ Targum nachgewiesen, außerdem Einflüsse der Septuaginta und des massoret. Textes (Massora ist Bez. für das zunächst mündlich, später schriftlich tradierte Material zur Sicherung der Texte der hebr. Bibel und dessen Aussprache). Der neutestamentl. Teil enthält nur 22 Schriften (Entsprechung zur Buchstabenzahl des syr. Alphabets?); 2. Petrusbrief, 2. und 3. Johannesbrief, Judasbrief und Apokalypse wurden erst im 6. Jh. in den westsyr. Kanon aufgenommen.

**Peschkow** (tl.: Peškov), Alexei Maximowitsch [russ. 'pjɛʃkɐf], russ.-sowjet. Schriftsteller, ↑ Gorki, Maxim.

**Pessanha,** Camilo [portugies. pə'sɐɲɐ], * Coimbra 7. Sept. 1867, † Macau 1. März 1926, portugies. Lyriker. – Studierte Jura in Coimbra und lebte ab 1894 als Gymnasiallehrer und Anwalt meist in Macau; einer der hervorragenden Symbolisten in Portugal; schrieb von P. Verlaine und S. Mallarmé beeinflußte Gedichte mit melancholischer Grundstimmung und exotischen Motiven, z. B. ›Clépsidra‹ (1920, erweitert hg. 1945 [P.s Hauptwerk]); auch Essays und Übersetzungen aus dem Chinesischen.
**Literatur:** SPAGGIARI, B.: O simbolismo na obra de C. P. Lissabon 1982.

**Pessoa,** Fernando António Nogueira de Seabra [portugies. pə'soɐ], * Lissabon 13. Juni 1888, † ebd. 30. Nov. 1935, portugies. Lyriker. – Wuchs in Südafrika auf; u. a. Mitarbeiter der Zeitschrift ›A Águia‹ und Mit-Hg. der Zeitschrift ›Orpheu‹ (1915). Gilt als einer der bedeutendsten Autoren der europ. Literatur des 20. Jahrhunderts. P. schrieb außer unter seinem eigenem Namen auch unter mehreren Pseudonymen (›Heteronymen‹) – u. a. Alberto Caeiro, Álvaro de Campos, Ricardo Reis, Bernardo Soares –, die er als selbständige menschl. und poet. Individuen verstand; dabei bediente er sich souverän der lyr. Ausdrucksmittel von Klassizismus, Symbolismus, Futurismus ebenso wie der freien Rhythmen W. Whitmans; schrieb auch in engl. Sprache (›Antinous‹, Ged., 1918; ›35 sonnets‹, Ged., 1918; ›English poems‹, Ged., 1921).

Fernando António Nogueira de Seabra Pessoa (Zeichnung von Almada-Negreiros)

**Weitere Werke:** Mensagem (Ged., 1934), Páginas de doutrina estética (Fragmente, hg. 1946).
**Ausgaben:** F. P. Poesie. Portugies. u. dt. Übers. v. G. R. LIND. Ffm. 1962. – F. P. Dichtungen. Dt. Übers. Ffm. 1965. – F. P. Obras completas. Neuausg. Lissabon [1-13]1979–84. 11 Bde. – F. P.: Alberto Caeiro: Dichtungen/Ricardo Reis: Oden. Portugies. u. dt. Übers. v. G. R. LIND. Zü. 1986. – F. P. Álvaro de Campos. Poesias/Dichtungen. Hg. u. übersetzt v. G. R. LIND. Zü. 1987. – F. P. Faust, eine subjektive Tragödie. Fragmente u. Entwürfe. Hg. u. übers. v. G. R. LIND. Portugies. u. dt. Zü. 1990. – F. P. Das Buch der Unruhe des Hilfsbuchhalters Bernardo Soares. Dt. Übers. v. G. R. LIND. Zü. 40.–45. Tsd. 1990. – F. P. Ein anarchist. Bankier. Dt. Übers. v. R. WERNER. Neuausg. Bln. 1990.
**Literatur:** SIMÕES, J. G.: Vida e obra de F. P. Lissabon 1951. 2 Bde. Neuausg. 1980. – GÜNTERT, G.: Das fremde Ich. F. P. Bln. u. New York 1971 (mit Bibliogr.). – Actas do 1 Congreso Internacional de Estudos Pessoanos, Porto 1978. Porto 1979. – F. P., 1888–1935. Lissabon 1985. – F. P., Algebra der Geheimnisse. Mit Beitrr. von G. R. LIND, O. PAZ, P. HAMM u. G. GÜNTERT. Zü. 1986. – F. P. Dokumente zur Person u. ausgewählte Briefe. Übers. u. hg. v. G. R. LIND. Zü. 1988. – LOURENÇO, E.: P. l'étranger absolu. Frz. Übers. Paris 1990.

**Pestalozzi,** Johann Heinrich, * Zürich 12. Jan. 1746, † Brugg 17. Febr. 1827, schweizer. Pädagoge. – Nach anfängl. Studium der Theologie und der Rechte wurde ihm, angeregt durch J.-J. Rousseau und die industriepädagog. Bewegung, die Erziehung, v. a. des ›armen Volkes‹, zur Lebensaufgabe. Nach einer kurzen landwirtschaftlichen Ausbildung gründete er bei Birr (Aargau) das Gut Neuhof (1769). Er wandelte es 1775 in eine Erziehungsanstalt für arme Kinder um, in der er eine allgemeine Grundbildung mit handwerkl. und landwirtschaftl. Ausbildung zu verbinden suchte. Das Unternehmen scheiterte nach wenigen Jahren (1779). In der Folgezeit wandte er sich sozialpolit. Problemen zu. Ein großer Erfolg wurde der 1. Band seines Romans ›Lienhard und Gertrud‹, in dem er die sozialpolitische Bedeutung der ›Wohnstubenerziehung‹ darstellte (4 Bde., 1781–87). 1798 übernahm P. ein Waisenhaus in Stans, 1800–04 leitete er eine Schule in Burgdorf, war dann auf Gut Hofwil und führte 1804–25 eine Anstalt in Yverdon. 1825 kehrte er auf den Neuhof zurück. P.s Werke haben mit ihren Grundgedanken weltweit gewirkt: 1. allgemeine Ausbildung der Kräfte der Menschen, und zwar aller, auch der ›niedersten Menschen‹, zu einem Sichverstehen auf das eigene Können; 2. natürl. Erziehung gegenüber der ›künstl. Bahn‹ der Schule; 3. Anschaulichkeit als Kennzeichen der Natürlichkeit gegenüber dem bloßen ›Maulbrauchen‹; ihr verbindet sich die Selbsttätigkeit; 4. Bildung muß elementar sein, soll sie alle erreichen. In vielen Schriften hat sich P. zu der Methode dieser Elementarbildung geäußert, z. B. in ›Wie Gertrud ihre Kinder lehrt‹ (1801). In seinen Alterswerken unterzog er diese Intentionen einer berechtigten Kritik, z. B. in ›Schwanengesang‹ (1826).
**Weitere Werke:** Christoph und Else (R., 2 Tle., 1782), Meine Nachforschungen über den Gang der Natur in der Entwicklung des Menschengeschlechts (Abhandlung, 1797).
**Ausgaben:** J. H. P. Sämtl. Werke. Krit. Ausg. Begr. u. hg. v. A. BUCHENAU u. a. Bln. u. a. 1927–79. 28 Bde. – P. Ausgew. Werke u. Briefe. Hg. v. G. GEISSLER u. JAKOB R. SCHMID. Whm. 1968 ff. Auf über 10 Bde. berechnet.
**Literatur:** GANZ, H.: P. Leben u. Werk. Zü. [2]1966. – RANG, A.: Der polit. P. Ffm. 1967. – DELEKAT, F.: J. H. P. Mensch, Philosoph, Politiker, Erzieher. Hdbg. [3]1968. – TOBLER, H. J.: Die Gestalt des Lehrers bei P. Zü. 1969. – BUOL, C.: H. P. Stg. 1976. – LIEDTKE, M.: J. H. P. Rbk. 53.–55. Tsd. 1992. – Philosophie u. Religion bei P. P.-Bibliogr. 1977–1992. Hg. v. F.-P. HAGER u. a. Bern u. a. 1994.

**Pestum,** Jo, eigtl. Johannes Stumpe, * Essen 29. Dez. 1936, dt. Schriftsteller. – Studierte Malerei in Essen und Düsseldorf; Chefredakteur bei der Zeitschrift ›rover‹, danach freier Schriftsteller; Hg.

der ›Edition P.‹ (Belletristik für junge Erwachsene). Verfasser von zahlreichen Bilder- und Kinderbüchern, Detektiv- und Kriminalgeschichten für Kinder, Sachbüchern, Jugendromanen, Romanen und lyrischen Arbeiten.

**Werke:** Duell im heißen Wind (Jugend-R., 1975), Zeit der Träume (Jugend-R., 1976), Die Insel des Glücks (Jugend-R., 1977), Leg deine Hand auf mein Gesicht (Ged., En., 1977), Auf einem weißen Pferd nach Süden (Jugend-R., 1978), Cowboys weinen nicht (Kinderb., 1981), Fossbeck (R., 1984), Nur große Fische für den Joker (Kriminal-E., 1984), Die Zeit der Gazelle (Jugend-R., 1985), Der Pirat auf dem Dach (1986), Zorros Zirkus (1989), City-Glück & Straßen-Blues (Geschichten, 1989), Der Waldläufer (1993), Julia im Hexenhaus (Kinderb., 1994).

**Petan,** Žarko, * Ljubljana 27. März 1929, slowen. Schriftsteller. – Theaterregisseur; schreibt Theaterstücke, Hörspiele, Aphorismen (1001 Aphorismen erschienen 1986), Kurzgeschichten, Romane und Kinderbücher.

**Werke:** Mit leerem Kopf nickt es sich leichter (satir. Aphorismen, dt. Ausw. 1979), Himmel in Quadraten (Aphorismen und kleine Prosa, dt. 1981), Vor uns die Sintflut (Aphorismen, dt. Ausw. 1983), Die Geburt des Vergessens (R., 1983, dt. 1987), Preteklost (= Vergangenheit, R., 1987), Viele Herren von heute waren gestern noch Genossen. Neue Aphorismen (dt. Ausw. 1990).

**Peter von Arberg,** Graf, dt. Dichter des 14. Jahrhunderts. – Urkundlich zwischen 1348 und 1368 nachweisbar; vermutlich schweizer. oder nassauischer Herkunft. Schrieb volkstüml. weltl. und geistl. Lieder; drei seiner geistl. Tagelieder sind in der Colmarer Liederhandschrift überliefert.

**Literatur:** RÖLL, W.: Oswald von Wolkenstein u. Graf P. v. A. In: Zs. f. dt. Altertum u. dt. Lit. 97 (1968).

**Peter von Dusburg,** Chronist des Dt. Ordens in der 1. Hälfte des 14. Jahrhunderts. – Priesterbruder des Dt. Ordens; Verfasser des ›Chronicon terrae Prussiae‹, das zunächst bis 1326 und später bis 1330 reicht. Sein Werk, Ausgangspunkt der Ordensgeschichtsschreibung in Preußen, wurde durch Nikolaus von Jeroschin in dt. Verse übertragen (›Kronike von Prûzinlant‹).

**Literatur:** BAUER, HELMUT: P. v. D. u. die Geschichtsschreibung des Dt. Ordens im 14. Jh. Bln. 1935. – HELM, K./ZIESEMER, W.: Die Lit. des Dt. Ritterordens. Gießen 1951. – ENGELS, O.: Zur Historiographie des Dt. Ordens im MA. In: Arch. f. Kulturgesch. 48 (1966), S. 336.

**Peterich,** Eckart, * Berlin 16. Dez. 1900, † Florenz 13. April 1968, dt. Journalist und Schriftsteller. – Lange Zeit als Korrespondent in Athen, Rom und Genf; unternahm viele Reisen; ab 1959 Leiter der dt. Bibliothek in Mailand, ab 1960 in Rom; 1962 Direktor beim Goethe-Institut in München. Neben populärwiss. Arbeiten über Religion und Kunst der Antike stehen u. a. auch Übersetzungen (Dante), Dramen und Gedichte.

**Werke:** Kleine Mythologie (2 Bde., 1937/38), Sonette einer Griechin (Ged., 1940), Nausikaa (Dr., 1947), Gedichte 1933–46 (1949), Liebesliederbuch (Ged., 1949), Italien. Ein Führer (3 Bde., 1958–63), Reise auf den brit. Inseln (Ged., 1963), Fragmente aus Italien (hg. 1969).

**Petersen,** Jan, eigtl. Hans Schwalm, * Berlin 2. Juli 1906, † Berlin (Ost) 11. Nov. 1969, dt. Schriftsteller. – Seit 1930 Mitglied der KPD; ab 1931 Leiter und Vorsitzender des Bundes proletarisch-revolutionärer Schriftsteller Deutschlands; 1935 Emigration über Frankreich in die Schweiz, später nach England, 1945 Rückkehr nach Berlin. Die Themen seines literar. Gesamtwerkes – Faschismus und Arbeiterkampf – werden auch in seinem erfolgreichsten Werk, dem Roman ›Unsere Straße‹ (1936) deutlich.

**Weitere Werke:** Sache Baumann und andere (engl. 1939, dt. 1948), Und ringsum Schweigen (engl. 1940, dt. 1949), Der Fall Dr. Wagner (E., 1954), Yvonne (E., 1957), Die Bewährung. Eine Chronik (1970).

**Petersen,** Nis [Johan] [dän. 'pe:'dərsən], * Vamdrup (Jütland) 22. Jan. 1897, † Laven 9. März 1943, dän. Schriftsteller. – Schrieb Gedichte, Novellen, Romane und Aphorismen; sein meisterhafter Stil, die Fähigkeit, alle erzähltechn. Möglichkeiten auszuschöpfen, und die in der dän. Literatur erstmals behandelten Stoffkreise trugen wesentlich zum großen Erfolg seiner Werke bei. 1926 erschien der Gedichtband ›Nattens pibere‹, dem 1931 das Hauptwerk, der Roman ›Die Sandalenmachergasse‹ (dt. 1933), folgte. Der im Stil dem Schelmenroman angepaßte, zur Zeit Mark Aurels spielende, aber sprachlich mit modernen

Mitteln und Anachronismen durchsetzte Roman zieht immer wieder Parallelen zur Gegenwart.

**Weitere Werke:** Verschüttete Milch (R., 1934, dt. 1935), Aftenbønnen (Nov.n, hg 1946).

**Ausgaben:** N. P. Samlede digte. Hg. v. H. BRIX. Kopenhagen 1949. – N. P. Mindeudgave. Kopenhagen 1962. 8 Bde.

**Literatur:** NIELSEN, F.: N. P. Kopenhagen 1970.

**Petiot,** Jean Charles Henri [frz. pə'tjo], frz. Schriftsteller, ↑Daniel-Rops.

**Petiška,** Eduard [tschech. 'pɛtjiʃka], * Prag 14. Mai 1924, tschech. Schriftsteller. – Verfaßte Lyrik, Erzählungen (›Svatební noci‹ [= Hochzeitsnächte], 1972; ›Nejlepší život‹ [= Das schönste Leben], 1973; ›Svět plný lásky‹ [= Eine von Liebe erfüllte Welt], 1979), Romane (›Richter Knorr‹, 1967, dt. 1973), Kinder- und Jugendbücher; Übersetzer dt. Dichter (G. E. Lessing, Goethe, H. von Kleist, E. T. A. Hoffmann, H. Heine). In dt. Sprache erschien 1972 auch ›Der Golem: jüd. Märchen und Legenden aus dem alten Prag‹ (1969).

**Weiteres Werk:** Průvodce mladého muže manželstrím (= Der Begleiter des jungen Mannes durch die Ehe, R., 1981).

**Petkanow** (tl.: Petkanov), Konstantin Nikolow [bulgar. pɛt'kanof], * Kavaklı (heute Mariç [europ. Türkei]) 29. Nov. 1891, † Sofia 12. Febr. 1952, bulgar. Schriftsteller. – Schrieb außer Kinderbüchern Romane, Novellen und Erzählungen, in denen er thrak. Volkstum und das Leben der Bauern darstellte, u. a. ›Preselnici‹ (= Umsiedler, R., 1937).

**Weitere Werke:** Bez deca (= Kinderlos, R., 1927), Chajduti (= Heiducken, R., 1931).

**Petőfi,** Sándor (Alexander) [ungar. 'pɛtø:fi], eigtl. S. Petrovics, * Kiskőrös 1. Jan. 1823, ⚔ bei Segesvár (heute Sighişoara) 31. Juli 1849, ungar. Dichter. – Sohn eines Fleischers slowak. Herkunft; kam früh nach Pest, war Statist und Theaterdiener, wurde 1839 in Sopron Soldat, mußte aber 1841 die Armee wegen körperlicher Schwäche verlassen. P. war dann Wanderschauspieler, daneben auch Student (Freundschaft mit M. Jókai) und arbeitete intensiv an seiner Weiterbildung. Seine Werke erschienen ab 1842 in schneller Folge. 1846 gründete er in Pest die jakobin. Gesellschaft der Zehn, aus der die Führer der Revolution hervorgingen. Nach Erscheinen seiner gesammelten Gedichte (1847) wurde P. gefeierter Mittelpunkt des literar. Lebens. Von großem Einfluß auf sein dichter. Schaffen war die leidenschaftl. Liebe zu Julia von Szendrey, die er 1847 heiratete. Im selben Jahr schloß er Freundschaft mit J. Arany, der die ungar. Literatur ihren schönsten Briefwechsel verdankt. Im März 1848 führte er mit patriot. Versen und Artikeln die revolutionäre Pester Jugend an. 1849 war er Adjutant des poln. Generals Bem im ungar. Freiheitskrieg und fiel bei Segesvár. P.s Ausdrucksformen waren anfangs das Lied sowie Charakter- und Genrebilder, die das naive Volkslied zum Vorbild haben. Er pflegte auch die kleine ep. Form. In größeren Gedichten in neuem poet. Realismus schilderte er Land und Menschen der ungar. Tiefebene. Das kom. Epos ›A helység kalapácsa‹ (= Der Dorfhammer, 1844), das Pathos und Überschwang in der Dichtung parodiert, und ›Der Held János‹ (1845, dt. 1851), ein Epos, in dem Märchenhaftes und Reales ineinanderfließen, bedeuteten einen neuen Abschnitt seines Schaffens. Es folgten Liebesgedichte voller Sehnsucht, Hoffnung und Enttäuschung. Seine Themen wurden vielfältiger, sein Ton ging über das Volkstümliche hinaus; einen weiteren Höhepunkt seines Schaffens bildete seine Stimmungslyrik.

Sándor Petőfi (Auschnitt aus einer zeitgenössischen Lithographie)

**Weitere Werke:** Der Strick des Henkers (R., 1846, dt. 1852), Der Apostel (Vers-R., hg. 1851, dt. 1865).

**Ausgaben:** Alexander Petőfi. Poet. Werke. Dt. Nachdichtung v. I. SCHNITZER. Wien 1910.

6 Bde. – S. P. Lyr. u. ep. Dichtungen. Dt. Übers. Budapest 1938. – P. S. Összes művei. Krit. Ausg. Hg. v. B. VARJAS u. a. Budapest 1951–64. 7 Bde. – P. Ein Leseb. f. unsere Zeit. Hg. v. G. STEINER. Weimar 1955. – S. P.: Doch währt nur einen Tag mein Leuchten. Ausgew. Prosa. Dt. Übers. Hg. v. V. THIES. Lpz. 1977. – S. Petöfi. Gedichte. Kassel ³1978. – S. P. Held János. Kassel 1979. – S. P. Gedichte. Ausw. Hg. v. J. KERÉGYÁRTÓ. Budapest 1984.

**Literatur:** FARKAS, J. VON: Der ungar. Vormärz. Das Zeitalter P.s. Bln. 1943. – KLANICZAY, T., u. a.: Gesch. der ungar. Lit. Budapest 1963. S. 129. – JONES, D. M.: Five Hungarian writers. Oxford 1966. – ILLYÉS, G.: S. P. Dt. Übers. Bln. u. Weimar 1971. – P., Rebell oder Revolutionär? Hg. v. B. KÖPECZI. Budapest 1973. – ILLYÉS, G.: Feuer ist mein Wesen. Ein P.-Bildnis. Dt. Übers. Budapest 1980. – MOLNÁR BASA, E.: S. P. Boston (Mass.) 1980. – LOSSAU, N.: Die dt. P.-Übersetzungen. Ffm. u. a. 1993.

**Petőfi-Kreis** [ungar. 'pɛtø:fi; nach S. Petőfi], Gruppe ungar. Schriftsteller, die durch freiheitl. Forderungen den ungar. Aufstand im Herbst 1956 mit vorbereiteten; zu ihm gehörten u. a. T. Déry und als intellektueller Führer G. Lukácz.

**Petrarca,** Francesco (P. ist eine Latinisierung des Vaternamens Petracco), * Arezzo 20. Juli 1304, † Arquà (heute Arquà Petrarca) 18. Juli 1374, italien. Humanist und Dichter. – Sohn eines Florentiner Notars, der 1302, wahrscheinlich aufgrund persönl. Konflikte (und nicht aus polit. Gründen) aus Florenz verbannt worden war. Die Familie übersiedelte 1310 nach Pisa und 1311 nach Avignon. P. studierte ab 1316 die Rechte in Montpellier, ab 1320 in Bologna. Nach dem Tod des Vaters kehrte P. nach Avignon zurück und trat 1326 in den geistl. Stand. Am Karfreitag (6. April) des Jahres 1327 erste Begegnung in der Kirche der hl. Klara in Avignon mit Laura, die er in seiner Lyrik besang. Sie soll am 6. April 1348 gestorben sein. Als ihr Geburtsjahr wird 1310 erschlossen. Schon zu Lebzeiten P.s wurde die Existenz Lauras bezweifelt, auch in neuerer Zeit hat man vermutet, daß P. unter diesem Namen verschiedene Erlebnisse zusammengefaßt hat. Im Sommer 1330 hielt sich P. bei seinem Freunde Giacomo Colonna, Bischof von Lombez, auf; dann kehrte er nach Avignon zurück, wo er in den Dienst des Kardinals Giovanni Colonna trat (bis 1347). Im Sommer 1333 Reise

Francesco Petrarca

nach Paris, Flandern und an den Rhein, wo er in Klosterbibliotheken nach antiken Manuskripten suchte. Von 1337 an lebte er zurückgezogen auf seinem Landgut in Vaucluse bei Avignon. Am Ostermontag (8. April) 1341 wurde er auf dem Kapitol in Rom zum Dichter gekrönt. 1342–53 lebte P. mit Unterbrechungen in Avignon und Vaucluse, 1341–45 besuchte er verschiedene italien. Städte, entdeckte dabei in Verona die Handschrift von Ciceros Briefen an Atticus. 1347 begeisterte er sich vorübergehend für den röm. Volkstribunen Cola di Rienzo, in dem er den Erneuerer der Größe des republikan. Rom sah, und überwarf sich deswegen mit den Colonna. 1353 verließ P. Avignon für immer. 1353–61 stand er im Dienste der Visconti in Mailand und reiste u. a. 1356 als deren Gesandter zu Kaiser Karl IV. nach Prag. 1362–68 lebte er in Venedig, später schenkte ihm Francesco I da Carrara ein kleines Landgut in Arquà.

Die Zeitgenossen sahen in P. v. a. den Humanisten, der unermüdlich nach antiken Handschriften forschte und um deren Verbreitung bemüht war. Doch erst heute werden P.s Leistung als Textkritiker und -editor und der Wert seiner Besserungen verderbter Textstellen voll gewürdigt. P. erkannte als erster den Unterschied zwischen mittelalterl. und klass. Latein. Er selbst ging mit seiner an Cicero ausgerichteten lat. Prosa beispielgebend voran: seine Korrespondenz faßte er selbst zusammen, u. a. in den 24 Büchern der ›Epistolae familiares‹ (entst. 1364, gedruckt 1492, dt. Ausw. 1931

u. d. T. ›Briefe‹) und in den 17 Büchern der ›Epistolae seniles‹ (entst. 1361, gedruckt 1501); die ›Epistolae variae‹ wurden postum von seinen Freunden zusammengestellt (gedruckt 1501). Bed. ist v. a. sein ›Brief an die Nachwelt‹ (›Posteritati‹, entst. um 1370, gedruckt 1496, dt. 1910), der eine Selbstcharakteristik im Stil einer antiken Vita enthält. Aufschluß über P.s Persönlichkeit geben insbes. die in Versen verfaßten Briefe ›Epistolae metricae‹ (entst. 1331–61, gedruckt 1501, dt. 1903 u. d. T. ›Poet. Briefe‹). Mit seinem Epos ›Africa‹ (1. Fassung 1338–42, gedruckt 1496), in dem er, die Gestalt des älteren Scipio in den Mittelpunkt stellend, die röm. Republik verherrlichte, wollte P. das antike Epos erneuern. Dem Ruhme geweiht war das Prosawerk ›De viris illustribus‹ (entst. 1338 bis nach 1351, hg. 1874–79), eine Darstellung der Geschichte Roms in Biographien von Romulus bis Titus (unvollendet; bis Cäsar). Von P.s weiteren lat. Prosawerken sind u. a. Bekenntnisschriften zu nennen ›De contemptu mundi‹ (auch ›Secretum‹, entst. 1342/43, gedruckt 1470, dt. 1910 u. d. T. ›Gespräche über die Weltverachtung‹), ein fiktiver Dialog zwischen dem Dichter und dem hl. Augustinus, in dem P. in mittelalterl. Geist wegen seiner weltl. Neigungen mit sich zu Gericht geht. P.s Schwanken zwischen Weltlichkeit und Askese ist das Thema seiner 12 allegor. Eklogen (›Bucolicum carmen‹, entst. 1346/47, 1357 überarbeitet, gedruckt 1473). Die Ruhe klösterl. Lebens preist er in den mystisch-asket. Schriften ›De otio religiosorum‹ (entst. 1347, gedruckt 1501) und ›De vita solitaria‹ (entst. 1346–56, gedruckt um 1473). Das in Form (Frage- und Antwortspiel) und Inhalt am stärksten von mittelalterl. Geist erfüllte Trostbüchlein ›De remediis utriusque fortunae‹ (entst. 1354–66, gedruckt 1468, dt. 1532 u. d. T. ›Von der Artzney bayder Glück – des guten und widerwertigen‹), eine Anleitung zum glückl. Leben, verbindet christl. Gläubigkeit mit stoischen, aus Cicero und Seneca d. J. geschöpften Gedanken. Es war im 14. und 15. Jh. P.s bekanntestes Werk. In kleineren Schriften polemisierte P. gegen die Scholastik und die averroistische Philosophie und trat außerdem für den Wert der Dichtung und der Philosophie gegenüber den Naturwissenschaften, besonders der Medizin, ein.

P.s Werk in italien. Sprache umfaßt lyr. Gedichte und eine allegor. Dichtung. In der Lyrik fußt er formal und inhaltlich auf der Tradition des provenzal. Minnesangs und der italien. Dichtung des Dolce stil nuovo, erweitert sie jedoch thematisch durch die Zergliederung persönl. Erlebnisse. Die im Verlauf vieler Jahre entstandenen Gedichte faßte P. selbst in einer mehrfach umgestalteten Sammlung zusammen, heute u. d. T. ›Il canzoniere‹ (Liederbuch; hg. 1470, dt. 1818/19 u. d. T. ›Italien. Gedichte‹) bekannt, deren letzte Fassung (Vatikan. Codex 3195) 317 Sonette, 29 Kanzonen, 9 Sestinen, 7 Balladen und 4 Madrigale umfaßt. Formen, die für die italien. Lyrik kanonisch wurden. Der ›Canzoniere‹ gliedert sich in zwei Teile: die an die lebende und die an die verstorbene Laura gerichteten Gedichte. Ihrer moral. Belehrung wegen war die didaktisch-allegor. Dichtung in Terzinen ›Die Triumphe‹ (begonnen vermutlich 1352, gedruckt 1470, dt. 1578), in der sechs allegor. Figuren (Liebe, Keuschheit, Tod, Ruhm, Zeit, Ewigkeit) an dem Dichter vorüberziehen, im 15. und 16. Jh. P.s beliebtestes Werk.

**Ausgaben:** F. P. Le rime. Hg. v. G. Carducci u. S. Ferrari. Florenz 1899. Nachdr. 1984. – F. P. Tutte le opere. Edizione nazionale. Florenz 1926 ff. Auf mehrere Bde. berechnet (bisher 8 Bde. erschienen). – F. P. Dichtungen, Briefe, Schrr. Dt. Übers. Ausw. u. Einl. v. H. W. Eppelsheimer. Ffm. 1956. – F. P. Das lyr. Werk. Der Canzoniere. Die Triumphe. Nugellae. Dt. Übers. Bearb. v. B. Geiger. Darmst. u. a. 1958. – F. P. Dichtung u. Prosa. Dt. Übers. Hg. v. H. Heintze. Bln. 1968. – F. P. Opere. Hg. v. G. Ponte. Mailand 1968. – F. P. Sonette u. Kanzonen. Italien. u. dt. Hg. v. H. Heintze. Lpz. 1974. – F. P. Poesie latine. Hg. v. G. Martelloti u. E. Bianchi. Turin 1976. – F. P. Canzoniere. Italien. u. dt. Übers. von G. Gabor u. E.-J. Dreyer. Basel u. Ffm. [2]1990.

**Literatur:** Annali della Cattedra Petrarchesca. Bd. 1–9. Arezzo 1930–40. Fortgef. u. d. T.: Studi Petrarcheschi. Bd. 1–9. Bologna 1948–78. – Billanovich, G.: P. letterato. Rom 1947. – Billanovich, G.: Un nuovo esempio delle scoperte e delle letture del P. Krefeld 1954. – Heitmann, K.: Fortuna u. Virtus. Eine Studie zu P.s Lebensweisheit. Köln u. Graz. 1958. – Wilkins, E. H.: Life of Petrarch. Chicago (Ill.) 1961. – Noferi, A.: L'esperienza poetica del P. Florenz

1962. – BÜDEL, O.: F. P. u. der Literaturbarock. Krefeld 1963. – TRIPET, A.: Pétrarque ou la connaissance de soi. Genf 1967. – BOSCO, U.: F. P. Bari Neuausg. 1968. – EPPELSHEIMER, H. W.: P. Ffm. [2]1971. – HOLLWAY-CALTHROP, H. C.: Petrarch, his life and times. New York 1972. – P. 1304–1374. Beitr. zu Werk u. Wirkung. Hg. v. F. SCHALK. Ffm. 1975. – P. Hg. v. A. BUCK. Darmst. 1976. – ASOR ROSA, A.: P. e la cultura del trecento. Florenz 1978. – DOTTI, U.: P. e la scoperta della coscienza moderna. Mailand 1978. – TRINKAUS, C.: The poet as philosopher. Petrarch and the formation of Renaissance consciousness. New Haven (Conn.) u. London 1979. – Saggio critico sul P. Hg. v. N. GALLO. Turin 1983. – FOSTER, K.: Petrarch. Poet and humanist. Edinburgh 1984. – CAPUTO, R.: Cogitans fingo. P. tra ›Secretum‹ e ›Canzoniere‹. Rom 1987. – ORELLI, G.: Il suono dei sospiri. Sul P. volgare. Turin 1990.

**Petrarca-Preis,** von dem Verleger Hubert Burda (* 1940) gestifteter und von 1975 an jährlich von einer Jury von fünf Autoren verliehener dt. Literaturpreis, mit dem ›radikal-subjektive Literatur‹ ausgezeichnet werden soll. Derzeitige Dotierung: 40 000 DM. Preisträger: R. D. Brinkmann (1975), S. Kirsch und E. Meister (1976), H. Achternbusch (1977; lehnte den Preis ab), A. Kolleritsch (1978), Z. Herbert (1979), L. Hohl (1980), T. Tranströmer (1981), I. Aichinger (1982), Gerhard Meier (1983), G. Januš (1984); die Vergabe des Preises wurde für zwei Jahre eingestellt, dann erneut verliehen an H. Lenz (1987), Ph. Jaccottet (1988), J. Skácel (1989), P. Wühr (1990), John Berger (* 1926; 1991), M. Hamburger (1992), G. N. Aigi (1993), Helmut Färber (* 1937; 1994). Seit 1987 wird auch ein Übersetzerpreis vergeben: Dotierung 5 000 DM, seit 1988 10 000 DM.

**Petrarkismus** [nlat.], Stilrichtung der europ. Liebeslyrik vom 14. bis zum 17./18. Jh., die indirekt auf die Dichtung F. Petrarcas zurückging, indem sie aus ihr charakterist. Motive, Formen und Stilelemente entlehnte. Die Hauptmotive waren Frauenpreis, Sehnsucht und Liebesschmerz des sich im Dienst um die unnahbare Frau verzehrenden Mannes. In der Form entwickelte sich eine feste Schematik von Formulierungen, rhetor. Figuren usw. Auf diese Weise erstarrte der P. bald in formal-ästhet. Virtuosität. Neben nlat. humanist. Dichtern (v. a. J. C. Scaliger, D. Heinsius, Hugo Grotius [* 1583, † 1645]) waren bed. Vertreter in Italien L. Ariosto, Michelangelo, T. Tasso, P. Bembo, G. B. Guarini u. a., in Spanien J. Boscán Almogáver, Garcilaso de la Vega u. a., in Portugal u. a. L. de Camões, in England Th. Wyatt, Ph. Sidney, E. Spenser, Shakespeare, in Frankreich die Dichter der ↑ Pléiade und der ↑ École lyonnaise, in Deutschland v. a. M. Opitz und Paul Fleming, der gleichzeitig jedoch den P. überwand. Parallel lief schon früh eine Gegenbewegung, der Antipetrarkismus.

**Literatur:** PADULA, A.: Camoens petrarchista. Neapel 1904. – FUCILLA, J. G.: Estudios sobre el petrarquismo en España. Madrid 1960. – FECHNER, J.-U.: Der Anti-P. Hdbg. 1966. – HOFFMEISTER, G.: Petrarkist. Lyrik. Stg. 1973. – Übers. u. Nachahmung im europ. P. Studien u. Texte. Hg. v. L. KELLER. Stg. 1974. – FORSTER, L.: Das eiskalte Feuer. Sechs Studien zum europ. P. Dt. Übers. Ffm. 1976. – MINATA, S.: Petrarch and petrarchism. The English and French traditions. Manchester 1980. – GREENE, R.: Post-Petrarchism. Princeton (N. J.) 1991.

**Petrescu,** Camil, * Bukarest 21. April 1894, † ebd. 14. Mai 1957, rumän. Schriftsteller. – Einer der führenden Autoren der rumän. Moderne, beeinflußt von M. Proust, E. Husserl und H. Bergson; erfolgreicher Verfasser kulturkrit. und philosoph. Essays, bühnenwirksamer Dramen sowie von Lyrik, in der er v. a. Kriegserlebnisse schildert (›Versuri‹, Ged., 1923), und psycholog. Romane, die er in neuer Technik zu gestalten versuchte.

**Weitere Werke:** Letzte Liebesnacht, erste Kriegsnacht (R., 2 Bde., 1930, dt. 1970), Danton (Dr., 1931), Das Prokrustesbett (R., 1933, dt. 1963), Ein Mensch unter Menschen (R., 3 Bde., 1953–57, dt. 4 Bde., 1956–58).

**Ausgabe:** C. P. Opere. Hg. v. A. ROSETTI u. a. Bukarest 1974–84. 6 Bde.

**Literatur:** PETRESCU, A.: Opera lui C. P. Bukarest 1972. – POPA, M.: C. P. Bukarest 1972.

**Petrescu,** Cezar, * Hodora (Verw.-Geb. Jassy) 13. Dez. 1892, † Bukarest 9. März 1961, rumän. Schriftsteller. – Versuchte nach dem Vorbild H. de Balzacs in seinen Romanen und Erzählungen eine umfassende Darstellung histor. und aktueller Gesellschaftsprobleme Rumäniens zu geben.

**Werke:** Umdüsterung (R., 2 Bde., 1927, dt. 1957), Die Siegesstraße (R., 1930, dt. 1982), Der

Schatz des Königs Dromichet (R., 1931, dt. 1944), Fram, der Eisbär (Kinderb., 1932, dt. 1953), Das schwarze Gold (R., 1934, dt. 1944), Sonntag in Bukarest (R., 1934, dt. 1953), Die Enkel des Hornisten (R., 1952, dt. 1955), Der Onkel aus Amerika (Nov.n und En., 1961, dt. 1964).

**Literatur:** GAFIȚA, M.: C. P. Bukarest 1963. – BĂLU, I.: C. P. Coperta 1972.

**Petronius,** Gaius [Titus?] (genannt P. Arbiter; Petron), † 66 n. Chr., röm. Schriftsteller. – Wohl identisch mit dem von Tacitus erwähnten ›arbiter elegantiae‹ (= Schiedsrichter des feinen Geschmacks) am Hofe Neros, der sich im Zusammenhang mit der Pisonischen Verschwörung das Leben nahm. Verfasser des satirisch-parodist. Schelmenromans ›Satyricon‹ (›Saturae‹), einer Mischung von Prosa und Versen, darin die bekannte ›Cena Trimalchionis‹ (= Gastmahl des Trimalchio); hiervon sind nur Teile aus den Büchern 15 und 16 (etwa ein Zehntel des Ganzen) erhalten. Das in der röm. Literatur einzigartige Werk schildert die oft frivolen Abenteuer des Ich-Erzählers Encolpius und gibt ein drast. Sittengemälde aus dem griech. Süditalien. Wichtige Quelle für das Vulgärlatein der neron. Zeit.

**Ausgabe:** Titus P. Arbiter. Satyrica. Lat. u. dt. Hg. v. KONRAD MÜLLER u. W. EHLERS. Mchn. [3]1983.

**Literatur:** SULLIVAN, J. P.: The Satyricon of P. London 1968. – WALSH, P. G.: The Roman novel. Cambridge 1970. – RANKIN, H. D.: P. the artist. Den Haag 1971.

**Petrov,** Ivajlo, bulgar. Schriftsteller, ↑ Petrow, Iwailo.

**Petrov,** Stepan Gavrilovič, russ.-sowjet. Schriftsteller, ↑ Skitalez, Stepan Gawrilowitsch.

**Petrović,** Rastko [serbokroat. ˌpɛtrɔvitɕ], * Belgrad 16. Mai 1898, † Washington (D. C.) 15. Aug. 1949, serb. Schriftsteller. – Ab 1923 im diplomat. Dienst; gehört zu den bedeutendsten serb. Schriftstellern der Zeit zwischen den beiden Weltkriegen mit expressionistisch-individualist. Lyrik (›Otkrovenje‹ [= Offenbarung], 1922), Reisebeschreibungen (›Afrika‹, 1930) und Romanen (›Dan šesti‹ [= Der sechste Tag], hg. 1960).

**Petrović,** Veljko [serbokroat. ˌpɛtrɔvitɕ], * Sombor 5. Febr. 1884, † Belgrad 27. Juli 1967, serb. Schriftsteller. – Journalist, im Kultusministerium tätig, Leiter des Belgrader Nationalmuseums; wandte sich nach Anfängen mit patriot. Lyrik der Novelle als der ihm gemäßen Gattung zu; stellte v. a. die bürgerl. und bäuerl. Welt der Wojwodina dar; wirkte mit Kritiken und Essays auf die Entwicklung der serb. Literatur.

**Werk:** Prepelica u ruci (= Die Wachtel in der Hand, En., 1948).

**Ausgabe:** V. P. Sabrane pripovetke. Belgrad 1964. 6 Bde.

**Petrović Njegoš** [serbokroat. ˌpɛtrɔvitɕ], Petar II, serb. Dichter, ↑ Njegoš, Petar II Petrović.

**Petrovics,** Sándor [ungar. ˈpɛtrovitʃ], ungar. Dichter, ↑ Petőfi, Sándor.

**Petrovskij-Sitnianovič,** Samuil Emel'janovič (oder Gavrilovič), weißruss. und russ. Schriftsteller, ↑ Simeon Polozki.

**Petrow** (tl.: Petrov), Iwailo [bulgar. pɛˈtrɔf], * Bdinzi bei Tolbuchin 19. Jan. 1923, bulgar. Schriftsteller. – Schrieb realist. Erzählungen und den Roman ›Und wenn ich dich zwingen muß‹ (1961, dt. 1964); ebenfalls in dt. Übersetzung erschien der Roman ›Nonkas Liebe‹ (1956, dt. 1960).

**Weitere Werke:** Bevor ich zur Welt kam ... und danach. Eine ungewöhnl. Biographie (1968, dt. 1975), Boži raboti (= Gottes Sachen, Kurz-R.e, 1979), Wolfsjagd (R., 1982, dt. 1989).

**Petrow** (tl.: Petrov), Jewgeni [russ. pɪˈtrɔf], eigtl. J. Petrowitsch Katajew, * Odessa 13. Dez. 1903, ⚔ bei Sewastopol 2. Juli 1942, russ.-sowjet. Schriftsteller. – Bruder von W. P. Katajew; fiel als Berichterstatter im 2. Weltkrieg; bes. bekannt durch seine Zusammenarbeit mit I. ↑ Ilf an humorist. und satir. Romanen, darunter ›Zwölf Stühle‹ (1928, dt. 1930) und ›Ein Millionär in Sowjetrußland‹ (1931, dt. 1932, 1946 u. d. T. ›Das goldene Kalb‹); schrieb nach Ilfs Tod u. a. Drehbücher, Reportagen. Dt. liegt auch die satir. Komödie ›Die Insel des Friedens‹ (postum 1947, dt. 1947) vor.

**Ausgabe** ↑ Ilf, Ilja.

**Literatur:** DUNKEL, A. V.: The last years of E. Petrov (1937–42). Diss. New York 1972. – ↑ auch Ilf, Ilja.

**Petrow** (tl.: Petrov), Stepan Gawrilowitsch [russ. pɪˈtrɔf], russ.-sowjet. Schriftsteller, ↑ Skitalez, Stepan Gawrilowitsch.

**Petrow** (tl.: Petrov), Waleri [bulgar. pɛ'trɔf], eigtl. W. Nissim Meworach, * Sofia 22. April 1920, bulgar. Schriftsteller. – Arzt, Redakteur, Presseattaché in Rom; schrieb neben Erzählungen, Essays, Filmdrehbüchern, Bühnenstücken (›Tanzende Rosen‹, UA 1961, gedr. 1965, dt. 1962) v. a. Poeme und Gedichte, die sich durch Klarheit auszeichnen.

**Ausgabe:** V. Petrov. Izbrani proizvedenija. Sofia 1980. 2 Bde.

**Petrow** (tl.: Petrov), Wassili Petrowitsch [russ. pɪ'trɔf], * Moskau 1736, † 15. Dez. 1799, russ. Dichter. – Hofdichter, Vorleser und Übersetzer Katharinas II.; lebte zeitweilig im Ausland; schrieb, von M. W. Lomonossow ausgehend, feierl., panegyr. Oden, jedoch formal strenger; übersetzte u. a. Vergils ›Aeneis‹ und 3 Lieder aus J. Miltons ›Verlorenem Paradies‹.

**Petrowski-Sitnianowitsch** (tl.: Petrovskij-Sitnianovič), Samuil Jemeljanowitsch (oder Gawrilowitsch) [russ. pɪ'trɔfskijsitnia'nɔvitʃ], weißruss. und russ. Schriftsteller, ↑ Simeon Polozki.

**Petrus de Eboli** (P. de Ebulo, Pietro da Eboli), * Eboli (Prov. Salerno) um 1160, † um 1220, mlat. Dichter. – Geistlicher, Lehrer und Arzt in Salerno. Sein Hauptwerk, der ›Liber ad honorem Augusti‹ (entst. 1194–96), ist ein in drei Bücher aufgeteiltes, Kaiser Heinrich VI. gewidmetes eleg. Werk, das über die sizilian. Feldzüge Heinrichs berichtet; es ist v. a. von histor. Interesse. Außerdem schrieb P. ein nicht erhaltenes Epos auf die Taten Friedrichs I. Barbarossa und ein Gedicht zum Preise der Bäder von Pozzuoli (›De balneis Puteolanis‹).

**Ausgabe:** P. de Ebulo, des Magisters liber ad honorem Augusti. Hg. v. E. WINKELMANN. Lpz. 1874.

**Literatur:** BLOCK, P.: Zur Kritik des P. de Ebulo. Prenzlau 1883. 2 Bde. in 1 Bd. – KAUFFMANN, C. M.: The baths of Pozzuoli. A study of the medieval illuminations of Peter of E.'s poem. Oxford 1959.

**Petrus von Blois** [frz. blwa] (Pierre de Blois, P. Blesensis), * Blois um 1135, † 1204, mlat. Schriftsteller. – Studierte Jura in Italien und Theologie in Paris. Wurde 1167 Erzieher bei König Wilhelm II. von Sizilien in Palermo. Bald darauf ging er nach England und war Kanzler des Erzbischofs von Canterbury und Diplomat im Dienst König Heinrichs II. P. ist Verfasser theolog. und philosoph. Werke und von (z. T. satir.) Gedichten; seine oft mit Zitaten antiker Autoren versehenen, stilistisch hervorragenden Briefe wurden im MA viel gelesen. Außerdem schrieb er histor. Werke sowie den ›Libellus de arte dictandi rhetorice‹ (um 1183), eine ↑ Ars dictandi. Die Autorschaft mehrerer dieser Werke ist allerdings umstritten.

**Ausgaben:** Petri Blesensis Rathoniensis archidiaconi opera omnia. Hg. v. I. G. GILES. Oxford u. London 1846–47. 4 Bde. – Patrologiae cursus completus. Series secunda. Saeculum XII. Hg. v. J.-P. MIGNE. Bd. 207: Petri Blesensis Rathioniensis in Anglia archidiaconi opera omnia. Paris 1855. – Streitgedichte Peters v. B. Hg. v. E. BRAUNHOLTZ. In: Zs. f. roman. Philologie 47 (1927).

**Literatur:** DRONKE, P.: The medieval poet and his world. Rom 1984. S. 281.

**Petrus von Zittau** (P. von Königsaal), * um 1275, † 1339 (?), dt. Chronist. – Ab 1316 (wohl bis 1338) Abt des Zisterzienserklosters Königsaal (tschech. Zbraslav). Seine Chronik von Königsaal (›Chronicon Aulae regiae‹) gibt, Vorarbeiten des Abtes Otto weiterführend, eine Darstellung der ausgehenden Przemyslidenzeit und der Anfänge des Hauses Luxemburg in Böhmen (1253–1338); sie gehört zu den bedeutendsten Quellenwerken des böhm. Mittelalters; nach 1339 von Franz von Prag zur ›Chronica Pragensis‹ umgearbeitet.

**Ausgabe:** Fontes rerum austriacarum. Abt. 1: Scriptores. Bd. 8: Die Königsaaler Geschichtsquellen mit den Zusätzen u. der Forts. des Domherrn Franz von Prag. Hg. v. J. LOSERTH. Wien 1875. Nachdr. Graz 1970.

**Petrus Alfonsi** (Pedro Alfonso), eigtl. Moise Sephardi, * Huesca 2. Hälfte des 11. Jh., † 1. Hälfte des 12. Jh., lat. Dichter. – Getaufter Jude; Leibarzt von König Alfons I. von Aragonien; schrieb auch einen Dialog gegen die Juden (›Dialogus contra Judaeos‹); veröffentlichte Anfang des 12. Jh. (nach 1106) seine ›Disciplina clericalis‹ in lat. Sprache, eine Sammlung von Geschichten, die von ihm selbst im Prolog als Übersetzungen aus dem Arabischen bezeichnet werden; sie gilt als die älteste Novellensammlung des lat. MA. Sie besteht aus einer Rahmenhandlung (ein Vater gibt seinem Sohn Ratschläge für die richtige Lebensführung) und 23 ›Exempla‹, die diese Ratschläge unterstreichen. Die Sammlung, die trotz ihrer oft unbeholfenen Sprache weite Verbreitung fand und bald in verschiedene Volkssprachen übersetzt wurde, war von großem Einfluß auf die Erzählliteratur des MA.

**Ausgaben:** Petri A. Disciplina clericalis. Hg. v. A. HILKA u. W. SÖDERHJELM. Helsingfors 1911–22. 3 Bde. – Die Disciplina clericalis des P. A. Nach alten bekannten Hss. Hg. v. A. HILKA u. W. SÖDERHJELM. Hdbg. 1911. – P. A. Die Kunst, vernünftig zu leben. Übers. v. E. HERMES. Zü. u. Stg. 1970. – The ›Disciplina clericalis‹ of P. A. Hg. u. übersetzt v. E. HERMES. Los Angeles (Calif.) 1977 (mit Bibliogr.). – Pedro Alfonso. Disciplina clericalis. Hg. v. M. J. LACARRA u. E. DUCAY. Zaragoza 1980.

**Literatur:** BEAUMONT, J. H. L.: P. A. An examination of his works, their scientific content and their background. Diss. Oxford 1975. – KARLINGER, F.: P. A. Brücke zur abendländ. Novelle. In: KARLINGER: Span. Lit. Gestalten u. Formen. Stg. 1975. S. 11.

**Petruschewskaja** (tl.: Petruševskaja), Ljudmila Stefanowna [russ. pıtru'ʃɛfskɐjɐ], * Moskau 26. Mai 1938, russ. Schriftstellerin. – Als Erzählerin und Dramatikerin stellt sie die Schwere des Alltags (bes. für Frauen) dar.

**Werke:** Cinzano (Stück, entst. 1973, UA nach 1985, dt. 1989), Tri devuški v golubom (= Drei Mädchen in Blau, Stück, 1983), Kvartira Kolumbiny (= Columbines Wohnung, Stück, UA 1985), Unsterbl. Liebe (En., 1988, dt. 1990), Meine Zeit ist die Nacht. Aufzeichnungen auf der Tischkante (1990, dt. 1991), Der Mann, der wie eine Rose roch (Märchen, dt. Ausw. 1993), Auf Gott Amors Pfaden (En., 1993, dt. 1994).

**Petruslied,** ältestes dt. Kirchenlied; vermutlich von einem Geistlichen verfaßt, um 900 in eine Freisinger Handschrift eingetragen. Das P. ist in strengem Rhythmus geschrieben, zeigt reine Reime und besteht aus 3 Strophen mit je 2 Versen sowie dem Refrain ›Kyrie eleison‹; es ist ein Bittgesang an Petrus.

**Ausgaben:** STEINMEYER, E. VON: P. In: Die kleineren ahd. Sprachdenkmäler. Bln. 1916. – P. In: BRAUNE, W.: Ahd. Leseb. Fortgef. v. K. HELM. Bearb. v. E. A. EBBINGHAUS. Tüb. [16]1979 (mit Wörterb.).

**Literatur:** STAVENHAGEN, L.: Das ›P.‹. Sein Alter u. seine Herkunft. In: Wirkendes Wort 17 (1967), S. 21.

**Petrus Martyr Anglerius,** eigtl. Pietro Martire d'Anghiera, * Arona (Piemont) 2. Febr. 1457, † Granada im Okt. 1526, italien. Historiograph in span. Diensten. – Aus dem Haus der italien. Grafen von Anghiera, ab 1487 am span. Hof. Vor 1520 zum Chronisten für Amerika bestellt. Verfaßte mit ›De rebus oceanicis et orbe novo‹ (1516) ein vielbenutztes Werk über die Entdeckung und Eroberung der Neuen Welt bis 1525. Von kulturgeschichtl. Wert ist das ›Opus epistolarum‹ (hg. 1530).

**Petsalis-Diomidis** (tl.: Petsalēs-Diomēdes), Thanassis, eigtl. Athanasios P.-D., * Athen 11. Sept. 1904, neugriech. Erzähler. – Schrieb in der ersten Zeit mehrbändige Romane über Leben und Konflikte der großbürgerlichen Gesellschaft, wandte sich dann dem historischen Roman und der Erzählung mit nationalen Themen zu.

**Pétursson,** Hallgrímur [isländ. 'pjɛ:tʏrsɔn], * bei Hólar 1614, † Ferstikla 27. Okt. 1674, isländ. Dichter. – Schulbesuch in Kopenhagen, Bauer und Fischer, ab 1644 Pfarrer. Mit seinen in ihrer Schlichtheit ansprechenden Psalmen und Hymnen ist P. der bedeutendste geistl. Dichter Islands. Seine ›Passíusálmar‹ (1666, dt. 1974 u. d. T. ›Die Passionspsalmen des isländ. Dichters H. P.‹) zählen zu den klass. Werken der isländ. Literatur und sind heute noch sehr beliebt. Seine im Grunde pessimist. weltl. Dichtungen zeigen auch Humor.

**Literatur:** POESTION, I. C.: Isländ. Dichter der Neuzeit. Lpz. 1897. S. 208. – JÓNSSON, M.: H. P. æfi hans og starf. Reykjavík 1947. 2 Bde. (mit allen Gedichten).

**Pétursson,** Hannes [Pálmi] [isländ. 'pjɛ:tʏrsɔn], * Sauðárkrókur 14. Dez. 1931, isländ. Schriftsteller und Literaturwissenschaftler. – Vertreter einer mehr traditionell orientierten Lyrik; beeinflußt u. a. von E. Mörike, R. M. Rilke und H. Hesse. Die wichtigsten Sammlungen sind ›Kvæðabók‹ (= Gedichtbuch, 1955), ›Í summardölum‹ (= In Sommertälern, Ged., 1959), ›Stund og staðir‹ (= Zeit und Orte, Ged., 1962), ›Innlönd‹ (= Innere Bereiche, Ged., 1968) und ›Óður um Ísland‹ (= Gedichte über Island, 1974).

**Petzold,** Alfons, * Wien 24. Sept. 1882, † Kitzbühel 26. Jan. 1923, österr.

Schriftsteller. – Sohn eines Arbeiters, wuchs in den dürftigsten Verhältnissen auf, arbeitete in verschiedenen Berufen, war oft arbeitslos; wurde lungenkrank. Sein autobiograph. Roman ›Das rauhe Leben‹ (1920) ist ein erschütternder Bericht seines Lebenskampfes. P. näherte sich früh der Sozialdemokratie und gilt als Wegbereiter der österr. sozialist. Literatur; in seinen Gedichten ist er von H. Heine und den Dichtern des Vormärz beeinflußt. Die Dichtung der letzten Jahre zeigt religiöse Züge.

**Weitere Werke:** Trotz alledem! (Ged., 1910), Der Ewige und die Stunde (Ged., 1912), Memoiren eines Auges (Skizzen, 1912), Erde (R., 1913), Sil, der Wanderer (En., 1916), Der stählerne Schrei (Ged., 1916), Der feurige Weg (R., 1918), Der Dornbusch (Ged., 1919), Der Pilgrim (Ged., 1922), Sevarinde (R., 1923).

**Pevny,** Wilhelm ['pɛvni], * Wallersdorf (Landkreis Dingolfing-Landau) 15. Juni 1944, österr. Schriftsteller. – Studium der Theaterwiss. in Wien und Paris, arbeitete danach für Straßentheater, lebt als freier Schriftsteller in Wien. Mitautor (mit P. Turrini) des sechsteiligen Fernsehspiels ›Alpensaga‹ (1976–80, gedr. 3 Bde., 1980).

**Weitere Werke:** Nur der Krieg macht es möglich (Spiel, 1972), Satisfaction oder ... (Dr., 1973), Theaterleben (Fsp., 1975), Zack-Zack oder Da hat doch einer dran gedreht (Rock-Musical, 1977), Junge Leute brauchen Liebe (Fsp., 1980), Der Mann, der nicht lieben konnte (En., 1986), Gewinner, Verlierer (En., 1988), Die vergessenen Ziele (Rede, 1988).

**Peyrefitte,** Roger [frz. pɛr'fit], * Castres 17. Aug. 1907, frz. Schriftsteller. – War 1930–40 und 1943–45 im diplomat. Dienst; heute freier Schriftsteller. Gegenstand seiner bekanntesten Romane, die z. T. Skandalerfolge hatten, sind [umstrittene] Enthüllungen u. a. aus der Welt des Vatikans, der Diplomatie, der frz. Gesellschaft, der Freimaurer; auch Dramen.

**Werke:** Heiml. Freundschaften (R., 1944, dt. 1950), Diplomaten (R., 1951, dt. 1952), Diplomat. Missionen (R., 1953, dt. 1954), Die Schlüssel von Sankt Peter (R., 1955, dt. 1956), Die Söhne des Lichts (R., 1961, dt. 1962), Die Juden (R., 1965, dt. 1966), Paris ist eine Hure (R., 1970, dt. 1971), Manouche (R., 1972, dt. 1973), Die Kunst des Handelns oder Das abenteuerl. Leben des Fernand Legros (R., 1976, dt. 1977), Der junge Alexander (Biogr., 1977, dt. 1980), Herzbube (R., 1978, dt. 1979), Alexander der Eroberer (Biogr., 1979, dt. 1982), Alexander der Große (Biogr., 1981, dt. 1985), Die rote Soutane (R., 1983, dt. 1986), Propos secrets (2 Tle., 1977–80), L'innominatio. Nouveaux propos secrets (1989).

**Pfaffe Amis, Der** (Die Schwänke des Pfaffen A.), dt. Schwanksammlung, ↑Stricker, der.

**Pfaffe Konrad,** mhd. Dichter, ↑Konrad, Pfaffe.

**Pfaffe Lamprecht,** mhd. Dichter, ↑Lamprecht, Pfaffe.

**Pfau,** Ludwig, * Heilbronn 25. Aug. 1821, † Stuttgart 12. April 1894, dt. Lyriker und Kritiker. – Gründete 1848 den ›Eulenspiegel‹, die erste dt. politisch-karikaturist. Zeitschrift; mußte als Mitglied des demokrat. württemberg. Landesausschusses nach der 48er Revolution emigrieren (Schweiz, Frankreich). 1865 Rückkehr nach Stuttgart. Redakteur des Stuttgarter ›Beobachters‹ und Mitarbeiter bei liberalen Zeitungen. Er verfaßte volkstüml. und polit. Gedichte, ästhet. und krit. Schriften; Übersetzungen aus dem Französischen.

**Werke:** Gedichte (1847), Breton. Volkslieder (Übers., 1859), Freie Studien (1865), Kunst und Gewerbestudien (1877), Kunst und Kritik (4 Bde., 1888), Politisches und Polemisches aus den nachgelassenen Schriften (hg. 1895).

**Pfeffel,** Gottlieb Konrad, * Colmar 28. Juni 1736, † ebd. 1. Mai 1809, dt. Dichter. – Studierte kurze Zeit in Halle Rechtswissenschaft; 1758 erblindet; gründete 1773 in Colmar eine akadem. Erziehungsanstalt für die adlige ev. Jugend. Als Dichter von Fabeln mit didakt. Absicht und amüsanten poet. Erzählungen, die erzieherisch wirken sollten, gewann er große Beliebtheit. Auch Dramen und Gedichte, von denen einige volkstümlich wurden (z. B. ›Die Tabakspfeife‹).

**Werke:** Poet. Versuche (3 Bde., 1761/62), Philemon und Baucis (Dr., 1763), Theatral. Belustigungen (5 Bde., 1765–74), Lieder (1778), Fabeln (1783).

**Literatur:** GUHDE, E.: G. K. P. Ein Beitr. zur Kulturgesch. des Elsaß ... Winterthur 1964. – G. K. P. Satiriker u. Philanthrop (1736–1809). Ausst.-Kat. Karlsr. 1986.

**Pfefferkorn,** Johannes, * Nürnberg (?) 1469, † Köln 1522 oder 1523, dt. Schriftsteller. – Aus jüd. Familie, von Beruf Metzger; konvertierte zusammen mit seiner Frau und seinen Kindern um 1504. Veröffentlichte eine Reihe antijüd. Schriften: ›Judenspiegel‹ (1507), ›Judenbeichte‹ (1508), ›Osternbuch‹ (1508), ›Judenfeind‹ (1509). In ihnen forderte er die Vernichtung des außerbibl. jüd. Schrifttums, das Verbot des Wuchers, Predigten gegen Juden und deren Ausweisung aus den dt. Städten. Seine Kenntnis des rabbin. Schrifttums war gering. Von P. beeinflußt, forderte Kaiser Maximilian I. 1509 die Juden auf, die außerbibl. jüd. Bücher P. zur Überprüfung auszuliefern. Durch kritische Bemerkungen von J. Reuchlin, der als Gutachter hinzugezogen wurde, fühlte sich P. persönlich herausgefordert und veröffentlichte mehrere Gegenschriften. War P.s Polemik maßlos, so wurde er nicht minder angegriffen durch die Partei der Anhänger Reuchlins, v. a. durch die ↑›Epistolae obscurorum virorum‹ (Dunkelmännerbriefe).

**Literatur:** SPANIER, M.: Zur Charakteristik P.s. In: Zs. für die Gesch. der Juden in Deutschland 6 (1936). – Monumenta Judaica. Hg. v. K. SCHILLING. Köln 1965. 3 Bde. – Kirche u. Synagoge. Hg. v. K. H. RENGSTORF u. S. VON KORTZFLEISCH. Bd. 1. Stg. 1968.

**Pfeiffer,** Ida, * Wien 14. Okt. 1797, † ebd. 27. Okt. 1858, österr. Schriftstellerin. – Lebte in Lemberg, ab 1835 wieder in Wien; sie unternahm seit 1842 zahlreiche Reisen um die ganze Welt, die sie mit ihren spannend geschriebenen Reiseberichten finanzierte; anerkannte und geschätzte Forschungsreisende.

**Werke:** Reise einer Wienerin in das heilige Land ... (2 Bde., 1833), Reise nach dem skand. Norden ... (2 Bde., 1846), Eine Frauenfahrt um die Welt. Reise von Wien nach Brasilien, Chili, Otaheiti, China, Ost-Indien, Persien und Kleinasien (3 Bde., 1850), Meine zweite Weltreise (4 Bde., 1856), Reise nach Madagaskar (2 Bde., hg. 1861).

**Pfemfert,** Franz, * Lötzen 20. Nov. 1879, † Mexiko 26. Mai 1954, dt. Schriftsteller und Publizist. – Jugend in Berlin, Autodidakt. Hinwendung zu sozialist. Ideen, Mitarbeit an anarchistisch-literar. Zeitschriften, für die er polit. Essays über zeitgenöss. Literatur verfaßte; 1910/11 Schriftleiter der Zeitschrift ›Der Demokrat‹. Als Hg. und Verleger der Zeitschrift ›Die Aktion‹ (1911–32), die er als Sprachrohr der Oppositionsliteratur gegen Nationalismus, Militarismus und Spießertum betrachtete, wurde er zu einer Schlüsselfigur des frühen Expressionismus. In dieser Zeitschrift und in den von ihm herausgegebenen Antologien ›Die Aktionslyrik‹ (7 Bde., 1916–22), ›Das Aktionsbuch‹ (1917), ›Polit. Aktions-Bibliothek‹ (13 Bde., 1907–30) und ›Der rote Hahn‹ (60 Bde., 1917–25) versuchte er die Verbindung von fortschrittl. Politik und moderner Kunst. Erst ab 1921 machte er ›Die Aktion‹ aus Enttäuschung über die Ohnmacht der Dichter zu einer ausschließlich polit. Zeitschrift. P. emigrierte 1933 in die Tschechoslowakei, 1936 nach Frankreich, 1941 nach Mexiko, wo er sich seinen Lebensunterhalt als Fotograf verdiente.

**Ausgabe:** F. P. Ich setze diese Zeitschrift wider diese Zeit. Sozialpolit. und literar. krit. Texte. Hg. v. W. HAUG. Darmst. 1985.

**Literatur:** RAABE, P.: Ich schneide die Zeit aus. Expressionismus u. Politik in F. P.s ›Aktion‹ 1911–1918. Mchn. 1964. – ↑auch Aktion, Die.

**Pfintzing** (Pfinzing), Melchior, * Nürnberg 25. Nov. 1481, † Mainz 24. Nov. 1535, dt. Dichter. – 1512 Propst in Nürnberg, später in Mainz, Geheimschreiber Maximilians I. Bearbeitete im Auftrag des Kaisers dessen autobiograph. Epos ›Theuerdank‹ (1517) und ergänzte es durch einen Allegorienschlüssel.

**Pfleger-Moravský,** Gustav [tschech. 'mɔrafski:], * Karasín (Mähren) 27. Juli 1833, † Prag 20. Sept. 1875, tschech. Schriftsteller. – Schrieb, teils von der Romantik (bes. dem Byronismus) sowie von A. S. Puschkin und M. J. Lermontow beeinflußt, teils im Geist eines frühen Realismus, schwermütige Lyrik und Verserzählungen (›Pan Vyšínský‹, 1859), verfaßte den ersten tschech. Arbeiterroman (›Z malého světa‹ [= Aus der kleinen Welt], 1864) und Theaterstücke (›Telegram‹ [= Telegramm], 1865).

**Ausgabe:** G. P.-M. Soubor prózy. Prag 1907–12. 6 Bde.

**Pflichtexemplare** (Pflichtstücke), in der BR Deutschland aufgrund von Gesetzen bzw. von Verordnungen und z. T. auch aufgrund freiwilliger Verpflichtung prinzipiell kostenfrei an öffentl. Bibliotheken oder andere Sammlungen von

Autoren (in Zusammenhang mit einer Promotion), von den Verlegern bzw. von Druckern abzuliefernde Druckwerke; z.T. nur Anbietungspflicht zum Selbstkostenpreis. Die Ablieferungspflicht steht ursprünglich in Zusammenhang mit Privilegierungen (Schutz vor und Verbot von Nachdrucken) und der Zensur. Die älteste derartige Verfügung wurde 1537 von König Franz I. von Frankreich erlassen; im Hl. Röm. Reich wurden P. 1608 eingeführt. Im Dt. Reich ab 1871 gab es nur landesrechtl. Regelungen. Nach dem Gesetz vom 31. 3. 1969 sind in der BR Deutschland P. an die ↑Deutsche Bibliothek abzuliefern. Die Mitglieder des ↑Börsenvereins des Deutschen Buchhandels e.V. haben sich 1912 bzw. 1952 freiwillig verpflichtet, P. abzuliefern. In den einzelnen Bundesländern bestehen noch bes. Verpflichtungen zugunsten der betreffenden Landesbibliotheken.

**Phaedrus** ['fɛ:...] (Phädrus, Phaidros), † um 50 n. Chr., röm. Fabeldichter. – Aus Makedonien; kam als Sklave nach Rom, wo er von Augustus freigelassen wurde. Verfaßte fünf Bücher Fabeln in jamb. Senaren (unvollständig erhalten); zunächst Äsop verpflichtet, dann selbständiger. Seine Sammlung enthält neben Tierfabeln auch Anekdoten und Schwänke. Er strebt nach Schlichtheit und Kürze. Bis zur Spätantike war Ph.'s Werk unbekannt; im Mittelalter benutzte man meist eine Prosaparaphrase (›Aesopus Latinus‹). Erst im 17. Jh. errang Ph. die Stellung eines Klassikers der Fabeldichtung.

**Ausgabe:** Ph. Liber fabularum. Lat. u. dt. Hg. v. O. SCHÖNBERGER. Stg. 1975.

**Literatur:** NØJGAARD, M.: La fable antique. Bd. 2. Kopenhagen 1967.

**Phaṇīśvaranātha** [panıʃvara'na:ta], gen. Reṇu, * Aurāhī Hiṅgnā (Bihar) 4. März 1921, ind. Erzähler. – Wichtigster Vertreter der Generation der ›provinzialist.‹ Romanciers nach Premcand, die ganz spezielle Probleme einzelner Landstriche behandeln; schildert das Schicksal der kleinen Leute auf dem Lande vor dem Hintergrund einer ›städt.‹ Politik. Er bezieht Lokaldialekte in seine Sprache ein und liebt einen musikal. Stil voller Andeutungen.

**Werke:** Mailā ānchal (= Der schmutzige Rand, R., 1954), Partī-parikathā (= Geschichte vom Brachland, R., 1957), Der Pfauentanz. Dorfgeschichten aus Bihar (En., dt. Ausw. 1983).

**phantạstische Literatụr,** ungenauer, auch mißverständl. Sammelbegriff für ein breites, auch Triviales (u. a. ↑Schauerroman, ↑Gothic novel) umfassendes Spektrum von Literatur. Das Phantastische erscheint in der fiktionalen oder imaginativen Literatur als vielschichtiges Phänomen. V. a. der Blick in die verschiedensten außereurop. Kulturen (v. a. oriental., lateinamerikan., afrikan. Literaturen) läßt den Versuch, phantast. Literatur in einen einfachen Gegensatz zu realist. Literatur (↑Realismus) zu setzen, fragwürdig werden. Das Phantastische geht von keiner Theorie der Wirklichkeit aus, es überschreitet in den verschiedensten Kombinationen und Zusammensetzungen die Grenze von Realem und Irrealem (↑auch Groteske, ↑Symbolismus). Phantastische Literatur weist auf die Möglichkeit, Wunderbares, Traumhaftes, Zauberhaftes, Unheimliches, Verrücktes o. ä. als Realität zu erfahren. ›Wenn es einen Wirklichkeitssinn gibt, muß es auch Möglichkeitssinn geben‹ heißt das 4. Kapitel in R. Musils ›Der Mann ohne Eigenschaften‹ (1. Buch, erschienen 1930), in dem er das Phantastische als Eigenschaft des ›Möglichkeitsmenschen‹ beschreibt: ›Solche Möglichkeitsmenschen leben, wie man sagt, in einem feineren Gespinst von Dunst, Einbildung, Träumerei und Konjunktiven ...‹. – Die Geschichte der phantast. Literatur in Europa geht bis in die Antike (↑Utopie) zurück (Aristophanes' ›Die Frösche‹, 405; ›Die Vögel‹, 414, z. B. leben von phantast. Verfremdungen). In der Neuzeit wurzelt die Tradition der Phantastik, die in der ↑Romantik wesentl. Teil von Kunst- und Lebensauffassung wird, in der Renaissance. Im 20. Jh. entwickelte sich v. a. ein spezieller Zweig der sog. ›wissenschaftl.‹ Phantastik (↑Science-fiction [Fantasyliteratur]). Für phantast. Erzählliteratur in der 2. Hälfte des 20. Jh. ist in Europa stellvertretend I. Calvino (›Der Baron auf den Bäumen‹, 1957, dt. 1966; ›Kybernetik und Gespenster‹, Essays, dt. Ausw. 1984) zu nennen, während der phantast. ↑magische Realismus bestimmend für den ›neuen‹ lateinamerikan. Roman wurde.

**Literatur:** TODOROV, T.: Einf. in die fantast. Lit. Dt. Übers. Mchn. 1972. – MARZIN, F. F.: Die ph. L. Eine Gattungsstudie. Ffm. 1982.

**Pherekrates** (tl.: Pherekrátēs), griech. Komödiendichter der 2. Hälfte des 5. Jh. v. Chr. aus Athen. – Älterer Zeitgenosse des Aristophanes; Vertreter der alten att. Komödie; die Echtheit einiger der ihm zugeschriebenen 18 Stücke wurde schon von alexandrin. Philologen bezweifelt. Seine Hauptthemen scheinen, nach den Fragmenten zu urteilen, Kunst- und Sittenkritik gewesen zu sein.

**Ausgabe:** Fragments of Attic comedy. Engl. Übers. Hg. v. J. M. EDMONDS. Bd. 1. Leiden 1957.

**Pherekrateus** [griech.; nach Pherekrates], griech. äol. Vers (↑ äolische Versmaße); der Ph. ist ein katalekt. ↑ Glykoneus: ⏓⏓–⏑⏑– –.

**Philander von Sittewald,** Pseudonym des dt. Satirikers Johann Michael ↑ Moscherosch.

**Philelphus,** italien. Humanist, ↑ Filelfo, Francesco.

**Philemon** (tl.: Philḗmōn), * Syrakus oder Soloi (Kilikien) zwischen 365 und 360, † 264/263, griech. Komödiendichter. – Erwarb 307/306 das athen. Bürgerrecht; bed. Vertreter der neuen Komödie neben Menander und Diphilos. Kennzeichnend für seine Stücke sind überraschender Handlungsablauf und Neigung zum Moralisieren; von seinen 97 Stücken sind nur drei in der lat. Nachdichtung des Plautus (›Mercator‹, ›Trinummus‹, ›Mostellaria‹) erhalten.

**Ausgabe:** Fragments of Attic comedy. Engl. Übers. Hg. v. J. M. EDMONDS. Bd. 3. Leiden 1961.

**Philetas von Kos** (tl.: Philētãs; Philitas), * um 320 v. Chr., griech. Dichter und Philologe. – Gilt als Begründer der hellenist. Literatur; Erzieher von Ptolemaios II., Lehrer u. a. von Zenodot von Ephesus und Theokrit; seine Elegien und das Epyllion ›Hermẽs‹, von denen fast nichts erhalten ist, hatten auf die spätere Dichtung, auch die röm., nachhaltigen Einfluß; bekannt war die Sammlung ›Átaktoi glõssai‹ (= Ungeordnete Glossen), Erklärungen von Worten der älteren Literatur.

**Philipp, Bruder,** † bei Wien (?) vor 1346, Kartäuser. – Verfaßte wohl vor 1316 in der steir. Kartause Seitz bei Cilli das dem Dt. Orden gewidmete mhd. Gedicht ›Marienleben‹, eine neue, verhältnismäßig selbständige Bearbeitung der langatmigen ›Vita beatae virginis Mariae et salvatoris rhythmica‹ in über 10 000 Versen, die formal anspruchslos, schlicht und lebendig erzählt ist und mehrmals bearbeitet wurde.

**Ausgabe:** Bruder Ph.s des Carthäusers Marienleben. Hg. v. H. RÜCKERT. Quedlinburg 1853. Nachdr. Amsterdam 1966.

**Literatur:** ASSEBURG, G.: Bruder Ph.s Marienleben. Diss. Hamb. 1964.

**Philippe de Commynes** [frz. filipdəkɔ'min], frz. Geschichtsschreiber, ↑ Commynes, Philippe de.

**Phillipe de Rémi** [frz. filipdəre'mi], Sire de Beaumanoir, * im Beauvaisis oder im Gâtinais um 1250, † Schloß Moncel bei Pont-Sainte-Maxence (Oise) 7. Juni 1296, altfrz. Dichter und Rechtsgelehrter. – Hinterließ neben aufschlußreichen jurist. Darstellungen (›Coutumes de Beauvaisis‹, 1280–83) die spāthöf. Versromane ›La manekine‹ (nach einem Märchenmotiv vermutlich oriental. Ursprungs) und ›Jehan et Blonde‹ sowie ein Fabliau und lyr. Gedichte.

**Philippe de Thaon** (Thaun) [frz. filipdə'tã], altfrz. Dichter der 1. Hälfte des 12. Jahrhunderts. – Geistlicher; verfaßte in anglonormann. Sprache um 1119 ein Lehrgedicht über Kalenderberechnung (›Li cumpoz‹), um 1130 ein bekanntes Tierbuch (›Bestiaire‹, erste frz. Version des lat. ›Physiologus‹) sowie zwei Steinbücher (›Lapidaire alphabétique‹; ›Lapidaire apocalyptique‹) und einen ›Livre de Sibile‹.

**Ausgaben:** Li cumpoz Philipe de Thaün. Hg. v. E. MALL. Straßburg 1873. – Le Bestiaire de Ph. de Thaün. Hg. v. E. WALBERG. Lund 1900. Nachdr. Genf 1970. – Ph. de Th. Les lapidaires. In: Anglo-Norman lapidaires. Hg. v. P. STUDER u. J. EVANS. Paris 1924. S. 200 u. S. 260. – Le ›Livre de Sibile‹. Hg. v. H. SHIELDS. London 1979. – HAFFEN, J.: Contribution à l'étude de la Sibylle médiévale. Édition du ... ›Livre de Sibile‹. Paris 1984. – Ph. de Th. Comput. Hg. v. I. SHORT. London 1984.

**Philippe,** Adolphe [frz. fi'lip], frz. Dramatiker, ↑ Dennery, Adolphe Philippe.

**Philippe,** Charles-Louis [frz. fi'lip], * Cérilly (Allier) 4. Aug. 1874, † Paris

21. Dez. 1909, frz. Schriftsteller. – Einfacher Herkunft, Stadtbeamter in Paris; begann als Lyriker, fand aber bald zum Roman, der Gattung, in der er als Dichter der Armen von Paris und im Bourbonnais Bedeutendes leistete; seine Romane (u. a. ›Bübü‹, 1901, dt. 1913; ›Der alte Perdrix‹, 1903, dt. 1913; ›Marie Donadieu‹, 1904, dt. 1913; ›Croquignole‹, 1906, dt. 1913; ›Die kleine Stadt‹, 1910, dt. 1913; ›Charles Blanchard‹, 1913, dt. 1922), in denen sich viele autobiograph. Züge finden, zeugen von menschl. Wärme und sozialem Empfinden; Ph. stand dem Naturalismus nicht fern, vertrat aber einen eher poet. Populismus mit z. T. myst. Zügen.

**Literatur:** CURTIUS, E. R.: Bemerkungen zu Ch.-L. Ph. In: CURTIUS: Die literar. Wegbereiter des neuen Frankreich. Potsdam ³1923. S. 271. – LANOIZELÉE, L.: Ch.-L. Ph. L'homme, l'écrivain. Paris 1953. – ROE, D.: The life and works of Ch.-L. Ph. Diss. Oxford 1973/74.

**philippinische Literatur**, über die Zeit **vor 1565** ist wenig bekannt. Keine Originalfassung der v. a. mündlich tradierten Stammesdichtung ist erhalten. Sie fiel dem übermäßigen Glaubenseifer der Spanier zum Opfer. Hinweise in den Werken früher span. Autoren und die bis heute mündlich tradierten und von philippin. Folkloristen schriftlich fixierten Volksepen lassen erkennen, daß einst eine hochstehende Volksliteratur existierte: Göttermythen, Heldenepen, aitiolog. Sagen, versifizierte Lebensregeln, Sprichwörter, Lieder.

**Die philippin. Literatur während der span. Kolonialherrschaft:** Mit der Christianisierung der Philippinen und der Vermittlung europ. Geistesgüter entfaltete sich eine im sonstigen südostasiat. Raum unbekannte, spezifisch christl. Literatur, wobei die literar. Gattungen der Volksdichtung weitgehend adaptiert und thematisch mit neuen Inhalten gefüllt wurden. Eine weitere Besonderheit dieser Periode ist die beginnende Zweisprachigkeit der Literatur in Spanisch und in philippin. Idiomen, v. a. in Tagalog. Bes. beliebt waren die in Tagalog abgefaßten geistl. Laienspiele. Unter den vielen Werken christl. Erbauungsliteratur übte das Prosawerk des Priesters Modesto de Castro (1. Hälfte des 19. Jh.) ›Pagsusulatang dalawang bini na si Urbana at si Feliza‹ (= Briefwechsel zwischen den jungen Damen Urbana und Feliza) eine nachhaltige Wirkung auf die Moralanschauung der philippin. Christen aus. Seit dem 18. Jh. entwickelte sich eine profane Literatur: versifizierte gesungene oder rezitierte Tagalogversionen europ. Ritterepen und Romanzen. Das durch Musik, Tanz und Gesang bereicherte Volkstheater (›komedya‹; bedeutendster Bühnenautor: José de la Cruz [* 1746, † 1829]) führte die Tradition der geistl. Spiele (›payson‹) fort. Die Stoffe waren der Romanzenliteratur Europas entnommen. Das seit der 2. Hälfte des 19. Jh. erwachende Nationalgefühl der Filipinos (erster philippin. Roman ›Ninay‹ von Pedro Paterno [* 1857, † 1911]) und die Auflehnung gegen die kirchl. Zwangsherrschaft spiegelten sich u. a. im Schrifttum von Andres Bonifacio (* 1863, † 1897) und Emilio Jaconto (* 1875, † 1899). Mit seinen beiden Romanen ›Noli me tangere‹ (1886) und ›El filibusterismo‹ (1891) legte der Freiheitsheld der Philippinen J. P. Rizal die ideellen Grundlagen für die Volkserhebung von 1896 und bereitete darüber hinaus der modernen Nationalliteratur den Weg.

**Die moderne philippin. Literatur (seit 1898):** Durch die Bekanntschaft mit sozialkrit. und gesellschaftspolit. Schriften westl. Autoren wurde der Blick der philippin. Intelligenz für die drängenden sozialen Probleme geschärft. Von Rizal eingeleitet, entstand eine realistisch-nüchterne Literatur in Tagalog und Englisch, die neben der romantisch verklärten, wirklichkeitsfremden Tradition bis heute das Gesicht der modernen ph. L. bestimmt. Hervorragende Vertreter dieser neuen Richtung: Faustino Aguilar (* 1882, † 1955), Alejandro G. Abadilla (* 1904, † 1969), Amado V. Hernández (* 1930, † 1970). Der romant. Richtung zugewandt waren José Corazón de Jesús (* 1896, † 1932) sowie Íñigo E. Regalado (* 1888, † 1976). Weithin polit. Zwecken, insbes. mehr oder minder offener antiamerikan. Propaganda diente das Theater. An die Stelle der ›komedya‹ der span. Periode trat seit der Mitte des 19. Jh. das philippinisierte span. Singspiel (›zarzuela‹). Bed. einheim. Drama-

tiker waren Aurelio Tolentino (* 1865, † 1915) und Juan Abad (* 1872, † 1932). Seit ihren Anfängen um 1902 ist die durch engl. Schriftsteller vermittelte, bis dahin unbekannte Kurzgeschichte die beliebteste Gattung der ph. L. geworden, in der das Tagalog allmählich das Englische verdrängte.
Kennzeichnend für **die philippin. Literatur der Gegenwart** ist nach wie vor das spannungsvolle Ringen der Filipinos um die Bewahrung ihres Kulturerbes und die selektive Assimilation ideeller, politischer und religiöser Werke des Westens. Bekannte Schriftsteller sind z. B. D. Paulo Dizon (›Twilight of a poet and other stories‹, 1962), Nick Joaquin (›The woman who had two navels – a Filipino novel‹, 1972) und N. V. M. Gonzalez (›Mindoro and beyond – Twenty-one stories‹, 1979), ferner u. a. F. S. José und R. V. Diaz.

**Ausgaben:** Philippine contemporary literature, in English and Pilipino. Hg. v. A. DAVID-MARAMBA. Manila [3]1970. – Early Philippine literature. Ausgew. v. A. DAVID-MARAMBA. Manila 1971.

**Literatur:** BERNAD, M. A.: Philippine literature, a twofold renaissance. Manila 1963. – BIRKENFELD, G./PURA SANTILLAN CASTRENCE: Die Philippinen in Erzählungen ihrer zeitgenöss. Autoren. Herrenalb 1965. – CASTILLO Y TUAZON, T. DEL/MEDINA JR., S.: Philippine literature from ancient times to the present. Quezon City 1972. – LUMBERA, B.: Philippine literature. Old and new. In: Hdb. der Orientalistik. Hg. v. B. SPULER. Abt. 3, Bd. 3,1. Leiden 1976. S. 272. – TONOGBANUA, F. G.: A survey of Philippine literature. Manila 1977.

**Phillips,** Caryl [engl. 'fɪlɪps], * Saint Kitts (Westind. Inseln) 13. März 1958, engl. Schriftsteller karib. Herkunft. – Wuchs in Großbritannien auf; Studium in Oxford; Lehrtätigkeit an verschiedenen Universitäten. Durch seine Dramen, Romane und Essays zieht sich als dominantes Thema die Auseinandersetzung mit der Identität des schwarzen Autors, mit Kulturbeziehungen zwischen der Karibik und England, mit Problemen der Dekolonisation, Sklaverei und Auswanderung.

**Werke:** Strange fruit (Dr., 1981), Where there is darkness (Dr., 1982), The shelter (Dr., 1984), The final passage (R., 1985, dt. 1988 u. d. T. Abschied von der Tropeninsel), A state of independence (R., 1986), The European tribe (Reiseber., 1987), Higher ground. A novel in three parts (1989), Cambridge (R., 1991), Crossing the river (R., 1993).

**Phillips,** David Graham [engl. 'fɪlɪps], * Madison (Ind.) 31. Okt. 1867, † New York 24. Jan. 1911 (ermordet), amerikan. Schriftsteller. – Schrieb als erster frührealist., sozialkrit. Romane im Geist der für Reformen kämpfenden ↑ Muckrakers, in denen er schonungslos polit. Skandale und Korruptionsfälle bloßlegte (›The great god success‹, 1901; ›The deluge‹, 1905; ›The plum tree‹, 1905) und sich – oft bitter und sehr kritisch – u. a. mit der Stellung der amerikan. Frau auseinandersetzte (›Susan Lenox. Her fall and rise‹, 2 Bde., entst. 1908, hg. 1917).

**Literatur:** RAVITZ, A. C.: D. G. Ph. New York 1966.

**Phillips,** Stephen [engl. 'fɪlɪps], * Somerton bei Oxford 28. Juli 1868, † Deal (Kent) 9. Dez. 1915, engl. Schriftsteller. – Studierte in Cambridge, wurde Schauspieler; seit 1913 Hg. der ›Poetry Review‹. Erfolgreicher Lyriker und Dramatiker, der das poet. Drama pflegte; zum Besten seines unterschiedlich bewerteten Werks gehören die Dichtung ›Christ in Hades‹ (1896) und das bühnenwirksame Drama ›Paolo and Francesca‹ (1899); die nach 1910 entstandenen opernhaften Werke hatten keinen Erfolg.

**Weitere Werke:** Herod (Dr., 1900), Ulysses (Dr., 1902), Nero (Dr., 1906).

**Phillpotts,** Eden [engl. 'fɪlpɔts], * Mount Abu (Indien) 4. Nov. 1862, † Broad Clyst bei Exeter 29. Dez. 1960, engl. Schriftsteller. – Schrieb zahlreiche Werke von unterschiedl. literar. Bedeutung, darunter erfolgreiche Kriminal- und Gesellschaftsromane, Heimatromane mit hervorragenden Landschaftsschilderungen der Dartmoor-Gegend, Essays und Kinderbücher, ferner lyr. und dramat. Werke.

**Werke:** Children of the mist (R., 1898), The secret woman (R., 1905; Dr., 1912), The grey room (R., 1921), Witch's cauldron (R., 1933), The changeling (R., 1944), Giglet market (R., 1957).

**Literatur:** E. Ph. An assessment and a tribute. Hg. v. W. GIRVAN. London 1953. – DAY, K.: E. Ph. on Dartmoor. Newton Abbot 1981.

**Philodemos von Gadara** (tl.: Philódēmos), * um 110, † um 40/35, griech. Philosoph und Dichter. – Epikureer, Schüler des Zenon von Sidon; gründete mit dem röm. Philosophen Siron in Neapel eine epikureische Schule, die auf das röm. Geistesleben (u.a. Vergil) großen Einfluß hatte. Befaßte sich mit induktiver Logik, Theologie, Kunsttheorie (Musik, Rhetorik, Dichtung), schrieb ferner eth. Schriften nach Art von Diatriben, eine Philosophengeschichte u.a.; begabter Epigrammatiker.

**Philologie** [griech.-lat.], Wiss. von der Erforschung von Texten, von der Behandlung von Kulturen aufgrund ihrer sprachl. Eigenheiten und ihrer mündlich oder schriftlich überlieferten literar. Texte. Die Ph. ist wesentl. Bestandteil zahlreicher moderner Einzelwissenschaften (z. B. Archäologie, Geschichte, Theologie); sie umfaßt das gesamte Spektrum der alten und neueren Sprachen und Literaturen. Durch die Betonung unterschiedl. Aspekte bei der Behandlung von Texten erwuchsen aus der Ph. bes. seit dem 19. Jh. die Sprach- und die Literaturwissenschaften als eigenständige Disziplinen.

**Aufgaben und Methoden:** Eines der primären Interessen der Ph. gilt der Erstellung authent., den Intentionen der Autoren gerecht werdender Texte für die sprachl. und literar. Interpretation. Dabei verfährt sie entweder selektiv, indem sie aus einer Reihe von in Handschriften oder Drucken überlieferten Zeugnissen eines Einzeltextes eines oder mehrere charakteristisch erscheinende aussucht, oder sie schließt die gesamte handschriftl. oder gedruckte Überlieferung eines Einzeltextes ein. Wird nicht eine einzige Quelle unverändert abgedruckt, sondern werden mehrere oder alle verfügbaren Quellen für eine Textausgabe herangezogen, geht die Ph. nach dem Verfahren der ↑Textkritik vor. Die ↑kritische Ausgabe kann durch den deutenden und einen speziellen Forschungsstand reflektierenden Textkommentar bereichert werden. – Die Deutung setzt lautl., morphologisch-syntaktische und semant. Ebenen zueinander in Beziehung. Diese deskriptive Strukturdeutung wird von einer allgemeinen historischen literaturtheoretisch-poetolog. und literaturgeschichtl. Einordnung des Textes begleitet. – Historisch bed. war für die philolog. Interpretation die allegor. Auslegung einzelner Texte, die im 6. Jh. v. Chr. von Rhapsoden wie Theagenes von Rhegion zur Verteidigung anstößiger Stellen in den Epen Homers erfunden und von der Stoa ausgebaut wurde.

**Geschichte:** Philolog. Fragestellungen sind so alt wie die Texte, denen sie galten. Zunächst waren es die Autoren selbst (Homer), die über Texte nachdachten, die Rhapsoden und Philosophen (Xenophanes; die Sophisten; Sokrates, Platon, Aristoteles), dann im Zeitalter des Hellenismus Gelehrte, die gleichzeitig Dichter waren (z. B. Philetas von Kos, Simias von Rhodos), und erst mit Zenodot und Eratosthenes von Kyrene die eigtl. Philologen, die eine als klassisch angesehene Überlieferung im wesentl. textkritisch neu erschlossen; die beiden Letztgenannten wirkten in der Alexandrinischen Bibliothek (Alexandrin. Philologenschule). – Nach dem Untergang des Ptolemäerreiches wurde Alexandria in seiner Bedeutung für die Ph. von Pergamon abgelöst, wo Eumenes II. eine weitere große Bibliothek begründete, bei deren Aufbau und Verwaltung ihm wahrscheinlich Krates Mallotes zur Seite stand, der mit seinem Prinzip der Anomalie in Ggs. zu dem alexandrin. Homerphilologen Aristarchos von Samothrake geriet.

Der Ggs. von Alexandria und Pergamon prägte zunächst auch die Entwicklung der Ph. in Rom, die sich den griech. Vorbildern anschloß (L. Aelius Stilo Praeconinus, M. T. Varro). In der Folgezeit traten hervor: G. J. Hyginus, M. Verrius Flaccus, Q. Remmius Palaemon und M. V. Probus. Das 2. Jh. n. Chr. tendierte zu Textauszügen und Kompilationen. Der hervorragendste Gelehrte dieser Zeit war Sueton. – Die grammat. und poetolog. Theorien der röm. Antike und Spätantike prägten die philolog. Werke mittelalterl. Autoren. Nicht zuletzt war dies der Vermittlung des erworbenen Wissens durch die ›Etymologiae‹ Isidors von Sevilla zu verdanken. Neben der Bewahrung der lat. Überlieferung kennzeichnen das MA die immer selbständiger werdenden german. und roman. Volkssprachen, die allmählich mit in die sprachl. und literarkritisch-poetolog. Reflexionen einbezogen werden (z. B. bei Dante).

Das Zeitalter des Humanismus bedeutete einen Aufschwung nicht nur im Bereich der klass. Studien, der sich in krit. Textausgaben (nun auch wieder griech. Autoren) und Untersuchungen (z. B. bei Budaeus) sowie in der auf den Originaltexten fußenden Platondiskussion an der Platon. Akademie in Florenz unter M. Ficino ausdrückt, sondern auch im Rahmen der Beschäftigung mit den Volkssprachen, wie die Behandlung der ›Sprachenfrage‹ in Italien, Frankreich und auf der Iber. Halbinsel beweist. Bes. seit dem 16. Jh. wurde die Ph. von frz. Humanisten inspiriert, die sich zugleich mit der antiken Überlieferung und den Traditionen in den Volkssprachen auseinandersetzten: R. und H. Estienne, J. Dorat und im 17. Jh. Ch. du Fresne, Sieur Du Cange. Auch die Niederlande mit Erasmus von Rotterdam, J. Lipsius, J. J. Scaliger, G. J. Vossius, D. Heinsius und H. Grotius, Schottland und England mit G. Buchanan und später mit R. Bentley und R. Porson, Italien im 18. Jh. mit E. Forcellini und L. A. Muratori, Spanien u. a. mit A. und J. de Valdés sowie Deutschland zunächst mit Regiomontanus, Ph. Melanchthon und F. A. Wolf trugen zur Weiterentwicklung der klass. Ph. und der nat. Ph.n bei.

Die Ph. im modernen Sinn bildete sich im Zusammenhang mit der Klassik, dem Neuhumanismus und der Romantik in Deutschland heraus. Rückbesinnung auf antike und nat. – bes. mittelalterl. – Traditionen und die Entwicklung einer sprachwiss. Systematik durch F. Bopp förderten die methodologisch-inhaltl. Evolution der Ph.n, ebenso wie der Historismus und der Positivismus. Textkritik, Grammatik und Interpretation erhielten eine neue Grundlage; das beweisen die klass. Studien von A. Böckh und K. O. Müller, F. G. Welcker, K. Lachmann, F. Bücheler und U. von Wilamowitz-Moellendorff ebenso wie die ersten wiss. Grammatiken und Wörterbücher der modernen Fremdsprachen und die zahlreichen Literaturgeschichten, die v. a. seit dem 19. Jh. entstanden sind. Dabei gingen die philolog. Wissenschaften bis weit ins 20. Jh. hinein überwiegend historisch vor und förderten die Kenntnis über spezielle Epochen (Hellenismus, Spätantike, MA, Renaissance usw.) und Einzelgebiete (Inschriften und vulgäre Latinität, Fragmente, Religion, Medizin, Philosophie u. a.). Erst allmählich emanzipierten sich die Neu-Ph.n von den Vorstellungen der klass. Ph. und bezogen synchron. Verfahrensweisen ein. Die Berücksichtigung moderner und zeitgenöss. Autoren im Rahmen neuphilolog. Analysen spiegelt dieses veränderte Selbstverständnis ebenfalls wider. Gegenwärtig kennzeichnen auch Überlegungen zur Kultur- oder Landeskunde und zur Fachdidaktik den Reflexionsstand der Philologien.

**Literatur:** Böckh, A.: Enzyklop. u. Methodenlehre der philolog. Wissenschaften. Lpz. ²1886. Nachdr. Stg. 1966. – Wilamowitz-Moellendorff, U. von: Gesch. der Ph. Lpz. ³1927. Nachdr. 1959. – Sandys, J. E.: A history of classical scholarship. New York Neudr. 1967. 3 Bde. – Pfeiffer, R.: Gesch. der klass. Ph.: Von den Anfängen bis zum Ende des Hellenismus. Dt. Übers. v. M. Arnold. Mchn. ²1978. – Pfeiffer, R.: Klass. Ph. von Petrarca bis Mommsen. Dt. Übers. Mchn. 1982.

**Philon d. Ä.** (tl.: Phílōn; Philo), jüd.-hellenist. Autor um 200 v. Chr. – Schrieb ein längeres griech. Epos ›Perì tà Hierosólyma‹ (= Über Jerusalem), von dem nur 24 Verse bei Eusebios von Caesarea überliefert sind.

**Philon von Alexandria** (tl.: Phílōn), latinisiert Philo Judaeus, * Alexandria zwischen 15 und 10 v. Chr., † ebd. zwischen 45 und 50 n. Chr., jüd.-hellenist. Theologe, Religionsphilosoph und Schriftsteller. – War 40 n. Chr. Leiter einer Gesandtschaft alexandrin. Juden, die den Kaiser Caligula um eine Intervention gegen Judenpogrome ersuchte; rabbinisch-hellenistisch gebildet; seine von Platon und der Stoa beeinflußte Philosophie bestimmt auch seine Darstellung der jüd. Religion; bed. sind v. a. die Schriften, die völlig unpropagandistisch um Verständnis für die jüd. Religion werben; wichtig sind auch die Erläuterungsschriften zum Pentateuch.

**Ausgabe:** Philo Judaeus. Die Werke in dt. Übers. Hg. v. L. Cohn u. a. Bln. ²1962–64. 7 Bde.
**Literatur:** Heinemann, I.: Ph.s griech. u. jüd. Bildung. Breslau 1932. Nachdr. Hildesheim 1973. – Otte, K.: Das Sprachverständnis bei Philo v. Alexandrien. Tüb. 1968. – Christiansen, I.: Die Technik der allegor. Auslegungswiss. bei Ph. v. Alexandrien. Tüb. 1969.

**Philostratos II.** (tl.: Philóstratos; Philostrat, Philostratus), Flavius, * Lemnos zwischen 160 und 170, † um 245, griech. Philosoph der neupythagoreischen Richtung. – Zunächst Lehrtätigkeit in Athen, dann an den kaiserl. Hof in Rom empfohlen, um 217 Rückkehr nach Athen. Von Ph. stammen die ›Sophistenbiographien‹, eine Reihe von Lebensbeschreibungen mit zahlreichen biograph. Details, Anekdoten und Hinweisen auf Werke und Stilzüge, beginnend mit Autoren der altsophist. Rhetorik und bis zur Lebenszeit des Verfassers reichend. Wohl auf Veranlassung von Kaiserin Iulia Domna entstand ›Das Leben des Apollonius von Tyana‹, ein phantast. Reiseroman, der die Gestalt eines legendenumwobenen, angeblich wundertätigen Wanderredners zu einem heilsträchtigen Propheten stilisiert (vermutlich als Gegenfigur zu Christus). Andere Werke (Dialoge, Bildbeschreibungen) können Ph. allenfalls mit Wahrscheinlichkeit zugerechnet werden, da der Name Ph. von vier Autoren des fraglichen Zeitraums belegt ist.

**Philoxeniana,** eine nach Philoxenos von Mabbugh (* um 450, † 523) benannte und von ihm veranlaßte syr. Übersetzung des NT (507/508). Bed. ist, daß die in der † Peschitta weggelassenen Schriften in die Ph. aufgenommen worden sind. Ihr Verhältnis zur † Harclensis ist problematisch.

**Literatur:** ALAND, K./ALAND, B.: Der Text des NT. Stg. 1982.

**Philoxenos** (tl.: Philóxenos), * Kythera 435/434, † Ephesos 380/379, griech. Dichter. – Kam als Kind in spartan. Sklaverei; lebte später am Hof Dionysios' I. in Syrakus (dort gefangengesetzt?). Ph., Schüler des Melanippides von Melos und Vertreter des musikal. Virtuosentums sowie der Chromatik (sog. ›neue Musik‹), schrieb der ›Suda‹ zufolge 24 Dithyramben, von denen ›Kýklōps‹ (= Der Kyklop) am bekanntesten war.

**Phlyaken** [griech.; zu phléō = schwellen, strotzen], Bez. sowohl für die Schauspieler einer im dor. Unteritalien und Sizilien nachweisbaren Possenform als auch für die von ihnen gespielten Szenen (Mythentravestien, Tragödienparodien, kom. Alltagssituationen). Die literar. Form schuf Rhinton aus Syrakus (4./3. Jh.; 38 Ph., nur wenige Fragmente erhalten). Die Spieler trugen eine Maske, einen riesigen Phallus sowie ein ausgestopftes Trikot mit Zotteln. Darstellungen sind auf etwa 185 Ph.vasen aus Paestum, Apulien, Kampanien und Sizilien erhalten.

**Phoinix von Kolophon** (tl.: Phoínix), griech. Lyriker des 3. Jh. v. Chr. – Prangert in seinen Hinkjamben († Choliambus) in kyn. Tradition – ähnlich wie sein Zeitgenosse Kerkidas von Megalopolis – soziale Zustände an; bekannt ist sein ›Krähen‹-Bettellied (›Korōnistaí‹).

**Ausgabe:** Anthologia lyrica Graeca. Hg. v. E. DIEHL. Bd. 3. Lpz. [3]1964.

**Literatur:** GERHARD, G. A.: Ph. v. K. Lpz. 1909.

**Phokylides** (tl.: Phōkylídēs), griech. Lyriker des 6. Jh. v. Chr. aus Milet. – Schrieb Lehrstücke (in Hexametern und Distichen), die sich aus mehreren Sinnsprüchen zusammensetzen und die er zumeist mit der Einleitung ›Auch dies ist von Ph.‹ eröffnete; nur Fragmente erhalten. Unter seinem Namen ist ferner ein Lehrgedicht von 230 Hexametern (›Sprüche der Gerechtigkeit‹) überliefert, als dessen Verfasser (›Pseudo-Ph.‹) wahrscheinlich ein hellenisierter Jude des 1. Jh. v. Chr. oder aber ein Judenchrist des 1. Jh. n. Chr. zu gelten hat.

**Phönix von Kolophon,** griech. Lyriker, † Phoinix von Kolophon.

**Phosphoristen,** schwed. romant. Dichterkreis, gegr. 1807 in Uppsala von P. D. A. Atterbom als Musis amici (seit 1808 unter dem Namen Auroraförbundet) mit dem Ziel der Erneuerung der nach frz. Vorbildern ausgerichteten schwed. Literatur im Sinne der dt. (Jenaer) Romantik und der idealist. Philosophie. Die Bezeichnung Ph. stammt von ihrer Zeitschrift ›Phosphoros‹ (1810–13, 1813–25 u. d. T. ›Svensk litteratur-tidning‹).

**Photios** (tl.: Phṓtios), * Konstantinopel (heute Istanbul) um 820, † in Armenien 891 (?), byzantin. Patriarch, Gelehrter und Dichter. – Stammte aus einer vornehmen, jedoch verarmten Familie; war zweimal (858–867 und 879–886) Patriarch von Konstantinopel; bed. Vermittler griech. Geistes und griech. Literatur; hinterließ bed. Werke: ein ›Lexikon‹, die ›Bibliothek‹ (Erläuterungen zu antiken Autoren und bibl. Schriften), daneben zahlreiche Bibelkommentare und theolog. Schriften, Gedichte und Briefe.

**Ausgabe:** Ph. In: Patrologiae cursus completus. Series Graeca. Hg. v. J.-P. MIGNE. Bd. 101–104. Paris 1860. Nachdr. 1982.

**Literatur:** HERGENRÖTHER, J.: Ph., Patriarch v. Constantinopel. Sein Leben, seine Schrr. u. das griech. Schisma nach handschriftl. u. gedruckten Quellen. Regensburg 1867–69. 3 Bde. Nachdr. Darmst. 1966. – SCHULTZE, B.: Das Weltbild des Patriarchen Ph. nach seinen Homilien. In: Kairos N. F. 15 (1973). – BECK, H.-G.: Kirche u. theolog. Lit. im byzantin. Reich. Mchn. ²1977. (HdA XII, 2,1).

**Phrase** [griech. = das Sprechen, der Ausdruck], in der antiken Rhetorik im weiteren Sinne die sprachlich-stilist. Ausformulierung der in einem Text verwendeten Gedanken; im engeren Sinne eine einzelne Wortgruppe oder -wendung. Im 16. Jh. in der antiken Bedeutung ins Deutsche übernommen, bekam Ph. später einen abwertenden Sinn: ›Ph.n dreschen‹, ›hohle Phrase‹.

**Phraseonym** [griech. ónyma = Name], Sonderform des ↑Pseudonyms, bei der statt der Verfasserangabe eine Redewendung steht: z. B. ›von einer anonymen Dame‹ = Jane Austen.

**Phrynichos** (tl.: Phrýnichos), griech. Tragiker des 6./5. Jh. aus Athen. – Schüler des Thespis, bedeutendster Tragödiendichter (von den etwa 10 bekannten Tragödien nur Fragmente erhalten; wohl erstmals Frauenrollen) vor Aischylos; bevorzugt myth. Stoffe und Zeitereignisse, z. B. in der Tragödie ›Milḗtou hálōsis‹ (= Einnahme von Milet, wohl 492). Die ›Phoínissai‹ (= Phönikerinnen, wohl 476) behandeln die Schlacht bei Salamis.

**Phrynichos** (tl.: Phrýnichos), griech. Komödiendichter der 2. Hälfte des 5. Jh. v. Chr. aus Athen. – Vertreter der alten att. Komödie und Rivale des Aristophanes; von den unter seinem Namen überlieferten zehn Stücken ist der ›Monótropos‹ (= Einsiedler) die erste griech. Charakterkomödie.

**Physiologus** (tl.: ho physiológos) [griech. = der Naturforscher, Naturphilosoph], ein vermutlich im 2. Jh. n. Chr. in Alexandreia entstandenes Buch mit symbol. Deutung der bestimmten Tieren, Pflanzen und Steinen zugesprochenen Eigenarten, das im 4. Jh. aus dem Griechischen ins Lateinische übertragen wurde. Nach einer Bibelstelle, in der das zu behandelnde Tier (bzw. Pflanze, Stein) erwähnt wird, folgt eine Schilderung von dessen Eigenschaften, die dann auf Christus, den Satan, den Menschen und die Kirche bezogen werden. Der lat. Ph. wurde zuerst im ›Decretum Gelasianum de libris recipiendis et non recipiendis‹ (523 [?]) erwähnt und auf die Liste der verbotenen Bücher gesetzt, erfuhr aber dennoch starke Verbreitung und Bearbeitungen in vielen Sprachen. Durch allmähl. Entwicklung zur prakt. Morallehre, Benutzung als Unterrichtsbuch, Belehrungs- und Erbauungslektüre wurde der Ph. eine der verbreitetsten Schriften des MA und grundlegend für die Symbolsprache der mittelalterl. christl. Natur- und Kunstvorstellungen. Die erste dt. Übersetzung (in Prosa) entstand in alemann. Mundart, vermutlich um 1070 im Kloster Hirsau, in der 2. Hälfte des 12. Jh. folgte eine 2. Prosaübertragung; eine um 1140 entstandene Fassung ist gereimt.

**Ausgaben:** Ph. Hg. v. F. SBORDONE. Rom 1936. Nachdr. Hildesheim u. New York 1976. – Der Ph. nach den Hss. G u. M. Hg. v. D. OFFERMANNS. Meisenheim 1966. – Der Ph. Hg. v. F. MAURER. Tüb. 1967. – Der Ph. Dt. Übers. u. erl. v. O. SEEL. Zü. u. Mchn. Neuausg. 1987.

**Literatur:** WELLMANN, M.: Der Ph. Eine religionsgeschichtlich-naturwiss. Unters. Lpz. 1930. – GLENNDINNING, R.: A critical study of the Old High German Ph. and his influence. Diss. Univ. of Manitoba Winnipeg 1960 [Masch.]. – HENKEL, N.: Studien zum Ph. im MA. Tüb. 1976. – Ph. Naturdeutung in frühchristl. Zeit. Hg. v. U. TREU. Hanau 1981. – BRUNNER-TRAUT, E.: Der ägypt. Ursprung des 45. Kap. des Ph. u. seine Datierung. In: Studien zur altägypt. Kultur 11 (1984), S. 559.

**Piave,** Francesco Maria [italien. 'pia:ve], * Murano (heute zu Venedig) 18. Mai 1810, † Mailand 5. März 1876, italien. Librettodichter. – Schauspieldirektor und Theaterdichter des Opernhauses La Fenice in Venedig, ab 1859 an der Scala in Mailand. 1844–62 bevorzugter Librettist G. Verdis (u. a. ›Ernani‹, ›I due Foscari‹, ›Macbeth‹, ›Rigoletto‹, ›La

Traviata‹, ›Simone Boccanegra‹, Entwurf für ›Die Macht des Schicksals‹).

**Picard,** Jacob [frz. pi'ka:r], eigtl. Jacob Pickard, Pseudonym J. P. Wangen, * Wangen (heute zu Öhningen, Landkreis Konstanz) 11. Jan. 1883, † Konstanz 1. Okt. 1967, dt. Schriftsteller. – Rechtsanwalt in Konstanz und Köln; emigrierte 1940 in die USA, lebte bis kurz vor seinem Tod in New York. Anfangs expressionist., dann jüdisch-traditionalist. Lyriker und Erzähler; schildert in seinen Novellen das Leben in den einstigen sog. Judendörfern in Süddeutschland; schrieb auch Essays.

**Werke:** Das Ufer (Ged., 1913), Erschütterung (Ged., 1920), Der Gezeichnete (Geschichten, 1936, erweiterte Neuausg. 1963 u. d. T. Die alte Lehre), Der Uhrenschlag (Ged., 1961).

**Picard,** Max [frz. pi'ka:r], * Schopfheim 5. Juni 1888, † Sorengo bei Lugano 3. Okt. 1965, schweizer. Schriftsteller und Philosoph. – Ursprünglich Arzt, ab 1918 freier Schriftsteller; leistete konservativreligiöse Beiträge zur Kunsttheorie, Kulturphilosophie und Kulturkritik.

**Werke:** Das Ende des Impressionismus (1916), Der letzte Mensch (1921), Die Flucht vor Gott (1934), Hitler in uns selbst (1946), Zerstörte und unzerstörbare Welt (1951), Die Atomisierung der modernen Kunst (1953), Der Mensch und das Wort (1955), Die Atomisierung der Person (1958).

**Piccolomini,** Alessandro, * Siena 13. Juni 1508, † ebd. 12. März 1578, italien. Schriftsteller. – Ab 1540 Lehrer für Moralphilosophie in Padua, zuletzt Träger hoher geistl. Würden in seiner Vaterstadt Siena. Wandte sich nach petrarkistisch orientierten Anfängen und einigen freizügig-pikanten Komödien und Dialogen (›La Raffaella‹, 1540, dt. 1924 u. d. T. ›Gespräche über die feine Erziehung der Frauen‹) vornehmlich der Popularisierung von Philosophie und Wissenschaft des Humanismus zu (›La filosofia naturale‹, 1551), kommentierte die Poetik des Aristoteles (1575) und veröffentlichte mehrere Werke über Astronomie.

**Literatur:** CERRETA, F.: A. P., letterato e filosofo senese del cinquecento. Siena 1960.

**Piccolomini,** Enea Silvio, später Papst Pius II., * Corsignano (heute Pienza) bei Siena 18. Okt. 1405, † Ancona 15. Aug. 1464, italien. Humanist und Dichter. – Studierte in Siena; ab 1432 im Dienst des Konzils von Basel; wurde 1442 von Friedrich III. zum Dichter gekrönt, Sekretär der kaiserl. Kanzlei; 1447 Bischof von Triest, 1449 von Siena, 1456 Kardinal und 1458 zum Papst gewählt. Einer der bedeutendsten Humanisten seiner Zeit, verfaßte Memoiren in lat. Sprache, bed. Briefe und lat. Liebesgedichte; Geschichtsschreiber, Geograph, Ethnograph; versuchte sich auch in Drama, Roman und Novelle.

**Werke:** Chrisis (lat. Kom., 1444), Euryalus und Lukrezia (lat. Nov., entst. 1444, hg. 1468, dt. 1907, erstmals dt. 1473), Commentarii rerum memorabilium quae temporibus suis contingerunt (Memoiren, hg. 1584).

**Ausgaben:** Briefwechsel des E. S. P. Hg. v. R. WOLKAN. In: Fontes rerum austriacarum. Österr. Gesch.-Quellen, II. Abt. Bde. 61, 62, 67, 68. Wien 1909–18 [m.n.e.]. – Pius II. Ausgew. Texte aus seinen Schrr., lat. u. dt. Hg., übersetzt u. biograph. eingel. v. B. WIDMER. Basel u. Stg. 1960. – E. S. P. Briefe, Dichtungen. Dt. Übers. Nachwort v. G. BÜRCK. Mchn. 1966.

**Literatur:** BÜRCK, G.: Selbstdarstellung u. Personenbildnis bei E. S. P. (Pius II.). Basel u. Stg. 1956. – WIDMER, B.: E. S. P. in der sittl. u. polit. Entscheidung. Basel u. Stg. 1963. – BERNETTI, G.: Saggi e studi sugli scritti di E. S. P. Papa Pio II (1405–1464). Florenz 1971. – PAPARELLI, G.: E. S. P. L'umanesimo sul soglio di Pietro. Ravenna 1978.

**Piccolo Teatro di Milano** [italien. 'pikkolo te'a:tro di mi'la:no], eine der ersten Bühnen Italiens mit festem Haus und Ensemble (›teatro stabile‹). 1947 von Paolo Grassi (Verwaltungsdirektor) und Giorgio Strehler (künstler. Leiter) gegr., entwickelte sich das P. T. di M. zu einer der internat. renommiertesten Bühnen. Nach Strehlers Ausscheiden (1968) übernahm Grassi die alleinige Leitung. Als Grassi 1972 die Leitung der Mailänder Scala antrat, kehrte Strehler zurück, er leitet das Theater bis heute. 1981 wurde das P. T. di M. von der italien. Regierung zum Theater von ›nat. Bedeutung‹ erklärt; das führte dazu, daß das P. T. di M. das finanziell bestgestellte italien. Schauspielhaus ist; es wird teilweise staatlich subventioniert (die öffentl. Finanzierung und Subventionierung von Theatern ist in Italien kaum oder gar nicht geregelt).

**Pichette,** Henri [frz. pi'ʃɛt], * Châteauroux 26. Jan. 1924, frz. Lyriker. –

1944 Kriegsteilnehmer und Korrespondent in Deutschland und Österreich; arbeitete nach dem Krieg mit A. Artaud zusammen; seine Gedichte sind Ausdruck einer leidenschaftl. Auflehnung gegen das Schicksal einer gequälten Menschheit; Erbe des Surrealismus und A. Rimbauds; auch Essayist und Dramatiker.

**Werke:** Apoèmes (Ged., 1947), Les épiphanies (Dr., 1948), Le point vélique (Ged., 1950), Odes à chacun (Ged., 1960), Le tombeau de Gérard Philipe (Ged., 1962), Dents de lait, dents de loup (Ged., 1962), Poèmes offerts (Ged., 1982).

**Pichler,** Adolf, Ritter von Rautenkar, * Erl 4. Sept. 1819, † Innsbruck 15. Nov. 1900, österr. Schriftsteller. – Seine Dichtung ist von nat. und freiheitl. Gesinnung geprägt. Er schrieb Verserzählungen, Gedichte, polit. Lyrik, Hymnen und Epigramme.

**Werke:** Lieder der Liebe (Ged., 1852), Aus den Tirolerbergen (En., 1861), Allerlei Geschichten aus Tirol (1867), Marksteine (ep. Dichtung, 1874), Spätfrüchte (Ged., 1896), Jochrauten (En., 1897), Letzte Alpenrosen (En., 1898), Das Sturmjahr (Autobiogr., hg. 1903).

**Ausgabe:** A. P. Ges. Werke. Mchn. $^{1-6}$1905–09. 17 Bde.

**Pichler,** Karoline (Caroline), geb. von Greiner, * Wien 7. Sept. 1769, † ebd. 9. Juli 1843, österr. Schriftstellerin. – Ihr Haus war ein kultureller Mittelpunkt im biedermeierl. Wien. Sie schrieb Balladen, breite patriot. Romane und Erzählungen mit moralisierender Tendenz, Dramen sowie literaturgeschichtlich interessante ›Denkwürdigkeiten aus meinem Leben‹ (hg. 1844).

**Weitere Werke:** Leonore (R., 2 Bde., 1804), Agathokles (R., 3 Bde., 1808), Frauenwürde (R., 4 Bde., 1808), Erzählungen (2 Bde., 1812), Gedichte (1814), Dramat. Dichtungen (3 Bde., 1822), Die Belagerung Wiens (R., 3 Bde., 1824), Zeitbilder (2 Bde., 1839–41).

**Ausgaben:** K. P. Sämtl. Werke. Mchn. u. Wien 1812–45. 60 Bde. – K. P. Ausw. aus dem Werk. Eingel. u. hg. v. K. ADEL. Wien 1970.

**Literatur:** NEUNTEUFEL-METZLER, A.: K. P. u. die Gesch. ihrer Zeit. Diss. Wien 1949. – WACHE, K.: K. P., die Dichterin Alt-Wiens. In: WACHE: Jahrmarkt der Wiener Lit. Wien 1966.

**Pickard,** Jakob, dt. Schriftsteller, ↑ Picard, Jacob.

**Pickel,** Konrad, dt. Humanist, ↑ Celtis, Konrad.

**Pickelhering** (engl. Pickleharring), Bez. der ↑ lustigen Person in den Stücken der englischen und niederländischen Komödianten; P.spiele sind bis zum Ende des 17. Jh. weit verbreitet; später wird in Deutschland der Name ›P.‹ durch die Bezeichnungen Harlekin oder Hanswurst verdrängt.

**Pickthall,** Marmaduke William [engl. 'pɪkθɔ:l], * Chillesford (Suffolk) 7. April 1875, † Saint Ives (Cornwall) 19. Mai 1936, engl. Schriftsteller. – Lebte lange im Nahen Osten und trat zum Islam über; wurde als Orientalist durch seine Übersetzung des Korans (1930), als Schriftsteller durch Reise-, Abenteuer- und Kriegsromane aus dem Orient bekannt.

**Werke:** Glanz, Liebe und Tod des Fischers Saïd (R., 1903, dt. 1926), Brendle (R., 1905), The valley of the kings (R., 1909), Knights of Araby (R., 1917), The early hours (R., 1921).

**Pico della Mirandola,** Giovanni, Graf von Concordia, * Mirandola (Modena) 24. Febr. 1463, † in oder bei Florenz 17. Nov. 1494, italien. Humanist und Philosoph. – Studierte in Bologna, Ferrara und Padua, reiste in Italien und im Ausland, war Mitglied der florentin. Accademia Platonica. 1486 veröffentlichte er 900 Thesen zu philosoph. und theolog. Fragen, zu deren Diskussion er alle Gelehrten Europas nach Rom einlud; ein Einspruch gegen die Beanstandung von 13 dieser Thesen wegen angeblich spiritualistisch-adogmat. Tendenz durch Innozenz VIII. führte zur Verurteilung aller Thesen; 1493 wurden alle kirchl. Sanktionen aufgehoben. Einer der bedeutendsten Vertreter der Renaissancephilosophie; hervorragende orthodoxe Gestalt des italien. Humanismus, Kenner des Griechischen, Arabischen, Hebräischen, Chaldäischen, des Korans und der Kabbala; versuchte eine harmonisierende Synthese von Christentum, jüd. und griech. (bes. neuplaton.) Philosophie (›Über die Würde des Menschen‹, 1486, dt. 1940; ›Commentationes‹, 1496; ›Conclusiones nongentae‹, 1496); auch Lyriker in der Nachfolge F. Petrarcas.

**Ausgaben:** Gian F. P. Opera omnia. Basel 1557–73. 2 Bde. Nachdr., hg. u. eingel. v. C. VASOLI. Hildesheim 1969. 2 Bde. – G. P. d. M. Ausgew. Schrr. Dt. Übers. Hg. v. A. LIEBERT. Jena 1905 (mit Biogr.). – G. P. d. M. Opera omnia. Mit einem Vorwort von E. GARIN. Turin 1971. 2 Bde.

**Literatur:** BARONE, G.: G. P. d. M. (1463–1494). Mailand 1948. – MONNERJAHN, E.: G. P. d. M. Ein Beitr. zur philosoph. Theologie des italien. Humanismus. Wsb. 1960. – LUBAC, H. DE: Pic de la Mirandole. Études et discussions. Paris 1974. – CRAVEN, W. G.: G. P. d. M., symbol of his age. Genf 1981. – REINHARDT, H.: Freiheit zu Gott. Der Grundgedanke des Systematikers G. P. d. M. (1463–1494). Whm. 1989.

**Picón y Bouchet,** Jacinto Octavio [span. pi'kon i βu'tʃɛt], * Madrid 8. Sept. 1852, † ebd. 18. Nov. 1923, span. Schriftsteller. – Wurde 1900 Mitglied der Span. Akademie; liberal und antiklerikal; schrieb neben zahlreichen kunst- und literaturkrit. Arbeiten vielbeachtete realist. Romane (v. a. ›Lázaro‹, 1882; ›El enemigo‹, 1887; ›La honrada‹, 1890; ›Dulce y sabrosa‹, 1891) und Novellen.

**Piercy,** Marge [engl. 'pɪərsɪ], * Detroit (Mich.) 31. März 1936, amerikan. Schriftstellerin. – Studium an der University of Michigan und der Northwestern University; aktiv in der Bürgerrechts- und Studentenbewegung der 60er Jahre, dann in der Frauenbewegung. Ihre zahlreichen Romane und Gedichtsammlungen beschäftigen sich mit dem Bewußtsein der Frau in einer von Männern dominierten Gesellschaft.

**Werke:** Breaking camp (Ged., 1968), Hard loving (Ged., 1969), Dance the eagle to sleep (R., 1970), 4-telling (Ged., 1971), Small changes (R., 1973), Die Frau am Abgrund der Zeit (R., 1976, dt. 1986), Vida (R., 1979), The moon is always female (Ged., 1980), Braided lives (R., 1982), Circles on the water (Ged., 1982), Stone, paper, knife (Ged., 1983), Fly away home (R., 1984), My mother's body (Ged., 1985), Gone to soldiers (R., 1987), Available light (Ged., 1988), Summer people (R., 1989), The earth shines secretly. A book of days (R., 1990). Er, Sie und Es (R., 1991, dt. 1993).

**Literatur:** Ways of knowing. Critical essays on M. P. Hg. v. S. WALKER u. E. HAMMER. Mobile (Ala.) 1986.

**Pierre d'Auvergne** [frz. pjɛrdo'vɛrɲ], provenzal. Troubadour, ↑ Peire d'Alvernha.

**Pierre de Blois** [frz. pjɛrdə'blwa], mlat. Dichter, ↑ Petrus von Blois.

**Pierrot** [piɛ'ro:, frz. pjɛ'ro], zusammen mit dem ↑ Arlecchino Hauptfigur der Comédie-Italienne (italien. Ensemble der Commedia dell'arte in Paris, 1653–97); wurde aus einer Dienerfigur der Commedia dell'arte namens Piero oder auch Pedrolini entwickelt; als Pendant zum Arlecchino vertritt P. den Typus des zaghaften, melanchol. Dieners, was sich auch in der vom buntscheckigen Kostüm des Arlecchino unterschiedenen Kostümierung ausdrückte: P. trat weiß geschminkt in einem weißen Kostüm mit Tellermütze auf.

**Pietismus** [pi-e...; zu lat. pietas = Frömmigkeit], gegen Ende des 17. Jh. entstandene, bis ins 18. Jh. wirksame religiöse Bewegung des dt. Protestantismus, die aus einem sich in der Praxis des christl. Lebens und Handelns bewährenden Glauben eine auf Vollkommenheit hin orientierte, individualistisch-subjektive Frömmigkeit entwickelte und eine Erneuerung der Kirche, eine ›neue Reformation‹ anstrebte. Im Mittelpunkt der pietist. Vorstellungen stand nicht mehr, wie in der Reformation des 16. Jh., die Rechtfertigungslehre, sondern – wie bei den Mystikern – das persönl. Heilserlebnis durch Verwandlung des eigenen Innern, die Wiedergeburt (Bekehrung) jedes einzelnen Menschen. Mit anderen ›Wiedergeborenen‹ schlossen sich die Anhänger in Konventikeln (collegia pietatis), der typ. Gemeinschaftsform des P. zusammen. – Einfluß auf den P. hatten neben dem frühen Luther v. a. der Spiritualismus, das Täufertum, die Mystik und der engl. Kalvinismus und Puritanismus. Richtungweisend war die Schrift ›Pia Desideria‹ (1675) von Ph. J. Spener. Neben Spener und A. H. Francke war N. L. von Zinzendorf einer der Exponenten des lutherisch orientierten P. (Gründer der Herrnhuter Brüdergemeine). Hauptvertreter des reformierten P. war G. Tersteegen. Von gewisser Eigenständigkeit war der schwäb. Pietismus.

Der P. prägte die geistesgeschichtl., gesellschaftl., polit. und pädagog. Entwicklung im Deutschland des 18. Jh. wesentlich mit. Seine direkte (↑ Hallescher Dichterkreis) und indirekte Einwirkung auf die dt. Literatur war bedeutend: G. E. Lessing, I. Kant, Schiller, J. H. Jung-Stilling, teilweise J. Ch. F. Hölderlin und F. D. E. Schleiermacher waren durch eine pietist. Erziehung beeinflußt. Auch bei Goethe, F. G. Klopstock, J. G. Herder, J. G. Hamann, J. K. Lavater u. a. sind Einflüsse festzustellen. Die Pietisten griffen auf den alten Wortschatz der Mystik zurück; sie pflegten eine schlichte Sprache der Innerlichkeit und überwanden dadurch die Barocksprache. Von den bekenntnishaften Autobiographien Speners, Franckes und Jung-Stillings gingen wichtige Einflüsse auf die Entwicklung psycholog. Darstellungstechniken v. a. in Autobiographie und Bildungsroman aus. Die von einem persönl. Gefühlston getragenen Kirchenlieder N. L. von Zinzendorfs, G. Tersteegens und J. Neanders bereiteten die weltl. Erlebnislyrik vor. Bedeutsam war auch der Einfluß des P. auf die literar. Strömung der ↑Empfindsamkeit.

**Literatur:** KANTZENBACH, F. W.: Orthodoxie u. P. Güt. 1966. – BEYREUTHER, E.: Gesch. des P. Stg. 1978. – SCHARFE, M.: Die Religion des Volkes. Kleine Kultur- u. Sozialgesch. des P. Güt. 1980. – Gesch. des P. Hg. v. M. BRECHT u. a. Gött. 1993 ff.

**Pietro da Eboli,** mlat. Dichter, ↑Petrus de Eboli.

**Pieyre de Mandiargues,** André [frz. pjɛrdəmã'djarg], * Paris 14. März 1909, † ebd. 13. Dez. 1991, frz. Schriftsteller. – Befreundet mit A. Breton; in seiner Lyrik wie in seinen phantast. Romanen und Erzählungen, deren Hauptthemen Eros und Tod sind, ist er vom Surrealismus und von der dt. Romantik beeinflußt. Erhielt 1979 den Grand prix de poésie der Académie française.

**Werke:** Dans les années sordides (En., 1943), Le musée noir (En., 1946), Soleil des loups (En., 1951), Marbre (E., 1954), Lilie des Meeres (E., 1956, dt. 1959), Schwelende Glut (En., 1959, dt. 1964), Das Motorrad (R., 1963, dt. 1965), La marge (R., 1967; Prix Goncourt 1967), Die Monstren von Bomarzo (Essays, dt. Ausw. 1969), Mascarets (En., 1971), Isabella Morra (Dr., 1974), Sous la lame (En., 1976), L'ivre œil (Ged., 1979), La nuit séculaire (Dr., 1979), Arsène et Cléopâtre (Dr., 1981), Die Trauer der Rosen (En., 1983, dt. 1989), Tout disparaîtra (R., 1987), Gris de perle (Ged., hg. 1993).

**Literatur:** WINN, E. M.: L'univers magique de P. de M. Diss. Sydney 1973. – FRIEBEL, H.: Die utop. Dimension in den Erzählungen A. P. de M.'. Hdbg. 1975. – LUCAS, A. V.: Motifs of surrealism in the fiction of P. de M. Diss. Bryn Mawr College 1978. – STETIE, S.: A. P. de M. Paris 1978. – BOND, D. J.: The fiction of P. de M. Syracuse (N. Y.) 1982. – P. de M. Un saturne gai. Entretiens avec Y. CAROUTCH. Paris 1982.

**Pijut** [hebr.], jüd. religiöse Dichtung; der Verfasser derartiger Werke wird **Pajtan** genannt. Mit P. wird die synagogale Dichtung bezeichnet, die zwischen dem 3. und 17. Jh. – v. a. im Orient – entstanden ist. Der P. dient der Ausschmükkung und Anreicherung der Gebete und religiösen Zeremonien. Ein erstes Zentrum des P. war Palästina, vom 9. Jh. an wirken Pajtanim in Babylonien, Italien, Byzanz, Deutschland und im islam. Spanien. Bedeutsam waren sie für die Weiterentwicklung der hebr. Sprache.

**pikaresker Roman** (pikarischer Roman, Pikareske, Picaroroman) [zu span. pícaro = Schelm, Gauner] ↑Schelmenroman.

**Piktographie,** andere Bez. für ↑Bilderschrift.

**Pilcher,** Rosamunde [engl. 'pɪlʃə], geb. Scott, * Lelant (Cornwall) 22. Sept. 1924, engl. Schriftstellerin. – Von ihren zum Trivialen neigenden, meist in Cornwall oder Schottland angesiedelten Romanen und Erzählungen über das beschaul. Leben der ländl. Mittelklasse wurden bes. ›Die Muschelsucher‹ (R., 1987, dt. 1990) und ›September‹ (R., 1990, dt. 1991) zu internat. Bestsellern. Frühere Bücher veröffentlichte sie z. T. auch unter dem Pseudonym Jane Fraser (u. a. ›Dangerous intruder‹, R., 1951; ›The keeper's house‹, R., 1963).

**Weitere Werke:** A secret to tell (R., 1955), April (R., 1957), Schlafender Tiger (R., 1967, dt. 1993), Lichterspiele (R., 1969, dt. 1991), Schneesturm im Frühling (R., 1972, dt. 1993), Sommer am Meer (R., 1973, dt. 1992), Stürm. Begegnung (R., 1975, dt. 1992), Wechselspiel der Liebe (R., 1976, dt. 1992), Wilder Thymian (R., 1978, dt. 1993), Karussell des Lebens (R., 1982, dt. 1991), Voices in summer (R., 1984), Das blaue Zimmer (En., 1990, dt. 1994), Blumen im Regen (En., 1991, dt. 1992).

**Pilinszky,** János [ungar. 'pilinski], * Budapest 25. Nov. 1921, † ebd. 27. Mai 1981, ungar. Lyriker. – Bedeutendster Vertreter der christlich-humanist. Dichtkunst in Ungarn. Seine suggestive, vom trag. Welterlebnis geprägte Lyrik ist wortkarg und formstreng. Eines seiner Themen ist das Schicksal der Häftlinge in nationalsozialist. Konzentrationslagern, das er als Kriegsgefangener 1945 in Deutschland miterlebte.

**Werke:** Harmadnapon (= Am dritten Tag, Ged., 1959), Großstadt-Ikonen (Dichtungen und Essays, dt. 1971), Szálkák (= Die Splitter, Ged., 1972), Végkifejlet (= Letzte Entwicklung, Ged., 1974), Lautlos gegen die Vernichtung (Ged., ungar. und dt. 1989).

**Pillat,** Ion, * Bukarest 31. März 1891, † ebd. 17. April 1945, rumän. Lyriker. – Studierte und lebte lange in Frankreich; erfolgreiche polit. Laufbahn und publizist. Tätigkeit. Dichter idyll. und eleg. Lyrik sowie von bukol. Versen über seine heimatl. Landschaft. Träumerei, Vision und Meditation sind bevorzugte Stilmittel. Hervorragender Übersetzer u. a. von Ch. Baudelaire, P. Valéry, R. M. Rilke, G. Trakl.

**Werke:** Cărţile albe (= Weiße Bücher, Ged., 1913), Pe Argeş în sus (= Den Argeş entlang, Ged., 1923), Satul meu (= Mein Dorf, Ged., 1925), Limpezimi (= Klarheit, Ged., 1928), Scutul Minervei (= Der Schild der Minerva, Ged., 1933), Împlinire (= Vollendung, Ged., 1942).
**Literatur:** KARLINGER, F.: I. P. In: Fragmente zur rumän. religiösen Lyrik zw. den beiden Weltkriegen. Salzburg 1980. S. 21.

**Pillecyn,** Filip de [niederl. 'pɪləsɛin], * Hamme 25. März 1891, † Gent 7. Aug. 1962, fläm. Schriftsteller. – Vertreter einer neuromant. psycholog. Prosarichtung mit Stoffen aus Geschichte und Volksleben.

**Werke:** Blaubart in Flandern (R., 1931, dt. 1933), Der Soldat Johan (R., 1939, dt. 1942), Menschen hinter dem Deich (R., 1949, dt. 1958), Leda. Liebe eines Sommers (R., 1950, dt. 1951), Aanvaard het leven (R., 1956).
**Literatur:** COUPÉ, C. P. (= A. VAN WILDERODE): F. de P. Brügge 1960.

**Pilnjak** (tl.: Pil'njak), Boris Andrejewitsch [russ. pilj'njak], eigtl. B. A. Wogau, * Moschaisk 11. Okt. 1894, † 21. April 1938 (in der Haft erschossen), russ.-sowjet. Schriftsteller. – Sohn eines Tierarztes wolgadt. Abstammung; studierte an der Moskauer Handelshochschule; unternahm nach literar. Erfolgen Reisen ins westl. Ausland, auch nach Amerika und Japan; seit Ende der 20er Jahre heftig angegriffen; wurde durch seinen vom Imagismus beeinflußten Episodenroman ›Das nackte Jahr‹ (1922, dt. 1964), dem eine verbindende Fabel fehlt, zu einem der bed. Vertreter der Sowjetliteratur, die er durch literar. Experimente und lyrisch-ornamentale Sprachführung bereicherte; beeinflußt u. a. von N. W. Gogol, F. M. Dostojewski, N. S. Leskow, A. Bely und A. M. Remisow.

**Weitere Werke:** Mutter – Stiefmutter (E., 1923, dt. 1966), Maschinen und Wölfe (R., 1925, dt. 1946), Die Geschichte vom nichtausgelöschten Mond (1927, dt. 1961), Mahagoni (E., 1929, dt. 1961), Die Wolga fällt ins Kasp. Meer (R., 1930, dt. 1930), Der Salzspeicher (R., 1964, dt. 1993).
**Ausgaben:** B. A. Pil'njak. Sobranie sočinenij. Moskau u. Leningrad 1929–30. 8 Bde. – B. A. Pil'njak. Izbrannye proizvedenija. Moskau 1976. – B. P. Die Geschichte vom nichtausgelöschten Mond. Erzählungen 1915–1926. Dt. Übers. Ffm. 1989. – B. P. Die Stadt der Winde. Erzählungen 1926–1935. Dt. Übers. Ffm. 1991. – B. P. ›... ehrlich sein mit mir u. Rußland‹. Briefe u. Dokumente. Dt. Übers. Ffm. 1994.
**Literatur:** DAMERAU, R.: B. Pil'njaks Geschichts- u. Menschenbild. Gießen 1976. – SCHRAMM, A.: Die frühen Romane B. A. Pil'njaks. Mchn. 1976. – KORPAŁA-KIRSZAK, E.: B. Pilniak. Krakau 1979.

**Pincherle,** Alberto [italien. 'piŋkerle], italien. Schriftsteller, ↑ Moravia, Alberto.

**Pindar** (tl.: Píndaros), * Kynoskephalai bei Theben 522 oder 518, † angeblich Argos nach 446, griech. Lyriker. – Wohl vornehmer Abstammung; wahrscheinlich zwischen 476 und 474 Aufenthalt bei Hieron I. von Syrakus und Theron von Akragas. Als später Vertreter der alten Adelsethik pries P. in seinen Epinikien die Sieger im sportl. Wettkampf, denen er so Unsterblichkeit zu verleihen suchte, und deren Heimat; er flocht Szenen aus dem Mythos sowie Sentenzen und andere persönl. Äußerungen ein. Die Sprache P.s, die dor. Kunstsprache (mit äol. Elementen) der Chorlyrik, entbehrt der formalen Glätte und ist schwer verständlich; die Metren lassen auf schwierige Tanzbewegungen der Chöre schließen, die Noten sind vollständig verloren. Von den 17 Büchern seiner Dichtung (davon 11 mit Kultliedern, darunter Päane, Prosodien, Dithyramben, Threnoi, Epinikien) sind noch die vier Bücher Epinikien (von den alexandrin. Philologen nach den vier Hauptfesten in Olympien, Pythien, Nemeen und Isthmien aufgeteilt) erhalten, der Rest nur fragmentarisch. P. galt in der Antike als unerreichbarer Meister des erhabenen Stils, wirkte auf Bakchylides ein und wurde bes. in Alexandreia und Rom (v. a. von Horaz) hochgeschätzt; J. Ch. F. Hölderlin übersetzte ihn.

**Ausgaben:** Pindari carmina cum fragmentis. Hg. v. B. SNELL. Lpz. $^{3-6}$1964–80. 2 Bde. – P. Sieges-

gesänge u. Fragmente. Griech. u. dt. Hg. v. O. WERNER. Mchn. 1967.
**Literatur:** SCHADEWALDT, W.: Der Aufbau des pindar. Epinikion. Halle/Saale 1928. Neudr. Tüb. 1966. – GUNDERT, H.: P. u. sein Dichterberuf. Ffm. 1935. Nachdr. Utrecht 1978. – THUMMER, E.: Die Religiosität P.s. Innsb. 1957. – BOWRA, M.: P. London 1964. – FORSSMANN, B.: Unterss. zur Sprache P.s. Wsb. 1966. – WILAMOWITZ-MOELLENDORFF, U. VON: Pindaros. Zü. [2]1966. – GERBER, D. E.: A bibliography of P. 1513–1966. Cleveland (Ohio) 1969. – Lexicon to P. Hg. v. W. J. SLATER. Bln. 1969. – KÖHNKEN, A.: Die Funktion des Mythos bei P. Interpretationen zu sechs P.gedichten. Bln. u. New York 1971. – Aischylos u. P.: Studien zu Werk u. Nachwirkung. Hg. v. ERNST GÜNTHER SCHMIDT. Bln. 1981. – SCHMITZ, THOMAS: P. in der frz. Renaissance. Studien zu seiner Rezeption ... Gött. 1993.

**pindarische Ode,** Form des altgriech. Chorliedes triadischen Aufbaus: Auf je zwei gleich gebaute Strophen (Strophe, Antistrophe) folgt je eine metrisch abweichende dritte Strophe; benannt nach Pindar, dem bedeutendsten antiken Vertreter. Die dreigliedrige Struktur (seit 600 v. Chr. üblich), die Thematik (↑ Epinikion), auch die pathet. Feierlichkeit wurden in der röm. Literatur (Horaz) und seit dem Humanismus (K. Celtis) über die italien. Pindaristen (G. G. Trissino, L. Alamanni) und die frz. ↑ Pléiade bis ins 19. Jh. (J. Ch. F. Hölderlin) nachgeahmt. – ↑ auch Ode, ↑ Perikope.

**Pindaristen,** italien. Dichter des 16. und 17. Jh., die sich bemühten, die griech. antiken Lyriker, insbes. Pindar, auch Anakreon u. a. metrisch nachzubilden; früheste Versuche in lat. Sprache von B. Lampridio († 1540), in italien. Sprache von G. G. Trissino und v. a. L. Alamanni; sie wurden vorbildhaft für die frz. ↑ Pléiade.

**Pindemonte,** Giovanni, * Verona 4. Dez. 1751, † ebd. 23. Jan. 1812, italien. Dichter. – Bruder von Ippolito P.; lebte aus polit. Gründen zeitweilig in Frankreich, zuletzt in Verona; Verfasser klassizist., von Shakespeare beeinflußter Dramen (›Componimenti teatrali‹, 4 Bde., 1804/05); schrieb auch patriot. Lyrik.
**Literatur:** PETRUCCIANI, M.: G. P. nella crisi della tragedia. Florenz 1966.

**Pindemonte,** Ippolito, * Verona 13. Nov. 1753, † ebd. 18. Nov. 1828, italien. Dichter. – 1778 Mitglied der Accademia dell'Arcadia, unternahm ausgedehnte Reisen durch Europa und war u. a. mit V. Alfieri und U. Foscolo befreundet; Dramatiker, Lyriker, Romancier und Novellist zwischen Klassizismus und Romantik; berühmt durch seine Übersetzung der ›Odyssee‹ (2 Bde., 1822).
**Weitere Werke:** Poesie campestri (Ged., 1788), Novelle (1792), Arminio (Trag., 1804), Epistole in versi (Ged., 1805), I sepolcri (Ged., 1807), I sermoni (1812), Le prose e poesie campestri (1817).
**Ausgabe:** Le più belle pagine di I. P. Hg. v. G. B. ANGIOLETTI. Mailand u. a. 1933.
**Literatur:** CIMMINO, N. F.: I. P. e il suo tempo. Rom 1968. 2 Bde.

**Piñera,** Virgilio [span. pi'ɲera], * Cárdenas (Matanzas) 4. Aug. 1912, † Havanna 18. Okt. 1979, kuban. Schriftsteller. – Lebte 1946–58 in Buenos Aires, kehrte dann nach Kuba zurück, war u. a. Leiter des Verlages ›Ediciones R‹. Schrieb Romane, Erzählungen, Lyrik und Theaterstücke, in denen er als einer der ersten lateinamerikan. Autoren Gestaltungsformen des absurden Theaters übernahm. Grundzug seiner Werke ist eine von tiefem Pessimismus gesteuerte iron. oder groteske Deformation der Wirklichkeit. Mitübersetzer der Werke des mit ihm befreundeten W. Gombrowicz.
**Werke:** La carne de René (R., 1952), Cuentos fríos (En., 1956), Aire frío (Dr., 1959), Kleine Manöver (R., 1963, dt. 1990), Presiones y diamantes (R., 1967), Dos viejos pánicos (Dr., 1968), La vida entera (Ged., 1969).
**Ausgaben:** V. P. Teatro completo. Havanna 1960. – V. P. Cuentos completos. Havanna 1964.

**Pinero,** Sir (seit 1909) Arthur Wing [engl. pɪ'nɪəroʊ], * London 24. Mai 1855, † ebd. 23. Nov. 1934, engl. Dramatiker portugies. Abstammung. – Schauspieler, dann freier Schriftsteller; einer der erfolgreichsten engl. Bühnenautoren der Zeit um 1900. Schrieb anfangs farcenhafte Lustspiele (u. a. ›Two hundred a year‹, UA 1877; ›The magistrate‹, UA 1885, gedr. 1892), dann, unter dem Einfluß H. Ibsens, Problemstücke, von denen v. a. ›The second Mrs. Tanqueray‹ (UA 1893, gedr. 1895) Aufsehen erregte. P.s Gesellschaftskritik und seine Darstellung ›emanzipierter‹ Frauengestalten blieb jedoch relativ konservativ.

**Weitere Werke:** The profligate (Dr., UA 1889, gedr. 1892), The notorious Mrs. Ebbsmith (Dr., 1895), Trelawney of the ›Wells‹ (Dr., 1897), The gay Lord Quex (Dr., 1899), Letty (Dr., 1903), The thunderbolt (Dr., 1908), Mid-channel (Dr., 1909), Playgoers (Dr., 1913), Dr. Harmer's holidays (Dr., 1930).

**Ausgaben:** A. W. P. The social plays. Hg. v. C. HAMILTON. New York 1917–22. 4 Bde. Nachdr. 1967. – A. W. P. Plays. Hg. v. G. ROWELL. Cambridge 1986.

**Literatur:** DUNKEL, W. D.: Sir A. P. Chicago (Ill.) 1941. Nachdr. Port Washington (N.Y.) 1967. – LAZENBY, W.: A. W. P. New York 1972. – GRIFFIN, P.: A. W. P. and Henry Arthur Jones. New York 1991.

**Pinget,** Robert [frz. pɛ̃'ʒɛ], * Genf 19. Juli 1919, frz. Schriftsteller schweizer. Herkunft. – Anwalt; lebt seit 1946 in Paris; anfangs auch Maler; Freund und Übersetzer S. Becketts. Vertreter des Nouveau roman; charakteristisch für seine experimentellen, meist im kleinbürgerlich-ländl. Milieu spielenden Romane ist die Verwendung von Elementen des Kriminalromans sowie eine Mischung aus Tragik und [oft makabrem] Humor; auch Dramatiker (Theaterstücke und Hörspiele) in der Nachfolge Becketts.

**Werke:** Graal Flibuste (E., 1956), Ohne Antwort (R., 1959, dt. 1960), Lettre morte (Stück, 1959), Gegenbeweise (R., 1961, dt. 1962), Hier und anderswo (Stück, 1961, dt. 1963), Inquisitorium (R., 1962, dt. 1965), Augenblicke der Wahrheit (R., 1965, dt. 1967; Prix Femina 1965), Das Tumbagebet (R., 1968, dt. 1970), Passacaglia (R., 1969, dt. 1971), Cette voix (R., 1975), Apokryph (R., 1980, dt. 1982), Was wissen Sie über Mortin? (Stück, nur dt. 1982), Monsieur Traum. Eine Zerstreuung (Nov.n, 1982, dt. 1987), Le harnais. Le testament de monsieur Songe (Nov.n, 1984), Charrue (R., 1985), Der Feind (R., 1987, dt. 1989), Theo oder die neue Zeit (R., 1991, dt. 1992).

**Literatur:** KRAFT, M.: Schreiben in entfremdeter Wirklichkeit. Die Romane R. P.s. Bern u. Ffm. 1975. – DEGREGORIO, S. F.: The theatre of R. P. Fordham University New York 1979. – HENKELS, R. M.: R. P. The novel as quest. University (Ala.) 1979. – GRUNBERG, M.: Une écriture des possibles. Les romans de R. P. New York 1981. – TREANOR, S. J.: The development of form, technique and theme in the novels of P. Diss. Belfast 1984. – SZARKA, J. P.: Narrative organization and the sense of selfhood in the novels of P. Diss. Cambridge 1985. – PRAEGER, M.: Les romans de R. P. Une écriture des possibles. Lexington (Ky.) 1987. – R. P. à la lettre. Entretiens avec Madeleine Renouard. Paris 1993. – TAMINIAUX, P.: R. P. Paris 1994.

**Pinheiro Chagas,** Manuel [portugies. pi'ɲɐiru 'ʃaɣɐʃ], * Lissabon 13. Nov. 1842, † ebd. 8. April 1895 (ermordet), portugies. Schriftsteller. – War zeitweilig Marineminister; trat mit ep. Gedichten, Romanen und Dramen hervor; sein ›Poema da mocidade‹ (1865) war mit Anlaß zu einer berühmten literar. Kontroverse, der sog. ›Questão Coimbrã‹, die den Beginn des portugies. Realismus auslöste; sein erfolgreichstes Drama ist ›A morgadinha de Valflor‹ (1869); bed. ist seine ›História de Portugal‹ (8 Bde., 1867, ³1899–1907 in 12 Bden.).

**Pịnski,** David, * Mogiljow 5. April 1872, † Haifa 11. Aug. 1959, jidd. Schriftsteller. – Lebte seit 1899 in den USA; u. a. tätig als Hg. jidd. sozialistisch-zionist. Zeitschriften; brachte Probleme der jüd. Arbeiterschaft in die Literatur ein. Seine erfolgreichste Komödie ›Der ojzer‹ (= Der Schatz, 1905) wurde 1910 dt. von M. Reinhardt in Berlin u. d. T. ›Der Schatz‹ uraufgeführt. Die realist. Romane ›Arnold Lewenberg‹ (1919) und ›Dos hojs fun Nojach Edon‹ (1929) verarbeiten amerikanisch-jüd. Einwandererprobleme. Seit 1949 in Haifa lebend, sammelte P. den Literatenkreis ›jung-israel‹ um sich.

**Ausgabe:** D. P. Oysgeklibene shriftn. Buenos Aires 1961.

**Literatur:** JESHURIN, E. H.: D. P. Bibliographie. Buenos Aires 1961.

**Pinter,** Harold [engl. 'pɪntə], * London 10. Okt. 1930, engl. Dramatiker. – Entstammt einer jüd. Kleinbürgerfamilie, begann als Schauspieler (auch unter dem Namen David Baron), lebt heute als freier Schriftsteller und Regisseur in London; einer der bedeutendsten engl. Dramatiker der Gegenwart. Seine frühen Stücke, in denen er Tendenzen absurdist. Dramatik selbständig aufnahm, u. a. ›Das Zimmer‹ (UA 1957, gedr. 1960, dt. 1969), ›Die Geburtstagsfeier‹ (UA 1958, gedr. 1959, dt. 1969), ›Das Treibhaus‹ (entst. 1959, UA und gedr. 1980, dt. 1981) und ›Der stumme Diener‹ (1960, dt. 1969), zeigen von undurchschauten Organisationen ausgehende Bedrohungen und Verunsicherungen von Menschen in ihren gewohnten trivialen, begrenzten

Lebensbereichen. Die nuanciertere Gestaltung solcher Beispiele moderner Lebenserfahrung in ›Der Hausmeister‹ (1960, dt. 1965), dem Drama, das P.s internat. Ruhm begründete, und in ›Die Heimkehr‹ (Dr., 1965, dt. 1967) läßt unterschwellige zwischenmenschl. Machtkämpfe zutage treten und stellt sprachl. Kommunikation, Identität und Realität aggressiv in Frage. Spätere Stücke wie ›Alte Zeiten‹ (1971, dt. 1972), ›Niemandsland‹ (1975, dt. 1975) und ›Betrogen‹ (1978, dt. 1979) konzentrieren sich verstärkt auf die durch Subjektivität von Wahrnehmung und Erinnerung problematisierten Beziehungen. Derartiges wird schließlich, z. B. in ›Mountain language‹ (Dr., 1988), auf äußerste Knappheit konzentriert. Die Dialoge, die die hinter dem banalen Sprechen und Schweigen liegenden Widersprüche des Verschwiegenen und Verdrängten ausloten, wurden als ›pinteresker‹ Stil nachgeahmt. P. schrieb auch Filmskripte, Gedichte und Kurzgeschichten; manche seiner Bühnenstücke wurden zunächst als Hör- oder Fernsehspiele konzipiert.

**Weitere Werke:** Der Liebhaber (Dr., 1963, dt. 1967), Teegesellschaft (Dr., 1965, dt. 1967), Landschaft (Dr., 1968, dt. 1970), Schweigen (Dr., 1969, dt. 1970), Five screen-plays (Drehbücher, 1973), The French lieutenant's woman and other screen-plays (Filmskripte, 1982), An anderen Orten (3 Einakter, 1983, dt. 1983), Noch einen Letzten (Dr., 1984, dt. EA 1986), The heat of the day (Dr., 1989; Adaptation des Romans von E. Bowen), Die Zwerge (R., 1990, dt. 1994), Party time (Dr., 1991), The new world order (Dr., 1991), Moonlight (Dr., 1993).

**Ausgaben:** H. P. Dramen. Dt. Übers. Rbk. 1970. – P. Plays. London 1976–81. 4 Bde. – H. P. Collected poems and prose. Neuausg. London 1991.

**Literatur:** IMHOF, R.: P. A bibliography. London u. Los Angeles (Calif.) ²1976. – ESSLIN, M.: H. P. Velber ³1977. – STOLL, K.-H.: H. P. Düss. 1977. – ALMANSI, G./HENDERSON, S.: H. P. London u. a. 1983. – THOMPSON, D. T.: P. London 1985. – DUKORE, B. F.: H. P. London u. a. ²1988. – H. P. A casebook. Hg. v. L. GORDON. New York 1990. – MERRITT, S. H.: P. in play. Durham (N. C.) 1990. – P. at sixty. Hg. v. K. H. BURKMAN u. a. Bloomington (Ind.) 1993.

Harold Pinter

**Pinthus,** Kurt, * Erfurt 29. April 1886, † Marbach am Neckar 11. Juli 1975, dt. Schriftsteller. – Theater-, Film- und Literaturkritiker; Verlagslektor in Leipzig; veröffentlichte als erster von jungen Schriftstellern verfaßte Filmmanuskripte (›Das Kinobuch‹, 1914, Neuausgabe 1963); publizist. Vertreter des literar. Expressionismus und Hg. der Anthologie ›Menschheitsdämmerung‹ (1920); emigrierte 1937 in die USA, wo er v. a. als Theaterwissenschaftler tätig war.

**Ausgabe:** K. P. Der Zeitgenosse. Literar. Porträts u. Kritiken. Hg. v. R. TGAHRT. Stg. 1971.

**Pinto,** Fernão Mendes [portugies. 'pintu], * Montemor-o-Velho bei Coimbra 1510(?), † Pragal bei Almada 8. Juli 1583, portugies. Schriftsteller. – Seine ›Peregrinaçam‹ (entst. 1570–78, hg. 1614, dt. 2 Bde. 1808/09 u. d. T. ›Abentheuerl. Reisen‹), in der er, Phantasie und Wirklichkeit vermengend, von seinen Reisen im Nahen und Fernen Osten erzählt, ist eines der besten Prosawerke der portugies. Literatur des 16. Jh. und der erste europ. Versuch nach Marco Polo, die Kulturen des Fernen Ostens zu schildern.

**Ausgaben:** F. M. P. Peregrinação. Hg. v. A. J. DA COSTA PIMPÃO u. C. PEGADO. Neuausg. Porto 1945–61. 7 Bde. – F. M. P. Peregrinaçam oder Die seltsamen Abenteuer des F. M. P. Freie Bearbeitung u. dt. Übers. v. W. G. ARMANDO. Hamb. 1960.

**Literatur:** DOMINGUES, M.: F. M. P. Porto ²1967. – FLORES, A. u. a.: F. M. P. Subsídios para a sua bio-bibliografia. Almada 1983.

**Pinto,** Júlio Lourenço [portugies. 'pintu], * Porto 24. Mai 1842, † ebd. 6. Mai 1907, portugies. Schriftsteller. – Bed. Vertreter des Naturalismus in Portugal unter dem Einfluß J. M. Eça de Queirós' und G. Flauberts; schrieb u. a. die Romane ›Margarida, cenas da vida contemporânea‹ (1879), ›Vida atribulada‹ (1880), ›O senhor deputado‹

(1882); auch theoret. Schriften (›Estética naturalista‹, 1884).

**Piontek,** Heinz, * Kreuzburg O. S. 15. Nov. 1925, dt. Schriftsteller. – Studierte Germanistik; seit 1948 freier Schriftsteller, lebt in München. Sein Werk umfaßt zahlreiche literar. Formen: Romane, Erzählungen, Lyrik, Hörspiele, Essays. Gelangte von bilderreicher Naturlyrik (in der Tradition W. Lehmanns) in präziser, gedrängter, sensibler Sprache zu Themen aus der modernen Welt. Behandelt in seinen detail-, handlungs- und personenreichen Romanen und Erzählungen v. a. existentielle Probleme; auch Übersetzer (J. Keats), Herausgeber. Erhielt 1976 den Georg-Büchner-Preis.

**Werke:** Die Furt (Ged., 1952), Vor Augen (En., 1955), Wassermarken (Ged., 1957), Buchstab, Zauberstab (Essays, 1959), Mit einer Kranichfeder (Ged., 1962), Kastanien aus dem Feuer (En., 1963), Neue dt. Erzählgedichte (1964; Hg.), Klartext (Ged., 1966), Die mittleren Jahre (R., 1967), Liebeserklärungen in Prosa (1969), Männer, die Gedichte machen (Essays, 1970), Die Erzählungen (1971), Tot oder lebendig (Ged., 1971), Helle Tage anderswo. Reisebilder (1973), Gesammelte Gedichte (1975), Leben mit Wörtern (Essays und Skizzen, 1975), Dichterleben (R., 1976), Dunkelkammerspiel. Spiele, Szenen und ein Stück (1978), Träumen, Wachen, Widerstehen (Aufzeichnungen, 1978), Juttas Neffe (R., 1979), Vorkriegszeit (Ged., 1980), Was mich nicht losläßt (Ged., 1981), Die Rauchfahne (Ged., 1983), Die Zeit einer Frau (En., 1984), Zeit meines Lebens (autobiograph. R., 1984), Eh der Wind umsprang (Ged., 1985), Helldunkel (Ged., 1987), Stunde der Überlebenden (R., 1989), Morgenwache (Ged., 1991), Nach Markus (E., 1991), Goethe unterwegs in Schlesien. Fast ein Roman (1993).

**Ausgabe:** H. P. Werke. Mchn. 1982–85. 6 Bde.

**Piovene,** Guido, * Vicenza 27. Juli 1907, † London 12. Nov. 1974, italien. Schriftsteller. – Journalist; Verfasser realist., psychologisch vertiefter Romane und Novellen; auch Reiseberichte.

**Werke:** La vedova allegra (Nov.n, 1931), Lettere di una novizia (R., 1941), Mörder vor dem Anruf (R., 1943, dt. 1953), Mitleid unerwünscht (R., 1946, dt. 1949), De America (Reportagen, 1953), Achtzehn mal Italien (Reiseb., 1957, dt. 1959), Le furie (En., 1963), Madame la France (Reiseb., 1966, dt. 1968), Kalte Sterne (R., 1969, dt. 1972; Premio Strega 1970), Il nonno Tigre (R., 1972), Inverno d'un uomo felice (En., hg. 1977), Spettacolo di mezzanotte (En., hg. 1984).

**Ausgabe:** G. P. Opere narrative. Hg. v. C. Martignoni. Mailand 1976. 2 Bde.

**Literatur:** Marchetti, G.: Invito alla lettura di G. P. Mailand 1973. – G. P. Hg. v. S. Rosso-Mazzinghi. Vicenza 1980.

**Pirandello,** Luigi, * Agrigent 28. Juni 1867, † Rom 10. Dez. 1936, italien. Schriftsteller. – Studierte roman. Philologie in Palermo, Rom und Bonn, war danach in Rom journalistisch tätig und lehrte 1897–1922 italien. Literaturgeschichte am Istituto Superiore di Magistero; 1925–28 leitete er das von ihm begründete ›Teatro d'arte‹, mit dessen Truppe er Gastspiele in Europa und Amerika gab; 1929 wurde er Mitglied der Accademia Reale d'Italia; 1934 erhielt er den Nobelpreis für Literatur. Einer der bedeutendsten Dramatiker des 20. Jh., dessen umfangreiches novellist. Werk seinem Dramenschaffen nicht nachsteht. Er gab dem lange von fremden Einflüssen beherrschten italien. Theater neue Impulse und wirkte darüber hinaus bahnbrechend für das moderne antiillusionist. Theater. Grundthema seines Werkes ist das unentwirrbare Beziehungsgeflecht zwischen Schein und Sein, Wahn und Wirklichkeit, dem der Mensch als ein isoliertes Individuum gegenübersteht, dazu bestimmt, sich selbst zu betrügen. Dieser Auffassung entspricht das Spiel im Spiel in seinem Drama ›Sechs Personen suchen einen Autor‹ (1921, dt. 1925), die Darstellung des Wahnsinns im Drama ›Heinrich der Vierte‹ (1922, dt. 1925) und der dramat. Konflikt in ›So ist es wie es Ihnen scheint‹ (Dr., 1918, dt. 1960, 1925 u. d. T. ›So ist es – wie Sie meinen‹) ebenso wie das Schicksal des Helden seines berühmtesten Romans ›Mattia Pascal‹ (1904, dt. 1967, 1905 u. d. T. ›Der gewesene Matthias Pascal‹) oder das Phänomen der Persönlichkeitsspaltung, das er in ›Einer, Keiner, Hunderttausend‹ (R., 1926, dt. 1927) behandelte (›Pirandellismus‹). Meisterwerke sind auch seine um die gleiche Problematik kreisenden rund 240 realist. Novellen (›Novelle per un anno‹, 15 Bde., 1922–37, dt. Auswahlen seit 1925 unter verschiedenen Titeln, u. a. als ›Novellen für ein Jahr‹), von denen einige aus dem sizilian. Volksleben schöpfen. Aufschlußreich für die Kenntnis des Autors ist seine Theorie des Humors: ›Der Humor‹ (Essay, 1908, dt. 1986).

Luigi Pirandello

**Weitere Werke:** Die Ausgestoßene (R., 1901, dt. 1985), Liolà (Kom., zuerst in sizilian. Dialekt, dann italien., 1917, dt. 1917), Narrenkappe (Kom., UA 1917, erschienen 1925, dt. 1963), Das Vergnügen anständig zu sein (Kom., 1918, dt. 1925), Die Wie damals, besser als damals (Kom., 1921, dt. 1963, 1926 u. d. T. Besser als früher), Die Nackten kleiden (Dr., 1923, dt. 1925), Jeder auf seine Weise (Kom., 1924, dt. 1963, 1925 u. d. T. Jeder nach seiner Art), Wie du mich willst (Kom., 1930, dt. 1956), Die Riesen vom Berge (Dr., 1937, dt. 1949).

**Ausgaben:** L. P. Maschere nude. Florenz 1922–33. 30 Bde. – L. P. Dt. Gesamtausg. Hg. v. H. Feist. Bln. 1925–26. 3 Bde. – L. P. Romane. Dt. Gesamtausg. Hg. v. H. Feist. Zü. 1927. 3 Bde. – L. P. Dramen. Dt. Übers. Mchn. 1960 bis 1963. 2 Bde. – L. P. Opere. Hg. v. C. Alvaro. Mailand [5-12]1971–86. 6 Bde. – L. P. Tutti i romanzi. Hg. v. G. Macchia u. M. Costanzo. Mailand [6]1984. 2 Bde. – L. P. Tutte le poesie. Hg. v. F. Nicolosi. Mailand 1982. – L. P. Novellen für ein Jahr. Dt. Übers. Hg. v. L. Rüdiger. Zü. 1983. 2 Bde. – L. P. Werkausgabe. Dt. Übers. Hg. v. M. Rössner u. a. Mindelheim 1986 ff. Auf 16 Bde. berechnet. – L. P. Caos. Gedanken, Skizzen, Überlegungen. Dt. Übers. Hg. v. E. Wendt-Kummer. Mindelheim 1987.

**Literatur:** Lo Vecchio-Musti, M.: Bibliografia di P. Mailand [2]1952. – Rauhut, F.: Der junge P. oder Das Werden eines existentiellen Geistes. Mchn. 1964. – Der Dramatiker P. 22 Beitrr. Hg. v. F. N. Mennemeier. Köln 1965. – Barbina, A.: Bibliografia della critica pirandelliana, 1889–1961. Florenz 1967. – D'Alberti, S.: P. romanziere. Palermo 1967. – Matthaei, R.: L. P. Velber 1967. – P., 1867–1967. Hg. v. G. Genot. Paris 1968. – Martini, M.: P. ou Le philosophe de l'absolu. Genf 1969. – Licastro, E.: L. P. dalle novelle alle commedie. Verona 1974. – Lauretta, E.: L. P. Storia di un personaggio ›fuori di chiave‹. Mailand 1980. – Rössner, M.: P., Mythenstürzer. Wien u. a. 1980. – Schenk, I.: L. P. Versuch einer Neuinterpretation. Ffm. u. Bern 1983. – Di Sacco, P.: L'epopea del personaggio. Uno studio sul teatro di P. Rom 1984. – P.-Studien. Akten des 1. Paderborner P.-Symposiums. Hg. v. J. Thomas. Paderborn u. a. 1984. – P. u. die Naturalismus-Diskussion. Akten des 2. Paderborner P.-Symposiums. Hg. v. J. Thomas. Paderborn u. a. 1986. – Donati, C.: Bibliografia della critica pirandelliana 1962–1981. Florenz 1986. – Maceri, D.: Dalla novella alla commedia pirandelliana. New York u. a. 1991.

**Pirckheimer** (Pirkheimer), Willibald, * Eichstätt 5. Dez. 1470, † Nürnberg 22. Dez. 1530, dt. Humanist. – Nach Studien in Pavia und Padua war P. – mit einer Unterbrechung – 1496–1523 Ratsherr in Nürnberg, wo er das Schulwesen organisierte, und kaiserl. Rat in den Diensten Kaiser Maximilians I., dann auch Kaiser Karls V.; neben eigenen lat. Schriften (Satiren) verschaffte ihm v. a. sein Wirken als Übersetzer und Hg. griech. Autoren (Plutarch, Lukian, Gregor von Nazianz) großes Ansehen. Beeinflußt von den Regeln der humanist. Historikerschule des L. Bruni, schrieb er, teils nach eigenen Erlebnissen, teils nach Quellen, in seinen letzten Lebensjahren die Geschichte des Schwaben- oder Schweizerkrieges Maximilians I. von 1499 (›Historia belli Suitensis‹), in dem er die Nürnberger Truppen befehligt hatte. Sein mutiges Eintreten für J. Reuchlin bedeutete für diesen einen wichtigen Beistand. Nach anfängl. Interesse an der Reformation wandte sich P. wieder von Luther ab. Sein freundschaftl. Verhältnis zu A. Dürer, der einige Porträts P.s schuf, überdauerte die Verbitterung und Vereinsamung dieser Zeit. P. stand mit vielen Humanisten in Briefwechsel.

**Ausgaben:** W. P. Opera politica, historica, philologica et epistolica ... Hg. v. M. Goldast. Ffm. 1610. Nachdr. Hildesheim 1969. – W. P. Briefwechsel. Hg. v. E. Reicke. Mchn. 1940–89. 3 Bde.

**Literatur:** Kisch, G.: Gestalten u. Probleme aus Humanismus u. Jurisprudenz. Bln. 1968. – W. Pirkheimer. 1470/1970. Dokumente, Studien, Perspektiven. Hg. v. K. B. Glock u. I. Meidinger-Geise. Nbg. 1970. – W.-Pirkheimer-Bibliogr. Hg. v. K. B. Glock. Nbg. 1970. – Holzberg, N.: W. P. Griech. Humanismus in Deutschland. Mchn. 1981. – Eckert, W. P./Imhoff, Ch. von: W. P. Köln [2]1982. – Burckhardt, C. J.: Gestalten u. Mächte. Zü. [5]1984.

**Pires,** José Cardoso [portugies. 'piriʃ], * Pêso (Santarém) 2. Okt. 1925, portugies.

Schriftsteller. – Kurzzeitig Anhänger des portugies. Surrealismus; Mitarbeiter und Hg. verschiedener Zeitschriften (u. a. des ›Diário de Lisboa‹, 1974/75); Dozent am King's College in London. Einer der herausragenden Vertreter der zeitgenöss. portugies. Literatur, der in seinem zunächst von E. Hemingway und R. Vailland angeregten Werk (u. a. ›Os caminheiros‹, En., 1949, $^{2}$1963 u. d. T. ›Jogos de azar‹; ›Histórias de amar‹, En., 1952) von Anfang an die nat. Spielart des Neorealismus durch Distanz zum Erzählinhalt, Vieldeutigkeit und satir. Überzeichnung in Frage stellt. Mit dem Roman ›Der Dauphin‹ (1968, dt. 1973) findet P. zu einer Ausdrucksmöglichkeit, die darüber hinaus Techniken des experimentellen und des Kriminalromans, u. a. nach dem Muster A. Gides, aber auch M. Butors und A. Robbe-Grillets adaptiert; auch als Dramatiker (›O render dos heróis‹, 1960; ›Corpodelito na Sala de Espelhos‹, 1979) sowie als polit. und literar. Essayist (›E agora, José?‹, 1977) hervorgetreten.

**Weitere Werke:** Seine Exzellenz der Dinosaurus (polit. Satire, 1972, dt. 1978), Ballade vom Hundestrand (R., 1982, dt. 1990), Alexandra Alpha (R., 1987), A república dos corvos (R., 1988), C. P. por C. P. (Autobiogr., 1991).

**Literatur:** TORRES LEPECKI, M. L.: Ideologia e imaginário. Ensaio sobre J. C. P. Lissabon 1977.

**Pirmez,** Octave [frz. pir'me], * Châtelet bei Charleroi 19. April 1832, † Acoz bei Charleroi 1. Mai 1883, belg. Schriftsteller. – Lebte zurückgezogen, widmete sich Studien und Meditationen. Reisen nach Frankreich, Deutschland und Italien. Briefwechsel mit V. Hugo und Ch. A. Sainte-Beuve, beeinflußt von B. Pascal. Schrieb, an der französischen Romantik orientiert, in klarem Stil schwermütige Meditationen (›Pensées et maximes‹, 1862); wurde von den Dichtern der Jeune Belgique bewundert.

**Weitere Werke:** Jours de solitude (Betrachtungen, 1869), Remo. Souvenir d'un frère (Erinnerungen, 1878).

**Literatur:** CHAMPAGNE, P.: Nouvel essai sur O. P. Brüssel 1952. – PAHEAU-BARNETT, A. M. L.: O. P. et la vie intellectuelle belge. Diss. University of Utah Salt Lake City 1956. – BONNARDOT, J.: O. P. poète belge. In: L'amitié guérinienne 49 (1981), S. 37.

**Piron,** Alexis [frz. pi'rõ], * Dijon 9. Juli 1689, † Paris 21. Jan. 1773, frz. Schriftsteller. – Bis 1718 Advokat, Gegner Voltaires; schrieb geist- und witzsprühende Epigramme, satir. Gedichte sowie Dramen (›La métromanie‹, Lsp., 1738). Bekannt wurde v. a. die Ein-Mann-Posse ›Arlequin-Deucalion‹ (1722), die er aus Protest gegen eine Verordnung (veranlaßt durch die Comédie-Française), nach der Wanderbühnen nur Stücke mit nur einem Darsteller aufführen durften, verfaßte.

**Weiteres Werk:** Gustave Wasa (Trag., 1733).

**Ausgaben:** A. P. Œuvres complètes. Hg. v. P. DUFAY. Paris 1928–31. 10 Bde. – A. P. Œuvres badines. Paris Neuausg. 1949.

**Literatur:** CHAPONNIÈRE, P.: P., sa vie et son œuvre. Genf 1910. – CHAPONNIÈRE, P.: La vie joyeuse de P. Paris $^{4}$1935. – FRESCAROLI, A.: Introduzione al teatro di P. In: Convivium 35 (1967).

**Pîr Sultan Abdal** [türk. 'pir sul'tɑn ɑb'dɑl], türk. Dichter des 16. Jahrhunderts. – Stammte wahrscheinlich aus der Gegend von Sivas (Anatolien); gilt mit seiner teils mystisch, teils sozialrebellisch gefärbten Dichtung als einer der bedeutendsten Vertreter der osmanisch-türk. Poesie, die mit ihrem für die Epoche unübl. Realitätsbezug bis heute große Popularität und Aktualität besitzt. Dazu trägt auch seine Hinrichtung nach einer Sozialrevolte gegen den Sultan bei.

**Ausgabe:** P. S. A. Yazanlar, şiirleri. Hg. v. A. GÖLPINARLI u. P. N. BORATAV. Ankara 1943.

**Pisan,** Christine de [frz. pi'zã], frz. Dichterin, ↑ Christine de Pisan.

**Pisani Dossi,** Carlo Alberto, italien. Schriftsteller, ↑ Dossi, Carlo.

**Pisarev,** Dmitrij Ivanovič, russ. Literaturkritiker und Philosoph, ↑ Pissarew, Dmitri Iwanowitsch.

**Pisemskij,** Aleksej Feofilaktovič, russ. Schriftsteller, ↑ Pissemski, Alexei Feofilaktowitsch.

**Pisides,** byzantin. Dichter, ↑ Georgios Pisides.

**Pissarew** (tl.: Pisarev), Dmitri Iwanowitsch [russ. 'pisɐrɪf], * Snamenskoje (Gebiet Lipezk) 14. Okt. 1840, † Dubulti (heute zu Jūrmala) 16. Juli 1868, russ. Literaturkritiker und Philosoph. – Wegen staatsfeindl. Tätigkeit 1862–66 Festungshaft; entfaltete eine revolutionär-demokrat. Kulturkritik; ursprünglich Anhänger der ›reinen Kunst‹; nimmt mit seiner an N. G. Tschernyschewski orientierten, antiidealist., antiästhet. und utilitarist. Literaturkritik dann eine Extremposition in der Geschichte der russ. Literaturkritik seit W. G. Belinski ein; begründete seinen als Leitvorstellung bis heute wirksamen radikalen Realismus mit der These, Literatur sei nur wertvoll, wenn sie die soziale Wirklichkeit spiegele.

**Werke:** Bazarov (Aufsatz, 1862), Razrušenie ėstetiki (= Die Zerstörung der Ästhetik, 1865).

**Ausgaben:** D. I. Pisarev. Polnoe sobranie sočinenij. Petersburg [5]1909–13. 6 Bde. – D. I. Pisarev. Literaturnaja kritika. Leningrad 1981. 3 Bde.

**Literatur:** OU, IN-SHI: Pisarev als Kritiker. Diss. Wien 1971. – USHINSKY, C.: D. I. Pisarev. Diss. Chicago (Ill.) 1973. – KOROTKOV, J. N.: Pisarev. Moskau 1976.

**Pissemski** (tl.: Pisemskij), Alexei Feofilaktowitsch [russ. 'pisımskij], * Ramenje (Gebiet Kostroma) 23. März 1821, † Moskau 2. Febr. 1881, russ. Schriftsteller. – Schrieb, anfangs von N. W. Gogols vermeintl. Realismus und von George Sand beeinflußt, erfolgreiche zeit- und sozialkrit. Romane im Sinne der ↑natürlichen Schule, oft mit satir. Zügen; spätere Werke erregten wegen heftiger und spött. Kritik an den Progressiven scharfe Kontroversen.

**Werke:** Bojarščina (= Hohe Herrschaften, R., 1858), Tausend Seelen (R., 1858, dt. 2 Bde., 1870), Das bittere Los (Trag., 1859, dt. 1922), Vzbalamučennoe more (= Das aufgewühlte Meer, R., 1863), Im Strudel (R., 1871, dt. 2 Bde., 1882).

**Ausgabe:** A. F. Pisemskij. Sobranie sočinenij. Moskau 1959. 9 Bde.

**Literatur:** MOSER, CH.: Pisemsky. A provincial realist. Cambridge (Mass.) 1969. – PEARSON, M. M. L.: A comparative study of the art of A. F. Pisemskij. Diss. University of California Los Angeles 1974.

**Pistoia, il** [italien. pis'to:i̯a], eigtl. Antonio Cammelli, * Pistoia 1436, † Ferrara 29. April 1502, italien. Dichter. – Lebte am Hof der Este in Ferrara. Bekannt als Verfasser von burlesken, z. T. auch polit. und sozialkrit. Sonetten. Sein Drama ›Filostrato e Panfila‹ (UA 1499, hg. 1508) nach einer Novelle von G. Boccaccio hat nur noch histor. Wert.

**Ausgaben:** Rime edite ed inedite di Antonio Cammelli detto il P. Hg. v. A. CAPPELLI u. S. FERRARI. Livorno 1884. – I sonetti faceti di Antonio Cammelli secondo l'autografo ambrosiano. Hg. v. E. PERCOPO. Neapel 1908.

**Literatur:** PERCOPO, E.: Antonio Cammelli e i suoi ›Sonetti faceti‹. Rom 1913. – CLARIZIA, D.: Un poeta giocoso del Rinascimento. Il P. Salerno 1929. – PALLONE, R.: Anticlericalismo e ingiustizie sociali nell' Italia del '400. L'opera poetica e satirica di Antonio Cammelli detto il P. Rom 1975.

**Pitaval,** François Gayot de [frz. pita'val], * Lyon 1673, † ebd. 1743, frz. Jurist. – Hg. einer Sammlung denkwürdiger Kriminalfälle (›Causes célèbres et intéressantes‹, 20 Bde., 1734–43). Später wurde der Name P. zur Bez. nach diesem Muster angelegter Sammlungen von Strafrechtsfällen und Kriminalgeschichten: ›Der neue P.‹ (hg. von J. E. Hitzig und W. Häring [= W. Alexis], 1842 ff.), ›Der P. der Gegenwart‹ (hg. von R. Frank, G. Roscher und H. Schmidt, 8 Bde., 1903–13), ›Der neue P.‹ (hg. von G. H. Mostar und R. Stemmle, 8 Bde., 1963–65).

**Pitter,** Ruth [engl. 'pıtə], * Ilford (heute zu London) 7. Nov. 1897, † Long Crendon (Buckinghamshire) 29. Febr. 1992, engl. Lyrikerin. – Von H. Belloc geförderte Verfasserin von sprachlich ziselierten, oft zum Mystischen neigenden Gedichten über Menschen und Natur.

**Werke:** First and second poems 1912–1925 (1927), Poems 1926–1966 (1968), Collected poems (1990).

**Literatur:** R. P., homage to a poet. Hg. v. A. W. RUSSEL. Chester Springs (Pa.) u. London 1969.

**Pius II.,** Papst, ↑Piccolomini, Enea Silvio de'.

**Piwitt,** Hermann Peter, * Hamburg 28. Jan. 1935, dt. Schriftsteller. – Studierte Soziologie und Literaturwiss.; präzise Beobachtungsgabe und sensible Wahrnehmung gesellschaftl. Zustände der bundesrepublikan. Gesellschaft in der Phase ihres Aufbaus bis hin zur Wohlstandsgesellschaft und ihren Problemen sind wesentl. Grundzüge seines literar. Werkes. Er benutzt eine amüsantiron. Sprache, vital und empfindsam, durchsetzt mit zahlreichen Wortspielen.

**Werke:** Herdenreiche Landschaften (Prosa, 1965), Das Bein des Bergmanns Wu (Essays, 1971), Rothschilds (R., 1972), Boccherini u. a. Bürgerpflichten (Essays, 1976), Die Gärten im März (R., 1979), Deutschland. Versuch einer Heimkehr (1981), Der Granatapfel (R., 1986), Die Passionsfrucht (R., 1993).

**Pixérécourt,** René Charles Guilbert de [frz. piksere'ku:r], * Nancy 22. Jan.

1773, † ebd. 27. Juli 1844, frz. Dramatiker. – Schrieb etwa 110 erfolgreiche Lustspiele, Operettenlibretti und Texte zu Melodramen, für die er Stoffe beliebter Unterhaltungsromane bearbeitete. Mit seinen besten Stücken stellt er die Verbindung zwischen dem bürgerl. Trauerspiel des 18. Jh. und dem romant. Drama des 19. Jh. her. Größtes Erfolgsstück war ›Coelina, ou l'enfant du mystère‹ (1800).

**Weitere Werke:** Victor, ou l'enfant de la forêt (Dr., 1798), Robinson Crusoé (Dr., 1805), Masers de Latude, ou trente-cinq ans de captivité (Dr., 1834).

**Ausgabe:** G. de P. Théâtre choisi. Paris 1841–43. 4 Bde.

**Literatur:** LACEY, A.: P. and the French romantic drama. Toronto 1928. – DESCOTES, M.: Le public de théâtre et son histoire. Paris 1964.

**Pjezuch** (tl.: P'ecuch), Wjatscheslaw Alexejewitsch, * Moskau 18. Nov. 1946, russ. Schriftsteller. – Gehört bes. mit seinem Kriminalroman ›Die neue Moskauer Philosophie‹ (1989, dt. 1991) zu den wichtigen Autoren der 80er Jahre.

**Weiteres Werk:** Ja i pročee (= Ich und anderes mehr, Prosa, 1990).

**Plaatje,** Solo[mon] T[shekisho] [afrikaans 'plɑːi̯kji], * Boshof District (Oranjefreistaat) 9. Okt. 1876, † Nancefield 19. Juni 1932, südafrikan. Schriftsteller. – Aus dem Stamm der Rolong, deren (meist mündlich überlieferte) Traditionen und Geschichte er in ›Mhudi‹ (1930), einem der ersten englischsprachigen Romane eines Afrikaners, aus der histor. Perspektive seines Stammes der Nachwelt bewahrte; schrieb meist in Englisch und Tswana.

**Weitere Werke:** Native life in South Africa (Essays, 1916), Boer war diary (Kriegsaufzeichnungen, hg. 1973).

**Plagiat** [frz.; zu lat. plagium = Menschendiebstahl], widerrechtl. Übernahme und Verbreitung von fremdem geistigem Eigentum. Der P.svorwurf wird in allen Sparten der Kunst und Wiss. erhoben, wenn ein Verfasser Werke, Werkteile, Motive eines anderen Autors sich aneignet, in wiss. Werken Passagen aus fremden Arbeiten ohne Zitatkennzeichnung und Quellenangabe übernimmt oder fälschlich das Recht der Priorität eines Gedankens für sich beansprucht. – Sind in der Antike auch schon P.svorwürfe erhoben worden, z. B. von Aristophanes (›Die Wolken‹, 553 ff.), so galt doch eine zitierende Übernahme meist eher als Ehrung für den Zitierten. Erst mit dem Eigentumsbegriff des 18. und 19. Jh. beginnt das P. ein rechtsfähiger Tatbestand zu werden.

**Literatur:** ROSENFELD, H.: Zur Gesch. von Nachdr. u. P. In: Börsenbl. f. den Dt. Buchhandel (Ffm.) 25 (1969), S. 3211.

**Pla i Casadevall,** Josep [katalan. 'pla i kəzəðə'βaʎ], * Palafrugell (Prov. Gerona) 8. März 1897, † Llofriu (heute zu Palafrugell) 23. April 1981, katalan. Schriftsteller. – Journalist; ausgedehnte Reisen; gehört mit seinem umfangreichen Werk – Essays, Tage- und Reisebücher (›Coses vistes, 1920–25‹, 1925; ›Viaje a América‹, 1960), Romane, Erzählungen, Biographien – zu den wichtigsten Vertretern der katalan. Literatur im 20. Jahrhundert.

**Ausgabe:** J. P. i C. Obra completa. Barcelona [1-2]1967–84. 35 Bde.

**Literatur:** CASTELLET, J. M.: J. P. o la raó narrativa. Barcelona 1978.

**Planeta-Preis** ↑ Premio Planeta.

**Planh** [planj; provenzal.; zu lat. plangere = laut trauern] (Planch), in der provenzal. Dichtung Klagelied auf den Tod eines Freundes, der Geliebten, eines Fürsten oder allgemein eines Gönners. Als Nebenform des Sirventes besteht der P. aus isometr. Strophen und wird von einer zumeist gleichgebauten Tornada beschlossen. Das älteste Gattungsbeispiel ist ein P. Cercamons (1. Hälfte des 12. Jh.) auf den Tod Wilhelms IX. von Aquitanien († 1127). – ↑ auch Complainte.

**Literatur:** SPRINGER, H.: Das altprovenzal. Klagelied mit Berücksichtigung der verwandten Literaturen. Bln. 1895.

**Planudes** (tl.: Planoúdēs), Maximos, byzantin. Gelehrter und Dichter, ↑ Maximos Planudes.

**Plas,** Michel van der, eigtl. Bernardus Gerardus Franciscus Brinkel, * Den Haag 23. Okt. 1927, niederl. Dichter. – Schrieb leicht zugängl., spieler. und formal traditionelle Poesie, Parodien, populäre Dokumentarberichte; auch Übersetzer (u. a. H. Böll).

**Werke:** Going my way (Ged., 1949), Uit het rijke roomsche leven (Ber., 1963), In de kou (Reportage, 1969; mit G. J. A. Bomans), Gedichten (1974), Korte metten (Ged., 1980), Mijnheer

Gezelle (Biogr., 1990), Nu moet ik zijn geluk beschrijven (Prosa, 1991).

**Platen,** August Graf von, eigtl. P.-Hallermund, * Ansbach 24. Okt. 1796, † Syrakus 5. Dez. 1835, dt. Dichter. – Aus verarmter Adelsfamilie; 1814–18 bayr. Offizier; 1815 Teilnahme am Frankreichfeldzug; erwirkte 1818 unbegrenzten Urlaub vom verhaßten Soldatenberuf. 1819–26 studierte er Jura, Philosophie und Naturwissenschaften; Bekanntschaft mit F. W. J. von Schelling, Jean Paul und F. Rückert; 1824 erste Italienreise; ab 1826 ständig in Italien. Erste Arbeiten standen unter dem Einfluß Goethes, Schillers und der Romantiker. Mit frühen Selbstzweifeln, der Faszination des Ästhetischen (Dichtung als Welt der Reinheit) blieb er trotz bürgerlich-liberaler Gesinnung isoliert. Impulse für die dt. Lyrik gingen von den 1831/32 entstandenen ›Polenliedern‹ (hg. 1849) aus. Haß gegen Tyrannei, Solidarität mit Freiheitsbewegungen und Polemiken kennzeichnen bei P. die kulturkrit. Züge. Bed. ist er v. a. als Lyriker. Nach klassizist. Vorbild galt ihm Schönheit als höchstes Ziel. Strenge Versmaße und Wohlklang im sprachl. Ausdruck brachten den Vorwurf des preziösen, kalten, anachronist. Klassizisten (Fehde mit H. Heine). Die Skala lyr. Ausdrucksmittel reicht von antiken (Ode) und roman. (Romanze) bis zu oriental. Gedichtformen (Ghasel). Der Grundton ist häufig schwermütiges Pathos; trotz aller Formelhaftigkeit wird die Tragik des ein Leben lang unter seiner Homosexualität leidenden Dichters erkennbar. Auch P.s Tagebücher legen davon Zeugnis ab. Das Verhältnis zu Natur, Kunst und Geschichte bestimmt die sog. italien. Werke. Die ›Sonette aus Venedig‹ (1825) machten P. zum Dichter der untergehenden, mit Trauer und Klage erfüllten Lagunenstadt. Populär blieb die Ballade ›Das Grab im Busento‹. Mit seiner beschreibenden Lyrik bereitete P. das Dinggedicht vor. Wenig erfolgreich waren seine von Aristophanes beeinflußten Literaturkomödien. Die Literaturwissenschaft rezipierte ihn als abstrakten Formalisten und Epigonen.

**Weitere Werke:** Ghaselen (1821), Lyr. Blätter (1821), Neue Ghaselen (1824), Der Schatz des Rhampsinit (Dr., 1824), Die verhängnisvolle Gabel (Kom., 1826), Der romant. Ödipus (Kom., 1829), Geschichten des Königreichs Neapel von 1414 bis 1443 (1833), Die Liga von Cambrai (Dr., 1833), Die Abassiden (Epos, 1835).

**Ausgaben:** A. Graf v. P. Die Tagebb. Hg. v. G. von Laubmann u. L. von Scheffler. Stg. 1896–1900. 2 Bde. Nachdr. Hildesheim 1969. – P.s dramat. Nachlaß. Hg. v. E. Petzet. Bln. 1902. – A. Graf v. P. Sämtl. Werke. Histor.-krit. Ausg. Hg. v. M. Koch u. E. Petzet. Lpz. 1910. 12 Tle. in 6 Bden. Nachdr. Hildesheim 1969 (mit Biogr.). – A. Graf v. P. Der Briefwechsel. Hg. v. L. von Scheffler u. P. Bornstein. Mchn. 1911–31. 4 Bde. Nachdr. Hildesheim 1973. – Unveröffentl. Briefe A.s v. P. u. seiner Mutter an Freunde in Italien. Hg. v. E. Rosenfeld. Mailand u. Varese 1965. – Unveröffentl. Briefe von u. an A. Graf v. P. In: Studi Germanici N. S. 4 (1966), S. 357; 5 (1967), S. 59.

**Literatur:** Schlösser, R.: A. Graf v. P. Ein Bild seines geistigen Entwicklungsganges u. seines dichter. Schaffens. Mchn. 1910–13. 2 Bde. – Redenbacher, F.: P.-Bibliogr. Erlangen 1936. Nachdr., mit Ergg. bis 1970, Hildesheim 1972. – Link, J.: Artist. Form u. ästhet. Sinn in P.s Lyrik. Mchn. 1971. – Teuchert, H. J.: Von P. in Deutschland. Bonn 1980. – Bumm, P. H.: A. Graf v. P. Eine Biogr. Paderborn 1990.

August Graf von Platen (Ausschnitt aus einer Kopie nach einem Gemälde von Moritz Rugendas, um 1830 von Karl Prochaska)

**Plater,** Alan [Frederick] [engl. 'plɛɪtə], * Jarrow-on-Tyne (County Durham) 15. April 1935, engl. Dramatiker. – Ausgebildeter Architekt; seit 1960 freier Schriftsteller. Bereicherte mit der Form des dokumentar. Musicals (bes. erfolgreich: ›Close the coalhouse door‹, 1969) v. a. die engl. Provinzdramatik. Daneben auch genau beobachtete realist. Dramen, z. B. ›A smashing day‹ (Dr., 1965), ›See the pretty lights‹ (Dr., 1970), sowie zahlreiche Hör- und Fernsehspiele.

**Weitere Werke:** You and me. Four plays (1973), Collected plays (1973), Sweet sorrow (Dr.,

1990), Going home (Dr., 1990), I thought I heard a rustling (Dr., 1991).

**Plath,** Sylvia [engl. plæθ], * Boston (Mass.) 27. Okt. 1932, † London 11. Febr. 1963 (Selbstmord), amerikan. Schriftstellerin. – Literaturstudium u. a. am Smith College (Mass.), 1957–58 dort Dozentin; ab 1956 ⚭ mit T. Hughes; lebte ab 1959 in London. P. schrieb bekenntnishafte Lyrik in bilderreicher Sprache und kühner Formgebung, die neben der Privatsphäre der schwierigen Vater- und Mutterbeziehung, polit. Themen wie autoritäre Unterdrückung und allgemeinmenschl. Themen wie Liebe und Tod mit der Hoffnung auf Auferstehung behandeln. Diese Gedichte (›The colossus‹, 1960; ›Ariel‹, hg. 1965, dt. und engl. 1974; ›Uncollected poems‹, hg. 1965; ›Crossing the water‹, hg. 1971; ›Winter trees‹, hg. 1971) und der autobiograph. Roman ›Die Glasglocke‹ (1963, dt. 1968), in dem sie die Auswirkungen eines Nervenzusammenbruchs während ihres Studiums, den Beginn ihrer schriftsteller. Karriere und erste Selbstmordversuche darstellt, spiegeln die manisch-depressive Verfassung der Dichterin. Schrieb auch Hörspiele.

**Ausgaben:** S. P. Letters home. Correspondance 1950–63. Hg. v. A. S. PLATH. London 1975. – Johnny Panic and the Bible of dreams and other prose writings. London 1977. – S. P. The collected poems. Hg. v. T. HUGHES. London u. a. 1981. – S. P. Journals. Hg. v. T. HUGHES u. F. MCCULLOUGH. New York 1982. – S. P. Die Bibel der Träume. Erzählungen, Prosa aus den Tagebüchern. Dt. Übers. Ffm. 1987.

**Literatur:** The art of S. P. A symposium. Hg. v. CH. H. NEWMAN. London 1970. – AIRD, E. M.: S. P. Edinburgh 1973. – BUTSCHER, E.: S. P. Method and madness. New York 1976. – S. P. The woman and the work. Hg. v. E. BUTSCHER. New York 1977. – S. P. New views on the poetry. Hg. v. G. LANE. London 1979. – ROSENBLATT, J.: S. P. The poetry of initiation. Chapel Hill (N. C.) 1979. – BROE, M. L.: Protean poetic. The poetry of S. P. Columbia (Miss.) 1980. – UROFF, M. D.: S. P. and T. Hughes. Urbana (Ill.) [2]1980. – Critical essays on S. P. Hg. v. L. W. WAGNER. Boston (Mass.) 1984. – Ariel ascending. Writings about S. P. Hg. v. P. ALEXANDER. New York 1985. – MATOVICH, R. M.: A concordance to the collected poems of S. P. New York 1986. – WAGNER-MARTIN, L.: S. P. A biography. New York 1987. – STEVENSON, A.: S. P. Eine Biogr. Dt. Übers. Neuausg. Ffm. 1994.

**Platon** (tl.: Plátōn; Plato), eigtl. Aristokles, * Athen 427, † ebd. 347, griech. Philosoph. – Neben Aristoteles prominentester und einflußreichster Philosoph der griech. Antike; schuf ein philosoph. System von eindrucksvoller Breite, das v. a. durch das Wirken der von ihm 387 in Athen gegründeten Schule (der ›Akademia‹) fast lückenlos tradiert wurde. Von prägendem Einfluß auf sein Leben und seine schriftsteller. Entwicklung war die Bekanntschaft mit Sokrates. Unter dem Eindruck seiner Lehre gab P. seine frühen Versuche als Tragödiendichter auf, um sich ausschließlich der Philosophie zuzuwenden. Seine ersten Werke, die ihm begeisterte Anhänger zuführten, entstanden nach dem Tod seines Lehrers und verfolgten v. a. das Ziel, Sokrates vor den Athenern zu rechtfertigen und ihn von den Sophisten abzusetzen. Diesen schloß sich eine Gruppe von Dialogen an, in denen P. die sophist. Rhetorik kritisierte (›Prōtagóras‹, ›Gorgías‹). Vorwiegend systemat. Erörterungen zur Erkenntnistheorie, Metaphysik, Ethik und Politik bestimmten die dritte Phase (›Sympósion‹, ›Phaídōn‹, ›Phaĩdros‹), eine Weiterführung der Ideenlehre, Naturphilosophie und Fragen der Gesetzgebung waren Themen der vierten. Die mit P. verknüpfte Ideenlehre gehört ins Zentrum der dritten, der ›klass. Periode‹. Ihr zufolge existieren für alles Seiende auf höherer metaphys. Ebene, gedacht als höchste und vollkommenste Stufe des Seins überhaupt, geistige Vor- und Urbilder. Erkenntnismäßig eröffnet den Zugang zu diesen ›Ideen‹ allerdings keine konsensfähige Wissenschaft, sondern nur meditative Versenkung (›Ideen-Schau‹), zu der allein der ›wahre‹ Denker fähig ist. Diese Anschauung begründet eine gesellschaftl. Aufwertung des Philosophen und letztlich auch den Legitimationsgrund für die Lehre vom ›Philosophen-Königtum‹, die tiefste Einsicht seiner klass. Philosophie: Das Todesurteil, das die polit. Führung Athens 399 über Sokrates verhängte, bewirkte bei P. Entfremden gegenüber der att. Demokratie; aus dieser Distanz konstituierte sich seine polit. Lehre: Tugend und Gerechtigkeit, somit das wahre Glück aller Bürger, sind nur durch einen von Philosophen straff geführten ›Idealstaat‹ zu realisieren (›Politeía‹). Drei Reisen P.s nach Sizilien und Unteritalien sind vor diesem Hintergrund zu deuten; allerdings endeten P.s Hoffnungen, im Sinne seiner Theorie Einfluß auf den Alleinherrscher in Syrakus zu erlangen, in einem Fiasko. – P.s außerordentl. literar. Begabung ist unbestritten: Er gestaltete den Dialog zur adäquaten philosophischen Darstellungs- und Erörterungsform und kreierte damit eine Gattung philosophischer Literatur, die in der Antike begeisterte Aufnahme fand. Im szenischen Gefüge genial konzipierter Philosophengespräche zeigt sich in Frühzeit und klassischer Phase meisterhafte Sprachbeherrschung, im Spätwerk dominieren Tendenzen zum breiteren Monolog und eine sprödere Stilform. Die Hauptfigur seiner Dialoge ist zumeist Sokrates; dessen dialektische Erörterungskunst leitet hin zu P.s Theorie des Wahren, Guten und Schönen.

**Ausgabe:** P. Sämtl. Werke. Dt. Übers. v. F. SCHLEIERMACHER u. a. Hg. v. E. LOEWENTHAL. Sonderausg. Köln [8]1982. 3 Bde.

**Literatur:** BRÖCKER, W.: Platos Gespräche. Ffm. [2]1967. – SCHMALZRIED, E.: P., der Schriftsteller u. die Wahrheit. Mchn. 1969. – REHN, R.: Der Logos der Seele. Wesen, Aufgabe u. Bedeutung der Sprache in der platon. Philosophie. Hamb. 1982. – BORMANN, K.: P. Freib. u. a. [3]1993. – KAUFFMANN, C.: Ontologie u. Handlung. Unterss. zu P.s Handlungstheorie. Mchn. 1993. – MARTIN, G.: P. Rbk. 80.–82. Tsd. 1993. – NATORP, P.: Platos Ideenlehre. Eine Einf. in den Idealismus. Neuausg. Hamb. 1994. – TRAMPEDACH, K.: P., die Akademie u. die zeitgenöss. Politik. Stg. 1994.

**Platon** (tl.: Plátōn; Plato), griech. Komödiendichter des 5./4. Jh. aus Athen. – Zeitgenosse des Aristophanes; die ›Suda‹ schreibt ihm 30 Stücke zu, die sich gegen im öffentl. Leben stehende Politiker wandten; bekannt ist v. a. der 391 aufgeführte ›Pháōn‹, eine Mythentravestie.

**Platonow** (tl.: Platonov), Andrei Platonowitsch [russ. pla'tɔnɐf], ursprünglich A. P. Klimentow, * Woronesch 1. Sept. 1899, † Moskau 5. Jan. 1951, russ.-sowjet. Schriftsteller. – Mitglied der Perewal-Gruppe; schrieb Gedichte und v. a. psychologisch motivierte, irrational verfremdete Erzählungen; anfangs sehr geschätzt, dann scharf kritisiert und erst in der Tauwetterperiode wiederentdeckt.

**Werke:** Dshan (E., hg. 1964, dt. 1980, erstmals dt. 1969), In der schönen und grimmigen Welt (ausgew. Prosa, hg. 1965, dt. 2 Bde., 1969), Die Kutschervorstadt (ges. En., hg. dt. 1968), Die Baugrube (R., hg. London 1969, in der Sowjetunion 1987, dt. 1971), Gedanken eines Lesers (Aufsätze und Essays, hg. 1970, dt. 1979), Unterwegs nach Tschevengur (R., hg. Paris 1972, dt. 1973), Das Meer der Jugend (R., hg. Paris 1979, Moskau 1986, dt. 1984).

**Ausgaben:** A. P. Platonov. Sobranie sočinenij. Moskau 1984–85. 3 Bde. – A. P. Platonov. Starik i starucha. Poterjannaja proza. Mchn. 1984. – A. P. Sammelausg. in Einzelbden. Dt. Übers. Mchn. u. Bln. 1987–93. 6 Bde. – A. P. Die Tragödie der 14 roten Hütten. Stücke, Prosa, Briefe, Notizen. Dt. Übers. Bln. 1992.

**Literatur:** MELIK-OSIPIANS, M.: Im Mittelpunkt der Mensch. Zum Werk A. Platonovs. Diss. Wien 1978. – GELLER, M.: A. Platonov v poiskach sčast'ja. Paris 1982.

**Platter** (Plater), Felix, * Basel Ende Okt. 1536, † ebd. 28. Juni 1614, schweizer. Arzt und Schriftsteller. – Sohn von Thomas P.; ab 1557 in Basel tätig, ab 1571 als Prof. der prakt. Medizin und Stadtarzt. Er versuchte in seiner ›Praxis‹ (3 Bde., 1602–08) erstmals eine systemat. Einteilung der Krankheiten, trat für eine humane Behandlung der Geisteskranken ein. Sein ›Tagebuch‹ (hg. 1976) ist ein wertvolles Zeugnis der Kulturgeschichte; auch Reiseberichte und Lyrik.

**Platter** (Plater), Thomas, * Grächen (Wallis) 10. Febr. 1499, † Basel 26. Jan. 1582, schweizer. Humanist. – Ziegenhirt, Seilergeselle und fahrender Schüler, studierte in Basel, wo er in der Druckerei von J. Oporinus und später von J. Hervagius tätig und zugleich Prof. für Hebräisch (an der Universität), später für Griechisch (am Pädagogium) war. Gründete 1535 eine eigene Druckerei und Buchhandlung. Seine ›Lebensbeschreibung‹ (hg. 1840) ist eine der bedeutendsten und aufschlußreichsten Autobiographien des 16. Jh. (insbes. über die Bildungsverhältnisse der Zeit).

**Ausgabe:** Th. P. Lebenserinnerungen. Hg. v. F. PLATTER. Tagebuchbll. Basel 1935. Neudr. 1977.

**Plautus,** Titus Maccius, * Sarsina (Umbrien) um 250, † Rom um 184, röm. Komödiendichter. – Aus einfachen Verhältnissen; die anekdotenhafte Überlieferung berichtet von verschiedenen Berufen (Bühnenarbeiter, Kaufmann, Müllersknecht). P. ist der erste röm. Schriftsteller, von dem vollständige Werke erhalten blieben: die 21 Komödien, die von den Philologen des 1. Jh. v. Chr. allgemein für echt gehalten wurden. P. gehört daher (neben Terenz und Cato d. Ä.) zu den wichtigsten Repräsentanten der Vorklassik. Er bearbeitete Stücke der ›neuen Komödie‹, d.h. des zeitgenöss. griech. Theaterrepertoires, für die röm. Bühne und bemühte sich hierbei um große Vielfalt der Sujets: Die Skala reicht von der Mythentravestie (›Amphitruo‹) bis zur gemeinen Farce, von der turbulenten Verwechslungskomödie (›Menaechmi‹) bis zum Charakterstück (›Aulularia‹ [= Die Topfkomödie], ›Miles gloriosus‹ [= Der großsprecher. Soldat]) und zum ruhigen oder sentimentalen Lustspiel. Als Übersetzer hat P. v.a. durch seine Sprache und Verskunst zur Entwicklung der röm. Literatur beigetragen. Da seine Vorlagen nicht erhalten sind, ist es schwierig, das Maß seiner Selbständigkeit zu bestimmen. Offenbar hat er reine Sprechdramen bearbeitet; dann stammt die Umsetzung erhebl. Teile in Gesangsnummern von ihm. Außerdem hat er um der Bühnenwirksamkeit willen gekürzt oder erweitert; hierbei war ihm der drast. kom. Effekt wichtiger als die Geschlossenheit der Handlung, die Wahrscheinlichkeit oder die Illusion. Das griech. Milieu der Vorlagen wurde beibehalten. P. hat jedoch oft Hinweise auf röm. Verhältnisse eingeflochten. Die Typen waren vorgegeben; die Auswahl und die Art der Charakterisierung lassen indes spezif. Neigungen erkennen (der gerissene Sklave, der verliebte Alte, der Kuppler, der Parasit). Das reiche Repertoire kraftvoller Ausdrucksmittel reicht von Zoten und Schimpfkanonaden bis zu trag. Pathos. Die eindringl. Klangwirkungen und die Vielfalt der Wortwitze und Metaphern bekunden eine geradezu unerschöpfl. Sprachphantasie. Die augusteische Klassik und die frühe Kaiserzeit wußten mit P. nichts anzufangen. 1429 entdeckte Nikolaus von Kues eine Handschrift mit zwölf verschollenen Stücken; im 16. Jh. begannen die Plautinischen Stoffe ihren Siegeszug auf den europ. Bühnen (L. Ariosto, Shakespeare, Molière, L. von Holberg, H. von Kleist u. a.).

**Ausgaben:** Plaute. Comédies. Lat. u. frz. Hg. v. A. ERNOUT. Paris [1-5]1935-57. 7 Bde. – Antike Komödien. Bd. 1 u. 2.: P. u. Terenz. Dt. Übers. Hg. v. W. LUDWIG. Mchn. 1982.
**Literatur:** LODGE, G.: Lexicon Plautinum. Lpz. 1924–33. 2 Bde. Nachdr. Hildesheim 1962. – BEARE, W.: The Roman stage. New York [3]1964. – SEGAL, E. W.: Roman laughter. The comedy of P. Cambridge (Mass.) 1968. – DUCKWORTH, G. E.: The nature of Roman comedy. Princeton (N. J.) [4]1971. – GAISER, K.: Zur Eigenart der röm. Komödie. In: Aufstieg u. Niedergang der Röm. Welt. Hg. v. H. TEMPORINI. Tl. 1, Bd. 2. Bln. u. New York 1972. – Die Röm. Komödie: P. u. Terenz. Hg. v. E. LEFÈVRE. Darmst. 1973. – SCHAAF, L.: Der Miles Gloriosus des P. u. sein griech. Original. Mchn. 1977. – PETRONE, G.: Teatro antico e inganno. Finzioni plautine. Palermo 1983. – SLATER, N. W.: P. in performance. Princeton 1985. – ZWIERLEIN, O.: Zur Kritik u. Exegese des P. Stg. 1990 ff. Auf mehrere Bde. berechnet. – ↑ auch Terenz.

**Plawilschtschikow** (tl.: Plavil'ščikov), Pjotr Alexejewitsch [russ. pla'viljʃtʃikɐf], * Moskau 4. April 1760, † Chonejewo (Gebiet Twer) 30. Okt. 1812, russ. Dramatiker. – Sohn eines Kaufmanns; wurde nach Studien in Moskau Schauspieler und Theatertheoretiker; setzte sich für eine antiklassizist., realist., bürgerl. Bühnendichtung ein; mit seinen Dramen aus dem Milieu der Kaufleute Vorläufer A. N. Ostrowskis.

**Literatur:** HILLER, P.: D. I. Fonvizin u. P. A. Plavil'ščikov, ein Kap. aus der russ. Theatergesch. im 18. Jh. Mchn. 1985.

**Pléiade** [ple'ja:də, frz. ple'jad], nach der ↑ Pleias benannte bedeutendste frz. Dichterschule der frz. Renaissance um P. de Ronsard und J. Du Bellay. In wechselnder Zusammensetzung gehörten der P. jeweils sieben Dichter an, neben Ronsard und Du Bellay u.a. É. Jodelle, R. Belleau, Jean Dorat (* 1508, † 1588), J. A. de Baïf, P. de Tyard, Jacques Peletier (* 1517, † 1582). Du Bellays ›Défense et illustration de la langue française‹ (1549), Peletiers ›Art poétique‹ (1555) und Ronsards ›Abrégé de l'art poétique français‹ (1565) sind die wichtigsten theoret. Werke der Pléiade. Gemeinsam war ihren Mitgliedern die Bewunderung antiker und italien. Literatur, deren Gattungen und Formen (Epos, Tragödie, Komödie, Ode, Elegie, Epigramm, Sonett u. a.) normative Muster für die eigene Produktion darstellten. Durch bewußte Bereicherung (z. B. Gebrauch altfrz. Wörter oder Neologismen) sollte das Französische zu einem dem klass. Griechischen und Lateinischen ebenbürtigen sprachl. System ausgebaut und dadurch literaturfähig gemacht werden. Das Programm der P., das sich von den Traditionen mittelalterl. frz. Dichtung löste, hatte starken Einfluß auf die spätere frz. Literatur.

**Literatur:** CHAMARD, H.: Histoire de la P. Paris Neuaufl. 1961–63. 4 Bde. – WITTSCHIER, H. W.: Die Lyrik der P. Wsb. 1971. – BELLENGER, Y.: La P. Paris 1978. – JOUKOVSKY, F.: Le bel objet. Les paradis artificiels de la P. Paris 1991.

**Pleias** (tl.: Pleiás), Gruppe von sieben trag. Dichtern, die im 3. Jh. v. Chr. am Hofe des Ptolemaios II. Philadelphos in Alexandria gewirkt haben sollen. Die überlieferten Namenslisten weichen voneinander ab. So nennt z. B. die ›Suda‹ Homer von Byzanz, Sositheos, Lykophron, Alexandros Aitolos, Sosiphanes, Philikos von Kerkyra und Dionysiades.

**Pleier, Der,** mhd. Epiker um 1270. – Ministeriale aus dem österr. Innkreis, schrieb zwischen 1260 und 1280 drei längere Versromane in der Tradition der Artusdichtung: ›Garel von dem blühenden Tal‹, eine Korrektur nach dem Muster des ›Iwein‹ Hartmanns von Aue zum ›Daniel vom blühenden Tal‹ des Strikker. Auch im ›Meleranz‹, mit einer märchenhaften Liebeshandlung als Grundgerüst, und in ›Tandareis und Flordibel‹, der dem Typus des spätgriech. Liebesromans folgt, bleibt der Artushof Ort des vorbildlichen höf. Verhaltens. Der P. füllt planmäßig genealog. und erzähler. Lücken der früheren Artusromane für ein literarisch gebildetes Publikum.

**Ausgaben:** Der P. Meleranz. Hg. v. K. BARTSCH. Stg. u. Tüb. 1861. Nachdr. Hildesheim 1974. – Tandareis u. Flordibel. Ein höf. Roman von dem Pleiaere. Hg. v. F. KHULL. Graz 1885. – Garel von dem blühenden Tal. Ein höf. Roman aus dem Artussagenkreis von dem P. Hg. v. M. WALZ. Freib. 1892.

**Literatur:** WOLFF, A.: Unterss. zu ›Garel von dem blühenden Tal‹ v. dem P. Diss. Mchn. 1967. – KERN, P.: Die Artusromane des P. Bln. 1981.

**Plejade** (Puschkinsche P.), heterogener Kreis meist aristokrat. russ. Dichter um A. S. Puschkin sowie generell Bez. für alle russ. Schriftsteller seiner Generation. Mitglieder des Kreises waren u. a. A. A. Delwig, P. A. Wjasemski, N. M. Jasykow, D. W. Wenewitinow, K. F. Rylejew, J. A. Baratynski und W. K. Kjuchelbeker.

**Plenzdorf,** Ulrich, * Berlin 26. Okt. 1934, dt. Schriftsteller. – Szenarist und Filmdramaturg bei der DEFA; lebt in Berlin. Verfasser von unterhaltender, gesellschaftskrit. Literatur, in der er sich mit dem Anspruch der Jugend in der DDR auf Freiheit und individuelles Glück auseinandersetzt. Bekannt und auch in der BR Deutschland erfolgreich wurde er mit seinem an Goethes Roman anknüpfenden, z. T. im Berliner Jugendjargon geschriebenen Bühnenstück ›Die neuen Leiden des jungen W.‹ (1972, in: Sinn und Form, Buchausg. 1973; auch als Erzählung) über den glücklosen Ausbruchsversuch eines Jugendlichen aus seiner kleinbürgerl. Welt. P. wurde auch bekannt durch sein Drehbuch zum Film ›Die Legende von Paul und Paula‹ (1973, gedr. 1974) und sein Stück ›Buridans Esel‹ (UA 1976, gedr. 1986) nach dem Roman von G. de Bruyn. 1992 löste er J. Becker als Drehbuchautor der Fernsehserie ›Liebling-Kreuzberg‹ ab.

Ulrich Plenzdorf

**Weitere Werke:** Karla (Texte zu Filmen, 1978), kein runter, kein fern (En., 1978, in: Klagenfurter Texte, Buchausg. 1984), Legende vom Glück ohne Ende (R., 1979), Gutenachtgeschichte (1983), Freiheitsberaubung (Bühnentext, UA 1988, gedr. 1990), Vater Mutter Mörderkind (Fsp., auch Bühnenfassung, gedr. 1994).

**Ausgabe:** U. P. Filme. Ffm. 1990.

**Literatur:** Die Leiden des alten u. neuen Werther ... Zu Goethes Leiden des jungen Werther u. P.s Leiden des jungen W. Hg. v. G. JÄGER. Mchn. 1984. – MEWS, S.: U. P. Mchn. 1984.

**Pleonasmus** [griech.-lat.; eigtl. = Überfluß, Übermaß], tautolog. Ausdrucksweise (›heiße Glut‹, ›neu renoviert‹); dient als Stilmittel der Intensivierung des Ausgesagten (›etwas mit eigenen Augen gesehen haben‹, ›das habe ich eigenhändig unterschrieben‹).

**Pleschtschejew** (tl.: Pleščeev), Alexei Nikolajewitsch [russ. plɪ'ʃtʃejɪf], * Kostroma 4. Dez. 1825, † Paris 8. Okt. 1893, russ. Dichter. – 1849–59 wegen Teilnahme an Sitzungen des Kreises um den Revolutionär M. W. Petraschewski verbannt; Redakteur; wandte sich bald von der sozialen linksliberalen Dichtung ab und schrieb eleg. Lyrik und Gedichte für Kinder; übersetzte u. a. Werke S. Petőfis, Lord Byrons und H. Heines.

**Plessen,** Elisabeth, eigtl. E. [Charlotte Marguerite Augusta] Gräfin von P., * Neustadt in Holstein 15. März 1944, dt. Schriftstellerin. – 1974 Mitherausgeberin der Memoiren von Katja Mann; wurde bekannt durch den krit., autobiographisch gefärbten Roman ›Mitteilung an den Adel‹ (1976), in dem sie sich mit ihrer adligen Herkunft und der großbürgerl. Familientradition auseinandersetzt und den schmerzhaften Ablösungsprozeß von ihrem Vater beschreibt. Phantasie und die Lust zum Fabulieren bestimmen die Prosastücke in ›Zu machen, daß ein gebratenes Huhn aus der Schüssel laufe‹ (1981). Auch Übersetzungen, u. a. Shakespeare.

**Weitere Werke:** Kohlhaas (R., 1979), Stella polare (R., 1984), Lady Spaghetti (En., 1992).

**Pleticha,** Heinrich, * Varnsdorf (Nordböhm. Gebiet) 9. Sept. 1924, dt. Sachbuchautor. – Verfasser und Hg. von erfolgreichen Jugendsachbüchern, in denen es ihm gelingt, Geschichte spannend und informativ zugleich zu vermitteln. Herausgeber einer ›Deutschen Geschichte‹ (12 Bde., 1981–84).

**Weitere Werke:** Pharaonen und Schakale (1957), Ritter, Burgen und Turniere (1961), Geschichte aus erster Hand (1961; Hg.), Römisches (1963), Bürger, Bauer, Bettelmann (1971), Landsknecht, Bundschuh, Söldner (1974), Weltgeschichte des Zinn (1976), Abenteuerlexikon (1978), Wanderer, kommst du nach Rom (1986), Wanderer, kommst du nach Prag (1988), Höhlen, Wunder, Heiligtümer (1994).

**Pletnjow** (tl.: Pletnev), Pjotr Alexandrowitsch [russ. plɪt'njɔf], * Twer 21. Aug. 1792, † Paris 10. Jan. 1866, russ. Lyriker und Kritiker. – Ab 1832 Prof. für russ. Literatur an der Univ. Petersburg (1840–61 Rektor); Freund A. S. Puschkins; 1838–46 Hg. der Zeitschrift ›Sovremennik‹ (= Der Zeitgenosse); schrieb eleg. Gedichte, bed. jedoch v. a. als Literaturkritiker; Förderer N. W. Gogols.

**Pleyer,** Wilhelm, * Eisenhammer bei Žlutice (Westböhm. Gebiet) 8. März 1901, † München 14. Dez. 1974, dt. Schriftsteller. – Redakteur; 1926–29 Gaugeschäftsführer der Dt. Nationalpartei der ČSR; in der Zeit des Nationalsozialismus erfolgreicher Lyriker und Erzähler; schrieb zuerst humorist. (›Till Scheerauer‹, 1932), dann betont völk. Romane; nach dem Krieg standen Interessen und Schicksal seiner vertriebenen Landsleute im Mittelpunkt seines Werkes.

**Weitere Werke:** Deutschland ist größer! (Ged., 1932), Die Brüder Tommahans (R., 1937), Spieler in Gottes Hand (R., 1951), Aus Winkeln und Wetten (En., 1962).

**Plievier,** Theodor [plivi'e:], Pseudonym (bis 1933) Plivier, * Berlin 12. Febr. 1892, † Avegno bei Locarno 12. März 1955, dt. Schriftsteller. – Arbeitersohn, verließ 17jährig das Elternhaus, führte ein abenteuerl. Leben, diente im 1. Weltkrieg bei der Marine, nahm 1918 aktiv am Matrosenaufstand in Wilhelmshaven teil; wurde Journalist, Übersetzer und freier Schriftsteller; 1933–45 im Exil, zuletzt in der UdSSR; stand bis nach dem 2. Weltkrieg dem Kommunismus nahe. Seine Tatsachenromane aus dokumentar. Material und Selbsterlebtem zeigen ein starkes sozialkrit. Engagement; konsequente Ablehnung jegl. Art von Autorität kennzeichnet schon das Frühwerk ›Des Kaisers Kulis‹ (R., 1929). P. gilt als Vertreter einer sozialist. neuen Sachlichkeit sowohl in den Darstellungen des Seekrieges 1914–18 als auch in der Romantrilogie über Hitlers Rußlandfeldzug (›Stalingrad‹, 1945, Neuausgabe 1983; ›Moskau‹, 1952; ›Berlin‹, 1954), einer realist. Chronik auch des dt. Zusammenbruchs mit dokumentar. Material beider Seiten.

**Weitere Werke:** Zwölf Mann und ein Kapitän (Nov.n, 1929), Der Kaiser ging, die Generäle blieben (R., 1932), Das große Abenteuer (R., 1936), Das gefrorene Herz (En., 1948).

**Literatur:** SEVIN, D.: Individuum u. Staat. Das Bild des Soldaten in der R.-Trilogie Th. P.s. Bonn 1972. – MÜLLER, HANS-HARALD/SCHERNUS, W.: Th. P. Eine Bibliogr. Ffm. 1987.

**Plinius d. Ä.** (Gaius P. Secundus), *(Novum) Comum (heute Como) 23 oder 24, † Stabiae (heute Castellammare di Stabia) 24. Aug. 79, röm. Historiker und Schriftsteller. – Aus begüterter Ritterfamilie; Offizier und kaiserl. Beamter, zuletzt Kommandant der Flotte in Misenum; kam beim Vesuvausbruch ums Leben. Schrieb u. a. zwei große Geschichtswerke; erhalten ist nur die 37 Bücher umfassende ›Naturalis historia‹ (= Naturgeschichte), die bis zum 18. Jh. als Wissensquelle diente. Sie beruht auf Material von etwa 470 griech. und röm. Autoren und behandelt u. a. Astronomie, Meteorologie, Botanik, Landwirtschaftskunde, Pharmakologie, Metall- und Steinkunde. Da sie gleichzeitig praktische Kenntnisse zu vermitteln sucht, befaßt sie sich auch mit der Nutzung der Rohstoffe. Die Bücher 34 bis 37 sind die wichtigste literar. Quelle der modernen Archäologie.

**Ausgaben:** Plinius Secundus. Naturalis historiae libri 37. Hg. v. L. JAN u. K. MAYHOFF. Lpz. 1865–1909. 6 Bde. Neudr. Stg. 1967–70. – C. Plinius Secundus d. Ä. Naturgeschichte. Lat. u. dt. Hg. v. R. KÖNIG u. G. WINKLER. Mchn. 1973 ff. Auf 37 Bde. berechnet. Bisher erschienen: Bd. 1–2, 7–9, 10, 12–15, 20–22, 26–27, 33, 35.

**Literatur:** KROLL, W.: Die Kosmologie des P. Breslau 1930. – SALLMANN, K. G.: Die Geographie des älteren P. in ihrem Verhältnis zu Varro. Bln. u. New York 1971. – KÖVES-ZULAUF, TH.: Reden u. Schweigen. Röm. Religion bei Plinius Maior. Mchn. 1972. – LEITNER, H.: Zoolog. Terminologie beim älteren P. Hildesheim 1972.

**Plinius d. J.** (Gaius P. Caecilius Secundus), *(Novum) Comum (heute Como) 61 oder 62, † um 113, röm. Politiker und Schriftsteller. – Wurde von seinem Onkel Plinius d. Ä. adoptiert; studierte in Rom unter Quintilian; zunächst Anwalt, 100 Suffektkonsul und 111/112 oder 112/113 Statthalter von Bithynien. Von P. sind ein Panegyrikos auf Kaiser Trajan und eine neun Bücher umfassende Sammlung von Privatbriefen sowie ein 10. Buch Korrespondenz mit Trajan erhalten. Die kunstvollen Briefe begründeten seinen literar. Ruhm; von bes. dokumentar. Wert sind die beiden Briefe an Tacitus über den Vesuvausbruch des Jahres 79 und die Korrespondenz mit Trajan über die Behandlung der Christen.

**Ausgaben:** Pline le Jeune. Lettres. Lat. u. frz. Hg. v. A.-M. GUILLEMIN u. M. DURRY. Paris [2]1959–62. 4 Bde. – Gaius P. Caecilius Secundus. Briefe. Lat. u. dt. Hg. v. H. KASTEN. Mchn. u. Zü. [5]1984.

**Literatur:** JACQUES, X./OOTEGHEM, J. VAN: Index de Pline le Jeune. Brüssel 1965. – SHERWIN-WHITE, A. N.: The letters of Pliny: a historical and social commentary. Oxford 1966. – BÜTLER, H.-P.: Die geistige Welt des jüngeren P. Studien zur Thematik seiner Briefe. Hdbg. 1970. – GAMBERINI, F.: Stylistic theory and practice in the Younger Pliny. Hildesheim 1983.

**Plisnier,** Charles [frz. plis'nje], * Ghlin bei Mons 13. Dez. 1896, † Brüssel 17. Juli 1952, belg. Schriftsteller. – Wurde 1919 Kommunist; als Trotzkist 1928 aus der KP ausgeschlossen; 1939 Hinwendung zum Katholizismus (›Ave genitrix‹, Ged., 1943). Verbindet in seinen vielgelesenen Romanen farbige, oft krasse Wirklichkeitsdarstellung mit Sozialkritik und psycholog. Analyse.

**Weitere Werke:** Menschen (R., 2 Bde., 1936, dt. 1941), Falsche Pässe (Nov.n, 1937, dt. 1941; Prix Goncourt 1937), Sacre (Ged., 1938), Meurtres (R.-Zyklus, 5 Bde., 1939–41; daraus dt.: Die Familie Annequin, 1942; Schlummernde Glut, 1943; Der letzte Tag, 1944), Du sollst nicht begehren (R., 3 Bde., 1946–49, dt. 1954), L'homme et les hommes (Essays, hg. 1953).

**Plivier,** Theodor [plivi'e:], dt. Schriftsteller, ↑ Plievier, Theodor.

**Plomer,** William [Charles Franklyn] [engl. 'plʌmə, 'plu:mə], * Pietersburg (Transvaal) 10. Dez. 1903, † London 21. Sept. 1973, engl. Schriftsteller südafrikan. Herkunft. – Lebte, nach einer Lehrtätigkeit in Japan, ab 1929 in London, wo er mit V. Woolf befreundet war. P.s Kurzgeschichten und Romane reflektieren Erfahrungen in Südafrika (›Turbott Wolfe‹, R., 1926, dt. 1965), Japan (›Paper houses‹, En., 1929; ›Sado‹, R., 1931) und England (›The case is altered‹, R., 1932); auch satirisch-makabre Balladen sowie Libretti für Opern und Chorwerke von B. Britten, u. a. ›Gloriana‹ (1953).

**Weitere Werke:** Zweierlei Leben (Autobiogr., 1943, dt. 1949), Museum pieces (R., 1952), Collected poems (Ged., 1973).

**Literatur:** DOYLE, J. R.: W. P. New York 1969. – ALEXANDER, P. F.: W. P., a biography. Oxford 1990.

**Plot** [engl. plɔt], Handlungsgerüst, das einem geschlossenen, meist kürzeren ep. oder dramat. Werk zugrundeliegt; im Unterschied zum vergleichbaren Begriff ↑Fabel bezeichnet P. die Stationen einer Handlung, die sich als Ganzes relativ kurz zusammenfassen lassen, z. B. der P. einer Kriminalgeschichte, eines Theaterstückes, auch eines Filmes.

**Plotin** (tl.: Plōtīnos), * Lykopolis (Ägypten) 205, † Minturnae 270, griech. Philosoph. – Letzter bed. Vertreter der antiken griech. Philosophie; gilt zusammen mit Ammonios Sakkas († vor 80 n. Chr.) als Begründer des Neuplatonismus. P. erhielt eine rhetorisch-grammat. Ausbildung in Alexandria. Mit 28 Jahren wandte er sich unter dem Einfluß des Ammonios Sakkas der Philosophie zu. Nach der Teilnahme am Feldzug Kaiser Gordians gegen die Perser kam er 244 nach Rom, wo er seine hoch angesehene Philosophenschule gründete. In seiner Lehrtätigkeit sah sich P. als Bewahrer der Werke seiner Vorgänger, v. a. Platons, die er als Dokument unüberbietbarer Weisheit ansah und die seinen stat. Wahrheitsbegriff konstituierten. Von Platon aus interpretierte er die gesamte antike Tradition. Dank der sorgfältigen editor. Tätigkeit seines Schülers Porphyrios von Tyros ist sein Werk vollständig erhalten und nach systemat. Aspekten in 6 Themengruppen zu je 9 Schriften (›Enneaden‹) überliefert. Kernstück ist die Ontologie mit ihrer sog. ›Hypostasenlehre‹. In dieser spekulativen Theorie erscheint das Sein als in 5 Sphären (Hypostasen) gegliedert: das Eine (Göttliche), Vernunft, Weltseele, Körper und Materie; alle Sphären sind durch Ausstrahlung (Emanation) aus der ersten entstanden. Ethik und Ästhetik stehen mit dieser ontolog. Konzeption in engem Zusammenhang: Der Mensch kann sich nur vollenden, indem er sich durch tugendhafte Lebensführung und das Bemühen um Erkenntnis von der sinnl. Welt löst und meditativ zur höchsten Ebene strebt, um seine Seele in der Ekstase mit dem Göttlichen zu vereinen. Das Wesen des Schönen definiert P. in der Bewältigung des Stofflichen durch die Ideen. – Nachhaltig war der Einfluß P.s auf die europ. Ideengeschichte. Direkte Wirkung übte er aus auf Augustinus, später auf die Florentiner Schule; indirekt zeigen sich Wirkungen seiner Lehre bei G. Bruno, dem Earl of Shaftesbury, G. Berkeley, J. G. Herder, Goethe, Novalis und F. W. J. von Schelling (* 1775, † 1854). Für G. W. F. Hegel bedeutet P. die Vollendung der griech. Philosophie.

**Ausgabe:** Plotini opera. Hg. v. P. HENRY u. H. R. SCHWYZER. Paris u. a. 1951–59. 2 Bde.
**Literatur:** SCHUBERT, V.: P. Einf. in sein Philosophieren. Freib. 1973.

**Pluhař,** Zdeněk [tschech. 'pluharʃ], * Brünn 16. Mai 1913, † Prag 18. Juni 1991, tschech. Schriftsteller. – Widmete sich in Romanen insbes. dem Problem der moral. Verantwortlichkeit des Menschen.

**Werke:** Wenn du mich verläßt ... (R., 1957, dt. 1961), Jeden stříbrný (= Ein Silberling, R., 1974), Bar U ztracené kotvy (= Die Bar Zum verlorenen Anker, R., 1979), V šest večer v Astorii (= Abends um sechs im Astoria, Familienchronik, 1982).

**Plunkett,** Edward [engl. 'plʌŋkɪt], ir. Dramatiker und Schriftsteller, ↑Dunsany, Edward John Moreton Drax Plunkett, Baron.

**Plunkett,** James [engl. 'plʌŋkɪt], eigtl. James Plunkett Kelly, * Dublin 21. Mai 1920, ir. Schriftsteller. – Verfasser von Kurzgeschichten, Romanen und Dramen. Wurde v. a. bekannt durch die Romane ›Stadt der Verlorenen‹ (1969, dt. 1981) und ›Farewell companions‹ (1977), die ein Bild Dublins vor dem Hintergrund der Arbeiterbewegung vor 1914 und in den 40er Jahren vermitteln.

**Weitere Werke:** The trusting and the maimed, and other Irish stories (1955), The risen people (Dr., 1958), The gems she wore. Book of Irish places (1972), Collected short stories (Kurzgeschichten, 1977), The circus animals (R., 1990).

**Plutarch** (tl.: Ploútarchos; Mestrius Plutarchus), * Chaironeia (Böotien) um 46, † zwischen 120 und 125, griech. Philosoph und Schriftsteller. – Entstammte einer angesehenen Familie; schloß sich während des Studiums in Athen unter dem Einfluß seines Lehrers Ammonios Sakkas († vor 80 n. Chr.) der Akademie an; zahlreiche Reisen führten ihn nach Asien und Alexandria sowie nach Rom und trugen entscheidend zur Erweiterung seines Weltbilds bei. Seine vielfältigen Interessen spiegeln sich in der Mannigfaltigkeit seines Schrifttums, das biograph., histor., literarhistor., naturwiss., polit., rhetor. Werke umfaßt, aus denen seine die gesamte griech. Wissenschaft einschließende Bildung spricht. Die meist popularphilosoph. Schriften sind von hohem sittl. Ernst getragen, wenngleich ihnen oft wiss. Tiefe und Originalität fehlen. Seiner ungeheuren Belesenheit sind zahlreiche wertvolle Zitate aus sonst verlorengegangenen Werken der griech. Literatur zu verdanken. Bekannt sind die ›Bíoi parállēloi‹ (= Parallelbiographien), in denen je ein berühmter Grieche und Römer gegenübergestellt und in ihrer Bedeutung abgewogen werden. Dazu kommen vier Einzelbiographien über Aratos, Artaxerxes, Galba und Otho. Seine vermischten Schriften wurden u. d. T. ›Moralia‹ herausgegeben. Sprachlich und stilistisch gelingt es P., der zur Zeit der Blüte des Attizismus lebte, das rechte Maß zu halten und sich nie in Extreme zu verlieren. Auch Elemente der Koine (Umgangssprache) ließ er in seine Sprache einfließen, die durch breit angelegte, kunstvoll ausgebaute Perioden ihr spezielles Gepräge erhält.

**Ausgaben:** P. Große Griechen u. Römer. Dt. Übers. Hg. u. erl. v. K. Ziegler u. W. Wuhrmann. Zü. u. Stg. 1954–65. 6 Bde. Nachdr. Mchn. 1974. – P.'s Moralia. Hg. v. F. C. Babbit u. a. Griech. u. engl. London 1959 ff. (bisher 15 Bde. erschienen). – Plutarchi vitae parallelae. Hg. v. C. Lindskog u. K. Ziegler. Lpz. [1-4]1960–80. 8 Bde. – Plutarchos. Große Griechen u. Römer. Dt. Übers. Hg. u. erl. v. K. Ziegler. Tb.-Ausg. Mchn. 1979–80. 6 Bde.

**Literatur:** Theander, C.: P. u. die Gesch. Lund 1951. – Ziegler, K.: Plutarchos v. Chaironeia. Stg. [2]1964. – Barrow, R. H.: P. and his times. London 1967. – Scardigli, B.: Die Römerbiographien P.s. Ein Forschungsber. Mchn. 1979.

**Pocaterra,** José Rafael, * Valencia (Carabobo) 18. Dez. 1890, † Montreal (Kanada) 18. April 1955, venezolan. Schriftsteller. – Politiker und hoher Staatsbeamter, u. a. 1910–12 Gouverneur des Staates Guárico; 1919–22 polit. Häftling; ab 1922 bis zum Tod des Diktators J. V. Gómez (1935) im Exil in Kanada; danach u. a. Senatspräsident und Minister. Seine Romane und Erzählungen kritisieren in z. T. grotesker Bildlichkeit die durch die lange Diktatur korrumpierte bürgerl. Gesellschaft Venezuelas.

**Werke:** Política feminista (R., 1913), Vidas oscuras (R., 1916), Tierra del sol amada (R., 1918), Cuentos grotescos (En., 1922), Memorias de un venezolano de la decadencia (Autobiogr., 1927), La casa de los Abila (R., 1946).

**Pocci,** Franz Graf von ['pɔtʃi], * München 7. März 1807, † ebd. 7. Mai 1876, dt. Dichter, Zeichner und Komponist. – Nach Jurastudium wurde P. 1830 Zeremonienmeister, 1847 Hofmusikintendant, 1864 Oberstkämmerer am Hof Ludwigs I. von Bayern. P. wurde berühmt v. a. durch seine selbstillustrierten Kinderbücher und seine Kasperlstücke fürs Marionettentheater, in denen er gleichzeitig Unterhaltung für Kinder und Satire zeitgenöss. Erscheinungen anstrebte. In seinen Wortspielen und -verdrehungen ein Vorläufer Karl Valentins. Auch Singspiele, Dramen, Märchen.

**Werke:** Märchen (3 Bde., 1837–39), Dichtungen (1843), Alte und neue Studenten-Lieder (1845), Alte und neue Kinder-Lieder (1852; mit K. G. von Raumer), Neues Kasperltheater (1855), Der Staatshämorrhoidarius (Satire, 1857), Der Karfunkel (Dr., 1860), Herbstblätter (1867).

**Ausgaben:** F. P. Sämtl. Kasperl-Komödien. Mchn. 1910. 3 Bde. – P. F. Lustiges Komödienbüchlein. Hg. v. M. Kesting. Köln u. Bln. 1965. – P. F. Kasperl- u. Gedankensprünge. Hg. v. L. Krafft. Mchn. u. Wien 1970. – F. P. Die gesamte Druckgraphik. Hg. v. M. Bernhard. Mchn. 1974.

**Literatur:** Dreyer, A.: F. P., der Dichter, Künstler u. Kinderfreund. Mchn. 1907. – Pocci, F., Jr.: Das Werk des Künstlers F. P. Ein Verz. seiner Schrr., Kompositionen u. graph. Arbeiten. Mchn. 1926.

**Poche,** Klaus, * Halle/Saale 18. Nov. 1927, dt. Schriftsteller. – Wurde in der DDR v. a. als Erzähler (›Der Zug hält nicht im Wartesaal‹, R., 1965) bekannt; auch Graphiker und Autor von Filmdrehbüchern und Fernsehspielen (›Die Platzanweiserin‹, 1984). Kam 1979 in die BR Deutschland. Beschreibt in seinem autobiographisch gefärbten Roman ›Atemnot‹ (1978) die Probleme eines DDR-Schriftstellers, der sich dem Druck des Staates auf seine literar. Arbeit nicht beugt.

**Po Chü-i** (Bai Juyi, Bo Juyi) [chin. bɔdzy-i], * Jung-yang (Honan) 772, † 846, chin. Beamter und Dichter. – Stammte aus ärml. Verhältnissen, brachte es bis zum Justizminister des Reiches. Sein dem Han Yü verwandtes Streben nach allgemeinverständl. Sprache in Poesie und Prosa führte die chin. Literatur nach Li Po und Tu Fu auf einen neuen Höhepunkt. Von knapp 3 000 erhaltenen Gedichten zeigen viele polit. und soziales Engagement.

**Ausgaben:** Lieder eines chin. Dichters u. Trinkers (Po Chü-i). Übertragen v. U. Woitsch. Lpz. 1925. – Po Chü-i as a censor. Übers. u. hg. v. E. Feifel. Den Haag 1961. – Translations from Po Chü-i's collected works. Hg. v. H. S. Levy. New York 1971. 2 Bde.

**Literatur:** Waley, A.: The life and times of Po Chü-i. New York Neuaufl. 1951.

**Podjatschew** (tl.: Pod"jačev), Semjon Pawlowitsch [russ. pad'jatʃɪf], * Oboljanowo (Podjatschewo, Gebiet Moskau) 8. Febr. 1866, † ebd. 17. Febr. 1934, russ.-sowjet. Schriftsteller. – Wurde von M. Gorki gefördert; schrieb meist pessimistisch getönte Romane und Erzählungen, in denen er das Leben der unteren Schichten darstellte.

**Literatur:** Makina, M.: S. Pod"jačev. Moskau 1981.

**Podjavorinská,** L'udmila [slowak. pɔdjavɔrinska:], eigtl. L. Riznerová, * Horné Bzince 26. April 1872, † Nové Mesto nad Váhom 2. März 1951, slowak. Schriftstellerin. – Schrieb Gedichte, kurze Prosa, Dorferzählungen, auch populäre Kinderbücher; in Balladen Anknüpfung an die Volkspoesie.

**Literatur:** Klátik, Z.: L. P. Preßburg 1971.

**Podolský,** V. [slowak. 'pɔdɔlski:], slowak. Schriftsteller, ↑ Pauliny-Tóth, Viliam.

**Podwarsatschow** (tl.: Podvărzačov), Dimitar Dimitrow [bulgar. podvər'zatʃof], * Stara Sagora 6. Okt. 1881, † Sofia 13. Nov. 1937, bulgar. Schriftsteller. – Leistete Hervorragendes mit Übersetzungen aus der engl., russ., span. und dt. Literatur; auch satir. Beiträge für humorist. und krit. Zeitschriften; in späteren Werken, bes. in Lyrik und Novellen, zunehmend eleg. und trag. Stilelemente.

**Ausgabe:** D. Podvărzačov. Izbrani proizvedenija. Sofia 1975.

**Poe,** Edgar Allan [engl. poʊ], * Boston (Mass.) 19. Jan. 1809, † Baltimore (Md.) 7. Okt. 1849, amerikan. Schriftsteller. – Sohn eines Schauspielerehepaares; wuchs nach dem Tod seiner Eltern (1810/11) im Haus des Kaufmanns John Allan

Edgar Allan Poe

in Richmond (Va.) auf; lebte 1815–20 in Großbritannien, studierte 1826 an der University of Virginia in Charlottesville. Nach dem Bruch mit Allan trat er 1827 in die Armee ein; 1830 Kadett in der Militärakademie West Point, 1831 wegen Aufsässigkeit entlassen. Danach wählte P. die Schriftsteller- und Journalistenlaufbahn, heiratete 1836 seine 13jährige Kusine Virginia Clemm († 1847) und lebte, u. a. wegen häufiger alkohol. Ausschweifungen oft in Konflikte verwikkelt, meist in ärml. Verhältnissen. P., einer der bedeutendsten Dichter in der 1. Hälfte des 19. Jh., wurde zuerst in Europa anerkannt, u. a. durch Ch. Baudelaire. Beeinflußt von S. T. Coleridge, ist er gleichbed. als Kritiker, Literaturtheoretiker, Lyriker und Verfasser kurzer Erzählungen. Zu den besten seiner melod., stimmungsvollen Versdichtungen gehören ›Tamerlane‹ (1827), ›Al Aaraaf‹ (1829), das allegor. Gedicht ›The raven‹ (1845) und ›Ulalume‹ (1847). Seine Dichtung beeinflußte die frz. Symbolisten. Auf dem europ. Kontinent wurde P. v. a. als Meister der Short story bekannt, die er gleichwertig neben das Gedicht stellte und deren Theorie er – ausgehend von N. Hawthornes ›Zweimal erzählte Geschichten‹ – begründete. – Die Vorliebe des Rationalismus im 18. Jh. für präzise gedankl. Analyse zeigte Nachwirkungen in P.s Kriminalerzählungen, darunter ›Der Doppelmord in der Rue Morgue‹ (1841, dt. 1853) und ›Der entwendete Brief‹ (1845, dt. 1882). Mit der Erzählung ›Der Untergang des Hauses Usher‹ (1839, dt. 1883) schuf P. einen vollendeten Beitrag zur romant. Gattung der Schauererzählung; zum Typus der Abenteuererzählung gehören die Kurzgeschichte ›Der Goldkäfer‹ (1843, dt. 1853) und sein fragmentar. Kurzroman ›Die denkwürdigen Erlebnisse des Arthur Gordon Pym‹ (1838, dt. 1908). Seine letzten bed. Prosawerke sind ›Eureka‹ (1848, dt. 1904), der Versuch einer umfassenden Kosmogonietheorie, und ›Hop-frog‹ (1849), ein Zeugnis seines zunehmenden Menschenhasses. – P., dessen Sprachartistik und Formkunst von den Zeitgenossen nur in vergleichsweise geringem Maß geschätzt wurden, ist einer der bedeutendsten Vorbereiter der von der Romantik ausgehenden Literatur des 19. Jh. und der Moderne.

**Ausgaben:** E. A. P. The complete works. Hg. v. J. A. HARRISON. New York 1902. 17 Bde. Nachdr. New York 1979. – E. A. P. Das gesamte Werk. Dt. Übers. Hg. v. K. SCHUMANN u. HANS DIETER MÜLLER. Olten u. Freib. Neuausg. 1979. 10 Bde. – E. A. P. Collected works. Hg. v. TH. O. MABBOTT. Cambridge (Mass.) $^{2}$1979. 3 Bde. – E. A. P. The collected writings. Hg. v. B. R. POLLIN. Boston (Mass.) 1981 ff. Auf mehrere Bde. berechnet.

**Literatur:** BAUDELAIRE, CH.: P.s Leben u. Werke. In: BAUDELAIRE: Werke. Dt. Übers. Hg. v. M. BRUNS. Bd. 3. Minden 1902. – QUINN, A. H.: E. A. P. A critical biography. London 1941. Nachdr. New York 1969. – SCHUHMANN, K.: Die erzählende Prosa E. A. P.s. Hdbg. 1958. – PARKS, E. W.: E. A. P. as literary critic. Athens (Ga.) 1964. – LINK, F. H.: E. A. P. Ein Dichter zw. Romantik u. Moderne. Ffm. 1968. – JACOBS, R. D.: P. Journalist and critic. Baton Rouge (La.) 1969. – FORCLAZ, R.: Le monde d'E. P. Bern u. a. 1974 (mit Bibliogr.). – RICHARD, C.: E. A. P. Journaliste et critique. Paris 1978. – KETTERER, D.: The rational of deception in P. Baton Rouge (La.) 1979. – WOODBERRY, G. E.: E. A. P. New York 1980. – Ruined Eden of the present. Hawthorne, Melville, P. Hg. v. G. R. THOMPSON u. V. L. LOKKE. West Lafayette (Ind.) 1981. – KNAPP, B. L.: E. A. P. New York 1984. – E. A. P. The critical heritage. Hg. v. I. M. WALKER. London u. New York 1986. – THOMAS, D./JACKSON, D. K.: The P. log. A documentary life of E. A. P. 1809–1849. Boston (Mass.) 1987. – ZUMBACH, F. T.: E. A. P. Eine Biogr. Mchn. 1987. – WEISSBERG, L.: E. A. P. Stg. 1991.

**Poem** [griech.-lat.], unspezif. Bez. für ein (längeres) Gedicht.

**Poema del Cid,** span. Heldenepos, ↑Cid, el.

**Poesia fidenziana** [italien. poe'zi:a fiden'tsi̯a:na] ↑pedanteske Dichtung.

**Poesie** [po-e'zi:; griech.], Bez. für ↑Dichtung, bes. für Versdichtung in Unterscheidung zur Prosa.

**Poésie engagée** [frz. pɔeziãga'ʒe], svw. ↑Littérature engagée.

**Poésie fugitive** [frz. pɔezifyʒi'ti:v = flüchtige Poesie] (Poésie légère [= leichte Poesie]), frz. Sammelbegriff für die kleineren Dichtungen des frz. ↑Rokoko, die heiteren Lebensgenuß im Sinne des horaz. ›Carpe diem‹, im Stil Anakreons und der antiken Bukolik besingen. – ↑auch Anakreontik.

**Poésie légère** [frz. pɔezile'ʒɛ:r] ↑Poésie fugitive.

**Poésie pure** [frz. pɔezi'py:r = reine Poesie], Begriff, der im Unterschied zur ↑engagierten Literatur (↑auch Littérature engagée) die Literatur bezeichnet, die sich autonom, als Selbstzweck, in tendenz- und ideologiefreiem Raum entfaltet, die sich weder den Gesetzen der einfachen Logik noch denen der Realität unterwirft. Eine P. p. wurde programmatisch gefordert und verwirklicht von den Vertretern des ↑L'art pour l'art, bes. von Ch. Baudelaire und S. Mallarmé. Der Begriff P. p. findet sich bei Ch. A. Sainte-Beuve, bei J.-M. de Heredia und bei P. A. Valéry, der sich wie H. Bremond und R. Souza mit der P. p. theoretisch auseinandersetzte. Als P. p. gelten z. T. auch die Dichtungen R. M. Rilkes, S. Georges, G. Benns oder E. Pounds sowie u. a. die Experimente des italien. ↑Hermetismus.

**Literatur:** BREMOND, H.: La p. p. Paris 1925 (1926 unter demselben Titel zus. mit R. SOUZA: Un débat sur la poésie). – MOSSOP, D. J.: Pure poetry. Studies in French poetic theory and practice 1746 to 1945. Oxford 1971.

**Poeta doctus** [lat.], Bez. für den gelehrten, gebildeten Dichter, der das frühere und gegenwärtige Bildungsgut durch Anknüpfung an klass. Muster oder durch eingeschobene Reflexionen, Anspielungen, Verweise, Zitate in sein Werk bewußt integriert. Der P. d. setzt für das Verständnis seiner Werke ein gebildetes Publikum (oder einen Kommentar) voraus. Er war das dichter. Ideal des Hellenismus, der röm. Neoteriker, begegnet in Humanismus und Renaissance, im Barock und in der Frühaufklärung, danach wieder im 20. Jahrhundert.

**Poeta laureatus** [lat. = lorbeergekrönter Dichter], in der Antike und seit dem späten MA Bez. eines Dichters, der als Würdigung hoher dichter. Leistungen durch eine ↑ Dichterkrönung zum P. l. erhoben wurde.

**Poeta Saxo,** namentlich nicht bekannter Sachse (P. S. = sächs. Dichter) der 2. Hälfte des 9. Jahrhunderts. – Verfaßte um 890 im Kloster Corvey(?) ein lat. Epos mit 2693 Versen auf Karl den Großen. Als Quelle der ersten vier Bücher (›Annales de gestis Caroli magni imperatoris‹) dienten Einhards ›Annales‹, für Buch fünf mit der Elegie ›De vita et obitu eiusdem‹ Einhards ›Vita Caroli magni‹. Der Dichter verherrlicht Karl als den Bekehrer der Sachsen, bes. in der Schlußversion vom Jüngsten Gericht.
**Literatur:** Bischoff, B.: Das Thema des P. S. In: Speculum historiale. Gesch. im Spiegel von Geschichtsschreibung u. Geschichtsdeutung. Hg. v. C. Bauer. Freib. u. Mchn. 1965.

**Poethen,** Johannes ['pø:tən], * Wickrath (heute zu Mönchengladbach) 13. Sept. 1928, dt. Schriftsteller. – Studierte Germanistik, war Journalist, seit 1978 Rundfunkredakteur in Stuttgart; unternahm zahlreiche Reisen in den Mittelmeerraum. Charakteristisch für seine Lyrik ist der ungewöhnl. Formenreichtum; sie führt ins Reich des Traums, ins Mystische, Rätselhafte und Abstrakte und verrät Freude am Experimentieren.
**Werke:** Lorbeer über gestirntem Haupt (Ged., 1952), Risse des Himmels (Ged., 1956), Wohnstatt zwischen den Atemzügen (Ged., 1966), Im Namen der Trauer (Ged., 1969), Aus der unendl. Kälte (Ged., 1970), Rattenfest im Jammertal. Gedichte 1972–1975 (1976), ach erde du alte. Gedichte 1976–1980 (1981), Schwarz das All (Ged., 1984), Auch diese Wörter (Ged., 1985), Urland Hellas. Reisen in Griechenland (1987), Wer hält mir die Himmelsleiter. Gedichte 1981–1987 (1988), Auf der Suche nach Apollon. Sieben griech. Götter in ihrer Landschaft (Essays, 1992).
**Ausgabe:** J. P. Gedichte 1946–1971. Hg. v. J. P. Wallmann. Hamb. 1973.

**Poetik** [lat. poetica, von griech. poiētikḗ (téchnē) = Dichtkunst], als Teil der ↑ Ästhetik versteht sich P. als Wiss. vom Wesen des literar. Kunstwerks, als Theorie der Dichtung und Literatur sowie als Dichtungs- und Literaturkritik.
**Antike:** Am Anfang der europ. Spezialliteratur zur P. als ›Lehre von der Dichtkunst‹ steht die fragmentarisch erhaltene Schrift von Aristoteles ›Perì poiētikḗs‹ (lat.: De arte poetica = Über die Dichtkunst); Aristoteles bestimmt das Wesen der Dichtung (›poíēsis‹) als ↑ Mimesis von menschl. Handlungen (práxeis) mit Hilfe der Sprache; darüber hinaus befaßte sich Aristoteles erstmals mit den verschiedenen Ausdrucksmitteln (Prosasprache, Verse, Melodie), Gegenständen (handelnde Personen) und literar. Grundformen (Bericht oder Darstellung der Handlung), die ihm zur Unterscheidung poet. Gattungen dienten, sowie mit der inneren Struktur der Gattungen. Überliefert sind die große Untersuchung über die Tragödie und ein Anhang zum Epos, zur Komödie nur Notizen. Die Tragödie wird dem äußeren Aufbau nach in ↑ Prolog, ↑ Epeisodion, ↑ Exodos und Chorlieder (↑ Chor) gegliedert; ihre Handlung soll als wichtigster innerer Formbestandteil nach dem Gesichtspunkt der Wahrscheinlichkeit (Folgerichtigkeit) zu einer Einheit zusammengefügt sein, der eine ihr angemessene begrenzte Ausdehnung entspricht. Die trag. Wirkung besteht in ›Jammer‹ (éleos) und ›Schauder‹ (phóbos) zum Zweck der ↑ Katharsis von derartigen Affekten. Das zweite speziell poetolog. Werk der Antike – von ähnl. Wirkung (zumindest bis ins 18. Jh.) – ist die ›Ars poetica‹ (›Ad Pisones‹) des Horaz, die keine systematische Abhandlung ist, sondern eine Fülle einzelner Aspekte streift. Wirkungsgeschichtlich von bes. Bedeutung waren die Definition der Aufgaben des Dichters als ›prodesse et delectare‹ (= nützen und Vergnügen bereiten) sowie die Forderung nach Einteilung des Dramas in fünf Akte. – Neben Aristoteles und Horaz wirkten rhetor. und philolog. Schriften auf die spätere Entwicklung der europ. P. ein, u. a. Cicero, Dionysios von Halikarnassos, der ›Auctor ad Herennium‹, Quintilian und Aelius Donatus.
**Mittelalter:** Während des ganzen MA wurde P. v. a. im Rahmen der rhetor. Lehrfächer Grammatik und Metrik (↑ Artes liberales) allein unter ihrem techn. Aspekt behandelt. Dies wird u. a. aus der Rezeption der Grammatiken des Aelius Donatus deutlich, der einer frühen volkssprachlichen Dichtungsgrammatik, dem

›Donatz proensals‹, sogar seinen Namen gab. In der Renaissance des 12./13. Jh. entstanden so umfangreiche Lehrbücher einer rhetor. bestimmten ›Dichtkunst‹, u.a. von Matthäus von Vendôme oder Johannes de Garlandia. Diese formal bestimmten Traditionen, die wesentl. Entwicklungen der volkssprachl. Dichtung des gesamten europ. MA erklärbar machen, wurden von poetolog. Erwägungen der Autoren (z.B. Chrétien de Troyes, Gottfried von Straßburg, Alfons X., der Weise, von Kastilien und Leon) und von philosoph. Reflexionen über die Stellung der Dichtung in einer metaphysisch geordneten Welt (z.B. Thomas von Aquin, Albertino Mussato) ergänzt. Zu einer Wende in der Geschichte der mittelalterl. P. führte Dantes Schrift ›De vulgari eloquentia‹ (entst. um 1304, gedr. 1529, dt. 1845 u.d.T. ›Über die Volkssprache‹), indem sie philolog. Überlegungen mit ästhet. Erwägungen zur Herausbildung einer literar. nat. Hochsprache in Italien verknüpfte.

**Renaissance und Barock:** Bedeutendste Vertreter der italien. Renaissance-P. sind J.C. Scaliger (›Poetices libri septem‹, hg. 1561) und A. S. Minturno (›De poeta‹, 1559; ›Arte poetica‹, 1564). Ende des 16. Jh. entstand in Italien, gewissermaßen als Gegenbewegung zur normativen klassizist. Renaissance-P., die P. des Manierismus. Ihre Vertreter sind G. Marino (↑Marinismus), Pietro Sforza Pallavicino (* 1607, † 1677) und Emanuele Tesauro (* 1591, † 1675). Die Kontroverse zwischen klassizist. und manierist. P. im 17. Jh. spaltete die italien. Dichtung und Dichtungslehre des Barock in einen traditionellen und einen progressiven Typus. – In Frankreich war die klassizist. P. des 16. Jh. an antiken Vorbildern orientiert. Vertreter sind u.a. J. Du Bellay und P. de Ronsard (›Abrégé de l'art poétique français‹, 1565). Im 17. Jh. wurde die klassizist. Dichtungstheorie v.a. von N. Boileau-Despréaux (›Die Dichtkunst‹, 1674, dt. 1745) weiterentwickelt: Dichtung hat sich an die Gebote der ›raison‹ (= Vernunft), an die ›vraisemblance‹ (= Wahrscheinlichkeit) und die ›bienséance‹ (= Angemessenheit) zu halten. Eine erste Relativierung dieser ›doctrine classique‹ findet sich bei P. Corneille (›Trois discours sur le poème dramatique‹, 1660). Ch. Perrault (›Parallèle des anciens et des modernes‹, 4 Bde., 1688–97) stellte die überzeitl. Gültigkeit der antiken Muster in Frage (↑Querelle des anciens et des modernes). – Die italien. und die frz. P. der Renaissance prägten die dt. Renaissance- und Barock-P. im 17. Jahrhundert. Die niederl. P. (D. Heinsius, G. Vossius) nimmt dabei eine vermittelnde Stellung ein. Den Anfang der dt. P. machte M. Opitz mit dem ›Buch von der Dt. Poeterey‹ (1624). In seiner Nachfolge stehen u.a. Ph. Zesen (›Hochdt. Helicon oder ...‹, 1640), J. P. Titz (›Zwey Bücher Von der Kunst Hochdeutsche Verse und Lieder zu machen‹, 1642), J. Klaj (›Lobrede der Teutschen Poetery‹, 1645), Ph. Harsdörffer (›Poet. Trichter ...‹, 1648–53) und Ch. Weise (›Curiöse Gedancken Von Dt. Versen‹, 1692). Bei Klaj, Harsdörffer und Zesen zeigen sich Einflüsse des Manierismus. – In Spanien setzte sich im 17. Jh. die manierist. P. durch (B. Gracián y Morales, ›Arte y ingenio‹, 1642, 1648 erweitert u.d.T. ›Agudeza y arte de ingenio‹). – In der engl. P. des 16. und 17. Jh. hat sich der klassizist. Standpunkt angesichts des Shakespeareschen Dramas der ↑offenen Form nie ganz durchsetzen können. Ph. Sidney (›An apologie for poetry‹, 1595) betont die dichter. Inspiration. Es entstand eine P., die zwischen den klassizist. Maximen und der These von der Einmaligkeit und Individualität jedes einzelnen Kunstwerks einen vermittelnden Standpunkt bezieht (J. Drydens Essay ›Of dramatic poetry‹, 1668; A. Pope, ›Versuch über die Kritik‹, 1711, dt. 1778).

**Aufklärung:** In den Mittelpunkt der Diskussion des 18. Jh. trat zunächst das Geschmacksproblem; ›bon goût‹ und ›bel esprit‹ wurden zu Maßstäben der Poesie. Bedeutendste Vertreter der frz. P. sind hier J.-P. de Crousaz ([* 1663, † 1750]; ›Traité du beau‹, 1715) und J.-B. Du Bos (›Krit. Betrachtungen über die Poesie und Malerei‹, 1719, dt. 1760/61), die die Befähigung zum Geschmacksurteil allein dem Gefühl (›sentiment‹) zuerkennen, sowie Ch. Batteux (›Die schönen Künste aus einem Grundsatz hergeleitet‹, 1746, dt. 1751), der dem Gefühl die Vernunft (›raison‹) vorschaltet. Aber bereits

S. Mercier lehnte jegl. Anlehnung an die poetolog. Forderungen der Klassik radikal ab (›Du théâtre ou Nouvel essai sur l'art dramatique‹, 1773). Erste dt. Vertreter einer am Geschmacksurteil orientierten P. sind Ch. Thomasius (›Welcher Gestalt man denen Franzosen im allgemeinen Leben und Wandel nachahmen soll‹, 1687) und J. U. König (›Untersuchung vom guten Geschmack‹, 1727). Im Zeichen der Rechtfertigung der Dichtung gegen moralist. und utilitarist. Infragestellung steht J. Ch. Gottscheds Versuch einer systematisch-philosophisch begründeten Poetik (›Versuch einer Critischen Dichtkunst vor die Deutschen‹, 1730), die eine ›Allgemeine Theorie der schönen Künste und Wissenschaften‹ (J. G. Sulzer, 1771–74) vorbereitete. Die normative Rückbindung von Dichtung an vernunftbegründeten Geschmack entspricht dem Konzept der Herstellung einer urteilskompetenten, nicht elitär begrenzten Literaturgesellschaft. Gottsched ist schon auf dem Weg zu einer spezifisch poet. Wahrscheinlichkeit, so daß der Unterschied zu den Schweizern (J. J. Bodmer u. J. J. Breitinger, ›Critische Dichtkunst‹, 1740), auch wenn diese das Wunderbare und die Phantasie stärker betonen, nicht so groß ist, wie es der zwischen den Parteien geführte ›Literaturstreit‹ vermuten läßt. Gegen Gottscheds objektivistisch-klassizist. Nachahmungstheorie wandten sich J. E. und J. A. Schlegel, deren Begriff der ›ideal. Wahrheit‹ auf die Autonomisierung der Kunst bei K. Ph. Moritz vorausweist, für den das ›in sich vollendete‹ Werk nur aus sich heraus verstanden werden kann, womit die Notwendigkeit einer spezifisch ästhet. ↑Hermeneutik entstand. M. Mendelssohn und der bes. im Zusammenhang mit der Herausbildung eines ›bürgerl. Trauerspiels‹ wesentlich von D. Diderot beeinflußte G. E. Lessing fordern statt ›Nachahmung‹ Idealisierung und Illusion; bei Lessing (17. Literaturbrief, 1759; ›Hamburg. Dramaturgie‹, 1767 bis 1769) steht P. im Zeichen der Unterscheidung der einzelnen Künste und der dramat. Wirkungsästhetik. In der Spätaufklärung entwarf Christian Friedrich von Blankenburg (* 1744, † 1796) eine erste selbständige P. des ↑Romans.

Der **Sturm und Drang** leitete eine grundsätzl. Wende in der Geschichte der Dichtungstheorie ein: In seinem radikalen Subjektivismus lehnte er jede normative und allein vom Verstand bestimmte Poetik ab; das ›Originalgenie‹ ist nicht an Regeln gebunden, sondern schafft mittels unbewußter schöpfer. Kräfte (J. G. Herder, H. W. von Gerstenberg u. a.). Poet. Vorbilder waren Shakespeare mit seinem als nichtaristotelisch verstandenen Drama der offenen Form, J. Macphersons ›Fragments of ancient poetry, collected in the highlands of Scotland‹ (1760). Gleichzeitig erfolgte eine Abkehr von der eindimensional verstandenen Mimesistheorie: Der Künstler ahmt in der Dichtung die Welt nicht nach, sondern schafft eine eigene, einmalige Welt. Die Dichtungsanschauungen der sog. **Klassik** griffen nicht auf die klassizist. P. zurück, sondern waren von J. J. Winckelmanns Auffassung von der Antike bestimmt mit ihrer idealisierenden Sicht der antiken Kunst (Maß, Harmonie). Die P. wurde in den Rahmen der Ästhetik des Idealismus einbezogen. Um poetolog. Fragen in der Gattungstheorie bemühten sich Goethe und Schiller, die Epik, Lyrik und Dramatik zum Kernpunkt ihrer Betrachtungen machten und deren Ergebnis Goethes Lehre von den drei Naturformen der Dichtung (Lyrik, Epik, Dramatik) war. Jean Pauls ›Vorschule der Aesthetik‹ (1804) verbindet wie auch J. Ch. F. Hölderlins ›Über die Verfahrensweise des poet. Geistes‹ philosoph. Betrachtung mit praxisbezogenen Überlegungen. Im Unterschied zur strengen klassizist. Trennung der Gattungen entwickelte die **Romantik** auch in der Einsicht der Aufhebbarkeit aller Ordnungen, die die Französische Revolution nachhaltig vor Augen geführt hatte, die Idee einer ›progressiven Universalpoesie‹ (F. Schlegel, Novalis, S. T. Coleridge; ↑Universalpoesie). – Seit dem 19. Jh. wird P. im Rahmen von Literaturkritik und Literaturwiss. betrieben. Hier konnte sich, den unterschiedl., formal oder inhaltlich bestimmten theoret. Ausgangspunkten entsprechend, eine Vielzahl von Positionen ergeben.

**Literatur:** BORINSKI, K.: Die Antike in Poetik u. Kunsttheorie vom Ausgang des klass. Altertums bis auf Goethe und Wilhelm von Humboldt. Darmst. 1914–24. 2 Bde. Nachdr. 1965. – BALDWIN, CH. S.: Ancient rhetoric and poetic. New York 1924. Nachdr. Gloucester (Mass.) 1959. – FARAL, E.: Les arts poétiques du XII^e^ et du XIII^e^ siècle; recherches et documents sur la technique littéraire du moyen âge. Paris 1924. Nachdr. 1971. – BRAY, R.: La formation de la doctrine classique en France. Paris 1927. Nachdr. 1963. – BALDWIN, CH. S.: Medieval rhetoric and poetic to 1400. New York 1928. Nachdr. Gloucester (Mass.) 1959. – PATTERSON, W. F.: Three centuries of French poetic theory. A critical history of the chief arts of poetry in France (1328–1630). New York 1935. Nachdr. 1966. 3 Bde. – BALDWIN, CH. S.: Renaissance literary theory and practice. Classicism in the rhetoric and poetic of Italy, France, and England, 1400–1600. New York 1939. Nachdr. Gloucester (Mass.) 1959. – BUCK, A.: Italien. Dichtungslehren vom MA bis zum Ausgang der Renaissance. Tüb. 1952. – MARTINI, F.: P. In: Dt. Philologie im Aufriß. Hg. v. W. STAMMLER. Bd. 1. Bln. ²1957. – ATKINS, J. W. H.: Literary criticism in antiquity. Gloucester (Mass.) Neuaufl. 1961. 2 Bde. – CASTOR, G.: Pléiade poetics. London 1964. – DYCK, J.: Ticht-Kunst. Dt. Barockpoetik u. rhetor. Tradition. Bad Homburg v. d. H. u. a. 1966. – KÖRNER, J.: Einf. in die P. Ffm. ³1968. – FISCHER, LUDWIG: Gebundene Rede, Dichtung u. Rhetorik in der literar. Theorie des Barock in Deutschland. Tüb. 1968. – LANGE, K.-P.: Theoretiker des literar. Manierismus. Mchn. 1968. – HERRMANN, H. P.: Naturnachahmung u. Einbildungskraft. Zur Entwicklung der dt. P. von 1670–1740. Bad Homburg v. d. H. u. a. 1970. – Dichtungstheorien der Aufklärung. Hg. v. H. BOETIUS. Tüb. 1971. – Dichtungslehren der Romania aus der Zeit der Renaissance u. des Barock. Hg. u. eingel. v. A. BUCK u. a. Ffm. 1972. – KNABE, P.-E.: Schlüsselbegriffe des kunsttheoret. Denkens in Frankreich. Düss. 1972. – BOETIUS, H.: P. In: Grundzüge der Lit. u. Sprachwiss. Hg. v. H. L. ARNOLD u. D. SINEMUS. Bd. 1: Sprache. Mchn. 1973. S. 115. – FUHRMANN, M.: Einf. in die antike Dichtungstheorie. Darmst. 1973. – KLOEPFER, R.: P. u. Linguistik. Mchn. 1975. – Frz. P.en. Hg. v. F.-R. HAUSMANN u. a. Stg. 1975–78. 2 Bde. – WIEGMANN, H.: Gesch. der P. Stg. 1977. – GAEDE, F.: P. u. Logik. Bern 1978. – KLOPSCH, P.: Einf. in die Dichtungslehren des lat. MA. Darmst. 1980. – Texte zur Gesch. der P. in Deutschland. Ausgew. v. H. G. RÖTZER. Darmst. 1982. – JAUSS, H. R.: Ästhet. Erfahrung u. literar. Hermeneutik. Neuausg. Ffm. 1991. – CURTIUS, E. R.: Europ. Lit. u. lat. MA. Tüb. ¹¹1993.

**poetischer Realismus,** Richtung des ↑Realismus in der dt. Literatur.

**Poetismus** [griech.], tschech. Kunstströmung, zeitlich etwa parallel mit dem frz. ↑Surrealismus und ihm in manchem verwandt. Der P. entwickelte sich in Berührung und Austausch mit anderen experimentellen Kunstströmungen der Zeit, dem italien. und bes. dem russ. ↑Futurismus, dem frz. Kubismus und dem ↑Dadaismus. Er interessierte sich für die Wegbereiter der Moderne des 19. Jh. wie E. A. Poe, Ch. Baudelaire, A. Rimbaud, für eine sog. primitive Kunst (afrikan. Plastik und Musik; indian. Totems usw.), für die naive Malerei (H. Rousseau), auch für die Unterhaltungskunst (Varieté, Zirkus), die frühen Stummfilmgrotesken (Ch. Chaplin) u. a., für die psychoanalyt. Triebforschung (S. Freud) und die Wahrnehmungspsychologie. – Zentrum war die Künstlergruppe Devětsil (= Neunkraft), gegr. am 5. Okt. 1920 in Prag, ein Zusammenschluß marxistisch orientierter junger Künstler. Zumindest in den ersten Jahren stehen sie in der Nähe zum ↑Proletkult (J. Wolker, K. Teige). Die ursprüngl. Ablehnung der Technik, die später von den Künstlern des Devětsil revidiert wurde, führte zu einer spontanen Hinwendung zum Menschen. Kunst sollte ein Teil des Lebens sein. Nach Vorformulierungen wurde Teiges ›P.‹ (1924, dt. 1968) zum ersten Manifest des Poetismus. Die Jahre 1926–28 waren die ertragreichsten: Ab 1927 erschien die Zeitschrift ›RED‹, wurden die wichtigen Stellungnahmen und Manifeste u. a. von V. Nezval und K. Teige veröffentlicht, erschienen die zentralen Werke des P., v. a. von Nezval, K. Biebl, E. F. Burian, Adolf Hoffmeister (* 1902, † 1973), J. Seifert u. a. Die Gründung einer Prager surrealist. Gruppe (1934) durch Nezval und Teige deutet Resignation an. Der P. geriet bereits in den 30er Jahren sowohl in ideolog. wie auch in polit. Fragen in Gegensatz zur kommunist. Parteilinie. Erst im sog. Prager Frühling entdeckte man für kurze Zeit wieder seine Leistung und Bedeutung.

**Literatur:** TEIGE, K.: Liquidierung der Kunst. Analysen, Manifeste. Dt. Übers. Ffm. 1.–7. Tsd. 1968. – DREWS, P.: Devětsil u. P. Mchn. 1975. – BROUSEK, M.: Der P. Die Lehrjahre der tschech. Avantgarde u. ihrer marxist. Kritiker. Mchn. 1975. – MÜLLER, VLADIMÍR: Der P. Das Programm u. die Hauptverfahren der tschech. literar. Avantgarde der Zwanziger Jahre. Mchn. 1978.

**Poet laureate** [engl. 'poʊɪt 'lɔːrɪət; von ↑Poeta laureatus], Institution des engl. Hofes: ↑Dichterkrönung durch die engl. Könige. Der Titel des P. l. war lange mit einem offiziellen Hofamt verbunden; die Träger waren z. B. bis etwa 1820 verpflichtet, zu nat. und dynast. Festtagen die Festtagsoden zu verfassen. Der erste P. l. war B. Jonson (1616), danach u. a. J. Dryden (1668), N. Rowe (1715), William Whitehead ([* 1715, † 1785]; P. l. 1757), Th. Warton (1785), Henry James Pye ([* 1745, † 1813]; P. l. 1790), R. Southey (1813), W. Wordsworth (1843), A. Tennyson (1850), Alfred Austin ([* 1835, † 1913]; P. l. 1896), R. S. Bridges (1913), J. Masefield (1930), C. Day-Lewis (1967), J. Betjeman (1972), T. Hughes (1984). Da einige der so ausgezeichneten Hofdichter, z. B. Th. Shadwell (1688), N. Tate (1692), Laurence Eusden ([* 1688, † 1730]; P. l. 1718), den herben Spott A. Popes herausforderten, verdankt die engl. Literatur dieser Institution eine ihrer brillantesten Satiren, ›The Dunciade in four books‹ (1743; erweiterte, endgültige Fassung der Erstausgabe von 1728, dt. 1778; benannt nach ›dunce‹ = törichter, einfältiger Mensch), die sich auch bes. gegen den seit 1730 amtierenden C. Cibber richtete, den sie zum ›König der Dummköpfe‹ wählte.

**Poetry. A magazine of verse** [engl. 'poʊɪtrɪ ə mægə'ziːn əv 'vəːs], 1912 von H. Monroe in Chicago gegründete und bis 1936 herausgegebene, monatlich erscheinende Lyrikzeitschrift, in der alle bed. amerikan. und internat. bekannten Dichter des 20. Jh. publiziert haben. 1950–56 war K. Shapiro Herausgeber, seit 1978 ist dies John Frederick Nims (* 1913).

**Poggio Bracciolini,** Gian Francesco [italien. 'pɔddʒo brattʃo'liːni], eigtl. G. F. B., * Terranuova (heute Terranuova Bracciolini) 11. Febr. 1380, † Florenz 30. Okt. 1459, italien. Humanist. – Sekretär der Kurie unter acht Päpsten, nahm 1414 am Konzil von Konstanz teil; Englandaufenthalt; niedere Priesterweihen, ab 1453 Kanzler von Florenz. Prototyp des humanist. Literaten: passionierter Bücherfreund, Entdecker von wertvollen Handschriften röm. Autoren in Klosterbibliotheken, Schriftsteller und Übersetzer (aus dem Griechischen), glänzender Stilist. Seine Briefe gehören zum Besten der humanist. Briefliteratur (›Epistolario‹, hg. 1832–61). Seine moral. Traktate (u. a. ›De avaritia‹, entst. 1428; ›De nobilitate‹, entst. 1440; ›De varietate fortunae‹, 4 Bücher, entst. 1431–48; ›De miseria humanae conditionis‹, entst. 1455) waren Lieblingslektüre seiner Zeitgenossen. Spätere Generationen zogen den ›Liber facetiarum‹ (entst. 1438–52, hg. 1471, dt. 1905 u. d. T. ›Schwänke und Schnurren‹), eine Sammlung oft schlüpfriger Schwänke und Klatschgeschichten, vor. P. B. verfaßte auch eine Geschichte von Florenz (›Historia florentina‹, 8 Bücher, 1453 ff.).

**Ausgabe:** Die Facetien des Florentiners Poggio. Dt. Übers. u. Einl. v. H. Floerke. Mchn. 1906. Neuausg. Hanau am Main 1967.

**Literatur:** Walser, E.: Poggius Florentinus. Leben u. Werke. Lpz. 1914. – P. B., un toscano del '400 (1380–1459). Arezzo 1980.

**Pogodin,** Nikolai Fjodorowitsch [russ. pa'gɔdin], eigtl. N. F. Stukalow, * Gundorowskaja (Gebiet Donezk) 16. Nov. 1900, † Moskau 19. Sept. 1962, russ.-sowjet. Dramatiker. – P., der auch theoret. Aufsätze und Drehbücher verfaßte, schrieb Bühnenstücke, meist über aktuelle Probleme der sowjet. Gesellschaft; in seinem Schauspiel ›Der Mann mit der Flinte‹ (1937, dt. 1939) tritt Lenin erstmals als Bühnenfigur auf.

**Weitere Werke:** Aristokraten (Dr., 1934, dt. 1946), Das Glockenspiel des Kreml (Schsp., 1940, dt. 1947), Der Missouri-Walzer (Dr., 1949, dt. 1951), Sonet Petrarki (= Das Sonett Petrarcas, Dr., 1956), Die Bernsteinkette (R., 1960, dt. 1962).

**Ausgabe:** N. F. P. Sobranie sočinenij. Moskau 1972–73. 4 Bde.

**Literatur:** Seemann, K. D.: Das sowjet. Drama zw. Avantgarde u. Realismus. N. P. In: Von der Revolution zum Schriftstellerkongreß. Hg. v. G. Erler u. a. Wsb. 1979.

**Pohl,** Gerhart, * Trachenberg (bei Breslau) 9. Juli 1902, † Berlin 15. Aug. 1966, dt. Schriftsteller. – Gab in Berlin 1923–30 die einflußreiche kulturpolit. Zeitschrift ›Die neue Bücherschau‹ heraus; Reisen in Mittelmeerländer; befreundet mit G. Hauptmann; während der Zeit des Nationalsozialismus hatte er zeitweise Schreibverbot. 1946–50 Lektor in Berlin (Ost), danach freier Schriftsteller in Berlin (West). Ab 1963 Vizepräsident der Dt. Akademie für Sprache und Dichtung. Schrieb Erzählungen, Dramen, Hörspiele sowie sozial- und kulturkrit. Essays. Ersten Erfolg hatte er mit ›Die Brüder Wagemann‹ (R., 1936).

**Weitere Werke:** Fragolfs Kreuzweg (Nov., 1921), Der Ruf (E., 1934), Sturz der Göttin (E., 1939), Der verrückte Ferdinand (R., 1939), Die Blockflöte (E., 1948, 1957 u. d. T. Harter Süden), Bin ich noch in meinem Haus? (Ber., 1953), Fluchtburg (R., 1955), Wanderungen auf dem Athos (Reiseber., 1960), Südöstl. Melodie (Essays u. a., 1963).

**Literatur:** HOFMANN, WERNER: G. P. Werden u. Wirken. Bln. u. Stg. 1962.

**Poirier,** Louis [frz. pwa'rje], frz. Schriftsteller, ↑Gracq, Julien.

**Poirot-Delpech,** Bertrand [frz. pwarodɛl'pɛʃ], * Paris 10. Febr. 1929, frz. Schriftsteller und Kritiker. – Seit 1972 Literaturkritiker von ›Le Monde‹; stellt in der fiktionalen Praxis seiner psycholog. Romane und in der ironisch gebrochenen Theorie seiner politisch-zeitkrit. Essays die zeitgenöss. Gesellschaft sowie ihre Neigung, Modeströmungen zu folgen, dar und glossiert sie. Seit 1987 Mitglied der Académie française.

**Werke:** Die Zeit der Kirschen ist vorbei (R., 1958, dt. 1967), La grasse matinée (R., 1960), L'envers de l'eau (R., 1963), La fille de Lituanie (R., 1970), Les grands de ce monde (Essays, 1976), Saïd et moi (Reportagenroman, 1980), La légende du siècle (R., 1981), Feuilletons (1972–1982). Critiques littéraires (Essays, 1982), Le couloir du dancing (Autobiogr., 1982), L'été 36 (R., 1984), Monsieur Barbie n'a rien à dire (1987; zum Prozeß gegen K. Barbie), Le golfe de Gascogne (R., 1989), Traversées (Prosa, 1989), L'amour de l' humanité (R., 1994).

**Poirters,** Adrianus (Adriaan) [niederl. 'po:rtərs], * Oisterwijk 2. Nov. 1605, † Mecheln 4. Juli 1674, niederl. Schriftsteller. – Jesuit, Prof. für klass. Philologie, bekannter Prediger. Verfasser von frischen, derb-realist. und humorvollen Gedichten didakt. Inhalts und Autor des Werkes ›Het masker van de wereldt afgetrocken‹ (Prosa und Ged., 1644).

**Weitere Werke:** Het heylich herte (1654), Den spieghel van philagie (Prosa und Ged., 1673).

**Literatur:** ROMBAUTS, E.: Leven en werk van pater A. P. Gent 1930.

**Poitiers,** Wilhelm IX., Graf von [frz. pwa'tje], provenzal. Troubadour, ↑Wilhelm IX., Herzog von Aquitanien und Graf von Poitiers.

**Pol,** Wincenty, * Lublin 20. April oder 7. Mai 1807, † Krakau 2. Dez. 1872, poln. Dichter. – P., der u. a. von A. Mickiewicz, den er 1832 in Dresden kennenlernte, beeinflußt war und die volkstümlich-schlichte Verserzählung pflegte, verwendete oft Themen aus der Geschichte und aus dem Lebensbereich des poln. Kleinadels.

**Werke:** Pieśni Janusza (= Die Lieder des Janusz, Ged., 1835, erweitert zu 3 Bden. 1863), Pieśń o ziemi naszej (= Das Lied von unserem Lande, Epos, 1843).

**Literatur:** ROSNOWSKA, J.: Dzieje poety. Opowieść o W. P.u. Warschau [2]1973.

**Poláček,** Karel [tschech. 'pɔla:tʃɛk], * Rychnov nad Kněžnou (Ostböhm. Gebiet) 22. März 1892, † KZ Auschwitz 19. Okt. 1944, tschech. Schriftsteller. – Schilderte in humorist. Romanen satirisch die Umwelt und den Charakter des tschech. Spießertums (›Das Haus in der Vorstadt‹, 1928, dt. 1958).

**Weitere Werke:** Abseits (R., 1930, dt. 1971), Die Bezirksstadt (R., 1936, dt. 1956), Hrdinové táhnou do boje (= Die Helden ziehen in den Kampf, R., 1936), Podzemní město (= Die unterird. Stadt, R., 1937), Vyprodáno (= Ausverkauft, R., 1939).

**Ausgabe:** K. P. Dílo. Prag 1954–58. 11 Bde.

**Polemik** [griech.-frz.], scharfe, oft bis zur persönl. Anfeindung und mit nicht sachbezogenen Argumenten geführte Auseinandersetzung u. a. in Literatur, Kunst, Ethik, Religion, Philosophie, Politik.

**Polemon von Ilion** (tl.: Polémōn), * etwa 220, † etwa 160, griech. Gelehrter und Schriftsteller. – P., 202–181 in Alexandreia tätig, war einer der Hauptvertreter der perieget. Literatur (↑Periegeten) und ein bed. Gelehrter (auch als Philologe und Inschriftensammler); er verfaßte aufgrund eigener Forschungen u. a. [nicht erhaltene] Beschreibungen vieler berühmter Orte und Landschaften Griechenlands.

**Polenz,** Wilhelm von [...lɛnts], * Schloß Obercunewalde (Oberlausitz) 14. Jan. 1861, † Bautzen 13. Nov. 1903, dt. Schriftsteller. – Schrieb vom Naturalismus beeinflußte sozial- und kulturkrit. Romane und Novellen aus dem Bauern- und Adelsmilieu. Über die zeitgenöss.

Heimatkunst geht P. durch Psychologisierung und die Realitätsnähe in der Behandlung sozialer Probleme hinaus. Sein bedeutendstes Werk, ›Der Büttnerbauer‹ (R., 1895, neu hg. 1958), steht unter dem Einfluß É. Zolas und L. N. Tolstois. Probleme der Frauenemanzipation behandelt ›Thekla Lüdekind‹ (R., 2 Bde., 1899). Auch Dramen und Gedichte.

**Weitere Werke:** Sühne (R., 2 Bde., 1890), Heimatluft (Dr., 1900), Das Land der Zukunft (Reiseber., 1903), Erntezeit (Ged., 1904).

**Ausgabe:** W. v. P. Ges. Werke. Hg. v. A. BARTELS. Bln. [1-11]1909. 10 Bde.

**Poleschajew** (tl.: Poležaev), Alexandr Iwanowitsch [russ. pɐlɪ'ʒajɪf], * Pokryschkino (Mordwin. Rep.) 11. Sept. 1804 (oder 1805?), † Moskau 28. Jan. 1838, russ. Dichter. – Wurde 1826 wegen seines byronist., teils satir., sehr liberalen Poems ›Saška‹ (entst. 1825) zum Militärdienst verurteilt und nahm 1829–33 im Kaukasus an Kämpfen teil; schrieb lebendige, volkstüml. Kriegs- und Soldatenlyrik; im Spätwerk Resignation und Verzweiflung.

**Ausgabe:** A. I. Poležaev. Stichotvorenija i poėmy. Leningrad 1957.

**Literatur:** VORONIN, I. D.: A. Poležaev. Saransk [2]1979.

**Polewoi** (tl.: Polevoj), Boris Nikolajewitsch [russ. pɐlɪ'vɔj], eigtl. B. N. Kampow, * Moskau 17. März 1908, † ebd. 12. Juli 1981, russ.-sowjet. Schriftsteller. – Journalist, im 2. Weltkrieg Frontberichterstatter; Reportage und Frontbericht beeinflußten seinen Stil, u. a. in seinem Hauptwerk ›Der wahre Mensch‹ (R., 1946, dt. 1950), in dem P. einen sowjet. Kriegshelden darstellt; ferner dokumentarisch wertvolle Kriegsskizzen, Erzählungen und Reiseberichte.

**Weitere Werke:** Der Querkopf (R., 1939, dt. 1956), Gold (R., 1949/50, dt. 1953), Zeitgenossen (En., 1952, dt. 1955), Am wilden Ufer (R., 1962, dt. 1964), Doktor Vera (R., 1966, dt. 1967), Die Reportagen meines Lebens (Erinnerungen, 1980, dt. 1981).

**Ausgabe:** B. N. Polevoj. Sobranie sočinenij. Moskau 1981 ff. 9 Bde.

**Literatur:** ŽELEZNOVA, A. L.: Nastojaščie ljudi B. Polevogo. Moskau 1978.

**Polewoi** (tl.: Polevoj), Nikolai Alexejewitsch [russ. pɐlɪ'vɔj], * Irkutsk 3. Juli 1796, † Petersburg 6. März 1846, russ. Schriftsteller und Historiker. – 1825–34 Hg. der bed. literar. Zeitschrift ›Moskovskij telegraf‹, in der er romant. Kunstvorstellungen verfocht und sich für westeurop. Philosophie und Wiss. einsetzte; als Historiker mit seiner unvollendeten ›Istorija russkogo naroda‹ (= Geschichte des russ. Volkes, 6 Bde., 1829–33) Gegner N. M. Karamsins. Seine romantischen Erzählungen und Romane sind wenig bedeutend.

**Poležaev,** Aleksandr Ivanovič, russ. Dichter, ↑ Poleschajew, Alexandr Iwanowitsch.

**Polgar,** Alfred, * Wien 17. Okt. 1873, † Zürich 24. April 1955, österr. Schriftsteller und Kritiker. – Ab 1925 Theaterkritiker für die Zeitschriften ›Weltbühne‹ und ›Tagebuch‹ in Berlin. 1933 Rückkehr nach Österreich, 1938 Emigration über die Schweiz und Frankreich in die USA; nach 1945 lebte er meist wieder in Europa. In geistreichen Theaterkritiken stellte P. als gesellschaftskrit. Moralist oft in iron. Distanz die bürgerl. Moral in Frage. Daneben zeigte er sich in zahlreichen Skizzen, Lustspielen und Feuilletons als Meister treffsicherer Pointen. Als Satiriker, Zeitkritiker und Skeptizist gilt er als Meister der Kleinprosa.

Alfred Polgar

**Werke:** Der Quell des Übels u. a. Geschichten (1908), Bewegung ist alles (Nov.n, Skizzen, 1909), An den Rand geschrieben (Essays, 1926), Ja und Nein (Kritiken, 4 Bde., 1926–27), Schwarz auf Weiß (Essays, 1929), Die Defraudanten (Kom., 1931), Anderseits (En., 1948), Begegnung im Zwielicht (En., 1951), Standpunkte (Skizzen, 1953).

**Ausgaben:** A. P. Kleine Schrr. Hg. v. M. REICH-RANICKI. Rbk. 1982–86. 6 Bde. – A. P. Sperrsitz.

Kritiken u. Polemiken aus 33 Jahren. Hg. v. U. WEINZIERL. Wien [2]1984.
**Literatur:** PHILIPPOFF, E.: A. P. Ein moral. Chronist seiner Zeit. Mchn. 1980. – WEINZIERL, U.: A. P. Eine Biogr. Wien u. Mchn. 1985.

**Poli,** Umberto, italien. Lyriker, ↑Saba, Umberto.

**politische Dichtung,** fragwürdiger Sammelbegriff für literar. Werke, die sich mehr oder weniger unmittelbar mit polit. Ideen und bestimmten gesellschaftl. Verhältnissen auseinandersetzen. Der Begriff p. D. ist Ausdruck einer Literaturauffassung, die Literatur in erster Linie unter dem Aspekt ihrer gesellschaftskrit. oder sozialen Wirkung betrachtet (so u. a. jede gesellschaftskrit. Literatur unabhängig von der vom Autor beabsichtigten Zielsetzung). – Im engeren Sinne bezeichnet p. D. Werke, die (als Gebrauchsliteratur oder ↑Tendenzliteratur) unmittelbar im Dienst der Politik stehen (↑Junges Deutschland, ↑Blut-und-Boden-Dichtung, ↑Arbeiterliteratur, ↑sozialistischer Realismus), wobei die Skala von Bejahung und Verherrlichung bestehender Verhältnisse bis zu scharfer Kritik, die auf Veränderung des Bestehenden zielt, reicht (↑Agitproptheater, ↑Kabarett, ↑Straßentheater, ↑Lehrstück, ↑Thesenstück, ↑Dokumentartheater, ↑Satire).
**Literatur:** Theorie der p. D. Hg. v. P. STEIN. Mchn. 1973. – MELCHINGER, S.: Gesch. des polit. Theaters. Ffm. 1974. 2 Bde. – MÜLLER, ULRICH: Unterss. zur polit. Lyrik des dt. MA. Göppingen 1974. – STEPHAN, I.: Literar. Jakobinismus in Deutschland (1787–1806). Stg. 1976. – Gesch. der polit. Lyrik in Deutschland. Hg. v. W. HINDERER. Stg. 1978. – Schriftsteller u. Politik in Deutschland. Hg. v. W. LINK. Düss. 1979. – RUDORF, F.: Poetolog. Lyrik u. p. D. Ffm. 1988. – PORNSCHLEGEL, C.: Der literar. Souverän. Zur polit. Funktion der dt. Dichtung ... Freib. 1994.

**Politzer,** Heinz, * Wien 31. Dez. 1910, † Berkeley (Calif.) 30. Juli 1978, österr. Schriftsteller und Literaturwissenschaftler. – Emigrierte 1938 nach Palästina, 1947 in die USA, dort freier Schriftsteller. Ab 1952 Prof. in Oberlin (Ohio), ab 1960 in Berkeley (Calif.); literaturwiss. Arbeiten v. a. über F. Kafka und F. Grillparzer, Gedichte, Erzählungen und Hörspiele.
**Werke:** Fenster vor dem Firmament (Ged., 1937), Die gläserne Kathedrale (Ged., 1959), Franz Kafka, der Künstler (engl. 1962, dt. 1966), Das Schweigen der Sirenen (Studien, 1968), Franz Grillparzer oder Das abgründige Biedermeier (1972), Hatte Ödipus einen Ödipuskomplex? (1974).

**Poliziano,** Angelo, eigtl. Angiolo Ambrogini, * Montepulciano 14. Juli 1454, † Florenz 29. Sept. 1494, italien. Humanist und Dichter. – Kanzler Lorenzos de' Medici und Erzieher von dessen Söhnen Piero und Giovanni. Ab 1480 Prof. für griech. und röm. Literatur an der Univ. Florenz. Von P.s Werken in italien. Sprache sind v. a. bed. das Schauspiel ›Orpheus‹ (entst. wahrscheinlich 1480, gedr. 1494, dt. 1963, 1956 u. d. T. ›Die Tragödie des Orpheus‹), das erste weltl. Drama der italien. Literatur, und die unvollendeten ›Stanze per la giostra‹ (entst. 1475–78, ersch. 1494, dt. 1974 u. d. T. ›Der Triumph Cupidos‹) auf den Sieg Giulianos de' Medici in einem 1475 veranstalteten Turnier. Als einer der bedeutendsten Philologen und Kritiker seiner Zeit war P. auch einer der wenigen Humanisten, die dem Latein den Charakter einer lebendigen Sprache zu geben wußten. In vier Lehrgedichten, den ›Sylvae‹ (entst. 1482–86, gedr. 1518), gab er eine Anleitung zum Lesen klass. Autoren; auf philolog. Gebiet führte er die Textkritik ein (›Miscellaneorum centuria‹, Tl. 1 1489, Tl. 2 hg. 1972); er übersetzte auch 1470–75 die Bücher 2–5 der ›Ilias‹ ins Lateinische. Sein Bericht über die Verschwörung der Pazzi gegen die Medici (›Pactianae coniurationis commentarium‹, 1478) ist ein hervorragendes Beispiel humanist. Geschichtsschreibung.
**Ausgaben:** A. Ambrogini P. Epigrammi greci. Mit italien. Übers. u. Einl. hg. v. A. ARDIZZONI. Florenz 1951. – A. P. Le Stanze. Krit. hg. v. V. PERNICONE. Turin 1954. – A. P. Rime. Hg. v. N. SAPEGNO. Rom 1965. – Angelus Politianus. Opera omnia. Hg. v. I. MAÏER. Turin 1970/71. 3 Bde. – A. P. Der Triumph Cupidos. Stanze. Dt. Übers. v. E. STAIGER. Zü. u. Mchn. 1974. – A. P. Stanze. Orfeo. Rime. Hg. v. S. MARCONI. Mailand 1981. – A. P. Poesie italiane. Hg. v. S. ORLANDO. Mailand [2]1985.
**Literatur:** MAÏER, I.: Ange Politien. La formation d'un poète humaniste. 1469–1480. Genf u. Paris 1966. – LO CASCIO, R.: P. Palermo 1970. – DELCORNO BRANCA, D.: Sulla tradizione delle ›Rime‹ del P. Florenz 1979. – BRANCA, V.: P. e l'umanesimo della parola. Turin 1983.

**Pollio,** Gaius Asinius, röm. Schriftsteller, ↑Asinius Pollio, Gaius.

**polnische Literatur,** die p. L. blieb fast bis ins 20. Jh. eine vorherrschend vom Adel getragene Literatur mit vorwiegend nat. und patriot., durch das wechselvolle polit. Schicksal Polens bedingten Zügen; ihre Rezeption im Westen (v. a. in Frankreich und Deutschland) erfolgt in stärkerem Maße erst seit der Romantik und dem Positivismus.

Die **mittelalterl.** p. L. in **lat.** Sprache weist lyrisch-religiöse und bed. historiograph. Werke auf. Die Christianisierung (966), die Polen im Gegensatz zu den östl. slaw. Nachbarn dem westl. Kulturbereich erschloß, führte im 11. und 12. Jh. bereits zu hymnograph. (Heiligenviten, auch Gebete) und annalist. Literatur (Chronik des Anonymus Gallus u. a.), die im 13. und 14. Jh. u. a. durch die didaktisch-moral. ›Chronica Polonorum‹ von Wincenty Kadłubek fortgeführt wurde und im 15. Jh. in der ›Historia polonica‹ (12 Bücher, entst. 1455–80, hg. 1711) des J. Długosz ihren ersten Höhepunkt fand; bed. sind im 15. Jh. auch die politisch-krit. Schriften von Paweł Włodkowic (* um 1370, † nach 1435), Rektor der 1364 gegründeten Krakauer Univ., und Jan Ostroróg (* um 1436, † 1501). – Die ältesten Denkmäler in **poln.** Sprache sind Bibelübersetzungen (›Psałterz floriański‹ [= Florianer Psalter], 14. Jh.; ›Biblia królowej Zofii‹ [= Bibel der Königin Zofia], 1454) und für die Sprachentwicklung bedeutende Predigten (›Kazania świętokrzyskie‹ [= Heiligenkreuzer Predigten], 14. Jh.; ›Kazania gnieźnieńskie‹ [= Gnesener Predigten], 15. Jh.) sowie das literarisch wertvolle und historisch bedeutende Lied ↑ ›Bogurodzica‹ (älteste erhaltene Aufzeichnung 1407). Daneben müssen die polnischen Übersetzungen des mittelalterlichen weltlichen Erzählguts (›Alexandreis‹) erwähnt werden.

**Humanismus und Renaissance (1500 bis 1620):** In dem mächtig aufstrebenden poln. Adelsstaat und unter dem Einfluß von Renaissance und Humanismus bildet die 2. Hälfte des 16. Jh. das ›Goldene Zeitalter‹, das durch Gelehrte wie den späteren Lemberger Erzbischof Gregor von Sanok (* 1406, † 1477), den italien. Humanisten Filippo Buonaccorsi, genannt Ph. Callimachus (* 1437, † 1496), den dt. Humanisten K. Celtis, der 1489–91 an der Krakauer Univ. lehrte, u. a. vorbereitet wurde. Diese Europäisierung des gesamten poln. Kulturlebens wurde durch Reformation und Gegenreformation noch verstärkt. Auf das noch in den ersten vier Jahrzehnten des 16. Jh. vorherrschende **lat.** Schrifttum von Andrzei Krzycki (* 1482, † 1537), M. Hussowski (* um 1475, † nach 1533) und insbes. K. Janicki (Janicius) folgte mit dem geschliffenen **poln.** Schrifttum M. Rejs, A. Frycz Modrzewskis, P. Skargas und J. Kochanowskis ein Höhepunkt slawischsprachiger humanist. Dichtung überhaupt. Der Adlige M. Rej, ›Vater der p. L.‹, schuf mit seinem satir. Verstraktat ›Krótka rozprawa ...‹ (= Kurzes Gespräch ..., 1543) und seinen Prosaschriften, v. a. seinem Traktat ›Żywot człowieka poczciwego‹ (= Das Leben eines Edelmannes, 1568), originale und patriot. Muster poln. Literatur. Übertroffen jedoch wird er durch den jüngeren, europ. gebildeten J. Kochanowski, dessen epigrammat. ›Fraszki‹ (= Scherzgedichte, 1584), ›Pieśni‹ (= Lieder, 1585/1586), dessen Tragödie ›Die Abfertigung der griech. Gesandten‹ (1578, dt. 1929) und insbes. dessen populäre Psalterparaphrase (1579, [20]1641) und erschütternde Klagelieder ›Treny‹ (1580, dt. 1884) die bedeutendsten literar. Leistungen Polens bis zur Romantik darstellen. – Politisch-didakt. Prosa pflegten A. Frycz Modrzewski, S. Orzechowski und der oratorisch-kämpfer. Jesuit P. Skarga mit seinen prophetisch warnenden Reichstagsreden (1597); bed. auch die stilistisch anspruchsvolle Prosa von Ł. Górnicki (›Der poln. Demokrit als Hofmann‹, 1566, dt. 1856) und die das heroisch-romant. Epos begründenden Übersetzungen P. Kochanowskis aus dem Italienischen (T. Tassos ›Befreites Jerusalem‹, 1618; L. Ariostos ›Rasender Roland‹, gedr. 1905).

**Barock (1620–1764):** Langsamer Verfall von Staat und Gesellschaft, zahlreiche Kriege, Wirren und Umwälzungen und ein allgemeiner Niedergang kennzeichnen diese Epoche in Polen. Herausragende Vertreter des 17. Jh. sind der vielseitige W. Potocki mit histor. Epik (›Wojna chocimska‹ [= Der Krieg von Chotin], entst. 1670, hg. 1850), allegor.

Romanen, Epigrammen, didakt. Schriften und Übersetzungen, J. Ch. Pasek mit fesselnden, in der Umgangssprache geschriebenen Memoiren (›Pamiętniki‹ [= Tagebücher], entst. 1690–95, ersch. 1836) und W. Kochowski mit seiner leidenschaftlich-patriot. ›Psalmodia polska‹ (= Poln. Psalmodie, 1695), die die Konzeption des poln. Messianismus vorausahnen läßt; daneben u. a. der Lyriker J. A. Morsztyn, der auch P. Corneilles ›Cid‹ übersetzte. Das Ende dieser Periode bezeichnet das weitsichtige literar. und publizist. Werk des Piaristenpaters S. Konarski (›O skutecznym rad sposobie ...‹ [= Über die wirksame Art von Beratungen ...], 4 Tle., 1760–63), in dem er dem Verfall entgegentrat und Adelsprivilegien angriff; Konarski gründete 1740 in Warschau eine Adelsschule (Collegium Nobilium) und versuchte, das poln. Schulwesen zu modernisieren.

**Aufklärung (1764–95):** Die Regierungszeit von Stanislaus II. August ist trotz des staatlich-polit. Zusammenbruchs (Teilungen 1772, 1793, 1795) eine Zeit der geistigen Erneuerung und der literarisch-polit. Aufklärung, die in die drängenden Fragen nach Staatsbürgertum und Nationbegriff mit den Mitteln der krit. Satire, der didakt. Fabel, der Komödie und mit Poemen eingriff und gerade in ihrer engagierten Literatur die nat. Werte für eine erfolgreiche Überdauerung der Fremdherrschaft schuf. Die beherrschende Persönlichkeit dieser Epoche ist der Fürstbischof I. Krasicki, der sprachlich vollendete Fabeln (1779, dt. 1913), Satiren (›Satyry‹, 2 Tle., 1779–84) und kom. Poeme (›Die Mäuseade in 10 Gesängen‹, 1775, dt. 1790; ›Der Mönchekrieg‹, 1778, dt. 1870) schuf und die ersten modernen poln. Romane verfaßte (›Begebenheiten des Mikołaj Doświadczyński‹, 1776, dt. 1777); S. Trembecki dichtete Fabeln, der Bischof A. S. Naruszewicz Oden, Eklogen, Satiren, verfaßte auch die nach Długosz bedeutendste Geschichte Polens. F. M. Zabłocki, F. Bohomolec, W. Bogusławski schrieben Komödien; letzterer war ab 1778 mit dem Theater verbunden, gilt als Vater des poln. Theaters, dessen eigentl. Entwicklung 1765 in Warschau einsetzte. Empfindsame Lyrik schrieben F. D. Kniaźnin und F. Karpiński, politisch-kämpfer. Traktate H. Kołłątaj und S. Staszic.

**Klassizismus und Empfindsamkeit (1795 bis 1822):** Der ›Warschauer Klassizismus‹ der histor. Tragödie A. Felińskis (›Barbara Radziwiłłówna‹, beendet 1811, ersch. 1820) und der ›Geschichtl. Gesänge der Polen‹ (1816, dt. 1833) von J. U. Niemcewicz bildet zusammen mit dem Sentimentalismus eines Kniaźnin und einer Maria Wirtemberska (* 1768, † 1854), verstärkt durch zahlreiche Übersetzungen westeurop. zeitgenöss. Literatur, die Übergangszeit zur großen poln. Romantik, der bes. der Dichter und Kritiker K. Brodziński mit seiner Abhandlung ›O klasyczności i romantyczności tudzież o duchu poezji polskiej‹ (= Über Klassizismus und Romantik sowie über den Geist der poln. Dichtung, 1818) entscheidende Anstöße gab.

**Romantik (1822 bis etwa 1863):** Das Erscheinen von A. Mickiewiczs ›Balladen und Romanzen‹ (1822, dt. 1874), seines Epos ›Grażyna‹ (1823, dt. 1860) sowie der Teile 2 und 4 seiner ›Dziady‹ (1823) und der formstrengen ›Sonety krymskie‹ (= Krimsche Sonette, 1826, dt. 1836 u. d. T. ›Gedichte‹) bedeutet den Beginn der poln. literar. Romantik, die bis über die Mitte des 19. Jh. hinaus die bestimmende geistige Richtung bleiben sollte. Die drei bedeutendsten Dichter dieser europ. Geltung und Bewunderung erlangenden Epoche sind neben A. Mickiewicz J. Słowacki, Z. Krasiński und C. K. Norwid. Ihren Höhepunkt erreichte die romant. Dichtung nach dem Scheitern des Novemberaufstandes von 1831 in der **Emigration.** Mickiewicz schrieb 1832 Teil 3 der ›Dziady‹, in denen er den Dichter als Diener, Held und Bewahrer in die düstere Gegenwart seines Volkes stellte; in seiner Schrift ›Die Bücher der poln. Nation und der poln. Pilgerschaft‹ (1832, dt. 1833) formulierte er die Grundidee des **poln. Messianismus,** der Polen als Erretter der Völker sieht, und in seinem heiterverklärten Versepos ›Herr Thaddäus oder der letzte Einfall in Litauen‹ (1834, dt. 1834) malte er ein buntes Bild seiner Heimatlandschaft, das Wünsche und Vorstellungen einer begeisterten Leserschaft harmonisch verkörpert. Krasińskis bedeutendste Werke sind seine Dramen

›Ungöttl. Komödie‹ (1835, dt. 1841) und ›Iridion‹ (1836, dt. 1847), in denen sich in poln. bzw. antikem Rahmen revolutionäre Konflikte zwischen alter und neuer Weltanschauung patriotisch und tragisch entladen. Słowackis reiches lyr., ep. und dramat. Schaffen gipfelt in den Dramen ›Ksiądz Marek‹ (= Priester Marek, 1843) und ›Sen srebrny Salomei‹ (= Der silberne Traum der Salome, 1844) sowie den unvollendeten lyr. Poemen ›Beniowski‹ (1841) und ›Król-Duch‹ (= König Geist, 1847), deren virtuose Sprachgestaltung die romantisch-phantast. Ideenwelt poetisch-patriot. Visionen vollendet evoziert. Der lange verkannte Norwid gehört mit seherisch-symbolhafter Lyrik, philosoph. Verserzählungen und Dramen in die ausgehende Romantik, seine literar. Wirkung begann jedoch erst im 20. Jahrhundert. Neben der großen Emigrationsdichtung entstanden **in Polen** selbst nach 1831 literar. Werke, insbes. A. H. Fredros bühnenwirksame Komödien, J. Korzeniowskis von H. de Balzac beeinflußte Romane, T. Lenartowiczs masow. Lyrik, H. Rzewuskis Memoiren und v. a. die zahlreichen histor. Romane von J. I. Kraszewski, die schon in die Epoche des Positivismus hineinreichen.

**Positivismus (etwa 1863 bis etwa 1900):** Unter dem Einfluß des philosoph. Positivismus A. Comtes, der aufstrebenden Naturwissenschaften und der engl., frz. und russ. realist. Erzählliteratur entstand in der zweiten Hälfte des 19. Jh. eine bed. realist., später auch naturalist. Literatur, in der der beobachtungsreiche und künstlerisch ausgewogene Gesellschafts- und histor. Roman als Großform dieser Gattung vorherrscht. Der führende Theoretiker des vornehmlich sozial und praktisch ausgerichteten poln. Positivismus ist A. Swiętochowski. Im Zentrum dieser Epoche stehen die großen Romane von B. Prus (›Die Puppe‹, 1890, dt. 1954; ›Die Emanzipierten‹, 1894, dt. 1957; ›Der Pharao‹, 1897, dt. 1944), von E. Orzeszkowa (›Meier Ezofowicz‹, 1878, dt. 1885; ›Nad Niemnem‹ [= Am Njemen], 1888) und von H. Sienkiewicz, dessen Erzählungen ›Kohlenzeichnungen‹ (1880, dt. 1903), ›Ums Brod‹ (1880, dt. 1892) und dessen Romantrilogie ›Mit Feuer und Schwert‹ (1884, dt. 1888), ›Sturmflut‹ (1886, dt. 1900) und ›Pan Wolodyjowski, der kleine Ritter‹ (1888, dt. 1902) zusammen mit den Romanen ›Quo vadis?‹ (1896, dt. 1898) und ›Die Kreuzritter‹ (1900, dt. 1902) auch im Ausland großen Widerhall finden. Dem Naturalismus näherten sich Erzähler wie A. Dygasiński, G. Zapolska, Zygmunt Niedźwiecki (* 1864, † 1915). Als Lyriker traten hervor A. Asnyk, M. Konopnicka, F. Faleński. Dramen verfaßten J. Bliziński, M. Bałucki, Józef Narzymski (* 1839, † 1872), naturalist. Dramen schrieben v. a. G. Zapolska und T. Rittner.

**Modernismus und Junges Polen (etwa 1890–1918):** Seit etwa 1890 regte sich zunehmend, zuerst in Warschau und Krakau, Kritik an den literar. und ästhet. Normen des Positivismus, der einschließlich seiner sozialen und patriot. Züge immer entschiedener als utilitaristisch abgelehnt wurde. Vorbild dieser von gesellschaftl. Veränderungen mitbedingten und vom frz. Symbolismus beeinflußten jungpoln. Bewegung (↑ Junges Polen) wurde der Romantiker J. Słowacki; Ziele dieser Bewegung waren vollkommene schöpfer. Freiheit und ein ästhet., eklekt. Züge aufweisender Modernismus, der daher auch als Neuromantik bezeichnet wird. Bes. gepflegt wurden Lyrik und Drama, während die positivist. Romantradition länger andauerte; wichtig ist auch die Literaturkritik (I. Matuszewski, S. Brzozowski), die die neue Richtung in Zeitschriften (›Życie‹ [= Leben], Krakau 1897–1900; ›Chimera‹, Warschau 1901–07) durch Übersetzungen behutsam einführte (insbes. Z. Przesmycki), in theoret. Aufsätzen fundierte und propagierte.

Zwischen 1891 und 1912 erschienen sieben Bände ausdrucksstarker Natur- und Liebeslyrik von K. Tetmajer Przerwa; J. Kasprowicz schrieb bed., symbolist. und impressionist. Elemente aufnehmende hymnisch-polyphone Lyrik (u. a. ›Ginącemu światu‹ [= Einer sterbenden Welt], 1902, 1921 u. d. T. ›Hymny‹); A. Lange, T. Miciński, B. Leśmian, L. Staff u. a. schufen ein umfangreiches und vielgestaltiges lyr. Œuvre. Das Drama fand außer in K. H. Rostworowski, G. Zapolska, T. Miciński und S. Przybyszewski in S. Wyspiański den bedeutendsten Vertreter dieser Gattung in Polen (›Wesele‹ [= Die Hochzeit], 1901; ›Novembernacht‹, 1904, dt. 1918). Internat. Beachtung fanden v.a. die Romane S. Żeromskis, insbes. ›Die Heimatlosen‹ (1900, dt. 1954) und ›In Schutt und Asche‹ (1904, dt. 1904), von W. Berent ›Edelfäule‹ (1903, dt. 1908) und von W. S. Reymont v. a. der künstlerisch vollendete Bauernroman ›Die poln. Bauern‹ (1904–09, dt. 1912, 1929 u.d.T. ›Die Bauern‹).

**Zwischen den Weltkriegen (1918–39):** Als Polen 1918 nach fast eineinhalb Jahrhunderten Fremdherrschaft wieder einen selbständigen Staat bildete, konnte sich die Literatur ohne Zensur und ohne inneren Zwang wesentlich freier, vielfältiger und gegensätzlicher zu patriot. Geschlossenheit entfalten und an den zeitgenöss. literar. Strömungen Europas aktiver teilhaben. Es entstanden in den städt. Zentren zahlreiche, z.T. kurzlebige Zeitschriften, in denen Lyriker, Erzähler und Kritiker publizierten, so in Warschau u.a. ›Skamander‹ (1920–28, 1935–39), ›Wiadomości Literackie‹ (= Literar. Nachrichten, 1924–39), in Posen ›Zdrój‹ (= Quell, 1917–22), in Krakau ›Zwrotnica‹ (= Weiche, 1922/23, 1926/27) und überregional der ›Przegląd Współczesny‹ (= Zeitgenöss. Rundschau, Krakau 1922–34, Warschau 1935–39). In der ersten Hälfte dieses verwirrend vielfarbigen Zeitraums, in dem die älteren Kasprowicz, Leśmian, Staff weiterwirkten, überwog die Lyrik, deren bedeutendste Vertreter sich anfänglich um den Warschauer ↑›Skamander‹ scharten, so der führende, eruptiv lyr. J. Tuwim, dann bes. A. Słonimski und J. Iwaszkiewicz, die später auch expressionist. Dramen verfaßten, weiter K. Iłłakowiczówna, M. Pawlikowska-Jasnorzewska. Gegen die Skamandriten wendete sich eine avantgardist. Strömung, die futurist., expressionist. und surrealisierende Elemente aufnahm und sich, um den Konstruktivisten T. Peiper und dessen Zeitschrift ›Zwrotnica‹ gesammelt, als ›Awangarda Krakowska‹ profilierte; später gehörten dazu auch J. Przyboś, T. Czyżewski, B. Jasieński, J. Kurek u.a. Daneben wirkten die expressionist. Theoretiker, Lyriker und Dramatiker E. Zegadłowicz, J. Hulewicz, dann J. Wittlin, der später Romane schrieb, C. Miłosz und M. Jastrun mit pessimistisch-symbolist. Lyrik. – Die überragende theoret. und künstler. Begabung der poln. Dramatik der Zwischenkriegszeit ist S. I. Witkiewicz, dessen zwei Kardinalthemen der unersättl. Metamorphose und gesellschaftl. Mechanisierung in dem Postulat der ›reinen Form‹ als totaler Konstruktivität des Kunstwerkes gipfeln. Das Schwergewicht seiner Dramatik, die das absurde Theater vorbereitete, fällt in die Jahre 1918–27; er verfaßte auch philosoph. Romane (›Pożegnanie jesieni‹ [= Abschied vom Herbst], 1927; ›Unersättlichkeit‹, 1930, dt. 1966). Komödien schrieben Stefan Kiedrzyński (* 1888, † 1943) und J. Szaniawski, expressionist., später naturalist. Dramen K. H. Rostworowski, histor. Milieudramen und Sittenkomödien A. Nowaczyński, Gesellschaftskomödien B. Winawer und psycholog. Dramen Z. Nałkowska. – Die erzählende Literatur 1918–39 prägten anfangs noch die Neuromantiker Żeromski, Reymont und Berent; ihnen folgten politisch engagierte Romane und Erzählungen von J. Kaden Bandrowski u. a. In der zweiten Hälfte sind Z. Nałkowskas und M. Dąbrowskas Romane bestimmend, v.a. M. Dąbrowskas Chronikroman ›Nächte und Tage‹ (1932–34, dt. 1938) und Z. Nałkowskas Kriegsgefangenenerzählungen ›Ściany świata‹ (= Die Mauern der Welt, 1931) und ›Die Schranke‹ (R., 1935, dt. 1958), ebenso B. Schulz mit den beiden autobiograph., hyperbolisch stilisierten Erzählungen ›Sklepy cynamonowe‹ (1934) und ›Sanatorium pod klepsydrą‹ (= Sanatorium zur Todesanzeige, 1937, beide zusammen dt. 1961 u. d. T. ›Die Zimtläden‹) und der nachexpressionist. W. Gombrowicz mit witzig-satir. Dramen und grotesk-phantast. Romanen.

**Nach dem Zweiten Weltkrieg:** Der Zweite Weltkrieg und die Okkupationszeit unterbrachen die vielseitige Entwicklung der poln. Zwischenkriegsliteratur abrupt und forderten viele Opfer auch unter den Schriftstellern; zahlreiche Repräsentanten des geistigen Lebens emigrierten. –

Die erste Phase der Nachkriegsliteratur umfaßt die Zeit nach Kriegsende bis zum Stettiner Schriftstellerkongreß im Jan. 1949. Sie ist gekennzeichnet durch ideolog. Auseinandersetzungen zwischen marxist., kath. und liberalen Richtungen und bietet Kriegs-, KZ- und Nachkriegsthemen (Z. Nałkowska mit den Reportageskizzen ›Medaillons‹, 1946, dt. 1956; T. Borowski mit ›Abschied von Maria‹, En., 1948, dt. in der Sammlung ›Die steinerne Welt‹, En., 1948, dt. 1963; insbes. J. Andrzejewskis Roman ›Asche und Diamant‹, 1948, dt. 1961; die Dramen ›Dwa teatry‹ [= Zwei Theater], 1946, von J. Szaniawski und ›Die Sonnenbrucks‹, 1950, dt. 1951, von L. Kruczkowski); daneben bed. Lyrik von Staff, Tuwim, Przyboś. – Die Verordnung des **sozialist. Realismus** als offizielle Kunstdoktrin führte ab dem Stettiner Schriftstellerkongreß zu formaler und inhaltl. Verarmung der p. L. (z. B. der Roman ›Obywatele‹ [= Die Bürger], 1954, von K. Brandys). Bereits ab 1955, deutlicher ab Okt. 1956 machte sich ein Umbruch bemerkbar mit heftiger Kritik an der offiziellen Kulturpolitik (A. Ważyks ›Ein Gedicht für Erwachsene‹, 1956, dt. 1957), eine Reihe von bed. Erzählwerken entstand, so u. a. J. Andrzejewskis satir. Grotesken ›Der goldene Fuchs‹ (1955, dt. 1968) und ›Finsternis bedeckt die Erde‹ (R., 1957, dt. 1962), M. Dąbrowskas Erzählungen ›Der Morgenstern‹ (1955, dt. 1958), K. Brandys' ›Die Verteidigung Granadas‹ (E., 1956, dt. 1959) und ›Die Mutter der Könige‹ (R., 1957, dt. 1959), J. Iwaszkiewiczs Roman ›Ruhm und Ehre‹ (1956–62, dt. 1960–66), W. Odojewskis ›Białe lato‹ (= Weißer Sommer, R., 1958), aber auch erzählende und dramat. Werke von T. Różewicz, S. Mrożek, M. Hłasko, die Science-fiction von S. Lem. Daneben stehen als Vertreter der jüngeren Schriftstellergeneration mit Kurzprosa bzw. Lyrik Andrzej Brycht (* 1935), S. Grochowiak, M. Nowakowski, Józef Ratajczak (* 1932), Z. Herbert (auch Hörspiele) u. a. – Die poln. Dramatik repräsentieren neben den älteren Szaniawski, Kruczkowski, Gombrowicz v. a. T. Różewicz, J. Broszkiewicz, L. Kołakowski, S. Grochowiak, S. Mrożek, Jarosław Abramow (* 1933), I. Iredyński, deren Stilrichtungen von Realismus über Satire bis zur Groteske reichen. Nach Einbrüchen Ende der 1960er und Anfang der 1970er Jahre zeigten die mittleren und späten 70er Jahre im Gegensatz zur Sowjetunion und Tschechoslowakei eine für die poln. Schriftsteller relativ günstigere Gesamtlage, wie es bes. in der neuesten poln. Lyrik sichtbar ist, die zu den überlieferten Verfahren des Symbolismus und Expressionismus auch das Sprachexperiment (›linguist. Poesie‹) benutzt. Einen herausragenden Platz in der Gegenwartslyrik nimmt das Schaffen der Generation 70 ein. Ihr geht es nicht nur um den gesellschaftspolit. Bezug, sondern um eine Neubestimmung der Funktion der Lyrik, die sich im Gegensatz zur Ideologie formiert und eine neue (äsop., d. h. verschlüsselte) Sprache entwickelt. Wichtige Vertreter sind S. Barańczak, Jacek Bierezin (* 1947), Zdzisław Jaskuła (* 1951), Krzysztof Karasek (* 1937), Julian Kornhauser (* 1946), Ryszard Krynicki (* 1943), E. Lipska, Leszek Szaruga (* 1946), R. Wojaczek, A. Zagajewski.

In der Prosa profilierte sich die Dorfthematik (neben J. Kawalec, T. Nowak und Edward Redliński [* 1940] v. a. W. Myśliwski). P. Wojciechowskis Romane gestalten die Bedrohung des Individuums durch eine feindl. Umwelt. Ferner machte sich in der Prosa eine Hinwendung zum sprachl. Experiment bemerkbar. Zu einer bis Ende der 80er Jahre andauernden Polarisierung führte das im Dez. 1981 verhängte Kriegsrecht, das die Auflösung, Suspendierung oder linientreue Neugründung von Kulturverbänden zur Folge hatte. Die polit. Ereignisse dieser Zeit fanden ein vielfältiges Echo in der Literatur, die im Untergrund oder im Ausland gedruckt wurde (u. a. bei M. Nowakowski, J. Głowacki, K. Brandys, A. Szczypiorski oder Z. Herbert). Daneben ist jedoch nach 1985 eine Tendenz zur apolit., individualist., sprachlich-ästhetisch ausgerichteten Lyrik und Prosa festzustellen. – Die Verleihung des Nobelpreises an Miłosz (1980) hat das öffentl., verleger. und wiss. Interesse an der bis dahin staatlich nicht akzeptierten Emigrantenliteratur vergrößert.

Die Ablösung des kommunist. Regimes (1989) und die Einführung von polit. Pluralismus und Marktwirtschaft machen eine ideolog., aber auch ökonom. Neuorientierung der poln. Autoren erforderlich, was zu einer Krise des literar. Lebens und zur Verminderung der literar. Produktion geführt hat.

**Literatur: Gesamtdarstellungen:** BRÜCKNER, A.: Gesch. der p. L. Lpz. 1901. – KLEINER, J.: Die p. L. Potsdam 1929. – KREJČÍ, K.: Gesch. der p. L. Dt. Übers. Halle/Saale 1958. – KRIDL, M.: A survey of Polish literature and culture. Den Haag 1967. – CHRZANOWSKI, I.: Historia literatury niepodległej Polski (965 to 1795). Warschau [11]1974. – Historia literatury polskiej w zarysie. Hg. v. M. STĘPIEŃ u. A. WILKOŃ. Warschau 1978. – Literatura polska. Bd. 1: Od średniowiecza do pozytywizmu. Hg. v. J. Z. JAKUBOWSKI. Warschau [4]1979. – MIŁOSZ, C.: Gesch. der p. L. Dt. Übers. Köln 1981. – KRZYŻANOWSKI, J.: Dzieje literatury polskiej. Warschau [5]1985. – DEDECIUS, K.: Die Dichter Polens. Hundert Autoren vom MA bis heute. Ffm. [3]1990. – DEDECIUS, K.: Poetik der Polen. Ffm. 1992. – **Mittelalter, Renaissance, Barock, Aufklärung:** STARNAWSKI, J.: Średniowiecze. Warschau 1975. – HERNAS, C.: Barok. Warschau [3]1978. – Fragen der poln. Kultur im 16. Jh. Hg. v. R. OLESCH u. H. ROTHE. Bd. 1. Gießen 1980. – KLIMOWICZ, M.: Oświecenie. Warschau [4]1980. – ZIOMEK, J.: Renesans. Warschau [4]1980. – MIĄZEK, B.: P. L. des MA u. der Renaissance. Ffm. u. a. 1993. – **19. u. 20. Jh.:** HARTMANN, K.: Das poln. Theater nach dem Zweiten Weltkrieg. Marburg 1964. – KUNSTMANN, H.: Moderne poln. Dramatik. Köln 1965. – Obraz literatury polskiej XIX i XX wieku. Hg. v. K. WYKA u. a. Serie 3–6 (bisher 11 Bde.). Warschau u. Krakau 1965–79. – KRZYŻANOWSKI, J.: Neoromantyzm polski. 1890–1918. Breslau 1971. – Prozaicy dwudziestolecia międzywojennego. Hg. v. B. FARON. Warschau 1972. – SZYMAŃSKI, W. P.: Neosymbolizm. Krakau 1973. – GAZDA, G.: Futuryzm w Polsce. Breslau 1974. – WYKA, K.: Młoda Polska. Krakau 1977. 2 Bde. – JANION, M./ŻMIGRODZKA, M.: Romantyzm i historia. Warschau 1978. – EUSTACHIEWICZ, L.: Dramaturgia polska w latach 1945–1977. Warschau 1979. – MACIĄG, W.: Die poln. Gegenwartslit. (1939–76). Hg. v. K. STAEMMLER. Mchn. 1979. – OLSCHOWSKY, H.: Lyrik in Polen. Strukturen u. Traditionen im 20. Jh. Bln. 1979. – MARKIEWICZ, H.: Pozytywizm. Warschau [2]1980. – BALCERZAN, E.: Poezja polska w latach 1939–1965. Bd. 1. Warschau 1982. – CARPENTER, B.: The poetic avant-garde in Poland. 1918–1939. Seattle (Wash.) 1983. – LAM, A.: Mainzer Vorlesungen über die p. L. seit 1918. Mchn. 1983. – MIĄZEK, B.: P. L. 1863–1914. Wien 1984. – EUSTACHIEWICZ, L.: Dramaturgia współczesna: 1945–1980. Warschau 1985. – FLEISCHER, M.: Die poln. Lyrik v. 1945 bis 1985. Essen 1985. – Die Rezeption der p. L. im deutschsprachigen Raum u. die der deutschsprachigen in Polen 1945–1985. Hg. v. H. KNEIP. Darmst. [2]1989. – DEDECIUS, K.: Zur Lit. u. Kultur Polens. Ffm. [2]1990. – RITZ, G.: Die poln. Prosa 1956–1976. Bern u. a. 1990. – FLEISCHER, M.: Overground. Die Lit. der poln. alternativen Subkulturen der 80er u. 90er Jahre. Mchn. 1994. – **Nachschlagewerke:** Bibliografia literatury polskiej. Nowy Korbut. Hg. v. K. BUDZYK u. a. Bde. 1–9, 12–17. Warschau 1963–82. – Słownik współczesnych pisarzy polskich. Hg. v. E. KORZENIEWSKA (Serie I, 4 Bde.) u. J. CZACHOWSKA (Serie II, 3 Bde.). Warschau 1963–80. – KUCZYŃSKI, K. A.: P. L. in dt. Übers. Von den Anfängen bis 1985. Eine Bibliogr. Darmst. 1987. – Literatura polska. Przewodnik encyklopedyczny. Red.: J. KRZYŻANOWSKI u. a. Neuausg. Warschau 1990. 2 Bde.

**Polo,** Gaspar Gil, * Valencia um 1535, † Barcelona 1591, span. Dichter. – Advokat; wurde bekannt durch seine Fortsetzung der ›Diana‹ von J. de Montemayor, ›Diana enamorada‹ (1564, dt. 1646 u. d. T. ›Diana‹) mit anmutigen lyr. Einlagen (Sonette, Kanzonen, Elegien, Lieder im altspan. Stil u. a.).

**Literatur:** AVALLE-ARCE, J. B.: La novela pastoril española. Madrid 1959. – BAADER, H.: Typologie und Geschichte des span. Romans im ›Goldenen Zeitalter‹. In: Neues Hdb. der Literaturwiss., Bd. 10: Renaissance und Barock II. Hg. v. A. BUCK. Ffm. 1972. S. 82. – HOFFMEISTER, G.: Die span. Diana in Deutschland: Vergleichende Unterss. zu Stilwandel und Weltbild des Schäferromans im 17. Jh. Bln. 1972.

**Polo,** Marco, * Venedig (?) 1254, † ebd. 8. Jan. 1324, italien. Reisender und Schriftsteller. – Kaufmann, reiste 1271 im Alter von 17 Jahren mit Vater und Onkel über Iran nach Kathei (Nordchina) an den Hof des Mongolenherrschers Khubilai, in dessen Auftrag P. 1275–92 v. a. auf Reisen tätig war. 1292 erhielten P. und seine Verwandten vom Großkhan die Erlaubnis, nach Europa zurückzukehren. 1298 in einer Seeschlacht von den Genuesen gefangengenommen, diktierte P. seinem Mitgefangenen Rusticiano da Pisa den Bericht über seine Reisen und seinen Aufenthalt am Hof des Großkhans (niedergeschrieben Sept. 1298 bis Juli 1299). Das Werk, das in einer frz.-italien. Mischsprache abgefaßt ist, wurde bekannt u. d. T. ›Il milione‹ (dt. erstmals 1477) und bald ins Französische, Italienische und Lateinische übersetzt.

**Ausgabe:** M. P. Il Milione. Die Wunder der Welt. Dt. Übers. v. E. GUIGNARD. Zü. [3]1983.
**Literatur:** HART, H. H.: Venezian. Abenteurer. Zeit, Leben u. Bericht des M. P. Dt. Übers. Bremen 1959. – RUGOFF, M./CARRINGTON, G. L.: M. P.'s adventures in China. London u. Verona 1965. – THISSE, S. A.: M. P. Paris 1980. – DE BENEDICTIS, M./LANZA, A.: L'avventura di M. P. Rom 1982. – ZORZI, A.: M. P. Biographie. Dt. Übers. Düss. 1983.

**Polockij,** Simeon, weißruss. und russ. Schriftsteller, ↑Simeon Polozki.

**Polonskaja,** Jelisaweta Grigorjewna [russ. pa'lɔnskɐjɐ], *Warschau 26. Juni 1890, †Leningrad (heute Petersburg) 11. Jan. 1969, russ.-sowjet. Lyrikerin. – Ärztin (1907–14 Studium in Paris). Ihre klare, unpathet. Lyrik orientiert sich an konkreten menschl. Erfahrungen. Von Bedeutung war für sie v. a. die literar. Gruppe der Serapionsbrüder; auch Prosa, Kinderbücher und Übersetzungen; Sammelausgaben: ›Stichotvorenija i poėma‹ (= Gedichte und Poem, 1960), ›Izbrannoe‹ (= Ausgewähltes, 1966).

**Polonski** (tl.: Polonskij), Jakow Petrowitsch [russ. pa'lɔnskij], *Rjasan 18. Dez. 1819, †Petersburg 30. Okt. 1898, russ. Dichter. – Vertreter des L'art pour l'art, schrieb lyr. und ep. Gedichte, meist in leichtem, elegantem Stil und musikal. Sprache; oft vertont, u. a. von P. I. Tschaikowski; auch erzählende Prosa. P. hatte mit stimmungsvoller Natur- und Liebeslyrik, iron. und satir. Werken mehr Erfolg als mit seinen von N. A. Nekrassow beeinflußten aktuellen Dichtungen.
**Ausgabe:** J. P. Polonskij. Stichotvorenija. Leningrad 1954.
**Literatur:** LAGUNOV, A. I.: Lirika J. Polonskogo. Stawropol 1974. – JURAN, S. L.: The novels of J. Polonskij. Diss. Harvard University Cambridge (Mass.) 1975.

**Polozki,** Simeon, weißruss. und russ. Schriftsteller, ↑Simeon Polozki.

**Polybius** (tl.: Polýbios), *Megalopolis (Arkadien) um 200, †um 120, griech. Geschichtsschreiber. – Sohn des Strategen Lykortas, stand seinem Vater in polit. und militär. Funktion im Achäischen Bund zur Seite. Nach der Niederlage der Griechen bei Pydna (168) als Geisel in Rom, wurde er dort Freund und militär. Berater von Scipio Aemilianus Africanus d. J. im 3. Punischen Krieg. P. schrieb u. a. eine Universalgeschichte (40 Bücher, die Zeit von 264 bis 144 v. Chr. umfassend, bis auf die Bücher 1–5 nur in Exzerpten und Fragmenten erhalten), von ihm als ›pragmat. Geschichtsschreibung‹ (›pragmatikḗ historía‹) bezeichnet. P., ein Geschichtsphilosoph, sah den Sinn der Darstellung in ihrem polit. und militär. Nutzen für den Leser. Zu diesem Zweck hielt er neben Quellenstudium Kenntnis der Ereignisse aus eigener Anschauung, deren objektive Schilderung und die Darlegung der Ursachen und Zusammenhänge für wichtig. Thema seines Geschichtswerkes ist der Aufstieg Roms zur Weltmacht, den er in dem berühmten 6. Buch über die Staatsformen Monarchie, Aristokratie, Demokratie auf Roms gemischte Verfassung, die die bestmögliche sei, zurückführt.
**Ausgaben:** Polybios. Gesch. Dt. Übers. u. Einl. v. H. DREXLER. Zü. u. Stg. 1961–63. 2 Bde. – P. The Histories. Griech. u. engl. Hg. v. W. R. PATON. London 1968–76. 6 Bde.
**Literatur:** WALBANK, F. W.: A historical commentary on Polybios. Oxford 1957–79. 3 Bde. – PETZOLD, K.-E.: Studien zur Methode des Polybios u. zu ihrer histor. Anwendung. Mchn. 1969. – MEISTER, K.: Histor. Kritik bei Polybios. Wsb. 1975. – Polybios. Hg. v. K. STIEWE u. N. HOLZBERG. Darmst. 1982.

**Polymetrie** [griech.], Verwendung verschiedener Versmaße in einer Dichtung, einer Strophe usw., z. B. in antiken und mittelalterl. Strophen oder im ↑Leich.

**Polyptoton** [griech.], rhetor. Figur: Wiederholung desselben Wortes in verschiedenen Flexionsformen: Auge um Auge; homo homini lupus.

**Polysyndeton** [griech. = vielfach Verbundenes], rhetor. Figur; die Verknüpfung mehrerer Wörter, Wortgruppen oder Sätze durch dieselbe Konjunktion, z. B.: ›Und es wallet und siedet und brauset und zischt‹ (Schiller, Ballade ›Der Taucher‹), ›Und wiegen und tanzen und singen dich ein‹ (Goethe, Ballade ›Erlkönig‹). – Ggs.: ↑Asyndeton.

**Pombo,** Álvaro [span. 'pɔmbo], *Santander 23. Juni 1939, span. Schriftsteller. – Begann mit lyr. Texten (›Protocolos‹, 1973; ›Variaciones‹, 1978), bevor er internat. Ansehen mit seinen Romanen erlangte, in denen er sich mit den Problemen der Persönlichkeitsentwicklung und Identitätssuche beschäftigt, die er z. T. aus der Perspektive des Heranwachsenden schildert (›Der Held der Mansarden von Mansard‹, 1983, dt. 1988). Seine vom Existentialismus und der Phänomenologie geprägten philosoph. Interessen werden v. a. in dem Erzählband ›Relatos sobre la falta de sustancia‹ (1977) deutlich.

**Weitere Werke:** El parecido (R., 1979), El hijo adoptivo (R., 1984), Atilano (1986), Leichte Vergehen (R., 1986, dt. 1991), El metro de platino iridiado (R., 1990).

**Pombo,** Rafael [span. 'pɔmbo], * Bogotá 7. Nov. 1833, † ebd. 5. Mai 1912, kolumbian. Dichter. – Bedeutendster kolumbian. Romantiker; schrieb, u. a. beeinflußt von J. Zorrilla y Moral, W. C. Bryant und H. W. Longfellow, Liebes- und Naturgedichte (›El Niágara‹) mit eleg., z. T. pessimist. Grundhaltung, die im Alter von religiöser Lyrik abgelöst wurde.

**Ausgabe:** R. P. Poesías completas. Hg. v. E. CARRANZA. Bogotá 1957.

**Literatur:** ORJUELA, H. H.: Biografía y bibliografía de R. P. Bogotá 1965.

**Pompeius Trogus,** röm. Geschichtsschreiber des 1. Jh. v. Chr./1. Jh. n. Chr. – Kelt. Abstammung; seine die nichtröm. Welt behandelnde Universalgeschichte in 44 Büchern (›Historiae Philippicae‹), die von den Assyrern bis zur Zeit des P. T. reichte, ist nur in einem Auszug des Marcus Iunianus Iustinus erhalten.

**Ausgabe:** P. T. Weltgesch. v. den Anfängen bis Augustus. Im Auszug des Justin. Dt. Übers. Eingel. u. erl. v. O. SEEL. Zü. u. Mchn. 1972.

**Literatur:** FORNI, G.: Valore storico e fonti di Pompeo Trogo. Urbino 1958.

**Pompignan,** Jean-Jacques Le Franc, Marquis de [frz. põpi'ɲã], frz. Dichter, ↑ Le Franc, Jean-Jacques.

**Pompilj,** Vittoria Aganoor, italien. Lyrikerin, ↑ Aganoor Pompilj, Vittoria.

**Pomponius,** Lucius, röm. Lustspieldichter des 1. Jh. v. Chr. aus Bononia (heute Bologna). – Erhob die Atellane zur Kunstgattung; außer einzelnen Versen (Zitaten) und 70 Titeln ist von ihm nichts erhalten.

**Pomponius Atticus,** Titus, röm. Schriftsteller, ↑ Atticus, Titus Pomponius.

**Ponce,** Juan García [span. 'pɔnse], mex. Schriftsteller, ↑ García Ponce, Juan.

**Pončev,** Lal'o Marinov, bulgar. Lyriker, ↑ Lamar.

**Pondal Abente,** Eduardo [span. pɔn'dal a'βente], * Puente-Ceso (La Coruña) 1835, † La Coruña 1917, span. Dichter. – War Arzt in seinem Heimatort; bed. Vertreter der neueren galic. Literatur, schrieb kraftvolle lyr. Gedichte, zunächst in span., dann galic. Sprache: ›Rumores de los pinos‹ (1877), ›Campana d'Aullons‹ (1886), ›Queixumes dos pinos‹ (1886), ›O dolmen de Dombate‹ (1895); auch Epiker.

**Ponge,** Francis [frz. põ:ʒ], * Montpellier 27. März 1899, † Le Bar-sur-Loup (Alpes-Maritimes) 6. Aug. 1988, frz. Schriftsteller. – Beschrieb in skizzenhaften Prosastücken Aussehen und Funktion einfacher Dinge mit größter Genauigkeit, frei für die gedankl. Assoziationen des Lesers. Auf die aus sich selbst lebenden Organismen hinweisend, suchte er dem nach der Flucht ins Irreale verlangenden Menschen konkrete Fluchtpunkte zu benennen. P. wurde Anfang der 60er Jahre von Autoren der Gruppe Tel Quel wiederentdeckt. Seitdem war seine Rolle als wesentl. Anreger einer Literatur, die den Akt des Schreibens ständig mitbedenkt und in Bewußtseinsprozesse verwandelt (z. B. Nouveau roman; Nouveau nouveau roman), weithin anerkannt. Erhielt 1981 den Grand prix de poésie der Académie française.

**Werke:** Douze petits écrits (1926), Im Namen der Dinge (Prosa, 1942, erweitert 1949, dt. 1973, 1955 u. d. T. Einführung in den Kieselstein), Das Notizbuch vom Kiefernwald und La Mounine (Prosa, 1947, dt. 1982), Die Seife (Prosa, 1967, dt. 1969), La fabrique du pré (Prosa, 1971), Comment une figue de paroles et pourquoi (Prosa, 1977), L'atelier contemporain, suivi de L'écrit Beaubourg (Essays, 1977), Gnoske des Vorfrühlings (Prosa, 1983, dt. 1990), Kleine Suite des Vivarais (Prosaged., 1983, dt. 1988), Schreibpraktiken oder Die stetige Unfertigkeit (Prosa, 1984, dt. 1988).

**Ausgaben:** F. P. Le grand recueil. Paris 1961. 3 Bde. – F. P. Ausgew. Werke. Frz. u. dt. Ffm. 1965–68. 2 Bde. – F. P. Nouveau recueil. Paris 1967. 2 Bde.

**Literatur:** SOLLERS, PH.: F. P. Paris 1963. – WALTHER, E.: F. P. Eine ästhet. Analyse. Köln u. Bln. 1965. – BUTTERS, G.: F. P. Theorie u. Praxis einer neuen Poesie. Rheinfelden 1976. – SORREL, M.: P. Boston (Mass.) 1981. – KOSTER, S.: F. P. Paris 1983. – SCHLEICHER, H.: F. P. In: Krit. Lex.

der roman. Gegenwartsliteraturen. Hg. v. W.-D. LANGE. Losebl. Tüb. 1984ff. – F. P. Cahier de l'Herne. Hg. v. J.-M. GLEIZE. Paris 1986. – BOLTE, D.: Wortkult u. Fragment. Die poetolog. Poesie F. P.s, ein postmodernes Experiment. Hdbg. 1989. – COLLOT, M.: F. P. Entre mots et choses. Seyssel 1991. – PIERROT, J.: F. P. Paris 1993.

**Poniatowska,** Elena [span. ponia'tɔfska], * Paris 19. Mai 1933, mex. Schriftstellerin. – Mütterlicherseits mex. Abstammung; lebt seit 1942 in Mexiko; Journalistin seit 1954. P. veröffentlichte mehrere ›Reportagenromane‹, die wegen ihrer politischen Brisanz – wie ›La noche de Tlatelolco‹ (1971) über das Studentenmassaker von 1968 – und stilistischen Qualitäten herausragen.

**Weitere Werke:** Lilus Kikus (R., 1954), Allem zum Trotz ... Das Leben der Jesusa (R., 1969, dt. 1982), Lieber Diego (R., 1978, dt. 1989), Moletiques y pasiones (R., 1987), La ›Flor de lis‹ (R., 1988).

**Poničan,** Ján [slowak. 'pɔnjitʃan], Pseudonym Rob, * Očová (Mittelslowak. Gebiet) 15. Juni 1902, † Preßburg 25. Febr. 1978, slowak. Schriftsteller und Literaturtheoretiker. – Rechtsanwalt; Vertreter der proletar. Literatur, pflegte in Gedichten, Epen, Romanen und Dramen den sozialist. Realismus; ordnete sein literar. Schaffen dem Aufbau der kommunist. Gesellschaftsordnung unter; bed. Übersetzer (u.a. Schiller, H. von Kleist, A. A. Blok, Molière).

**Werk:** Čistá hra (= Ein sauberes Spiel, Kom., 1949).

**Literatur:** J. P. 1902–1977. Hg. v. K. ROSENBAUM. Martin 1977.

**Ponsard,** François [frz. põ'sa:r], * Vienne (Isère) 1. Juni 1814, † Paris 7. Juli 1867, frz. Dramatiker. – Schrieb das mit großem Erfolg aufgeführte realist. Trauerspiel ›Lucretia‹ (1843, dt. um 1873) als Protest gegen den übersteigert romant. Stil V. Hugos und A. Dumas' d.Ä., ferner die zeitgenöss. Tragödie ›Agnès de Méranie‹ (1847) und das Revolutionsdrama ›Charlotte Corday‹ (1850, dt. 1880); den Erfolg von ›Lucretia‹ konnte er später nur noch mit den Dramen ›Geld und Ehre‹ (1853, dt. 1853) und ›Der verliebte Löwe‹ (1866, dt. 1874) wiederholen. P. wurde 1855 Mitglied der Académie française.

**Ausgabe:** F. P. Œuvres complètes. Paris 1865–76. 3 Bde.

**Literatur:** HIMMELSBACH, S.: Un fidèle reflet de son époque. Le théâtre de F. P. Ffm. u.a. 1980.

**Pontano,** Giovanni (Gioviano), latin. Pontanus, * Cerreto di Spoleto (Prov. Perugia) 7. Mai 1426, † Neapel im Sept. 1503, italien. Dichter und Humanist. – Diplomat im Dienst der Könige von Aragonien, ab 1447 an der Staatskanzlei in Neapel; 1466–69 Lehrer der Rhetorik in Perugia, 1470 Rückkehr nach Neapel, 1486–95 Staatssekretär; leitete ab 1471 die nach ihm benannte Accademia Pontaniana. Verfaßte v.a. lat. Traktate und Dialoge moralphilosoph. und naturwiss. Inhalts (u.a. ›Charon‹, ›Antonius‹, ›Asinus‹), die wegen ihrer vollendeten Form zu den besten humanist. Dichtungen gehören, für seine Kinder 12 Wiegenlieder (›Neniae‹), das mytholog. Hirtengedicht ›Lepidina‹ und Epigramme (›De amore coniugali‹), die die ehel. Liebe preisen.

**Ausgaben:** G. Gioviano P. Carmina. Hg. v. B. SOLDATI. Florenz 1902. 2 Bde. – G. Gioviano P. I dialoghi. Krit. Ausg. Hg. v. C. PREVITERA. Florenz 1943. – G. P. I trattati delle virtù sociali. Italien. Übers. Hg. v. F. TATEO. Rom 1965. – G. P. Dialoge. Dt. Übers. Lat. u. dt. Ausg. Mchn. 1984.

**Literatur:** INTRAVAJA, I.: La poesia di G. Gioviano P. Palermo 1923. – ALTAMURA, A.: Gioviano P. Neapel 1938. – TATEO, F.: Umanesimo etico di G. P. Lecce 1972. – SBORDONE, S.: Saggio di bibliografia delle opere e della vita di G. P. Neapel 1982. – FERRAÒ, G.: P. critico. Messina 1983.

**Pontanus,** Jacobus, eigtl. Jakob Spanmüller, * Brüx (Nordböhm. Gebiet) 1542, † Augsburg 25. Nov. 1626, dt. Humanist. – Jesuit; Gymnasiallehrer in Augsburg; verfaßte Schulbücher (›Progymnasmata latinitatis sive dialogi‹, 6 Bde., 1588–94; bis ins 18. Jh. verwendet), lat. und griech. Gedichte, Schuldramen und eine Poetik, in der er sich bes. mit dem Jesuitendrama befaßte.

**Ponte,** Lorenzo da, italien. Schriftsteller, ↑ Da Ponte, Lorenzo.

**Ponten,** Josef, * Raeren bei Eupen 3. Juni 1883, † München 3. April 1940, dt. Schriftsteller. – Begann mit von kath. Tradition beeinflußten Romanen und versuchte, Heimatkunst, Expressionismus und die Beschreibung einer zum Mythos erhobenen Landschaft zu vereinen. Der sechsbändige Romanzyklus ›Volk auf dem Wege‹ (1930–42) schildert aus nationalist. Sicht, gemischt mit pseudonaturwiss. Beobachtungen, die ›Schicksalhaftigkeit‹ des Auslandsdeutschtums an der Wolga.

**Weitere Werke:** Jungfräulichkeit (R., 1906), Der babylon. Turm (R., 1918), Die Insel (Nov., 1918), Die Bockreiter (Nov., 1919), Der Gletscher (E., 1923), Novellen (1937).

**Pontoppidan,** Henrik [dän. pɔn'tɔbidan], * Fredericia 24. Juli 1857, † Kopenhagen 21. Aug. 1943, dän. Schriftsteller. – Aus einem pietist. Pfarrhaus, Ingenieurstudium, Lehrer an einer Volkshochschule, freier Schriftsteller; Reisen in verschiedene europ. Länder; erhielt 1917 den Nobelpreis für Literatur (mit K. A. Gjellerup). Bed. Vertreter des Naturalismus in Dänemark; klare und krit. Darstellung aufgrund sorgfältiger Beobachtung; bed. Menschendarsteller sowie zeit- und kulturkrit. Schilderer Dänemarks zu Beginn des 20. Jahrhunderts. Vorherrschende Themen seiner Romane und Erzählungen sind der Gegensatz von Stadt und Land, von Kultur und Natur, geprägt durch sein soziales Mitempfinden und seine Neigung zu einfachem bäuerl. Leben. Aus seinem umfangreichen Werk ragen drei Romanzyklen bes. hervor: ›Das gelobte Land‹ (3 Bde., 1891–95, dt. 1908), ›Hans im Glück‹ (8 Bde., 1898–1904, dt. 2 Bde., 1906) und ›Totenreich‹ (5 Bde., 1912–16, dt. 1920).

**Weitere Werke:** Die Sandinger Gemeinde (En., 1883, dt. 1896), Der Eisbär (R., 1887, dt. 1903), Spuk (En., 1888, dt. 1918), Nachtwache (E., 1894, dt. 1896), Rotkäppchen (E., 1900, dt. 1904), Der königl. Gast (E., 1908, dt. 1910).

**Literatur:** ANDERSEN, V. R. A.: H. P., et nydansk forfatterskab. Kopenhagen 1917. – WOEL, C. M.: H. P. Kopenhagen 1945. 2 Bde. – AHNLUND, K.: H. P. Fem huvudlinjer i författarskapet. Stockholm 1956. – JOLIVET, A.: Les romans de H. P. Paris 1960. – BREDSDORFF, E.: H. P. og Georg Brandes. Kopenhagen 1964. 2 Bde. – BILLESKOV JANSEN, F. J.: H. P. Ledetråd for læsere. Kopenhagen 1978. – MORTENSEN, K. P.: Ironi og utopi. En bog om H. P. Kopenhagen 1982.

Henrik Pontoppidan

**Pontschew** (tl.: Pončev), Laljo Marinow, bulgar. Lyriker, ↑ Lamar.

**Pontus de Tyard** [frz. põtysdə'tja:r], frz. Dichter, ↑ Tyard, Pontus de.

**Pontus und Sidonia,** Ende des 14. oder Anfang des 15. Jh. entstandener frz. Ritter- und Abenteuerroman (›Pontus et la belle Sidoine‹, hg. 1926), der auf eine Ende des 12. Jh. in England entstandene anglonormann. Verserzählung ›Horn et Rimenhild‹ (hg. 1845) zurückgeht und von ↑ Eleonore von Österreich 1465 ins Deutsche übersetzt (Erstdruck 1483, neu hg. 1928) wurde. Diese Fassung fand weite Verbreitung und blieb (auch als Volksbuch) bis ins 17. Jh. beliebt.

**Literatur:** AEBISCHER, P.: Le ms. Supersaxo 97 bis de la Bibliothèque cantonnale du Valais: ›Le roman de Ponthus et de la belle Sidoine‹. Textes en vers. In: Valesia 14 (1959), S. 245.

**Poorten Schwartz,** Joost Marius Willem van der [niederl. 'po:rtə 'swɑrts], Pseudonyme Maarten Maartens, Joan van den Heuvel, * Amsterdam 11. Aug. 1858, † Doorn 3. Aug. 1915, niederl. Schriftsteller. – Schrieb, vorwiegend in engl. Sprache, neben Gedichten und Trauerspielen v. a. realist. Gesellschaftsromane aus dem Leben der niederl. Provinz.

**Werke:** The morning of a love (Ged., 1885), Julian (Trag., 1885), Nivalis (Trag., 1886), A sheaf of sonnets (Ged., 1888), Gottes Narr (R., 1892, dt. 1895), Auf tiefer Höhe (R., 2 Bde., 1894, dt. 1906), Dorothea (R., 1904, dt. 1908), Die neue Religion (R., 2 Bde., 1907, dt. 1908).

**Poot,** Hubert Korneliszoon, * Abtswoude bei Delft 29. Jan. 1689, † Delft 31. Dez. 1733, niederl. Lyriker. – War Landwirt; schrieb arkad. Liebes- und Naturlyrik sowie Gelegenheitspoesie, die über die großen niederl. Dichter des 17. Jh. stark von der röm. Klassik beeinflußt ist; mytholog. Elemente spielen eine große Rolle.

**Werke:** Mengeldichten (1716), Akkerleven (Ged., 1720), Gedichten (1722), Het groot natuur- en zedekundig wereldtoneel (3 Bde., hg. 1743–50).

**Popa,** Vasko, *Grebenac (Banat) 29. Juni 1922, † Belgrad 5. Jan. 1991, serb. Schriftsteller. – Gehörte mit M. Pavlović zur serb. Avantgarde; verarbeitete in Gedichten Elemente der Folklore und des Surrealismus. Dt. erschienen ›Gedichte‹ (dt. 1961), ›Nebenhimmel‹ (Ged., [1956 und] 1968, dt. 1969), ›Wolfserde‹ (Ged., 1975, dt. 1979), ›Die Botschaft der Amsel‹ (dt. 1989) und ›Die kleine Schachtel‹ (Ged., dt. 1993).

**Literatur:** Lekić, A.: The quest for roots. The poetry of V. P. New York u. a. 1993.

**Pope,** Alexander [engl. poʊp], *London 21. Mai 1688, † Twickenham (heute zu London) 30. Mai 1744, engl. Dichter. – Sohn eines Tuchhändlers, wurde als Katholik nicht zu öffentl. höheren Schulen zugelassen; neigte, u. a. wegen körperl. Mißbildung und Kränklichkeit, zunehmend zu Mißtrauen und Menschenscheu, zu literar. Satire und aggressivem, oft gehässigem Spott. P. begann früh zu dichten, gewann bald Ansehen und Ruhm, schuf sich jedoch durch seine höhn. Angriffe viele Feinde. Seine Dichtung, von rationaler Klarheit, gesuchter und witziger Eleganz des Ausdrucks und in strengen, oft epigrammatisch zugespitzten Reimpaaren (heroic couplets), bildete den Höhepunkt des engl. Klassizismus. Mit den ›Pastorals‹ (1709), Schäferdichtungen in der Tradition Vergils, hatte er ersten Erfolg. Die beschreibende und meditative Dichtung ›Windsor Forest‹ (1713), die im Konkreten der Natur den allgemeinen Plan ausweist, brachte ihm die Freundschaft J. Swifts. P.s Ansehen festigte sich mit dem kom. Epos ›The rape of the lock‹ (1712, erweiterte Fassung 1714, dt. 1744, 1841 u. d. T. ›Der Lockenraub‹), einem heiter-spött., rokkokohaft verschnörkelten Meisterwerk dieser Gattung. Zu einem Manifest klassizistisch-rationalist. Dichtungsauffassung wurde der an das Vorbild von N. Boileau-Despréaux anknüpfende Versessay ›Versuch über die Critik‹ (1711, 2. Fassung 1713, dt. 1745). Die philosoph. Lehrdichtung in vier Episteln ›Essay on man‹ (1733/34, dt. 1740 u. d. T. ›Versuch vom Menschen‹) entfaltete eine deist. Theodizee und bestätigte P.s Rang als Vertreter der Aufklärung. Schon zuvor hatte P. großen Erfolg mit seinen

Alexander Pope (Kupferstich von Friedrich Rossmäßler, um 1810)

Homer-Übersetzungen (›Ilias‹, 6 Bde., 1715–20; ›Odyssee‹, 5 Bde., 1725/26), deren Gewinn ihm den Erwerb seiner Villa in Twickenham ermöglichte, wo er sich seitdem auch mit Gartenarchitektur befaßte. Die (nicht unberechtigte) Kritik an den Schwächen seiner Shakespeare-Ausgabe (1725), v. a. durch seinen Herausgeber-Konkurrenten L. Theobald, und auch die Entrüstung wegen der zus. mit Swift u. a. als ›Miscellanies‹ (1727) veröffentlichten Satiren, veranlaßten P., seinerseits mit ›Die Dunciade‹ (1728, bis 1748 mehrfach erweitert, dt. 1778, von J. J. Bodmer 1747 u. d. T. ›Duncias‹), der brillantesten seiner literarischen Satiren, zu antworten. In der ›Epistle to Dr. Arbuthnot‹ (1735) und in den freien Horaznachahmungen ›Imitations of Horace‹ (1733–37) verbindet sich Satire mit persönl. Selbstrechtfertigung.

**Weitere Werke:** The temple of fame (Dichtung, 1713), Eloisa to Abelard (Versepistel, 1717).

**Ausgaben:** A. P. Poet. Werke. Dt. Übers. Hg. v. A. Böttger u. Th. Ölckers. Lpz. 1842. 4 Bde. – A. P. The Twickenham edition of the poems. Hg. v. J. Butt u. a. London u. New Haven (Conn.) [1-3]1951–70. 11 Bde. Reg.-Bd. – Correspondence of A. P. Hg. v. G. Sherburn. Oxford 1956. 5 Bde.

**Literatur:** Sherburn, G.: The early career of A. P. Oxford 1934. Neudr. New York 1963. – Tillotson, G.: On the poetry of P. Oxford [2]1950. Nachdr. 1971. – Brower, R. A.: A. P. The poetry of allusion. Oxford 1959. Nachdr. London u. a. 1968. – Zimmermann, H.-J.: A. P.s Noten zu Homer. Hdbg. 1966. – Essential articles for the study of A. P. Hg. v. M. Mack. Hamden (Conn.) [2]1968. – Rogers, P.: An introduction to P. London 1975. – Fraser, G. S.: A. P. London u. a. 1978. – Kowalk, W.: A. P. An annotated bibliography of twentieth-century criticism 1900 to 1979. Ffm. u. Bern 1981. – Weinbrot, H. D.:

A. P. and the tradition of formal verse satire. Princeton (N. J.) 1982. – MORRIS, D. B.: A. P. Cambridge (Mass.) 1984. – MACK, M.: A. P. New Haven (Conn.) 1985. – STACK, F.: P. and Horace. Studies in imitation. Cambridge (Mass.) 1985. – HAMMOND, B. S.: P. Brighton 1986. – DAMROSCH, L.: The imaginative world of A. P. Berkeley (Calif.) 1987. – QUINTERO, R.: Literate culture. P.'s rhetorical art. Newark (Del.) 1992.

**Popiwanow** (tl.: Popivanov), Nikolai Michailow [bulgar. popi'vanof], bulgar. Schriftsteller, ↑Liliew, Nikolai.

**Popliteratur,** an Pop-art angelehnter Begriff der zeitgenöss. Literatur, bei der zu unterscheiden ist zwischen einer populären Unterhaltungsliteratur (Kommerzpop), wie sie verschiedene Zeitschriften anbieten, und einer P., die mit provokanter Exzentrik, Monomanie und Primitivität ebenso gegen eine derartige Unterhaltungsliteratur gerichtet ist wie gegen eine Elitekunst und gegen etablierte ästhet. Normen. Vergleiche mit dem ↑Dadaismus und ↑Surrealismus, dem ›objet trouvé‹, den Ready-mades des Objekt- und Konzeptkünstlers Marcel Duchamp (* 1887, † 1968) sowie den zeitgenöss. Kunstformen der ↑Happenings sind problematisch, obwohl sich die P. gleichfalls als Un-Kunst, als Gegenkunst, begreift (Tom Wolfe, ›Das bonbonfarbene tangerinrotgespritzte Stromlinienbaby‹, 1965, dt. 1968). Die P. arbeitet, vergleichbar mit den Techniken der amerikan. Pop-art (u. a. Andy Warhol [* 1927, † 1987]), mehr oder weniger rigoros mit Elementen, Techniken und Mustern trivialer Literaturgenres wie Krimi, Western, Science-fiction, mit Comic strips, Reklametexten, Film und Fernsehen, und überhaupt mit fast allen Objekten des Massenkonsums. Je nach dem Maß des verwendeten Materials und seiner Verarbeitung läßt sich eine rigorose P. von einer Literatur unterscheiden, die sich Popelemente lediglich unter anderen für ästhet. Zwecke nutzbar macht (z. B. E. Jandl, ›Sprechblasen‹, 1966), obwohl eine Grenze zwischen beiden nicht immer leicht zu ziehen ist (z. B. bei P. O. Chotjewitz). Ein frühes Paradigma für P. stellt H. C. Artmanns Tagebuch-Roman ›Das suchen nach dem gestrigen tag oder schnee auf einem heißen brotwecken‹ (1964) dar; dort heißt es etwa: ›der einzige mensch, der es heute noch versteht, ordentlich die welt zu betrachten, ist donald duck.‹ Rigorose P. begegnet in der BR Deutschland seit dem Ende der 60er Jahre in nahezu allen Gattungen, im Roman (H. von Cramer, ›Der Paralleldenker‹, 1968; E. Jelinek, ›wir sind lockvögel, baby‹, 1970); in der Lyrik (R. D. Brinkmann, ›Die Piloten‹, 1968; J. Becker, ›Momente. Räder. Erzähltes. Zitate.‹, 1967; Uli Becker [* 1953], ›daß ich nicht lache!‹, 1981, ›Das blaue Wunder‹, 1985); im Drama (W. Bauer, ›Magic afternoon‹, 1969); im Hörspiel (F. Kriwet, ›Apollo Amerika‹, 1969) und in den Grenzbereichen zwischen Literatur und bildender Kunst, zwischen Literatur und Musik. Kriwets oder Brinkmanns (u. a. Hg. mit Rolf Rainer Rygulla [* 1943] der Anthologie ›ACID. Neue amerikan. Szene‹, 1969) Beiträge signalisieren deutlich die Herkunft und Grundprägung der P. von amerikan. Populärmythen. In England sind als Vertreter der P. v. a. die ↑Liverpool poets zu nennen.

**Literatur:** Happenings. Fluxus. Pop Art. Nouveau Réalisme. Eine Dokumentation. Hg. v. J. BECKER u. J. VOSTELL. Rbk. ³1968. – ROSZAK, TH.: The making of a counter culture. London 1970. – ERHARD, E.-O.: Überlegungen zu Pop und Art. In: Neue Rundschau 81 (1970), S. 409. – HARTUNG, H.: Pop als ›postmoderne‹ Lit. In: Neue Rundschau 82 (1971), S. 727. – HERMAND, J.: Pop International. Eine krit. Analyse. Ffm. 1971. – HERMAND, J.: Pop oder die These vom Ende der Kunst. In: Die dt. Lit. der Gegenwart. Hg. v. M. DURZAK. Stg. 1971. S. 285. – Pop-Kultur. Ausweg oder Irrweg? In: Einf. in den sozialist. Realismus. Hg. v. E. PRACHT u. a. Bln. 1975.

**Popol Vuh** ['pɔpɔl 'vʊx; Maya = Buch des Rates], hl. Buch der Quiché-Indianer in Guatemala. Erste Aufzeichnung in lat. Schrift und Quiché-Maya zwischen 1554 und 1558 durch einen anonymen indian. Autor nach vorspan. Bilderhandschriften und mündl. Überlieferungen. Das Original (heute verloren) wurde 1690 in Chichicastenango entdeckt. Es enthält kosmogon. Vorstellungen und bis ins 10. Jh. zurückgehende histor. Traditionen der Quiché-Maya mit folgenden Themen: 1. die Schöpfung; 2. die Zeit der Dämonen und Helden; 3. die Zeit der Urväter; 4. die Zeit der

Könige (nach L. Schultze Jena). Das P. V. gilt als bed. Relikt der voreurop. Literatur der Indianer und ist eine wichtige Quelle für Ethnologie und Geschichte der Hochlandmaya.

**Ausgaben:** The book of counsel. The P. v. of the Quiché Maya of Guatemala. Hg. v. M. S. EDMONSON. Engl. u. Quiché. New Orleans (La.) 1971. – P. V. Das Hl. Buch der Quiché-Indianer von Guatemala. Dt. Übers. Hg. v. G. KUTSCHER. Stg. u. a. ²1972. – P. V. Das Hl. Buch der Quiché Guatemalas. Dt. Übers. Hg. v. G. KUTSCHER. Bln. 1975. – P. V. The sacred book of the ancient Quiché Maya [engl. Version, nach der span. Ausg. v. A. RECINOS]. Übers. v. D. GOETZ u. a. Neuausg. Norman (Okla.) 1978.

**Popov,** Aleksandr Serafimovič, russ.-sowjet. Schriftsteller, ↑Serafimowitsch, Alexandr Serafimowitsch.

**Popović,** Jovan Sterija [serbokroat. ˌpɔpɔvitɕ], * Vršac 1. Jan. 1806, † ebd. 26. Febr. 1856, serb. Schriftsteller. – War in offiziellen Stellungen am Aufbau des Schulwesens und an der kulturellen Erneuerung Serbiens beteiligt; schrieb zuerst klassizist. Lyrik und empfindsame Romane mit histor. Stoffen, dann Tragödien mit Stoffen aus Geschichte (›Smrt Stefana Dečanskog‹ [= Der Tod des Stefan Dečanski], 1849) und Volksepik, hatte jedoch v. a. mit seinen Charakter- und Sittenkomödien, von denen sich einige bis heute auf den serb. Bühnen gehalten haben (u. a. ›Tvrdica‹ [= Der Geizige], 1837), Erfolg.

**Ausgaben:** J. S. P. Celokupna dela. Belgrad 1928–31. 5 Bde. – J. S. P. Komedije. Belgrad 1966.

**Literatur:** TOKIN, M.: J. S. P. Belgrad 1956.

**Popow** (tl.: Popov), Alexandr Serafimowitsch [russ. paˈpɔf], russ.-sowjet. Schriftsteller, ↑Serafimowitsch, Alexandr Serafimowitsch.

**Popow** (tl.: Popov), Jewgeni Anatoljewitsch [russ. paˈpɔf], * Krasnojarsk 5. Jan. 1946, russ. Schriftsteller. – Erhielt als Mit-Hg. des Sammelbandes ›Metropol'‹ (1979) Publikationsverbot; wichtiger Vertreter der jungen russ. Literatur.

**Werke:** Die Wunderschönheit des Lebens (R., 1990, dt. 1992), Das Herz des Patrioten oder Diverse Sendschreiben an Ferfitschkin (R., 1991, dt. 1991), Restoran ›Berezka‹ (= Restaurant ›Berjoska‹, Prosa, 1991), Vorabend ohne Ende (R., dt. 1994).

**Popp,** Augustin, österr. Schriftsteller, ↑Waldeck, Heinrich Suso.

**Popper,** Otto, tschech. Schriftsteller, ↑Pavel, Ota.

**Populismus** [lat.] (frz. populisme), frz. literar. Richtung, 1929 begründet von Léon Lemonnier (* 1890, † 1953; Manifeste von 1929 und 1930) und A. Thérive im Anschluß an die russ. Populisten (Narodniki) mit dem Ziel, v. a. im Roman das Leben des einfachen Volkes in realist. Stil, ohne idealisierende oder polem. Verzerrungen zu schildern. Der P. wandte sich sowohl gegen den Intellektualismus und Psychologismus einer als realitätsfern begriffenen bürgerl. Literatur zu Beginn des 20. Jh. als auch gegen den sozialen Extremismus des ↑Naturalismus. Hauptvertreter: Thérive, E. Dabit, Lemonnier, J. Prévost. Der 1931 von Antonine Coullet-Tessier (* 1900, † 1983) gestiftete **Prix du roman populiste** wurde u. a. an E. Dabit, J.-P. Sartre, Ch. Rochefort verliehen. Weitergeführt wurde der Ansatz des P. in der ›École prolétarienne‹ des zeitweiligen Anhängers des P., H. Poulaille.

**Literatur:** Populism. Its meanings and national characteristics. Hg. v. G. IONESCU u. E. GELLNER. London u. New York 1969.

**Poquelin,** Jean-Baptiste [frz. pɔˈklɛ̃], frz. Komödiendichter und Schauspieler, ↑Molière.

**Poradeci,** Lasgush [alban. poraˈdetsi], eigtl. Lazër Gusho, * Pogradec 1899, † ebd. im Dez. 1987, alban. Lyriker. – Schrieb, gestützt auf Metrik und Versgestalt des alban. Volkslieds, eine von polit., religiösen, sozialen u. a. Zielsetzungen freie Lyrik, in der er als erster alban. Lyriker dem Abstrakten und Transzendentalen künstler. Ausdruck von europ. Rang gab; sprachlich vollendete philosoph. Lyrik und pantheistisch geprägte Naturlyrik: ›Vallja e yjve‹ (= Tanz der Sterne, 1933), ›Ylli i zemrës‹ (= Stern des Herzens, 1937); nach dem 2. Weltkrieg nur noch als Übersetzer tätig, v. a. von H. Heine und A. S. Puschkin.

**Pörksen,** Uwe, * Breklum (Landkreis Nordfriesland) 13. März 1935, dt. Germanist und Schriftsteller. – Seit 1978 Prof. für Sprache und ältere Literatur in Freiburg im Breisgau. Wurde als Schriftsteller bekannt durch seinen ersten Roman ›Weißer Jahrgang‹ (1979), dessen zeitgeschichtl. Hintergrund das Leben an den dt. Universitäten in den 1950er Jahren bildet; die Erzählungen spiegeln Aufbruchsversuche in den 1970er Jahren. Die Fähigkeit der genauen Wahrnehmung von Menschen und Landschaften sowie eine scharfe Beobachtungsgabe für die gesellschaftl. und polit. Zustände in der BR Deutschland sind wesentl. Merkmale seines Werkes.

**Weitere Werke:** Aufgeräumt (Ged., 1977), Die Ermordung Kotzebues oder Kinder der Zeit (En., 1984), Dt. Naturwissenschaftssprachen (Studien, 1986), Schauinsland (R., 1991), Wissenschaftssprache und Sprachkritik. Untersuchungen zu Geschichte und Gegenwart (1994).

**pornographische Literatur,** ursprünglich Bez. für die Darstellung der Prostitution und Literatur zur Prostituiertenfrage (N. Restif de La Bretonne, ›Der Pornograph‹, 1769, dt. 1918). P. L. wird heute der sog. Schundliteratur zugerechnet. – ↑auch obszöne Literatur.

**Literatur:** MERTNER, E./MAINUSCH, H.: Pornotopia. Das Obszöne u. die Pornographie in der literar. Landschaft. Ffm. ²1971. – GOULEMOT, J. M.: Gefährl. Bücher. Erot. Lit., Pornographie, Leser u. Zensur im 18. Jh. Rbk. 1993.

**Porphyrios von Tyros** (tl.: Porphýrios), * Tyros (heute Sur, Libanon) um 234, † Rom um 304, griech. Philosoph. – Schüler Plotins in Rom, dessen Werke er (mit einem Abriß der Lehre und einer Biographie) überlieferte. P.' Kommentar und Einleitung (›Eisagogḗ‹) zu den ›Kategorien‹ des Aristoteles fanden bis ins MA starke Beachtung. In seinen 15 Büchern ›Gegen die Christen‹ (448 von Theodosius II. öffentlich verbrannt) bekämpfte P. v. a. die christl. Lehre von der Schöpfung und der Gottheit Christi; indem er (im Unterschied zu Plotin) das Heil der Einzelseele als Zweck des Philosophierens ansah, verschaffte er dem Neuplatonismus Eingang ins Christentum. Bed. Einfluß auf Augustinus und Boethius.

**Porphyrius,** Publilius Optatianus, röm. Schriftsteller des 4. Jh. n. Chr. – Verfasser von Versspielereien, z. B. Figurengedichten, meist Panegyriken auf Kaiser Konstantin I., den Großen, durch die er sich die Rückberufung aus der Verbannung erwirkte.

**Ausgabe:** P. O. Porfyrius. Carmina. Hg. v. E. KLUGE. Lpz. 1926.

**Porta,** Carlo, * Mailand 15. Juni 1775, † ebd. 5. Jan. 1821, italien. Mundartdichter. – Befreundet mit A. Manzoni und T. Grossi; Vorkämpfer der Romantik. Schildert in seinen in Mailänder Mundart verfaßten Gedichten mitfühlend die Welt der kleinen Leute, der Armen und Unterdrückten. Mit getreuer Darstellung des Milieus verbindet er Kritik an Adel und Klerus sowie vaterländ. Empfinden.

**Ausgabe:** C. P. Poesie. Hg. v. D. ISELLA. Mailand ³1982.

**Literatur:** AURÉAS, H.: C. P. Paris 1959.

**Portaas,** Herman [norweg. ˌpurto:s], norweg. Schriftsteller, ↑Wildenvey, Herman.

**Porter,** Katherine Anne [engl. ˈpɔ:tə], * Indian Creek (Tex.) 15. Mai 1890, † Silver Spring (Md.) 18. Sept. 1980, amerikan. Schriftstellerin. – Während der 20er und 30er Jahre längere Aufenthalte in Mexiko und Europa, danach als Gastdozentin und Schriftstellerin an verschiedenen Universitäten. Ihre Kurzgeschichten und Kurzromane zeichnen sich durch eine lebendige psycholog. Charakterzeichnung, geschliffene Prosa und erzähler. Geschick aus; sie spielen z. T. im texanisch-mex. Grenzgebiet und reflektieren die eigene Erfahrung der Autorin. Ihr bekanntestes Werk ist der kontrovers rezipierte Roman ›Das Narrenschiff‹ (1962, dt. 1963), an dem P. 20 Jahre lang schrieb; anhand einer Schiffspassage von Veracruz nach Bremerhaven im Jahre 1931 wird aus iron. Sicht ein an moral. Allegorien erinnerndes Bild menschl. Existenz angesichts der Verhältnisse in Deutschland gegeben.

**Weitere Werke:** Unter heißem Himmel (Kurzgeschichten, 1930, dt. 1951, 1964 u. d. T. Blühender Judasbaum), Das dunkle Lied (Kurzgeschichten, 1939, dt. 1950, 1963 u. d. T. Fahles Pferd und fahler Reiter), Das letzte Blatt (Kurzgeschichten, 1944, dt. 1953, 1965 u. d. T. Der schiefe Turm), Was vorher war (Essays, 1952, dt. 1969).

**Ausgaben:** K. A. P. The collected stories. New York 1965. – K. A. P. Collected essays and occasional writings. New York 1970.

**Literatur:** HENDRICK, G.: K. A. P. New York 1965. – K. A. P. A critical symposium. Hg. v. L. HARTLEY u. G. CORE. Athens (Ga.) 1969. – LIBERMAN, M. M.: K. A. P.'s fiction. Detroit (Mich.) 1971. – HARDY, J. E.: K. A. P. New York 1973. – KIERNAN, R. F.: K. A. P. and Carson McCullers. A reference guide. Boston (Mass.)

1976. – K. A. P. A collection of critical essays. Hg. v. R. P. WARREN. Englewood (N. J.) 1979. – UNRUE, D. H.: Truth and vision in K. A. P.'s fiction. Athens (Ga.) 1985. – K. A. P. Conversations. Hg. v. J. GIVNER. Jackson (Miss.) 1987.

**Porter,** Peter [engl. 'pɔːtə], * Brisbane (Queensland) 16. Febr. 1929, engl. Dichter austral. Herkunft. – Lebt seit 1951 als freier Schriftsteller in England, war zeitweise den Group-Autoren verbunden. Seine Gedichte der 60er Jahre beleuchten satirisch die damalige Londoner Szene; später schrieb er formal komprimierte, meditativ-intellektuelle Lyrik (›Collected poems‹, 1983), ferner gegenwartsbezogene Übersetzungen Martials (›After Martial‹, 1972).

**Weitere Werke:** Fast forward (Ged., 1984), The run of your father's library (Ged., 1984), Possible worlds (Ged., 1989), A Porter selected: poems, 1959–1989 (Ged., 1989), The chair of Babel (Ged., 1992).

**Literatur:** BENNETT, B.: Spirit in exile. P. P. and his poetry. Oxford 1991.

**Porter,** William Sydney [engl. 'pɔːtə], amerikan. Schriftsteller, ↑ Henry, O.

**Pörtner,** Paul, * Elberfeld (heute zu Wuppertal), 25. Jan. 1925, † München 16. Nov. 1984, dt. Schriftsteller. – War Regieassistent in Wuppertal und Remscheid, studierte Germanistik, Romanistik und Philosophie, ging 1958 in die Schweiz, lebte zuletzt in München; begann mit Lyrik, schrieb dann v. a. Theaterstücke, die das Publikum zum Mitspielen, die Schauspieler zum Improvisieren auffordern (›Scherenschnitt‹, 1964), hintergründig-humorvolle Prosa (›Gestern‹, R., 1965; ›Einkreisung eines dikken Mannes‹, En., 1968), experimentelle Hörspiele, Essays und Übersetzungen.

**Weitere Werke:** Lebenszeichen (Ged., 1956), Wurzelwerk (Ged., 1960), Sophie Imperator (Schsp., 1961), Mensch Meier oder das Glücksrad (Schsp., 1961), Tobias Immergrün (R., 1962), Entscheiden Sie sich! (Schsp., 1965), Spontanes Theater (Essays, 1972), Ermittlung in eigener Sache (R., 1974), Polizeistunde (Stück, 1974).

**Literatur:** PFAENDLER, U.: Drama u. Mitspiel. Diss. Basel 1975.

**Pörtner,** Rudolf, * Bad Oeynhausen 30. April 1912, dt. Sachbuchautor. – Journalist; schrieb erfolgreiche, spannend-informative Sachbücher, v. a. über die römisch-german. Vorzeit in Deutschland.

**Werke:** Mit dem Fahrstuhl in die Römerzeit (1959), Bevor die Römer kamen (1961), Das Römerreich der Deutschen (1967), Die Wikinger-Saga (1971), Alte Kulturen – ans Licht gebracht (1975), Operation Heiliges Grab (1977), Das Schatzhaus der dt. Geschichte (1982; Hg.), Mein Elternhaus (1984), Schatzinsel der Forscher und Erfinder (1986), Kindheit im Kaiserreich (1987; Hg.), Heimat in der Fremde. Deutsche aus Rußland erinnern sich (1992).

**Pôrto Alegre,** Manuel de Araújo [brasilian. 'portu a'lɛgri], Baron von Santo Ângelo, * Rio Pardo (Rio Grande do Sul) 29. Nov. 1806, † Lissabon 29. Dez. 1879, brasilian. Dichter. – Prof. an der Kunstakademie in Rio de Janeiro (Historienmaler); Vertreter der frühen brasilian. Romantik; seine literar. Hauptwerke sind das nat. Epos ›Colombo‹ in 40 Gesängen (1866) sowie der Zyklus von Dichtungen mit vielbewunderten Naturschilderungen ›As Brasilianas‹ (1863); schrieb auch eine Reihe von unveröffentlichten Theaterstücken.

**Literatur:** PARANHOS ANTUNES, H.: O pintor do romantismo. Vida e obra de M. de A. P. A. Rio de Janeiro 1943.

**Porto-Riche,** Georges de [frz. pɔrto'riʃ], * Bordeaux 20. Mai 1849, † Paris 5. Sept. 1930, frz. Dramatiker italien. Abstammung. – 1892 naturalisiert; Grundthema seiner Dramen ist die Psychologie der Liebe, die er als zerstörerische Leidenschaft darstellt; seine bedeutendsten Stücke sind ›La chance de Françoise‹ (1888), ›Amoureuse‹ (1891), ›Le passé‹ (1898) und ›Le vieil homme‹ (1911). 1923 wurde er Mitglied der Académie française.

**Ausgabe:** G. de P.-R. Théâtre d'amour. Paris $^{4-22}$1926–28. 4 Bde.

**Literatur:** SÉE, E.: P.-R. Paris 1932 (mit Bibliogr.). – BRUGMANS, H.: G. de P.-R. Sa vie, son œuvre. Paris 1934.

**portugiesische Literatur,** Hauptcharakteristika der p. L. sind ihre lyr. Grundstimmung und ihre themat. Prägung durch die geograph. Lage des Landes am Rand des Meeres; entsprechend ist die bevorzugte Gattung der p. L. die Lyrik; ep. und dramat. Formen entwikkeln epochenspezifisch (Renaissance, Romantik) unterschiedl. Bedeutung.

**13. Jh. bis Mitte des 14. Jh. (Lyrik):** Im Verhältnis zu den übrigen roman. Literaturen des MA spät einsetzend, kennt die

p. L. kein Heldenepos in der Art der frz. Chansons de geste und des span. Cid-Epos (↑Cid, el). Sie erlebte eine erste Blüte mit der galicisch-portugies. Lyrik, die in drei Liederhandschriften (›Cancioneiro da Ajuda‹, ›Cancioneiro da Biblioteca Nacional‹, ›Cancioneiro da Vaticana‹) mit etwa 3000 Gedichten von über 200 Dichtern aus verschiedenen Ständen überliefert ist. In der galicisch-portugies. Lyrik lassen sich drei Gattungen unterscheiden. 1. ›Cantigas de amor‹ (Minnelieder; sie entsprechen der provenzal. ↑Canso); 2. ›Cantigas d'escarnho e de mal dizer‹ (Spott- und Rügelieder; sie entsprechen z. T. dem provenzal. ↑Sirventes); 3. ›Cantigas de amigo‹ (Klagelieder der Frau), eine Spielart des in allen volkstümlich inspirierten Literaturen vorkommenden Frauenliedes. Die ›Cantigas de amigo‹ stellen einen der Höhepunkte der p. L. des MA dar. Neben diesen weltl. Liedern erweitern die etwa 420 Marienlieder (›Cantigas de Santa Maria‹) Königs Alfons' X. von Kastilien das Spektrum der mittelalterl. Literatur Portugals.

**14./15. Jh. (Geschichtsschreibung, Hoflyrik):** Stolz auf die krieger. Leistungen, erste Entdeckerfahrten und die beginnende Konsolidierung des Nationalbewußtseins führten um die Mitte des 14. Jh. zur *Historiographie* in Prosa. Sie begann mit Chroniken (u. a. ›Crónica geral de Espanha de 1344‹) sowie bereits seit etwa 1270 mit genealog. Adelsregistern (›Livros de linhagens‹); umfangreicher sind die nach dem Sieg über die Kastilier in Aljubarrota 1385 im königl. Auftrag verfaßten Chroniken. Einen hohen literar. Rang weisen die Königschroniken des Hofhistoriographen Fernão Lopes (* um 1380 [?], † 1460 [?]) auf. Sein Hauptwerk ›Crónica de D. João I‹ (2 Tle., hg. 1644) wurde fortgesetzt durch Gomes Eanes de Zurara (* 1410/20 [?], † 1473/74) und Rui de Pina (* 1440, † 1529). Von kulturhistor. und literar. Interesse ist das moralisch-didakt. Lehrbuch der Fürstenerziehung ›O leal conselheiro‹ (um 1437) von König Eduard (* 1391, † 1438). – Nachdem die galicisch-portugies. Lyrik aus der Mode gekommen war (die letzten Vertreter Macías, Alfonso Álvarez de Villasandino [* um 1350, † nach 1425] sind in dem um 1445 in Spanien zusammengestellten ›Cancionero de Baena‹ überliefert), kam um 1450 eine Formenspielereien zugeneigte *höfische Gelegenheitsdichtung* nach span. Vorbild auf, die auch italien. Einflüsse vermittelte (Dante, F. Petrarca). Eine Sammlung der Dichtung der Zeit von 1450 bis 1510 stellte G. de Resende in seinem ›Cancioneiro Geral‹ (1516) zusammen.

**16. Jh. (bis 1580; Renaissance):** Die Zeit größter polit. Machtentfaltung unter Emanuel I. (1495–1521) bis zur Niederlage von Ksar-el-Kebir (1578) und der Personalunion mit Spanien (1580–1640) war zugleich die Epoche höchster literar. Blüte. – *Drama:* Religiosität und populäre Elemente kennzeichnen das Bühnenwerk von G. Vicente. In seinen von span. Vorbildern (J. del Encina) angeregten Mysterienspielen und Moralitäten (Autos) ebenso wie in seinen alle Gesellschaftsschichten darstellenden und kritisierenden wirklichkeitsnahen Farcen finden sich viele lyr. Stellen dank der zahlreichen eingelegten, inhaltlich volkstüml., formal italianisierenden Lieder. Vom mittelalterl. Vorbild löste sich J. Ferreira de Vasconcelos mit seiner von der span. ›Celestina‹ beeinflußten Prosakomödie ›Eufrósina‹ (1555). Die entscheidende Hinwendung zum Humanismus und zu italien. Vorbildern erfolgte um die Mitte des 16. Jh. durch F. de Sá de Miranda, den Verfasser der ersten klass. Komödie (›Os estrangeiros‹, hg. 1559), sowie durch A. Ferreira, der die erste klass. Tragödie schrieb (›Inês de Castro‹, entst. um 1558, hg. 1587). – Der Hauptvertreter des Humanismus, der v. a. als Lyriker tätige Sá de Miranda, führte in die *Dichtung* den sog. ›estilo novo‹ ein, d. h. Sonett und Kanzone in der Art F. Petrarcas, ferner die danteske Terzine, die Oktave L. Ariostos.

I. Sannazaros *Schäferroman* ›Arcadia‹ ahmte J. de Montemayor in span. Sprache nach (›Los siete libros de la Diana‹, 1559, dt. 1619, 1646 u. d. T. ›Diana‹), in portugies. Sprache als erster der Lyriker B. Ribeiro in dem schäferl. Liebesroman ›Menina e moça‹ (1554). Den mittelalterl. *Ritterroman* führte F. de Morais mit ›Palmeirim de Inglaterra‹ (1544, erste erhaltene portugies. Fassung 1567) fort.

Seefahrten und Eroberungen führten zu einer Blüte der *Historiographie* (J. de Barros, ›Décadas‹, erschienen ist nur der Teil ›Ásia‹, 3 Bde., 1552–63, Bd. 4 hg. 1615, dt. 1821). Die Eroberung Indiens schilderten Gaspar Correia (* 1495[?], † 1565[?]), F. Lopes de Castanheda und Damião de Góis (* 1502, † 1574). Aus den zahlreichen Landesbeschreibungen, Tagebüchern usw. ragt literarisch der Wahrheit und Erfindung vermischende erstaunl. Lebensbericht des Abenteurers F. Mendes Pinto hervor. Die herausragende literar. Erscheinung des portugies. 16. Jh. war L. Vaz de Camões, der in seinem histor. Epos ›Die Lusiaden‹ (1572, dt. 1806) die Geschichte Portugals und ihre Einordnung in Schöpfungsgeschichte, Geographie und Historie des Universums im mythisch ausgeweiteten Rahmen der Indienfahrt Vasco da Gamas entwirft. Von Camões stammen auch einige der schönsten petrarkist. Sonette der Weltliteratur.

**1580–1756 (Barocklyrik, religiöse Prosa):** Durch die engen Beziehungen zu Spanien gefördert, setzte sich in allen Gattungen der Barockstil eines L. de Góngora y Argote (und G. Marino) durch. Unter den *Lyrikern* ragten hervor F. Rodrigues Lobo, der die span. Kunstromanze einführte, und F. M. de Melo. ›Die Lusiaden‹ von Camões fanden zahlreiche Nachahmer. In der *Historiographie* sind die Namen von Frei de Sousa und Frei António Brandão (* 1584, † 1637) hervorzuheben; letzterer verfaßte die zuverlässigsten Teile des von den Mönchen von Alcobaça herausgegebenen monumentalen Geschichtswerkes ›Monarquia lusitana‹ (1597 bis 1727). Eine Blüte erlebte die religiöse *moralisch-didaktische Prosa* mit den Briefen und Predigten des Jesuiten António Vieira (* 1608, † 1697) und der Sentenzensammlung von Manuel Bernardes (* 1644, † 1710).

**1756–1825 (Arcádia Lusitana, Aufklärung, Klassizismus):** Zur Bekämpfung des barocken Stils wurde 1756 die Arcádia Lusitana (oder Arcádia Ulissiponense) gegründet, die zum Sammelpunkt neoklassizist. Strömungen wurde. Die Verwendung der span. Sprache wurde verpönt. Man orientierte sich an den frz. Aufklärern und den engl. Philosophen. José Anastácio da Cunha (* 1744, † 1787) übersetzte A. Pope und Voltaire, die Marquesa de Alorna (Alcipe) u. a. Ch. M. Wieland, J. Thomson, Th. Gray. In zahlreichen *didakt. Dichtungen* spiegelte sich die Begeisterung für die Naturwissenschaften. Der als Sonettendichter gefeierte M. M. Barbosa du Bocage kündigte mit seiner subjektiv-weltschmerzl. und patriotisch-aufklärer. Lyrik bereits die Romantik an. Eine Reform des *Theaters* nach den Prinzipien der Arcádia Lusitana versuchten M. de Figueiredo (* 1725, † 1801) und Domingo dos Reis Quita, der mit dem Drama ›A Castro‹ (1766) das beste klassizist. Stück schrieb.

**Nach 1825 (Romantik):** Die Romantik setzte in Portugal relativ spät ein. Hauptgattungen wurden neben der Lyrik der *histor. Roman* und das *histor. Drama* nach dem Vorbild von W. Scott und V. Hugo. Ihren Auftakt bildete das Epos ›Camões‹ (1825, dt. 1890 u. d. T. ›Camoens‹) des an L. Sterne geschulten bed. Prosaautors und Begründers des portugies. Nationaltheaters J. B. da Silva Leitão de Almeida Garrett, der auch als Lyriker hervortrat. Sein Drama ›Frei Luís de Sousa‹ (1844, dt. 1899 u. d. T. ›Manuel de Sousa‹) gilt als einer der Höhepunkte des europ. romant. Theaters, sein Werk ›Der Mönch von Santarem oder Wanderungen in meinem Vaterlande‹ (1846, dt. 1878) markiert autobiographisch, essayistisch und fiktional den Beginn der modernen Prosa in Portugal. Den Durchbruch der Romantik brachte die Gedichtsammlung ›A voz do profeta‹ (1836) des bes. als Historiker bed. A. Herculano de Carvalho e Araújo. Als portugies. Balzac gilt C. Castelo Branco. J. Dinis ist ein namhafter Verfasser regionalist. Romane, und unter den Lyrikern verdient der klassizistisch inspirierte Almeida Garrett neben A. F. de Castilho Erwähnung.

**1865 bis etwa 1900 (Realismus, Positivismus, Generation von Coimbra):** Gegen Castilho erhob sich die antiklerikale und antiromant. sog. Generation von Coimbra, die sich dem Positivismus und Realismus zuwandte. Als Manifest der Gruppe wirkte ein offener Brief (1865) von A. T. de Quental an Castilho. Vorbilder wurden H. de Balzac, G. Flaubert,

auch É. Zola. Die Hinwendung zum Realismus vollzog sich langsam, sie kam zum Durchbruch in den Romanen ›Das Verbrechen des Paters Amaro‹ (1876, dt. 1930) und ›Vetter Basilio‹ (1878, dt. 1957) des bedeutendsten Romanciers des Jh.s, J. M. Eça de Queirós.
Eine Erneuerung der Poesie brachte die spiritualist., spekulative Gedankenlyrik von A. T. de Quental. Zur Gruppe von Coimbra gehörten J. T. Fernandes Braga und J. P. de Oliveira Martins. Der antiklerikal und gegen Ende seines Lebens metaphysisch engagierte, von nat. Pathos erfüllte satir. Dichter und Naturlyriker A. M. de Guerra Junqueiro ist mit seinem vielfältigen Werk als einer der Anreger des portugies. literar. Traditionalismus im 20. Jh. anzusehen.
**Nach 1900 (Symbolismus, Saudosismo, Modernismo, Neorealismus, Gegenwart):** Von 1890 an wurden die literar. Beziehungen zum Ausland, bes. zu Frankreich, enger; die literar. Richtungen lösten einander schneller ab. Tendenzen der Dichtung des Fin de siècle finden sich in Portugal bei A. Nobre, des *Symbolismus* bei E. de Castro, C. Pessanha, M. de Sá-Carneiro und R. Brandão. Die Ausrufung der Republik (1910) und Portugals Eintritt in den *1. Weltkrieg* begünstigten das Entstehen des neoromant. *Saudosismo,* eines auf die nat. Werte sich besinnenden messian. Symbolismus portugies. Prägung, in der pantheist. Lyrik von Teixeira de Pascoais und von Alfonso Lopes Vieira (* 1878, † 1946). Unter anderem vom Saudosismo angeregt war F. A. Nogueira de Seabra Pessoa, der bedeutendste portugies. Lyriker des 20. Jh., sowie J. Régio, die beide zugleich zum lyr. *Modernismo* überleiten. Naturalist. sozialkrit. Romane schrieb R. Brandão. Als Erzähler bedeutend ist auch der durch seine Heimatromane bekannte A. Ribeiro. Auf der *Bühne* waren erfolgreich J. Dantas und A. Cortês.
Der sozialkrit. *Neorealismus* der Zeit *nach dem 2. Weltkrieg* setzte sich nur im Roman durch, u. a. bei A. A. Redol, Soeiro Pereira Gomes, F. Namora und J. M. Ferreira de Castro.
Jahrzehntelang von der faschist. Zensur bedroht und eingeschränkt, schien die p. L. *nach der Revolution vom 25. April 1974* erstarrt und elektrisiert zugleich von der Turbulenz der polit. Ereignisse und den neuen Möglichkeiten der Freiheit. Poet. Experimente und literar. Engagement, bes. seit Beginn der 60er Jahre nur heimlich, vor den Augen der Obrigkeit verborgen, im inneren oder äußeren Exil vollziehbar, gehörten auf einmal wieder zu den Spielarten öffentl. Artikulation. Von daher ergeben sich die Vielfalt der p. L. der jüngsten Zeit, ihre Offenheit und ihre unverwechselbare Eigenständigkeit. Die Rehabilitation der Avantgarde manifestierte sich zunächst in der *Lyrik,* die wie im Pariser Mai 1968 oder nach den Vorstellungen Lautréamonts und der Surrealisten nun von allen geschaffen werden konnte, sich auf Straßen, Plätzen, in Dörfern und Städten als Inschrift und Wechselrede ereignete. Konkrete Lyrik, in den 60er Jahren als Evasionspunkt gesucht, bekennt sich ebenso wie realist. und idealist. Poesie zu Gegenwart und Entwurf der Zukunft (M. Torga, Maria de la Salette Tavares de Aranda [* 1922], Ernesto Manuel Geraldes de Melo e Castro [* 1932], António Osório [* 1933], António Franco Alexandre [* 1944]). Der Dichter als Mythendeuter und Visionär (José Agostinho Baptista, ›O último romântico‹, 1981; ›Autoretrato‹, 1986), als Ergründer der Existenz (Raúl Maria de Carvalho [* 1920]), als Sprachtheoretiker und Metapoet (A. V. Ramos Rosa) und als Deuter von Zeit und Innerlichkeit (Vasco Navarro da Graça Moura [* 1942]) gesellt sich der Kontinuität der nat. und internat. Moderne bei (D. Mourão-Ferreira, H. Helder). Die fiktionale Prosa (*Erzählung* und *Roman*) setzt sich formal auf der Basis der Erneuerung narrativer Strukturen und der Einbeziehung der gesprochenen in die Schriftsprache mit Geschichte und Gegenwart, Erschütterung der Hierarchien in der Folge der Revolution von 1974, der sozialen Zeichnung des Individuums und seiner Zerstörung auseinander, enthüllt polit. Illusionen und entlarvt die Begründung des Faschismus im Opportunismus der Bourgeoisie (A. Bessa Luís, J. Saramago, J. Cardoso Pires). Die Unfähigkeit zur Kommunikation wird beschrieben, Sexualität und Tod werden wie im Fin de

siècle als Fluchten angeboten, Nacht und Traum als Wirklichkeit beschrieben – nur die Erinnerung hält der Vergänglichkeit stand (Augusto Abelaira [* 1926], Mário Cláudio [* 1941], Almeida Faria, Maria Judite de Carvalho [* 1921], ›Contos da sétima esfera‹, 1981). Frauen artikulieren ihre sozialen Beschränkungen und formulieren neue Selbständigkeiten (Maria Velho da Costa [* 1938], L. Jorge, Maria Isabel Barreno [* 1939], Maria Teresa Horta [* 1937], T. Gersão, O. Gonçalves u. a.). Auch *Drama* und *Fernsehspiel* suchen nat. und persönl. Identität in der Historie zu fixieren. Camões und Damião de Góis sind Vorbilder für mögl. Lösungen, die sich auf ihre Art um polit. Aufarbeitung auch des Gegenwärtigen bemühen (A. Abelaira, J. Cardoso Pires). Das im wesentl. traditionell auf Vielfalt und Doppeldeutigkeit sozialer Verhaltensweisen gerichtete Schauspiel wird nur punktuell durch den intelligenten Rückgriff auf volkstüml. Elemente (António Manuel Pires Cabral [* 1941], ›O saco das nozes‹, 1982) oder Einbeziehung des Absurden (António Manuel de Sousa Aragão [* 1924]) ergänzt. Die angedeuteten Tendenzen gelten auch für den Bereich der literaturkrit. *Essayistik,* die einerseits methodologisch nach einer Phase der relativ unkrit. Übernahme strukturalist. Ansätze nun von einer Offenheit des deutenden Vorgehens gekennzeichnet ist, die die Gesamtheit der Humanwissenschaften einbezieht und andererseits neue Leseweisen der literar. Vergangenheit – am Beispiel von Camões oder Pessoa, der Gestalt des Pícaro oder des portugies. Futurismus – vorschlägt, die ihrerseits auf Identitätssuche und -findung zielen (D. Mourão-Ferreira, Eduardo do Prado Coelho [* 1944]). Der Tyrannei des Narzißtischen wird auch hier die Öffentlichkeit der Historie gegenübergestellt.

**Literatur:** Bell, A. F. G.: Portuguese literature. Oxford 1922. Neudr. 1970. – História da literatura portuguesa ilustrada. Hg. v. A. Forjaz de Sampaio. Paris u. Lissabon 1929–42. 4 Bde. – Barros, J. de: Pequena história da poesia portuguesa. Lissabon ²1944. – Le Gentil, G.: La littérature portugaise. Paris ²1951. – Simões, J. G.: História da poesia portuguesa das origens aos nossos dias. Lissabon 1954–58. 2 Bde. – Stegagno Picchio, L.: Storia del teatro portoghese. Rom 1964. – Rossi, G. C.: Geschichte der p. L. Dt. Übers. Tüb. 1964. – Figueiredo, F. de Sousa: História literária de Portugal. São Paulo ³1966. – Franzbach, M.: Abriß der span. u. portugies. Literaturgesch. in Tabellen. Ffm. 1968. – Lange, W.-D.: Die p. L. In: Moderne Weltliteratur. Hg. v. G. von Wilpert u. I. Ivask. Stg. 1972. S. 143. – Moisés, M.: Literatura portuguesa moderna. Guia biográfico, crítico e bibliográfico. São Paulo 1973. – Grande dicionário da literatura portuguesa e de teoria literária. Hg. v. J. J. Cochofel. Bd. 1. Lissabon 1977 ff. – Coelho, J. do Prado: Dicionário de literatura. Figueirinhas/Porto ³1978. Neuaufl. 1984. 5 Bde. – Machado, Á. M.: Quem é quem na literatura portuguesa. Lissabon 1979. – Castro, E. M. de Melo E.: As vanguardas na poesia portuguesa do século vinte. Lissabon 1980. – Mendes, J.: Literatura portuguesa. Lissabon ²1981–83. 4 Bde. – Saraiva, A. J.: A cultura em Portugal. Amadora 1982 ff. Auf mehrere Bde. berechnet. – Pacheco, F. Assis: Portugies. Prosa u. Poesie, 1974–1982. In: Jahresring 29 (1982–83), S. 50. – Rebello, L. F.: Histoire du théâtre portugais. Frz. Übers. v. C.-H. Frèches. Löwen 1985. – Saraiva, A. J./Lopes, O.: História da literatura portuguesa. Porto ¹³1985. – Siepmann, H.: P. L. des 19. u. 20. Jh. Darmst. 1987. – Portugies. Romane der Gegenwart. Interpretationen. Hg. v. R. Hess. Ffm. 1992. – Hasebrink, G.: Wege der Erneuerung. Portugies. Romane nach der ›Nelkenrevolution‹. Bln. 1993. – Die Schwestern der Mariana Alcoforado. Portugies. Schriftstellerinnen der Gegenwart. Hg. v. E. Engelmayer u. R. Hess. Bln. 1993.

**Poruks,** Jānis [lett. ˈpu̯ɔrʊks], * Prēdeļi (Livland) 13. Okt. 1871, † Dorpat 25. Juni 1911, lett. Schriftsteller. – Schrieb gefühlsstarke Lyrik und realist. Prosa. Er gilt als Wegbereiter der ›Moderne‹ seiner Zeit in der lett. Literatur. Reichtum an Ideen, unerschöpfl. Phantasie und ausdrucksstarke Sprache lassen ihn bis heute als eine der bedeutendsten Gestalten des lett. Schrifttums erscheinen.

**Werke:** Pērļu zvejnieks (= Perlenfischer, E., 1895), Sirdsšķīstie ļaudis (= Die reinen Herzens sind, E., 1896), Kauja pie Knipskas (= Schlacht an der Knipska, En., 1897), Die Erneuerer Roms (E., 1900, dt. 1977).

**Poseidippos** (tl.: Poseídippos), griech. Komödiendichter des 4./3. Jh. aus Kassandreia (Makedonien). – Vertreter der neuen Komödie; größte Erfolge hatte er in Athen nach Menanders Tod. Bei A. Gellius wurden Werke von P. zu den Quellen der röm. Komödiendichter gerechnet; den ›Menaechmi‹ des Plautus liegt vielleicht ein Stück des P. zugrunde; von seinem Werk sind nur Bruchstücke erhalten (in T. Kock: ›Comicorum atticorum fragmenta‹, Bd. 3, 1888).

**Poseidonios** (tl.: Poseidṓnios; Posidonius), * Apameia am Orontes um 135, † Rom 51, griech. Philosoph. – Bed. Vertreter der Stoa; gründete eine eigene Schule in Rhodos; der größte antike Universalgelehrte nach Aristoteles: u.a. Geograph und Ethnologe (Forschungsreisen u.a. nach Sizilien, Südgallien, Spanien), Astronom, Meteorologe, Historiker (52 Bücher Zeitgeschichte [ab 146 bis etwa 79] als Fortsetzung des Polybius); mehrmals Aufenthalt in Rom; seine zahlreichen Werke sind nicht erhalten. Charakteristisch für P. ist seine Erfahrung des Logos als Leben und lebenspendende Kraft sowie der Gedanke der Einheit des vom Logos durchwirkten Makro- und Mikrokosmos; die Lehre von der ›Sympathie zwischen allen Teilen des Ganzen‹, d.h. der Affinität und darauf beruhender Wechselwirkung zwischen ihnen, erhielt bei ihm eine neue Perspektive durch die Vorstellung einer in Stufen aufsteigenden Verbindung aller Dinge, vom Unorganischen bis zur Gottheit. Als Ursache des Schlechten erkannte er eine ›unglückl. Mischung der Elemente‹ im Blut, gegen die der vernünftige Seelenteil sich durchsetzen muß. Neben seiner wiss. und philosoph. Leistung stehen myst. Neigungen und der Versuch einer Begründung der Mantik, die v.a. der Astrologie eine folgenreiche Geltung verschaffte.

**Literatur:** Rheinhardt, K.: P. v. Apameia, der Rhodier genannt. Stg. 1954. – Pfligersdorffer, G.: Studien zu P. Wien. 1959.

**Positionslänge,** metr. Bez. für eine Silbe mit kurzem Vokal, auf den mehr als ein Konsonant folgt (z.B. lat. mors = Tod); der zweite Konsonant kann auch zur folgenden Silbe gehören (mor-tis). Diese Silben sind in der quantitierenden Dichtung, aber auch in der Kadenzwertung der mhd. akzentuierenden Dichtung Silben mit langem Vokal gleichgestellt.

**positiver Held** ↑Held, ↑sozialistischer Realismus.

**Positivismus** [lat.], in der Literaturwissenschaft entwickelte sich im Anschluß an A. Comtes philosoph. P. in der zweiten Hälfte des 19. Jh. die Tendenz, sich stärker an Gegebenem, Tatsächlichem, positiv Faßbarem zu orientieren. Sie versuchte analog zu naturwissenschaftl. Methoden strukturelle Gesetzmäßigkeiten in der Literatur herauszuarbeiten. Vorbild für den literarhistor. P. wurde die ›Geschichte der engl. Literatur‹ (1863, dt. 1877–80, 3 Bde.) von H. Taine. Haupt des dt. literaturwissenschaftl. P. wurde W. Scherer. Sein Schüler Erich Schmidt (* 1853, † 1913) propagierte die sog. historisch-genet. Methode. Am konsequentesten versuchte Richard Heinzel (* 1838, † 1905) naturwissenschaftl. Gesetzmäßigkeiten in der Literatur zu entdecken. – Der literarhistor. P., der für die gesamte europ. und an europ. Modellen orientierte Literaturwissenschaft in unterschiedl. zeitl. Phasen und Abläufen verbindlich wurde, bemühte sich v.a. um Ursachen- und Motivforschung, um die Darstellung des geschichtl. Werdens auf der Basis des empirisch Erfaßbaren, um eine Festlegung des geschichtl. Werdens auf das empirisch Feststellbare. Seinem Ideal naturwissenschaftl. Objektivität gemäß befaßte er sich v.a. mit Sammeln, Beschreiben, Klassifizieren; er wandte sich gegen alle Spekulationen. Vertreter des P. schrieben bed. Dichterbiographien, gaben grundlegende Klassikerausgaben heraus und begründeten wichtige Editionsreihen. Abgelöst wurde der literarhistor. P. um die Jahrhundertwende u.a. durch die geisteswissenschaftl. Methode W. Diltheys oder die von B. Croce inspirierte ›idealist. Neuphilologie‹ K. Voßlers (›P. und Idealismus in der Sprachwissenschaft‹, 1904). Neopositivist. Züge tragen manche Sparten der modernen Literaturwissenschaft, so etwa der Versuch, linguist. Erklärungsmodelle (linguist. Semiotik, Transformationsgrammatik, Textlinguistik) zur Lösung von poetolog. oder praktisch-interpretativen Problemen heranzuziehen, oder allgemein die Absicht, geisteswissenschaftl. Fragen mathematisch (›Mathematik und Dichtung‹, hg. v. H. Kreuzer und R. Gunzenhäuser, [4]1971) oder mit Hilfe von Computern zu beantworten. – ↑auch Literaturkritik.

**Posse** [frühnhd.; eigtl. = Zierrat, Scherzfigur; zu frz. ouvrage à bosse = Bildhauerarbeit], Begriff, der verschiedene Formen des volkstüml. kom. Theaters in der neuzeitl. Literatur und Dramatik bezeichnet. Eine große Rolle spielt in den P.n die Improvisation; kennzeichnend sind einfaches Handlungsgefüge, Situations- oder Charakterkomik und der Verzicht auf Belehrung; im Mittelpunkt steht meist die ↑lustige Person in ihren verschiedensten histor. Ausprägungen. Die als P.n bezeichneten neuzeitl. Stücke stehen durchweg in der Tradition des ↑Mimus, des ↑Fastnachtsspiels und der ↑Commedia dell'arte. – Der Begriff begegnet erstmals im 17. Jh. als Bez. für die kurzen derb-kom. Nachspiele der Wanderbühne (ältester Beleg das Stückeverzeichnis der Veltenschen Truppe, das für das Jahr 1679 die Aufführung der ›P. von Münch und Pickelhäring‹ festhält), später für aus dem Französischen übersetzte kom. Einakter; in deren Tradition stehen einzelne dt. Produktionen der Zeit um 1800 (A. von Kotzebue) und der 1. Hälfte des 19. Jh. (E. Raupach, H. Laube). Eine Sonderstellung nimmt das Volkstheater ein, das aufgrund lokaler Traditionen bis weit ins 19. Jh. an der lustigen Person festhält. Im volkstüml. Rahmen entwickelt sich seit der 2. Hälfte des 18. Jh. die *Wiener Lokal-P.* mit J. A. Stranitzkys ›Hans Wurst‹ (↑Hanswurst), Johann Josef La Roches (* 1745, † 1806) ›Kasperl‹, Anton Hasenhuths (* 1766, † 1841) ›Thaddädl‹, E. Schikaneders ›Dummem Anton‹, Matthias Stegmayers (* 1771, † 1820) ›Rochus Pumpernickel‹ und A. Bäuerles ›Staberl‹ als lustigen Personen; ihren Höhepunkt stellen die P.n J. N. Nestroys dar (u. a. ›Einen Jux will er sich machen‹, 1844). Zur Wiener Lokal-P. gehört auch die *Zauber-P.*, die durch das Eingreifen guter und böser Feen und Geister in menschl. Handlungen charakterisiert ist (z. B. Nestroys ›Der böse Geist Lumpazivagabundus‹, 1835).

**Post,** Sir (seit 1981) Laurens (Jan) van der, * Philippolis (Oranjefreistaat) 13. Dez. 1906, südafrikan. Schriftsteller. – Verließ Südafrika 1927 und ging nach England, diente in der brit. Afrika- und Ostasienarmee (1939–45), Kriegsgefangener in Japan, Militärattaché in Java; unternahm mehrere Expeditionen ins Innere Afrikas und zeichnete das Leben der fast ausgestorbenen Buschmänner in der Kalahari auf; schrieb erfolgreiche Reisereportagen, meist autobiograph. Erfahrungsberichte, Romane und Sachbücher, die in mehrere Sprachen übersetzt und z. T. verfilmt wurden.

**Werke:** Vorstoß ins Innere. Afrika und die Seele des 20. Jh. (Reiseber., 1952, dt. 1952), Flamingofeder (R., 1955, dt. 1956), Das dunkle Auge Afrikas (Studie, 1955, dt. 1956), Die verlorene Welt der Kalahari (Reiseber., 1958, dt. 1959), Das Herz des kleinen Jägers (Reiseber., 1961, dt. 1962), Der Jäger und der Wal (R., 1967, dt. 1968), Die Nacht des neuen Mondes (autobiograph. E., 1970, dt. 1970), Wenn Stern auf Stern aus der Milchstraße fällt (R., 1972, dt. 1973), Aufbruch und Wiederkehr (autobiograph. En., 1982, dt. 1985), Testament to the bushmen (Studie, 1984).

**Postel,** Christian Heinrich, * Freiburg (Elbe) 11. Okt. 1658, † Hamburg 22. März 1705, dt. Dichter. – Advokat in Hamburg; führender Vertreter der Hamburger Operndichtung. Seine Libretti zeichnen sich durch knappe Dialogführung und zügigen Versrhythmus aus; kom. Kontrastszenen lockern die heroische Handlung auf. Er schrieb ferner das Heldenepos ›Der große Wittekind‹ (hg. 1724). Seine bekanntesten Opernlibretti sind ›Kain und Abel‹ (1689), ›Die schöne und getreue Ariadne‹ (1691) und ›Medea‹ (1695).

**Literatur:** OLSEN, S.: Ch. H. P. (1658–1705). Bibliografie. Amsterdam 1974.

**Posthius,** Johann, * Germersheim 15. Okt. 1537, † Mosbach 24. Juni 1597, dt. Dichter. – Leibarzt des Fürstbischofs von Würzburg, Julius Echter von Mespelbrunn, 1585 Lehrer, später Leibarzt des Kurfürsten Friedrich IV. von der Pfalz. P. ist einer der bedeutendsten Vertreter der nlat. Dichtung in Deutschland nach 1550.

**Werk:** Parerga poetica (1580).

**Literatur:** KARRER, K.: Johannes P. (1537 bis 1597). Verz. der Briefe u. Werke mit Regesten u. P.-Biogr. Wsb. 1993.

**Postille** [mlat., von lat. post illa (verba) = nach jenen (Worten)], Bez. für die Auslegung eines Bibeltextes, die als Kommentar den jeweils abschnittweise aufgeführten Texten nachfolgte, sodann für die Erklärung biblischer Bücher überhaupt, schließlich auch für den auslegenden Teil einer Predigt oder für die ganze Predigt, wenn sie der Schriftauslegung diente. Die P. wurde im Gottesdienst verlesen (Kirchen-P.) oder diente zur häusl. Erbauung (Haus-P.). Von großer Bedeutung waren M. Luthers Kirchenpostille (1527) und die ›Hauspostille‹ (1690) von Leonhard Goffiné (* 1648, † 1719). Ironisch-verfremdend nannte B. Brecht eine seiner Gedichtsammlungen ›Hauspostille‹ (1927).

**Postl,** Karl Anton, österr. Schriftsteller, ↑ Sealsfield, Charles.

**Postmodernismus,** die Bewegung des P. ist Ausdruck eines kulturellen Wandels von der Phase des die erste Hälfte des 20. Jh. bestimmenden Modernismus zu der Zeit danach. In diesem Sinne verwenden span. Literaturkritiker seit 1934, der engl. Historiker Arnold Toynbee (* 1889, † 1975) seit 1947 den Begriff des P.; in den 50er und 60er Jahren setzte sich P. als literaturkrit. Begriff v. a. in Amerika durch, zunächst in negativer Sicht als Bruch mit den avantgardist. Errungenschaften des Modernismus (Irving Howe [* 1920], Harry Levin [* 1912]), dann in positiver Sicht als eine Fortsetzung der im Modernismus erreichten Positionen mit einer Öffnung der Kunst zur Pop-art (Ihab Hassan [* 1925], L. A. Fiedler, William Spanos [* 1925], David Antin [* 1932], S. Sontag). Neokonservative Intellektuelle (Daniel Bell [* 1919]) analysieren ebenso wie marxist. Kritiker, die den P. als die reinste Ausprägung eines multinat. Konsumkapitalismus begreifen (Fredric Jameson [* 1934]), die allgemeinen Auswirkungen des P. auf die Gesellschaft, was u. a. zur Auffassung des P. als einer neokonservativen Bewegung geführt hat (J. Habermas). – Kennzeichen aller postmodernen Erscheinungen, die v. a. in Amerika im Anschluß an die kulturelle Jugendrevolution der 60er Jahre avantgardistisch alle Bereiche der Kunst, Wissenschaft, Kultur und des Lebens erfaßt und von dort aus auf Europa gewirkt haben, ist die Zuwendung zu offenen Formen einer Kunst, die den Performanzcharakter des auch den Rezipienten in den Kunstakt einbeziehenden Kommunikationsprozesses betont. Damit verbunden ist der Umbruch zu einer das Subjekt dekonstruierenden, jegl. Handlungslogik negierenden Kunst- und Kulturauffassung der Gegenwart, die im weitesten Sinne als postrationalistisch, posthumanistisch (Hassan), postmaterialistisch (Christopher Lasch [* 1932]), postindustriell (Bell), posthistorisch (Arnold Gehlen [* 1904, † 1976]), postkulturell (George Steiner [* 1929]) bezeichnet worden ist. Die nicht mehr unterscheidbaren Bereiche von Kunst und Leben sind von der innovativen Verwendung von Kitsch, Klischee, Parodie, Pastiche und Zitat bestimmt. Am deutlichsten zeigen sich solche postmodernen Erscheinungsformen in der Architektur, im Theater (J. Gelber, R. Wilson, ↑ Living Theatre, Performance Group, Open Theater), im Tanz (Merce Cunningham [* 1919]), in der Musik (John Cage [* 1912], Punk, New Wave), in der Philosophie und dem ↑ Dekonstruktivismus (J. Derrida, J.-F. Lyotard, Hannes Böhringer: ›Begriffsfelder. Von der Philosophie zur Kunst‹, 1985), in Film (Stanley Kubrick [* 1928], Steven Spielberg [* 1947]), Fernsehen, den Video- und Computerspielen, der bildenden Kunst (Joseph Beuys [* 1921, † 1986]) sowie in den Literaturen der USA (A. Ginsberg, W. S. Burroughs, J. Barth, R. Coover, J. Hawkes, Th. Pynchon, I. Reed), des deutschsprachigen Raums (P. Handke, Th. Bernhard, B. Strauß, G. Grass), Frankreichs (A. Robbe-Grillet, C. Simon, Ph. Sollers), Englands (S. Beckett, A. Burgess, J. Fowles, A. Carter), Italiens (U. Eco, I. Calvino), Lateinamerikas (G. García Márquez, J. L. Borges, M. Vargas Llosa). Der P. ist nach U. Eco zu einem ›Passepartoutbegriff‹ ohne Erkenntniswert und damit neuerdings fraglich geworden.

**Literatur:** Performance in postmodern culture. Hg. v. M. BENAMOU u. C. CARAMELLO. Madison (Wis.) 1977. – Romanticism, modernism, postmodernism. Hg. v. H. R. GARVIN. Lewisburg (Pa.) 1980. – HASSAN, I.: The dismemberment of Orpheus. Toward a postmodern literature. Madison (Wis.) [2]1982. – FOKKEMA, D. W.: Literary history, modernism, and postmodernity. Amsterdam u. Philadelphia (Pa.) 1984. – BURGIN, V.: The end of art theory. Criticism and postmodernism. Atlantic Highlands (N. J.)

1986. – HUYSSEN, A.: After the great divide. Modernism, mass culture, postmodernism. Bloomington (Ind.) 1986. – Postmoderne. Zeichen eines kulturellen Wandels. Hg. v. A. HUYSSEN u. K. R. SCHERPE. Rbk. 1986. – LYOTARD, J.-F.: Das postmoderne Wissen. Graz u. a. 1986. – Postmodern fiction. A bio-bibliographical guide. Hg. v. L. MCCAFFERY. New York 1986. – Exploring postmodernism. Hg. v. M. CALINESCU u. D. FOKKEMA. Amsterdam u. Philadelphia (Pa.) 1987. – Postmoderne. Alltag, Allegorie u. Avantgarde. Hg. v. CH. BÜRGER u. P. BÜRGER. Ffm. 1987. – HASSAN, I.: The postmodern turn. Columbus (Ohio) 1987. – CONNOR, S.: Postmodernist culture. Neuausg. Oxford 1991. – Postmoderne. Ende der Avantgarde oder Neubeginn? Eggingen [2]1991. – Jenseits des Diskurses. Lit. u. Sprache in der Postmoderne. Hg. v. A. BERGER u. G. E. MOSER. Wien 1994.

**Potechin,** Alexei Antipowitsch [russ. pa'tjexin], * Kineschma (Gebiet Iwanowo) 13. Juli 1829, † Petersburg 29. Okt. 1908, russ. Schriftsteller. – Entstammte einer Adelsfamilie, Provinzbeamter; stellte in Dramen, Romanen und Erzählungen in volkstüml. Sprache russ. Volkstum und Brauchtum unter Beachtung sozialkritischer Aspekte dar; auch Themen aus dem Lebensbereich der Intelligenz.

**Literatur:** KETCHIAN, S.: The plays of A. Potexin. Diss. Harvard University Cambridge (Mass.) 1975.

**Potgieter,** Everhardus Johannes [niederl. 'pɔtxitər], * Zwolle 27. Juni 1808, † Amsterdam 3. Febr. 1875, niederl. Dichter und Essayist. – Arbeitete mit A. Drost, R. C. Bakhuizen van den Brink u. a. an der literar. Zeitschrift ›De Muzen‹ mit, gründete 1837 die Monatsschrift ›De Gids‹, die die krit. Richtung der nat. Bewegung in der niederl. Literatur vertrat, und leitete sie bis 1865. In scharfsinnigen Kritiken setzte sich P. unermüdlich für die Erneuerung der niederl. Literatur ein. Sein bemerkenswertestes Werk ist das ep. Gedicht ›Florence‹ (1868), zu dem er auf einer Florenzreise inspiriert wurde. In dem Prosawerk ›Jan, Jannetje en hun jongste kind‹ (1842) zeigt er die große kulturelle und polit. Tradition seines Landes im 17. Jahrhundert.

**Weitere Werke:** Liedekens van Bontekoe (Ged., 1840), 't Is maar een Pennelikker (Prosa, 1842), Het Rijksmuseum te Amsterdam (Essay, 1844), De nalatenschap van den landjonker (Ged., 1875), Gedroomd paardrijden (Ged., 1875).

**Ausgabe:** E. J. P. Werken. Hg. v. J. C. ZIMMERMAN. Haarlem 1885–94. 20 Bde.

**Poth,** Chlodwig, * Wuppertal 4. April 1930, dt. Karikaturist und Publizist. – Mitbegründer der satir. Zeitschriften ›Pardon‹ und ›Titanic‹. Textet und zeichnet kom., v. a. aber satir. Bildergeschichten mit gesellschafts- und zeitkrit. Tendenz. Als Buchveröffentlichungen erschienen u. a. ›Mein progressiver Alltag‹ (1975), ›Die Taktik des Ehekrieges‹ (1980), ›Die Vereinigung von Körper und Geist mit Richards Hilfe. Ein heiterer Liebesroman‹ (1980), ›Das Katastrophenbuch‹ (1982), ›Tanz auf dem Vulkan‹ (1984), ›50 Jahre Überfluß‹ (R., 1990), ›Last exit Sossenheim‹ (1993), ›Ungeniert graumeliert. Das Buch zum Ruhestand‹ (1993).

**Potocki,** Jan Graf [poln. pɔ'tɔtski], * Pików (Podolien) 8. März 1761, † Uładówka (Ukraine) 2. Dez. 1815, poln. Schriftsteller, Geschichts- und Altertumsforscher. – Bereiste Europa, Afrika und Asien; neben Reiseberichten sowie histor. und archäolog. Werken in frz. Sprache ist v. a. seine in Anlehnung an ›Tausendundeine Nacht‹ verfaßte phantastisch-romant. Rahmenerzählung ›Die Handschrift von Saragossa‹ (entst. 1797–1815, frz. in Auszügen 1805–14, poln. vollständig 1847 in 6 Bden. nach einem später verlorenen frz. Manuskript, dt. 1961, Tl. 1 erstmals dt. 1810) bedeutend.

**Literatur:** J. P. et ›Le manuscrit trouvé à Saragosse‹. Hg. v. C. JEAN u. a. Warschau 1975.

**Potocki,** Wacław [poln. pɔ'tɔtski], * Wola Łużańska 1621, □ Łużna 9. Juli 1696, poln. Dichter. – Schuf schöpfer. Neugestaltungen fremder Dichtungen; zu seinen meist postum veröffentlichten Werken gehören v. a. religiöse Dichtungen aus verschiedenen Gattungen, histor., allegor. und didakt. Dichtungen sowie das Heldenepos über den Sieg gegen die Türken bei Chotin (Ukraine) 1621 ›Wojna chocimska‹ (= Der Krieg von Chotin, entst. 1670, hg. 1850), P.s Hauptwerk; bed. sein Wappenbuch in Versen ›Poczet herbów ...‹ (= Wappenreihe, 1696).

**Ausgaben:** W. P. Pisma wybrane. Warschau 1953. 2 Bde. – W. P. Wiersze, wybór. Warschau 1966.

Literatur: MALICKI, J.: Słowa i rzeczy. Twórczość W. P.ego wobec polskiej tradycji literackiej. Kattowitz 1980.

**Potok,** Chaim [engl. 'poʊtɔk], * New York 17. Febr. 1929, amerikan. Schriftsteller. – 1954 Ordination zum Rabbiner, 1955–57 Militärgeistlicher in Korea; behandelt in seinen meist in den jüd. Gemeinden der USA spielenden Romanen und Kurzgeschichten das Zusammentreffen osteurop. Judentums mit dem modernen Amerika.

Werke: Die Erwählten (R., 1967, dt. 1975), Das Versprechen (R., 1969, dt. 1976), Mein Name ist Ascher Lev (R., 1972, dt. 1973), Am Anfang (R., 1975, dt. 1977), Wanderungen. Geschichte des jüd. Volkes (1978, dt. 1980), The book of lights (R., 1981), Davita's harp (R., 1985), Ethical living for a modern world (Essays, 1985), The gift of Asher Lev (R., 1990), The tree of here (R., 1993).

**Pottecher,** Maurice [frz. pɔt'ʃɛ:r], * Bussang (Vosges) 19. Okt. 1867, † Fontenay-sous-Bois 16. April 1960, frz. Dramatiker. – Schrieb für das von ihm 1895 in Bussang gegründete erste frz. Bauernfreilichttheater (›Théâtre du peuple‹) die humanitären Tendenzdramen ›Le diable marchand de goutte‹ (1895; gegen den Alkoholismus), ›Morteville‹ (1896), ›L'héritage‹ (1900), ›La passion de Jeanne d'Arc‹ (1904), eine ›Macbeth‹-Übersetzung in Blankversen (1902) u. a.; auch Theoretiker (›Le théâtre du peuple de Bussang‹, 1898).

Literatur: ROLLAND, R.: Das Theater des Volkes. Dt. Übers. Zü. 1926.

**Potter,** [Helen] Beatrix [engl. 'pɔtə], * Kensington (heute zu London) 28. Juli 1866, † Sawrey (Lake District) 22. Dez. 1943, engl. Schriftstellerin. – Autorin und Illustratorin von meist im Tierreich angesiedelten Kinderbüchern, z. B. ›Die Geschichte des Peterchen Hase‹ (1901, dt. 1948, 1973 u. d. T. ›Die Geschichte von Peter Hase‹), ›Die Geschichte vom Eichhörnchen Nusper‹ (1903, dt. 1978) und ›Die Geschichte von Hans Hausmaus‹ (1918, dt. 1986).

Ausgabe: The journal of B. P. Hg. v. L. LINDER. New York 1966.

Literatur: LANE, M.: The tale of B. P. A biography. London u. New York [12]1979.

**Poulaille,** Henry [frz. pu'lɑ:j], * Paris 5. Dez. 1896, † Cachan 2. April 1980, frz. Schriftsteller. – Stammte aus einer Arbeiterfamilie; 1925–60 Pressechef des Verlags B. Grasset; u. a. 1926 Feuilletonleiter der sozialist. Tageszeitung ›Le Peuple‹; zuerst Anhänger des ↑ Populismus, gründete dann eine Schule proletarisch ausgerichteter Schriftsteller (theoret. Schrift ›Nouvel âge littéraire‹, 1930); schrieb realist. proletar. und Antikriegsromane, u. a. ›Ils étaient quatre‹ (1925), ›Die Geburtsstunde des Friedens‹ (1926, dt. 1927), ›Das tägl. Brot‹ (1931, dt. 1950), ›Les damnés de la terre‹ (1935), ›Pain de soldat‹ (1937), ›Les rescapés‹ (1938), ferner Erzählungen (›Âmes neuves‹, 1925, dt. Auszug 1928 u. d. T. ›Kinderschicksal‹) und Kinderbücher.

Literatur: CHAMBERT-LOIR, H.: P. et son œuvre. In: Études de Lettres 14 (1971). – H. P. et la littérature prolétarienne. Hg. v. H. CHAMBERT-LOIR. Rodez 1975.

**Poulet,** Georges [frz. pu'lɛ], * Chênée (heute zu Lüttich) 29. Nov. 1902, † Waterloo 31. Dez. 1991, belg. Literaturkritiker und Essayist. – 1927–52 Lehrtätigkeit an der Univ. Edinburgh, 1952–57 an der Johns Hopkins University in Baltimore, 1957–69 an der Univ. Zürich. Ausgehend vom phänomenolog. Ansatz A. Thibaudets und beeinflußt von A. Béguin und Marcel Raymond (* 1897, † 1981), entwickelte er eine Interpretationsmethode, in der Dichtung als Realisierung individuellen Denkens und als Ausdruck von Welterfahrung begriffen wird. Den Leseakt versteht er als Interaktion des individuellen Bewußtseins des Autors mit demjenigen des Lesers. In den vierteiligen ›Études sur le temps humain‹, bestehend aus dem ersten Band gleichen Titels (1949) und den weiteren Bänden ›La distance intérieure‹ (1952), ›Le point de départ‹ (1964) und ›Mesure de l'instant‹ (1968), untersucht er die Grunderfahrung von Zeit an ausgewählten Texten aus mehreren Jahrhunderten. Auch die Kategorie des Raums thematisiert er am Beispiel des Kreises in ›Metamorphosen des Kreises in der Dichtung‹ (1961, dt. 1966). Das Problem des Verhältnisses einzelner Autoren zu Raum und Zeit bestimmt auch seine monograph. Studien, u. a. ›Marcel Proust. Zeit und Raum‹ (1963, dt. 1966), ›Wer war Baudelaire?‹ (1969, dt. 1969). In ›La conscience critique‹ (1971) behandelt er u. a. die herausragenden Vertreter der ›Genfer Schule‹, der er selbst zuzurechnen ist. In ›La pensée indéterminée‹ (2 Bde., 1985–87) spürt er dem Unbestimmten in der Literatur nach, das u. a. im Traum zum Ausdruck kommt.

**Literatur:** FRICKE, D.: G. P. In: Frz. Literaturkritik der Gegenwart in Einzeldarstt. Hg. v. W.-D. LANGE. Stg. 1975. S. 152. – G.-P. – Marcel Raymond. Correspondance 1950–1977. Hg. v. P. GROTZER. Paris 1981.

**Poulet,** Robert [frz. pu'lɛ], * Chênée (heute zu Lüttich) 4. Sept. 1893, † Marly-le-Roi (Yvelines) 1985, belg. Schriftsteller. – Beeinflußt von S. Freud, schildert P. ausdrucksstark halluzinator. Traum- und Wahnsinnszustände.

**Werke:** Handji (R., 1931), Les ténèbres (R., 1934), Prélude à l'apocalypse (R., 1944), Journal d'un condamné à mort (R., 1948, 1952 u. d. T. L'enfer-ciel), Wider die Liebe (Aphorismen, 1961, dt. 1970), Wider die Jugend (Essay, 1963, dt. 1967), Ce n'est pas une vie (Erinnerungen, 1976), Histoire de l'être (R., 1977), Le caléidoscope. 39 portraits d'écrivains (1982).

**Literatur:** YDEWALLE, C. D': R. P. ou l'inestimable. Ostende 1983.

**Pound,** Ezra [Loomis] [engl. paʊnd], * Hailey (Id.) 30. Okt. 1885, † Venedig 1. Nov. 1972, amerikan. Dichter. – Studierte vergleichende Literaturwiss. und Romanistik; Studienaufenthalt in Spanien, ab 1908 erneut in Europa (1909–20 in London, 1920–24 in Paris, 1924–45 in Rapallo [Italien]). Scharfer Kritiker Amerikas und der westl. Zivilisation. Aus Sympathie für die faschist. Staatsführung hielt P. im 2. Weltkrieg über Radio Rom antiamerikan. Propagandareden, wurde deshalb 1945 in Pisa inhaftiert und – um ihn vor einem Hochverratsprozeß zu bewahren – in eine amerikan. Heilanstalt, Saint Elizabeth's in Washington (D. C.), eingeliefert, aus der er erst 1958 auf Intervention namhafter literar. Freunde, wie R. L. Frost, entlassen wurde. Danach lebte er in Meran.

P., der während seiner Londoner Zeit literar. Zeitschriften edierte und redigierte, u. a. ›Poetry‹ (1912–18), ›The Little Review‹ (1917–19), und als Übersetzer frz., italien., chin. und jap. Literatur hervortrat, wurde durch die Gedichtsammlungen ›Exultations‹ (1909) und ›Masken‹ (1909, dt. 1959), orientiert an der roman. Dichtung des MA, berühmt;

Ezra Pound

er stand in enger Beziehung zu W. B. Yeats, T. S. Eliot und J. Joyce; als Verfechter einer kosmopolit. Versdichtung bed. Anreger und kühner Erneuerer, durch den die moderne angloamerikan. Dichtung viele Impulse empfing; Begründer und zeitweilig führender Vertreter des ↑ Imagismus (1912–14), später des ↑ Vortizismus (1914/15; zus. mit dem Bildhauer H. Gaudier-Brzeska, abstrakte Kunstrichtung). P.s erstes bed. Gedicht, ›Hugh Selwyn Mauberley‹ (1920), beinhaltet seine Klage über den Kulturverfall und seinen Aufbruch von London nach Paris. Sein Hauptwerk, die 1915–59 entstandene, 1925 mit der Veröffentlichung von ›A draft of XVI cantos for the beginning of a poem of some length‹ eigtl. begonnene, durch frühere Publikationen in ›Quia pauper amavi‹ (Ged., 1919) vorbereitete Reihe der ›Cantos‹ (insgesamt 120; unter verschiedenen Titeln in Teilausgaben veröffentlicht bis 1969, dt. Auswahlen 1964 und 1975), zu denen auch das preisgekrönte, v. a. aus polit. Gründen umstrittene Teilstück ›Die Pisaner Gesänge‹ (1948, dt. 1956, 1969 u. d. T. ›Pisaner Cantos‹) gehört, ist eine nach der Struktur von Dantes ›Göttl. Komödie‹ geplante ep. Dichtung in einer freirhythm. Mischsprache mit v. a. roman. und chin. Elementen sowie Wendungen der amerikan. Umgangssprache. Das Werk stellt der entwerteten kommerziell-kapitalist. Welt die Kulturtraditionen der Antike, des Abendlandes und des alten China gegenüber. Es enthält zahlreiche Anspielungen auf Mythen sowie Gestalten und Geschichten alter Literaturen.

**Weitere Werke:** A lume spento (Ged., 1908), Provença (Ged., 1910), The spirit of romance (Essay, 1910, revidiert 1952), Canzoni (Ged., 1911), Ripostes (Ged., 1912), Cathay (Übersetzungen, 1915), Lustra (Ged., 1916), Gaudier-Brzeska. A memoir (1916, revidiert 1959), Instigations (Essays, 1920), Wie lesen (Essays, 1931, dt. 1953), Make it new (Essays, 1934), Patria mia (Essays, 1950, dt. 1960), Literary essays (1954), Pavannes and divagations (Essays, 1958).
**Ausgaben:** The letters of E. P., 1907–41. Hg. v. D. D. PAIGE. New York 1951, Nachdr. 1974. – Literary essays of E. P. Hg. v. T. S. ELIOT. London 1954. Neuausg. 1985 – E. P. Ausgew. Werke. Engl. u. dt. Hg. v. E. HESSE. Zü. 1959–64. 2 Bde. – E. P. The Cantos. London Neuaufl. 1975. – E. P. Collected early poems. Hg. v. M. KING. London 1977. – E. P. Selected prose, 1909–1965. Hg. v. W. COCKSON. London 1978.
**Literatur:** WILHELM, J. J.: Dante and P. The epic of judgement. Orono (Maine) 1974. – NASSER, E. P.: The Cantos of E. P. London 1975. – BUSH, D.: The genesis of E. P.'s Cantos. Princeton (N. J.) 1976. – HESSE, E.: E. P. Von Sinn u. Wahnsinn. Mchn. 1978. – EASTMAN, B. C.: E. P.'s Cantos. The story of the text 1948–1975. Orono (Maine) 1979. – HANSER, M.: E. P.s frühe Poetik u. Kulturkritik zwischen Aufklärung und Avantgarde. Stg. 1979. – BACIGALUPO, M.: The formed trace. The latter poetry of E. P. New York 1980. – FLORY, W. S.: E. P. and the Cantos. A record of struggle. New Haven (Conn.) u. a. 1980. – KEARNS, G.: Guide to E. P.'s selected Cantos. New Brunswick (N. J.) 1980. – FROULA, C.: A guide to E. P.'s selected poems. New York 1983. – E. P. Eine Einführung. Hg. v. F. H. LINK. Mchn. u. Zü. 1984. – E. P. WILLIAMS/W. C. WILLIAMS: The University of Pennsylvania conference papers. Hg. v. D. HOFFMAN. Philadelphia (Pa.) 1984. – TORREY, E. F.: The roots of treason. E. P. and the secret of St. Elizabeth's. New York 1984. – FROULA, C.: To write paradise. Style and error in P.'s Cantos. New Haven (Conn.) 1985. – KAYMAN, M. A.: The modernism of E. P. The science of poetry. London 1986. – E. P. A bibliography of secondary works. Hg. v. B. RICKS. Metuchen (N. J.) 1986. – HESSE, E.: Die Achse Avantgarde–Faschismus. Reflexionen über Filippo Tommaso Martinetti u. E. P. Zü. 1991.

**Pourrat,** Henri [frz. pu'ra], * Ambert (Puy-de-Dôme) 7. Mai 1887, † ebd. 17. Juli 1959, frz. Schriftsteller. – Kath.-konservativer Regionalist der Auvergne, aus dessen umfangreichem Romanschaffen der Zyklus ›Les vaillances, farces et gentillesses de Gaspard des montagnes‹ (4 Bde., 1922–31) über Leben und Abenteuer Gaspards, eines auvergnat. Bauern aus der Zeit der Restauration, bekannt wurde; war auch Folklorist (›Le trésor des contes‹, Märchen-Slg., 12 Bde., 1948–62).
**Weitere Werke:** L'homme à la bêche (R., 1940), Vent de mars (R., 1941), Le chasseur de la nuit (R., 1951), Le temps qu'il fait (R., hg. 1960).
**Literatur:** ROGER, G. J.-M.: Maîtres du roman de terroir. Paris 1959.

**Pourtalès,** Guy [frz. purta'lɛs], * Genf 4. Aug. 1881, † Lausanne 12. Juni 1941, frz. Schriftsteller schweizer. Herkunft. – Trat v. a. mit biograph. Romanen, u. a. über F. Liszt (1925, dt. 1926), F. Chopin (›Der blaue Klang‹, 1927, dt. 1928), Ludwig II. von Bayern (›König Hamlet‹, 1928, dt. 1929), R. Wagner (1932, dt. 1933), H. Berlioz (›Phantast. Symphonie‹, 1939, dt. 1941) u. a. hervor; daneben Romane aus dem Genfer Großbürgertum (›Der wunderbare Fischzug‹, 1937, dt. 1938), Erzählungen und Essays.

**Powell,** Anthony [engl. 'poʊɛl, 'paʊɛl], * London 21. Dez. 1905, engl. Schriftsteller. – Stammt aus der walis. Aristokratie; Verlagsmitarbeiter und Drehbuchautor; schrieb für ›Daily Telegraph‹, ›Times Literary Supplement‹ und ›Punch‹. P.s Romane vermitteln ein Bild der brit. Oberklasse, etwa die frühen amüsanten Schilderungen des jugendl. Luxuslebens (›Afternoon men‹, R., 1931; ›Venusberg‹, R., 1932; ›From a view to a death‹, R., 1933) sowie der 12bändige, unter dem Motto von N. Poussins Gemälde stehende Romanzyklus über das Gesellschaftsleben zwischen 1914 und 1975 ›A dance to the music of time‹ (1951–75, davon Bd. 1–3 dt. 1966 u. d. T. ›Tanz zur Zeitmusik‹, 1985–87 u. d. T. ›Ein Tanz zur Musik der Zeit‹, Bd. 1 1985 auch u. d. T. ›Eine Frage der Erziehung‹, Bd. 2 1986 u. d. T. ›Tendenz steigend‹, Bd. 3 1987 u. d. T. ›Die neuen Herren‹, ferner Bd. 4 1961 u. d. T. ›Lady Mollys Menagerie‹). Eine Parallele hierzu bildet die vierbändige Autobiographie ›To keep the ball rolling‹ (1976–82).
**Weitere Werke:** Caledonia. A fragment (Verssatire, 1934), Agents and patients (R., 1936), What's become of Waring? (R., 1939), The garden god (Dr., 1971), O, how the wheel becomes it! (R., 1983), The fisher king (R., 1986), Miscellaneous verdicts (Essays, 1990), Under review (Essays, 1991).
**Literatur:** RUSSELL, J. D.: A. P. A quintet, sextet and war. Bloomington (Ind.) 1970. – BERGON-

zi, B.: A. P. Erw. Aufl. London 1971. – TUCKER, A. J.: The novels of A. P. London u. New York 1976. – SPURLING, H.: A handbook to A. P.'s ›Music of time‹. London 1977. – MCEWAN, N.: A. P. New York 1991.

**Powers,** James Farl [engl. 'paʊəz], * Jacksonville (Ill.) 18. Juli 1917, amerikan. Schriftsteller. – Wurde bes. durch seine u.a. in ›The New Yorker‹ abgedruckten Kurzgeschichten bekannt, in denen er die meist durch kath. Priester vertretene Rolle der Religion im materialist. Zeitalter des 20. Jh. ironisch und satirisch darstellt. Der von vielen als sein bestes Werk angesehene satir. Roman ›Gottes Schrift ist schwer zu lesen‹ (1962, dt. 1965) zeigt die Korruption der Ideale eines Ordensmannes durch die Praktiken der Geschäftswelt.

**Weitere Werke:** Fürst der Finsternis (En., 1947, dt. 1957), Ol' man river (En., 1958, dt. 1958), Die Streitaxt (En., 1958, dt. 1958), Am späten Abend (En., dt. Ausw. 1959), Der Teufel und der Pfarrvikar (En., dt. Ausw. 1961), Look how the fish live (En., 1975), Wheat that springeth green (En., 1988).

**Literatur:** J. F. P. Hg. v. F. EVANS. Saint Louis (Mo.) 1968. – HAGOPIAN, J. F.: J. F. P. New York 1968.

**Powest,** Gattung der russ. Epik; ursprünglich ein Synonym für ep. Texte überhaupt; im 17. und 18. Jh. wurde v. a. satir. und belehrende Literatur als P. bezeichnet; seit dem 19. Jh. spezifischer Begriff für ein Genre, das in der dt. Übersetzung ungefähr mit Geschichte, Erzählung, Novelle, auch Roman umrissen werden kann.

**Powys,** John Cowper [engl. 'poʊɪs], * Shirley (Derbyshire) 8. Okt. 1872, † Blaenau Ffestiniog (Wales) 17. Juni 1963, engl. Schriftsteller. – Entstammt einem kinderreichen anglikan. Pfarrhaushalt; mehrere Geschwister waren literarisch tätig, v.a. die Brüder Theodore Francis und Llewelyn P., mit dem J. C. P. die autobiograph. Schrift ›Confessions of two brothers‹ (1916) veröffentlichte. Reiste als Dozent auf Vortragsreisen durch England, Kanada und die USA (1928–34). Schrieb Gedichte, kulturphilosoph. und literar. Studien sowie mit myth. und phantast. Elementen durchsetzte Romane, häufig um grübler., innerlich zerrissene männl. Protagonisten. Bekannt wurden v.a. die Wessex-Romane, bes. die bibl. und sagenhafte Motive nutzende ›Glastonbury romance‹ (1932), die historischen Wales-Romane (›Owen Glendower‹, 1940; ›Porius‹, 1951) sowie die späteren im Außerirdischen spielenden Werke (›Up and out‹, R., 1957; ›All or nothing‹, En., 1960).

**Weitere Werke:** Poems (Ged., 1899), Wood and stone (R., 1915), Rodmoor (R., 1916), The complex vision (Studie, 1920), Ducdame (R., 1925), Wolf Solent (R., 3 Bde., 1929, dt. 1930), The meaning of culture (Studie, 1929), A philosophy of solitude (Studie, 1933), Autobiographie (1934, dt. 1986), Weymouth sands (R., 1934), Maiden castle (R., 1936), Morwyn (R., 1937), The inmates (R., 1952), Atlantis (R., 1954), The brazen head (R., 1956), Real wraiths (E., hg. 1974).

**Ausgaben:** J. C. P. A selection of his poems. Hg. v. K. HOPKINS. London 1964. – J. C. P. Letters 1937–1954. Cardiff 1974. – J. C. P. Letters to his brother Llewelyn: Bd. 1, 1902–25. Bd. 2, 1925–39. London 1975 u. 1982.

**Literatur:** CHURCHILL, R. C.: The P. brothers. London 1962. – KNIGHT, G. W.: The Saturnian quest. A chart of the prose works of J. C. P. London u. New York 1964. – COLLINS, H. P.: J. C. P. Old earth-man. London 1966. – P. newsletter. Hamilton (N. Y.) 1 (1970 ff.). – BREBNER, J. A.: The demon within. A study of J. C. P.'s novels. London 1973. – HOOKER, J.: J. C. P. Cardiff 1973. – CAVALIERO, G.: J. C. P. Novelist. Oxford 1973. – THOMAS, D.: A bibliography of the writings of J. C. P. Mamaroneck (N. Y.) 1975. – P. review. Cambridge 1 (1977 ff.). – KRISDOTTIR, M.: J. C. P. and the magic quest. London 1980. – SCHENKEL, E.: Natur u. Subjekt im Werk von J. C. P. Ffm. 1983.

**Powys,** Llewelyn [engl. 'poʊɪs], * Dorchester 13. Aug. 1884, † Clavadel (Schweiz) 2. Dez. 1939, engl. Schriftsteller. – Bruder von John Cowper und Theodore Francis P.; 1909 Dozent für engl. Literatur in den USA; 1914–19 wegen einer Lungenkrankheit in Kenia; 1920–25 Journalist in New York. Seine erzählenden Werke behandeln meist seine afrikan. Erlebnisse; auch zahlreiche Essaybände.

**Werke:** Ebony and ivory (Kurzgeschichten, 1923), Black laughter (Kurzgeschichten, 1924), Apples be ripe (R., 1930), Dorset essays (1935), Love and death (fiktive Autobiogr., 1939).

**Powys,** Theodore Francis [engl. 'poʊɪs], * Shirley (Derbyshire) 20. Dez. 1875, † Sturminster Newton (Dorset) 27. Nov. 1953, engl. Romancier. – Bruder von John Cowper und Llewelyn Powys. Gestaltete in Romanen und Kurzgeschichten von streng puritan. Grundhaltung in knapper, herber Sprache v. a. die Motive Liebe und Tod.

**Werke:** Mr. Tasker's gods (R., 1925), Mr. Westons guter Wein (R., 1927, dt. 1969), Fables (Kurzgeschichten, 1929), Captain Patch (En., 1935), Bottle's path (Kurzgeschichten, 1946), God's eyes a-twinkle (Kurzgeschichten, 1947), Rosie Plum (Kurzgeschichten, hg. 1966).

**Präambel** [mlat., zu spätlat. praeambulus = vorangehend], allgemein soviel wie Einleitung, v. a. feierl. Erklärung als Einleitung von Urkunden, Vertragstexten, nat. Verfassungen (z. B. P. des Grundgesetzes der BR Deutschland). Die P. nennt und erläutert Bedeutung und Zielsetzung sowie die Beweggründe für die getroffenen Regelungen.

**Prada Oropeza,** Renato [span. 'praða oro'pesa], * Potosí 17. Okt. 1937, bolivian. Schriftsteller. – Lebt in Mexiko. Behandelt in seinem bekanntesten Roman ›Los fundadores del alba‹ (1969) die histor. Erfahrung der Guerilla Che Guevaras in Bolivien (1967).

**Weitere Werke:** Argal (En., 1967), Al borde del silencio (En., 1969), Ya nadie espera al hombre (En., 1969), El último filo (R., 1975), Larga hora: la vigilia (R., 1979).

**Prado Calvo,** Pedro [span. 'praðo 'kalβo], * Santiago de Chile 8. Okt. 1886, † Viña del Mar 31. Jan. 1952, chilen. Schriftsteller. – Bedeutender als seine sprachlich perfekte, formal konventionelle Gedankenlyrik ist sein Prosawerk, v. a. sein lyrisch-philosoph. Roman ›Alsino‹ (1920), in dem er den Ikarusmythos auf chilen. Verhältnisse überträgt; die Verbindung von phantast. und realist. Elementen kennzeichnet auch seinen Roman ›La reina de Rapa Nui‹ (1914).

**Weitere Werke:** La casa abandonada (Ged., 1912), Un juez rural (R., 1914), Camino de las horas (Ged., 1934), Esta bella ciudad envenenada (Ged., 1945).

**Literatur:** SILVA CASTRO, R.: P. P., 1886–1952. Santiago de Chile 1965.

**Prados,** Emilio [span. 'praðɔs], * Málaga im März 1899, † Mexiko 24. April 1962, span. Lyriker. – Lebte seit dem Span. Bürgerkrieg im Exil in Mexiko. Mit-Hg. der Zeitschrift ›Litoral‹. Seine surrealistisch beeinflußten Gedichte (›Tiempo‹, 1925; ›Vuelta‹, 1927) gehören zu den charakterist. und repräsentativen der 20er Jahre.

**Weitere Werke:** Mínima muerte (Ged., 1939), Río natural (Ged., 1957), La piedra escrita (Ged., 1961), Transparencia (Ged., 1962).

**Ausgabe:** E. P. Poesías completas. Hg. v. C. BLANCO AGUINAGA. Mexiko 1975. 2 Bde.

**Literatur:** ELLIS, P. J.: The poetry of E. P. A progression towards fertility. Cardiff 1981.

**Praed,** Rosa Caroline [engl. prɛɪd], Pseudonym Mrs. Campbell Praed, *Bromelton (Queensland) 27. März 1851, † Torquay (England) 10. April 1935, austral. Schriftstellerin. – Gibt in ihren etwa 10 austral. Romanen aus einem Gesamtwerk von über 40 Romanen bes. treffende Darstellungen typ. Australier der Pionierzeit und der polit. und gesellschaftl. Verhältnisse um die Jahrhundertwende; zog 1876 nach England.

**Werke:** An Australian heroine (R., 1880), Policy and passion (R., 1881), Zero. Eine Geschichte aus Monte Carlo (R., 1884, dt. 1885), The head station (R., 1885), The romance of a station (R., 1889), Outlaw and lawmaker (R., 1893), December roses (R., 1893), Fugitive Anne (R., 1902), My Australian girlhood (Autobiogr., 1902), The other Mrs. Jacobs (R., 1903), Nyria (R., 1904), Opal fire (R., 1910).

**Literatur:** RODERICK, C.: In mortal bondage. The strange life of R. P. Sydney u. London 1948.

**Praetexta** (Fabula praetexta) [prɛ...; lat.], die nationalröm. Form der ↑Tragödie; sie beruht, wie das röm. Drama überhaupt, auf griech. Vorbildern, verwendet jedoch Stoffe aus der röm. Sage und Geschichte; die Schauspieler treten in röm. Kostümen auf; das Gewand des Helden ist die ›toga praetexta‹, die purpurgesäumte Amtstoga der hohen Magistrate. Begründer der P. ist Naevius; die einzig vollständig erhaltene P. ist die Seneca d. J. zugeschriebene (heute allgemein für unecht gehaltene) ›Octavia‹. – ↑auch Fabula.

**Praga,** Emilio, * Mailand 26. Dez. 1839, † ebd. 26. Dez. 1875, italien. Dichter. – Ursprüngl. Maler; gehörte zur Mailänder Dichtergruppe ↑Scapigliatura; war am erfolgreichsten mit seiner Lyrik, die durch Klarheit und Frische sowie durch kühne Metaphern gekennzeichnet ist; beeinflußt von V. Hugo, A. de Musset sowie H. Heine und Ch. Baudelaire.

**Werke:** Tavolozza (Ged., 1862), Penombre (Ged., 1864), Trasparenze (Ged., hg. 1877), Memorie del presbiterio (R., hg. 1963).

**Ausgabe:** E. P. Poesie. Krit. Ausg. Hg. v. M. PETRUCCIANI. Bari 1969.

Literatur: PETRUCCIANI, M.: E. P. Turin 1962. – PALADINO, V.: E. P. Ravenna 1967. – MARINARI, A.: E. P., poeta di una crisi. Neapel 1969.

**Praga,** Marco, * Mailand 6. Nov. 1862, † Varese 31. Jan. 1929, italien. Dramatiker. – Sohn des Dichters Emilio P.; Buchhalter, dann Leiter eines Mailänder Schauspielensembles. Die Organisation der ›Società degli autori‹ ist ihm zu danken. P. wurde von É. Zola und H. F. Becque beeinflußt; er war sehr erfolgreich mit verist. Bühnenwerken, in denen er v. a. Eheprobleme darstellte. Sein bestes Werk, das Drama ›La crisi‹ (1904), weist bereits auf das groteske Theater der folgenden Jahrzehnte hin.

Weitere Werke: Giuliana (Dr., 1887), La biondina (R., 1889), Le vergini (Dr., 1890), La moglie ideale (Dr., 1890), L'innamorata (Dr., 1894), Il divorzio (Dr., 1915), Cronache teatrali (Essays, 10 Bde., 1920–29).

Literatur: PULLINI, G.: M. P. Bologna 1960. – BARTOLUCCI, G.: La didascalia drammaturgia: P., Marinetti, Pirandello. Neapel 1973.

**Prākrit-Literatur** ['pra:krıt] ↑indische Literaturen.

**Praktik,** volkstümliche Druckschrift (Kalender) wie die ›Pauren Practick‹ (1508). In den weit verbreiteten Schriften (Bauernpraktik) wurden v. a. Wetter- und Himmelserscheinungen gedeutet und in Regeln gefaßt. Die P.en waren wichtige Träger populärer Anschauungen. J. Fischart hat die P. in dem satir. Prosawerk ›Aller Practick Großmutter‹ (1572) parodiert.

**Prapañca** [pra'pantʃa], eigtl. Winādа, altjavan. Dichter. – Hoher buddhist. Geistlicher und Hofdichter (›rakawi‹) während der Regierungszeit des Königs Hajam Wuruk (Rājasanagara, 1350–89) der ostjavan. Dynastie von Majapahit; Autor der 98 Gesänge mit 40 wechselnden Versformen umfassenden, dem König gewidmeten Eulogie ›Nāgara-Kĕrtāgama‹, auch ›Desha warṇana‹ (= Beschreibung des Landes, 1365), mit der er ein neues literar. Genre geschaffen hat. Aus eigener Anschauung vermittelt P. ein auf intimer Kenntnis beruhendes Bild vom Leben der Herrscherfamilie, der Hauptstadt Majapahit, der Staatsverwaltung und den Hoffestlichkeiten. Er beschreibt eingehend die Inspektionsreisen des Königs, an denen er in dessen Gefolge teilgenommen hat. Das Werk ist angesichts der geringen Zahl zeitgenöss. literar. Dokumente eine unschätzbare Quelle für die Kenntnis der polit., religiösen und kulturellen Zustände während der Majapahit-Periode.

Literatur: KERN, H.: Verspreide geschriften. Bd. 7–9. Den Haag 1918–20. – PIGEAUD, TH. G. TH.: Java in the 14th century. A study in cultural history. Nāgara-Kĕrtāgama by Rakawi P. of Majapahit 1365 A. D. Den Haag [3]1960–63. 5 Bde.

**Präraffaeliten** [...fa-e...], 1848 in England gegründete Künstlergruppe, die sich aus Protest gegen den Akademiebetrieb mit dem Ziel zusammenschloß, in wechselseitiger Beziehung von Malerei und Literatur für eine Erneuerung der Künste im Geiste der italien. Malerei vor Raffael zu wirken. Sie erstrebte mit moral. Engagement eine Verbindung archaisch-mittelalterl. Orientierung mit präzis realist. Naturbeobachtung. Der engere Kreis der sieben Begründer (Pre-Raphaelite brotherhood) bestand aus den Künstlern William Holman Hunt (* 1827, † 1910), D. G. Rossetti, dessen Bruder William Michael Rossetti (* 1829, † 1919), John Everett Millais (* 1829, † 1896), Thomas Woolner (* 1825, † 1892), Frederick George Stephens (* 1828, † 1907) und James Collison (* 1825, † 1881). Für ihre Ideen, die die P. 1850 durch die Zeitschrift ›The Germ‹ verbreiteten, setzten sich u. a. auch die Lyrikerin Ch. G. Rossetti, der Kunsthandwerker und Schriftsteller W. Morris und der Kunst- und Kulturkritiker J. Ruskin ein; zeitweise stand ihnen auch der Lyriker A. Ch. Swinburne nahe.

Literatur: FREDEMAN, W. E.: Pre-Raphaelitism. A bibliocritical study. Cambridge (Mass.) 1965. – HUNT, J. D.: The Pre-Raphaelite imagination 1848–1900. London 1968. – HÖNNIGHAUSEN, L.: P. und Fin de Siècle. Mchn. 1971. – STEVENSON, L.: The Pre-Raphaelite poets. Chapel Hill (N. C.) 1972. – LOTTES, W.: Wie ein goldener Traum. Die Rezeption des MA in der Kunst der P. Mchn. 1984. – Pre-Raphaelites reviewed. Hg. v. M. POINTON. Manchester 1989.

**Prasād,** Jayaśaṅkar [pra'za:t], * Benares (heute Varanasi) 24. Jan. 1889, † ebd. 15. Nov. 1937, ind. Schriftsteller. – Freund Premcands; verfaßte zuerst nur mystisch verklärte Naturlyrik (›Prempathik‹ [= Wanderer zur Liebe], 1914; Sammlung ›Citrādhar‹ [= Album],

1948), dann aber mehrere Dramen, die sich v.a. gegen die Kolonialherrschaft richteten. Sein Stil ist von der Sanskrit-Literatur stark beeinflußt und schwerfällig. Hauptwerk ist das in Hindī geschriebene Epos ›Kāmāyanī‹ (= Gang zur Liebe, 1936).

**Prassinos,** Gisèle [frz. prasi'no:s], * Istanbul 16. Febr. 1920, frz. Schriftstellerin griech. Abstammung. – Verfaßte als ›Muse‹ (A. Breton) der Surrealisten bereits im Alter von 14 Jahren erste automat. Texte, deren Humor und Spontaneität die anderen Mitglieder der Bewegung ebenso beeindruckten wie Fülle und Schönheit der von ihr verwandten poet. Bilder. Nach dem 2. Weltkrieg trat sie mit Erzählungen und Romanen hervor, die z.T. ebenfalls von der literar. Praxis der Surrealisten beeinflußt sind.

**Werke:** La sauterelle arthritique (Ged., 1935), Quand le bruit travaille (Ged., 1937), La lutte double (Ged., 1938), Le feu maniaque (Ged., 1939), Le temps n'est rien (R., 1958), Die Abreise (R., 1959, dt. 1961), Der Mann mit den Fragen (En., 1961, dt. 1963), La confidente (R., 1962), Le visage effleuré de peine (R., 1965), Le grand repas (R., 1966), Les mots endormis (Ged., 1967), La vie, la voix (Ged., 1971), Petits quotidiens (Ged., 1974), Brelin le frou ou le portrait de famille (R., 1975), Pour l'arrière-saison (Ged., 1979), Mon cœur les écoute (Prosa, 1982), Comment écrivez-vous? ou Ils sont malins les écrivains (Prosa, 1985), Le verrou (Nov.n, 1987), La lucarne (Nov.n, 1990), La table de famille (Nov.n, 1993).

**Literatur:** RICHARD, A. A.: Le discours féminin dans ›Le grand repas‹ de G. P. Diss. Paris 1981.

**Präteritio** (Präterition) [lat.], svw. ↑ Paralipse.

**Prati,** Giovanni, * Campomaggiore (Prov. Trient) 27. Jan. 1814, † Rom 9. Mai 1884, italien. Dichter. – Historiograph des Hauses Savoyen; 1876 zum Senator ernannt, 1880 zum Direktor des Istituto Superiore di Magistero. Wurde durch die romant. Verserzählung ›Edmenegarda‹ (1841) bekannt. Schrieb dann patriot. Lieder sowie romant. Vers- und Prosadichtungen.

**Weitere Werke:** Satana e le grazie (Satire, 1855), Psiche (Sonette, 1876), Iside (Ged., 1878).

**Ausgaben:** G. P. Poesie varie. Hg. v. O. MALAGODI. Bari 1929–33. 2 Bde. – G. P. Scritti inediti e rari. Hg. v. G. AMOROSO. Bologna 1977. – Poesie di Aulo Rufo e altri versi rari. Hg. v. A. RESTA. Pisa 1983.

**Literatur:** AMOROSO, G.: G. P. Neapel 1973. – ZIEGER, A.: G. P. poeta del Risorgimento. Trento 1982.

**Pratinas von Phleius** (tl.: Pratínas), griech. Tragiker des 6./5. Jahrhunderts. – Seine bedeutendste Leistung war die Erneuerung des Satyrspiels, das er zur literar. Kunstform umgestaltete und so in die Tragödienagone in Athen einführte (u.a. ›Palaistaí‹ [= Ringer], 467 nach P.' Tod aufgeführt); der ›Suda‹ zufolge soll er 32 Satyrspiele und 18 Tragödien geschrieben haben.

**Literatur:** POHLENZ, M.: Das Satyrspiel u. P. v. Ph. In: Nachr. v. der Gesellschaft der Wissenschaften zu Göttingen. Philolog.-histor. Klasse (1926). S. 298.

**Pratolini,** Vasco, * Florenz 19. Okt. 1913, † Rom 12. Jan. 1991, italien. Schriftsteller. – Seine oft autobiograph. sozialkrit. Romane, die v.a. im Milieu des Großstadtproletariats spielen, sind lebendig und unpathetisch. Sie schildern meist das Schicksal eines einzelnen stellvertretend für ein Kollektiv. Der P. kennzeichnende lyr. Realismus ist erstmals bes. ausgeprägt in ›Das Quartier‹ (R., 1944, dt. 1988, 1967 auch u.d.T. ›Die aus Santa Croce‹); das Italien der Zeit von 1875 bis 1945 schildert die Romantrilogie ›Una storia italiana‹ (Bd. 1: ›Metello, der Maurer‹, 1955, dt. 1957; Bd. 2: ›Lo scialo‹, 1960; Bd. 3: ›Allegoria e derisione‹, 1966).

**Weitere Werke:** Der grüne Teppich (En., 1941, dt. 1991), Chronik armer Liebesleute (R., 1947, dt. 1949), Geheimes Tagebuch (R., 1947, dt. 1967, 1988 u.d.T. Chronik einer Familie), Schwarze Schatten (R., 1949, dt. 1957), Die Mädchen von Sanfrediano (R., 1952, dt. 1957), In den Straßen von Florenz (R., 1963, dt. 1968), La città ha i miei trent'anni (Ged., 1967), Il mannello di Natascia (Ged., 1985).

**Ausgabe:** V. P. Opere. Mailand 1964–73. 10 Bde.

**Literatur:** LONGOBARDI, F.: V. P. Mailand [3]1974. – ROSENGARTEN, F.: V. P. Carbondale (Ill.) Neuausg. 1965. – MEMMO, F. P.: V. P. Florenz 1977. – Il caso P. Hg. v. M. BEVILACQUA. Bologna 1982. – RUSSO, F.: V. P. Florenz 1989.

**Pratt,** E[dwin] J[ohn] [engl. præt], * Western Bay (Newfoundland) 4. Febr. 1883, † Toronto 26. April 1964, kanad. Dichter. – Sohn eines Methodisten-Geistlichen, Studium in St. John's und Toronto, dort 1920–53 Universitätslehrer. P. ist die nat. Figur in der kanad.

Dichtung des 20. Jh., der Meister des typisch kanad. erzählend-philosoph. Langgedichts. Heroisierend und evolutionistisch, formal traditionell, ist er Sprecher einer antiromant. Moderne.

**Werke:** Newfoundland verse (Ged., 1923), The witches' brew (Ged., 1925), Titan. Two poems (Ged., 1926), The iron door. An ode (Ged., 1927), The Roosevelt and the Antinoe (Ged., 1930), The Titanic (Ged., 1935), Brébœuf and his brethren (Epos, 1940), Dunkirk (Ged., 1942), Still life and other verse (Ged., 1943), Collected poems (Ged., 1944), Behind the log (Ged., 1947), Towards the last spike (Ged., 1952).

**Literatur:** SUTHERLAND, J.: The poetry of E. J. P. Toronto 1956. – E. J. P. Hg. v. G. PITT. Ontario 1969.

**Pravda,** František [tschech. 'pravda], eigtl. Vojtěch Hlinka, * Nekrasín (Südböhm. Gebiet) 17. April 1817, † Hrádek bei Sušice (Westböhm. Gebiet) 8. Dez. 1904, tschech. Schriftsteller. – Kath. Geistlicher; führte die realist. Gattung der Dorfgeschichte in die tschech. Literatur ein.

**Ausgabe:** F. P. Sebrané povídky pro lid. Prag 1877–98. 12 Bde.

**Praz,** Mario [italien. prats], * Rom 6. Sept. 1896, † ebd. 23. März 1982, italien. Kritiker und Schriftsteller. – Prof. für italien. Literatur in Liverpool (1924–32) und Manchester (1932–34), seit 1934 für engl. Sprache und Literatur an der Univ. Rom; veröffentlichte Studien über den Einfluß der italienischen Literatur und Kultur in Großbritannien sowie auf dem Gebiet der vergleichenden Literaturwissenschaft (u. a. zum Conceptismo und zur Romantik); bekannt wurde v. a. ›Liebe, Tod und Teufel. Die schwarze Romantik‹ (1930, dt. 1963).

**Weitere Werke:** Secentismo e marinismo in Inghilterra: J. Donne, R. Crashaw (1925), Studi sul concettismo (1934), Machiavelli in Inghilterra ed altri saggi (1942), La casa della fama (1952), La crisi dell'eroe nel romanzo vittoriano (1954), Il mondo che ho visto (2 Bde., 1955), Bellezza e bizarria (1960), Der Garten der Erinnerung. Essays 1922–1980 (dt. Ausw. 1994).

**Literatur:** Friendship's garland. Essays presented to M. P. on his seventieth birthday. Hg. v. V. GABRIELI. Rom 1966 (mit Bibliogr.).

**Prẹchtler,** Johann Otto, * Grieskirchen (Oberösterreich) 21. Jan. 1813, † Innsbruck 6. Aug. 1881, österr. Schriftsteller. – Staatsbeamter, 1856 als Nachfolger F. Grillparzers Archivdirektor im Finanzministerium. P. schrieb Epik und Lyrik, beides der klassisch-romant. Tradition folgend; auch epigonenhafte Dramen und Operntexte.

**Werke:** Dichtungen (1836), Die Kronenwächter (Dr., 1844), Gedichte (1844), Das Kloster am See (Ged., 1847), Die Rose von Sorrent (Dr., 1849), Sommer und Herbst (Ged., 1870), Zeit-Accorde (Ged., 1873).

**Précieuses** [frz. pre'sjø:z] ↑ preziöse Literatur.

**Prẹda,** Marin, * Siliştea-Gumeşti (Verw.-Geb. Teleorman) 5. Aug. 1922, † Mogoşoaia (Verw.-Geb. Ilfov) 16. Mai 1980, rumän. Schriftsteller. – Zeigt in seinem bedeutendsten Werk, dem Dorfroman ›Moromeţii‹ (2 Bde., 1955–67, Bd. 1 dt. 1958 u. d. T. ›Schatten über der Ebene‹), mit den Mitteln der modernen Psychologie das Schicksal eines Kleinbauern kurz vor und in den ersten Jahren nach dem 2. Weltkrieg.

**Weitere Werke:** Aufbruch (Nov., 1952, dt. 1955), Dunkle Fenster (Nov., 1956, dt. 1959), Wagemut (R., 1959, dt. 1960), Marele singuratic (= Der große Einsame, R., 1972).

**Literatur:** M. P. Hg. v. M. UNGHEANU. Bukarest 1976.

**Predigt** [zu lat. praedicare = öffentlich ausrufen, verkünden], im gegenwärtigen Sprachgebrauch in erster Linie die im Gottesdienst der christl. Kirchen übl. Kanzelrede.

Literaturgeschichtlich wichtig ist die Fortsetzung der Traditionen der antiken Rhetorik in der Predigt der Kirchenväter und derjenigen des MA, die bes. von den ›Enarrationes in psalmos‹ (entst. 403 bis 408) des hl. Augustinus beeinflußt wurde. Ungleich bedeutsamer scheint jedoch, daß man sich in diesem Genre bereits früh der german. und roman. Volkssprachen bediente, da das Lateinische nicht mehr verstanden wurde. Zeugnisse über eine engl. Synode 786 und über das Konzil von Tours 813 belegen den Beginn dieser Tendenz, die die ›Blickling-Homilien‹ (10. Jh.), Ælfrics ›Homiliae catholicae‹ (990–994) oder Wulfstans ›Sermo lupi ad Anglos‹ (1014) ebenso bestätigen wie das anonyme ›Jonas-Fragment‹ aus Valenciennes (zw. 937 u. 952). Die Festpredigten des ersten russ. Metropoliten Ilarion von Kiew (1051–1053) erweisen den prinzipiellen Charakter dieser Entwicklung auch für das oström-isch-slaw. Gebiet. Während in der Folgezeit die lat. P. z. B. in Bernhard von Clairvaux einen herausragenden Vertreter fand, entwickelte sich die volkssprachl. Homilie vielfältig weiter und trug wesentlich mit zur Herausbildung eines Prosastils in den jeweiligen Idiomen bei (vgl. die Texte des Pariser Bischofs Maurice de Sully [* um 1130, † 1196]; die piemontes. ›Sermoni subalpini‹, um 1200; die katalan. ›Homilies d'Organya‹, um 1200; die Predigten Bertholds von Regensburg u. a.). Dies gilt auch noch für die geistl. Reden der Mystiker H. Seuse und J. Tauler oder für die Predigten M. Luthers. Die hohe Form der religiös inspirierten Eloquenz bei J. Donne, J. Taylor, A. Vieira, Jacques Benique Bossuet (* 1627, † 1704) und Jean-Baptiste Massillon (* 1663, † 1742) dagegen zeigt die Gattung ihrerseits als von den jeweiligen literar. Epochenstilen inspiriert, deren Nuancierungsfähigkeit und Bedeutungsreichtum sie geschickt zu adaptieren und für ihre Zwecke zu verwenden wußte. Diesen Entwicklungen entsprechend gliederte sich die P. vom 18. Jh. an immer stärker in die übl. Spielarten der öffentl. Beredsamkeit ein und verlor damit ihre sprachlich-literar. Wirksamkeit.

**Literatur:** CRUEL, R.: Gesch. der dt. P. im MA. Detmold 1879. Nachdr. Hildesheim 1970. – LINSENMAYER, A.: Gesch. der P. in Deutschland. Von Karl dem Großen bis zum Ausgange des 14. Jh. Mchn. 1886. Nachdr. Ffm. 1969. – WELTER, J.-TH.: L'exemplum dåns la littérature religieuse et didactique du moyen âge. Paris 1927. Nachdr. Buffalo (N. Y.) 1970. – MITCHELL, W. F.: English pulpit oratory from Andrewes to Tillotson. London 1932. – CHARLAND, TH.-M.: Artes praedicandi. Contribution à l'histoire de la rhétorique au moyen âge. Paris u. Ottawa 1936. – MARTZ, L. L.: The poetry of meditation. A study in English religious literature of 17th century. New Haven (Conn.) 1954. – HAENDLER, O.: Die P. Bln. ³1960. – LUBAC, H. DE: Exégèse médiévale, les quatre sens de l'écriture. Paris ²1961–64. 2 Bde. – OWST, G. R.: Literature and pulpit in mediaeval England. Oxford ²1961. – MEZGER, M.: Verkündigung heute. Hamb. 1966. – Die P. zw. Text u. Empirie. Hg. v. H. BREIT u. a. Stg. 1969. – Aufgabe der P. Hg. v. G. HUMMEL. Darmst. 1971. – LESSENICH, R. P.: Elements of pulpit oratory in 18th century England. Köln 1972. – Versuche mehrdimensionaler Schriftauslegung. Hg. v. G. VOSS u. H. HARSCH. Stg. u. Mchn. 1972. – WITTSCHIER, H. W.: António Vieiras Pestpredigt. Krit. Text und Komm. Münster 1973. – ARENS, H., u. a.: Kreativität u. P.arbeit. Mchn. 1974. – DÜSTERFELD, P.: P. u. Kompetenz. Hermeneut. u. sprachtheoret. Überlegungen zur Fundierung einer homilet. Methode. Düss. 1978. – Vestigia Bibliae. Bd. 3: Beitrr. zur Gesch. der P. Hg. v. H. REINITZER. Hamb. 1981. – PODSKALSKY, G.: Christentum u. theolog. Lit in der Kiever Rus' (988 bis 1237). Mchn. 1982. – BOHREN, R.: P.lehre. Güt. ⁶1993.

**Predigtmärlein,** Erzählung beliebigen Charakters (↑ Exempel, ↑ Legende, ↑ Anekdote, ↑ Sage, ↑ Fabel, ↑ Schwank u. a.), die zum Zweck der Exemplifizierung der kirchl. Lehre in die Predigt des MA und der Barockzeit, zuweilen auch noch späterer Epochen, eingeschaltet wurde. Die P. gelten als wichtige Quellen für die europ. Erzählforschung.

**Predigtspiel,** Typus des spätmittelalterl. ↑ geistlichen Spiels, v. a. für Italien (Perugia, 1448) und (nach italien. Vorbildern) für Südfrankreich (Laval, 1507; Montélimar, 1512) bezeugt. Vom Franziskanerorden zur bildl. Verdeutlichung des Predigtinhalts geschaffen; meist handelt es sich um ↑ lebende Bilder oder stumme Spiele, die an der entsprechenden Stelle in die Predigt eingefügt sind und vom Prediger der gläubigen Volksmasse erläutert werden.

**Preisgedicht,** der Begriff wird oft allgemein für ↑ Eloge, ↑ Enkomion, ↑ Hymne, ↑ Panegyrikus verwendet; im weiteren Sinn lyr. oder ep. Text als Lob von Personen (u. a. Gott oder Götter, Heilige, Fürsten), Städten und Ländern, Sachen (u. a. Wein, Natur, Jahreszeiten) und Idealen (u. a. Freundschaft, Freiheit), im engeren Sinn svw. ↑ Preislied.

**Literatur:** GEORGI, A.: Das lat. u. dt. P. des MA in der Nachfolge des genus demonstrativum. Bln. 1969.

**Preislied,** panegyrisch-ep. Einzellied der german. Dichtung, das z. T. im Wechselgesang zweier Berufssänger an Fürstenhöfen vorgetragen wurde; vermutlich idealisierend-übersteigerndes Preis- und Totenlied; die wenigen einigermaßen authent. Zeugnisse zeigen rohe Ausprägungen des Stabreim- und Endreimverses. P.er sind nur in späten nordgerman. Quellen (↑ Skaldendichtung) überliefert, aber auch für die Frühzeit bezeugt. Der Zusammenhang mit dem ahd. Fürstenpreis, dem ›Ludwigslied‹ (entst. 881/882), ist umstritten (da bereits der christl. Zeit angehörend). – Die weltl. mittelalterl. Lyrik kennt v. a. den Fürstenpreis (z. B. Walther von der Vogelweide) und den Frauenpreis des Minnesangs.

**Literatur:** Reallex. der dt. Literaturgesch. Begr. v. P. MERKER u. W. STAMMLER. Hg. v. W. KOHLSCHMIDT u. W. MOHR. Bd. 3. Bln. u. New York ²1977. S. 164.

**Preissová,** Gabriela [tschech. 'prajsɔva:], geb. Sekerová, * Kutná Hora 23. März 1862, † Prag 27. März 1946, tschech. Schriftstellerin. – Verfaßte bed. realist. Dramen und Erzählungen mit volkskundl. Elementen aus der Welt des slowak. Dorfes und der Kärntner Slowenen; auch Romane und Erzählungen über das Prager Milieu.

**Werke:** Gazdina roba (= Die Magd der Bäuerin, Dr., 1889; danach Oper ›Eva‹ von J. B. Foerster, 1899), Jenufa (Dr., 1890, dt. 1918; danach gleichnamige Oper von L. Janáček, 1904).
**Ausgabe:** G. P. Spisy sebrané. Prag 1910–18. 19 Bde.
**Literatur:** ZÁVODSKÝ, A.: G. P. Prag 1962.

**Premānand** [pre'ma:...], * 1636, † 1734, ind. Dichter. – Brahmane aus Baroda; gilt als bedeutendster Klassiker des Gujarātī; obwohl er auch Hindī und Sanskrit meisterhaft beherrschte, bemühte er sich zeit seines Lebens, das Schrifttum seiner Heimatsprache dem der Literatursprache des Sanskrit ebenbürtig zu machen. Er behandelte in seinen Werken meist große ep. Stoffe, so im ›Sudāmacarita‹ (= Leben des Sudāman, 1682), ein Thema aus dem Bhāgavatapurāṇa († Purāṇas).

**Premcand** ['pre:mtʃant], eigtl. Dhanpat Rāy Śrīvāstav, * Lamhi bei Benares (heute Varanasi) 31. Juli 1880, † Benares (heute Varanasi) 8. Okt. 1936, ind. Schriftsteller. – Schrieb zunächst in Urdu, dann in Hindī; verfaßte realist. sozialkrit. Romane mit straffer Handlungsführung über aktuelle Themen, v. a. aus dem Leben der Bauern (u. a. ›Godan oder die Opfergabe‹, 1936, dt. 1979), aber auch über den negativen Einfluß der Kolonialmacht auf das ind. Selbstverständnis; schrieb auch etwa 350 Kurzgeschichten, viele davon über Befreiungskämpfe im Indien der Mogulzeit (gesammelt v. a. in ›Mānasarovas‹ [= Der See des Geistes], 8 Bde., dt. in Auszügen in den Sammlungen ›Eine Handvoll Weizen‹, 1958, und ›Der sprechende Pflug‹, 1962).

**Literatur:** GOPAL, M.: Munshi P. London 1964. – SCHREINER, P.: The reflection of Hinduism in the works of P. Diss. Münster 1972. – SCHULZ, S. A.: P. A western appraisal. Neu Delhi 1981.

**Premio Campiello** [italien. 'prɛ:mi̯o kam'pi̯ɛllo], 1963 von der Associazione degli Industriali del Veneto gestifteter Literaturpreis für erzählende Werke in italien. Sprache; er wird seitdem jährlich an fünf Schriftsteller verliehen, von denen einer den ›Super-Campiello‹ erhält.

**Premio Miguel de Cervantes** [span. 'premi̯o mi'ɣɛl de θɛr'βantes] (Cervantes-Preis), span. Nationalpreis für Literatur, der seit 1976 jährlich vom span. Kulturministerium an einen span. oder spanisch schreibenden lateinamerikan. Schriftsteller verliehen und am Todestag von M. de Cervantes Saavedra (23. April) überreicht wird. Dotierung: 12 Mill. Peseten. Preisträger waren bisher: J. Guillén (1976), A. Carpentier (1977), D. Alonso (1978), G. Diego Cendoya und J. L. Borges (1979), J. C. Onetti (1980), O. Paz (1981), L. Rosales Camacho (1982), R. Alberti (1983), E. Sábato (1984), G. Torrente Ballester (1985), A. Buero Vallejo (1986), C. Fuentes (1987), M. Zambrano (1988), A. Roa Bastos (1989), A. Bioy Casares (1990), F. Ayala (1991), D. M. Loynaz (1992), M. Delibes (1993), M. Vargas Llosa (1994).

**Premio Nacional de Literatura** [span. 'premi̯o naθi̯o'nal de litera'tura], seit 1984 vom span. Kulturministerium verliehener Literaturpreis, der an zeitgenöss. span. Autoren verliehen wird.

**Premio Nadal** [span. 'premi̯o na'ðal], angesehenster span. Literaturpreis, gestiftet 1944 von der Wochenzeitschrift ›Destino‹ (Barcelona) zur Erinnerung an den Schriftsteller und Journalisten Eugenio Nadal († 1944), wird jährlich (v. a. an junge Schriftsteller) für den besten unveröffentlichten Roman in span. Sprache verliehen.

**Premio Planeta** [span. 'premi̯o pla'neta], jährlich verliehener span. Romanpreis, der 1952 von dem span. Verlag Planeta gestiftet wurde.

**Premio Strega** [italien. 'prɛ:mi̯o 'stre:ga], italien. Literaturpreis; 1947 v. a. von dem Schriftstellerehepaar Goffredo (* 1882, † 1964) und Maria (* 1902, † 1986) Bellonci initiiert, benannt nach der von seinem Stifter, dem Spirituosenfabrikanten Guido Alberti (* 1909), hergestellten Marke ›Strega‹; wird jährlich für Werke der erzählenden Literatur vergeben.

**Literatur:** BELLONCI, M.: Come un racconto gli anni del P. S. Mailand 1971.

**Premio Viareggio** [italien. 'prɛ:mi̯o via'reddʒo], 1929 auf Veranlassung der Schriftsteller L. Repaci, Carlo Salsa (* 1893, † 1962) und Alberto Colantuoni (* 1880, † 1966) gestifteter, seitdem jährlich (ausgenommen 1940–45) in Viareggio verliehener italien. Literaturpreis, ursprünglich (bis 1949) nur für erzählende Werke, heute auch für Lyrik, Dramen und Essays vergeben.

**Preradović,** Paula [von] [...vɪtʃ], * Wien 12. Okt. 1887, † ebd. 25. Mai 1951, österr. Dichterin. – Enkelin von Petar P., Mutter des Verlegers Fritz Molden (* 1924). Im Dritten Reich wurde sie mit ihrem Mann Ernst Molden (* 1886, † 1953), dem Begründer der Zeitung ›Die Presse‹, wegen Teilnahme an der Widerstandsbewegung verfolgt. Schrieb den Text der neuen österr. Bundeshymne. Ihre Lyrik ist geprägt von der Sehnsucht nach dem Land ihrer Vorfahren und von ihrer tiefen kath. Gläubigkeit.

**Werke:** Dalmatin. Sonette (1933), Lob Gottes im Gebirge (Ged., 1936), Pave und Pero (R., 1940), Ritter, Tod und Teufel (Ged., 1946), Königslegende (E., 1950), Die Versuchung des Columba (Nov., 1951), Ges. Gedichte (3 Bde., 1951/52).

**Ausgabe:** P. v. P. Ges. Werke. Wien 1967.

**Literatur:** P. v. P. Porträt einer Dichterin. Innsb. 1955. – VOSPERNIK, R.: P. v. P. Leben u. Werk. Diss. Wien 1960 [Masch.].

**Preradović,** Petar [serbokroat. 'prɛradɔvitɕ], * Grabovnica (Kroatien) 19. März 1818, † Fahrafeld (Niederösterreich) 18. Aug. 1872, kroat. Dichter. – Offizier in österr. Diensten, General; begann mit deutschsprachiger Lyrik unter starkem Einfluß der Romantik, verwendete dann die kroat. Sprache als Ausdrucksmittel und wurde zum bedeutendsten Dichter des ↑ Illyrismus neben I. Mažuranić; auch Epiker und Dramatiker.

**Werke:** Pervenci (= Erstlinge, Ged., 1846), Prvi ljudi (= Die ersten Menschen, ep. Ged., hg. 1873).

**Ausgaben:** P. P. Ausgew. Gedichte. Dt. Übers. Lpz. 1895. – P. P. Djela. Zagreb 1918. 2 Bde. – P. P. Izabrana djela. Belgrad 1966.

**Literatur:** JANUS, D.: ›Pervenci‹. Unterss. zur Sprache der frühen Lyrik von P. P. Ffm. u. a. 1980.

**Prescott,** Hilda Frances Margaret [engl. 'prɛskət], * Latchford (Cheshire) 22. Febr. 1896, † Charlbury (Oxfordshire) 5. Mai 1972, engl. Schriftstellerin. – Schrieb nach eingehenden Quellenstudien histor. Romane von großer sprachl. Eindringlichkeit.

**Werke:** The unhurrying chase (R., 1925), The lost fight (R., 1928), Vom Staub geboren (R., 1932, dt. 1960), Maria Tudor, die Blutige (Biogr., 1940, dt. 1966), Der Mann auf dem Esel (R., 1952, dt. 1953), Felix Fabris Reise nach Jerusalem (Reiseber., 1954, dt. 1960), Once to Sinai (Reiseber., 1957).

**Prešeren,** France [slowen. prɛ'ʃe:rən], * Vrba bei Bled 3. Dez. 1800, † Kranj 8. Febr. 1849, slowen. Dichter. – Zuletzt Rechtsanwalt in Kranj. P., von der Romantik, v. a. der dt., beeinflußt, von M. Čop und Jernej Kopitar (* 1780, † 1844) angeregt und gefördert, wurde zum größten Lyriker der Slowenen und zu einem der bedeutendsten Dichter der Südslawen; er schrieb außer formvollendeter, noch klassizistisch beeinflußter Liebes- und Naturlyrik (u. a. ›Sonettenkranz‹, 1834, dt. 1901) von internat. Rang ein großes histor. Epos (›Die Taufe an der Savica‹, 1836, dt. 1866). P. hatte v. a. als Begründer der modernen slowen. Literatursprache große Bedeutung.

**Ausgaben:** F. P. Zbrano delo. Ljubljana 1965–66. 2 Bde. – F. P. Zbrano delo. Ljubljana 1969.

**Literatur:** BULOVEC, Š.: Prešernova bibliografija. Maribor 1975. – SCHERBER, P.: Slovar prešernovega pesniškega jezika. Maribor 1977. – PATERNU, B.: F. P. Ein slowen. Dichter, 1800–1849. Dt. Übers. Mchn. 1994.

**Preston,** Thomas [engl. 'prɛstən], * Simpson (Buckingham) 1537, † Cambridge 1. Juni 1598, engl. Gelehrter und Dramatiker. – Studierte und lehrte in Cambridge. P. ist der Verfasser von ›A lamentable tragedie ... of Cambises‹ (entst. um 1561, gedr. 1569 ?), einem

Tyrannenstück im Stil des frühelisabethanischen Volkstheaters.

**Preußische Staatsbibliothek,** 1661 als ›Churfürstl. Bibliothek zu Cölln an der Spree‹ von Kurfürst Friedrich Wilhelm von Brandenburg eröffnet. Ihr Bestand umfaßte bei seinem Tod 20000 Bde. und 1600 Handschriften. Ab 1701 (bis 1918) ›Königl. Bibliothek‹, wurde sie vom preuß. König Friedrich II., dem Großen, planmäßig erweitert und erhielt 1780 ein eigenes Gebäude am Opernplatz (›Kommode‹). 1786 umfaßte die Bibliothek 150000, 1839 320000 Bände. Das Reglement des Theologen F. Schleiermacher von 1813 reorganisierte die öffentl. Benutzung sowie die innere Verwaltung. Von dem Kulturpolitiker F. T. Althoff entscheidend gefördert, war sie am Ende des 19. Jh. die führende dt. Bibliothek. Ab 1892 wurden die Neuerwerbungen der Bibliothek in den ›Berliner Titeldrucken‹ angezeigt, ab 1898 wurde der Gesamtkatalog der preuß. (ab 1936 der dt.) Bibliotheken (GK), ab 1904 der Gesamtkatalog der Wiegendrucke (GW) bearbeitet; 1905 wurde das Auskunftsbureau der dt. Bibliotheken, 1924 die Zentralstelle für den dt. Leihverkehr eröffnet. 1914 bezog die Bibliothek den von E. von Ihne geschaffenen Neubau Unter den Linden. 1919 wurde sie in ›P. S.‹ umbenannt. Bei Ausbruch des 2. Weltkrieges gehörte sie mit rund 3 Mill. Bänden und über 70000 Handschriften zu den vier größten Bibliotheken Europas. Von 1940 an wurden die Sammlungen aus Sicherheitsgründen ausgelagert. Bei Kriegsende waren die Bestände auf etwa 30 Stellen zerstreut. Das Bibliotheksgebäude war 1945 zu einem Drittel zerstört. Die Nachfolgeinstitutionen der P. S. in der Zeit der Teilung Deutschlands waren die ↑Staatsbibliothek Preußischer Kulturbesitz in Berlin (West) und die ↑Deutsche Staatsbibliothek in Berlin (Ost). Beide wurden 1992 wieder unter der Bezeichnung ›Staatsbibliothek zu Berlin – Preußischer Kulturbesitz‹ vereinigt.

**Preußler,** Otfried, * Reichenberg 20. Okt. 1923, dt. Schriftsteller. – Ursprünglich Lehrer, seit 1970 freier Schriftsteller; zählt mit seinen vielfach übersetzten humor- und phantasievollen Büchern zu den bedeutenden Kinder- und Jugendbuchautoren dt. Sprache. Er erhielt 1963 und 1972 (für die Märchendichtung ›Krabat‹; 1971) den Dt. Jugendbuchpreis.

**Weitere Werke:** Der kleine Wassermann (1956), Die kleine Hexe (1957), Der Räuber Hotzenplotz (1962), Das kleine Gespenst (1966), Neues vom Räuber Hotzenplotz (1969), Hotzenplotz 3 (1973), Der goldene Brunnen (1975), Die Glocke von grünem Erz (1976), Die Flucht nach Ägypten (1978), Hörbe mit dem großen Hut (1981), Hörbe und sein Freund Zwottel (1983), Der Engel mit der Pudelmütze (1985), Herr Klingsor konnte ein bißchen zaubern (1987), Zwölfe hat's geschlagen (Geschichten, 1988), Mein Rübezahlbuch (1993).

**Literatur:** O. P. Werk u. Wirkung. Eine Festschr. zum 60. Geburtstag. Hg. v. H. Pleticha. Stg. 1983.

**Prevelakis** (tl.: Prebelakēs), Pantelis, * Rethimnon (Kreta) 18. Febr. 1909, † Athen 13. März 1986, neugriech. Schriftsteller. – Prof. an der Athener Hochschule für schöne Künste; Freund von N. Kasantzakis; P.s Werk reflektiert in vielfältiger Weise Geschichte und Gegenwart seiner kret. Heimat. Wichtiger Vertreter der neugriech. Literatur des 20. Jahrhunderts.

**Werke:** Hē gymnē poiēsē (= Die nackte Dichtung, Ged., 1939), Hē pio gymnē poiēsē (= Die nacktere Dichtung, Ged., 1941), Hē trilogia tu Krētiku (= Die Trilogie des Kreters, R., 3 Bde., 1948–50), To hiero sphagio (= Das heilige Schlachtopfer, Trag., 1952), Hoi poiētēs kai to poiēma tēs Odysseias (= Der Dichter und das Gedicht der Odyssee, Biogr., 1958), Ho hēlios tu thanatu (= Die Sonne des Todes, R., 1959, dt. 1962), Hē kephalē tēs Medusas (= Das Haupt der Medusa, R., 1963, dt. 1964), Ho angelos sto pēgadi (= Der Engel im Brunnen, R., 1970, dt. 1974), To cheri tu skotōmenu (= Die Hand des Ermordeten, Dr., 1971), Angelos Sikelianos (Biogr., 1984), Deichtes poreias (= Wegweiser, Essays, 1985).

**Literatur:** Kasdaglis, E.: Symbolē stē bibliographia tu P. P. 1927–1967. Athen 1967. – Manussakis, G.: Hē Krēte sto logotechniko ergo tu P. Athen 1968. – Charkianakis, S.: Ho neos Erōtokritos tu P. P. Athen 1982. – Vostantzi, M.: To theatro tu P. P. Athen 1985.

**Prévert,** Jacques [frz. pre'vɛ:r], * Neuilly-sur-Seine 4. Febr. 1900, † Omonville-la-Petite (Manche) 11. April 1977, frz. Lyriker. – War zunächst Surrealist, begann jedoch bald, einfache, sehr originelle, auch spött. und satir.

Chansons und Gedichte zu schreiben, die ihn zu einem der populärsten zeitgenöss. Lyriker Frankreichs machten. Seine Dichtungen sind Ausdruck seines unkonventionell-ursprüngl. Verhältnisses zur Sprache (Neologismen, witzige Metaphorik), seiner Liebe zu den einfachen Dingen des Alltags und nicht zuletzt einer anarchistisch-ungebundenen Lebensfreude. Verfaßte auch Filmdrehbücher (›Die Nacht mit dem Teufel‹, 1942; ›Kinder des Olymp‹, 1943–45; ›Der Glöckner von Notre-Dame‹, 1956 u. a.) und Bilderbücher.

Jacques Prévert

**Weitere Werke:** Paroles (1946, erweitert 1947, dt. Ausw. 1950 u. d. T. Gedichte und Chansons, erweitert mit dt. Nachdichtungen von K. Kusenberg, 1962), Wenn es Frühling wird in Paris (Ged., 1951, dt. 1958), La pluie et le beau temps (Ged., 1955), Fatras (Ged., 1966), Imaginaires (Ged., 1970), Choses et autres (Ged., 1972), Soleil de nuit (Ged., hg. 1980), La cinquième saison (Sketche, Ged. u. a., hg. 1984).

**Ausgaben:** J. P. Paroles. Krit. Ausg. v. A. LASTER. Paris 1979. – J. P., un poète. Teilslg. Hg. v. A. LASTER. Paris 1981. – Œuvres de J. P. Paris 1984. – J. P. Œuvres complètes. Hg. v. D. GASIGLIA-LASTER u. A. LASTER. Paris 1992 ff. Auf mehrere Bde. berechnet.

**Literatur:** GUILLOT, G.: Les P. Paris 1966. – WEBER, V.: Form und Funktion von Sprachspielen. Dargestellt anhand des poet. Werkes von P. Ffm. 1980. – RACHLINE, M.: P. Drôle de vie. Paris 1981. – BLAKEWAY, C.: P.'s contribution to French theatre and to French cinema between 1932 and 1945, with special reference to his collaboration with Marcel Carné. Diss. Warwick 1983. – GASIGLIA-LASTER, D.: J. P. Paris 1986. – ANDRY, M.: J. P. Paris 1994.

**Prévost,** Jean [frz. pre'vo], * Saint-Pierre-lès-Nemours (Seine-et-Marne) 13. Juni 1901, ⚔ bei Sassenage (Isère) 1. Aug. 1944, frz. Schriftsteller. – Journalist; fiel 1944 als Widerstandskämpfer; schrieb populist. Romane (›Les frères Bouquinquant‹, 1930), Novellen, Essays (›Plaisirs des sports‹, 1925), Erinnerungen (›Dix-huitième année‹, 1929), histor. und literaturkrit. Arbeiten (›La création chez Stendhal‹, 1942; ›Baudelaire‹, hg. 1953).

**Literatur:** BERTRAND, M.: L'œuvre de J. P. Berkeley (Calif.) 1968. – GARCIN, J.: Pour J. P. Paris 1993.

**Prévost,** Marcel [frz. pre'vo], eigtl. Eugène Marcel, * Paris 1. Mai 1862, † Vianne (Lot-et-Garonne) 8. April 1941, frz. Schriftsteller. – Verfasser zahlreicher erfolgreicher psycholog. Sitten- und Gesellschaftsromane, die sich durch eindringl. Analyse weibl. Charaktere auszeichnen; 1908 Mitglied der Académie française.

**Werke:** Liebesbeichte (R., 1891, dt. 1898), Halbe Unschuld (R., 1894, dt. 1895), Starke Frauen (R., 1900, dt. 1900), Die Fürstin von Ermingen (R., 1905, dt. 1905), Vampir Weib (R., 1922, dt. 1926), Seine Geliebte und ich (R., 1925, dt. 1926), La mort des ormeaux (R., 1937).

**Literatur:** M. P. et ses contemporains. Paris 1943. 2 Bde.

**Prévost d'Exiles,** Antoine François [frz. prevodɛg'zil], genannt Abbé Prévost, * Hesdin (Pas-de-Calais) 1. April 1697, † Courteuil bei Chantilly 23. Nov. 1763, frz. Schriftsteller. – Jesuitennovize, dann Offizier, trat 1720 in die Benediktinerkongregation von Saint-Maur ein, floh 1728 aus dem Kloster und wurde nach Aufenthalten in den Niederlanden und in England 1734 Sekretär des Prinzen Conti in Paris und 1735 Weltgeistlicher. Höhepunkt seines etwa 200 Titel umfassenden Gesamtwerks ist der 1731 als 7. Teil seiner ›Mémoires et aventures d'un homme de qualité‹ (7 Bde., 1728–31) erschienene Roman ›Geschichte der Manon Lescaut und des Ritters Desgrieux‹ (dt. 1756); durch seine Übersetzungen der Romane S. Richardsons bereitete P. d'E. der Empfindsamkeit in Frankreich den Weg, er begründete auch eine moral. Wochenschrift mit dem Titel ›Le Pour et le Contre‹ (1733–40).

**Weitere Werke:** Le philosophe anglais ou histoire de M. Cleveland, fils naturel de Cromwell (R., 4 Bde., 1731–39), Le doyen de Killerine (R., 6 Bde., 1735–39), Mémoires pour servir à l'his-

Antoine François Prévost d'Exiles

toire de Malte ... (1741), Histoire générale des voyages (80 Bde., 1746–89).

**Ausgaben:** A. Prévost. Œuvres choisies. Paris 1823. 16 Bde. – Œuvres de Prévost. Hg. v. J. SGARD, P. BERTHIAUME u.a. Grenoble 1978–87. 8 Bde.

**Literatur:** HARISSE, H.: L'abbé Prévost. Histoire de sa vie et ses œuvres. Paris 1896. Nachdr. Genf 1969. – VALÉRY, P., u.a.: M. P. et ses contemporains. Paris 1943. 2 Bde. – POGNON, E./WILLEMETZ, G.: Manon Lescaut a travers deux siècles. Ausstellungskat. Bibliothèque Nationale. Paris 1964. – Colloque sur l'abbé Prévost. Aix-en-Provence 1963. Actes. Gap 1965. – JOSEPHSON, M.: Die Romane des Abbé Prévost als Spiegel des 18. Jh. Winterthur 1966. – MONTY, J. R.: Les romans de l'abbé Prévost. Genf 1970. – GILROY, J. P.: The Abbé Prévost in nineteenth-century France. High Wycombe 1975. – TOWA, A.: Le mythe de la femme dans l'œuvre de Prévost. Diss. Dijon 1977. – MENOUD, M.: Le ›monde moral‹ de Prévost, monde de l'échec. Diss. Frib. 1981. – TREMEWAN, P.: Prévost, an analytic bibliography of criticism to 1981. London 1984. – Cahiers P. d'E. 1 (1984)ff. – SMERNOFF, R. A.: L'abbé Prévost. Boston (Mass.) 1985. – SGARD, J.: L'abbé P. Labyrinthes de la mémoire. Paris 1986.

**Prežihov Voranc** [slowen. prɛ'ʒihɔu̯ 'vɔrants], eigtl. Lovro Kuhar, * Kotlje 10. Aug. 1893, † Maribor 18. Febr. 1950, slowen. Schriftsteller. – In der Widerstandsbewegung, 1943–45 im KZ. P. V. schilderte in tendenziösen, realist. Novellen und Romanen das Los der Bauern und Kleinhäusler seiner Heimat in den schweren Jahren nach dem 1. Weltkrieg sowie eigene Kriegserlebnisse.

**Werke:** Die Brandalm (R., 1939, dt. 1983), Wildwüchslinge (En., 1940, dt. 1963), Doberdob (R.-Tetralogie, 1940), Maiglöckchen. Elf Kindheitsgeschichten (1949, dt. 1986).

**Ausgabe:** Lovro Kuhar. Zbrano delo. Ljubljana 1962–67. 8 Bde.

**Literatur:** MESSNER, M.: P. V. u. die Bauern. Klagenfurt 1980.

**preziöse Literatur,** in der 1. Hälfte des 17. Jh. entstandene manierist. Literatur. ›Préciosité‹ bedeutete nicht nur esoter. Artistik als literar. Ausdrucksform, sondern v. a. auch Exklusivität aller Lebensformen; bevorzugt wurden neben dem heroisch-galanten Roman v. a. Lyrik und andere literar. Kleinformen, bes. das literar. Porträt. Vertreter p. L. waren u. a. V. Voiture, J. L. Guez de Balzac, G. de La Calprenède, M. de Scudéry. Gepflegt wurde die ›Préciosité‹ im Umkreis der aristokrat. Pariser Salons. Tonangebend war 1625–60 das Hôtel de Rambouillet der Marquise de Rambouillet, in dem sich Staatsmänner, Gelehrte und Schriftsteller trafen. Es erhielt eine bes. Note durch eine Reihe gebildeter Frauen, die sich als ›les Précieuses‹ bezeichneten (z. B. die Marquise de Sablé [* 1599, † 1678], M. de Scudéry, Marquise de Sévigné und Madame de La Fayette) und die alle auch eigene Salons unterhielten. Bleibendes Verdienst der Preziösen ist die Verfeinerung der frz. Literatursprache. Sehr bald allerdings glitt die Bewegung in Schwülstigkeit und Geziertheit ab, so daß sie schon von Zeitgenossen verspottet wurde (z. B. Molière, ›Die lächerlichen Preziösen‹, 1659, dt. 1752, erstmals dt. 1670). – Der Begriff p. L. bezeichnet darüber hinaus manierist. Stilformen der verschiedensten Stilepochen in der frz. Literatur.

**Literatur:** BRAY, R.: La préciosité et les précieux. Paris 1948. – LATHUILLÈRE, R.: La préciosité. Étude historique et linguistique. Genf 1966 ff. Auf 2 Bde. berechnet (bisher 1 Bd. erschienen). – ZIMMER, W.: Die literar. Kritik am Preziösentum. Meisenheim am Glan 1978.

**Prezzolini,** Giuseppe [italien. prettso'li:ni], * Perugia 27. Jan. 1882, † Lugano 14. Juli 1982, italien. Schriftsteller. – Mitbegründer und Hg. bahnbrechender literar. Zeitschriften wie ›Leonardo‹ (1903; mit G. Papini) und ›La Voce‹ (1908); ab 1930 Prof. an der Columbia University in New York; kehrte 1962 nach Italien zurück und lebte ab 1968 in Lugano. Philosophisch von H. Bergson, als Literaturkritiker von B. Croce beeinflußt, behandelt er in gelegentlich ins Paradoxe gesteigerten Kritiken v. a. kulturpolit. Themen. Verfasser bed. Studien, u. a. über B. Croce (1909), G. Papini (1915) und N. Machiavelli (›Das Leben Niccolò Machiavellis‹, 1927, dt. 1929). Grundlegend ist sein ›Repertorio bibliografico della storia e della critica della letteratura italiana, 1902–1942‹ (4 Bde., 1937–48).

**Weitere Werke:** Das Erbe der italien. Kultur (Abh., 1948, dt. 1960), America in pantofole (Memoiren und Essays, 1950), L'Italiano inutile (Memoiren, 1953), Il tempo della ›Voce‹ (1960), Dio è un rischio (1969), Cristo e/o Machiavelli (1971).

**Literatur:** MAZOTTI, A.: G. P. In: Letteratura italiana. I contemporanei. Bd. 1. Mailand 1963. S. 397 (mit Bibliogr.). – SOLINAS, S.: P., un testimonio scomodo. Rom 1976. – G. P., 1882–1982. Atti delle giornate di studio. Hg. v. P. PONGOLINI. Bellinzona 1983. – G. P. Ricordi, saggi e testimonianze. Hg. v. M. MARCHIONE. Prato 1983.

**Priamel** [lat. = Vorspruch], einstrophiger, metrisch weitgehend freier, meist paarweise gereimter Spruch. Die P. beginnt mit der Aufzählung von Dingen, Handlungen oder Geschehnissen, die miteinander nicht in unmittelbarer Beziehung stehen und mündet in eine pointierte Schlußwendung ein, in der eine überraschende Gemeinsamkeit aufgezeigt wird. Die P. war v. a. im 15. Jh. verbreitet (H. Rosenplüt, H. Folz u. a.) und war bis in die Barockzeit beliebt. Gelegentlich findet sie sich auch in Fastnachtsspielen.

›An der Hunde Hinken,
An der Huren Winken,
An der Narren Dünken,
An der Weiber Zähren,
An der Krämer Schweren,
Muß sich niemand kehren.‹

**Literatur:** EIS, G.: P.-Studien. Interpretationen u. Funde. In: Festschr. f. Franz Rolf Schröder. Hg. v. W. RASCH. Hdbg. 1959. S. 178.

**Priapeus** [griech.], altgriech. äol. Vers (↑äolische Versmaße), eine Verbindung von ↑Glykoneus und ↑Pherekrateus mit Diärese nach dem Glykoneus:

– ⏓ – ⏑⏑ – ⏑ – || – ⏑ – ⏑⏑ – ⏓.

Name nach seiner Verwendung für die ›Priapea‹, Kleingedichte derb-erot. Inhalts (nach dem kleinasiatisch-griech. Fruchtbarkeitsdämon Priapos), deren Beliebtheit in der röm. Kaiserzeit eine rund 80 Gedichte umfassende Sammlung (›Carmina Priapea‹) belegt.

**Price,** [Edward] Reynolds [engl. praɪs], * Macon (N. C.) 1. Febr. 1933, amerikan. Schriftsteller. – Seit 1958 Prof. für Englisch an der Duke University in Durham (N. C.); die meist in P.s Heimatstaat North Carolina angesiedelten Erzählungen stellen das Landleben anhand von Familiensagen dar (›Ein langes, glückl. Leben‹, R., 1962, dt. 1963, dramatisiert u. d. T. ›Early dark‹, 1977; ›Ein ganzer Mann‹, R., 1966, dt. 1967), in die z. T. seine eigenen Erfahrungen mit einfließen (›The surface of earth‹, R., 1975; ›The source of light‹, R., 1981). Schreibt auch Dramen und Gedichte; seine literaturkrit. Studien befassen sich häufig mit Geschichten aus der Bibel, die er z. T. neu übersetzt hat.

**Weitere Werke:** Siegerehrung für Verlierer (En., 1963, dt. 1971), Love and work (R., 1968), Permanent errors (En., 1970), Things themselves (Essays, 1972), A palpable God. Thirty stories translated from the Bible with an essay on the origins and life of narrative (1978), Vital provisions (Ged., 1982), Private contentment (Dr., 1984), Kate Vaiden (R., 1986, dt. 1991), A common room. Essays 1954–1987 (1987), Good hearts (R., 1988), The tongues of angels (R., 1990), An early Christmas (R., 1992), Full moon and other plays (Dramen, 1993).

**Ausgabe:** R. P. Mustian (enthält: A long and happy life; A generous man; A chain of love). New York 1984.

**Literatur:** ROOKE, C.: R. P. Boston (Mass.) 1983. – WRIGHT, S./WEST, J. L. W.: R. P. A bibliography 1949–84. Charlottesville (Va.) 1986.

**Prichard,** Katherine Susannah [engl. 'prɪtʃəd], * Levuka (Fidschi) 4. Dez. 1883, † Greenemount bei Perth (Westaustralien) 2. Okt. 1969, austral. Schriftstellerin. – Zunächst Journalistin in Melbourne und Sydney, dann freie Schriftstellerin in London; 1919 Rückkehr nach Australien. 1920 Mitglied der KP. In ihren Werken dominieren soziales Bewußtsein und marxist. Grundhaltung, bes. bei der Gestaltung der im Ursprung der austral. Gesellschaft angelegten Widersprüche. Wichtige Motive sind die Gegensätze zwischen Abenteurergeist und Unterdrückung, Hoffnung auf die Zukunft und Verzweiflung über die Gegenwart, Abwechslungsreichtum der Natur und Eintönigkeit der Stadtlandschaft. Ihr psycholog. Realismus, der Gebrauch der Umgangssprache und ihre poet. Bildlichkeit waren richtungweisend für die austral. Erzählkunst der 20er und 30er Jahre.

**Werke:** Clovelly verses (Ged., 1913), Schwarzer Opal (R., 1921, dt. 1959), Working bullocks (R., 1926), Coonardoo (R., 1929), The earth lovers (Ged., 1932), Intimate strangers (R., 1937), Trilogie: Goldrausch (R., 1946, dt. 1954), Die goldene Meile (R., 1948, dt. 1954), Winged seeds (R., 1950), Child of the hurricane (Autobiogr., 1963), Happiness (Kurzgeschichten, 1967).

**Literatur:** DRAKE-BROCKMAN, F. Y.: K. S. P. Melbourne 1967.

**Priessnitz,** Reinhard, * Wien 27. Okt. 1945, † ebd. 5. Nov. 1985, österr. Schriftsteller. – War Verlagslektor in Linz, daneben Kritiker, Essayist, Herausgeber, Mitarbeiter bei Literaturzeitschriften. Sein eigenes lyr. Œuvre beschränkt sich auf ›Vierundvierzig Gedichte‹ (1978, veränderte Auflage 1981). Diese Arbeiten aus den Jahren 1964 bis 1978 trugen ihm den Ruf des radikalsten, zumindest eines der bedeutendsten Dichter Österreichs ein. Radikal ist P. durch seine ungewöhnl. Beschränkung, seine konzentrierte Arbeit am Wort als poet. Formel, die sich entwickelt und wandelt, sowohl in ihrer Gestalt als auch in ihrer Aussage. Meist festhaltend an der herkömml. Verszeile und Strophe, sucht er die Öffnung nach innen, erschließt den Worten neue Sinnräume, die sich dann allerdings nicht verselbständigen, sondern der Erfahrungs- und Empfindungswelt des Dichters eng verbunden bleiben.

**Literatur:** KÜHN, R., u. a.: Dossier R. P. In: Sprache im techn. Zeitalter 100 (1986), S. 259. – R.-P.-Symposium. Hg. v. W. RUPRECHTER. Graz 1992.

**Priest,** Christopher [engl. pri:st], * Manchester 14. Juli 1943, engl. Schriftsteller. – Geprägt von der Tradition der Science-fiction, deren Grenzen er v. a. mit Romanen überschreitet, die den Bezug zu diesem Genre spielerisch reflektieren, wie etwa ›Sir Williams Maschine‹ (R., 1976, dt. 1977).

**Weitere Werke:** Zurück in die Zukunft (R., 1970, dt. 1971), Schwarze Explosion (R., 1972, dt. 1972), Die Stadt (R., 1974, dt. 1976, 1984 u. d. T. Der steile Horizont), Ein Traum von Wessex (R., 1977, dt. 1979), Der weiße Raum (R., 1981, dt. 1984), Der schöne Schein (R., 1984, dt. 1987), Die stille Frau (R., 1990, dt. 1991).

**Priestley,** John Boynton [engl. 'pri:stlı], * Bradford (Yorkshire) 13. Sept. 1894, † Stratford-upon-Avon 14. Aug. 1984, engl. Schriftsteller. – Soldat im 1. Weltkrieg, studierte dann in Cambridge; profilierte sich als Journalist, Kritiker und Publizist mit gemäßigt linksgerichteter Tendenz sowie als Autor zahlreicher Erzählwerke und Dramen. Von den flüssig und witzig erzählten Romanen sind bes. ›Die guten Gefährten‹ (1929, dt. 1947) und ›Engelgasse‹ (1930, dt. 1931), die realistisch das Alltagsleben von Kleinbürgern darstellen, von literar. Anspruch, später auch ›Heller Tag‹ (R., 1946, dt. 1946, 1981 u. d. T. ›Zauber früher Jahre‹), ›The image men‹ (R., 2 Bde., 1968; Bd. 1: ›Out of town‹, Bd. 2: ›London End‹), ›Der Illusionist‹ (R., 1965, dt. 1966) u. a. Weitere Romane bringen romantisch-eskapist. Unterhaltung oder behandeln aktuelle gesellschaftl. Fragen. Zu P.s etwa 50 Dramen zählen neben konventionellen Komödien, populären Problemstücken und dem expressionist. Stück ›Johnson over Jordan‹ (1939) originell mit enthüllenden Zeitumstellungen operierende Experimente, bes. ›Die Conways und die Zeit‹ (1937, dt. 1941), ›Hier bin ich schon einmal gewesen‹ (1938, dt. 1948) und ›Ein Inspektor kommt‹ (1945, dt. 1947). Daneben schrieb P. Hör- und (seit 1946) Fernsehspiele. Er veröffentlichte auch Studien zur Kulturgeschichte (z. B. ›The Edwardians‹, 1970) und zur Literatur (u. a. Biographien über G. Meredith, 1926, und Th. L. Peacock, 1927), polem. Essays sowie die Autobiographien ›Ich hatte Zeit‹ (1962, dt. 1963) und ›Instead of the trees‹ (1977).

John Boynton Priestley

**Weitere Werke:** Gefährl. Kurven (Dr., 1932, dt. 1946, auch u. d. T. Der Zigarettenkasten), Die ferne Insel (R., 1932, dt. 1951), Goldregen (Dr., 1933, dt. 1933), Eden End (Dr., 1934), Engl. Reise (Reportagen, 1934, dt. 1934), Abenteuer in London (R., 1936, dt. 1945), Der endlose Spiegel (Dr., 1940, dt. 1954), Drei Männer (R., 1945, dt. 1946), Seit Adam und Eva (Dr., UA 1946, hg. 1949, dt. 1948), Familie Professor Linden (Dr., 1948, dt. 1948), Das große Fest (R., 1951, dt. 1952), Schafft den Narren fort! (Dr., 1956, dt. 1964), Der Europäer und seine Literatur (Studie, 1960, dt. 1961), Lost empires (R., 1965), Du bist in einem alten Land (R., 1967, dt. 1969), Dickens and his world (Studie, 1969), Over the long high wall (Essays, 1972), English humour (1976), Eine sehr engl. Liebesgeschichte (R., 1976, dt. 1979).

**Ausgabe:** The plays of J. B. P. London 1948–50. 3 Bde. Nachdr. London u. a. 1962–73.

**Literatur:** Löb, L.: Mensch u. Gesellschaft bei J. B. P. Bern 1962. – Evans, G. L.: J. B. P., the dramatist. London 1964. – Cooper, S.: J. B. P. Portrait of an author. New York 1971. – Braine, J.: J. B. P. London 1978. – De Vitis, A. A./Karlson, A. E.: J. B. P. Boston (Mass.) 1980. – Atkins, J.: J. B. P. The last of the sages. London u. a. 1981. – Klein, H.: J. B. P.'s plays. Basingstoke 1988. – Brome, V.: J. B. P. London 1988.

**Primärliteratur,** der Begriff P. bezeichnet die Unterscheidung von originaler literar., philosoph. u. a. Literatur von der wiss. Literatur (↑Sekundärliteratur), die die Analyse, Erläuterung, Kommentierung u. a. der P. zum Gegenstand hat.

**Prince,** Frank Templeton [engl. prɪns], *Kimberley 13. Sept. 1912, engl. Dichter. – Studierte in Oxford und in Princeton (N. J.), war im Krieg beim brit. Geheimdienst; 1957–74 Prof. für engl. Literatur in Southampton. Schrieb diszipliniert, z. T. von italien. Renaissancemalerei inspirierte Lyrik. Das Titelgedicht der Sammlung ›Soldiers bathing‹ (1954) gilt als eines der besten engl. Kriegsgedichte aus dem 2. Weltkrieg. P. experimentierte auch mit themenfreier Lyrik und seltenen Versformen.

**Weitere Werke:** Poems (Ged., 1938), The doors of stone. Poems 1938–1962 (Ged., 1963), Afterword on Rupert Brooke (Ged., 1976), Collected poems (Ged., 1979), Later on (Ged., 1983), Collected poems 1935–1992 (Ged., 1993).

**Literatur:** Nigam, A.: F. T. P. Salzburg 1983.

**Pringle,** Thomas [engl. prɪŋgl], *Kelso (Roxburghshire, Schottland) 5. Jan. 1789, †London 5. Dez. 1834, schott. Schriftsteller. – Wanderte 1820 nach Südafrika aus, wo er als Bibliothekar und Lehrer tätig war. Sein aktives Eintreten gegen die Pressezensur des Gouverneurs Lord Charles Somerset führte zwar zur Pressefreiheit (1828), ruinierte ihn aber finanziell. Nach seiner Rückkehr nach London wurde er zum Schriftführer der Anti-Sklaverei-Gesellschaft ernannt, die das Verbot der Sklaverei (1834) erstritt; kurz darauf körperl. Zusammenbruch (Tuberkulose). P.s Prosawerke, v. a. seine ›Südafrikanischen Skizzen‹ (1834, dt. in E. Widenmanns und W. Hauffs ›Reisen und Länderbeschreibungen‹, 9. Lfg. 1836), gelten als Wegbereiter der liberalen Literatur Südafrikas.

**Weitere Werke:** The autumnal excursion, or sketches in Teviotdale and other poems (Skizzen und Ged., 1819), Ephemerides, or occasional poems written in Scotland and South Africa (Ged., 1828).

**Literatur:** Hay, W.: Th. P. His life, times and poems. Kapstadt 1912. – Marchand, M.: Index to the poems of Th. P., 1789–1834. Johannesburg 1960. – Doyle, J. R.: Th. P. New York 1972.

**Prins,** Ary (Arij) [niederl. prɪns], Pseudonym A. Cooplandt, *Schiedam 19. März 1860, †ebd. 3. Mai 1922, niederl. Schriftsteller. – Begann als Naturalist (›Uit het leven‹, Skizzen, 1885). Er stand später unter dem Einfluß Ch. Baudelaires und E. A. Poes, in seiner letzten Periode wandte er sich mittelalterl. Stoffen zu. Sein bekanntestes Werk ist ›De heilige tocht‹ (R., 1912).

**Weitere Werke:** Fantasie (E., 1887), Een nacht (E., 1887), Een executio (E., 1888), Een koning (R., 1897).

**Printz-Påhlson,** Göran [schwed. 'prints'po:lsɔn], *Hässleholm 31. März 1931, schwed. Schriftsteller und Literaturkritiker. – Schreibt neben krit. Texten zum Problem moderner Literatur vorwiegend durch die Begegnung mit englischsprachiger Dichtung geprägte Lyrik, in der er surrealist. Bilder in ausgefeilter Form präsentiert; auch Übersetzungen aus dem Englischen.

**Werke:** Resan mellan poesi och poesi (Ged., 1955), Solen i spegeln (Essays, 1958), Gradiva och andra dikter (Ged., 1966), Slutna världar öppna rymd (Essays, 1971), Säg minns du skeppet Refanut (Ged. 1950–82, 1982).

**Prior,** Matthew [engl. 'praɪə], * Wimborne Minster (Dorset) 21. Juli 1664, † Wimpole (Cambridge) 18. Sept. 1721, engl. Dichter. – War Fellow an der Univ. Cambridge, dann im diplomat. Dienst. Als vielseitiger Dichter brillierte er v. a. mit eleganten, formvollendeten, witzigsatir. Gedichten, Liebesliedern und Verserzählungen im kolloquialen Stil, die die Tradition der anakreont. engl. Kavaliersdichtung fortsetzten, sowie mit geistreichen Epigrammen.

**Werke:** The hind and the panther transvers'd to the story of the country mouse and the city mouse (Satire, 1687), Poems on several occasions (2 Bde., 1709–18).

**Ausgabe:** M. P. The literary works. Hg. v. H. B. WRIGHT u. M. K. SPEARS. London [2]1971. 2 Bde. (mit Bibliogr.).

**Literatur:** KETTON-CREMER, R. W.: M. P. Cambridge 1957. – BICKLEY, F.: The life of M. P. Folcroft (Pa.) 1970. – RIPPY, F. M.: M. P. Boston (Mass.) 1986.

**Prischwin** (tl.: Prišvin), Michail Michailowitsch, * Gut Chruschtschowo (Gebiet Lipezk) 4. Febr. 1873, † Moskau 16. Jan. 1954, russ.-sowjet. Schriftsteller. – Agronom; erwarb sich auf Wanderungen durch Nordrußland hervorragende Kenntnisse der Natur, die er in seinen lyr. und erzählenden, bes. von I. Turgenjew und A. M. Remisow beeinflußten Werken verwertete.

**Werke:** Die Kette des Kastschej (R., 1930, dt. 1963), Ginseng (En., 1933, dt. 1935, 1947 u. d. T. Dschen-Schen), Der Sonnenspeicher (En., 1945, dt. 1949), Geheimnisse des Waldes (En., dt. Ausw. 1952), Der versunkene Weg (R., hg. 1957, dt. 1961), Der schwarze Araber (En., dt. Ausw. 1984).

**Ausgaben:** M. M. Prišvin. Sobranie sočinenij. Moskau 1956–57. 6 Bde. – M. P. Meistererzählungen. Dt. Übers. Zü. 1988.

**Literatur:** LAMPL, H.: Das Frühwerk M. Prišvins. Wien 1967. – HANNAWAY, D. G. M.: The life and works of M. Prishvin. Diss. Syracuse (N. Y.) 1975. – KISELEV, A. L.: Prišvin – chudožnik. Chabarowsk 1978.

**Priscianus,** lat. Grammatiker des 5./6. Jh. aus Caesarea in Nordafrika. – Lateinlehrer in Konstantinopel; sein Hauptwerk ist die unter Verarbeitung älterer Grammatiken entstandene ›Institutio grammatica‹ (18 Bücher), die größte bekannte Darstellung der lat. Grammatik (Standardwerk im MA), wichtig v. a. wegen der zahlreichen Zitate aus nicht überlieferten literar. Werken. Weiter sind ein Panegyrikus auf Kaiser Anastasius (entst. um 512) und Übersetzungen erhalten.

**Ausgabe:** Grammatici Latini. Hg. v. H. KEIL. Bd. 2 u. 3. Lpz. 1855–60. Nachdr. Hildesheim 1961.

**Literatur:** GLÜCK, M.: Priscians Partitiones u. ihre Stellung in der spätantiken Schule. Diss. Tüb. 1967.

**Prisco,** Michele [italien. 'prisko], * Torre Annunziata (Prov. Neapel) 18. Jan. 1920, italien. Schriftsteller. – Journalist; schrieb psycholog. Romane und Erzählungen, v. a. über das Bürgertum und die kleinen Leute seiner Heimat.

**Werke:** Gefährl. Liebe (R., 1954, dt. 1956), Eine Dame der Gesellschaft (R., 1961, dt. 1963), Nebelspirale (R., 1966, dt. 1968; Premio Strega 1966), I cieli della sera (R., 1970), Das Pferd mit der Augenbinde (En., dt. Ausw. 1970), Gli ermellini neri (R., 1975), Colore del cristallo (R., 1977), Parole del silenzio (R., 1981).

**Literatur:** AMOROSO, G.: M. P. Florenz 1980. – BENEVENTO, A.: Narrativa e fortuna di M. P. Neapel 1983.

**prise d'Orange, La** [frz. laprizdɔ'rã:ʒ], altfrz. Heldenepos vom Ende des 12. Jh.; Kernstück des ↑ Wilhelmszyklus (↑ auch Chanson de geste); hat den Kampf des Grafen Guillaume d'Orange um Lehen und Gemahlin zum Inhalt: die Belagerung und Einnahme des von den Sarazenen besetzten Orange sowie die anschließende Heirat mit der Sarazenenkönigin Orable.

**Literatur:** FRAPPIER, J.: Les chansons de geste du cycle de Guillaume d'Orange. Bd. 2. Paris 1965. – SUARD, F.: Guillaume d'Orange. Étude du roman en prose. Paris 1979.

**Pristawkin** (tl.: Pristavkin), Anatoli Ignatjewitsch [russ. pri'stafkin], * Ljuberzy (Gebiet Moskau) 17. Okt. 1931, russ. Schriftsteller. – Gilt mit seiner dokumentar. Prosa, in die Autobiographisches einfließt (so seine Erfahrungen in Sibirien), als krit. Realist.

**Werke:** Der Soldat und der Junge (E., 1977, dt. 1981), Gorodok (= Das Städtchen, R., 1983), Über Nacht eine goldene Wolke (R., entst. um 1979, gedr. 1988, dt. 1988, 1989 auch u. d. T. Schlief ein goldenes Wölkchen), Wir Kuckuckskinder (R., 1989, dt. 1990), Rjazanka (R., 1991), Stilles Baltikum (Tageb., 1991, dt. 1992).

**Prišvin,** Michail Michajlovič, russ.-sowjet. Schriftsteller, ↑ Prischwin, Michail Michailowitsch.

**Pritchett,** Sir (seit 1975) Victor Sawdon [engl. 'prɪtʃɪt], * Ipswich (Suffolk)

16. Dez. 1900, engl. Schriftsteller. – Ab 1946 Redakteur beim ›New Statesman‹; 1974–76 Präsident des internat. P.E.N. Seine intellektuell stimulierenden Romane (u.a. ›Nothing like leather‹, 1935; ›Mr. Beluncle‹, 1951) und meisterhaften Kurzgeschichten (›Complete collected short stories‹, 1991) behandeln oft den engl. Puritanismus. P. schrieb auch Reisebücher, literaturkrit. Studien (u.a. ›Der lebende Roman‹, 1946, dt. 1947) sowie die Autobiographien ›A cab at the door‹ (1968) und ›Midnight oil‹ (1971).

**Weitere Werke:** The Spanish virgin and other stories (En., 1930), Wenn mein Mädchen heimkommt (En., 1961, dt. 1965), The Camberwell beauty (En., 1974), Tee bei Mrs. Bittell (En., 1979, dt. 1982), The Oxford book of short stories (Kurzgeschichten, 1984; Hg.), Die Launen der Natur (En., 1982, dt. 1987), A man of letters (Essays, 1985), Chekhov. A spirit set free (Biogr., 1988), A careless widow (En., 1989), Lasting impressions. Essays 1961–1987 (1990).

**Literatur:** BALDWIN, D. R.: V. S. P. Boston (Mass.) 1987.

**Pritschmeisterdichtung,** in der Tradition der ↑Heroldsdichtung stehende Gelegenheits- und Stegreifdichtung des 16. und 17. Jh.; die Pritschmeister hatten Feste, Turniere oder hochgestellte Persönlichkeiten zu verherrlichen. Ihre meist in Versen abgefaßten Werke, wichtige Quellen für die [kultur]geschichtl. Forschung, wurden nur selten gedruckt.

**Prix Femina** [frz. prifemi'na], 1904 von der Zeitschrift ›Femina‹ (damals als ›P.-F.-Vie heureuse‹) gestifteter frz. Romanpreis; jährlich (mit Ausnahme der Jahre 1914–16 und 1940–43) einige Tage vor dem ↑Prix Goncourt von einer Jury von Schriftstellerinnen für ein Werk in frz. Sprache verliehen.

**Prix Goncourt** [frz. prigõ'ku:r], angesehenster frz. Literaturpreis, der seit 1903 jährlich in der ersten Dezemberwoche von der ↑Académie Goncourt für ein während des Jahres erschienenes Werk der erzählenden Literatur in frz. Sprache (bevorzugt für einen Roman) vergeben wird.

**Prix Renaudot** [frz. prirno'do] (eigtl. Prix Théophraste R.), nach dem frz. Journalisten und Arzt Théophraste Renaudot (* 1586, † 1653) benannter und seit 1926 jährlich am gleichen Tag wie der ↑Prix Goncourt verliehener frz. Literaturpreis für den Autor eines Romans, eines Berichts oder einer Novellensammlung.

**Prličev,** Grigor [makedon. 'pərlitʃɛf], bulgar. G. Parlitschew, * Ohrid 18. Jan. 1830, † ebd. 25. Jan. 1893, makedon. Schriftsteller. – Schrieb zunächst griechisch, so das Epos ›Ho Armátolos‹ (1860), für das er in Athen mit dem Ehrentitel ›Zweiter Homer‹ ausgezeichnet wurde, das er aber später, als er sich gegen die panhellenist. Kräfte in seiner makedon. Heimat wandte, in eine makedonisch-kirchenslaw. Mischsprache übersetzte (›Serdarot‹); Übersetzer Homers; Verfasser einer Autobiographie (postum 1894).

**Probeband,** Vorausmuster für Format, Umfang und Ausstattung eines Buches vor der serienmäßigen Herstellung. Probebände für Messen und Ausstellungen werden oft als **Blindmuster** mit unbedrucktem Originalpapier hergestellt.

**Procházka,** Jan [tschech. 'prɔxa:ska], * Ivančice (Südmähr. Gebiet) 4. Febr. 1929, † Prag 20. Febr. 1971, tschech. Schriftsteller. – Wurde 1969 aus der KP ausgeschlossen. Schrieb Erzählungen (›Kutsche nach Wien‹, 1967, dt. 1970; ›Das Ohr‹, Köln postum 1977, dt. 1984) und Romane, in denen innere Wandlungen der Menschen dargestellt werden; auch erfolgreiche Jugendbücher (›Es lebe die Republik‹, 1965, dt. 1968, Dt. Jugendbuchpreis 1969; ›Lenka‹, 1967, dt. 1969) und Filmdrehbücher.

**Procopé,** Hjalmar [schwed. prɔkɔ'pe:], * Helsinki 28. April 1868, † Borgå (Finnland) 24. Sept. 1927, schwedischsprachiger finn. Lyriker. – Seine Lyrik ist stark persönlich geprägt; Gestaltung patriot. und sozialer Themen; Nachdenkliches mischt sich mit Spöttischem (Einfluß H. Heines); schrieb auch Dramen.

**Werke:** Mot öknen (Ged., 1905), Röda skyar (Ged., 1907), Vers och visa (Ged., 1909), I sanden (Ged., 1915), Eget och andras (Ged., 1927).

**Prodikos von Keos** (tl.: Pródikos), griech. Sophist und Rhetor der 2. Hälfte des 5. Jh. v. Chr. – Einer der Hauptvertreter der Sophistik, der sich nach der Überlieferung mit natur-, religions-, moral- und sprachphilosoph. Fragen beschäftigte. Von seinen Schriften sind durch

Referat und Auszüge nur ›Perì phýseōs‹ (= Über die Natur) und ›Hōrai‹ (= Die Horen) bekannt; in der letzteren fand sich auch die Parabel von Herakles am Scheideweg. Der Platonische Sokrates erwähnt wiederholt die Synonymik des P., d.h. dessen ausgefeilte begriffl. Unterscheidungen sinnverwandter Wörter, als Vorbild für seine eigene Definitionsmethode.

**Ausgabe:** P. v. K. In: Die Fragmente der Vorsokratiker. Hg. v. H. DIELS u. W. KRANZ. Bd. 2. Zü. u. Bln. [6]1952. Nachdr. 1985.

**Prodromos,** Theodoros, byzantin. Dichter, ↑Theodoros Prodromos.

**Professorenroman,** Bez. für Romane, die von Wissenschaftlern, v.a. von Historikern, verfaßt wurden. Der Begriff wird in erster Linie für eine Reihe von ↑historischen Romanen aus der 2. Hälfte des 19. Jh. verwendet, die Anspruch auf historisch getreue Darstellung vergangener Epochen oder fremder Kulturen erhoben. Da die Fachgelehrsamkeit die literar. Qualität häufig beeinträchtigte, enthält der Begriff P. meist eine negative Wertung. Hauptvertreter in Deutschland waren u.a. F. Dahn (›Ein Kampf um Rom‹, 1876), G. M. Ebers (›Uarda‹, 3 Bde., 1877), G. Freytag, W. H. Riehl.

**Prokatalepsis** [griech. = Vorwegnahme] (Prolepse, Prolepsis), Begriff der antiken Rhetorik für die vorweggenommene Widerlegung eines mögl. Einwands. – ↑auch Antizipation.

**Prokeleusmatikus** [griech.], antiker Versfuß aus vier Kürzen (⏑⏑⏑⏑), meist als Auflösung eines ↑Anapäst oder eines ↑Daktylus; ein sog. Brachysyllabus.

**prokephal** [griech.], in Analogie zu ↑akephal gebildete Bez. für einen Vers, der am Anfang um eine unbetonte Silbe verlängert ist (entspricht dem ↑Auftakt).

**Proklos** (tl.: Próklos; lat. Proclus), * Konstantinopel 412, † Athen 485, griech. Philosoph. – Schüler des Plutarchos von Athen (* um 350, † um 431/433) und des Syrianos (1. Hälfte des 5. Jh.); Schulhaupt der Akademie und bedeutendster Vertreter des athen. Neuplatonismus. P. differenzierte (meist triadisch) das Hypostasensystem gegenüber dem des ↑Iamblichos (u.a. Annahme der ›Einsheiten‹ [Henaden] als Emanation des Ur-Einen und des ›Denkbaren – Denkenden‹ als eines dritten Bereiches der Iamblichischen Hypostase ›noûs‹ [= Vernunft, Geist]) und gestaltete es noch mehr als dieser theologisch um. Im Prozeß des Hervorgehens unterschied P. – wohl basierend auf Ansätzen des Syrianos – die noch für G. W. F. Hegel richtungweisenden drei Momente: das ›Bleiben‹ (monḗ) in der Ursache, das ›Hervortreten‹ (próodos) aus ihr, die ›Rückwendung‹ (epistrophḗ) zu ihr. Wichtig für das Verständnis seiner Lehre sind seine (erhaltenen) Platonkommentare, sein theolog. Lehrbuch für Anfänger (Stoicheíōsis theologikḗ) und sein Buch ›Zur Theologie Platons‹ (Eis tȇn Plátōnos theologían).

**Ausgaben:** Proclus. Institutio Theologica. The elements of theology. Griech. u. engl. Hg. v. E. R. DODDS. London [2]1963. – Théologiè platonicienne. Griech. u. frz. Übers. v. H. D. SAFFREY u. L. G. WESTERINK. Bd. 1–4. Paris 1968–81.

**Literatur:** ROSÁN, L. J.: The philosophy of Proclus. New York 1949. – BEIERWALTES, W.: P. Grundzüge seiner Metaphysik. Ffm. [2]1979.

**Prokofjew** (tl.: Prokof'ev), Alexandr Andrejewitsch [russ. pra'kɔfjɪf], * Kobona (Gebiet Petersburg) 2. Dez. 1900, † Leningrad (heute Petersburg) 18. Sept. 1971, russ.-sowjet. Lyriker. – Schrieb, von W. W. Majakowski ausgehend und von der Volksdichtung beeinflußt, Gedichte, in denen er anfangs v.a. Themen des Bürgerkriegs und dessen polit. und soziale Folgen gestaltete (›Rossija‹ [= Rußland], Vers-E., 1944); bevorzugte später patriot. Themen im Sinne der Parteidoktrin; schrieb auch schlichte, unpolit. Lyrik.

**Ausgabe:** A. A. Prokof'ev. Sobranie sočinenij. Leningrad 1978–80. 4 Bde.

**Literatur:** ŠOŠIN, V.: Poėt A. Prokof'ev. Leningrad 1965. – MOLDAVSKIJ, D.: A. Prokof'ev. Leningrad 1975.

**Prokop** (tl.: Prokópios), * Caesarea Palaestinae um 500, † nach 559, byzantin. Geschichtsschreiber. – Mitarbeiter Belisars, nahm an dessen Feldzügen gegen die Perser, Vandalen und Goten teil und berichtete darüber in einem Geschichtswerk (›Bella‹ [= Kriege], um 550; acht Bücher), das eine allgemeine Geschichte der Regierungszeit Kaiser Justinians I. gibt. Später Stadtpräfekt von Konstantinopel, schilderte er in seiner kunsthistorisch wichtigen Schrift ›Perì ktismátōn‹ (= Die Bauten) die zahllosen, von Justinian errichteten Bauten. Vermutlich nach dem Tod des Herrscherpaares und Belisars erschien das Werk ›Anékdota‹ (= Nichtherausgegebenes), eine Schmähschrift auf Justinian, Theodora und Belisar.

**Ausgaben:** Procopii Caesariensis opera omnia. Hg. v. J. HAURY. Lpz. 1905–13. Erweiterter Neudr. Hg. v. G. WIRTH. Lpz. 1962–64. 4 Bde. – P. Werke. Griech. u. dt. Hg. v. O. VEH. Mchn. [1-3]1971–81. 5 Bde.

**Literatur:** VEH, O.: Zur Geschichtsschreibung u. Weltauffassung des P. v. Caesarea. Bayreuth 1950–53. 3 Tle.

**Prokopowitsch** (tl.: Prokopovič), Feofan [russ. prɐka'pɔvitʃ], ukrain. F. Prokopowytsch, * Kiew 18. Juni 1681, † Petersburg 19. Sept. 1736, ukrain. und russ. Prediger und Schriftsteller. – Sohn eines Kaufmanns; Mönch; lehrte an der Kiewer Akademie, deren Rektor er wurde, u. a. Poetik, Rhetorik, Philosophie; 1715 Berater Peters des Großen. P. entwarf das ›Geistl. Reglement‹ (1721); bed. kirchl. Laufbahn, u. a. Erzbischof von Nowgorod (ab 1724). Sein v. a. theolog. und polit. Schrifttum hat insbes. kulturhistor. Wert; P. hielt sich in seiner Dichtung an die syllab. Metrik, er war v. a. Dramatiker (Tragikomödie ›Vladimir‹, russ. UA 1705) und Verfasser panegyr. Dichtung; seine Predigten hatten Einfluß auf die Kunstprosa.

**Ausgabe:** F. Prokopovič. Sočinenija. Moskau u. Leningrad 1961.

**Literatur:** HÄRTEL, H.-J.: Byzantin. Erbe u. Orthodoxie bei F. Prokopovič. Wzb. 1970. – NIČIK, V. M.: F. Prokopovič. Moskau 1977.

**Prokosch,** Frederic [engl. 'proʊkɔʃ], * Madison (Wis.) 17. Mai 1908, † Plan-de-Grasse (Alpes-Maritimes) 2. Juni 1989, amerikan. Schriftsteller österr. Abstammung. – Prof. für engl. Sprache u. a. an der Yale University (1936–37), im 2. Weltkrieg diplomat. Tätigkeit. Ausgedehnte Reisen, u. a. in Afrika und Asien, lieferten P. Stoff für seine Reise- und Abenteuerromane, in denen er meist Lebensprobleme westl., v. a. europ. Menschen darstellte; seine Lyrik ist romantisch-stimmungsvoll; übersetzte J. Ch. F. Hölderlin.

**Werke:** Die Asiaten (R., 1935, dt. 1936), Sieben auf der Flucht (R., 1937, dt. 1940), Death at sea (Ged., 1940), Sturm und Echo (R., 1948, dt. 1952), Neun Tage nach Mukalla (R., 1953, dt. 1954), Und kalt glänzte der Marmor (R., 1964, dt. 1966), Amerika, meine Wildnis (R., 1972, dt. 1973), Die metaphys. Pizza. Ein Buch der Begegnungen (Porträts, 1983, dt. 1984).

**Literatur:** SQUIRES, R.: F. P. New York 1964.

**Prolegomena** (Einzahl Prolegomenon) [griech. = das im voraus Gesagte], Vorrede, Vorbemerkungen, Einführung[en] zu größeren wiss. Werken.

**Proletkult** [russ. prɐlɪt'kuljt], Abk. für: **Prolet**arskaja **kult**ura [russ. prɐlɪ'tarskɐjɐ kulj'turɐ = proletar. Kultur], kulturrevolutionäre Tendenz der russ. Oktoberrevolution, die unter Negierung der bürgerl. Traditionen eine spezifisch proletarische Massenkultur entwickeln wollte. Für die Theoretiker des P.s, v. a. Alexandr A. Bogdanow (* 1873, † 1928), war die geistig-kulturelle Erziehung des Proletariats die Voraussetzung zur Aufhebung der Klassen. Man experimentierte bes. mit oft in kollektiven Improvisationen entwickelten Massenschauspielen, Maschinenkonzerten und Formen des Straßentheaters als Mittel zur Kreativitätsförderung und Bewußtseinsorganisation des Proletariats. In der bildenden Kunst zeichnete sich zunächst der ↑ Konstruktivismus ab, in Literatur und Musik der ↑ Futurismus, der sich später auch in der bildenden Kunst ausprägte. 1920 spaltete sich eine Gruppe junger avantgardist. Literaten vom P. ab (↑ Kosmisten). Lenin lehnte experimentelle Kunst für die Massen ab, die erst den Anschluß an den tradierten Kenntnisstand gewinnen sollten. Nach der Verurteilung der ›Autonomie‹ der Bewegung durch Lenin (1921) sank die Bedeutung des P.s, 1923 wurde er zur ›gefährl. Abweichung‹ erklärt. Nach Modifizierung der ursprüngl. Intentionen wurde die Arbeit zur Entwicklung einer proletar. Kultur nach 1923 von der Russ. Assoziation Proletar. Schriftsteller (RAPP) weitergeführt.

**Literatur:** SEEMANN, K.-D.: Der Versuch einer proletar. Kulturrevolution in Rußland 1917–1922. In: Jbb. f. Gesch. Osteuropas N. F. 9 (1961), S. 179. – GORSEN, P./KNÖDLER-BUNTE, E.: P. Stg. 1974–75. 2 Bde. – MALLY, L.: Culture of the future. The P. movement in revolutionary Russia. Berkeley (Calif.) 1990).

**Prolog** [griech. = Vorrede, Vorspruch], Einleitung eines dramat. Werkes

(Schauspiel, Hörspiel, Film), die von einer oder mehreren Personen szenisch dargestellt oder erzählend vorgetragen werden kann. Der P. dient u.a. der Begrüßung und Huldigung des Publikums, der Ankündigung des folgenden Schauspiels, der Information über die Handlung oder der ↑Exposition. Eine selbständige Form des P.s ist der sog. Fest-P., der zu bes. Anlässen gehalten wird, etwa zur Eröffnung eines Theaters. – Nach Aristoteles soll Thespis (um 500 v. Chr.) der ›Erfinder‹ des P.s sein. Die den griech. Tragödien (Aischylos, ›Perser‹, 472), Komödien (Aristophanes, ›Lysistrate‹, 411) und Satyrspielen (Euripides, ›Kyklops‹) vorangestellten P.e weisen bereits vielfältige P.funktionen auf. Die Römer verwendeten oft didakt. P.formen (Plautus). Im MA findet sich der P. häufig auch in Epen (Wolfram von Eschenbach, ›Parzival‹, nach 1200). Das ↑geistliche Spiel des Spät-MA verwendete den P. häufig (↑Proömium), so auch die Moralitäten, ↑Fastnachtsspiele und Meistersingerdramen. Die Wiederbelebung des antiken P.s in der Renaissance beeinflußte auch das nlat. ↑Humanistendrama des dt. Sprachraums. Im Barock findet sich die P.technik u.a. in den dramat. Werken Spaniens (Lope F. de Vega Carpio), Frankreichs (Molière), Englands (bes. vor, jedoch nur gelegentlich bei und nach Shakespeare). In Deutschland verwendeten das prot. ↑Schuldrama, das ↑Jesuitendrama und das Volksschauspiel P.formen. In dieser Zeit lösten oft Theaterzettel oder Zeitungen die P.e ab, jedoch benutzten dt. Wandertruppen P. und Epilog noch bis ans Ende des 18. Jahrhunderts. G. E. Lessings Lob für den autonomen P. im engl. Drama war richtungweisend für die dt. Klassik, z. B. für Goethe (›Faust I‹, 1808). Vielfältiger als in der Klassik wurde der P. in der dt. Romantik gehandhabt (L. Tieck), im Realismus und im Naturalismus verschwand er fast ganz, erst seit der Jahrhundertwende ist eine Neubelebung festzustellen (u.a. B. Brecht, ›Herr Puntila und sein Knecht Matti‹, entst. 1940, gedr. 1950). – Ggs. ↑Epilog.

**Proömium** (Prooimion) [griech.], in der antiken Literatur werden als Proömien bezeichnet: 1. die sog. ↑Homerischen Hymnen, die vermutlich von Rhapsoden vor dem eigentl. Epenvortrag dargeboten wurden, 2. die Vorreden zu Epen mit Musenanruf, Themenangabe usw. in knapper Form, 3. in der Rhetorik die Eröffnung einer Rede, auch ↑Exordium, mit der Anrede der Hörer, allgemeinen oder persönl. Betrachtungen.

**Propemptikon** [griech.; zu propémpein = geleiten], Abschiedsgedicht, in dem einem Scheidenden Segenswünsche mit auf die Reise gegeben werden (↑Apopemptikon). Propemptika sind überliefert von Sappho, Tibull, Ovid, Horaz, Statius u.a., sie wurden bis in die Neuzeit (18. Jh.) gepflegt.

**Properz** (Sextus Propertius), * Asisium (heute Assisi) um 50, † nach 16 v. Chr., röm. Elegiendichter. – Entstammte einer angesehenen umbr. Familie, verlor früh den Vater und büßte 41/40 durch die Konfiskationen der Bürgerkriege einen Teil seines Vermögens ein. Er lebte in Rom, wo er sich ganz der eleg. Dichtung zuwandte. Die Veröffentlichung einer ersten Sammlung (28) war ein großer Erfolg, Maecenas nahm P. in seinen Dichterkreis auf. Danach gab P. noch drei weitere Bücher heraus. Er hielt sich von den polit. Spannungen der dreißiger Jahre fern und begegnete zunächst auch Augustus mit Reserve. In seiner Dichtung thematisierte er die erot. Bindung an die Kurtisane Cynthia (eigentl. Hostia). Die Bücher 2 und 3 bekunden einen allmähl. Wandel: moral. Zeitkritik und Lobpreisung des Augustus mischen sich in die erot. Thematik. Das 4. Buch ist nat. Stoffen gewidmet; es stellt bes. die Ursprünge röm. Kulte dar. P. hat die Elegie bis zum Schluß als ›offene‹, der Abwandlung fähige Form behandelt; die glutvollen erot. Gedichte spiegeln, das Erzählen meidend, eine Vielfalt von Situationen und Stimmungen wider, wobei sie sich ständig auf myth. Vorbilder beziehen. P. hat Motive der hellenist. Dichtung (Epigramm; Beeinflussung durch Kallimachos) mit einem spezif. röm. (›subjektiven‹) Lebensgefühl durchdrungen. Seine eigenwillige, anspruchsvolle Sprache, die Anspielungen auf mitunter entlegene Mythen und die sprunghafte Komposition lassen sein Werk als ungewöhnlich schwierig erscheinen. P.' Werk wurde von F. Petrarca wiederentdeckt; der Höhepunkt seiner Wirkung sind Goethes ›Römische Elegien‹ (1795).

**Ausgaben:** Propertius. Elegies. Lat. Ausg. Eingel. u. hg. v. W. A. CAMPS. Cambridge 1961–67. 4 Bde. – P. Gedichte. Lat. u. dt. Hg. v. R. HELM. Bln. 1965.

**Literatur:** ALFONSI, L.: L'elegia di Properzio. Mailand 1945. – TRÄNKLE, H.: Die Sprachkunst des P. u. die Tradition der lat. Dichtersprache. Wsb. 1960. – BOUCHER, J.-P.: Études sur Properce. Paris 1965. – HUBBARD, M.: Propertius. London 1974. – P. Hg. v. W. EISENHUT. Darmst. 1975. – SULLIVAN, J. P.: Propertius. A critical introduction. Cambridge u. New York 1976.

**Proposition** [lat. = Voranstellung], in der Rhetorik der am Beginn einer Rede oder Schrift auf das ↑Exordium folgende Teil; die P. enthält die Angabe des Themas, die Anführung der Hauptgedanken, der Ausgangspunkte oder eines Satzes, der im folgenden zu beweisen ist.

**Propyläen,** von Goethe 1798–1800 in Cottas Verlag herausgegebene Kunstzeitschrift; nach Schillers ↑›Horen‹ wichtigstes Organ der Kunstanschauung der Weimarer Klassik. Enthält u. a. Goethes Aufsätze ›Über Laokoon‹, ›Über Wahrheit und Wahrscheinlichkeit der Kunstwerke‹, ›Diderots Versuch über die Malerei‹, ›Der Sammler und die Seinigen‹. Weitere Mitarbeiter waren Heinrich Meyer (* 1760, † 1832), Schiller, W. und Caroline von Humboldt (* 1766, † 1829).

**Ausgabe:** P. Eine period. Schr. Hg. v. J. W. VON GOETHE. Tüb. 1798–1801. 3 Bde. Nachdr., hg. v. W. FRHR. VON LÖHNEYSEN. Darmst. u. Stg. 1965. 3 Bde. in 1 Bd.

**Prosa** [lat., eigtl. = geradeaus gerichtete, schlichte (Rede)], unter P. versteht man alle sprachl. Mitteilungs- und Darstellungsformen, die nicht an den ↑Vers gebunden sind. Im Unterschied zur Verssprache bedeutet P.sprache das Offensein für alle Möglichkeiten einer freien, ungebundenen Sprache. Als sog. **Gebrauchsprosa** ist sie Träger der einfachen Mitteilung in Reden, Gesprächen, Briefen, Zeitungsartikeln o. ä. sowie der Darstellung von Fragestellungen und Erkenntnissen in wiss., philosoph. u. a. Werken, deren sprachl. und stilist. Niveau höchst unterschiedlich sein kann; bestimmte Äußerungen der Gebrauchsprosa erreichen das Niveau der sog. literar. **Kunstprosa.** Vergleichbar der Verssprache, wirken in der literar. P.sprache bewußte Gestaltungsmittel (u. a. Wortwahl, freier Satzbau, Sprachmelodie, Bildhaftigkeit und v. a. die Entfaltung der rhythm. Möglichkeiten der Sprache; ↑freie Rhythmen).

**Geschichte:** In der Antike wurde erstmals in Ionien P. als literar. Darstellungsform für die im 6. Jh. v. Chr. einsetzende philosophisch-wissenschaftl. Welterfassung benutzt (Vorsokratiker, ↑Logographen). Die P.literatur der Historiographie (Herodot, Thukydides), Philosophie (Platon), Biographie und Naturwissenschaft (Hippokrates) trat der älteren, früher entwickelten Versdichtung gleichgewichtig gegenüber. Bes. der polit. und forens. Rede lieferte die ↑Rhetorik zur Steigerung ihrer Wirkmöglichkeiten rhythmisch-stilist. Regeln, z. B. für Perioden- und Satzschlüsse (↑Klausel). Diese Kunst-P. (Lysias, Demosthenes, Gorgias von Leontinoi, Isokrates) wirkte jahrhundertelang vorbildhaft, zunächst auf die röm. histor. P. (Caesar, Livius, Tacitus, Sallust) und die philosophisch-rhetor. P. (Cicero), auf die mittelalterliche patrist., philosoph. und histor. P. (Augustinus, Bernhard von Clairvaux, Thomas von Aquin, Einhard, Otto von Freising u. a.) bis hin zur P. der Humanisten (E. S. Piccolomini [Papst Pius II.], Th. More, Erasmus von Rotterdam) und der Sprache der Kanzleien (14. Jahrhundert). – In den literar. Gattungen ist die P. in der Spätantike für satir. Formen (Petronius, Lukian von Samosata, Apuleius' ›Metamorphosen‹, um 170) belegt. – Im MA herrschte die seit der Antike für wertvoller gehaltene Versdichtung vor; eine Ausnahme bildeten die einer eigenständigen mündl. Erzähltradition verpflichteten, aus dem 13. Jh. schriftlich überlieferten isländ. Sagas (Sögur) in realist., lapidarer Prosa. Volkssprachige P. entwickelte sich in Übersetzungen aus dem Lateinischen (Tatian, Notker [III.] Labeo, in England Alfred d. Gr.). Sie wurde zur Sprache des Rechts (Eike von Repgow, ›Sachsenspiegel‹, um 1224–31), der Chroniken, der Predigten (Ælfric, Berthold von Regensburg) und erreichte erste Höhepunkte in den Schriften der dt. Mystiker (Meister Eckhart, J. Tauler,

H. Seuse). Auf der Schwelle zur neuzeitl. P. steht als singuläres Meisterwerk Johannes von Tepls ›Der Ackermann aus Böhmen‹ (entst. nach dem Tod seiner Frau im August 1400). Bibelübersetzungen wie die M. Luthers oder in England die ›Authorized version‹ (1611) gaben der weiteren Entwicklung entscheidende Impulse. Ansätze zu literar. Kunst-P. boten im Spät-MA die P.-Fassungen höf. Dichtungen, gereimter Schwänke und Fabeln für ein neues Lesepublikum (↑Volksbücher). Durch eigenständige Verarbeitung antiker Vorbilder schuf die italien. Renaissance eine neuzeitl. Prosa. Eine Gipfelleistung der Erzähl-P. ist G. Boccaccios ›Il Decamerone‹ (entst. 1348–53, gedr. 1470, dt. 1472/73, 1830 u. d. T. ›Das Dekameron‹); für die wiss., histor. und biograph. P. der Renaissance sind zu nennen: L. B. Alberti, G. Pico della Mirandola, N. Machiavelli, P. Bembo, B. Cellini, Geronimo Cardano (* 1501, † 1576), G. Vasari. Ebenbürtig waren seit dem 16. Jh. die Prosaisten in Spanien. Hier entstand der neuzeitl. europ. P.roman (›Lazarillo de Tormes‹, 1554 anonym erschienen; M. de Cervantes Saavedra, ›Der sinnreiche Junker Don Quijote von der Mancha‹, 1605–15, dt. 1956, erstmals dt. 1621), auch religiöse (Ignatius von Loyola [* 1491, † 1566], Theresia von Ávila), satir. und didaktisch-histor. Prosa. Parallel dazu entwickelte sich die frz. P. (F. Rabelais, ›Gargantua und Pantagruel‹, 1532–64, dt. Bearbeitung von J. Fischart, 1575; M. Eyquem de Montaigne, ›Essays‹, 1580–95, dt. 1753/54; im 17. Jh. B. Pascal, Jacques Benique Bossuet [* 1627, † 1704], F. de La Rochefoucauld, J. de La Bruyère). Die dt. P. fand im Barock den Anschluß an den europ. Standard (J. J. Ch. von Grimmelshausen, Ph. von Zesen, Abraham a Sancta Clara). Von nun an gewann die P. in der Epik eine dominierende Stellung und verdrängte in Roman und Novelle die entsprechenden gebundenen Formen. Auch in die Dramatik fand sie im 18. Jh. Eingang (G. E. Lessing), im 19. Jh. wurde sie zur vorherrschenden dramat. Sprachform. Seit der Romantik findet sich P. auch in der Lyrik, jedoch keineswegs vorrangig. Zu den Genres der P.literatur gehören v. a. der ↑Essay, das ↑Feuilleton, die Memoirenliteratur, ↑Biographie und ↑Autobiographie.

**Literatur:** Mundt, Th.: Die Kunst der dt. P. Ästhet., literaturgeschichtl., gesellschaftl. Bln. 1837. Nachdr. Gött. 1969. – Patterson, W. F.: Three centuries of French poetic theory. Ann Arbor (Mich.) 1934. Nachdr. New York 1966. 3 Bde. – Brauer, W.: Gesch. des P.begriffs v. Gottsched bis zum Jungen Deutschland. Ffm. 1938. Nachdr. Hildesheim 1974. – Beriger, L.: Poesie u. P. In: Dt. Vjschr. f. Literaturwiss. u. Geistesgesch. 21 (1943). – Adolph, R.: The rise of modern prose style. Cambridge (Mass.) 1968. – Ros, A.: Zur Theorie literar. Erzählens. Wsb. 1972. – Stempel, W.-D.: Die Anfänge der roman. P. im XIII. Jh. In: Grundr. der roman. Literaturen des MA. Bd. 1: Généralités. Hg. v. M. Delbouille. Hdbg. 1972. S. 585. Bibliogr. S. 695. – Grawe, Ch.: Sprache im P.werk. Bonn $^{2}$1985.

**Prosagedicht,** literar. Genre bes. in Frankreich (Poème en prose), das zwischen rhythm. Prosa und freirhythm. Verssprache angesiedelt ist. Geschaffen von A. Bertrand (›Junker Voland. Phantasien in der Art von Rembrandt und Callot‹, hg. 1842, dt. 1911) in Weiterentwicklung der romant. poet. Prosa etwa F. R. de Chateaubriands, aufgegriffen von Alphonse Rabbe (* 1784, † 1830) und M. de Guérin, jedoch erst durch Ch. Baudelaire (›Kleine P.e‹, hg. 1869, dt. 1920) breiter bekannt; u. a. auch von Lautréamont (›Die Gesänge des Maldoror‹, hg. 1874, dt. 1954), F. Ponge und Saint-John Perse gepflegt. In England begannen P.e in den 1890er Jahren zu entstehen (u. a. O. Wilde, ›Poems in prose‹; F. MacLeod; E. Ch. Dowson).

**Literatur:** Simon, J.: The prose poem as a genre in nineteenth-century European literature. Cambridge (Mass.) 1959. Nachdr. New York 1987. – Nies, F.: Poesie in prosaischer Welt. Hdbg. 1964. – Füger, W.: Das engl. P. Hdbg. 1973. – Bernard, S.: Le poème en prose de Baudelaire jusqu'à nos jours. Paris $^{2}$1978. – Murphy, M. S.: A tradition of subversion. The prose poem in English ... Amherst (Mass.) 1992.

**Prosarhythmus,** Gliederung der ungebundenen Prosasprache durch bestimmte Akzentuierungen. Im Unterschied zum Versrhythmus fehlen beim P. die Erwartungskonstituenten eines durch Metrum und Reim geregelten Verlaufs. Seinen spezif. Ton erhält er durch die jeweilige akzentuelle Gliederung des Sprachflusses, durch die Art des Wechsels von betonten und unbetonten Silben, von langen und kurzen Wörtern, durch bestimmte Klangfolgen, durch Wortstellung, Satzgliederung und Sinngebung. Mitwirken können beim Vortrag Sprechgeschwindigkeit, Tonhöhe und Sprachmelodie. Der P. kann sich dem Versrhythmus annähern; die antike Kunstprosa entwickelte gewisse metr. Regeln zur Gestaltung syntakt. Einschnitte (↑Klausel), bei denen sprachl. Quantitäten eine Rolle spielen; im MA traten an deren Stelle bestimmte Akzentfolgen (↑Cursus). – Der P. kann bei einzelnen Dichtern unterschiedlich ausgeprägte und kennzeichnende Klänge annehmen, z. B. der lyr. P. bei R. M. Rilke, der episch ausladende P. bei Th. Mann oder der dramatisch gespannte bei H. von Kleist.

**Literatur:** BEHN, S.: Der dt. Rhythmus u. sein eigenes Gesetz. Straßburg 1912. – HÖRANDER, W.: Der P. in der rhetor. Lit. der Byzantiner. Wien 1980.

**Proskenion** [griech.], im griech. Theater der Platz vor dem Bühnenhaus (↑Skene), die Hauptspielfläche des antiken Dramas (im röm. Theater Proscaenium), nachdem Choraufzüge an Bedeutung verloren hatten. – ↑auch Proszenium.

**Prosodie** [griech.; eigtl. = Zugesang, Nebengesang], in der Antike die Lehre vom Akzent und den Silbenquantitäten; heute ist die P., als Hilfsdisziplin der ↑Metrik, die Lehre von den für die Versstruktur konstitutiven Elementen einer Sprache, nämlich ↑Quantität, ↑Akzent, Tonhöhe (meist nicht von metr. Relevanz) und Wortgrenze. – Für die auf dem ↑quantitierenden Versprinzip beruhenden griech. und lat. Verse gelten folgende prosod. Regeln: 1. eine Silbe ist naturlang, wenn ihr Vokal lang ist, wobei Diphthonge als lange Vokale gelten; 2. eine Silbe ist positionslang, wenn ihr Vokal kurz ist, auf diesen aber zwei oder mehr Konsonanten folgen; 3. eine Silbe ist kurz, wenn ihr Vokal kurz ist und auf diesen nicht mehr als ein Konsonant folgt; 4. eine Ausnahme bilden Silben mit kurzem Vokal und der Konsonantengruppe ›muta cum liquida‹ (p/t/k [b/d/g] + r/l), die prosodisch unterschiedlich gewertet werden, z. T. je nach Bedarf kurz oder lang; 5. eine Silbe, die auf einen langen Vokal endet, wird dann als kurz gewertet, wenn die folgende Silbe mit einem Vokal einsetzt. Dazu kommen einige Sonderregeln, die v. a. den ↑Hiatus betreffen, z. B. ↑Elision, Aphärese, ↑Synalöphe (Vokalverschleifung) und (nur griech.) ↑Krasis. – Bei den auf dem ↑akzentuierenden Versprinzip beruhenden dt. Versen beschäftigt sich die P. v. a. mit Fragen der Kongruenz zwischen Versakzent und Wortakzent; für die ahd. und mhd. Verse kommen Quantitätsregeln hinzu, die im wesentlichen denen des Griechischen und Lateinischen entsprechen, sowie die Regel, daß einsilbige Wörter im Althochdeutschen und Mittelhochdeutschen stets als lang gelten (Wortgrenze bildet Position). – Ihren besonderen sprachl. Formen entsprechend haben alle übrigen Literatursprachen jeweils spezif. prosod. Regeln entwickelt, die jedoch von Fall zu Fall durch die Zugehörigkeit zu einer bestimmten Sprachfamilie (romanisch, slawisch o. ä.) untereinander verwandt sind.

**Prosodion** [griech.], altgriech. Prozessionslied, Gattung der altgriech. Chorlyrik (↑auch Hymne), meist zu Ehren Apollons, wohl in taktmäßigen Versen (*Prosodiakos:* ⏓–⏑⏑–⏑⏑–); bezeugt sind Prosodien von Pindar und Bakchylides von Keos.

**Prosopopöie** [griech.], Einführung von Naturerscheinungen oder abstrakten Begriffen als redende oder handelnde Personen in literar. Werken. – ↑auch Personifikation.

**Prospekt** [lat.], im Theater der – meist auf Leinwand gemalte – Hintergrund der Guckkastenbühne, auch als Zwischen-P.; hochziehbar oder versenkbar. Seit F. und G. Galli da Bibiena (17./18. Jh.) wird der P. nicht mehr zentralperspektivisch bemalt, sondern in Winkelperspektive (mehrere Fluchtpunkte). Seit der Erfindung der Drehbühne wurden insbes. Luft- und Landschafts-P.e mittels Wandel-P.e, die seitlich abzurollen oder auseinanderzuziehen waren, durch laufende Projektionen ersetzt. – ↑auch Bühne.

**Proszenium** [griech.], heute vorderer Teil der ↑Bühne, zwischen Vorhang und Orchestergraben. – ↑auch Proskenion.

**Protagonist** [griech. = erster Kämpfer], Hauptdarsteller, erster Schauspieler im altgriech. Theater. – ↑auch Deuteragonist, ↑Tritagonist.

**Protagoras** (tl.: Prōtagóras), * Abdera kurz nach 490, † um 420, griech. Sophist. – Bedeutendster Vertreter der Sophistik; Wanderlehrer, lebte jedoch meist in Athen; entwarf für Perikles die Verfassung für das neugegründete Thurii. Soll wegen des in seiner Schrift ›Über die Götter‹ (Perì theōn) vertretenen Agnostizismus der Asebie (= Gottlosigkeit) angeklagt und verurteilt worden sein; vermutlich auf der Flucht nach Italien bei einem Schiffbruch ertrunken. Kernstück seiner Philosophie, deren Rekonstruktion sich auf Platon, insbes. dessen Dialoge ›Prōtagóras‹ und ›Theaítētos‹, Aristoteles und Sextus Empiricus stützt, ist der sogenannte ↑Homo-mensura-Satz aus der Schrift ›Wahrheit oder niederringende (Reden)‹ (Alḗtheia ḕ katabállontes).

**Literatur:** DIETZ, K.-M.: P. von Abdera. Unterss. zu seinem Denken. Bonn 1976.

**Protasis** [griech., eigtl. = Voranstellung], Begriff der Dramentheorie; nach A. Donatus (4. Jh.; Terenzkommentar) erster der drei notwendigen Teile einer dramat. Handlung (vor ↑Epitasis und ↑Katastrophe); in der P. werden die Verhältnisse und Zustände dargestellt, aus denen der dramat. Konflikt entspringt. – ↑auch Exposition.

**Protestsong**, Form der politischen Dichtung, Gebrauchslyrik in Liedform, in der ein gesellschaftl. oder polit. Mißstand angeklagt wird. Kennzeichen sind volkstüml. Text und einprägsame Melodie. Der moderne P. entstand nach dem 2. Weltkrieg in der Bürgerrechtsbewegung für die gesellschaftl. Gleichstellung der Schwarzen in den USA als Mittel der Agitation und Solidarisierung, unter Anknüpfung an Liedtraditionen der Schwarzen (Gospelsong, Blues) sowie an Arbeiterlieder. Er wurde zum weltweiten Ausdrucksmittel gewaltlosen Widerstandes in der Demonstrationswelle der 60er und beginnenden 70er Jahre.

**Protreptik** [griech.], popularphilosoph. bzw. apologet. Ermahnung als [Einleitungs]teil antiker Schriften.

**Prou,** Suzanne [frz. pru], * Grimaud (Var) 11. Juli 1920, frz. Schriftstellerin. – Auf ihren ersten Roman ›Les Patapharis‹ (1966) folgten u. a. ›Les demoiselles sour les ébéniers‹ (R., 1967), ›L'été jaune‹ (R., 1968) und ›La ville sur la mer‹ (R., 1970). In ›Die Terrasse der Bernardini‹ (R., 1973, dt. 1976; Prix Renaudot 1973) rekonstruiert sie die Lebensgeschichte zweier alter Damen aus Bruchstücken von Erzählungen, Gerüchten, Beobachtungen, Photos und Briefen. Die Suche nach der Wahrheit führt zu ganz verschiedenen, doch gleichberechtigten Interpretationen vergangener Realitäten. Im Dorf- und Provinzmilieu spielen u. a. die Romane ›Edmée im Spiegel‹ (1976, dt. 1978) und ›Les dimanches‹ (1979). In ›Le dit de Marguerite‹ (1986) evoziert P. die Jugenderinnerungen ihrer Mutter, in der Autobiographie ›La petite Tonkinoise‹ (1987) ihre eigene Kindheit. Im Mittelpunkt des Romans ›Die Schöne‹ (1983, dt. 1984) stehen der Mord an einem jungen Mädchen und dessen Auswirkungen auf das Dorf Suviane und die Familie der jungen Ich-Erzählerin. P. schrieb auch einen Kriminalroman (›Die Freunde des Monsieur Paul‹, 1984, dt. 1986) und Kinderbücher.

**Weitere Werke:** Les amies de cœur (R., 1984), Le temps des innocents (R., 1988), La notairesse (R., 1989), Car déja le jour baisse (R., 1991), La maison des champs (R., 1993).

**Proust,** Marcel [frz. prust], * Paris 10. Juli 1871, † ebd. 18. Nov. 1922, frz. Schriftsteller. – Sohn eines angesehenen Pariser Arztes; wuchs, von Jugend an kränklich (Asthma) und übersensibel, verwöhnt und behütet auf; trat nach dem Militärdienst in die École des Sciences Politiques ein, belegte gleichzeitig die Vorlesungen H. Bergsons an der Sorbonne und wandte sich nach kurzer Tätigkeit in einer Anwaltskanzlei der Literatur zu. P. war Gast der vornehmsten Pariser Salons, zog sich jedoch nach dem Tod seiner Eltern (1903 und 1905) mehr und mehr in sein schallisoliertes, halbverdunkeltes Kranken- und Arbeitszimmer zurück. Thema seiner Romane ist die Zeit im Sinne einer erfüllten Gegenwart, ihr Verlust durch den Verlust der Erinnerung und ihre Wiedergewinnung in der Erinnerung. Gestützt auf den Zeitbegriff Bergsons (›durée‹), entwickelte er eine bahnbrechende, durch die Technik des inneren Monologs und der assoziativen Verknüpfung aktueller und früherer Bewußtseinsinhalte gekennzeichnete psycholog. Methode zur Wiedergewinnung der ›verlorenen Zeit‹, der Vergangenheit, durch die Erinnerung. Die Geschehnisse vergangener Jahre finden ihren Niederschlag in seinem z. T. postum veröffentlichten Hauptwerk, dem Romanzyklus ›À la recherche du temps perdu‹ (1913–27, Prix Goncourt 1919; dt. 1926–30 u. d. T. ›Auf den Spuren der verlorenen Zeit‹, 1953–57 u. d. T. ›Auf der Suche nach der verlorenen Zeit‹), einer monumentalen Darstellung der Pariser Gesellschaft von Aristokratie und Großbürgertum der Zeit vor dem 1. Weltkrieg. In den sieben Teilen ›In Swanns Welt‹ (1913, dt. 1953, 1926 u. d. T. ›Der Weg zu Swann‹), ›Im Schatten junger Mädchenblüte‹ (1918, dt. 1954, 1926 u. d. T. ›Im Schatten der jungen Mädchen‹), ›Die Welt der Guermantes‹ (1920/21, dt. 1955, 1930 u. d. T. ›Die Herzogin von Guermantes‹), ›Sodom und Gomorra‹ (1920/21, dt. 1955), ›Die Gefangene‹ (hg. 1923, dt. 1956), ›Die Entflohene‹ (hg. 1925, dt. 1957) und ›Die wiedergefundene Zeit‹ (hg. 1927, dt. 1957) schildert P. mit minutiöser Genauigkeit und Eindringlichkeit alle Bereiche menschl. Empfindungen und Gefühle. Der Vielschichtigkeit des Werkes entspricht ein Stil, der sich durch überlange Sätze, eine Fülle von Einschüben, Metaphern usw. und eine sich rhythmisch dem Fluß der Erinnerung anpassende Prosa auszeichnet. P. hatte maßgebl. Einfluß auf die Entwicklung des europ. Romans im 20. Jahrhundert.

Marcel Proust

**Weitere Werke:** Tage der Freuden (Nov.n u. Essays, 1896, dt. 1926), Pastiches et mélanges (Essays, 1919, dt. Ausw. 1969 u. d. T. Pastiches. Die Lemoine-Affäre), Chroniques (Berichte, hg. 1927), Jean Santeuil (R., entst. 1896–1904, 3 Bde., hg. 1952, dt. 2 Bde., 1965), Gegen Sainte-Beuve (Essay, hg. 1954, dt. 1962), Der Gleichgültige (Nov., hg. 1978, frz. und dt. 1978).

**Ausgaben:** M. P. Œuvres complètes. Paris Neuausg. 1929–36. 10 Bde. in 18 Tlen. – M. P. Correspondance. Hg. v. PH. KOLB. Paris 1970–93. 21 Bde. – M. P. Textes retrouvés. Hg. v. PH. KOLB u. B. P. LARKIN. Verbesserte Ausg. Paris 1971. – M. P. Poèmes. Hg. v. C. FRANCIS u. F. GONTIER. Paris 1982. – M. P. À la recherche du temps perdu. Hg. v. J.-Y. TADIÉ. Paris 1987–89. 4 Bde. – M. P. Werke. Frankfurter Ausg. Übertragen u. hg. v. L. KELLER. Ffm. 1988 ff. Auf 17 Bde. ber. (bisher 6 Tle. erschienen).

**Literatur:** MAUROIS, A.: Auf den Spuren v. M. P. Dt. Übers. Hamb. 1956. – PAINTER, G. D.: M. P. Eine Biogr. Dt. Übers. Ffm. 1962–68. 2 Bde. – BARDÈCHE, M.: M. P. romancier. Paris 1970–72. 2 Bde. – JAUSS, H. R.: Zeit u. Erinnerung in M. P.s ›À la recherche du temps perdu‹. Hdbg. ²1970. – Études proustiennes. Bd. 1. Paris 1973 ff. – ALBARET, C.: Monsieur P. Dt. Übers. Mchn. 1974. – BECKETT, S.: P. Dt. Übers. Zü. Neuaufl. 1974. – Das P.-Album. Leben u. Werk im Bild. Hg. v. P. CLARAC u. A. FERRÉ. Dt. Übers. Ffm. 1975. – PIERRE-QUINT, L.: M. P. Paris Neuaufl. 1976. – FERNANDEZ, R.: P. ou la généalogie du roman moderne. Paris 1979. – M. P. Werk u. Wirkung. Hg. v. R. SPECK u. a. Ffm. 1982. – LATTRE, A. DE: Le personnage proustien. Paris 1984. – REY, P.-L.: M. P., sa vie, son œuvre. Paris 1984. – ROLOFF, V.: Werk u. Lektüre. Zur Literaturästhetik von M. P. Ffm. 1984. – BONNET, H.: Les amours et la sexualité de P. Paris 1985. – BERG, W. B.: M. P. In: Frz. Lit. des 20. Jh. Gestalten u. Tendenzen. Hg. v. W.-D. LANGE. Bonn 1986. S. 144. – TADIÉ, J.-Y.: M. P. Dt. Übers. Ffm. 1987. – MAURIAC, C.: M. P. Dt. Übers. Rbk. 76.–78. Tsd. 1993. – ERMAN, M.: M. P. Paris 1994. – KÖHLER, E./CORBINEAU-HOFFMANN, A.: M. P. Bln. ³1994. – KRISTEVA, J.: Le temps sensible. P. et l'expérience littéraire. Paris 1994.

**provenzalische Literatur,** die südfrz., in den verschiedenen Mundarten der Region abgefaßte Literatur; sie zerfällt in zwei unterschiedl. Traditionsströme: 1. in die Formen und Überlieferungen, die vom 11. bis ins 18. Jh. reichen, und 2. in die Formen und Überlieferungen, die sich aus der philologisch-histor. Wiederbelebung der provenzal. Kultur im 19. Jh. unter Einbeziehung zeitgenöss. Tendenzen aus anderen europ. Literaturen bis in die Gegenwart ergaben und ergeben.

**11.–18. Jahrhundert:** Herausragende Bedeutung für die volkssprachl. Literaturen des MA, die Dichtung F. Petrarcas und seiner europ. Nachahmer besaß die p. L. durch die in ihr seit 1100 v. a. gepflegte Gattung der *Lyrik,* deren Spektrum vom volkstüml. oder gelehrten, hohen oder niederen Minnelied über die Spott- oder Disputationsdichtung bis hin zum polit. Kampfgedicht reichte. Schöpfer und z. T. auch Sänger dieser Literatur waren die ›trobadors‹ (↑Troubadour). Im Bereich der *Epik* umfaßte die *altprovenzal. Literatur* des MA moralisch-didakt. und hagiograph. Texte (den von Boethius-Viten und dem ›Trostbuch der Philosophie‹ des Boethius inspirierten fragmentar. ›Boeci‹, um 1070; die Vita der hl. Fides von Agen, ›Chanson de Sainte Foy‹, um 1060), von der antiken oder der Zeitgeschichte beeinflußte, z. T. fragmentarisch überlieferte Dichtungen, wie die erste volkssprachl., um 1120 in Frankoprovenzalisch abgefaßte Version des Alexanderromans von Albéric de Besançon, das Vasallenepos ›Girart de Roussillon‹ (12. Jh.) und das Heldenlied vom Kreuzzug gegen die Albigenser, ›Canson de la crozada‹ (um 1230), von Guilhem de Tudela (Teil 1) und einem Anonymus (Teil 2). Die höf. Dichtung des Artuskreises war vertreten durch den anonymen Versroman ›Jaufré‹ (1. Hälfte des 13. Jh.) und das Bruchstück des Romans ›Flamenca‹ (entst. um 1240). Versnovellen verfaßten Raimon de Miraval, Arnaut de Carcassès (13. Jh.) u. a.; zur Novellenliteratur zu rechnen sind auch einige der Troubadourbiographien (Vidas). Im 13. Jh. wurden in Versen verfaßt: Heiligenlegenden, Marienklagen, Tugendlehren, Anstandsbücher für die Stände (↑Ensenhamen), ein Lehrgedicht über die Falkenjagd, ferner die für das formale Verständnis der Troubadourlyrik wichtige Grammatik ›Razos de trobar‹ von Raimon Vidal de Besalú (13. Jh.); um 1340 entstand die Regelpoetik ›Leys d'amors‹, redigiert vom Kanzler der tolosan. Dichtergesellschaft ›Consistori de la Subregaya Companhia del Gai Saber‹, Guilhem Molinier. Das *Schauspiel* war in der altprovenzal. Literatur vertreten durch das liturg., lateinisch-roman. Drama ›Sponsus‹; im 15. Jh. entstanden noch Mysterienspiele. – Nach dem Verstummen der Troubadourdichtung durch die Zerstörung der südfrz. Kultur in den Albigenserkriegen (Anfang des 13. Jh.) kam das altprovenzal. Schrifttum nahezu völlig zum Erliegen. Örtlich verstreute und zeitlich unzusammenhängende neue Ansätze im 16., 17. und 18. Jh. erstickten im Keim.

**19. und 20. Jahrhundert:** Eine neue Blüte der provenzal. Dichtung ging Anfang des 19. Jh. von Marseille aus. Wiedergeburt der Troubadourdichtung und Betonung des Eigenwertes der provenzal. Sprache bezweckten die Dichter, die sich u. a. in den Anthologien ›Lou bouquet provençau‹ (1823) und ›Li prouvençalo‹ (1851) zusammenfanden. Auf dem Dichtertreffen von Fonségugne am 21. Mai 1854 schlossen sich unter Leitung von F. Mistral die *neuprovenzal.* Dichter (↑Félibres) zur Bewegung des Félibrige zusammen und leiteten damit eine Renaissance der p. L. (heute üblicher: **okzitanische Literatur**) ein. Nach einer Phase des Suchens, der Festigung und Ausweitung des Mistralschen Konzeptes durch Antonin Perbosc (* 1861, † 1944) und Prosper Estieu (* 1860, † 1939), die sich auch in dem Bemühen um die Vereinheitlichung der Sprachnorm äußerte (Begründung der ›Escòla Occitana‹ und der Zeitschrift ›Lo gai saber‹, 1919, sowie die Entwicklung des ›Institut d'Estudis Occitans‹, seit 1923), zeichnete sich der Beginn der Überwindung des Regionalismus und der historisierenden Emphase Mistrals im Werk Luisa Paulins (* 1888, † 1944), Jules Cubaynes' (* 1893, † 1975) und Henry Moulys (* 1896, † 1981) ab. Den Anschluß an den Reflexionsstand der europ. Literaturen markierte René Nellis (* 1906, † 1982) 1944 erschienene Anthologie ›Jeune poésie d'oc‹. Neben Jean-Sébastien Pons (* 1886, † 1962) aus dem Roussillon wurden nun F. García Lorca, P. Éluard, P. Valéry, R. M. Rilke und der Surrealismus zur Kenntnis genommen und die großen Themen der modernen Literatur – Angst, Einsamkeit, Zerstörung, Wertwandel und Suche – auch Gegenstand der lyr., ep. und dramat. Dichtung in okzitan. Sprache (Max Roqueta [frz. Rouquette; * 1908], Max Allier [* 1912], J. Bodon [frz. Boudou], Robert Lafont [* 1923], Bernard Lesfargues [* 1923], Yves Roqueta [frz. Rouquette; * 1936], Michel Chapduelh [frz. Chadeuil; * 1947]). Die stärkere Einbeziehung polit., wirtschaftl. und sozialer Konflikte in die Literatur hat bes. dem literar. Chanson in okzitan. Sprache internat. Ansehen eingetragen (Claude Marti [* 1940]).

**Literatur:** BARTSCH, K.: Grundr. der Gesch. der p. L. Elberfeld 1872. – JAN, E. VON: Neuprovenzal. Literaturgesch. 1850–1950. Hdbg. 1959. – KIRSCH, F. P.: Studien zur languedok. u. gaskogn. Lit. der Gegenwart. Wien u. Stg. 1965. – BAYLE, L.: Histoire abrégée de la littérature provençale moderne. Toulon 1971. – CAMPROUX, CH.: Histoire de la littérature occitane. Paris ²1971. – LAFONT, R./ANATOLE, CH.: Nouvelle histoire de la littérature occitane. Paris 1971. 2 Bde. – ROSTAING, C./JOUVEAU, R.: Précis de littérature provençale. Saint-Rémy-de-Provence 1972. – LEJEUNE, R.: Littérature et société occitane au moyen âge. Lüttich 1979. – ZERBY-CROS, A.: Discographie occitane générale. Béziers 1979. – Okzitan. Erzähler des 20. Jh. Hg. v. F. P. KIRSCH. Tüb. 1980. – ROUQUETTE, J.: La littérature d'oc. Paris ³1981. – ZUFFEREY, F.: Bibliographie des poètes provençaux des XIVᵉ et XVᵉ siècles. Genf 1981. – FOURIER, J.: Diccionari de la literatura occitana audenca. Dictionnaire de la littérature occitane audoise. Béziers 1982. – MÖLK, U.: Troubadourlyrik. Eine Einführung. Mchn. u. Zü. 1982. – MIREMONT, P./MONESTIER, J.: La littérature d'oc des troubadours aux Félibres. Périgueux 1983. – POE, E. W.: From poetry to prose in Old Provençal. The emergence of the ›Vidas‹, the ›Razos‹, and the ›Razos de trobar‹. Birmingham (Ala.) 1984. – Vingt ans de littérature d'expression occitane 1968–1988. Actes du colloque international. Bearb. v. P. GARDY u. a. Montpellier 1990. – ↑ auch Félibres, ↑ Troubadour.

**Proverb** (Proverbium) [lat.], svw. ↑ Sprichwort.

**Proverbe dramatique** [frz. prɔvɛrbdrama'tik], in Frankreich kurzes, meist heiteres Spiel, Theaterstück, dessen im allgemeinen sehr einfache Intrige auf einem Sprichwort beruht, das illustriert werden soll. Der Spielverlauf ist auf eine Pointe, das Sprichwort, hin angelegt. Das P. d. entwickelte sich im 17. Jh. zunächst als Gesellschaftsspiel, Scharade bei Hof; seit der 2. Hälfte des 18. Jh. Genre des Boulevardtheaters; als eigentl. Begründer gilt Carmontelle, als klass. Vertreter Michel Théodore Leclercq (* 1777, † 1851); literarisch bed. sind v. a. die P.s d. von A. de Musset.

**Prozessionsspiel,** Form des ↑ geistlichen Spiels des MA; es entwickelte sich im Rahmen von Prozessionen und ähnl. feierl. Begehungen. Seine bedeutendste Ausprägung ist das ↑ Fronleichnamsspiel, das sich bes. in England großer Beliebtheit erfreute. Eine Sonderform des P.s stellen die bei Festprozessionen auf einzelnen Wagen aufgebauten ↑ lebenden Bilder dar. Die typ. Bühnenform ist die Wagenbühne (↑ Bühne).

**Prudentius Clemens,** Aurelius, * in Spanien 348, † nach 405, christl.-lat. Dichter. – Gilt als der bedeutendste christl. Dichter der lat. Spätantike. Er veröffentlichte 405 eine Gesamtausgabe seiner Werke mit folgenden Teilen: 1. ›Cathemerinon‹ (= zu den Tagesstunden), eine Sammlung von zwölf Hymnen; 2. ›Apotheosis‹ (= Vergöttlichung), ein hexametr. Lehrgedicht über die Trinität und die Gottheit Christi; 3. ›Hamartigenia‹ (= Entstehung der Sünde), ebenfalls ein hexametr. Lehrgedicht; 4. ›Psychomachia‹ (= Kampf der Seele), ein allegor. Epos, das den Kampf von sieben Tugenden gegen die entsprechenden Laster darstellt; 5. ›Contra Symmachum‹ (= Gegen Symmachus), eine Polemik gegen das Heidentum, zwei Bücher in Hexametern; 6. ›Peristephanon‹ (= Über Märtyrerkronen), 14 Lobgedichte auf Märtyrer. Außerdem ist das ›Dittochaeon‹ (= Zweifache Speise), hexametr. Vierzeiler über Bilder aus dem AT und NT, erhalten. Die Werke verbinden antike Form und christl. Gehalt; P. C. hat v. a. als Schöpfer neuer Gattungen (christl. Kunstlyrik, allegor. Epos) gewirkt; er gehörte bis zum 17. Jh. zu den am meisten gelesenen Dichtern Europas.

**Ausgabe:** Prudence. Frz. u. lat. Hg. v. M. LAVARENNE. Paris ²1955–63. 4 Bde.

**Literatur:** GNILKA, CH.: Studien zur Psychomachie des P. Wsb. 1963. – HERZOG, R.: Die allegor. Dichtkunst des P. Mchn. 1966.

**Prudhomme,** René François Armand, frz. Dichter, ↑ Sully Prudhomme.

**Prus,** Bolesław, eigtl. Aleksander Głowacki, * Hrubieszów (Woiwodschaft Zamość) 20. Aug. 1847, † Warschau 19. Mai

1912, poln. Schriftsteller. – Neben H. Sienkiewicz hervorragendster Vertreter der positivistisch-realist. Romankunst Polens; humorist. Züge machen P. in manchem Ch. Dickens ähnlich. Sein Roman ›Die Puppe‹ (1890, dt. 1954), der die politisch-gesellschaftl. und wirtschaftl. Umgestaltungen des Warschauer Lebens in der 2. Hälfte des 19. Jh. zeichnet, ist der erste bed. Roman des poln. Realismus. Sein Hauptwerk, der historische Roman ›Der Pharao‹ (3 Bde., 1897, dt. 1944), verbindet die realistische Darstellung altägyptischer Geschichte mit der Behandlung zeitloser menschlicher Probleme.

**Weitere Werke:** Palais und Hütte (R., 1877, dt. 1914), Der Vorposten (R., 1886, dt. 1947), Die Emanzipierten (R., 4 Bde., 1894, dt. 1957).

**Ausgaben:** B. P. Pisma. Warschau 1948–52. 29 Bde. – B. P. Wybór pism. Warschau [5]1974–75. 10 Bde.

**Literatur:** KULCZYCKA-SALONI, J.: Nowelistyka B. P.a. Warschau 1969. – TYSZKIEWICZ, T.: B. P. Warschau 1971. – SZWEYKOWSKI, Z.: Twórczość B. P.a. Warschau [2]1972. 2 Bde. – PIEŚCIKOWSKI, E.: B. P. Warschau 1977.

**Prutz,** Robert Eduard, * Stettin 30. Mai 1816, † ebd. 21. Juni 1872, dt. Schriftsteller und Literarhistoriker. – Mitarbeiter an A. von Chamissos ›Dt. Musenalmanach‹, an den ›Hall. Jahrbüchern‹ und der ›Rhein. Zeitung‹; 1843–48 Hg. des ›Literarhistor. Taschenbuchs‹, 1851–66 der Zeitschrift ›Dt. Museum‹. Zuletzt freier Schriftsteller. 1845 wegen der in seiner dramat. Satire ›Die polit. Wochenstube‹ (1845) enthaltenen angebl. Majestätsbeleidigung angeklagt, durch A. von Humboldts Vermittlung begnadigt; 1847 Dramaturg in Hamburg, ab 1849 Prof. für dt. Literaturgeschichte in Halle/Saale. Verfaßte zahlreiche Gedichte, sozialkrit. und polit. Romane, histor. Dramen, in denen er seine Forderungen nach mehr Freiheit und Demokratie zum Ausdruck brachte, sowie literaturwissenschaftl. Abhandlungen.

**Weitere Werke:** Der Rhein (Ged., 1840), Der Göttinger Dichterbund (1840), Gedichte (1841 und 1843), Geschichte des dt. Journalismus (1845), Vorlesungen über die Geschichte des dt. Theaters (1847), Engelchen (R., 3 Bde., 1851), Die dt. Literatur der Gegenwart. 1848 bis 1858 (2 Bde., 1859).

**Ausgabe:** R. P. Zwischen Vaterland u. Freiheit. Ausw. Hg. v. H. KIRCHER. Köln 1975.

**Literatur:** R. P.-Gedenkb. Stettin 1916. – HOHENSTATTER, E.: Über die polit. Romane von R. P. Diss. Mchn. 1918. – WIESE, K.-H.: R. E. P.' Ästhetik u. Literaturkritik. Diss. Halle/Saale 1934. – LANGENBUCHER, W. R.: R. P. als Theoretiker u. Historiker der Unterhaltungslit. In: Studien zur Triviallit. Hg. v. H. O. BURGER. Ffm. 1968. – LAHME, R.: Zur literar. Praxis bürgerl. Emanzipationsbestrebungen: R. E. P. Erlangen 1977.

**Przesmycki,** Zenon [poln. pʃɛs'mɨtski], Pseudonym Miriam, * Radzyń (heute Radzyń Podlaski) 22. Dez. 1861, † Warschau 17. Okt. 1944, poln. Dichter. – Redakteur literar. Zeitschriften; 1919 Kultusminister; lebte lange in Paris. P., literar. Vertreter des Jungen Polen, trat in seinem wenig umfangreichen dichter. Schaffen, v. a. in theoret. und programmat. Schriften, für eine neue poln. Literatur ein, die weder sozial und politisch engagiert noch Kunst um der Kunst willen sein sollte; erwarb sich große Verdienste als Übersetzer und als Entdecker von C. K. Norwid, dessen Werke er sammelte und edierte.

**Ausgabe:** Z. P. Wybór pism krytycznych. Krakau 1967. 2 Bde.

**Literatur:** KOC, B.: Miriam. Warschau 1980.

**Przyboś,** Julian [poln. 'pʃɨbɔɕ], * Gwoźnica (Woiwodschaft Rzeszów) 5. März 1901, † Warschau 6. Okt. 1970, poln. Schriftsteller. – Gehörte mit T. Peiper und J. Brzękowski zur Krakauer Avantgarde; schrieb klar konstruierte Lyrik, in der die Metapher das wesentl. Stilmittel ist; übersetzte Goethe und R. M. Rilke.

**Werke:** Póki my żyjemy (= Solange wir leben, Ged., 1944), Narzędzie ze światła (= Werkzeug aus Licht, Ged. und Prosa, 1958), Gedichte (poln. und dt. 1963), Werkzeug aus Licht. Poesie und Poetik (dt. Ausw. 1978).

**Ausgaben:** J. P. Utwory poetyckie. Warschau 1971. – J. P. Wybór poezji ... Łódź 1986.

**Literatur:** J. P. Hg. v. S. FRYCIE. Rzeszów 1976. – SZYMAŃSKI, W. P.: J. P. Warschau 1978. – DEDECIUS, K.: Von Polens Poeten. Ffm. 1988.

**Przybyszewski,** Stanisław [poln. pʃɨbɨ'ʃɛfski], * Łojewo bei Kruszwica (Woiwodschaft Bydgoszcz) 7. Mai 1868, † Jaronty 23. Nov. 1927, poln. Schriftsteller. – Hatte in Berlin und München Kontakt u. a. zu R. Dehmel und A. Strindberg. P., der sich während des 1. Weltkrieges für eine deutsch-poln. Verständigung einsetzte, schrieb bis etwa 1900 v. a. dt., danach polnisch. Er wurde mit seiner programmat. Schrift ›Confiteor‹ (1899, dt. 1979) der führende Vertreter des naturalistisch-symbolist. ↑Jungen Polen. Von großer Wirkung waren die Werke seiner ›satan. Periode‹, in der er v.a. von Trieben beherrschte Charaktere darstellte. Er hinterließ bed. Memoiren (›Moi współcześni‹ [= Meine Zeitgenossen], 2 Bde., 1928–30, Bd. 1 dt. 1965 u.d.T. ›Erinnerungen an das literar. Berlin‹).

**Weitere Werke:** Totenmesse (Prosapoem, 1893, poln. 1901), Vigilien (Prosapoem, 1895, poln. 1899), De profundis (Prosapoem, 1895, poln. 1900), Homo sapiens (R.-Trilogie, 1895/96, poln. 1901), Satans Kinder (R., 1897, poln. 1899), Totentanz der Liebe (4 Dramen, 1902), Schnee (Dr., 1903, dt. 1903), Der Schrei (R., 1917, dt. 1918).

**Ausgaben:** S. P. Wybór pism. Breslau 1966. – S. P. Werke, Aufzeichnungen u. ausgewählte Briefe. Studienausg. Paderborn 1990ff. Auf 9 Bde. berechnet.

**Literatur:** SCHLUCHTER, M.: S. P. u. seine deutschsprachigen Prosawerke 1892–99. Diss. Tüb. 1969. – HELSZTYŃSKI, S.: P. Warschau ²1973. – GOCZOŁOWA, Z.: Składnia powieści S. P.ego. Lublin 1975. – KLIM, G.: S. P. Leben, Werk u. Weltanschauung ... Biogr. Paderborn 1992.

**Psalmen** [kirchenlat. psalmus, von griech. psalmós = Saitenspiel, zum Saitenspiel vorgetragenes Lied], alttestamentl. Lieder; die Sammlung der P. (auch Psalter; Abk. Ps.) enthält 150 Lieder, die in fünf Bücher unterteilt sind. In der Zählung weichen Massora (das mündlich, später auch schriftlich tradierte Material zur Sicherung des Textes der hebr. Bibel) und Septuaginta voneinander ab, außerdem enthält die Septuaginta einen 151. Psalm, dessen Text in den Schriften von Kumran wieder aufgetaucht ist. Die Einschnitte zwischen den Büchern sind am Ende durch Doxologien (Lobpreisungen Gottes) gekennzeichnet (Ps. 41; 72; 89; 106). Der im AT vorliegenden Sammlung liegen ältere, kleinere P.sammlungen zugrunde. Ps. 3–41 werden als **Davidspsalter** bezeichnet, da alle (außer Ps. 33) die Überschrift ›von David‹ tragen. Ps. 43–83 sind der sog. **elohist. Psalter,** in dem der Gottesname Jahwe durch Elohim ersetzt wurde. Er ist aus mehreren Teilsammlungen zusammengesetzt. Ps. 90–150 bilden ebenfalls eine aus mehreren kleinen Sammlungen zusammengesetzte Einheit. Die in den Überschriften genannten Namen Moses, David und Salomo sind in der überwiegenden Mehrzahl keine Verfassernamen. Einige Forscher leiteten aus dem Namen David die Vorstellung ab, daß diese P. ihren ›Sitz im Leben‹ im Tempelkultus hatten und ausschließlich vom König (aus david. Geschlecht) vorgetragen wurden. Die Nennung von Asaph und Korach weisen hingegen auf Tempelsängergilden hin, die einen bestimmten Bestand an Liedern zur Verfügung hatten (Einzelheiten sind ungeklärt). Andere Überschriften geben Auskunft über die Liedart und über die Aufführungsweise. Der größte Teil der P. ist wahrscheinlich in der Zeit des Babylonischen Exils und danach entstanden. – Der *Form* nach gibt es begrenzt Parallelen in Babylonien und Ägypten. Die Form der P. ist einerseits durch das Metrum und andererseits durch den inhaltl. Parallelismus membrorum gekennzeichnet.

Im wesentl. lassen sich folgende Gattungen voneinander unterscheiden: 1. **hymn. Gesänge:** in ihnen werden die Herrlichkeit der Schöpfung und die Taten Jahwes in der Geschichte der Völker gepriesen, sie zeigen eine deutl. Nähe zum Kultus. Zu ihnen sind auch die sog. Thronbesteigungslieder zu rechnen (z.B. Ps. 96–99); 2. **Klagelieder** (des Volkes oder des einzelnen): auch sie weisen enge Beziehungen zum Kultus auf. Ähnl. Formen tauchen gleichfalls bei den Propheten auf (z.B. Jer. 3, 21–25) und bei Hiob; 3. **Danklieder** (des Volkes oder des einzelnen): sie werden v.a. mit Opferhandlungen in Zusammenhang gebracht; 4. **Königspsalmen:** sie treten als gesonderte Gattung auf, obwohl sie keine einheitl. Form haben; der Jerusalemer König als zentrale Figur ist ihnen gemeinsam. Daneben gibt es einige weniger häufig begegnende Gattungen, die für einzelne kult. Begehungen, Feste und individuelle Anliegen gedacht sind. – Außerhalb des P.buches gibt es auch in anderen Werken des AT psalmenähnl. Lieder (z.B. 2. Mos. 15, 1–19; Jes. 38, 10–20).

**Literatur:** GUNKEL, H.: Einl. in die P. Gött. ³1975. – Zur neuern P.forschung. Hg. v. P. H. NEUMANN. Darmst. 1976. – KRAUS, H. J.: P.

Neukirchen-Vluyn [5]1978. – Die P. Bearb. v. E. BECK. Düss. u. Stg. 1979. – WESTERMANN, C.: Der Psalter. Stg. [4]1980. – WEISER, A.: Die P. Gött. [10]1987. 2 Bde.

**Pschawela** (tl.: Pšavela), Wascha, georg. Dichter, ↑Wascha-Pschawela.

**Psellos** (tl.: Psellós), Michael, Laienname Konstantinos P., * Konstantinopel (heute Istanbul) 1018, † ebd. um 1078 (oder 1096), byzantin. Schriftsteller, Philosoph und Staatsmann. – Studierte Philosophie, Jura und Rhetorik, war Rechtsanwalt, Richter, Prof. für Philosophie in Konstantinopel und Minister von größtem polit. Einfluß unter mehreren Kaisern. P. bemühte sich um die Wiederbelebung der platon. Philosophie, wirkte als Gelehrter in allen Wissenschaftszweigen. Bed. sind sein histor. Werk ›Chronographie‹ (über die Zeit von 976 bis 1078) und seine ›Didaskalía pantodapḗ‹ (= Lehre über allerlei Themen). P. schrieb auch Gedichte, Reden und Briefe; er gilt als bedeutendste literar. Gestalt seiner Zeit.

**Ausgaben:** M. P. In: Patrologiae cursus completus. Series Graeca. Hg. v. J.-P. MIGNE. Bd. 122. Paris 1864. S. 477. – M. P. Chronographie, ou Histoire d'un siècle de Byzance. Hg. u. übers. v. É. RENAULD. Paris 1926–28. 2 Bde.

**Literatur:** PAULY-WISSOWA. Suppl. 11. Stg. 1968. S. 1124.

**Pseudandronym** [griech.] ↑Pseudonym.

**Pseudepigraphen** [griech.],

**1.** antike Schriften, die unter falschem Namen umlaufen, teils als Fehler der Überlieferung, teils absichtlich einer Autorität untergeschoben, um ihnen bes. Beachtung zu sichern.

**2.** in der prot. Terminologie Begriff für jüd. ↑Apokryphen, 1713 eingeführt von Johann Albert Fabricius (* 1668, † 1736).

**Pseudo-Dionysios Areopagites** ↑Dionysios Areopagites.

**Pseudogynym** [griech.] ↑Pseudonym.

**Pseudo-Kallisthenes** ↑Kallisthenes, ↑Alexanderroman.

**Pseudonym** [griech. pseudṓnymos = fälschlich so genannt], fingierter Name, Deckname, bes. bei Künstlern und Schriftstellern. – Gründe für die Wahl eines P.s sind Furcht vor Verfolgung oder Bloßstellungen, bes. bei polit., religiösen, erot. oder satir. Schriften; Familien- oder Standesrücksichten (z. B. Carmen Sylva für Königin Elisabeth von Rumänien); Vermeidung häufig vorkommender (G. Meyrink = G. Meyer) oder als zu auffallend (A. P. Gütersloh = A. C. Kiehtreiber) oder zu schwierig (J. Conrad = J. T. K. N. Korzeniowski) empfundener Namen; Freude an originellen Namen (Munkepunke = A. R. Meyer, J. Ringelnatz = H. Bötticher). Es gibt eine Vielzahl pseudonymer Formen; am beliebtesten ist die Wahl eines Phantasienamens, wobei Frauen Männernamen (**Pseudandronym;** z. B. George Sand für Aurore Dudevant; George Eliot für Mary Ann Evans) wählen und Männer Frauennamen (**Pseudogynym,** z. B. Clara Gazul für Prosper Mérimée); es gibt ferner Teil-P.e: Zusätze (F. Müller-Partenkirchen = Fritz Müller) oder Verkürzungen, z. B. auf den Vornamen (**Prenonym;** z. B. Jean Paul für Johann Paul Friedrich Richter) oder auf das Namenende (z. B. N. Lenau für N. F. Niembsch, Edler von Strehlenau) sowie ↑Anagramm, ↑Kryptonym und ↑Ananym.

Sonderformen sind das **Aristonym,** das eine gesellschaftl. Aufwertung des Verfassers vorgibt (Philander von Sittewald für J. M. Moscherosch), das **Hagionym,** das einen Heiligennamen als Pseudonym wählt (Angelus Silesius für J. Scheffler), das **Allonym,** bei dem der Name einer bekannten Persönlichkeit oder eines erfolgreichen Autors gewählt wird, das **Geonym,** bei dem der Deckname einen geograph. Hinweis enthält (Regiomontanus für Johannes Müller aus Königsberg in Unterfranken [aus der lat. Form des Stadtnamens]) und das **Phraseonym,** bei dem statt des Verfassernamens eine Redewendung steht (z. B. ›Christlich Meynender‹ für den Hg. des Faustbuches von 1725). Grenzfälle des P.s sind (da wörtlich übersetzbar) die im Humanismus beliebten Latinisierungen und Gräzisierungen von Namen (z. B. Ph. Melanchthon für Ph. Schwartzerd[t]), ferner die ↑literarische Fälschung. Es gibt P.e, die nur für eine bestimmte Phase oder für einzelne Werke benutzt werden (z. B. Loris für den jungen H. von Hofmannsthal) und solche, die völlig an die Stelle des eigenen Namens treten (z. B. Molière für J.-B. Poquelin; Novalis für G. Ph. F. von

Hardenberg). Manchmal bleiben die Träger des P.s auch unbekannt (z. B. B. Traven). P.e spielen bis in die Gegenwart eine Rolle (z. B. Loriot für V. von Bülow). Heute sind P.e namensrechtlich geschützt. – Im Unterschied zu den pseudonymen Werken erscheinen die ↑anonymen Werke ohne jede Verfasserangabe oder mit **Asteronym** (***) oder **Stigmonym** (...). – Der Entschlüsselung von Pseudonymen dienen die **Pseudonymenlexika,** z. B. E. Weller, ›Lexicon pseudonymorum‹ (²1886, Nachdr. 1963); M. Holzmann und H. Bohatta, ›Dt. P.en-Lexikon‹ (1906, Nachdr. 1961).

**Pseudo-Ovid,** zwei dem Ovid von der handschriftl. Tradition zugeschriebene, jedoch mit Sicherheit unechte Werke in eleg. Distichen: ›Nux‹ (= Nußbaum), die Klage eines von den Menschen schlecht behandelten Nußbaums, und die ↑›Consolatio ad Liviam‹ (= Tröstung für Livia). Besonders das 12. und 13. Jh. gelten aufgrund der Intensität ihrer Ovidrezeption als ›Zeitalter Ovids‹. Dies bestätigen nicht nur die Ovidübersetzungen Chrétiens de Troyes und weitere Pseudo-Ovidiana wie ›De nuntio sagaci‹ (= Über einen klugen Boten) u. a., sondern auch die zahlreichen naturphilosoph. Schriften, die sich auf Ovids Werke (bes. die ›Metamorphosen‹) als Quelle und Autorität stützen.

**Literatur:** LEHMANN, P.: Pseudo-antike Lit. des MA. Lpz. u. Bln. 1927. Nachdr. Darmst. 1964. – LENZ, F. W.: Einführende Bemerkungen zu den mittelalterl. Pseudo-Ovidiana. In: Das Altertum 5 (1959), S. 171. – MUNARI, F.: Ovid im MA. Zü. u. Stg. 1960.

**Psichari,** Ernest [frz. psika'ri], * Paris 27. Sept. 1883, ⚔ Saint-Vincent (Prov. Luxemburg) 22. Aug. 1914, frz. Schriftsteller. – Enkel E. Renans; Kolonialoffizier; trat 1912 zum Katholizismus über. Begann mit Lyrik im Stil des Symbolismus und wandte sich dann, beeinflußt von M. Barrès, Ch. P. Péguy und H. Bergson, einem mystisch-religiös gefärbten Nationalismus zu (›L'appel des armes‹, R., 1913). Mit seinem Tagebuch ›Der Wüstenritt des Hauptmanns‹ (hg. 1916, dt. 1937) bekämpfte er die pazifist. Haltung der frz. Intellektuellen in der Absicht, zur eth. und religiösen Erneuerung Frankreichs beizutragen.

**Weitere Werke:** Les voix qui crient dans le désert (Tagebuch, hg. 1920), Lettres du centurion (hg. 1933).

**Ausgabe:** E. P. Œuvres complètes. Édition définitive. Einl. v. H. PSICHARI. Paris 1948. 3 Bde.

**Literatur:** DANIEL-ROPS, H.: P. Paris Neuausg. 1947. – GOICHON, A. M.: E. P. d'après des documents inédits. Paris 1948. – SUSSEX, R. T.: The sacrified generation. Studies of Charles Péguy, E. P. and Alain-Fournier. Townsville 1980. – HARGREAVES, A. C.: The colonial experience in French fiction. A study of Pierre Loti, E. P. and Pierre Mille. London 1981.

**Psycharis** (tl.: Psycharēs), Jannis (frz. Jean Psychari), * Odessa 15. Mai 1854, † Paris 30. Sept. 1929, neugriech. Schriftsteller. – Jugend in Konstantinopel, lebte seit 1868 in Frankreich; seit 1900 Prof. an der École des Langues Orientales in Paris; trug u. a. mit seinen literar. und sprachwissenschaftl. Arbeiten zur Lösung des für die griech. Literatur hinderl. Sprachproblems und zum Sieg der Volkssprache (Dēmotikē) als Literatursprache in Griechenland wesentlich bei.

**Werke:** To taxidi mu (= Meine Reise, En., 1888), To oneiro tu Jannirē (= Janniris' Traum, R., 1897), Rhoda kai mēla (= Rosen und Äpfel, En. und Essays, 6 Bde., 1902–10), Zōē kai agapē stē monaxia (= Leben und Liebe in der Einsamkeit, R., 1904), Ta dyo adelphia (= Die zwei Geschwister, R., 1909), Hagnē (= Agnes, R., 1912).

**Literatur:** Hommage à J. P. Paris 1951. – KRIARAS, E.: P. Athen 1959.

**Ptahhotep** [pta'ho:tɛp], Wesir unter Pharao Djedkare (um 2350–2310). – P. wird eine berühmte Lebens- und Erziehungslehre zugeschrieben, die in mehreren jüngeren Handschriften vollständig erhalten ist. Sie gibt Anweisungen für richtiges Verhalten in verschiedenen Lebenslagen und philosophisch-theolog. Lösungen des Problems der Prädestination.

**Literatur:** Les maximes de Ptaḥḥotep. Hg. v. Z. ŽÁBA. Prag 1956. – BRUNNER, H.: Altägypt. Erziehung. Wsb. 1957.

**Publilius Syrus,** röm. Lustspieldichter des 1. Jh. v. Chr. – Kam als syr. Sklave nach Rom; nach seiner Freilassung Dichter des ↑Mimus. Aus seinen Stücken haben sich (neben einigen Fragmenten) lediglich Sentenzen – popularphilosoph. Sprüche über Themen wie Liebe, Freundschaft, Geiz, Fortuna – erhalten, die, im 1. Jh. n. Chr. zusammengestellt, bis ins 18. Jh. als Schullektüre dienten.

**Ausgabe:** P. S. Die Sprüche. Lat.-dt. Hg. v. H. BECKBY. Mchn. 1969.
**Literatur:** SCHWEITZER, E.: Studien zu P. S. Diss. Wien 1967.

**Pucci,** Antonio [italien. 'puttʃi], * Florenz um 1310, † ebd. 13. Okt. 1388, italien. Dichter. – Schrieb zahlreiche Gedichte, in denen er lebendig und anschaulich Ereignisse und Episoden aus eigenem Erleben und aus dem Leben seiner Heimatstadt schildert. In ›Le proprietà di Mercato Vecchio‹ gibt er in Terzinen eine pittoreske Beschreibung des Marktes von Florenz, in ›La guerra di Pisa‹ schildert er in Oktaven den Krieg zwischen Florenz und Pisa 1362–64. Sein bekanntestes Werk ist eine Bearbeitung der Chronik von Florenz des G. Villani in Terzinen (›Il centiloquio‹, 3 Bde., hg. 1772–75). Bedeutender sind seine farbigen, volkstümlich improvisierten ›Cantari‹, die Rittergeschichten und Fabeln aus dem Artuszyklus (u. a. ›Bruto di Bretagna‹, ›Madonna Lionessa‹) wiedergeben (hg. 1914).

**Puccini,** Mario [italien. put'tʃi:ni], * Senigallia 29. Juli 1887, † Rom 5. Dez. 1957, italien. Schriftsteller. – Journalist; begann als Lyriker, wandte sich unter dem Einfluß G. Vergas dem realist. Roman zu, in dem er alltägl. Schicksale darstellte. Sein Interesse galt bes. dem einfachen Soldaten im 1. Weltkrieg (›Cola, o ritratto dell'italiano‹, R., 1927). Bed. Übersetzer span. und südamerikan. Literatur.
**Weitere Werke:** Da D'Annunzio a Pirandello (Essays, 1928), Comici (R., 1934), Scoperta del tempo (En., hg. 1959).

**Puchmajer,** Antonín Jaroslav [tschech. 'puxmajɛr], * Týn nad Vltavou (Südböhm. Gebiet) 7. Jan. 1769, † Prag 29. Sept. 1820, tschech. Dichter und Philologe. – Kath. Geistlicher; gründete mit seinen literar. ›Almanachen‹ (1795 bis 1814) die erste neutschech. Dichterschule und pflegte im Anschluß an J. Dobrovskýs prosod. Theorien den syllabisch-ton. Vers (anakreont. Liebeslyrik, Oden, Balladen), verfaßte ein Lehrbuch des Russischen (1820), eine Grammatik mit Wörterbuch der Zigeunersprache und der tschech. Diebessprache Hantýrka (postum 1821) sowie ein Reimwörterbuch (hg. 1824).

**Pückler-Muskau,** Hermann Fürst von (seit 1822), * Muskau (heute Bad Muskau) 30. Okt. 1785, † Schloß Branitz bei Cottbus 4. Febr. 1871, dt. Schriftsteller. – Aus dem Adelsgeschlecht Pückler; studierte Jura in Leipzig, war Offizier. 1811 erbte er den Herrensitz Muskau und die dazugehörigen Liegenschaften. Nach den Freiheitskriegen zog er sich ins Privatleben zurück und unternahm wiederholte Reisen nach Großbritannien und in den Mittelmeerraum (Algier, Ägypten, Kleinasien, Griechenland). Ab 1840 meist in Deutschland oder Italien. In seinen Parkanlagen in Muskau, die er in den ›Andeutungen über Landschaftsgärtnerei‹ (1834) beschrieb, schuf P.-M. den ersten dt. Park nach engl. Vorbild. Nach Verkauf der Herrschaft Muskau 1845 zog sich P.-M. auf Schloß Branitz zurück. Literar. Aufsehen erregte P.-M. durch die teils anonymen, teils pseudonymen (Semilasso) Schilderungen seiner Reisen und die damit verknüpften Betrachtungen; seine Schriften, in denen Leben und Werk sich wechselseitig ergänzen, zeigen geistreichen Witz, iron. Eleganz, anschaul. Schilderung und gute Beobachtung.
**Weitere Werke:** Briefe eines Verstorbenen (4 Bde., 1830–32), Tutti Frutti (5 Bde., 1834), Jugend-Wanderungen (1835), Vorletzter Weltgang von Semilasso (3 Bde., 1835), Semilasso in Afrika (5 Bde., 1836), Der Vorläufer (1838), Südöstl. Bildersaal (3 Bde., 1840/41), Aus Mehemed Ali's Reich (3 Bde., 1844), Die Rückkehr (3 Bde., 1846–48).
**Ausgaben:** H. P.-M. Briefwechsel u. Tagebücher. Hg. v. L. ASSING. Hamb. 1873–76. 9 Bde. – Frauenbriefe von u. an H. Fürsten P.-M. Hg. v. H. CONRAD. Mchn. 1912. – H. P.-M. Liebesbriefe eines alten Kavaliers. Hg. v. W. DEETJEN. Bln. 1938. – H. P.-M. Briefe eines Verstorbenen. Hg. v. H. OHFF. Bln. 1985.
**Literatur:** ASSING, L.: Fürst H. v. P.-M. Hamb. 1873–74. 2 Bde. – BUTLER, E. M.: The tempestuous prince, H. P.-M. London 1929. – WELLER, A.: Fürst Pücklers Lebens- u. Landschaftsstil. Cottbus 1933. – JUST, K. G.: Fürst H. v. P.-M. Wzb. 1962. – BENDER, B.: Ästhet. Strukturen der literar. Landschaftsbeschreibung in den Reisewerken des Fürsten P.-M. Ffm. u. Bern 1982. – OHFF, H.: Der grüne Fürst. Das abenteuerl. Leben des H. P.-M. Mchn. Neuausg. (24.–31. Tsd.) 1994.

**Puértolas,** Soledad [span. pu'ɛrtolas], * Zargoza 3. Nov. 1947, span. Journalistin und Schriftstellerin. – Beschreibt in ihren Romanen die Banalität der alltägl. Ereignisse und evoziert damit eine Welt, in der die Menschen agieren, ohne sich an festen Bezugspunkten orientieren zu können. Der Verzicht auf jede Spannung im Handlungsablauf hebt ihre Verlorenheit hervor und verweist auf die Fragilität der menschl. Existenz.

**Werke:** El bandido doblemente armado (R., 1980), Una enfermedad moral (R., 1982), Burdeos (R., 1986), Todos mienten (R., 1988), Es bleibt die Nacht (R., 1989, dt. 1994; Premio Planeta 1989), La vida oculta (Essays, 1993), La corriente del golfo (En., 1993).

**Pụganigg,** Ingrid, * Gassen (Kärnten) 22. Jan. 1947, österr. Schriftstellerin. – Zeigt in ihren Romanen ›Fasnacht‹ (1981) und ›La Habanera‹ (1984) die Schwierigkeiten von Außenseiterpaaren in ihren Beziehungen zueinander, wobei die Außenseiterstellung ihre Beziehungen belastet; auch Hörspiele und Gedichte.

**Weitere Werke:** Es ist die Brombeerzeit, die dunkle (Ged., 1978), Laila. Eine Zwiesprache (Texte, 1988), Hochzeit. Ein Fall (1992).

**Puig,** Manuel [span. puix], * General Villegas (Prov. Buenos Aires) 28. Dez. 1932, † Cuernavaca (Morelos, Mexiko) 23. Juli 1990, argentin. Schriftsteller. – Lebte in Europa, New York, Rio de Janeiro und Mexiko; gestaltete auf der Grundlage vorgefertigter Textmuster in seinen z. T. ironisch distanzierten Romanen die existentielle Problematik des durch die Orientierung an vorgegebenen Verhaltensmodellen verursachten Persönlichkeitsverlustes.

**Werke:** Verraten von Rita Hayworth (R., 1968, dt. 1976), Der schönste Tango der Welt (R., 1969, dt. 1975), The Buenos Aires affair (Kriminal-R., 1973), Der Kuß der Spinnenfrau (R., 1976, dt. 1979), Die Engel von Hollywood (R., 1979, dt. 1981), Verdammt, wer diese Zeilen liest (R., 1980, dt. 1992), Herzblut erwiderter Liebe (R., 1982, dt. 1986), Unter einem Sternenzelt (Dr., 1983, dt. EA 1987), La cara del villano (Dr., 1985), Cae la noche tropical (R., 1988).

**Literatur:** GARCÍA RAMOS, J. M.: La narrativa de M. P. La Laguna 1982. – LAVERS, N.: Pop culture into art. The novels of M. P. Columbia (Miss.) 1988. – CORBATTA, J.: Mito personal y mitos colectivos en las novelas de M. P. Madrid 1988. – JESSEN, P. B.: La realidad en la novelística de M. P. Madrid 1990. – TITTLER, J.: M. P. New York 1993.

**Puig i Ferreter,** Joan [katalan. 'puddʒifərrə'te], * La Selva del Camp (Prov. Tarragona) 5. Febr. 1882, † Paris 2. Febr. 1956, katalan. Schriftsteller. – Einfachheit und klare Charakterschilderung kennzeichnen seine Romane und Dramen, die dem Empfinden des Katalanen Ausdruck geben.

**Werke:** La dama alegre (Dr., 1904), La dama enamorada (Dr., 1908), L'home que tenia més d'una vida (R., 1923), El cercle màgic (R., 1929), Camins de França (R., 1934), El pelegrí apassionat (R., 12 Bde., 1952–77).

**Pujmanová,** Marie [tschech. 'pujmanɔva:], geb. Hennerová, * Prag 8. Juni 1893, † ebd. 19. Mai 1958, tschech. Schriftstellerin. – Schuf neben stimmungsvoller Lyrik v. a. impressionist. Erzählungen mit Neigung zu naturalist. Stil; ihr Hauptwerk ist die im Sinne des sozialist. Realismus gestaltete Romantrilogie ›Menschen am Kreuzweg‹ (1937, dt. 1949), ›Spiel mit dem Feuer‹ (1948, dt. 1953) und ›Das Leben wider den Tod‹ (1952, dt. 1954), in der sie die Auflösung der überkommenen Sozialstruktur 1918–45 in der Tschechoslowakei darstellt.

**Ausgabe:** M. P. Dílo. Prag 1953–59. 10 Bde.

**Literatur:** TAX, J.: M. P. Prag 1972.

**Pulạtow** (tl.: Pulatov), Timur Ischakowitsch, * Buchara 22. Juli 1939, russ. Schriftsteller usbek. Herkunft. – Seine Prosa ist der oriental. Kultur verbunden, auch der europ. Romantik und der modernen Erzählung; Schilderer der Natur, Analytiker der Gesellschaft.

**Werke:** Das Geheimnis der Schildkröte (R., 1985, dt. 1988), Um die Ehre des Emirats (En., dt. Ausw. 1986), Plavajuščaja Evrazija (= Das schwimmende Eurasien, R., 1991).

**Pulci,** Luigi [italien. 'pultʃi], * Florenz 15. Aug. 1432, † Padua Okt. oder Nov. 1484, italien. Dichter. – Befreundet mit Lorenzo de' Medici; schrieb, oft im volkstüml. Florentinisch, Sonette mit z. T. burleskem Charakter, eine Novelle und geistl. Gesänge. Kultur- und zeitgeschichtlich aufschlußreich sind seine Briefe. Bekannt wurde P. durch das tragikom. Ritterepos in 28 Gesängen ›Il Morgante‹ (die ersten 23 Gesänge 1478, endgültige Fassung 1483 u. d. T. ›Il Morgante maggiore‹, dt. 1890 u. d. T. ›Morgant, der Riese‹), in dem er die Abenteuer Rolands und des Riesen Morgante (Stoff der Karlsepen) parodistisch erzählt.

**Ausgabe:** L. P. Morgante e lettere. Hg. v. D. De Robertis. Florenz 1962.
**Literatur:** Getto, G.: Studio sul Morgante. Florenz 1967. – Orvieto, P.: P. medievale. Rom 1978. – Annali d'Italianistica. Bd. 1: P., Boiardo. Notre Dame (Ind.) 1983.

**Pulcinella** [pʊltʃi'nɛla; italien.], aus dem neapolitan. Volkstheater stammende Figur der ↑Commedia dell'arte: der schlaue Diener in weißem Kittel und weißer Hose mit vogelnasiger Halbmaske und kegelförmigem hohem Hut. Die Figur wurde seit dem 17. Jh. in ganz Europa beliebt, bes. als zentrale ↑lustige Person des ↑Puppenspiels, in Frankreich als Polichinelle, in England als Punch, in Rußland als Petruschka.

**Pulitzerpreise** [engl. 'pʊlɪtsə], von dem amerikan. Journalisten und Verleger ungar. Herkunft Joseph Pulitzer (* 1847, † 1911) gestiftete Preise, die seit 1917 jährlich von der School of Journalism der Columbia University in New York für hervorragende Leistungen auf dem Gebiet des Journalismus (acht Preise), der Literatur (fünf Preise) und der Musik (ein Preis) verliehen werden.

**Pulver,** Max [...fər], * Bern 6. Dez. 1889, † Zürich 13. Juni 1952, schweizer. Schriftsteller. – Studierte u. a. in Straßburg und Leipzig, später Psychologie in Paris; zeichnete sich insbes. durch Arbeiten über Graphologie und Gnosis aus; Vertreter der Neuromantik, am bedeutendsten ist seine Lyrik; schrieb auch Dramen, Erzählungen und den Roman ›Himmelpfortgasse‹ (1927).
**Weitere Werke:** Selbstbegegnung (Ged., 1916), Odil (En., 1917), Robert der Teufel (Dr., 1917), Merlin (Dichtung, 1918), Auffahrt (Ged., 1919), Neue Gedichte (1939), Übergang (Ged., 1946), Erinnerungen an eine europ. Zeit (hg. 1953).

**Pump,** Hans Wilhelm, * Tantow bei Stettin 9. März 1915, † Esmark (heute zu Satrup, Landkreis Schleswig-Flensburg) 7. Juli 1957, dt. Schriftsteller. – Schilderte in seinen Romanen und Erzählungen Kriegs- und Nachkriegsschicksale; soziale Motive stehen im Vordergrund, Naturbeschreibung und Charakteristik sind besonders eindrucksvoll.
**Werke:** Vor dem großen Schnee (R., 1956), Die Reise nach Capuascale (R., 1957), Gesicht in dieser Zeit (En., hg. 1958).

**Punch** [engl. pʌntʃ], engl. satir. Wochenzeitschrift; gegr. 1841; erschien bis 1992 und war die langlebigste satir. Zeitschrift der Welt; zunächst mit politisch fortschrittl. Tendenz, dann v. a. wegen seiner komisch-satir. Essays, literar. Parodien und Karikaturen berühmt. Zu den Herausgebern gehörten Henry Mayhew (* 1812, † 1887), D. W. Jerrold und T. Taylor, zu den Mitarbeitern namhafte Zeichner und Schriftsteller (u. a. W. M. Thackeray). Langjähriges Markenzeichen war die von 1849 bis 1956 als Umschlagbild verwendete Zeichnung von Richard Doyle (* 1824, † 1883).

**Punch** [engl. pʌntʃ], seit etwa 1670 Gestalt der engl. Komödie und (zusammen mit seiner Frau Judy) Hauptfigur des engl. ↑Puppenspiels (nach ↑Pulcinella). Die Gestalt des P. entspricht etwa dem dt. Kasperl (↑Kasperltheater).

**Puppenspiel** (Puppentheater), heute bevorzugt auch als **Figurentheater** bezeichnetes Spiel mit Puppen oder anderen mechanisch bewegten Figuren auf fiktiver Bühne, entweder von einem Kommentator begleitet (asiat. P.e) oder mit unterlegten menschl. Stimmen. Heute oft mit musikal. Untermalung. Man unterscheidet P.e mit plast. Figuren: ↑Handpuppenspiel, ↑Marionettentheater, Stock-P. oder Stab-P. (↑Stockpuppe) und P.e mit bewegl. oder starren Flachfiguren: ↑Schattenspiel, ↑Theatrum mundi, Modell- oder Papiertheater. Allen Dramenformen und Stoffen zugänglich, tendiert das P. zu Vereinfachungen in Personenzahl, Dialog, Problematik (↑Faustdichtung). Charakteristisch sind (bes. für Hand- und Stock-P.e) volkstüml. Stoffe, Improvisationen, die es erlauben, das Publikum ins Spiel einzubeziehen und auf Aktuelles anzuspielen. Diese Eigenschaften machen das P. für pädagog. Zwecke geeignet; es findet sich als Spielzeug für Kinder und ist heute integrierter Bestandteil der Vorschul- und Schulerziehung. Als volkstüml. Unterhaltung hat es eine Fülle v. a. lustiger stehender Typen ausgebildet, die, insbes. aus der ↑Commedia dell'arte übernommen und mit nat. Zügen ausgestattet, z. T. bis heute die einzelnen P.arten und ihre nat. Ausprägungen kennzeichnen: so z. B. die dt. ↑Hanswurst und Kasperl (↑Kasperltheater), der italien. ↑Pulcinella, der sich als ↑Punch im engl., als Polichinelle im frz., als Petruschka im russ. P. findet, der frz. ↑Guignol, der tschech. Kasparek, der türk. ↑Karagöz. **Geschichte:** Über Herkunft und früheste Ausprägungen des P.s gibt es nur Theorien. Bewegl. Puppen bei kult. Feiern sind für das alte Ägypten bezeugt, ebenso für die mittelalterl. christl. Kirche; säkularisiert gelangten sie im 18. Jh. zu großer Blüte. P.e erwähnen Xenophon, Pseudo-Aristoteles, Platon und Horaz. Nebst frühesten Bildzeugnissen aus dem 12. Jh. beweisen seit dem 15. Jh. Gesuche um Spielerlaubnis und Spielverbote die Häufigkeit und Beliebtheit des P.s insbes. auf Jahrmärkten, aber auch in Bürgerhäusern und an Höfen. In England entstanden Ende des 16. Jh., in Frankreich im 17. Jh. feste Puppentheater (in Deutschland erst 1802), die dem eigentl. Theater oft Konkurrenz machten. Während Hand-P. und Marionettentheater die volkstüml. Unterhaltung blieben, interessierten sich Adel und Bürgertum im Gefolge der Chinoiseriemode seit Ende des 17. Jh. auch für das Schattenspiel, im 18. Jh. für das sog. mechan. Theater oder für das Theatrum mundi. Mit der Entdeckung der Volkskunst in der Romantik wurde auch das P. ästhetisch reflektiert (A. von Arnim, J. Kerner, E. Mörike, S. A. Mahlmann, H. von Kleist). L. Tieck und C. Brentano verfaßten Stücke ausdrücklich für das Puppenspiel. Mitte des 19. Jh. versuchte F. Graf von Pocci das P. für pädagog. Zwecke zu erneuern; grundlegende Bestrebungen hierzu setzten etwa 1910 ein, als, z. T. angeregt durch das hohe künstler. Niveau des asiat. P.s (↑Bunraku), bed. Bühnenbildner wie A. Appia oder E. G. Craig, bildende Künstler wie N. Gontscharowa, P. Klee, S. Täuber-Arp, A. Calder und bes. Mitglieder des Bauhauses unter engem Anschluß an herrschende Kunstrichtungen und neue techn. Errungenschaften (Lichtregie) eigenständige Figuren und Bühnenformen entwickelten. Von Bedeutung wurden die P.e von Paul Brann (* 1873, † 1955) in München (Mitarbeit: O. Gulbransson, H. Thoma, P. Klee, W. Kandinsky), R. Teschner (* 1879, † 1948) in Wien (javan. Spieltechnik, Mitarbeit: G. Klimt, A. Roller), der Graphiker Ivo Puhonny (* 1876, † 1940) in Baden-Baden und William Britton (Bil) Baird (* 1904, † 1987) in New York, die Hohensteiner Puppenspiele von Max Jacob (* 1888, † 1967) sowie die berühmten Marionetten von Anton Aicher (* 1859, †1930) in Salzburg. Bed. sind auch die tschech. P.e, die seit der Jahrhundertwende v. a. eine wichtige polit. Funktion haben, bes. dann durch die Figuren des Spejbl und Hurvínek von Josef Skupa (* 1892, † 1957), ferner die russ. P.e, die von dem Maler und Schauspieler Sergei W. Obraszow (*1901, † 1992), dem Leiter des Zentralen Staatl. Puppentheaters der Sowjetunion, ab 1925 entwickelt, in ihren Spielmöglichkeiten erweitert und theoretisch fundiert wurden. – Auch nach dem 2. Weltkrieg wurden die Versuche um das P. fortgesetzt (v. a. hinsichtlich Stilisierungstendenzen, neuer Materialien); u. a. gründete H. M. Denneborg 1955 ein ›Atelier-Theater für P.‹. – Seit 1949 besteht in Bochum das ›Dt. Institut für P.‹, das die Schriftenreihe ›Meister des P.s‹ (1958 ff.; Hefte 1–20 in 1 Bd. 1971) und die Zeitschrift ›Figurentheater‹ (1963 ff.; vorher u. d. T. ›Der Puppenspieler‹ [1930–33 und 1948–51]) herausgibt.

**Literatur:** BOEHN, M. VON: Puppen u. P.e. Mchn. 1929. 2 Bde. – BATCHELDER, M. H.: The puppet theatre handbook. New York u. London 1947. – FEDOTOW, A.: Technik des Puppentheaters. Dt. Übers. Lpz. 1956. – Marionette e burattini. Hg. v. R. LEYDI u. R. MEZZANOTTE LEYDI. Mailand 1958. – SPIES, O.: Türk. Puppentheater. Emsdetten 1959. – BAIRD, B.: The art of the puppet. New York 1965. – Puppentheater der Welt. Zeitgenöss. P. in Wort u. Bild. Hg. v. M. NICULESCU u. a. Dt. Übers. Bln. 1965. – MCPHARLIN, P.: The puppet theatre in America. A history, 1524–1948. Boston (Mass.) Neuaufl. 1969. – SPEAIGHT, G.: The history of the English toy theatre. London u. Boston (Mass.) Neuaufl. 1969. – MALÍK, J./KOLAR, E.: Das Puppentheater in der Tschechoslowakei. Prag 1970. – SIMMEN, R./BEZZOLA, L.: Die Welt im P. Zü. 1972. – Bemerkungen zum P. 1936–1990. Hg. v. I. KIPSCH. Ffm. 1992. – Puppentheater, P., Puppenbau. Bearb. v. CH. BUSCH u. a. Fuldatal 1993.

**Purāṇas** [pu'ra:nas; sanskr. = alte (Berichte)], religiöse, pseudohistor. Texte des Hinduismus. Die P. werden eingeteilt in die 18 ›großen P.‹ (›mahāpurāṇa‹) und in die weit größere Gruppe der ›sekundären P.‹ (›upapurāṇa‹), die von der Tradition ebenfalls auf 18 begrenzt wird. Dazu kommen die Sthala-P. (= Orts-P.), die von der myth. Geschichte einer hl. Stätte berichten. Zu den bekannteren großen P. zählen: **Mārkhaṇḍeyapurāṇa** (engl. hg. v. F. E. Pargiter 1888–1904, Nachdr. 1969), **Matsyapurāṇa, Viṣṇupurāṇa** (engl. hg. v. H. H. Wilson 1840, Nachdr. 1961) und das relativ junge **Bhāgavatapurāṇa** (frz. von E. Burnouf 1840–47), das eine wichtige Quelle für die Mythologie Krischnas ist. Das umfangreichste Werk der Sanskritliteratur ist das **Skandapurāṇa.** Zu den P. zählt auch der ›Harivamśa‹, das wohl älteste Purāṇa überhaupt. Obwohl P. bereits in der spätved. Literatur in vorchristl. Zeit erwähnt werden, stammen die über Jahrhunderte gewachsenen und teilweise bis in die Gegenwart fortgeführten P. etwa aus der Mitte des 1. Jt. n. Chr. Den Indern gelten die anonym überlieferten P. als Werke des myth. Sehers Vyāsa.

Der Inhalt der P. wird nach fünf Merkmalen (›pañcalakṣaṇa‹) definiert: Schöpfung (›sarga‹), Neuschöpfung nach der period. Vernichtung der Welt (›pratisarga‹), Genealogie der Götter (›vaṃśa‹), Manuzeiträume (›manvantara‹), Genealogie der Könige (›vaṃśānucarita‹). Alle P. sind in Versen gehalten und werden bestimmten Sekten zugeordnet.

**Ausgabe:** Engl. Übers. aller P. In: Ancient Indian traditions and mythology. Hg. v. J. L. SHASTRI. Neu-Delhi 1970.

**Literatur:** KIRFEL, W.: Das Purāṇa Pañcalakṣaṇa. Versuch einer Textgesch. Bonn 1927. – DIKSHITAR, V. R. R.: The Purāṇa index. Madras 1951. 3 Bde. – KIRFEL, W.: Das Purāṇa vom Weltgebäude. Bonn 1954. – HAZRA, R. CH.: Studies in the Upapurāṇas. Kalkutta 1958–63. 2 Bde. – HACKER, P.: Prahlāda. Werden u. Wandlungen einer Idealgestalt. Mainz u. Wsb. 1960. 2 Tle. – HOHENBERGER, A.: Das Bhaviṣyapurāṇa. Wsb. 1967. – GAIL, A.: Bhakti im Bhāgavatapurāṇa. Wsb. 1969. – GAIL, A.: Paraṣurama, Brahmane u. Krieger. Unters. über Ursprung u. Entwicklung eines Avatāra Viṣṇus u. Bhakta Śivas in der ind. Lit. Wsb. 1977.

**Purdy,** James [engl. ˈpə:dɪ], * bei Fremont (Ohio) 17. Juli 1923, amerikan. Schriftsteller. – Lehrte 1949–53 am Lawrence College in Appleton (Wis.); Übersetzertätigkeit in Lateinamerika, Spanien und Frankreich. P.s Romane und Kurzgeschichten, die meist in Provinzstädten des mittleren Westens lokalisiert sind, thematisieren Formen von Beziehungen und Liebe der amerikan. Mittelschicht; schreibt auch Dramen, Kurzgeschichten und Gedichte.

**Werke:** Die Farbe der Dunkelheit (Dr., 1957, dt. 1959), Malcolm (R., 1959, dt. 1963), Der Neffe (R., 1960, dt. 1964), Children is all (Dr., 1961), Cabot Wright legt los (R., 1964, dt. 1967), Die Preisgabe (R., 1967, dt. 1970), Sleepers in mooncrowned valleys (R.-Trilogie, 1970–81), The running sun (Ged., 1971), Die Millionärin auf der Wendeltreppe kannibal. Beziehungen (R., 1972, dt. 1984), Sunshine is an only child (Ged., 1973), In a shallow grave (R., 1977), Enge Räume (R., 1978, dt. 1982), Sleep tight (Dr., 1979), On glory's course (R., 1984), The candles of your eyes (En., 1985), The Brooklyn branding parlors (Ged., 1986).

**Literatur:** CHUPACK, H.: J. P. New York 1975. – ADAMS, S. D.: J. P. London 1976. – Sonderheft Delta 13 (Nov. 1981). Montpellier.

**Purịsmus** [zu lat. purus = rein], Begriff, der die Bestrebungen bezeichnet, eine Nationalsprache von fremden Einflüssen ›rein‹ zu erhalten, bes. von Fremdwörtern, fremden Wortformen und Sprechweisen. Der P. ist oft eine Gegenbewegung gegen mod. Überfremdungen einer Sprache, z. B. die purist. Bestrebungen seit dem 16. Jh. in Italien (↑Accademia della Crusca), seit dem 17. Jh. in Frankreich (↑Académie française), in den Niederlanden und in Deutschland, wo die ↑Sprachgesellschaften sich um die Reinerhaltung der dt. Sprache bemühten (↑auch Alamodeliteratur). Im 19. Jh. und auch teilweise im 20. Jh. wurden solche Bestrebungen meist im Rahmen des nat. Gedankens wieder aufgegriffen.

**Pụschkin** (tl.: Puškin), Alexandr Sergejewitsch, * Moskau 6. Juni 1799, † Petersburg 10. Febr. 1837, russ. Dichter. – Aus altem Adel, mütterlicherseits Urenkel Hannibals, des Mohren Peters des Großen; veröffentlichte bereits während der Schulzeit 1811–17 am Lyzeum in Zarskoje Selo (heute Puschkin) seine ersten Gedichte; ab 1817 im Staatsdienst; wegen satir. und polit. Gedichte 1820 nach Südrußland versetzt; 1824–26 auf das elterl. Gut Michailowskoje verbannt. In den folgenden Jahren lebte er v. a. in Moskau und Petersburg und stand unter der persönl. Zensur des Zaren. 1836 gründete er die Zeitschrift ›Sovremennik‹ (= Der Zeitgenosse). Er starb – als Kammerherr in den Hofkreisen wegen seiner Kritikfreudigkeit angegriffen und in Intrigen verwickelt – an den Folgen einer Verletzung im Duell mit dem frz. Emigranten G. d'Anthès.

Alexandr Sergejewitsch Puschkin

P. gilt als eigentl. Begründer der neueren russ. Literatursprache (Verbindung kirchenslaw. Wortgutes mit volkstüml. Elementen, Pflege einer einfachen Syntax, Vorbild des Französischen), zugleich als der bedeutendste und vielseitigste russ. Dichter, dessen gattungbestimmende Lyrik, Dramatik und Prosa für die russ. Literatur wegweisend wurden. Beeinflußt von der russ. Kunst- und Volksdichtung, nahm er auch Anregungen der großen westeurop. literar. Traditionen auf. Sein **lyr.** Schaffen stellt einen bisher kaum wieder erreichten Höhepunkt der russ. Dichtung dar; neben (v. a. anfangs) iron., heiteren, oft satir. Elementen finden sich bald Gedichte mit ernstem, polit. Gehalt sowie Verse, die die hohe Stellung des Dichters und die Bedeutung seines künstler. Gewissens nachdrücklich betonen. P. vertrat die Grundsätze des L'art pour l'art; später finden sich auch eleg. Elemente in seiner Dichtung. Die lyrisch-ep. Versdichtungen (Poeme) sind bes. Lord Byron verpflichtet. Sein Hauptwerk, der in der Verbannung begonnene Versroman ›Eugen Onegin‹ (erschienen 1825–32, erste vollständige Fassung 1833, dt. 1840), bietet zahlreiche Beweise für P.s Bemühung um romant. Freiheit der Form. Eine spannende Handlung, persönl. Abschweifungen, krit., auch poetolog. Reflexionen und eine breite Stoffülle werden in einem vielfältigen und komplizierten Spannungsverhältnis zwischen Wirklichkeit und Fiktion durch ein gespaltenes Autoren-Ich vermittelnd gestaltet und in ein ironisch schillerndes literar. Ganzes integriert. Den Einfluß Shakespeares auf das **dramat.** Werk beweist v. a. die in der Verbannung 1825 vollendete histor. Tragödie ›Boris Godunow‹ (1831, dt. 1840), mit der P. die Gattung der ›chronicle plays‹ seines Vorbildes in Rußland heimisch zu machen beabsichtigte. Ab 1830 wandte er sich mehr der **Prosa** zu, in der er – ähnlich wie in den lyr. und dramat. Werken – am Anfang einer Stiltradition steht, die Klarheit und Kürze der Satzkonstruktion bevorzugt. ›Die Hauptmannstochter‹ (1836, dt. 1848) ist der erste bed. russ. Prosaroman, ebenfalls bed. die romant. Novelle ›Pique Dame‹ (1834, dt. 1840). P. hinterließ mehrere Romanfragmente. Er verfaßte auch weitsichtige literaturkrit. Schriften und ein histor. Werk über den Pugatschow-Aufstand (1833). Nach anfängl. Anfeindungen von seiten der Gesellschaft und der Kritik kam P. bald zu nat. Ansehen und gilt heute als der Schöpfer der modernen russ. Literatur.

**Weitere Werke:** Ruslan und Ludmilla (Vers-E., 1820, dt. 1833), Der Gefangene im Kaukasus (Vers-E., 1822, dt. 1840, 1824 u. d. T. Der Berggefangene), Der Springbrunnen von Bachtschisaraj (Vers-E., 1824, dt. 1840), Die Zigeuner (Vers-E., 1827 [Auszug 1825], dt. 1840), Der Mohr Peters des Großen (R.-Fragment, entst. 1827, hg. 1837, dt. 1952, 1837 u. d. T. Der Mohr des Zaren), Poltawa (Vers-E., 1829, dt. 1840), Das Häuschen in Kolomna (Vers-E., entst. 1830, gedr. 1833, dt. 1966), Der geizige Ritter (Trag., entst. 1830, gedr. 1836, dt. 1891), Der steinerne Gast (Trag., entst. 1830, hg. 1839, dt. 1840), Die Erzählungen Belkins (1831, dt. 1840; u. a. mit der Erzählung Der Postmeister), Mozart und Salieri (Trag., 1832, dt. 1855), Dubrowskij (R.-Fragment, entst. 1832/33, hg. 1841, dt. 1894), Der eherne Reiter (Vers-E., entst. 1833, hg. 1837, dt. 1890), Ägypt. Nächte (Prosafragment, entst. 1835, gedr. 1837, dt. 1855).

**Ausgaben:** A. S. Puškin. Pólnoe sobranie sočinenij. Moskau u. Leningrad 1937–59. 17 Bde. – A. P. Ges. Werke. Dt. Übers. Hg. v. H. RAAB. Ffm. 1973. 6 Bde. – A. P. Ges. Werke. Dt. Übers. Hg. v. J. VON GUENTHER. Mchn. [2]1974. – A. S. Puškin. Sobranie sočinenij. Moskau 1982. 10 Bde. – A. S. P. Die Erzählungen. Dt. Übers. Mchn. [2]1986.

**Literatur:** GERŽENSON, M. O.: Mudrost' Puškina. Moskau 1919. Nachdr. Ann Arbor (Mich.) 1984. – ŽIRMUNSKIJ, V. M.: Bajron i Puškin. Byron u. Puškin. Leningrad 1924. Nachdr. Mchn. 1970. – LAVRIN, J.: Pushkin and Russian literature. London 1947. Nachdr. New York 1969. – TROYAT, H.: P. Dt. Übers. Mchn. 1959. – SETSCHKAREFF, V.: A. P. Wsb. 1963. – HIELSCHER, K.: A. S. Puškins Versepik. Mchn. 1966. – MIRSKY, D. S.: Pushkin. New York 1974. – ZIEGLER, G.: A. S. P. Rbk. 1979. – HERDMANN, U.: Die Südl. Poeme A. S. Puškins. Hildesheim u. a. 1982. – BRIGGS, A. D.: A. Pushkin. Totowa (N. J.) 1983. – DEBRECZENY, P.: The other Pushkin. Stanford (Calif.) 1983. – LOTMAN, J. M.: A. S. Puškin. Leningrad 1983. – Die großen Klassiker. Bd. 28: P. Salzburg 1984. – All das Lob, das du verdienst. Eine dt. P.-Ehrung zur 150. Wiederkehr seines Todestages. Hg. v. M. REHS u. R.-D. KEIL. Stg. 1987. – LOTMAN, J.: A. P. Leben als Kunstwerk. Dt. Übers. Lpz. [2]1993.

**Puschkin** (tl.: Puškin), Wassili Lwowitsch, * Moskau 8. Mai 1770, † ebd. 1. Sept. 1830, russ. Dichter. – Onkel von Alexandr Sergejewitsch P.; schrieb, an N. M. Karamsin geschult, anakreont. Lyrik, Elegien, Epigramme, Fabeln u. a.

**Ausgabe:** V. L. Puškin. Sočinenija. Petersburg 1893.

**Puschkinsche Plejade** ↑ Plejade.

**Puschmann,** Adam Zacharias, * Görlitz 1532, † Breslau 4. April 1600 (?), dt. Meistersinger. – Bed. v. a. als Theoretiker und systemat. Sammler des Meistersangs. Sein ›Grünntlicher Bericht des dt. Meister Gesanges‹ (gedr. 1571, 1584 und 1596) wurde zum Elementarbuch der späteren Meistersinger; sein 1588 abgeschlossenes ›Singebuch‹ enthielt die Melodien aller ihm erreichbaren Meistertöne.

**Ausgabe:** A. P. Das Singebuch. Hg. v. G. MÜNZER. Lpz. 1906. Nachdr. Hildesheim 1970.

**Literatur:** GOETZE, E.: A. P. In: Zs. f. dt. Philologie 46 (1915), S. 84.

**Puškin** ↑ Puschkin.

**P'u Sung-ling** (Pu Songling) [chin. pusʊŋlɪŋ], * Tzechwan (Prov. Schantung) 5. Juni 1640, † ebd. 25. Febr. 1715, chin. Literat. – Das Hauptwerk dieses in der Abgeschiedenheit seines Dorfes lebenden Literaten war das ›Liao-chai chih-i‹ (= Seltsame Geschichten aus dem Liao-Studio). Es enthielt in der erst 1766 veröffentlichten Originalausgabe 431 Geschichten über Wunder, die er den Erzählungen von Freunden und Bekannten verdankte. Unter diesem Mantel üben sie oft heftige Sozialkritik. Die erste vollständige dt. Ausgabe erschien 1987–92 in Zürich (Bd. 1: ›Umgang mit Chrysanthemen‹; Bd. 2: ›Zwei Leben im Traum‹; Bd. 3: ›Besuch bei den Seligen‹; Bd. 4: ›Schmetterlinge fliegen lassen‹; Bd. 5: ›Kontakte mit Lebenden‹).

**Weitere Ausgaben:** P'u S.-l. Strange stories from a Chinese studio. Engl. Teilübers. v. H. A. GILES. London [3]1916. – P'u S.-l. Seltsame Geschichten aus dem Liao Chai. Freie dt. Übers. v. E. SCHMITT. Bln. 1924. – P'u S.-l. Gaukler, Füchse u. Dämonen. Dt. Übers. Basel 1955. – P'u S.-l. Gast Tiger. Dt. Übers. Hg. v. J. L. BORGES. Stg. 1984.

**Püterich von Reichertshausen,** Jakob (III.), * München (?) um 1400, † ebd. 1469, Münchner Stadtadliger. – Nahm als an Genealogie und höf. Literatur interessierter Handschriftensammler tätigen Anteil an der ›Ritterrenaissance‹ am Hof Herzog Albrechts III. von Bayern. Verehrte v. a. Wolfram von Eschenbach; in der Strophe des ›Jüngeren Titurel‹ verfaßte er 1462 den ›Ehrenbrief‹ für die Erzherzogin Mechthild von Österreich; dieser enthält eine Aufzählung der bayr. turnierfähigen Familien und von P.s Handschriften mit mhd. literar. Werken; wichtig als Quelle für das Nachleben der mhd. Dichtung sowie als Dokument der ständ. literar. Selbststilisierung.

**Ausgabe:** Der Ehrenbrief des J. P. v. R. Hg. v. F. BEHREND u. R. WOLKAN. Weimar 1920.

**Literatur:** RISCHER, CH.: Literar. Rezeption u. kulturelles Selbstverständnis in der dt. Lit. der ›Ritterrenaissance‹ des 15. Jh. Stg. u. a. 1973.

**Puthoste,** Roger [frz. py'tɔst], frz. Schriftsteller, ↑ Thérive, André.

**Putinas** [litauisch 'pʊtɪnas], eigtl. Vincas Mykolaitis, * Pilotiškiai bei Kapsukas 1. Juni 1893, † Kačerginė bei Kaunas 7. Juni 1967, litauisch-sowjet. Schriftsteller. – Schrieb zunächst romant., dann symbolist. Lyrik. In den 30er Jahren Hinwendung zum Realismus mit dem autobiograph. Roman ›Im Schatten der Altäre‹ (2 Bde., 1933, dt. 1987). Den poln. Aufstand von 1863 behandelt der histor. Roman ›Sukilėliai‹ (= Die Aufständischen, 2 Bde., 1957–67). P. schrieb auch Dramen und literaturkrit. Arbeiten.

**Weitere Werke:** Tarp dviejų aušrų (= Zwischen zwei Morgenröten, Ged., 1927), Keliai ir kryžkeliai (= Wege und Kreuzwege, Ged., 1936), Krizė (= Die Krise, R., 1936).

**Putman,** Willem [niederl. 'pʏtmɑn], * Waregem 7. Juni 1900, † Brügge 3. Sept. 1954, fläm. Schriftsteller. – Bekannt mit vielgespielten [expressionist.] Bühnenstücken, trat dann (nach dem 2. Weltkrieg unter dem Pseudonym Jean du Parc) v. a. mit erfolgreichen Intrigenromanen hervor.

**Werke:** Het oordeel van Olga (Dr., 1920), De doode rat (Dr., 1924), Appassionata (R., 1934, dt. 1956), Christine Lafontaine (R., 1947, dt. 1949), Frau Pilatus (R., 1949, dt. 1953), Himmel überm Sumpf (R., 1951, dt. 1952), Mijn tweede leven (R., 1954).

**Putrament,** Jerzy, * Minsk 14. Nov. 1910, † Warschau 23. Juni 1986, poln. Schriftsteller. – Nach dem 2. Weltkrieg Diplomat in der Schweiz und in Frankreich; 1950–56 Generalsekretär des poln. Schriftstellerverbandes; schrieb Lyrik und Essays, trat aber v. a. mit Romanen und Erzählungen hervor, in denen er sich z. T. mit polit. und histor. Themen aus der Vorkriegs- und Kriegszeit in Polen beschäftigte; sein umstrittenes, oft satir. Werk zeigt häufig polit. Engagement.

**Werke:** Wirklichkeit (R., 1947, dt. 1953), September (R., 1950, dt. 1957), Der Hochverräter (En., dt. Ausw. 1961), Ein halbes Jh. (Memoiren, 7 Tle., 1961–80, dt. 1982–84), Die Stiefkinder (R., 1963, dt. 1970), Der Keiler (R., 1964, dt. 1971), Der General (R., 1969, dt. 1973), Akropolis (R., 1975, dt. 1977).

**Literatur:** Wisłowska, M.: P. Warschau 1972.

**Puy** [frz. pɥi; zu lat. podium = Anhöhe, Podest oder zu dem Stadtnamen Le Puy-en-Velay], altfrz. Bez. für eine bürgerlich-städt., zunftartige Vereinigung von Spielleuten, die etymologisch entweder auf den erhöhten Standort des jeweils Vortragenden oder auf die Stadt verweist, von der diese Einrichtung ihren Ausgang genommen haben soll. P.s sind seit dem späten 12. Jh. in Nord- und Westfrankreich als Stätten der Rezitation geistl. und weltl. Lieder sowie der Aufführung dramat. Texte (u. a. ›Das Laubenspiel‹ [1276/77, dt. 1972] des Adam de la Halle oder Mirakelspiele) nachweisbar (so z. B. in Arras, Amiens, Caen, Cambrai, Dieppe, Lille, Rouen und Troyes); sie florierten unter zunehmender Einbeziehung musikal. Kompositionen bis ins 17. Jh. (›P. de musique en l'honneur d'Évreux‹, gegr. 1575 von Guillaume Costeley [* um 1531, † 1606]). Jedem P. stand ein Präsidium vor, das die künstler. Einzelleistungen ästhetisch und moralisch wertete, seinen Leiter nannte man ›Prince‹; von daher erklärt sich die Adressierung an den ›Prince‹ in den Geleitstrophen (↑ Envoi) vieler spätmittelalterl. Balladen (u. a. bei E. Deschamps und F. Villon). Die P.s dürften Vorbild für den ›Consistori de la Subregaya Companhia del Gai Saber‹ (↑ Gai Saber) in Toulouse gewesen sein und sind sozial-, literatur- und musikgeschichtlich mit den Singschulen der Meistersinger (↑ Meistersang) vergleichbar.

**Literatur:** Ungureanu, M.: Société et littérature bourgeoises d'Arras au XII^e siècles. Arras 1955. – Poirion, D.: Le poète et le prince. L'évolution du lyrisme courtois de Guillaume de Machaut à Charles d'Orléans. Paris 1965. Nachdr. Genf 1978. – Harris-Matthews, J. M.: P. In: The New Grove Dictionary of Music and Musicians. Bd. 15. London 1980. S. 481.

**Puzo,** Mario [engl. 'pu:zoʊ], * New York 15. Okt. 1920, amerikan. Schriftsteller italien. Abstammung. – Journalist; Verfasser spannender Unterhaltungsromane; schildert in seinem Bestseller ›Der Pate‹ (R., 1969, dt. 1969; auch verfilmt) die Auseinandersetzungen sizilian. Mafiafamilien in New York.

**Weitere Werke:** Die dunkle Arena (R., 1955, dt. 1976), Mamma Lucia (R., 1964, dt. 1970), Die Welt des Paten. Geständnisse des Autors zu Buch und Film (1972, dt. 1972), Las Vegas. Bekenntnisse eines Spielers (R., 1977, dt. 1977), Narren sterben (R., 1978, dt. 1978), Der Sizilianer (R., 1984, dt. 1986), Der vierte K. (R., 1990, dt. 1991).

**Pym,** Barbara [Mary Crampton] [engl. pɪm], * Oswestry (Shropshire) 6. Juni 1913, † Oxford 11. Jan. 1980, engl. Schriftstellerin. – Studierte in Oxford; arbeitete für das International African Institute in London. Ihre tragikom. Romane aus dem engl. Mittelstandsmilieu, häufig um unverheiratete, alternde Frauen und deren unerwiderte Liebe, wurden zunächst kaum beachtet, gelangten jedoch ab 1977 (u. a. dank des Eintretens von Ph. Larkin für sie) zu großer Popularität; sie wurden z. T. erst postum veröffentlicht.

**Werke:** Some tame gazelle (R., 1950), Vortreffl. Frauen (R., 1952, dt. 1988), Jane and Prudence (R., 1953), Less than angles (R., 1955), A glass of blessings (R., 1959), No fond return of love (R., 1961), Quartett im Herbst (R., 1977, dt. 1991), Das Täubchen (R., 1978, dt. 1994), A few green leaves (R., 1980), An unsuitable attachment (R., hg. 1982), A very private eye (Autobiogr., hg. 1984), Tee und blauer Samt (R., hg. 1985, dt. 1990), Civil to strangers and other writings (hg. 1985), Die Frau des Professors (R., hg. 1986, dt. 1991).

**Literatur:** NARDIN, J.: N. P. Boston (Mass.) 1985. – LONG, R. E.: B. P. New York 1986. – The life and work of B. P. Hg. v. D. SALWAK. Iowa City 1987. – COTSELL, M.: B. P. New York 1989. – WELD, A.: B. P. and the novel of manners. Houndmills 1992.

**Pynchon,** Thomas [engl. ˈpɪnʃən], * Glen Cove (N.Y.) 8. Mai 1937, amerikan. Schriftsteller. – Wurde mit seinen Romanen in den USA einer der bedeutendsten postmodernen Schriftsteller, die die konventionellen Erzählstrukturen durch ein verwirrendes Bezugsnetz von Handlungen und Personen ersetzen. ›V.‹ (1963, dt. 1968) stellt die ergebnislose Suche nach einer geheimnisvollen, in Spionagekreise verwickelten Frau dar; ›Die Versteigerung von No. 49‹ (1966, dt. 1973) zeigt in Umkehrung des Erzählmusters einer Detektivgeschichte die wegen der Informationsflut unmögliche Kommunikation und damit die Unlösbarkeit des gestellten Falls; der Roman ›Die Enden der Parabel‹ (1973, dt. 1981) breitet ein wildes Panorama paranoider Ängste und schizophrener Wünsche aus, die in das Destruktionspotential der Technik transponiert sind. Wie die Romane, so sind auch die Kurzgeschichten (›Spätzünder‹, 1984, dt. 1985) durch eine kulturpessimist. Konzeption gekennzeichnet. Der nach langer Schreibpause veröffentlichte Roman ›Vineland‹ (1990, dt. 1993) blickt aus der Figurenperspektive der 80er Jahre auf die ›wilden 60er‹ in Kalifornien zurück.

**Literatur:** STARK, J. O.: P.'s fictions. Th. P. and the literature of information. Athens (Ohio) 1980. – COOPER, P. L.: Signs and symptoms. Th. P. and the contempor ary world. Berkeley (Calif.) u. a. 1983. – Th. P. Hg. v. H. BLOOM. New York 1986. – MADSEN, D. L.: The postmodernist allegories of Th. P. Leicester 1991.

**Pyra,** Immanuel Jakob, * Cottbus 25. Juli 1715, † Berlin 14. Juli 1744, dt. Dichter. – Theologiestudium in Halle/Saale; gründete dort mit seinem Freund S. G. Lange eine poet. Gesellschaft. Als Gegner einer einseitig rationalist. Dichtung lehnte P. die Poetik J. Ch. Gottscheds ab (›Erweis, daß die G*ttsch*dianische Sekte den Geschmack verderbe‹, 2 Tle., 1743/44, Neudr. 1974). Unter pietist. Einfluß und in Nachahmung der Antike verfaßte P. religiös-gefühlsbetonte, auch erlebnishafte Dichtung, die in ihren Themen (Gott, Tugend, Freundschaft) und in den reimlosen Strophenformen für F. G. Klopstock zum Vorbild wurde. Daneben anakreont. Gedichte mit realist. Zügen.

**Literatur:** RASCH, W.: Freundschaftskult u. Freundschaftsdichtung im dt. Schrifttum des 18. Jh. Halle/Saale 1936.

**Pyramidentexte,** hieroglyph. Inschriften in den ägypt. Pyramiden des Alten Reiches seit Unas, dem letzten König der fünften Dynastie (um 2300). Insgesamt sind die Pyramiden von sechs Königen und zwei Königinnen beschriftet. In späterer Zeit wurden auch nichtkönigl. Gräber mit Text versehen, bes. in einer archaisierenden Periode etwa 2 000 Jahre später. Der Inhalt der Texte ist mannigfaltig: Neben Sprüchen zum Opferritual stehen u. a. solche, die bei der Pyramidenweihe oder beim Begräbnis gesprochen wurden und dem König die Unsterblichkeit, den Aufstieg zum Himmel und die Aufnahme unter die Götter sichern sollten.

**Pyrker** (P. von Oberwart, P. von Felső-Eőr), Johann Ladislaus, * Lángh bei Stuhlweißenburg 2. Nov. 1772, † Wien 2. Dez. 1847, österr. Erzbischof und Schriftsteller. – Aus ungar. Adelsfamilie; Bischof von Zips, Patriarch von Venedig und ab 1827 Erzbischof von Erlau. P. war mit F. Grillparzer befreundet; er schrieb lyr. Gedichte und Legenden, klassizist. Versepen im Stil Vergils und Geschichtsdramen.

**Werke:** Histor. Schauspiele (1810), Tunisias (Epos, 1819), Bilder aus dem Leben Jesu und der Apostel (Ged., 12 Tle., 1842/43), Lieder der Sehnsucht nach den Alpen (Ged., 1845), Mein Leben (Autobiogr., hg. 1966).

**Pyrrhichius** [griech.; nach seiner Verwendung im Waffentanz (griech. pyrrhíchē)], griech. Versfuß (Brachysyllabus) aus zwei kurzen Silben (⏑⏑), die durch Auflösung einer langen Silbe entstanden sind.

# Q

**Qā'ānī,** Habību'llāh Fārsī, pers. Dichter, ↑Ghaani, Habibollah Farsi.

**Qiu Jin,** chin. Dichterin, ↑Ch'iu Chin.

**Quadrivium,** Teilbereich der ↑Artes liberales.

**Qualität** [aus lat. qualitas = Beschaffenheit, Eigenschaft], in der Metrik die (im Unterschied zur Quantität schwieriger meßbare) Klangfarbe eines Lautes, z. B. bei offenen und geschlossenen Vokalen.

**Qualtinger,** Helmut, *Wien 8. Okt. 1928, †ebd. 29. Sept. 1986, österr. Autor, Kabarettist und Schauspieler. – Zunächst Kabarettist und Schauspieler in Wien. Wurde durch die ›Travnicek-Dialoge‹, die er gemeinsam mit C. Merz vortrug, und bes. durch den Monolog ›Der Herr Karl‹ (1962) bekannt. Es ist dies die beißende Satire des bei allen polit. Regimen mitmachenden und aus der Situation Nutzen ziehenden Durchschnittsösterreichers. Erfolgreich auch durch Vortragstourneen (K. Kraus, ›Die letzten Tage der Menschheit‹, 1961; A. Hitler, ›Mein Kampf‹, 1974). Bes. Erfolge als Schauspieler hatte Qu. u. a. in Horvath- und Nestroy-Stücken und in seinem eigenen Stück (Mitautor C. Merz) ›Die Hinrichtung‹ (1965). Spielte in den Filmen ›Grandison‹ (1979; Regie Achim Kurz) und ›Geschichten aus dem Wiener Wald‹ (1979; Regie Maximilian Schell).

**Weitere Werke:** Blattl vorm Mund (Kabarett-Texte, 1959; mit C. Merz u. G. Bronner), Glasl vorm Aug (Kabarett-Texte, 1960; mit C. Merz u. G. Bronner), Alles gerettet (Stück, 1963; mit C. Merz), An der lauen Donau (Stücke, 1965; mit C. Merz), Qu.s beste Satiren (1973), Der Mörder und andere Leut' (Satire, 1975), Im Prater blühn wieder die Bäume (Satire, 1977), Das letzte Lokal (Satire, 1978), Die rot-weiß-rote Rasse (Satire, 1979), Drei Viertel ohne Takt (Satire, 1980), Über Ärzte und Patienten. Der Nächstbeste, bitte (Satire, 1980), Kommen Sie nach Wien, sie werden schon sehen (Satire, 1980; mit Leomarie Qu.), Halbwelttheater (Satire, 1982).

**Ausgabe:** Das Qu.-Buch. Hg. v. B. ERBACHER. Mchn. 1986.

**Literatur:** HOROWITZ, M.: H. Qu. Wien 1987. – KEHLMANN, M./BIRON, G.: Der Qu. Ein Porträt. Mchn. 1987.

**Quantität** [lat. quantitas = Größe, Menge], Silbenlänge bzw. -dauer in der antiken Metrik; auf der unterschiedl. Qu. der Sprachsilben (nicht der Vokale) beruht das ↑quantitierende Versprinzip. Die Beachtung der unterschiedl. Qu.en der Tonsilben unter bestimmten Bedingungen modifiziert das ↑akzentuierende Versprinzip in der Metrik der älteren german. Mundarten. – ↑auch Prosodie.

**quantitierende Dichtung,** Dichtung, deren Metrik auf dem ↑quantitierenden Versprinzip beruht, v. a. die griech.-lat. Poesie, und in deren Gefolge weitgehend auch die mittelalterl. und neuzeitl. lat. Gelehrtendichtung sowie, mit Einschränkungen, die Versuche, sie in den Volkssprachen nachzuahmen, wobei in den german. Sprachen anfangs (bis M. Opitz, 1624) der prinzipielle Unterschied zwischen quantitierendem und ↑akzentuierendem Versprinzip nicht beachtet wurde. – ↑auch Prosodie.

**quantitierendes Versprinzip,** in der Metrik Versstruktur, die durch unterschiedl. Silbenquantität (lang – kurz) konstituiert wird; der Vers ergibt sich aus einer geregelten Abfolge kurzer und langer Silben. Auf dem qu. V. beruht die klass. griech. und röm. (lat.) Metrik. In spätantiker Zeit (3./4. Jh.) allerdings setzt sich sowohl im Griechischen wie im Lateinischen ein starker dynam. Akzent durch, unter dessen Einfluß die Oppositionen der Silbenquantitäten aufgehoben werden. Seit dieser Zeit finden sich neben den nach wie vor ›metrice‹ (d. h. messend [= quantitierend]) gebauten

Versen der Gelehrtenpoesie v.a. im kirchl. Bereich (Hymnendichtung) und in der Vaganten- und Volksdichtung neue, ›rhythmice‹ (d.h. akzentuierend-silbenzählend) gebaute Verse (↑akzentuierendes Versprinzip, ↑silbenzählendes Versprinzip).

**Quarantọtti Gambịni,** Pier Antonio, * Pisino (heute Pazin, Istrien) 23. Febr. 1910, † Venedig 22. April 1965, italien. Schriftsteller. – Beeinflußt von den psycholog. Romanen I. Svevos, behandelt Qu. G. in seinen neorealist. Romanen und Novellen v.a. Pubertätsprobleme.

**Werke:** I nostri simili (Nov.n, 1932), Le trincee (E., 1942), Hafenballade (R., 1948, dt. 1962), Amor militare (E., 1955, 1964 u.d.T. L'amore di Lupo), Il cavallo Tripoli (E., 1956), Heiße Jugend (R., 1958, dt. 1963), I giochi di Norma (En., 1964), Racconto d'amore (E., 1965).

**Quarles,** Francis [engl. kwɔːlz], ≈ Romford (Essex) 8. Mai 1592, † London 8. Sept. 1644, engl. Dichter. – Studierte in Cambridge, geriet als Royalist im Bürgerkrieg in Schwierigkeiten, lebte 1615–17 im Ausland, zuletzt Chronist der Stadt London. Schrieb Versparaphrasen bibl. Texte (u.a. ›A feast for wormes‹, 1620), Andachtslyrik, die pastorale Romanze ›Argalus and Parthenia‹ (1629) und polit. sowie antipuritan. Pamphlete. Bekannter blieb er durch seine ›Emblemes‹ (1635) und ›Hieroglyphikes of the life of man‹ (1638), Versinterpretationen symbol. Bilder nach dem Vorbild A. Alciatis, die zu den populärsten Bucherfolgen seiner Zeit gehörten.

**Ausgabe:** F. Qu. Complete works in prose and verse. Hg. v. A. B. GROSART. Edinburgh 1880–81. 3 Bde. Nachdr. New York 1967.
**Literatur:** HÖLTGEN, K.-J.: F. Qu. (1592–1644). Tüb. 1978.

**Quạrt** [zu lat. quartus = der vierte] ↑Buchformat.

**Quarterly Review, The** [engl. ðə 'kwɔːtəlɪ rɪ'vjuː], engl. Vierteljahrsschrift; 1809 von dem bed. Verleger John Murray (* 1778, † 1843) mit aktiver Unterstützung durch W. Scott als konservatives Gegenstück zum liberalen ↑Edinburgh Review gegr., mit dem anfangs auch literar. Fehden ausgetragen wurden, namentlich um die Bewertung der Dichter der engl. Romantik. Zu den Autoren des Qu. R., das erst 1967 sein Erscheinen einstellte, gehörten neben Scott R. Southey, S. Rogers, W. E. Gladstone und M. Arnold.

**Quartẹtt** [zu italien. quarto (von lat. quartus) = der vierte], jede der beiden vierzeiligen Strophen des ↑Sonetts im Gegensatz zum ↑Terzett.

**Quasịmodo,** Salvatore, * Modica 20. Aug. 1901, † Neapel 14. Juni 1968, italien. Lyriker. – Ab 1941 Dozent für italien. Literatur am Konservatorium in Mailand. Neben G. Ungaretti und E. Montale bedeutendster moderner italien. Lyriker, wird wie diese dem Hermetismus zugeordnet. Ausgehend von einer vielfach dunklen, dem Symbolismus nahestehenden hermetist. Lyrik, näherte er sich seit den frühen 40er Jahren zunehmend den realen Gegebenheiten der Gegenwart und den Problemen des Menschen (›poesia sociale‹); übersetzte u.a. Vergil, Catull, Ovid. 1959 erhielt er den Nobelpreis für Literatur.

Salvatore Quasimodo

**Werke:** Acque e terre (Ged., 1930), Oboe sommerso (Ged., 1932), Ed è subito sera (Ged., 1942), Tag um Tag (Ged., 1947, dt. 1950), La vita non è sogno (Ged., 1949, italien. u. dt. Ausw. 1960 u.d.T. Das Leben ist kein Traum), La terra impareggiabile (Ged., 1958; Premio Viareggio 1958), Il poeta e il politico e altri saggi (Essays, 1960), Scritti sul teatro (Essays, 1961), Ein offener Bogen (Ged., italien. und dt. Ausw. 1963), Insel des Odysseus. Isola di Ulisse (Ged., italien. und dt. 1967).
**Ausgaben:** Tutte le opere di S. Qu. Mailand 1965–69. 15 Bde. – S. Qu. Il poeta a teatro. Hg. v. A. QUASIMODO. Mailand 1984. – S. Qu. Tutte le poesie. Hg. v. G. FINZI. Mailand [14]1984.
**Literatur:** Per conoscere Qu. Hg. v. R. S. BORELLO. Mailand 1973. – La critica e Qu. Hg. v. M. BEVILACQUA. Bologna 1976. – DE CADA-

VAL, R.: Simboli e realtà nella poesia di S. Qu. Catania 1982. – FINZI, G.: Invito alla lettura di S. Qu. Mailand [4]1983. – S. Qu. L'uomo e il poeta. Atti del seminario di studio, 20–23 novembre 1982. Assisi 1983. – ↑auch Sinisgalli, Leonardo.

**Quatrain** [ka'trɛ̃:; frz. = Vierzeiler; letztl. zu lat. quattuor = vier], in der frz. Metrik vierzeilige Strophenform, z. B. auch die Quartette des ↑Sonetts; im engeren Sinne eine bestimmte Form des Vierzeilers aus vier ↑Alexandrinern oder vier ↑Vers communs, gängiges Reimschema: a b b a; in der frz. Dichtung v. a. als Form des ↑Epigramms und der ↑Gnome gebraucht, in dieser Funktion bes. im 17. Jh. auch in der dt. Dichtung, u. a. bei M. Opitz, Ph. von Zesen und F. von Logau.

**quatre fils Aymon, Les** [frz. lekatrəfisɛ'mõ] ↑Haimonskinder.

**Queffélec,** Henri [frz. kɛfe'lɛk], * Brest 29. Jan. 1910, † Paris 13. Jan. 1992, frz. Schriftsteller. – Seine Romane, deren Schauplatz vorwiegend die Bretagne ist, stellen v. a. christl. Leben in einer glaubenslosen Gesellschaft dar. Qu. erhielt für sein Gesamtwerk 1975 den Grand prix de littérature der Académie française.

**Werke:** Gott braucht die Menschen (R., 1945, dt. 1951), Unter leerem Himmel (R., 1948, dt. 1953), Antonius in der Wüste (Ged., 1950, dt. 1954), Und sah, daß es gut war (R., 1953, dt. 1955), Un royaume sous la mer (R., 1957), Männer im Nebel (R., 1960, dt. 1963), Die Fischer von Fécamp (R., 1963, dt. 1965), La faute de Monseigneur (R., 1969), Le phare (R., 1975), La lumière enchaînée (R., 1976), Ce sont voiliers que le vent emporte (autobiograph. R., 1984), La boudeuse ou Le tour du monde de Bougainville (R., 1986), Et les enfants joueront jusqu'à la nuit (R., 1987), Mon beau navire, ô ma mémoire (Erinnerungen, hg. 1992).

**Literatur:** SMITH, W. B.: Le catholicisme dans l'œuvre d' H. Qu. Diss. Lille 1978. – LA PRAIRIE, Y.: H. Qu. Un portrait. Grenoble 1994.

**Queirós,** Francisco Teixeira de, portugies. Schriftsteller, ↑Teixeira de Queirós, Francisco.

**Queirós,** José Maria Eça de, portugies. Schriftsteller, ↑Eça de Queirós, José Maria.

**Queirós,** Raquel de [brasilian. kei̯'rɔs], * Fortaleza (Ceará) 17. Nov. 1910, brasilian. Schriftstellerin. – Gehört neben J. Lins do Rêgo Cavalcanti und G. Ramos zu den wichtigsten Vertretern der sozialkrit. Literatur des brasilian. Nordostens, die mit Qu.' Roman ›Das Jahr 15‹ (1930, dt. 1978) einen ersten Höhepunkt erlebte. Schrieb auch Theaterstücke (›Lampião‹, 1954; ›A beata Maria do Egito‹, 1958). 1977 wurde sie als erste Frau in die Academia Brasileira de Letras aufgenommen.

**Weitere Werke:** João Miguel (R., 1932), Caminho de pedras (R., 1937), As trés Marias (R., 1939), O caçador de tatu (Berichte, 1967), As meninhas e outras crônicas (Berichte, 1976).

**Literatur:** BRUNO, H.: R. de Qu. Rio de Janeiro 1977.

**Quelle,** in der Literaturwissenschaft allgemein die stoffl. Basis eines literar. Werkes, aus der ein Autor die Kenntnis eines bestimmten Geschehnisablaufs, von Figuren- und Motivkonstellationen schöpft, die er dann meist nach eigenen Vorstellungen verwertet. Man unterscheidet schriftl. Vorlagen, z. B. ältere literar. Bearbeitungen desselben Stoffes, histor. oder biograph. Schriften und mündl. Überlieferungen, u. a. Sagen-, Märchen-, Liedtraditionen, volkstüml. Erzählgut, eigene Erlebnisse. Auch bildl. Vorlagen können Anregungen geben. Die Qu. kann angegeben (z. B. die Qu.nberufungen in mhd. Epen) oder auch nur fingiert sein, um ein Werk durch eine Autorität abzusichern (Qu.nfiktion), oder als historisierendes Stilmittel aufgegriffen werden (↑chronikale Erzählung, ↑Rahmenerzählung).

**Quellenkritik,** Sichtung und Auswertung von schriftl. ↑Quellen nach der historisch-philolog. Methode. Man unterteilt die Qu. in eine Kritik des Quellentextes (Quellenedition) und in eine Kritik der Quellenaussage, die einmal zu fragen hat, wieviel der Verfasser von der wahren Begebenheit berichten konnte, zum anderen, wieviel er berichten wollte, wobei durch Hinzuziehen weiterer, möglichst erzählender und dokumentar. Quellen die Intention des Schreibers zu erkunden und sein polit. oder ideolog. Standpunkt zu berücksichtigen sind. – ↑auch Textkritik.

**Queneau,** Raymond [frz. kə'no], * Le Havre 21. Febr. 1903, † Paris 25. Okt. 1976, frz. Schriftsteller. – 1920–25 Studium der Philosophie in Paris; 1938 Lek-

Raymond Queneau

tor, 1941 Generalsekretär des Verlags Gallimard; 1951 Mitglied der Académie Goncourt. War 1924–29 Anhänger des Surrealismus. Qu. nahm die Sprache als zentralen Gegenstand seiner Dichtung und suchte sie in spieler. Versuchen zu erneuern. Ein Beispiel dafür sind seine ›Stilübungen‹ (1947, dt. 1961), 99 Versionen einer alltägl. Begebenheit. Auch sein übriges Werk (Gedichte, Romane, Novellen, Essays, Filmdialoge und Drehbücher) ist weitgehend beherrscht vom literar. Wort- und Doppelspiel, von humorvoller oder ironisch-grotesker Überspielung der existentiellen Sinnlosigkeit und Leere. Charakteristisch ist die Verwendung des Vokabulars und der Syntax von Argot und Umgangssprache einerseits, von gelehrten und seltenen Wörtern andererseits.

**Weitere Werke:** Der Hundszahn (R., 1933, dt. 1972), Die kleinen Geschäfte des Monsieur Brabant (R., 1936, dt. 1977), Odile (R., 1937, dt. 1973), Ein Winter in Le Havre (R., 1939, dt. 1975), Mein Freund Pierrot (R., 1942, dt. 1950), Die Haut der Träume. Fern von Rueil (R., 1944, dt. 1964), Heiliger Bimbam (R., 1948, dt. 1965), Taschenkosmogonie (Ged., 1950, dt. 1963), Sonntag des Lebens (R., 1952, dt. 1968), Zazie in der Metro (R., 1959, dt. 1960), Hunderttausend Milliarden Gedichte (1961, dt. 1984), Sally Maras gesammelte Werke (R., 1962, dt. 2 Bde., 1963/64), Die blauen Blumen (R., 1965, dt. 1966), Eine Modellgeschichte (Essay, 1966, dt. 1970), Der Flug des Ikarus (R., 1968, dt. 1969), Morale élémentaire (Texte, 1975), Contes et propos (En., Theater, Kurztexte, hg. 1981), Journal 1939–1940 (Tageb., hg. 1986).

**Literatur:** Kemmner, E.: Sprachspiel und Stiltechnik in R. Qu.s Romanen. Tüb. 1972. – R. Qu. Cahiers de l'Herne. Hg. v. A. I. Bergens. Paris 1975 (mit Bibliogr.). – R. Qu. Hg. v. M. Edwards. Portrée 1978. – Langenbacher, J.: Das ›néo-français‹, Sprachkonzeption und krit. Auseinandersetzung Qu.s mit dem Französischen der Gegenwart. Ffm. u. Bern 1981. – Qu. aujourd'hui. Actes du Colloque R. Qu. Université de Limoges, mars 1984. Hg. v. M.-L. Billot u. M. Bruimaud. Paris 1985. – R. Qu. poète. Actes du 2e colloque international R. Qu. Verviers 30, 31 août – 1er septembre 1984. Verviers 1985. – Shorley, C.: Qu.'s fiction. An introductory study. Cambridge 1985. – Ley, K.: R. Qu. In: Frz. Lit. des 20. Jh. Gestalten und Tendenzen. Hg. v. W.-D. Lange. Bonn 1986. S. 273.

**Quental,** Antero Tarquínio de [portugies. ken'tal], * Ponta Delgada (Azoren) 18. April 1842, † ebd. 11. Sept. 1891, portugies. Schriftsteller. – Beeinflußt von G. W. F. Hegel, P. J. Proudhon, A. Comte. Begann in der Heine-Nachfolge mit antiromant. Lyrik; gehört mit seinen späteren formschönen philosoph., polit. und sozialkrit. Gedichten und mit seinen Stellungnahmen zu polit. und sozialen Fragen der Zeit zu den großen Dichterpersönlichkeiten des 19. Jahrhunderts in Portugal.

**Werke:** Primaveras românticas (Ged., 1872), Sonetos completos (Ged., 1886, dt. Ausw. 1887 u. d. T. Ausgewählte Sonette).

**Ausgaben:** A. T. de Qu. Prosas. Hg. v. C. Martins. Coimbra 1923–31. 3 Bde. – A. T. de Qu. Prosas sócio-políticas. Hg. v. J. Serrão. Lissabon 1982. – Antologia poética de A. de Qu. Angra do Heroïsmo 1983. – A. T. de Qu. Sonetos. Hg. v. A. Sérgio. Lissabon 71984.

**Literatur:** Cidade, H.: A. de Qu. A obra e o homem. Lissabon 31980. – Carreiro, J. B.: A. de Qu. Ponta Delgada 21981. 2 Bde. – Lopes, O.: A. de Qu. Vida e legado de uma utopia. Lissabon 1983.

**Querelle des anciens et des modernes** [frz. kərɛldezãsjɛ̃edemɔ'dɛrn], literar. Auseinandersetzung in Frankreich Ende des 17. Jh., bei der sich die Verfechter der ›Unübertrefflichkeit‹ der antiken Autoren und die Verteidiger der ›Überlegenheit‹ der modernen, d. h. bes. der zeitgenöss. Dichtung des 17. Jh. gegenüberstanden. Vorbereitend gewirkt hatten u. a. J. Desmarets de Saint-Sorlin und Ch. de Saint-Évremond. Den Ausbruch des eigentl. Streites bewirkte Ch. Perrault, der in der Sitzung der Académie française vom 27. Jan. 1687 mit seinem ›Poème sur le siècle de Louis le grand‹ die Überlegenheit der modernen Dichtung hervorhob. Während sich ihm B. de

Fontenelle anschloß, traten als Verteidiger der Antike N. Boileau-Despréaux, J. de La Fontaine, J. de La Bruyère, J. Racine u.a. auf. Der Streit lebte zu Beginn des 18. Jh. erneut auf zwischen A. Dacier und A. Houdar de La Motte. Die Entwicklung des Bewußtseins von der histor. Relativität ästhet. Normen war das eigentl. Resultat der Auseinandersetzung.

**Literatur:** RIGAULT, H.: Histoire de la Qu. d. A. et d. M. Paris 1856. – JAUSS, H. R.: Ästhet. Normen u. geschichtl. Reflexion in der ›Qu. d. A. et d. M.‹. Einl. zum Neudr. v. Ch. Perraults ›Parallèle des anciens et des modernes ...‹. Mchn. 1964. – KAPITZA, P. K.: Ein bürgerl. Krieg in der gelehrten Welt. Zur Gesch. der Qu. d. A. et d. M. in Deutschland. Erlangen u. Nbg. 1980.

**Querido,** Israel [niederl. 'kwe:rido], * Amsterdam 1. Okt. 1872, † ebd. 5. Aug. 1932, niederl. Schriftsteller und Kritiker. – Aus sephard. Familie; Diamantenschleifer, Geigenvirtuose, Journalist; bildete sich autodidaktisch, war tonangebend in der Literatur- und Musikkritik; schrieb neben Gedichten v.a. Romane und Essays. Ohne selbst Naturalist zu sein, schulte sich Qu. an É. Zola.

**Werke:** Levensgang (R., 1901), Menschenwee (R., 2 Bde., 1903), Over literatuur (Essay, 1904), De Jordaan (R.-Zyklus, 4 Bde., 1912–25).

**Questione della lingua** [italien. ku̯es'ti̯o:ne 'della 'liŋgu̯a], theoret. Auseinandersetzung um den literar. Gebrauch der roman. Volkssprachen im Gegensatz zum Lateinischen, die bes. im Zeitalter der Renaissance geführt wurde. Die Qu. della l. begann in Italien mit Dantes Traktat ›De vulgari eloquentia‹ (entst. um 1304, gedr. 1529, dt. 1845 u.d.T. ›Über die Volkssprache‹), in dem u.a. das durch zeitlose Kunst (›ars‹) geprägte Latein dem durch historisch bedingten Gebrauch (›usus‹) geformten Italienisch gegenübergestellt und ein dem Latein ebenbürtiges Toskanisch als neue Literatursprache vorgestellt wurde. Im 15. Jh. überwog die Höherbewertung des Lateins (L. Valla, ›Elegantiarum latinae linguae libri sex‹, hg. 1471), doch fand auch die Volkssprache Verteidiger, u.a. in L. B. Alberti. Der volkssprachl. Humanismus P. Bembos und S. Speronis (›Dialogo delle lingue‹, 1542) verhalf der italien. Volkssprache zum Durchbruch. In Spanien forderte Elio Antonio de Nebrija (* 1441, † 1522) eine Relatinisierung des Kastilischen, dagegen suchte J. de Valdés (›Diálogo de la lengua‹, entst. 1535, hg. 1737) dem Kastilischen eine literar. Norm zu geben. In Frankreich verfaßte J. Du Bellay († Pléiade) seine ›Défense et illustration de la langue française‹ (1549).

**Literatur:** GRAYSON, C.: A Renaissance controversy. Latin or Italian? Oxford 1960. – VITALE, M.: La qu. della l. Neuausg. Palermo 1978. – DRAGO RIVERA, F.: De vulgari eloquentia. La qu. della l. da Dante a domani. Mailand 1980. – TRAVI, E.: Lingua e vita nel primo Cinquecento. Mailand 1984.

**Quevedo y Villegas,** Francisco Gómez de [span. ke'βeðo i βi'ʎeɣas], ≈ Madrid 26. Sept. 1580, † Villanueva de los Infantes 8. Sept. 1645, span. Dichter. – Adliger Herkunft, Erziehung durch Jesuiten, außerordentlich umfangreiche Bildung; reiste 1613 als Vertrauter des Herzogs von Osuna nach Italien und wurde in eine Verschwörung verwickelt; 1632 königl. Sekretär, wegen Intrigen des Grafen von Olivares 1639–43 im Gefängnis; zuletzt rehabilitiert. Einer der großen Autoren des Siglo de oro; Hauptvertreter des Conceptismo. Sein vielseitiges Werk umfaßt neben Gedanken- und Liebeslyrik sowie satir. Gedichten religiösasket. Bücher (u.a. ›La vida de Santo Tómas de Villanueva‹, 1620), polit. (u.a. ›Política de Dios, gobierno de Cristo y tiranía de Satanás‹, 2 Tle., 1626–55), literarkrit. (gegen die Gongoristen, u.a. ›La culta latiniparla‹, 1629), satir., wie die berühmten ›Sueños‹ (1627, dt. 1919 u.d.T. ›Quevedos wunderl. Träume‹; Vorbild für J. M. Moscherosch) und pikareske Prosa, v.a. den Schelmenroman ›Der abenteuerl. Buscon‹ (1626, dt. 1963, 1665 u.d.T. ›Der Nachtläuffer‹), ein Meisterwerk der Gattung.

**Ausgaben:** F. G. de Qu. y V. Obras completas. Hg. v. F. BUENDÍA. Madrid [4-5]1960–61. 2 Bde. – F. de Qu. Obra poética. Hg. v. J. M. BLECUA. Madrid 1969–71. 3 Bde. – F. de Qu. Gedichte. Span. u. dt. Übers. Stg. 1982.

**Literatur:** GÓMEZ DE LA SERNA, R.: Qu. Buenos Aires 1953. – NOLTING-HAUFF, I.: Vision, Satire u. Pointe in Qu.s ›Sueños‹. Mchn. 1968. – Guía bibliográfica para el estudio crítico de Qu. Hg. v. J. O. CROSBY. London 1976. – LIDA, R.: Prosas de Qu. Barcelona 1981. – WALTERS, D. G.: F. de Qu., love poet. Cardiff 1985.

**Quiller-Couch,** Sir (seit 1910) Arthur Thomas [engl. 'kwılə'ku:tʃ], Pseudonym

Q, * Bodmin (Cornwall) 21. Nov. 1863, † Fowey (Cornwall) 12. Mai 1944, engl. Schriftsteller. – Studierte und lehrte klass. Philologie in Oxford, war ab 1887 Journalist in London, ab 1912 Prof. für engl. Literatur in Cambridge. Bekannt wurde er durch spannende Abenteuerromane und Erzählungen, z. T. in der Tradition R. L. Stevensons. Als brillanter Kritiker und Interpret gab er der Literaturwissenschaft originelle Impulse. Hg. von Standardanthologien engl. Literatur, u. a. des ›Oxford book of English verse‹ (1900).

**Werke:** Dead man's rock (R., 1887), Troy town (R., 1888), The splendid spur (R., 1889), The ship of stars (R., 1899), The mayor of Troy (R., 1906), Shakespeare's workmanship (1918), Studies in literature (3 Bde., 1918–29), Charles Dickens and other Victorians (1925).

**Ausgabe:** A. Qu.-C. Tales and romances. London 1928. 30 Bde.

**Literatur:** Brittain, F.: A. Qu.-C. A bibliographical study. Cambridge 1947.

**Quinault,** Philippe [frz. ki'no], * Paris 3. Juni 1635, † ebd. 26. Nov. 1688, frz. Dramatiker. – Schrieb Komödien (›Gefallsüchtige Mutter‹, 1665, dt. 1670), Tragikomödien und Tragödien (›Astrate, roi de Tyr‹, 1665) mit verwickelter Handlung, gefühlvollen Charakteren und verfeinerter Sprache; gilt als Vorläufer von J. Racine; verfaßte ab 1671 nur noch Opernlibretti für J.-B. Lully (u. a. ›Alceste‹, 1674, dt. 1680; ›Proserpine‹, 1680; ›Armide‹, 1686, dt. 1881). 1670 Mitglied der Académie française.

**Literatur:** Gros, E.: Ph. Qu. Paris 1926. Nachdr. Genf 1970.

**Quincey,** Thomas De, engl. Schriftsteller, ↑ De Quincey, Thomas.

**Quinctius Atta,** Titus, † 77 v. Chr., röm. Komödiendichter. – Letzter Vertreter der Fabula togata. Von seinen Stükken ist außer etwa 20 Versen und zwölf Titeln nichts erhalten.

**Quindt,** William, * Hildesheim 22. Okt. 1898, † Marquartstein (Kreis Traunstein) 29. Dez. 1969, dt. Schriftsteller. – Q. war Pressechef bei zwei Zirkusunternehmen; verarbeitete die auf seinen Reisen gemachten Beobachtungen in spannenden Tiererzählungen und Romanen.

**Werke:** Der Tiger Akbar (R., 1933), Peters Dschungelferien (E., 1934), Die Pantherbraut (R., 1937), Die Straße der Elephanten (R., 1939), Bambino (R., 1940), Der weiße Wolf (E., 1941), Die fremden Brüder (E., 1943), Mörderin Rosa (E., 1946), Götter und Gaukler (R., 1954), Der schwarze Jaguar (R., 1958), Gerechtigkeit (R., 1958).

**Quinet,** Edgar [frz. ki'nɛ], * Bourg-en-Bresse 17. Febr. 1803, † Paris 27. März 1875, frz. Schriftsteller, Historiker und Philosoph. – Prof. am Collège de France; radikaler Republikaner. Unter Napoleon III. Exil in Belgien und in der Schweiz; ab 1871 Abgeordneter der Nationalversammlung. Beeinflußt von J. G. Herder und J. Michelet; schrieb neben Reiseberichten und wiss. Werken v. a. romantisch-pathet. und symbolist. Gedichte, z. T. mit philosoph. Gehalt (›Ahasverus‹, 1833, dt. 1834).

**Weitere Werke:** Prométhée (Ged., 1838, dt. Ausw. 1862), Merlin l'enchanteur (Ged., 1860), L'esprit nouveau (Schr., 1874).

**Literatur:** Vabre Pradal, G.: La dimension historique de l'homme ou Le mythe du Juif errant dans la pensée de E. Qu. Paris 1961. – Qu., ce juif errant. Colloque 1975. Hg. v. S. Bernard-Griffiths u. P. Viallaneix. Clermont-Ferrand 1978.

**Quintana,** Manuel José [span. kin'tana], * Madrid 11. April 1772, † ebd. 11. März 1857, span. Dichter. – War nach der frz. Invasion 1808 aktiv auf seiten der patriot. Partei; unter Ferdinand VII. wegen seiner liberalen Haltung 1814–20 in Haft; 1855 von Königin Isabella II. zum Dichter gekrönt. Besingt in seinen klassizist. Gedichten Freiheit und Fortschritt im Sinne des Jh.; als Dramatiker unter dem Einfluß V. Alfieris.

**Werke:** Poesías (Ged., 1788), Al combate de Trafalgar (Ode, 1805), Pelayo (Trag., 1805), Lebensbeschreibungen berühmter Spanier (3 Bde., 1807–33, dt. 1857), Poesías patrióticas (Ged., 1808).

**Ausgabe:** M. J. Qu. Poesías completas. Hg. v. A. Dérozier. Madrid 1969.

**Literatur:** Vila Selma, J.: Ideario de M. J. Qu. Madrid 1961. – Dérozier, A.: M. J. Qu. y el nacimiento del liberalismo en España. Madrid 1978.

**Quintero,** Joaquín Álvarez, span. Dramatiker, ↑ Álvarez Quintero, Serafín.

**Quintero,** Serafín Álvarez, span. Dramatiker, ↑ Álvarez Quintero, Serafín.

**Quintilian** (Marcus Fabius Quintilianus), * Calagurris Iulia (heute Calahorra) um 35, † Rom um 100, röm. Lehrer der

Beredsamkeit. – Erziehung in Rom, Unterrichtstätigkeit in Spanien, ab 68 wieder in Rom, wo er unter Vespasian eine staatlich besoldete Lehrstelle erhielt; in den letzten Lebensjahren Erzieher der beiden Adoptivsöhne Domitians. Sein Hauptwerk, die ›Institutio oratoria‹ (= Rhetor. Unterweisung, 12 Bücher), ist die ausführlichste erhaltene Darstellung der antiken Theorie der Redekunst; es diente vom 16. bis zum 18. Jh. als Grundlage des Rhetorikunterrichts. Qu. ist der wichtigste Repräsentant des röm. Klassizismus; er forderte mit Erfolg die Abkehr vom ›modernen‹ Stil der neron. Zeit und die Rückwendung zum ›Klassiker‹ Cicero. Nicht erhalten sind die Prozeßreden und eine Monographie ›De causis corruptae eloquentiae‹ (= Die Ursachen des Verfalls der Redekunst); unecht sind zwei Sammlungen von Deklamationen.

**Ausgabe:** M. Fabii Quintiliani institutionis oratoriae libri XII. Lat. u. dt. Hg. u. Übers. v. H. Rahn. Darmst. 1972–75. 2 Bde.

**Literatur:** Kennedy, G. A.: Qu. New York 1969. – Seel, O.: Qu. oder die Kunst des Redens u. Schweigens. Stg. 1977.

**Quintus Smyrnaeus** (tl.: Kóïntos ho Smyrnaîos), griech. Epiker wahrscheinlich des 4. Jh. n. Chr. – Außer seiner Herkunft aus Smyrna ist über sein Leben nichts bekannt; schrieb das Epos ›Tà meth' Hómēron‹ (= Fortsetzung Homers; auch: ›Posthomerica‹), dessen 14 Bücher erhalten sind und das, an die Ereignisse der ›Ilias‹ anknüpfend, das in den Trojasagen des ↑epischen Zyklus aufgezeichnete Geschehen erzählt. Sprachlich und bildlich oft Nachahmung seiner Vorbilder.

**Ausgabe:** Qu. de Smyrne. La suite d'Homère. Griech. u. frz. Hg. v. F. Vian. Paris 1963–69. 3 Bde.

**Quiroga,** Horacio [span. ki'roɣa], * Salto 31. Dez. 1878, † Buenos Aires 19. Febr. 1937, uruguay. Schriftsteller. – Schrieb Gedichte im Stil des Symbolismus, ferner Romane (›Pasado amor‹, 1929) und meisterhafte Novellen, in denen oft die Urwälder Argentiniens Schauplatz sind (›Cuentos de amor, de locura y de muerte‹, 1917, dt. Ausw. 1986 u. d. T. ›Geschichten von Liebe, Irrsinn und Tod‹); Interesse an der Gestaltung psych. Grenzphänomene (›Más allá‹, En., 1935).

**Weitere Werke:** Der Papagei mit der Glatze. Geschichten aus Südamerika (1918, dt. 1989), Der Aufruhr der Schlangen (En., 1921, dt. 1958), Auswanderer (En., 1926, dt. 1931), Weißer Herzstillstand (En., dt. Ausw. 1995).

**Ausgaben:** H. Qu. Cuentos. Montevideo 1937–45. 13 Bde. – H. Qu. Obras inéditas y desconocidas. Hg. v. A. Rama. Montevideo 1967–73. 8 Bde.

**Literatur:** Rodríguez Monegal, E.: El desterrado. Vida y obra de H. Qu. Buenos Aires 1968. – Aproximaciones a H. Qu. Hg. v. A. Flores. Caracas 1976.

**Quis,** Ladislav [tschech. kvis], * Čáslav 7. Febr. 1846, † Černošice (Mittelböhm. Gebiet) 1. Sept. 1913, tschech. Schriftsteller. – Rechtsanwalt und Redakteur; verfaßte in geschliffener Verssprache Balladen und Epen (›Ballady‹, 1883; ›Písničky‹ [= Lieder], 1887; ›Epigramy‹, 1897), schuf in seinem bekannten Roman ›Hloupý Honza‹ (1880) die Figur des tschech. ›dummen Hans‹; Übersetzungen aus dem Deutschen (Goethe, Schiller) und aus dem Russischen (A. W. Kolzow).

**Quita,** Domingos dos Reis [portugies. 'kitɐ], * Lissabon 6. Jan. 1728, † ebd. 26. Aug. 1770, portugies. Dichter. – Perückenmacher, später Bibliothekar. Wichtiger Vertreter der bukol. Dichtung in Portugal. Schrieb neben Idyllen und Eklogen auch Versdramen, von denen das klassizist. Stück über Inês de Castro, ›A Castro‹ (1766), am bekanntesten wurde.

**Qumrantexte** ↑Kumrantexte.

**Quoirez,** Françoise [frz. kwa'rɛ:z], frz. Schriftstellerin, ↑Sagan, Françoise.

**Qu You,** chin. Dichter, ↑Ch'ü Yu.

**Qu Yuan,** chin. Dichter, ↑Ch'ü Yüan.

# R

**Raabe,** Wilhelm, Pseudonym Jakob Corvinus, * Eschershausen 8. Sept. 1831, † Braunschweig 15. Nov. 1910, dt. Schriftsteller. – Nach Schulabschluß dreijährige Lehre als Buchhändler in Magdeburg. Besuch philosoph. und histor. Vorlesungen in Berlin, wo er auch zu schreiben begann. Anfänglich mehr der bildenden Kunst zugewandt (in Braunschweig erhielt er Privatunterricht), behielt er das Zeichnen auch später noch neben dem Schreiben bei. Was ihn als Schriftsteller charakterisiert, findet sich gleichfalls in seinen Zeichnungen: treffsichere, plast. Darstellung der Wirklichkeit, in der Platz bleibt für Traum, Groteske, Imagination und Sehnsucht, gemäß seiner Maxime, die ›Gasse‹ beim ›Blick auf die Sterne‹ nicht aus den Augen zu verlieren. Der lange Zeit als idyllisch-gemütvoller Poet rezipierte R. zählt neben Fontane zu den bed. Vertretern des dt. Realismus und zu den Vorläufern der Moderne. Neben Gegenwartsromanen mit realist. Darstellung der Gesellschaft stehen histor. Werke und novellist. Romane. Gegen Ende seines Schaffens verläßt R. die traditionelle Erzählhaltung und eröffnet neue Erzählperspektiven. Im Spätwerk zeigt sich die Tendenz zu humorvoller Verklärung der Resignation und zu humanist. Kritik. In der Nachfolge Jean Pauls ist seine Bildungskritik unter dem Einfluß von L. Sterne, Ch. Dickens, W. M. Thackeray, G. W. F. Hegel, J. Böhme und A. Schopenhauer zu sehen. R. selbst sah sich als Erbe des Jungen Deutschland und der fortschrittl. Philosophie des 19. Jh. (L. Feuerbach). Einfacher, sachl. Bericht, humorist. Steigerung, lyrisch-gebrochene Stimmung charakterisieren die Sprachschichten. Verschlüsselung und Anspielungen bestimmen die Bedeutung von Zitat und Relativierung. Symbolik und Bildlichkeit bleiben realistisch. Erinnernder Ich-Erzähler und persönl. Er-Erzähler beeinflussen sowohl Erzählhaltung als auch Zeit- und Raumgestaltung. Die realist. Groteske entsteht durch Sprachkomik, Ironie und Satire. Kom. Verfremdung kritisiert Spießertum, Bildungsphilister, Adel und Kleinstaaterei. Seine Sympathie galt den von der Gesellschaft unterdrückten und deformierten Charakteren in abseitigen Situationen. Weitschweifende Darstellungsweise und persönl. Reflexionen kennzeichnen die Ambivalenz von lebensechter Darstellung des Alltags und bürgerlich-idealist. Bewußtsein. Als Kultur- und Gesellschaftskritiker lehnte er es ab, den Humoristen zugerechnet und damit mißdeutet zu werden.

**Werke:** Die Chronik der Sperlingsgasse (R., 1857), Ein Frühling (R., 1858), Die Kinder von Finkenrode (R., 1859), Unseres Herrgotts Canzlei (E., 2 Bde., 1862), Die Leute aus dem Walde (R., 3 Bde., 1863), Der Hungerpastor (R., 3 Bde., 1864), Die schwarze Galeere (In: Ferne Stimmen, En., 1865), Drei Federn (E., 1865), Abu Telfan oder die Heimkehr vom Mondgebirge (R., 3 Bde., 1868), Der Regenbogen (En., 2 Bde., 1869), Der Schüdderump (R., 3 Bde., 1870), Der Dräumling (E., 1872), Meister Autor (E., 1874), Horacker (Nov., 1876), Krähenfelder Geschich-

Wilhelm Raabe

ten (En., 2 Bde., 1879), Alte Nester (R., 1880), Das Horn von Wanza (E., 1881), Prinzessin Fisch (E., 1883), Pfisters Mühle (R., 1884), Zum wilden Mann (E., 1885), Unruhige Gäste (R., 1886), Das Odfeld (E., 1889), Stopfkuchen (R., 1891), Die Akten des Vogelsangs (R., 1896), Hastenbeck (E., 1899), Altershausen (R.-Fragment, hg. 1911).

**Ausgaben:** W. R. Sämtl. Werke. Histor.-krit. Ausg. Hg. v. J. SCHILLEMEIT. Gött. [1-2]1957–83. 20 Bde., 4 Erg.-Bde. – W. R. Ausgew. Werke. Hg. v. P. GOLDHAMMER u. H. RICHTER. Bln. u. Weimar 1964–66. 6 Bde. – W. R. Werke in 5 Bden. Ausw. v. A. KLINGENBERG. Bln. u. Weimar 1972. – W. R. Ges. Werke. Hg. v. P. BRAMBÖCK u. H. A. NEUNZIG. Mchn. 1980. 2 Bde. – W. R. Ges. Werke in 5 Einzel-Bden. Hg. v. K. HOPPE. Mchn. 1981. – W. R. Werke in Ausw. Studienausg. Hg. v. H.-W. PETER. Brsw. 1981. 9 Bde. – W. R. Ges. Werke. Hg. v. H. A. NEUNZIG u. P. BRAMBÖCK. Mchn. 1987.

**Literatur:** HELMERS, H.: W. R. Stg. [2]1978. – DAEMMRICH, H. S.: W. R. Boston (Mass.) 1981. – HOFFMEISTER, K.: W. R.s Leben u. Schaffen in biograph. Skizzen. Brsw. 1981. – W. R. Studien zu seinem Leben u. Werk. Hg. v. L. A. LENSING u. H.-W. PETER. Brsw. 1981. – W. R. u. Wolfenbüttel. Bearb. v. D. MATTHES. Ausst.-Kat. Mchn. 1981. – KLEIN, A.: Versuch einer Interpretation von W. R.s Werk. Brsw. 1983. – PETER, H.-W.: W. R. Der Dichter in seinen Federzeichnungen u. Skizzen. Rosenheim 1983. – OPPERMANN, H.: W. R. Rbk. 25.–27. Tsd. 1988 – FULD, W.: W. R. Eine Biogr. Mchn. 1993. – VORMWEG, U.: W. R. Die histor. Romane u. Erzählungen. Paderborn 1993.

**Rabanus Maurus,** Theologe und Erzbischof von Mainz, ↑ Hrabanus Maurus.

**rabbinische Literatur,** die Literatur des rabbin. oder talmud. (↑ Talmud) Judentums aus der Zeit um Christi Geburt bis zum 7. Jh. n. Chr. Die r. L. ist Traditionsliteratur, d. h., sie wurde lange Zeit von Lehrer zu Schüler mündlich tradiert und meist erst später aufgezeichnet; der Zeitpunkt der schriftl. Fixierung besagt somit wenig über das Alter der jeweiligen Tradition. Inhaltlich ist die r. L. v. a. auf die hebr. Bibel bezogene, den jeweils veränderten Zeitumständen angepaßte Deutung und Entfaltung der in der Bibel niedergelegten Offenbarung. Die erste für das Judentum verbindl. und bald auch schriftlich fixierte Sammlung des Traditionsstoffes wurde die ↑ Mischna von Rabbi Jehuda Ha-Nasi. Auch die in der Mischna gesammelten Auslegungen und Bestimmungen bedurften später der Interpretation, die ihren Niederschlag im Talmud fand. Ein weiterer Zweig der Traditionsbildung ist der ↑ Midrasch, der sich in den Formen des Auslegungsmidraschs (Vers-für-Vers-Kommentar der bibl. Bücher) und des Homilienmidraschs (predigtartige Vorträge, denen die Sabbat- oder Festperikopen zugrunde liegen) entwickelte. Eigene literar. Gattungen sind auch die Targumim (aramäische Übersetzungen der Bibel, ↑ Targum) und die Gebete.

**Literatur:** BOWKER, J.: The Targums and Rabbinic literature. London 1969. – STRACK, H. L./STEMBERGER, G.: Einl. in Talmud u. Midrasch. Mchn. [7]1982.

**Rabbula von Edessa** (Rabbulas), * Kenneschrin in der Mitte des 4. Jh., † Edessa 436, syr. Kirchenschriftsteller. – Zunächst Staatsbeamter, nach seiner Bekehrung um 400 Mönch, 412 Bischof von Edessa. Er arbeitete an der inneren Festigung der Gemeinde und an der Ausrichtung der Kirche auf einen asket. Stil. Unversöhnlich im Kampf gegen Theodor von Mopsuestia sowie die ihm anhängenden Lehrer der Schule der Perser. Die ihm früher zugeschriebene ↑ ›Peschitta‹ ist wahrscheinlich erst in ihrer standardisierten Form auf ihn zurückzuführen.

**Literatur:** BLUM, G. G.: R. v. E. Der Christ, der Bischof, der Theologe. In: CSCO Bd. 300. Löwen 1969.

**Rabe,** David [engl. rɛɪb], * Dubuque (Iowa) 10. März 1940, amerikan. Dramatiker. – Studierte u. a. an der Villanova University (Pa.); Militärdienst und Einsatz im Vietnamkrieg (1965–67). R.s Ruf als Dramatiker beruht auf seiner Vietnam-Trilogie (›Knüppel und Knochen‹, UA 1969, dt. 1972; ›The basic training of Pavlo Hummel‹, 1973; ›Die schreienden Adler‹, UA 1976, dt. 1977), in der er in brutalen Szenen und mit drastischer Sprache die Auswirkungen des Kriegs auf das Individuum, seine Familie und die amerikanische Wirklichkeit darstellt. ›Hurlyburly‹ (Dr., 1985) behandelt das Thema der Homosexualität.

**Weitere Werke:** Nor the bones of birds (Dr., 1970, 1975 u. d. T. The orphan), In the boom boom room (Dr., 1975), Burning (Dr., UA 1974), Recital of the dog (R., 1993).

**Literatur:** KOLIN, P. C.: D. R. A stage history and a primary and secondary bibliography. New York 1988.

**Rabelais,** François [frz. ra'blɛ], * La Devinière bei Chinon (Indre-et-Loire) um 1494 (1483?, 1490?), † Paris 9. April 1553, frz. Dichter. – Sohn eines wohlhabenden Advokaten; war Franziskaner im Kloster Fontenay-le-Comte (Poitou), begeisterte sich dort für das Studium des Griechischen und korrespondierte u. a. mit dem Humanisten Budaeus (* 1468, † 1540); geriet deshalb in Konflikt mit seinem Orden und trat 1524 mit päpstl. Genehmigung zu den Benediktinern über; 1527 wurde er Weltgeistlicher; studierte 1530 Medizin in Montpellier und wurde 1532 Arzt in Lyon, hier beginnt seine rege schriftsteller. Tätigkeit: Er gab u. a. antike medizin. Schriften heraus, korrespondierte mit Erasmus von Rotterdam und war eng mit dem Lyoner Humanistenkreis (É. Dolet u. a.) verbunden. Ende 1534 begleitete er seinen Gönner, den Kardinal Jean Du Bellay (* 1492, † 1560), nach Rom; 1537 erhielt er in Montpellier den medizin. Doktorgrad; 1540–43 weilte er als Sekretär und Leibarzt des Gouverneurs von Piemont, Guillaume Du Bellay (* 1491, † 1543), in Turin; 1547 Stadtarzt von Metz; nach einem weiteren Romaufenthalt wurde er 1551 Kanonikus von Meudon und erhielt eine weitere Pfarrstelle als Pfründe.

François Rabelais

R.' Ruhm beruht auf seinem fünfbändigen Romanzyklus von den Riesen Gargantua und Pantagruel. Die Gestalt des Gargantua und seine Abenteuer waren seit dem 15. Jh. in der frz. Volkssage verbreitet, 1532 war in Lyon ein Volksbuch der Abenteuer Gargantuas erschienen. Wenig später veröffentlichte R. sein Werk ›Les horribles et espoventables faictz et prouesses du très renommé Pantagruel, roy des Dipsodes, filz du grant géant Gargantua‹ (1532) unter dem anagrammat. Pseudonym Alcofribas Nasier. Es wurde, wie auch die beiden folgenden Bücher, von der Sorbonne verboten. Unter Beibehaltung des Phantastischen und Märchenhaften gestaltet R. mit der Geschichte des Riesen Pantagruel, seiner Geburt, Erziehung und Kriegstaten, eine allumfassende Zeitsatire, in die er mit übersprudelndem Humor und Witz das gesamte Gedankengut der frz. Frührenaissance einfließen läßt. Im 2. Buch (›La vie inestimable du grand Gargantua, père de Pantagruel‹, 1534; dem zeitl. Ablauf der Handlung nach das 1. Buch), das dem 1. Buch im Aufbau ähnlich ist, nimmt die Beschreibung der humanist. Erziehung, die der Riese Grandgosier seinem Sohn Gargantua angedeihen läßt, den Hauptteil ein; es enthält zugleich eine Verspottung der klösterl. Erziehung und der Sorbonne sowie eine Schilderung der von Gargantua gegründeten utop. Abtei ›Thélème‹ für Männer und Frauen, deren Devise ›Fais ce que voudras‹ (Tu, was du willst) lautet: eine parodist. Umkehrung des mittelalterl. Klosters, als Aufenthalt einer humanistisch gebildeten Elite gedacht. Das 3. Buch (›Le tiers livre‹, 1546) sowie das nachfolgende 4. Buch (›Le quart livre‹, 1552; die Suche Pantagruels und seiner Gefährten nach dem Orakel der ›Dive Bouteille‹) lösen sich zunehmend in Episoden auf. Zeitgenöss. Vorstellungen von Astrologie, Medizin, Philosophie u. a. werden in scharfen Satiren angegriffen. Die Autorschaft des postum erschienenen 5. Buches (1562 unvollständig u. d. T. ›L'isle sonante‹, endgültige Ausgabe 1564 als ›Le cinquième livre‹) ist umstritten; wahrscheinlich stammen nur Teile von R. selbst. Viele Teile des Werkes blieben rätselhaft und haben zu verschiedenen Deutungen Anlaß gegeben. Eindeutig ist R.s Grundhaltung: Ablehnung des mittelalterl. Geistes, der Scholastik, des Dogmatismus, Verteidigung der geistigen Freiheit, der Freude am Diesseits, des Glaubens an die Güte der menschl. Natur und der Würde des Menschen. Eine Fülle von Anekdoten, Schnurren, tollen Streichen entlastet und belebt den lockeren Aufbau. R.' sprachschöpfer. Phantasie zeigt sich in einer grotesk-kom. Mischung von alten und neuen Ausdrükken, Dialektwörtern, Argot, Latinismen usw. (die Einmaligkeit dieses Stils hat nur ein frz. Dichter, H. de Balzac, in seinen ›Tolldreisten Geschichten‹ nachzuahmen verstanden). Hat die Aufklärung R. nahezu ausschließlich als Kritiker des Aberglaubens und der Kirche rezipiert, so wird er erst seit der Romantik in seiner geistigen und künstler. Bedeutung voll erkannt und sein Romanwerk als eine der wichtigsten Schöpfungen der frz. Literatur angesehen. Eine freie dt. Bearbeitung schuf J. Fischart 1575 mit seinem Hauptwerk ›Affentheurliche und Ungeheurliche Geschichtsschrift ...‹ (1582 u. d. T. ›Affentheurlich Naupengeheurlich Geschichtklitterung Von Thaten und Rahten der ... wolbeschreiten Helden und Herren Grandgusier, Gargantoa und Pantagruel ...‹).

**Ausgaben:** R. Œuvres complètes. Hg. v. J. PLATTARD. Paris [1-6]1948–66. 5 Bde. – R. Œuvres complètes. Hg. v. P. JOURDA. Paris [2]1970. 2 Bde. – Des F. R. weiland Arznei-Doktors u. Pfarrers zu Meudon Gargantua u. Pantagruel. Dt. Übers. Hg. v. E. HEGAUR u. OWLGLASS (d. i. H. G. BLAICH). Mchn. [5]1974. – R. Gargantua u. Pantagruel. Vollständige Ausg. Dt. Übers. v. W. WIDMER u. K. A. HORST. Mchn. [2]1978. 2 Bde. – R. Œuvres complètes. Hg. v. L. SCHELER u. J. BOULENGER. Neuausg. Paris 1985.

**Literatur:** SAINÉAN, L.: La langue de R. Paris 1922–23. 2 Bde. Neudr. Genf 1976. – LEBÈGUE, R.: R. Tüb. 1952. – Études rabelaisiennes 1 (1956) ff. – SCREECH, M. A.: L'évangélisme de R. Genf 1959. – TETEL, M.: Étude sur le comique de R. Florenz 1964. – GLAUSER, A.: R. créateur. Paris 1966. – PLATTARD, J.: L'œuvre de R. Paris Neuaufl. 1967. – RIGOLOT, F.: Les langages de R. Genf 1972. – METTRA, C.: R. secret. Paris 1973. – R. Hg. v. A. BUCK. Darmst. 1973. – HAUSMANN, F.-R.: F. R. Stg. 1979. – LAZARD, M.: R. et la Renaissance. Paris 1979. – SCREECH, M. A.: R. London 1979. – COLEMAN, D. G.: R. A critical study of prose fiction. London u. Cambridge 1979. – SAULNIER, V. L.: R. Paris 1982–83. 2 Bde. – CLARK, C.: The vulgar R. Glasgow 1984. – DEMERSON, G.: R. Paris 1986. – COOPER, R.: R. et l'Italie. Genf 1991. – CUSSET, M. D.: Mythe et l'histoire. Le pouvoir et la transgression dans l'œuvre de R. Paris 1992.

**Rabemananjara,** Jacques [frz. rabemananʒa'ra], * Maroantsetra 23. Juli 1913, madagass. Schriftsteller. – Studierte in Paris; 1946 Rückkehr nach Madagaskar; wurde als Mitglied des Mouvement Démocratique de la Rénovation Malgache nach dem Aufstand 1947 zu lebensläng1. Haft verurteilt; 1956 amnestiert; 1960–72 mehrere Ministerposten; lebt heute in Frankreich. Schrieb in frz. Sprache Gedichte, Theaterstücke und polit. Essays.

**Werke:** Les dieux malgaches (Dr., 1947), Lamba (Ged., 1956), Antsa (Ged., 1956, zus. mit Lamba dt. 1962 u. d. T. Insel mit Flammensilben), Les boutriers de l'aurore (Dr., 1957), Agapes des dieux (Dr., 1962), Deine unermeßl. Legende (Ged., dt. Ausw. 1985).

**Ausgabe:** J. R. Œuvres complètes. Poésie. Paris 1978.

**Literatur:** KADIMA-NZUJI, M.: J. R., l'homme et l'œuvre. Paris 1981. – KOENIG, J.-P.: Le théâtre de J. R. Paris 1989.

**Rabener,** Gottlieb Wilhelm, * Wachau bei Leipzig 17. Sept. 1714, † Dresden 22. März 1771, dt. Schriftsteller. – Besuch der Fürstenschule in Meißen, Jurastudium in Leipzig; dort Steuerrevisor, seit 1753 Obersteuersekretär, seit 1763 Steuerrat in Dresden. Mitarbeit an den ›Bremer Beiträgen‹ und an Johann Joachim Schwabes (* 1714, † 1784) ›Belustigungen des Verstandes und Witzes‹. R., gerühmt als ›dt. Swift‹, pflegte die maßvolle Satire gegen individuelle Schwächen und Modetorheiten bes. des Mittelstandes.

**Werk:** Sammlung satyr. Schriften (4 Bde., 1751–55).

**Rabenschlacht,** in 1 140 sechszeiligen Strophen im letzten Drittel des 13. Jh. in Tirol abgefaßtes mhd. Heldenlied eines anonymen Autors; gehört in den Stoffkreis der Erzählungen um Dietrich von Bern und ist in zykl. Verbindung mit ›Dietrichs Flucht‹ (auch: ›Buch von Bern‹) überliefert. Es berichtet vom Kampf Dietrichs mit Hilfe der Hunnen gegen den Gotenkönig Ermanarich in der Schlacht von Raben (Ravennaschlacht) und dem Tod der Etzelsöhne. Die Vorgeschichte beider Epen konnte von der Forschung nicht sicher aufgedeckt werden; die unterschiedliche Gattungstraditionen schlagen sich in Unebenheiten der Handlungsführung nieder.

**Ausgabe:** R. Hg. v. E. MARTIN. In: Dt. Heldenb. Tl. 2. Bln. 1966. Neudr. Dublin u. Zü. [3]1975.

**Literatur:** STECHE, TH.: Das R.gedicht, das Buch von Bern u. die Entwicklung der Dietrichsage. Greifswald 1939. – PREMERSTEIN, R. VON: Dietrichs Flucht u. die R. Gießen 1957. – HEINZLE, J.: Mhd. Dietrichepik. Zü. u. Mchn. 1978.

**Rabinal Achí** [span. rraβi'nal a'tʃi; Maya-Quiché = der Mann von Rabinal], die einzige erhaltene dramat. Dichtung der Maya aus vorspan. Zeit, von Abbé Brasseur de Bourbourg im 19. Jh. in Rabinal (Guatemala) nach mündl. Überlieferung aufgezeichnet und 1862 in Paris erstmals veröffentlicht. Der Inhalt besteht in Wechselreden zwischen einem siegreichen und einem von ihm gefangenen Fürsten. Letzterer soll sakral geopfert werden, erhält aber zuvor einen Urlaub in seine Heimat. Er kehrt freiwillig zurück, obwohl ihm der Opfertod sicher ist.

**Ausgabe:** Der Mann v. Rabinal oder Der Tod des Gefangenen. Tanzspiel der Maya-Quiché. Dt. Übers. u. eingel. v. E. W. PALM. Ffm. 1961.

**Rabindranath Tagore,** ind. Dichter und Philosoph, ↑Tagore, Rabindranath.

**Rabinowitsch,** Schalom, jidd. Schriftsteller, ↑Scholem Aleichem.

**Rabutin,** Roger de, Graf von Bussy [frz. raby'tɛ̃], frz. Schriftsteller, ↑Bussy-Rabutin.

**Racan,** Honorat de Bueil, Seigneur de [frz. ra'kã], *Schloß Champmarin bei Aubigné-Racan (Sarthe) 5. Febr. 1589, †Paris 21. Jan. 1670, frz. Dichter. – Ab 1634 Mitglied der Académie française. Schrieb unter italien. Einfluß die berühmte eleg. Pastorale ›Les bergeries‹ (1625), daneben zahlreiche Oden, Sonette und Stanzen, zuletzt v. a. geistl. Dichtungen (Psalmenübertragungen 1631, 1651 und 1660) und die ›Mémoires pour la vie de Malherbe‹ (1651).

**Literatur:** ARNOULD, L.: R. (1589–1670). Paris 1896. 2 Bde. Nachdr. Genf 1970.

**Rachel** (tl.: Raḥel), eigtl. R. Bluwstein, *Saratow 20. Sept. 1890, †Tel Aviv 16. April 1931, hebr. Dichterin. – Kam 1909 nach Palästina; während des 1. Weltkriegs in Rußland, nach ihrer Rückkehr nach Palästina Lehrerin. Ihre Lyrik (zuerst in russ., dann in hebr. Sprache) behandelt in eleg. Ton das Aufbauwerk in den neuen jüd. Siedlungen in Palästina. 1935 erschien eine Gesamtausgabe ihrer Gedichte, 1936 eine hebr. Auswahl mit dt. Übersetzung u. d. T. ›Lieder‹, 1970 eine weitere Auswahl in dt. Übersetzung u. d. T. ›Ausgewählte Lieder‹.

**Literatur:** Enc. Jud., Bd. 13, 1972, S. 1516.

**Rachel,** Joachim, *Lunden (Dithmarschen) 28. Febr. 1618, †Schleswig 3. Mai 1669, dt. Dichter. – Studierte Philologie in Rostock und Dorpat; war Hauslehrer und ab 1652 Rektor in Heide, Norden und Schleswig. Von den Zeitgenossen als ›dt. Juvenal‹ bezeichnet, richtet R., formal der Opitz-Schule verbunden, seine an Juvenal und Persius Flaccus orientierten Satiren gegen die Unsitten der Zeit und gegen die Verachtung der Dichtkunst. Sein norddt. Humor sowie die gelegentl. Verwendung des Plattdeutschen erinnern an J. Lauremberg.

**Werke:** Das poet. Frauenzimmer (Satiren, 1659), Teutsche satirische Gedichte (1664), Der Freund (Satiren, 1666), Der Poet (Satiren, 1666).

**Rachmanowa** (tl.: Rachmanova), Alja (Alexandra) [russ. rax'manɐvɐ], verh. Alexandra Galina von Hoyer, *Perm (?) 27. Juni 1898, †Ettenhausen (Kanton Thurgau) 11. Febr. 1991, russ. Schriftstellerin. – 1917 Flucht vor der Revolution nach Sibirien, 1925 Emigration, lebte in Österreich, 1945 Flucht vor der Roten Armee in die Schweiz; schrieb (von ihrem Mann Arnulf von Hoyer ins Deutsche übersetzte) Erlebnisberichte, v. a. die Tagebuchromane ›Studenten, Liebe, Tscheka und Tod‹ (1931), ›Ehen im roten Sturm‹ (1932), ›Milchfrau in Ottakring‹ (1933; alle drei zus. 1960 u. d. T. ›Meine russ. Tagebücher‹), und biograph. Romane, u. a. ›Tragödie einer Liebe. Roman der Ehe Leo Tolstojs‹ (1937, 1958 u. d. T. ›Ssonja Tolstoj. Tragödie einer Liebe‹, 1978 u. d. T. ›Tolstoj. Tragödie einer Ehe‹), ›Tschaikowskij‹ (1972).

**Racin,** Kočo [makedon. 'ratsin], eigtl. K. Solev, *Veles (Titov Veles) 22. Dez. 1908, ⚔ bei Kičevo 13. Juni 1943, makedon. Schriftsteller. – Mitarbeiter kommunist. Zeitschriften und Zeitungen vor dem 2. Weltkrieg, verfolgt und interniert; fiel im Partisanenkampf in Makedonien. R. schrieb Lyrik (›Beli mugri‹ [= Helle Morgenröte], 1939), Erzählungen und Essays in serbokroatischer, dann in makedonischer Sprache, auf deren literarische Ausformung er bedeutenden Einfluß ausübte.

**Ausgabe:** K. R. Izbor. Skopje 1981.

**Literatur:** NANEVSKI, D.: Poetot R. Skopje 1983. – RISTOVSKI, B.: K. R. Skopje 1983.

**Racine,** Jean [frz. ra'sin], * La Ferté-Milon bei Soissons, ≈ 22. Dez. 1639, † Paris 21. April 1699, frz. Dramatiker. – Mit drei Jahren Vollwaise, wurde von seiner mit Port-Royal eng verbundenen jansenist. Familie 1655 zur Erziehung nach Port-Royal-des-Champs gebracht; erhielt dort Unterricht im Griechischen, der R. zum einzigen mit der griech. Kultur wirklich vertrauten frz. Klassiker werden ließ. 1658 ging er an das Collège d'Harcourt in Paris und hatte bereits 1660 als Dichter ersten Erfolg mit seiner Ode auf die Vermählung Ludwigs XIV.; 1661–63 Aufenthalt in Uzès (Languedoc) bei seinem Onkel; 1663 Rückkehr nach Paris, Einführung bei Hofe, Freundschaft mit N. Boileau-Despréaux. Verfaßte Gelegenheitsgedichte, dann, noch unter dem Einfluß P. Corneilles, sein erstes Bühnenstück, ›Die feindl. Brüder‹, das 1664 von der Truppe Molières aufgeführt wurde (Erstausg. 1664, dt. 1846). Ph. Quinault diente R. als Vorbild bei seinem zweiten Stück, ›Alexander der Große‹ (1666, dt. 1956, 1706 u. d. T. ›Der große Alexander‹), mit einer Handlung im Geschmack der heroisch-galanten Romane der Zeit. Das Stück wurde 1666 von der Truppe Molières aufgeführt, doch kam es danach zum Zerwürfnis mit Molière.

In den Jahren 1667–77 schuf R. seine bedeutendsten Dramen, in denen er sich von seinen Vorbildern löste. R.s Bühnendichtung steht nicht im Gegensatz zu P. Corneille, wie es eine Tradition will, er führt lediglich die Theorie des vor 1650 ausgebildeten klass. Theaters, mit der Corneille mühsam gerungen hatte, zur Vollendung. Die Regel der drei Einheiten, die Forderung nach Wahrheitsnähe (›vraisemblance‹) und die Rücksicht auf die Forderungen der ›bienséance‹, d. h. auf die zeitgenöss. Vorstellungen von Schicklichkeit und Angemessenheit, werden von R. mühelos erfüllt. Charakteristisch ist die maßvolle Sprache, die Einteilung in fünf Akte (mit Ausnahme von ›Esther‹), die Verwendung des Alexan-

Jean Racine (Kupferstich von George Vertue aus der 1. Hälfte des 18. Jh. nach einer zeitgenössischen Vorlage)

driners. Während Corneille stets den held. Willensmenschen im Kampf zwischen Pflicht und äußerem oder innerem Zwang darstellt, behandelt R. zwar einen Konflikt zwischen Wollen und Sollen, er stellt jedoch, möglichst unter Vermeidung äußeren Geschehens und äußerer Anlässe, den Widerstreit der Gefühle im Innern der dargestellten Personen dar. Das erste Stück dieser Art, ›Andromache‹ (1668, dt. 1878, 1751 u. d. T. ›Andromacha‹), nach Euripides, zeigt bereits, daß R. nicht mehr, wie Corneille, durch den Triumph des Willens Bewunderung erregen will, sondern durch die Darstellung des Leides, das die Leidenschaft dem Menschen bringt. Die Liebe wird sein Hauptthema, Frauen spielen bei ihm die entscheidende Rolle und stehen als Heldinnen im Mittelpunkt. Auf ›Andromache‹ ließ R. seine einzige Komödie folgen, eine Satire auf den Richterstand, ›Die Kläger‹ (1669, dt. 1956, 1752 u. d. T. ›Die Rechtenden oder die Prozeßsüchtigen‹). Geringeren Erfolg hatte ›Britannicus‹ (1670, dt. 1754), mit röm. Stoff (nach Tacitus). Ob es einer Hofintrige zuzuschreiben ist, daß R.s Tragödie ›Bérénice‹ (1671, dt. 1840) zur gleichen Zeit (Nov. 1670) wie Corneilles ›Tite et Bérénice‹ aufgeführt wurde, ist nicht erwiesen. Während Corneilles Stück durchfiel, erntete R. großen Erfolg. ›Bérénice‹ ist R.s charakteristischstes Stück: obwohl er ein Motiv Corneilles behandelte, den Widerstreit zwischen Pflicht und Liebe, gab er eine packende Darstellung trag. Verstrickung, die im Verzicht endet; alle Handlung spielt sich in den Charakteren ab, kein äußeres Geschehen bringt eine Entscheidung, die Zahl der Figuren ist auf das Mindestmaß von drei reduziert. In ›Bajazet‹ (1672, dt. 1803), dem einzigen Stück mit zeitnahem Inhalt, wird die von der klass. Theorie geforderte Distanz erreicht, indem der Schauplatz in die Türkei verlegt wird. In ›Mithridates‹ (1673, dt. 1731), wieder mit antikem Stoff, liegt die Verwicklung in der Komplexität des Charakters des Helden. Mit ›Iphigenie‹ (1675, dt. 1961, 1732 u. d. T. ›Trauerspiel Iphigenia‹) griff R. wieder auf Euripides zurück, gab der Handlung jedoch eine Wendung, die mit den Auffassungen von Schicklichkeit seiner Zeitgenossen und den christl. Glaubenssätzen in Einklang steht. Die großartigste Darstellung des hoffnungslosen Kampfes gegen das Schicksal gab er in seinem letzten antiken Stück, ›Phädra‹ (1677, dt. 1805 von Schiller, 1749 u. d. T. ›Phädra und Hippolytus‹), nach Euripides, in dem er die trag. Leidenschaft Phädras in den Mittelpunkt stellte. Es wurde eines der großen Erfolgsstücke Racines. Eine Hofintrige, die dazu führte, daß gleichzeitig eine ›Phèdre‹ von Jacques Pradon (* 1644, † 1698) zur Aufführung gelangte, ließ R. als Dramatiker verstummen.

1673 war er in die Académie française aufgenommen worden, 1677 wurde er zum Hofhistoriographen ernannt. R., der sich zu Beginn seiner Bühnenerfolge mit den Lehrern und Freunden in Port-Royal überworfen hatte, fand im Alter wieder zu ihnen zurück und schrieb einen ›Abrégé de l'histoire de Port-Royal‹ (2 Tle., hg. 1742–54). Eine kurze letzte Hinwendung zum Theater nahm er mit den Tragödien nach bibl. Stoffen ›Esther‹ (1689, dt. 1746) und ›Athalie‹ (1690/91, dt. 1948, 1786 u. d. T. ›Athalia‹), die er auf Wunsch der Marquise de Maintenon für die Schülerinnen des von ihr geleiteten Erziehungsinstituts Saint-Cyr schrieb. Ebenfalls ein Alterswerk sind seine von der Bibel inspirierten ›Cantiques spirituels‹ (1694).

**Ausgaben:** J. R. Werke. Dt. Übers. Hg. v. H. VIEHOFF. Bln. 1870. 4 Bde. – J. R. Œuvres complètes. Hg. v. P. MESNARD. Neuausg. Paris 1873–90. 10 Bde. – J. R. Dramat. Dichtungen. Geistl. Gesänge. Frz.-dt. Gesamtausg. Hg. v. W. WILLIGE. Darmst. u. a. 1956. 2 Bde. – J. R. Œuvres complètes. Mit einem Vorwort v. P. CLARAC. Paris 1969. – J. R. Théâtre complet. Hg. v. J. MOREL u. a. Paris 1980. – J. R. Œuvres complètes. Hg. v. R. PICARD u. a. Neuausg. Paris 1980–81. 2 Bde.

**Literatur:** CAHEN, J. G.: Le vocabulaire de R. Paris 1946. Nachdr. Genf 1970. – VOSSLER, K.: J. R. Bühl ²1948. – Cahiers raciniens 1 (1957) ff. – JASINSKY, R.: Vers le vrai R. Paris 1958. 2 Bde. – COENEN, H. G.: Elemente der R.schen Dialogtechnik. Münster 1961. – BLUM, M.: Le thème symbolique dans le théâtre de R. Paris 1962–65. 2 Bde. – BARTHES, R.: Sur R. Paris 1963. – VINAVER, E.: R. et la poésie tragique. Paris ²1963. – WEINBERG, B.: The art of J. R. Chicago (Ill.) 1963. – STARRE, E. VAN DER: R. et le théâtre de l'ambiguité. Leiden 1966. – BIERMANN, K.: Selbstentfremdung u. Mißverständnis in den Tragödien R.s. Bad Homburg v. d. H. u. a. 1969. – ELLIOT, R.: Mythe et légende dans le théâtre de R. Paris 1969. – DELCROIX, M.: Le sacré dans les tragédies profanes de R. Paris 1970. – GOLDMANN, L.: Situation de la critique racinienne. Paris 1971. – R. Hg. v. W. THEILE. Darmst. 1976. – YARROW, P. J.: R. Oxford 1978. – BACKES, J.-L.: R. Paris 1981. – ZIMMERMANN, E. M.: La liberté et le destin dans le théâtre de R. Saratoga (Calif.) 1982. – HEYNDELS, I.: Le conflit racinien. Esquisse d'un système tragique. Brüssel 1985. – ROHOU, J.: J. R. Bilan critique. Paris 1994.

**Racine,** Louis [frz. ra'sin], * Paris 6. Nov. 1692, † ebd. 29. Jan. 1763, frz. Dichter. – Sohn von Jean R.; schrieb zwei religiöse Gedichte in je vier Gesängen, ›La grâce‹ (1720) und ›La religion‹ (1742), von jansenist. Grundhaltung; verfaßte auch Oden, dichtungstheoret. Abhandlungen (›Réflexions sur la poésie‹, 1747) sowie ›Mémoires sur la vie de Jean Racine‹ (1747) und ›Remarques sur les tragédies de Jean Racine‹ (1752).

**Radauskas,** Henrikas [litauisch ra'da:u̯skas], * Krakau 23. April 1910, † Washington (D. C.) 27. Aug. 1970, litauischer Lyriker. – Emigrierte 1944; lebte seit 1949 in den USA; gilt als einer der eigenwilligsten und bedeutendsten litauischen Lyriker; benutzte sehr komplexe Formstrukturen, um eine Gedanken- und Gefühlswelt darzustellen, in der das Schöne und Groteske, Schöpfung und Zerstörung, Leben und Tod als ein dynam. Prozeß begriffen werden; übersetzte u. a. Goethe.

**Werke:** Fontanas (= Die Fontäne, Ged., 1935), Strėlė danguje (= Der Pfeil am Himmel, Ged., 1950), Eilėraščiai (= Gedichte, 1965).

**Radcliffe,** Ann [engl. 'rædklıf], geb. Ward, * London 9. Juli 1764, † ebd. 7. Febr. 1823, engl. Schriftstellerin. – Bedeutendste Vertreterin des engl. Schauerromans (↑ Gothic novel) neben H. Walpole; ihre bekanntesten Romane ›Udolpho's Geheimnisse‹ (4 Bde., 1794, dt. 1795–97) und ›Die Italienerin, oder der Beichtstuhl der schwarzen Büßenden‹ (3 Bde., 1797, dt. 1797–99, 1973 auch u. d. T. ›Der Italiäner oder der Beichtstuhl der schwarzen Büßermönche‹) zeichnen sich durch spannende Handlungsführung und Einflüsse der Empfindsamkeit aus. R. verwandte die Technik der log. Analyse des scheinbar Übersinnlichen und Unfaßbaren, die später u. a. auch bei E. A. Poe zu finden ist.

**Weitere Werke:** A Sicilian romance (R., 1790), Adeline, oder das Abentheuer im Walde (R., 2 Bde., 1791, dt. 3 Bde., 1793).

**Literatur:** GRANT, A.: A. R. A biography. Denver (Colo.) 1951. – MURRAY, E. B.: A. R. New York 1972. – ARNAUD, P.: A. R. et le fantastique. Paris 1976.

**Raddall,** Thomas [Head] [engl. rædl], * Hythe (Kent) 13. Nov. 1903, kanad. Schriftsteller. – Wurde bekannt durch die Kurzgeschichtensammlung ›The pied piper of Dipper Creek‹ (1939). Sein erster histor. Roman, ›His Majesty's Yankees‹ (1942), behandelt Nova Scotia im Amerikan. Unabhängigkeitskrieg; sein bestes Werk ist der in der Gegenwart spielende Liebesroman ›Die Nymphe unterm Leuchtturm‹ (1950, dt. 1957).

**Weitere Werke:** Roger Sudden (R., 1944), Tambour (Kurzgeschichten, 1945), Pride's fancy (R., 1946), The wedding gift (Kurzgeschichten, 1947), Schwingen der Nacht (R., 1956, dt. 1959), The governor's lady (R., 1960), Hangman's Beach (R., 1966), In my time (Autobiogr., 1976).

**Raddatz,** Fritz J[oachim], * Berlin 3. Sept. 1931, dt. Literaturwissenschaftler und Publizist. – Bis 1958 bei Verlagen in Berlin (Ost) tätig, seitdem in der BR Deutschland; Prof. in Hannover; 1977–86 verantwortlich für die Kulturredaktion der Wochenzeitung ›Die Zeit‹; Verfasser von Literaturkritiken, Essays, Erzählungen und Biographien.

**Werke:** Traditionen und Tendenzen. Materialien zur Literatur der DDR (1972), Heine (Essay, 1977), Revolte und Melancholie (Essays, 1979), Eros und Tod. Literar. Porträts (1980), Die Nachgeborenen, Leseerfahrungen mit zeitgenöss. Literatur (1983), Kuhauge (E., 1984), Pyrenäenreise im Herbst (Reisetageb., 1985), Lügner von Beruf (Reiseessay, 1987), Der Wolkentrinker (R., 1987), Zur dt. Literatur der Zeit (3 Bde., 1987), Geist und Macht (Essays, 1989), Die Abtreibung (R., 1991), Unterwegs. Literar. Reiseessays (1991), Männerängste in der Literatur (1993).

**Radecki,** Sigismund von [ra'dɛtski], Pseudonym Homunculus, * Riga 19. Nov. 1891, † Gladbeck 13. März 1970, dt. Schriftsteller. – Bergbaustudium, Ingenieur, Schauspieler, Zeichner, 1924–26 in Wien; ab 1946 freier Schriftsteller in Zürich. Unter dem Einfluß von K. Kraus wurde R. zum Meister der literar. Kleinform. Seine Essays und witzig-verspielten Feuilletons sind liebenswürdig-pointiert, hintergründig, oft zeit- und kulturkritisch; Übersetzungen aus dem Russischen und Englischen.

**Werke:** Der eiserne Schraubendampfer Hurricane (En., 1929), Nebenbei bemerkt (En., 1936), Die Welt in der Tasche (Essays, 1939), Wort und Wunder (Essays, 1940), Das Schwarze sind die Buchstaben (Essays, 1957), Ein Zimmer mit Aussicht (Essays, 1961), Gesichtspunkte (Essays, 1964), Im Gegenteil (Essays, 1966).

**Radewin,** mlat. Dichter, ↑ Rahewin.

**Radewski** (tl.: Radevski), Christo Wassilew, * Belisch 23. Okt. 1903, bulgar. Lyriker. – Schrieb Lyrik mit klassenbewußter Thematik; oft, bes. in den Fabeln, humorist. und satir. Gestaltung; verfaßte auch Kinderbücher und übertrug Werke der ungar., chin. und russ. Literatur; Autor literar. Artikel und Porträts (›Bitki za utre‹ [= Kämpfe für morgen], 1979).

**Ausgabe:** Ch. R. Izbrani tvorbi. Sofia 1983. 4 Bde.

**Radičević,** Branko [serbokroat. ra,di:tʃɛvitɕ], * Slavonski Brod 15. März 1824, † Wien 18. Juni 1853, serb. Dichter. – Schloß sich den Reformbestrebungen V. S. Karadžićs an; 1848/49 vom revolutionären Geschehen mitgerissen; starb an Tuberkulose. Seine romant. Poesie – lyr. und ep. Dichtungen – ist von Lord Byron, H. Heine und von der serb. Lyrik des 18. Jh. angeregt. R.s fröhl., schlichte und unmittelbare Dichtung schöpft aus der Volksdichtung. Sie ist erster Höhepunkt der serb. Lyrik in der Volkssprache (›Pesme‹ [= Gedichte], 3 Bde., 1847–62; u. a. mit dem lyr. Poem

›Đački rastanak‹ [= Schülerabschied], 1847). Eine dt. Auswahl erschien 1888 (›Lyr. Dichtungen‹).

**Literatur:** Veselinov, I./Petrović, T.: Bibliografija B. R.a. Novi Sad 1974.

**Radiguet,** Raymond [frz. radi'gɛ], * Saint-Maur-des-Fossés bei Paris 18. Juni 1903, † Paris 12. Dez. 1923, frz. Schriftsteller. – Schützling J. Cocteaus; schrieb zwei bed., autobiographisch beeinflußte psycholog. Romane, in denen er seine teils von den Anschauungen des 18. Jh., teils vom zeitgenöss. Denken beeinflußten Ansichten zu Problemen und Erscheinungsformen der Liebe darstellte; auch Lyriker.

**Werke:** Den Teufel im Leib (R., 1923, dt. 1925), Der Ball des Comte d'Orgel (R., hg. 1924, dt. 1953, 1925 u. d. T. Das Fest), Les joues en feu (Ged., hg. 1925).

**Ausgabe:** R. R. Œuvres complètes. Paris 1952. Nachdr. Genf 1981.

**Literatur:** Noakes, D.: R. R. Paris 1968 (mit Gedichtausw. u. Bibliogr.). – Borgal, C.: R. Paris 1969. – Odouard, N.: Les années folles de R. R. Paris 1973. – Crosland, M.: R. R. A biographical study with selections from his work. London 1976. – McNab, J. P.: R. R. Boston (Mass.) 1984.

**Radischtschew** (tl.: Radiščev), Alexandr Nikolajewitsch [russ. ra'diʃtʃɪf], * Moskau 31. Aug. 1749, † Petersburg 24. Sept. 1802, russ. Dichter. – Studium in Leipzig; beeinflußt von der dt. und insbes. der frz. Aufklärung. Der Erfolg seines kulturkrit. Hauptwerks ›Reise von Petersburg nach Moskau‹ (1790, vollständige krit. Ausg. 1905, dt. 1922), das den russ. Absolutismus scharf angriff, führte zu R.s Verhaftung; ein erlassenes Todesurteil wurde in Deportation nach Sibirien (bis 1797) umgewandelt; 1797–1801 unter Polizeiaufsicht; wurde dann in die Kommission zur Erstellung von Gesetzen berufen, beging jedoch Selbstmord, da seine Arbeit als Verfassungsreformer möglicherweise zu erneuter Verbannung geführt hätte.

**Ausgaben:** A. N. Radiščev. Polnoe sobranie sočinenij. Moskau u. Leningrad 1938–52. 3 Bde. Nachdr. Düss. 1969. Bd. 1 u. 2. – A. N. Radistschew. Ausgew. Schrr. Dt. Übers. v. E. Salewski. Bln. 1959. – A. N. Radiščev. Stichotvorenija. Leningrad 1975.

**Literatur:** Lang, D. M.: The first Russian radical. A. Radischev. London 1959. Nachdr. Westport (Conn.) 1977. – McConnell, A.: A Russian philosophe, Alexander Radishchev 1749–1802. Westport (Conn.) 1964. Nachdr. 1981. – Kulakova, L. I./Zapadov, V. A.: A. N. Radiščev. ›Putešestvie iz Peterburga v Moskvu‹. Kommentarij. Leningrad 1974. – Zum 175. Todestag A. N. Radiščevs. Hg. v. E. Hexelschneider. Lpz. 1977.

**Radius,** Anna [italien. 'ra:di̯us], italien. Schriftstellerin, ↑ Neera.

**Radnóti,** Miklós [ungar. 'rɔdno:ti], * Budapest 5. Mai 1909, † Abda zwischen dem 6. und 10. Nov. 1944, ungar. Lyriker. – Gymnasiallehrer, Übersetzer (u. a. J. de La Fontaine, G. Apollinaire, R. M. Rilke, P. B. Shelley); wurde in ein Arbeitslager verschleppt und auf dem Wege nach Deutschland von der SS erschossen. R. schrieb tiefempfundene Liebesgedichte; seine pantheist. Lyrik hat oft pessimist. Züge; der Höhepunkt seines Schaffens sind seine Gedichte aus der Lagerzeit. Dt. Auswahlbände erschienen 1967 (›Ansichtskarten‹, Nachdichtungen von F. Fühmann) und 1979 (›Gewaltmarsch‹, Nachdichtungen von M. Bieler).

**Weitere Werke:** Monat der Zwillinge. Prosa, Gedichte, Fotos, Dokumente (1940, dt. 1993), Offenen Haars fliegt der Frühling. Tagebücher, Gedichte, Fotos, Dokumente (dt. 1992).

**Literatur:** Birnbaum, M. D.: M. R. A biography of his poetry. Mchn. 1983.

**Radrigán,** Juan [span. rradri'gan], * Antofagasta 23. Jan. 1937, chilen. Schriftsteller. – Schuf zur Zeit der Pinochet-Diktatur ein breites dramat. Werk, das in symbolstarken Handlungen die soziale Situation Chiles reflektiert.

**Werke:** Testimonio sobre las muertes de Sabina (Dr., 1979), Cuestión de ubicación (Dr., 1980), Vollendete Tatsachen (Dr., 1981, dt. 1989), El toro por las astas (Dr., 1982), Grabenkämpfe (Dr., 1987, dt. 1988).

**Ausgabe:** Teatro de J. R. Minneapolis (Minn.) 1984.

**Radsinski** (tl.: Radzinskij), Edward Stanislawowitsch [russ. rad'zinskij], * Moskau 23. Sept. 1936, russ. Dramatiker. – In seinen erfolgreichen Stücken finden sich Realität und Absurdität; z. T. polit., auch literar. Anspielungen; Drehbuchautor.

**Werke:** 104 stranicy pro ljubov' (= 104 Seiten über die Liebe, Dr., 1964), Besedy s Sokratom (= Gespräche mit Sokrates, Stück, UA 1975), Alte Schauspielerin für die Rolle der Frau Dostojewskijs (Stück, frz. UA Paris 1986, dt. EA

1986), Naš Dekameron (= Unser Dekameron, R., 1990).

**Rådström,** Pär Kristian [schwed. ˌro:dstrœm], * Stockholm 29. Aug. 1925, † ebd. 29. Aug. 1963, schwed. Schriftsteller. – Beschreibt die Suche des Menschen nach seiner Identität, wobei dem Doppelgängermotiv eine bes. Bedeutung zukommt. Mit ausgeprägtem Gefühl für die Sprache seiner Zeit spiegelt er die gesellschaftl. und polit. Probleme der 50er Jahre wider.

**Werke:** Men inga blommor vissnade (R., 1946), Stjärnor under kavajslaget (R., 1949), Tiden väntar inte (R., 1952), Greg Bengtsson och kärleken (R., 1953), Ärans portar (R., 1954), Paris. En kärleksroman (R., 1955), Ballong till månen (R., 1958), Sommargästerna. Provisoriska memoarer (R., 1960), Ro utan åror (Nov.n, 1961), Översten (R., 1961), Mordet. En sörmländsk herrgårdsroman (R., 1962), Den korta resan (R., 1963).

**Radványi,** Netty [ungar. 'rɔdva:nji], dt. Schriftstellerin, ↑ Seghers, Anna.

**Radzinskij,** Ėdvard Stanislavovič, russ. Dramatiker, ↑ Radsinski, Edward Stanislawowitsch.

**Radziwiłłowa,** Franciszka Urszula Fürstin [poln. radʑiviu̯'u̯ɔva], * Czartorysk (Tschartorisk, Ukraine) 13. Febr. 1705, † Pucewicze (Litauen) 23. Mai 1753, poln. Schriftstellerin. – Verfaßte die ersten bed. poln. Dramen, übersetzte und bearbeitete Dramen Molières, die sie auf der von ihr gegründeten Magnatenbühne in Nieśwież aufführen ließ.

**Ausgabe:** U. R. Teatr. Hg. v. K. Wierzbicka. Warschau 1961.

**Literatur:** Stender-Petersen, A.: Die Dramen, insbes. die Komödien der Fürstin Radziwiłł. In: Zs. f. slav. Philologie 29 (1960), Nr. 2.

**Raeber,** Kuno, * Klingnau (Aargau) 20. Mai 1922, † Basel 28. Jan. 1992, schweizer. Schriftsteller. – Studierte Geschichte und Philosophie; ab 1958 freier Schriftsteller in München; schrieb durch klar gegliederte Sprache gekennzeichnete Lyrik. In seinen reflexionsreichen, bizarren Fabeln, Erzählungen und Romanen vereinigte er Bilder des Wahns und der Wirklichkeit aus den Bereichen der Geschichte, der Religion, des Mythos und der Gegenwart. Auch Theaterstücke, Reiseberichte und Hörspiele.

**Werke:** Gesicht im Mittag (Ged., 1950), Die verwandelten Schiffe (Ged., 1957), Die Lügner sind ehrlich (R., 1960), Calabria (Reiseskizzen, 1961), Flußufer (Ged., 1963), Mißverständnisse (En., 1968), Alexius unter der Treppe oder Geständnisse von einer Katze (R., 1973), Das Ei (R., 1981), Reduktionen (Ged., 1981), Abgewandt. Zugewandt (Ged., hochdeutsch und alemannisch, 1985), Sacco di Roma (R., 1989), Bocksweg. Ein Mysterium in 12 Bildern (1989), Vor Anker. Ein bürgerl. Trauerspiel in neunzehn Auftritten (1992).

**Literatur:** Der Dichter K. R. Deutungen u. Begegnungen. Hg. v. R. A. Klein. Mchn. 1992.

**Raes,** Hugo Leonard Siegfried [niederl. ra:s], * Antwerpen 26. Mai 1929, fläm. Schriftsteller. – Seine Romane wurzeln z. T. in der realist. Tradition, sie sind jedoch mit Traum- und Phantasie-Elementen vermischt (›De vadsige koningen‹, 1961; ›Hemel en dier‹, 1964; die Montage ›Ein Faun mit kalten Hörnchen‹, 1966, dt. 1968); schrieb ferner phantast. Erzählungen und Romane, die mit der Science-fiction- und Utopie-Literatur verwandt sind (›Links van de helikopterlijn‹, E., 1957; ›De lotgevallen‹, R., 1968; ›Reizigers in de anti-tijd‹, R., 1970; ›De Vlaamse reus‹, E., 1974; ›De verwoesting van Hyperion‹, R., 1978) und in denen er mit der Erzählform experimentiert.

**Weitere Werke:** De goudwaterbron (R., 1986), De strik (R., 1988).

**Literatur:** Bloem, R./Cornets de Groot, R. A., u. a.: In gesprek met H. R. Amsterdam 1969. – Kersten, J.: H. R. Nimwegen u. Brügge 1978.

**Raffi,** eigtl. Akob Melik Akopjan, * Pajadschok (Iran) 1835, † Tiflis 6. Mai 1888, armen. Romancier. – Gilt bis heute als beliebtester armen. Romanschriftsteller. Auf eine zunächst moralisierende Tendenz folgte nach dem Ausbruch des russisch-türk. Krieges von 1877 eine Betonung des Nationalen. Als ›der nat. Romancier‹ gewann er breiten erzieher. Einfluß.

**Ausgaben:** Bilder aus Persien u. Türkisch-Armenien. Dt. Übers. v. L. Rubenli. In: Armen. Bibliothek. Bd. 3. Lpz. 1886. – Erkeri zhoghovatsow. Jerewan 1962–64. 10 Bde.

**Literatur:** Inglisian, V.: Die armen. Lit. In: Hdb. der Orientalistik. Hg. v. B. Spuler. Abt. 1, Bd. 7. Leiden 1963. S. 243.

**Ragewin,** mlat. Dichter, ↑ Rahewin.

**ragusanische Literatur,** die ↑ kroatische Literatur der Renaissance und des Barock (16./17. Jh.) in Dubrovnik (= italien. Ragusa; Dalmatien).

**Rahbek,** Knud Lyne [dän. 'ra:'bεg] * Kopenhagen 18. Dez. 1760, † ebd. 22. April 1830, dän. Schriftsteller. – Einflußreichster Ästhetiker und Kritiker der dän. Spätaufklärung und Empfindsamkeit. Verfaßte umfangreiche Prosawerke und Dramen und wirkte als Prof. für Ästhetik, als Theaterdirektor und Hg. wichtiger Zeitschriften. R. und seine Frau Karen Margarethe (genannt ›Kamma‹, * 1775, † 1829) versammelten in ihrer Villa ›Bakkehus‹ um 1795 die bed. Vertreter der jüngeren Schriftstellergeneration.

**Werke:** Briefe eines alten Schauspielers an seinen Sohn (1782, dt. 1785), Prosaiske forsøg (8 Bde., 1785–1806, dt. Ausw. 1800 u. d. T. Prosaische Versuche), Erinnerungen aus meinem Leben (Autobiogr., 5 Tle., 1824–29, dt. 2 Tle., 1829/30).

**Literatur:** KYRRE, H. P.: K. L. R., Kamma R. og livet paa Bakkehuset. Kopenhagen ²1929. – JENSEN, A. E.: R. og de danske digtere. Kopenhagen 1960.

**Rahewin** (Radewin, Ragewin), * in oder bei Freising Anfang des 12. Jh., † Freising zwischen 1170 und 1177, mlat. Geschichtsschreiber und Dichter. – Geistlicher; Urkundenschreiber in Freising, Sekretär bei ↑ Otto von Freising, dessen ›Gesta Friderici imperatoris‹ er 1158–60 fortsetzte. 1162/63 verfaßte er die kirchenpolit. Streitschrift ›Dialogus de pontificatu sancte Romane ecclesie‹. Von seinen Gedichten ist der ›Flosculus‹ (›De deo et angelis‹) eine Art kirchl. Dogmatik, in den ›Versus de vita Theophili‹ behandelt er die Sage vom Teufelsbündnis. Zwei weitere Gedichte, Epitaphien für Otto von Freising, sind in die ›Gesta‹ aufgenommen worden.

**Ausgabe** ↑ Otto von Freising.

**Rahmenerzählung,** Erzählung, die aus der Integration mehrerer Erzählungen besteht, wobei eine Erzählung die Funktion eines Rahmens für die anderen hat. Der erzähler. Zusammenhang der integrierten Erzählungen *(Binnenerzählungen)* zum Rahmen kann ein Leitmotiv o. ä. sein; oft dient eine fingierte Quelle (Chronik, Tagebuch, Bericht) als Rahmen (u. a. Th. Storm, ›Aquis submersus‹, 1876; ›Der Schimmelreiter‹, 1888, hier sogar mit zweifachem Rahmen); häufiger gelten als R.en zyklisch verbundene, in sich abgeschlossene Einzelerzählungen (oft Novellen oder Kurzgeschichten, auch Verserzählungen). Bekannte Beispiele für die *zykl. R.* sind die oriental. Märchensammlung ›Tausendundeine Nacht‹ (entst. seit dem 8. Jh., endgültige Form vermutlich 16. Jh., dt. 1823), G. Chaucers ›Canterburysche Erzählungen‹ (gedr. um 1478, dt. 1827) sowie ›Das Dekameron‹ (gedr. 1470, dt. 1830 erstmals dt. 1472/73) von G. Boccaccio, ein Zyklus von 100 Novellen, der durch folgende Rahmenhandlung zusammengehalten wird: Eine Gruppe junger adliger Damen und Herren flieht vor der Pest aus Florenz aufs Land und erzählt sich dort zum Zeitvertreib zehn Tage lang Geschichten. Die erste zykl. R. der dt. Literatur schuf Goethe mit seinen ›Unterhaltungen deutscher Ausgewanderten‹ (1795); für das romant. Erzählen wird sie dann zu einer wesentl., kennzeichnenden Form, u. a. L. Tieck, ›Phantasus‹ (1812–16), W. Hauffs Märchenzyklen, E. T. A. Hoffmann, ›Die Serapions-Brüder‹ (1819–21). Fortgeführt von C. F. Meyer, Th. Storm und v. a. G. Keller (›Züricher Novellen‹, 1878; ›Das Sinngedicht‹, 1882), entwickelte sich die R. zu einer Form, die bis heute wesentl. Bestandteil literar. Erzählens geblieben ist.

**Literatur:** JÄGGI, A.: Die R. im 19. Jh. Bern u. a. 1994.

**Raimar,** Freimund, Pseudonym des dt. Dichters Friedrich ↑ Rückert.

**Raimon de Miraval** [frz. rεmõdmira'val], * Miraval-Cabardès um 1160/65, † Lérida nach 1229, provenzal. Troubadour. – Lebte u. a. am Hof Raimunds VI., Grafen von Toulouse; seine rund 50 erhaltenen Lieder, von denen 22 mit musikal. Notierung überliefert sind, umfassen nahezu das gesamte Gattungsspektrum der Troubadourlyrik, werden jedoch im wesentl. von den Liebesdichtungen geprägt, die durch die Unmittelbarkeit der Aussage ansprechen.

**Ausgaben:** Les poésies du troubadour R. de M. Hg. v. L. T. TOPSFIELD. Paris 1971 (provenzal. u. frz. Ausg.). – The cansos of R. de M. Hg. v. M. L. SWITTEN. Tl. 2. Oxford 1985 (provenzal. u. engl. Ausg.).

**Literatur:** ANDRAUD, P.: La vie et l'œuvre du troubadour R. de M. Paris 1902. Nachdr. Genf u. Marseille 1973. – The cansos of R. de M. Hg. v. M. L. SWITTEN. Tl. 1. Cambridge (Mass.) 1985.

**Raimund,** Ferdinand [Jakob], eigtl. F. Raimann, * Wien 1. Juni 1790, † Pottenstein (Niederösterreich) 5. Sept. 1836, österr. Dramatiker. – Sohn eines eingewanderten böhm. Drechslermeisters; nach Abbruch seiner Lehre als Zuckerbäcker ab 1808 Schauspieler bei Wandertruppen in Preßburg und Ödenburg, dann in Wien unter J. A. Gleich am Theater in der Josefstadt und ab 1817 am Theater in der Leopoldstadt (1828–30 als Direktor). Sein eigentl. Ziel war das trag. Rollenfach, jedoch hatte er durchschlagenden Erfolg nur in kom. Charakterrollen. Trotz seiner glänzenden Karriere neigte er zu Schwermut und Hypochondrie. 1820–22 unglückl. Ehe mit Aloisia (Louise) Gleich, danach Lebensgemeinschaft mit Antonie Wagner; 1834 zog er sich auf sein Gut Gutenstein zurück; beging aus Furcht vor den Folgen eines Hundebisses Selbstmord. – Ab 1823 verfaßte R. selbst Bühnenwerke und wurde zum Vorläufer und zeitweiligen Rivalen J. Nestroys. In seinen Bühnenwerken verbindet R. vielfältige Einflüsse der Tradition: Volkstheater, Wiener Zauberstück, Lokalposse, Stegreifspiel, Gesangsstück, Tragödienparodie, bürgerl. Schauspiel u. a. In der romant. Realistik seiner Stücke verbindet sich Humor mit Melancholie, tiefe menschl. Einsicht mit ethisch-erzieher. Absicht auf der Grundlage der bürgerlich-biedermeierl. Kardinaltugenden Treue, Redlichkeit und Maßhalten. Die charakterist. ›Mischung aus Höherem und Niederem‹ (H. von Hofmannsthal), in der sich Volkstümlich-Bürgerliches mit hohem Künstlertum verband, sicherte seinen Dichtungen eine breite Publikumswirkung zu ihrer Zeit und läßt sie auch heute noch neu und bei weitem nicht ausreichend erforscht erscheinen. – Die große Bedeutung von Bühnenbild, Kostüm und Mimik sowie die Einbeziehung musikal. Elemente nähern R.s Dramen konzeptionell dem Gesamtkunstwerk. Einige seiner Theaterlieder wurden mit der Zeit zu Volksliedern. Zu seinen Lebzeiten wurden R.s Stücke nicht gedruckt, sie erschienen erstmals in der ersten Gesamtausgabe von J. N. Vogl.

**Werke:** Der Barometermacher auf der Zauberinsel (Zauberposse, UA 1823), Der Diamant des Geisterkönigs (Zauberposse, UA 1824), Das Mädchen aus der Feenwelt oder Der Bauer als Millionär (Zauberstück, UA 1826), Moisasur's Zauberfluch (Zauberstück, UA 1827), Die gefesselte Phantasie (Kom., UA 1828), Der Alpenkönig und der Menschenfeind (Zauberstück, UA 1828), Die unheilbringende Zauberkrone (Zauberstück, UA 1829), Der Verschwender (Schsp., UA 1834).

**Ausgaben:** F. R. Sämtl. Werke. Hg. v. J. N. Vogl. Wien 1837. 4 Bde. – F. R. Sämtl. Werke. Hg. v. F. Brukner u. E. Castle. Wien 1924–34. 7 Tle. – F. R. Sämtl. Werke. Hg. v. F. Schreyvogl. Mchn. 1961. – F. R. Ges. Werke. Hg. v. O. Rommel. Güt. 1962. – F. R. Werke. Hg. v. F. Hadamowsky. Salzburg 1984. 2 Bde.

**Literatur:** Kindermann, H.: F. R. Wien 1940. – Rommel, O.: F. R. u. die Vollendung des Alt-Wiener Zauberstückes. Wien 1947. – Kahl, K.: F. R. Velber 1967. – Michalski, J.: F. R. New York 1968. – Hein, J.: F. R. Stg. 1970. – Wiltschko, G.: R.s Dramaturgie. Mchn. 1973. – Glas, N.: F. R. Sein Leben u. sein Schicksal. Stg. 1974. – Giacomuzzi, P.: Die Märchenbearbeitungen bei C. Guzzi u. F. R. Diss. Innsb. 1981. – Wimmer, R.: F. R.s Zauberspiele. Mchn. 1984. – Wagner, Renate: F. R. Eine Biogr. Wien 1985. – ↑auch Nestroy, Johann.

**Rainalter,** Erwin Herbert, * Konstantinopel (heute Istanbul) 6. Juni 1892, † Wien 29. Okt. 1960, österr. Schriftsteller. – Seine Romane spielen in der Tiroler Bergwelt oder behandeln Gestalten der österr. Vergangenheit.

**Werke:** Die Menagerie (Nov.n, 1920), Die verkaufte Heimat (R., 1928; Forts.: Heimkehr, R., 1931), Der Sandwirt (R., 1935), Mirabell (R., 1941), Der röm. Weinberg (R., 1948), Wolken im Frühling (autobiograph. R., 1950), Hellbrunn (R., 1958), Kaisermanöver (R., 1960).

**Raine,** Kathleen [Jessie] [engl. reɪn], verh. Madge, * London 14. Juni 1908, engl. Lyrikerin. – In ihren philosoph., auch durch die schottische Landschaft inspirierten Gedichten offenbart sich eine von W. Blake und dem Neuplatonismus beeinflußte mystische Vision der Natur. R. schrieb auch literaturkrit. Arbeiten sowie eine dreibändige Autobiographie.

**Werke:** Stone and flower (Ged., 1943), The pythoness (Ged., 1949), Coleridge (Essay, 1953), Blake and tradition (Studie, 1968), The lost country (Ged., 1971), On a deserted shore (Ged., 1973), Farewell happy fields (Autobiogr., 1973), Unnumbered pages (Ged., 1974), The land unknown (Autobiogr., 1975), The lion's mouth (Autobiogr., 1977), Collected poems 1935–1980 (Ged., 1981), The presence. Poems

1983–1987 (Ged., 1987), Living with mystery. Poems 1987–1991 (Ged., 1992).
**Literatur:** MILLS, R. J.: K. R. Grand Rapids (Mich.) 1967.

**Rainis,** Jānis [lett. 'rainıs], eigtl. J. Pliekšāns, * Tadenava bei Dünaburg 11. Sept. 1865, † Riga 12. Sept. 1929, lett. Dichter. – Jurastudium in Petersburg, schloß sich der marxistisch orientierten ›Neuen Strömung‹ an, was ihm Verhaftung und Verbannung eintrug. Nach der russ. Revolution 1905 floh er mit seiner Frau ↑ Aspazija in die Schweiz; er kehrte 1920 in die Heimat zurück, bekleidete verschiedene Staatsämter, war u. a. 1926–28 Bildungsminister. R. gilt als Klassiker der lett. Literatur. Er schrieb philosoph. Lyrik sowie Dramen nach Stoffen aus der Bibel, der lett. Geschichte und Sage, die das Verhältnis von Individuum und Gemeinschaft behandeln, aber auch Stücke für Kinder; übersetzte u. a. Goethes ›Faust‹.
**Werke:** Vētras sēja (= Die Saat des Sturmes, Ged., 1905), Feuer und Nacht (Dr., 1905, dt. 1922), Klusā grāmata (= Das stille Buch, Ged., 1909), Das goldene Roß (Dr., 1910, dt. 1922), Joseph und seine Brüder (Dr., 1919, dt. 1921), Mīla stīprāka par nāvi (= Liebe ist stärker als der Tod, Dr., 1927).
**Literatur:** ZIEDONIS, A.: The religious philosophy of J. R., Latvian poet. Waverley (Iowa) 1969.

**Rainow** (tl.: Rajnov), Bogomil Nikolaew [bulgar. 'rajnof], * Sofia 19. Juni 1919, bulgar. Schriftsteller. – Sohn von Nikolai Iwanow R.; schrieb anfänglich modernist. Lyrik, später sozialistisch-realist. Gedichte und Erzählprosa.
**Werke:** Herr Niemand (R., 1967, dt. 1971), Mojata nepoznata (= Meine Unbekannte, E., 1969), Samo za mäže (= Nur für Männer, R., 1979).

**Rainow** (tl.: Rajnov), Nikolai Iwanow [bulgar. 'rajnof], * Kessarewo bei Tarnowo 13. Jan. 1889, † Sofia 2. Mai 1954, bulgar. Schriftsteller. – Prof. an der Kunstakademie Sofia; fand den Weg zu einer von Neuromantik und Symbolismus beeinflußten Deutung der Kunstgeschichte. Behandelte in seinem erzähler. Werk (u. a. ›Bogomilski legendi‹ [= Bogomilenlegenden], En., 1912) v. a. histor. und exot. Stoffe; Einfluß F. Nietzsches, dessen ›Zarathustra‹ er übersetzte.
**Ausgabe:** N. Rajnov. Izbrani proizvedenija. Sofia 1969–71. 4 Bde.

**Rais,** Karel Václav [tschech. rajs], * Lázně Bělohrad 4. Jan. 1859, † Prag 8. Juli 1926, tschech. Schriftsteller. – Schilderte in realist. Dorferzählungen (›Výminkáři‹ [= Altenteiler], 1891; ›Rodiče a děti‹ [= Eltern und Kinder], 1893) und Heimatromanen (›Zapadlí vlastenci‹ [= Weltabgeschiedene Patrioten], 1894; ›Západ‹ [= Sonnenuntergang], 1899) die Not der Riesengebirgsbauern; führte mit seinem Roman ›O ztraceném ševci‹ (= Vom verlorenen Schuster, 2 Bde., 1919/20) die Nationalitätenfrage ins Dorfsujet ein.
**Ausgabe:** K. V. R. Vybrané spisy. Prag 1959–65. 10 Bde.

**Raitschew** (tl.: Rajčev), Georgi Michalew [bulgar. 'rajtʃɛf], * Semlen bei Stara Sagora 19. Dez. 1882, † Sofia 18. Febr. 1947, bulgar. Schriftsteller. – Schrieb Gedichte (›Pesen na gorata‹ [= Lied des Waldes], 1928) und Dramen (›Elenovo carstvo‹ [= Das Reich des Hirsches], 1929), v. a. aber Kurzgeschichten und Romane (›Gospodinät s momičeto‹ [= Der Herr mit dem Mädchen], 1937), in denen er in psychologisch vertieftem Realismus die Probleme des Stadtlebens darstellte, sowie Kinderbücher; Übersetzer I. A. Krylows.

**Rājaśekhara** [radʒa'ʃe:kara], ind. Dramatiker und Lyriker Ende des 9./Anfang des 10. Jahrhunderts. – Hofpoet der Könige Mahendrapāla und Mahipāla von Kanauj, der in der ›Kāvyamīmāṃsā‹ – einem Werk zur Theorie der Dichtkunst – auch das ränkevolle Gegeneinander der Poeten am Hof beschreibt. Für seine Dramen wählte er zumeist Themen der nat. Epen, wie bei dem ›Bālarāmāyaṇa‹ (= Rāmāyaṇa für Kinder) und ›Bālabhārata‹ (= Mahābhārata für Kinder). Wichtiger ist das Prākrit-Schauspiel ›Karpūramañjarī‹, in dem die gleichnamige Dame für einen König auf die Erde gezaubert wird.
**Ausgabe:** Rāja-çekhara's Karpūra-mañjarī. Krit. Ausg. v. S. KONOW u. Übers. v. CH. R. LANMAN. Cambridge (Mass.) 1901 (Harvard Oriental Series, 4). Neuausg. Delhi 1963.

**Rājasthānī-Literatur** [radʒas'ta:ni] ↑ indische Literaturen.

**Rājataraṅginī** [radʒata'raŋgini = Strom der Könige], 1148 vollendetes

Kunstgedicht in knapp 8 000 Versen über die Geschichte von Kaschmir. Die von Kalhaṇa verfaßte R. gilt als wichtiges Quellenwerk des an Geschichtsschreibung armen hinduist. Indien. Kalhaṇa schreibt Geschichte aus der Sicht des Dichters, aber nicht ohne eigenes Urteil und Streben nach Unparteilichkeit. Die R. wurde bis ins 16. Jh. fortgesetzt.

**Literatur:** KALHANA'S R. A chronicle of the kings of Kashmir. Hg. v. M. A. STEIN. Engl. Übers. Delhi ²1961. 2 Bde. – KÖLVER, B.: Textkrit. u. philolog. Unterss. zur R. des Kalhaṇa. Wsb. 1971.

**Rajić,** Jovan [serbokroat. ˌrajitɕ], * Sremski Karlovci 11. Nov. 1726, † im Kloster Kovilj 11. Dez. 1801, serb. Historiker und Schriftsteller. – Theologiestudium in Kiew; Archimandrit (Vorsteher) des Klosters Kovilj; verfaßte Dichtungen in kirchenslaw. und serb. Sprache. Hauptwerk ist eine Geschichte der slaw. Völker, v. a. der Bulgaren, Kroaten und Serben (4 Bde., 1794/95).

**Rajnov** ↑ Rainow.

**Rakić,** Milan [serbokroat. ˌraːkitɕ], * Belgrad 18. Sept. 1876, † Zagreb 30. Juni 1938, serb. Lyriker. – Diplomat (u. a. in Kopenhagen, Sofia und Rom). R.s sprachlich und formal vollendete Dichtung steht in direkter Beziehung zu den Parnassiens und den frz. Symbolisten.

**Ausgabe:** M. R. Pesme. Belgrad 1963.

**Rakọwski** (tl.: Rakovski), Georgi Stoikow, * Kotel (Okrag Sliwen) im April 1821, † Bukarest 21. Okt. 1867, bulgar. Freiheitskämpfer, Publizist und Schriftsteller. – Gründete 1841 in Athen eine geheime Gesellschaft zur Befreiung Bulgariens. Wegen Verschwörung Ende 1841 zum Tode verurteilt, floh R. nach Marseille. 1857 gründete er in Novi Sad eine bulgar. Zeitung, 1857/58 publizierte er sein literar. Hauptwerk, das Versepos ›Gorski pătnik‹ (= Bergwanderer).

**Literatur:** TRAJKOV, V. N.: G. S. Rakovski, 1821–1867. Engl. Übers. Sofia 1967.

**Raleigh** (Ralegh), Sir (seit 1585) Walter [engl. ˈrɔːlɪ, ˈrɑːlɪ, ˈrælɪ], * bei Budleigh Salterton (Devon) um 1552, † London 29. Okt. 1618, engl. Seefahrer und Schriftsteller. – Nach Studien in Oxford erfolgreiche militär. Laufbahn in den Kämpfen gegen Spanien und Irland; Günstling Königin Elisabeths I.; unternahm Raub- und Entdeckungsfahrten nach Übersee, gründete 1585 in Nordamerika die ersten brit. Niederlassungen. Unter Jakob I. 1603–16 als angebl. Hochverräter im Tower, verfaßte er eine bis ins 1. Jh. v. Chr. reichende Weltgeschichte ›The history of the world‹ (1614). Nach einer mißglückten Bewährungsexpedition nach Südamerika wurde er hingerichtet. Nur wenige seiner zu ihrer Zeit geschätzten Gedichte sind erhalten, darunter ›The ocean to Cynthia‹, eine Huldigung an Elisabeth I., und Widmungssonette zu E. Spensers ›The faerie queene‹. Von R.s vielseitigen Interessen zeugen Abhandlungen, Kriegsberichte und histor. Arbeiten.

**Ausgabe:** The poems of Sir W. R. Hg. v. A. LATHAM. London ²1962.

**Literatur:** IRWIN, M.: Der große Lucifer. Ein Portrait Sir W. R.s. Dt. Übers. Stg. 1961. – BRADBROOK, M. C.: The school of night. A study in the literary relationships of Sir W. R. New York 1965. – WILLIAMS, N. L.: Sir W. R. Neuaufl. Harmondsworth 1965. – GREENBLATT, S. J.: R. Renaissance man and his roles. New Haven (Conn.) u. London 1973. – LACEY, R.: Sir W. R. London 1973. – MILLS, J. L.: Sir W. R. A reference guide. Boston (Mass.) 1986. – MAY, S. W.: Sir W. R. Boston (Mass.) 1989.

**Rāmāyaṇa** [raˈmaːjana = Die Wanderung Rāmas], ind. Epos. Neben dem ›Mahābhārata‹ ist das in sieben Büchern und 24 000 Versen verfaßte R. das zweite große Epos der Inder. Als Autor gilt der myth. Weise Vālmīki, der mit dem R. das erste Kunstgedicht (›kāvya‹) schuf. Den Inhalt des R. bildet das Leben des Rāma, der siebten Inkarnation Wischnus. Seine Jugend wird im 1. Buch erzählt. Das 2. Buch berichtet von der Verbannung des rechtmäßigen Thronfolgers Rāma aus seiner Hauptstadt Ayodhya. Er zieht mit seiner Frau Sītā in den Wald, wo diese von Rāvaṇa entführt wird (3. Buch). Im 4. Buch verbündet sich Rāma mit dem Affenkönig Hanuman, um Sītā wiederzugewinnen. Den Inhalt des 5. Buches bildet die Schilderung Laṅkas, des Wohnortes des Rāvaṇa. Mit Hilfe der Affen besiegt Rāma endlich in einem Kampf Rāvaṇa (6. Buch) und kehrt nach Ayodhya zurück. Der ›letzte Abschnitt‹ (7. Buch) erzählt die Geburt der Zwillinge Kuśa und Lava, der Söhne Rāmas und Sītās, und Sītās Tod.

Das heute vorliegende R. entwickelte sich über mehrere Jahrhunderte, wobei sich weit voneinander abweichende Rezensionen herausbildeten. Die ältesten Teile der Bücher 2–6 stammen aus dem 4./3. Jh. v. Chr. Die Bücher 1 und 7 wurden später hinzugefügt. Abgeschlossen wurde das R. vor dem ›Mahābhārata‹ wohl im 2. Jh. n. Chr. Wie weit sein Inhalt histor. Ereignisse spiegelt, ist umstritten. Der Stoff des R. wurde vielfach literarisch bearbeitet. Er findet sich bei den Jainas, in den buddhist. ›Jātakas‹, in den Werken des Kālidāsa und des Bhavabhūti. Von den vielen Fassungen in neuind. Sprachen sind v. a. das R. des Kampan in Tamil (12. Jh.) und das in Hindī von Tulsidās hervorzuheben; Bearbeitungen der Rāmasage sind auch in Südostasien (z. B. Java) bekannt.

**Ausgaben:** Valmiki. The Ramayana. Engl. Übers. u. hg. v. M. N. DUTT. Kalkutta 1891–94. 7 Bde. – The Ramayana of Vālmīki. Engl. Übers. u. hg. v. H. P. SHASTRI. London 1952–59. 3 Bde. – The Valmiki-R. Krit. Ausg. v. G. H. BHATT. Baroda 1958.

**Literatur:** JACOBI, H.: Das Râmâyaṇa. Bonn 1893. Nachdr. Darmst. 1970. – BAUMGARTNER, A.: Das R. u. die Rama-Lit. der Inder. Freib. 1894. Nachdr. Osnabrück 1972. – STUTTERHEIM, W.: Rāma-Legenden u. Rāma-Reliefs in Indonesien. Dt. Übers. v. K. H. DÖHRING. Mchn. 1924. 2 Bde. – RUBEN, W.: Studien zur Textgesch. des Râmâyaṇa. Stg. 1936. – HOOYKAAS, CH.: The Old-Javanese Rāmāyana. Amsterdam 1958. – RAGHAVAN, V.: The greater Ramayana. Benares 1973. – SANKALIA, H. D.: Ramayana. Myth or reality? Delhi 1973. – SRINIVASAN, S. A.: Studies in the Rāma stories. Wsb. 1984. 2 Bde. – BROCKINGTON, J. L.: Righteous Rāma. The evolution of an epic. Neu-Delhi u. Oxford 1985.

**Rambouillet,** Catherine de Vivonne, Marquise de [frz. rãbu'jɛ], * Rom 1588, † Paris 27. (?) (2.?) Dez. 1665, frz. Adlige. – Mittelpunkt des von ihr in ihrem Pariser Palais, dem Hôtel de Rambouillet, gegründeten Salons, der bed. Einfluß auf das gesellschaftl. und geistige Leben der Zeit ausübte. – ↑auch preziöse Literatur.

**Literatur:** MAGNE, É.: Voiture et les origines de l'Hôtel de R., 1597–1635. Paris 1911. – MAGNE, É.: Voiture et les années de gloire de l'Hôtel de R., 1635–1648. Paris 1912. – DELPLANQUE, A.: La marquise de R. et Malherbe. Paris 1925.

**Ramée,** Marie Louise de la [frz. ra'me], engl. Schriftstellerin, ↑Ouida.

**Ramesseumpapyrus,** im Ramesseum zusammen mit 22 anderen Papyri aus dem Mittleren Reich gefundener altägypt. Papyrus (heute London, Brit. Museum). Er enthält das Textbuch zu einer rituell-dramat. Aufführung bei einem Königsfest mit den Textanfängen, Regieanweisungen und Skizzen des ›Bühnenbildes‹.

**Ramler,** Karl Wilhelm, * Kolberg 25. Febr. 1725, † Berlin 11. April 1798, dt. Dichter. – Studium der Theologie, Philologie und Medizin; ab 1748 Prof. der Logik an der Kadettenanstalt in Berlin, ab 1790 Leiter des Nationaltheaters in Berlin. Befreundet mit E. Ch. von Kleist, G. E. Lessing, F. Nicolai und J. G. Sulzer. Lyriker der Aufklärung, strenger Metriker, dessen antikisierende Oden für viele Zeitgenossen verbindl. formales Vorbild waren. Daneben verfaßte er Fabeln und Kantaten, Werke über Mythologie und Ästhetik, gab mit J. G. Sulzer die ›Krit. Nachrichten aus dem Reiche der Gelehrsamkeit‹ (1750) heraus und übersetzte u. a. Werke lat. und griech. Klassiker. Viele der von ihm herausgegebenen Anthologien sowie die metr. Bearbeitungen der Idyllen S. Geßners riefen Kritik hervor, da R. für seine ästhet. Norm Allgemeingültigkeit forderte und eigenmächtige Texteingriffe vornahm.

**Werke:** Das Schachspiel (Ged., 1753), Der Tod Jesu (Kantate, 1755), Geistl. Kantaten (1760), Oden (1767), Lyr. Ged. (1772), Kurzgefaßte Mythologie (3 Bde., 1790/91).

**Ausgabe:** K. W. R. Poet. Werke. Hg. v. L. F. G. VON GÖCKINGK. Bln. 1800. 2 Bde.

**Ramos,** Graciliano [brasilian. 'rrɐmuʃ], * Quebrângulo (Alagoas) 27. Okt. 1892, † Rio de Janeiro 20. März 1953, brasilian. Schriftsteller. – Politiker, Journalist; 1936 aus polit. Gründen inhaftiert; ab 1939 Schulinspektor in Rio de Janeiro; vertritt den psychologisch vertieften Regionalismus des Nordostens, gilt als einer der großen Romanciers des Landes.

**Werke:** Caetés (R., 1933), São Bernardo (R., 1934, dt. 1960), Angústia (R., 1936), Nach Eden ist es weit (R., 1938, dt. 1966), Histórias de Alexandre (En., 1944), Insónia (En., 1947), Memórias do cárcere (Memoiren, 4 Bde., hg. 1953).

**Literatur:** FELDMANN, H.: G. R. Genf u. a. 1965. – ALVES CRISTÓVÃO, F.: G. R. Estrutura e valores de um modo de narrar. Brasilia 1975. –

OLIVEIRA, C. LEMOS DE: Understanding G. R. Columbia (S. C.) 1988.

**Ramos,** João de Deus, portugies. Lyriker, ↑Deus Ramos, João de.

**Ramsay,** Allan [engl. 'ræmzɪ], * Leadhills (Lanarkshire) 15. Okt. 1686, † Edinburgh 7. Jan. 1758, schott. Dichter. – Eine der führenden Gestalten des literar. Lebens von Edinburgh; gründete 1712 den literar. Zirkel Easy Club und 1728 die erste brit. Leihbücherei. Seine volkstüml. Lyrik und seine Sammlungen alter schott. Lieder und Balladen (›The tea table miscellany‹, 3 Bde., 1723–27; ›The ever green‹, 1724) gaben R. Burns viele Anregungen. Großen Erfolg hatte sein ungekünsteltes Schäferspiel ›The gentle shepherd‹ (1725).

**Weitere Werke:** Poems (Ged., 1728), A collection of Scots proverbs (Spruchslg., 1736).

**Ausgabe:** A. R. Works. Hg. v. B. MARTIN u. a. London 1951–74. 6 Bde.

**Ramuz,** Charles Ferdinand [frz. ra'my], * Cully 24. Sept. 1878, † Pully bei Lausanne 23. Mai 1947, schweizer. Schriftsteller. – Stammte aus alter Bauernfamilie, studierte Philologie in Lausanne und in Paris, wo er 1902–14 lebte und bereits Lyrikbände und Romane in frz. Sprache veröffentlichte (u. a. ›Das Dorf in den Bergen‹, Ged., 1903, dt. 1942; ›Aline‹, R., 1905, dt. 1940; ›Hans Lukas der Verfolgte‹, R., 1909, dt. 1932; ›Aimé Pache, ein waadtländ. Maler‹, R., 1911, dt. 1941). R. verließ Paris, um mit größerer Treue die Kultur seiner engeren Heimat schildern zu können. Wie schon in ›Hans Lukas der Verfolgte‹ wählte er zum Helden seiner Romane den Bauern, der sich den den Bürger beherrschenden Konventionen nicht unterwirft. Bald löste er sich von der skizzenhaften Heimatkunst seiner Anfänge, um in großangelegten Romanen den symbolhaften Charakter des Gegensatzes zwischen Mensch und Natur zu veranschaulichen, menschl. Urprobleme im Rahmen großartiger Naturbeschreibungen darzustellen. Damit hoben sich seine Werke über das Niveau harmloser Heimatromane hinaus. Sein mit mundartl. Wörtern und Redensarten durchsetzter Sprachstil fand auch Widerspruch, dennoch wird die Wirksamkeit seiner Erzählweise nicht in Zweifel gezogen. Die in einer bäuerl.

Charles Ferdinand Ramuz

Gemeinschaft erwachende Angst vor den elementaren Ausbrüchen der Naturgewalten und deren blindem Wüten ist Gegenstand seiner Meisterwerke ›Das große Grauen in den Bergen‹ (R., 1925, dt. 1927) und ›Der Bergsturz‹ (R., 1934, dt. 1936). Bekannt geworden ist auch der von I. Strawinski vertonte Text ›Die Geschichte vom Soldaten‹ (UA 1918, dt. 1924).

**Weitere Werke:** Samuel Belet (R., 1913, dt. 1942), Krieg im Oberland (R., 1915, dt. 1938), Gesang von den Ländern der Rhône (Ged., 1920, dt. 1940), Farinet oder Das falsche Geld (R., 1932, dt. 1932), Tagebuch 1896–1942 (1943, dt. 1947).

**Ausgaben:** Ch. F. R. Œuvres complètes. Édition commémorative. Hg. v. R. ROUD u. D. SIMOND. Lausanne 1967–68. 20 Bde. – Ch. F. R. Werke in 6 Bden. Hg. v. W. GÜNTHER. Übers. v. Y. u. H. MEIER. Frauenfeld u. Stg. 1972–78. – Ch. F. R. Nouvelles, croquis et morceaux. 1904–20. Hg. v. D. JAKUBEC. Genf 1982–87. 3 Bde. – Ch. F. R. Poésies. Vorwort v. J. CHESSEX. Lausanne 1983.

**Literatur:** GÜNTHER, W.: Ch. F. R. Wesen, Werk, Kunst. Bern 1948. – WAGNER, W.: Die Darst. der Wirklichkeit bei Ch. F. R. Diss. Mchn. 1964. – GUERS-VILLATE, Y.: Ch. F. R. Paris 1966. – GUISAN, G.: Ch. F. R. Paris 1966. – Ch. F. R., ses amis et son temps. Hg. v. G. GUISAN. Lausanne u. Paris 1967–70. 6 Bde. – WARIDEL, B.: Ch. F. R., 1878–1947. Brüssel 1979. – FROIDEVAUX, G.: L'art et la vie. L'esthétique de R. entre le symbolisme et les avant-gardes. Lausanne 1982. – Ch. F. R. Études ramuziennes. Hg. v. J.-L. PIERRE. Paris 1983. – POULOUIN, G.: Carnet bibliographique Ch. F. R. Œuvres et critique (toutes langues) 1975–1979. Paris 1983. – FROIDEVAUX, G.: Ich bin R. – nichts weiter. Materialien zu Leben u. Werk. Dt. Übers. Zü. 1987. – POULOUIN, G.: Ch. F. R. Œuvres et critique, 1982–1988 et compléments 1921–1939 à la bibliographie Bringolf-Verdan. Paris 1993.

**Rank,** Joseph, * Friedrichsthal (heute Chalupy, Westböhm. Gebiet) 10. Juni 1816, † Wien 27. März 1896, österr. Schriftsteller. – 1848 Mitglied des Frankfurter Parlaments; ab 1861 in Wien, war dort u.a. Hoftheatersekretär; 1882–85 mit L. Anzengruber Schriftleiter der belletrist. Zeitschrift ›Die Heimat‹. Begann mit den Volkserzählungen ›Aus dem Böhmerwalde‹ (1842, erweitert 3 Bde., 1852), lebenswahren Schilderungen, denen weitere volkstüml. Erzählungen und Romane folgten.

**Weitere Werke:** Waldmeister (R., 3 Bde., 1846), Florian (E., 1853), Im Klosterhof (R., 2 Bde., 1875), Erinnerungen aus meinem Leben (1896).

**Ranke Graves,** Robert [engl. 'ræŋk 'grɛɪvz], engl. Schriftsteller, † Graves, Robert [Ranke].

**Ranković,** Svetolik [serbokroat. 'ra:ŋkɔvitɕ], * Moštanica 7. Dez. 1863, † Belgrad 18. März 1899, serb. Schriftsteller. – In seinem meisterhaften Erzählwerk – v.a. Novellen und Romane – sind Einflüsse L. N. Tolstois, N. W. Gogols und M. J. Saltykows nachweisbar. Die Themen seiner z.T. psychologisch vertieften Romane, in denen er gesellschaftl., religiöse und sittl. Probleme behandelt, stammen aus der bäuerl. Welt.

**Werk:** Gorski car (= Der König der Berge, R., 1897).

**Ausgabe:** S. R. Sabrana dela. Belgrad 1952. 2 Bde.

**Ransom,** John Crowe [engl. 'rænsəm], * Pulaski (Tenn.) 30. April 1888, † Gambier (Ohio) 3. Juli 1974, amerikan. Lyriker und Kritiker. – Gehörte zu den Gründungsmitgliedern der Gruppe der Southern Agrarians mit der bedeutenden Lyrikzeitschrift ›The Fugitive‹ (1922–25), deren traditionelle, bodenständige Werte die 12 führenden Fugitives in dem von R. herausgegebenen ›I'll take my stand. The South and the agrarian tradition‹ (1930) manifestierten. R. war ab 1937 Prof. für englische Literatur am Kenyon College (Ohio), wo er mit der Gründung der Zeitschrift ›Kenyon Review‹ (1939) und dem Standardwerk ›The New criticism‹ (1941) die Entwicklung dieser werkimmanenten Interpretationsschule entscheidend prägte; schrieb auch ironisch-desillusionierende Gedichte mit starker Betonung des Gedanklichen.

**Weitere Werke:** Poems about God (1919), Chills and fever (Ged., 1924), Grace after meat (Ged., 1924), Two gentlemen in bonds (Ged., 1926), God without thunder. An unorthodox defense of orthodoxy (Studie, 1930), The world's body (Studie, 1938), Selected poems (1945), Poems and essays (1955), Beating the bushes (Essays, 1972).

**Literatur:** WILLIAMS, M.: The poetry of J. C. R. New Brunswick (N. J.) 1972. – YOUNG, TH. D.: Gentleman in a dustcoat. A biography of J. C. R. Baton Rouge (La.) 1976. – YOUNG, TH. D.: J. C. R. An annotated bibliography. New York 1982. – HANKE, M.: J. C. R.s Lyrik u. europ. Dichtungstraditionen. Wzb. 1994.

**Rao,** Raja [engl. raʊ], * Mysore 21. Juli 1908, ind. Romancier. – Studierte in Hyderabad, Montpellier und Paris; lehrt seit 1965 Philosophie in Austin (Tex.); schilderte in seinem Erstling ›Kanthapura‹ (1938) das Schicksal eines südind. Dorfes, wandte sich danach aber in den Romanen ›The serpent and the rope‹ (1960) und ›The cat and Shakespeare‹ (1965) der Darstellung hinduist. Lebensverständnisses zu; gilt als Meister in der sprachl. Vermittlung zwischen Ost und West.

**Raoul de Houdenc** [frz. rauldəu'dɛ̃:k] (R. de Houdan), * zwischen 1170 und 1180, † um 1230, altfrz. Dichter. – Bedeutendster altfrz. Artusdichter; schrieb die Romane ›Méraugis de Portlesguez‹ und ›La vengeance Radiguel‹ (Verfasserschaft für den 2. Teil ungesichert), ferner allegor. Gedichte (›Le songe d'enfer‹, ›Le roman des ailes de courtoisie‹).

**Ausgaben:** R. von H. Sämmtl. Werke. Hg. v. M. FRIEDWAGNER. Halle/Saale 1897–1909. 2 Bde. Nachdr. Genf 1975. – Le ›Roman des eles‹ and ›Ordene de chevalerie‹. Hg. v. K. BUSBY. Amsterdam u. Philadelphia (Pa.) 1983. – The ›Songe d'enfer‹ of R. de H. Hg. v. M. TIMMEL MIHM. Tüb. 1984.

**Literatur:** KUNDERT-FORRER, V.: R. de H., ein frz. Erzähler des 13. Jh. Bern 1960.

**Raoul de Cambrai** [frz. rauldəkã'brɛ], altfrz. Heldenepos (Chanson de geste), erhalten in einem Manuskript des 12. Jh., das auf eine ältere Vorlage zurückgeht; es schildert in etwa 8 000 Verszeilen den Kampf Raouls gegen den frz. König um das Lehen seines Vaters und seinen Tod im Zweikampf mit seinem Ziehbruder und Vasallen Bernier.

**Ausgaben:** R. de C. Chansons de geste du XIIe siècle. Hg. v. C. LA ROUSSARIE. Neuaufl. Paris 1932. – Eilbert de Florennes. Histoire et

légende. La geste de R. de C. Hg. v. D. MISONNE. Mit einem Vorwort v. L. GENICOT. Löwen u. Paris 1967.
**Literatur:** CALIN, W. C.: The Old French epic of revolt. R. de C., Renaud de Montauban, Gormond et Isembard. Genf u. Paris 1962. – MATARASSO, P.: Recherches historiques et littéraires sur R. de C. Paris 1962. – KAY, H. S.: Epic style in R. de C. Diss. Oxford 1977.

**Rapin,** René [frz. ra'pɛ̃], * Tours 1620, † Paris 1687, frz. Theologe und neulat. Dichter. – Jesuit; veröffentlichte seit 1657 lat. Gedichte (›Eclogae sacrae‹, 1659); berühmt durch die ›Hortorum libri IV‹ (1665), ein didakt., an Vergils ›Georgica‹ anknüpfendes Epos über Gärten (etwa 3 500 lat. Hexameter), das bis 1789 elfmal aufgelegt und ins Englische, Französische und Italienische übersetzt wurde. Nach 1665 wandte er sich in zahlreichen Schriften der Diskussion literar. und theolog. Streitfragen zu (z. B. ›Réflexions sur la poétique d'Aristote et sur les ouvrages des poètes anciens et modernes‹, 1674).
**Literatur:** DUBOIS, E. T.: R. R. L'homme et l'œuvre. Lille 1972. – LUDWIG, W.: Nlat. Lehrgedichte und Vergils Georgica. In: From Wolfram and Petrarch to Goethe and Grass. Hg. v. D. H. GREEN. Baden-Baden 1982.

**Rapisardi,** Mario, * Catania 25. Febr. 1844, † ebd. 4. Jan. 1912, italien. Dichter. – Prof. für italien. Literatur in Catania; Gegner G. Carduccis; Vertreter positivist. und atheist., auch sozialist. Ideen, mit starkem Zug zum Pessimismus, schrieb die ep. Gedichte ›La palingenesi‹ (1868), ›Lucifero‹ (1877) und ›Giobbe‹ (1884), ferner ›Ricordanze‹ (Ged., 1872), ›Giustizia‹ (Ged., 1883), ›Poesie religiose‹ (1887), ›Epigrammi‹ (1888) u. a.; übersetzte Catull, Lukrez, P. B. Shelley.
**Ausgaben:** M. R. Prose, poesie e lettere postume. Hg. v. L. VIGO-FAZIO. Turin 1930. – M. R. Scherzi, versi siciliani. Hg. v. A. TOMASELLI. Catania 1933.
**Literatur:** EVOLA, N. D.: Bibliografia rapisardiana. Catania 1945. – VIGO-FAZIO, L.: M. R. Catania 1962.

**Rapoport** (Rappaport), Salomo Jehuda Löw, * Lemberg 1. Juni 1790, † Prag 16. Okt. 1867, jüd. Gelehrter. – Gehörte dem Kreis der osteurop. Aufklärer an und gilt neben L. Zunz als einer der Begründer der Wiss. des Judentums. Er ist erstmals mit historisch-krit. Methoden an das rabbin. Schrifttum herangetreten.

**Rappresentazione sacra** (Sacra rappresentazione) [italien. = geistl. Darstellung], nichtliturg. Spiel des 14. bis 16. Jh. in Italien; eine prunkvolle Schaustellung geistl., mit weltl. Einschüben versehener Stoffe in italien. Sprache, bei der die Musik v. a. durch Gesang von Lauden und Kanzonen beteiligt war. Eines der letzten Werke dieser Gattung ist Emilio de' Cavalieris (* um 1550, † 1602) geistl. Drama ›Rappresentazione di anima e di corpo‹ (1600).
**Ausgabe:** Le sacre rappresentazioni dei secoli XIV, XV e XVI. Ges. u. hg. v. A. D'ANCONA. Florenz 1872. 3 Bde.
**Literatur:** ALALEONA, D.: Studi su la storia dell'oratorio musicale in Italia. Turin 1908. – D'AMICO, S.: Dal dramma liturgico alla r. s. Florenz 1940. – BECHERINI, B.: La musica nelle sacre rappresentazioni fiorentine. In: Rivista Musicale Italiana 53 (1951). – CIONI, A.: Bibliografia delle sacre rappresentazioni. Florenz 1961. – OSTHOFF, W.: Theatergesang u. darstellende Musik in der italien. Renaissance. Tutzing 1969. 2 Bde. – SMITHER, H. E.: R. s. In: The New Grove Dictionary of Music and Musicians. Bd. 15. London 1980. S. 590.

**Rasa** [sanskr. = Saft, Geschmack], in der ind. Poetik die ›Grundstimmung‹ eines dramat. oder poet. Werkes. Der R. wird beim kunstverständigen Hörer (sanskr. rasika) hervorgerufen durch den Seelenzustand der handelnden Personen. Nach Bharata (↑ Nāṭyaśāstra) unterscheidet man vier Grundformen des R.: Erotik, Wut, Heroismus, Ekel und vier sekundäre Formen: Komik, Mitleid, Erstaunen, Furcht.

**Raschi** (Akronym gebildet aus Rabbi Salomo Ben Isaak), * Troyes 1040, † ebd. 30. Juli 1105, jüd. Kommentator der Bibel und des Talmud. – R. studierte zeitweise in Worms und gründete mit 25 Jahren in Troyes eine höhere Talmudschule. Seine Kommentare zur hebr. Bibel stellen eine knappe Zusammenfassung der palästinensisch-italienisch-aschkenas. Tradition der jüd. Schriftauslegung dar. Sein Pentateuchkommentar ist die älteste bekannte hebr. Inkunabel (gedr. 1475). Sein Kommentar zum babylon. Talmud wurde zum Kommentar schlechthin. Die Kommentare des R. werden meist in den rabbin. Bibelausgaben und in den gängigen Ausgaben des Talmuds mitabgedruckt.

**Raschidoddin,** pers. Dichter, ↑Watwat.

**Rasikaschwili** (tl.: Razikašvili), Luka, georg. Dichter, ↑Wascha-Pschawela.

**Rasmussen,** Halfdan, * Kopenhagen 29. Jan. 1915, dän. Lyriker. – Aus dem Arbeitermilieu; 1940–45 aktiv in der dän. Widerstandsbewegung; der Krieg ist Thema seiner Lyrik bis etwa 1950; wandte sich dann humorvoller Nonsensdichtung zu (›Tosserier‹, 8 Bde., 1951 bis 1960); schrieb mehrere Reisebücher.

**Weitere Werke:** Digte i udvalg (Ged., 1953), Børnerim (Ged., 1964), Halfdans abc: von Anton bis Zebra, ein Abecedebra (Kinderbuch, 1969, dt. 1970), Hokus pokus (Ged., 1969, dt. 1973), Noget om Nanette (Ged., 1972), Fremtiden er forbi (Ged., 1985).

**Literatur:** Hilsen til Halfdan. 1915–65. Festschr. Hg. v. E. CLAUSEN. Kopenhagen 1965.

**Rasp,** Renate, eigtl. R. R.-Budzinski, * Berlin 3. Jan. 1935, dt. Schriftstellerin. – Tochter des Schauspielers Fritz R.; freie Schriftstellerin in München. Schreibt Lyrik und Prosa; ihre Texte sind oft von analyt. Kälte und provokativ-schockierend; setzt sich häufig mit Randfiguren und Außenseitern der Gesellschaft auseinander.

**Werke:** Ein ungeratener Sohn (R., 1967), Eine Rennstrecke (Ged., 1969), Chinchilla. Leitfaden zur praktischen Ausübung (Satire, 1973), Junges Deutschland (Ged., 1978), Zick Zack (R., 1979).

**Raspe,** Rudolf Erich, * Hannover 1737, † Muckross (Irland) 1794, dt. Schriftsteller. – Studierte in Göttingen und Leipzig, war Prof. und Bibliothekar, floh 1775 wegen einer Unterschlagung nach Großbritannien. Veröffentlichte 1785 eine engl. Übersetzung und Bearbeitung der im ›Vademecum für lustige Leute‹, 8. und 9. Teil (1781–83) erschienenen Lügengeschichten des K. F. H. Freiherrn von Münchhausen u. d. T. ›Baron Münchhausen's narrative of his marvellous travels and campaigns in Russia‹, die 1786 von G. A. Bürger ins Deutsche zurückübersetzt und erweitert wurden.

**Literatur:** SCHWEIZER, W. R.: Münchhausen u. Münchhausiaden. Bern u. Mchn. 1969.

**Rasputin,** Walentin Grigorjewitsch, * Ust-Uda (Gebiet Irkutsk) 15. März 1937, russ. Schriftsteller. – Veröffentlichte Erzählwerke, deren Hauptthemen das russ. Dorf und seine Menschen (›Die letzte Frist‹, R., 1970, dt. 1976) und die psycholog. Problematik zwischen Mann und Frau sind (›In den Wäldern die Zuflucht‹, R., 1975, dt. 1976). Tritt für den Schutz der Umwelt ein; unterstützte die Politik M. S. Gorbatschows.

**Weitere Werke:** Geld für Maria (E., 1967, dt. 1978), Abschied von Matjora (R., 1976, dt. 1977), Leb und vergiß nicht (En., dt. Ausw. 1977), Leb und liebe (En., 1982, dt. 1985, 1986 [teilweise] auch u. d. T. Natascha), Der Brand (E., 1985, dt. 1987), Čto v slove, čto za slovom? (= Was ist im Wort und was hinter dem Wort?, Essays, Interview, Rezension, 1987), Bajkal (= Baikal, Essay, 1989).

**Ausgabe:** V. G. R. Izbrannye proizvedenija. Moskau 1990. 2 Bde.

**Literatur:** ŠAPOŠNIKOV, V. J.: V. R. Nowossibirsk 1978. – SCHÄPER, R.: Die Prosa V. G. R.s. Mchn. 1985.

**Rastell,** John [engl. ræ'stɛl, rɑ:stl], * Coventry wohl zwischen 1470 und 1475, † London Juni 1536, engl. Schriftsteller. – War Anwalt in London und betrieb eine Druckerei; verfaßte geschichtl., jurist. und humanist. Schriften sowie Bühnenstücke. Schwager von Th. More, dessen Schriften sein Sohn William R. (* 1508 [?], † 1565) herausgab.

**Werke:** A new interlude and a mery of the nature of the four elements (Dr., um 1517), Of gentylnes and nobylyte (Dr., um 1527), Expositiones terminorum legum anglorum (1527), The pastyme of people (1529), A new boke of purgatory (1530).

**Ausgabe:** Three R. plays. Hg. v. R. AXTON. Cambridge 1979.

**Rathenow,** Lutz [...no], * Jena 22. Sept. 1952, dt. Schriftsteller. – War in der DDR u. a. Transportarbeiter, studierte Germanistik und Geschichte, zwangsexmatrikuliert, später Regieassistent. Nach der Veröffentlichung seines ersten Prosabandes (›Mit dem Schlimmsten wurde schon gerechnet‹, 1980) in der BR Deutschland war er kurze Zeit in Haft; seitdem hatte er Schwierigkeiten, seine Bücher in der DDR zu publizieren. In seinen Gedichten und Texten setzte er sich mit der Realität in der DDR auseinander, vieles wies jedoch über den Alltag und die polit. Region hinaus. Schreibt auch Theaterstücke (›Autorenschlachten‹, UA 1993) und Hörspiele.

**Weitere Werke:** Im Lande Kohls (E., 1982), Zangengeburt (Ged., 1982), Boden 411 (Stücke,

1984), Jeder verschwindet so gut er kann (Prosa, 1984), Was sonst noch passierte (Prosa, 1984), Der Tiger im Hochhaus (Kinderb., 1986), Ost-Berlin – die andere Seite der Stadt in Texten und Bildern (1986; mit H. Hauswald), Ein seltsamer Zoo (Kinderb., 1988), Sterne jonglieren (Ged., 1989), Zärtlich kreist die Faust (Ged., 1989), Die lautere Bosheit (Satiren, Faststücke, Prosa, 1992), Verirrte Sterne oder Wenn alles wieder mal ganz anders kommt (Ged., 1994).

**rätoromanische Literatur,** durch die polit. Trennung des ursprüngl., seit dem 6. Jh. bestehenden churrätischen Herrschaftsgebietes durch Karl den Großen 806 in ein Bistum und in eine fränk. Grafschaft verlor die alte röm. Provinz Raetia prima ihre roman. Spracheinheit. Die von diesem Zeitpunkt an einsetzende Verdeutschung, die durch deutschsprachige Siedler im 12.–14. Jh. intensiviert wurde, führte seit dem Zusammenschluß der drei Bünde (Gotteshausbund, Grauer oder Oberer Bund, Zehngerichtebund) in der zweiten Hälfte des 15. Jh. zur Dreisprachigkeit der Region (dt., italien., rätoromanisch). Vor diesem sprachlich-polit. Hintergrund, der auch die Entwicklung einer rätoroman. Gemeinsprache in **Graubünden** verhinderte, entwikkelte sich Literatur spärlich in den drei verschiedenen Schriftsprachen Oberengadinisch, Unterengadinisch sowie Oberländisch und mit den übl. geistl. sowie volkstüml. und nat. Themen betonenden Eigenheiten roman. Marginalsprachen. Der älteste rätoroman. Text, das ›Fragmaint da Nossa Dunaun‹ (= Fragment Unserer Lieben Frau) stammt vom Beginn des 12. Jh.; eine eigentl. r. L. setzt jedoch erst im 16. Jh. ein: Gian Travers (* 1483, † 1563) verfaßte das patriot. ›Chanzun de la guera dal Chasté da Müsch‹ (= Lied vom Müsserkrieg, 1527), Philip Saluz (gen. Gallizius [* 1504, † 1566]) übertrug um 1536 Teile der Genesis, das ›Vaterunser‹ und den 130. Psalm ins Rätoromanische. Jachem Bifrun (* 1506, † um 1572) schuf mit seiner der Leistung Luthers vergleichbaren Übersetzung des NT (1560) die oberengadin., Durich Chiampel (* 1510, † um 1582) mit seinem Psalmenbuch die unterengadin. und Steffan Gabriel († 1638) mit seinem Erbauungsbuch ›Igl vêr sulaz da pievel giuvan‹ (= Die wahre Freude des jungen Volkes‹, 1611) die oberländ. Schriftsprache. Inspiriert von Reformation und dem Gedanken an nat. Selbstfindung war die r. L. bis weit ins 18. Jh. hinein in allen Gattungen ethnisch-nat. bzw. religiös-didaktisch geprägt, einzig in den mündlich tradierten Liedern und Märchen wurde Literarisches weitergegeben, das die rätoroman. Renaissance des 19. Jh. entscheidend bereichern sollte. Sie ging bes. vom **Oberländischen** aus, das mit G. C. Muoth den bedeutendsten rätoroman. Autor stellte; andere wichtige Autoren dieser Region waren Gion Antoni Huonder (* 1824, † 1867), Giachen Michel Nay (* 1860, † 1920), M. Carnot, Hans Erni (* 1867, † 1963), Alfons Eduard Tuor (* 1871, † 1904) und G. Fontana. Im **Engadin** ragten hervor G. F. Caderas, P. Lansel, Andrea Bezzola (* 1840, † 1897). Diese literar. Blüte setzte sich im 20. Jh. bes. auch durch A. Lozza fort. Im **Zentralladinischen** finden die Mundarten der einzelnen Talschaften erst im 19. Jh. Verwendung in religiösen Schriften, Gelegenheitsgedichten, Bauernschwänken, Almanachen.

Das **Ostladinische (Friaulische)** wurde zwischen 1336 und 1500 als Geschäftssprache verwendet, dann durch das Venezianische und Italienische verdrängt. Reformation und Gegenreformation brachten kein Schrifttum hervor. In Nachahmung der Kunstdichtung in den Mundarten Italiens zeichnete sich im 17. Jh. Ermes di Colloredo (* 1622, † 1692) aus, doch blühte die friaul. Literatur erst im 19. Jh. parallel zur italien. Mundartdichtung auf; namhaft v. a. P. Zorut. – Die r. L. der Gegenwart kennzeichnet die zunehmende Berücksichtigung moderner polit., sozialer und individueller Probleme sowie die bes. von Frankreich angeregte Öffnung auf Experiment und Avantgarde.

**Ausgaben:** Antologia della letteratura friulana. Hg. v. B. CHIURLO u. A. CICERTI. Udine 1927. Nachdr. 1975. – LANSEL, P.: Musa romontscha. Antologia poetica moderna. Bd. 1. Chur 1950. – D'ARONCO, G.: Nuova antologia della letteratura friulana. Udine 1960. – Scrittrici contemporanee in Friuli. Antologia, saggi. Hg. v. M. TORE BARBINA, G. JACOLUTTI u. a. Torre di Mosto 1984. – Antologia della lirica ladina dolomitica. Hg. v. W. BELARDI. Rom 1985.

**Literatur:** Ligia romontscha. Bibliografia retoromontscha. Chur 1938–56. 2 Bde. – PULT, J.:

Die r. L. In: ROHLFS, G.: Roman. Philologie. Bd. 2, Anhang. Hdbg. 1952. – CALGARI, G.: Die vier Literaturen der Schweiz. Dt. Übers. Olten u. Freib. 1966. – Kindlers Literaturgesch. der Gegenwart. Bd. 4: Die zeitgenöss. Literaturen der Schweiz. Hg. v. M. GSTEIGER. Zü. u. Mchn. 1974. – GREGOR, D. B.: Friulan. Language and literature. New York u. Cambridge 1975. – CAMARTIN, I.: Rätoroman. Gegenwartsliteratur in Graubünden. Interpretationen, Interviews. Disentis 1976. – Studis romontschs 1950–1977. Bibliograph. Hdb. Hg. v. A. DECURTINS u. a. Chur 1977–78. 2 Bde. – FAGGIN, G.: Literar. Schaffen des Ladiner Friauls in den Jahren 1974–75. In: Ladinia 1 (1977), S. 173. – BEZZOLA, RETO R.: Litteratura dals Rumauntschs e Ladins. Chur 1979. – GREGOR, D. B.: Romontsch. Language and literature. Cambridge u. New York 1982. – PILLININI, G.: Storie de letterature furlane. Udine 1982. – WENGER, B.: Die vier Literaturen der Schweiz. Zü. 1983. – CHIABUDINI, L.: Neorealismo in Friuli. Problematiche culturali ed esperienze poetiche 1947–1958. Udine 1985. – Modern Swiss literature. Unity and diversity. Papers from a symposium. Hg. v. J. L. FLOOD. New York 1985. – DEPLAZES, G.: Die Rätoromanen. Ihre Identität in der Lit. Disentis 1991. – RIATSCH, C./WALTHER, L.: Lit. u. Kleinsprache. Studien zur bündnerroman. Lit. seit 1860. Disentis 1993.

**Ratpert,** * Zürich, † Sankt Gallen 25. Okt. nach 884, schweizer. Schriftsteller. – Benediktiner; Lehrer und Vorsteher an der Klosterschule Sankt Gallen. Verfaßte lat. Hymnen, den 1. Teil der zeitgeschichtlich bed. ›Casus Sancti Galli‹ (↑ auch Ekkehart IV.), eine Chronik des Klosters Sankt Gallen bis 884, und in ahd. Sprache den ›Lobgesang auf den hl. Gallus‹, der jedoch nur in der lat. Übertragung durch Ekkehart IV. erhalten ist.

**Rätsel,** Denkaufgabe, meist bildhaft-konkrete Umschreibung eines Gegenstands, eines Vorgangs, einer Person u. a., die es zu erraten gilt. Die Art der Verschlüsselung, meist mittels Entpersönlichung oder Personifikation, myth. Überhöhung, Metaphern, gemeinsamer semant. Merkmale, mehrdeutiger Aussagen oder irreführender sprachl. Bezugspunkte, steht in bestimmter Beziehung zur Lösung, die oft durch bewußte Irreführung noch erschwert wird. Es ist zu unterscheiden zwischen nicht lösbaren R.n, Wissens- oder Weisheitsfragen religiösen oder philosoph. Inhalts, Deutungen, Prophezeiungen und Scheinfragen, deren Beantwortung nur dem Eingeweihten möglich ist, und lösbaren R.n, der eher spieler. Form der ›Verrätselung‹, die mit Verstand und Witz gelöst werden können.
Das R. gehört als ↑ einfache Form in nahezu allen Kulturkreisen zu den ältesten Volksdichtungen; sein Ursprung liegt im Orient, z. B. die Sanskrit-R. der ›Ṛgveda‹ (1000 v. Chr.), die die abendländ. R.überlieferung stark beeinflußten. Frühe Zeugnisse gibt es auch in R.spielen und R.dichtungen bei Arabern und Juden. Von einem R.wettkampf der Königin von Saba mit Salomon berichtet die Bibel. Beispiele griech. R.dichtung liefern Homer, Hesiod, Pindar, Heraklit, Platon, Herodot und die Dramatiker. Die erste lat. R.sammlung mit Themen aus dem Alltagsleben verfaßte der Römer Symphosius (4./5. Jh.); sie beeinflußte nachhaltig die mittelalterl. Tradition, v. a. die gelehrte anglolat. R.dichtung im 7. und 8. Jh. (z. B. das ›Aenigmatum liber‹ des Bischofs Aldhelm von Malmesbury oder die R. des ›Exter Book‹ in altengl. Sprache). Ahd. R.überlieferung hat man aus lat. Quellen zu erschließen versucht; eine bed. altnord. Tradition läßt sich anhand der sog. Heidreks-R. der ›Hervarar saga ok Heidreks konungs‹ und in Eddaliedern nachweisen. In den Bildungsbereich gehören die lat. Frage- und Gesprächsbüchlein des MA. Die deutschsprachige Tradition setzt mit den R.n mhd. Spruchdichter wie Reinmar von Zweter ein und wird von den Meistersingern weitergeführt. Bei Symphosius knüpften wiederum die Humanisten an, so Joachim Camerarius (* 1500, † 1574) und J. Pontanus, die R. zum Gegenstand des Schulunterrichts machten; eine Zusammenfassung humanist. R.dichtung brachte 1599 N. von Reusners ›Aenigmatographia‹. Schon in der Frühzeit des Buchdrucks erschienen billige R.hefte für die Unterhaltung der lesekundigen Bevölkerung, so 1500 das mehrfach nachgedruckte ›Straßburger R.buch‹ mit 336 geistl., weltl., auch obszönen R.n und Scherzfragen. – Im Zusammenhang mit der barocken Neigung zur Emblematik gewann in dieser Zeit bes. das Bilder-R. an Beliebtheit. Das R. als literar. Kunstform erlangte eine Blütezeit im 18. und

frühen 19. Jh.; es hebt sich vom Volks-R., das von J. G. Herder und J. Görres entdeckt wurde, bes. durch die stilist. Ausformung ab. Bedeutung hat das R. bei Schiller (›Turandot‹, ›Parabeln und R.‹), C. Brentano, J. P. Hebel, W. Hauff, F. D. E. Schleiermacher, A. Schopenhauer (v. a. Logogriphe) u. a. In der Folge wurden in aller Welt R. aus mündl. Überlieferung aufgezeichnet, die sich im Gegensatz zum Kunst-R. meist mit konkreten Objekten aus Umwelt und Alltagsleben beschäftigen; sie sind knapper in der Form und einfacher, oft aber überzeugender in ihren Vergleichsbildern.

Mittel der Verrätselung sind die Personifikation von Gegenständen oder der Vergleich von Objekten ohne zunächst ersichtl. Zusammenhang, die Verwendung von Wörtern mit ähnl. Klang oder mehreren Bedeutungen, auch obszönen Zweideutigkeiten. Die Formen reichen von der einfachen Prosafrage bis zur mehrzeiligen Strophe. In Erzählungen eingekleidet sind Rechen-R. und Zahlen-R. oder auf Logik abzielende Denksportaufgaben. Mit opt. Mitteln arbeitet das ↑ Bilderrätsel.

**Literatur:** TAYLOR, A.: English riddles from oral tradition. Berkeley (Calif.) 1951. – SADNIK, L.: Südosteurop. R.studien. Graz u. Köln 1953. – BØDKER, L., u. a.: The nordic riddle. Terminology and bibliography. Kopenhagen 1964. – HAIN, M.: R. Stg. 1966. – Dt. R.buch. Hg. v. V. SCHUPP. Stg. 1972. – BAUSINGER, H.: Formen der Volkspoesie. Bln. $^{2}$1980. – GÖBEL, H.: Studien zu den altengl. Schriftwesenrätseln. Wzb. 1980.

**Rattigan,** Sir (seit 1971) Terence [Mervyn] [engl. 'rætɪgən], * London 10. Juni 1911, † Hamilton (Bermudainseln) 30. Nov. 1977, engl. Dramatiker. – Verfasser von unterhaltsamen Komödien (›Französisch ohne Tränen‹, 1936, dt. 1952; ›Liebe in Müßiggang‹, 1944, dt. 1947, 1960 u. d. T. ›Olivia‹) sowie von Problemstücken (›Der Fall Winslow‹, 1946, dt. 1949; ›Tiefe blaue See‹, 1952, dt. 1953, auch u. d. T. ›Lockende Tiefe‹), in denen familiäre Konflikte und Spannungen zwischen sozialen Zwängen und persönl. Rechten behandelt werden; auch Fernsehspiele, u. a. ›Der Mann des Tages‹ (1962, dt. 1963).

Sir Terence Rattigan

**Weitere Werke:** Flare path (Dr., 1942), Der schlafende Prinz (Dr., 1954, dt. 1957), An Einzeltischen (2 Einakter, 1955, dt. 1957), Ross (Dr., 1960), A bequest to the nation (Dr., 1970), In praise of love. Before dawn. After Lydia (2 Dramen, 1973).

**Ausgabe:** The collected plays of T. R. London $^{1-6}$1964–78. 4 Bde.

**Literatur:** DARLOW, M./HODSON, G.: T. R. The man and his work. London 1979. – RUSINKO, S.: T. R. Boston (Mass.) 1983. – YOUNG, B. A.: The R. version. Sir T. R. and the theatre of character. London 1986.

**Ratuschinskaja** (tl.: Ratušinskaja), Irina Borissowna [russ. rɐtu'ʃɨnskɐjɐ], * Odessa 4. März 1954, russ. Lyrikerin. – Studierte Physik; 1982 verhaftet; 1983 zu sieben Jahren Lagerhaft und fünf Jahren Verbannung verurteilt; 1986 Ausreise nach London; wird mit ihrer Lyrik (›Stikhi, poems, poemes‹, russ., engl. und frz. 1984) an A. A. Achmatowa und M. A. Zwetajewa gemessen.

**Weitere Werke:** Vne limita (= Mehr als erlaubt, Ged., Frankfurt am Main 1986), Ja doživu (= Ich werde überleben, Ged., New York 1986), Grau ist die Farbe der Hoffnung. Bericht aus einem Frauenlager (dt. 1988, russ. London 1989).

**Raubdruck,** widerrechtl. ↑ Nachdruck.

**Räuberroman,** Romantypus, dessen Zentralfigur der ›edle Räuber‹ ist, der sich mit seinen Verbrechen außerhalb der geltenden Gesetze stellt, der aber als Helfer und Beschützer der Rechtlosen und Armen auftritt. Früheste Ausprägung des Themas waren die Überlieferungen um Robin Hood, den engl. Volkshelden aus dem späten MA. Im 18. Jh. prägten Freiheitspathos und die Auffassung vom edlen Wilden (nach J.-J. Rousseau) das Bild des ›edlen Räubers‹, das seinen adäquaten Ausdruck in Schillers

Schauspiel ›Die Räuber‹ (1781) fand. Zum R. gehören subtile Erzählungen, die sich um psycholog. Erklärung, Sozial- und Zeitkritik bemühen sowie v. a. auch triviale Erzählungen. Zu ersteren gehören u. a. Schillers ›Der Verbrecher aus Infamie‹ (1786, ab 1792 ›Der Verbrecher aus verlorener Ehre‹), H. von Kleists ›Michael Kohlhaas‹ (1810) und H. Kurz' Roman ›Der Sonnenwirth‹ (1854). Für die triviale Richtung sind ›Abällino der große Bandit‹ (1793) von H. Zschokke, ›Rinaldo Rinaldini, der Räuberhauptmann‹ (1797) von Goethes Schwager Ch. A. Vulpius und ›Der Domschütz und seine Gesellen‹ (1803) von Karl Gottlob Cramer (* 1758, † 1817) zu nennen. Auch formal gaben diese Romane ein Muster ab, das bis heute in der trivialen Literatur vorherrscht und bei dem die Erzählstruktur gekennzeichnet ist durch starke Kontraste, durch häufigen Wechsel von Aktion (meist Kampfszenen) und emotionalen Ruhepunkten (Liebesidyllen, Naturbilder). Dadurch ergeben sich enge Berührungspunkte mit dem ↑ Abenteuerroman, Überschneidungen mit dem ↑ Ritterroman, im 20. Jh. auch mit dem Kriminalroman (↑ Kriminalliteratur).

**Literatur:** Müller-Fraureuth, C.: Die Ritter- u. Räuberromane. Halle/Saale 1894. Nachdr. Hildesheim 1965. – Murphy, A. G.: Banditry, chivalry, and terror in German fiction, 1790–1830. Diss. Chicago (Ill.) 1935. – Anrich, G.: Räuber, Bürger, Edelmann, jeder raubt so gut er kann. Neunkirchen 1975.

**Raupach,** Ernst, Pseudonym Em. Leutner, * Straupitz bei Liegnitz 21. Mai 1784, † Berlin 18. März 1852, dt. Dramatiker. – 1816–22 Prof. für Geschichte und dt. Literatur in Petersburg; widmete sich dann in Weimar und Berlin ganz seinem dramat. Schaffen und überschwemmte die dt. Bühnen mit Tragödien, Schauspielen, Volksstücken, Lustspielen, Possen (insgesamt 117 Dramen), die zwar technisch gewandt, aber ohne echten Gehalt, rhetorisch platt und übertrieben sind. Größten Erfolg hatte das Rührstück ›Der Müller und sein Kind‹ (1835).

**Weitere Werke:** Die Leibeignen (Trag., 1826), Der Nibelungenhort (Trag., 1834), Die Hohenstaufen (16 Dramen in 8 Bden., 1837).

**Rausch,** Albert Heinrich, dt. Schriftsteller, ↑ Benrath, Henry.

**Rausch,** Jürgen, * Bremen 12. April 1910, dt. Schriftsteller. – Studierte Philosophie in Heidelberg und Jena; wurde 1962 Prof. in Bonn; von M. Heidegger und E. Jünger beeinflußter Lyriker, Essayist und Erzähler.

**Werke:** Nachtwanderung (R., 1949), Ernst Jüngers Optik (Essays, 1951), Der Mensch als Märtyrer und Monstrum (Essays, 1957), Reise zwischen den Zeiten (Aufzeichnungen, 1965), Lob der Ebene (Ged., 1974), Gedichte (1978), Der Eindringling (E., 1978), Die hl. drei Könige auf der Reise (Ged., 1979).

**Ravennaschlacht** ↑ Rabenschlacht.

**Rawlings,** Marjorie [Kinnan] [engl. 'rɔːlɪŋz], geb. Kinnan, * Washington (D. C.) 8. Aug. 1896, † Saint Augustine (Fla.) 14. Dez. 1953, amerikan. Schriftstellerin. – Journalistin; lebte ab 1928 in Florida, dem Schauplatz der meisten ihrer erfolgreichen Romane. Für den Roman ›Frühling des Lebens‹ (1938, dt. 1940) erhielt sie 1939 den Pulitzerpreis.

**Weitere Werke:** Neue Heimat Florida (R., 1935, dt. 1940, 1954 u. d. T. Die goldenen Äpfel), Meine Pflanzererlebnisse in Florida (Autobiogr., 1942, dt. 1944), Jacob's ladder (En., 1950), Der ewige Gast (R., 1953, dt. 1953), Der verborgene Fluß (R., hg. 1955, dt. 1956).

**Literatur:** Bellman, S. I.: M. K. R. New York 1974.

**Rāy,** Dvijendralāl [raɪ], * Krishnagar 19. Juli 1863, † Kalkutta 17. März 1913, ind. Dramatiker. – R., der bengalisch schrieb, begründete seinen Ruhm 1895 mit einer Burleske. In die heiteren histor. Dramen seiner frühen Zeit sind zahlreiche, noch heute beliebte Lieder eingestreut. In einer zweiten Periode (ab 1903) schuf er ernste historisch-soziale Dramen voller Patriotismus, als deren bestes ›Sāhājān‹ (= Schah Jahān, 1910), gilt.

**Literatur:** Zbavitel, D.: Bengali literature. Wsb. 1976.

**Raynal,** Paul [frz. rɛ'nal], * Narbonne 25. Juli 1885, † Paris 18. August 1971, frz. Dramatiker. – Die für sein Schaffen bestimmenden Erlebnisse waren die Weltkriege. Themen aus diesem Bereich gestaltet er in Anlehnung an das frz. klassizist. Drama. Seinen größten Erfolg hatte er mit dem Drama ›Das Grabmal des unbekannten Soldaten‹ (1924, dt. 1926). Weitere Antikriegsdramen sind ›Die Marne‹ (1933, dt. 1933) und ›Das Menschenmaterial‹ (1935, dt. 1946);

schrieb u. a. auch ›Seine einzige Liebe‹ (Dr., 1937, dt. 1949) und ›Tous les saints du paradis‹ (Dr., 1946).

**Raynouard,** François [Juste Marie] [frz. rɛˈnwa:r], * Brignoles (Var) 8. Sept. 1761, † Passy (heute zu Paris) 27. Okt. 1836, frz. Schriftsteller. – Rechtsanwalt; während der Frz. Revolution als Girondist eingekerkert; seit 1807 Mitglied der Académie française, 1817 ihr ständiger Sekretär; Dramatiker zwischen Klassizismus und Romantik, schrieb die Tragödien ›Caton d'Utique‹ (1794) und ›Les Templiers‹ (1805) und verfaßte bed. Arbeiten zur provenzal. Sprache und Literatur (›Lexique roman, ou dictionnaire de la langue des troubadours ...‹, 6 Bde., 1836–44).

**Rázus,** Martin [slowak. ˈra:zus], * Vrbica (heute zu Liptovský Mikuláš) 18. Okt. 1888, † Brezno 8. Aug. 1937, slowak. Schriftsteller. – Nahm ab 1925 am polit. Leben seines Landes teil (setzte sich für die Unabhängigkeit der Slowakei ein), wurde 1930 ev. Pfarrer von Brezno. Mit seiner frühen Lyrik, deren pessimist. Grundton in seinem Spätwerk wiederkehrt, gehört er zur slowak. Moderne; widmete sich in seiner Prosa v. a. nat. und sozialen Themen. Beachtenswert sind seine Memoiren; auch Dramatiker.

**Werke:** Svety (= Die Welten, R., 4 Bde., 1929), Krčmársky kráľ (= Der Kneipenkönig, R., 2 Bde., 1935).

**Ausgabe:** M. R. Zobrané spisy. Martin 1940–43. 20 Bde.

**Literatur:** Kostolná, E.: M. R. Martin 1967.

**Rea,** Domenico, * Nocera Inferiore 8. Sept. 1921, † Neapel 26. Jan. 1994, italien. Schriftsteller. – Bekannt v. a. als Verfasser neorealist. sozialkrit. Erzählungen über seine neapolitan. Heimat, u. a. ›Spaccanapoli‹ (1947), ›Gesù, fate luce‹ (1950), ›La signora scende a Pompei‹ (1952), ›Una vampata di rossore‹ (1959), ›Gabbiani‹ (1966), ›Questi tredici‹ (1968), ›Diario napoletano‹ (Prosa, 1971), ›Tentazione‹ (1977), ›Bologna, 2 agosto 1980, ore 10,25 ...‹ (Prosa, 1980), ›Il fondaco nudo‹ (Prosa, 1985), ›La lunga notte del dottor Lauria‹ (E., 1987), ›Ninfa plebea‹ (R., 1993; Premio Strega 1993).

**Ausgabe:** Opere di D. R. Mailand $^{1-5}$1961–65. 4 Bde.

**Literatur:** Piancastelli, C.: R. Florenz 1975. – Prina, S.: Invito alla lettura di D. R. Mailand 1980.

**Read,** Sir (seit 1953) Herbert Edward [engl. ri:d], * Kirkbymoorside (Yorkshire) 4. Dez. 1893, † Malton (Yorkshire) 12. Juni 1968, engl. Schriftsteller, Kunsthistoriker und Kritiker. – Prof. für Kunstgeschichte in Edinburgh, Liverpool und London; 1933–39 Hg. von ›The Burlington Magazine‹. Seine Lyrik verbindet Sachlichkeit der Formulierung mit stilist. Eleganz. Sprachlich eindrucksvoll sind auch seine Essays und wiss. Publikationen, die sich mit Problemen der Literatur, Philosophie und bildenden Kunst auseinandersetzen.

**Werke:** Naked warriors (Ged., 1919), Erziehung durch Kunst (1943, dt. 1962), Bild und Idee (Essay, 1955, dt. 1961), Geschichte der modernen Malerei (1959, dt. 1959), Geschichte der modernen Plastik (1964, dt. 1966), Henry Moore (1965, dt. 1967), Collected poems (Ged., 1966).

**Literatur:** Berry, F.: H. R. Verbesserte Ausg. London 1961.

**Reade,** Charles [engl. ri:d], * Ipsden (Oxfordshire) 8. Juni 1814, † London 11. April 1884, engl. Schriftsteller. – Jurist. Ausbildung; versuchte sich dann als Bühnenautor; schrieb Komödien (z. T. mit T. Taylor). Bedeutender sind seine sozialkrit. Romane, in denen er durch genaue Materialstudien ein hohes Maß von Wirklichkeitstreue erzielte; sein histor. Roman ›Kloster und Herd‹ (4 Bde., 1861, dt. 1901, 1948 u. d. T. ›1466?‹, 1966 u. d. T. ›Die weltl. und geistl. Abenteuer des jungen Herrn Gerard‹) vermittelt ein Kultur- und Sittenbild aus dem 15. Jahrhundert.

**Weitere Werke:** Peg Woffington (R., 1853), It is never too late to mend (R., 3 Bde., 1856), Hart Geld (R., 6 Bde., 1863, dt. 1864), Griffith Gaunt (R., 1866, dt. 1868), Falsches Spiel (R., 3 Bde., 1868, dt. 1912), A terrible temptation (R., 3 Bde., 1871), A woman hater (R., 3 Bde., 1877), Ein gefährliches Geheimnis (R., 1884, dt. 1885).

**Ausgabe:** The works of Ch. R. Library edition. 1895. Nachdr. New York 1970. 17 Bde.

**Literatur:** Parrish, M. L./Miller, E. V.: Wilkie Collins and Ch. R. London 1940. Nachdr. New York 1968. – Burns, W.: Ch. R., a study in Victorian authorship. New York 1961. – Smith, E. E.: Ch. R. Boston (Mass.) 1976.

**Reader** [ˈri:dər; engl.], [Lese]buch mit Auszügen aus [wiss.] Literatur und verbindendem Text.

**Realenzyklopädie,** ↑Enzyklopädie in lexikal. Form.

**Realismus,** in bezug auf Literatur gilt R. als Stilmerkmal und Periodenbegriff. Geht man bei dem Stilmerkmal R. von einem R.verständnis aus, das sich durch Mitteilung des als faktisch Angesehenen bestimmt, dann kann R. als überzeitl. Konstante bes. in Spät- und Übergangszeiten beobachtet werden, in denen zumindest ein quantitativer Zuwachs an Elementen der äußeren Wirklichkeit die Kunstwerke charakterisiert. So spricht man von einem R. der spätatt. Tragödie (Euripides) und Komödie (Aristophanes), von einem spätröm. R. (Petronius), bes. aber von einem R. des Spät-MA für jene Gattungen, die im Gegensatz zur idealisierenden Kunst der höf. Welt von frühbürgerl. Denk- und Daseinsformen bestimmt sind. Der spätmittelalterl. R. ist weithin gattungsgebunden und läßt sich am deutlichsten erkennen in ↑Schwänken, ↑Fabliaux, ↑Novellen (G. Boccaccio), ↑Fazetien (F. G. Poggio Bracciolini), ↑Satiren (F. Rabelais, S. Brant, Th. Murner), seltener in der Lyrik (F. Villon). Ausgeprägt realist. Züge tragen auch die spezifisch städt. Kunstrepräsentationen wie die ↑Osterspiele, ↑Passionsspiele und ↑Fastnachtsspiele, die Meistersingerdichtung und die Werke der didakt. Literatur (↑grobianische Dichtung). Mit der Kennzeichnung R. wurde sodann auch v. a. die Erzählliteratur des 17. Jh. bedacht, in der, z. T. unter dem Einfluß des span. pikaresken Romans, detailtreue Beschreibungen aus dem Leben der mittleren und niederen Stände geboten werden und die sprachlich nicht dem ›hohen Stil‹ der barocken Rhetorik verpflichtet blieb (J. J. Ch. von Grimmelshausen, J. Beer, Ch. Reuter, P. Scarron). Mit der Entdeckung der sog. Innerlichkeitsrealität im 18. Jh. beginnt eine als ›empir. R. der Aufklärung‹ bezeichnete Kunst, die mit psycholog. Beobachtung das Problem von empfindsamer Individualität und rational bestimmter Daseinsform der Gesellschaft thematisiert (S. Richardson, L. Sterne, D. Diderot; Dichter des ↑Sturm und Drang wie J. M. R. Lenz). Trotz der grundlegenden Diskussion Schillers (›Über naive und sentimentalische Dichtung‹, 1795/96), in der die gegensätzl. Weltanschauungsweisen des R. und Idealismus und ihre Verwirklichungsmöglichkeiten in der Poesie erörtert werden und in der R. bereits als stilist. Kontrastbegriff ausgeführt ist, blieb den beiden Kunstperioden der Weimarer Klassik und Romantik die Zuordnung zur realist. Kunst weithin vorenthalten. Die Verwendung des allgemeinen stiltypolog. Begriffs – sieht man von der Epochenbezeichnung im 19. Jh. ab – tritt dann erst wieder in den Kontroversen des 20. Jh. auf, in denen R. als Oppositionsbegriff zu ↑Neuromantik, ↑Expressionismus, ↑Surrealismus, ↑Neue Sachlichkeit eine polem. Bedeutung erhält. Aus diesen Auseinandersetzungen wurde auch der Terminus ↑sozialistischer Realismus entwickelt; damit sollte zugleich eine Abgrenzung vom ›bürgerl. R.‹ des 19. und vom ›krit. R.‹ des 20. Jh. (A. Döblin, L. Feuchtwanger, E. Hemingway, R. Rolland, A. Zweig, H. Mann) auch in der begriffl. Zuordnung gewonnen werden.

Für nahezu alle europ. Literaturen bezeichnet R. als Periodenbegriff die Zeit zwischen 1830 und 1880. Führend in der Praxis wie in der programmat. Auseinandersetzung war Frankreich. Der **frz. Realismus** ist bestimmt von sozialkrit. Thematik und desillusionist. Haltung. Im Erzählverfahren wird – entsprechend der Auflösung erkenntnistheoret. Fragestellungen im Positivismus A. Comtes – eine Darstellungsmethode entwickelt, die auf den individuell vermittelnden Erzähler verzichtet (v. a. G. Flaubert, ›Madame Bovary‹, 1857, dt. 1892). Zu den bedeutendsten literar. Realisten Frankreichs zählen neben Flaubert Stendhal, H. de Balzac, die Brüder E. und J. de Goncourt sowie J. Champfleury, der mit seinen Aufsätzen u. d. T. ›Le réalisme‹ (1857) einflußreich wurde für die Festlegung des Stil- und Epochenbegriffs. In **Deutschland** wurde der literar. R. trotz bed. Vorläufer u. a. im Drama (G. Büchner, Ch. D. Grabbe) erst nach der Revolution 1848 zur bestimmenden, auch theoretisch diskutierten Stilrichtung. Kennzeichnend für den R. der deutschsprachigen Literatur ist eine Erzählweise, die sich des distanzierenden Humors bedient. Der von O. Ludwig (›Shakespeare-

Studien‹, hg. 1871) eingeführte Begriff des **›poet. Realismus‹** beschreibt eine Wirklichkeitsdarstellung, die sich einerseits vom frz. R., andererseits vom berichtenden Journalismus dadurch unterscheidet, daß sie sich durch die Subjektivität der Erzählperspektive auszeichnet. Neben einigen Romanen sind für diese Literatur v.a. kürzere Erzählformen (Novelle) entscheidend geworden. Zu den Vertretern des poet. R. zählen J. Gotthelf, A. Stifter, B. Auerbach, Th. Storm, G. Keller, C. F. Meyer, W. Raabe, während von der Literaturwiss. für die Romane Th. Fontanes wie z. B. auch für die von Th. Mann der Terminus **›bürgerl. Realismus‹** zur stilist. und histor. Unterscheidung geprägt wurde. Daß der R. des 19. Jh. eine übernat. Erscheinung, gleichwohl mit nat. Eigenheit ist, belegen die Werke des vielfach humorist., durch emotional-sozialkrit. Mitleidspathos ausgezeichneten **engl. Realismus** (W. M. Thackeray, Ch. Dickens, George Eliot), die sozialutopisch engagierten und zu detaillierter Beschreibung psycholog. Individualwirklichkeit neigenden Romane der **russ. Realisten** (F. M. Dostojewski, L. N. Tolstoi, I. S. Turgenjew, I. A. Gontscharow) und die dem sogenannten **›symbol. Realismus‹** zugeordneten Dichtungen der amerikan. Literatur des 19. Jh. (H. Melville, N. Hawthorne).

**Literatur:** LUKÁCS, G.: Probleme des R. Nw. 1964–71. 3 Tle. – SIMMONS, E. J.: Introduction to Russian realism. Bloomington (Ill.) 1965. – SCHANZE, H.: Drama im bürgerl. R. (1850–1890). Theorie u. Praxis. Ffm. 1973. – STAEDTKE, K.: Studien zum russ. R. des 19. Jh. Zum Verhältnis von Weltbild und ep. Struktur. Bln. 1973. – Begriffsbestimmung des literar. R. Hg. v. R. BRINKMANN. Darmst. ²1974. – R. u. Realität. Hg. v. H. KNELL. Darmst. 1975. – R. – welcher? Hg. v. P. LAEMMLE. Mchn. 1976. – FULLER, G.: R.theorie. Ästhet. Studie zum R.begriff. Bonn 1977. – KOHL, S.: R. Theorie u. Gesch. Mchn. 1977. – BRINKMANN, R.: Wirklichkeit u. Illusion. Studien über Gehalt u. Grenzen des Begriffs R. für die erzählende Dichtung des 19. Jh. Tüb. ³1977. – PREISENDANZ, W.: Wege des R. Zur Poetik u. Erzählkunst im 19. Jh. Mchn. 1977. – Der Streit mit G. Lukács. Hg. v. H. SCHMITT. Ffm. 1978. – ROSSI, S.: L'età del verismo. Palermo 1978. – R.theorien in England 1692–1912. Texte zur histor. Dimension der engl. R.debatte. Hg. v. W. F. GREINER u. a. Tüb. 1979. – HEITMANN, K.: Der frz. R. Von Stendhal bis Flaubert. Wsb. 1979. – MEDINA, J. T.: Spanish realism. The theory and practice of a concept in the nineteenth century. Potomac (Md.) 1979. – Literar. Aussichten der Wirklichkeit. Studien zur Wirklichkeitskonstitution in englischsprachiger Lit. Hg. v. H.-H. FREITAG u. P. KÜHN. Ffm. u. a. 1980. – Europ. R. Hg. v. R. LAUER. Wsb. 1980. – KLEINSTÜCK, J.: Die Erfindung der Realität. Studien zur Gesch. u. Kritik des R. Stg. 1980. – AUST, H.: Lit. des R. Stg. ²1981. – BERND, C. A.: German poetic realism. Boston (Mass.) 1981. – STERN, J. P.: Über literar. R. Mchn. 1983. – COWEN, R. C.: Der poet. R. Komm. zu einer Epoche. Mchn. 1985. – AUERBACH, E.: Mimesis. Dargestellte Wirklichkeit in der abendländ. Lit. Tüb. ⁹1994. – GEPPERT, H. V.: Der realist. Weg. Formen pragmat. Erzählens ... Tüb. 1994.

**Reallexikon** (Sachwörterbuch), ↑Lexikon, das die Sachbegriffe einer Wissenschaft oder eines Wissenschaftsgebietes enthält.

**Reaney,** James [Crerar] [engl. 'rɛɪnɪ, 'ri:nɪ], * South Easthope bei Stratford (Ontario) 1. Sept. 1926, kanad. Schriftsteller. – Seit 1960 Prof. für Englisch an der University of Western Ontario. Schrieb als Lyriker (unter dem Einfluß Northrop Fryes [* 1912]) ›The red heart‹ (1949), ›A suit of nettles‹ (1958), ›Twelve letters to a small town‹ (1962) und ›The dance of death at London, Ontario‹ (1963) – 1972 zusammengefaßt als ›Poems‹. Seine Dramen (zunächst meist in Versen) sind surrealistisch, auch farcenhaft und überwiegend optimistisch: ›The killdeer and other plays‹ (1962), ›Colours in the dark‹ (1969), ›Listen to the wind‹ (1972), ›Masks of childhood‹ (1972). Die Trilogie ›The Donnellys‹ (1975–77) hat ein Einwandererschicksal zum Thema. Weitere, meist lokalgeschichtl. Stücke sind ›The dismissal ...‹ (1979), ›Wacousta!‹ (1979), ›King Whistle!‹ (1980); auch Stücke für Kinder.

**Literatur:** LEE, A.: J. R. New York 1968. – Approaches to the work of J. R. Hg. v. S. DRAGLAND. Downsview (Ontario) 1980.

**Rebell,** Hugues [frz. rə'bɛl], eigtl. Georges Joseph Grassal, * Nantes 27. Okt. 1867, † Paris 6. März 1905, frz. Schriftsteller. – Verfasser von symbolist. Gedichten sowie von lebendig und farbig geschriebenen, bildkräftigen (meist histor.) Romanen (›La femme qui a connu l'Empereur‹, 1898; ›Die heißen Nächte vom Kap‹, 1902, dt. 1969) und Novellen.

**Rebhun** (Rebhuhn), Paul ['rɛphu:n], * Waidhofe an der Ybbs um 1505, † Oelsnitz oder Voigtsber nach dem 10. Mai 1546, dt. Dichter. – R. lehrte an den Gymnasien von Kahla, Zwickau und Plauen. Befreundet mit Luther und Ph. Melanchthon. Als einer der bedeutendsten Vertreter des prot. Schuldramas verwendete er die Technik des antiken Dramas: Chor, Einführung des fünfhebigen Jambus und des vierhebigen Trochäus.

**Werke:** Ein Geystlich spiel von der Gottfürchtigen und keuschen Frawen Susannen (1536), Ein Hochzeitspil auff die Hochzeit zu Cana Galileae (1538).

**Literatur:** Casey, P. F.: P. R. A biographical study. Stg. 1986.

**Rebora,** Clemente, * Mailand 6. Jan. 1885, † Stresa 1. Nov. 1957, italien. Lyriker. – Veröffentlichte seine frühe, hermet. Lyrik in der Zeitschrift ›La Voce‹ (›Frammenti lirici‹, 1913); wandte sich später der dt. und oriental. Mystik zu (›Canti anonimi‹, 1922; ›Poesie religiose‹, 1936). 1931 trat er in ein Kloster ein. Eine dichterische Autobiographie enthält ›Curriculum vitae‹ (Ged., 1955). R. übersetzte aus dem Russischen (N. W. Gogol und L. N. Tolstoi).

**Ausgabe:** C. R. Le poesie 1913–1957. Hg. v. V. Scheiwiller. Mailand [2]1982.

**Literatur:** Marchione, M.: C. R. Boston (Mass.) 1979. – Sarale, N.: Dall'ateismo alla mistica. C. R. Neapel 1981. – Centofanti, F.: Il segreto del poeta. C. R., la santità che compie il canto. Mailand 1987.

**Reboux,** Paul [frz. rə'bu], eigtl. Henri Amillet, * Paris 21. Mai 1877, † Nizza 14. Febr. 1963, frz. Schriftsteller. – Wandte sich nach Anfängen als Lyriker und Dramatiker dem zeitgenöss. Sittenroman (›Maisons de danse‹, 1904, dramatisiert von Fernand Nozière [* 1874, † 1931] und Charles Muller [* 1877, † 1914]; ›Der Leuchtturm‹, 1907, dt. 1926) und dem biograph. Liebesroman zu (›La vie amoureuse de Madame du Barry‹, 1927; ›Liszt ou les amours romantiques‹, 1940). Schrieb auch Lehrbücher der Kochkunst, des guten Benehmens u. a. Bemerkenswert sind seine literar. Parodien ›À la manière de ...‹ (1908–51; 1908–13 mit Ch. Muller).

**Rebreanu,** Liviu, * Tîrlişiua (Verw.-Geb. Bistriţa-Năsăud, Siebenbürgen) 27. Nov. 1885, † Valea Mare (Verw.-Geb. Argeş) 1. Sept. 1944, rumän. Schriftsteller. – War 1928–30 und 1940–44 Direktor des Nationaltheaters in Bukarest; 1939 Mitglied der Rumän. Akademie; beging beim Einzug der Roten Armee Selbstmord. Gilt als Mitschöpfer und bedeutendster Vertreter des realist. rumän. Romans (mit vorwiegend bäuerl. Thematik) in der 1. Hälfte des 20. Jahrhunderts.

**Werke:** Die Erde, die trunken macht (R., 2 Bde., 1920, dt. 1941, 1969 u. d. T. Mitgift), Der Wald der Gehenkten (R., 1922, dt. 1966), Adam und Eva (R., 1925, dt. 1952), Der Aufstand (R., 1932, dt. 1942), Alle beide (R., 1940, dt. 1944), Alltägl. Geschichten (dt. Ausw. 1960), Die Waage der Gerechtigkeit (Nov.n, dt. Ausw. 1963).

**Literatur:** Raicu, L.: L. R. Bukarest 1967. – Sasu, A.: L. R. Sărbătoarea operei. Bukarest 1978. – Dragoş, E.: Structuri narative la L. R. Bukarest 1981.

**Rebus** [frz.; von lat. rebus (Dativ/Ablativ Plural von res)], in der Heraldik und Emblematik Figuren- oder ↑ Bilderrätsel, v. a. für solche, bei denen Zeichen, Zahlen, Buchstaben, Silben oder Wörter so angeordnet und kombiniert werden, daß die Wiedergabe ihrer Laute und die sprachl. Umsetzung ihrer Anordnung eine sinnvolle Aussage ergibt, z. B. 2g = Zweige.

**Récamier,** Jeanne Françoise Julie Adélaïde [frz. reka'mje], geb. Bernard, * Lyon 4. Dez. 1777, † Paris 11. Mai 1849, frz. Schriftstellerin. – Verheiratet mit einem Bankier; ihr literarisch-polit. Salon war zeitweise Treffpunkt der Gegner Napoléon Bonapartes, nach ihrer Rückkehr aus der Verbannung (1811–14) Treffpunkt der Anhänger der Restauration. Befreundet mit Madame de Staël, B. H. Constant de Rebecque und v. a. F. R. de Chateaubriand.

**Ausgabe:** Souvenirs et correspondance tirés des papiers de Madame R. Neu hg. v. A. Lenormant. Paris [6]1887–88. 2 Bde.

**Literatur:** Leitich, A. T.: Eine rätselhafte Frau. Madame R. u. ihre Freunde. Hamb. u. Wien 1967. – Castries, R. de la Croix, duc de: Madame R. Paris 1971. – Wagner, F.: Madame R. Paris 1986.

**Rechte, Vom,** um 1140 entstandenes mhd. Gedicht aus Kärnten, erhalten in der Millstätter Handschrift; kraftvollbildhafte Reimpredigt eines geistl. Dichters vom Walten der göttl. Ordnung im bäuerl. Lebensbereich.

**Ausgabe:** Kleine dt. Gedichte des XI. u. XII. Jh. Hg. v. A. WAAG. Halle/Saale ²1916.
**Literatur:** BESSLING, R.: Die Denkmäler der Millstätter Hs. Diss. Hamb. 1960.

**Recke,** Elisabeth (Elisa) von der, geb. Reichsgräfin von Medem, * Schloß Schönburg (Kurland) 1. Juni 1756, † Dresden 13. April 1833, dt. Schriftstellerin. – War an der Entlarvung des italien. Abenteurers und Alchimisten A. Graf von Cagliostro am Hof von Mitau beteiligt und wurde dadurch bekannt. Unternahm Reisen, u. a. nach Rußland und Italien; befreundet mit J. K. Lavater und J. H. Jung-Stilling. Auf Schloß Löbichau bei Altenburg versammelte sie Dichter und Gelehrte um sich (Th. Körner, Jean Paul u. a.). Schrieb autobiograph. Bücher und Reisebücher sowie empfindsame geistl. Lyrik.
**Werke:** Geistl. Lieder (1780), Nachricht von des berüchtigten Cagliostro Aufenthalt in Mitau (Schr., 1787), Gedichte (1806), Tagebuch einer Reise durch einen Teil Deutschlands und durch Italien (4 Bde., 1815–17), Mein Journal (hg. 1927).
**Ausgabe:** E. v. d. R. Tageb. u. Selbstzeugnisse. Hg. v. CH. TRÄGER. Mchn. 1984.
**Literatur:** GEYER, M.: Der Musenhof zu Löbichau. Altenburg 1882. – BRUNIER, L.: Elisa v. d. R. Norden ³1885.

**Reck-Malleczewen,** Friedrich [malə'tʃe:vən], * Gut Malleczewen (Ostpreußen) 11. Aug. 1884, † KZ Dachau 17. Febr. 1945, dt. Schriftsteller. – Offizier, dann Arzt; anthropolog. Studien; Reisen durch Westeuropa, Südamerika, Mexiko, Nordamerika; freier Schriftsteller; 1944 verhaftet, starb im KZ an Typhus. ›Bockelson‹ (1937) ist eine als histor. Studie über die Bewegung der Täufer getarnte massenpsycholog. Analyse des Nationalsozialismus. Trat auch als Autor von Jugendschriften und Essays hervor.
**Weitere Werke:** Mit Admiral Spee (E., 1915), Frau Übersee (R., 1918), Die Dame aus New York (R., 1921), Des Tieres Fall (R., 1930), La Paloma (R., 1937), Der Richter (R., 1940), Das Ende der Termiten (Fragment, hg. 1946), Tagebuch eines Verzweifelten (hg. 1947), Diana Pontecorvo (R., hg. 1948).
**Literatur:** KAPPELER, A.: Ein Fall v. ›Pseudologia phantastica‹ in der dt. Lit., Fritz R.-M. Göppingen 1975. 2 Bde.

**Redaktion** [frz.; zu lat. redigere = zurückführen, in Ordnung bringen],
**1.** Gesamtheit der angestellten journalist. Mitarbeiter einer Zeitung, Zeitschrift, einer Hörfunk- oder Fernsehhauptabteilung (auch eines Verlages), die die vom jeweiligen Medium verbreiteten Aussagen beschafft und bearbeitet und die Ereignisse im Rahmen gegebener (z. T. verleger.) Richtlinien kommentiert. Die Gesamt-R., in der Regel mit einem Chefredakteur an der Spitze, ist meist in mehrere Ressorts (die oft selbst als R. bezeichnet werden) gegliedert. Zur Sicherung der inneren Pressefreiheit versuchen die R.en, durch Redaktionsstatute die Stellung der R. innerhalb der Medienorganisationen festzulegen; der Begriff R. bezeichnet auch die Tätigkeit eines Redakteurs (das Redigieren) sowie die Gesamtheit der Arbeitsräume, die einer Redaktion zur Verfügung stehen.
**2.** Begriff der altphilolog. und mediävist. ↑Textkritik für unterschiedl., handschriftlich überlieferte Textfassungen, die aufgrund eigenständiger Lesarten nicht ohne Schwierigkeit auf einen ↑Archetypus, einen gemeinsamen Grundtext, zurückgeführt werden können. – ↑auch Fassung.

**Rede,**
**1.** mündl. Darlegung bestimmter Anschauungen vor einem Publikum oder zum mündl. Vortrag bestimmter Gebrauchstext, der im Unterschied zum wiss. Vortrag v. a. auch auf die überredende, überzeugende Wirkung der ↑Rhetorik setzt, so v. a. die polit. (Agitations-)R., die Gerichts-R., die Preis-R. oder Laudatio, die Fest-, Grab- oder Gedenk-R., die Kanzel-R. oder ↑Predigt.
**2.** mhd. Bez. für kürzere lehrhafte Reimpaardichtungen, bes. im Spät-MA verbreitet; in der neuzeitl. Forschung auch als ↑Reimrede bezeichnet. Je nach dem Gegenstand werden ↑Minnerede, geistl. R. (z. B. ›Memento mori‹, 11. Jh., oder Hartmann von Aues ›Rede vom Glauben‹, 12. Jh.), didakt. R. (z. B. der Stricker, 13. Jh.), polit. R. (z. B. H. Folz, 15. Jh.), Ehren-R. (z. B. H. Folz' Ehren-R. auf den Burggrafen Albrecht von Nürnberg) unterschieden.
**3.** in der Sprachwiss. die Wiedergabeform einer Aussage bzw. Äußerung, und zwar als direkte R., indirekte R., erlebte Rede. – ↑auch Diskurs.

**Redefiguren** ↑ rhetorische Figuren.

**Redeke,** Martin, niederl. Schriftsteller, ↑ Dekker, Maurits Rudolph Joël.

**Redekunst** ↑ Rhetorik.

**Redensart** (sprichwörtl. R.), verbaler, bildhafter Ausdruck, der, im Unterschied zum ↑ Sprichwort, erst in einen Satz eingebaut werden muß, um seine kommunikative Funktion zu erfüllen. Z. B. wird aus der Wortfolge ›jemandem die Daumen drücken‹ erst in Sätzen wie ›Ich drücke dir die Daumen, damit du gewinnst‹ eine eigentl. R.; andererseits sind die einzelnen Wörter der R. zu formelhaften Wendungen erstarrt, deren Bedeutung als sprachl. Einheit sich so weit von der ursprüngl. Bedeutung der Einzelwörter entfernt hat, daß deren ursprüngl. Bedeutung nicht mehr erfaßt wird.

**Literatur:** RÖHRICH, L.: Lex. der sprichwörtl. R.en. Freib. [4]1986. 4 Bde.

**Redentiner Osterspiel,** ein in Redentin (bei Wismar) 1464 in niederdt. Sprache aufgezeichnetes, wohl kurz vorher in Lübeck entstandenes geistl. Spiel (↑ auch Osterspiel) in etwa 2000 Versen. Es besteht aus dem Auferstehungsspiel und dem wohl von zeitgenöss. Totentanzdarstellungen beeinflußten Teufelsspiel. Der Autor verzichtet auf eine Reihe traditioneller Szenen (Salbenkauf, Jüngerlauf, Magdalena); im zweiten Teil nimmt die Ständesatire einen bed. Raum ein. Hierdurch und durch die volkstüml. Diktion gehört das R. O. zu den eindrucksvollsten religiösen Dramen des dt. Mittelalters.

**Ausgabe:** Das R. O. De resurrectione. Hg. v. W. KROGMANN. Lpz. [2]1964.

**Literatur:** WOLFF, L.: Zu den Teufelsszenen des R. O.s. In: Gedenkschr. für William Foerste. Hg. v. D. HOFMANN. Köln u. Wsb. 1970. S. 424.

**Rederijkers** [niederl. 'reːdərɛikərs; volksetymolog. Umbildung zu frz. ↑ Rhétoriqueurs], in städt. Vereinen (↑ Rederijkerskamers) organisierte Dichter und Literaturliebhaber im niederl. Sprachraum im 15. und 16. Jh., vereinzelt auch noch später. Ihre populäre, als spätmittelalterlich zu charakterisierende Kunst wird von Renaissance und Barock abgelöst, obwohl mehrere Renaissancedichter Mitglieder von R.kamers gewesen sind. Ihre Literatur umfaßt v. a. Lyrik und Dramen. Hauptform der Lyrik war der Refrain (›referein‹), ein stroph. Gedicht mit einem sich wiederholenden Endvers (›stock‹). Es gab ernsthafte (›in 't vroede‹), kom. (›in 't sotte‹) und ›amoureuze‹ Refrains. Bed. Refraindichter: Anthonis van Roovere (* um 1430, † 1482) und A. Bijns. Hauptform des Dramas ist das ›spel van sinnen‹ (↑ Sinnespel), die allegor. Dramatisierung eines Sinnspruchs. Bed. Stücke: ›Elckerlijc‹ von P. Dorlandus und Colijn van Rijsseles (2. Hälfte des 15. Jh.) ›De spieghel der minnen‹. Die Esbatemente, kurze kom. Stücke, sind eine Fortsetzung der mittelalterl. Possen. Der Sprachgebrauch der R. ist gekünstelt und mit Fremdwörtern übersät. M. de Castelein schrieb eine literar. Abhandlung über diese Kunst: ›De const van rhetoriken‹ (postum 1555). Im 16. Jh. wurde von den R. reformator. Gedankengut verbreitet.

**Literatur:** MAK, J. J.: De R. Amsterdam 1944. – R.studien. Bd. 1. Gent 1964 ff.

**Rederijkerskamers** [niederl. 'reːdərɛikərs,kaːmərs], städt. literar. Vereine (↑ Rederijkers) im niederl. Sprachraum, in Brabant und Flandern seit der 1. Hälfte des 15. Jh., später auch im Norden (Holland). Nach dem Vorbild der frz. ›puys‹ (↑ Puy) waren sie wie die Zünfte organisiert, Vorsitz hatte ein ›Prinz‹. Die zentrale Figur war der ›Factor‹, der die Stücke (↑ Sinnespel, ↑ Esbatement) schrieb, die von den Vereinen im Wettbewerb aufgeführt wurden, und der auch als Regisseur auftrat. Unter Herzog Alba wurden zahlreiche R. aufgehoben.

**Redewitz,** Oskar Frhr. von, * Lichtenau bei Ansbach 28. Juni 1823, † Heilanstalt Gilgenberg bei Bayreuth 6. Juni 1891, dt. Schriftsteller. – 1851/52 Prof. für Ästhetik in Wien, danach freier Schriftsteller. Verfaßte im Zuge der romant. Wiederentdeckung des MA und bestärkt durch den Erfolg seines lyrisch-ep. Gedichts ›Amaranth‹ (1849) zahlreiche unterschiedlich erfolgreiche histor. Dramen und Romane. Starb als Morphinist.

**Weitere Werke:** Gedichte (1852), Sieglinde (Trag., 1854), Thomas Morus (Trag., 1856), Philippine Welser (Dr., 1859), Der Doge von Venedig (Trag., 1863), Hermann Stark. Dt. Leben (autobiograph. R., 3 Bde., 1869), Odilo (Epos, 1878), Glück (R., 1890).

**Literatur:** RABENLECHNER, M. M.: Oscar v. R.' religiöser Entwicklungsgang. Ffm. 1897. – LIPS, B.: O. v. R. als Dichter der ›Amaranth‹. Münster 1908.

**Redgrove,** Peter [William] [engl. 'rɛdgroʊv], * Kingston (Surrey) 2. Jan. 1932, engl. Schriftsteller. – Wissenschaftsjournalist; Gründungsmitglied der Schriftstellervereinigung The Group (1955). R.s Lyrik gewinnt Intensität v. a. durch traumähnlich assoziative Bildlichkeit. Diese poet. Qualitäten bestimmen auch seine Prosa, z. B. ›In the country of the skin‹ (R., 1972), ›The beekeepers‹ (R., 1980). In Zusammenarbeit mit Penelope Shuttle (* 1947) entstanden der Roman des Okkulten ›The terrors of Dr. Treviles‹ (1974) sowie die Studie ›Die weise Wunde Menstruation‹ (1978, dt. 1980). Auch Verfasser von Dramen und Hörspielen.

**Weitere Werke:** Sons of my skin. Selected poems 1954–1974 (1975), The wedding at nether powers and other new poems (1979), The apple-broadcast and other new poems (1981), The facilitator (R., 1982), The working of water (Ged., 1984), A man named East and other new poems (Ged., 1985), In the hall of Sunrians (Ged., 1987), Poems 1954–1987 (Ged., 1989), Dressed for a tarot pack (Ged., 1990), Under the reservoir (Ged., 1992), The cyclopean mistress. Selected short fiction, 1960–1990 (En., 1993).

**Redi,** Francesco, * Arezzo 18. Febr. 1626, † Pisa 1. März 1698, italien. Gelehrter und Dichter. – Leibarzt der Großherzöge von Toscana; beschäftigte sich mit naturwiss. Studien, entdeckte u. a. beim Leberegel die nach ihm benannten Redien; war als bed. Philologe an der Abfassung des Wörterbuchs der Accademia della Crusca beteiligt; unter seinen poet. Werken ragt das dithyramb. Gedicht auf den Wein ›Bacco in Toscana‹ (1685) hervor.

**Ausgabe:** Le più belle pagine di F. R. Ausgew. v. P. GIACOSA. Mailand 1925.

**Literatur:** PRANDI, D.: Bibliografia delle opere di F. R. Reggio-Emilia 1941. – SCHIPPSI, R.: F. R. In: Letteratura italiana. I minori. Bd. 3. Mailand 1962. S. 1765.

**Reding,** Josef, * Castrop-Rauxel 20. März 1929, dt. Schriftsteller. – In seinen zahlreichen Kurzgeschichten, die den Einfluß amerikan. Autoren aufweisen, erzählt er sozialkritisch und mit satir. Tendenz vom Alltag der kleinen Leute; auch Übersetzer, Autor erfolgreicher Kinder- und Jugendbücher sowie von Hörspielen. Gehört zu den Gründungsmitgliedern der Gruppe 61.

**Werke:** Trommlerbub Ricardo (Jugendb., 1952), Friedland (R., 1956), Nennt mich nicht Nigger (En., 1957), Wer betet für Judas? (En., 1958), Papierschiffe gegen den Strom (Hsp.e, En. u. a., 1963), Ein Scharfmacher kommt (En., 1967), Zwischen den Schranken (En., 1967), Die Anstandsprobe (En., 1973), Gold, Rauhreif und Möhren (En., 1981), Nennt sie beim Namen – Asphaltgebete (1982), Menschen im Müll (Tageb., 1983), Und die Taube jagt den Greif (En., 1985), Friedensstifter – Friedensboten (Essays, 1987), Der Mensch im Revier (Essays, 1988), Das Kreuz auch heute tragen (1991; mit T. von der Schulenburg), Tiere sprechen dich an (Texte, 1993), Lesebuch (1994).

**Redol,** António Alves [portugies. rrə'ðɔl], * Vila Franca de Xira bei Lissabon 29. Dez. 1911, † Lissabon 29. Nov. 1969, portugies. Schriftsteller und Journalist. – Verbrachte seine Jugend z. T. in Angola; Verfasser realist. und sozialkrit. Romane; schrieb auch Dramen und Lyrik.

**Werke:** Glória (R., 1938), Gaibéus (R., 1939), Marés (R., 1941), Fanga (R., 1943), Port-Wine (R.-Trilogie, 3 Bde., 1949–53), Os Reinegros (R., 1952), Der Mann mit den sieben Namen (R., 1958, dt. 1968), Histórias afluentes (En., 1963), O muro branco (R., 1966), Teatro (3 Bde., 1966–72).

**Ausgabe:** A. A. R. Obras completas. Hg. v. F. L. DE CASTRO. Lissabon [1-10]1967 ff. Auf mehrere Bde. berechnet.

**Literatur:** PAVÃO, J. DE ALMEIDA: Alves R. e o neorealismo. Lissabon 1959. – SALEMA, Á.: Alves R., a obra e o homem. Lissabon 1980. – FERREIRA, A. P.: A. R. e o neo-realismo português. Lissabon 1992.

**Redondilla** [redɔn'dıla, ...'dılja; span.], span. Strophenform, Vierzeiler aus Trochäen, gewöhnlich Achtsilblern (R. mayor), weniger häufig Sechssilblern (R. menor) mit den Reimanordnungen abab (seit dem 11. Jh. nachweisbar) und abba (bezeugt seit dem 14. Jh.), heute als die eigentl. R.form angesehen; Blüte im 16./17. Jh.; als selbständige Strophe in Lyrik und Drama verwendet.

**Literatur:** BAEHR, R.: Span. Verslehre auf histor. Grundlage. Tüb. 1962.

**Reed,** Henry [engl. ri:d], * Birmingham 22. Febr. 1914, † 8. Dez. 1986, engl. Schriftsteller. – Journalist für Presse und Funk, schrieb ab 1947 zahlreiche, teils poet., teils komisch-realist. Hörspiele und Funkadaptationen literar. Werke; übersetzte u.a. italien. Dramatik. In sensibel-verhaltenen Gedichten setzt er sich u.a. mit der Erfahrung des 2. Weltkriegs auseinander.

**Werke:** A map of Verona (Ged., 1946), Lessons of the war (Ged., 1970), The streets of Pompeii and other plays for radio (Hsp.e, 1971), Hilda Tablet and others (Hsp.e, 1971).

**Ausgabe:** H. R. Collected poems. Hg. v. J. STALLWORTHY. Oxford u.a. 1991.

**Reed,** Ishmael [Scott] [engl. ri:d], *Chattanooga (Tenn.) 22. Febr. 1938, amerikan. Schriftsteller. – Seine Erzählungen zeigen die Entwicklung der afroamerikan. Erzählkunst von sozialkritisch-naturalist. und realist. zu experimenteller postmoderner Fiktion. Zu den Sujets gehören die Darstellung von Gewalt und Korruption (›The free-lance pallbearers‹, R., 1967; ›The terrible twos‹, R., 1982), die Schilderung der Abenteuer eines schwarzen Cowboys (›Yellow back radio broke down‹, R., 1969), des Schauplatzes schwarzer Kultur in New Orleans und im Harlem der 20er Jahre (›Mumbo Jumbo‹, 1972), des schwarzen Protests in Berkeley gegen die moderne Technokratie (›The last days of the Louisiana Red‹, R., 1974), der Sklaverei nach dem Bürgerkrieg (›Flight to Canada‹, R., 1976) sowie der komisch perspektivierten kulturellen Emanzipation schwarzer Frauen (›Reckless eyeballing‹, R., 1986). R. schreibt auch Gedichte: ›Catechism of Neo-American Hoodoo church‹ (1970), ›Conjure‹ (1972), ›Chattanooga‹ (1973), ›A secretary to the spirits‹ (1978) und Essays: ›Shrovetide in Old New Orleans‹ (1978), ›God made Alaska for the Indians‹ (1982).

**Weitere Werke:** Writin' is fightin'. Thirty-seven years of boxing on paper (Prosa, 1988), The terrible threes (R., 1989).

**Literatur:** SETTLE, E. A.: I. R. A primary and secondary bibliography. Boston (Mass.) 1982. – Sonderheft ›Review of Contemporary Fiction‹. Bd. 4 (1984), H. 2.

**Reeve,** Clara [engl. ri:v], *Ipswich 23. Jan. 1729, †ebd. 3. Dez. 1807, engl. Schriftstellerin. – Schrieb unter dem Eindruck von H. Walpoles ›Schloß Otranto‹ Schauerromane, v.a. ›The champion of virtue‹ (1777, 1778 u.d.T. ›The old English baron‹), und setzte sich in der literarhistor. Studie ›The progress of romance through times, countries, and manners‹ (2 Bde., 1785) mit dem Genre des Romans auseinander.

**Weitere Werke:** The two mentors (R., 1783), The exiles (R., 1788), The school for widows (R., 1791), Memoirs of Sir Roger de Clarendon (R., 3 Bde., 1793), Destination (R., 1799).

**Refrain** [rəˈfrɛ̃:; frz.; zu lat. refringere = brechend zurückwerfen] (Kehrreim), in Gedichten, Liedern u.ä. regelmäßig wiederkehrende Laut- oder Wortgruppe; der Umfang reicht von einem Wort bis zu mehreren Versen und zur ganzen Strophe. Der R. steht ursprünglich und zumeist am Strophenende, begegnet aber auch als Anfangs- und Binnenrefrain. Er ist in Volksliedern, z.B. in Kinder- und Tanzliedern (↑Ballade, ↑Balada) vieler Völker verbreitet und findet sich auch im Kunstlied des 19. Jh. sowie im 20. Jh. v.a. im Chanson, Song, Schlager.

**Literatur:** GENNRICH, F.: Rondeaux, Virelais u. Balladen aus dem Ende des 12., dem 13. u. dem 1. Drittel des 14. Jh. mit den überlieferten Melodien. Dresden u.a. 1920–63. 3 Bde. – LE GENTIL, P.: Le virelai et le villancico. Le problème des origines arabes. Paris 1954. – PLATEN, E.: R. In: Das große Lexikon der Musik. Hg. v. M. HONEGGER u.a. Bd. 7. Freib. u.a. 1982. S. 21. – ↑auch Rondeau.

**Regenass,** René, *Basel 15. Mai 1935, schweizer. Schriftsteller. – Studierte Germanistik und Geschichte, arbeitete in verschiedenen Berufen; schreibt gesellschaftskrit. Erzählungen und Romane, Gedichte, Hörspiele und Theaterstücke.

**Werke:** Wir haben das Pulver nicht erfunden ... (Prosa, 1971), Wer Wahlplakate beschmiert, beschädigt fremdes Eigentum (R., 1973), Triumph ist eine Marke (Ged., Prosa, 1975), Ein Schlagbaum treibt keine Blätter (R., 1976), In aller Stille (En., 1977), Porträt eines Portiers (E., 1979), Damit die Zunge nichts Falsches sagt (Ged., 1979), Die Kälte des Äquators (R., 1982), Vernissage (R., 1984), Die Liliputanerin (En., 1986), Schattenreise (R., 1986), Scott's Einsamkeit (En., 1989), Fußangel (R., 1991).

**Regenbogen** (Regenboge), Barthel, mhd. Sangspruchdichter des 13./14. Jahrhunderts. – Das Bild R.s ist v.a. von der Meistersingertradition bestimmt, die ihn zu den zwölf alten Meistern zählt, ihm den Vornamen Barthel und den Beruf eines Schmieds gab. Sicher ist nur, daß er ein Konkurrent Heinrichs von Meißen, genannt Frauenlob, war. 1302 ist er in Tirol nachgewiesen. Aus seinem Werk haben Sangspruchstrophen in der ›Briefweise‹ aus der Großen Heidelberger Liederhandschrift den größten Anspruch auf Echtheit; sie behandeln traditionelle Themen der Spruchdichtung wie Glaubens- und Ständelehre, Moral und die Artes.

**Literatur:** SCHRÖDER, R.: Die R. zugeschriebenen Schmiedegedichte. In: Lit. u. Laienbildung im Spät-MA u. in der Reformationszeit. Hg. v. L. GRENZMANN. Stg. 1984.

**Regensburg,** Berthold von, dt. Franziskaner, ↑Berthold von Regensburg.

**Regensburg,** Burggraf von, mhd. Minnesänger des 12. Jahrhunderts. – Wahrscheinlich ein (älterer?) Bruder des Burggrafen von Rietenburg. Von ihm sind zwei zweistrophige Lieder in der Form des Wechsels erhalten; sie gehören formal (Langzeilenstrophe) und inhaltlich in der Minneauffassung (Gegenseitigkeit) zur donauländ. Phase, der ältesten des dt. Minnesangs.

**Ausgabe:** B. v. R. In: Des Minnesangs Frühling. Hg. v. H. MOSER u. H. TERVOOREN. Bd. 1. Stg. [37]1982.

**Regensburg,** Lamprecht von, dt. Dichter, ↑Lamprecht von Regensburg.

**Reger,** Erik, eigtl. Hermann Dannenberger, * Bendorf 8. Sept. 1893, † Wien 10. Mai 1954, dt. Schriftsteller und Journalist. – Ging 1933 in die Schweiz, kehrte jedoch 1936 nach Deutschland zurück. 1945 Hg. der Berliner Zeitung ›Der Tagesspiegel‹; schrieb kenntnisreiche und krit. Romane, v. a. über die dt. Großindustrie und die Verflechtung zwischen Industrie und Politik. Für seinen Roman aus dem Industriellenmilieu ›Union der festen Hand‹ (1931; 1933 verboten) wurde er 1931 mit dem Kleist-Preis ausgezeichnet. Später schrieb R. Romane, in denen er Landschaft und Menschen des Rheinlandes darstellte.

**Weitere Werke:** Das wachsame Hähnchen (R., 1932), Schiffer im Strom (R., 1933), Der verbotene Sommer (R., 1941), Zwei Jahre nach Hitler (Essays, 1947).

**Regie** [re'ʒi:; frz. = Leitung; zu lat. regere = herrschen], Spieleinrichtung, -einstudierung und -leitung in Theater, Oper, Film, Fernsehen und Hörspiel. Die R. umfaßt die Tätigkeit eines **Regisseurs** bei der Einrichtung, Einstudierung und Leitung einer ↑Inszenierung. – Ausschlaggebend für die R. ist die Werkvorstellung des Regisseurs: Versuche einer originalgetreuen Interpretation, Umsetzung und Übertragung der vom Autor festgelegten Möglichkeiten und Absichten auf die Gegebenheiten hinsichtlich Bühne, Zeit, Ort, Publikum und Medium, ferner krit. Neuinterpretation eines Werkes nach bestimmten ästhet. oder ideolog. Gesichtspunkten, auch die freie Produktion, für die der Text nur noch ein unverbindl. Ausgangspunkt ist **(Regietheater).** Bei zeitgenöss. Werken wird die Interpretationsvielfalt bei der R. durch das Urheberrecht eingeschränkt.
Seit der Gründung fester Theater entwickelte sich die R. als eigenständige Gestaltungsinstanz (z. B. durch Goethe in Weimar, K. L. Immermann in Düsseldorf, J. Schreyvogel und H. Laube in Wien sowie E. A. F. Klingemann in Braunschweig, der 1829 erstmals öffentlich den ersten Teil von Goethes ›Faust‹ vollständig aufführte). Einen eigenen R.stil **(Ensembletheater)** entwickelten in Deutschland beispielhaft für das europ. Theater die ↑Meininger, wobei der ›Theaterherzog‹ Georg II. von Sachsen-Meiningen als erster Regisseur im heutigen Sinne (Gesamtinszenierung eines Stückes vom Bühnenbild bis zur schauspieler. Darstellung) bezeichnet werden kann. Die neuen und stetig wachsenden Möglichkeiten der techn. Entwicklung, die für die Stilrichtung des Naturalismus als notwendig erachtete analyt. Bearbeitung der Rollen sowie die Umsetzung neuer theaterwiss. Erkenntnisse in die Praxis förderten v. a. seit etwa 1900 die Eigenständigkeit der R., so durch André Antoine (* 1858, † 1943) in Frankreich (↑Théâtre-Libre), Konstantin Stanislawski (* 1863, † 1938) in Moskau (↑Moskauer Künstlertheater) und in Deutschland O. Brahm (↑auch Freie Bühne), der R. v. a. als krit. Beratung des Schauspielerensembles verstand. In England ragte H. Granville-Barker durch seine Shakespeare-, Ibsen- und Maeterlinck-Inszenierungen heraus; W. B. Yeats und Lady I. A. Gregory initiierten eine neue ir. Theaterbewegung

(›Irish Literary Theatre‹, gegr. 1899). Zur Überwindung des naturalist. Theaterstils trug v.a. die z.T. forciert realist. R. von Max Reinhardt (* 1873, † 1943) bei. Die Auflösung des Illusionstheaters begann in den 20er Jahren mit dem expressionist. Theater, u.a. durch Leopold Jessner (* 1878, † 1945), der R. v.a. als bestimmendes Element der theatral. Aktion verstand, sowie in Frankreich durch J. Copeau, der mit sparsamsten, symbol. Bühnenmitteln die R. auf den schauspieler. Ausdruck (Sprache, Mimik, Gestik) konzentrierte (↑ Théâtre du Vieux-Colombier). Eine gegenüber dem literar. Text dominante R., verstanden als Fortsetzung der Revolution mit Theatermitteln, führten die Regisseure des russ. Revolutionstheaters (Wsewolod E. Mejerchold [* 1874, † 1940], Alexander I. Tairow [* 1885, † 1950], Jewgeni B. Wachtangow [* 1883, † 1922]). In Deutschland traten v.a. Erwin Piscator (* 1893, † 1966; ↑ auch Dokumentartheater) und B. Brecht (↑ episches Theater, ↑ Berliner Ensemble) mit antiillusionist. Regiekonzepten hervor; bed. R.leistungen kamen dann u.a. von Jürgen Fehling (* 1885, † 1968), Heinz Hilpert (* 1890, † 1967), Erich Engel (* 1891, † 1966), Hans Schweickart (* 1895, † 1975), Gustaf Gründgens (* 1899, † 1963), Fritz Kortner (* 1892, † 1970) und Lothar Max Müthel (* 1896, † 1965). Die heutige R. vereinigt die vielfältigsten Stilrichtungen. In England (↑ Royal Shakespeare Company) sind v.a. Peter Brook (* 1925) und Peter Hall (* 1930), in Frankreich Ariane Mnouchkine (* 1939; ↑ Théâtre du Soleil), in Italien Giorgio Strehler (* 1921; ↑ Piccolo Teatro di Milano), D. Fo, Luca Ronconi (* 1933), in der BR Deutschland Peter Palitzsch (* 1918), Peter Zadek (* 1926), Peter Stein (* 1937), Klaus Michael Grüber (* 1941), Dieter Dorn (* 1941) und Claus Peymann (* 1937), in den USA R. Wilson und Peter Sellars (* 1958), in Polen Jerzy Grotowski (* 1933) zu nennen. – ↑ auch Drama, ↑ Living Theatre, ↑ Off-Off-Broadway, ↑ New English Drama.

**Literatur:** Schwarz, H.: R. Bremen 1965. – Walter, Karl: Spielleitung. Mchn. 1966. – R. in Dokumentation, Forschung u. Lehre. Hg. v. M. Dietrich. Salzburg 1975.

**Régio,** José [portugies. 'rrɛʒi̯u], eigtl. J. Maria dos Reis Pereira, * Vila do Conde 17. Sept. 1901, † ebd. 22. Dez. 1969, portugies. Schriftsteller. – Mit-Hg. der modernist. Zeitschrift ›Presença‹; schrieb religiös bestimmte Lyrik, z.T. satir. Dramen, Mysterienspiele, psycholog. Gesellschaftsromane und zeitkrit. Essays.

**Werke:** Poemas de Deus e do diabo (Ged., 1929), Biografia (Ged., 1929), As encruzilhadas de Deus (Ged., 1936), Fado (Ged., 1941), Mas Deus é grande (Ged., 1945), A velha casa (R., 5 Bde., 1945–66), A salvação do mundo (Dr., 1954), Filho do homen (Ged., 1961).

**Literatur:** Lisboa, E.: J.R. Nota bio-bibliográfica, exame crítico, e bibliografia. Lissabon Neuaufl. 1976. – Siepmann, H.: Die portugies. Lyrik des Segundo Modernismo. Ffm. 1977. – Simões, J. G.: J. R. e a história do movimento da ›Presença‹. Porto 1977. – Lisboa, E.: J. R. – uma literatura viva. Lissabon 1978. – Lisboa, E.: J. R. ou a confissão relutante. Lissabon 1988.

**Regionalliteratur** (Regionalismus), seit der Mitte des 19. Jh. Richtung der frz. Literatur, deren Vertreter, gegen den frz. Zentralismus gewendet, die Eigenständigkeit der Provinzen betonen; der Bezugsrahmen ist oft geprägt durch myth. Verklärung von Heimat und einfachem bäuerl. Leben, durch Idealisierung von Landschaft und Landleben; bisweilen mündete die R. auch in Nationalismus (Ch. Maurras) und Traditionalismus. Für manche Dichter stellt die R. allerdings nur eine Phase in ihrem Schaffen dar (M. Barrès). – Die R. nahm ihren Ausgang in der Provence, die auch die umfangreichste Literatur hervorbrachte. Hier gründete F. Mistral (1854) den Bund ↑ Félibrige (↑ Félibres), dessen Mitglieder vorwiegend provenzalisch schrieben (häufig sind auch zweisprachige, d.h. provenzalisch-frz. Ausgaben). Weitere Vertreter der provenzal. R. sind P. A. Arène (Schüler Mistrals und Mitarbeiter A. Daudets), J. d'Arbaud, H. Bosco, Th. Monnier, J. Giono. – Die zweite Landschaft, die eine reichere regionalist. Literatur hervorbrachte, ist die Bretagne: A. Brizeux (Epos ›Les Bretons‹, 1845), Anatole Le Braz (* 1859, † 1926), Ch. Le Goffic (Gedichte ›Amour breton‹, 1889). Die regionalist. Literatur anderer Landschaften erreichte selten überregionale Bedeutung: für die Auvergne H. Pourrat,

für Savoyen H. Bordeaux, für die Cevennen A. Chamson, für das Waadt (frz. Schweiz) Ch. R. Ramuz.
Ähnl. Bestrebungen finden sich, allerdings in unterschiedl. Ausprägung, auch in anderen Nationalliteraturen, z. B. in *Italien,* wo nach der nat. Einigung 1870 literar. Gegenbewegungen gegen den in der Verwaltung um sich greifenden Zentralismus einsetzten und z. T. den alten Provinzialismus wiederbelebten, so z. B. im Werk des Sizilianers G. Verga und der Sardinierin G. Deledda. In *Spanien* geht die R. z. T. parallel mit separatist. Bestrebungen, z. B. in Galicien (E. Gräfin von Pardo Bazán), im Baskenland (A. de Trueba y de la Quintana, P. Baroja y Nessi) und in Katalonien.

**Regisseur** [reʒɪ'sø:r] ↑ Regie.

**Register** [aus mlat. registrum = Verzeichnis],
**1.** in der Drucktechnik bei Büchern, Broschüren, Zeitschriften u. ä. das genaue Aufeinanderpassen der auf Vorder- und Rückseite des Druckbogens gedruckten Satzseiten (Druck-R.) bzw. die Dekkungsgleichheit der Satzspiegel aller Seiten des Druckwerks (Falzregister).
**2.** v. a. in der Sachliteratur die alphabet. Zusammenstellung von Personennamen, Ortsnamen, Sachbegriffen (Personen-R., Ortsnamen-R., Sach-R.); meist im Anhang.
**Literatur:** KUNZE, H.: Über das R.machen. Mchn. [4]1992.

**Regler,** Gustav, * Merzig 25. Mai 1898, † Delhi 18. Jan. 1963, dt. Schriftsteller. – Seit 1928 Mitglied der KPD, 1933 als Staatsfeind ausgebürgert; nahm als Mitglied der internat. Brigaden am Span. Bürgerkrieg teil und verarbeitete die Erlebnisse in dem Roman ›Das große Beispiel‹ (engl. Übers. 1938, dt. hg. 1976); vor 1940 Bruch mit der kommunist. Partei; 1940 floh er aus Frankreich nach Mexiko; ab 1952 lebte er in Worpswede und in Mexiko.
**Weitere Werke:** Wasser, Brot und blaue Bohnen (R., 1932), Der verlorene Sohn (R., 1933), Im Kreuzfeuer (R., 1934), Die Saat (R., 1936), Aretino (R., 1955), Das Ohr des Malchus (Autobiogr., 1958), Juanita (R., entst. 1938–42, hg. 1986).
**Ausgabe:** G. R. Werke. Hg. v. G. SCHMIDT-HENKEL u. a. Basel 1994 ff.

**Literatur:** DIWERSY, A.: G. R. Bildbiogr. Saarbrücken 1983.

**Regnard,** Jean-François [frz. rə'ɲa:r], * Paris 7. Febr. 1655, † Schloß Grillon bei Dourdan (Essonne) 4. Sept. 1709, frz. Dramatiker. – Einer der hervorragendsten Lustspieldichter seiner Zeit; schrieb Farcen sowie Sitten- und Charakterkomödien, ohne allerdings Molière zu erreichen. Sein Meisterwerk ist ›Der Universalerbe‹ (1708, dt. 1757, 1904 u. d. T. ›Die Erbschleicher‹); daneben ›Le divorce‹ (Kom., 1688), ›Der Spieler‹ (Kom., 1697, dt. 1757), ›Der Zerstreute‹ (Kom., 1697, dt. 1752), ›Les folies amoureuses‹ (Kom., 1704), ›Menanders Abenteuer in Paris oder ...‹ (Kom., 1705, dt. 1900; nach Plautus) u. a.; autobiographisch ist sein Roman ›La Provençale‹ (hg. 1731).
**Literatur:** MUNTZ, QU. S.: The works of R., with special reference to their social and dramatic aspects. Diss. London 1963/64. – ORWEN, G. P.: J.-F. R. Boston (Mass.) 1982.

**Régnier,** Henri [François Joseph] de [frz. re'ɲe], Pseudonym Hugues Vignix, * Honfleur (Calvados) 28. Dez. 1864, † Paris 23. Mai 1936, frz. Schriftsteller. – Bed. Vertreter des frz. Symbolismus; wandte sich später einem neoklassizistischen Stil zu; auch Romancier und Essayist. R. wurde 1911 Mitglied der Académie française.
**Werke:** Les lendemains (Ged., 1885), Les jeux rustiques et divins (Ged., 1897), Les médailles d'argile (Ged., 1900), In doppelten Banden (R., 1900, dt. 1904, 1913 u. d. T. Die zweifache Liebe des Herrn von Galandot), La cité des eaux (Ged., 1902), La sandale ailée (Ged., 1906), Le voyage d'amour (R., 1930).
**Ausgaben:** H. F. J. de R. Œuvres. Paris 1921–31. 7 Bde. – H.-F. de R. Verse. Dt. Übers. Stg. 1932.
**Literatur:** BUENZOD, E.: H. de R., essai. Avignon 1966. – MAURIN, M.: R. Le labyrinthe et le double. Montreal 1972. – SCHMIDT, GERHARDT: H. de R. als Erzähler. Meisenheim 1976.

**Régnier,** Marie Louise Antoinette de [frz. re'ɲe], frz. Schriftstellerin, ↑ Houville, Gérard d'.

**Régnier,** Mathurin [frz. re'ɲe], * Chartres 21. Dez. 1573, † Rouen 22. Okt. 1613, frz. Dichter. – Meist im Dienst hoher kirchl. und weltl. Würdenträger; 1609 Kanoniker in Chartres. Berühmt durch scharfe Satiren gegen Mängel der Zeit nach dem Vorbild des Horaz. Gegner der engen poet. Regeln F. de Malherbes.

**Werke:** Poésies diverses (Ged., 1608), Satires (1608, erweitert 1609, 1612 und 1613).
**Ausgabe:** M. R. Œuvres complètes. Krit. Ausg. Hg. v. G. RAIBAUD. Paris u. Brüssel 1958.
**Literatur:** REGER, K. F.: M. R.s literargeschichtl. Bedeutung. Diss. Mchn. 1937. – MOLLAN, R. M.: La langue de R., étude lexicologique. Diss. Sheffield 1955/56. – AULOTTE, A.: M. R. Les satires. Paris 1983.

**Rêgo Cavalcanti,** José Lins do [brasilian. 'rregu kaval'kɐnti], brasilian. Schriftsteller, ↑Lins do Rêgo Cavalcanti, José.

**Reguera,** Ricardo Fernández de la, span. Schriftsteller, ↑Fernández de la Reguera, Ricardo.

**Rehberg,** Hans, *Posen 25. Dez. 1901, †Duisburg 20. Juni 1963, dt. Dramatiker. – Bearbeitete biograph. und histor. Stoffe, schrieb bühnenwirksame Dramen. In der Zeit des Nationalsozialismus hatte er mit seinen ›Preußen-Dramen‹ (5 Tle.: ›Der große Kurfürst‹, 1934; ›Friedrich I.‹, 1935; ›Friedrich Wilhelm I.‹, 1935; ›Kaiser und König‹, 1936; ›Der Siebenjährige Krieg‹, 1937) großen Erfolg; auch Hörspielautor.
**Weitere Werke:** Heinrich und Anna (Dr., 1942), Karl V. (Dr., 1943), Heinrich VII. (Dr., 1947), Gattenmord (Trag., 1953), Der Muttermord (Trag., 1953), Rembrandt (Dr., 1956).

**Rehfisch,** Hans José, Pseudonyme Georg Turner, René Kestner, *Berlin 10. April 1891, †Schuls (Graubünden) 9. Juni 1960, dt. Dramatiker. – Gab seine jurist. Laufbahn auf und wurde Theaterleiter in Berlin; nach längerer Haft lebte er ab 1936 in der Emigration (Wien, London, USA), ab 1950 wieder in Deutschland. Schrieb publikumswirksame Dramen mit politisch-aktueller Thematik und z. T. gesellschaftskrit. Tendenz, u. a. ›Die Affäre Dreyfus‹ (1929; mit W. Herzog); die Tragikomödie ›Wer weint um Juckenack?‹ (1924) hatte Welterfolg. R. schrieb auch Drehbücher, Romane und Hörspiele.
**Weitere Werke:** Die goldenen Waffen (Trag., 1913), Der Chauffeur Martin (Trag., 1920), Nickel und die 36 Gerechten (Kom., 1925), Razzia (Tragikom., 1926), Der Verrat des Hauptmanns Grisel (Schsp., 1932), Doktor Semmelweis (Schsp., 1934, 1950 u. d. T. Der Dämon), Wasser für Canitoga (Schsp., 1936), Die Hexen von Paris (R., 1951), Oberst Chabert (Schsp., 1956), Lysistratas Hochzeit (R., 1959).

**Ausgabe:** H. J. R. Ausgew. Werke. Hg. v. der Dt. Akademie der Künste zu Berlin. Bln. 1967. 4 Bde.

**Rehfues,** Philipp Joseph von (seit 1826) ['re:fu:s], *Tübingen 2. Okt. 1779, †Römlinghoven (heute zu Königswinter) 21. Okt. 1843, dt. Schriftsteller. – Hielt sich zunächst als Hauslehrer, Übersetzer und Hg. der Zeitschrift ›Italien‹ in Italien auf, ab 1806 Bibliothekar in Stuttgart, danach höherer Verwaltungsbeamter in Koblenz und Bonn; 1819–42 Kurator der Univ. Bonn. Die roman. Länder sind Gegenstand seiner Reisebeschreibungen sowie seiner von Jean Paul, Goethe und W. Scott beeinflußten Romane; auch patriot. Schriften.
**Weitere Werke:** Gemählde von Neapel ... (3 Bde., 1808), Briefe aus Italien ... (4 Bde., 1809/1810), Spanien nach eigener Ansicht (4 Bde., 1813), Scipio Cicala (R., 4 Bde., 1832), Die Belagerung des Castells von Gozzo (2 Bde., 1834), Die neue Medea (R., 3 Bde., 1836).
**Literatur:** HEILIG, I.-E.: Ph. J. v. R. Breslau 1941.

**Rehmann,** Ruth, *Siegburg 1. Juni 1922, dt. Schriftstellerin. – Schreibt Erzählungen, Romane und Hörspiele; arbeitet gern mit verschiedenen Erzähltechniken; ihre in nüchterner Sprache verfaßten Arbeiten zeichnen sich durch kritisch-analysierende Beobachtungsgabe aus.
**Werke:** Illusionen (R., 1959), Die Leute im Tal (R., 1968), Paare (En., 1978), Der Mann auf der Kanzel (R., 1979), Abschied von der Meisterklasse (R., 1985), Die Schwaigerin (R., 1987), Unterwegs in fremden Träumen. Begegnungen mit dem anderen Deutschland (1993).

**Rehn,** Jens, eigtl. Otto J. Luther, *Flensburg 18. Sept. 1918, †Berlin 3. Jan. 1983, dt. Schriftsteller. – War im 2. Weltkrieg Marineoffizier, dann freier Schriftsteller und Komponist. Schilderte in seinen Erzählwerken menschl. Extremsituationen bei weitgehendem Verzicht auf Handlung; Hörspiele.
**Werke:** Nichts in Sicht (E., 1954), Feuer im Schnee (R., 1956), Die Kinder des Saturn (R., 1959), Der Zuckerfresser (En., 1961), Das neue Bestiarium der dt. Literatur (Autorenporträts, 1963), Das einfache Leben und der schnelle Tod (En., 1966), Morgen-Rot. Die Kehrseite des Affen (R., 1976), Die weiße Sphinx (R., 1978), Nach Jan Mayen u. a. Geschichten (1981).

**Reichard,** Heinrich August Ottokar, *Gotha 3. März 1751, †ebd. 17. Okt. 1828, dt. Schriftsteller. – 1775–79 zusammen mit K. Ekhof Leiter des Gothaer Hoftheaters; Hg. des ›Taschenbuchs für die Schaubühne‹ (1775–1800). Neben umfangreicher Herausgebertätigkeit (z. B. auch ›Bibliothek der Romane‹, 21 Bde., 1778–94) schrieb er Gedichte, Erzählungen, Reisebeschreibungen, Lustspiele und Märchen; auch Übersetzer.

**Werke:** Amor vor Gerichte (E., 1772), Nonnenlieder mit Melodien (1772), Geschichte meiner Reise nach Pyrmont (1773), Die Ungetreuen (Kom., 1779), Blauauge (Märchen, 1780), Handbuch für Reisende aus allen Ständen (1784), An den gesunden Menschenverstand der Schweizer (1799).

**Ausgabe:** H. A. O. R. (1751–1828). Seine Selbstbiogr. Überarbeitet u. hg. v. H. UHDE. Stg. 1877.

**Literatur:** HILL, W.: Die dt. Theaterzeitschriften des 18. Jh. Bln. 1915. Neudr. Hildesheim 1979.

**Reiche,** Dietlof, * Dresden 31. März 1941, dt. Jugendbuchautor. – 1977 erschien sein histor. Jugendroman ›Der Bleisiegelfälscher‹, der die Hinrichtung eines Lodenwebers 1613 in Nördlingen zum Thema hat; für dieses Buch erhielt er 1978 den Dt. Jugendbuchpreis. Andere Jugendromane spielen in der Zeit der Revolution 1848/49.

**Weitere Werke:** Der verlorene Frühling ... (1979), Wie Spreu vor dem Wind (1981), Der Einzige (1986).

**reicher Reim** ↑ Reim.

**Reichersberg,** Gerho[c]h von, dt. Theologe und Kirchenschriftsteller, ↑ Gerhoh von Reichersberg.

**Reich-Ranicki,** Marcel [ra'nɪtski], * Włocławek 2. Juni 1920, dt. Literaturkritiker poln. Herkunft. – Lebte ab 1929 in Berlin; 1938 nach Warschau deportiert, ab 1940 im Warschauer Ghetto, aus dem ihm 1943 die Flucht gelang; nach dem Krieg Lektor und freier Schriftsteller in Warschau; 1958 Übersiedlung in die BR Deutschland; gehörte zur Gruppe 47; 1960–73 ständiger Literaturkritiker der ›Zeit‹, 1973–88 Leiter der Literaturredaktion der ›Frankfurter Allgemeinen Zeitung‹; Gastprofessuren in den USA (1968/69) und Schweden (1971–75). Verfasser von Essays und Kritiken, Hg. von Anthologien (›Frankfurter Anthologie‹, 1976 ff.), der Reihe ›Romane von gestern, heute gelesen‹ (3 Bde., 1989/90), von A. Polgars ›Kleinen Schriften‹ (6 Bde., 1982–86) und W. Koeppens ›Gesammelten Werken‹ (6 Bde., 1986); im Fernsehen seit 1988 mit dem ›Literar. Quartett‹; prägt die literar. und literarkrit. Kultur Deutschlands maßgeblich.

**Werke:** Dt. Literatur in West und Ost (1963, erweitert 1983), Literar. Leben in Deutschland (1965), Literatur der kleinen Schritte (1967), Lauter Verrisse (1970, erweitert 1984), Über Ruhestörer – Juden in der dt. Literatur (1973), Nachprüfung. Aufsätze über Schriftsteller von gestern (1977, erweitert 1980), Entgegnung. Zur dt. Literatur der 70er Jahre (1979, erweitert 1981), Nichts als Literatur. Aufsätze und Anmerkungen (1985), Thomas Mann und die Seinen (1987), Thomas Bernhard. Aufsätze und Reden (1990), Max Frisch. Aufsätze (1991), Ohne Rabatt. Über Literatur aus der DDR (1991), Der doppelte Boden. Ein Gespräch mit Peter von Matt (1992), Günter Grass (Aufsätze, 1992), Martin Walser (1994), Die Anwälte der Literatur (1994).

**Literatur:** Lit. u. Kritik. Aus Anlaß des 60. Geburtstages v. M. R.-R. Hg. v. W. JENS. Stg. 1980. – Über M. R.-R. Hg. v. J. JESSEN. Mchn. 1985. – Betrifft Lit. Über M. R.-R. Hg. v. P. WAPNEWSKI. Stg. 1990.

**Reicke,** Ilse, * Berlin 4. Juli 1893, † Fürth 24. Jan. 1989, dt. Schriftstellerin. – Redakteurin, Dozentin; war 1915–30 ⚭ mit H. von Hülsen; Hg. von Zeitschriften und Jahrbüchern. Sie schrieb Gedichte, Novellen, Romane, Essays und Biographien, in denen sie sich v. a. mit bed. Frauengestalten und Fragen zur Frauenbewegung auseinandersetzte; auch Hörspiele.

**Werke:** Das schmerzl. Wunder (Ged., 1914), Der Weg nach Lohde (R., 1919, 1930 u. d. T. Leichtsinn, Lüge, Leidenschaft), Ewige Legende (Ged., 1923), Berühmte Frauen der Weltgeschichte (Essays, 1930), Das Schifflein Allfriede (Jugend-R., 1933), Bertha von Suttner (Biogr., 1952), Agnes von Zahn-Harnack. Schriften und Reden 1914–1950 (1964; Hg.), Die Musikantin Olga Schwind (Biogr., 1981), Die großen Frauen der Weimarer Republik (1983).

**Reid,** Forrest [engl. ri:d], * Belfast 24. Juni 1875, † Warrenpoint (Nordirland) 4. Jan. 1947, ir. Schriftsteller. – Studierte in Cambridge. Schrieb unter dem Einfluß von H. James Jugend- und Erziehungsromane in gepflegtem, oft poet. Prosastil, ferner autobiograph. Werke (›Apostate‹, 1926; ›Private road‹, 1940) und literaturkrit. Studien, u. a. über W. B. Yeats (1915) und W. J. de la Mare (1929).

**Weitere Werke:** The garden god (R., 1905), Following darkness (R., 1912, 1937 u. d. T. Peter

Waring), At the door of the gate (R., 1915), The spring song (R., 1916), Pirates of the spring (R., 1919), Pender among the residents (R., 1922), Onkel Stephen (R., 1931, dt. 1947), The retreat or the machinations of Henry (R., 1936), Young Tom (R., 1944).

**Literatur:** BRYAN, M.: F. R. Boston (Mass.) 1976. – TAYLOR, B.: The green avenue. The life and writings of F. R. Cambridge 1980.

**Reim** [aus altfrz. rime, dies aus dem Germanischen (vgl. ahd. rīm = Reihe)], die ursprüngl. Bedeutung ›Vers‹ hat sich u. a. noch erhalten in ›Kinder-R.‹ und ›Kehrreim‹. Erst seit dem 17. Jh. wird der Begriff in der heutigen Bedeutung verwendet: Gleichklang zweier oder mehrerer Wörter vom letzten betonten Vokal an (z. B. singen : klingen). Als Versprinzip ist der R. Ausdrucksmittel zur inneren Verbindung von Versen und Klang- oder Sinneinheiten, zur melod. Gliederung der Strophen; darüber hinaus kann er Schmuckfunktion haben oder Symbolträger sein.

Einteilung der wichtigsten R.arten:

**I.** Einteilung nach den R.formen (Art und Zahl der gebundenen Silben). Man unterscheidet:

1. nach der Qualität, der Art des R.s: *reiner R.* (Voll-R.): vollständige lautl. Übereinstimmung zweier Wörter in Vokalen und Konsonanten vom letzten betonten Vokal an (mein : dein; Bäume : Träume); *Assonanz:* lautl. Übereinstimmung lediglich der Vokale der R.silbe[n]:

›Ritterspiel und frohe Tafel / Wechseln unter lautem Jubel; / Rauschend schnell entfliehn die Stunden, / Bis die Nacht herabgesunken.‹ (H. Heine, Gedicht ›Don Ramiro‹);

*unreiner R.* (ungenauer R., Halb-R.): R.verbindung mit nur annähernder Gleichheit der Konsonanten (Haus : schaust) und bes. der Vokale (kühn : hin; fließen : grüßen). Unreine R.e finden sich auch bei den bedeutendsten Lyrikern verhältnismäßig häufig:

›Uralte Wasser steigen / Verjüngt um deine Hüften, Kind! / Vor deiner Gottheit beugen / Sich Könige, die deine Wärter sind.‹ (E. Mörike, Gedicht ›Gesang Weylas‹).

Manchmal sind unreine R.e auch mundartlich bedingt und können durch mundartl. Aussprache wieder ausgeglichen werden:

›Wie Himmelskräfte auf und nieder steigen / Und sich die goldnen Eimer reichen.‹

›Ach neige, Du Schmerzensreiche ...‹ (beides Goethe, ›Faust I‹);

2. nach der Quantität, der Länge des R.s:

*männl. R.:* einsilbig, auf einer Hebung endend (Tor : Ohr); *weibl. R.:* zweisilbig mit Betonung auf der vorletzten Silbe (sagen : klagen); verschiedene Formen des *erweiterten,* d. h. aus zwei oder mehr Silben bestehenden R.s sind: *gleitender R.:* R. auf dreisilbige Wörter (z. B. schallende : wallende), häufig in Goethes ›Faust‹:

›Das leicht Errungene, / Das widert mir, / Nur das Erzwungene / Ergetzt mich schier.‹ (›Faust II‹);

*Doppel-R.:* R.bindung aus zwei aufeinanderfolgenden, selbständig reimenden Wortpaaren:

›Nun wird dir das Meer nicht mehr bitter sein, / Auf stiller und wilder Flut / Wirst du der seligste Ritter sein.‹ (C. Brentano, ›Märchen vom Schulmeister Klopfstock‹);

*reicher R.* (rime riche): erweiterter R., in dem die Silben- oder Wortgruppe bei der Wiederholung leicht verändert wird:

›Wenn steigend sich der Wasserstrahl entfaltet / Allspielende, wie froh erkenn ich dich; / Wenn Wolke sich gestaltend umgestaltet, / Allmannigfaltge, dort erkenn ich dich.‹ (Goethe, ›West-östl. Divan‹);

*rührender R.:* Gleichklang auch des Konsonanten vor der betonten R.silbe bei bedeutungsverschiedenen Wörtern (Graben : Raben). Der rührende R. war in der mhd. Dichtung häufig, seit M. Opitz gilt er im Deutschen als Formfehler. Im Französischen ist er als ›rime riche‹ gesucht; *gespaltener R.:* R., in dem eines der R.wörter, meist das zweite, aus zwei Wörtern besteht:

›... wie ein Blumenstrauß, / ... sehn die Wolken aus.‹ (M. Dauthendey, Gedicht ›Drinnen im Strauß‹).

Nicht selten wird diese R.form zur Erzielung kom. Effekte oder in satir. Absicht verwendet:

›Das ist so ritterlich und mahnt / An der Vorzeit holde Romantik ... / An den Freiherrn Fouqué, Uhland, Tieck.‹

(H. Heine, ›Deutschland. Ein Wintermärchen‹);
3. nach grammatikal. Aspekten: *Hauptton-R.; Endsilben-R.; grammat. R.:* er entsteht durch die Verwendung verschiedener Beugungsformen eines Wortes.
**II.** Einteilung nach der R.stellung: Man unterscheidet:
1. R.e am Versende:
a) *Paar-R.* (Schema: aa bb cc):
›Sie hielt den Becher in der Hand, / Ihr Kinn und Mund glich seinem Rand.‹ (H. von Hofmannsthal, ›Die Beiden‹); eine Sonderform ist die *R.häufung* (z. B. aaaa bbbb usw.):
›Augen, meine lieben Fensterlein / Gebt mir schon so lange holden Schein, / Lasset freundlich Bild um Bild herein, / Einmal werdet ihr verdunkelt sein.‹ (G. Keller, ›Abendlied‹);
b) *Kreuz-R.* (gekreuzter R., Wechsel-R.) (abab):
›Schläft ein Lied in allen Dingen, / Die da träumen fort und fort. / Und die Welt hebt an zu singen, / triffst du nur das Zauberwort.‹ (J. von Eichendorff, ›Wünschelrute‹);
c) *umarmender R.* (umschließender R.) (abba):
›Laß, o Welt, o laß mich sein! / Locket nicht mit Liebesgaben, / Laßt dies Herz alleine haben / Seine Wonne, seine Pein.‹ (E. Mörike, ›Verborgenheit‹);
d) *Schweif-R.* (aab ccb), häufig im Volkslied und in verwandten Gedichtformen:
›Nun ruhen alle Wälder, / Vieh, Menschen, Städt und Felder, / Es schläfft die gantze Welt; / Ihr aber meine Sinnen / Auf, auf ihr solt beginnen / Was eurem Schöpffer wol gefällt.‹ (P. Gerhardt, ›Abend-Lied‹);
2. R.e am Versanfang:
*Anfangs-R.:* seltener R. der ersten Wörter zweier aufeinanderfolgender Verse:
›Krieg! ist das Losungswort. / Sieg! und so klingt es fort.‹ (Goethe, ›Faust II‹);
3. R.e im Versinnern:
a) *Schlag-R.:* R. zweier im Vers aufeinanderfolgender Wörter:
›Quellende, schwellende Nacht ...‹ (Ch. F. Hebbel, ›Nachtlied‹);
b) *Binnen-R.:* allgemein ein R. innerhalb eines Verses, auch für R.e gebraucht, bei denen nur ein R.wort im Versinnern steht:
›Denn beide bebten sie so sehr, / Daß keine Hand die andre fand ...‹ (H. von Hofmannsthal, ›Die Beiden‹);
bes. Formen des Binnen-R.s sind: *Zäsur-R.:* R.bindung des ersten durch die ↑Zäsur entstandenen Versabschnittes mit dem Versende:
›Bei stiller Nacht / zur ersten Wacht‹ (F. Spee von Langenfeld);
*Mitten-R.:* R. des Versendes mit einem Wort im Innern der folgenden oder vorangehenden Verszeile:
›Ist einer, der nimmt alle in die Hand, / daß sie wie Sand durch seine Finger rinnen.‹ (R. M. Rilke, ›Strophen‹);
*Mittel-R.:* R.bindung zweier Wörter im Innern aufeinanderfolgender Verse, jedoch nicht an einer Zäsur.
Das Prinzip des R.s findet sich früh schon in sehr vielen Sprachen (z. B. im Chinesischen und in den semit. Sprachen), Ansätze auch im klass. Latein (wahrscheinlich Einfluß aus dem Vorderen Orient). Doch erst in der spätlateinisch-christlichen Hymnendichtung wurde der R. zum vorherrschenden Prinzip. In der dt. Literatur begegnet der R. seit ihren Anfängen in ahd. Zeit. Schon Otfrid von Weißenburg (›Evangelienharmonie‹, um 870) verwendete ihn anstelle des bis dahin herrschenden ↑Stabreims. Die Auffassung, daß der R. als christl. Formelement im Zuge der Christianisierung den germanisch-heidn. Stabreim verdrängt habe, übersieht jedoch die umfangreiche ags. und altnord. christl. Stabreimdichtung. Wie schon W. Grimm vermutete, hängt die verschiedene Entwicklung möglicherweise mit verschiedenen Sprachstrukturen zusammen (im Angelsächsischen und Altnordischen findet sich ein stärkerer Anfangsakzent als im Althochdeutschen). Der R. in der dt. Dichtung war nicht von Anfang an ›rein‹. Zu Beginn genügten der Gleichklang von (noch vollvokal.) Endsilben oder nur teilweise Übereinstimmung der Laute (Assonanz). In der hochmittelalterl. Literatur wurden dann nur noch reine oder rührende R.e verwendet (↑Reimpaar des höf. Epos; höchste Vollendung des R.s im ↑Minnesang). Seither herrschte der R. uneingeschränkt. Erst im 18. Jh. kam es teilweise zu einer Abkehr vom R. als Reaktion auf die oft

übertriebenen R.spielereien der Barockdichtung. Im Rückgriff auf antike Versmaße (F. G. Klopstock) gewannen reimlose Gedichte an Bedeutung (↑Ode, ↑Hymne, ↑freie Rhythmen), aus dem Englischen wurde der ↑Blankvers übernommen. V.a. das Drama war seither durchweg reimlos, während in der Lyrik der R. im 19. Jh. seine alte Position zurückeroberte. Der zunehmenden Abnutzung des R.s begegnete die Dichtung seit dem Naturalismus und Expressionismus erneut mit verstärkter Hinwendung zu reimlosen Formen. Das gilt v.a. für die Zeit nach 1945. In volkstüml. Dichtung behauptet der R. jedoch noch seine alte Position.

**Literatur:** GRIMM, W.: Zur Gesch. des R.s. Bln. 1852. – SCHMIDT, ERICH: Dt. R.studien. In: Sitzungsber. der königl. preuß. Akad. der Wissenschaften (1900), S. 430. – NEUMANN, F.: Gesch. des nhd. R.es von Opitz bis Wieland. Bln. 1920. Nachdr. Dublin 1969. – GUTENBRUNNER, S.: Über Endreim altdt. Art in der Edda. In: Zs. f. dt. Altertum u. dt. Lit. 86 (1955/56), S. 55. – HEUSLER, A.: Dt. Versgesch. Bln. [2]1956. 3 Bde. – SCHWEIKLE, G.: Die Herkunft des ahd. R.es. In: Zs. f. dt. Altertum u. dt. Lit. 96 (1967), S. 165. – PAUL, O./GLIER, I.: Dt. Metrik. Neuausg. Mchn. 1985. – WAGENKNECHT, CH.: Dt. Metrik. Mchn. [3]1993. – BREUER, D.: Dt. Metrik u. Versgeschichte. Mchn. [3]1994.

**Reimann,** Brigitte, * Burg b. Magdeburg 21. Juli 1933, † Berlin (Ost) 20. Febr. 1973, dt. Schriftstellerin. – Lehrerin; 1960–64 enge Zusammenarbeit mit einer Arbeitsbrigade in einem Industriekombinat. Ihr Hauptwerk, der unvollendet gebliebene Roman ›Franziska Linkerhand‹ (hg. 1974), schildert den Kampf einer Architektin, die ihre Ideen vom humanen Wohnen gegen Bürokratie und sozialist. Planungswesen durchzusetzen versucht. Schrieb auch Hörspiele und Reportagen.

**Weitere Werke:** Das Geständnis (E., 1960), Ankunft im Alltag (E., 1963), Die Geschwister (E., 1963).

**Ausgaben:** B. R. Die geliebte, die verfluchte Hoffnung. Tagebb. u. Briefe 1948 bis 1973. Hg. v. E. ELTEN-KRAUSE u. W. LEWERENZ. Nw. 1984. – Christa Wolf u. B. R. Sei gegrüßt u. lebe. Eine Freundschaft in Briefen 1964–1973. Hg. v. A. DRESCHER. Bln. u. a. 1993.

**Reimann,** Hans, Pseudonyme Artur Sünder, Hanns Heinz Vampir, M. Bunge u. a., * Leipzig 18. Nov. 1889, † Großhansdorf (Landkreis Stormarn) 13. Juni 1969, dt. Schriftsteller. – 1924–29 Hg. der satir. Zeitschrift ›Das Stachelschwein‹, ab 1952 Verfasser und Hg. des literaturkrit. Almanachs ›Literazzia‹; zeitweise Kabarettist; schrieb humorist. Romane, Grotesken, Satiren, Feuilletons und Gedichte; Mitverfasser von Lustspielen, u. a. des Lustspiels ›Die Feuerzangenbowle‹ (1936; mit H. Spoerl); auch Drehbuchautor.

**Weitere Werke:** Die Dame mit den schönen Beinen (Grotesken, 1916), Sächs. Miniaturen (5 Bde., 1921–31), Vergnügl. Handbuch der dt. Sprache (1931), Reimann reist nach Babylon. Aufzeichnungen eines Spießers (1956), Mein blaues Wunder. Lebensmosaik eines Humoristen (1959).

**Reimar von Hagenau,** mhd. Minnesänger, ↑Reinmar der Alte.

**Reimar von Zweter,** mhd. Sangspruchdichter, ↑Reinmar von Zweter.

**Reimbrechung** (Reimpaarbrechung), Sonderform der ↑Brechung: Ein Reimpaar wird so aufgeteilt, daß der erste Vers syntaktisch zum vorhergehenden Reimpaar, der zweite Vers zum folgenden gehört. Die R. begegnet schon in ahd. Dichtung; sie dient vom 12. Jh. an mehr und mehr dazu, Reimpaarfolgen beweglicher und spannungsreicher zu gestalten, bes. ausgeprägt bei Gottfried von Straßburg und Konrad von Würzburg. – ↑auch Reimpaar, ↑Enjambement, ↑Hakenstil.

**Reimchronik,** mittelalterl. volkssprachl. Geschichtsdarstellung in Reimpaarversen, oft nach lat. Quellen. Wie die mittelalterl. ↑Chronik verbindet die R. heilsgeschichtl. Aspekte mit Schulwissen und sagen- und legendenhaften Erzähltraditionen. Die älteste R. ist die sog. ›Kaiserchronik‹ (um 1150), die die Geschichte von der Gründung Roms bis Konrad III. (1147) darstellt; weitere gereimte Weltchroniken schrieben u. a. Rudolf von Ems (um 1250, nur bis zum Tode Salomons gediehen; Vorbild für spätere ↑Reimbibeln und ↑Historienbibeln) und von Jansen Enikel Jans.

**Reimmichl** [...çəl], eigtl. Sebastian Rieger, * Sankt Veit im Defereggen 28. Mai 1867, † Heiligkreuz bei Solbad Hall in Tirol 2. Dez. 1953, österr. Volksschriftsteller. – Kath. Priester; 1925–53

Hg. von ›R.s Volkskalender‹; humorvoller Schilderer des Tiroler Bauernlebens.

**Werke:** Aus den Tiroler Bergen (En., 1898), Alpenglühen (En., 1921), Das Auge der Alpen (E., 1924), Esau und Jakob (E., 1925), Der Gemsenhirt (R., 1934), Hans, der Zaunkönig (E., 1939), Der Pfarrer von Hohenthal (E., 1951).

**Literatur:** Mei Liab ist Tirol – ist mei Weh u. mei Wohl. R. – der Tag- u. Nachtschreiber Gottes. Bearb. v. W. INGENHAEFF. Schwaz 1992.

**Reimpaar,** zwei durch Paarreim (aa bb cc; ↑Reim) verbundene Verse (bisweilen auch ↑Langzeilen, z. B. in der ↑Nibelungenstrophe); Grundform der ahd. und mhd. Dichtung, begegnet sowohl stichisch (z. B. in der mhd. Epik) als auch strophisch (z. B. in der ahd. Epik, in der frühen mhd. Lyrik, im Volkslied); in volkstüml. Dichtung bis heute gebräuchlich. In der frühdt. Dichtung stimmt das R. meist mit der syntakt. Gliederung der Texte überein, seit dem 12. Jh. wird die R.grenze syntaktisch auch überspielt, ›gebrochen‹ (↑Reimbrechung, ↑Reimvers); dagegen herrscht in der klassizist. Dichtung das syntaktisch geschlossene R. vor, in England in Pentametern (↑Heroic couplet).

**Reimpaarsprung,** Fortführung der Syntax über die Reimpaargrenze hinweg, vergleichbar dem ↑Hakenstil der Stabreimdichtung. – ↑auch Enjambement, ↑Reimbrechung.

**Reimprosa,**
**1.** rhetor. Prosa oder Kunstprosa, die neben anderen ↑rhetorischen Figuren auch das ↑Homöoteleuton (v. a. in den ↑Klauseln) verwendet; gepflegt bes. von Gorgias von Leontinoi, beliebt in der Spätantike und im lat. MA;
**2.** von W. Wackernagel geprägte Bez. für die unregelmäßig gefüllten Reimverse der frühmhd. geistl. Lehrdichtung, die jedoch nicht in der Tradition der spätantiken R. steht;
**3.** mit Reimen durchsetzte Prosa, z. B. die hymnisch ekstat. Visionen mittelalterl. Mystiker, die Kunstform der ↑Makame, Prosaformen bei R. M. Rilke (›Die Weise von Liebe und Tod des Cornets Christoph Rilke‹, 1906), Th. Mann (›Der Erwählte‹, 1951) oder Gedichte in rhythm. Prosa, mit ›freischaltenden Reimen‹, z. B. von E. Stadler, J. Ringelnatz, F. Werfel, M. Dauthendey.

**Reimrede,** kürzere lehrhafte Reimpaardichtung des späten MA, wie ↑Bispel, ↑Märe, Ständelehre, Scherz-, Straf- und Klagereden, ↑Priameln und ↑Heroldsdichtungen; eine Sonderform ist die ↑Minnerede. Vertreter im 14. Jh. sind Heinrich der Teichner (über 700 R.n) und P. Suchenwirt, im 15. Jh. H. Rosenplüt und H. Folz.

**Reimschema,** schemat. Darstellung der Reimfolge einer Strophe oder eines Gedichts, meist mit Kleinbuchstaben (gleiche Buchstaben für sich entsprechende Reimklänge), z. B. das R. für eine der häufigsten Formen des ↑Sonetts: abba abba cdc dcd. Zur Kennzeichnung wörtlich wiederkehrender Vers- oder Refrainzeilen werden auch Großbuchstaben verwendet, z. B. im ↑Triolett: ABaAabAB.

**Reimspruch,** gereimtes Sprichwort (›Morgenstund hat Gold im Mund‹) u. a. volkstüml. Formen wie Merkverse, Kinder- und Neckreime, ↑Leberreime usw.; schon im Althochdeutschen bezeugt, zur Kunstform ausgebildet durch Freidank und F. von Logau.

**Reimvers,** ein durch Endreim bestimmter Vers, bes. der vierhebige oder viertaktige Reimpaarvers, das metr. Grundmaß der ahd. und mhd. Epik. Kennzeichnend sind Füllungsfreiheit in Auftakt und Binnentakten (unterfüllte, einsilbige oder überfüllte, meist dreisilbige Takte), ↑akzentuierendes Versprinzip und die Kadenzgestaltung, die neben einsilbigen v. a. klingende und männl. zweisilbige Kadenzen aufweist. In der mhd. Lyrik erfährt der viertaktige Grundvers mannigfache Variationen, zudem wird die paarige Gruppenbildung mehr und mehr differenziert. Seit dem Spät-MA blieb aber auch der freier gehandhabte R. bes. in volkstüml. Dichtung bis heute erhalten (↑Knittelvers).

**Literatur:** HEUSLER, A.: Dt. Versgesch. Bln. [2]1956. 3 Bde. – HOFFMANN, WERNER: Altdt. Metrik. Stg. 1967.

**Reinacher,** Eduard, * Straßburg 5. April 1892, † Stuttgart 16. Dez. 1968, dt. Schriftsteller. – War Redakteur, Dramaturg und freier Schriftsteller. Seine Gedichte, zu denen er auch seine Dramen zählte, sah er als sein eigentl. Werk an,

obwohl er auch Prosaarbeiten verfaßte. Das Hörspiel ›Der Narr mit der Hacke‹ (Ursendung 1930) gilt als bahnbrechend für das literarisch ambitionierte Hörspiel. Für sein Drama ›Der Bauernzorn‹ (1922) erhielt er 1929 den Kleist-Preis.
**Weitere Werke:** Die Hochzeit des Todes (En. und Ged., 1921), Runolds Ahnen (Ged., 1923, 1942 u.d.T. Die Lure), Elsässer Idyllen und Elegien (1925), Silberspäne (Ged., 1930), Der starke Beilstein (E., 1938), Der Tintenbaum (Kleinprosa, 1956), Am Abgrund hin (Erinnerungen, hg. 1972), Aschermittwochs-Parade ... (R., hg. 1973).

**Reinaert** (Van den vos Reynaerde) [niederl. 'rεi̯na:rt, vɑn dən vɔs 'rεi̯na:rdə], mittelniederl. Versepos aus dem 13. Jahrhundert. – Entstand in Gent oder Umgebung; die erste Hälfte ist eine Bearbeitung der ersten ›branche‹ (›Le plaid‹) des frz. ↑Roman de Renart, die zweite eine frei erfundene Fortsetzung. Als Autor wenigstens des ersten Teiles nennt sich Willem, ansonsten ist die Verfasserfrage umstritten. Das etwa 3400 Verse lange Gedicht (R. I) parodiert in der Gestalt eines Prozesses am Hof des Löwen die höf. Gesellschaft und den höf. Roman. Um 1375 wurde die Geschichte von einem Unbekannten leicht überarbeitet, der auch eine Folgehandlung in Form eines zweiten Prozesses anhängte. Das neue Gedicht ›Reynaerts Historie‹ (R. II), etwa 7800 Verse lang, fungiert als Fürstenspiegel mit einer pessimist. Grundhaltung. Um 1480 wurde R. II zweimal bearbeitet; einmal wurde es eingeteilt in Kapitel, die mit Überschriften und moralisierenden Prosakommentaren versehen wurden. Der Bearbeiter war Hinrek van Alkmar (Hendrik van Alkmar). Ein Druck dieser nur fragmentarisch erhaltenen Fassung R. IIIa (›Reiminkunabel‹) war die Vorlage des niederdt. ›Reynke de Vos‹ von 1498. R. IIIb ist eine Prosaauflösung von R. II mit Überschriften, jedoch ohne Kapiteleinteilung bzw. Prosakommentare (2 Drucke erhalten). Diese ›Prosainkunabel‹ liegt der engl. Überlieferung 1481 (W. Caxton) zugrunde. Im 16. Jh. entstand eine neue, gekürzte Prosabearbeitung, die zunächst als Schulbuch fungierte (R. IV oder Volksbuch). Diese wurde bis ins 19. Jh. immer wieder nachgedruckt. Im 19. und 20. Jh. wurde der Stoff noch mehr als 50 mal neu bearbeitet, teils von namhaften Autoren. Der zugrunde liegende Text ist hier meistens der von R. I.
**Ausgaben:** Van den vos Reynaerde. Hg. v. J. W. MULLER (mit Literaturangaben). Leiden [1-3]1942–44. 2 Tle. – R. de vos. Hg. v. W. G. HELLINGA (enthält die ganze mittelniederl. Überlieferung bis 1500 – bis auf neu entdeckte Fragmente). Zwolle 1952. – Van den vos Reynaerde. Reinart Fuchs. Mittelniederl. Text u. Übertragung. Hg. u. Übers. v. A. BERTELOOT u. H. L. WORM. Marburg 1982. – Reynaerts Historie – Reynke de Vos. Gegenüberstellung einer Ausw. aus den niederl. Fassungen u. des niederdt. Textes v. 1498. Hg. v. J. GOOSSENS. Darmst. 1983.
**Literatur:** GEERAEDTS, L.: Van den vos Reynaerde. Eine beschreibende Bibliogr. der Sekundärlit. zw. 1944 u. 1976. In: Reynaert, Reynard, Reynke. Hg. v. J. GOOSSENS u. T. SODMANN. Köln u. Wien 1980. S. 282. – SCHLUSEMANN, R.: Die hystorie van Reynaert die vos und The history of Reynard the fox. Die spätmittelalterl. Prosabearbeitungen des Reynaert-Stoffes. Ffm. u. a. 1991.

**Reinbot von Dürne** (Durne, Turn), mhd. Dichter der ersten Hälfte des 13. Jh. aus Bayern (Oberpfalz ?). – Schrieb für Herzog Otto II. von Bayern (1231–1253) den Legendenroman ›Der hl. Georg‹ (6134 Verse), wobei er den Legendenstoff (↑Georgslied) stark im Stil ritterlich-höf. Epik (des ›Willehalm‹ Wolframs von Eschenbach) bearbeitete und um die Vorgeschichte von den älteren Brüdern Georgs, Theodorus und Demetrius, erweiterte. Das Ritterliche (der Drachenkampf fehlt noch) ist der Legende des ›Heiligen vom unzerstörbaren Leben‹ nur äußerlich aufgesetzt.
**Literatur:** WYSS, U.: Theorie der mhd. Legendenepik. Erlangen 1973.

**Reiner,** Max [engl. 'raɪnə], Pseudonym der amerikan. Schriftstellerin Taylor ↑Caldwell.

**Reinfrank,** Arno, * Mannheim 9. Juli 1934, dt. Schriftsteller. – War Journalist (u. a. in Paris); ging 1955 wegen der polit. Verhältnisse in der BR Deutschland ins ›Exil‹ nach London, wo er seitdem lebt, seit 1965 als freier Schriftsteller. Verfasser von Gedichten, Romanen, Erzählungen, Essays, Dramen, Filmdrehbüchern, auch pfälz. Mundartdichtungen. Nach anfangs aggressiver polit. Lyrik vertritt er seit den 1970er Jahren eine sog. ›Poesie der Fakten‹, die literar. Auseinandersetzung mit Naturwissenschaften, mit moderner Technologie, auf der Grundlage materialist., dialekt. Auffassung historischer Ereignisse; hierzu gehören die Gedichtbände ›Mutationen‹ (1973), ›Fernseh-Abend‹ (1975), ›Feuerbefragung‹ (1977), ›Kernanalyse‹ (1983), ›Bruchstellen der Sicherheit‹ (1989), ›Jahrtausend-Fürbitte‹ (1991).

**Weitere Werke:** Vor der Universität (Ged., 1959), Die Pulverfabrik u.a. Geschichten aus Ithopien (1960), Auf unserem Stern (Ged., 1964), Die Davidsschleuder (Ged., 1966), Rauchrichtung (Ged., 1970), Die Totgesagten (Ged., 1973), Kopfstand der Pyramide. Balladenzyklus (1974), Ein Sattel für den Mond (Ged., 1980), Mach de Babbe net struwwlich. Ein pfälz. Panoptikum (1981), Der erot. Otto. Aus dem Pfälzer sowie Kurpfälzer Liewesleewe (1983), Heuschrecken am Horizont (Ged., 1984), Solly und die 99 Engel (E., 1988).

**Reinfried von Braunschweig,** in einer Handschrift des 14. Jh. unvollendet überliefertes, nach seinem Helden benanntes mhd. Epos (27 627 Verse) eines unbekannten Schweizers, entstanden um 1300 vermutlich in welf. Auftrag: Es benutzt Sagenüberlieferungen um Heinrich den Löwen. Die Minnethematik des ersten Teils gipfelt in der Hochzeit des Helden mit einer dän. Königstochter, der zweite Teil schildert seine abenteuerl. Kreuzfahrt ins Hl. Land, bricht jedoch vor der Heimkehr ab. Stilistisch ist der Dichter von höf. Klassikern, bes. von Gottfried von Straßburg und Konrad von Würzburg, beeinflußt.

**Ausgabe:** R. v. B. Hg. v. K. BARTSCH. Stg. 1871.

**Reinick,** Robert, * Danzig 22. Febr. 1805, † Dresden 7. Febr. 1852, dt. Dichter, Zeichner und Buchillustrator. – Schüler von K. Begas d. Ä. und W. von Schadow in Berlin. 1831–38 in Düsseldorf und 1838–41 in Rom, ab 1843 in Dresden tätig. Bekanntschaft mit A. von Chamisso und J. von Eichendorff. Steht als Erzähler und Lyriker der Spätromantik nahe, doch zeigt bes. seine Prosa biedermeierl. Einschlag. Seine gesammelten Dichtungen erschienen 1873 u. d. T. ›Märchen-, Lieder- und Geschichtenbuch‹. Sein graph. Hauptwerk sind die ›Lieder eines Malers mit Randzeichnungen seiner Freunde‹ (1838).

**Weitere Werke:** Liederbuch für dt. Künstler ... (1833), J. P. Hebels ›Alemann. Gedichte‹ ins Hochdt. übertragen ... (1851).

**Ausgabe:** Aus Biedermeiertagen. Briefe R. R.s u. seiner Freunde. Hg. v. J. HÖFFNER. Bielefeld u. Lpz. 1910.

**Literatur:** HASSBARGEN, H.: R. R. Danzig 1932.

**Reinig,** Christa, * Berlin 6. Aug. 1926, dt. Schriftstellerin. – Blumenbinderlehre, dann Studium der Kunstgeschichte und christl. Archäologie in Berlin (Ost), Assistentin am Märk. Museum ebd.; übersiedelte 1964 in die BR Deutschland. Themen ihrer oft balladesken, von R. M. Rilke beeinflußten Lyrik sind iron. Spannungen zwischen Innerlichkeit und banaler Realität; ihre Sprache ist provokant, sarkastisch-beißend und voller skurriler Phantasie. Parodistisch verwendete traditionelle Formelemente stellen den Konflikt von Ästhetik und Unmenschlichkeit dar; auch Prosa und Hörspiele; erhielt 1967 den Hörspielpreis der Kriegsblinden, 1991 die Roswitha-Gedenkmedaille.

**Werke:** Die Steine von Finisterre (Ged., 1960), Der Traum meiner Verkommenheit (E., 1961), Gedichte (1963), Drei Schiffe (Prosa, 1965), Schwabinger Marterln (Ged., 1968), Orion trat aus dem Haus (En., 1968), Schwalbe von Olevano (Ged., 1969), Die himml. und die ird. Geometrie (R., 1975), Entmannung (R., 1976), Müßiggang ist aller Liebe Anfang (Ged., 1979), Der Wolf und die Witwen (En., Essays, 1980), Die ewige Schule (En., 1982), Die Frau im Brunnen (R., 1984), Nobody und andere Geschichten (1989), Glück und Glas (En., 1991).

**Ausgaben:** Ch. R. Ges. Gedichte 1960-1979. Vorwort v. H. BIENEK. Nw. 1985. – Ch. R. Ges. Erzählungen. Nw. 1986.

Christa Reinig

**Reinmar der Alte** (Reimar; Reimar von Hagenau), mhd. Minnesänger der zweiten Hälfte des 12. Jahrhunderts. – Sein Tod wurde von Walther von der

Vogelweide Anfang des 13. Jh. beklagt, ebenso von Gottfried von Straßburg um 1215, der ihn als ‹Nachtigall von Hagenau‹ apostrophiert. Dabei bleibt offen, in welcher Beziehung der Ortsname Hagenau zu R. steht, der in den Handschriften nur durch das Attribut ›der Alte‹ von anderen Trägern des Namens R. unterschieden wird. Die Forschung sieht R. meist als Hofsänger zu Wien, ohne daß es dafür histor. Belege gibt. R.s in mehreren Handschriften überlieferten rund 80 kunstvollen Minnelieder (von denen die Forschung allerdings fast die Hälfte für unecht erklärt hat) bilden formal und inhaltlich den Höhepunkt des hohen Minnesangs in der Ritualisierung der Trauer über das erfolglose Werben als Beglaubigung der existentiellen Bedeutung der Minne. Sein Repertoire umfaßt daneben u. a. Frauenlieder, Tageliedreflexionen und eine Witwenklage. Die direkten und indirekten Korrespondenzen mit Liedern Walthers von der Vogelweide haben zur Annahme einer oder mehrerer ›Dichterfehden‹ geführt, bei denen es sich um einander überbieten wollende Demonstrationen dichter. Könnens mit teilweise parodist. Zügen handelt.

**Ausgaben:** R. In: Des Minnesangs Frühling. Hg. von H. MOSER u. H. TERVOOREN. Bd. 1. Stg. [37]1982. – R. Lieder. Mhd./nhd. Hg. v. G. SCHWEIKLE. Stg. 1986.

**Literatur:** BURDACH, K.: R. d. A. u. Walther von der Vogelweide. Lpz. 1880. Nachdr. Ann Arbor (Mich.) 1978. – KRAUS, C. VON: Die Lieder R.s des A.n. Mchn. 1919. 3 Tle. – MAURER, F.: Die ›Pseudoreimare‹: Fragen der Echtheit, der Chronologie u. des ›Zyklus‹ im Liedercorpus R.s des A.n. Hdbg. 1966. – SCHWEIKLE, G.: War R. v. Hagenau Hofsänger zu Wien? In: Gestaltungsgesch. u. Gesellschaftsgesch. Hg. v. H. KREUZER. Stg. 1969. S. 1. – TERVOOREN, H.: Bibliogr. zum Minnesang ... Bln. 1969. – JACKSON, W. E.: R.'s women. Amsterdam 1981. – TERVOOREN, H.: R.-Studien Stg. 1991.

**Reinmar von Brennenberg,** † vor 1276, mhd. Minnesänger. – Aus bayr. Ministerialengeschlecht; Dienstmann des Bischofs von Regensburg. Verfaßte u. a. Minnesprüche, vier an Walther von der Vogelweide erinnernde Minnelieder und ein Streitgedicht. R. wurde später als ›Ritter Bremberger‹ zum Helden von Volksballade und Meistersang.

**Ausgabe:** R. v. B. In: KRAUS, C. VON: Dt. Liederdichter des 13. Jh. Bd. 2. Tüb. [2]1978.

**Reinmar von Zweter** (Reimar), * Zeutern bei Bruchsal (?) um 1200, † nach 1246, ▭ Eßfeld bei Ochsenfurt, mhd. Sangspruchdichter. – Bis 1230 am Wiener Hof, dann in Böhmen und als wandernder Dichter an verschiedenen Höfen. Von ihm sind ein Leich und 229 Strophen im ›Frau-Ehren-Ton‹ überliefert; Themen sind Theologie, Minne, Didaktik und die Politik, sich gegen die Übergriffe des Papstes und der Geistlichkeit, sich zuerst für Kaiser Friedrich II., später gegen ihn aussprechend. Er gilt als der bedeutendste Sangspruchdichter nach Walther von der Vogelweide. Sein Nachruhm im Spät-MA war bed.: Er erscheint im ›Wartburgkrieg‹, die Meistersinger schreiben ihm unter den Namen ›Ehrenbote‹ und ›Römer von Zwickau‹ vier weitere Töne zu.

**Reinshagen,** Gerlind, * Königsberg (Pr) 4. Mai 1926, dt. Schriftstellerin. – Schrieb zunächst Kinderbücher und Hörspiele; seit 1968 hat sie mit Theaterstücken großen Erfolg, in denen meist Szenen aus dem Alltag der jüngsten dt. Vergangenheit oder aus dem Bereich der Arbeitswelt dargestellt werden; auch Romane. Erhielt 1988 die Roswitha-Gedenkmedaille.

**Werke:** Was alles so vom Himmel fällt (Kinderb., 1954), Das Milchgericht (Hsp., 1968), Doppelkopf. Leben und Tod der Marylin Monroe (2 Stücke, 1971), Himmel und Erde (Schsp., 1974, in: Theater heute), Sonntagskinder (Stück, 1975), Das Frühlingsfest (Stück, 1980), Rovinato oder Die Seele des Geschäfts (R., 1981), Eisenherz (Dr., 1982, in: Spectaculum), Die flüchtige Braut (R., 1984), Die Clownin. Ein Spiel (1985), Zwölf Nächte (Prosazyklus, 1989), Die fremde Tochter (Stück, UA 1993), Jäger am Rand der Nacht (R., 1993).

**Ausgabe:** G. R. Ges. Stücke. Ffm. 1986.

**Reis,** Ricardo [portugies. rrɐiʃ], Pseudonym des portugies. Lyrikers Fernando António Nogueira de Seabra ↑ Pessoa.

**Reisel,** Vladimír [slowak. 'rajsɛl], * Brodzany 19. Jan. 1919, slowak. Lyriker. – Wegweisend für die moderne slowak. Lyrik, schrieb pessimist. surrealist. Gedichte (›Neskutočné mesto‹ [= Die unwirkl. Stadt], 1943; ›Zrkadlo a za zrkadlom‹ [= Im Spiegel und hinter dem Spiegel], 1945), später auch Werke mit sozialist. Thematik (›Svet bez pánov‹

[= Welt ohne Herren], 1951), seit 1955 erneut surrealist. Lyrik: ›Spevy sveta‹ (= Gesänge der Welt, 1955), ›More bez odlivu‹ (= Meer ohne Abfluß, 1960), ›Básne o sne‹ (= Gedichte über den Traum, 1962).

**Weitere Werke:** Moja jediná (= Meine einzige, Ged., 1975), Rozlúčky (= Abschiede, Ged., 1980).

**Reiseliteratur,** der Begriff weist eine große Vielfalt und Variationsbreite auf, angefangen von Reiseführern und sachl. Informationen für Reisende über wiss. Reisebeschreibungen (A. von Humboldt) bis zu dichterisch ausgestalteten Reiseschilderungen, entweder in Form der Wiedergabe tatsächl. Reiseerlebnisse (Reisebericht) oder in fiktionalen Formen (Reiseroman).

Alle Formen finden sich seit der Antike. Antike **Reiseberichte** stammen u.a. von Skylax von Karyanda (um 500 v. Chr.) und Poseidonios. Seit dem 3. Jh. v. Chr. verfaßten die Periegeten (antike Fremdenführer) Beschreibungen von Städten, Ländern, Sehenswürdigkeiten usw. Ihre Werke sind die Vorläufer der modernen Reisehandbücher. Im Hoch-MA berichteten v. a. arab. Reisende wie Al Idrisi und Ibn Battuta von Fahrten durch Afrika und den Fernen Osten. Die großen Entdeckungsfahrten seit Beginn der Neuzeit brachten eine Fülle von wissenschaftlich exakten Reisebeschreibungen hervor, z. B. G. Forsters Reisebericht über die zweite Weltumseglung J. Cooks (›Reise um die Welt‹, 1777, dt. 1778–80). – Auch die **literar. Reisebeschreibungen** haben ihren Ursprung in der Antike. Frühestes Beispiel aus dem MA ist der Bericht Marco Polos ›Il milione‹ (niedergeschrieben 1298/99, dt. 1477, 1963 u. d. T. ›Die Reisen des Venezianers Marco Polo‹) über seine Reise in die Mongolei 1271–95, der bis ins späte MA die europ. Vorstellungen vom Fernen Osten prägte. Im 15. und 16. Jh. entstanden zahlreiche Reiseschilderungen von Pilgern, z. B. die ›Beschreibung der Reyß ins Heylig Land‹ (1482) von H. Tucher aus Nürnberg oder B. von Breydenbachs ›Die heyligen reyssen gen Jherusalem‹ (lat. 1486, dt. 1486). Ein Höhepunkt des Typus der literar. Reisebeschreibung ist Goethes ›Italien. Reise‹, die 1829 aus Briefen und Tagebuchaufzeichnungen Goethes zusammengestellt wurde. Die Reiseberichte, v. a. H. Heines ›Harzreise‹ (1826), verbanden Natur- und Landesschilderung mit Gesellschaftssatire und wurden damit richtungweisend für den unterhaltsamen feuilletonist. Reisebericht. Weitere bed. Beispiele aus dem 19. Jh. sind die ›Wanderjahre in Italien‹ (1856–77) von F. Gregorovius, Th. Fontanes ›Wanderungen durch die Mark Brandenburg‹ (1862 bis 1882), in Italien die Reiseberichte R. Fucinis (›Napoli ad occhio nudo‹, 1877).

Der **Reiseroman** ist kein nach formalen Kriterien definierter Gattungsbegriff, sondern nur inhaltlich zu bestimmen. Ein bes. ausgeprägter Typus ist der abenteuerl. Reiseroman, der sich vielfach mit dem ↑Abenteuerroman überschneidet. Frühestes ep. Muster ist Homers ›Odyssee‹ (8. Jh. v. Chr., dt. 1781) mit ihrer Verbindung von Reiseschilderungen und Abenteuern. Im MA setzten v. a. die ↑Spielmannsdichtungen (u. a. ›Herzog Ernst‹, um 1180) diese Tradition fort. Vielfältig sind die inhaltl. Bezüge des Reiseromans zum ↑Ritterroman und v. a. zum ↑Schelmenroman, der am Ende des 17. Jh. von Ch. Reuter in seiner Satire ›Schelmuffskys Warhafftige Curiöse und sehr gefährliche Reisebeschreibung Zu Wasser und Lande‹ (2 Tle., 1696/97) parodiert wurde. Eine bes. erfolgreiche Form des abenteuerl. Reiseromans waren die im Gefolge von D. Defoes Roman ›Robinson Crusoe‹ (1719/20, dt. 1720/1721) erschienenen ↑Robinsonaden. Im 19. Jh. schufen Ch. Sealsfield, F. Gerstäcker und K. May als Repräsentanten einer aufblühenden Unterhaltungsliteratur einen neuen Typus. Struktural verwandt mit dem abenteuerl. Reiseroman ist der **Lügenroman** (↑Lügendichtung). Urtyp sind die phantast. Geschichten um die Person des Freiherrn K. F. H. von Münchhausen (↑Münchhausiaden). Einen Sondertypus stellt der sog. **phantast. Reiseroman** dar, der mit J. J. Ch. von Grimmelshausens Erzählungen ›Der fliegende Wandersmann nach dem Mond ...‹ (1650) einsetzte und in J. Vernes utop. Raum- und Unterwasserfahrten gipfelte (›Von der Erde zum Mond‹, 1865, dt. 1873). Eine Variation dieses Typus ist der **utopisch-satir. Reiseroman** (v. a. J. Swifts ›Gullivers sämtliche Reisen‹, 1726, dt. 1727/28). Mit dem **empfindsamen Reiseroman** (↑ Empfindsamkeit) entwickelte sich im 18. Jh. nach dem Vorbild von L. Sternes ›Yoricks empfindsame Reise durch Frankreich und Italien‹ (1768, dt. 1768) ein Typus (vertreten durch J. Th. Hermes, J. K. A. Musäus, M. A. von Thümmel), der aus der Spätaufklärung erwuchs und bereits in die frühe Romantik verweist. Die gegenständl. Welt war nur insofern bedeutsam, als sie im Reisenden Reflexionen und Empfindungen auslöste. Novalis' ›Heinrich von Ofterdingen‹ (1802) kann als exemplarisch für den frühromant. Reiseroman angesehen werden. Auch sonst liebte die Romantik das Reisemotiv gemäß der romant. Sehnsucht in die Ferne (J. von Eichendorff, ›Aus dem Leben eines Taugenichts‹, 1826). – In der R. nach 1945 läßt sich eine Wendung zu nichtfiktionalen, autobiographischen Formen erkennen, z. B. H. Bölls Reiseminiaturen ›Irisches Tagebuch‹ (1957), andererseits spiegelt das Motiv der Reise die rastlose Suche nach neuen Idealen und neuen Formen menschlichen Zusammenlebens wider, so u. a. in J. Kerouacs Roman ›Unterwegs‹ (1957, dt. 1959).

**Literatur:** LINK, M.: Der Reiseber. als literar. Kunstform v. Goethe bis Heine. Diss. Köln 1963. – MORITZ, R.: Unterss. zu den dt.-sprachigen Reisebeschreibungen des 14.–16. Jh. Diss. Mchn. 1970. – STRELKA, J.: Der literar. Reiseber. In: Jb. f. internat. Germanistik 3 (1971), S. 63. – STEWART, W. E.: Die Reisebeschreibung u. ihre Theorie im Deutschland des 18. Jh. Bonn 1978. – WUTHENOW, R. R.: Die erfahrene Welt. Europ. R. im Zeitalter der Aufklärung. Ffm. 1980. – Reisen u. R. im MA u. in der frühen Neuzeit. Hg. v. X. VON ERTZDORFF u. a. Amsterdam u. a. 1992. – PRATT, M. L.: Imperial eyes. Travel writing and transculturation. London u. a. 1992. Nachdr. 1993. – PELZ, A.: Reisen durch die eigene Fremde. R. von Frauen als autogeograph. Schrr. Köln u. a. 1993.

**Reisiger,** Hans, * Breslau 22. Okt. 1884, † Garmisch-Partenkirchen 29. April 1968, dt. Schriftsteller und Übersetzer. – Gründungsmitglied der Dt. Akademie für Sprache und Dichtung; machte sich durch zahlreiche Übersetzungen engl., amerikan. und frz. Literatur, bes. der Werke W. Whitmans (›W. Whitman: Werk‹, 2 Bde., 1922, erweitert 1 Bd., 1956), verdient. Großen Anklang fanden der Maria-Stuart-Roman ›Ein Kind befreit die Königin‹ (1939) und die Erzählung ›Aeschylos bei Salamis‹ (1952).

**Weitere Werke:** Stille Häuser (Nov.n, 1910), Maria Marleen (R., 1911), Jakobsland (R., 1913), Totenfeier (Ged., 1916), Junges Grün (Nov.n, 1919), Unruhiges Gestirn (Biogr., 1930), Johann Gottfried Herder (Biogr., 1942).

**Reisner** (tl.: Rejsner), Larissa Michailowna [russ. 'rjejsnır], * Lublin 13. Mai 1895, † Moskau 9. Febr. 1926, russ.-sowjet. Schriftstellerin. – Tochter eines Jura-Prof., mit dem sie nach ersten literar. Versuchen 1915/16 die Zeitschrift ›Rudin‹ herausgab; wurde 1918 aktive Revolutionärin; fuhr 1921 mit der ersten sowjet. Gesandtschaft nach Afghanistan; orientierte sich in Lyrik und Prosa stilistisch an den Symbolisten und Akmeisten, bes. an N. S. Gumiljow; eine repräsentative Auswahl aus ihrem Werk erschien dt. 1961 u. d. T. ›Oktober‹.

**Weiteres Werk:** Hamburg auf den Barrikaden (Reportagen, 1925, dt. 1960).

**Ausgabe:** L. M. Rejsner. Izbrannoe. Moskau 1980.

**Rej z Nagłowic,** Mikołaj [poln. 'rɛj zna'gu̯ɔvits], * Żurawno bei Galitsch 4. Febr. 1505, † Rejowiec bei Chełm zwischen 8. Sept. und 4. Okt. (?) 1569, poln. Dichter. – Stammte aus dem Landadel; wurde 1525 Sekretär am Hof eines Magnaten, lebte ab 1531 auf dem Lande. Um 1541 wurde er Lutheraner, später trat er zum Kalvinismus über; 1543–64 mehrmals Abgeordneter des Sejms. R., der als erster bed. weltl. Schriftsteller Polens gilt, schrieb, trotz Anlehnung an fremde Vorbilder, originelle Lieder, Satiren und Epigramme in der farbigen Sprache des Volkes, in denen er in moralisch-didakt. Ton für polit. Reformen eintrat.

**Werke:** Krótka rozprawa między trzemi osobami, panem, wójtem a plebanem (= Kurzes Gespräch zwischen drei Personen, Herr, Vogt und Pfarrer, Traktat, 1543), Postylla (= Postille, 1557), Źwierzyniec (= Bestiarium, heraldisch-emblemat. Ged., 1562), Żywot człowieka poczciwego (= Das Leben eines Edelmannes, Traktat, 1568).

**Ausgabe:** M. R. Wybór pism. Warschau ²1979.

**Literatur:** WITCZAK, T.: Studia nad twórczością M. R.a. Posen 1975.

**Rejment,** Władysław Stanisław [poln. 'rɛjmɛnt], poln. Schriftsteller, ↑ Reymont, Władysław Stanisław.

**Rejsner,** Larisa Michajlovna, russ.-sowjet. Schriftstellerin, ↑Reisner, Larissa Michailowna.

**Relković** (Reljković), Matija Antun [serbokroat. ˌre:ljkɔvitɕ], * Svinjar (heute Davor an der Save) 6. Jan. 1732, † Vinkovci 22. Jan. 1798, kroat. Schriftsteller. – Offizier; während des Siebenjährigen Krieges in preuß. Gefangenschaft, Bekanntschaft mit der dt. Aufklärung; verfaßte die Dichtung ›Satir iliti divji čovik‹ (= Satyr oder Der wilde Mann, 1762) zur Erziehung der Slawonier; u. a. auch Übersetzer der Fabeln Äsops.
**Ausgabe:** M. A. R. Djela. Zagreb 1916.

**Rellstab,** [Heinrich Friedrich] Ludwig, Pseudonym Freimund Zuschauer, * Berlin 13. April 1799, † ebd. 28. Nov. 1860, dt. Schriftsteller. – Librettist und einflußreicher Musikkritiker (u. a. der ›Vossischen Zeitung‹) in Berlin; gab 1830–41 eine eigene Musikzeitschrift, ›Iris im Gebiete der Tonkunst‹, heraus. Als literar. Hauptwerk gilt sein Napoleon-Roman ›1812‹ (4 Bde., 1834); zehn seiner Gedichte wurden von F. Schubert vertont (u. a. ›Ständchen‹ [›Leise flehen meine Lieder‹]).
**Weitere Werke:** Der Wildschütz (R., 1835), Musikal. Beurteilungen (1848), Aus meinem Leben (Autobiogr., 2 Bde., postum 1861).
**Ausgabe:** L. R. Ges. Schrr. Lpz. Neuausg. 1860 bis 1861. 24 Bde.

**Remarque,** Erich Maria [rəˈmark], eigtl. E. Paul Remark (nicht Kramer), * Osnabrück 22. Juni 1898, † Locarno 25. Sept. 1970, dt. Schriftsteller. – Kriegsfreiwilliger 1916, danach in verschiedenen Berufen, u. a. Lehrer, Journalist. Welterfolg errang R. mit seinem Roman ›Im Westen nichts Neues‹ (Vorabdruck 1928, in: ›Vossische Zeitung‹; Buchausgabe 1929); diese desillusionierende Darstellung des Krieges, in der R. das Tabu vom Heldentod der Soldaten brach, indem er klarmachte, daß Siege und Niederlagen der Völker den Toten gleichgültig sind, wurde von den Nationalsozialisten wegen ›Verrats am Soldaten‹ verboten; 1938 Aberkennung der dt. Staatsbürgerschaft. Bereits 1931 war R. in die Schweiz übergesiedelt, ging 1939 in die USA, später wieder in die Schweiz. Beeinflußt von J. London, E. Hemingway und K. Hamsun, war R. einer der erfolgreichsten Autoren des 20. Jahrhunderts. Themen seiner späteren Werke sind v. a. Emigrantenschicksale vor und während des 2. Weltkriegs; einen zweiten Welterfolg hatte er mit dem in Paris spielenden Emigrantenroman ›Arc de Triomphe‹ (1946).

Erich Maria Remarque

**Weitere Werke:** Die Traumbude (R., 1920), Der Weg zurück (R., 1931), Drei Kameraden (R., 1938), Der Funke Leben (R., 1952), Zeit zu leben und Zeit zu sterben (R., 1954), Der schwarze Obelisk (R., 1956), Der Himmel kennt keine Günstlinge (R., 1961), Die Nacht von Lissabon (R., 1962), Schatten im Paradies (R., hg. 1971), Der Feind (En., hg. 1993).
**Literatur:** RÜTER, H.: E. M. R.: Im Westen nichts Neues. Ein Bestseller der Kriegslit. im Kontext. Paderborn 1980. – ANTKOWIAK, A.: E. M. R. – Sein Leben u. Werk. Bln. 1983. – BAUMER, F.: E. M. R. Bln. ²1984. – SCHNEIDER, TH.: E. M. R. Der Nachlaß ... Osnabrück ²1991. 2 Bde. – Der Fall R. Hg. v. B. SCHRADER. Lpz. 1992. – MARTON, R.: Mein Freund Boni. Erinnerungen an E. M. R. Dt. Übers. Köln 1993.

**Remisow** (tl.: Remizov), Alexei Michailowitsch [russ. ˈrjemizɐf], * Moskau 6. Juli 1877, † Paris 26. Nov. 1957, russ. Schriftsteller. – Studierte an der Moskauer Univ., die er nach Teilnahme an Studentenunruhen und Verhaftung (1897) verlassen mußte; sechs Jahre Verbannung und Gefängnis; ab 1905 in Petersburg; emigrierte 1921 nach Berlin, 1923 nach Paris. R., einer der originellsten Stilisten der modernen russ. Literatur, vereinigt in seinem umfangreichen Werk zahlreiche Einflüsse; stilist., stoffl. und religiös-eth. Anregungen kamen v. a. von N. W. Gogol, F. M. Dostojewski und N. S. Leskow, dem er bes. durch die ausgiebige Verwendung folklorist. Traditio-

Alexei Michailowitsch Remisow

nen nahesteht. R., dessen Ziel eine Verbindung kunstvoll stilisierter, symbolist. Prosa und der Volkssprache zu neuen Ausdrucksmitteln war, schrieb häufig gattungsmäßig schwer bestimmbare Prosawerke, die dem Surrealismus nahestehen; seine ornamentale Prosa, die reich an rhetor. Figuren, Neologismen und überraschenden sprachl. Effekten ist, hatte starke Wirkung auf die Gruppe der Serapionsbrüder.

**Werke:** Časy (= Die Uhr, R., 1908), Prud (= Der Teich, R., 1908), Die Schwestern im Kreuz (R., 1910, dt. 1913), Der goldene Kaftan u. a. russ. Märchen (1914, dt. 1981), Prinzessin Mymra (En., dt. Ausw. 1917), Legenden und Geschichten (dt. Ausw. 1919), In blauem Felde (E., 1922, dt. 1924), Stella Maria maris (Legenden, 1928, dt. 1929), Gang auf Simsen (E., 1929, dt. 1991), V rozovom bleske (= Im Rosenglanz, Autobiogr., 1952), Das knöcherne Schloß (En., dt. Ausw. 1965).

**Ausgaben:** A. M. Remizov. Sočinenija. Petersburg 1910–12. 8 Bde. Nachdr. Mchn. 1971. – A. M. Remizov. Izbrannoe. Moskau 1978.

**Literatur:** GEIB, K.: A. M. Remizov. Stilstudien. Mchn. 1970. – BAILEY, J. A. H.: The structure of A. M. Remizov's prose. Diss. University of Washington (D. C.) 1978. – SINANY, H.: Bibliographie des œuvres de A. Remizov. Paris 1978. – SLOBIN, G. N.: Remizov and the rise of Russian modernism. Diss. Yale University New Haven (Conn.) 1978. – ROSENTHAL, CH.: A. Remizov and the literary uses of folklore. Ann Arbor (Mich.) 1982.

**Remittenden** [lat. = Zurückzuschikkendes], im Buchhandel Waren, die an einen Lieferanten zurückgeschickt werden: bei vereinbartem Remissionsrecht oder von Kommissionsware nach Ablauf einer bestimmten Frist, oder von Mängel- bzw. Defektexemplaren.

**Renaissance** [frz. rənɛ'sɑ̃s = Wiedergeburt], allgemein eine seit Philarète Chasles (* 1798, † 1873) und Jules Michelet (* 1798, † 1874) verwendete Bez. für den spezif. Charakter geistesgeschichtl. Entwicklungen, die sich nach einer mehr oder weniger langen Unterbrechung bewußt auf vorhergegangene Bildungs- und Kunsttraditionen berufen, speziell Epochenbegriff der europ. Kulturgeschichte, der sich auf Zeiträume bezieht, in denen die Gesamtheit des geistigen Lebens von einer Rückbesinnung auf Werte und Formen der griech. und – häufiger – der röm. Antike in Literatur, Kunst und Wissenschaft geprägt ist. Folgerichtig spricht man daher u. a. von der karoling. R. oder von der R. des 12. Jh. (↑ mittellateinische Literatur).
Die zentrale Verwendung des Begriffs R. gilt jedoch v. a. seit Jacob Burckhardt (* 1818, † 1897; ›Die Cultur der R. in Italien‹, 1860) der seit F. Petrarca von Italien auf andere Länder Europas ausstrahlenden großen Wiederentdeckung der Antike, die vom 15. Jh. an mit dem Übergang von den mittelalterl. zu den für die Neuzeit charakterist. Lebensweisen und Denkformen im Rahmen des Prozesses der Zivilisation (N. Elias) einhergeht. Geistesgeschichtlich bedeutsam wird diese R. zunächst durch ihre Wendung gegen das mittelalterl. Latein (↑ Epistolae obscurorum virorum, ↑ neulateinische Literatur, ↑ Valla, Lorenzo) sowie ihre Bemühungen um die Wiederherstellung der ursprüngl. Form antiker Texte, darauf durch ihren Einsatz für die Verwendung der Volkssprache in literar. und nichtliterar. Texten sowie für deren an der Grammatik der alten Sprachen orientierten Systematisierung (↑ Questione della lingua) und schließlich durch ihren Versuch, Würde und Freiheit des Individuums aus der Verbindung von christl. mit neuplaton. Elementen philosophisch zu begründen (↑ Humanismus, ↑ Pico della Mirandola, Giovanni). – ↑ auch deutsche Literatur, ↑ englische Literatur, ↑ französische Literatur, ↑ italienische Literatur, ↑ portugiesische Literatur, ↑ spanische Literatur.

**Literatur:** KRISTELLER, P. O.: Studies in R. thought and letters. Rom 1956. Nachdr. 1969. – Studia humanitatis. Beitrr. u. Texte zum italien. Humanismus der R. Darmst. 1959. – Zu Begriff

u. Problem der R. Hg. v. A. Buck. Darmst. 1969. – Trinkaus, Ch. E.: In our image and likeness. London 1970. 2 Bde. – Neues Hdb. der Literaturwiss. Bde. 9–10: R. u. Barock. Hg. v. A. Buck. Ffm. 1972. – Elias, N.: Über den Prozeß der Zivilisation. Ffm. 1976. 2 Bde. – Fumaroli, M.: L'âge de l'éloquence. Rhétorique et ›res literaria‹ de la R. au seuil de l'époque classique. Genf 1980. – Trinkaus, Ch. E.: The scope of R. humanism. Ann Arbor (Mich.) 1983. – Cultura e società nel rinascimento tra riforme e manierismi. Hg. v. V. Branca u. a. Florenz 1984. – Kerrigan, W./Braden, G.: The idea of the R. Baltimore (Md.) u. a. 1989. – Gerl, H.-B.: Einf. in die Philosophie der R. Darmst. 1989.

**Renan,** [Joseph] Ernest [frz. rə'nã], * Tréguier (Côtes-d'Armor) 27. Febr. 1823, † Paris 2. Okt. 1892, frz. Orientalist, Religionshistoriker und Schriftsteller. – Verließ unter dem Einfluß der dt. krit. Theologie und Philosophie 1845 kurz vor der Subdiakonatsweihe das Seminar Saint-Sulpice in Paris. Mit seinem Werk ›Histoire générale et système comparé des langues sémitiques‹ trat er 1855 als Orientalist an die Öffentlichkeit. Im Auftrag der frz. Regierung führte er 1860/61 Ausgrabungen im Orient durch. Unter dem Eindruck der palästinens. Landschaft verfaßte er sein umstrittenes Werk ›Das Leben Jesu‹ (1863, dt. 1864; 1. Bd. seiner ›Histoire des origines du christianisme‹, 7 Bde., 1863–83), eine in glänzendem Stil geschriebene romanhaft-sentimentale Darstellung mit rationalist. Wunderdeutung und dem Versuch, die Vita Jesu als einen Weg zum Anarchismus zu beschreiben. R. wurde 1862 zum Prof. für semit. Sprachen am Collège de France ernannt, aber bereits 1863 unter dem Sturm der Entrüstung über sein Jesusbuch und auf Druck des frz. Episkopats amtsenthoben; 1871 rehabilitiert und 1878 zum Mitglied der Académie française gewählt.

**Ausgabe:** E. R. Œuvres complètes. Paris 1947–61. 10 Bde.

**Literatur:** Cresson, A.: E. R., sa vie, son œuvre. Paris 1949. – Peyre, H.: R. Paris 1969. – Wardman, H. W.: R. historien philosophe. Paris 1979. – Phollien, G.: Les deux ›Vie de Jésus‹ de R. Paris 1983.

**Renard,** Jules [frz. rə'na:r], * Châlons-du-Maine (Mayenne) 22. Febr. 1864, † Paris 22. Mai 1910, frz. Schriftsteller. – Verfasser psychologisch vertiefter naturalist. Romane und Dramen; begann nach Anfängen als Lyriker mit Novellen aus dem Leben der Bauern seiner normann. Heimat (›Crime de village‹, 1888; ›Der Schmarotzer‹, 1892, dt. 1964, als Drama 1903 u. d. T. ›Monsieur Vernet‹), wandte sich dann vorwiegend dem Roman und der Bühne zu; bekannt wurde v. a. sein Roman eines ungeliebten Kindes, ›Rotfuchs‹ (1894, dt. 1946; auch erfolgreich als Drama, 1900, dt. 1901 u. d. T. ›Fuchs‹); als ein wertvolles psychologisches Dokument gilt sein ›Journal 1887–1910‹ (hg. 1928, vollständig 1935, dt. Teilausg. 1986 u. d. T. ›Ideen – in Tinte getaucht‹).

**Weitere Werke:** Le vigneron dans sa vigne (R., 1894), Die Maîtresse (Skizzen, 1896, dt. 1986), Naturgeschichten (En., 1896, erweitert 1904, dt. 1960), Le pain de ménage (Dr., 1899).

**Ausgaben:** J. R. Théâtre complet. Hg. v. L. Pauwels. Paris 1957. – J. R. Œuvres. Hg. v. L. Guichard. Paris 1970–71. 2 Bde.

**Literatur:** Guichard, L.: R. Paris 1961. – Dans la vigne de R. Eingel. u. hg. v. L. Guichard. Paris 1966. – Toesca, M.: J. R. Paris 1976. – Zeyons, S.: Monsieur Poil de carotte. Paris 1976. – Thatcher, N.: An analysis of J. R.'s novels. Diss. London 1978.

**Renart,** Roman de, altfrz. Tierepos, ↑ Roman de Renart.

**Renaud,** Jacques [frz. rə'no], * Montreal 10. Nov. 1943, kanad. Schriftsteller. – Wuchs im Arbeiterviertel Rosemont auf und ging vielen Jobs nach. Wurde bald nach der Gründung 1963 der marxistisch-nationalist. Zeitschrift ›Parti pris‹ deren Mitarbeiter. Mit ›Le cassé‹ (1964, engl. ›Flat broke and beat‹, 1968) gelang ihm der erste im ›joual‹ verfaßte Roman – die Verwendung korrumpierter Volkssprache wurde danach literar. Mode. ›Le cassé‹ ist erfüllt von Gewalt und Poesie, sein Held Tit-Jean ein Symbol moderner Ausweglosigkeit. Die zweite Ausgabe des Werkes (1977) enthält zusätzl. Erzählungen und eine Dokumentation, das ›Journal du cassé‹. R.s Erzählen nahm in der Folge okkulte, visionäre Züge an. Auf ›En d'autres paysages‹ (1970) folgte die kosm. Phantasie ›Le fond pur de l'errance irradie‹ (1975). Das poet. Prosawerk ›Le cycle du scorpion‹ (1979) ist erfüllt von astrolog. Symbolik. ›La colombe et la brisure éternité‹ (1979) ist ein allegor. Roman. ›Clandestine(s), ou, La tradition du couchant‹ (R., 1980) führt vom Terror der Separatismuskrise Quebecs in einen gegenkulturellen Mystizismus.

**Literatur:** REID, M.: The shouting signpainters. A literary and political account of Québec revolutionary nationalism. New York 1972. – SHEK, B.-Z.: Social realism in the French-Canadian novel. Montreal 1977.

**Renault,** Mary [engl. 'rɛnoʊ], eigtl. Mary Challans, * London 4. Sept. 1905, † Kapstadt 13. Dez. 1983, engl. Schriftstellerin. – Lebte ab 1948 in Südafrika. Wurde v. a. bekannt durch ihre histor. Romane über Persönlichkeiten der griech. Antike, z. B. Theseus (›Der König muß sterben‹, 1958, dt. 1959; ›Der Bulle aus dem Meer‹, 1962, dt. 1963), Alexander den Großen (›Feuer vom Olymp‹, 1970, dt. 1970; ›Ein Weltreich zu erobern‹, 1972, dt. 1974), Sokrates (›Alexias und Lysis‹, 1956, dt. 1961, 1985 u. d. T. Der Läufer und sein Held), Platon (›Die Maske des Apoll‹, 1966, dt. 1978), Simonides von Keos (›The praise singer‹, 1979).

**Weitere Werke:** Tödl. Tanz (R., 1981, dt. 1986), The friendly young ladies (R., 1984).

**Literatur:** SWEETMAN, D.: M. R. A biography. London 1993.

**Renaut de Montauban** [frz. rənodmõto'bã], altfrz. Chanson de geste, ↑ Haimonskinder.

**Renč,** Václav [tschech. rɛntʃ], * Vodochody bei Roudnice 28. Nov. 1911, † Brünn 30. April 1973, tschech. Schriftsteller. – 1952 (verurteilt zu 25 Jahren) bis 1962 in Haft; kath. geprägter Lyriker und Dramatiker; Thema ist u. a. das bäuerl. Leben; Übersetzer aus dt., frz., engl. u. a. Literatur.

**Werke:** Vinný lis (= Die Weinpresse, Ged., 1938), Pražská legenda (= Prager Legende, Ged., hg. 1974).

**Rendl,** Georg [Josef] [...dəl], * Zell am See 1. Febr. 1903, † Sankt Georgen bei Salzburg 10. Jan. 1972, österr. Schriftsteller. – Verschiedene Berufe, u. a. Bienenzüchter, Bergmann und Glasbläser; freier Schriftsteller. R. bezog seine Themen als Erzähler, Dramatiker und Lyriker aus der heimatl. Landschaft, aus Volkstum und Glauben. Für die Bühne schuf er zahlreiche Mysterien- und Evangelienspiele.

**Werke:** Der Bienenroman (1931), Der Berufene (R., 1934), Die Glasbläser (R.-Trilogie: Menschen im Moor, 1935; Die Glasbläser, 1937; Gespenst aus Stahl, 1937, Neufassung 1951 u. d. T. Die Glasbläser von Bürmoos), Kain und Abel (Dr., 1945), Ein Mädchen (R., 1954).

**Renga** [jap.], Lyrikgattung, die als ›Kettengedicht‹ im jap. MA (13.–16. Jh.) vorherrscht. R. ist eine von mehreren Dichtern verfaßte lyr. ›Kette‹, deren Glieder die unter Beachtung themat., stoffl. und formaler Verknüpfungstechniken alternierend aneinandergefügten Ober- und Unterstrophen des ↑ Waka darstellen. Die zunächst humorist. und umgangssprachl., im 16. Jh. verbreitete Nebenform, Haikai no renga oder *Renku,* bildet den Ursprung des neuzeitl. ↑ Haiku.

**Literatur:** BENL, O.: Das jap. Kettengedicht. In: Zs. d. Dt. Morgenländ. Gesellschaft (ZDMG) 104 (1954), S. 432.

**Renker,** Gustav, * Zürich 12. Okt. 1889, † Langnau im Emmental 23. Juli 1967, schweizer. Schriftsteller. – Ursprünglich Kapellmeister, später Journalist, u. a. 1947–53 Schriftleiter der Berner Zeitung ›Der Bund‹; verfaßte zahlreiche Berg- und Heimatromane.

**Werke:** Heilige Berge (R., 1921), Der See (R., 1926), Das Dorf ohne Bauer (R., 1938), Der Weg über den Berg (R., 1942), Der Mönch von Ossiach (R., 1948), Der Teufel von Saletto (R., 1956), Licht im Moor (R., 1957), End' der Welt (R., 1963, 1963 auch u. d. T. Wohin der Adler fliegt).

**Renn,** Ludwig, eigtl. Arnold Friedrich Vieth von Golssenau, * Dresden 22. April 1889, † Berlin (Ost) 21. Juli 1979, dt. Schriftsteller. – Stammte aus adliger Familie; gab kurz nach dem 1. Weltkrieg die Heeres- und Polizeioffizierslaufbahn auf, studierte u. a. Jura und Nationalökonomie; trat 1928 der KPD bei; 1929–32 Mit-Hg. der Zeitschrift ›Linkskurve‹; im Dritten Reich verfolgt, zweieinhalbjährige Gefängnishaft bis 1935; 1936 emigrierte er in die Schweiz; Offizier bei den internat. Brigaden im Span. Bürgerkrieg. 1939–47 lebte er in Mexiko, 1947 wurde er Prof. für Anthropologie in Dresden; lebte seit 1952 als freier Schriftsteller in Berlin (Ost). Sein reportageartiger Roman ›Krieg‹ (1928), in dem er den Krieg aus der Sicht des einfachen Soldaten zeigt, wurde ein Welterfolg. In der Fortsetzung ›Nachkrieg‹ (1930) schilderte R. die innenpolit. Kämpfe von 1919/20. Er

Ludwig Renn

schrieb ferner u. a. zeitgeschichtl. Erlebnisberichte, Romane mit autobiograph. Zügen und Jugendbücher.

**Weitere Werke:** Vor großen Wandlungen (R., 1936), Adel im Untergang (autobiograph. R., 1944), Trini (Jugendb., 1954), Der spanische Krieg (Erinnerungen, 1955), Der Neger Nobi (Jugendb., 1955), Meine Kindheit und Jugend (Autobiogr., 1957), Auf den Trümmern des Kaiserreichs (Jugendb., 1961), Ausweg (Bericht, 1967).

**Ausgabe:** L. R. Ges. Werke in Einzelausgg. Bln. [1-5]1962–85. 10 Bde.

**Literatur:** L. R. zum 70. Geburtstag. Bln. 1959. – GOLDBACH, G.: L. R. als Jugendschriftsteller. Ffm. 1983. – Autorenporträt L. R. zum 100. Geburtstag. Bearb. v. M. SCHNABEL. Bln. (Ost) 1989.

**Renouveau catholique** [frz. rənuvokatɔ'lik = kath. Erneuerung], um 1900 in Frankreich entstandene Bewegung zur Erneuerung der Literatur aus dem Geiste eines essentiellen Katholizismus. Ihre Vertreter bilden keine Schule im eigtl. Sinne. Oft sind sie Konvertiten, die sich gegen den modernen Wissenschaftskult und Materialismus v. a. im literar. Naturalismus wenden, aber auch gegen die autoritäre Starre der Kirche. Sie gestalten aus einem eth. Engagement existentielle Probleme. Bed. Vertreter sind neben Ch. Péguy und P. Claudel L. Bloy, J.-K. Huysmans, F. Jammes, E. Psichari, P. Bourget, É. Baumann, ferner u. a. G. Bernanos, M. Jouhandeau, F. Mauriac, J. Rivière, J. Green, L. Estang, J. Cayrol und P. Emmanuel. Ähnl. Strömungen finden sich im 20. Jh. auch in anderen europ. Literaturen, so in Großbritannien (T. S. Eliot, G. Greene, E. Waugh, B. Marshall), Schweden (S. Undset) und Deutschland (u. a. E. von Handel-Mazzetti, G. von Le Fort, E. Langgässer, W. Bergengruen, F. Werfel, R. Schneider).

**Literatur:** BLOCHING, K. H.: Die Autoren des literar. R. c. Frankreichs. Bonn 1966. – GUISSARD, L.: Littérature et pensée chrétienne. Tournai u. Paris 1969.

**Reṇu,** ind. Erzähler, ↑Phaṇīśvaranātha.

**Repaci,** Leonida [italien. 'rɛːpatʃi], * Palmi (Prov. Reggio di Calabria) 24. April 1898, † Pietrasanta (Prov. Lucca) 19. Juli 1985, italien. Schriftsteller. – Widerstandskämpfer. Veröffentlichte Reisereportagen, Kunstkritiken, polit. Schriften, Tagebuchaufzeichnungen (›Taccuino segreto‹, 1940), Lyrik, Dramen, Romane und Erzählungen. Krit. Interesse an sozialen Problemen zeigt sein Hauptwerk, die Romantrilogie ›Storia dei fratelli Rupe‹ (1957; Bd. 1: ›I fratelli Rupe‹, 1932; Bd. 2: ›Potenza dei fratelli Rupe‹, 1934; Bd. 3: ›Passione dei fratelli Rupe 1914‹, 1937), eine kalabr. Familiengeschichte im Rahmen des nat. und internat. polit. Geschehens. 1929 war R. Mitbegründer des ›Premio Viareggio‹.

**Literatur:** ALTOMONTE, A.: R. Florenz 1976.

**Repgow,** Eike von, Verfasser des ›Sachsenspiegels‹, ↑Eike von Repgow.

**Reportageroman** [repɔr'taːʒə], Romantypus bes. der 1. Hälfte des 20. Jh., dessen Rohmaterial aus Tatsachenberichten (Zeitungsnotizen, Gerichtsprotokolle, Tagebücher, Briefe o. ä.) besteht. Von der eigentl. Reportage unterscheidet sich der R. durch die dramaturg. Ausgestaltung der Figuren und deren Konstellationen zueinander, wobei die Helden und die Fabel nicht erfunden sind, jedoch als solche literarisiert werden, d. h. Einzelheiten werden umgruppiert, Geschehnisse konzentriert, u. a. können auch verschiedene Personen zu einer typ. Figur verschmolzen werden. Der R. beansprucht nicht nachweisbaren Realismus, sondern einen Realismus der Wahrscheinlichkeit. Meist in spannendem Erzählmodus geschrieben, wird der R. häufig als Genre der Unterhaltungsliteratur abgetan. Bed. R.e sind etwa J. Dos Passos' ›Manhattan Transfer‹ (1925, dt. 1927) oder I. Ehrenburgs Roman ›Die heiligsten Güter‹ (1930, dt. 1931).

**Reprint** [ri...; engl.] ↑ Nachdruck.

**Reschetnikow** (tl.: Rešetnikov), Fjodor Michailowitsch [russ. rɪ'ʃetnikɐf], * Jekaterinburg 17. Sept. 1841, † Petersburg 21. März 1871, russ. Schriftsteller. – Schrieb außer Dramen und Versdichtungen v.a. betont realist. Romane, Erzählungen und Skizzen; R.s sozialkrit. Absicht zeigt v.a. sein Hauptwerk, die Erzählung ›Die Leute von Podlipnaja‹ (1864, dt. 1907), in der er aus eigener Anschauung gewonnene Erfahrungen mit kulturell wenig entwickelten, erniedrigten finn. Bauern in der Gegend von Perm protokollierte.

**Ausgabe:** F. M. Rešetnikov. Polnoe sobranie sočinenij. Swerdlowsk 1936–48. 6 Bde.

**Literatur:** STACY, TH. J.: F. M. Reshetnikov's The Podlipnayans. Diss. University of South California 1973.

**Reschke,** Karin, * Krakau 17. Sept. 1940, dt. Schriftstellerin. – Aufgewachsen in Berlin, wo sie heute als freie Schriftstellerin lebt. Ihr 1982 erschienenes Buch ›Verfolgte des Glücks. Findebuch der Henriette Vogel‹ ist ein fiktiver Tagebuch- und Briefroman mit emanzipator. Tendenz vom Leben der Henriette Vogel, der Freundin und Lebensgefährtin H. von Kleists. Die Geschichte einer Frau, die vor Männern und deren vereinnahmenden Liebe flieht, wird in dem Buch ›Dieser Tage über Nacht‹ (1984) erzählt, das mit märchenhaft-träumer. Elementen durchsetzt ist.

**Weitere Werke:** Memoiren eines Kindes (1980), Margarete (E., 1987), Das Lachen im Wald (R., 1993), Asphaltvenus. Toscas Groschenroman (1994).

**Resende,** Garcia de [portugies. rrɛ'zendə], * Évora um 1470, † ebd. (?) 1536, portugies. Dichter und Geschichtsschreiber. – Stand in Diensten Johannes II. und Emanuels des Großen; umfassende Künstlerpersönlichkeit der portugies. Renaissance, verdankt seinen literar. Ruhm v.a. der grundlegenden Anthologie des nach ihm auch ›Cancioneiro de Resende‹ genannten ›Cancioneiro Geral‹ (1516), der rund 750 Gedichte von 286 portugies. und span. Autoren enthält.

**Ausgabe:** G. de R. Cancioneiro Geral. Hg. v. A. CRABBE-ROCHA. Neuausg. Lissabon 1973. 5 Bde.

**Literatur:** CRABBE-ROCHA, A.: Aspectos do Cancioneiro geral. Coimbra 1950. – DIAS, A. F.: O Cancioneiro Geral e a poesia peninsular de quatrocentos. Contactos e sobrevivências. Coimbra 1978. – CRABBE-ROCHA, A.: G. de R. e o Cancioneiro Geral. Lissabon 1979.

**Rešetnikov,** Fedor Michajlovič, russ. Schriftsteller, ↑ Reschetnikow, Fjodor Michailowitsch.

**Résistanceliteratur** [frz. rezis'tã:s], Literatur, die Geschehnisse und Probleme des frz. Widerstands im 2. Weltkrieg (der Résistance) behandelt. Bed. Vertreter der R. sind u.a. L. Aragon (›Le crève-cœur‹, Ged., 1941), P. Éluard (›Poésie et vérité 1942‹, Ged., 1942), Vercors (›Das Schweigen des Meeres‹, E., 1942, dt. 1945), A. Camus (›Briefe an einen dt. Freund‹, 1944, dt. 1961), J.-P. Sartre (›Tote ohne Begräbnis‹, Dr., 1946, dt. 1949), R. Vailland (›Seltsames Spiel‹, R., 1945, dt. 1964), R. Gary (›General Nachtigall‹, R., 1945, dt. 1962), D. Rousset (›L'univers concentrationnaire‹, Bericht, 1946), M. Clavel (›Les incendiaires‹, Dr., 1947), Louise Weiss (* 1893, † 1983, ›La Marseillaise‹, Tatsachenbericht, 1947). Die R. erschien meist unter Decknamen, oft in den Zeitschriften ›Poésie 40‹, ›Fontaine‹, ›Confluences‹ und ›Les Lettres françaises‹ oder in dem 1942 von Vercors gegründeten Verlag ›Les Éditions de Minuit‹.

**Literatur:** MICHEL, H.: Histoire de la Résistance en France. Paris [8]1980. – LANDES, G.: ›L'honneur des poètes‹, ›Europe‹, Gesch. u. Gedichte. Zur Lyrik der Résistance. Gießen 1985. – STEEL, J.: Littérature de l'ombre. Récits et nouvelles de la Résistance 1940–1944. Paris 1991. – ↑ auch Kollaborationsliteratur.

**Restif de La Bretonne** (Rétif de La B.), Nicolas [frz. retifdəlabrə'tɔn, rɛstif...], * Sacy (Yonne) 23. Nov. 1734, † Paris 3. Febr. 1806, frz. Schriftsteller. – Bauernsohn, Buchdrucker, kam 1755 nach Paris; popularisierte durch Vergröberung die Lehren seines Vorbildes J.-J. Rousseau in zahlreichen bekenntnishaften, sittengeschichtl. Romanen mit Schilderungen des ländl. Brauchtums und des Pariser Lebens; Vorläufer des realist. Romans mit Neigung zum Moralisieren; veröffentlichte auch sozialreformer. Schriften, zusammengefaßt u.d.T. ›Les idées singulières‹, darunter ›Der Pornograph‹ (1769, dt. 1918), ›L'éducographe‹ (1770), ›Le mimographe‹ (1770), ›Le glossographe‹ (1773).

**Weitere Werke:** Der verunglückte Bauer (R., 2 Bde., 1776, dt. 4 Bde., 1785–91), Leben meines Vaters (R., 1778, dt. 2 Bde., 1780), Die Zeitgenossinnen oder Abenteuer der artigsten Frauenzimmer unseres Zeitalters (Nov.n, 42 Bde., 1780–85, dt. 11 Bde., 1781–87), Der fliegende Mensch, ein philosoph. Roman (1784, dt. 1987), Abenteuer im Lande der Liebe (Autobiogr., 16 Bde., 1794–97, dt. 3 Bde., 1927–29), Anti-Justine (R., 1798, dt. 1969).

**Ausgabe:** N.-Edme Rétif de La B. L'œuvre. Hg. v. H. BACHELIN. Paris 1930–32. 9 Bde. Nachdr. Genf 1971. 5 Bde.

**Literatur:** PORTER, CH. A.: Restif's novels; or, An autobiography in search of an author. New Haven (Conn.) 1967 (mit Bibliogr.). – POSTER, M.: The utopian thought of R. de la B. New York 1971. – TESTUD, P.: R. de la B. et la création littéraire. Genf 1977. – DIRKS, F.: Die Erziehungssysteme u. ihre Funktion in den Reformbüchern des R. de la B. Diss. Münster 1981. – BACCOLO, L.: R. de la B. Mailand 1982. – COLOGAN, H.: L'utopisme de R. de la B. Diss. Paris 1982. – RIVAL, N.: Les amours perverties. Une biographie de N.-E. R. de la B. Paris 1982.

**retardierendes Moment,** Verzögerung im Handlungsablauf eines Dramas bzw. allgemein eines fiktionalen Textes, die die Spannung steigert, weil sich scheinbar noch Lösungsmöglichkeiten für den [dramat.] Konflikt ergeben. In der klass. Tragödie meist im vierten Akt, bevor die Handlung endgültig auf die Katastrophe zutreibt. – ↑auch Peripetie.

**Retroencha** [retro'ɛntʃa; provenzal.] (Retroensa), provenzal. volkssprachl. Liedform (↑Rotrouenge).

**Retrouenge** [frz. rətru'ã:ʒ], in der altfrz. Literatur des 12. Jh. belegte Form für ↑Rotrouenge.

**Rettenpacher** (Rettenbacher), Simon, *Aigen (heute zu Salzburg), ≈ 17. Okt. 1634, †Kremsmünster 10. Mai 1706, österr. Schriftsteller. – Benediktiner im Stift Kremsmünster, dessen Gymnasium und Bibliothek er zeitweise vorstand; in Rom Studium oriental. Sprachen, 1671–75 Prof. an der Univ. Salzburg, deren Theater er leitete; 1689–1705 Pfarrer in Fischlham. R. ist einer der bed. Vertreter des barocken Benediktinerdramas. Er schrieb lat. Schuldramen und allegor. Festspiele mit eigener Bühnenmusik, die im Gegensatz zum Jesuitendrama durch humanist. Heiterkeit und Milde gekennzeichnet sind; ferner schrieb er lat. (Vorbild Horaz) und dt. Gedichte sowie Satiren, Predigten, theolog. und histor. Werke und Übersetzungen.

**Werke:** Perfidie punita seu Perseus (Dr., 1674), Annales monasterii Cremifanensis (Chronik, 1677), Prudentia victrix seu Ulysses (Dr., 1680), Herzog Welf (Dr., 1682).

**Ausgaben:** S. Rettenbachers lyr. Gedichte (in lat. Sprache). Hg. v. T. LEHNER. Wien 1893. – S. Rettenbacher. Dt. Gedichte. Hg. v. R. NEWALD. Augsburg 1930.

**Literatur:** LEHNER, T.: S. R. Ein Erzieher u. Lehrer des dt. Volkes. Wien 1905.

**Retz,** Jean-François Paul de Gondi, Baron von [frz. rɛ(s)], *Montmirail (Marne) 20. Sept. 1613, †Paris 24. Aug. 1679, frz. Kardinal (seit 1652) und Schriftsteller. – War 1643–54 Koadjutor seines Onkels, des Erzbischofs von Paris, dann dessen Nachfolger. Als entschiedener Gegner Mazarins ab 1648 einer der Führer der Fronde, wurde 1652 verhaftet, floh aber nach 18 Monaten und lebte im Ausland (u. a. in Spanien, Italien), bis er 1661 zurückkehrte; danach Abt von Saint-Denis. Seine wohl 1662 begonnenen Memoiren (›Des Kardinals von R. Denkwürdigkeiten‹, hg. 1717, dt. 3 Bde., 1913, erstmals dt. 1799) sind eine wichtige histor. Quelle für die Jahre 1648–55.

**Ausgaben:** Kardinal R. Aus den Memoiren. Dt. Übers. Nachwort v. W. BOEHLICH. Ffm. u. Hamb. 1964. – Œuvres. Hg. v. M.-TH. HIPP u. M. PERNOT. Paris 1984.

**Literatur:** LETTS, J. T.: Le cardinal de R., historien et moraliste du possible. Paris 1966. – WATTS, D. A.: Cardinal de R. Oxford 1980. – BERTIÈRE, A.: Le cardinal de R. mémorialiste. Paris Neuausg. 1981.

**Reuchlin,** Johannes [...li:n], gräzisiert Kapnion, Capnio, *Pforzheim 22. Febr. 1455, †Stuttgart 30. Juni 1522, dt. Humanist. – Studium in Freiburg, Paris, Basel und Poitiers, wo er von byzantin. Emigranten Griechisch, ab 1482 von gelehrten Juden Hebräisch lernte. 1481 Lizentiat des röm. Rechts in Poitiers; nach kurzer Vorlesungstätigkeit in Tübingen 1482 Berater Graf Eberhards im Bart von Württemberg, Begleiter auf dessen Italienreise; nach Anwaltstätigkeit in Stuttgart 1484 Beisitzer am Hofgericht, 1485 Doktor der Rechte in Tübingen, 1492 von Kaiser Friedrich III. geadelt. Geprägt durch die auf der ersten Italienreise geknüpften, auf weiteren Reisen (1492, 1498) vertieften Freundschaften mit M. Ficino und G. Pico della Mirandola, wurde er zum wichtigsten Vertreter des Neuplatonismus in Deutschland. Mußte nach dem Tod Eberhards (ab 1495 Herzog) 1496 aus polit. Gründen nach Heidelberg fliehen; hier entstanden in den Jahren 1496–98 ›Sergius oder Capitis caput‹, eine politisch-humanist. Satire, und die ›Scenica progymnasmata oder Henno‹, eine Komödie (1497, dt. um 1500; 1531 von H. Sachs als Fastnachtsspiel verwendet). Nach seiner Rückkehr nach Stuttgart 1499 war er als Rechtsanwalt und schwäb. Bundesrichter tätig; dort erschienen 1506 ›De rudimentis hebraicis libri tres‹. Mit dieser ersten hebr. Grammatik ist R. der Begründer der hebr. Sprachforschung und alttestamentl. Bibelwiss., deren Anfang er mit einem Kommentar zu den sieben Bußpsalmen (1512) setzte. R.s Beschäftigung mit der Kabbala (ab 1480) und der Einfluß der kath.-neuplaton. Mystik Pico della Mirandolas prägen seine Hauptwerke ›De verbo mirifico‹ (1494, Nachdr. 1964) und ›De arte cabbalistica‹ (1517, Nachdr. 1964). Ursprünglich judenmissionarisch eingestellt, wurde R. zum Verteidiger der Rechte der Juden, als er 1510 um ein Gutachten zu dem von J. Pfefferkorn betriebenen Verbot der außerbibl. Literatur der Juden ersucht wurde, was Pfefferkorns scharfe Angriffe im ›Handspiegel‹ (1511) und R.s ebenso scharfe Erwiderung im ›Augenspiegel‹ (1511) zur Folge hatte. 1513 eröffnete der Dominikaner und Inquisitor J. van Hoogstraten den kirchl. Prozeß gegen R.: Nach dem zunächst für R. günstigen Schiedsspruch von Speyer (1514) endete er – wohl unter dem Eindruck einer vermeintl. Parteinahme R.s für die Reformation – 1520 mit R.s Verurteilung durch den Papst. R. unterwarf sich und lehrte 1520/21 als Prof. für Griechisch und Hebräisch an der Univ. Ingolstadt, 1521/22 in Tübingen. Der Streit zog weitere Kreise: Die von R. selbst getroffene Auswahl seines Gelehrtenbriefwechsels, den er zu seiner Verteidigung 1514 und 1519 u. d. T. ›Clarorum virorum epistolae‹ veröffentlichte, provozierte in einem Kreis jüngerer Humanisten (v. a. U. von Hutten, Crotus Rubianus) die ›Dunkelmännerbriefe‹ (↑›Epistolae obscurorum virorum‹), die – als Parteinahme für R. gedacht – über den eigtl. Anlaß hinaus die Vertreter der herkömml. scholast. Theologie an der Univ. Köln zu verspotten suchten und sich letztlich für R. negativ auswirkten (z. B. Entfremdung von Erasmus).

**Ausgaben:** J. R. Scenica progymnasmata (sive Henno). Comoedia. Dt. Übers. v. H. SACHS u. Nachwort v. K. HOLL. Konstanz 1922. – Codex Reuchlinianus Nr. 3. Einl. v. A. SPERBER. Kopenhagen 1956.

**Literatur:** HOLSTEIN, H.: J. R.s Komödien. Ein Beitr. zur Gesch. des lat. Schuldramas. Halle/Saale 1888. – R. u. die Juden. Hg. v. A. HERZIG u. a. Sigmaringen 1993. – J. R. 1455–1522. Hg. v. H. KLING u. a. Neuausg. Sigmaringen 1994.

**Reuental,** Neidhart von, ↑ Neidhart.

**Reuter,** Christian, ≈ Kütten bei Halle/Saale 9. Okt. 1665, † Berlin (?) nach 1712, dt. Dichter. – Bauernsohn, studierte Theologie und Jura in Leipzig, wurde zunächst für zwei Jahre, später endgültig wegen satir. Schriften von der Univ. relegiert; war 1697 am Dresdner Hof des sächs. Kurfürsten und Königs von Polen August II., des Starken. 1700 als Sekretär bei einem dortigen Kammerherrn angestellt. Ein ab 1703 am brandenburgisch-preuß. Hof in Berlin nachweisbarer Christian Reuter ist ohne zwingenden Grund mit R. identifiziert worden. Die stets anonymen oder pseudonymen Werke R.s sind nach dem Muster Molières und der Commedia dell'arte verfertigte Charakter- und Typenkomödien, die sich thematisch um eine ›Frau Schlampampe‹ (›L'honnête Femme oder die Ehrliche Frau zu Plißine‹, 1695; ›La Maladie et la mort de l'honnête Femme, das ist: Der ehrlichen Frau Schlampampe Krankheit und Tod‹, 1696) und ihre Familie gruppieren und mit denen R. seine Leipziger Wirtin verspottete. Als deren Sohn entstammt auch Schelmuffsky diesem lebensnah gezeichneten, wenngleich fiktiven Milieu in R.s Hauptwerk ›Schelmuffskys Warhafftige Curiöse und sehr gefährliche Reisebeschreibung Zu Wasser und Lande‹ (2 Tle., 1696/97), einer mitunter derben, teils realist., teils humorist. Zeitsatire, die Züge des Schelmenromans mit der modernen Reiseliteratur verbindet und das aufstrebende Bürgertum thematisiert. Auch in dem Lustspiel ›Graf Ehrenfried‹ (1700) zeigt sich R. als hellhöriger Zeitkritiker an der Grenze zwischen Barock und Aufklärung, der die inhaltlich unausgefüllten Wertvorstellungen des Bürgertums ebenso wie die finanziell unabgesicherten Wertansprüche des verarmten Adels satirisch anprangert. Dagegen sind die Werke jenes Berliner Christian Reuter spätbarocke Huldigungsgedichte auf fürstl. Festgelegenheiten oder fromm-erbaul. Gestaltungen traditioneller Glaubensinhalte. Eine Identifizierung mit R. erfolgte erst 1884 durch F. Zarncke.

**Ausgabe:** Ch. R. Schelmuffskys Wahrhafftige Curiöse u. sehr gefährliche Reisebeschreibung Zu Wasser und Lande. Hg. v. E. HAUFE. Lpz. $^{2}$1977.

**Literatur:** GRUNWALD, S.: Molière u. die Dramaturgie Ch. R.s. In: Europ. Tradition u. dt. Literaturbarock. Hg. v. G. HOFFMEISTER. Bern 1973. – OEHLENSCHLÄGER, E.: Ch. R. In: Dt. Dichter des 17. Jh. Hg. v. H. STEINHAGEN u. B. von WIESE. Bln. 1984. S. 819.

**Reuter,** Fritz, * Stavenhagen 7. Nov. 1810, † Eisenach 12. Juli 1874, dt. Schriftsteller. – Jurastudium in Rostock und Jena; als aktiver Burschenschafter 1833 verhaftet, 1836 wegen angebl. Majestätsbeleidigung und Hochverrat zum Tode verurteilt, ein Jahr später zu 30 Jahren Festungshaft begnadigt; 1840 durch Amnestie aus der Haft entlassen (Schilderung der Haftzeit in seinem Werk ›Ut mine Festungstid‹, 1862); danach zunächst in der Landwirtschaft tätig, dann Hauslehrer. 1864 Reise nach Griechenland und Palästina; danach freier Schriftsteller in Eisenach. Der zu seinen Lebzeiten sehr populäre R. gehört zu den krit. Realisten des 19. Jh.; sein Werk zeigt volkstüml. humorist. Züge, doch überwiegt die Kritik an preuß. Militarismus, Adel und patriarchal. Gutsherrschaft. Die Mundartdichtungen sind nicht ›provinzialist. Zuflucht‹, sondern Versuche eines differenzierten Zeitgemäldes der mecklenburg. Heimat. Dazu zählen auch die plattdt. Gedichte ›Läuschen un Rimels‹ (1853 und 1859). Mit K. Groth entbrannte 1858 ein Streit um die Verwendung der niederdt. Mundart als Literatursprache. Die Versdichtung ›Kein Hüsung‹ (1858) weist in der Gestaltung des Konfliktes zwischen Tagelöhner und Gutsherrn sozialrevolutionäre Züge auf. In der Prosaerzählung ›Ut de Franzosentid‹ (1860) gelingt R. mit episodisch-schwankhaften Erzählmomenten und typisierender Figurenzeichnung eine Kleinstadtsatire aus der Zeit der napoleon. Besetzung. R.s bedeutendstes Werk ist der Roman ›Ut mine Stromtid‹ (3 Bde., 1862–64) mit einer Fülle realistisch gezeichneter Gestalten.

Fritz Reuter

**Weitere Werke:** Polterabendgedichte (1855), De Reis nah Belligen (Ged., 1855), Blücher in Teterow (Schwank, 1857), Die drei Langhänse (Lsp., 1858), Olle Kamellen (En., 7 Bde., 1860–68; darin u. a.: Ut de Franzosentid, Ut mine Festungstid, Ut mine Stromtid), Schnurr-Murr (En., 1861), Dörchläuchting (R., 1866).

**Ausgabe:** Das große F. R.-Buch. Hg. v. B. W. WESSLING. Mchn. 1978.

**Literatur:** SEELMANN, W.: R.-Forsch. Soltau 1910. – MÜLLER, CARL: F. R.-Lex. Neudr. Lpz. 1922. – GERNENTZ, H. J.: F. R. Sein Leben in Bildern. Lpz. 1956. – BATT, K.: F. R. Leben u. Werk. Rostock 1974.

**Reuter,** Gabriele, * Alexandria (Ägypten) 8. Febr. 1859, † Weimar 14. Nov. 1941, dt. Schriftstellerin. – Tochter eines dt. Kaufmanns in Alexandria, in Deutschland erzogen, wo sie ab 1872 ständig (v. a. in Weimar) lebte; nahm in München 1895–99 aktiv an der Frauenbewegung teil. In formal geschickten Romanen behandelt sie die Stellung der Frau in der modernen Gesellschaft und bemüht sich um Weckung des Verständnisses für die soziale Notlage der Frau. Sie schrieb auch Monographien über M. von Ebner-Eschenbach (1904) und A. von Droste-Hülshoff (1905).

**Weitere Werke:** Aus guter Familie (R., 1895), Frau Bürgelin und ihre Söhne (R., 1899), Ellen

von der Weiden (Tagebuch-R., 1900), Das Tränenhaus (R., 1909), Frühlingstaumel (R., 1911), Vom Kinde zum Menschen (Autobiogr., 1921), Vom Mädchen, das nicht lieben konnte (R., 1933), Grüne Ranken um alte Bilder (autobiograph. R., 1937).
**Literatur:** ALIMADAD-MENSCH, F.: G. R. Bern u. a. 1984.

**Reuterswärd,** Carl Frederik, * Stockholm 4. Juni 1934, schwed. Künstler und Dichter. – 1952–55 Studium an der Kunsthochschule Stockholm und bei F. Léger in Paris. Bedient sich in den 60er Jahren neodadaist. Mittel für seine ironisch-witzigen Bilder, Objekte und Gedichte (u. a. die Gedichtsammlung ›Prix Nobel‹, 1966, aus Interpunktionszeichen zusammengesetzt); außerdem Happenings und Aktionen; seit 1968 künstler. Experimente mit Laserstrahlen.
**Weitere Werke:** Abra Makabra (Ged., 1955), På samma gång (Ged., 1961).

**Reve,** Gerard Kornelis van het [niederl. 're:və], Pseudonym Simon van het Reve (nennt sich seit 1973 Gerard Reve), * Amsterdam 14. Dez. 1923, niederl. Schriftsteller. – In seinen herausfordernden, zugleich Rührung und Anstoß erregenden Werken verfließen Kunst und Kitsch, Erhabenes und Alltägliches. 1966 wurde er kath.; im selben Jahr wurde er der Gotteslästerung angeklagt, u. a. wegen einer Stelle in seinem Brief- und Gedichtband ›Näher zu dir‹ (1965, dt. 1970).
**Weitere Werke:** Die Abende (R., 1947, dt. 1984), Werther Nieland (E., 1949), Op weg naar het einde (Reisebriefe, 1963), De taal der liefde (Briefe, En., 1972), Het zingend hart (Ged., 1973), Het lieve leven (Ged., 1974), Ik had hem lief (R., 1975), Der vierte Mann (R., 1981, dt. 1993), Schoon schip (E., 1984), Bezorgde ouders (R., 1988), Brieven aan mijn lijfarts (1991).
**Literatur:** FEKKES, J.: De God van je tante ofwel het Ezelproces van G. Cornelis van het R. Amsterdam 1968. – Tussen chaos en orde. Essays over het werk van G. R. Hg. v. S. HUBREGTSE. Amsterdam 1981.

**Reventlow,** Franziska Gräfin zu [...lo], eigtl. Fanny Gräfin zu R., * Husum 18. Mai 1871, † Muralto bei Locarno 27. Juli 1918, dt. Schriftstellerin. – Tochter eines preuß. Landrats. Lebte ab 1893 in München und später in Italien ein selbständiges und bohemehaftes Leben, zog ihren Sohn allein auf. Sie arbeitete in verschiedenen Berufen, u. a. als Übersetzerin. In ihrem ersten, stark autobiograph. Roman ›Ellen Olestjerne‹ (1903) schildert sie ihre Jugend, in dem Schlüsselroman ›Herrn Dames Aufzeichnungen‹ (1913) gibt sie Einblicke in die Münchner Künstlerkreise. Sie hinterließ außerdem bed. Briefe und Tagebücher.
**Weitere Werke:** Von Paul zu Pedro (R., 1912), Der Geldkomplex (R., 1916), Das Logierhaus zur schwankenden Weltkugel (Nov.n, 1917).
**Literatur:** FABER, R.: F. v. R. u. die Schwabinger Gegenkultur. Köln 1993.

**Reverdy,** Pierre [frz. rəvɛr'di], * Narbonne 13. Sept. 1889, † bei Solesmes (Sarthe) 21. Juni 1960, frz. Dichter. – Ließ sich 1910 in Paris nieder, wo er sich ganz der Literatur und redaktioneller Tätigkeit widmete; fand 1926 zum Katholizismus zurück, lebte zuletzt zurückgezogen in der Nähe des Klosters Solesmes. Bereitete als avantgardist. Lyriker und Theoretiker der Generation G. Apollinaires und B. Cendrars' den Surrealismus vor.
**Werke:** Poèmes en prose (Ged., 1915), La lucarne ovale (Ged., 1916), Les jockeys camouflés (Ged., 1918), Le gant de crin (Essay, 1927), Plupart du temps (Ged. 1915–22, erschienen 1945, dt. Ausw. zus. mit zwei Essays 1970 u. d. T. Quellen des Windes), Le livre de mon bord (Essay, 1948, dt. Auszüge zus. mit Ged. 1969 u. d. T. Die unbekannten Augen), Main-d'œuvre (Ged. 1913–49, erschienen 1949), La liberté des mers (Ged., 1959), Risques et périls (En., hg. 1972).
**Ausgaben:** P. R. Note éternelle du présent. Écrits sur l'art, 1923–1960. Paris 1973. – P. R. Nord-Sud, Self-defence et autres écrits sur l'art et la poésie, 1917–1926. Paris 1975. – P. R. Œuvres complètes. Hg. v. E.-A. HUBERT. Paris 1980. 5 Bde.
**Literatur:** GREENE, R. W.: The poetic theory of P. R. Berkeley (Calif.) 1967. – BISHOP, M.: P. R. A bibliography. London 1976. – MCGUIRK, B. J.: The poetry of P. R. Diss. Oxford 1980. – SCHROEDER, J.: P. R. Boston (Mass.) 1981. – BOCHOLIER, G.: R. Le phare obscur. Paris 1984. – ROTHWELL, A.: Textual spaces. The poetry of P. R. Amsterdam u. a. 1989.

**Revista de Occidente** [span. rrɛ'βista ðe ɔkθi'ðente], span. Kulturzeitschrift, gegr. und hg. von J. Ortega y Gasset, erschien von Juni 1923 bis Juli 1936 in Madrid. Beiträge zahlreicher, v. a. auch ausländ. Autoren. Neben dem neuen Medium Film fand bes. die dt. Literatur, v. a. deren neue literar. Strömungen, Autoren und Philosophen Beachtung. Neugegr. und geleitet von José Ortega

Spottorno, erschien sie erneut von April 1963 bis September 1977; seit April 1980 unter der Leitung von Soledad Ortega.

**Revolutionsdichtung,** Sonderform der politischen Dichtung. Im Vordergrund stehen neben Aufrufen, Proklamationen u.a. dramat. und v.a. lyr. Formen. Große Wirkung hatte z.B. in der Frz. Revolution die ›Marseillaise‹ (1792) von C.J. Rouget de Lisle. Auch in der dt. Revolution von 1848 stand die Revolutionslyrik im Vordergrund (F. Freiligrath, ›Schwarz-Rot-Gold‹, 1848; H. Hoffmann von Fallersleben, ›Zum oktroyierenden 5. Dezember 1848‹; G. Herwegh u.a.). Durch vielfältige Formen ist die R. der russ. Revolution von 1917 gekennzeichnet. Aus der Vielzahl von Schriftstellern ragen heraus: A. A. Blok, S. A. Jessenin, W. W. Wischnewski und v.a. W. W. Majakowski.

**Revue** [rə'vy:; frz. = Übersicht, Rückschau],
**1.** Titelbestandteil zahlreicher, v.a. französischsprachiger Zeitschriften, zugleich im 19.Jh. Zeitschriftentyp mit thematisch universaler Orientierung, z.T. kulturpolit. Zeitschriften.
**2.** Gattung des Unterhaltungstheaters. Die R. verbindet Sprech-, Gesangs- und Tanznummern, Artistik sowie eine meist aufwendige Bühnenausstattung. Ohne eigtl. dramat. Zusammenhang, aber meist mit einer themat. (manchmal satir.) Rahmenidee, besteht sie aus einer Folge von Bildern bzw. Nummern. – Die R., die Elemente verschiedener volkstüml. Theatergattungen (etwa frz. Jahrmarktstheater, Singspiel, Feerie) aufgreift, blühte im Frankreich des Vormärz (1830 bis 1848) als parodistisch-zeitkrit. **Jahresrevue** (Revue de fin d'année), v.a. im Pariser Théâtre de la Porte-Saint-Martin. Nach der Revolution von 1848 wandelte sie sich im 2. Kaiserreich (ab 1851) zum unpolit. Amüsement; aus Café-chantant und Café-concert (Lokal mit szen., vokalen und instrumentalen Darbietungen) übernahm sie den Solovortrag von Diseuse und Chansonnier sowie den Typenkomiker. Die R. nahm auch Elemente aus der engl. Music Hall und dem Varieté auf und entwickelte sich in den 1880er Jahren zur **Ausstattungsrevue** (Revue à grand spectacle) in Häusern wie Folies-Bergère, Chat-Noir und Moulin-Rouge. – Von Paris aus gelangte sie kurz vor 1900 in die europ. und amerikan. Großstädte. Zentrum der deutschsprachigen R. war neben Wien auch Berlin; am bekanntesten wurden die bestenfalls oberflächlich-krit., oft sogar militarist. R.n des Metropoltheaters (seit 1898). Die Berliner R.n im Großen Schauspielhaus, im Admiralspalast und in der Komischen Oper setzten in den 1920er Jahren diese Tradition fort. – Demgegenüber entstand die literarisch-polit., krit. **Kabarett-Revue** mit Librettisten wie M. Schiffer, Komponisten wie R. Nelson, M. Spoliansky (›Es liegt in der Luft‹, 1928), F. Hollaender oder Regisseuren wie E. Piscator (›Revue Roter Rummel‹, 1924; ›Hoppla, wir leben!‹, 1927, mit E. Toller). – Die USA übernahmen den Typ der Ausstattungs-R., prägend wurden die ›Ziegfeld Follies‹ (ab 1907) des Managers Florenz Ziegfeld (* 1869, † 1932) in New York. – Seit den 1930er Jahren verlor die R. an Bedeutung. Elemente überleben aber in Musical, Film und Fernsehen. Außerdem reaktivieren Bestrebungen des polit. Theaters bes. in Frankreich und der BR Deutschland immer wieder die dramaturgisch offene Form der Revue.

**Literatur:** MANDER, R./MITCHENSON, J.: R. A story in pictures. London u. New York 1971. – KOTHES, F.-P.: Die theatral. R. in Berlin u. Wien: 1900–1938. Wilhelmshaven 1977.

**Revueltas,** José [span. rrɛ'βu̯ɛltas], * Durango 20. Nov. 1914, † Mexiko 14. April 1976, mex. Schriftsteller. – Journalist; schrieb neben polit. und kulturkrit. Essays Theaterstücke, Erzählungen und Romane, in denen er versucht, über die realist. Anklage sozialen Elends hinaus in Grenzsituationen der Existenz allgemeine Gesetze der Realität zu bestimmen.

**Werke:** El luto humano (R., 1943), Dios en la tierra (En., 1944), Los motivos de Caín (R., 1957), Los errores (R., 1964), El apando (R., 1969), Die Schwester, die Feindin (En., dt. Ausw. 1991).

**Ausgabe:** Obras completas de J. R. Mexiko 1978–85. 24 Bde.

**Literatur:** ESCALANTE, E.: J. R. Una literatura del ›lado moridor‹. Mexiko 1979.

**Rexroth,** Kenneth [engl. 'rɛksrɔθ], * South Bend (Ind.) 22. Dez. 1905,

†Santa Barbara (Calif.) 6. Juni 1982, amerikan. Schriftsteller und abstrakter Maler. – Stand dem Kreis um J. Kerouac (↑Beat generation) nahe und war mit L. Ferlinghetti und A. Ginsberg in den 50er Jahren an der Organisation des San Francisco Poetry Center beteiligt; wandte sich nach imagist. Anfängen mit surrealist. Einflüssen einer strengeren, intellektbetonten Lyrik zu, die sich durch Klangschönheit auszeichnet; daneben Essays und Versdramen; übersetzte jap., chin., griech., lat. und span. Dichtung.

**Werke:** In what hour (Ged., 1940), The phoenix and the tortoise (Ged., 1944), The signature of all things (Ged., 1950), Beyond the mountains (Vers-Dr., 1951), The dragon and the unicorn (Ged., 1952), In defense of the earth (Ged., 1956), The bird in the bush (Essays, 1959), Assays (Essays, 1961), An autobiographical novel (R., 1966), The heart's garden, the garden's heart (Ged., 1967), The collected shorter poems of K. R. (Ged., 1967), The collected longer poems of K. R. (Ged., 1968), With eye and ear (Studie, 1970), The alternative society (Essays, 1970), American poetry in the twentieth century (Studie, 1971), New poems (Ged., 1974), The morning star (Ged. u. Übersetzungen, 1979), Excerpts from a life (Autobiogr., 1981).

**Ausgaben:** The R. reader. Hg. v. E. MOTTRAM. London 1972. – K. R. Selected poems. Hg. v. B. MORROW. New York 1984.

**Literatur:** GIBSON, M.: K. R. New York 1972. – HAMALIAN, L.: A life of K. R. New York u. a. 1991.

**Reyen** [zu nhd. Reigen], Element des schles. Kunstdramas, das dem Chor des antiken Dramas nachempfunden war; eingeführt nach dem Muster des Niederländers J. van den Vondel, haben die R. zunächst aktgliedernde Funktion, darüber hinaus jedoch auch emblemat. Charakter, d. h., sie sollen das individuelle Geschehen der Akte (›Abhandlungen‹) auf eine Ebene allgemeiner Bedeutung heben; vorausdeutende Funktion kann hinzukommen. Die R. in den Trauerspielen A. Gryphius' sind meist noch Chöre im engeren Sinne, seine Nachfolger (D. C. von Lohenstein, J. Ch. Hallmann) gestalten die R. zu teilweise umfangreichen allegor. Zwischenspielen aus.

**Reyes,** Alfonso [span. 'rrɛjes], * Monterrey 17. Mai 1889, † Mexiko 27. Dez. 1959, mex. Schriftsteller. – Diplomat, 1941 Prof. für Philosophie, 1944 Direktor des Colegio Nacional de México. Übersetzer (L. Sterne, G. K. Chesterton, A. P. Tschechow u. a.) und Kritiker, der durch seine Arbeiten über die span. und lateinamerikan. Literatur aller Zeiten einen wesentl. Einfluß auf die Erneuerung des geistigen Lebens Mexikos ausübte. Als Lyriker zuerst von den Parnassiens beeinflußt, später von L. de Góngora y Argote und S. Mallarmé; auch Erzähler und Dramatiker. Als seine wichtigsten Essays gelten: ›Cuestiones estéticas‹ (1911), ›Visión de Anáhuac‹ (1917), ›Simpatías y diferencias‹ (1921), ›La experiencia literaria‹ (1942), ›El deslinde‹ (1944), ›La X en la frente‹ (1952).

**Ausgabe:** A. R. Obras completas. Mexiko $^{1-2}$1955–81. 21 Bde.

**Literatur:** ROBB, J. W.: El estilo de A. R. Mexiko $^{2}$1978. – RENDÓN HERNÁNDEZ, J. A.: A. R., instrumentos para su estudio. Monterrey 1980. – ROBB, J. W.: Por los caminos de A. R. Mexiko 1981.

**Reyes Basoalto,** Neftalí Ricardo [span. 'rrɛi̯ez βaso'alto], chilen. Lyriker, ↑Neruda, Pablo.

**Reyles,** Carlos [span. 'rrɛi̯les], * Montevideo 30. Okt. 1868, † ebd. 24. Juli 1938, uruguay. Schriftsteller. – Großgrundbesitzer; zahlreiche Reisen, u. a. in europ. Länder; Prof. in Montevideo. Beeinflußt u. a. von A. France und J.-K. Huysmans, schildert R. aus einer ästhetisierenden Perspektive in Romanen und Novellen Eindrücke aus Andalusien und zeichnet in kräftigen Bildern das Landleben seiner Heimat; auch Essayist.

**Werke:** Beba (R., 1894), La raza de Caín (R., 1900), El embrujo de Sevilla (R., 1922), El gaucho Florido (R., 1923), A batallas de amor ... (R., hg. 1939).

**Ausgaben:** C. R. Ensayos. Hg. v. A. S. VISCA. Montevideo 1965. 3 Bde. – C. R. Cuentos completos. Montevideo 1968.

**Literatur:** C. R. Guía bibliográfica. Zusammengestellt v. W. RELA. Montevideo 1967.

**Reymont,** Władysław Stanisław [poln. 'rɛjmɔnt], eigtl. W. S. Rejment, * Kobiele Wielkie (Woiwodschaft Piotrków) 7. Mai 1867, † Warschau 5. Dez. 1925, poln. Schriftsteller. – Aus armer Familie, Autodidakt; Wanderschauspieler, Arbeit bei der Bahn, Klosternovize; führte ab 1893 ein ruhigeres Leben in Warschau; größere Reisen, u. a. in die USA. Sein Hauptwerk, der Roman ›Die Bauern‹ (4 Bde., 1904–09, dt. 1929, 1912

Władysław Stanisław Reymont

u. d. T. ›Die poln. Bauern‹), für den er 1924 den Nobelpreis für Literatur erhielt, gibt ein nach den Jahreszeiten in vier Teile gegliedertes, breites und kraftvolles Bild poln. Dorflebens; Einflüsse der Kunst der Homer. Epen und A. Mickiewiczs. Der Roman ›Lodz. Das gelobte Land‹ (2 Bde., 1899, dt. 1916) behandelt kritisch soziale Themen der städtischen Zivilisation; fesselnd sind auch die frühen naturalistischen Romane ›Die Komödiantin‹ (1896, dt. 1963) und ›Die Herrin‹ (1897, dt. 1969).

**Weitere Werke:** Lili (Nov., 1899), Der Vampir (R., 1911, dt. 1916), Rok 1794 (histor. R.-Trilogie, 1913–18, Bd. 1 dt. 1917 u. d. T. Der letzte poln. Reichstag, Bd. 2 dt. 1936 u. d. T. Nil desperandum), Poln. Bauernnovellen (dt. Ausw. 1919), Die Empörung (R., 1924, dt. 1927).

**Ausgaben:** W. S. R. Pisma. Warschau 1948–52. 20 Bde. – W. S. R. Pisma. Warschau 1968–80. 11 Bde. – W. R. In der Opiumhöhle. Unbekannte Erzählungen. Dt. Übers. Ffm. 1989.

**Literatur:** KRZYŻANOWSKI, J. R.: W. S. R. New York 1972. – KOCÓWNA, B.: W. R. Warschau 1973. – RURAWSKI, J.: W. R. Warschau 1977. – WYKA, K.: R., czyli Ucieczka do życia. Warschau 1979.

**Řezáč,** Václav [tschech. 'rʒɛza:tʃ], eigtl. V. Voňavka, * Prag 5. Mai 1901, † ebd. 22. Juni 1956, tschech. Schriftsteller. – Redakteur, Verlagsleiter; Verfasser psycholog. Romane, einige mit sozialer Tendenz, in denen er die in Auflösung begriffene Gesellschaftsordnung beschreibt; nach dem 2. Weltkrieg Angleichung an den sozialist. Realismus; zu seinen Hauptwerken zählt der Roman ›Die ersten Schritte‹ (1951, dt. 1955).

**Weitere Werke:** Větrná setba (= Windsaat, R., 1935), Slepá ulička (= Die Sackgasse, R., 1938), Černé světlo (= Schwarzes Licht, R., 1940), Zwischen Tag und Traum (R., 1944, dt. 1960), Bitva (= Die Schlacht, R., 1954).

**Ausgabe:** V. Ř. Dílo. Prag 1953–61. 12 Bde.

**Literatur:** GÖTZ, F.: V. Ř. Prag 1957.

**Rezension** [lat.],

**1.** in der ↑Textkritik der Versuch, aus verschiedenen überlieferten ↑Lesarten (Varianten) eines antiken oder mittelalterl. Textes durch ↑Kontamination die Fassung herzustellen, die nach Meinung des Editors dem Original am nächsten kommt (↑Archetypus). Die Methode der R. wurde z. B. für die Germanistik von K. Lachmann begründet.

**2.** krit. Betrachtung und Wertung (Kritik) literar. und wiss. Werke (Buchbesprechung), von Theater-, Film-, Fernsehaufführungen und Konzerten in Zeitungen (↑Feuilleton) und Fachzeitschriften.

**Rezeption** [lat. = Aufnahme],

**1.** allgemein die Aufnahme, Übernahme von fremdem Gedanken- und Kulturgut, anderen Normen und Wertvorstellungen bzw. Verhaltensweisen. Man spricht z. B. von der R. der Antike in der Renaissance oder von der Shakespeare-R. im Sturm und Drang.

**2.** im engeren Sinn ein seit der Mitte der 60er Jahre in der Literatur-, Kunst- und Musikwiss. gebräuchl. Begriff, der Vorgang und Probleme der kommunikativen Aneignung von Literatur, Kunst und Musik durch den Rezipienten (= Leser, Hörer, Betrachter) bezeichnet. Die rezeptionsästhet. Fragestellung geht davon aus, daß Sinn und Bedeutung eines Kunstwerks nicht von vornherein festliegen, sondern grundsätzlich offen sind und sich erst durch Verschmelzung mit dem Erwartungshorizont sowie der Verständnisbereitschaft des Rezipienten, die z. B. von seiner Bildung, von seinem Geschmack abhängig sind, konkret ausformen. Die **Rezeptionsästhetik** beschäftigt sich daher mit der Erforschung der Wirkungsgeschichte eines Werkes, der geschichtl. Veränderungen der Erwartungshaltungen des Publikums (Geschmackswandel mit dem Wandel der Zeit), der verschiedenen Empfänglichkeit sozialer Schichten, der Steuerung der Leseinteressen durch Organisationsformen (Buchhandel, Buchgemeinschaften) und Werbestrategien der Medien.

**Literatur:** GRIMM, G.: R.sgesch. Grundlegung einer Theorie. Mchn. 1977. – LINK, H.: R.sforschung. Eine Einf. in Methoden u. Probleme. Stg. ²1980. – REESE, W.: Literar. R. Stg. 1980. – R.sästhetik. Theorie u. Praxis. Hg. v. R. WARNING. Mchn. ⁴1994.

**Rezitativ** [italien., zu lat.-italien. recitare = vorlesen] (italien. recitativo), solist., instrumental begleiteter Sprechgesang, der um 1600 als Spielart der ↑Monodie entstand, die die gesprochene Rede möglichst genau in die Musik zu übertragen suchte. Die frühe Oper bestand aus einem einfachen, prosodisch ausgerichteten und in ausgehaltenen Akkorden begleiteten Sprechgesang, der nur von dramat. Choreinschüben oder Ariososätzen unterbrochen wurde. Mit der sich ab 1640 in Oper und Kantate durchsetzenden Zuordnung der betrachtenden Textpartien zur Arie und der handlungstragenden bzw. erzählenden Partien zum R. entwickelte letzteres einen vom italien. Sprechstil beeinflußten Typus, bei dem die melod. und rhythm. Textdeklamation auf der harmon. Grundlage eines oder mehrerer Fundamentinstrumente (z.B. Cembalo) erfolgte. In der frz. Tragédie lyrique entstand im 17. Jh. das deklamierende **Récitatif,** das sich durch starke Affekthaltigkeit, häufigen Taktwechsel und Hinzuziehung des Orchesters auszeichnet.
Vorbereitet durch Ch. W. Gluck, wurde das orchesterbegleitete R. im 19. Jh. bei gleichzeitiger Auflösung der geschlossenen Formen (Arie, Ensemble) bes. bei R. Wagner zum alleinigen Träger des Handlungsverlaufs. Im Musiktheater des 20. Jh. gilt die Musik als die eigentl. ›Sprache‹ und vollzieht nicht mehr nur den Tonfall der Wortsprache mit; dementsprechend bewegt sich heute der dialogische und monologische Ausdruck in wechselnden Zwischenbereichen zwischen der Sprache und dem Gesang. – ↑auch Literatur und Musik.

**Rezzori,** Gregor von, eigtl. G. von Rezzori d'Arezzo, *Czernowitz (heute Tschernowzy, Ukraine) 13. Mai 1914, deutschsprachiger Schriftsteller. – Lebt in Donnini (Provinz Florenz); geistvoller, iron., witziger und stilistisch versierter Erzähler, dessen Prosawerke v.a. im Bereich der ehem. Donaumonarchie spielen. R. war auch erfolgreicher Funk-, Film- und Illustriertenautor.

**Werke:** Maghrebin. Geschichten (En., 1953), Oedipus siegt bei Stalingrad (R., 1954), Ein Hermelin in Tschernopol (R., 1958), Idiotenführer durch die dt. Gesellschaft (4 Bde., 1961–65), Die Toten auf ihre Plätze! Tagebuch des Films Viva Maria (1966), 1001 Jahr Maghrebinien (Legenden, Schwänke, Anekdoten, 1967, 1972 u.d.T. Neue maghrebin. Geschichten), Der Tod meines Bruders Abel (R., 1976), In gehobenen Kreisen (R., 1978), Memoiren eines Antisemiten (R. in 5 Erzählungen, 1979), Der arbeitslose König. Maghrebin. Märchen (1981), Kurze Reise übern langen Weg. Eine Farce (1986), Blumen im Schnee (autobiograph. Porträt-Slg., 1989), Über dem Kliff (E., 1991), Greisengemurmel. Ein Rechenschaftsbericht (1994).

**Ausgabe:** G. v. R. Werkausg. Mchn. 1989–93. 12 Bde.

**Ṛgveda** [rɪk've:da = das aus Versen bestehende Wissen] (Rigweda), ältestes Literaturdenkmal Indiens. Der in altertüml. und kunstvollem Sanskrit abgefaßte R. bildet die erste der vier Saṃhitās (= Sammlungen) des ›Veda‹. Seine 1054 in zehn Maṇḍala (= Kreise) eingeteilten Lieder werden verschiedenen Sehern zugeschrieben. Die Entstehungszeit der vermutlich um 1000 v. Chr. abgeschlossenen Sammlung läßt sich nicht genau eingrenzen. In den über einen langen Zeitraum nur mündlich tradierten Liedern in verschiedenen Metren werden Götter wie Agni, Indra oder Varuṇa angerufen. Das 9. Buch ist dem Rauschtrank Soma gewidmet. In dem relativ jungen 10. Buch finden sich philosoph. Dichtungen, aber auch solche, die das Spannungsfeld des dörfl. Lebens widerspiegeln, wie Lieder an die Nacht, das Lied eines Würfelspielers und Hymnen, die zur Hochzeitszeremonie gehören.

**Ausgaben:** GELDNER, K. F.: Der Rig-Veda. Gött. ²1951–57. 3 Bde. u. Register. – Gedichte des Rig-Veda. Dt. Übers. v. H. LOMMEL. Mchn. 1955. – Gedichte aus dem Rig-Veda. Dt. Übers. v. P. THIEME. Stg. 1977. – The R. An anthology. Engl. Übers. Hg. v. W. D. O'FLAHERTY. Harmondsworth 1982.

**Literatur:** OLDENBERG, H.: Die Hymnen des Ṛigveda. Bd. 1: Metr. u. textkrit. Prolegomena. Bln. 1888. Nachdr. Wsb. 1982. – OLDENBERG, H.: R. Bln. 1909–12. 2 Bde. – RENOU, L.: Études védiques et pāṇinéennes. Paris 1955–69. 17 Bde. – JOHNSON, W. L.: Poetry and speculation of the Ṛ. Berkeley (Calif.) 1980.

**Rhapsoden** [griech.; eigentl. = Aneinanderreiher von Gesängen], in der

Antike im Unterschied zu den ↑Aöden wandernde Rezitatoren von literar. Werken (bes. Homer, Hesiod); seit etwa 500 v. Chr. belegt und in Gilden organisiert (↑Homeriden). Die Rh. traten bei feierl. Anlässen auf und rezitierten auswendig; an den Panathenäen in Athen wurden z. B. beide Werke Homers von Rh.gruppen vorgetragen.

**Rhapsodie** [griech.], ursprünglich die von den altgriech. ↑Rhapsoden vorgetragene Dichtung. Im Sturm und Drang bezeichnete der Begriff Rh. v. a. die lyr. Improvisation über ein bestimmtes Thema, u. a. Ch. F. D. Schubart (›Der ewige Jude. Eine lyr. Rh.‹, 1783). Im weiteren Sinne können die Werke, für die die Technik der Improvisation und Assoziation stilprägend ist, rhapsodisch genannt werden (u. a. F. Nietzsche, ›Also sprach Zarathustra‹, 1883–85).

**Rheiner,** Walter, eigtl. W. Schnorrenberg, * Köln 18. März 1895, † Berlin 15. Juni 1925, dt. Schriftsteller. – Arbeitete in verschiedenen Berufen, u. a. als Bank- und als Exportkaufmann. War Mitarbeiter mehrerer expressionist. Zeitschriften. Der Einberufung zum Militärdienst 1914 versuchte er sich durch Einnahme von Drogen zu entziehen; nahm sich mit einer Überdosis Morphium das Leben. Seine Lyrik ist gekennzeichnet durch krasse Bilder, komplizierte Syntax und abwechselnd melanchol. und ekstat. Stimmungen.

**Werke:** Das tönende Herz (Dichtung, 1918), Insel der Seligen (Ged., 1918), Das schmerzl. Meer (Ged., 1918), Der inbrünstige Musikant (Dichtung, 1918), Kokain (Nov., 1918), Der bunte Tag (Ged., Skizzen, Fragmente, 1919), Das Fo-Buch. Gedichte 1918–20 (1921).

**Ausgaben:** W. Rh. Kokain. Eine Novelle u. a. Prosa. Mit einem Nachwort v. W. HUDER. Bln. 1982. – W. Rh. Kokain. Lyrik, Prosa, Briefe. Hg. v. TH. RIETZSCHEL. Lpz. 1985.

**Rheinisches Osterspiel** (Berliner Osterspiel), das in einer Berliner Handschrift von 1460 überlieferte umfangreichste und formal höchstentwickelte geistl. Drama des dt. MA (2 285 Verse, 60 Rollen, 20 Szenen). Es entstand in der Mitte des 15. Jh. im nördl. Rheinhessen oder im Rheingau (Mainz?). Der anonyme, vorwiegend praktisch-theologisch orientierte Autor schuf eine kunstvolle Folge von geistl. Spiel und weltl. Gegenspiel; die komisch-burlesken Auftritte sind zurückhaltend eingesetzt.

**Ausgabe:** Das Rh. O. der Berliner Hs. Hg. v. H. RUEFF. Bln. 1925. Nachdr. Nendeln 1970.

**Rhesis** [griech.] ↑Sprechvers.

**Rhetorik** [griech. = Rede(kunst)], die Fähigkeit, durch öffentl. Rede einen Standpunkt überzeugend zu vertreten und so Denken und Handeln anderer zu beeinflussen, sowie die Theorie bzw. Wiss. von dieser Kunst. Von anderen Formen der sprachl. Kommunikation hebt sich die Rh. durch die Betonung der impressiven bzw. konnotativen Funktion der Sprache ab; Rh. ist auf Überzeugung zielende Kommunikation. – Die Antike, in der die Rh. entstand, unterscheidet drei Situationen, in denen der Redner allein durch seine Überzeugungskraft auf andere einwirken kann: die Rede vor Gericht (berühmter Vertreter war z. B. Lysias), die Rede vor einer polit. Körperschaft (Demosthenes), die Fest- bzw. Gelegenheitsrede auf eine Person (Isokrates). Die Sachkompetenz des Redners wird jeweils vorausgesetzt; die Rh. stellt ihm ein Repertoire von Anweisungen und Regeln zur Verfügung, anhand derer er seinen Stoff aufbereiten kann. Sie ist daher nicht nur ein Inventar sprachl. Techniken und Kunstformen, sondern darüber hinaus eine heurist. Methode, eine ›Technik des Problemdenkens‹. In der Vorbereitung der Rede werden fünf Arbeitsphasen (›officia oratoris‹) unterschieden: 1. In der ›inventio‹ (= Auffindung) werden die zum Thema passenden Gedanken gesucht, wobei als Leitfaden die ›loci‹ (griech. tópoi) dienen, die seit dem MA in dem sog. ›Inventionshexameter‹ (›quis, quid, ubi, quibus auxiliis, cur, quomodo, quando?‹ [= wer, was, wo, womit, warum, wie, wann?]) zusammengefaßt werden, der die relevanten Fragestellungen aufzählt. 2. In der ›dispositio‹ (= planvolle Anordnung) wird aus diesen Gedanken eine Auswahl getroffen. Die Auswahl der Redestrategien (↑Genera dicendi) und der Gedanken nach Redezweck und Situationsangemessenheit erfolgt durch die Urteilskraft des Redners. Die interne Gliederung der persuasiven Rede folgt einem Dreierschema, wobei der erste Teil die Anrede an das Publikum (›exordium‹), der zweite die Exposition des Sachverhalts (›propositio‹ oder ›narratio‹) sowie die Argumentation mit Beweisgründen und Widerlegungen, der dritte die Schlußfolgerung (›conclusio‹) und erneute Wendung an das Publikum (›peroratio‹) enthält. 3. Die innere Gliederung der Gedanken leitet über zur ›elocutio‹ (= Stil), der Einkleidung der Gedanken in Wörter. Anzustreben sind dabei Reinheit und Klarheit der Sprache und die Angemessenheit von Gedanken und Sprache. Hinzu kommt die sprachl. Ausarbeitung durch ↑rhetorische Figuren und ↑Tropen, die für Abwechslung sorgen und als Schmuck und Mittel der Affekterzeugung dienen sollen. 4. Schließlich werden in der ›memoria‹ (= Erinnerung) mnemotechn. Hilfen und 5. in der ›pronuntiatio‹ (= Vortrag) der wirkungsvolle Vortrag der Rede behandelt.

Von ihrem Anwendungsbereich her ergeben sich mannigfaltige Überschneidungen zwischen Rh., Dialektik und insbes. der Poetik. Solange die Poetik von normativer Bedeutung war, übte die Rh. einen großen Einfluß auf diese und damit auf die Literatur überhaupt aus, wobei sie selbst einen Prozeß der Literarisierung erfuhr, der durch die Auflösung der gesellschaftlich-polit. Voraussetzungen der Rh. beschleunigt wurde. Als ↑Stilistik ist die Rh. maßgeblich an der Entwikkung der Kunstprosa (↑Prosa) beteiligt. Insgesamt stellt die Rh. eine der eindrucksvollsten systemat. wiss. Leistungen der Antike dar. Seit dem 5. Jh. v. Chr. didaktisch und wissenschaftlich behandelt (Gorgias von Leontinoi, Isokrates, Aristoteles, Theophrast, Hermagoras von Temnos [2. Jh. v. Chr.], Cicero, Quintilian u. a.), gehörte sie zur Allgemeinbildung. Eine Blütezeit erlebte sie in der Spätantike als eine Disziplin der ↑Artes liberales (neben vielen anderen Hermogenes von Tarsos [* um 160 n. Chr.], Menandros von Laodikeia [3. Jh. n. Chr.]). – Das MA knüpfte didaktisch und praktisch (Entwicklung der Homiletik) an die antike Tradition an, die dann erneuert und verstärkt von der Renaissance bis zur Aufklärung weiterwirkte. Daneben stand seit Platon eine Tradition der Rh.feindlichkeit. Der Zusammenbruch der rhetor. Tradition, die zumindest seit dem 17. Jh. auch Basis bildkünstler. und musikal. Theoriebildung war, erfolgte gegen Ende des 18. Jh.: Einerseits konnten die erkenntnismäßigen Voraussetzungen der Rh. dem naturwissenschaftlich orientierten Wahrheitsbegriff der Aufklärung nicht standhalten, andererseits wandte sich das Bedürfnis nach individuellem, subjektivem Ausdruck gegen die normative, typisierende Regelhaftigkeit der Rh., so daß sich Rh. und Literatur auseinanderentwickelten; die Nachfolge der Rh. trat (als ästhetisierende Weiterentwicklung der ›elocutio‹) die Stilistik an. In neuerer Zeit lebt das Interesse an Rh. wieder auf, wobei sie verstanden wird als besondere Wertqualität, welche die (grammatikal.) Qualität der bloßen Sprachrichtigkeit übersteigt (W. Jens); sie gilt dabei als Bestandteil eines allgemeinen Kommunikationssystems oder einer kommunikativen Semiotik.

**Literatur:** BETTINGHAUS, E. P.: Persuasive communication. New York 1967. – LAUSBERG, H.: Hdb. der literar. Rh. Mchn. [2]1973. 2 Bde. – DUBOIS, J., u. a.: Allgemeine Rh. Dt. Übers. u. hg. v. A. SCHÜTZ. Mchn. 1974. – KOPPERSCHMIDT, J.: Allgemeine Rh. Einf. in die Theorie der persuasiven Kommunikation. Stg. u. a. [2]1976. – UEDING, G.: Einf. in die Rh. Gesch., Technik, Methode. Stg. 1976. – Rh. Krit. Positionen zum Stand der Forschung. Hg. v. H. F. PLETT. Mchn. 1977. – Rh. Ein internat. Jb. Hg. v. J. DYCK u. a. Stg. 1 (1980) ff. – FUHRMANN, M.: Die antike Rh. Mchn. u. Zü. 1984. – UEDING, G./STEINBRINK, B.: Grundr. der Rh. Stg. [2]1986. – VICKERS, B.: In defence of rhetoric. Neuausg. Oxford 1989, Nachdr. 1990. – Histor. Wb. der Rh. Hg. v. G. UEDING. Tüb. 1992 ff. Auf 8 Bde. ber. (bisher 2 Bde. erschienen). – JENTZSCH, K.: Rh. Ffm. [2]1993. – GÖTTERT, K.-H.: Einf. in die Rh. Mchn. [2]1994. – HOLZHEU, H.: Natürl. Rh. Düss. u. a. [4]1994.

**Rhétoriqueurs** [frz. retɔri'kœ:r = Redner] (Les Grands Rhétoriqueurs), spätmittelalterl. frz. Dichter, die v. a. am burgund. Hof wirkten (burgund. Dichterschule): z. T. schon A. Chartier, dann v. a. G. Chastellain, Jean Marot (* um 1463, † um 1526), J. Bouchet, G. Crétin, J. Molinet und J. Lemaire de Belges. Ihre nach festgelegten, erlernbaren Regeln verfaßten Dichtungen sind auch an lat. Vorbildern orientiert.

**Literatur:** ZUMTHOR, P.: Le masque et la lumière. Paris 1978.

**rhetorische Figuren** (Redefiguren, Stilfiguren), Stilmittel zur Verdeutlichung, Veranschaulichung, Verlebendigung oder auch Ausschmückung einer sprachl. Aussage, im Unterschied zu den bildhaften, metaphor. ↑Tropen. Rh. F. bilden sich in der Sprache spontan, v. a. bei emotional gesteigertem Sprechen, und begegnen nicht nur in künstler. Prosa, sondern auch in der Alltagssprache; sie werden seit der Antike bewußt zur kunstmäßigen Ausgestaltung der Sprache in Dichtung und kunstmäßiger Rede, v. a. zur Beeinflussung und Überredung eines Publikums, eingesetzt. Sie liefern vorgeprägte Schemata für einen gehobenen Sprachduktus und eine differenzierte Gedankenführung. – Die rh. F. wurden im Rahmen der antiken ↑Rhetorik ausgebaut, klassifiziert und systematisiert; sie werden auch heute noch weitgehend mit den Bezeichnungen der lat., seltener der griech. Rhetorik benannt. Unterschieden werden Wortfiguren (›figurae elocutionis‹) und Gedanken-[Sinn-] Figuren (›figurae sententiae‹); im weiteren Sinne werden zu den rh. F. auch grammat. Figuren und Klangfiguren gezählt.
Als **Wortfiguren** werden die rh. F. bezeichnet, die durch Abweichung vom normalen Wortgebrauch gewonnen werden: die Wiederholung eines Wortes oder einer Wortfolge in gleicher oder verwandter Bedeutung unmittelbar hintereinander oder mit Abstand (z. B. ↑Gemination, ↑Gradation, ↑Epanodos; ↑Anapher, ↑Epiphora, ↑Epanalepse) oder in abgewandelter Form (z. B. ↑Polyptoton, ↑Figura etymologica, ↑Paronomasie) sowie Häufung von Wörtern desselben Bedeutungsbereichs (z. B. ↑Akkumulation, ↑Enumeration, ↑Epiphrase, ↑Polysyndeton, ↑Asyndeton, ↑Klimax). **Sinnfiguren** ordnen den Gedankengang, die innere Organisation einer Aussage mit dem Ziel der semant. Erweiterung oder Verdeutlichung (z. B. ↑Antithese, ↑Dubitatio, ↑Apostrophe, ↑Hysteron-Proteron, ↑Chiasmus, ↑Parenthese). Als grammat. Figuren gelten: die Änderung des übl. Wortlautes (z. B. ↑Aphärese, ↑Apokope), die Abweichung von grammatisch korrektem Sprachgebrauch (z. B. ↑Aposiopese, ↑Ellipse, ↑Enallage, ↑Tmesis, ↑Hendiadyoin) sowie die Abweichung von der übl. Wortstellung (z. B. ↑Hyperbaton, ↑Inversion). **Klangfiguren** prägen die besondere klangl. Gestalt eines Satzes; sie entstehen auch spontan, z. T. durch ↑Parallelismus, bes. beim ↑Isokolon; sie dienen der klangl. Gliederung einer Periode (z. B. ↑Homöoteleuton, ↑Homöarkton, ↑Reim, ↑Alliteration, ↑Cursus, ↑Klausel).
**Literatur** ↑Rhetorik.

**Rhianos von Kreta** (tl.: Rhianós), griech. Dichter und Philologe der 2. Hälfte des 3. Jh. v. Chr. – In der Antike bekannt durch seine Ausgabe von ›Ilias‹ und ›Odyssee‹ sowie durch seine Epen (v. a. historisch und mythologisch Wissenswertes über griech. Landschaften). Sein Epos ›Messēniaká‹, von Pausanias als Quelle benutzt, schilderte die Taten des Aristomenes, Nationalheld von Messenien, im 2. Messen. Krieg.

**Rhoden,** Emmy von (eigtl. Emmy Friedrich, geb. Kühne), * Magdeburg 15. Nov. 1829, † Dresden 17. April 1885, dt. Schriftstellerin. – Schrieb Erzählungen; berühmt wurde ihr letztes, postum erschienenes Buch ›Trotzkopf‹ (1885), das zu den erfolgreichsten Mädchenbüchern gehört; Fortsetzungen wurden u. a. geschrieben von ihrer Tochter Else Wildhagen (* 1863, † 1944): ›Aus Trotzkopfs Brautzeit‹ (1892), ›Aus Trotzkopfs Ehe‹ (1894).
**Literatur:** DAHRENDORF, M.: Das Mädchenbuch u. seine Leserin. Hamb. 1970.

**Rhopalikos** [griech.], svw. ↑Keulenvers.

**Rhyme royal** [engl. 'raım 'rɔıəl], von G. Chaucer in die engl. Dichtung eingeführte Strophenform; besteht aus sieben jambischen Fünfhebern; Reimschema: ababbcc; dominierende Strophenform in den zahlreichen engl. Epen und Lehrgedichten des 15. Jh., auch im 16. Jh. noch sehr beliebt (Shakespeare, ›Die Schändung der Lukretia‹, 1594, dt. 1876, erstmals dt. 1783).

**Rhys,** Ernest [engl. ri:s], * London 17. Juli 1859, † ebd. 25. Mai 1946, engl. Schriftsteller. – Väterlicherseits walis. Herkunft; zeitweise Hg. von ›Everyman's Library‹. R. schrieb v. a. formgewandte Lyrik sowie bemerkenswerte autobiograph. Werke.

**Werke:** A London rose (Ged., 1894), Welsh ballads (1898), Black horse pit (R., 1925), Everyman remembers (Autobiogr., 1931), Song of the sun (Ged., 1937), Wales England wed (Autobiogr., 1940).

**Rhys,** Jean [engl. ri:s], eigtl. Ella Gwendolen Rees Williams, * Roseau (Dominica) 24. Aug. 1894, † Exeter 14. Mai 1979, engl. Schriftstellerin karib. Herkunft. – Lebte zeitweise im Boheme-Milieu von London und Paris. Schildert in autobiographisch beeinflußten Romanen und Kurzgeschichten die Schicksale weibl. ethnischer und sozialer Außenseiter, die sich willenlos in männl. Abhängigkeit begeben. Bes. bekannt wurde nach jahrzehntelanger Vergessenheit der Autorin der Roman ›Sargassomeer‹ (1966, dt. 1980) über die Vorgeschichte von Rochesters wahnsinniger erster Frau aus Charlotte Brontës Roman ›Jane Eyre‹.

**Weitere Werke:** Left bank and other stories (En., 1927), Quartett (R., 1928, dt. 1978), Nach der Trennung von Mr. Mackenzie (R., 1931, dt. 1981), Voyage in the dark (R., 1934), Guten Morgen, Mitternacht (R., 1939, dt. 1969), Die dicke Fifi (En., dt. Ausw. 1971), Sleep it off, lady (En., 1976), Lächeln bitte! Unvollendete Erinnerungen (hg. 1979, dt. 1982), Ein Abend in der Stadt (En., dt. Ausw. 1990).

**Ausgaben:** J. R. Letters 1931–1966. Hg. v. F. Wyndham u. D. Melly. London 1984. – J. R. Werke. Dt. Übers. Ffm. 1985. 4 Bde.

**Literatur:** James, L.: J. R. London 1978. – Staley, Th. F.: J. R. A critical study. London 1979. – O'Connor, T. F.: J. R. The West Indian novels. New York 1986. – Angier, C.: J. R. Life and work. London 1990. – Howells, C. A.: J. R. New York u. a. 1991.

**rhythmische Prosa,** rituelle, rhetor. oder poet. Prosa, in der bestimmte rhythm. Figuren oder metr. Modelle wiederkehren, die den Text ebenso von der Umgangssprache abheben wie von den in Lyrik und Epik verwendeten metr. Gesetzmäßigkeiten unterscheiden.

**Rhythmus** [griech.-lat., eigtl. = das Fließen], als Gliederung des Zeitmaßes wesentl. Element der Musik; in der Literatur Gliederung des Sprachablaufs, deren Mittel sich für die gebundene Sprache (Verssprache) eher beschreiben lassen als für die ungebundene Prosasprache, die sich für beide als Ganzes jedoch nicht exakt bestimmen lassen; man könnte sagen, der Lyriker geht hpts. mit Wörtern um (Wechsel von langen und kurzen, betonten und unbetonten Silben, dies meist in einem bestimmten Versschema gehalten u. a.), der Prosaschriftsteller läßt Sätze entstehen, komponiert aus Satzteilen Satzgefüge; wesentlich ist dabei v. a. das Tempo sowohl für die gebundene wie die ungebundene Sprache, für das Tempo sind wiederum die Pausen ein entscheidendes Element.
Die Problematik der terminolog. Differenzierung von ↑Metrum und Rh. ist durch die Analogie zur musikwissenschaftl. Begriffsbildung bedingt. Ihre Bestimmung hängt jedoch vom jeweiligen histor. Standort ab. Die antike Theorie (Aristoxenos von Tarent [* um 360 v. Chr.]) stellt Rh. und Metrum als Genus und Spezies einander gegenüber. Während Rh. allgemein als Strukturierung eines zeitl. Bewegungsablaufs (›chrónou táxis‹) definiert wird, bezeichnet Metrum (›métron‹) den an das Material (›hýlē‹) der Sprache als rhythm. Substrat (›rhythmizómenon‹) gebundenen Rh., d. h. den Versrhythmus. In der neueren Literatur bezeichnet Metrum u. a. das Versschema als abstraktes Organisationsmuster des Verses, im Gegensatz zum Vers-Rh., der durch die Spannung zwischen diesem Versschema (= Metrum) und der sprachlichen Füllung entsteht. Die heutige Literaturwiss. kennt die verschiedensten Versuche, die Gesetze des Rh. in Vers und Prosa zu erklären, wobei durchaus auch die Auffassung vertreten wird, die Erzeugung einer ganz bestimmten Klangfarbe, der Rh., sei ebenso wie die Sprachmelodie als Merkmal der spezifischen Struktur eines Sprachgebildes letztendlich Geheimnis des Schriftstellers.

**Literatur:** Enders, H.: Stil u. Rh. Marburg 1962. – Schultz, H.: Vom Rh. der modernen Lyrik. Mchn. 1970. – Clauser, G.: Die vorgeburtl. Entstehung der Sprache als anthropolog. Problem. Stg. 1971. – Seidel, W.: Über die Rh.theorie der Neuzeit. Bern u. Mchn. 1975. – Reallex. der dt. Literaturgesch. Begr. v. P. Merker u. W. Stammler. Hg. v. W. Kohlschmidt u. W. Mohr. Bd. 3. Bln. u. New York ²1977. S. 456. – Georgiades, Th.: Der griech. Rh. Tutzing ²1977. – Schneider, Alfred: Intonation, accentuation et rhythme. Hamb. 1982. – Barsch, A.: Metrik, Lit. u. Sprache. Generative Grammatik zw. empir. Literaturwiss. u. generativer Phonologie. Brsw. 1991.